第2版

西洋史概論

閔 錫 泓 著

三 英 社

머 리 말

저자는 이 책을 대학에서의 교재용으로 집필하였으나, 西洋史에 관하여 관심을 가진 보다 더 넓은 일반 독자층을 언제나 염두에 두었다. 그렇기 때문에 항목이나 사건에 대한 사전식의 설명을 회피하고 읽기 쉬우면서도 체계적인 이해가 가능하도록 서술하려고 노력하였다.

西洋의 古代로부터 現代에 이르기까지 각 분야를 망라하여 체계적으로 서술한다는 것은 매우 어려운 일이며, 학문적으로 엄격하게 따진다면 단독 집필로써는 불가능할지도 모른다. 그러기에 토픽별로의 論文의 集大成이나, 적어도 시대별로의 공동집필이 바람직할지도 모르겠다. 그럼에도 불구하고 저자가 단독으로 西洋史槪論의 서술에 도전한 것은 내용의 일관성과 체계화, 그리고 서술의 통일성을 살리고 싶었기 때문이다.

저자는 먼저 한 사회나 시대의 중요한 사건을 중심으로 그 역사적 흐름을 서술하고 그것의 밑받침이 되어 있는 정치구조와 사회경제구조를 살피고, 그러한 것들과의 연관하에서 文化의 발전과 내용을 보려고 하였다. 집필과정에서 가장 어려웠던 문제의 하나는 내용의 취사선택의 문제였다. 너무 간략한 경우 뼈만 앙상한 무미건조한 것이 될 것이고, 이와 반대로 너무 상세한 내용을 담는 경우 분량이 감당하기 어려울 정도로 많아질 것이다. 필자는 이 두 갈래 길에서 중도를 택하고 타협을 모색하였다. 그리하여 중요한 내용만을 선택하고 이에 필요한 살을 붙여 가능하면 과거에 생명을 불어 넣으려고 하였다.

저자는 역사란 단순히 지나가버린 과거에 대한 지식이나 박식에 그치는 것이 아니라, 과거를 그 속에 간직하면서 새로운 미래를 창조하는 역사적 현재와 삶에 대한 관심의 살물이어야 한다고 믿고 있다. 그러므로 저자는 다음과 같은 불트만(R. K. Bultmann)의 말에 깊은 공감을 느끼는 것이다. "역사가에게는 자기의 연구의 결과를 미리 예측하는 것이 허용되지 않는다. 또한 그의 연구의 결과에 대하여 자기의 개인적인 희망을 억제하고 침묵하지 않으면 안된다. 그러나 이것은 역사가가 자기의 인격적인 개성을 소멸시켜야만 한다는 것을 뜻하지는 않는다. 오히려 반대로 참된 역사인식은 인식의 주체인 역사가가 그의 개성을 인간적으로 생생하게 풍부하게 발전시킬 것을 요구한다. 역사에의 참여로 감동을 받는 역사가, 그리고 미래에 대한 책임감으로 역사적 현상에 마음을 개방하고 있는 역사가, 이러한 역사가만이 역사를 이해할 수 있을 것이다."

저자의 의도와 노력이 어느 정도 성공하였는지는 독자의 판단과 비판을 기다리는 수밖에 없다. 저자에게 있어 개론을 쓴다는 것은 선뜻 마음이 내키지 않는 힘에 겨운 작업이었다. 주변의 동료, 후배 그리고 제자들의 격려와 도움이 없었더라면 이 책은 햇빛을 보지 못했을지도 모른다. 그들에게 깊은 감사의 뜻을 표하는 바이며, 讀者諸賢의 비판과 叱正을 받으면서 이 책을 키워나갔으면 한다.

1984年 4月

冠岳기슭에서

著者 씀

改訂版 序言

개정판에서는 한자를 최소한으로 줄이고 외국 인명과 지명 등은 대체로 문교부의 '외래어 표기법'에 따랐다. 내용에서는 전체를 통하여 잘못을 바로잡고, 제10, 11장을 약간 보완하고, 제12, 13, 14장은 상당부분 가필하였으며, 제1장 제1절과 제15장은 전체를 새로 썼다. 18세기 이후의 내용에 새로이 사회사 항목을 추가하고 참고문헌은 최근의 문헌들을 중심으로 새로 꾸몄다. 독자 여러분의 계속적인 성원과 질정을 바란다.

1996年 12月

저자

차   례

제 1 편   先史時代와 오리엔트

제 1 장   人類의 起源과 先史文化

제 2 장   오리엔트의 社會와 文化

제 2 편   古代地中海世界 : 그리스와 로마

제 3 장   그리스世界와 그 文化

제 4 장   로마帝國

제 3 편　中世유럽世界의 成立과 封建社會

제 5 장　유럽世界의 成立

제 6 장 中世封建社會와 敎會

제 7 장 유럽中世世界의 發展

제4편 中世로부터 近代로의 移行

제8장 封建社會의 崩壞

제9장 近代文化의 胎動

제 5 편 近代社會의 成立

제 10 장 絶對王政時代

제 11 장 市民革命과 産業革命

제 12 장 自由主義와 民族主義의 發展

제 6 편 現代史의 展開

제 13 장 帝國主義와 第1次 世界大戰

제 14 장 베르사유體制와 第2次 世界大戰

제 15 장 第2次 世界大戰後의 유럽과 세계

제 1 편

先史時代와 오리엔트

제 1 장

人類의 起源과 先史文化

　오늘날 인류의 기원과 진화과정을 연구하고 있는 학자들은 인류
(Homo)라고 부를 수 있는 존재가 이 지구상에 출현한 것은 지금으로
부터 3백만년 이전의 일이라고 생각하고 있다. 상상하기 어려울 성도
의 아득한 옛날이다. 최초의 인류를 포함한 古生人類는 해부학적으로
오늘의 인류(현생인류)와는 달랐고 그들이 살았던 자연환경도 지금보
다 가혹하였다. 그러나 그들은 다른 동물들과는 달리 直立步行하고
자유롭게 된 손으로 도구를 제작하고 불을 사용할 줄 알았다. 그리하
여 생김새는 원숭이와 비슷하였으나 그들은 동물의 세계를 등지고 문
화창조의 길에 나섰다.

　주로 사냥과 고기잡이에 의존하던 기나긴 구석기시대를 거친 후 농
경과 가축사육으로 식량을 생산하게 된 신석기시대에 이르면 문화발
전의 속도가 전보다 훨씬 빨라진다. 그리하여 지금으로부터 6천년 내
지 5천년 전에 文字가 발명되고 靑銅器가 제작되고, 국가가 형성되어
인류는 미개상태를 벗어나서 문명단계로 발전하였다.

　적어도 300만년에 달하는 기나긴 인류의 역사는 문자의 기록의 유
무로 크게 선사시대와 역사시대로 구분되며, 문자의 기록이 없는 선
사시대를 인류학, 고생물학, 지질학 등의 여러 학문의 힘을 빌려 연구
하는 학문이 考古學이며, 고고학에서 인류역사를 구분하는 석기시대,
청동기시대, 철기시대 중 석기시대가 선사시대에 해당한다.

제 1 절　人類의 起源

오스트랄로피테쿠스

　최근까지의 발굴과 새로운 정확한 연대측정법에 의하면 현재까지 알려진 가장
오래된 인류의 화석유골은 여성유골로 '루시'(Lucy)라는 애칭을 갖게 된 아프리카
동부에서 발견된 오스트랄로피테쿠스(Australopithecus : 南方의 원숭이) 아파렌시
스(afarensis)이다. 그 생존연대는 지금으로부터 약 390만년 전으로 추정되며, 생

김새가 사람보다 원숭이에 더 가깝고 키는 1.07m이며 두뇌의 용량도 작았다. 그러나 이 최초의 인류는 원숭이를 포함한 다른 동물들과는 달리 두 발로 서서 걸어다녔으며, 인류학자들은 이 直立步行(bipedalism)을 人間으로서의 가장 중요한 특징의 하나로 꼽고 있다.

지금으로부터 300만년 내지 200만년 전에 동부 아프리카에는 오스트랄로피테쿠스 아파렌시스 계통의 후손인 오스트랄로피테쿠스 아프리카누스(A. africanus), 파란트로푸스 로부스투스(Paranthropus robustus), 파란트로푸스 보이세이(P. boisei) 등이 생존하고 있었으나, 2종의 파란트로푸스는 생존경쟁에 실패하여 사멸하고 오스트랄로피테쿠스 아프리카누스만이 살아남았다.

호모 하빌리스

지금으로부터 약 250만년 전에 오스트랄로피테쿠스 아프리카누스의 후손 중 그보다 한 단계 더 진화한 호모 하빌리스(Homo habilis : 손재주 있는 사람)가 동부 아프리카에 출현하였다. 생김새는 조상과 비슷하고 키는 1.52m 이하였으나 두뇌의 용량은 조상보다 커지고 도구를 제작하여 사용하였다. 호모 하빌리스는 그 조상이 草食이었던 것과는 달리 초식과 肉食을 겸하였다. 그들 자신이 사냥을 했다기 보다 사자와 같은 육식동물이 먹고 남긴 고기를 연장으로 재빨리 잘라서 안전한 곳으로 운반하였다. 호모 하빌리스는 50만년 이상 생존하였으며, 그들 중의 일부가 지금으로부터 약 200만년 전에 그들보다 더 키가 크고 더 강한 호모 에렉투스(Homo erectus)로 진화하였다.

호모 에렉투스

호모 에렉투스는 생김새가 여전히 원숭이에 가까웠으나 목 아래는 現生人類(호모 사피엔스)와 거의 다를 바가 없고 키는 170cm를 넘었다. 초기의 호모 에렉투스의 두뇌는 지금의 4才 어린애의 두뇌 크기로 큰 편은 아니었으나 그래도 다른 동물에 비하여 뛰어난 지능을 소유하고 있었다.

호모 에렉투스는 돌아다니기를 좋아했고 상당히 먼 곳까지 이동하였다. 그리하여 아프리카의 원주지로부터 수 천 마일이나 떨어진 곳에서 그들의 화석이 발견되고 있으며 인도네시아의 자바인, 중국의 베이징인, 유럽의 하이델베르크인 등이 그 대표적인 것들이다. 호모 에렉투스는 지금으로부터 약 140만년 전의 것으로 추정되는 프랑스의 아쉴(St. Acheul) 유적에서 출토한 석기류로 미루어 보아 손도끼를 비롯한 다양한 석기류를 제작하고 그 기술도 발달한 것이었다. 그들은 처음 아프리카에서 출현하여 中東으로, 다시 유럽과 태평양 방면으로 이동하였다. 종전에는 아시아에서

발견된 가장 오래된 호모 에렉투스의 화석이 지금으로부터 100만년 전으로 호모 에
렉투스가 아프리카를 떠나 아시아로 이동하는 데는 100만년이란 긴 세월이 소요되
었다고 생각되었다. 그러나 최근 새로운 보다 더 정확한 연대측정법으로 재측정한
결과 인도네시아의 호모 에렉투스의 화석은 180만년 내지 170만년 전의 것이라고 판
명되었다. 그렇다면 호모 에렉투스가 아프리카를 떠나는 데는 100만년이 아니라 先
史時代의 기준으로는 매우 짧은 10만년 정도가 소요되었다는 것이 된다. 이렇게 호
모 에렉투스가 아프리카에서 출현하여 유럽과 아시아로 퍼져나갔다는 주장은 아프
리카의 호모 에렉투스의 연대가 가장 앞서고, 또한 호모 에렉투스의 조상의 화석이
오직 아프리카에서만 발견되고 있다는 사실을 근거로 삼고 있다.

네안데르탈인

네안데르탈인(Neanderthal man)은 지금으로부터 약 20만년 전에 출현하여 약
3만년 전까지 북으로 영국, 동으로는 우즈베키스탄, 남으로는 이스라엘에 이르는
광범한 지역에 생존하고 있었다. 네안데르탈인은 종전의 견해와는 달리 척추가 굽
어지지 않았고, 발이 물건을 잡게 되어 있지 않았다. 그는 똑바로 설 수 있었으며,
두뇌의 용량은 호모 사피엔스와 거의 동일하였다. 네안데르탈인은 도구를 제작하
고 몸에 장신구를 걸쳤으며, 죽은 자를 매장하는 종교적 의식을 행하였다. 그리하
여 1960년대의 고고학개론 서적은 네안데르탈인을 '호모 사피엔스'(Homo
sapiens : 현생인류)로 분류하고 종전의 호모 사피엔스를 '호모 사피엔스 사피엔스'
(Homo sapiens sapiens)로 호칭하였다.[1] 그러나 이러한 분류와 호칭에는 논란
의 여지가 있으며 네안데르탈인이 현생인류의 亞種인가, 아니면 별개의 인류
(Homo neanderthalensis)인가에 관해서는 아직도 뜨거운 논쟁이 진행 중이다.
일설에 의하면 네안데르탈인은 유럽에서 호모 에렉투스로부터 진화하였으나 지금
으로부터 3만 5천년 내지 3만년 전에 아프리카 기원의 호모 사피엔스와의 생존경
쟁에 패하여 갑작스럽게 멸종하였다고 한다. 그런가 하면 네안데르탈인이 호모 사
피엔스의 조상인가라는 질문은 잘못된 것이며, 일부 네안데르탈인은 현재의 일부
유럽인의 조상이었다는 주장도 있다.

호모 사피엔스

호모 에렉투스로부터 호모 사피엔스로의 진화과정에 관해서 두 가지 설이 있다.
그 하나는 '아프리카 기원설'로서 아시아의 호모 에렉투스는 사멸하고 호모 사피엔

---

1) 이를테면 Graham Clarke, *World Prehistory*(2nd ed., 1969), p. 10을 참조.

스는 아프리카에서 따로 출현하였다는 것이며, 또 다른 주장은 '多地域說'로서 호모 사피엔스는 세계의 몇 개 지역에서 다발적으로 출현하였다는 것이다. 호모 사피엔스의 아프리카 기원설을 주장하는 학자들에 의하면 과거 50만년 동안의 화석 유골을 검토해 보면 아프리카가 진화과정의 연속성을 지닌 유일한 지역이며, 호모 사피엔스의 가장 오래된 화석은 아프리카와 中東에서 출토한 것으로서 12만년 전 의 것이지만 유럽에서의 최초의 호모 사피엔스의 출현은 4만년 전 이상으로 소급 하지 않는다는 것이다. 최근의 중국에서 발견된 20만년 전의 화석유골은 그 연대 측정에 신빙성이 없고, 따라서 다지역설의 근거가 될 수 없다는 것이다. 그러나 이 두 견해중 어느 것이 옳은가는 현재로서는 단정할 수 없으며, 결정적인 새로운 화 석의 발견을 기다려야 할 것 같다.[2]

　프랑스의 크로마뇽인(Cro-Magnon Man)으로 대표되는 진정한 호모 사피엔 스(현생인류)가 유럽을 비롯한 구대륙 일대에 출현한 것은 지금으로부터 약 4만년 전, 마지막 氷河期가 시작된 무렵이었다. 그들은 두뇌의 크기, 생김새, 골격 등이 현재의 인류와 동일하였고, 이미 여러 인종으로 나뉘어져 있었으며, 지역에 따라 문화도 달랐다.

제 2 절　舊石器文化

初　期

　기나긴 인류의 역사는 문자로 된 기록의 有無로 크게 先史時代와 歷史時代로 구 분되며, 문자로 된 기록이 없는 선사시대는 考古學에서 말하는 石器時代(Stone Age)에 해당한다. 새로운 발견과 연구로 인류역사는 이제 200만년 이상으로 연장 되었으나, 역사시대의 길이는 전이나 다름없이 5천년 정도에 지나지 않는다. 그렇 다면 선사시대, 즉 석기시대가 물리적인 시간으로만 따진다면 엄청나게 길다.

　200만년에 달하는 긴 석기시대는 다시 구석기시대(Paleolithic 또는 Old Stone Age)와 신석기시대(Neolithic 또는 New Stone Age)로 구분되며, 구석기시대가 끝나는 것이 지금으로부터 약 1만년 전이므로 구석기시대가 압도적으로 길다. 구 석기시대와 신석기시대는 종래 석기를 때려 깎아서 만들었느냐, 또는 곱게 갈아서

---

　2) 이상의 서술은 저명한 과학전문지인 《Science》에 의거한 미국의 주간지 《Time》, march 14, 1994의 'How man began'이라는 기사에 주로 의존하였다.

만들었느냐, 즉 打製石器냐 磨製石器냐로 구분하는 것이 보통이었다. 그러나 근래
에는 그것에 보태어 그들의 생활에 가장 중요한 食糧을 자연에 의존하고 이를 자
연에서 채집하는 食糧採集者(food-gatherers)였느냐, 또는 식량을 직접생산하
는 食糧生産者(food-producers)였느냐, 다시 말하여 식량획득의 방법을 구분의
기준으로 삼고 있다. 그러므로 구석기시대는 타제석기를 사용한 식량채집자의 시
대이고, 신석기시대는 마제석기를 사용한 식량생산자의 시대라고 말할 수 있겠다.

최초의 인류라고 생각되고 있는 오스트랄로피테쿠스나 그보다 진화한 호모 에
렉투스 등 초기인류의 생활에 관해서 우리는 별로 아는 것이 없다. 확실한 것은 두
발로 서서 걷고 엉성하고 조잡하나마 간단한 도구를 만들어 사용하였으며, 먹을
수 있는 식물이나 열매 또는 나무뿌리 등을 채취하는 한편, 사냥을 하였고, 베이징
인의 경우는 불을 사용할 줄 알게 되었다는 것이다.

초기인류의 생활은 그 생김새가 그러하듯이 다른 동물보다 나을 것이 없었고,
신체적 조건도 유리할 것이 없었다. 따라서 그들은 필요한 식량획득에 무척 고심
하고, 어려운 환경과 사나운 짐승들에 둘러싸여 살아남는 것에 급급하였을 것이
다. 그러나 그들은 다른 동물에게는 없는 특징을 갖고 있었고 특히 도구제작은 사
고능력을 요구하여 두뇌의 발달을 촉진하고, 사냥 또한 사고능력의 발달과 더불어
협동의 필요성을 가르쳐 주었을 것이다. 그리하여 집단 내의 유대가 강화되고, 상
호간의 의사소통의 필요성은 언어사용의 길을 터주었을 것이다. 호모 에렉투스의
단계에 이르러서는 언어를 사용한 흔적이 뚜렷하며, 불의 사용도 그리스神話에서
말하는 것처럼 프로메디우스(Promethius)가 제우스(Zeus)의 신전에서 불을 훔
쳐서 인간에게 갖다 준 것이 아니라, 초기인류의 지혜 발달의 소산이었을 것이다.
이리하여 인류는 진화과정 초기의 가혹한 생존경쟁에서 살아남고 승리하면서, 한
걸음 한 걸음 매우 느린 속도이지만 문화창조의 긴 여정에 오르기 시작하였다.

中 期

네안데르탈인의 출현과 더불어 구석기시대는 중기를 맞이하게 된다. 네안데르
탈인과 유사한 화석유골은 벨기에, 에스파냐, 이탈리아, 유고슬라비아, 러시아, 팔
레스타인 등 유럽대륙의 각처에서 발견되고 있으며, 초기인류가 원숭이를 닮은 것
과는 달리 오히려 현대인을 닮았기 때문에 호모 사피엔스에 분류되기도 한다.

네안데르탈인은 추위를 피하기 위하여 동굴에 살았으며 초기인류보다 훨씬 발
달한 석기제작기술의 소유자였다. 이를테면 石鏃(석촉 : 돌화살촉)과 같은 특수한
무기를 비롯하여 石椎(석추 : 돌방망이), 石庖丁(석포정)과 같이 저마다 용도가 다른
석기들을 만들어 사용하였던 것이다. 그들은 또한 우수한 사냥꾼으로서 유럽대륙

의 어름판에 접해 있는 초원지대를 돌아다니는 짐승들을 잡아서 그들이 살고 있는 동굴입구로 끌고 와서 요리하였다.

네안데르탈인에 관하여 특히 주목되는 사실은 그들이 죽음에 대하여 각별한 주의와 마음을 썼다는 것이다. 그들은 동굴 속에 판 무덤에 조심스럽게 시체를 묻고, 때로는 시체와 함께 음식과 도구를 묻기도 하였다. 이로써 본다면 네안데르탈인은 죽은 후에도 생활이 계속된다고 생각한 모양이다. 이러한 죽은 후의 세계에 대한 막연한 생각은 원시적인 종교적 관념이 희미하게나마 네안데르탈인에게서 싹트고 있었음을 말해준다.

末　期

진정한 현생인류인 크로마뇽인의 출현과 더불어 유럽대륙은 구석기시대를 통하여 가장 화려하고 풍요한 시기를 맞이하게 된다. 구석기 말기에는 중기보다도 훨씬 더 석기제작기술이 발달하여 정교한 여러 종류의 도구가 제작되고, 그러한 도구를 만드는 도구, 말하자면 工作道具조차 만들어졌다. 이 시기의 후반에는 弓矢가 발명되고 投槍器도 나타났다. 구석기 말기사회는 또한 여기에 骨角器를 첨가함으로써 그들의 기술의 우수함을 과시하였다.

이와 같은 기술의 발달로 훌륭한 장비를 갖추게 된 구석기 말기인은 우수한 사냥꾼이요 고기잡이의 大家였다. 그들은 돈 河(the Don)유역이나 중앙 유럽의 초원지대를 왕래하는 동물들의 習性과 통로를 관찰하고, 요소요소에 자리잡아 방대한 양의 짐승을 잡았다. 매년 물고기가 풍부하게 올라오는 중부 프랑스의 河川가의 비탈은 그들이 거주하는 동굴로 벌집처럼 구멍이 뚫려 있었다. 그들은 추위를 피하여 동굴에서 살았으나, 때로는 가죽으로 천막을 치기도 하고, 가죽과 풀로 지붕을 덮고 부드러운 黃土를 파서 집이라고 할말한 것도 만들었다. 그들은 또 가죽으로 옷을 만들어 입고, 뼈같은 것으로 바늘조차 만들어 썼다.

구석기 말기사회는 네안데르탈인보다 더 풍부한 정신생활과 예술활동을 갖고 있었다. 그들의 시체매장은 더욱 정중하였으며, 맘모스(mammoth)의 치아나 진흙으로 생식력을 상징하는 작은 女像을 만들고, 동물의 치아나 조개껍질로 목걸이를 만들기도 하였다.

그러나 무엇보다도 놀라운 것은 그들이 남겨놓은 동굴예술이다. 당시의 石燈불로서는 희미하게 보일가 말가 하는 동굴 깊숙한 곳에, 그리고 때로는 助手의 어깨 위에 올라타지 않고서는 접근할 수 없는 암벽에 마술사를 겸한 화가(artist－magician)는 그들의 주식동물인 多毛犀(다모서 : 코뿔소), 맘모스, 들소, 사슴 등을 그렸다. 때로 그림 속의 동물의 심장에는 창이 꽂혀 그려져 있다. 이러한 벽화의 원래의 목적이 들짐승의 번식과 풍요한 사냥을 기원하는 마술적인 것임은 더 말할 나위 없지만, 그 사실적인 솜씨는 구석기 말기인이 비상한 예술적 재능의 소유자였음을 보여주고 있다.

구석기 말기인은 맘모스나 들소와 같은 큰 짐승을 대량으로 사냥하기에 충분한 사회집단을 이루고 있었을 것이다. 우리는 그 구체적인 모습을 알 수 없으나 화가를 겸한 마술사나 경우에 따라 다양하고 정교한 석기나 骨角器를 제조하는 사람 등, 아주 초보적인 분업이 행하여졌을 가능성이 짙다.

구석기 말기의 문화는 지방에 따라 특색을 가지면서 광대한 지역에 분포되어 있었다. 유럽대륙에서 발견된 유골이나 유물로 미루어 보아 저마다 특색을 가진 구석기 말기인의 여러 집단이 역사시대의 帝國들의 흥망과도 같이 성쇠를 거듭하였던 것 같다.

지금으로부터 1만년 전 氷河期가 끝나고, 기후의 변동에 따라 초원 대신 삼림이 나타나고, 들소, 사슴, 맘모스 등이 추위를 따라 북으로 이동하면서 그 모습을 감추자, 구석기 말기인과 그들의 동굴예술도 사라졌다. 그 후 유럽대륙에는 신석기시대로의 과도기인 중석기시대(Mesolithic Age)가 나타난다. 이 시기의 유럽인들은 동굴 대신 해변, 하천 또는 호수가에 떼를 지어 산재하면서 새로 나타난 삼림의 짐승이나 물고기를 잡아서 생활하였다. 그들의 문화는 빈약하였으며 새로운 문화발전은 그들에게서가 아니라 멀리 서남아시아와 나일강변에서 일어났다.

그렇기는 하나 중석기시대에 주목할 만한 것이 없는 것은 아니다. 그 하나는 이 시기의 유럽의 여러 유적에서 개의 뼈가 발견되는 것으로 보아 개의 사육은 중석기시기에 시작된 것으로 생각되며, 주로 사냥에 이용되었다. 둘째로는 삼림의 출현과 더불어 나무를 처리하는 쐐기, 도끼, 까뀌, 정과 같은 목수용 도구가 발달하였으며, 셋째로는 설원을 달리는 썰매가 나타났다.

제 3 절   新石器文化

新石器革命

유구한 구석기시대를 통하여 인류는 생활자료의 획득방법을 많이 개량하였으나 근본적인 변화는 없었다. 그것은 언제나 자연에서 획득할 수 있는 것에 그쳤다. 그러나 빙하시대가 끝난 후 얼마 안가서 서남아시아 일대에서 사람들은 자연으로부터 획득할 수 있는 것에 만족하지 않고, 스스로 생활자료를 생산하기 시작함으로써 환경에 대한 인류의 태도에 근본적인 변화가 일어나기 시작하였다. 즉, 農耕과 가축사육으로써 식량채집자로부터 식량생산자(food-producers)로 변하고, 이에 따라 인구의 증가에 대응하여 식량생산을 증가시킬 수 있는 잠재능력을 가질 수 있게 되었다. 이러한 변화를 일부 고고학자들은 신석기혁명(Neolithic Revolution)이라고 부르고 있다.

농경의 초기형태를 확인할 수 없고, 또한 유목민도 때로는 밭농사(hoe culture)를 행하는 경우가 있으나, 농경을 주로하는 사회는 점차 정착생활을 영위하게 되고, 가축사육을 겸하였다. 一說에 의하면 농경과 가축사육의 결합은 유목민이 농경민을 정복한 결과라고도 하지만, 고고학상 알려져 있는 最古의 신석기사회는 이미 가축을 기르는 농경민으로 구성되어 있었다. 그러므로 목축은 오히려 원시적인 농경민으로부터 시작되어, 농경이 불가능한 사막이나 초원지대의 수렵민에게 전파된 결과 그들을 유목민으로 변하게 한 것으로 생각된다.

농경과 가축사육의 발전은 신석기사회로 하여금 희망한다면, 그리고 필요한 경우에는 잉여식량을 생산하고 저장할 수 있는 가능성을 갖게 함으로써 그들에게 자연의 도전에 보다 더 성공적으로 대응할 수 있는 능력을 부여하였다. 바로 이것이 신석기시대로 들어와서 문화발전의 속도가 매우 빨라진 중요한 원인이었다.

土器와 織造

신석기시대의 특징인 토기제작은 농경으로 인한 잉여식량의 저장과 매우 밀접한 관계를 갖고 있다. 처음 간단한 토기제작에 성공한 신석기시대의 陶工(도공)은 그것을 더 아름답게 만들기 위하여 형태와 紋樣(문양)을 다듬고 채색까지 하게 되었다. 이와 같은 토기제작은 신석기인의 예술적 감각, 창조의욕 그리고 고도의 지식과 기술의 산물이었다.

신석기시대 초에 이미 이집트나 서남아시아의 여인들은 옷감을 짜고 있었다. 나일강변에서는 亞麻가 그리고 메소포타미아에서는 양털이 원료로 사용되었다. 북과 베틀이 발명되고 후에는 綿絲와 生絲를 이용하기도 하였다. 신석기인은 또한 진흙, 갈대, 통나무, 돌, 실가지 등으로 오막살이나마 가옥을 지었다.

이러한 활동을 위한 각종의 도구가 발달하고, 석기는 타제석기 대신 마제석기가 사용되었다. 그 중에서도 널리 알려진 것이 돌 도끼[磨製石斧]로서 한때 고고학자들은 이를 신석기시대의 가장 중요한 표지로 삼기도 하였다.

村落生活

신석기시대의 사람들은 촌락생활을 영위하는 것이 보통이었다. 유럽이나 서남아시아의 경우 대체로 촌락의 규모는 크지 않았으며, 약 2,000평으로부터 8,000평 정도의 넓이였다. 이러한 村落共同體의 작은 것은 8세대 정도밖에 되지 않았으나, 보통은 25세대 내지 30세대가 일반적이었다. 때로 서부유럽이나 발칸반도의 촌락 중에는 주위에 호를 파거나 울타리를 친 것도 있었다.

이러한 촌락은 대체로 핏줄을 같이하는 氏族에 의하여 점거되었으며, 신석기사 회는 이와 같은 씨족단위의 촌락공동체로 구성되어 있었다. 현존하는 미개사회의 사회조직이나 혼인양식은 선사시대의 사회를 짐작하는 데 도움이 되는 것은 사실 이지만, 兩者를 완전히 동일한 것으로 보는 것은 잘못이다. 초기 신석기시대의 묘 지나 주택에 권세있는 사람의 것으로 지목되는 무덤이나 궁전같은 건물이 보이지 않는 것은 그 사회가 비교적 평등하고 민주적이었음을 말해주고 있다. 유럽의 신 석기시대에 속하는 약간의 촌락에서는 일반주택보다 좀 큰 것이 발견되고 있는 바 이는 왕이나 기타 지배자의 주택이라기보다, 오늘의 미개사회에서 흔히 볼 수 있 는 男子集會所와 비슷한 것이었으리라고 짐작된다. 서부 및 북부유럽에 널리 퍼져 있는 고인돌(Dolemen), 선돌(Menhir)과 같은 巨石기념물 내지 분묘는 역사시대 로 들어간 오리엔트(Orient) 정치사회의 영향을 받은 것으로 생각된다.

신석기시대 사람들은 일반적으로 촌락근처의 공동묘지나 개인의 주택근처의 판 구멍에 정중하게 시체를 매장하였다. 가구, 무기, 음식기구, 화장도구같은 것을 함 께 매장하는 것이 보통이었다. 이집트에서는 이러한 副喪品에 동물을 비롯한 여러 가지 그림이 그려져 있었다. 신석기시대의 농경사회에서는 大地의 생산력이 매우 중요하였고, 그리하여 그들은 성적 특징을 과장한 女像을 만들어 대지의 생산력을 상징시켰다. 이러한 여상은 地母神(Mother Goddess)이었다고 생각되며, 대지의 생산력을 확보하고 풍작을 기원하는 마술적인 의식이나 축제와도 관계가 있었을 것이다.

新石器文化의 전파

다른 지방보다 앞서 신석기혁명을 겪은 오리엔트의 農耕文化는 점차 그 주변지 역에 영향을 미치게 되었다. 그 결과 소아시아, 크레타 섬, 그리스 등을 포함한 동 부지중해연안 일대, 흑해연안의 黑土地帶, 다뉴브강 유역, 투르키스탄지방 등에 오리엔트와 본질적으로 큰 차이가 없는 신석기문화가 나타났다. 그러나 그것이 오 리엔트의 영향으로만 이루어졌다고는 할 수 없으며, 각 지방의 특색이 농후하게 반영되어 있다. 따라서 때로는 오리엔트 기원이라든가 또는 그것의 亞流라기보다 는 독자적인 신석기문화라고 보는 것이 보다 타당한 경우도 있다. 또 때로는 黑土 地帶에 있어서와 같이 신석기사회의 성립이 늦어 오리엔트의 금속문화의 영향과

혼합한 결과 본질적으로는 신석기시대에 속하는 원시적인 農耕社會이면서, 표면
상으로는 金石併用期 내지 銅器時代에 속한다는 현상이 나타나는 경우도 적지 않
다.

오리엔트로부터 매우 먼 거리에 있는 지방에 대한 영향은 그것의 전파과정에서 매
우 많은 변용을 겪은 것 같다. 지중해에 연한 이탈리아 남부지방, 시칠리아 섬, 다뉴
브강 중부유역과 같이 그것이 바다 또는 하천을 통하여 전파된 경우는 설혹 원거리
라 하더라도 별로 심한 변용의 흔적을 찾아볼 수 없으나, 陸路를 통한 곳에서 변용은
특히 심하였다. 이러한 곳에는 대개 빙하시대 이래의 수렵채집문화가 뿌리깊게 자리
잡은 곳이어서 오리엔트의 신석기문화는 그것과 융합하거나 또는 부분적으로 영향
을 미치는 데 그쳤다. 다뉴브강에 가까운 알프스 지방의 湖上文化, 이탈리아 북부,
프랑스 남부, 에스파냐 등의 신석기문화가 바로 이러한 것이다.

新石器社會의 발전

신석기시대에는 문화에 있어 지방적 특색이 보다 더 뚜렷해지고, 村落共同體는
대체로 자급자족이 가능하였다. 그러나 신석기사회 상호간에는 물자가 교환되고,
이에 따라 문화와 기술도 전파하였다. 中國에서 발견된 오리엔트기원의 彩色土器
같은 것이 그 좋은 예라 하겠다. 신석기사회 주변의 유목민은 이러한 문물교환에
있어 중요한 역할을 담당하였으며 아마도 원시적인 상인의 역할도 수행하였을 것
이다.

그러나 신석기사회 상호간의 접촉은 이러한 평화로운 것에 그치는 것이 아니었
다. 기름진 땅과 목장을 목표로 싸움이 벌어지고, 말기에 가면 이러한 정복전은 더
욱 빈번해졌다. 신석기시대의 촌락 중에는 호를 파거나 방책을 세운 것이 있고, 말
기의 유물 중에는 전투용의 돌도끼와 돌칼이 많은 경우도 있다. 또한 소아시아나
서남아시아 일대에서 발견되는 텔(Tell)이라고 부르는 文化地層에는 지층에 따라
문화내용이 급변한 것이 있다. 이것은 문화전통을 달리하는 신석기사회 사이의 전
쟁과 정복의 결과로 밖에 해석할 수 없다. 지금이나 옛날이나 패자에게는 슬픈 운
명이 닥쳐왔다. 그들은 추방되거나 살해되지 않으면 노예가 되었다. 그러나 패자
의 문화전통이 완전히 파괴되지 않고 정복자의 문화에 흡수되었을 때 거기에는 새
로운 문화의 발전과 비약이 가능한 경우도 있었다. 뿐만 아니라 이러한 과정, 즉
평화로운 방법이나 전쟁을 통하여서나 신석기사회의 접촉이 빈번해지고 광범위해
짐에 따라 폐쇄적인 氏族社會가 무너지고 규모가 크고 복잡한 정치적 결합이 이루
어지면서 部族社會가 형성되고, 다시 국가라는 정치사회로의 발전의 길이 마련되
었다.

제 2 장

오리엔트의 社會와 文化

기원전 5000년으로부터 3000년 사이에 이집트와 메소포타미아 지방에서는 신석기문화가 성숙기에 접어들면서 급속도로 발전하여 문자를 가진 청동기문명이 탄생하였다. 이는 세계역사상 문명단계로의 가장 빠른 발선이었으며, 인류는 이제 기나긴 석기시대의 문자없는 야만의 시대를 벗어나서 문명단계로, 역사시대로 접어들게 된 것이다.

나일강 河口와 메소포타미아 그리고 이 두 지역을 연결하는 동부 지중해연안을 포함한 이른바 '기름진 초승달'(fertile crescent)지역을 중심으로 오리엔트세계의 사회구조와 문화의 기본적인 틀이 잡힌 것은 기원전 3000년기이며, 그것은 그 후 근본적인 구조적 변화없이 지속되었다. 기원전 2000년기에 이르면 이집트와 메소포타미아 이외에 새로이 소아시아와 동부 지중해연안 그리고 에게海가 오리엔트세계의 역사에 참여하게 되고, 기원전 1000년기에는 철기시대로의 발전과 더불어 에게문명을 제외한 오리엔트세계의 모든 지역이 하나의 역사적 세계로 통합된다.

오리엔트문화 그 자체는 오늘의 유럽문화의 원천이라고 할 수는 없다. 오리엔트세계는 많은 역사적 변천을 겪으면서 오늘의 중동지역 내지 아랍세계로 이어졌다. 그러나 오리엔트문화는 그리스·로마문화형성에 큰 영향을 미쳤고, 그리스문화의 형성에 직접적인 관련을 갖는 에게문명 또한 오리엔트의 영향을 받으면서 성장하였다.

제 1 절 오리엔트 世界의 歷史的 展開

文明의 탄생

기원전 5000년기와 4000년기(5000~3000 B.C.)에 걸쳐 나일(Nile)강변의 이집트 (Egypt)와 티그리스·유프라테스(Tigris·Euphrates) 두 강유역의 메소포타미아(Mesopotamia)를 중심으로 한 이른바 古代東方(Ancient Near East) 또는 오

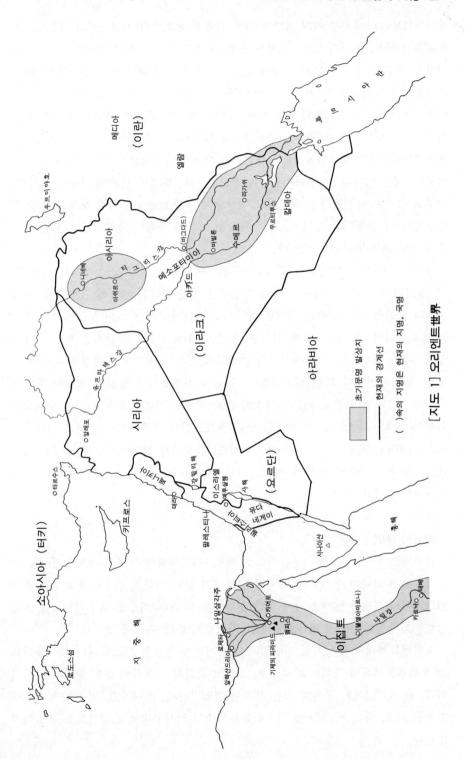

[지도 1] 오리엔트 世界

　초기문명 발상지

──　현재의 경계선

( )속의 지명은 현재의 지명, 국명

리엔트(Orient)에서는 여러 방면에 걸친 급속한 문화발전이 진행되고 있었다. 즉, 靑銅器의 사용, 문자의 발명, 도시의 출현, 정치조직의 발생, 사회계급의 형성, 조직적인 종교의 발달과 신전 및 神官의 출현, 선박과 車輪의 발명 등, 석기시대의 미개상태를 벗어나 역사시대의 문명단계로의 발전이 이루어지고 있었다.

오리엔트지방의 大河流域에서 가장 일찍이 문명이 탄생한 요인의 하나는 확실히 그 곳의 지리적 조건이었다. 나일강이나 티그리스·유프라테스 두 강은 풍부한 물과 기름진 땅을 제공하였고, 그 유역에는 다양한 食用植物이 풍부하게 자라나고 있었다. 뿐만 아니라 그 주변지역에는 중요한 여러 발명에 필요한 자원이 있었다. 그리고 강력한 사회조직을 촉구하고 대규모의 협동으로써 푸짐한 보상을 얻을 수 있는 조건이 갖추어져 있었고, 또한 새로운 지식과 경험이 축적되고 필요한 물자를 운반할 교통의 편의도 있었다.

그러나 이러한 大河流域의 무성한 갈대의 밀림을 개척하고, 소택지의 물을 뽑고, 水路나 저수지를 만들고 제방을 쌓는다는 일은 촌락을 넘어선 규모가 큰 사회 전체의 협동을 필요로 하는 거대한 사업이요 도전이었다. 이러한 도전에 성공적으로 應戰하려면 견고한 조직과 강력한 통제, 그리고 일꾼들의 급식을 위한 다량의 잉여식량이 필요하였고, 잉여식량의 전제조건이 되는 생산력의 발전을 위하여 각종의 개량과 발명이 또한 필요하였다. 일단 治水事業이 완성된 후에도 끊임없는 감시와 보수작업이 필요하였고, 그렇게 많은 정력을 기울여 확보한 땅을 수호하기 위하여 군대도 필요하였다. 이러한 모든 필요조건을 충족시킨다는 것은 신석기시대의 氏族單位의 촌락으로서는 불가능하였다. 따라서 村落으로부터 도시로 氏族 社會로부터 국가로의 발전이 이루어지고, 未開社會로부터 文明社會로의 발전이 진행되어야 했다.

歷史的 展開

오리엔트세계는 그 속에 부분적으로 서로 다른 사회와 문명을 내포하면서도 기본적으로는 하나의 통합된 역사세계를 형성하였다. 이러한 관점에서 볼 때, 오리엔트세계의 역사적 전개는 크게 ① 형성기(기원전 3000년기), ② 발전기(기원전 2000년기), ③ 통일기(기원전 1000년기)의 세 시기로 구분할 수 있을 것이다.

오리엔트세계의 형성기인 기원전 3000년기는 이집트와 메소포타미아를 중심으로 오리엔트세계의 정치와 사회구조, 그리고 문화의 기본적인 틀이 형성되는 시기이다. 두 지역간에는 문물의 교류가 전혀 없었던 것은 아니지만, 비교적 독자적인 발전을 하고, 다른 지역은 아직 오리엔트세계의 역사무대에 본격적으로 등장하지 않는다.

오리엔트세계의 발전기인 기원전 2000년기에는 그 전반기에 메소포타미아에서는 바빌로니아(Babylonia)왕국이 그리고 후반기에는 新王國時代의 이집트가 저마다 그 세력과 문화의 전성기를 자랑하게 된다. 그리고 이 시기에는 소아시아에서 히타이트(Hittite), 두 강 상류지역에서 미탄니(Mitanni)가 새로 일어나고, 에게해에서는 크레타문명이 또한 발전을 하게 된다. 이리하여 오리엔트문화는 百花爛漫의 양상을 띠게 될 뿐 아니라, 이집트, 메소포타미아, 히타이트, 그리고 미탄니 등이 특히 이 시기의 후반기에 전쟁과 외교문서의 교환 등, 직접적인 접촉이 활발해짐으로써 오리엔트세계는 역사적인 상호연관성을 가진 하나의 국제사회를 형성하게 된다.

그러나 기원전 12세기를 전후한 시기에 오리엔트세계를 주름잡던 강대국들이 약속이나 한듯이 쇠퇴하고, 크레타문명을 계승한 미케네문명 또한 이 시기에 파괴된다. 이렇듯 강대국들이 때를 같이하여 쇠퇴하고 미케네문명이 몰락한 데는 그 나름대로 저마다 내부적인 원인이 있을 것이지만 이 시기는 오리엔트세계 전체로 본다면 청동기시대에서 철기시대로 넘어가는 일대 전환기이기도 하였다. 뿐만 아니라 바로 이 시기에 이른바 ‘海上民族’(Sea Peoples)으로 알려진 정체불명의 종족들이 동부지중해를 무대로 바다와 육지에서 오리엔트세계의 여러 국가와 도시들을 침범하고 파괴를 자행하여 그들의 쇠퇴를 촉진하였다.

이와 같이 오리엔트의 강대국들이 쇠퇴한 틈을 타서 활발한 활약을 시작한 것이 동부지중해 연안에 위치하고 있던 페니키아(Phoenicia)와 헤브라이(Hebrews)와 같은 작은 나라들이었다. 그러나 그들의 활동은 오래가지 못하고 오리엔트세계는 얼마 안가서 통일기를 맞이하게 된다.

최초로 통일에 성공한 것은 미탄니의 쇠퇴로 흥기하게 된 아시리아(Assyria)였다. 그러나 아시리아의 통일은 견고하지 못하고 완전한 것도 아니었다. 그리하여 오리엔트세계는 곧 칼데아(Chaldea, 신바빌로니아왕국)를 비롯한 4國으로 분립하게 되었으나, 기원전 6세기 후반에 페르시아(Persia)가 이집트를 포함한 오리엔트의 전지역을 완전히 통일하였다. 이와 같이 전오리에트세계를 통일하여 견고한 대제국을 건설한 페르시아는 그 세력을 서방으로 뻗쳐 기원전 5세기 전반에 그리스와 역사적인 충돌을 하게 되었으며(페르시아 전쟁), 기원전 4세기 말경에는 마케도니아의 알렉산더에게 정복되었다. 이로써 기원전 3000년경에 청동기문화를 성립시켰던 오리엔트세계의 역사는 일단락을 짓게 된다.

제 2 절 이 집 트

歷 史

나일강변의 신석기사회가 문명단계로 발전한 것은 기원전 5000년기로부터 4000년기에 걸쳐서이다. 先王朝期라고도 부르는 이 시기에 나일강변의 토템(totem)氏族의 촌락들은 도시로 성장하고, 도시를 중심으로 그리스인이 노메스(nomes)라고 부른 지역적인 단합이 이루어졌다. 이러한 노메스가 합쳐서 上·下 兩王國이 형성되고 기원전 3000년을 좀 지난 무렵, 上王國의 메네스(Menes)왕에 의하여 통일왕국이 성립하였다. 그러나 메네스왕을 포함하여 초기왕조는 아직도 半傳說的인 존재에 지나지 않았고, 이집트의 역사가 확실해지는 것은 제 3 왕조로부터 시작되는 古王國時代(2850~2200 B.C.)부터이다.

멤피스(Memphis)를 수도로 한 고왕국시대는 이집트의 발전기요 번영의 시기였다. 지금도 보는 사람들을 놀라게 하는 기제(Gizeh)의 거대한 피라미드(Pyramid)들은 제 4 왕조기(2600~2500 B.C.)에 건설된 것으로서, 당시 파라오의 절대적인 권력과 국력의 번영을 상징하고 있다.

그러나 고왕국도 말기에는 혼란상태에 빠지고, 그것이 다시 수습되어 견고한 통일이 이루어지는 것은 제 11 왕조기(2100~2000 B.C.)의 일이다. 새로이 수도를 테베(Thebes)로 옮긴 中王國도 얼마 안가서 쇠퇴하고, 마침내 소아시아로부터 침입해 온 아시아계통의 힉소스(Hyksos)의 지배를 받게 되었다(1680~1580 B.C.).

제 17 왕조기에 이집트는 힉소스를 몰아내고 新王國을 수립하였다. 신왕국시대(1580~1090 B.C.)의 이집트는 고왕국시대의 국력과 번영을 되찾고 크게 발전하였을 뿐 아니라, 힉소스가 전해준 말이 끄는 전차로 강화된 군사력을 가지고 제국주의적인 팽창정책을 썼다. 그 결과 이집트의 세력은 팔레스타인과 시리아로부터 멀리 유프라테스 상류에까지 미치게 되었으며, 소아시아로부터 남하하는 히타이트와 마주치게 되었다.

그러나 신왕국도 후반기에 접어들면서 그 세력이 기울어지고 외부로부터는 이른바 海上民族에게 시달림을 받는 등 쇠퇴하여 기원전 12세기 이후에는 리비아(Libya), 에티오피아(Ethiopia) 등 다른 민족의 지배를 받게 되었다(리비아의 경우 945~712 B.C., 에티오피아 712~663 B.C.). 그 후 제 26 왕조기(663~625 B.C.)에 일시 부흥의 노력이 행하여졌으나 큰 성공을 거두지 못하고, 페르시아(525 B.C.), 알렉산더대왕(331 B.C.) 그리고 로마에게(30 B.C.) 각각 정복됨으로써 이집트의 고대사의 막이 내려지게 되었다.

政治와 社會構造

이집트는 고왕국시대에 고대국가의 체제를 완성시켰으며, 그것은 동양적 전제주의국가(oriental despotism)였다. 이 전제국가의 지배자의 칭호는 '큰 집'(大家)이라는 뜻을 가진 파라오(pharaoh)였다. 파라오는 신의 후손이요, 신적인 존재로서 절대적인 권력을 장악하고 있었다. 그는 국가요 정부였으며, 정치와 종교는 파라오에게 결합되어 있었다. 전국토가 이론상으로는 파라오의 소유였으며, 상업이나 농업 등 모든 경제활동이 그의 통제 하에 있었다. 왕실에 납부되는 모든 생산물은 上·下 이집트의 두 개의 창고에 수납되었으며, 일찍부터 2년마다 전국의 토지, 수확량, 가축의 수효, 왕실 창고의 재고량 등의 조사가 실시되었다.

성스러운 절대적인 지배자인 파라오 밑에 그를 보좌하기 위한 승려와 관료들이 있었다. 관료조직은 오늘의 재상과 장·차관에 해당하는 직책이 있고, 그 밑에 각종 加工分野別 부서가 있었다. 이 가공작업에는 주로 노비가 종사하였으며, 빵의 제조, 가마니와 새끼줄의 제조, 탈곡, 직조 등이 행하여졌다. 이러한 행정기구의 실무자로서 많은 書記들이 있었는 바, 그들은 문자를 독점하고 큰 자부심을 가졌으며, 또한 실제로 존경을 받기도 하였다.

지방행정은 전국을 과거의 부족국가를 토대로 한 40여 개의 노메스(州)로 구분하여 파라오가 임명하는 지방장관(nomarchs)이 이를 관장하였다. 지방장관은 광대한 領地와 스스로의 宮廷을 가진 지방의 豪族(호족)으로서 중앙의 세력이 약화되는 경우에는 언제나 독립하려는 지방분권적인 경향을 지니고 있었다.

동양적인 고대의 전제국가가 다 그러하듯이 이집트의 경제력과 富도 주로 관개농업에 의존하고 있었다. 이 밖에 전쟁과 정복도 무시할 수 없는 富를 초래하였다. 고왕국의 전성기에 이미 금속세공인, 목공, 보석세공인, 造船工, 石工, 陶工 등 각종의 전문적인 工人階級이 파라오, 신전, 그리고 귀족들을 위하여 필요한 물건을 만들고 있었다. 독립된 일터에서 일하는 工人도 있었으나 대부분은 파라오나 신전의 일터, 또는 귀족의 영지 내의 일터에서 일하였다. 상업활동이나 무역은 파라오의 엄격한 통제 하에 있었고, 파라오는 때로 시나이(Sinai) 반도의 銅과 레바논(Lebanon)의 목재를 운반하기 위하여 직접 隊商과 商船隊를 조직하여 군대의 보호 하에 파견하기도 하였다. 이집트의 경제생활은 이렇듯 국가의 통제가 강한 單元的인 사회(monolithic society)였다.

피라미드는 그대로 이집트의 사회계급의 구성을 상징하고 있다. 파라오를 정점으로 하여 그 바로 밑에 중앙의 고위관직자와 지방장관 등 소수의 지배적인 귀족층이 있고, 일반승려와 서기를 비롯한 하급관리, 상인, 工人 등이 일종의 중간계급을 형성하고, 인구의 대다수를 차지하는 농민과 노예는 피라미드형 계급구조의 최하부에 속하였다. 노예는 그 대다수가 전쟁포로였고 피라미드건조나 궁전 또는 영지 내의 각종 육체노동에 혹사되었으나, 생산노동의 중요한 부분을 담당한 일은 없고, 따라서 이집트의 사회생활이나 경제생활의 유기적인 구성요소는 아니었다. 농민은 실질적으로 토지에 결박되어 있는 隸農(예농)이나 다름없고, 이집트의 관개농업을 전적으로 담당하는 생산계층이었을 뿐 아니라, 많은 賦役(부역)에 동원되기도 하였다. 상인이나 공인은 스스로 농민보다 그 지위가 높다고 생각하였고, 실제로 그러한 면이 없지 않았으나 사실은 농민이나 다름없이 예속적인 존재였다.

이러한 계급구조는 인도의 카스트와 같이 완전히 고정되어 있었던 것은 아니고, 중왕국시대에는 중간계층이 진출하고, 신왕국시대에는 승려계급의 세력이 증대하는 등 사회적 변동도 있었으나, 사회구조의 기본적인 틀에는 아무런 변화도 없었다.

文 化

이집트의 농경사회나 도시는 저마다 신을 가지고 있었다. 이러한 다신교적인 신앙 속에서 일찍부터 두각을 나타낸 신은 매의 신 호루스(Horus)와 태양신 라(Ra) 또는 레(Re)였으며, 中王國 이후 수도가 된 테베의 수호신인 아몬(Amon) 또한 널리 숭배되었다. 이집트의 생명인 나일강과 농업의 신인 오시리스(Osiris)는 사악한 동생 세트(Set)에 의하여 살해되었다. 대지와 풍요의 여신이며 오시리스의 아내인 이시스(Isis)는 전국토를 헤매면서 오시리스의 四肢와 몸을 찾아 그의 생명을 부활시켰다. 이 신화는 죽음과 부활, 농산물을 포함한 식물의 성장과 枯死를 상징하고 있거니와, 호루스는 오시리스의 아들인 동시에 파라오는 호루스의 化身이라고 생각되었다.

오시리스의 신화에도 보이듯이 이집트인은 사람이 죽은 후에 영혼(ka)은 일단 사람의 몸을 떠나지만 파라오나 귀족들의 경우 그 영혼이 다시 시체로 돌아와서 죽은 후에도 생활이 계속된다고 믿었다. 바로 이러한 신앙으로 인하여 거대한 피라미드가 건조되고, 영혼이 돌아올 수 있도록 미이라(mummy)가 제조되고, 피라미드를 지키듯이 스핑크스(Sphinx)가 그 옆에 세워졌다. 중왕국시대 이후에는 너무나 사람 눈에 띄고 도굴이 심한 피라미드를 피하여 파라오의 무덤을 사람 눈에 띄지 않는 곳에 마련하게 되었다. 룩소르(Luxor) 근처에 있는 이른바 '王家의 골짜기'도 이러한 왕실의 묘지인 바, 1922년에 그 곳에서 투탕카멘(Tutankhamen, 1361~1352 B.C.)의 무덤이 거의 원상에 가까운 상태로 발견되어 세상을 놀라게 하였다.

이집트의 종교사상 매우 특이한 지위를 차지하고 있는 파라오가 아멘호텝 4세 (Amenhotep Ⅳ, 1375~1358 B.C.)이다. 그는 역사상 최초의 이상주의적인 종교개혁가로서, 재래의 다신교를 폐지하고 태양신인 아톤(Aton)을 신봉하는 윤리적인 일신교를 만들어 이를 넓히려고 하였다. 그리하여 스스로 이크나톤(Ikhnaton)이라 改名하고, 수도를 테베로부터 아마르나(Amarna)로 옮겼으나, 그의 종교개혁은 실패하여 당대로 끝나고 말았다.

나일강의 홍수와 이에 의존하는 관개농업의 필요와 자극으로 천문학과 측량술이 발달하고, 산수와 기하학도 발달하였다. 이집트인은 나일강이 매년 정기적으로 범람하는 것을 관찰하고 태양력을 제정하여 사용하였다.[1] 즉, 1년을 365일로 잡고, 이를 30일 단위로 12개월로 나누고, 남는 5일은 축제일로 정하였다. 한편 기하학의 발달은 거대하고 어려운 피라미드 건조와 밀접한 관계를 갖고 있다. 이집트의 의술 또한 마술적인 요소를 다분히 포함하면서도 병자에 대한 구체적인 관찰에 입각하여 당시로서는 상당한 수준에 도달하였다.

이집트에서는 神聖文字(Hieroglyph)로 알려진 그림문자가 주로 사용되었으나, 이의 행서체 내지 초서체도 있었다. 이집트인은 나일강변에서 자라는 파피루스 (Papyrus)로 만든 종이에 갈대의 펜과 油煙(유연)으로 만든 잉크를 사용하여 기록하였다.

이러한 파피루스에 기록된 문학작품으로서 현재까지 전해져 내려오는 것은 별로 많지 않으나 이집트문학이 시, 단편소설, 역사 등을 포함하고 있었음을 짐작할 수 있다.

이집트의 예술은 피라미드, 스핑크스, 神殿 등 거대함을 자랑하는 건조물로부터 신전의 벽화와 각종 장식, 대소의 조각, 섬세한 솜씨를 보여주는 금은 보석의 細工品에 이르기까지 매우 다양하다. 이집트의 예술은 이미 이루어진 양식이나 틀을 전통적으로 답습하는 경향이 강하였으나, 그런대로 그들의 예술적 감각이 범상치 않았던 것을 엿볼 수 있다. 또한 어떤 면에서는 판에 박은 듯한 이집트 예술사에 빛나는 한 페이지를 장식한 것이 아마르나시대(ca. 1417~ca. 1358 B.C.)의 예술이다. 이는 종교개혁을 시도한 이크나톤시대의 예술로서 전통적인 양식이나 틀을 깨어버린 생동감에 넘치는 자연주의경향의 예술이며, 이크나톤의 왕비 네페르티티 (Nefertiti)의 頭像(두상)은 아마르나 예술의 대표적인 걸작의 하나이다.

---

1) 그 제정된 연대에는 4236 B.C.와 2781 B.C.의 두 가지 설이 있으나, 전자는 신빙성이 희박하다.

제 3 절 메소포타미아

歷 史

티그리스·유프라테스 두 강유역에서도 이집트와 거의 동일한 시기(5000~3000 B.C.)에 신석기시대로부터 문명단계로의 발전이 이루어졌다. 티그리스·유프라테스 두 강이 메소포타미아에서의 문명 탄생에 대하여 가지는 관계는 나일강의 이집트문명에 대한 것과 비슷하였으나, 이집트의 지세가 비교적 폐쇄적인데 반하여, 두 강유역은 주변의 사막이나 高原의 여러 민족에게 개방되어 있었다. 그러한 관계로 메소포타미아에서는 수많은 민족의 이주와 정복, 이에 따른 지배자의 교체가 있었다. 새로운 민족의 이주나 정복에 의한 교체는 이미 신석기시대에도 있었던 모양으로 '텔'이라고 불리는 文化地層에서 그 흔적을 찾아볼 수 있다.

이러한 여러 민족의 이주나 정복은 파괴를 수반하기도 하였으나, 한편으로는 문화의 발전을 촉진시켰다. 메소포타미아에서의 문명의 발생과정을 단계적으로 표시한 할라프(Halaf, 5100~4300 B.C.), 우바이드(Ubaid, 3900~3500 B.C.), 우르크(Uruk, 3500~3100 B.C.) 및 제므뎃－나스르(Jemdet－Nasr, 3100~2900 B.C.)의 각 文化期는 새로운 문화요소의 도입과 새로운 발명으로 문화내용이 단계적으로 더 풍부해지고 있다. 할라프期의 작고 소박한 신전건축은 우르크期에 이르러서는 245×100ft.의 넓이를 가진 거대한 신전건축으로 발전하였을 뿐 아니라, 진흙과 햇볕에 말린 벽돌로 쌓아 올린 지구라트(ziggurat), 즉 聖塔이 나타난다. 그리고 이 우르크期의 신전계산서인 土版文書(clay tablet)에는 문자의 원형이라고도 할 그림과 기호가 적혀 있으며, 그것은 제므뎃－나스르期에 이르러 보다 더 문자에 가까워지고, 기원전 3000년기 초의 우르(Ur)古王朝期에는 현대의 학자들이 충분히 해독할 수 있는 문자가 되었다. 이 무렵에는 두 강의 하류에 위치한 수메르(Sumer)에 많은 도시국가가 형성되고, 곧 이어 그 북쪽의 아카드(Akkad)에도 도시국가가 나타나 그 수는 15개 내지 20개에 달하였다. 도시의 중심은 신전이었고 도시를 둘러쌓은 성벽 밖에 농경지와 목장이 있었다. 이 도시국가는 神官을 겸한 왕에 의하여 지배되었으며, 도시의 주민은 승려, 戰士, 귀족, 상인, 工人 등으로 구성되어 있었다.

메소포타미아는 두 강의 물과 또한 동일한 공급지로부터 운반되는 외국산물자에 의존하는 지리적 통일체였으나, 수메르와 아카드의 도시국가들은 서로 끊임없

는 대립과 분쟁을 거듭하였다. 메소포타미아가 정치적으로 통일되는 것은 사르곤
왕(Sargon, 2350 B.C. 경) 때의 일이다. 사르곤왕은 두 강유역은 물론이요, 시리아
와 엘람(Elam)에까지 이르는 큰 제국을 건설하였으나 얼마 안가서 무너졌다. 이
로 인한 정치적 혼란을 다시 수습한 것은 우르의 수메르왕조였으며, 사르곤왕의
옛 영토를 다시 회복하여 제국적인 행정조직의 정비에 착수하고 종래의 지방적 관
습법의 法典化를 시도하였다. 그러나 약 1세기(2050~1950 B.C. 경) 동안 계속된 이
수메르왕조도 서쪽으로부터 침입해 온 아무르족(Amurites)에 의하여 무너지고,
이에 수메르족의 메소포타미아 지배가 끝났다.

바빌론(Babylon)에 자리잡은 아무르족은 점차 주변지역을 평정하여, 18세기
말경 함무라비王(Hammurabi, 1728~1686 B.C.) 때 메소포타미아는 다시 견고하
고 강대한 통일왕국을 형성하게 되었다. 함무라비는 직접 行政官과 司法官을 임명
하여 정무를 관장하고, 재래의 都市法을 대치할 통일된 法典을 편찬함으로써 이
새로운 바빌로니아(Babylonia)왕국의 통일과 질서를 강화하였다.

그러나 바빌로니아왕국도 함무라비 이후 점차로 쇠퇴하여 기원전 16세기 후반
에는(1530 B.C.경) 지금의 이란(Iran) 쪽으로부터 카시이트族(Kassites)이 침입
하여 약 4세기 동안 바빌로니아왕국을 지배하였다. 카시이트지배 하의 바빌로니아
는 문화적으로는 침체기였고, 정치적으로도 함무라비시대와 비교할 바가 아니었
다. 그러나 이 시기는 바로 이집트가 신왕국 시대를 맞이하여 제국주의 정책으로
시리아방면으로 진출하고, 소아시아에서 새로 일어난 히타이트(Hittite)의 세력
이 역시 시리아와 메소포타미아로 진출하는 한편, 두 강 상류 쪽에 미탄니
(Mitanni)라는 신흥국가가 출현하는 등 오리엔트세계가 활발한 움직임과 접촉 속
에 하나의 국제사회를 형성한 시기이기도 하였다.

히타이트는 인도유럽 어족(Indo-Europeans)으로서 20세기에 그 수도였던 현
재의 보가츠코이(Bogazköi)가 발굴됨으로써 그 역사와 문화가 비교적 상세하게
알려지게 되었다. 이에 의하면 기원전 1700년경 인도유럽 어족에 속하는 지배자와
귀족계급이 아나톨리아(Anatolia)의 토착민을 지배하는 형태로 소아시아에 통일
왕국을 건설하여, 기원전 2000년기 후반에는 그 세력이 점차 시리아로부터 이집트
로, 다시 메소포타미아 북부로 팽창하는 강대국으로 성장하였다. 히타이트의 국왕
은 메소포타미아의 지배자와는 달리 신의 대리인이 아니라 귀족 중의 최강자로 군
림하였으며, 그 주변에 왕족이나 宮廷의 고급관리 등 대토지귀족이 있고, 그 밑에
封土(봉토)를 받은 전사계급과 자유신분의 농민과 수공업자 내지 工人階層이 있
고, 최하층에 노예가 있었다. 히타이트는 오리엔트에서 가장 일찍이 철기제조법을
알고 있었으며, 전차를 사용하는 우수한 전투능력의 소유자였다. 그 문화는 메소

포타미아의 영향을 많이 받았으며, 트로이(Troy)와도 밀접한 관계가 있었다.

한편 미탄니는 아르메니아(Armenia)의 산악지대에서 메소포타미아 북부로 이동한 호전적이고 사나운 후르리족(Hurrians)이 기원전 1500년경에 세운 나라로서 약 1세기 동안 번영하였다. 그 지리적 위치로 보아 메소포타미아와 북·서부의 소민족, 특히 히타이트와의 중개적 역할에 있어 중요하였다. 히타이트의 세력이 강대해짐에 따라 이에 눌려 점차로 쇠퇴하였으며, 이에 따라 그 지배 하에 있던 아시리아가 독립을 하게 되었다.

政治와 社會構造

메소포타미아의 정치구조는 관개농업과 부역 및 공납에 의존하는 동양적인 專制國家라는 점에서는 이집트와 유사하다. 메소포타미아의 전제군주도 신적인 권위를 겸유하고 있었으나, 이집트의 파라오가 호루스신의 化身이요, 태양신의 아들인 것과는 달리 신의 대리인에 지나지 않았고, 따라서 그 신적 권위는 파라오보다 약했다. 이집트의 파라오는 現世神으로서 절대적으로 군림하고, 전국토가 그의 소유였으나, 메소포타미아, 특히 바빌로니아에서는 시민 개개인의 재산소유, 상속, 매매가 인정되고, 정치적 지배자는 정의를 행하는 자로서의 성격을 겸유하여 法에 의한 통치라는 개념이 함무라비법전 등에 뚜렷하게 나타나 있다.

수메르의 도시국가에 있어 神殿은 막대한 재산과 거대한 세력을 갖고 있었으며, 따라서 승려계급은 가장 유력한 사회계층이었다. 그들에 이어 戰士와 貴族(또는 특권계급), 그 밑에 상인과 工人, 그리고 이러한 도시 주민에게 식량을 공급하는 농민들과 그들에게 노동력을 제공하는 노예가 있었다. 이러한 사회구조는 바빌로니아 왕국에 이르러서도 근본적인 변화는 없었다. 메소포타미아의 사회를 이해하는 데 있어 큰 도움이 되는 함무라比法典은 사회계급을 명확하게 셋으로 구분하고 있다. 즉, 貴族·僧侶·戰士·官吏(書記 포함) 등이 제일계급이고, 상인·금융가·工人·농민 등이 평민을 구성하고, 최하층에 노예가 있었다. 노예의 수효가 적지는 않았으나 대부분이 가내노예거나 생산에 보조적인 역할을 담당하였을 뿐 메소포타미아의 경제와 생산을 담당하는 사회층이 아니었음은 이집트의 경우와 동일하다. 오히려 오리엔트의 국가는 기본적으로는 평민의 부역과 공납, 그리고 정복전쟁에 의존하고 있었기 때문에 오리엔트적 전제국가를 가리켜 관료제적 부역국가(bürokratische Leiturgiestaat)라고도 부르는 것이다.

메소포타미아 또한 이집트와 마찬가지로 관개농업에 의존하고 있었으나 상업과 수업업이 고도로 발달하였다. 수공업은 이미 수메르시대에 고도로 발달하였으며, 함무라비법전은 그들에 관한 많은 조문을 포함하고 있다. 신전은 대지주이었을 뿐 아니라, 공업활동의 중심이기도 하였다. 신전에 속해 있는 일터는 오늘의 공장을 연상시킬 정도이다. 임금을 받고 자유롭게 일하는 工人도 있었으나 예속적인 공인이 많았다.

메소포타미아에서는 이집트와는 달리 상업과 외국무역이 비교적 자유롭게 발달하였다. 정부와 법률, 그리고 군대의 보호를 받으면서 상인과 隊商들은 자유롭게 활동하였다. 상업의 중요성과 경제생활의 발달은 상업과 각종 직업 및 貸借關係 등의 경제행위에 관한 조항이 함무라비법전의 절반을 차지하고 있는 것으로도 넉넉히 짐작할 수가 있다. 도시의 상인에게는 군역과 부역이 면제되었으며 도시의 행정도 부유한 상인이 담당하였다.

文 化

메소포타미아문화의 基調는 수메르문명이었고, 바빌로니아는 이를 계승 발전시켰다. 수메르·바빌로니아사회가 기본적으로 농업에 의존하고 있었음에도 불구하고 수메르·바빌로니아문명은 도시문명의 성격을 강하게 지니고 있다.

메소포타미아의 종교 또한 다신교였다. 수메르의 도시국가들은 저마다 수호신을 갖고 있었고, 그러한 도시의 수호신을 넘어선 신들도 적지 않았다. 天神 아누(Annu), 폭풍우의 신 엔릴(Enlil), 地神 엔키(Enki) 등이 그러하며, 함무라비 때 이르러서는 바빌론의 신 마르둑(Marduk)이 이러한 신들을 누르고 최고신의 자리를 차지하였다. 이집트에서는 신을 새나 짐승으로 상징하는 경우가 많았으나, 수메르인은 신을 인간의 모습으로 나타내었고, 수메르의 신들은 인간과 행동이 크게 다르지 않았다. 이러한 신들과 더불어 수메르인은 魔鬼(마귀, demon)를 믿었으며, 이 악한 귀신들의 해를 모면하기 위해서는 승려가 관장하는 마술적인 의식이 필요하였다. 이집트와는 달리 수메르인에게 있어 死後의 세계는 어둡고 침침한 것이었다.

승려들에 의하여 기록된 神殿計算書의 그림과 기호는 점차 발달하여 기원전 3000년을 좀 지나서는 楔形文字(설형문자, cuneiform letter)가 되었다. 메소포타미아에서는 젖은 진흙판에 갈대의 펜으로 쐐기모양의 문자를 기록하여 햇볕에 말리거나 구어서 보존하였으며, 이를 土版文書(clay tablet)라고 한다. 처음 셈어족(Semites)이 아닌 수메르에서 시작된 설형문자는 그 후 아카드, 바빌로니아 등 셈어족계통의 민족의 문자가 되었을 뿐 아니라, 전역에서 서로 다른 언어를 표시하는 데 사용되는 국제적인 문자가 되었다. 문자해독은 큰 특권이요 신분의 표지였기 때문에 초기의 書記나 승려들은 이를 될 수 있는 대로 복잡한 상태로 유지하려고 하였다. 그러나 기원전 2000년경까지는 처음 2,000정도였던 기호가 600정도로 줄고, 바빌로니아왕국에 이르러서는 더욱 간소화되었으며, 기원전 2000년기 후반에는 시리아 해안지대의 우가리트(Ugarit) 상인들이 이를 다시 30개의 기호로 감소시켰다.

이집트나 메소포타미아에 있어 문자를 해독하고 書記가 된다는 것은 모든 육체적인 노동이나 군역으로부터의 해방과 위엄있는 관리의 길을 약속하는 것이었다. 그렇기 때문에 이러한 서기를 양성하기 위한 학교가 궁정이나 신전에 마련되어 단순한 글 공부만 아니라, 산수를 비롯한 기본적인 학과목의 교육이 실시되었다. 이러한 교육과정은 길고 엄격하였으며, 주로 상류층의 子弟가 이를 이수하였다.

메소포타미아의 문학작품은 이집트의 경우보다 많이 남아 있다. 그것은 신과 영웅에 관한 서사시로부터, 신에 대한 讚歌(찬가), 도시의 파멸과 정의로운 사람의 부당한 고난을 슬퍼하는 한탄, 격언 등등 다양한 내용을 담고 있다. 그러한 중에서도 가장 감동적인 것은 영웅 길가메시(Gilgamesh)에 관한 서사시이다. 길가메시는 신의 노여움을 사서 그를 응징하기 위하여 신이 보낸 괴력의 사나이와 친구가되어 모험을 찾아 긴 여행길에 오른다. 괴물과 괴수와 싸워 죽이는 등 많은 모험을 겪은 끝에 친구가 죽자 이를 몹시 슬퍼하고 不死의 열쇠를 찾아 헤매다가 이에 실패한다. 그에게도 죽음이 다가왔을 때 길가메시는 한 사람의 인간으로서 이를 조용히 받아들인다.

메소포타미아에는 이집트와는 달리 좋은 石材를 얻기가 힘들었기 때문에 건축은 햇볕에 말리거나 불에 구운 벽돌을 사용하였고, 따라서 후에 파괴된 것이 많다. 가장 특이한 건조물은 수메르에서 시작된 계단식聖塔, 즉 지구라트로서 이는 구약성경에 나오는 바벨(Babel)의 탑의 모델이었다고 생각된다. 그 밖에 조각작품도 그 나름대로 상당한 솜씨를 보여주고 있으며, 圓筒印章도 수메르의 고유한 것으로 알려져 있다.

메소포타미아의 과학은 어떤 면에서는 이집트의 것보다 더 발달하였으며, 특히 天文學과 수학이 그러하다. 1주를 7일로, 1일을 24시간으로 구분하는 것이라든지 60진법 등은 다 수메르 기원이다. 다만 그들은 정확하지 않은 것을 알면서도 태음력을 사용하였다. 그들은 또한 天體나 별의 움직임, 또는 그 광채의 변화 등을 관찰하고 이를 인간의 운명과 연관시켜 占星術이 발달하였다.

히타이트에 의한 제철법의 발견은 매우 획기적인 사실이지만, 철기제조는 매우 적은 편으로, 철제무기를 몸에 지닐 수 있는 것은 王侯 정도의 극히 제한된 범위에 한정되었다. 그리하여 기원전 2000년기에는 철기사용은 히타이트왕국, 그것도 매우 제한된 범위에 한정되고, 기원전 1,200년경, 즉 히타이트왕국이 멸망한 후에야 제철기술은 오리엔트 여러 국가에 보급되기 시작하여 철기시대로 移行하게 되었다.

제 4 절   東部地中海 沿岸과 오리엔트의 統一

海上民族

기원전 13세기로부터 12세기 초에 걸쳐 오리엔트세계는 전환기를 맞이한다. 카시이트족의 지배 하에 쇠퇴의 길을 걷고 있던 바빌로니아는 말할 것도 없거니와, 오리엔트세계를 주름잡고 있던 이집트와 히타이트가 다 같이 기원전 1200년을 전후하여 쇠퇴 내지 멸망하게 되는 것이다. 거기에는 이집트의 경우처럼 승려계급의 권한증대와 파라오의 권력약화라는 내부적인 요인도 있겠으나, 외부적인 요인의 작용 또한 적지 않았다. 그 중에서도 특히 주목을 끄는 것은 이른바 海上民族(Sea Peoples)의 침입과 약탈이다.

이 해상민족의 정체는 현재로서는 분명하지가 않다. 지금까지 알려진 바로는 기원전 1200년을 전후한 시기에 발칸반도 북부에서 일어난 여러 종족의 이동에 휩쓸리거나, 그 압력을 받은 주변종족의 일부가 잡다하게 결합하여 히타이트를 비롯하여 동부지중해와 에게해, 그리고 이집트 등을 침공하고 약탈을 자행한 것으로 생각되고 있다. 그들은 재래의 문명과 국가를 혼란에 빠뜨리고, 경우에 따라 이를 파괴하였으나, 스스로 새로운 문명이나 국가를 건설할 정도로 통합된 집단은 아니었다. 그러므로 해상민족의 활동은 주로 파괴적이고 부정적인 것이었으나, 히타이트나 이집트와 같은 강대국에 직접 간접으로 타격을 가하여 쇠망하게 함으로써 오리엔트세계에 큰 전환기를 마련하게 되었다.

강대국이 사라지고, 오리엔트가 아시리아와 페르시아에 의하여 통일될 때까지의 중간기에 동부지중해의 작은 나라들이 날개를 펴고, 독자적인 활동을 전개하였으며, 미케네문명 몰락 후 그리스가 독자적인 발전을 한 것도 오리엔트에 강대한 세력이 존재하지 않았던 이 시기에 해당한다. 뿐만 아니라 히타이트의 멸망은 그가 독점하고 있던 제철기술을 널리 확산시키는 계기가 되어 오리엔트와 그 주변지역은 청동기시대로부터 철기시대로 移行하게 되었다.

페니키아

기원전 2000년기 말부터 1000년기 초에 걸쳐 활동한 동부지중해 연안의 작은 나라들 중에서 특히 주목을 끄는 것은 페니키아와 헤브라이인이었다.

페니키아(Phoenicia)는 셈어족계통의 사람들로서 시리아의 지중해연안에 티루스(Tyrus), 시돈(Sidon), 비브로스(Byblos) 등의 상업도시를 세우고 지중해를 무대로 교역과 식민지건설에 활약하면서 문화전파에 공헌이 컸다. 그들의 활동이 가장 활발하였던 것은 기원전 12세기로부터 9세기에 걸친 시기였고, 후에 로마와 雌雄(자웅)을 겨누게 되는 카르타고(Carthage)는 기원전 9세기 말경에 페니키아가 건설한 식민지였다.

페니키아는 방직과 조선 등에도 탁월한 기술을 보이고, 특히 오리엔트의 여러 문자를 바탕으로 간편한 알파벳(alphabet)을 만들어 사용하였으며, 이는 그리스의 알파벳의 직접적인 선조가 되었다.

헤브라이

아라비아 사막의 유목민이었던 헤브라이인(Hebrews)은 기원전 2000년기 중엽부터 지금의 팔레스타인(Palestine) 지방, 즉 이른바 약속된 땅인 가나안(Canaan)으로 이동해 와서 기원전 11세기 말경에는 왕국을 건설하였다. 한편 헤브라이인의 일부는 수 세기 동안 이집트로 건너가 살았으나 파라오의 압박에 견디지 못하여 모세(Moses)의 인솔 하에 기적적으로 홍해를 건너 이집트를 탈출하였다(Exodus, 1300 B.C.). 이때 모세가 시나이(Sinai)산에서 여호와(Jehovah)로부터 받았다는 十戒命(Ten Commandments)은 헤브라이인 전체를 일신교적인 여호와 신앙으로 결합시키는 중요한 계기가 되었다.

가나안에 자리잡은 헤브라이인이 왕국을 건설할 때까지의 과정은 결코 안이한 것은 아니었고, 특히 인접한 필리스타인인(Philistines, 구약성경의 페리시테인)과의 투쟁은 끈질긴 것이었다. 최초의 왕이었던 사울(Saul)을 계승한 다비드(David, 100~960 B.C.)는 필리스타인인을 격파하여 국토를 넓히고 예루살렘(Jerusalem)을 수도로 삼아 국가의 통일을 강화하였다. 이와 같이 튼튼하고 부강해진 나라를 물려받은 솔로몬(Solomon, 960~922 B.C.)은 평화주의를 표방하고, 교역에 힘을 기울여 솔로몬의 영화를 누렸으나, 그 사치스럽고 호화로운 생활 속에는 음란한 이교적인 기풍이 스며들어 종교적·도덕적 타락이 싹텄다. 그리하여 그의 말년에는 북의 이스라엘(Israel), 남의 유다(Judah)로 국가가 나누어지고 말았다(933 B.C.). 그 후 이스라엘은 아시리아에게 정복되고(722 B.C.), 다시 유다도 신바빌로니아에게 정복되었다(586 B.C.). 이때 많은 헤브라이인이 바빌론으로 끌려갔으며('바빌론幽囚': Babylonian Captivity), 페르시아가 신바빌로니아를 정복했을 때(588 B.C.) 석방되어, 그 일부가 귀국하여 예루살렘을 재건하였으나, 국가의 재건은 허용되지 않았다.

헤브라이인은 그들의 종교로서 유럽문명에 큰 공헌을 하였다. 그들은 유일한 신인 여호와에 대한 신앙을 중심으로 역사상 최초로 일신교를 발전시켰던 것이다. 여호와는 처음 부족신이었으나, 후에 민족적인 국가의 신이 되고, 다시 예루살렘 이 파괴될 무렵(586 B.C.)을 전후하여서는 예언자들에 의하여 인류를 구제할 보편 적인 신이 되었다. 이러한 발전과정을 통하여 고도의 윤리적이고 정신적인 내용이 그 신앙에 담겨지게 되고, 유대교(Judaism)에 독특한 종교적 의식과 관행인 율법 도 발달하게 되었다.

유대인에게 있어 여호와는 세계의 시작과 종말을 관장하는 유일한 신이었다. 그 들이 나라를 상실하고 정치적 고난을 겪는 사이에 그들에게 다시 솔로몬의 영화를 회복시켜주고, 그들을 세계에서 가장 으뜸가는 자리에 앉혀줄 구세주, 즉 메시아 (Messiah)를 기대하는 사상이 싹트게 되었다. 이와 동시에 신의 가르침에 따른 선한 생활을 영위함으로써 來世에서의 영원한 행복을 기대하는 신앙도 발달하였 다.

이러한 유대교의 신앙과 헤브라이인의 역사와 고난, 그리고 그들의 간절한 소망 등을 기록한 것이 구약성경(Old Testament)이며, 그것은 유대교의 신앙의 書인 동시에 史書이며, 높은 문학적 가치를 지니고 있다.[2] 그리스도교는 이 유대교에서 탄생하게 된다.

아시리아와 페르시아

동부지중해 연안의 작은 나라들의 활동 시기는 그리 길지 않았다. 기원전 1000 년기 전반의 오리엔트史의 흐름은 오리엔트세계의 통일을 향하고 있었던 것이며, 이 과업에 먼저 성공한 나라는 아시리아(Assyria)였다.

셈어족계통의 아시리아의 역사는 상당히 오래된 것이지만, 장기간 메소포타미 아의 주된 세력 밖에서 그 영향을 받으며 미미한 존재를 계속하였다. 이러한 아시 리아가 두각을 나타내게 된 것은 기원전 2000년기 후반 미탄니가 히타이트의 압력 으로 쇠퇴한 결과, 미탄니의 지배를 벗어나 독립한 후부터이다. 티그리스 상류에 위치한 수도 아쉬르(Assyr)를 중심으로 점차 그 세력을 확대시켜, 기원전 12세기 말경에는 북으로는 흑해, 서쪽으로는 지중해연안에까지 이르렀다.

아시리아는 이러한 정복과 팽창과정에서 피정복민 전체의 강제이주, 대학살, 약 탈, 파괴 등 잔인한 군국주의의 성격을 남김없이 발휘하였다. 그러나 오리엔트史 의 전환기의 격동에 휘말린 탓인지, 기원전 1000년기 초까지 비교적 잠잠하였던

---

2) 구약성경이 현재와 같은 형태로 편찬된 것은 기원전 2세기의 일이며, 최근의 고고학 적 발굴과 연구로 구약성경의 역사서로서의 신빙성이 증대하고 있다.

아시리아는 재빨리 제철기술을 배워 철제무기로 무장한 강력한 군대와 전차를 갖고 오리엔트의 통일을 위한 정복전쟁에 나섰다. 그리하여 기원전 8세기 말경에는 드디어 오리엔트 전체를 지배하는 大帝國을 건설하고 수도를 니네베(Nineveh)로 옮겼다. 아시리아는 니네베에 도서관을 만들어 수메르, 아카드 이래의 문헌을 수집하는 등 문화적인 면도 있으나 역대의 왕은 사자와 같은 맹수사냥을 즐기는 사나운 정복자였고 그들의 대제국도 오래 가지 못하였다.

기원전 7세기 말 아시리아제국은 이란고원의 메디아(Media)와 바빌론의 칼데아(Chaldea)왕조의 연합군의 공격을 받고 니네베가 파괴됨으로써 붕괴하였다. 그후 이집트와 리디아(Lydia)를 포함하여 4國이 정립하는 형세를 이루었으나 주도권을 잡은 것은 카데아왕조의 신바빌로니아왕국이었다. 특히 네부카드네자르 2세(Nebuchadnezzar Ⅱ, 605~562 B.C.) 때의 바빌로니아왕국의 번영은 고바빌로니아왕국의 번영을 훨씬 능가하는 것이었으며, 수도 바빌론은 오리엔트에서 제일 가는 국제적 대도시가 되었다. 헤브라이인의 이른바 '바빌론幽囚(유수)'도 이 무렵의 일이었다.

그러나 신바빌로니아왕국의 번영도 오래가지는 못하였다. 이란고원에 위치하여 메디아에 臣從하고 있던 인도-유럽어족의 페르시아(Persia)의 키루스(Cyrus, 557~529 B.C.)는 메디아왕위를 빼앗고, 리디아를 정복한 후 바빌론을 점령하였다 (538 B.C.). 다음 캄비세스(Cambyses, 529~522 B.C.) 때 이집트를 정복하고 다리우스 1세(Darius Ⅰ, 521~486 B.C.) 때 그 영토를 더욱 확장하여 오리엔트 전체를 완전히 통합하는 대제국을 확립하였다.

다리우스는 이 광대한 제국을 20개의 주로 구분하여 주마다 총독(satrap), 군사령관, 징세관을 임명하여 지방행정과 질서유지를 담당하게 하고 수시로 중앙에서 巡察使를 보내어 그들을 감독하였다. 또한 도로를 정비확장하고, 수도 수사(Susa)로부터 리디아의 사르디스(Sardis)에 이르는 1,600마일의 王道를 새로 건설하고, 우편제도를 마련하는 등 제국의 통일적이고 조직적인 통치에 힘을 기울였다.

페르시아의 문화에서 주목을 끄는 것은 그들의 종교였다. 예언자 조로아스터(Zoroaster, 페르시아名으로는 Zarathustre, 기원전 6세기)가 창건하였다는 조로아스터교(Zoroastrianism)는 처음 지혜의 신인 아후라-마즈다(Ahura-Mazda)를 숭배하는 知的이고 추상적인 성격을 지니고 있었으나, 점차로 光明의 善神에 대한 암흑의 惡神의 도전과 투쟁이라는 二元的이고 윤리적인 성격을 지니게 되었다. 그리하여 광명의 선한 신인 아후라-마즈다를 따르는 자는 영원의 생명과 행복을 얻게 되고, 악신에 가담한 자는 지옥의 불에 파멸될 것이라는 교리가 생겨나고, 유력한 승려계급이 형성되었다. 광명의 신을 받들기 때문에 拜火教(배화교)라고도 부르며, 그리스도교, 그리고 후에는 이슬람교에도 영향을 미쳤으며, 중국에도 전해졌다.

오리엔트社會와 文化의 限界

로마인이 '빛은 東方(오리엔트)으로부터'라고 말한 것처럼 오리엔트는 지구상에서 가장 빨리 문자를 가진 문명단계로 발전하고, 기원전 3000년기에 짜임새있는 사회와 전제국가, 그리고 다양한 문화를 발전시켰다. 그러나 이렇게 틀이 잡힌 오리엔트의 사회와 정치, 그리고 문화는 지엽적인 면에서 약간의 변화나 일시적인 발전은 있었으나, 기본적인 구조나 성격에 있어서는 그대로 계승되고 지속되었다. 기원전 1000년기에 값비싼 청동기 대신 철기가 널리 사용되고, 이에 따른 생산력의 증대에도 불구하고 사회의 기본구조에는 변함이 없었다. 그것은 잉여생산이 주로 전쟁과 궁정의 사치스러운 생활, 신전건축이나 특권계급의 낭비 등 비생산적 부문에 소비되었기 때문이다.

이러한 사회구조의 정체성은 문화에도 영향을 미쳤다. 오리엔트문화는 기본적으로 사회의 요구에 대응하기 위한 실용과 응용으로 발달하였다. 그렇기 때문에 현실사회의 요구를 충족시키는 선에서 그 발전은 정지할 수밖에 없었다. 사회구조에 발전이 없는 한, 새로운 요구나 필요성이 생기지 않으며, 이에 따라 일정한 수준에 도달한 문화의 틀도 되풀이되고 계승될 수밖에 없었고, 마술적인 思考가 또한 새로운 발전을 억제하였다.

제 **2**편

古代地中海世界 : 그리스와 로마

제 3 장

그리스世界와 그 文化

오리엔트문화는 에게문명을 꽃피우고, 그리스인에게도 전달되었다. 그러나 그리스는 오리엔트와는 근본적으로 성격이 다른 독창적인 문화를 창조하고 발전시킴으로써, 오늘의 유럽문화의 참된 원천이 되었다.

에게문명은 오리엔트의 영향을 받으며 성립하였으나, 오리엔트문화와는 성격을 달리하였고, 특히 후기의 미케네문명은 그리스의 직접적인 선구가 되었다. 미케네문명이 파괴되고, 그리스史의 암흑기가 시작되었을 때, 오리엔트세계에서는 강대국들이 쇠망하여 일종의 '힘의 공백상태'가 나타났다. 그리스는 바로 이 힘의 공백상태 속에서 그들의 독자적인 생활기반인 '폴리스'를 형성시키고, 독창적인 문화발전의 기초를 닦았던 것이다.

그리스는 그 지리적 여건으로 바다와 친숙했고, 해외로 진출하였다. 그리하여 여기 저기에 植民市를 건설함으로써 지중해일대가 하나의 역사적 세계로 형성될 기반을 조성하였다.

이와 같이 그리스가 수많은 폴리스를 바탕으로 독자적인 문화를 발전시키고 있을 무렵, 동방에서는 오리엔트세계가 아시리아와 페르시아에 의하여 통일되고, 기원전 5세기에 두 나라는 자웅을 겨루게 되었다. 이 대결에서 승리한 그리스는 아테네를 중심으로 황금기를 맞이하게 되었다. 마케도니아의 알렉산더대왕은 그리스문화를 계승하고, 오리엔트세계를 정복하여 그리스문화를 그 곳에 전파시켰다. 그리하여 성립한 헬레니즘문화는 다시 로마에 의하여 계승됨으로써 유럽의 고전문화가 형성되게 되었다.

제 1 절 에게文明

發 見

19세기 중엽까지도 전설상으로만 존재하고, 땅속에 묻혀있던 에게문명(Aegean Civilization)은 1870년대 이후 호메로스의 서사시를 애독하던 한 아마추어 고고학자에 의하여 그 모습을 드러내기 시작하였다. 집안이 가난한 탓으로 고등교육을 받지 못하고 점원으로 일하던 하인리히 슐리이만(Heinrich Schliemann, 1822~1890)은 호메로스의 ≪일리아드≫의 주제인 트로이전쟁이 단순한 전설이나 시인의 창작이 아니라, 실제 있었던 전쟁임을 증명하려는 꿈을 품고, 독학으로 필요한 지식을 습득하였다. 사업으로 돈을 벌게 된 슐리이만은 1870년 소아시아의 서북부에 있는 트로이(Troy)로 지목되는 곳을 발굴하기 시작하여 9개의 성채와 도시를 발견하였다. 이에 용기를 얻은 슐리이만은 다시 트로이 공격의 총사령관이었던 아가멤논(Agamemnon)의 미케네(Mycenae)를 발굴하여 분묘와 황금마스크를 비롯한 많은 유물을 발견하였다.

이 놀라운 발견에 畵龍點睛格의 또 하나의 발굴이 뒤따랐다. 1900년부터 영국의 고고학자 아더 에반스(Sir Arthur Evans)는 미노스왕(Minos)이 지배하는 해상왕국이 있었다고 전해지는 크레타(Crete)섬의 북쪽에 있는 크놋소스(Knossos)를 발굴하여 '미노스王의 迷宮'(labyrinth)으로 알려진 궁전을 발견하였던 것이다. 이로써 트로이전쟁의 사실성이 확실해졌을 뿐 아니라, 그리스문화보다 앞선 시기에 에게海 주변에 고도의 청동기문명이 성립해 있었다는 사실이 명백해진 것이다.

에반스는 크레타발굴에서 線狀文字가 기록된 土版文書를 많이 발견하였거니와 그것들은 미케네에서도, 특히 트로이 공격의 그리스영웅이었던 네스토르(Nestor)의 居城이라고 생각되는 피로스(Pylos)에서도 대량으로 발견되었다.[1] 에게문자해독을 위하여 에반스를 비롯한 많은 학자들이 노력하였다. 영국의 건축가로서 우연한 기회로 이 문자해독에 발을 들여놓은 벤트리스(Michael Ventris)는 1952년 암호풀이의 방식을 적용하여 線狀 B文字(Linear B)의 해독에 성공하였으며, 그것이 초기 그리스어임을 확인하였다. 이로써 에게문명, 특히 미케네문명에 관한 연구가 획기적인 단계로 접어들게 되었다. 그러나 이보다 앞서 주로 크레타에서 사용된 線狀 A文字는 아직 해독되지 않고 있다.

미노아文明

에게문명은 미노스왕의 이름을 딴 미노아문명과 그리스본토와 트로이를 포함한 미케네문명으로 크게 구분된다. 크레타를 중심으로 발전한 미노아문명은 오리엔트의 영향을 받으면서 기원전 3000년기 중엽에는 청동기 시대로 들어섰으며, 기원전 2000년을 지나서는 線狀 A文字를 사용하게 되었다. 이 문명의 담당자는 인도유

---

1) 2차대전이 발발하려던 1939년 미국의 고고학자 블레겐(Carl Blegen)에 의하여 발굴되었으며, 급거 미국으로 수송되었다.

럽어족이 아니라 소아시아로부터의 이주민으로 생각되고 있다.

미노아문명은 기원전 2000년기에 접어들면서 비약적인 발전을 하여 전성기를 맞이하게 되었다. 정교한 도자기가 제작되고, 크놋소스에는 미노스왕의 장려한 궁전이 건조되었다. 이 궁전은 복잡한 여러 종류의 방과 낭하의 배치로 迷宮의 인상을 풍긴다. 이 궁전은 지진의 탓인지, 또는 이 무렵 이집트에서 추방된 힉소스족의 침입의 탓인지 정확하게 그 원인을 알 수 없으나, 기원전 16세기에 두 번(1570 및 1500 B.C.경) 파괴되었다가 재건되었다. 기원전 1450년 경에는 線狀 A文字 대신 B 文字가 나타나는 바, 이는 미케네인이 크레타를 지배하게 된 사실을 말해주는 것이 아닌가 생각되고 있다. 기원전 1400년 경 크놋소스의 궁전은 돌연 결정적으로 파괴되고 다시 재건되지 않음으로써 미노아문명은 종말을 고하게 되었다. 그 원인에 관해서는 종래 미케네인의 침입이라고 생각되었으나, 1960년대의 새로운 발굴에 의하면 크레타 북쪽에 있는 테라(Thera, Santorin)섬의 화산폭발로 인한 화재와 대해일의 결과라고 생각되고 있다.

미노아인은 바다를 무대로 활발하게 해상무역에 종사하였으며, 우수한 건축가요, 기술자이며, 또한 예술가이기도 하였다. 그들은 바다라는 자연의 장벽을 믿고, 궁전주변에는 성곽을 축조하지 않았다. 그들의 정교하고 아름다운 도자기는 동부 지중해일대는 물론 오리엔트와 멀리 시칠리아까지 운반되었다.

미노아의 정치나 사회에 관해서는 확실한 것은 알 수 없으나, 전설상의 미노스 왕과 같은 전제적인 제사장 겸 왕이 잘 조직된 관료제의 도움을 받으면서 통치한 것 같다. 처음에는 크레타에 많은 적대적인 작은 왕국들이 分立하고 있었으나, 기원전 16세기에 이르러 크놋소스의 지배자가 섬전체를 통일적으로 지배하게 되었다. 미노아사회는 전체적으로 활달하고 유복하여 즐거운 양상을 보여주며, 상류층은 축제와 스포츠를 즐기면서 쾌적한 생활을 보냈다. 노예의 거주지나 거처가 발견되지 않는 것으로 보아 사회계층으로서 노예계급이 존재하였는지는 의심스럽지만, 장대한 궁전건축에는 상당히 많은 노예가 사역되었을 것이다.

미노아예술은 이집트의 영향을 받았으나, 곧 독자적인 발전의 길을 걸었다. 거기에는 오리엔트에서와 같이 인습이나 전통의 되풀이가 거의 없다. 그들에게 번영을 가져다주는 바다와 약동하는 자연, 그리고 즐거운 축제와 스포츠가 미노아예술의 주된 테마였다.

미노아예술은 화려하고 생생하며 인간성과 개성에 충만해 있다. 태양 앞의 모래알과도 같은 보잘 것 없는 신하에게 군림하는 신적 군주(God–King)의 억압적인 위엄과 장대함을 갖고 있지 않았다. 미노아예술은 생기와 즐거

움이 약동하고 있으며, 바다와 태양, 수목과 꽃, 축제와 스포츠에 도취되어 있다.[2]

미노아예술의 대표적인 것은 아름답고 정교한 도자기와 '파리의 女人'(La Parisienne)이라는 별칭이 붙은 매우 개성적인 여인의 그림에서 보듯이 궁전의 프레스코벽화이다.

미케네文明

미케네문자인 線狀 B文字의 해독으로 미케네문명의 담당자는 그리스인의 선조라는 것이 확인되었다. 인도유럽어족에 속하는 그리스인은 일찍이 기원전 2000년경부터 波狀的으로 남하하여 그리스본토에 자리잡고 원주민과 혼합하였다. 그들은 중부 그리스와 펠로폰네소스(Peloponesos)반도에 많은 소왕국을 건설하였고, 미케네는 펠로폰네소스의 여러 왕국 중 '황금의 미케네'로 일컬어질 정도로 부강한 맹주격이었다.

미케네는 선진문화인 미노아문명을 흡수하면서 발전하였으며, 특히 기원전 16세기에는 그리스본토의 '미노아化'라고 할 수 있을 정도로 미노아의 영향은 컸다. 아테네의 왕자 테세우스(Theseus)가 미노스왕의 딸 아드리아네(Adriane)의 도움을 받아 아테네가 보내는 젊은 남녀를 잡아먹는 半人半牛의 괴물 미노타우루스(Minotaurus)를 퇴치하였다는 전설은 당시의 미노아와 그리스본토와의 관계의 일단을 말해주는 것이다. 그러나 기원전 15세기 중엽에는 미케네가 크놋소스를 지배하게 된 것 같으며, 미노아문명이 몰락한 후에는 미케네가 에게海의 패자가 되었다. 트로이전쟁(1240~30 B.C.경 ; 一說에는 1260 B.C.경)은 전설이 전하듯이 트로이왕자 파리스(Paris)가 아가멤논의 동생인 스파르타왕 메넬라우스(Menelaus)의 왕비 헬렌(Helen)을 유괴한 데 기인하는 것이 아니라, 강대해진 그리스본토의 소왕국들이 미케네를 맹주로 결합하여 소아시아로 진출한 大遠征이었다. 그러나 그 후 미케네는 쇠퇴하게 되며, '해상민족'에게 시달림을 받고, 기원전 12세기에 결국 그리스인의 마지막 이주자인 도리아족(Dorians)에 의하여 파괴되었다.

미케네는 미노아에 못지않게 번영하고 부유하였다. 왕족을 위하여 커다란 벌집과 같은 原形墳墓를 지었으며, 도시주변에는 두꺼운 巨石으로 견고한 성벽을 축조하였다. 그 돌들이 매우 컸기 때문에 신화에 나오는 애꾸눈의 거인 키클로프스(Cyclops)만이 쌓을 수 있다 하여 후대의 그리스인들은 그 성벽을 '키클로프스

---

2) M.Rostovtzeff, *Greece*(Galaxy Books, 1963), pp. 28~29.

[지도 2] '그리스世界'와 '그리스의 植民活動'

의 성벽'이라고 불렀다. 이로써 알 수 있듯이 미케네는 미노아와는 달리 尙武的이며 군사적인 성격이 강하였다. 예술 또한 기본적으로는 미노아예술을 계승하면서도, 전쟁과 사냥의 테마가 많아진 것은 미케네의 이러한 성격을 반영한 것이다.

기본적인 생산은 농업과 목축이었으며, 왕실을 중심으로 분업화한 수공업도 발달하였다. 국내에서의 교환경제는 미미하였으나 외국과의 교역은 매우 활발하고 광범위하여 에게海를 지배하고, 히타이트·페니키아, 이집트 등과도 접촉을 가졌다.

미케네인들은 제우스(Zeus)와 포세이돈(Poseidon) 등 후대의 그리스인들이 믿었던 신들을 신봉하였으나, 그보다도 미노아인들이 믿었던 뱀女神(snake-goddess)을 더 신봉한 것 같다. 미케네의 사회구조는 국왕 밑에 귀족적인 전사계급이 있고, 다음에 일종의 관료인 서기들이 있고, 그 밑에 상인과 농민이 있었으며, 최하층에 노예가 있었다. 정치적으로는 기본적으로 공납제에 의한 왕정으로서 국왕은 광대한 토지와 가축을 소유하였으며, 호메로스에 나오는 그리스의 왕들에 비하여 강력한 권력을 가지고 있었으나, 오리엔트의 전제군주에 비하면 약한 편이었다. 국왕 밑에 전사단이 조직되어 있었으며, 그들은 일종의 封土를 소유하는 대지주로서 귀족적인 지배층을 형성하였다. 각 촌락에는 행정과 공납을 관장하는 촌장이 있고, 토지소유는 사유지와 공유지가 공존하고 있었다. 공유지의 존재는 공동체적인 성격이 아직도 강하다는 것을 말해주며, 사유지의 존재는 평민인 공동체의 成員이 경제적 자립을 누리고 있었음을 말해주는 것으로서, 이는 미케네의 국왕이 오리엔트적인 전제군주化하는 것을 억제하는 요인이기도 하였다. 노예제는 주로 왕실을 중심으로 상당한 규모로 발달하였으며, 수천명의 남녀노예가 그 기능에 따라 노예집단으로 구분되어 있었다. 이렇듯 미케네사회는 그보다 앞선 오리엔트사회와 후에 나타나는 그리스사회와의 중간형이었다.

제 2 절 폴리스의 成立과 發展

자연환경

그리스의 기후와 지세는 地中海型風土에 속한다. 그리스본토는 산이 많고 평야가 적었으며, 산줄기가 종횡으로 달려 산에 둘러싸인 골짜기나 평지는 하나의 자연적인 지리적 단위를 이루고 있다. 이러한 지리적 조건이 폴리스라는 소단위의 국가를 성립시킨 주요한 요인이기도 하다. 해안선의 굴곡은 지중해연안의 그 어느 곳보다도 심하여 톱니를 연상하게 한다.

이러한 본토의 지형은 자연 그리스인으로 하여금 바다로 진출하게 하였다. 에게海에는 수많은 大小 섬들이 산재해 있고, 맑게 개인 날에는 시야가 멀리까지 트여서 항해하기에 안성맞춤이다. 그러므로 항해술이 발달하지 않은 시대에도 이러한 섬들이 디딤돌 역할을 하여, 본토로부터 소아시아로의 항해는 매우 쉬운 일이었다.

기후는 건조하고 더운 여름과 선선하거나 약간의 냉기가 도는 겨울의 두 계절로 나누어지며, 겨울에 약간의 비가 오지만, 여름에는 때로 雷雨가 쏟아질 뿐 거의 비가 오지 않는다. 따라서 오리엔트에서와 같이 대규모의 治水事業이나 관개사업은 문제가 되지 않고, 오히려 언제나 물 부족이 고민거리였다.

이러한 기후와 지세 하에서는 오리엔트에서와 같은 관개농업이 행하여질 수 없음은 당연하지만, 소규모의 보리나 밀 등 곡물재배조차 쉬운 것이 아니었다. 오히려 건조하고 메마른 땅에서도 잘 자라고, 매년 열매를 맺는 포도와 올리브 등의 재배가 유리하고 적합하였다. 그리하여 포도주와 올리브油는 그리스의 가장 중요한 농산품으로서, 일상생활의 필수품이었을 뿐 아니라 귀중한 수출품이기도 하였다.

한편 언덕이나 고원지대에서는 규모는 크지 않으나 양과 염소 목축이 행하여졌다. 그리하여 소규모 목축을 수반한 多角的 農業經營이 옛부터 오늘날까지 그리스를 비롯한 지중해일대의 농업의 특색이었다. 큰 올리브나무 숲밑을 양떼를 몰고 가는 모습이 그리스에서 흔히 볼 수 있는 대표적인 풍경이다.

이렇듯 자연환경은 결코 유리한 것이 아니었기 때문에 그리스인들은 일찍부터 해외로 진출하고, 해외무역에 종사하였다. 포도주와 올리브油, 각종 공산품과 특히 도자기 등을 수출하여 부족한 식량과 기타 필요한 물자를 해외에서 수입하였다. 그렇기 때문에 스파르타와 같은 예외도 있었지만, 그리스인에게 바다는 매우 소중하였다.

폴리스의 成立

도리아족의 남하로 미케네문명은 완전히 파괴되고, 線狀 B文字도 사라졌다. 그리하여 그리스史는 약 300년간의 이른바 '암흑시대'(Dark Age, 1100~800 B.C.)를 맞이하게 된다. 이 시기의 그리스인의 생활이나 사회를 알 수 있는 문서가 없고, 이 시기가 끝날 무렵에 나타난 호메로스(Homeros)의 《일리아드》(*Iliad*)와 《오딧세이》(*Odyssey*)가 그나마 유일하게 약간의 정보를 제공해주기 때문에 이 시기를 호메로스시대(Homeric Age)라고도 한다.[3]

도리아족이 많은 파괴와 혼란을 일으키면서 펠로폰네소스반도와 크레타에 자리 잡았을 때, 이를 피하여 이주하는 무리들이 일부는 아테네가 위치한 앗티카 (Attica)지방에 모여들고, 일부는 에게海의 섬과 소아시아 방면으로 이동하였다. 그리스의 이주민들이 자리잡은 소아시아의 해안지대와 인접한 섬들을 이오니아 (Ionia)라고 부르며, 그들은 미케네문명의 유산을 지니고 이주하였고, 또한 이오니아지방이 오리엔트문화와의 접촉이 용이한 곳이었기 때문에 문화발전이 본토보다 빨랐고, 폴리스(polis)도 소아시아의 서해안지역에서 먼저 성립하였다. 그것은 적대적인 많은 先住民이 살고 있는 곳으로 이주한 그리스인들이 저마다 해안에서 멀지 않은 방어하기 쉬운 곳을 택하여 성벽을 쌓고, 도시적인 새로운 생활체제, 즉 폴리스를 건설해야만 했기 때문이다.[4]

미케네사회가 붕괴한 후 그리스본토에는 3개 내지 4개 부족으로 구성된 소왕국이 여기 저기 나타났다. 부족 밑에는 몇 개의 兄弟團(phratry)과 여러 씨족이 있었으나, 현실적인 생활단위는 개별가족으로 구성된 촌락공동체였다. 처음에는 목축과 농경을 주업으로 삼았으나, 점차로 수공업이 발달하고 분업도 진행되었다. 정치체제는 왕정이었으나, 미케네시대에 비한다면 왕권은 훨씬 미약하였고, 부족내의 유력자인 귀족 중의 으뜸가는 존재에 지나지 않았다. 또한 토지소유에 있어서도 미케네와는 달리 공유지와 이에 따른 공동체적 규제가 없고 촌락공동체의 성원은 저마다 클레로스(kleros, 분배지)의 소유자로서 경제적 독립성이 강하였다.

그리스인의 독특한 생활체제인 폴리스가 언제, 그리고 어떠한 과정을 통하여 성립하였는지 정확한 것은 알 길이 없다. 도리아족의 남하에 따른 혼란과 他國家의 위협으로부터 스스로를 지키기 위하여 여러 촌락이 지리적으로나 군사적으로 중심이 되는 곳에 모여들어 도시가 형성되고, 그 도시를 중심으로 주변의 촌락들이 하나의 독립된 주권국가인 폴리스를 형성하였다는 集住(synoikismos)說이 일반적으로 널리 통하고 있다. 대체로 그 시기는 호메로스시대가 끝나는 기원전 800년을 전후한 시기로 보고 있다. 그러나 이것은 어디까지나 일반론이고, 예외가 적지 않았다. 이를테면 주변에 농촌이 없고 하나의 도시가 폴리스인 경우가 있는가 하면, 도시가 없는 폴리스도 있고, 본토 서남부의 일부 지역에서는 마지막까지 폴리

---

3) 그리스가 페니키아의 알파벳을 이용하여 독자적인 알파벳문자를 만든 것은 기원전 9세기 말경이며, 호메로스의 작품은 이러한 문자사용과 관련이 있다.
 호메로스에 관해서도 그 존재여부가 학자들 사이에 문제가 되었으나, 오늘날 그가 실제로 존재하였다는데 의견이 모아지고 있으며, 그 생존년대도 850~750 B.C. 사이로 잡고 있으나 늦게, 즉 기원전 8세기 초나 전반으로 잡는 견해가 유력하다.

4) Imanuel Geiss, *Die Geschichte griffbereit*, 6, Epochen(1979), p.124.

스가 형성되지 않고 부족사회를 유지한 경우도 있다. 그렇기는 하나 여러 촌락의 중심시로의 集住로 폴리스가 성립한 경우가 전형적이라고 하겠으며, 따라서 이를 도시국가(city-state)라고 불러도 큰 잘못은 없다.

폴리스의 중심이 되는 도시는 대체로 해안으로부터 과히 멀지 않은 평지에 위치 하였으며, 도시는 폴리스의 정치, 군사 및 종교의 중심이었다. 성벽으로 둘러싸인 도시 안에서는 그 도시의 수호신을 모신 신전이 건립된 아크로폴리스(acropolis) 라는 작은 성체와도 같은 小丘(내지 산)가 있으며, 이 곳은 일단 유사시에는 시민 들의 피난처요, 침입자에 대한 항거의 최후거점이기도 하였다. 아크로폴리스에 인 접해서 아고라(agora)라는 광장이 있다. 이 곳은 시장인 동시에 정치를 포함한 모 든 공공생활의 장소이며, 시민들의 사교의 장이기도 하였다.

폴리스성립 당시, 즉 집주가 행하여졌을 때 중심시로 모여든 사람은 주로 귀족 과 수공업자 내지 상인들이었고, 농민은 촌락에 그대로 머물렀으며, 귀족도 그 근 거를 그대로 농촌에 갖고 있었다. 그렇기 때문에 폴리스성립 이전의 공동체적인 성격이 파괴되는 일없이 그대로 확대되어 폴리스 전체가 하나의 시민공동체를 형 성하게 된 것이다. 그러나 여기서 유의할 점은 폴리스 내에 거주하는 모든 사람이 시민으로서의 완전한 자격과 권리를 갖고 있지 않았다는 사실이다. 수많은 노예는 물론이요, 여러 代에 걸쳐 거주하고 있는 자유인인 在留外人(metics)도 완전한 의 미의 시민은 아니었고, 오직 폴리스를 형성하는데 참여한 부족의 成員 내지 그 후 손만이 완전한 시민이었다.

이상과 같은 사실을 염두에 두고 폴리스를 간단히 규정한다면, 그것은 종교적 · 경제적 유대로 결합하고, 법(nomos)에 의하여 규제되는 완전한 독립성과 주권을 가진 시민공동체라고 할 수 있다.[5]

이러한 폴리스가 古典期에는 본토에서만도 200개가 넘고, 소아시아로부터 에게 해와 지중해일대에 건설된 植民市까지 합친다면 1,000개를 넘었다.[6] 따라서 그 넓 이도 다양하였으나 전체적으로 볼 때 폴리스의 영역은 크지 않았다. 작은 것은 100km² 이하였고, 가장 큰 폴리스에 속하는 코린트(Corinth)가 880, 아테네 (Athens)를 포함한 앗티카지방이 2,550, 그리고 스파르타(Sparta)를 중심으로 한 라코니아(Laconia)지역이 8,400km²였다.[7]

그리스인들은 스스로를 헬레네스(Hellenes)라고 부르고, 이민족인 바르바로이

---

5) André Aymard, *Etudes d'histoire ancienne*(1967), p.275 및 I. Geiss, p. 124 참조.
6) M.I. Finlay, *The Ancient Greeks*(1963), p. 22.
7) I. Geiss, p. 125. 라코니아의 경우 8세기에 정복한 메세니아를 포함하고 있는 바, 이 를 제외한다면 3,000km²이다. A. Aymard, p.274 참조.

(Barbaroi)와 구별하였으며, 헬레네스가 사는 곳을 본토와 식민시를 통틀어 헬라스(Hellas)라고 하였다. 폴리스들은 델피(Delphi)의 아폴로(Apollo)신전을 중심으로 隣保同盟(Amphictyony)을 맺고, 기타 정치적·군사적 동맹을 맺기도 하였다. 그들은 또한 펠로폰네소스반도의 서부에 있는 올림피아(Olympia)의 제우스신전에서 기원전 776년부터 4년마다 모든 폴리스가 참가하는 체전을 열고, 그 기간 동안은 폴리스 상호간의 전쟁을 금지하였다. 그러나 이러한 동족의식이나 부분적인 결합에도 불구하고, 그리스 전체가 하나의 통일된 국가를 형성하지 못하고 결국 폴리스라는 작은 도시국가의 분립상태를 벗어나지 못하였다.

植民活動과 社會의 변화

폴리스가 성립한 기원전 8세기에는 호메로스시대의 왕들이 사라지거나, 존속한 경우라도 실권이 없는 명목상의 존재에 지나지 않고, 정치권력은 귀족에게로 넘어갔다. 그렇기 때문에 폴리스의 성립을 귀족정치와 연관시키려는 견해도 있다. 즉, 촌락을 단위로 한 부족적인 성격이 강한 왕정으로부터 실권을 빼앗은 귀족들이 통치의 편의상 중심시로 집주하였다는 것이다.

귀족은 평민보다 많은 토지와 가축을 소유하고 있을 뿐 아니라, 血統과 家系에 있어 뛰어난 자들이었다. 즉, 그들은 신이나 영웅, 또는 왕의 후예들임을 자랑하는 가장 유력한 씨족 출신인 것이다. 그리고 또한 귀족들은 기사로서 폴리스방위의 가장 중요한 존재였다. 당시 미케네시대에 전투의 주역을 담당하였던 戰車는 사라지고, 중무장을 한 기사들의 1대 1의 싸움으로 전투양식이 변하고 있었다. 말의 사육이나 중무장에는 많은 비용이 들었고, 그것이 모두 기사의 자담이었기 때문에 이를 감당할 수 있는 귀족만이 출전할 수 있었던 것이다. 그리하여 가문과 혈통을 자랑하고, 폴리스방위의 전사단을 구성한 귀족들이 정권을 장악하고, 주요 관직을 독점하였다.

한편 평민 중에는 약간의 수공업자와 상인이 포함되어 있었지만, 그 대다수는 클레로스, 즉 분배지를 소유한 中·小농민이었다. 원래 소아시아 출신으로서 본토의 보이오티아(Boiotia)에 자리잡은 기원전 8세기의 시인 헤시오도스(Hesiodos)의 《노동과 세월》(*Works and Days*)은 이러한 농민들의 생활을 생생하게 전해주는 귀중한 자료다. 이에 의하면 당시의 표준적인 농민은 2·3명의 노예를 소유하고, 농번기에는 일꾼도 고용하여 직접 땀흘리며 농사에 종사하는 자영농민이었다. 그들의 생활에 큰 여유는 없고, 가장 큰 두려움은 분배지를 상실하는 일이었다. 그 자신이 이러한 농민이었다고 생각되는 헤시오도스가 그들을 대변하여 귀족의 부정한 재판 등을 가차없이 비판하고 있는 것으로 보아 폴리스의 자유로운 시민공동체적인 성격과 자유롭고 독립적인 자영농민의 존재를 확인할 수가 있다.

폴리스에서의 귀족지배에 동요를 가져온 것은 식민운동과 그로 인한 폴리스의 사회경제적 변화였다. 이미 에게海와 소아시아방면으로 진출하였던 그리스인들은 기원전 8세기 중엽부터 약 2세기에 걸쳐 매우 활발한 해외진출과 식민운동을 전개하였다. 북동쪽으로는 다나넬스와 보스포러스 해협과 흑해연안에, 그리고 지중해 연안에서는 멀리 갈리아(지금의 프랑스) 남부와 에스파냐 해안까지 진출하였다. 가장 대표적인 식민시로서는 프랑스의 맛실리아(Massilia, 지금의 마르세유), 시칠리아의 시라쿠사와 이탈리아의 네아폴리스(Neapolis, 지금의 나폴리) 등을 포함한 마그나 그래키아(Magna Graecia),[8] 그리고 보스포러스 해협의 비잔티움(By-zantium, 로마시대의 콘스탄티노플, 지금의 이스탄불) 능을 들 수가 있으며, 흑해연안과 나일강입구, 그리고 멀리 에스파냐에는 무역거점이 건설되었다.

해외진출과 식민운동의 동기는 다양하고 복잡하였다. 이를 요약하면 ① 사회의 안정에 따른 자연적인 인구증가, ② 정권을 장악한 귀족층 내부의 갈등과 분쟁, ③ 귀족과 같은 대지주의 압박을 받은 소농 내지 빈농의 토지에 대한 갈망, ④ 해상무역을 확대하려는 욕망, ⑤ 해외로 진출하려는 개척자적인 모험심 등을 들 수 있다. 현실적으로는 이러한 동기가 서로 복합적으로 작용한 경우가 많았다.

새로이 건설된 식민시는 일반적으로 母市의 정치적 지배를 받지 않고 저마다 독립을 유지하였다. 그러나 그들은 母市의 방언·습속·정치제도·관직명·제사 등을 거의 그대로 移殖했으며, 본토와 식민시 사이에는 사람과 물자의 왕래가 빈번하였고, 자연히 정치·경제·문화면에서도 긴밀한 유대관계가 성립하게 되었다. 그리하여 일찍이 건설된 소아시아의 식민시를 비롯하여 흑해로부터 서부지중해에 걸쳐 汎그리스세계가 성립하게 되었다.

식민시와의 접촉이 빈번해짐에 따라 해상무역이 왕성해지고, 그것은 또한 본토 내의 상공업을 발전시키게 되었다. 아테네의 경우 직물, 도자기 그리고 금속세공품이 이러한 해외무역의 주된 공산품이었으며, 아테네産의 독특한 고급도자기는 그 盛期에 멀리 메소포타미아, 갈리아 그리고 에스파냐에까지 운반되었다. 이러한 상품의 생산은 대체로 소규모의 가내공업으로 수행되었으며, 수공업자나 기업주의 집 또는 일터에서 약간명의 자유민이나 노예노동으로 이루어졌다. 아테네의 어느 방패제조업자의 경우 120명의 고용원을 거느렸고, 160명의 노예를 사용한 경우

---

8) 남부이탈리아 일대의 수많은 그리스식민시를 묶어서 로마인은 마그나 그래키아라고 불렀으며, 그리스라는 명칭도 여기서 유래하였다. 시칠리아의 서부에는 이미 카르타고가 植民하고 있었기 때문에 그리스인은 그 동부에 식민하였다.

도 있으나, 이는 예외적인 것이고, 보통은 약간명의 소규모의 가내공업이었다.[9]

이러한 상공업의 발달은 기원전 7세기에 소아시아의 리디아(Lydia)로부터 화폐가 전해지므로 한층 더 촉진되었다. 본토의 주된 도시국가들이 저마다 화폐를 주조하게 되었으며 아테네는 이 점에 있어서 매우 유리하였다. 그것은 중심시로부터 얼마 안되는 곳에 라우리옹(Laurion, 또는 Laurium)銀鑛을 가지고 있었기 때문이다. 이 은광은 국가소유였으나 개인기업가에게 임대되었고, 수천명의 노예가 사역되었으며, 채굴방법이나 제련기술이 매우 우수하였다. 라우리옹은광에서의 국가수익이나 기업가의 소득은 아테네의 군사력유지와 경제적 발전 그리고 문화적 풍요에 크게 공헌하였다.[10]

화폐경제에 입각한 상공업의 발달은 농업에도 영향을 미쳤다. 이미 호메로스시대에도 대토지소유자인 귀족 중에는 남은 포도주나 올리브油를 시장에 팔거나 수출하고 있었으나, 해상무역과 교환경제가 발달하자 이러한 경향이 더욱 촉진되면서 시장을 위한 대규모의 과수재배가 일어나게 되었다. 이러한 대규모경영의 발달은 소농에게 강한 경제적 압박을 가하게 되었다. 그리하여 대토지소유자인 귀족에게 부채를 지고 소작농이나 농업노동자로 전락하거나, 심한 경우는 부채를 갚지 못하여 노예가 되는 경우도 적지 않았다.

그러나 이러한 사회적 변화는 농촌에 국한된 것이 아니었다. 해상무역과 상공업의 발달은 상인과 선박소유자, 직물과 도자기제조업자, 금속세공업자 등의 부와 힘을 증가시키고, 선원과 하역인부 등의 중요성도 증가시켰다. 이들 도시의 평민들은 지주층인 귀족이 정치권력을 독점하고 있는 것에 불만을 품고 귀족정치에 도전하게 되었다.

평민세력의 대두에는 사회경제적 변화만이 아니라 전술의 변화 또한 크게 작용하였다. 기원전 8세기 말이나 늦어도 7세기 전반기에 重裝步兵(hoplite)의 密集隊(phalanx)가 종전의 귀족기사들을 대신하여 전투의 중심이 되었다. 청동제의 헬멧과 胸甲, 그리고 정강이받이를 입고, 원형방패와 長槍을 들고 단검을 지닌 중장보병이 적어도 4열 이상의 두껍고 긴 밀집대를 이루어 전투에 임하게 된 것이다. 매우 부유한 귀족은 아직도 말을 타고 출전하였으나, 싸움터에 이르면 말에서 내려 밀집대의 일원이 될 수밖에 없었다. 중무장의 비용은 각자의 부담이었기 때문에 유산시민에게 한정될 수밖에 없었으나, 귀족만이 전투의 주역으로서 폴리스를 지키던 시대는 지나가고, 도시와 농촌의 중산층 이상의 유산시민이 국방의 주력이

---

9) H. Heaton, *Economic History of Europe*(rev. ed., 1969), p. 31.
10) *Ibid.*, pp. 31~33.

되기 시작한 것이다. 이러한 전술의 변화는 사회경제적 변화와 더불어 평민의 정치에 대한 발언권을 증대시킬 수밖에 없었다.[11]

貴族政治의 동요와 僭主政治

아테네에서의 귀족정치의 중심은 執政官인 아르콘(archon)과 아레오파구스(areopagus)회의였다. 아르콘은 처음 군사·종교·民事의 3명이었으나, 후에 9명으로 증가하고, 임기도 종신이던 것이 1년이 되고, 그 대신 임기가 끝나면 자동적으로 아레오파구스회의의 의원이 되었다. 아레오파구스회의는 부유한 명문출신의 귀족들로 구성되며, 귀족지배의 가장 핵심적인 기관이었다. 일반시민으로 구성되는 民會가 있고, 아르콘도 여기서 선출되었으나 실질적인 권한은 없었다.

아테네에서 귀족에 대한 평민의 도전이 격화된 것은 기원전 7세기 말경이었다. 이 무렵 半전설적인 드라콘(Dracon)이 重罰主義로 유명한 법전을 만들었으나(621 B.C.경), 부채로 인한 자유상실을 규정함으로써 오히려 사태를 악화시켰다. 기원전 594년에 아르콘으로 선출된 솔론(Solon)은 아테네가 당면한 위기를 극복하기 위한 개혁을 단행하였다. 사회경제적 측면에서는 부채를 말소하고, 부채로 인하여 노예가 된 자유민을 해방하였으며, 부채로 인한 인신의 예속화를 금지하는 동시에 상공업을 장려하였다. 정치적으로는 시민을 재산소유에 따라 대지주귀족, 기사(중·소귀족), 농민(중장보병의 도시민 포함), 노동자의 4계층으로 구분하고, 정치참여의 비중을 다르게 규정하였다. 즉, 아르콘이나 아레오파구스회의의 의원은 여전히 상위 두 계층에 한정하였으나, 최하층에게도 민회에 참석할 권리를 주고, 새로 설치한 시민법정(heliaea)에도 계층의 구별없이 추첨으로 참석하게 하였다. 그리고 새로이 각 부족(phyle)으로부터 100명씩을 골라 4백인회를 만들어 민회에 제출할 안건을 마련하게 하였다.

이러한 솔론의 개혁은 종래의 귀족지배를 존속시키면서, 당면한 긴급한 문제를 우선 과감하게 해결하고, 하층시민에게도 불완전하나마 정치에 참여할 길을 열어준 것이다. 그렇기 때문에 그를 '調停者'라고도 불렀다.

그러나 솔론의 개혁은 귀족이나 평민, 그 어느 편도 만족시키지 못하였고, 따라서 귀족과 평민 사이의 대립과 분쟁이 재발하였다. 이러한 내부문제를 안은 채 아테네는 인접한 메가라(Megara)와 싸워 살라미스(Salamis)를 획득하였다. 이 전

---

11) 중장보병의 밀집대가 전투의 주력이 된 시기에 관해서나 그 내용 등에 관하여는 학자들의 견해가 구구하다. C.G. Starr, *A History of the Ancient World*(1965), pp. 210~211 및 A.M. Snodgrass, *Arms and Armour of the Greeks*(1967), p. 56 및 74 참조. 특히 후자는 이 분야에서 주목할 특수연구로서 삽화가 풍부하여 흥미롭다.

쟁은 아테네로서는 최초의 대외전쟁으로서 최하층민을 포함한 시민 전체가 참가하였다는 사실에 큰 뜻이 있었다. 이 전쟁의 군사지도자였던 페이시스트라토스(Peisistratos)는 기원전 561년에 빈농층을 포함한 평민의 지지를 바탕으로 정권을 장악하여 僭主(tyrant)가 되었다. 참주가 된 페이시스트라토스는 그에게 반대하는 귀족을 추방하고, 그 토지를 빈농에게 분배하는 한편, 상공업을 장려하고 은광을 개발하여 시민의 세금부담을 감소하였다. 그의 이러한 정책은 매우 과감한 것으로서 귀족세력을 크게 약화시켰다. 이 밖에 그는 트라키아(Thracia)방면으로 진출하고 흑해로부터의 식량공급로에 해당하는 섬들을 확보하였다. 그가 사망하자(527 B.C.), 아들 히파르코스(Hipparcos)와 히피아스(Hippias)가 정권을 계승하였으나, 히파르코스가 살해된 후(514 B.C.) 히피아스는 폭군化하여 민심을 잃고 아테네로부터 추방됨으로써(510 B.C.), 약 반세기에 걸친 참주정치(tyranny)는 막을 내렸다. 참주정치는 사회경제적 변화와 전술의 변화로 귀족지배가 동요하고, 귀족과 평민의 대립과 분쟁이 격화된 상황을 이용하여 비합법적으로 정권을 장악하여 독재적으로 정치를 행한 것을 말하며, 결국 귀족정치로부터 민주정치로 넘어가는 과도기에 나타난 정치 현상이었다.

스파르타

아테네와 같이 해상무역과 상공업이 발달한 폴리스에서는 평민세력의 대두로 귀족지배가 동요하고, 사회계층의 분화로 사회불안을 겪었다. 그러나 스파르타만은 예외였다. 그것은 스파르타가 정복에 의해서 건설된 폴리스이고, 또한 정복에 의해서 영역을 확대시켰기 때문이다.

도리아족인 스파르타는 펠로폰네소스 반도로 남하하여 비교적 기름진 라코니아(Laconia, 또는 Lacedaemon)에 자리잡았을 때, 원주민 중에서 스파르타의 지배를 받아들이고, 종속적인 지위를 감수한 자는 신분은 자유롭지만 시민권이 없는 '페리오이코이'(perioilkoi, 변두리 사람이라는 뜻)가 되고, 처음부터 예속적인 신분이었거나, 마지막까지 완강하게 저항한 자는 '헤일로타이'(heilotai : helot)라는 노예신분의 隸農(예농)이 되었다. 페리오이코이는 도시나 그 주변의 촌락에 거주하면서 스파르타시민에게는 금지되어 있는 상공업에 종사하였고, 시민권은 없었지만 생활 자체는 그다지 나쁜 편이 아니었다. 이에 反하여 헤일로타이는 국가가 시민에게 할당한 분배지의 주변에 거주하면서, 이를 경작하여 시민과 국가가 요구하는 공납을 납부하는 부자유한 몸이었다. 그들은 가족을 거느리고 농업생산을 증가시켜 생활에 여유를 가질 수도 있었다. 그러나 그들의 수효는 스파르타시민에 비하여 엄청나게 많고, 언제나 반란의 위험을 안고 있었기 때문에 감시의 대상이었고, 불온하거나 반란의 지도자가 될만한 자질의 소유자는 재판없이 제거되거나 추방되었다.

　신분과 거주지를 달리하는 페리오이코이와 헤일로타이를 바탕으로 이루어진 스파르타의 특이한 사회구조는 기원전 8세기 말(725~705 B.C.경)과 7세기 후반(640~620 B.C.경)의 두 차례에 걸친 메세니아(Messenia)전쟁을 통하여 더욱 더 확대되고 강화되었다. 이 전쟁은 스파르타의 영토확장을 위한 정복전쟁으로서, 제 2차 메세니아전쟁은 스파르타의 가혹한 지배에 대한 메세니아의 반란이었다. 용맹을 자랑하는 스파르타인도 고전을 거듭하는 장기간에 걸친 힘든 어려운 전쟁이었다. 전쟁 후 스파르타는 메세니아 주민의 대부분을 헤일로타이로 만들고, 그 토지를 스파르타시민에게 평등한 수익을 얻을 수 있도록 분배하였다. 그리하여 스파르타시민은 실질적인 '同等者'(homoioi)가 되고,[12] 이에 따라 빈부의 격차나 사회계층의 분화에 따른 사회적 불안이나 정치적 동요를 방지하고, 市民의 결속을 강화할 수가 있었다.

　스파르타의 國制는 기원전 9세기에 전설상의 立法者인 리쿠르구스(Lycurgus)가 제정하였다고 하지만, 실제는 메세니아전쟁에 이르는 역사적 발전의 소산이었다. 그 내용을 보면 두 사람의 왕이 있으나 실권은 없고, 두 왕을 포함하여 30명의 유력한 가문출신으로 구성되는 長老會(gerusia : Council of Elders)가 국정의 중요안건을 마련하지만, 이는 20세 이상의 성년남자 시민전체로 구성되는 민회의 승인을 받아야 한다. 그러나 국정운영의 실권은 민회가 선출하는 임기 1년의 5명의 에포르(ephor)에게 있었다. 이 에포르는 국정운영면에서 본다면 집정관이라고 하겠으나, 원래의 임무는 王을 포함한 여러 관직자의 행동을 감시하고, 스파르타 특유의 생활양식의 준수 여부를 감시하는 것이었기 때문에 감사관의 기능도 겸유하고 있었다.

　이러한 스파르타의 정치구조는 왕정과 귀족정치의 遺制를 내포한 민주정치라고 할 수 있겠다. 기원전 7세기 전반, 즉 제 2차 메세니아전쟁 전에 중장보병의 밀집대 전술이 도입되고, 성년남자시민 전원이 분배지를 가진 동등자로서 중장보병의 의무를 지고 있었기 때문에 일부 학자는 스파르타의 정치체제를 전형적인 重裝步兵 民主政이라고도 부르고 있다.

　완전한 시민권을 가진 스파르타시민(Spartiates)의 수효는 주민전체의 5%~10%에 불과하였다. 그렇기 때문에 스파르타는 언제나 절대다수를 차지하고 있는 페리오이코이나, 특히 헤일로타이의 반란을 경계하지 않으면 안되었다. 이러한 끊

---

12) M. Rostovtzeff, *Greece*, p.76 참조.

임없는 헤일로타이 반항의 위험 속에서 정복에 의한 사회체제와 지배자의 지위를
유지하기 위하여 스파르타는 군국주의의 길을 걷고 시민의 생활을 戰時體制나 다
름없이 조직하는 수밖에 없었다. 스파르타식 교육을 포함한 스파르타의 매우 독특
한 생활양식이 이로부터 유래하였다.

스파르타시민은 태어났을 때 심사를 거쳐 불구나 허약한 경우 버림을 받고, 건
장한 아이에게만 성장의 기회가 주어진다. 건장한 아이는 7세부터 부모밑을 떠나
집단적인 훈련을 받는다. 글읽기나 음악 등도 배우지만, 훈련의 주된 내용은 신체
단련과 군사훈련이다. 심지어는 식사를 훔치는 것까지 훈련의 일부로 권장되었다.
女兒도 엄격한 훈련을 받았는데, 건강한 母體만이 훌륭한 전사를 낳을 수 있다는
취지에서였다. 20세가 되면 전사로서의 모든 훈련이 끝나고 성인이 되지만 30세까
지는 병영생활을 해야 한다. 이것이 끝나면 가정생활로 돌아가지만, 그 후에도 계
속 市民戰士團에 속하여 특수한 집단생활을 해야 하고, 저녁마다 집단별로 행하여
지는 공동식사에 참가하지 않으면 안된다.

이와 같은 스파르타시민에게는 거의 개인적인 사생활이라는 것이 허용되지 않
고, 오직 훌륭한 전사가 되고자 교육과 훈련을 받고, 성년이 되어서는 용감한 전사
로서 싸울 태세를 갖추고 이를 위한 집단생활을 할 뿐이다. 이러한 생활을 하려면
전사로서의 시민은 생활에 걱정이 없고, 생산업으로부터 해방되어 있어야 한다.
사실 시민에게는 생산업에 종사하는 것이 금지되었고, 공동식사나 가족부양 등 각
종 지출은 헤일로타이의 공납으로 충당되었고, 무기나 농기구를 비롯하여 일상용
품 등은 페리오이코이가 생산한다. 상업도 페리오이코이의 전담이었으며, 화폐는
사용하기 불편한 철제였다. 외국과의 무역은 가능한 한 억제되어 자급자족을 원칙
으로 삼았고 외국인의 왕래는 감시를 받았다. 이러한 폐쇄적인 쇄국주의의 경향은
외부의 새로운 사상이 전해지고, 이로 인하여 새로운 욕구가 발생할 것을 두려워
했기 때문이다.

이러한 생활체제에서 학문이나 예술이 발전할 수는 없었다. 스파르타는 오직 잘
훈련된 용감한 전사와 그리스에서 가장 강대한 군대를 가졌을 뿐이다. 사실 스파
르타는 그 강력한 군대의 힘으로 펠로폰네소스반도 대부분의 폴리스를 망라한 펠
로폰네소스동맹을 결성하고(560 B.C.경) 霸者(패자)로서 군림하였으나, 그리스문
화에는 직접적으로 아무런 공헌도 하지 않았다.

제 3 절   페르시아戰爭과 아테네의 民主政治

클레이스테네스의 改革

히피아스의 추방(510 B.C.)으로 참주정치가 쓰러지자, 이를 타도하는 데 협력하였던 귀족과 평민 사이에 다시 대립과 분쟁이 발생하였다. 이 분쟁에서 추방된 귀족의 한 사람인 클레이스테네스(Kleisthenes)는 아테네로 귀환하여 평민의 지지를 획득하고, 스파르타의 힘을 빌려 저항하던 반대파 귀족을 분쇄하고 민주적 개혁에 나섰다. 그의 개혁 목표는 종전의 혈연적·지연적 유대나 경제적 이해관계를 배제하고, 아테네의 전시민에게 평등한 참정권을 부여하는 것이었다. 이를 위하여 먼저 새로운 행정구획을 마련하였다. 중심시를 포함하여 앗티카지방에 산재하는 촌락을 단위로 기본적인 行政區(demos)를 마련하고, 노예와 在留外人을 제외한 모든 區民을 등록하게 하고, 등록된 구민에게는 핏줄이나 재산 또는 직업에 관계 없이 동등한 참정권을 부여하였다.

앗티카지방은 크게 중심시, 해안 및 내륙지대로 구분되는 바, 중심시에서는 상공인계통이, 해안지대에서는 선원 내지 선박관계자나 어부, 그리고 내륙지대에서는 지주와 농민이 우세하였다. 앗티카를 이러한 3개 地域集團으로 구분하고 각 집단 내의 행정구를 몇 개씩 묶어 10개의 중간행정구(trittys)로 조직한 다음, 각 지역집단으로부터 1개의 중간행정구, 즉 3개의 중간행정구로서 하나의 행정부족(tribe)을 구성하였다. 그 결과 아테네는 10개의 행정부족으로 구성되었으며, 그것은 종전의 혈연적·지연적 특권을 완전히 배제하고, 경제적 또는 직업적인 이해관계가 비교적 균등하게 혼합된 행정단위로서 아테네의 모든 정치적·군사적 활동의 기반이 되었다.

클레이스테네스는 거의 혁명적이라고 할 행정구의 개혁을 바탕으로 솔론 때 설치된 4백인회 대신 5백인회라는 새로운 행정기관을 설치하였다. 기본행정구(demos)가 주민수의 비례에 따라 후보자명부를 작성하고, 그 후보자들로부터 추첨에 의하여 부족마다 50명씩 선출하여 5백인회가 구성된다. 기본행정구는 상당히 광범한 자치권이 부여되어 있었지만, 폴리스 전체에 관련된 또는 지역적인 사항이라도 중요한 것은 5백인회에서 처리하였다. 따라서 5백인회는 실질적인 통치기관으로서 아테네의 재정, 전쟁, 외교 등을 관장하였다. 실제 운영은 50명씩 10개의 위원회(prytany)로 나누어 각 위원회는 1년의 10분의 1, 즉 약 36일간 특별히 마련된 원형청사에서 집무하고 위원장은 매일 교대하였다.

20세 이상의 시민권을 가진 모든 성년남자로 구성되는 민회는 5백인회의 제안을 토의하여 채택 여부를 결정하였고, 사법권은 5백인회와 동일한 선출방식으로 구성되는 시민법정이 보유하였으며, 각 부족이 제공하는 시민전사단은 민회에서 선출된 10명의 장군(strategos)이 교대로 지휘하였다. 귀족정치의 遺制인 9명의 아르콘과 아레오파구스회의가 그대로 존속하고, 아르콘은 보수가 없었기 때문에 여전히 부유한 上位 두 계층에서 선출되었으나, 그 권한은 점차로 축소되었다.

클레이스테네스의 國制는 기원전 502년에 발효되기 시작하고, 이로써 아테네는 결정적으로 민주정치로 발전하게 되었다. 유명한 도편추방(Ostracism)은 클레이스테네스, 또는 그의 정신을 계승하여 그 이후에 제정된 것으로 참주가 될 위험이 있는 인물의 이름을 도편에 적게 하여 그 수가 6,000개 이상에 달하면 해당인물을 아테네로부터 10년간 추방하는 제도로서, 민주정치를 지키는 보완적인 성질의 것이었다. 물론 당파나 부의 불균등으로 인한 갈등과 내분이 사라진 것은 아니지만, 그 강도는 훨씬 약화되었다. 이제 모든 시민은 정부를 자기와는 무관한 지배기구로 보지 않고 자기 자신이 그 일원으로서 직접 참여하는 시민공동체와 동일한 통치 기구로 간주할 수 있게 된 것이다. 그럼으로써 아테네시민 사이에는 다른 폴리스에서는 볼 수 없는 강한 자부심과 애국심이 싹트고 자라나게 되었다.

페르시아戰爭

아테네가 민주정치의 기반을 구축한지 얼마 안가서, 아테네만이 아니라 그리스 전체가 거대한 위협에 직면하게 되었다. 그것은 오리엔트를 통일한 페르시아의 西方으로의 진출이었으며, 먼저 그 희생이 된 것은 소아시아의 그리스식민시였다.

일찍부터 소아시아의 해안지대에 자리잡은 그리스식민시들은 경제적으로나 문화적으로 본토보다 먼저 발달하여 선도적인 지위에 있었으나, 폴리스에 고유한 약점을 면할 수는 없었다. 즉, 그들은 서로 정치적 유대를 형성하는 대신, 오히려 反目과 질투로 대립과 분쟁을 일삼고, 각 폴리스 내부에서는 당파와 계층 사이의 대립으로 내분이 거듭되고 있었다. 그러므로 소아시아의 강대국으로 성장하고 있던 리디아(Lydia)를 격파한(548 B.C.) 페르시아에게 있어 이러한 그리스 식민시를 굴복시키는 것은 어려운 일이 아니었다.

소아시아를 지배하게 된 페르시아가 그리스본토를 노릴 것은 뻔한 일이었다. 그러나 페르시아의 지배 하에 들어가거나, 그들의 후원을 받는 참주지배 하의 이오니아식민시들의 반란(499~494 B.C.)으로 페르시아의 본토진출은 주춤하였다. 이 반란을 진압하고, 밀레투스(Miletus)를 거의 완전히 파괴한 페르시아의 다리우스 왕은 大軍을 헬레스폰트(Hellespont)와 트라키아 방면으로 파견하였다(492 B.

C.). 그러나 폭풍으로 아토스(Atos)岬에서 함대가 큰 손상을 입자 페르시아군은 일단 철수하였다.

그러나 2년 후인 기원전 490년 페르시아군은 아테네 북방 약 25마일지점인 마라톤(Marathon)에 상륙하였다. 이는 아테네만이 아니라 그리스 전체의 위기였다. 그러나 아테네와 적대적인 폴리스는 이 기회를 이용하려 하였고, 지원을 약속한 스파르타는 구실을 만들어 군대를 파견하지 않았다. 아테네는 홀로 동방의 강적을 맞이하게 된 것이다. 승산은 별로 없었다. 그러나 밀티아데스(Miltiades)의 지휘하에 애국심에 불타는 아테네시민의 중장보병의 밀집대는 페르시아군을 격퇴하는 데 성공하였다. 이 승리의 소식을 시민에게 전하려고 使者는 있는 힘을 다하여 아테네로 달렸고, 마라톤경주는 이에 유래하였다.

중장보병의 밀집대전술은 이미 기원전 7세기에 나타났으나 6세기 후반에 아테네에서는 무겁고 값비싼 청동제 흉갑 대신에 麻나 가죽 또는 금속 등의 장점을 살린 가볍고 값싼 복합형의 흉갑이 발명되고 작은 모자 비슷한 헬멧이 사용되기 시작하였다. 그 결과 농촌이나 도시의 中産下層도 자담으로 무장을 할 수 있게 되고, 밀집대의 견고성에 기민한 기동성이 첨가되었던 것이다. 마라톤의 승리에 있어 이 '달리는 중장보병'(running hoplite)의 역할은 컸다.[13]

마라톤의 승리는 페르시아에게 再侵을 단념할 정도의 타격을 준 것은 아니었으나, 페르시아는 국내사정으로 재침을 감행하는 데 10년의 세월이 흘렀다. 이 휴전기에 아테네를 비롯한 그리스의 폴리스들은 만반의 준비를 갖출 수 있었다. 아테네는 테미스토클레스(Themistocles)의 건의에 따라 대함대를 건조하고, 이번에는 대부분의 폴리스가 페르시아의 침공이 全그리스의 자유에 대한 위협임을 깊이 인식하여 아테네를 중심으로 단결하였다.

기원전 480년, 다리우스를 계승한 페르시아의 크세르크세스(Xerxes)는 대함대의 엄호를 받으면서 막강한 지상부대를 거느리고 해안선을 따라 그리스로 침입하였다. 스파르타의 용사들은 약간의 지원병과 더불어 테르모필레(Thermopilae)의 요소를 지키고 있었다. 이 곳은 험난하여 소수의 병력으로 능히 대군을 막아낼 수 있었다. 그러나 내통하는 자로부터 우회하는 間道를 알게 된 페르시아군이 그리스군의 배후에 나타남으로써 포위된 스파르타의 용사들은 끝까지 싸워 레오니다스왕(Leonidas) 이하 전원이 전사하였다. 이에 중부 그리스의 폴리스들이 항복하고,

---

13) 이 '달리는 중장보병'과 마라톤전투에서의 활약에 관해서는 A.M. Snodgrass, p. 69 및 pp. 91~92를 참조. '달리는 중장보병'의 출현은 아테네민주정치의 발전을 촉진시키는 중요한 요인이었다. 한편 완전 무장한 중장보병의 경기가 올림피아경기에서 행하여지기 시작한 것은 제65회(520 B.C.)부터이다.

페르시아군은 노도와 같이 앗티카 평야로 내려왔다. 이를 지상에서 대적할 수 없음을 안 테미스토클레스는 아테네시민을 살라미스로 철수시키고, 海戰에서의 결전을 시도하였다. 그의 교묘한 유도작전이 성공하여 살라미스해전에서 아테네함대는 대승을 거두었다. 이를 본 크세르크세스는 더 이상의 침공을 단념하고 지상군의 일부를 잔류시키고 본국으로 돌아갔다.

다음 해(479 B.C.) 페르시아군은 아테네와 스파르타를 이간시키고, 재차 앗티카를 점령하여 아테네시를 완전히 파괴하였다. 이에 펠로폰네소스 반도의 방어를 주장해오던 스파르타도 중장보병 5,000, 경장보병 35,000을 파우사니아스왕(Pausanias)의 지휘 하에 중부 그리스로 파견하였다. 여기에 아테네를 비롯한 각 폴리스의 병력을 합친 10만여의 그리스연합군은 플라타이아(Plataea) 전투에서 페르시아군을 격파하고, 이와 동시에 아테네함대를 주축으로 한 그리스함대는 에게 海의 사모스섬으로 進攻하여 페르시아함대를 대파함으로써 페르시아전쟁은 그리스의 승리로 끝을 맺게 되었다.

페르시아전쟁에서 그리스의 승리는 동방의 전제주의에 대한 폴리스의 시민적 자유의 승리를 뜻하며, 만일 그리스가 패하였다면, 그리스는 자유를 상실하였을 뿐 아니라 기원전 5세기의 찬란한 古典期文化를 가질 수 없었을 것이기에, 그리스의 승리는 유럽史에 있어 결정적인 중요성을 가진다.

아테네帝國

페르시아는 일단 그리스에게 패하였지만, 동방의 강대한 전제국가로 건재하며, 그 위협은 사라지지 않았다. 따라서 에게海에 면한 본토나 소아시아의 폴리스들은 계속 페르시아의 위협에 대비해야만 했고, 그러기 위해서는 지도적인 폴리스를 중심으로 힘을 합치고 동맹을 맺을 필요가 있었다. 이러한 동맹의 맹주로서 강대한 육군은 가지고 있으나 해군력이 없고, 폐쇄적이며 보수적인 스파르타보다는 처음부터 끝까지 전력을 다하여 페르시아에 항거하고, 승리의 주축이 된 아테네가 적합하였다. 그리하여 페르시아 전쟁 후 얼마 안가서 아테네를 맹주로 한 해상동맹인 델로스(Delos)동맹이 탄생하였다.

동맹의 규약에 의하면 동맹시는 일정한 병력과 함선을 제공하거나, 그것이 불가능할 때는 일정한 자금을 제공하기로 되어있었으나, 실질적으로는 후자의 경우가 대부분이었다. 동맹시가 제공하는 자금을 관리하는 금고를 델로스 섬에 두었고, 동맹의 명칭도 델로스동맹이라 하였으나, 그 관리를 아테네에게 위임하였기 때문에 이 해상동맹은 처음부터 아테네제국으로 변모할 가능성을 강하게 지니고 있었다.

델로스동맹의 힘으로 페르시아는 점차로 에게海 주변에서 물러나게 되고, 헬레스폰트와 마르모라(Marmora)海는 아테네의 水路가 되었다. 남부 에게海마저 델로스동맹에 의하여 확보되었을 때, 페르시아의 위협은 거의 사라진 것 같았다. 동맹은 이제 그 제1차적인 목적을 달성한 셈이다. 그러자 폴리스에 고유한 分立主義가 머리를 들고 동맹시들은 아테네의 지배적인 우월에 분노를 느끼고 완전한 독립을 원하게 되어 동맹이 무너질 위험이 생겼다. 아테네가 취할 길은 두 가지였다. 동맹을 해체하고 원상으로 돌아가는 길과 아테네의 지배력을 더욱 강화하여 동맹을 아테네제국으로 변형시키는 길이었다. 아테네는 후자의 길을 택하고, 동맹시에 대한 지배를 강화하는 한편 동맹시가 제공하는 자금을 강제적인 공납금으로 변질시키고, 델로스 섬에 있던 공동금고마저 아네테로 옮겼다(454 B.C.). 아테네가 제국으로의 길을 택한 것은 다른 동맹시들이 생각하듯이 페르시아의 위협이 완전히 사라진 것이 아니라는 판단과 더불어, 아테네 자신의 내부적인 사회경제적인 이유 때문이었다.

기원전 5세기 중엽의 아테네는 대도시로 팽창하고 있었고, 에게海의 해상무역과 그리스세계의 상공업의 중심지가 되어 있었다. 게다가 인구도 증가하여 동맹을 해체하고 페르시아전쟁 이전 상태로 돌아간다는 것은 경제적 발전의 중단만이 아니라, 내부적인 사회적 대립과 갈등을 초래할 위험이 컸던 것이다. 그리하여 동맹시들은 대부분 종속적인 지위로 떨어지고, 아테네가 요구하는 공납금을 납부하게 되었을 뿐 아니라 재판도 아테네의 시민재판의 결정에 따르게 되었다. 이러한 변화는 동맹시의 불만과 경우에 따라 반항을 불러 일으키는 결과를 가져오고, 아테네는 이에 골머리를 앓았으나 동맹시의 공납금과 해상무역에서의 아테네의 패권은 기원전 5세기 중엽 이후의 아테네의 경제적 번영의 가장 중요한 기반이 되었다.

아테네의 民主政治

페르시아전쟁 후 델로스동맹의 맹주로서 제국으로의 길을 걷고 있던 아테네의 발전은 현저하였다. 아테네시와 外港인 피레우스(Piraeus) 사이에 長城을 쌓아 지상에서의 공격에 대비하는 한편, 아테네시의 복구작업에 착수하여 우선 시장인 아고라를 재건하고 아크로폴리스는 페리클레스(Pericles)시대에 건축가 익티누스(Ictinus)와 위대한 조각가 피디아스(Phidias)의 지휘와 감독 하에 그 장엄한 아름다움을 드러내게 되었다.

살라미스해전의 승리는 水兵이 속해있던 사회의 최하층세력을 강화시켰으며, 전후에 있어서의 대함대의 건조와 해상무역의 발전은 이러한 추세를 더욱 강화하였다. 뿐만 아니라 상공인의 경제적 지위나 발언권도 증대하였다. 그리하여 클레이스테네스에 의하여 기초가 마련된 아테네의 민주정치는 페르시아전쟁 후 한층 더 발전하게 되었다. 그 첫 시도로 기원전 462년에 급진적인 민주주의자였던 에피알테스(Ephialtes)는 귀족정치의 잔재인 아레오파구스회의의 권한을 대폭 축소하여 실질적으로 유명무실하게 만들어버렸다. 그는 다음 해에 원인모르게 살해되고, 그 뒤를 이어 아테네의 지도자가 된 名門出身의 페리클레스시대(대략 457~429 B. C.)에 민주정치가 완성되었다.

페리클레스시대에 완성된 아테네 민주정치에 있어 먼저 주목되는 것은 시민권을 가진 성년남자 전원이 참석하여 발언할 수 있는 민회의 권한이 대폭 강화되는 반면, 5백인회의 권한이 민회에 제출할 議案의 준비와 민회에서의 결정사항을 집행하는 정도로 축소되었다는 사실이다. 외교정책, 전쟁 또는 식량공급 등 중요한 國策은 민회의 결정을 거쳐야 하며, 민회는 자유로운 발언을 통하여 입법에도 관여할 수 있게 되었다.

다음으로 10명의 장군 권한이 확대되어 아레오파구스회의를 완전히 누르고 최고정무위원회의 기능을 수행하게 되었다. 이는 오늘날의 내각에 해당한다고 하겠으며, 모든 內外政策의 수행이 그들의 수중에 집중되었으며, 그들의 정책이 성공하는 한 매년 민회에서 재선되었다. 페르클레스가 30년 가까이 아테네를 지도할 수 있었던 것도 장군으로서 매년 민회에서 거듭 재선되었기 때문이다. 그들 밑에 아테네나 해외에서 근무하는 관리들이 있었던 바, 그들은 추첨에 의하여 임명되고 임기는 1년이었다.

사법관계는 각 부족에서 600명씩 추첨으로 임명되는 배심원 6,000명으로 구성되는 시민법정이 유일한 것으로, 실제는 500명 내외의 위원회로 나누어져서 재판을 담당하였다. 동맹시의 소송도 취급하게 되었기 때문에 사건이 폭주하는 경우가 많았고, 따로 법관이 없었으며 판결은 단순한 다수결로 결정되었다.

제국으로의 발전에 따른 경제적 번영과 동맹시(실제는 속국)로부터의 공납금으로 國庫가 윤택해진 페리클레스시대에는 배심원과 5백인회 위원, 기타 공직자에게 보수를 지급할 수가 있었고, 이러한 수당제는 후에 민회의 참석자와 연극관람자에게까지 확대되어 빈곤한 시민도 실질적으로 참정권을 행사할 수 있는 길이 마련되었다. 이러한 수당제의 확대와 더불어 국고부담을 조금이라도 감소하기 위하여 페리클레스는 부모가 모두 시민권을 가진 자에게만 시민권을 한정하는 시민권 제한법을 마련하였다.

국고에 의한 수당제의 확대와 철저한 추첨제, 그리고 1년 임기제는 시민으로서 원한다면 누구나 공직을 맡을 수 있게 하는 것이며, 민회의 권한강화는 시민 누구나가 직접 국정에 참여할 수 있는 직접민주주의(direct democracy)를 의미하는 것이다. 약 3만명을 헤아리는 상공업이나 금융업에 종사하는 在留外人(metics)과 20만명에 달하는 노예, 그리고 여성에게는 참정권이 없었고, 민주정치에 참여하는 시민수는 약 4만 정도에 지나지 않았다.[14] 이렇듯 수적으로는 제한된 좁은 범위에 한정된 것이었으나 아테네의 민주정치는 고대의 어느 곳에서도 찾아볼 수 없는 시민의 정치능력에 대한 평등한 신뢰에 입각한 철저한 것이었다. 그렇기 때문에 페리클레스는 펠로폰네소스전쟁 초기에 전사한 시민에 대한 추도연설에서 이를 다음과 같이 자랑할 수 있었다.

> 우리의 政體는 이웃 나라의 것을 흉내낸 것이 아니다. 우리가 他國을 모방하는 경우보다 그들이 우리를 모범으로 삼는 경우가 더욱 많다. 우리의 國制를 민주정치라고 부른다. 그 이유는 권력이 소수의 수중에 있지 않고 全市民에게 있기 때문이다. 우리에게 있어 개인적인 분쟁을 해결하는 경우 萬人은 법 앞에 평등하다. 그러나 우리가 어느 개인을 他者보다 우선하여 공직에 임명할 때 그것은 그가 어느 특정한 계층에 속해 있기 때문이 아니라, 그가 갖고 있는 실질적인 재능 때문이다. 국가에 대하여 유익한 봉사를 할 수 있는 者라면 누구든지 빈곤 때문에 정치적으로 햇빛을 보지 못하는 일이 없다. 우리의 정치생활이 자유롭고 개방되어 있는 것과 마찬가지로 시민 상호간에 있어서의 일상생활도 그러하다. 우리는 사생활에 있어 자유롭고 관대하지만 公事에 있어서는 법을 준수한다.

그는 이어 아테네시민은 그의 일을 끝마치고 모든 종류의 정신적 오락을 즐길 수 있으며, 아테네에서는 年中 정기적으로 여러 종류의 경기와 시합, 그리고 祭祀가 행하여지고 있음을 자랑한다. 그리고 敵國인 스파르타의 억압적인 國制와 엄격한 훈련에 의한 인위적인 용기의 조작을 비난하고 다시 아테네의 자랑으로 말을 돌린다.

> 우리는 아름다운 것을 사랑하지만 사치나 화려함에 흐르지 않으며, 知的인 사물을 사랑하지만 유약해지는 일이 없다. 우리는 富를 자랑으로 생각하지 않고 적절하게 사용되어야 한다고 생각한다. 아무도 빈곤을 수치로 생각할 필요가 없으며, 오직 가난을 면하려는 노력을 하지 않음을 부끄럽게 생각한다. 우리에게 있어 각 개인은 그의 사사로운 일에 관심을 가질 뿐 아니라,

---

14) 在留外人과 노예 이외의 아테네 시민수는 남녀 합하여 168,000명 정도로 추산된다(상층 4000, 중산층 10만, 하층 64,000) Crane Brinton et al., *A History of Civilization,* (1971), Vol 1, p. 51. 물론 상기 통계는 개략적인 것이고 정확한 것은 알 수가 없다.

이에 못지 않게 國事에도 관심을 가진다.…… 모든 것을 감안할 때 우리의 폴리스야말로 전그리스인이 배워야 할 배움터이다.

페리클레스는 끝으로 전사자의 과부에 대해서는 남자들의 입에 오르지 않도록 주의할 것을 당부하고, 전사자 아이들에 대해서는 성년에 달할 때까지 국가가 양육의 책임을 질 것을 약속하고 이 연설을 끝맺고 있다.[15]

페리클레스는 이 추도연설을 통하여 아테네의 현실을 묘사하였다기보다는 오히려 민주정치와 폴리스시민의 바람직한 이상적인 모습을 토로한 것이라고 보는 것이 타당할 것이다. 그렇기는 하나 페리클레스와 같은 유능하고 청렴한 지도자를 맞이한 기원전 5세기 중엽의 아테네의 민주정치가 그 이상적인 모습에 접근하고 있었던 것도 사실이다. 또한 유능한 헌신적인 지도자가 없는 경우 아테네식의 민중지배는 쉽게 혼란에 빠지고, 이른바 衆愚政治로 타락할 위험성을 언제나 내포하고 있다는 점도 간과해서는 안될 것이다.

제 4 절   펠로폰네소스戰爭과 그리스의 衰退

펠로폰네소스戰爭

아테네와 스파르타는 모든 면에서 대조적인 폴리스였고, 따라서 근본적으로 대립의 소지가 컸다. 페르시아전쟁 때만 해도 두 폴리스의 이해관계의 상치로 작전상의 의견대립이 없지 않았으나, 그래도 동방의 大敵을 맞이하여서는 서로 협력을 하지 않을 수가 없었다. 그러나 페르시아의 위협이 일단 사라지고, 아테네가 승리의 여세를 몰고 델로스동맹을 발판으로 강대한 제국으로 발전함에 따라 펠로폰네소스동맹의 맹주로서 본토에서의 패자로 자처하던 스파르타와의 충돌은 거의 피할 수 없게 되었다. 더구나 에게海와 아시아에서 패권을 장악한 아테네가 중부그리스의 보이오티아와 특히 코린트 및 메가라(Megara)를 위협하면서 코린트地峽을 장악하는 동시에, 서부지중해로 진출하려고 하자 스파르타와의 충돌이 발생하였다(459∼447 B.C.). 그러나 아테네는 소기의 목적을 달성하지 못하고, 스파르타와 30년간의 평화조약을 맺었다(446 B.C.).

그러나 날로 융성을 더해가면서 황금기를 맞이한 아테네가 코린트地峽에 대한

---

15) Thucydides, *The Peloponnesian War,* trans. by Rex Warner(Penguin Books, 1954), Book 2, Ch. 4, pp. 117∼119. p. 123.

패권과 이탈리아 및 시칠리아와의 해상무역을 장악하려는 욕망을 버린 것은 아니었다. 오히려 인구증가와 상공업의 발달로 보다 많은 식량과 원료를 필요로 하게 된 아테네에 있어 서부지중해로의 진출은 더욱 절실한 것이었다. 때마침 코린트의 식민시로서 그리스본토와 서방과의 교량적 위치에 자리잡은 코르키라(Corcyra)가 母市와의 상업상 이해관계의 충돌로 아테네와의 동맹을 원하게 되었다(433 B. C.). 코르키라가 아테네편에 선다는 것은 이 방면의 해상권을 아테네가 장악한다는 것을 의미하며, 이는 코린트나 메가라를 비롯한 펠로폰네소스동맹시에게 있어 중대한 위협이 아닐 수 없었다. 이에 스파르타도 좌시할 수 없게 되어 아테네와의 일전을 결심하게 되었으며, 마침내 28년간(431~404 B.C.)이나 계속된 펠로폰네소스전쟁이 일어나게 되었다.

펠로폰네소스전쟁의 史家 투키디데스(Thucydides)에 의하면 전쟁의 시작과 더불어 페리클레스는 아테네의 풍부한 재정과 병력을 자랑하였다고 한다. 그 자랑에는 틀림이 없었고 스파르타가 승리할 공산은 크지 않았다. 그러나 아테네는 전쟁 초기에 뜻하지 않은 天災를 만났다. 그것은 430년 여름에 아테네를 엄습한 페스트였다. 페스트의 피해는 스파르타의 앗티카 공격에 대비하여 주변의 주민을 시내로 피난시켰기 때문에 더욱 컸고, 참상은 차마 눈뜨고 볼 수 없을 지경이었으며, 다음 해에는(429 B.C.) 페리클레스 자신이 그 희생자가 되었다. 이는 아테네에 큰 타격임에 틀림없었으나, 아직도 풍부한 전력을 가진 아테네는 지상에서의 결전을 회피하면서 전쟁을 계속하였다. 쌍방에 결정적인 승패의 가능없이 10년간 전쟁이 계속된 끝에 화평의 기운이 돌아 아테네의 화평파 지도자의 이름을 딴 이른바 '니키아스(Nicias)의 平和'가 맺어졌다(421 B.C.).

그러나 이 평화는 중간 휴식에 불과하였다. 아테네는 아직도 충분한 전력을 가지고 있었을 뿐 아니라 전쟁 중에 진행되고 있던 제국 내의 동맹시의 이탈현상을 그대로 방치하는 경우 제국은 붕괴될 것이요, 그것은 아테네 번영의 종말을 뜻하는 것이었다. 따라서 아테네를 구하는 길은 결정적인 승리뿐이었다. 이리하여 아테네에서는 호전파가 다시 머리를 들고, 그들의 지도자로 페리클레스의 친척인 젊고 유능하나 방종하기도 한 알키비아데스(Alcibiades)가 추대되었다. 알키비아데스는 본토에서 스파르타를 꺾기가 힘들다고 판단하고, 펠로폰네소스동맹의 생명선인 이탈리아와 시칠리아를 공격하여 손아귀에 넣을 계획을 세웠다.

기원전 415년 치밀한 계획 하에 200척에 달하는 함대가 알키비아데스 지휘 하에 시칠리아 대원정 길에 나섰다. 알키비아데스가 출발하자 그의 政敵들은 그의 출전 전의 사소한 일을 고발하여 민중을 선동한 끝에 알키비아데스를 규탄하였다. 이는 아테네의 국운을 건 대원정에 치명적인 타격이었다. 왜냐하면 알키비아데스는 스

파르타로 도망가서 대원정의 내용과 계획을 샅샅이 고해바쳤기 때문이다. 그의 뒤
를 이어 대원정의 지휘자가 된 니키아스는 능력도 없었지만 원정의 계획이나 내용
도 익숙하지가 않았다. 그리하여 시칠리아 대원정은 완전한 실패로 끝나고(413 B.
C.) 아테네는 함대와 병력의 대부분을 상실함으로써 치명적인 타격을 입었다. 이
로써 아테네의 운명은 결정된 것이나 다름없었으나, 스파르타 역시 전쟁에 지쳐
꾸물거리는 사이에 아테네는 다시 숨 돌릴 기회를 얻었다. 시칠리아 원정의 실패
후 아테네에서는 寡頭派가 득세하여 4백인회를 구성하였으나, 곧 민주파가 세력을
회복하여 최후의 일전을 시도하게 되었다. 그들의 사면을 받고 귀국한 알키비아데
스는 약간의 성공을 거두었으나, 그의 부하 잘못으로 인한 작은 실패가 다시 그의
政敵에게 그를 규탄할 구실을 주어 그는 소아시아로 도망갔다.

　지상군은 막강하였으나 함대가 빈약했던 스파르타는 소아시아의 식민시를 넘겨
주는 조건 하에 페르시아의 원조를 확보하고, 아테네의 식량공급로인 흑해로의 해
역을 차단하고 나섰다. 이를 맞이한 아테네함대는 스파르타함대에 승리하였으나
(406 B.C.) 폭풍우로 인한 水兵의 익사자가 예상외로 많았다. 격분한 익사자의 가
족들은 민회에서 장군들의 구조작업이 철저하지 못하였음을 규탄하여 6명의 장군
이 집단처형되었다. 흥분이 가라앉자 시민들은 곧 후회했으나 이미 때는 늦었으
며, 헬레스폰트 입구에서 아테네함대는 결정적으로 패하였다(405 B.C.).

　함대를 상실하고 스파르타지상군의 포위를 받은 아테네는 스파르타가 제시한 평
화를 무조건 받아들이는 수밖에 없었다. 아테네제국은 완전히 해체되어 아테네는 모
든 해외재산을 포기하고, 피레우스의 성벽과 아테네를 연결하는 長城이 파괴되고,
아테네는 스파르타의 동맹시로서 그 지휘에 종속하게 되었으며 함대는 12척으로 제
한되었다. 코린트와 메가라는 아테네의 완전파괴를 주장하였으나 스파르타는 과거
의 페르시아에 대한 승리의 영광을 고려하여 아테네의 독립만은 허용하였다.

　이제 아테네의 영광은 사라졌다. 아테네제국의 확대라는 형태로서 그리스세계
의 정치적 통일 가능성은 매우 희박한 것이었으나, 그 희박한 가능성마저 사라졌
다. 아테네의 민주정치는 定見없는 민중지배의 어리석음과 위험을 아테네의 국운
을 걸고 드러내 놓음으로써 페리클레스의 이상과 기대가 현실과 얼마나 거리가 멀
었던가를 여실하게 보여 주었다. 이제 남은 길은 폴리스 상호간의 끊임없는 대립
과 갈등을 통한 그리스 전체의 쇠퇴였다.[16]

---

16) 펠로폰네소스전쟁 중의 아테네의 정치적 내분과 알키비아데스의 스파르타로의 도
　망, 스파르타의 페르시아와의 결탁 등은 약간 기이하게 느껴지며, 그리스의 政治文
　化를 다시 한번 검토해 볼 필요가 있지 않을가 생각된다.

그리스의 쇠퇴

스파르타에게 패한 아테네에서는 아크로폴리스에 주둔하는 스파르타 수비대의 후원 하에 이른바 30인 참주(Thirty Tyrants)의 과두제가 수립되었으나 그 포악한 공포정치는 시민의 반항을 불러일으켜 얼마 안가서 민주정치가 회복되었다. 그러나 그것은 이미 페리클레스시대의 민주정치는 아니었고, 소크라테스(Socrates)를 처형한 것도 바로 이 전후의 민주정치였다.

아테네를 대신하여 지도적 지위를 차지한 스파르타는 각 폴리스에 군대와 감독관을 파견하고, 고액의 공납금을 요구하는 등 아테네보다 더 억압적이었나. 때마침 페르시아에 왕위를 둘러싼 내분이 발생하자 스파르타는 소아시아에 출병하였으나 실패하고 오히려 함대만을 상실하였다(394). 이러한 틈을 타서 아테네는 과거의 동맹시들을 다시 규합하고 스파르타를 증오하는 보이오티아의 여러 폴리스는 테베(Thebes)를 중심으로 결합하였다. 이러한 국내정세를 감안한 스파르타는 페르시아와 화평을 맺고(386 B.C.), 소아시아를 완전히 페르시아에게 넘겨주는 대신 본토에서의 패권을 유지하려고 하였다. 그러나 함대를 상실하고 보수적이며 경직된 정치체제를 가진 농업국가인 스파르타로서는 힘드는 일이었다.

아테네는 제2차 해상동맹을 결성하고(377 B.C.), 테베와도 동맹을 맺었으나 테베가 보이오티아를 통합하여 강대해지자 양자의 결합은 깨지고 동맹시의 저항과 반항으로 아테네의 해상동맹은 무력해졌다. 스파르타를 몹시 증오하던 테베에서는 펠로피다스(Pelopidas)를 중심으로 민주정치를 회복하고 스파르타의 수비대를 격파하여 기세를 올렸다. 이에 스파르타는 테베를 응징하려 하였으나, 오히려 에파미논다스(Epaminondas)의 새로운 전술과 유능한 지휘로 류크트라(Leuctra)에서 테베군에게 격파당하고(371 B.C.) 펠로폰네소스로 진격한 에파미논다스는 스파르타의 헤일로타이가 되어 있던 메세니아(Messenia)를 해방하였다. 이 메세니아의 해방은 스파르타시민의 생활기반을 붕괴시키는 것이었고, 스파르타는 영원히 그 지도적 지위를 상실하였다.

스파르타를 대신하여 패권을 장악한 테베도 지도적 지위를 오래 유지하지는 못하였다. 테베는 아테네와 같은 역사적 과거나 재력 또는 문명을 갖고 있지 않았으며, 에파미논다스가 아테네·스파르타연합군과의 전투에서 전사함으로써(362 B.C.) 그 패권도 사라졌다.

펠로폰네소스전쟁 이래의 아테네·스파르타·테베 사이의 패권다툼은 그 누구에게도 결정적인 승리를 안겨주지 않고, 개별적인 폴리스의 자유와 독립을 고수하려는 分立主義를 더욱 강화시키고, 이에 따라 폴리스 상호간의 대립과 분쟁을 다시금 격화시킴으로써 그리스의 정치정세를 혼란과 무정부상태로 빠뜨렸다. 플라톤(Platon)이나 아리스토텔레스(Aristotoles)와 같은 위대한 철학자의 탁월한 정치적 성찰도 폴리스라는 좁은 한계를 벗어나지 못하고, 기원전 4세기의 그리스가 당면한 현실정치의 혼란을 수습할 구체적인 방도를 제시하지 못하였다.

정치적 혼란과는 대조적으로 기원전 4세기에 들어서서도 경제는 여전히 발전하는 듯이 보였다. 농업은 집약화와 기술의 향상으로 생산력이 증대하고 중소규모의 수많은 수공업 작업장이 성황을 이루었다. 상업과 무역도 번창하였으며, 특히 아테네의 '올빼미銀貨'를 비롯하여 폴리스마다 주조하는 화폐의 풍부한 유통은 상업과 무역의 발달을 촉진할 뿐 아니라 금융업을 발달시키고, 아테네의 은행은 오늘의 은행과 비슷한 업무를 취급하였다.

농업이나 수공업에는 물론 선박에도 많은 노예가 사용되었으며, 그러한 의미에서 그리스 사회는 노예제사회였다. 아테네의 경우 전주민의 절반이 노예였으며, 고대인의 육체노동에 대한 멸시로 생산노동만이 아니라 집안일이나 잡스러운 육체노동에도 노예를 이용하였다. 그러나 일반적으로 한 직장의 노예 수는 그리 많지 않았으며, 자유인 노동자와 어깨를 맞대고 일하였고, 임금의 차이도 그렇게 크지 않았다. 농촌이나 가내노예의 경우는 주인과 같이 일하고, 식사나 잠자리도 한 지붕 밑에서 같이 하였다. 그러나 노예는 인격의 소유자로 간주되지 않았고, 물품과 다름없는 매매의 대상이었으며, 이러한 노예의 존재를 그리스인은 당연한 것으로 아니 오히려 필요한 것으로 생각하였다.

기원전 4세기의 경제적 발전은 전시대의 발전의 연속에 지나지 않았고, 그 내부에서는 서서히 경제적·사회적 위기가 싹트고 있었다. 그리스는 원래 자원이 빈약한 곳으로서, 식량과 공업에 필요한 원료를 대부분 해외로부터 수입해야만 했고, 기원전 5세기의 급격한 인구증가는 이러한 경향을 더욱 촉진시켰다. 이에 대한 대책으로는 포도주와 올리브油, 그리고 공산품의 수출과 식민이었으며, 기원전 5세기에는 멀리 에스파냐와 갈리아지방으로부터 이탈리아와 시칠리아, 그리고 이집트와 흑해연안에 그리스의 생산품이 널리 반출되고, 그 대신 곡물, 소금에 절인 생선, 금속, 가죽, 마, 목재, 노예 등을 수입하였다. 그러나 식민운동은 기원전 6세기 중엽 경에 끝나고, 6세기로부터 5세기에 걸쳐 급속도로 팽창한 해외시장이 4세기에는 현저하게 축소되었으며, 그 주된 원인은 식민시나 외국에서의 공업과 농업의 발달이었다. 예를 들면 이탈리아식민시들은 스스로 올리브油를 생산하게 되었으며, 지중해연안의 지금의 프랑스 지역의 시장은 이탈리아식민시가 잠식하게 되어 기원전 350년 이후 본토는 이를 완전히 상실하였다.

이러한 해상무역의 축소는 실업자를 증가시키고, 빈민을 속출시켰으며, 정치적 혼란은 사태를 더욱 악화시켰다. 그리하여 폴리스에 따라서는 사회적 불안이 혁명적인 사태를 몰고오는 경우도 있었다. 그렇게 심한 경우가 아니더라도 시민들은 점점 정치에 무관심해지고, 공직을 싫어하며, 특히 軍役을 기피하게 되었다. 그리하여 애국심에 불타는 시민병 대신 용병대가 나타나고, 용병에 대한 수요는 날이 갈수록 커졌으며, 정치적 혼란과 경제적 어려움은 용병후보자를 풍부하게 배출하고 있었다. 그리하여 시민의 중장보병은 경무장의 직업적인 용병으로 대치되고, 용병은 페르시아나 적대적인 폴리스에게 서슴치 않고 몸을 팔았으며, 無産者나 무직자를 비롯한 가난한 민중은 선동정치가(demagogos)의 좋은 활동대상이었다. 이리하여 기원전 4세기의 폴리스들은 본래의 시민공동체라는 성격을 점차 상실하게 되었으며, 기원전 5세기에 합심하여 페르시아를 물리쳤던 그리스가 기원전 4세기 후반에는 신흥 마케도니아(Macedonia)에게 어이없이 굴복하게 된 원인도 이러한 폴리스사회의 퇴폐적인 변질에 있었다.

마케도니아의 興起

마케도니아인의 기원은 확실하지는 않으나 그리스系거나, 또는 그리스와 트라키아인(Thracians) 및 일리리아인(Illyrians)과의 혼합민족이었다. 그들은 그리스인의 남하 때 북방에 그대로 남아 부족사회의 형태를 유지하였기 때문에 후진적이었고, 따라서 그리스인의 눈에는 야만인(barbaroi)이었다. 그러나 해안지대에 건설된 그리스식민시를 통하여 그리스문화를 받아들이면서 서서히 발전을 계속하였다. 기원전 4세기 중엽에(359 B.C.) 마케도니아의 왕위에 오른 필립(Philip)은 정치적·군사적 개혁을 통하여 씨족을 기반으로 한 봉건적인 왕국을 견고한 통일왕국으로 만들고 막강한 상비군을 보유하게 되었다. 상비군의 핵심은 자유로운 소농출신의 보병 밀집부대였으며, 대귀족지주들은 왕의 戰友로서 중무장의 우수한 기병대를 형성하였다.

필립은 젊었을 때 볼모로 테베에 오래 머문 일이 있었다. 마침 테베가 패권을 잡고 있었을 때라 그는 에파미논다스로부터 정치와 전술에 관하여 많은 것을 배웠고, 또한 그리스의 사정에 정통하게 되었다. 그러므로 필립은 란마와 같이 흐트러진 그리스를 통합하여 숙적인 페르시아를 정복할 계획을 세우고 그 세력을 남하시키게 되었다. 이에 대하여 그리스의 의견은 親마케도니아派와 反마케도니아派로 나누어지게 되었다. 아테네의 웅변가 데모스테네스(Demosthenes)를 중심으로 한 反마케도니아派는 페르시아의 위협보다 마케도니아의 위협이 더 직접적이고 긴박하다고 주장하면서 아테네와 테베를 화해시켜 反마케도니아戰線을 형성하였다. 그러나 아테네·테베연합군은 기원전 338년에 케로네아(Chaeronea)에서 크게 패하였다. 필립은 곧 스파르타를 제외한 그리스의 폴리스들을 규합하여(코린트 동맹 또는 헤레네스동맹) 페르시아원정에 출발하려 하였으나 암살되고 말았다(336 B.C.). 그의 나이 47세였다.

필립의 뒤를 이어 왕위에 오른 알렉산더(Alexander the Great)는 나이 불과 20세였다. 그러나 그는 군대의 충성을 확보하고 경쟁자를 제거한 후, 다시 反마케도니아戰線을 형성한 테베와 아테네를 격파하여 테베를 파괴하고 그 시민을 죽이거나 노예로 팔았다. 아테네는 그 함대가 앞으로 필요하다는 이유로 가혹한 응징을 면하였다. 이렇게 그리스 내의 反마케도니아 세력을 분쇄한 알렉산더는 다시 그리스를 규합하여 페르시아원정 길에 올랐으며(334 B.C.) 그리스의 폴리스들은 그 정치적 생명을 완전히 상실하게 되었다.

제 5 절 그리스文化

그리스文化의 性格

그리스문화는 오리엔트문화의 영향을 받으면서 성장하였다. 소아시아의 이오니아 식민시에서 그리스문화가 먼저 발달한 이유의 하나도 그 곳이 오리엔트에 가깝고 직접 오리엔트문화에 접할 수 있었다는 데 있다. 그러나 그리스문화에 있어 오리엔트문화는 자료에 불과하였다. 그리스는 이 자료를 이용하여 오리엔트와는 전혀 성격과 패턴(類型)을 달리하는 독자적인 문화를 창조하고 발전시켰으며, 그럼으로써 오늘의 유럽문화의 진정한 원천이 되었다.

그러면 그 이유는 무엇일까. 이 물음에 정확하게 대답하기는 힘들다. 지리적 조건 차이, 천연자원 문제, 천부적 재능의 차이, 경제적 번영과 생활수준의 차이 등 여러 가지 요인이 복합적으로 작용했을 것으로 짐작된다. 그러나 무엇보다도 중요한 것은 오리엔트와 그리스의 정치 및 사회경제구조의 차이였다. 즉, 시민공동체로서의 폴리스라는 그리스인에게 독특한 자유로운 생활환경의 성립이 오리엔트와는 본질적으로 성격을 달리하는 독창적인 문화를 발전시킨 결정적인 요인이었던 것이다. 폴리스는 공동체적인 성격을 강하게 지니고 있었으나 그것은 결코 시민의 개성을 억압하거나 개개인이 타고난 재능을 자유롭게 발전시키는 것을 억제하는 성질의 것은 아니었다. 그러므로 폴리스의 시민들은 스파르타와 같은 특수한 폴리스를 제외하고는 타고난 개성적인 재능을 마음껏 자유롭게 발전시키고 발휘할 수 있었다.

이러한 폴리스의 자유로운 생활환경과 더불어 또 하나 간과할 수 없는 것은 아테네의 경우 광범한 중산층이 존재하였다는 사실이다. 그러한 중산적 시민들은 노예제의 뒷받침으로 힘든 육체노동이나 생계획득으로부터 해방되어 한가로운 시간을 가질 수 있었고, 문화창조나 문화활동에 직접 참여할 수 있었던 것이다. 바로 이러한 사실이 고도로 발전한 민주정치를 바탕으로 한 그리스문화가 현대적인 의미에서의 대중적이라거나 또는 민중적인 성격을 갖고 있지 않고, 오히려 후세가 능가하기 힘들 정도의 고도의 엘리트적인 성격을 지니게 된 이유이기도 하다.

그러면 그리스문화의 독자적인 성격이란 무엇일까. 일반적으로 그리스문화는 밝고 명랑하며, 인간적이고 現世的이며, 합리적이고 知的이며, 균형을 존중하는 것을 그 특징으로 삼고 있다고 이야기된다. 이러한 특징들이 그리스문화의 가장 중요한 성격을 지적하고 있음에 틀림없으나 이것들만이 그리스문화의 전부라고 생각하면 잘못이다. 그리스문화에는 이와는 대조적인 측면, 즉 정열적이고 종교적이며 신비롭고 來世的인 면도 있었다. 버트랜드 럿셀(Bertrand Russell)은 그리스文化에 이러한 대조적인 두 성격이 있었음을 지적하고, 그 위대함이 이 두 성격을 공유한데 있다고 말하고 있다.

> 그리스인은 지나치지 말라는 격언을 갖고 있었다. 그러나 사실에 있어 그들은 모든 면에서 절도를 넘어서고 지나쳤다. 純粹思考에 있어, 시에 있어, 종교에 있어, 그리고 죄악에 있어 그러하였다. 그들의 위대함은 지성과 정열의 결합에 있다.[17]

확실히 그리스문화의 위대함은 인간성의 어느 一面만이 아니라 인간성을 전체적으로 넓고 깊게 파헤치고 파악한 데 있다고 하겠으며, 그렇기 때문에 유럽인이 언제나 그리로 되돌아가서 새로운 영감을 얻을 수 있는 문화의 원천, 즉 참된 의미의 고전문화를 형성하였던 것이다.

아폴로와 디오니소스

그리스문화의 인간적이고 현세적인 성격을 단적으로 말해주는 것은 그리스인이 공통적으로 신봉한 올림포스(Olympos)의 신들이다. 그리스인들도 다른 원시민족이나 다름없이 우주와 자연의 모든 것에 신비로운 영적인 것이 있다고 생각하는 多神敎的인 민족이었다. 그러한 그리스인에게 번갯불의 신이요, 정의의 신이기도 한 제우스(Zeus, 로마名은 Jupiter)를 최고신으로 하는 올림포스 신들을 공통의

---

17) B. Russel, *History of Philosophy*(Unwin Univ. Books, 2nd ed., 1961), p. 41.

신앙의 대상으로 제시한 것은 호메로스였다. 제우스의 아내 헤라(Hera)는 혼인을 관장한다 하고, 제우스의 형제인 포세이돈(Poseidon)은 海神으로서 항해를, 하데스(Hades)는 사람이 죽어서 가는 저승을 다스린다. 태양신 아폴로(Apollo)는 그의 비상한 활솜씨로 암흑을 상징하는 大蛇를 쏘아죽임으로써 인간에게 더 없는 혜택을 주었다. 그리하여 그리스인은 델피(Delphi)에 신전을 지어 그를 받들고, 國家大事나 개인의 일에 관하여도 아폴로의 예언과 신탁을 받기 위하여 그 곳을 찾았다.[18]

올림포스의 신들은 不死라는 점과 초인간적인 능력을 가졌다는 점을 제외하고는 인간과 다를 것이 없었으며, 그들의 생활과 행동은 호메로스시대의 영웅이나 귀족의 생활과 동일하였다. 그들을 받드는 데 있어 오리엔트에서와 같은 특권적인 승려계급이 따로 필요하지 않았고, 절대시해야 할 교회나 경전도 없었다. 시민 중에서 神官이 나왔고, 인간적이고 현세적인 신화가 생겨나고, 그 신화는 그리스만이 아니라 유럽의 문학과 예술의 소재로 이용되고, 영감의 원천이 되기도 하였다. 올림피아의 제우스신전에서 4년마다 汎그리스的인 체전이 거행되듯이 사람들은 神을 모시기 위하여 각종 경기와 제전을 마련했으며, 그러한 행사는 시민의 생활을 다양하고 즐겁게 수놓았다.

그러나 그리스에는 인간적이고 현세적이며, 밝고 명랑한 올림포스의 신만이 있었던 것은 아니다. 원시농경민에게서 흔히 볼 수 있는 地母神崇拜는 그리스에서 대지의 여신 데메테르(Demeter)에 대한 秘儀로 존속하였다. 데메테르숭배는 거

18) 올림포스의 12神은 아래와 같다(괄호안은 로마명칭).
　　Jeus(Jupiter) 최고신, 번갯불의 신, 정의의 신, 하늘을 관장.
　　Hera(Juno) 제우스의 아내, 혼인을 관장, 공작이 女神의 새, 무지개(Iris)는 시녀로서 심부름갈 때 무지개를 세운다고 함.
　　Poseidon(Neptune) 제우스의 동생, 바다를 관장.
　　Hades(Pluto) 제우스의 동생, 死者의 세계를 관장, 인간세계는 제우스, 포세이돈, 하데스가 공동관리한다고 함.
　　Athena(Minerva) 제우스의 딸, 학문과 예술의 신, 아테네의 수호신.
　　Apollo, 태양신, 예언의 신, 영원히 젊은 모습으로 표현됨.
　　Artemis(Diana) 아폴로의 누이 동생, 달의 신, 청소년의 수호신이라고도 함.
　　Aphrodite(Venus) 美의 여신, 에게海의 물거품에서 탄생하여 조개껍질을 타고 올림포스로 왔다 함. 아들이 에로스(Eros), 즉 사랑의 신.
　　Hephaestus(Vulcan) 대장간의 신, 물건을 제조하는 데 관계됨. 제우스의 아들로서 절름발이.
　　Hermes(Mercury) 교통과 상업의 신, 제우스의 메신저로서 날개달린 모자와 신발과 더불어 단장을 타고 날아간다고 함.
　　Ares(Mars) 軍神, 그리스에서는 인기가 없었으나, 로마시대에는 매우 중요한 신이 됨.
　　Hestia(Vesta) 가족을 지키는 여신.

의 汎그리스적이었으며, 그의 신자들은 이 세상에서 부활하여 새로운 삶을 영위한
다고 생각하였고, 에류시스(Eleusis)의 데메테르秘儀는 아테네의 국가적 행사로
까지 승격하였다.

데메테르신앙은 이미 올림포스의 세계를 이탈하는 것이었으나, 올림포스의 신
과 매우 대조적인 것은 포도주의 신 디오니소스(Dionysos, 로마名은 Bacchus)신
앙이다. 디오니소스는 원래 트라키아지방의 신이었으나, 그리스로 전해지고, 곧
소아시아와 이탈리아에도 전해졌다. 신화에 의하면 디오니소스는 젊어서 대지의
암흑의 신에 의하여 갈기갈기 찢기었다가 재생하였다고 한다. 그렇기 때문에 디오
니소스의 신자는 來世에서의 재생과 영원의 삶을 믿는다. 신자들은 밤중에 산 속
에서 디오니소스의 제사를 기행한다. 포도주를 마시며 춤을 추고 합창을 하면서
제사가 고조되었을 때, 供物로 바친 날 짐승을 찢어 날로 먹고 그 피를 포도주에
섞어 마신다. 이 의식은 바로 디오니소스의 신화를 되풀이하는 것이며, 그럼으로
써 디오니소스와 한 몸이 되어 재생과 영생의 힘을 얻는 것이라고 믿었다.

트라키아의 시인 오르페우스(Orpheus)는 이러한 원시적이고 야생적인 디오니
소스신앙을 순화하여 오르픽敎(Orphism)를 만들었다고 전해진다. 그 眞僞는 알
수 없으나 디오니소스를 믿는 오르픽교 신자는 도덕적이고 금욕적인 생활을 영위
함으로써 내세에 있어 영원의 행복을 얻을 수 있다고 믿었다. 오르픽교는 그리스
로부터 널리 식민시로 퍼졌으며 특히 남부 이탈리아와 시칠리아에 확고한 뿌리를
내렸다. 이곳에서는 유럽에서 최초의 교회라고 할 수 있을 신자집단이 형성되고,
수학의 창시자인 철학자 피타고라스(Pythagoras)는 이러한 오르픽교 신자집단의
지도자였다고 생각된다.[19]

哲學과 科學

그리스인은 자유롭게 사색하고 자유롭게 만물의 근원을 탐구하려고 하였다. 그
들은 오리엔트에서처럼 실제의 응용을 위하여 지식을 탐구하거나 자연이나 인간
세계에 일어나는 여러 현상을 신이나 마술적인 힘의 작용으로 설명하려고 하지 않
았다. 그리스인은 지식을 응용을 위해서가 아니라 지식 그 자체로서 사랑하고 탐
구하였으며, 만물의 근원을 찾아 객관적이고 합리적인 사색과 탐구를 하였으며,
지식을 일정한 이론과 논리로 정리하고 체계화하려고 하였다. 이러한 그리스의 愛
智精神(philosophia의 精神)과 합리적인 과학정신은 역사상 처음으로 여러 학문의

---

19) B. Russell에 의하면 오르픽敎的인 요소가 피타고라스를 통하여 플라톤철학에, 그
리고 플라톤으로부터 후세의 종교적 성격을 지닌 철학에 전해졌다고 한다. B.
Russell, p. 39. 참조.

진정한 기초를 마련하게 되었으며, 그리스의 철학과 과학은 그 가장 뛰어난 所産이었고 유럽의 철학과 과학의 원천이 되었다.

그리스철학은 기원전 6세기에 밀레투스를 중심으로 한 이오니아지방에서 먼저 일어났다. 이오니아학파로도 불리워지는 초기의 자연철학자들의 주된 관심은 우주를 형성하고 있는 만물의 근원(archē)이 무엇인가였다. 이러한 문제설정 자체가 오리엔트에서는 볼 수 없는 그리스에 독특한 愛智精神의 발로였다. 기원전 585년의 日蝕을 예고한 탈레스(Thales)가 만물의 근원은 물이라고 대답한 이래 공기, 불 등 다양한 대답이 나왔다. 그러한 대답 자체는 유치하게 보일지 모르나 그것을 도출할 때까지의 합리적이고 논리적인 과정이 중요하고 뜻깊은 것이다. 헤라클리토스(Heraclitos, 549~475 B.C.경)는 '萬物은 流轉한다' 하여 끊임없는 변화를 강조하였고, 파르메니데스(Parmenides)는 이에 반대하여 변화는 환상이며, 實在는 완전하고 不可分의 거대한 전체라고 주장하였다.

우주의 근원과 만물의 형성을 문제로 삼은 자연철학자들의 사색은 소크라테스와 동시대인인 데모크리토스(Democritos)의 원자론에 이르러 정점에 달한다. 그에 의하면 可分의 물질이 우주의 근원이 될 수 없고, 모든 물질은 이를 쪼개고 나누어 나가면 마지막에는 이 이상 더 나누고 쪼갤 수 없는 것에 도달할 것이다. 데모크리투스는 이를 아톰(atom), 즉 원자라 하고, 우주는 무한한 다수의 아톰으로 성립한다고 하였다.

현실이나 실용성과는 동떨어진 무의미하게도 보이는 문제로부터 출발하여 추상적이고 논리적인 탐구를 계속한 끝에 자연철학자들은 매우 주목할 결론에 도달한 것이다. 기원전 6세기 후반에 이탈리아에 거주한 피타고라스(580~500 B.C.경)는 우주와 자연의 질서의 근거를 수적인 것에 찾으려고 하였다. 그리하여 그는 직각삼각형의 유명한 정리를 발견하는 등 수학을 창시하고 오르픽교의 신자단체를 조직하기도 하였다.

그리스철학의 관심을 자연으로부터 인간의 세계로 전환시킨 것은 기원전 5세기에 나타난 소피스트(Sophists)들이었다. 페르시아전쟁 후 아테네같은 폴리스에서 발전한 민주정치는 시민의 능력에 대한 무조건의 신뢰를 바탕으로 하고 있었다. 그렇기 때문에 시민은 이에 상응하는 교양과 지식, 특히 정치무대에서 이름을 떨칠 수 있는 기술의 습득이 필요하였다. 이러한 시대적 요청에 응하여 나타난 것이 바로 소피스트였고, 그들은 시민이 필요로 하는 지식과 특히 수사학과 웅변술을 가르치는 '巡回教師'(wandering teachers)였다. 경제적으로 번영하고 민주정치가 발달한 아테네에는 자연 여러 곳으로부터 많은 소피스트가 모여들었으며, 가장 대표적인 소피스트인 프로타고라스(Protagoras)는 '人間은 萬物의 尺度'라고 선언하였다. 그러나 우주의 중심이 된 인간에게 그들은 보편적인 진리를 인정하지 않았다. 기성도덕이나 종교에 회의를 느끼고 시대가 요구하는 지식과 토론에서 승리하는 기술에 역점을 두었기 때문에 후에 궤변학파로 오인되기도 하였다

　이러한 소피스트의 회의주의와 상대주의는 펠로폰네소스전쟁 후의 아테네 사회의 혼란과 민주정치의 타락 속에서 아테네시민, 특히 청년을 오도할 위험이 컸다. 이러한 사태를 우려하고 소피스트와는 달리 보편적 진리와 도덕이 실제로 존재하며, 그것은 自己省察로써 인식할 수 있다고 부르짖은 사람이 소크라테스(469~399 B.C.)였다. 시민들로 하여금 이를 깨닫게 하기 위하여 그는 매일같이 민회나 시중에 나아가서 사람들을 붙잡고 대화와 토론을 벌이면서 '스스로를 알라'(Know thyself)는 델피의 아폴로 신전의 격언을 외쳤다. 그러나 진리와 참된 도덕의 인식에 도달하기 위한 이러한 소크라테스의 방식은 시민들의 오해를 사게 되고 드디어는 청년을 오도하고 기성종교를 부정한다는 죄목으로 고발되어 시민재판에서 사형선고를 받게 되었다. 소크라테스는 아테네를 탈출할 기회가 있었음에도 불구하고 폴리스라는 공동체를 떠받치고 있는 법에는, 설혹 그것의 적용이 잘못되었다 하더라도 복종해야 한다는 신념으로 독배를 마셨다. 소크레스는 아무런 저작도 남기지 않았으나 그의 사상이나 재판에서의 변론은 그의 제자 플라톤(ca. 429~347 B.C.)의 저작, 특히 《소크라테스의 변명》과 《크리톤》(*Criton*)을 통해서 후세에 전해지고 있다.

　플라톤은 스승으로부터 보편적 진리와 도덕의 존재를 배우고, 수학자 피타고라스로부터 오르픽교의 영향을 받았다. 그는 소크라테스 등을 주인공으로 한 수많은 對話篇(Dialogues)을 남겼으며, 아테네 교외에 학원(Academy)을 열어 제자들을 가르치기도 하였다. 플라톤철학의 핵심은 이상주의적이고 관념론적인 이데아론 (theory of Ideas)이었다. 플라톤에 의하면 우리가 감각으로 인식하는 모든 것은 假像에 지나지 않으며 참된 세계는 우리의 감각을 초월한 이데아의 세계라는 것이다. 그는 이를 동굴의 비유로써 설명한다. 즉, 일반사람은 동굴 속에 입구를 등지고 묶여 있는 상태로서, 동굴벽에 비춰지는 동굴 밖의 진정한 사물의 그림자를 보고 있는 것이나 다름없다. 철학자란 쇠사슬을 끊고 동굴 밖으로 나와서 진정한 세계, 즉 이데아의 세계를 본 사람이며, 그는 일반인이 바로 이 이데아의 세계에 눈을 뜨도록 인도할 의무가 있다는 것이다. 모든 사물은 理性으로써만 인식할 수 있는 초월적인 이데아를 갖고 있으며, 그러한 이데아 중에서 善의 이데아를 플라톤은 최고의 이데아라 하였다. 이러한 그의 이데아론은 참된 뜻의 철학의 출발점이 되었다.

　동굴의 비유가 담긴 플라톤의 《共和國》(*the Republic*)은 또한 그의 정치 사상

을 담고 있는 점에서도 주목이 된다. 그는 여기서 철인왕(Philosopher King)을 정점으로 하는 소수의 知的 選良에 의하여 통치되는 이상국가를 논하고 있는 바, 뜻밖에도 그의 이상국가는 스파르타의 國制를 연상시키는 계급제적이고 전체주의적인 국가이다. 이는 그가 아껴 마지않던 스승을 죽인 아테네의 민중지배에 대한 실망과 좌절감 등과 관련이 있는 것으로 짐작된다.

플라톤의 제자 중에서 가장 뛰어난 사람이 아리스토텔레스(ca. 384~322 B.C.)였다. 그는 마케도니아 출신이었고 알렉산더대왕을 가르치기도 하였으나, 그의 생애의 대부분을 아테네에서 보냈다. 그도 학원(Lukeion)을 열어 제자들을 길렀으며, 걸어 다니면서 강의를 하였기 때문에 逍遙學派(Peripatetic School)라고도 불리워진다.

그는 플라톤과는 달리 사물의 본질인 形相(form)이 따로 이데아로서 존재하는 것이 아니라, 질량(matter) 속에 내재하고 있다고 보았다. 그의 이러한 현실주의적인 實在論은 플라톤의 철학과 경향을 달리하면서 유럽철학의 2대조류를 형성하였다. 그러나 아리스토텔레스의 위대함은 여기서 그치는 것이 아니었다. 그는 당시의 모든 학문분야를 망라하여 집대성하였으며, 그것이 후세에 미친 영향은 헤아릴 수 없이 컸다.

아리스토텔레스는 학문분야를 크게 논리학·형이상학·자연사(natural history)·윤리학으로 구분하고, 수사학과 정치학을 윤리학에 포함시켰으며, 시학(예술철학)을 따로 독립시켰다. 자연사는 오늘의 자연과학에 해당하는 분야로서 물리·천문·심리·동물·식물·광물 등이 거기에 포함되었으며, 동물학과 식물학에 관한 저술은 특히 주목된다. 학문의 거의 모든 분야를 망라한 아리스토텔레스의 수많은 저술은 그 제자들의 강의노트에서 정리되거나 편찬한 것이기 때문에 문체나 체계에 있어 플라톤의 대화편에 뒤지지만 학문의 거대한 보물창고라고 하지 않을 수 없다.

아리스토텔레스는 특히 자연사분야에 있어 실험적이고 경험적인 방법을 사용하였는 바, 이러한 그의 방법은 정치학에서도 사용되고 있다. 그는 모든 자료를 면밀하게 수집하여 158개의 폴리스의 國制에 관한 연구를 했으나, 그 중에서 《아테네의 國制》만이 현존한다. 그의 유명한 《政治學》(Politics) 역시 이상국가를 논하기보다는 1인지배, 소수지배, 다수지배에 따른 政體를 구분하여 그것의 선·악의 형태를 논하고 있다. 즉, 군주정치와 참주정치, 귀족정치와 과두정치, 민주정치(polity)와 민중지배(democracy)를 객관적으로 예리하게 분석 검토하고 있다. 아마 이에 비견할 정치학관계 논술은 그리 많지 않을 것이다.

그리스의 경험적이고 합리적인 탐구정신은 오리엔트, 특히 이집트의 의술을 의학적인 수준으로 발전시켰다. 코스의 히포크라테스(Hippocrates of Cos, ca.

460~377 B.C.)는 오리엔트 의술에 따라다니는 마술적이고 주술적인 요소를 배제하고, 질병의 정확하고 객관적인 임상적 관찰에 입각한 의학발달의 기반을 마련하는 동시에 유명한 '히포크라테스의 선서'를 통하여 의술의 윤리성을 강조하였다.

歷 史

참된 뜻의 철학과 과학을 낳은 그리스의 합리적 정신은 또한 오리엔트의 年代記를 넘어서서 참된 의미의 역사서술을 탄생시켰다. '歷史의 아버지'로 불리워지는 헤로도토스(Herodotos, ca. 484~420 B.C.)는 소아시아의 할리카르나소스(Halicarnassos) 출신으로서 부유한 가정에 태어나 좋은 교육을 받았다. 그는 커서 이집트, 이탈리아, 메소포타미아, 흑해연안 등 당시의 문명세계를 두루 여행하면서 많은 것을 보고 들었다. 40세경(447 B.C.경) 아테네로 이주하여 얼마 동안 살다가 이탈리아로 옮겨 거기서 사망하였다. 그의《歷史》는 페르시아전쟁을 주제로 한 것이지만, 그는 이 전쟁을 근본적으로 성격을 달리하는 두 문명의 투쟁으로 보고, 그 배경이 되는 두 세계를 널리 살피고 서술하였다. 그것은 문명사를 배경으로 한 전쟁사였으며, 헤로도투스에 의하면 그 전쟁은 專制와 自由의 투쟁이었다. 그는 각종 보고나 견문을 깊이 확인하지 않고 수록하였기 때문에 무비판적이고 정확성이 없다는 평을 듣는다. 그러나 최근의 연구나 고고학적 발견은 그의 서술이 그렇게 신빙성이 없는 것이 아니라는 것을 말해주며, 특히 그가 페르시아전쟁을 주제로 삼으면서, 그것의 문명사적인 배경과 유래를 넓게 고찰하고 서술한 점은 높이 평가되고 있다.

헤로도투스와 대조적인 또 한 사람의 위대한 역사가는 투키디데스(Thucydides, ca. 460~400? B.C.)이다. 그는 아테네의 부유한 가정에서 성장하였으며, 펠로폰네소스전쟁 때는 트라키아 정벌군의 사령관으로 임명되었다가 작전에 실패하여 아테네로부터 추방된 일도 있다. 그의《歷史》는 그가 직접 보고 또한 경험한 펠로폰네소스전쟁사이다. 그는 序頭에서 매우 짤막하게 그리스史를 개관하고 곧바로 전쟁의 기원을 취급하고(제 1 권) 제 2 권부터 전쟁의 경과를 세밀하게 서술하고 있다. 투키디데스는 가능한 모든 자료를 수집하고 이를 엄밀하게 검토하여 그 정확성을 확인하고 있다. 그의 문장은 훌륭하며, 서술은 정확하고 사소한 사건이나 세부적인 것을 완전히 파악하여 그것을 서술 전체에 조리있게 교묘하게 연관시키고 있다. 이러한 점으로 보아 그를 과학적 · 비판적 역사서술의 시조라고 불러 무방할 것이며, 또한 바로 이 점을 들어 헤로도투스보다 높이 평가하려는 의견도 적지 않다. 그러나 투키디데스가 위대하고 탁월한 역사가일수록 그가 전쟁의 경과에만 초점을 맞추지 말고 그 시야와 관심을 기원전 5세기의 아테네와 그리스문화에까지

확대시켰더라면 하는 아쉬움이 남는 것이다.[20]

文 學

호메로스(Homeros : Homer)의 《일리아드》와 《오딧세이》에 관해서는 이미 언급하였다. 트로이전쟁을 주제로 한 이 거대한 서사시는 영웅의 세계와 神의 세계를 노래부른 古典 중의 古典이다. 그리스인에게 있어 호메로스는 그리스도인에게 있어서의 성경과도 같은 것으로서, 그리스인의 교육에 있어 호메로스의 작품은 필독의 書였고 그리스인의 지성과 감성은 호메로스의 세계에서 자라고 연마되었다. 기원전 7세기의 보이오티아의 농민시인 헤시오도스(Hesiodos)에 관해서도 이미 언급하였다. 그리스사회의 큰 전환기에 살면서 땀흘리며 농사에 종사하는 농민의 모습과 노동의 귀중함을 노래부른 異色的인 이 시인은 또한 《神統紀》라는 神의 세계의 계보를 정리한 작품을 남기고 있다.

해외진출과 경제적 발전이 한창이던 기원전 6세기에는 에게海의 레스보스(Lesbos)섬 출신의 사포(Sappho)라는 보기드문 여류시인과 보이오티아의 핀다로스(Pindaros : Pindar) 등의 개성적이고 자유분방한 아름다운 서정시가 나타났다.

페르시아전쟁에 승리하여 전성기로 접어든 기원전 5세기의 아테네의 산물인 삼대 비극작가의 작품들은 그리스문학사상, 아니 세계문학사상 하나의 금자탑을 이룩하였으며 그것은 그리스문화가 얼마나 깊이있게 인간성을 파악하고, 그것을 작품으로 표현하였는가를 여실하게 보여주고 있다.

그리스비극은 원래 디오니소스 제전 때 신에게 바치는 합창에서 유래하였고, 따라서 전형적인 비극은 무대 위의 배우와 더불어 합창대를 수반하는 것이 상례였다. 아테네에서는 기원전 6세기 말(534 B.C.)부터 매년 비극의 경연대회가 개최되었고, 따라서 수많은 작품들이 쓰여졌다.

최초의 위대한 비극작가는 아이스킬로스(Aischylos, ca. 525~456 B.C.)로서 70여개의 작품을 썼다고 하나 현존하는 것은 7편이다. 《페르시아人》과 《결박된 프로메티우스》(*Prometheus Bound*)는 교만과 신에 대한 도전이 얼마나 무서운 응징을 가져오는가를 테마로 삼고 있으며, 대표작이라고 할 《오레스테스 3部劇》(*the Oresteia*)은 트로이전쟁의 영웅 아가멤논 왕가의 비극을 그린 것이다. 아가멤논은

---

20) James T. Shotwell, *The History of History,* vol. 1(1939), p.198 이하 참조. 투키디데스에게는 고대사관의 특징인 순환사관과 실용적 교훈사관이 뚜렷하게 나타나 있다. "무엇이 일어났느냐에 관한 정확한 지식은 매우 유용하다. 왜냐하면 인간의 가능성으로 보아 유사한 사건이 다시 일어날 것이기 때문이다."(투키디데스).

트로이로의 원정군의 무사한 항해를 위하여 딸 이피게니아(Iphigenia)를 제물로 바치고 트로이로부터 개선한 날 그의 아내 클리템네스트라(Clytemnestra)와 그 情夫에게 살해된다. 아들 오레스테스(Orestes)는 누이의 도움을 받아 아버지의 원수를 갚기 위하여 어머니와 그 정부를 죽인다. 그것은 일면 정의를 행한 것이지만 모친살해의 죄를 면할 수 없어 오레스테스는 모진 고난을 받게 되나, 신의 도움을 받아 정화된다는 줄거리이다. 어마어마한 죄와 벌의 이야기가 감동적인 필치와 교묘한 극적 진행으로 전개되고 있다.

연대적으로 두번째에 위치하는 소포클레스(Sophocles, 496~406 B.C.)도 100여개의 작품을 썼다고 하나, 현존하는 것은 7편이다. 그 중 《안티고네》(*Antigone*)는 숙부인 테베의 참주의 부당한 명령을 거부하고 끝까지 스스로의 양심의 소리에 따라 죽어가는 안티고네의 모습을 통하여 개인의 양심의 무엇으로도 침범할 수 없는 강인함을 묘사하였다. 그의 대표작이라고 할 《오이디푸스王》(*Oedipus the King*)은 자기도 모르는 사이에 부친을 살해하고, 모친을 아내로 맞이한 테베왕 오이디푸스의 비극을 그린 것이다. 맹목적으로 운명에 시달리는 인간의 모습과 이에 굴하지 않고 인간으로서의 품위와 용기를 끝까지 잃지 않는 오이디푸스의 모습은 깊은 감동을 준다. 소포클레스에 있어 작품의 내용도 내용이려니와, 극의 짜임새나 합창대의 교묘한 운영은 놀라울 정도의 원숙함을 보여주고 있다.

소포클레스보다 약간 늦게 등장한 에우리피데스(Euripides, ca. 485~406 B.C.) 역시 70여개의 작품을 썼다고 하나, 남아있는 것은 19편이다. 그는 신화적이고 전설적인 영웅이나 왕가에 관련된 윤리적인 장엄한 비극이 아니라 보다 더 인간적이고 범상한 인간의 격정과 그것이 빚어내는 비극을 썼다. 이를테면 《히폴리투스》(*Hippolytus*)는 페드라(Phaedra)라는 점잖은 여성이 속 깊숙히 들끓고 있는 욕정으로 말미암아 그를 거부한 의붓아들 히폴리투스를 모함하여 처형당하게 하고, 자신도 자살하는 이야기이고, 《메데아》(*Medea*)는 모든 희생과 죄악을 범하면서 사랑했던 남편으로부터 버림받은 여성 메데아가 증오와 복수심에 불탄 나머지 두 사람의 소생까지 죽인다는 이야기이다. 에우리피데스는 인간심리를 묘사함에 있어서 절묘하고 인간의 격정과 애정의 정이 얼마나 강렬하고 깊은 것인가를 소름이 끼치도록 절감하게 한다.

희극 역시 그 기원은 디오니소스 제전에 있으며, 비극에 뒤이어 나타났다. 현재 우리에게 알려진 희극작가는 아리스토파네스(Aristophanes, ca. 450~ca. 385 B.C.) 한 사람뿐이며, 그의 작품으로서 완전한 형태로 남아 있는 것은 11편이다. 희극은 비극과는 달리 당대인물이나 주변에 일어나는 日常事, 또는 당면한 정치적·사회적 문제를 테마로 삼고 사람들을 웃기면서 풍자를 통하여 작가의 의견을 제시

하려는 것이었다. 아리스토파네스는 철저한 보수주의자로서 그러한 입장에서 《구름》(*the Clouds*)에서 | 소크라테스를 야유하고, 《개구리》(*the Frogs*) 에서는 아이스킬로스와 에우리피데스를 대상으로 삼아 에우유리피테스를 조롱하고, 《류시스트라타》(*Lysistrata*)에서는 아테네와 스파르타의 여성들이 연합하여 남편과의 잠자리를 거부한다는 코믹한 방법으로 펠로폰네소스전쟁을 종식시킨다는 전쟁반대론을 폈으며, 말년의 작품 중에는 아테네의 여성들이 민회를 점령하여 共産制, 특히 남성 공유를 실시함으로써 발생하는 우스꽝스러운 결과를 취급하여 민중지배나 당시의 공산주의적인 과격한 사상을 풍자하고 야유한《女子의 議會》같은 것이 있다.

당시의 극작품(비극과 희극을 포함하여)의 상연이 국가가 알선하는 재정적 지원자를 필요로 하였다는 점을 감안한다면, 그리고 전쟁 중이었다는 점을 고려한다면, 아리스토파네스의《류시스트라타》같은 작품이 상연되었다는 사실은 당시 아테네의 사상과 언론의 자유가 어느 정도였나를 짐작하게 한다. 그리고 비극의 경연대회에서 평가의 중요한 기준이 관중의 박수였다는 점을 생각한다면, 당시의 아테네 시민의 지적·예술적 수준이 상당히 높았다는 것을 알 수 있다.

美　術

자유로운 생활환경 속에서 마음껏 타고난 재능을 발휘할 수 있었던 그리스의 예술가들은 풍부한 대리석을 이용하여 후대가 능가할 수 없는 독자적인 美의 세계를 창조하였다. 그것은 한마디로 말하여 균형과 조화의 아름다움을, 단순하면서도 고귀하고, 잔잔하면서도 위대한 예술의 세계를 구현한 것이었다.

그리스미술의 대표적인 작품으로서는 먼저 아름답고 균형잡힌 신전건축을 꼽아야 할 것이다. 그리스의 수많은 신전건축은 列柱式으로서, 홈이 파진 그리고 중간부분이 약간 부풀어 있는 엔타시스(entasis)형식의 원주의 두께, 길이, 柱頭의 장식 등으로 도리아(Doria), 이오니아(Ionia) 그리고 코린트(Corinth) 양식으로 구분된다. 도리아양식의 주두는 단순하고 아무런 장식도 없고, 이오니아양식은 보다 더 가늘고 주두의 네 모서리에 간단한 소용돌이장식이 붙었으며, 코린트식은 소용돌이 밑부분에 다시 아카더스 잎사귀의 장식이 첨가되어 있다. 이러한 기둥의 양식의 차이에도 불구하고 그리스의 모든 신전이 단순하면서도 위엄있는 단정한 조화의 美를 나타내고 있지만 그 중에서도 아테네의 아크로폴리스에 있는 파르테논(Parthenon, 447~432 B.C.에 건축됨)은 도리아식의 가장 위대한 신전건축일 뿐 아니라, 古今을 통하여 가장 균형잡힌 위엄있는 아름다운 건축으로 손꼽히고 있다.

신전건축에 못지 않게, 아니 오히려 그것을 능가할 정도의 그리스미술의 산물은 아름다운 대리석조각들이다. 아테네의 파르테논신전에는 그 건조에도 관여했다고 생각되는 페리클레스시대 제일의 위대한 조각가 페이디아스(Pheidias, 488~430 B.C.)의 아테나(Athena)여신상이 안치되어 있었으며(現存하지 않음), 처마복공과 주두 사이의 벽면에는 페이디아스 내지 그의 지휘를 받은 제자들의 손으로 제작된 일련의 전투장면의 조각작품이 새겨져 있다(현재 大英博物館 소장). 기원전 4세기의 스코파스(Scopas)나 그보다 좀 늦은 프락시텔레스(Praxiteles) 등은 前世紀의 전통을 계승하면서 인체의 인상적인 아름다움을 나타내려고 하였다. 그들의 원작품은 거의 없어져버렸고, 현재 우리가 볼 수 있는 것은 그것의 모조품이지만 그 모조품을 통해서도 원작의 비길 데 없는 아름다움을 충분히 감지할 수 있는 것이다.

회화에서는 볼만한 것이 별로 없으나 그리스 특히 아테네의 도자기에 그 솜씨를 엿볼 수 있다. 초기에 독자적인 기하학적 문양을 가진 도자기 제작으로부터 시작하여, 기원전 7·6세기에는 적색바탕에 검은 색으로 인물을 묘사한 또는 인물에 동물이나 꽃을 곁들인 예술적으로 우수한 도자기가 제조되어, 기원전 5세기에는 흑색바탕에 적색의 그림을 그려넣은 매우 우수한 도자기가 제조되었다. 도예의 중심 역시 아테네였으며, 아테네産의 도자기는 전지중해 연안과 오리엔트에 전파되었다. 그것은 예술적인 가치를 지녔을 뿐 아니라 그리스의 생활모습이 거기에 아름답게 묘사되어 있고, 도자기 자체가 비근한 일상생활용품이었기 때문에 우리는 거기서 그리스인의 생활의 예술화를 엿볼 수도 있는 것이다.

제 6 절   알렉산더와 헬레니즘

헬레니즘世界

그리스의 反마케도니아派의 저항을 분쇄한 알렉산더는 기원전 334년에 마케도니아군을 주력으로 한 그리스와의 연합군을 거느리고 페르시아원정 길에 나섰다. 그는 아테네함대의 소극성을 감안하여 페르시아 해상세력의 약화와 타파를 목적으로 그 함대의 근거지를 먼저 공격하기로 하였다. 그리하여 알렉산더는 소아시아로부터 시리아를 거쳐 페니키아를 공략하고, 후방의 불안을 완전히 없애버릴 목적으로 이집트를 정복하고 나일강 하구에 알렉산드리아(Alexandria)라는 그리스식 도시를 건설하였다(331 B.C.).

이와 같이 만반의 준비를 갖춘 알렉산더는 페르시아와의 결전에서 승리하고(331 B.C.), 패한 다리우스 3세는 중앙아시아로 도망갔으나 거기서 그의 총독(satrap)들에게 살해됨으로써 페르시아는 멸망하였다. 알렉산더는 페르시아의 영토를 모조리 정복할 생각으로 중앙아시아로 진출하고, 거기서 다시 인도를 정복하려고 하였으나, 원정 길에 나선지 10년이 지나 병사들도 지쳐서 수사(Susa)로 개선하였다(324 B.C.). 그러나 다음 해 알렉산더는 열병에 걸려 33세라는 젊은 나이로 세상을 떠났다.

역사에서 만일이라는 가정은 실없는 소리라고 배척되지만, 워낙 젊은 나이에 또한 짧은 기간에 당시의 문명세계라고 할 수 있는 모든 지역을 정복한다는 위업을 성취하였기 때문에 그를 '大王'이라고 부르는 것이며, 그가 "좀 더 오래 살았더라면 어떻게 되었을까"라는 가정을 세워보고 싶어지는 것이다. 더구나 그 넓은 지역을 정복했을 뿐, 그것을 하나의 견고한 세계제국으로 조직하지 못한 채 사망하였기 때문에 더욱 아쉬움이 남는 것이다.

알렉산더는 아리스토텔레스의 제자였고, 그리스문화에 심취하고 있었다. 그렇기 때문에 그는 이집트에서 알렉산드리아를 건설한 것을 비롯하여 많은 그리스식 도시를 건설하고, 오리엔트로의 그리스·마케도니아인의 이주와 그리스문화의 이식에 힘쓰는 동시에, 스스로는 물론 부하장병의 페르시아(이란)여성과의 혼인도 권장하였다. 그러나 알렉산더는 정치면에서는 그리스의 폴리스적인 통치로서는 그 넓은 지역을 통일적으로 통치할 수 없다는 것을 잘 알고 있었던 것 같다. 그러므로 그는 이집트에 들어가서는 이집트의 파라오와 마찬가지로 아몬 라의 아들이라는 신탁을 받고 그렇게 행세하였으며, 페르시아에서도 전통적인 전제군주로 임하였다. 다시 말하여 알렉산더는 그의 제국을 오리엔트적인 신적 지배자로서 통치할 생각이었다. 그러나 실제에 있어 그 넓은 땅은 부하장군들에 의해서 임시적으로 통치되는 가운데 急死하고 말았던 것이다.

알렉산더 사후 그의 제국 통치권을 둘러싸고 그의 장군들을 포함한 후계자 사이에 치열한 갈등과 분쟁이 계속되었다. 이 권력다툼 속에서 대부분의 후계자가 하나씩 사라지면서 결국 다음의 세 왕실이 가장 유력한 존재로 남게 되었다. 즉, 오리엔트와 소아시아의 일부를 지배하는 시리아의 셀류쿠스(Seleucus)왕실, 이집트의 프톨레미(Ptolemy)왕실, 그리고 마케도니아(그리스는 이에 종속)의 안티고누스(Antigonus)왕실이 그것이다. 그러나 이 3大國도 평화를 누린 것은 아니었다. 기원전 3세기에 시리아와 이집트가 팔레스타인·페니키아, 남부시리아 등에 대한 쟁탈전을 벌이고, 이집트와 마케도니아는 에게海의 패권을 다투었다.

이러한 끊임없는 전쟁은 헬레니즘세계의 3대국의 자원과 힘을 고갈시키고, 가속화되는 내부분열을 방지할 수 없게 하였다. 특히 가장 많은 이질적인 요소로 구성되어 있던 시리아의 경우, 그러한 경향이 심하여 중앙아시아가 떨어져 나가고, 소아시아에서도 많은 소국가가 독립하게 되었다. 그 중에서 헬레니즘문화와의 관련에서 중요했던 것은 中정도의 그리스도시를 중심으로 세워진 페르가뭄(Perga-mum)왕국이었다.

그리스의 정세 또한 호전되지 않았고, 폴리스 상호간의 분열도 여전하였다. 처음부터 마케도니아에 종속하지 않았던 스파르타는 이집트와 마케도니아의 대립을 이용하여 마케도니아에 저항해 보았으나 독립적인 지위를 유지하는 데 그치고, 아테네 역시 몸부림을 쳐보았으나 종속적인 지위를 면하지 못하였다. 마케도니아에 대하여 보다 더 위협적이었던 것은 펠로폰네소스에 중심을 둔 아카이아동맹(Achaean League)과 에톨리아동맹(Aetolian League)이였다. 두 동맹은 수많은 폴리스를 가맹시켜 제법 위세가 당당했으나, 가맹 도시 상호간의 질투와 대립, 그리고 두 동맹 상호간의 대립과 분쟁으로 주그리스를 결합하여 마케도니아의 굴레를 벗어던지는 데까지는 이르지 못하였다. 다만 3대국의 해상권 다툼을 이용하여 크게 성장하고 번영과 독립적인 지위를 확보하여 헬레니즘세계에서 중요한 위치를 차지한 것은 로도스(Rhodes) 섬이었다

이와 같이 헬레니즘세계가 분열하고 분쟁을 거듭하고 있을 때, 서쪽에서는 로마(Rome)가 이탈리아반도를 통일하면서 시칠리아의 그리스인과 카르타고(Car-thage)에 도전하려 하고 있었다.

社會와 經濟

헬레니즘세계의 지배자들은 마케도니아태생이거나 그리스문화의 세례를 받은 사람들이었고, 그들은 마케도니아인이나 그리스인, 또는 그리스化한 '바르바로이'(야만인)출신의 용병대에 의존하고 있었다. 알렉산더의 그리스式 도시의 건설과 그리스·마케도니아인의 이민권장정책은 그렇지 않아도 기원전 4세기의 경제적 쇠퇴와 위축, 정치적 혼란에 시달리던 그리스인들에게는 둘도 없는 좋은 기회였다. 그리하여 그들은 빈곤해진 폴리스를 떠나 용병으로서, 이민으로서, 상인으로서 또는 관리로서 서슴지않고 새로이 정복된 땅으로 이주하였고, 헬레니즘세계의 지배자들은 그들을 기꺼이 맞아들였다.

알렉산더의 동방원정은 지중해세계와 오리엔트세계를 하나의 거대한 교역권 내지 경제권으로 결합시켰으며, 그의 후계자들에 의하여 알렉산더의 세계제국이 정치적으로 분열한 후에도 멀리 시칠리아로부터 흑해연안, 나일강유역으로부터 인더스강에 이르는 광대한 지역이 하나의 거대한 시장을 형성하게 되었다. 알렉산더의 후계자들이 이집트의 프톨레미왕실을 제외하고, 알렉산더가 정한 기준의 주화, 즉 앗티카의 주화를 사용하고, 문화어로서 널리 사용되게 된 앗티카의 방언인 코이네(koinē)를 점차로 헬레니즘세계의 공통된 상업어로 사용하게 됨으로써 교역

은 더욱 더 발달하였다. 그리스계상인들은 동방의 상술과 관습을 익히면서 이를
더 향상시키고 신용거래와 금융(은행)의 중요성도 증대하였다.

이러한 상업과 교역의 발달이 제조업의 발달을 초래할 것은 당연한 이치였다.
제조업자나 수공업자들은 오리엔트의 기술을 흡수하면서 오리엔트인의 구미에 맞
고 또한 시대가 요구하는 상품제조에 열중하였다. 알렉산더가 페르시아王으로부
터 탈취한 막대한 양의 금·은이 그의 부하에 대한 상여금이나 새로운 도시의 건
설과 같은 큰 토목공사와 사치품의 구입 등으로 뿌려지자 그것은 일시에 거대한
구매력을 해방시켜 제조업과 상업의 발달을 촉진하였다.

이러한 상공업의 급속한 발달은 경제활동의 중심지로서 도시의 번영을 가져왔
다. 이집트의 알렉산드리아는 인구 50만을 넘는 대도시로서 당시 헬레니즘세계의
경제적 중심이었을 뿐 아니라 문화활동의 중심이기도 하였다. 소아시아의 에페소
스(Ephesos)와 페르가뭄, 흑해입구의 비잔티움, 에게海의 로도스와 데로스섬 등
이 교역과 수공업의 중심지로서 번영하였고, 셀류쿠스왕국의 티그리스하구의 셀
류키아(Seleucia)와 새로운 수도인 안티오크(Antioch)는 아시아나 인도와의 교
역의 중심지였으며, 안티오크는 또한 대공업도시이기도 하였다.

도시의 번영과 인구의 급격한 증가는 식량문제를 제기하고, 그것은 목축을 포함
한 농업생산의 증가를 위한 노력을 수반하게 되었다. 그리스의 식물이나 동물에
대한 과학적 지식이 농업과 목축에 응용되고 많은 국유지가 농업생산의 증가를 위
하여 병사들과 그리스계이민들에게 分與되었다. 거의 전적으로 노예노동에 의존
하는 대규모농업경영이 나타나고, 곡물가격의 변화를 이용한 투기도 상당한 규모
로 일어났다. 노예노동의 사용은 헬레니즘시대에 들어와서 더욱 더 확대되고 강화
되었으며, 농업에서만이 아니라 상공업도 노예노동에 대한 의존도가 더욱 커지고
수공업도 생산규모가 종전보다 커졌다.

이러한 경제적 발전의 결과 도시와 농촌에서는 새로운 중산층이 형성되었는 바,
그들의 대부분은 그리스계를 중심으로 한 이주민이었다. 이에 反하여 원주민은 그
들에게 종속되었으며, 경제적으로도 그들에 예속되어 있었다. 그리하여 헬레니즘
왕조들에게 있어 수적으로 다수를 차지하는 원주민은 착취와 경멸의 대상이 되었
으며, 그것은 때로 심각한 사회문제를 야기시켰다. 즉, 원주민의 작업중단, 파업
또는 반란 등이 심심치 않게 일어났던 것이다. 헬레니즘시대에 막강한 경제력과
富를 자랑한 이집트의 경우 이러한 원주민에 대한 착취와 억압어 예외적이라고 할
정도로 철저하였으며, 그것은 이집트의 전경제생활이 완전히 국가에 의해서 통제
되었기 때문이다.

헬레니즘시대의 경제적 번영은 실체에 있어 노예노동과 원주민의 착취에 입각

한 것이었다. 헬레니즘시대의 왕들은 지배자편인 그리스계이주민과 노동과 생산의 원천인 원주민과의 적절하고 합리적인 공존체제를 수립하지 못하였고, 왕실간의 끊임없는 전쟁은 인간의 힘을 고갈시키고, 모처럼 증가한 생산력을 탕진하였다. 그리하여 파괴적인 정신이 널리 퍼지고, 불안감이 날로 조장되었으며, 모든 것에 대한 무감각이 팽배해졌다. 그러므로 카르타고를 굴복시킨 로마가 나타났을때, 그리스를 포함한 헬레니즘세계는 모든 면에서 이에 저항할 힘이 남아 있지 않았다.

헬레니즘文化

지금까지 사용해 온 헬레니즘(Hellenism)이라는 맡은 시대개념인 동시에 문화개념이다. 시대개념으로는 알렉산더의 동방원정으로부터 이집트의 프톨레미왕조의 종말(30 B.C.)까지 약 3백년 간을 말한다. 문화개념으로서는 종래 헬레니즘문화가 동서문화의 융합이라는 견해가 일반적이었다. 그러나 이것은 잘못된 해석이다. 헬레니즘시대에 그리스문화와 오리엔트 문화가 동등한 자격으로 서로 융합하여 새로운 문화를 탄생시킨 일은 없다. 헬레니즘시대에 지중해세계와 인더스강에 이르는 오리엔트세계가 하나의 경제권을 형성한 것과 마찬가지로, 이 광대한 지역이 하나의 문화세계를 형성하였으며, 정치나 경제를 지배한 사람들이 알렉산더의 후계자인 왕조들과 그리스인이거나 그리스化한 사람들이었던 것과 마찬가지로 문화에서도 지배적이었던 것은 그리스문화였다. 시칠리아로부터 인더스강유역에 이르기까지 사회의 지배층이나 교양인 사이에 사용된 언어는 코이네라는 앗티카지방의 방언이었고, 국적이나 인종을 초월하여 지배층에 속하거나 문화세계에 참여하려면 코이네를 알아야만 했다. 그러므로 헬레니즘문화는 결코 '東西文化의 융합'의 소산이 아닌 것이다. 그 基調는 어디까지나 그리스문화였고, 다만 달라진 것이 있다면, 古典期의 그리스문화(Hellenedom)가 폴리스를 바탕으로 발전한 데 반하여, 이제 그 좁은 울타리가 깨어지고 세계적인 문화로 변하였다는 점이다. 그러므로 헬레니즘문화는 세계화한 그리스문화인 것이다. 물론 세계화 과정에서 부분적으로 오리엔트문화를 흡수한 경우도 있고, 고전기와는 성격에 변화도 생겼겠지만 헬레니즘문화는 기본적으로 그리스적인 문화였다.

헬레니즘문화는 보편적이고 세계시민적인 성격이 강하였으며, 당시의 철학, 특히 스토아학파(Stoicism)에 이러한 성격이 잘 나타나 있다. 키프로스(Cyprus)의 셈족계통 출신인 제노(Zeno, 335~263 B.C.)가 창설한 스토아학파는 폴리스의 범주를 완전히 벗어나서, 자연법과 보편적인 정의에 의해 지배되는 세계국가를 구상하였으며, 그 구성원이 되는 세계시민은 이성을 가진 존재로서 모두가 평등하다고 주장하였다. 이러한 주장 속에 로마인은 세계제국의 이론적 기반을, 그리스도교는 그들의 교리의 철학적 뒷받침을 발견하였다.

그러나 스토아학파는 세계국가를 구체적인 정치형태라기보다 하나의 이상적인 상태로 보고 현실적으로는 동방적인 전제군주의 지배를 인정하고 이에 적응하였다. 그러면서 그들은 개별적인 인간의 행복에 더 많은 관심을 기울였다. 그들은 인간의 행복은 정신과 영혼의 안정에 있으며, 이를 달성하기 위하여서는 감정이나 정열, 또는 그것에 기인하는 욕망을 버리는 데 있다고 주장함으로써 금욕주의를 실천적인 생활윤리로 제시하였다.

세계시민주의(cosmopolitanism)는 민족이나 국가와 같은 공동체를 상실한 원자적인 개인을 토대로 삼는다. 그러므로 헬레니즘시대는 세계시민주의의 시대인 동시에, 철저한 개인주의의 시대이기도 하였다. 스토아학파에도 이러한 개인주의적인 경향이 이미 나타나 있지만, 더 강하게 나타나는 것은 에피쿠로스(Epicuros, 342~270 B.C.)학파이다. 그들은 국가를 개인의 생존과 행복을 위하여 사회질서를 유지하는 데 편리한 발명이라고 생각하고, 개별적인 인간의 행복을 탐구하는 데 노력을 집중시켰다. 그들은 인간의 최종목표가 즐거움, 즉 樂(pleasure)을 구하는 데 있다고 보고, 이를 달성함에 있어서는 스토아학파와 비슷하게 정신의 안정이 필요하다고 하였다. 정신의 안정에 가장 큰 장애가 되는 것은 여러 가지 두려움이며, 특히 신과 죽음에 대한 두려움이 가장 큰 장애이다. 그러므로 즐거움에 도달하는 길은 이러한 죽음이나 신에 대한 두려움을 벗어던지고 각자가 조용하게 정신을 도야하는 데 있다고 주장하였다. 이렇듯 에피쿠로스학파의 원래의 주장에는 이른바 쾌락주의나 향락주의의 색채는 강한 것이 아니었으나 그들이 즐거움을 인간의 최고목표로 설정하고 육체나 감각적인 즐거움을 적극적으로 배제하지 않았기 때문에 쾌락주의로 알려지게 되고, 향락적인 성격이 깃들게 된 것이다. 에피쿠로스학파는 로마시대에 가서 철학으로서보다는 생활신조 내지 생활태도로서 로마의 상류층에 널리 받아들여지게 되었다.

스토아학파의 금욕주의나 에피쿠로스학파(Epicureans : Epicureanism)의 쾌락주의는 헬레니즘시대의 원자적인 개인주의라는 같은 어머니 뱃속에서 태어난 성격을 달리하는 쌍둥이에 지나지 않았다고도 할 수 있다. 이 서로 상반되는 두 생활윤리는 인간에게 공존하는 이성적인 면과 감각적인 면의 어느 한 편을 강조함으로써 생겨나는 것이다. 그러므로 헬레니즘시대의 미술이 古典期보다 감각적이고 향락적인 경향을 갖게 된 것도 에피쿠로스학파 등에 나타난 당시의 일반적인 풍조의 반영에 지나지 않았다. 고전기의 전통이 완전히 사라진 것은 아니지만 고전기의 단정한 균형잡힌 이상적인 美의 세계는 더욱 개성화되고 현실화하여 라오콘

(Laocoon)群像에서와 같이 죽음의 고통에 처한 강렬한 감정의 표현, 승리의 여신인 니케像(Nike of Samothrace)에서 볼 수 있는 동적인 성격, 밀로의 비너스像(Venus of Milo)이 보여주는 인간의 육체가 가진 관능적인 아름다움의 세계가 개척되었다. 회화도 고전기에 비하여 발달하고 활발해졌으나 이것 역시 시대의 변천을 반영하여 시정의 세속생활을 테마로 한 일종의 풍속화가 유행하였다. 建築 또한 古典期의 전통을 계승하여 코린트식의 신전이 건조되고 새로운 도시건설에 있어서도 공공건조물은 고전기의 것을 추종했으나, 지배자의 왕궁이나 별궁 등 전시대에 볼 수 없었던 세속적인 건축에 새로운 양상이 나타나게 되었다.

본질적으로 보편적 성격을 지니는 자연과학을 비롯한 모든 분야의 학문이 헬레니즘시대의 세계시민주의를 바탕으로 자유롭게 발달하였다. 교통과 경제의 중심이었던 이집트의 알렉산드리아는 인구 50만을 넘는 대도시로서 세계의 7大不可思議의 하나로 꼽히는 거대한 등대를 비롯하여, 박물관과 도서관이 있어 학문의 중심지이기도 하였다. 헬레니즘시대는 국가가 처음으로 학문의 중요성을 인식하고 이를 지원한 시대이기도 하였다. 철학분야의 사적인 학원과 더불어 이러한 국가의 지원으로 운영되는 박물관(Museum, 즉 ‘Muses의 집’)에는 철학자를 비롯한 인문과학자와 자연과학자들이 연구에 종사하고 있었으며, 알렉산드리아의 도서관은 70만권에 달하는 장서를 자랑하였다.[21]

인문과학분야에서는 독창적인 새로운 발전보다 고전기 작품의 수집과 확인 및 고증 그리고 이에 대한 해설과 해석이 주류를 이루었다. 그러나 자연과학분야에서는 국가의 지원과 시설의 충실을 바탕으로 고전기의 전통을 계승하면서 크게 발달하여 근대에 들어와서나 능가하게 될 높은 수준에 도달하였다. 천문학분야에서는 아리스타르코스(Aristarchos, ca. 310~230 B.C.)가 地動說을 주장하였으나, 그의 가설이 사실과 부합하지 않는 탓으로 로마시대의 천문학자 프톨레마이오스(Ptolemaios, 서기 2세기에 알렉산드리아에서 활동)의 《天文學總論》(*Almagest*)에서 채택되지 않고, 힙파르코스(Hipparchos, 190~126 B.C.에 활동)의 地球中心說이 채택되어 널리 보급되었다. 수학에 있어서는 에우클레이데스(Eukleides, 또는 Euclid, 기원전 3세기)의 기하학, 아폴로니우스(Apollonius)의 삼각법이 나오고, 물리학에서는 浮力의 원리로 유명한 아르키메데스(Archimedes, ca.287~212 B.C.)가 목욕탕에서 그 원리를 발견하고, 벌거벗은 채 알렉산드리아의 거리를 ‘유레카’(eureka, 발견했다는 뜻)라고 외치며 달렸다는 일화를 남겼다. 문명세계가 하나

---

21) 장서의 대부분은 기원전 47년에 카이사르의 점령군에 대한 이집트군의 반란 때 소실되었다.

로 통합되고 교통이 편해짐에 따라 여행도 수월해지고 이에 따라 지리학도 발달하였다. 대표적인 지리학자인 에라토스테네스(Eratosthenes, 275~194 B.C.)는 지구 주위를 계산하였는 바 오늘의 정확한 계산에 비하여 200마일의 오차뿐이었으며 그는 또한 세계지도를 작성하기도 하였다.

제 4 장

로마帝國

티베르강 기슭의 조그만한 도시국가로부터 출발한 로마는 5세기 동안에 걸쳐 오리엔트를 포함한 전지중해세계를 정복하고 이를 통합하여 3대륙에 걸친 전례없는 거대한 제국을 건설하였다. 그럼으로써 로마는 지중해를 중심으로 발전한 고대문화를 종합하고 거기에 라틴석인 요소를 첨가하여 유럽의 古典文化를 완성시켰다.

유럽의 고전문화인 그리스·로마문화와 더불어 오늘의 유럽문화의 또 하나의 원천인 그리스도교의 성장도 로마제국의 성립을 전제로 한 것이며, 로마제국의 품안에서 자라났다고 할 수 있다.

이렇듯 로마제국은 고전문화를 완성시키고 그리스도교 성장의 기반이 되는 동시에 이를 유럽대륙과 새로이 등장한 게르만족에게 전달함으로써 오늘의 유럽문화를 가능하게 하였다. 독일의 역사가 랑케(Leopold von Ranke)는 이러한 로마의 역사적 역할을 다음과 같이 표현하였다. "모든 古代史는 이를테면 많은 개울이 호수로 흘러가듯이 로마의 역사로 흘러 들어가고, 모든 近代史는 다시 로마로부터 흘러나왔다."

제 1 절 共和政의 發展

로마의 起源

이탈리아반도에 인도유럽어족이 나타난 것은 기원전 2000년기 중엽(1700~1500 B.C.)으로 생각되며, 그들은 신석기시대로부터의 원주민과 혼합하면서 포(Po)강 계곡일대에 청동기문명의 유적을 남겼다(Terramara문명). 그리스에서 도리아족이 남하할 무렵, 이탈리아에서도 인도유럽어족의 또 다른 이동이 있었으며(1200~1000 B.C.), 그들은 지금의 볼로냐(Bologna) 부근의 빌라노바(Villanova)에 철기문화의 유적을 남겼다. 이 새로운 이주자들은 몇 개의 方言群으로 나누어져 있었으며, 로마인이 속하는 라틴족(Latin)은 티베르(Tiber)강 남쪽의 라티움(Latium)

에 자리잡았다. 그들에 바로 인접해서 사비니족(Sabini), 그 동북방에 움부리아족(Umbri), 다시 동남방에 삼니움족(Samnium, 또는 Samnites) 등이 있었다.

이러한 이탈리아 여러 부족의 이주에 뒤이어 기원전 8세기에는 또 다른 민족들이 들어왔다. 그 하나는 라티움 남쪽에 네아폴리스(Neapolis, 지금의 Napoli), 남부해안에 타렌툼(Tarentum), 그리고 시칠리아에 시라쿠사(Syracusa) 등의 식민도시를 건설한 그리스인이었고, 다른 하나는 라티움북방 지금의 토스카나(Toscana)지방에 자리잡은 에트루리아인(Etruria, 또는 에트루스키 Etruscans)이었다.

에트루리아인은 소아시아로부터 이동해 온 것으로 생각되고 있다. 그들은 그리스문자를 사용했으나 언어는 인도유럽어족에 속하지 않고, 그나마 기록이 단편적이어서 아직껏 그 문자를 해독하지 못하고 있다. 그들은 독자적인 문화를 유지하면서 한편으로는 그리스문화를 받아들였으며, 종교적·경제적 유대로 결합된 도시국가의 느슨한 연맹체를 구성하고 있었다. 기원전 7세기에 그들의 세력은 북으로는 포강, 남으로는 캄파니아(Campania)로 확대되고, 기원전 6세기에는 로마까지 지배하게 되었다.

로마인의 전승에 의하면 건국의 시조는 트로이함락 때 이탈리아로 건너온 트로이왕자 에네아스(Aeneas)이며, 그의 후손인 로물루스(Romulus)와 레무스(Remus)에 의하여 로마시가 건설되었다고 한다. 그 연대는 기원전 753년으로 전해지고 있으며, 그 후 7대에 걸쳐 왕이 로마를 다스렸다고 한다. 이 전설상의 왕 중에서 제5대(Tarquin I, 616~578 B.C.)와 제7대(Tarquin the Proud, 534~509 B.C.)의 王名이 에트루리아계통이라는 점은 기원전 6세기에 로마가 에트루리아의 지배를 받게 된 사실과 부합한다.

오늘의 고고학적 연구에 의하면 기원전 8세기와 7세기의 로마는 티베르강 右岸의 언덕에 산재하는 빈약한 촌락에 지나지 않았고, 그것이 도시의 모습을 갖추게 된 것은 기원전 6세기에 들어서서의 일이며, 그 과정은 그리스의 폴리스 경우와 마찬가지로 集住의 형태를 취한 것으로 생각된다.[1] 도시국가를 형성한 로마는 그 지리적 조건을 이용하여 중개상업으로 발전하게 되었으며, 기원전 6세기 말(509 B.C.로 전함)에는 에트루리아의 왕을 추방하고 공화정을 수립하였다.

共和政의 構造

로마공화정의 정치구조의 핵심이 되는 것은 원로원(senate), 政務官(magistrates), 그리고 민회(comitia)이다. 정무관 중에서 최고의 지위를 차지하는 것

---

1) I. Geiss, *Die Geschichte griffbereit,* 6, Epochen(1979), p. 138

은 두 사람의 執政官(consul)이다. 그들은 행정 및 군사의 대권(imperium)을 장악하고, 원로원과 협의하여, 민회를 소집하는 권한을 가진다. 임기는 1년이며 한 달씩 교대로 집무할 뿐 아니라, 상호간의 완전한 합의가 필요하다. 이러한 제도적 장치는 권력행사의 상호견제와 균형을 유지함으로써 권력의 집중과 비대화를 방지하려는 로마인의 정치적 지혜에서 연유하였으며, 이러한 배려는 공화정의 國制 全般의 특색이기도 하다. 국가비상시에는 한 사람의 獨裁官(dictator)에게 전권이 위임되지만 그 기간은 6개월을 넘지 못하도록 못을 박고 있다.

집정관 밑에 법무관(praetor)이 있어 司法을 관장하였으며, 법무관을 거쳐야 집정관이 될 수 있었다. 그 밖에 공공건물을 관장하고 경기 및 축제를 관장하는 에딜레(aedile, 처음 2名, 후에 4名), 국고수입을 관장하는 재무관(quaestor), 그리고 징병을 위한 인구 및 재산을 조사하는 監察官(censor)이 있었다. 이 감찰관은 인구조사 외에 시민의 도덕과 풍기를 감독하고, 불미한 자를 원로원이나 정무관으로부터 추방하는 권한을 가지게 되었다. 모든 정무관의 임기는 1년이고 보수가 없었으며, 민회에서 선출하였다.

원로원은 처음 씨족장으로 구성된 것 같으나 후에는 아테네의 아레오파구스회의와 동일하게 정무관을 지낸 사람으로 구성되었으며, 그 임기는 종신이었다. 형식적으로는 집정관에 의하여 소집되고, 집정관의 협의에 응하는 기관이었으나, 실질적으로는 공화정의 최고권력기관으로서 국정 전반에 걸쳐 이른바 '원로원의 충고'(senatus consulta)는 집정관도 이를 거부할 수가 없었다. 의원의 수효는 일정하지 않았으나 초기에는 대체로 300명 정도였으며, 역사가 폴리비우스(Polibius)의 표현을 빌리면 '王들의 모임'과도 같았다.

오늘의 입장에서는 이상하게 생각될지 모르나 종교를 관장하는 神官(pontifex)이 로마의 정치에 있어 정무관 못지않게 중요한 지위를 차지하고 있었다. 그것은 정치가 종교와 밀접하게 관련되어 있었기 때문이다. 이를테면 민회의 개최는 신관이 달력(calenda)에 지정한 날에 한정되었고, 神意를 占하여 민회의 진행이 결정되는 등, 국가의 공공활동이 종교행사와 일체가 되어 있었다. 로마의 國制에 있어 매우 특이한 존재는 護民官(tribunus : tribune)이다. 호민관의 설치는 기원전 494년에 평민의 귀족에 대한 투쟁의 가장 큰 성과로서 달성된 것이며, 기원전 5세기 중엽에는 그 수효가 10명이 되었다. 호민관은 平民會(concilium plebis)에서 선출되며, 이를 사회하고 평민의 이익을 옹호하며, 정무관이나 원로원의 결정을 거부(veto)할 권한을 가진다. 임기는 1년이며 집정관의 경우와 동일하게 합의제이며, 그 신체와 생명은 불가침이다. 호민관의 권한과 기능은 평민세력의 신장과 더불어 확대강화되었다.

로마의 민회는 그리스보다 복잡하지만, 로마가 公共體(respublica)로서 市民團의 통일체임을 말해주는 것이며, 그 발전과정은 씨족적인 사회로부터 지역국가적인 시민공동체로의 발전을 나타내고 있다.

가장 오래된 민회는 쿠리아회(comitia curiata)이다. 이는 로마 초기사회의 씨족적인 조직에 따라 구성된 것으로서 귀족에 의하여 지배되었다.[2] 뒤에 설명하게 될 귀족에 대한 평민의 투쟁과정에서 이와는 다른 민회가 성립하게 되었으며, 그 하나가 兵士會(comitia centuriata)이다. 이는 전시민의 병역의무를 전제로 시민들을 193개의 百人隊(centuria, 실제 병사수는 반드시 百人이 아니었다)로 조직하고, 시민의 재산에 따라 기병 이하 5등급으로 나누어 중장보병, 경장보병 등으로 구분한 군사조직을 토대로 한 일종의 시민총회였다. 이 병사회는 집정관을 포함한 고위정무관의 선출, 전쟁과 강화의 결정, 기타 입법 등 그 기능과 권한은 매우 컸다. 또 다른 민회는 平民會(concilium plebis)로서, 이는 트리부스회(comitia tribu-ta)라고도 불리워졌다. 그 이유는 평민들이 거주하는 행정구, 즉 트리부스(tri-bus) 단위로 투표가 행하여졌기 때문이다.[3] 이 평민회는 호민관을 선출하고, 호민관이 그 의장이 된다. 초기에는 호민관의 거부권에 그 권한이 집중되어 있었으나, 평민세력의 신장과 더불어 정식으로 입법권이 인정됨으로써(287 B.C.) 그 중요성이 커졌다.[4]

社會構造와 身分鬪爭

이상과 같은 정치구조의 설명은 평면적인 것에 불과하며, 그 성격과 실체는 공화정 시기의 사회구조와 신분투쟁(Struggle of the Orders, Ständekämpfe)과 관련시킴으로써 비로소 정확하게 파악될 수 있다.

공화정 초기의 로마사회는 귀족(patrici : patricians), 평민(plebs : plebeians) 그리고 노예의 세 신분으로 구분되어 있었으며, 매우 특징적인 것은 귀족과 평민의 구별이 상호간의 통혼이 법적으로 허용되지 않을 정도로 엄격하였다는 사실이

---

2) 전하는 바에 의하면 로마에는 3부족(tribus)이 있고, 각 부족은 10개의 쿠리아(cu-ria)를 가지며, 쿠리아에는 여러 씨족(gentes)이 속해 있었다. 쿠리아는 종교적·군사적 집단으로서, 노예를 제외한 모든 시민이 이에 나누어 소속되어 있었다. M. Rostovtzeff, *Rome*(Galaxy Book, 1960), p. 17 참조.
3) 공화정 초기의 트리부스 수는 4개였으나 점차 증가하여 기원전 241년에는 35개가 되었다.
4) 트리부스회에는 귀족을 포함한 전시민으로 구성되는 것과, 귀족을 제외하고 평민들로만 구성되는 것이 있어 때로 혼동을 일으킨다. 여기서 平民會라 함은 물론 후자의 경우다. 로마공화정의 복잡한 여러 민회의 구성과 기능 등에 관하여는 Lily Ross Taylor, *Roman Voting Assemblies*(Ann Arbor, 1966), pp. 4~5의 도표 참조.

다. 귀족은 王政期로부터의 명문출신으로서 토지와 가축소유에 있어 우월한 대지
주였다. 그 수효는 많지 않았으며, 공화정 초기에는 원로원을 비롯하여 고위정무
관과 신관직을 완전히 독점하고, 기병으로써 전투의 주력을 이루고 있었다. 그렇
기 때문에 공화정 초기의 로마 정치체제는 실질적으로는 귀족정치였다.

이에 비하여 평민은 노예와는 달리 자유인이었으나, 경제적으로나 신분적으로
귀족보다 하위에 있고, 처음에는 정치로부터 완전히 제외되어 있었다. 평민의 핵
심은 가족과 약간명의 노예의 힘을 빌려 토지를 경작하는 大小의 자영농민이었고,
그밖에 소작농과 로마시에서의 상공업의 발달에 따라 그 수가 증가하게 된 수공업
자와 상인들이었다.

이러한 평민 속에 로마사회의 특이한 존재로서 종속자 또는 피보호자(clientes)
가 있었다. 로마사회의 기본단위는 가족(familia)이었고, 부권, 즉 家父長의 권한
이 절대적이라고 할 정도로 강대하였다. 그러나 귀족의 경우 처자식 이외에 노예와
피보호자가 그 가족 속에 포함되어 있었다. 이 피보호자는 일반평민과 동일하게 자
유인이었으나 보호자(patronus)인 귀족과 신의(fides)로써 맺어지고, 법적 인격이
인정되지 않아 보호자가 그를 대신하여 법정에 나가 변호를 해야만 했다. 보호자와
피보호자의 경제적 관계는 확실하지 않으나 피보호자는 보호자를 따라 종군하는 등
물심양면으로 보호자의 보호에 보답하였으리라고 생각된다. 피보호자가 완전한 자
유인이 되고, 토지소유자가 되어 독립한 경우에도 그 이전의 종속적인 관계는 그대
로 유지되었다.

이상과 같은 사회구조로 보아 당연히 예상되는 것은 평민들의 법적인 평등과 정
치권력에의 참여를 위한 노력과 투쟁이다. 이를 가리켜 '신분투쟁'이라고 하며, 이
투쟁은 도시국가인 로마가 이탈리아 반도를 통일하는 과정과 나란히 진행되었다.

평민의 반항은 일찍이 기원전 5세기 초에 시작되었다. 기원전 494년에 평민들은
로마시로부터 '철수'하여 聖山에 집결하였다(평민회의 기원). 이는 국가 내에서의
한 사회층 전체의 파업과도 같은 것이었다. 이 '철수'라는 투쟁방법은 이 후에도
종종 사용되었으며, 이때 평민들은 그들의 권익을 옹호할 호민관설치에 성공하였
다. 공화정 초기부터 로마는 끊임없는 전쟁을 하게 되었고, 귀족은 전쟁수행을 위
하여 평민에 의존하지 않을 수 없었으며, 로마의 영토가 넓어짐에 따라 자유로운
평민의 토지소유자의 수효도 증가하게 되었다. 이러한 평민세력의 신장 앞에 귀족
은 양보를 거듭하게 된 것이다. 기원전 451년에는 12表法(Law-of Twelve Ta-
bles)으로 알려진 성문법이 제정되어 귀족의 자의적인 법운영이 배제되고, 기원전
445년에는 귀족과 평민의 통혼이 법적으로 인정되었다.

신분투쟁에 있어, 그리고 로마사회의 발전에 있어 매우 획기적이었던 것은 기원

전 5세기 후반에 도입된 중방보병밀집대(팔란크스)전술과 이에 따른 시민군의 새로운 편제, 그리고 그것을 바탕으로 한 兵士會의 출현이다. 병사회에 관해서는 앞에서 그 윤곽과 기능을 설명하였으나, 이를 보충하면서 그 의의를 살피기로 하겠다. 새로운 시민군편제는 토지를 가진 로마시민 전체를 신분의 구별없이 193개의 백인대로 조직하되, 재산정도에 따라 최상위인 기사급과 5등급으로 구분하여, 각 등급별로 무장의 정도와 백인대의 수효를 정하였다. 이를테면 가장 부유한 시민은 18개 백인대의 重裝騎兵의 의무를 지고, 다음으로 부유한 시민은 80개의 중장보병 백인대로 조직되며, 제2등급은 경장보병으로서 20개의 백인대를 편성한다는 식이다. 이것은 무장비용을 시민 각자가 부담한 사실과도 관련이 있으며, 토지를 갖지 않은 프롤레타리아(proletarii : proletariat), 즉 無産市民은 5등급에서 제외되고, 장비도 면제되지만 軍役의 의무는 있으며, 수공업자는 제2등급 자격으로 工兵으로서 종군한다.

이러한 전면적인 군제개편은 첫째로 중장보병을 중심으로 모든 시민을 시민군으로 편성하고, 둘째로 혈통이나 신분이 아니라 재산소유가 군편제와 계급구분의 기준이 되었다는 사실을 말해주는 것이다. 뿐만 아니라 이러한 새로운 軍制를 바탕으로 병사회라는 로마國制上 핵심적인 민회가 구성되고, 무장할 수 있는 전시민이 그 구성원이 되었다. 그러나 그것은 아테네에서와 같은 민주정치로의 발전을 뜻하는 것은 아니었다. 병사회에서의 투표는 개인별이 아니라 백인대 단위로 행하여졌고, 그것도 상위급부터 투표하여 과반수에 달하면 투표는 끝난다. 그러므로 총 193표 중 상위를 차지하는 기사급 18표와 제1등급인 중장보병의 80표를 합치면 과반수인 98표가 되고, 산표가 없는 한 제2등급 이하는 투표를 실제로 하지 않게 되는 것이다. 그러나 기병의 경우는 아직 귀족이 다수를 차지하였겠으나, 제1등급의 중장보병은 부유한 평민이 오히려 주축을 이루었을 것이라는 사실을 감안한다면, 군제개편과 병사회의 구성은 일단 평민에게 형식적으로 국정에 참여할 기회를 주고, 그 중 부유한 자에게는 실질적인 발언권을 부여한 것이라고 하겠다. 이는 매우 교묘한 정치적 장치라고 하지 않을 수 없으며, 이로써 신분과 혈통의 구별은 일단 사라지고 거의 시민 전체에게 일체감을 주어 로마의 번영을 시민 각자가 자기 것으로 느끼게 만드는 데 성공한 것이다.[5]

---

5) 兵士會와 그 바탕이 되는 軍制는 전승에 의하면 王政期의 제6대왕 세르비우스·툴리우스(Servius-Tullius)가 제정한 것이라고 하나, 그 내용이나 성격으로 보아 믿기 어렵다. 그러면 실제로 어느 때인가라는 문제에 관해서는 자료의 부족으로 의견이 구구하나 여기서는 대체로 로스토프체프의 견해를 따랐다. M. Rostovtzeff, pp. 30~31 및 p. 45 참조.

병사회에서 강력한 발판을 마련한 신분투쟁의 다음 목표는 자연 정무관직일 수밖에 없다. 로마의 팽창과 더불어 증대하는 평민세력 앞에 로마의 지배층은 현명하게 양보를 거듭하였다. 기원전 376년 리키니우스(Licinius)법으로 집정관 중 한 사람이 평민으로부터 선출되게 된 후, 연달아 독재관(356 B.C.), 감찰관(351 B.C.), 법무관(337 B.C.) 등의 고위정무관직이 평민에게 개방되고 귀족들이 끝까지 독점하려 했던 신관직도 평민에게 개방되었다(300 B.C.). 그리고 고위정무관을 지낸 평민에게 원로원의 문도 열린 것이다. 그러나 이러한 정무관은 아무런 보수도 없었기 때문에 실질적으로는 부유한 시민만이 접근할 수 있었다. 병사회의 경우와 마찬가지로 평민 중 부유한 상층만이 고위관직에 흡수된 셈이다. 귀족과 평민의 혼인이 가능해졌지만 그것 또한 평민 중의 상층에 국한된 일이었다. 이렇게 본다면 로마의 지배층이었던 귀족은 신분투쟁에 밀려 평민에게 양보를 거듭하여 신분의 구별을 없애고 형식적으로는 평민에게 동등한 권리를 허용하면서, 실질적으로는 평민 중의 부유한 상층만을 새로운 통치계급으로 흡수한 것이다. 그리하여 새로 형성된 지배적인 통치 계급을 '노빌레스'(nobiles), 즉 벌족(閥族)이라고 하며, 신분투쟁의 결과 로마공화정은 혈통적인 귀족정치로부터 노빌레스(벌족)의 과두정치(oligarchy)로 변하게 되었다.

평민에게 집정관의 문을 연 리키니우스법은 그밖에 토지소유의 상한선을 500 유게라(jugera : 약 125만m²)로 정하여 유력자(주로 귀족들)의 대토지겸병의 폐단을 방지하려고 하였다. 이 규정은 그대로 잘 지켜지지 않았으나 매우 중요한 부수적인 결과를 가지고 왔다. 그것은 일반시민, 즉 평민에게 돌아갈 몫이 커졌고, 실제로 정복한 땅이 평민에게 많이 분할되었다.

이와 거의 같은 시기에 집정관의 사형선고에 대하여 민회에 항소할 수 있는 권리(provocatio)가 시민에게 주어졌다. 이것 역시 일반시민에게 있어 적지 않은 중요한 권리의 획득이었다.

이제 신분투쟁의 목표로 남은 중요한 사항은 평민회의 권한이었다. 이것 또한 '철수'라는 투쟁방법으로 기원전 3세기 초(287 B.C.) 호르텐시우스(Hortensius)法에 의하여 해결되었다. 즉, 평민회의 결정(Plebiscita)이 원로원의 승인을 거치지 않고 그대로 법으로 인정되게 되었으며, 이로써 평민회는 정식으로 어엿하게 입법권을 행사하게 된 것이다. 이후 복잡하고 까다로운 병사회보다 평민회에서 입법이 많이 행하여지고, 따라서 평민회가 실질적인 민회기능을 발휘하게 된다.

이제 2세기를 넘는 긴 '신분투쟁'도 끝났다. 이 긴 투쟁을 통하여 평민들은 귀족과 형식적으로는 거의 완전히 동등해지고, 이로써 로마는 모든 시민을 공동체적인 일체감으로 견고하게 결속시킬 수 있게 되었으며, 그러한 일체감으로 단합된 시민공동체와 그것을 바탕으로 조직된 시민군은 로마팽창의 거대한 힘이 되었다. 더구나 신분투쟁의 과정을 통하여 격심한 계급투쟁이나 유혈적인 사회혁명의 양상이 나타나지 않고, 귀족과 평민의 절충과 타협과 양보로써 그러한 단합이 이루어진 사실은 로마팽창에 크게 공헌하고 있으며, 또한 거기에 로마의 통치계급의 현명한 정치감각을 엿볼 수 있다.

이탈리아반도의 統一

에트루리아왕을 추방하였을 때 로마는 티베르강 기슭의 작은 도시국가에 지나지 않았고, 동족인 라티움의 라틴도시들도 반드시 로마에 호의적이 아니었다. 인접한 산중에는 사비니·볼스키(Volsci)·아에퀴(Aequi) 등 적대적인 이탈리아부족이 있었고, 서북부에 에트루리아, 동북부에 움부리아, 남쪽에는 삼니움, 그리고 그리스식민지인 마그나 그래키아가 있었다. 로마의 독립 그 자체가 에트루리아의 세력이 약해졌음을 뜻하기도 하지만 이 틈을 타서 그의 지배 하에 있던 토착세력이 차례로 에트루리아로부터 독립하는 경향을 보이는 동시에 알프스를 넘어 켈트족(Celts)인 갈리아인(Gallia : Gauls)이 북부에 이주해 왔다. 이러한 정세 하에서 로마가 팽창한다는 것, 더구나 이탈리아반도를 통일한다는 것은 매우 힘든 과업이라는 것을 짐작할 수 있다.

로마팽창의 첫 걸음은 기원전 493년 라틴도시들과 동맹을 맺음으로써 내딛어졌다. 이 라틴동맹(Latin League)은 로마팽창의 발판이 되었으며, 로마는 곧 그 주도권을 장악하고, 기원전 5세기 후반에는 인접한 사비니족을 완전히 정복하고, 기원전 4세기 초에는(396 B.C.) 티베르강 북쪽에 있는 에트루리아의 중요한 도시 베이이(Veii)를 점령하였다. 이 무렵에는 인접한 산지에서 라티움평야를 위협해 오던 볼스키와 아에퀴족도 평정되었다.

이렇게 그 세력을 착실하게 확대시켜 나가고 있을 때 로마는 뜻하지 않은 큰 재난을 만나게 되었다. 그것은 북방의 갈리아인의 침입이었다. 로마에서 얼마 멀지 않은 알리아(Allia)에서 로마군은 크게 패하고 로마시는 갈리아인의 약탈과 방화에 내맡겨졌다. 갈리아인이 상당한 배상금을 받고 물러간 것은 그래도 다행한 일이었다(387 B.C.).

갈리아인의 재난으로부터 가까스로 해방된 로마는 기원전 4세기 후반에 동맹시의 반항에 봉착하였다. 이는 주변정세가 안정되자 동맹시들이 더욱 독립적인 권한을 요구하고 로마의 주도권에 도전한 것이다. 그러나 동맹시는 완전히 패배하고(340~338 B.C.), 로마는 그 대부분을 병합하여 라틴동맹은 해체되었다. 그리스가 케로네아에서 패하여 마케도니아의 지배를 받게 된 시기와 같았다.

라티움을 완전히 장악한 로마는 기원전 4세기 말로부터 3세기 초에 걸쳐 삼니움

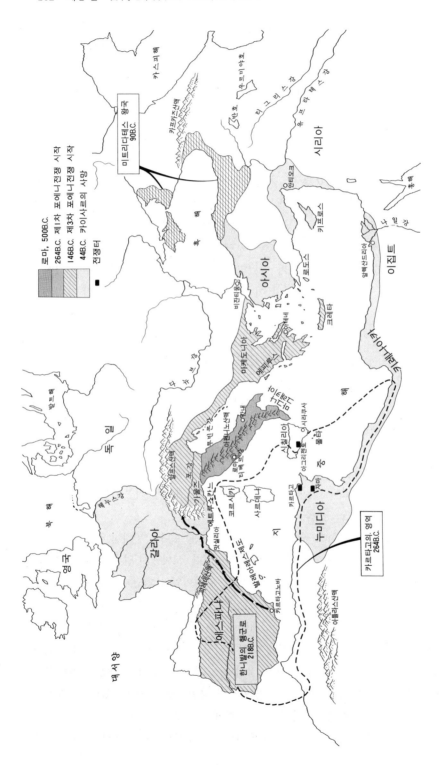

[지도 3] 공화정시대(509~44 B.C.)의 로마의 팽창

족을 중심으로 한 反로마세력과 이탈리아반도의 패권을 놓고 다투게 되었다(Sa-mnium 또는 Samnites 전쟁, 326~304 : 298~290 B.C.). 장기간에 걸친 격렬한 전쟁도 기원전 295년의 센티눔(Sentinum : 움부리아地方)에서의 로마의 승리를 고비로 대세는 로마로 기울어졌다.

이제 남은 것은 마그나 그래키아, 그 중에서도 완강한 저항을 보인 타렌툼이었다. 타렌툼은 단독으로 로마에 저항할 수 없음을 깨닫고 에피루스(Epirus)왕 피루스(Pyrrhus)의 원조를 청하였다. 피루스는 알렉산더가 죽은 후 서쪽에서 제2의 알렉산더를 꿈꾸던 야심가였기에 기꺼이 지원요청에 응하였다. 그러나 승승장구의 로마에 대하여는 뾰족한 수가 없었다. 피루스는 아무런 성과없이 패퇴하고 타렌툼도 로마에 굴복하였다(272 B.C.). 이로써 로마의 이탈리아반도통일은 성취되었다.

도시국가로부터 출발한 로마는 결코 짧다고는 할 수 없는 기간이 걸렸지만, 이탈리아의 통일이라는 큰 과업을 성취하였다. 그 힘은 어디서 왔으며, 팽창해가는 영역의 통치방식은 어떠한 것이었을까.

앞에서 설명한 바와 같이 평민세력의 신장에 따른 '신분투쟁'을 로마의 지배층이 융통성있게 대처하여 일체감을 가진 단합된 시민단을 형성하고, 이들을 무장시킬 수 있었다는 사실을 먼저 들어야 하겠다. 그러나 이것만이 아니었다. 어려운 삼니움과의 전쟁 중에 건설된 로마로부터 캄파니아(Campania)의 카푸아(Capua)에 이르는 앗피아(Appia)가도라는 군사도로가 상징하듯이 로마인의 현실적이고 군사적인 재능 또한 무시할 수 없다. 로마는 새로 정복한 지역을 연결하는 요소 요소에 軍事植民市를 건설하여 요새를 짓고 수비대를 주둔시킴으로써 전초기지로 삼는 동시에 정복지의 안녕을 유지하였다. 가장 중요한 곳에는 로마시민을 파견하고(Roman colonies), 경우에 따라 라틴족을 혼합시키는 경우도 있었다(Latin colonies). 그밖에 로마인의 재산이 된 정복지에는 로마의 빈민이나 無産者를 이주시켜 토지를 분할해 주고 완전히 소유하게 하였다. 그외의 새로 획득된 영토의 광대한 부분이 로마시민에게 임대되거나 분할되었는데, 그러한 경우 앞서의 군사식민시와 더불어 시장을 중심으로 수공업자나 상인이 모여들어 도시로 성장하는 경우가 많았다. 이주민에 대한 분할소유나 토지대여의 경우 언제나 그 규모는 中정도였다. 따라서 이러한 식민시의 건설은 군사적인 의미뿐 아니라 로마시 자체 내의 무산시민이나 빈곤한 시민에 연관된 사회문제를 해결하고 건전한 중산적 자영농민을 창출한다는 일거양득의 효과가 있었다. 로마는 그리스의 도시국가와는 달리 시민권에 대하여도 개방적이었다. 시민권에도 참정권의 유무로 두 종류가 있었는데, 로마시에 편입된 라틴인에 대하여는 참정권을 포함한 완전한 시민권을 부여하고, 후에 편입된 사비니족에 대하여서는 참정권없는 시민권을 부여하였다. 식민시에 대하여도 동일한 방식으로 시민권이 주어지고, 그것은 결과적으로 로마시민단 그 자체의 팽창을 의미하는 것이었다.

삼니움과 에트루리아 등 피정복도시나 부족에 대하여는 상당한 영토를 로마에 병합하고, 개별적으로 조약을 맺어 '분할하여 통치하라'(divide and rule)는 원칙을 관철시켰다. 즉, 조건을 달리하는 조약을 개별적으로 맺고 자치를 허용하여 '同盟者'로 대우하되, 군사와 외교권은 로마가 장악하였다. 따라서 이들 '동맹자'는 전시에는 군대를 차출하여 로마의 지휘 하에 같이 싸우되, 상호간에는 아무런 협정을 맺을 수도 없고, 또한 시민권이 부여되지 않았다. 그러나 동맹자는 전쟁의 소득에 참여할 수 있고, 또한 흔히 볼 수 있는 피정복지에 대한 과세도 없었다.

이와 같이 로마는 시민권을 수반하는 로마시 자체의 확대, 식민시의 건설, 그리고 자치권을 수반하는 동맹관계의 형성 등의 방법으로 정복과 피정복에서 오는 대립을 해소하면서 이탈리아 전체에 확고한 지배권을 수립하게 되었으며, 이렇게 뭉쳐진 힘은 더 큰 정복과 팽창의 발판이 되었다.

제2절 地中海世界의 征服과 共和政의 危機

포에니戰爭

로마가 이탈리아반도의 통일에 여념이 없는 동안은 카르타고와 대립할 아무런 이유도 없었다. 오히려 두 나라는 상호간의 세력권을 존중하는 동맹관계에 있었다. 그러나 이제 로마가 이탈리아를 통일하고 직접 지중해로 면하게 되자 상황은 달라질 수밖에 없었다.

카르타고는 기원전 9세기 말(814 B.C.)에 지금의 튀니스(Tunis) 부근에 건설된 페니키아의 식민시로서 농업과 특히 해상무역으로 급속하게 발전하여, 북부 아프리카의 해안지대, 시칠리아 서부, 코르시카, 사르디니아, 그리고 이베리아반도의 동남해안지대를 수중에 넣어 서부지중해의 패권을 장악하게 되었다. 8세기로부터 6세기에 걸친 그리스의 식민활동으로 마그나 그래키아가 건설된 후에도 카르타고의 패권에는 큰 동요가 없었다. 그 정치체제는 로마와 유사하여 2명의 최고집정관, 귀족적인 평의회, 그리고 민회로 구성되어 있었으나, 로마와 크게 다른 점은 정치와 군사가 엄격히 구분되어 그 군대는 잡다한 인종으로 구성된 직업적인 용병대였다는 점이다.

로마와 카르타고의 충돌은 거의 필연적인 것이었으나 발단은 사소한 것이었다.

시칠리아의 그리스식민시였던 메시나(Messina)가 시라쿠사의 공격을 받았을 때, 그 용병들이 두 파로 갈라져 각각 카르타고와 로마에 지원을 요청한 데서 양국의 국운을 건 3차에 걸친 포에니전쟁(Punic War)이 시작되었다.

제1차 포에니전쟁(264~241 B.C.)은 시칠리아섬의 쟁탈전이었으며, 4반세기가 걸리기는 했으나 로마는 이를 획득하는 데 성공하였다. 시칠리아의 획득은 로마가 지중해세계를 통합하여 대제국으로 팽창하는 첫 걸음이었다. 로마는 이 전쟁에서 비로소 해군의 필요성을 절감하고, 대함대를 건조하여 막강한 육군과 더불어 해군력도 갖게 되었다. 로마는 또한 이탈리아를 통일할 때와는 달리 새로 획득한 시칠리아를 동맹자로 취급하지 않고, 이를 속주(province)로 만들어(227 B.C.) 생산물의 10分의 1을 공납으로 징수하고, 이를 위하여 징세청부제도를 도입하였다. 앞으로의 제국조직의 기본적인 틀이 마련된 셈이다. 뿐만 아니라 시칠리아는 그 후 북부 아프리카나 이집트와 더불어 로마의 곡창역할을 담당하게 되고, 라티푼티움(latifundium)으로 알려진 로마의 대농장경영이 여기서 시작되었다.[6]

제2차 포에니전쟁이 시작될 때까지 로마는 사르디니아와 코르시카를 획득하여(237 B.C.) 이를 역시 속주로 만들고, 북부 이탈리아의 켈트족에 속하는 갈리아인(Gallia Cisalpina)을 평정하였다(222 B.C.).

제2차 포에니전쟁(218~202 B.C.)은 이베리아 반도에서 군대를 양성하고 훈련시킨 카르타고의 명장 한니발(Hannibal)이 코끼리부대까지 합친 대군을 거느리고 알프스를 넘는다는, 당시로서는 상상하기 어려운 강행군을 감행하여 침입함으로써 시작되었다. 초전에서 로마는 패전을 거듭하고, 특히 칸네(Cannae)의 대전투에서는(216 B.C.) 전사자 25,000, 포로 1만에 달하는 큰 손상을 입고 대패하였다. 한니발은 로마의 連敗가 이탈리아 내의 '동맹자'들의 이탈을 가져오리라고 기대하였으나 그러한 현상은 부분적인 것으로 그쳤다. 로마를 중심으로 한 이탈리아의 결속은 견고하였으며 이는 로마의 통치정책이 성공적이었음을 증명하였다. 한편 로마 원로원은 아테네의 민회가 거의 불가항력의 사태였음에도 불구하고 그 책임을 추궁하여 6명의 장군을 처형한 것과는 달리(本書, p.71 참조), 칸네의 패장을 따뜻하게 맞이하였다. 그 결과 로마인의 애국심은 크게 앙양되어 종군지원자가 속출하였으며, 부유한 시민은 노예를 병사로 제공하였다. 그리하여 로마의 병력은 곧 패전 전과 같은 수준에 이르렀으며, 한니발의 필사의 노력에도 불구하고 큰 전과를 올리지 못하고 반도 남부에 몰리는 형세가 되었다. 로마에게 반격의 기회가 온 것이다. 로마의 명장 스키피오(Scipio, Africanus)는 한니발의 근거지인 이베

---

6) I. Geiss, p. 144.

리아반도를 완전히 평정하고(206 B.C.), 카르타고의 본거지를 직접 공격하였다. 이탈리아에서 급히 귀국한 한니발은 자마(Zama)의 결전에서 패함으로써(202 B.C.) 제 2 차 포에니전쟁은 막을 내리게 되었으며, 카르타고의 운명도 결정되었다. 이제 로마는 카르타고를 대신하여 서북지중해의 패권을 장악하게 된 것이다.

자마에서 패한 한니발은 시리아로 망명하여 헬레니즘국가들의 힘을 빌어 조국을 부흥하려고 하였으나 뜻대로 되지 않고, 신변에 위협을 느낀 결과 소아시아의 피신처에서 자살함으로써 카르타고부흥의 기회는 영원히 사라졌다.

제 3 차 포에니전쟁(149~146 B.C.)은 카르타고가 해상무역에 종사하면서 그 국력이 다시 커지는 것을 본 로마가 이를 완전히 멸망시킨 전쟁이었다. 카르타고는 타국과의 전쟁이 금지되어 있었으나 인접한 누미디아(Numidia)의 괴롭힘을 견디다 못하여 이를 공격하게 되었고, 로마는 이를 구실로 카르타고 공격에 나섰다. 카르타고에게 승리의 가능성은 전혀 없었다. 전시민이 결사적으로 저항하였으나 카르타고시는 완전히 파괴되고 포로는 노예로 팔렸으며, 카르타고의 과거의 영토는 아프리카라는 속주가 되었다.

헬리니즘世界의 征服

제 2 차 포에니전쟁에서 승리하여 서부지중해의 패권을 장악한 로마의 팽창의 기운이 동방 헬레니즘세계로 향할 것은 뻔한 일이었다. 승승장구하는 로마 앞에 분열과 대립으로 쇠퇴의 길을 걷고 있던 헬레니즘국가들은 강한 상대도 아니었다.

이미 제 2 차 포에니전쟁 중에 로마는 아드리아해의 해적소탕을 위하여 對岸의 일리리아(Illyria)로 진출하여 마케도니아와 약간의 충돌을 하고 있었다(제 1 차 마케도니아전쟁, 215~205 B.C.). 그러나 로마가 본격적으로 마케도니아 정복에 나선 것은 역시 카르타고와의 전쟁이 끝난 후의 일이었다. 마케도니아의 필립 5세(Philip V)를 격파한(제 2 차 마케도니아전쟁, 201~197 B.C.) 로마는 그리스의 도시국가들을 마케도니아로부터 해방시켜 자유와 독립을 선언하였다(196 B.C.). 이 때까지만 해도 로마는 헬레니즘세계를 적극적으로 영토화할 생각은 없었으나, 제 3 차 마케도니아전쟁(171~168 B.C.) 때부터 그 태도가 달라졌다. 로마는 마케도니아를 해체하고, 15만명을 노예로 만들었으며, 反로마적인 기세를 보인 그리스로부터는 1,000명의 인질을 로마로 끌고 왔다. 이 중에 유명한 역사가 폴리비우스가 끼어 있었다. 그 후 마케도니아가 반란을 일으키자 이를 진압하고 속주로 만들어 버렸다.

제 2 차 마케도니아전쟁이 끝난지 얼마 안되어 그리스의 요청으로 출병한 시리아의 안티오쿠스 3세(Antiochus Ⅲ)를 격파한 로마는 소아시아의 시리아영토를 親로마적인 페르가뭄왕에게 주었다. 그 후 페르가뭄왕은 유언으로 그의 왕국을 로마에 기증하고 로마는 이를 '아시아'라는 속주로 만들었다(133 B.C.). 한편 이보다 앞서 그리스의 아카이아동맹이 로마에 반항하자 이를 진압하고, 그 주동이었던 코린트를 완전히 파괴해 버리고, 남자는 모조리 살해하고 부녀자는 노예로 만들었다(146 B.C.). 같은 해에 카르타고와 코린트라는 지중해무역의 중심이었던 2대도시가 파괴되었다는 것은 상징적이었으며, 그것은 이제 로마가 전지중해세계의 지배자가 되어가고 있다는 것을 말해주는 것이었다.[7]

헬레니즘세계의 정복을 통하여 로마에는 헬레니즘문화가 도도히 흘러들어오게 되고, 그것은 새로운 로마문화발전의 원동력이 되기도 하였지만, 또한 로마인의 생활태도와 풍습을 사치스럽고 향락적인 방향으로 크게 변화시키게 되었다. 大카토(Cato the Older, 234~149 B.C.)와 같은 완강한 보수주의자는 질박하고 강건한 농민적인 로마인의 기질이 사라지는 것을 우려하여 헬레니즘의 영향을 극력 방지하려고 하였으나 아무런 효과도 없었다.

社會의 변화와 그라쿠스의 改革

로마가 서부지중해의 패권을 장악하고 헬레니즘세계를 정복하여 全지중해세계를 지배하는 대제국으로 팽창해 나감에 따라 로마사회에는 중대한 변화가 일어나고 그것은 나아가서 공화정에도 큰 영향을 미치게 되었다.

순조롭게 진행되는 정복사업은 로마에게 광대한 영토와 막대한 수입을 가지고 왔다. 그러나 로마사회의 모든 사람이 고르게 그 혜택을 받은 것은 아니었다. 원로원을 중심으로 고위정무관직을 독점하고 있는 소수의 노빌레스(閥族)계층과 제2차 포에니전쟁을 전후해서 등장하게 된 신흥부유층인 '에퀴테스'(equites : 騎士)가 정복사업의 열매를 거의 독점하였다.

신분투쟁의 결과 법적으로나 신분상의 차별은 없어졌으나, 그 과정을 통하여 부유한 상층시민 중 일부가 고위정무관을 거쳐 원로원에까지 진출함으로써 재래의 전통적인 귀족과 합류하여 노빌레스라는 새로운 지배계층을 형성한 사실은 앞에서도 언급하였다. 이러한 노빌레스는 점차로 폐쇄적이고 배타적인 소수지배집단을 형성하면서 정권을 독점하는 한편, 원래가 대지주였지만 공유지를 사유화하는 등 모든 방법을 동원하여 소유토지를 확대시켜 가면서 대금업이나 무역 등 사업에도 종사하였다. 그러나 기원전 218년의 法令으로 그들에게 무역, 공공토목공사의 청부, 금융업 등에 종사하는 것이 금지됨으로써 주로 토지소유와 농업경영에 힘쓰는 동시에 원로원을 중심으로 로마의 정치를 좌우하는 귀족적인 소수의 지배집단

---

7) 이집트는 이보다 앞선 168 B.C.에 자진해서 로마와의 동맹과 화친을 도모했다.

이 되었다.

노빌레스에게 금지된 사업에 정력적으로 진출하면서 신흥부유층으로 성장한 사람들이 바로 '에퀴테스'였다. 그들은 평민이지만, 그 재력으로 보아 실제 軍務에 종사하지 않더라도 기병으로서 무장을 자담할 수 있는 부유층이었기 때문에 기사층이라고 불리웠던 것이다. 그들은 해상무역, 각종의 군납업, 군대수송과 점차로 활발해지고 규모가 커지는 공공토목공사, 그리고 속주에서의 징세청부 등으로 날이 갈수록 부유해졌다. 그들은 고위정무관이 되지 못하고 원로원에 들어갈 수가 없었지만, 그 재력은 노빌레스 부럽지 않게 대단하였다. 그리하여 그들은 그 재력을 갖고 기회있는 대로 토지를 사들이거나 수탈하여 대지주가 되어 노빌레스와 유사한 생활을 하기 원했고, 실제로 그렇게 되어갔다.

이러한 대지주의 토지는 제 2 차 포에니전쟁 후 라티푼디움(그 복수가 라티푼디아, latifundia)이라는 노예노동에 입각한 대농장경영의 형태를 취하게 되었다. 포도나 올리브, 또는 곡물생산을 비롯하여 소나 양 등 가축사육을 위한 대목장 등 그 내용은 다양하였다. 1,000에이커(acre : 1 acre는 약 4068.8m²)는 오히려 소규모에 속하며, 기원전 8년에 사망한 어느 대농장주는 4,000명의 노예, 3000마리의 소, 257,000마리의 기타 가축을 남겼다고 하니, 그 규모를 짐작할 수가 있을 것이다.

신흥부유층의 출현, 그리고 라티푼디움의 유행과 더불어, 로마사회의 매우 중요한 변화는 자유농민층의 몰락이었다. 거듭되는 전쟁의 주력으로 종군한 자유농민들의 인명피해는 컸고 제 2 차 포에니전쟁과 같이 직접 본토에서 장기간의 전투가 벌어진 경우 농토의 황폐도 심하였다. 대농경영의 유행과 더불어 속주로부터 공납형식으로 홍수처럼 곡물이 쏟아져 들어오는 상황 속에서, 중소규모의 농업경영은 유지하기가 힘들었고, 그들의 토지를 노리는 부유층과 권문세가의 압력 또한 무시할 수 없었다. 이리하여 토지를 상실한 자유농민들이 찾아갈 곳이라고는 수도 로마밖에 없었다. 자유농민은 농업적인 로마사회의 중산층이었고 또한 시민군의 주력이었기 때문에 그들의 몰락은 심각한 문제를 제기하게 되었다. 즉, 자유농민의 몰락은 시민군의 약화라는 군사면의 중대한 문제를 제기하는 한편, 건전한 중산층의 몰락으로 로마사회는 빈부의 양극화현상을 보이고 그것은 매우 심각한 사회불안을 조성하게 되었다. 뿐만 아니라 헬레니즘의 영향으로 농민적인 건전한 사회기풍이 사라지고, 사치와 향락을 좇는 해이한 생활기풍이 만연하게 되어 사태는 더욱 악화되었다.

그라쿠스(Gracchus)형제의 개혁은 바로 이러한 사태를 시정하자는 것이었다. 그들의 주된 목표는 자유농민을 부흥시킴으로써 사회불안을 일소하고, 로마의 군사력을 옛처럼 강화하려는 것이었다. 스키피오의 외손자요 평민출신 집정관의 아들이었던 티베리우스(Tiberius) 그라쿠스는 기원전 133년에 호민관으로 선출되자, 리키니우스법의 제한을 넘어서 불법으로 점유한 토지를 몰수하여, 무산시민(proletarii)에게 분배하려는 개혁안을 제시하였다. 그러나 원로원을 중심으로 한 반대파에 의하여 그의 지지자들과 더불어 살해되고 말았다. 기원전 123년에 호민관으로 선출된 동생 가이우스(Gaius)는 더 광범한 사회층의 지지를 획득하고 원로원을 고립시킴으로써 목적을 달성하려고 하였다. 그리하여 그는 가난한 시민에게 시장가격보다 싸게 곡물을 판매하고, 카르타고의 옛 영토에 식민시를 건설하여 무산시민을 이주시키는 방안으로 민중의 지지를 얻는 한편, '에퀴테스'를 벌족으로부터 분리시키기 위하여 그들에게 특별한 신분의 표지를 하게 하고, 속주인 소아시아에서의 징세특권과 속주에서의 착취를 다스리는 법정의 배심원자격을 부여하였다. 이 법정은 종래 원로원의원으로 구성되었고, 또한 속주의 총독(proconsul)이 고위정무관을 지낸 자로 자동적으로 임명되도록 되어 있었기 때문에 가이우스의 개혁은 원로원을 중심으로 한 벌족에 대한 공공연한 도전이었다. 그러나 가이우스가 전부터 강력하게 이탈리아동맹시가 요구해 오던 로마시민권을 동맹시에 부여하려고 하였을 때, 그의 지지세력은 분열을 일으켰다. 이를 이용한 반대파의 공격에 몰린 가이우스는 스스로 목숨을 끊었다(121 B.C.).

그라쿠스 형제의 개혁은 로마가 내부적으로 중대한 위기에, 어쩌면 공화정 자체의 유지 여부가 달린 심각한 위기에 처해있다는 것을 뜻하였으며, 개혁의 실패는 그 위기가 그대로 존속 내지 더욱 악화할 가능성을 시사하는 것이었다. 사실 그라쿠스 형제의 개혁을 통하여 로마의 지배층은 원로원을 중심으로 기득권과 현상을 유지하려는 옵티마테스(Optimates : 閥族派)와 그들에 대항하여 민중의 이익을 옹호하려는 포풀라레스(Populares : 民衆派)로 갈라지고 이 후 약 100년간 두 파 사이에는 내란이라고 할 정도로 치열한 정권투쟁이 벌어지게 되었다. 또한 개혁과정에서 나타난 폭력의 개입과 유혈사태는 종전에 볼 수 없었던 현상으로서 앞으로의 정권투쟁에 어두운 그림자를 던지는 것이었다.

内亂과 共和政의 몰락

그라쿠스 형제의 개혁이 실패로 돌아간 후, 얼마 동안 원로원은 다시 이전의 권위를 회복하고 공화정을 유지하는 듯이 보였다. 그러나 로마사회의 심각한 내부문제는 해결되지 않았고, 전지중해세계를 지배하는 대제국으로 성장한 로마에게 있어 도시국가적인 공화정이 그대로 존속할 수 있을 것인지는 큰 의문이 아닐 수 없었다. 공화정의 운영에 있어 가장 중요했던 것은 역시 원로원이었다. 그런데 이 원로원이 정복전쟁의 열매를 독점하고, 현상유지에 급급할 뿐 상황변화에 적절하게

대처할 능력을 상실해가고 있었다. 뿐만 아니라 기원전 2세기 말부터 1세기 초에
걸친 내외의 위기에 처하여 무능과 부패상을 드러냄으로써 일종의 정치적 공백상
태가 나타나게 되었다. 이러한 정치적 공백을 메우기 위하여 새로이 정치무대에
등장한 것이 군사령관출신의 장군들이었고, 그들의 출현은 공화정의 종말을 시사
하는 것이었다. 무력해진 원로원은 원로원대로, 또한 이에 실망한 민중은 그들 나
름으로, 저마다 새로운 정치세력으로 등장한 장군들에게 의지하게 되고, 벌족파
(옵티마테스)와 민중파(포풀라레스)의 투쟁은 장군들의 정권투쟁과 결합되어 복잡
하고 치열한 양상을 띠게 되었다.

　장군들이 새로운 정치세력으로 등장한 데는 군사면에서의 질적인 변화가 또한
크게 작용하였다. 자유농민의 몰락으로 종전의 시민군의 유지가 어렵게 되고, 로
마군의 전력도 약화되었다. 그리하여 장군으로서 최초로 정치무대에 등장한 마리
우스(Marius, 157~86 B.C.)는 무직자나 무산자의 지원병으로서 직업적인 군대를
새로 편성한다는 군사개혁을 단행하였다. 즉, 새로운 군대의 직업군인은 무장을
공급받고 봉급을 받으며, 16년간 복무를 마치면 보너스와 더불어 토지가 급여되어
정착할 수 있는 특전을 받게 된다는 것이다. 그리하여 유능한 장군 밑에서 복무하
는 직업군인은 전리품 등 돌아오는 보상도 많고 노후의 생활안정의 확실성도 높아
지기 때문에 국가에 대한 충성보다 장군에 대한 충성이 앞서고 장군의 사병이나
다름없게 되었다. 바로 이렇게 변질된 군대를 배경으로 장군들은 로마사회내부의
갈등과 원로원의 무력화를 이용하여 정치무대에 등장한 것이다.

　마리우스는 작은 도시출신의 신인이었으나, 원로원의 무능과 부패로 쉽게 진압
이 되지 않던 북아프리카의 누미디아왕 유구르타(Jugurtha)의 반란(111~105 B.
C.)을 진압함으로써 두각을 나타내기 시작하였다. 그는 다시 이탈리아 북부 국경
의 게르만(German)족인 킴브리(Cimbri) 및 튜토니(Teutoni)족의 침입을 격퇴
하여(102 B.C.) 더욱 그 명성을 떨치고 민중의 인기와 지지를 받게 되었다.

　그 후 얼마 안가서 중부 및 남부 이탈리아의 동맹시들이 전부터 요구해 오던 시민
권획득을 내걸고 반란을 일으켰다(동맹시전쟁, 91~88 B.C.). 반란을 일으킨 동맹시
가 따로 국가를 형성할 기세를 보이자 로마는 그들에게 시민권을 부여함으로써(90 및
89 B.C.) 이를 진압하는데 성공하고, 로마시민권은 이제 전이탈리아에 확대되었다.

　이렇게 로마가 내우외환으로 어지러운 틈을 타서 흑해쪽의 포투스(Potus)왕 미
트리다테스(Mithridates)가 소아시아쪽으로 그 세력을 뻗쳐 속주 내의 로마인
80,000명을 학살한 사건이 발생하였다(88 B.C.). 이때 미트리다테스 토벌의 임무
를 맡은 장군이 술라(Sulla, 138~78 B.C.)였다. 원래 그는 명문출신으로서 동맹시
전쟁 때 마리우스의 참모로서 마리우스보다 더 공을 세운 바 있었다. 벌족파인 술

라는 원로원의 반대로 제대병에 대한 토지분배의 뜻을 이루지 못하였던 마리우스를 내세우려는 민중파를 먼저 숙청하고, 소아시아로 출발하였다. 그가 없는 사이에 지방으로 피신했던 마리우스가 로마로 다시 돌아와서 일곱번 째의 집정관(86 B.C., 107~100 사이에 6번 집정관을 지냈음.)이 되어 반대파를 무자비하게 숙청하였으나 한 달이 못가서 사망하였다. 내란상태는 이제 거의 내전상태로 변한 감이 있었다.

미트리다테스에 승리하여(84 B.C.) 막대한 배상금을 받고 로마로 돌아온 술라는 마리우스보다 더 무자비하게 반대파를 살해하고 그 재산을 몰수하였으며, 그 속에는 에퀴테스도 많이 포함되어 있었다. 술라는 희생자의 노예를 해방시켜 10,000명의 친위대를 만들어 신변을 보호하고, 몰수한 재산은 추종자들에게 분배하는 한편, 12,000명의 老兵에게 토지를 주어 정착시켰다. 이어 그는 공화정의 전통을 깨뜨리고 종신독재관에 취임하여(82 B.C.) 평민회와 호민관의 권한을 최대한으로 축소시키면서 원로원 의원수는 600명으로 늘려 自派사람으로 충당했다. 로마공화정은 이제 소리내며 무너져가고 있었다.

술라가 죽은 후(79 B.C.) 두각을 나타낸 것은 그의 부하장군이었던 폼페이우스(Pompeius, 106~48 B.C.)였다. 때마침 이베리아 반도에서는 마리우스파의 세르토리우스(Sertorius)가 술라에 대항하는 독자적인 정부를 세워 그 기세가 커지고 있어 폼페이우스는 원로원의 요청으로 이를 진압하고(76~72 B.C.), 돌아오는 길에 스파르타쿠스(Spartacus)의 잔당을 토벌하여 그 이름을 날리게 되었다.

정복사업의 진행과 더불어 노예의 수는 급격하게 증가하고, 또한 이를 바탕으로 라티푼디움이 널리 유행하게 되었으나, 한편 이를 계기로 노예의 반란도 빈번하였다. 대규모 반란으로는 기원전 2세기 후반에 시칠리아에서 두번이나(135~132 : 104~101 B.C.) 일어났고, '스파르타쿠스의 난'도 바로 이러한 노예반란이었다. 로마시민은 각종의 잔인한 경기나 시합을 구경하고 즐기는 습관이 있었는데, 그 목적으로 劍奴(gladiator)라는 특수한 노예를 양성까지 하였다. 기원전 73년 그러한 검노 중의 한 사람인 스파르타쿠스를 중심으로 캄파니아지방에서 반란이 일어나고 수많은 노예들의 호응으로 그 세력은 순식간에 커졌다. 이의 토벌을 맡은 것은 술라 밑에서 政敵의 몰수재산을 긁어 모아 대부호가 된 크라수스(Crassus, 112~53 B.C.)였다. 스파르타쿠스의 전사(71 B.C.)로 반란도 진압되고 포로 약 6,000명을 못박은 십자가가 아파아 가도에 즐비하게 세워졌다. 북쪽으로 도망가던 그 잔당이 폼페이우스에게 토벌된 것이다.

이렇게 두각을 나타낸 폼페이우스는 법정년령미달을 무릅쓰고 기원전 70년에 크라수스와 집정관이 되어 술라의 반동적인 國制를 원상으로 환원시켰다. 이 무렵 로마의 내란상태를 틈타서 해적들의 활동이 활발해지고 있었다. 기원전 67년 폼페이우스는 단시일 내에 이를 소탕하고, 다음 해에는 계속 로마에 반항하고 있던 미트리다테스를 공격하여 이를 결정적으로 격파하고, 이어 시리아왕국을 정복하여 속주로 만들고(64 B.C.), 팔레스타인도 속국으로 만들었다(63 B.C.). 같은 해에 오랜동안 로마의 골치거리었던 미트리다테스가 자살함으로써 동방세계는 완전히 로마에 굴복하게 되었다.

혁혁한 공을 세우고 귀국한 폼페이우스는 다른 뜻이 없음을 보이기 위하여 군대를 해산하고, 제대병에 대한 토지분배를 원로원에 요청했으나 원로원은 선뜻 승인하지 않았다. 이때 로마의 전통적인 귀족가문출신인 카이사르(Julius Caesar, 100~44 B.C.)가 실의에 젖어있던 폼페이우스와 그의 동료인 크라수스를 끌어들여 이른바 제1회 3頭政治(triumvirate)를 성립시켰으며(60 B.C.), 이로써 로마의 공화정은 새로운 국면을 맞이하게 되었다.

카이사르는 곧 자기의 딸 율리아(Julia)를 폼페이우스와 결합시키고, 기원전 59년에 집정관이 되어 폼페이우스의 노병에 대한 토지분배를 실시하였다. 다음 해 갈리아총독으로 임명된 카이사르는 8년간에 걸쳐(58~51 B.C.) 갈리아정복에 전념하게 되었다. 도중에 그는 브리타니아(Britania-지금의 영국)로 건너가고, 라인강도 여러 차례 넘었으나 지금의 프랑스와 벨기에를 확보하는 것으로 만족하였다. 가장 어려웠던 고비는 카이사르의 갈리아정복이 거의 끝날 무렵인 기원전 52년에 일어난 베르킨게토릭스(Vercingetorix)의 반란이었다. 카이사르는 켈트족을 규합한 이 대반란을 알레시아(Alesia)에서 격파하여 갈리아를 완전히 그의 수중에 넣는데 성공하였다. 이 갈리아정복은 카이사르 개인에게 있어서는 장차 로마의 정권을 장악하는 데 가장 큰 발판이 되었고, 古代史의 큰 흐름에서 본다면 지중해를 무대로 발전하였던 그리스·로마문화가 비로소 유럽내륙에 이식되어 깊이 뿌리를 내리게 되는 계기가 되었다는 점에서 그 의의가 매우 크다고 하겠다.

카이사르는 장군으로서 보기드문 탁월한 인물이었으나 정치가로서도 비상한 수완을 갖고 있었다. 그는 갈리아로 출발하기 전에 젊은 클로디우스(Clodius)를 호민관으로 당선시켜 로마의 동정을 살피게 하였다. 이 클로디우스는 카이사르의 처와 내통하였다는 소문까지 있었으나 "카이사르의 처는 혐의조차 받아서는 안된다"고 하여, 카이사르는 처와 이혼하고 갈리아로 출발하였던 것이다. 클로디우스는 마음에 맞지 않는 키케로(Cicero)와 小카토(Cato the Younger)를 로마에서 추방하고, 가난한 시민에 대하여 곡물의 무상배급을 실시하였는데(57 B.C.) 그 수는 약 300,000에 달하였다고 한다. 로마사회의 심각하였던 사회적 갈등은 근본적인 해결 대신에 정복사업으로 획득한 토지와 돈으로 제대병에 대한 토지분배로써 자유농민을 부분적으로 다시 창출하는 한편, 빈민에 대한 곡물의 무상배급과 각종

의 경기와 시합 등의 무료관람이라는 이른바 '빵과 서커스'(bread and circuses)
정책으로 일단 해결을 보았다.

기원전 56년 카이사르는 전쟁도중이었지만 폼페이우스와 크라수스를 만나 저마
다 갈리아, 에스파냐, 시리아를 맡기로 하여 삼두정치의 결속을 다짐했으나, 얼마
안가서 율리아가 죽고 크라수스가 임지인 동방으로 출정하여 전사한 결과(53 B.
C.) 삼두정치는 자연 깨어지게 되었다. 그 결과 로마의 정치정세와 질서는 크게 어
지러워지고 카이사르에 강한 반감을 가져왔던 원로원은 카이사르의 인기상승을
질투하던 폼페이우스를 단독 집정관이라는 전례없는 자리에 앉혀(52 B.C.) 사태를
수습하고 카이사르를 제거하려고 하였다.

카이사르의 獨裁

기원전 49년 초 원로원은 카이사르에 소환명령을 내렸다. 몸은 멀리 갈리아에
있으면서 언제나 로마의 사정에 정통하고 있던 카이사르는 북부이탈리아의 갈리
아(Gallia Cisalpina)와 로마의 경계선인 루비콘강(Rubicon)에 이르러 결단을 내
려야만 했다. 로마의 國制에 의하면 이 경계선을 군대를 거느리고 넘어서는 안 되
었기 때문이다. 카이사르는 '주사위는 던져졌다'는 유명한 말과 함께 8년간이나 그
와 같이 싸웠던 정예부대를 거느리고 로마로 진격하였다. 정말 주사위는 던져졌으
며, 로마의 공화정은 이제 종말을 고하였다. 폼페이우스와 원로원의원의 대다수는
그리스로 도망갔다. 카이사르는 이탈리아를 쉽게 안정시키고 에스파냐를 진압한
후 곧 그리스로 건너가서 폼페이우스를 격파하였다(48 B.C.). 약간의 시종만을 데
리고 이집트로 피신한 폼페이우스는 거기서 살해되고 그의 뒤를 쫓아온 카이사르
는 이집트여왕 클레오파트라(Cleopatra, 69~30 B.C.)를 만나 케사리온(Caesa-
rion)이라는 아들까지 얻게 되었다. 클레오파트라의 반대세력을 진압한 후, 카이
사르는 소아시아에서 미트리다테스의 아들을 격파하고, 로마로 돌아와서는 곧 아
프리카의 원로원잔당을 무찌르고(46 B.C.), 다시 에스파냐의 폼페이우스의 잔존세
력을 토벌하였다(45 B.C.). 이제 로마는 물론 주변의 속주나 정복지에서도 카이사
르에 대항할 세력은 존재하지 않게 되었다. 종신독재관이 된 카이사르는 명실공히
거대한 로마제국의 유일한 지배자가 되었으며 왕정에 가까운 그의 독재정치는 공
화정의 마지막 숨을 거두게 하였다.

카이사르는 술라와는 달리 政敵이나 반대세력에 대하여 관대하였고 불필요한
피를 흘리지 않았다. 그는 특권과 무능과 부정을 증오하였으며, 사회개혁을 구상
하였으나 이를 실천할 충분한 시간의 여유를 갖지 못하였다. 그래도 그는 독재권
을 장악한 후 로마의 재건과 개혁에 착수하였다. 사병에게는 보너스를 지급하고

노병을 정착시켜 그 노고에 보답하고, 시민에게는 푸짐한 연회와 구경거리를 제공하여 환심을 샀다. 신전과 각종 공공건물을 건조하고, 부채를 삭감하여 채무자의 부담을 경감하고, 징세제도를 개선하여 공정을 기하도록 하였다. 大神官(pontifex maximus)의 자격으로 종전 달력의 불비한 점을 시정하여 새로운 달력(Julian Calendar)을 만들기도 하였다. 당시 로마의 인구는 약 1,000,000에 달하였는데, 그 중 300,000명에게 곡물을 무상으로 배급한다는 것은 지나친 국고부담이었다. 카이사르는 이를 절반으로 줄이는 대신 카르타고와 코린트 등 해외에 새로운 식민시를 건설하여 가난한 시민을 이주시켜 정착하게 하고, 북부이탈리아의 갈리아와 시칠리아에 라틴 시민권(참정권이 없는 시민권)을 부여하는 등 제국의 점진적인 로마화 정책의 첫 발을 대디뎠다.

안토니우스와 옥타비아누스

공화정은 형태만 남고 생명은 사라졌으며, 소생할 가망도 희박하였으나 이에 미련을 갖는 사람들이 없지 않았다. 그 대표자격인 인물이 브루투스(Brutus)였고, 이에 카시우스(Cassius)를 비롯한 원한이나 이해관계로 카이사르를 미워하던 자들이 결탁하여 기원전 44년 3월에 원로원에서 단검으로 카이사르를 암살하였다. 공화정의 부흥자로서 시민들의 환호를 받을 것이라는 브루투스 등의 기대는 빗나갔다. 뿐만 아니라 카이사르의 충실한 부하장군이었던 안토니우스(Antonius, 82?~30 B.C.)의 유명한 추도연설과 시민 각자에게 상당한 액수의 유산분배를 약속한 카이사르의 유언장은 민중을 암살자타도로 향하게 하였다. 기원전 43년 안토니우스와 카이사르의 핏줄기로서 그의 유산의 대부분을 상속받은 젊은 옥타비아누스(Octavianus, 63 B.C.~A.D. 14)는 역시 카이사르의 부하였던 레피두스(Lepidus)와 더불어 제2회 삼두정치를 성립시키고 대대적인 숙청을 단행하였다. 그 결과 카이사르 때 900명으로 늘어났던 원로원의원 중 300명과 에퀴테스 2,000명이 목숨을 잃고 철학자로서 깊이 정치에 관여해 오던 키케로도 이번에는 난을 면할 수가 없었다.

안토니우스와 옥타비아누스는 암살자들을 추격하여 마케도니아에서 이들을 격파하고, 브루투스와 카시우스는 자살하였다(42 B.C.). 때마침 안토니우스가 상처한 것을 기회로 과부로 있던 옥타비아누스의 누이 옥타비아(Octavia)가 후처로 들어가게 되어 삼두정치의 결속은 굳어지는 듯이 보였으나, 원래가 상황의 필요성의 산물이있기 때문에 오래 지속될 가능성은 희박하였다. 기원전 36년에 레피두스가 3두에서 탈락한 후 옥타비아누스와 안토니우스는 제국을 나누어 옥타비아누스가 서방을, 안토니우스가 동방을 지배하게 됨으로써 두 사람 사이의 대립은 점차로 격화되었다. 동방을 지배하게 된 안토니우스는 클레오파트라에게 매혹되어 이집트에 주저앉아 로마를 무시하는 태도를 보였고, 옥타비아누스는 이를 이용하여 로마시민과 서방을 결속하여 그 힘을 가다듬었다. 기원전 31년 드디어 두 사람은 악티움(Actium)의 해전에서 자웅을 겨루게 되었지만, 그 귀추는 이미 정해진 것이나 다름없었다. 다음 해에 안토니우스는 자결하고 클레오파트라 역시 그 뒤를 따랐다. 이로써 프톨레미왕가는 단절되고 이집트는 옥타비아누스의 개인재산에 속하게 되었다. 로마공화정의 붕괴를 말해주는 1세기에 걸친 내란도 이제 완전히 그 막을 내리고, 로마는 새로운 시대, 즉 황제정치(제정)의 시대를 맞이하게 된다.

제 3 절 帝政의 成立과 로마의 平和

帝政의 構造

이집트로부터 개선하였을 때 옥타비아누스는 누구의 눈에나 광대한 로마제국의 실질적인 유일한 지배자였다. 장기간에 걸친 내란과 전란에 지칠대로 지친 사람들은 계층의 상하나 시민과 속주민의 구별없이 한결같이 원한 것은 평화와 안정이었다. 이 소망에 부응하는 일이라면 무슨 일이든 할 수 있는 실권을 옥타비아누스는 가지고 있었고, 로마시민은 그러한 권한을 그에게 부여할 용의가 있었다. 그러나 옥타비아누스는 서둘지 않았다. 가까이 카이사르의 선례가 있기도 하였으나, 그것보다도 그는 탁월한 정치적 식견과 비상한 수완의 소유자였다. 그는 자기가 이제 로마에 없어서는 안 될 인물이라는 것을 명확히 인식시키고, 공화정의 형태를 그대로 유지하면서 서서히 그러나 교묘하게 새로운 정치체제를 굳혀 갔다. 그리하여 탄생한 것이 학술적으로는 元首政(Principate)이라고 부르는 황제정치였다.

로마로 개선하자 옥타비아누스는 카이사르가 부당하게 원로원의원으로 끌어올린 190명을 자진사퇴의 형식으로 숙청하고(29 B.C.), 다음 해에 원로원의원 명부의 첫번째에 그 이름이 기재되어 '第一의 市民'(first citizen)이라는 뜻을 가진 '프린켑스'(princeps)라는 칭호를 얻었다. 그는 끝까지 시민 중의 제1인자로서 통치한다는 자세를 견지하였기 때문에 그가 시작한 제정을 원수정, 즉 프린켑스의 정치라고 하는 것이다. 기원전 27년 옥타비아누스는 평화와 질서가 회복되었다는 이유로 그가 그 동안에 지녔던 모든 비상대권을 원로원에 반환하였다. 뻔한 일이지만 원로원은 그에게 군대지휘권을 포함한 속주의 관리 및 통제권(proconsular imperium)을 새로 부여하고, 아울러 존엄하다는 뜻을 가진 '아우구스투스'

(Augustus)라는 존칭을 선사하였다. 이로부터 로마의 제정이 시작되었으며 옥타비아누스는 아우구스투스로 불리워지게 되었다.[8]

아우구스투스는 기원전 31년부터 계속 집정관으로 임명되고 있었으나 기원전 23년 그 대신 평민회로부터 선출되는 호민관직을 택하였다. 물론 매회 정당한 선거절차를 밟아서이다. 형식적으로 본다면 아우구스투스는 대외적으로는 속주에 대한 통제권과 대내적으로는 호민관의 권한, 그리고 프린켑스라는 元老院議長格인 권위라는 공화정의 합헌적인 옷을 입고, 실질적으로는 황제로서 군림하고 통치를 하였던 것이다. 물론 그 배경에는 로마시민과 속주민의 아우구스투스에 대한 전폭적인 지지와 신임이 있었지만, 보다 더 실질적인 기반은 그의 군대와 재정에 대한 통제 및 관리권이었다.

아우구스투스 시대의 로마軍制는 기본적으로는 마리우스가 지원병을 받아들이기로 한 내란기의 그것을 답습한 것이었다. 최종적으로는(9 B.C.) 25개 軍團(legion)으로 구성된 정규군단은 이탈리아 출신과 속주의 로마시민으로서 충원되었으며, 근무연한은 20년이었으나 충원의 어려움과 경험자의 필요로 엄격히 지켜지지는 않았다. 아우구스투스는 이러한 정규군단과 수적으로 맞먹는 補助軍을 따로 창설하였다. 이 보조군은 속주민으로 구성되는 보병과 기병으로서 근무연한은 25년이고 제대 후에는 로마시민권이 부여되었다. 아우구스투스는 속주를 원로원과 나누어 통치하기로 하고, 치안이 불안하거나 반란 내지 야만족의 침입 등의 군사적 위험이 많은 속주를 황제관할로 하였다. 아우구스투스는 군의 정치개입을 방지하는 목적도 겸하여 이탈리아에는 군대를 주둔시키지 않고 속주에만 배치하였으며, 군단장과 같은 고급지휘관은 황제가 원로원계층(senatorial class)에서 직접 임명하고 임기도 1년을 넘지 않았다.

아우구스투스는 이 밖에 에퀴테스 계층출신을 대장으로 하는 약 9,000명의 친위대(praetorian guard)를 창설하여 로마에 상주하게 하면서 황제의 신변을 보호하게 하고, 수도의 치안을 위하여 일종의 전투경찰대와 소방대를 설치하였다. 친위대는 특별대우를 받는 특권적인 존재로서 대장의 권한은 컸다. 한편 해상의 경비와 해적에 대비하여 상설해군도 창설하였는데 그 규모는 그리 크지 않았고, 처음에는 노예가 水兵으로 충당되었으나 후에는 최하층시민, 해방노예 또는 속주민으로 충원되었다.

---

8) 옥타비아누스는 전부터 별로 알려지지 않은 가문을 표시하는 옥타비아누스라는 칭호를 좋아하지 않고, 개선장군에게 바쳐지는 Imperator라는 칭호를 받아들이고, '神格化된 카이사르의 아들'임을 과시하려 했다. 그리하여 그의 이름은 Imperator Caesar Divi filius였다. M. Rostovtzeff, pp. 16 참조.

이렇게 재래의 군제를 손질하고 새로운 부대를 창설하는 등 군체제를 정비하였으나, 무엇보다도 중요한 변화는 모든 군통솔권이 황제에게 집중되었다는 사실이다. 원로원이나 민회는 물론이요, 집정관이나 법무관도 이제 군에 관한 사항에 일체 관여할 수 없게 되었으며, 방대한 군장병에 대한 봉급과 신설한 연금제를 위하여 따로 마련된 재원[軍事金庫]에 아우구스투스는 많은 私財를 투입하여 실질적으로 군을 완전히 장악하였다.

아우구스투스의 개인적인 단독지배를 가능하게 한 또 다른 실질적인 기반은 로마의 재정이었다. 이탈리아의 시민은 5%의 상속세와 약간의 노예해방세 정도만 부담하였고, 국가세입의 대부분은 속주민이 부담하는 토지세와 人頭稅, 노예해방세, 그밖에 관세 등이었다. 그렇기 때문에 내란기에는 방대한 군대의 유지비를 염출할 길이 없어 그 비용을 속주 등 현지에서 조달하거나 전리품 또는 政敵의 재산 몰수 등의 비상수단으로 충당하였다. 그러나 이제 내란도 끝난 지금에 와서 그러한 방법은 통하지 않게 되었다. 뿐만 아니라 새로운 군대의 창설, 노병에 대한 연금제, 로마시의 재건, 군사도로의 신설과 유지, 시민들에 대한 각종 경기와 구경거리의 무료제공, 새로운 관리의 출현 등 지출은 전보다 엄청나게 불어났다. 그렇다고 오랜 내란에 지친 시민이나 속주민에게 갑자기 무거운 세금을 새로 부과하는 것도 현명하지 않았다. 그리하여 폐단이 많았던 징세청부제도를 근본적으로 개선하기 위하여 아우구스투스는 징세청부업자에 대한 감독을 엄격히 하는 동시에, 국가관리에 의한 징세라는 장기적인 목적을 위하여 정확한 인구조사와 재산평가에 착수하였다. 그러나 당장 막대한 돈이 필요하였고 원로원은 이를 마련할 길이 없었다. 국가재정의 파산을 방지할 유일한 길은 황제의 개인재산에 의존하는 길뿐이었다.

아우구스투스는 로마에서 제일가는 부자였고, 그 재산은 방대하였다. 뿐만 아니라 클레오파트라가 죽은 후 이집트는 원래가 지배자의 소유였던 관계로 송두리 채 아우구스투스의 개인재산이 되었다. 그리하여 원로원은 여러번 아우구스투스에게 청하여 필요한 돈을 얻어내곤 하였다. 아우구스투스 역시 자진해서 공공지출을 부담하고, 시민을 위한 흥행도 개인재산으로 여러번 거행하였다. 이렇게 황제 개인재산에게 국가재정을 의존하게 되니 원로원은 자연 황제가 직할하는 속주의 수입에 관여할 수 없게 되어, 이를 취급하는 금고(fiscus)는 황제의 개인재산이나 다름없게 되고, 원로원이 관장하는 속주로부터의 수입을 수납하는 國庫(aerarium)도 자연 황제의 감독을 받게 되었다. 이리하여 아우구스투스는 재정면에서 없어서는 안될 존재가 되었고, 점차 국가재정은 황제의 재정과 다를

바가 없게 되었다.[9]

로마의 平和

아우구스투스는 제정을 확립하여 광대한 로마제국에 평화와 질서를 가져오고, '로마의 평화'(Pax Romana)는 그 후 약 200년간 계속되었다.

아우구스투스는 대체로 이미 획득한 정복지에 만족하고 제국 내에서의 평화와 질서회복에 힘을 기울여 성공하였다. 그는 북방의 게르만족을 로마化 할 생각은 없었으나, '로마의 평화'를 위하여 다뉴브강과 엘베강을 로마의 경계선으로 삼으려는 계획 하에 다뉴브강을 따라 지금의 헝가리, 유고슬라비아, 불가리아, 그리고 흑해방면으로 진출하였다. 그러나 라인강을 넘어 엘베강으로 진출하려던 계획은 토이토부르크(Teutoburg) 숲에서 아르미니우스(Arminius)가 인솔하는 게르만 속에게 로마의 3개 군단이 전멸당하는 참사가 발생함으로써 좌절되었다(A.D. 9). 그리하여 암암리에 로마의 북방경계선은 라인＝다뉴브강으로 굳어지게 되었다.

아우구스투스는 처음 14년간은 제국 내의 질서회복을 위하여 로마에 머무는 기간이 불과 2년 정도밖에 되지 않았으나, 기원전 13년 이후는 이탈리아를 떠나지 않았다. 당시의 로마는 인구 1,000,000을 헤아리는 국제적인 대도시로서, 노예와 外來人을 제외한 시민의 약 3분의 1에 해당하는 약 200,000명의 가난한 시민에게 곡물을 무상공급하고, 劍奴의 투기와 아프리카 맹수와의 투기 등 흥행을 자주 열어 시민들을 즐겁게 하였다. 그는 또한 무질서한 로마 거리를 정비하고, 새로운 공공건물을 지어 좀 과장된 표현이기는 하나 벽돌의 로마를 대리석의 로마로 만들었다. 내란기에 어지러워진 기강을 바로잡기 위하여 정당한 혼인과 가정의 유지를 장려하고 간통자를 추방하였는데 그 속에는 그의 딸도 포함되어 있었다.

모든 면에서 행운아였던 아우구스투스도 자식복만은 없었다. 그는 할 수 없이 후처가 데리고 온 티베리우스(Tiberius)를 양자로 삼아 제위를 물려주고 76세에 세상을 떠나(A.D. 14) 신격화되었다.

티베리우스(재위 14~37)는 유능한 장군이었으나 제위에 올랐을 때는 이미 나이 55세였다. 그의 기질은 음산한 편으로 治世 중에 황제의 자리를 노린 친위대장이 티베리우스의 아들을 살해하는 등의 음모로 더욱 더 우울해지고, 카프리(Capri) 섬에 은거하여 통치하였다. 그의 뒤를 계승한 것은 조카의 아들 가이우스(Gaius, 별칭 Caligula, 37~41)였으나 중병 끝에 정신질환이 생겨 친위대장교에게 살해되었다. 이어 친위대의 추대로 황제가 된 것은 가이우스의 숙부 클라우디우스(Claudius, 41~54)였다.

---

9) I. Geiss, p. 149 및 M. Rostovtzeff, pp. 166~167 참조. 로마제정이 왕정이냐, 원로원과의 이중지배(dyarchy)냐, 또는 공화정의 부활이냐의 논쟁이 별로 의미가 없다는 것은 이상과 같은 설명으로 명백할 것이다.

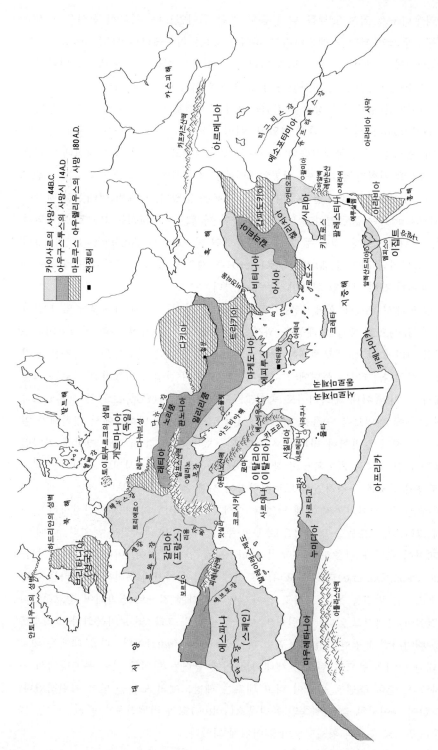

[지도 4] 제정시대(44 B.C.~180 A.D.)의 로마의 팽창

　클라우디우스 역시 50세를 넘고 몸도 약한 편이었으나, 풍부한 학식을 가지고 아우구스투스의 과업을 계승하려고 하였다. 그는 마우레타니아(Mauretania, 現 Morocco)와 트라키아를 속주로 편입하고, 카이사르 이래 처음으로 브리타니아를 찾고, 갈리아의 방비를 강화하였다. 內治에 있어서는 이미 아우구스투스시대에 시작된 것이지만 황제의 행정권을 강화하면서 부서별로 나누어 주로 자기의 해방노예(freed man)로서 일을 맡게 하였다. 이러한 해방노예는 그 수가 점차로 증가하였으며, 유능한 자는 황제직속의 관리로서 부유해지고 경우에 따라 에퀴테스 계층으로 상승할 기회가 생겼으며, 상공업분야에도 진출하여 큰 재산을 모으는 경우도 있었다. 이렇듯 유능했던 클라우디우스도 처복은 없었다. 셋째번 아내였던 메살리나(Messalina)는 공공연하게 애인을 만들어 황제를 제기하려는 음모로 처형되었으며, 그 뒤에 들어온 것이 두 번이나 결혼했던 아그리피나(Agrippina)였다. 그녀는 전 남편과의 사이에 태어난 네로(Nero)를 제위에 앉히기 위하여 방해자를 차례로 제거한 끝에 남편인 황제마저 독살하였다.

　이렇게 해서 16세에 황제가 된 네로(54~68)는 등치만 컸지 자제심이 없고 감정적이며, 狂的으로 예술적 재능을 과시하려 하였다. 권세욕이 강한 아그리피나는 섭정의 자리에 앉고, 네로에게는 세네카(Seneca)와 같은 덕망높은 철학자를 후견인으로 붙였다. 그러나 성년에 가까와지면서 모후의 간섭이 귀찮아진 네로는 그를 살해하고, 이어 아내 옥타비아도 죽이고, 요부 포파에아(Poppaea)와 결혼했으나 그녀도 후에 원인모를 죽음을 당했다. 서기 64년 로마의 번화가에서 대화재가 일어나 시가지가 절반이나 타버린 사건이 일어났다. 때마침 교외의 별장에 가있던 네로는 급거 로마로 돌아와 소방작업과 사태수습을 했으나, 시민들 사이에는 네로가 로마의 화재를 구경하면서 트로이함락의 시를 읊었다는 소문이 퍼지고, 네로가 방화하였다는 이야기까지 돌게 되었다. 이에 네로는 시민의 마음을 진정시키기 위하여 그리스도교도들을 방화범으로 꾸며 투기장 등에서 대학살을 하였다. 이때 난을 피하여 로마를 탈출한 베드로가 그리스도를 만나 "主여, 어디로 가시나이까"(Quo vadis, Domine)라고 물으니, "로마에 가서 십자가에 못박히련다"라는 대답에 베드로는 발길을 돌려 로마로 돌아가서 십자가에 거꾸로 결박되어 순교하였다는 전설이 전해지고 있다. 이 일련의 사건을 주제로 그리스·로마문화와 그리스도교를 대비시킨 유명한 소설이 《쿼어 바디스》(*Quo Vadis*)이다. 다음 해에는 네로에 대한 반역의 음모가 탄로나 세네카도 이에 관련된 혐의를 받아 목욕탕에서 자살하였다. 결국 68년에 반란이 나고 네로는 해방노예의 도움을 받아 자결하였다. 이리하여 카이사르 출신 씨족인 율리우스(Julius)家와 티베리우스 출신 씨족인 클라우디우스家 출신의 황제혈통이 끊어지게 되었다.

　다음 1년간은 제위를 둘러싼 혼란기로서 네 사람의 황제가 교체된 끝에 플라비우스家(Flavius)의 베스파시아누스(Vespasianus, 69~79)가 제위에 오름으로써 사태는 수습되었다. 그는 유능한 장군으로서 팔레스타인과 갈리아의 반란을 진압하고 재정을 안정시켰으며, 50,000명을 수용하는 거대한 원형극장(colosseum)을 건조하였다. 그의 아들 티투스(Titus, 79~81) 때는 나폴리 근처의 베수비우스(Vesuvius) 화산의 폭발로 인구 약 20,000의 아름다운 상업도시였던 폼페이(Pompeii)가 순식간에 완전히 매몰되어 버린 참사가 일어났다. 화산의 잿더미 속에 묻혀 있었기 때문에 19세기에 발굴되었을 때 시가지의 원상이 벽의 낙서까지도 거의 그대로 보존되어 있어 로마인의 생활을 엿보는데 귀중한 산 자료가 되어 있다. 티투스는 2년만에 병사하고, 동생 도미티아누스(Domitianus, 81~96)가 제위에 올랐다. 그는 변경의 방비강화 등에 노력했으나 전제적인 경향이 강하여 궁정의 음모로 암살되었다.

　이로써 플라비우스家도 단절되고, 원로원의원 네르바(Nerva, 96~98)가 원로원의 추대로 제위에 올랐다. 그는 제위에 올랐을 때 65세라는 고령이었고 아들도 없었기 때문에 上(upper) 게르마니아총독 트라야누스(Trajanus, 98~117)를 양자로 삼아 후계자로 지명하였다. 이 양자상속제는 네르바로부터 시작되어 마르쿠스 아우렐리우스(Marcus Aurelius, 161~80)에 이르기까지 계속되었으며, 5代의 황제가 다 현명하였으므로 '五賢帝'로 알려졌으며, 로마제국도 약 1세기에 걸쳐 평화와 번영을 누릴 수가 있었다.

　트라야누스는 위대한 군인인 동시에 현명한 황제였다. 內治에 있어서는 경제부흥에 힘을 쓰고, 대외적으로는 영토확장에 노력하였다. 직접 다뉴브강을 넘어 다키아(Dacia, 지금의 루마니아의 一部)를 속주로 만들고 아프리카의 누미디아에는 폼페이와 더불어 로마시대의 도시 모습을 가장 잘 전해주는 유적으로 남게 된 식민시 타무가디(Thamugadi)를 건설하였다. 다시 東쪽에서는 아르메니아(Armenia), 메소포타미아, 아시리아를 로마의 속주로 삼아 로마의 영토는 가장 크게 확대되었다. 트라야누스를 계승한 하드리아누스(Hadrianus, 117~138)는 교양있는 황제로서 유능한 평민에 대한 관리등용의 길을 확대시키고, 과거 법무관의 결정을 통일하여 法典을 만들었으며, 원형극장에서의 흥행으로 시민을 즐겁게 하였다. 그 역시 변경에 대한 관심이 컸으나 前代의 팽창정책을 포기하고 방위위주로 정책을 전환하였다. 그리하여 북방에서는 브리타니아에 '하드리아누스의 長城'을 쌓고, 도미티아누스 때 시작한 게르마니아의 장성을 강화하였다. 한편 동방에서는 전부터 로마를 괴롭혀왔던 파르티아(Parthia)와 和約을 맺어 메소포타미아의 남부를 포기하고, 아르메니아를 보호국으로 승격시켰다. 그를 이은 안토니누스 피우스

(Antoninus Pius, 138~161)는 성실한 인품으로 '경건한 자'(Pius)라는 칭호를 받았다. 대부호였으나 국가재정의 절약에 힘쓰고 재판의 공정을 기하는 등 內治에 힘을 기울였다. 그의 양자가 되어 제위에 오른 마르쿠스 아우렐리우스는 스토아학파의 '철인황제'로서 《명상록》(*Meditations*)을 남기기도 하였다. 그러나 변경의 정세는 그로 하여금 철학적인 명상에만 잠기게 내버려 두지를 않았다. 파르티아인이 내습하고, 무서운 전염병(페스트일지도 모른다)이 이탈리아까지 만연하고, 북방에서는 게르만족의 침입이 있었다. 그 자신 이 방면에 출정하였다가 싸움터에서 병사하였다. 이렇게 변경이 소란스러워지는 것도 예감이 좋지 않은 일이지만, 이를 막기 위하여 아우렐리우스帝가 일부 민족의 로마領內 정착과 그들의 로마군 입대까지 허용하였다는 것은 로마의 변경방비태세에 금이 가게 된 것을 말하는 것이었다.

社會와 經濟

이미 내란기를 통하여 그 골격이 형성되고 있었으나, 제정의 성립과 더불어 로마사회는 원로원 계층, 에퀴테스(騎士)계층, 그리고 평민(plebs)의 세 계층으로 분명하게 구분되었다.

원로원계층은 家系로 보거나 재산으로 보아 가장 으뜸가는 귀족적인 계층으로서, 집정관이나 법무관 또는 감찰관 등의 고위정무관을 독점하고 그 임기가 끝나면 자동적으로 원로원의원이 되었다. 대부분 속주의 총독과 군단의 지휘관 역시 그들로부터 임명되었다. 원로원은 옛이나 다름없이 황제의 자문기관으로서 국정에 참여하는 위엄을 갖고 있었고 아우구스투스는 이를 존중하였으나, 제정의 성립과 더불어 원로원이나 그 의원 계층은 전적으로 황제에 의존하게 되었다.

내란기에 많은 수난을 당한 에퀴테스 계층은 제정의 성립과 더불어 제국 내에서 제2의 계층임을 공식적으로 인정받고 새로운 발전의 기회를 발견하였다. 그들은 일정한 재산을 가져야 하며, 신분을 표시하는 반지를 낄 수 있었다. 그들은 속주의 징세제도의 개혁으로 이에 대한 절대적인 관할권을 상실하였으나, 각종 법원의 배심원, 군장교, 황제의 재정관리, 그리고 이집트와 같은 특수한 속주의 총독으로 임명되었다. 아우구스투스는 어떤 면에서는 원로원의원에게 형식적인 상위신분의 명예와 위엄을 부여하고, 실질적인 면에서는 에퀴테스 계층을 신임하고 그들을 문무의 요직에 등용하여 수족같이 부렸다. 황제의 개인재산인 이집트의 총독은 반드시 에퀴테스 출신으로 임명하고, 로마시의 곡물공급이나 친위대를 역시 그들에게 맡긴 것이 그 좋은 예다.

일반평민의 구성은 잡다하였다. 군에서 제대하여 토지를 분배받은 자유농민, 비교적 부유한 독립적인 상점주나 상인들로부터 고층아파트의 6,7층에 거주하는 빈민과 무산자까지 포함되어 있었다. 평민 중에 부유한 자들은 안정과 질서의 회복으로 밝은 미래를 바라볼 수 있었고, 빈민이나 무산자는 지원병으로 軍에 입대할 기회가 열려 있었으며, 곡물의 무상배급과 수시로 거행되는 각종 흥행에 만족하였다. 아우구스투스는 해방노예가 급증하는 것을 방지하기 위하여 노예해방을 제한하였으나, 해방노예는 계속 늘고 그들은 황제의 극히 사적인 일이나 재산관리에 관여하고, 상공업에도 종사하여 남부럽지 않은 재산도 모았으며, 관리로 등용되는 길도 점차 넓어졌다.

이러한 세 계층의 구분은 과거의 엄격한 신분제나 카스트제와 같이 절대적인 것은 아니었다. 뿐만 아니라 지방이나 속주의 귀족 내지 상층시민도 황제의 특혜나 군복무, 또는 市行政에 참여함으로써 로마 시민권을 얻고 경우에 따라 에퀴테스 계층으로 올라갈 기회가 주어졌다.

로마제국의 경제는 여전히 압도적으로 농업이 우세하였으며, 그 위에 비교적 소규모의 공업과 상업의 상부구조가 구축되고, 다시 비용이 많이 드는 거대한 정치체제가 거기에 얹혀 있었다.[10] 아우구스투스시대로부터 약 200년간의 이른바 '로마의 평화'기는 틀림없는 로마의 경제적 번영의 시기이기도 하였다. 그러한 번영은 1차적으로는 거대한 정복사업의 결과였다. 오늘의 유럽의 중심부를 비롯하여 오래 전부터 경제적으로 발전하고 있던 그리스와 소아시아, 그리고 과거의 오리엔트지역, 그리고 북부아프리카에 걸친 대제국을 건설한 로마는 일시적인 전리품만도 무시못할 정도로 많았지만, 속주로부터의 정기적인 공납이 막대하였다. 또한 그 광대한 영토 내의 자원은 풍부하였으며, 북부아프리카나 유럽같이 당시로서는 미개발지역에 속하던 지역의 개발도 상당히 진행되어 이것 역시 로마의 번영에 이바지하였다. 이제 지중해는 문자 그대로 로마의 호수가 되고, 로마로부터 거미줄처럼 사방으로 뻗은 군사도로망은 상업로로서도 아주 큰 몫을 하게 되었다. 그러나 정복사업은 한없이 계속될 수 없고 거기에는 한계가 있었다. 따라서 로마 번영의 지속여부는 생산기술과 산업조직에 있어서의 개량과 발전, 그리고 수입을 능가하는 방대한 지출의 조절여하에 달려 있었다.

로마제국의 경제적 기반은 농업과 목축이었으며, 북부 아프리카와 갈리아, 브리타니아 및 에스파냐 등은 제정기에 자급자족을 넘어서 농산물을 수출할 수 있을 정도로 개발이 되고, 목축과 특히 옛부터 지중해세계가 애용해 오던 올리브油와

---

10) H. Heaton, *Economic History of Europe*(rev. ed., 1969), p. 55 참조

포도주생산에 있어서도 다른 지역으로의 수출을 모색할 정도가 되었다. 그러나 이러한 새로운 지역의 개발에 따른 생산고의 증가에도 불구하고 농업기술은 오히려 후퇴하는 경향을 보였으며, 노예공급의 부족에 따라 라티푼디움은 소작제로 변하여갔다.

광업분야에서도 영토의 확장에 따라 천연자원은 풍부하고 로마는 이를 개발하기도 하였으나, 농업에 있어서와 마찬가지로 기술의 개량은 없었고 오히려 채굴과 야금이 소규모의 모험자들에게 분할 임대됨으로써 생산의 증가나 기술개발의 여지가 없어졌다.

공업분야에서도 로마는 그 조직, 운영 및 기술면에서 이렇다 할 공헌이 없었다. 이탈리아의 제조업은 노예노동에 의한 가내공업이거나 소규모의 작업장에서 행하여졌다. 대규모경영이 도입되기도 하였으나, 서기 2세기에는 오히려 그것이 소규모의 작업장에서의 생산으로 변하였고, 이러한 경향은 속주의 도시에서도 볼 수가 있었다. 가난한 자유인이나 해방노예의 노동자는 일찍이 일종의 동업조합(collegia)을 조직하였으나, 내란기에 정치분쟁에 휘말려 폐지되고, 제정기에는 허가제로 변하고 그것도 장례와 매장 등을 위주로 하는 상부상조를 위한 결합에 머물렀다.

상업은 그 어느 때보다도 활발하였다. 지중해로부터는 해적이 사라지고, 군사도로는 그대로 상업로와 로마문화의 전파역할을 하였다. 평화와 질서가 확보되고 통일된 화폐와 도량형, 그리고 로마법의 확대와 비교적 가벼운 속주간의 관세 등도 상업활동의 원활을 돕는 중요한 요인이었다. 이리하여 제국 내는 물론이요, 국경을 넘어선 지역과의 교역도 활발해졌다. 이를테면 남쪽에서는 중앙 및 남부아프리카, 북쪽에서는 중부 및 남부러시아로부터 스웨덴과 노르웨이에까지 교역이 확대되었을 뿐 아니라, 기원전 1세기에 계절풍이 발견되어 홍해를 통한 인도와의 왕래가 가능해지고, 중국상품이 들어오게 되었으며, 육로를 통해서는 아라비아와 중앙아시아와의 교역이 이루어졌다.

이러한 로마領外의 지역과의 교역은 그 상품이 주로 소수의 가장 부유한 층의 기호에 맞는 사치품에 속하는 것이었고, 로마는 이에 대하여 주로 금과 은 등 귀금속을 지불하고 그 수지는 로마에게 불리한 편이었다. 그러므로 경제발전의 시각에서 볼 때 보다 중요했던 것은 제국 내의 상업이었다. 이 내국상업은 앞서 지적한 여러 요인들로 인하여 매우 활발했고, 따라서 대상인들은 巨富를 축적할 수 있었고, 그들은 대지주와 더불어 로마에서 가장 부유한 사람들이었다. 그러나 平和期도 종말에 가까와지면 각 속주의 농업과 공업이 발달하여 자급자족의 경향을 보이면서 내국상업이 쇠퇴의 징조를 보이기 시작한다.

제 4 절 帝政의 붕괴와 로마의 沒落

軍人皇帝時代

철인황제도 육친의 정에는 약했는지, 마르쿠스 아우렐리우스는 5대나 계속된 양자제도를 무시하고 친아들 코모두스(Commodus)를 후계자로 지명하였다. 이로써 로마의 평화기는 끝나고 약 1세기에 걸친 살륙과 혼란과 무질서의 시대가 나타났다.

코모두스(180~192)는 무능하고 잔인하였으며, 정치는 돌보지 않고 주색과 검노의 경기에 미친 끝에 친위대장과 측근에 의하여 살해되었다. 그 후 1년 사이에 친위대가 옹립한 두 황제가 살해되고, 파노니아(Pannonia, 지금의 헝가리) 지방의 군사령관이요 카르타고출신인 세베루스(Septimius Severus, 193~211)가 로마로 진군하여 제위에 올랐다. 그는 곧 친위대를 자신의 군대출신으로 개편하고, 원로원계층을 군대지휘와 속주총독으로부터 추방하고, 군장교로서 그 자리를 메꾸었다. 그래도 그는 유능한 편으로서 동방에서 파르티아를 격파하여 메소포타미아지방을 확보하고, 브리타니아에 출정하였다가 전사하였다. 그는 아들 카라칼라(Caracalla)와 게타(Geta)에게 "합심하라, 병사를 富하게 하라, 다른 일에는 마음쓰지 말라."라는 유언을 남겼다. 그러나 카라칼라(211~217)는 곧 게타를 죽여 유언의 첫 조항을 지키지 않았으나, 둘째 조항은 그대로 지켜 병사의 봉급을 인상하였다. 그는 전차경주와 야수와의 투기를 좋아하고 로마시 남부에 대목욕장을 건설하였다. 이리하여 재정이 궁핍해진 카라칼라는 제정 초기부터 확대의 경향을 보이던 로마시민권을 전로마제국 내의 모든 자유민에게 부여하였다(212). 이로써 로마시민에게만 부과하던 상속세나 노예해방세 등을 새로 징수할 수 있게 되는 동시에, 로마 및 이탈리아의 특권적인 지위가 사라지고 속주와의 구별이 없어지게 되었다.

카라칼라가 다시 군대에 의하여 살해된 후, 친위대장 마크리누스(Macrinus, 217~218)가 제위에 올랐으나 무능하였다. 이에 시리아 출신인 세베루스제의 처가 쪽에서 제위를 노려 마크리누스를 죽이고 에메사(Emesa)의 태양신숭배의 神官이었던 14세의 엘라가발(Elagabal, 218~222)을 옹립하였다. 그는 음란하였을 뿐 아니라 로마에 시리아의 태양신숭배를 끌어들여 대대적인 제전을 거행하였다. 그리하여 역시 병사들에게 살해되고, 異母弟인 세베루스 알렉산더(Severus Ale-

xander, 222~235)가 제위에 올랐다. 그는 로마 고래의 전통을 존중하고 원로원과
도 화해하여 公事에 참여시키려고 하였으나 성격이 유약하였다. 동방에서의 새로
운 위협은 가까스로 막았으나 게르만족과의 싸움에서 군대의 반란으로 살해되었다.

세베루스 알렉산더가 죽은 후 약 반세기(235~284) 동안에 26명의 황제가 번갈
아가며 제위에 올랐다. 그들은 전부가 군대에 의하여 옹립된 군사령관 출신으로서
군인황제(barrack emperor)로 불리워지며, 25명이 살해되거나 전사하는 등 非命
에 죽었다. 어느 史家의 표현을 빌린다면 "한때 제국의 봉사자였던 군대가 이제 제
국의 주인이 되어 아무런 뚜렷한 이유도 없이 변덕스럽게 황제를 갈아치웠던" 것
이다.[11]

이러한 사태가 로마제국내부에 큰 혼란과 무질서상태를 가져온 것은 두말할 나
위가 없거니와, 이와 동시에 밖으로부터의 위협도 증대하였다. 동방에서는 오랫
동안 로마를 괴롭히던 파르티아를 대신하여 사산조 페르시아(Sassanian dynasty
of Persia)가 흥기하여(226), 동방의 국경선을 위협하였으며, 다뉴브강으로부터
라인강으로 이어지는 북방국경선에서는 게르만족이 끊임없이 침범해 왔다. 이러
한 사태에 직면하여 로마의 軍制도 바꾸어질 수밖에 없었다. 로마 시민권의 소유
자로 구성되던 정규군단조차 속주민이 대거 입대하게 되고, 카라칼라帝의 시민권
확대로 그 경향은 더욱 강화되었다. 이것은 군대 내에서의 비문명화된 병사의 비
중이 커짐을 뜻하는 것이었으며, 특히 국경선에 배치된 군대의 경우 그러한 경향
이 심하였다. 이 경우 아예 주변의 주민들로부터 충원을 하고 생활근거를 현지에
마련해 주는 한편, 군인직을 아들에게 세습까지 시켰다. 전술에 있어서도 이러한
변경의 주둔군과 더불어 기동성이 강한 기병부대가 따로 설치되어 위급한 사태에
대처하게 되었다. 자연 병사의 수는 증가하고 또한 그들에게 보다 많은 봉급을 지
불해야만 했다. 뿐만 아니라 중앙 관리들의 수효도 이에 못지 않게 증가하였고, 군
대의 장교들은 제대 후 이러한 관리로 등용되는 경우가 많았다. 이 모두가 국가재
정의 부담을 크게 증가시켰고, 이에 대한 대책이라고는 增稅의 길밖에 없었다. 날
로 불어나는 세금징수의 책임은 도시의 참사회와 상인, 선주 또는 수공업자 조합
에 부과되었고, 시참사회는 그들에게 부과된 세금을 지주에게 전가하였고, 그것은
결국 소농과 소작인에게로 넘어 갔다.

과도한 증세로써도 國庫의 수요를 충당하지 못한 황제들은 화폐의 질을 저하시
킨다는 최악의 수단까지 불사하였다. 이로 말미암아 이미 진행되고 있던 인플레가
격화되고, 이는 끊임없는 전쟁과 만족의 침입, 제위를 노리는 군대의 약탈 등으로

---

11) M. Rostovtzeff, p. 266.

쇠퇴일로를 겪고 있던 상공업에 치명적인 타격을 주었다. 군대에 옹립된 군인황제 중에 특히 3세기 후반에는 질서를 바로 잡으려는 노력을 한 황제도 있었으나, 그들도 결국은 군사적인 전제군주였고, 그 지배 하에서 도시의 자치권도 점차 소멸하는 경향을 보였다.

帝國의 再編

3세기에 로마제국은 심각한 위기를 맞이하였다. 이 이상 더 혼란과 무질서가 계속될 수는 없었다. 그리하여 이 혼란과 무질서를 수습하고 개혁을 통하여 제국의 재편성을 시도한 것이 디오클레티아누스(Diocletianus, 284~305)와 콘스탄티누스(Constantinus, 306~337)였다.

디오클레티아누스는 발칸반도출신으로서 병졸로부터 몸을 일으켜 군대의 추대로 황제가 되었다. 그가 먼저 착수한 것은 제국의 분할통치였다. 두 사람의 황제(Augustus)와 그 밑에 각 한 사람의 副皇帝(Caesar)를 두어 제국을 행정적으로 구분하여 통치하되, 디오클레티아누스가 최고권을 장악하고 황제 유고시에는 부황제가 자동적으로 그를 계승하게 함으로써 제위계승에 대한 군대의 개입을 방지하려 하였다. 이를 4帝統治(tetrarchy)라고도 한다.

디오클레티아누스는 수도를 소아시아 서부의 니코메디아(Nicomedia)로 옮겨 소아시아, 시리아, 이집트 및 트라키아를 통치하고, 그의 부황제는 지금의 유고슬라비아의 시르미움(Sirmium)에서 그리스를 포함한 발칸지방(일리리쿰 大管區)을 통치하게 하였다. 공동황제인 젊은 막시미아누스(Maximianus)는 밀라노에 자리잡고 이탈리아, 북부아프리카, 오스트리아의 일부를 지배하고, 그의 부황제는 트리에르(Trier)에서 갈리아, 에스파냐, 브리타니아를 통치하였다.

최고권을 가진 디오클레티아누스가 로마를 떠나 동방에 자리잡은 것은 중요한 의미를 가진다. 그는 점차로 동방의 초인간적이고 신적인 전제군주의 기풍을 답습하여 옷차림이나 궁정의 예식도 이에 맞추고, 신하는 그 앞에 무릎을 꿇고 신을 예배하듯 해야 했다. 황제와 부황제는 저마다 수도와 자신의 군대, 행정관리 그리고 보좌관을 거느렸다. 로마시민은 양곡의 무상배급과 각종 경기를 제공받았으나 옛날의 특권적인 지위는 사라지고 로마원로원도 특별대우는 받았으나 실질적으로는 시참사회 정도로 격하되었다.

속주도 세분화하여 100을 넘게 되고, 이를 12개 관구(dioceses)로 묶고, 이를 다시 4개의 대관구(prefecture)로 묶었다. 이리하여 행정관리의 수는 엄청나게 증가하게 되었다. 그러나 늘어난 것은 속주나 관리의 수만이 아니었다. 軍制는 그 동안의 혼란기를 통하여 부분적으로 변해 왔으나 이제 그것이 하나의 제도로서 확립되었다. 즉, 수도근방에는 중무장의 기병대를 중심으로 한 기동부대격인 **野戰軍** (comitatenses)을 두고 필요에 따라 어느 곳에든지 출동할 수 있는 태세를 갖추게 하고, 국경지대에는 변경주둔군(limitanei)을 상주시켜 국경선의 수비와 순찰을 담당하게 하였다. 변경주둔군의 경우 現地民으로 충원하고 병역의무를 세습화시켰다. 중앙의 기동부대는 출신을 가리지 않고 가장 우수한 자로 충원하였는 바, 그 결과 게르만 출신이 대다수를 차지하고 실제 전투에 있어서도 변경의 주둔군은 2차적인 존재에 불과하였다. 이 밖에 야만족 중에 로마와 협정을 맺은 부족들이 로마의 지원 하에 국경선의 수비에 협력하였고, 함대도 증강되었다. 이리하여 군대의 크기는 적어도 종전의 倍 정도로 불어났다.

디오클레티아누스는 군대의 정치개입을 방지하기 위하여 文·武의 직책을 명확하게 구분하고, 종전처럼 속주의 총독이 행정권과 더불어 군대지휘권을 겸유하지 못하도록 하였다.

이상과 같은 행정과 군대의 개혁은 필연적으로 국가재정에 큰 압박을 가하게 되고, 이의 해결책은 앞서도 지적했듯이 증세의 길밖에 없었다. 황제는 미리 예산총액을 결정하여 이를 관할속주에 할당하고, 속주는 이를 다시 각 도시(civitas, 도시와 그 주변지역 포함)에 할당하였다. 도시에서의 증세책임은 시참사회가 지고 부족한 액수는 참사회원(curiales)이 보충해야만 한다. 과거에는 명예직으로서 원하는 시민도 많았던 참사회원직도 이제는 큰 부담이 되어 이를 면하려는 사람이 많아 그 직책을 고정시키고 세습화하였다. 重稅의 부담은 비단 참사회원만이 아니라 모든 상인과 수공업자들에게도 미쳤고, 그들 역시 이를 면하려고 온갖 노력을 다하였다. 그리하여 그들의 직업 또한 고정되고 세습화되었다.

새로운 稅制에 의하면 세금부과의 최소단위를 한 사람의 남자가 경작할 수 있는 토지로 삼고, 만일 세금을 납부할 자가 없을 때는 인접한 지주나 농민이 대신 이를 납부하도록 하였다. 세금은 물론 대지주나 황제령의 경영자에게도 할당되었으나, 실질적으로는 그들의 소작인이나 소농들이 부담하였다. 그리하여 이들 역시 토지를 포기하는 현상이 생기자 그들을 토지에 결박하게 하였다. 다른 한편으로는 重稅에 허덕이던 끝에 스스로 자유를 포기하고 유력한 대지주의 보호를 구하는 소농과 소작인도 생겼다. 이리하여 콜로누스(colonus)제라는 토지에 결박된 예농적인 소작제가 생겨났다.[12] 또한 노예에게도 토지를 주어 지주에게 소작료를 물게 하는 '콜로누스와 유사한 노예'도 증가하고, 농장에서 해방된 노예도 비슷한 처지가 되

---

12) 소작인이 도망갔을 때 그를 다시 데리고 올 권리를 지주에게 인정한 법령은 콘스탄티누스帝 때 발포되었으나(332), '콜로누스'로 불리워지는 본래 자유로웠던 소작인의 토지결박은 그 이전부터 있었던 것으로 생각된다.

었다. 그들은 본래 자유인이었던 콜로누스와 신분상으로는 달랐지만, 다 같이 중
세의 農奴의 선구적인 존재가 되었다.

화폐가치의 저하로 인플레는 더욱 촉진되고 세금도 現物稅(annona)로 징수하
는 경우가 많아지고, 디오클레티아누스는 최고가격제를 실시하여(301) 모든 물가
와 보수를 억제하려고 하였으나 실패하였다. 디오클레티아누스가 은퇴한 후 4帝統
治制에는 내분이 생겨 결국 콘스탄티누스가 다시 단일황제가 되었다. 그는 그리스
도교를 공인하고(밀라노勅令, 313) 그리스의 옛 식민시였던 비잔티움의 자리에 새
로운 수도 콘스탄티노폴리스(Constantinopolis, '콘스탄티누스의 도시'라는 뜻, 현재
의 이스탐불)를 건설하여 천도하였다(330). 콘스탄티누스는 디오클레티아누스의 개
혁을 보다 더 강화하는 방향에서 계승하여 동방적인 전제군주제를 확립하고, 콜로
누스제를 강화하는 등 사회경제정책도 대체로 전대의 것을 답습하였다. 다만 화폐
개혁의 산물로서 그가 주조한 솔리두스(solidus)라는 금화는 상당히 광범위하게
사용되었다.

디오클레티아누스와 콘스탄티누스의 개혁으로 로마제국은 개편되고 3세기의 혼
란과 무질서가 수습되어 사회는 일단 안정을 되찾았으나 그것은 결코 새로운 발전
을 약속하는 것이 아니었다. 그것은 모든 직업의 고정화와 엄격한 계층화를 바탕
으로 방대한 관료군을 거느리고 여전히 군대에 의존하는 동방적인 전제군주가 군
림하는 경직된 사회였다. 부패와 폭력, 불균형과 절망이 널리 퍼지고, 무엇보다도
사회 전체가 침울한 무기력 상태를 나타내고 있었다. 로마제국은 내부로부터 무너
져가고 있었으며, 새로운 도읍에 건설된 교회와 궁전의 금색 찬란한 광휘도 곧 사
라지게 될 밤하늘의 유성에 지나지 않았다.

西로마의 沒落

콘스탄티누스가 죽은 후, 그 아들 셋이 제국을 나누어 통치하였으나 내분 끝에
차남인 콘스탄티누스 2세(337~361)가 단독지배를 하게 되었다. 그의 치세도 결국
안정되고 평화로운 것은 아니었고 그의 뒤를 계승한 '背教者' 율리아누스(Julia-
nus Apostata, 361~363)는 그리스도교를 버리고 異教의 부활을 시도했으나 실패
하였다. 그가 죽은지 얼마 안가서 훈족(Huns : 匈奴)의 압박을 받은 서고트족
(Visigoths)의 이동을 계기로 게르만족의 대이동이 시작되었다(375). 서고트족을
비롯한 게르만족은 발칸지방으로 쳐들어 오고, 378년에는 아드리아노플(Adria-
nople) 부근에서 이를 방어하던 발렌스제(Valence, 364~378)가 전사하는 불상사
가 발생하였다. 그의 뒤를 이은 테오도시우스(Theodosius, 379~395)는 서고트족
을 무마하여 소강상태를 회복하고 그리스도교를 국교로 삼는 한편(380) 무너져

가는 제국의 유지에 노력하였다.

테오도시우스는 죽음에 임하여(395) 제국을 나누어 동로마를 장자 아르카디우스(Arcadius), 서로마를 차남 호노리우스(Honorius)로 하여금 각각 통치하게 하였다. 이미 로마제국의 동서로의 분리는 그 징조가 일찍이 나타나 있었으나 이로써 동서로마의 분리는 결정적인 사실이 되었다. 5세기에 접어들면서 게르만족의 침입은 다시 격화되기 시작하였다. 410년에는 알라릭(Alaric)의 서고트족이 로마를 약탈하고, 라인강의 방어선 약화를 틈타 게르만족은 노도와도 같이 서로마제국의 영토 내로 침입해 왔다. 로마의 장군 아에티우스(Aëtius)는 게르만족의 도움을 받아 훈족의 아틸라(Attila)를 카탈라우눔(Katalaunum, 지금의 샹파뉴) 전투에서 가까스로 격퇴하였으나(451), 455년에는 반달족(Vandals)에 의하여 다시 로마가 약탈당하였다. 이제 서로마제국에는 게르만족의 침입을 막고 국가를 유지해 나갈 힘이 없었다. 476년 최후의 명목상의 황제 로물루스 아우구스툴루스(Romulus Augustulus, 475~476)가 게르만의 용병대장 오도아케르(Odoacer)에 의하여 폐위됨으로써 서로마제국은 썩은 나무가 쓰러지듯이 멸망하고 말았다.

로마帝國沒落의 原因

콘스탄티노플에 자리잡은 동로마는 비잔틴제국(Byzantine Empire)으로 15세기 중엽까지 그 명맥을 유지했지만, 로마가 흥기한 본 고장인 이탈리아반도를 중심으로 한 서로마제국은 몰락하였고, 이로써 역사가들은 그리스의 성장과 발전으로부터 시작된 유럽의 古典古代는 막을 내린 것으로 보고 있다. 말하자면 한 인간의 생명주기와 같이 그리스·로마문화는 탄생으로부터 죽음에 이르기까지 그 생명의 주기를 끝마쳤다는 것이다. 그리하여 20세기의 저명한 文明史家인 쉬펭글러(Oswald Spengler)나 토인비(A.J. Toynbee)는 여러 문명의 흥망을 고찰하는 기본적인 틀로서 그리스·로마의 고전문화를 택하기도 하였다.

영원의 도읍으로 생각하였던 로마가 야만족에게 유린되고 '로마의 평화'를 자랑하였던 로마제국이 몰락하였다는 것은 충격적인 사실이었다. 그리하여 사람들은 당대로부터 오늘에 이르기까지 왜 '로마제국은 몰락하였는가'를 끊임없이 묻고, 역사가, 철학자, 신학자들은 각양 각색의 해답을 내놓았다. 그리스도교의 유포에 그 원인을 돌리는 유명한 기본(E. Gibbon)의 견해로부터, 토지 생산력의 고갈과 기후 변화에 따른 한발의 계속을 지적하는 견해, 또는 하다못해 저질의 이민족과의 혼혈로 인한 로마인의 인종적인 타락을 강조하는 극단적인 견해까지 제시되었다. 이러한 인종설이나 지방의 고갈 내지 기후 변화 등의 견해는 별로 근거없는 의견으로서 취할 바가 못되는 것이지만 비교적 타당한 견해라 하더라도 어느 특정한 요인만을 지적하거나 강조하는 것은 역시 옳지 않다. 로마제국의 몰락에는 정치적·사회적·경제적, 그리고 정신적인 여러 요인이 복합적으로 작용하였던 것이다. 우리는 이미 앞에서 로마제국이 동요하고 쇠퇴해가는 모습을 서술하였다. 이제 그것을 다시 요약하면서 로마제국몰락의 원인을 종합적으로 간략하게 정리해 보기로 하겠다.

古代文明의 기반은 그리스를 포함하여 奴隸制(노예제)에 입각한 도시문명이었고, 로마는 여기에 이질적인 오리엔트와 미개발지역인 유럽대륙을 포섭하여 거대한 제국을 건설하고 이를 강력한 황제권으로 통치하였다. 그러나 광대한 제국통합의 핵심인 황제권은 오랜 전통을 지닌 기능적인 제도의 뒷받침을 가진 것이 아니었고, 오히려 공화정에 접목된 타협의 산물에 지나지 않았으며, 실질적인 권력의 원천은 이집트를 포함한 광대한 황제령과 강력한 군대의 장악이었다. 그렇기 때문에 황제의 계승권조차 애매하였고 황제의 신격화는 우매한 민중에게는 효력을 발휘하였으나 文武의 지배층에게는 큰 효력이 없었다. 그리고 로마제국의 번영은 정복에 의한 영토의 확장과 이에 수반된 전리품과 공납의 산물이었고, 기술의 개발이나 혁신을 수반한 참된 생산적인 경제발전의 혜택은 아니었다. 그렇기 때문에 정복사업이 그 한계에 도달하였을 때, 경제적 쇠퇴는 자명한 일이었고, 황제권이 동요함으로써 제국은 해체의 길을 걷게 된 것이다.

제정의 성립과 더불어 황제의 계승을 둘러싼 궁정음모는 5賢帝時代를 제외하고 제정기 전체를 통해서 고질적인 것이었다. 3세기의 군인황제시대는 그 가장 두드러진 것으로서 이 단계에서는 단순한 궁정음모가 아니라 제국의 평화와 안정유지의 핵심이요 황제권의 기반인 군대가 제위계승에 개입하고 황제옹립을 위한 내분을 전개하였던 것이다. 이는 로마제국의 통합과 그 핵심이 되는 황제권에 대한 치명적인 타격이었고, 이로 말미암아 제국은 분해의 징조를 보이고 중앙 통제권은 현저하게 약화되었다. 디오클레티아누스는 이를 수습하기 위하여 동방적인 전제군주제를 도입하였으나 영속적인 효과를 거두지 못하고 콘스탄티누스의 사후 사태는 더욱 악화할 따름이었다.

이러한 사태악화의 중요한 원인의 하나는 군대의 질적 변화였다. 로마팽창기의 로마군대는 로마 내지 동맹시의 자유로운 중산적인 시민으로 구성된 국민병(national army)의 성격을 지니고 있었으나, 공화정 말기에는 여기에 용병대의 성격이 첨가되면서 사병화하고, 제정 후반으로부터 말기에 갈수록 속주민과 야만족 출신의 비중이 커지면서 로마에 대한 충성심을 거의 기대할 수 없게 되어 버린 것이다.

정복전쟁의 종식은 값싼 대량의 노예공급원 소멸을 뜻하는 것이었고, 그리하여 노예노동에 의존하는 대농장경영은 점차로 콜로누스로 알려진 소작제로 변화해 갔다. 그나마 166년의 페스트의 유행을 비롯한 거듭되는 질병과 내란 등으로 인구가 감소하고, 노동력이 희귀해져서, 처음 자유로웠던 콜로누스의 지위가 점차로 토지에 결박되는 부자유한 것이 되었다. 뿐만 아니라 고위관직자를 비롯한 유력한 지배층은 대지주로서 그들의 지위와 권세를 이용하여 면세특권(immunity)을 획득하여 중세에 허덕이는 자유농조차, 자유를 버리고 대지주의 보호를 받기 위하여 부자유한 콜로누스로 전락하게 되어, 제정 말기의 로마사회는 봉건화의 징조를 보이게 되었다.

기간산업인 농업이나 수공업은 앞에서도 설명한 것처럼 새로운 기술의 개발이나 과학적인 경작 또는 대자본의 투자와 경영의 합리화 등이 행하여지지 않고, 오히려 영세화하여 생산력이 저하하는 경향을 보였고, 이러한 생산력의 저하는 다른 요인과 결합하여 화폐경제와 병행하여 자연경제의 경향을 낳게 하였다. 상업은 계속되었으나 이것 역시 거듭되는 내란으로 큰 장애를 받고, 미개발상태에 있던 속주들이 경제적 발전을 이룩하여 자급자족의 단계에 도달하자 상류층의 사치품을 취급하는 국제적인 무역이 상업의 주류를 이루게 되었다. 이러한 상공업의 쇠퇴, 자연경제의 등장, 농촌의 봉건화경향 등은 필연적으로 도시의 쇠퇴를 초래하게 되었으나 이에 치명적인 타격을 가한 것은 날이 갈수록 가중되는 세금의 압박과 이를 징수하기 위한 방편으로 마련된 직업과 신분의 고정과 세습화였다. 거대한 수입을 가져왔던 정복전쟁과는 달리 국경선에서의 만족을 위한 전쟁이나 제위를 둘러싼 내전은 완전한 소모였고, 방대한 군대의 유지와 전비, 그리고 디오클레티아누스의 개혁으로 발생한 수많은 관료, 그나마 날로 부패하고 무능해지며 면세특권이나 노리는 관료들에 대한 보수, 그리고 계속되는 대 건조물의 축조 등, 날로늘어가는 지출은 증세와 이의 철저한 징수밖에 달리 메꿀 도리가 없었다. 뿐만 아니라 사태를 더욱 악화시킨 것은 격심한 인플레의 진행으로, 이를 감당하기 위한 惡貨의 주조는 한 마디로 악순환의 되풀이 이외의 아무 것도 아니었다. 한때 명예로웠던 도시의 참사원직을 비롯하여 모든 직업과 신분, 그리고 조합까지 고정되고 세습화되어 도시는 자발적인 자치능력을 상실하고 중세에 허덕이면서 생기를 잃고 사회전체가 경직화현상을 나타냈다.

사람들은 現世에 희망을 걸지 못하고 來世를 바라보게 되었으며, 지배층은 지배층대로 언제 그 지위와 권세가 날아갈지 모르는 불안 속에서 허무함을 느꼈으며, 절대다수를 차지하는 민중과 노예는 빈곤과 생활고에 지쳐 멀리 동방으로부터 전해진 그리스도의 새로운 복음에 귀를 기울이게 되었다.

디오클레티아누스 이래 正帝가 자리잡은 동로마를 피하고 게르만족이 노도와 같이 라인강을 넘어 서로마로 침입하였을 때, 이를 목숨걸고 지키려는 군대도 관리도 민중도 없었다.

제 5 절   로마文化와 그리스도敎

I. 로마文化

로마文化의 性格

로마인은 그리스인에 비한다면 현실적이고 실제적인 사람들이었다. 티베르강 기슭의 도시국가로부터 출발하여 전지중해세계를 정복하고 전례없는 거대한 제국을 건설하고, 수많은 민족을 포함하는 광대한 제국을 짜임새 있는 법과 탁월한 행정력으로 질서있게 통치하였다. 그러므로 로마인은 제1차적으로 법과 통치에 뛰어난 재능을 가진 위대한 정복자였다. 이 위대한 정복자인 로마인도 문화적으로는 그들이 정복한 그리스인에게 오히려 정복되었다. 로마는 일찍이 에트루리아의 영향을 받았으나 얼마 안가서 그리스식민지인 마그나 그래키아를 통하여 그리스의 영향을 받고, 헬레니즘세계의 정복과정을 통하여 전면적으로 이를 수용함으로써 그리스문화의 포로가 되었다. 그러나 로마인은 단순히 그리스문화를 계승하고 모방한 데 그치지 않았다. 로마는 그리스문화를 받아들이면서 거기에 그들 자신의 독특한 라틴적인 요소를 첨가하여 유럽의 古典文化를 완성시켰던 것이다.

이러한 고전문화의 완성과 더불어 로마제국은 유럽史라는 큰 흐름에서 볼 때 또 다른 중요한 사명을 수행하였으며, 그 내용은 랑케의 다음과 같은 말속에 잘 요약되어 있다.

"로마제국이 그 知的인 내용과 입장에 있어 어떠한 것이었는가를 생각할 때 다음과 같이 말할 수 있을 것이다. 즉, 모든 古代史는 말하자면 하나의 호수로 흘러들어가는 흐름이 되어 로마史로 흘러들어가고 近代史의 전체는 로마史로부터 다시 흘러나왔다."[13]

다시 말하여 로마제국은 고대 지중해세계의 문화를 종합하고 중세 이후의 새로운

---

13) L. von Ranke, *Über die Epochen der neueren Geschichte*(München, 1921), pp. 21~22.

유럽은 그 유산을 바탕으로 발전하였다는 것이다. 이 점은 그리스도교의 성장과 발전을 보아도 곧 이해할 수 있다. 그리스·로마문화와 더불어 오늘의 유럽문화의 또 하나의 원천이 된 그리스도교의 성장도 로마제국이라는 보편적인 세계국가의 성립을 전제로 하지 않고서는 생각할 수 없는 것이다. 보편적인 세계종교로서의 그리스도교는 로마제국의 품안에서 자라났으며, 로마제국이 몰락한 후에도 새로운 시대와 사회건설의 중요한 창조적 힘이 되었던 것이다.

文　學

라틴문학은 그리스문학의 영향을 받으면서 자라났으나, 거기에 담겨진 것은 로마인의 독특한 라틴정신과 도덕관, 그리고 인생관과 자연관이있다. 그리고 보편적인 세계어로서의 라틴어는 바로 이 라틴문학을 통해서 다듬어졌다.

라틴문학은 로마가 이탈리아를 통일하고 지중해세계로 진출하여 세계제국으로 팽창해 갈 무렵에 형성되었다. 퀸투스 에니우스(Quintus Ennius, 239~169 B.C.)는 호메로스를 본받아《年代紀》(*Annals*)라는 서사시 형태를 통하여 로마의 팽창을 애국적으로 노래불렀고, 플라우투스(Plautus, 254~184 B.C.)와 테렌티우스(Terentius : Terence, 195~159 B.C.)는 역시 그리스적인 희극작품을 남겼다.

공화정 말기에는 위대한 시인과 산문작가가 나타났다. 루크레티우스(Lucretius, 94~55 B.C.)는 〈事物의 本質에 관하여〉라는 장편의 시를 통하여 에피쿠루스학파의 철학사상을 토로하였다. 키케로(Cicero, 106~43 B.C.)는 현실정치에도 깊이 관여한 라틴문학 최고의 산문작가였고, 스토아학파의 사상가로서도 일가를 이루었다. 그의 연설과 서한은 후세에 라틴문장의 모범이 되었고, 〈老年에 관하여〉나〈友情論〉등에 그의 현실적인 스토아 사상이 반영되어 있다. 키케로에게는 또한《國家論》과《法律論》과 같은 정치 및 법에 관한 저술이 있으며, 이를 통하여 그는 자연법사상을 제시하고 법의 근원을 정의에 구하였다.

아우구스투스시대는 라틴문학의 황금기였다. 베르길리우스(Vergilius : Virgil, 70~19 B.C.)는 로마의 호메로스로서 로마건국을 테마로 한 서사시《에네아스》(Aeneid)가 그 대표작이다. 호라티우스(Horatius : Horace, 65~8 B.C.)는 전원생활을 비롯한 여러 주제에 관한 아름다운 시를 썼고 그런 가운데 로마인의 꿋꿋함과 단순한 생활을 찬양하였다. 당대의 풍속을 야유하고 사랑의 시를 쓴 오비디우스(Ovidius : Ovid, 43 B.C. ~ A.D. 17)는 만년에 아우구스투스 손녀의 추문에 관련되어 유배지에서 객사하였다.

아우구스투스시대가 지나면 라틴문학도 銀時代(Silver Age)를 맞이한다. 폭군 네로의 후견인이었던 스토아철학자 세네카(Seneca, 4 B.C.~A.D. 65)는 격조는 높지 못하지만 그리스비극을 모방한 9개의 비극작품을 남겼다. 세네카의 조카 루카누스(Lucanus : Lucan, 39~65)는 카이사르와 폼페이우스의 투쟁을 테마로 한 서사시 〈Pharsalia〉를 썼고, 유베날리스(Juvenalis : Juvenal, 50~130)는 풍자시를 통하여 당대 사회와 로마인의 야비함과 잔인성, 그리고 탐욕을 과장되게 묘사하고 풍자하였다. 시대의 변천을 여기서도 느낄 수가 있다.

思想과 歷史

실제적이고 현실적이었던 로마인은 심오한 독창적인 철학이나 사상체계를 남기지는 않았다. 그들은 헬레니즘시대의 대표적인 철학이요 사상이었던 스토아학파와 에피쿠루스학파의 사상을 계승하여 이를 생활화하는데 공헌했을 뿐이다. 현실적이고 쾌락주의적인 에피쿠루스학파의 사상은 로마사회의 상류층에 널리 보급되면서 멋있고 세련된 향락적인 생활태도를 낳게 하였으며, 공화정 말기의 시인 루크레티우스에게 그 대변자를 발견하였다. 스토아학파는 보다 많은 사상가를 낳게 하였으며 키케로와 세네카를 대표자로 꼽을 수가 있다. 노예였던 에피크테투스(Epictetus, ca. 60~140)의《語錄》과 황제 마르쿠스 아우렐리우스의《暝想錄》(명상록)은 실천적인 스토아 윤리를 권장한 책이다. 제정 후기에는 플로티누스(Plotinus, 204~270)가 新플라톤철학을 전개하여 사색과 물질세계의 근원으로서의 이념적인 신을 내세웠다.

철학이 그러하듯이 역사서술도 문학과 밀접한 관련을 갖고 있다. 많은 라틴작가가 로마의 건국과 발전을 애국적인 견지에서 작품화하였으며, 순수한 역사서술이 또한 라틴어의 세련에 공헌하였다. 리비우스(Livius, 59 B.C.~A.D. 17)는 일찍이 사라진 로마작가의 서술과 전설을 토대로 142권의 건국 이래의 로마史를 서술하였으며, 그 중 35권이 현존하고 있다. 타키투스(Tacitus, ca. 55~117)는 산문의 대가로서 로마가 본래의 기풍을 상실하고 점차로 퇴폐하고 있음을 개탄하고, 그 눈을 아직도 원시적인 기질을 보유하고 있는 게르만족으로 돌렸다. 그의《게르마니아》(*Germania*)는 카이사르의《갈리아戰記》와 더불어 게르만족에 관한 문학적인 가치를 지니는 훌륭한 서술이다. 이 밖에 타키투스에게는 제정 초기의 역사를 서술한《歷史》,《年代記》등의 작품이 있다. 그리스의 귀족출신으로서 기원전 168년에 포로로 로마에 끌려온 폴리비우스(Polybius, ca., 198~117 B.C.)는 그리스와 카르타고의 몰락과 지중해세계를 통일하려는 로마의 계속적인 팽창을 실제로 목격하고, 로마의 흥기를 세계사적인 관점에서 서술하였다. 역시 그리스 출신의 플루타르크(Plutarch, 46~120)는 그리스와 로마의 영웅들을 비교한《비교 영웅전》을 서술하여 후세에 많이 읽히고 영향도 주었다.

이 밖에 플리니우스(Plinius, 23~79)의 《自然史》(36권)는 천문, 지리, 미술, 동식물 등 각 분야에 걸친 百科全書的인 저작으로서 로마의 학문적 수준을 엿볼 수 있으며, 지리학분야에서는 스트라본(Strabon, 63 B.C. ~ A.D. 19)의 《地誌》와 파우사니아스(Pausanias, 2세기 중엽)의 《그리스周遊記》가 주목할 만하다.

실제적이었던 로마인은 의학분야에서 제왕절개 수술을 처음으로 실시하고, 병원을 창건하기도 하였으며, 갈레누스(Galenus, 131~201)의 의학전서는 당대의 수준을 보여 주는 업적이다.

法 律

로마법은 로마의 가장 위대한 문화적 유산의 하나다. 로마인은 일찍이 기원전 5세기의 12표법을 비롯하여 리키니우스법, 호르텐시우스법 등 일반적인 소송만이 아니라 國制에 관련된 것까지 법으로서 규제하고 확정하려고 하였다. 그러한 법들은 도시국가로서의 로마시민에 관련된, 말하자면 시민법(jus civile : civil law)이었다. 그러나 로마가 점차로 세계적인 제국으로 성장함에 따라 시민법만으로는 불충분하게 되었다. 세계국가를 질서있게 통치하려면 시민법을 넘어 여러 민족에게 통용되는 보다 넓은 법이 필요하게 되고, 그리하여 이른바 萬民法(jus gentium : law of peoples)이 발전하게 되었다.

가장 중요한 관직의 하나인 법무관(praetor)은 임기가 1년이기 때문에 매년 취임과 더불어 그가 의거할 법을 선임자의 것과 관습에 따라 명시하고, 새로운 사건이나 사례의 경우에는 일반법관이나 배심원, 또는 벌률전문가가 의거할 새로운 법을 첨가하였다. 원로원과 민회의 결정, 황제의 칙령, 그리고 법무관의 훈령과 일반법관의 판례 등등이 로마의 발전과 더불어 로마법의 내용을 풍부하게 만들고, 시민법으로부터 만민법으로의 발전을 가능하게 하였다.

이러한 로마법의 발전을 통하여 로마의 법관이나 법률가들은 집요하리만큼 형평의 원리에 충실하려고 애썼다. 그리하여 그들은 현실적인 법을 초월한, 현실의 법을 가능하게 하는 보편적인 법의 기본원리를 상정하게 되었다. 모든 사람에게 보편적으로 적용되어야 할, 그럼으로써 현실의 모든 법의 토대가 되는 정의와 형평의 원리에 입각한 자연법(jus naturale : natural law)사상이 이로부터 나오게 된 것이다. 이 자연법사상은 로마인의 가장 큰 공적이었으며, 그 사상적 기원은 스토아학파에 있으나, 실제로 이를 구체화한 것은 키케로였고, 이를 계승하여 자연법, 만민법, 시민법의 개념을 정립한 것은 포악하기로 유명했던 카라칼라제 시대의 법학자 울피아누스(Ulpianus ca., 170~228)였다. 이러한 방대한 로마법은 후에 동로마의 유스티니아누스제(Justinianus, 527~565)에 의하여 집대성되어 《로마法大全(또는法學大全)》(Corpus juris civilis)이 편찬되었고, 후세의 법체계에 매우 큰 영향을 미쳤다.

美術과 建築

미술분야에서도 로마인의 실제적이고 현실적인 성격을 엿볼 수 있다. 조각이나 회화와 같은 순수미술분야에서 로마인은 그리스와 헬레니즘의 전통을 계승한 데 불과하고 독자적인 美의 세계를 창조하지는 않았다. 황제의 흉상이나 화산의 폭발로 매몰되었던 폼페이의 별장이나 저택의 벽화 등은 그리스적인 수법에 사실주의적인 성격이 나타나 있고, 공공건물이나 개인건물의 모자이크로 된 마루가 새롭다면 새로운 것이다.

건축에 있어서는 대체로 코린트식의 열주와 에트루리아의 원형 아치(arch)를 도입하고, 독자적인 것으로는 돔(dome)형의 지붕을 들 수 있다. 아우구스투스의 신적인 조상을 위하여 세워진 로마의 판테온(Pantheon)은 돔형건축의 대표적인 것이다. 이러한 신전 외에 로마인은 거대한 원형극장, 목욕장, 개선문 그리고 재판소와 상거래를 겸한 공공건물인 바실리카(basilica) 등 다양한 건물을 지었다. 원형극장의 대표적인 것은 로마의 콜로세움(colosseum)으로서 약 50,000명의 관중을 수용하였고, 대표적인 목욕장은 역시 로마의 카라칼라제 시대의 것으로서 수천 명이 목욕할 수 있었다(지금도 그 폐허에서는 베르디의 '아이다'와 같은 오페라가 공연된다). 바실리카는 장방형의 평면구조 한 쪽 끝이 반원형의 재판석으로 되어있는 단순한 것으로서, 초기 교회건축은 이 양식을 모방하였다. 이러한 건축 중에는 황제나 대귀족의 별장 등 아름다운 것도 있으나, 특징적인 것은 그 거대함이다. 로마인의 재능은 이 밖에 특히 군사도로, 교량 그리고 水道(aqueducts)건조에 잘 나타나 있다. 로마인은 콘크리트공법을 발명하여 도로와 교량을 매우 튼튼하게 건조하였으며, 그 중의 약간은 지금도 그대로 사용되고 있다. 로마인은 위생관념이 강하여 깨끗한 물을 도시의 음료수 내지 목욕물로 쓰는데 많은 힘을 기울여 거대한 수도를 건조하였으며, 지금도 그 유적은 보는 사람을 놀라게 한다.

Ⅱ. 그리스도敎의 成長

로마의 宗敎

로마인도 그리스인과 같이 자연종교적인 전통을 갖고 자연의 힘을 신격화한 다신교적인 민족이었다. 그렇기 때문에 후에 그리스의 올림포스의 신들을 이름만 라틴화하여 자연스럽게 받아들였다. 제정의 성립과 더불어 역대의 황제를 그가 죽은 후 신으로 받드는 이른바 황제예배가 일종의 국가적인 종교의 형태를 취하여도 로마인에게는 그렇게 이상스러울 것이 없었다.

제정 후기에 접어들면서 정치와 사회가 혼란해지자 운명의 여신을 예배하는 풍조가 널리 퍼지고, 동방의 점성술 또한 기약할 수 없는 미래를 점치는 방법으로 유행하였다. 이와 동시에 종전의 자연신이나 황제에 대한 예배에만 만족할 수 없게 된 로마인은 그리스의 신비로운 디오니소스(로마名으로 박카스 Bacchus) 제전에 큰 매력을 느끼고, 오리엔트의 秘儀宗敎(mystery religion)가 로마에서 크게 유행하게 되었다. 소아시아의 地母神인 키벨레(Cybele), 이집트의 이시스(Isis) 여신의 예배가 그 대표적인 것이다. 이 두 여신이 특히 여성들 사이에서 인기가 높았다면, 소아시아를 거쳐 페르시아로부터 전해진 광명(따라서 태양)의 신인 미트라(Mithra)의 예배는 남성 특히 군대 내에서 인기가 대단하였다.

이러한 민중들의 종교적인 경향이나 교양계급의 新플라톤철학에 대한 호기심은 다 같이 제정 후기 로마인의 정신적 공허감과 참된 종교에 대한 갈증을 말해주는 것이며, 그리스도교가 자라날 수 있었던 기반의 하나이기도 하다.

그리스도敎의 탄생

그리스도敎(Christianity)는 이스라엘의 민족종교인 유대교(Judaism)를 母胎로 삼고 탄생하여 유대교의 율법존중으로부터 사랑의 종교로, 이스라엘 민족의 구제라는 좁은 민족종교로부터 전인류의 구제를 지향하는 세계종교로 발전하였다. 이러한 발전의 계기로서는 예수 그리스도(Jesus Christ)의 출현, 로마라는 세계국가의 형성, 바울(St. Paul)과 베드로(St. Peter)와 같은 전도가, 그리스철학의 흡수 등 많은 요인이 작용하였다.

기원전 538년 거의 50년간에 걸친 '바빌론幽囚'로부터 해방되어 고국으로 돌아간 이스라엘인들은 그 후에도 국력이 부진하여 페르시아에 이어 알렉산더대왕, 이집트, 시리아 등 강대국의 압박에 시달리게 되었다.

이러한 정치적 압박 가운데 그들은 모세의 율법을 중심으로 한 엄격한 민족신앙을 더욱 굳게 하고, 이스라엘민족은 신으로부터 선택된 민족이며, 구세주의 출현과 더불어 현재의 고난을 벗어나 영광된 자리에 오르리라는 그들의 選民思想과 메시아(Messiah, 救世主)사상은 더욱 더 강화되었다. 1947년 이래 우연한 기회에 발견된 이른바 《死海文書》(*the Dead Sea Scrolls*)는 기원전 2세기로부터 1세기 전반기에 걸친 유대교의 일파인 금욕적인 에세네파(the Essenes)에 관한 것이지만, 그리스도교 탄생 직전의 유대교의 생생한 모습의 일면을 보여주고 있다.

기원전 142년에 모처럼 시리아로부터 독립한 이스라엘은 얼마 안가서 로마에게 다시 정복되었다(63 B.C.). 로마는 팔레스타인을 속주로 만들지 않고, 헤로데왕 (Herod the Great, 37~4 B.C.)에게 통치를 맡겼다. 바로 이 헤로데왕 치세에 세 례자 요한이 나타나 메시아의 출현이 가까움을 예언하면서 요르단강에서 세례를 실시하고 있었다. 이 무렵 나사렛(Nazareth)에 사는 가난한 목수 요셉과 마리아 사이에 예수가 탄생하였다(4 B.C.). 그는 요한의 세례를 받고 들에서 도를 닦은 후 새로운 복음을 전도하기 시작하였다. 그의 설교는 전통적인 유대교의 테두리를 벗 어나는 것이었기 때문에 당시 유대교 내에서 두 파로 갈라져 있던 보수적인 사두 케인(the Sadducees)이나 이보다는 진보적이었던 파리세인(the Parisees)으로 부터 다같이 미움과 반발을 사게 되었다. 그리하여 그는 전도 1년만에 십자가에 못 박혀 처형되었다(A.D. 29 경).

그리스도教의 成長과 迫害

십자가에 못박혔던 예수가 3일 후에 무덤에서 부활하였다는 믿음이 그의 제자 사이에서 생겨나고, 이에 큰 힘을 얻은 12사도를 비롯한 그의 신자들은 예수를 옛 부터 약속된 구세주, 즉 그리스도라고 믿게 되어, 主예수 그리스도를 예배하는 교 단이 생겨나게 되었다. 그러나 그것은 아직 이스라엘민족의 범위를 벗어난 것이 아니었고, 유대인 신자들은 구약성경의 율법을 지킬 것을 주장하였다. 그러므로 그리스도교가 세계종교로서 발전하기 위하여서는 유대교의 테두리를 벗어날 필요 가 있었고, 이 과업을 수행한 것이 바로 바울이었다. 바울은 소아시아 출신의 넓은 그리스적 교양을 쌓은 유대인이었다. 어느 날 그리스도의 목소리를 듣고 유대교로 부터 개종한 바울은 모든 어려움과 박해를 무릅쓰고 직접 소아시아, 마케도니아, 그리스 등을 돌아다니며 전도에 힘쓰는 한편, 서한을 통하여 신자들을 고무하고 새로운 복음을 유대교나 유대인의 좁은 범위를 넘어 널리 퍼뜨렸다.

이러한 공적으로 바울도 使徒(Apostle)의 서열에 들게 되고, 61년경에는 로마에 이르렀다. 이 무렵 동방에서의 전도를 마친 베드로 역시 로마에 이르러 저 유명한 네로의 박해의 희생자가 되었다(本書 p.120 참조). 이리하여 그리스도교는 로마제국 안에 포교의 발판을 굳히고 교세를 확장시켜 나가게 되었다.

로마는 처음 그리스도교에 대하여 무관심하였으나 그 교세가 확대됨에 따라 교 인들이 황제예배를 거부하고, 병역거부의 태도를 보이므로 박해를 하기 시작하였 다. 초기의 가장 큰 박해는 물론 네로였으나, 이는 어떤 의미에서는 로마의 대화재 에 대한 속죄양으로서였다. 박해가 가중된 것은 교세가 크게 확장되어간 2세기 이 후의 일이었으며, 3세기 중엽 데키우스제(Decius, 249~251)는 체계적으로 그리스 도교를 파괴하려고 하였다. 그러나 최대의 박해는 디오클레티아누스제 때의 일이

며, 그는 칙령을 발하여(303) 교인의 집회를 금지하고, 교회와 집회소의 파괴, 성
경과 祭器의 인도 및 소각을 명하고, 신자로부터 모든 관직을 박탈하였으며, 자유
민의 경우 법의 보호를 박탈하였다.

또 다시 새로운 순교자의 피가 무수히 흘렀으나, 이러한 순교자의 피는 오히려
그리스도교 성장의 밑거름이 될 뿐이었다. 313년 콘스탄티누스제는 그리스도교를
공인하고, '배교자' 유리아누스 때의 異教復活의 노력도 수포로 돌아가고, 테오도
시우스치세에 이르러 그리스도교는 로마의 국교가 되었다.

教會組織과 異端說

심한 박해에도 불구하고 교세가 계속 신장한 것은 신자들의 굳은 신앙심에 힘입
은 바 크지만, 또한 교회조직의 힘도 적지 않았다. 교회는 처음에는 단순하고 작은
신자들의 모임에 지나지 않았고, 長老(presbyter)들에 의하여 운영되고 관장되었
다. 이러한 신자들의 공동체가 점차 커짐에 따라 교회의 관리자는 도시와 주변의
농촌에 대한 행정적인 관리기능을 행사하게 되고, 이렇게 그 기능이 확대됨에 따
라 그들은 主教(bishop)라고 불리워지게 되었다. 교세의 확장에 따라 로마제국 내
의 모든 주요 도시들은 주교를 가지게 되고, 교회조직은 거의 완전히 로마제국의
행정조직에 따라 조직되어 나갔다.

도시(civitas)와 그 주변 농촌의 교회를 관장하는 주교가 교회조직의 핵심적인
존재이고 그들의 권위는 사도계승(apostolic succession)에 유래하는 것이었다.
그보다 상위에 각 속주(province)의 수도에 대주교(archbishop)가 있고, 다시 그
보다 상위, 즉 정상에 首座大主教(patriarch)가 있게 되었다. 이 수좌대주교는 처
음에는 로마, 안티오크, 알렉산드리아에 도합 3명이 있었으나, 콘스탄티노플이 건
설된 후에는 4명, 그리고 451년에 예루살렘에도 설치되어 5명이 되었다.

이러한 수좌대주교 중에서 로마의 수좌대주교가 점차로 우위에 서게 되었다. 그
이유는 첫째로 로마교회가 사도 베드로에 의하여 건설되었다는 사실(Petrine
theory)과, 둘째로 로마가 가장 오래된 옛 수도라는 사실 때문이다. 콘스탄티노플
이 건설된 후에는 이와 우열 다툼이 계속되었으나, 동방에는 3명(후에 4명)의 수좌
대주교가 있는 반면, 서방에는 오직 로마뿐이었고, 로마의 우위는 점차로 확립되
고, 서방에서의 황제권의 약화와 더불어 교권의 권위는 상승하였다. 그리하여 로
마의 수좌대주교는 교황(pope : '아버지'를 뜻하는 그리스語의 papa에서 유래)으로 불
리워지게 되고, 西方教會의 실질적인 교회관리자가 되었다.

이렇게 교회조직은 교세의 확장과 시대적인 요청과 필요에 따라 역사적으로 성
장하였으며, 로마제국의 행정조직을 본받음으로써 그 이점을 충분히 이용할 수가

있었다. 그리고 교리를 비롯한 성장기의 여러 어려운 문제는 주교와 대주교의 회의에서 이를 처리해 나갔다. 신약성경과 구약도 이러한 과정과 절차를 통하여 확정되었으며, 동방교회에서는 그리스어 원본이 그대로 사용되었으나, 서방에서는 4세기에 聖히에로니무스(St. Hieronimus, Jerome, ca. 345~420)의 주관 하에 번역된 라틴어판(발가타, the Vulgate)이 사용되었다.[14]

교회는 초창기로부터 각종의 이단적인 敎說과 싸워야만 했다. 2세기에 나타난 그노시스파(Gnosticism-'지식'을 뜻하는 그리스어의 gnosis에서 유래)가 최초의 가장 유력한 이단설이었다. 그들은 선한 영적인 세계와 악한 물질세계를 엄격히 구분하고 오직 靈知(gnosis)에 의해서만 신에 도달할 수 있으며, 그리스도의 인간적인 생활이나 십자가의 속죄 등의 의미를 부정하였다. 이보다 더 중요한 의미를 가진 이단설은 4세기 초에 나타난 아리우스파(Arianism)였다. 알렉산드리아의 그리스인 사제인 아리우스(Arius)는 4세기 초에 아버지인 신(God the Father)과 아들인 신(God the Son) 그리스도가 '同一本質'(homoousios)일 수 없고 오직 '類似本質'(homoiausios)일 수밖에 없다고 주장하여 그리스도의 神性을 격하시켰다. 이에 대하여 알렉산드리아의 젊은 주교 아타나시우스(Athanasius, 295?~373)는 강렬한 반박을 가하고, 그리스도는 인간인 동시에 완전한 신이며, 아버지인 신과 아들인 신, 그리스도와 성령인 신(God the Holy Ghost)은 삼위일체라고 주장하였다. 그리스도의 신성을 둘러싼 논쟁은 당시의 그리스도교 세계를 들끓게 하였으며, 콘스탄티누스제는 325년 소아시아의 니케아(Nicaea)에 公議會(가톨릭에서 말하는 종교회의)를 소집하여 스스로 사회를 보면서 아타나시우스의 삼위일체설(doctrine of the Holy Trinity)을 채택하였다. 그러나 아리우스의 주장은 그 후에도 사그러지지 않고, 오히려 아타나시우스가 역대 황제로부터 여러 번 추방되었다. 그러나 381년에 테오도시우스제가 소집한 콘스탄티노플 공의회에서 니케아信條에 따라 삼위일체설이 정통임을 확인하고 아리우스파를 이단으로 규정함으로써 이 논쟁은 막을 내리게 되었다. 이리하여 제국으로부터 추방된 아리우스파는 이후 게르만족에게 퍼지게 되었다.

로마교회에 대한 가장 큰 위협이었던 아리우스파가 제거된 후에도 그리스도의 神性과 人間性에 관한 논쟁은 사라지지 않았다. 즉, 알렉산드리아의 신학자(單性論

---

14) 신약성경의 저술연대는 대략 아래와 같다.
　　바울의 서한 A.D. 55경, 마르코복음 A.D. 65경, 마태 및 루카복음 A.D. 80~85경, 요한복음 A.D. 100경. 이러한 텍스트들은 2세기 말로부터 3세기 초에 걸쳐 알렉산드리아에서 다시 손질이 가해졌다.
　　한편 헤브라이어로부터 번역된 가장 빠른 그리스어 구약성경은 이른바 70人譯(Septuagint-정확하게는 72人)으로서 기원전 3세기 알렉산드리아에서 편찬되었다.

者, Monophysites)들은 그리스도의 신성을 강조하고, 이와 대립적인 안티오크의
주교 네스토리우스(Nestorius)와 그 추종자들은(Nestorians) 그리스도의 인간성
을 강조하였다. 이러한 이단설은 에페수스(Ephesus : 431)와 칼케돈(Chalcedon :
451)의 공의회에서 부정되고, 그리스도의 신성과 인간성은 별개이면서 하나임이
확인되었다.

敎 父

그리스도교의 전파에 따라 이교도로부터의 공격은 물론이요, 교회내부에서도
여러 이단설이 나타나게 되었다. 밖으로부터의 공격에 대하여 교회를 지키고, 안
으로부터의 이단설을 물리치면서 정통적인 신앙과 교리를 다듬고 확립시켜나가는
일은 그리 쉬운 것이 아니었다. 오늘날 제 3 자의 입장에서 볼 때 대단하지 않게 보
이는 신학논쟁도 사실은 교회의 사활이 걸린 중대사였다. 만일 그노시스파가 승리
하여 그리스도의 십자가나 부활의 깊은 종교적 의미가 상실되었다면 그리스도교
는 과연 어떻게 되었을가를 생각해 보라. 초기에 있어 교회를 옹호하고 교리를 다
듬는데 노력한 사람들을 護敎論者(Apologists)라고 부르거니와 4세기 말에 교회
는 이교도나 이단설로부터 교회를 지키고 정통적인 신앙과 교리의 확립에 공이 큰
사람들을 敎父(Father of the Church)라고 부르게 되었다. 그들은 정통적인 교
리를 다듬고 확립하는 데 있어 그리스철학, 특히 플라톤철학과 스토아철학을 많이
원용하였으며, 그들의 신학적인 철학을 교부철학이라고 한다.

2세기 말부터 3세기 초에 알렉산드리아에 살았던 그리스 출신의 오리게네스
(Origenes)는 초기의 호교론자 중에서도 뛰어난 존재였다. 그는 그리스철학과 그
리스도교를 융합시키려고 노력한 최초의 창조적인 신학자였으며 성경의 비유적인
해석을 강조하였다. 4세기 후반에는 중세교회에 큰 영향을 미친 위대한 교부들이
나타났다.

聖히에로니무스는 回心 전에 라틴문학을 애호하였고, 그리하여 교회가 중세에
가서도 받아들이는 데 난색을 보인 이교문학을 정화하여 그리스도교 신앙에 봉사
토록 할 것을 주장하였다. 그에 의하면 성경의 라틴어번역이 완성된 것도 이와 무
관하지 않다. 聖암브로시우스(St. Ambrosius : Ambrose, ca. 340~397)는 고위관
직자로 있다가 밀라노의 주교가 되었다. 그리하여 그는 법에 밝았고 금욕적인 도
덕의 준수를 강조한 성직자론을 펴고, 그의 빈민구제론은 중세의 빈민구제법의 토
대가 되었다. 그는 황제권과 교권의 분리를 주장하면서 교권의 우위를 암시하였을
뿐 아니라, 실제로 테오도시우스제가 로마 수비대장의 살해에 대한 보복으로 시민
을 대량으로 학살한 것을 힐난하여 마침내 굴복시키기도 하였다.

로마 말기의 가장 위대한 교부는 聖아우구스티누스(St. Augustinus : Augu-
stine, 354~430)이다. 그는 북아프리카 출신으로서 그의 유명한 《참회록》(*Con-
fessions*)에 의하면 젊어서 진리탐구와 세속적 향락의 두 갈래 길에서 방황하다가
回心하여 밀라노에서 聖암브로시우스로부터 세례를 받고 후에 북아프리카의 히포
(Hippo)의 주교가 되었다. 주교재임 30여년간을 아우구스티누스는 이교와 이단의
사설과 싸우고 교회를 지키기 위하여 그의 학식과 덕망, 그리고 실천력을 경주하
였다. 그 자신이 젊어서 한때 발을 들여놓았던 마니교(Manicheanism)의 선(광
명)과 악(암흑)을 내세우는 2元論을 반박하고, 브리타니아 출신의 펠라기우스
(Pelagius, ca. 360~ca. 420)가 인간의 자유의지를 극단적으로 강조하고 구제에
신의 은총은 필요없다고 주장한 데 반대하였다. 디오크레티아누스제의 대 박해 때
일부 성직자 중에는 순교를 택하지 않고 節을 굽힌 사람도 있었다. 이와 관련하여
북아프리카에서 신앙을 버린 성직자가 집전한 聖事(sacraments)는 무효라고 주
장하는 도나투스파(Donatists : 중심인물은 카르타고 주교 Donatus)가 생겼다. 그들
은 콘스탄티누스제 때 이단으로 규정되어 탄압을 받았으나 아직 명맥을 유지하고
있었고, 아우구스티누스는 그들과도 싸워야 했다. 아우구스티누스의 말년은 게르
만족의 침입으로 제국 전체가 어수선해지기 시작한 때였다. 410년 로마가 고트족
에 의하여 철저하게 약탈을 당하는 충격적인 사건이 발생하고, 이교도들은 이를
기화로 일제히 그리스도교를 공격하기 시작하였다. 로마의 약탈이라는 불상사는
로마가 전통적인 고유의 신을 버리고 낯선 그리스도교를 받아들였기 때문이라는
것이다. 이에 대하여 아우구스티누스는 《神國論》(*The City of God : De civitate
Dei*)을 저술하여 그 전반부에서 그러한 비난이 근거없음을 구체적으로 논파하고,
후반부에서 그리스도교의 입장을 천명하여 그리스도교적 역사관을 제시하였다.

아우구스티누스에 의하면 인류의 역사는 신의 섭리가 이루어지는 과정이며, 인
간의 시조인 아담이 신의 명을 거역하고 낙원으로부터 추방됨으로써 시작된다. 인
간의 죄많은 역사는 그리스도의 출현으로 구제의 계기가 마련되었으나, 신을 받아
들인 '神의 나라'(civitas Dei)와 신을 거부한 '地上의 나라'(civitas terrena)의
투쟁은 계속된다. 그러나 '최후의 심판'의 날이 오고 '神의 나라'의 승리로 인류역
사는 막을 내리게 되는 것이다. 그리스·로마의 고대사관은 역사는 되풀이된다는
순환사관이 일반적이었으며 고대의 역사가들은 그렇게 되풀이되는 역사에 의미를
발견하지 못하고 있었다. 아우구스티누스는 이러한 순환사관을 깨뜨리고, 인류역
사는 시초와 끝이 있으며, 原罪에 의한 타락과 구제가 마련되는 '神의 나라'와 '地
上의 나라'의 투쟁과정이라는 매우 극적이고 동적인 역사관을 제시하였으며, 인류
역사의 궁극적인 의미는 신의 섭리에 있음을 밝혔다. 아우구스티누스의 이러한 역

사관과 그의 신학적 견해는 중세교회와 신학의 굳건한 토대가 되었다.

아우구스티누스는 히포를 향하여 달려오는 반달족(Vandals)의 아우성을 들으면서 숨을 거두었다. 지상의 나라 로마는 도처에서 무너져 가고 있었다. 그러나 신의 나라를 상징하는 그리스도교교회는 견고한 조직과 굳은 신앙심을 갖고 오히려 새로운 시대를 맞이하고 있었다.

제 **3** 편

中世유럽世界의 成立과 封建社會

제 5 장

유럽世界의 成立[1]

　　게르만족의 이동과 서로마제국의 몰락으로 유럽의 역사는 새로운
국면을 맞이하게 된다. 역사무대가 지중해로부터 유럽대륙으로 변하
고, 게르만족이라는 새로운 역사의 주인공이 등장하게 되는 것이다.
그리하여 그리스·로마문명과 그리스도교, 그리고 게르만적 요소가
새로운 역사적 환경 속에서 서로 융합하면서 새로운 시대와 새로운
사회를 이룩해 나가게 되었다. 우리가 중세라고 부르고 봉건사회라고
부르는 것이 바로 그것이다.

　　로마에 의하여 하나의 문명세계로 통합되었던 광대한 지역은 로마
제국의 몰락 후 크게 3대문화권으로 나누어지게 되었다. 그 하나는 유
럽세계요, 다른 하나는 서로마제국의 멸망 후에도 1000년간 생명을
유지한 동로마제국, 즉 비잔틴제국이요, 또 하나는 7세기에 아라비아
반도에서 일어나 급속도로 팽창을 거듭한 이슬람세계다.

　　11세기까지의 상황을 볼 때 유럽세계는 비잔틴세계나 이슬람세계
에 비하여 문화적으로 훨씬 뒤떨어져 있었고, 특히 민족이동기나 그
직후의 혼란과 무질서상태는 이를 '암흑시대'(Dark Age)라고 불러
마땅할 것 같다. 그러나 이 암흑시대는 과거의 찬란했던 로마문명의
소멸 내지 파괴라는 부정적인 면만 갖는 것은 아니었다. 오늘날의 유
럽세계가 수많은 국민국가로 분열되어 있으면서도 그 밑바닥에 깔려
있는 정신적·문화적 공동체의식과 유대는 바로 이 암흑시대에 형성
된 것이다. 말하자면 정신적·문화적 공동체로서의 오늘의 유럽세계
는 바로 이 시기에 탄생하였으며, 그 주체는 프랑크왕국과 중세교회
였다.

---

1) 中世封建社會 전반에 걸쳐 Brian Tierney and Sidney Painter, *Western Europe in the
Middle Ages,* 300−1475 (3rd ed., 1978)의 신세를 많이 졌다. 따라서 특별한 경우가 아
니면 일일이 각주를 붙이지 않았다.

제 1 절   民族移動과 프랑크王國

게르만族

게르만족의 원주지는 현재 확실한 것을 알 수 없으나, 그들은 발트해 연안과 스칸디나비아반도에 거주하면서 일찍부터 남하하여 로마의 국경선인 라인강 以東, 다뉴브강 북쪽지대에 자리를 잡았다. 타키투스에 의하면 로마 제정기의 게르만족은 부족사회를 형성한 단계에 있었고, 촌락에 거주하면서 농경·목축·사냥에 종사하고 약간의 금속기 제작기술도 알고 있었으나, 문자는 가지고 있지 않았다. 어느 정도 사회계층이 분화되어 소수의 귀족과 자유민, 그리고 해방민(freed men)과 노예의 구분이 있었다.

게르만족의 정치제도는 매우 엉성하였다. 아직 국가라고 할만한 조직적인 통치기관은 없었고 수장(chieftain)이나 족장도 戰士인 자유민의 민회에서 선출되었다. 수장이나 족장의 모임에서 논의된 중요사항을 민회는 승인 내지 거부하였고, 재판도 자유민의 모임에서 행하여졌다. 4세기의 문헌에 보이는 프랑크족(Franks)이니 색슨족(Saxons)이니 하는 말은 조직적인 부족국가를 지칭하는 것이 아니라 언어와 풍습에 있어 유사한 부족집단을 가리켰다.

통제를 극도로 싫어하고 방종에 가까울 정도로 자유를 즐기는 게르만의 자유민들에게 있어 가장 강한 人的 유대관계를 나타내고 있는 것이 從士制(comitatus)이다. 수장들은 저마다 무기와 식량 등을 공급받고 그 대신 싸움터에서 충성을 다하여 싸울 從士團을 거느리고 있었다. 이 제도는 후에 봉건제도 하의 主從制度의 중요한 기원의 하나가 되었다.

게르만족은 고유한 원시적인 종교를 가지고 있었으나 이동 직전에는 많은 부족이 로마제국에서 이단으로 규정된 아리우스파 그리스도교를 받아 들이고 있었다.

民族移動

로마의 변경지대로 이주한 게르만족은 3세기경부터 로마문화의 영향을 받고 로마화하기 시작하였다. 그 중에는 개인적으로, 후에는 집단적으로 로마군에 들어와서 군무에 종사하는 일도 있었고 4세기에는 부족단위로 로마군에 편입되어 '同盟者'(foederati)의 자격으로 로마군의 지휘 아래 국방을 담당하는 경우도 있었으며, 5세기에는 게르만 출신의 로마군 사령관도 나타났다.

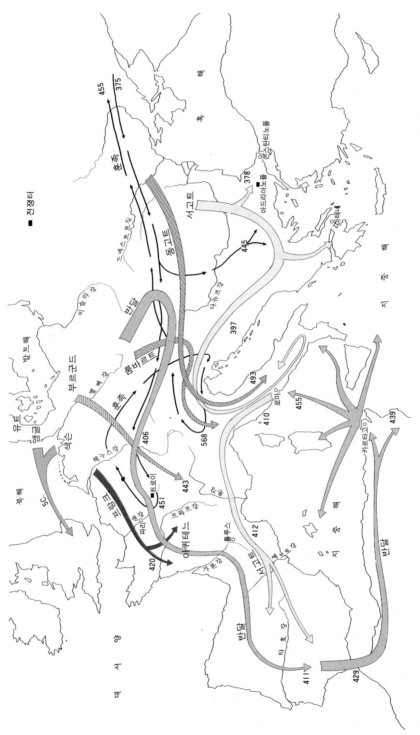

[지도 5] 民族移動의 경로

그러나 이러한 사례는 어디까지나 평화로운 부분적인 것에 지나지 않았다. 일반적으로 민족이동(Barbarian Invasions : Völkerwanderung)으로 알려진 게르만족의 로마領內로의 대대적인 이동은 4세기 후반(375) 중앙아시아의 사나운 유목민족인 훈족(Huns : 匈奴)이 루마니아와 우크라이나 지방에 있던 고트족(Goths)을 압박한 데 기인한다.

훈족에게 밀린 서고트족(Visigoths)은 다뉴브강을 건너 불가리아로 이동하고, 아드리아노플(Adrianople)에서 동로마군을 격파하여(378) 콘스탄티노플에 접근하였으나, 방비가 견고한 것을 보고 진로를 바꾸어 발칸반도로 들어갔다. 알라릭(Alaric) 지휘 하에 아테네를 비롯한 그리스 도시들을 약탈하고, 다시 북상하여 이탈리아로 들어가 로마를 약탈하였다(410). 그들은 다시 알프스를 넘어 갈리아를 거쳐 에스파냐에 자리잡고 왕국을 건설하였다. 6세기 후반에 가톨릭으로 개종한 후로는 원주민인 로마시민과의 융합이 진행되었으나 8세기 초에 이슬람의 공격을 받고 서고트왕국은 멸망하였다.

지금의 독일에 자리잡고 있던 반달족(Vandals)은 서고트족과 거의 같은 시기에 이동을 시작하여, 갈리아를 거쳐 남부 에스파냐에 자리잡았다(5세기 초). 그들은 수도 로마에 반항하던 북아프리카의 로마 총독의 지원 요청을 받고 아프리카로 건너가서(429) 이를 점령하고, 東進하여 카르타고(지금의 튀니스)를 수도로 정하였다. 그들은 함대를 건설하여 시칠리아와 이탈리아 해안을 수시로 습격하고, 455년에는 로마까지 약탈하였다. 이 때의 격심한 만행과 재산파괴는 '반달리즘'(Vandalism, 격심한 야만적인 파괴행위)이라는 말까지 남길 정도였다. 그들 역시 아리우스파에 속했고 가톨릭교도를 박해하였으나 동로마의 유스티니아누스제에 의하여 멸망하였다(533).

이와 같이 게르만족의 대거이동으로 대륙의 정세가 급박해지자 브리타니아에 주둔하던 로마군단이 철수하게 되고, 그 뒤를 이어 5세기 초에 앵글족(Angles)과 색슨족이 북부독일과 덴마크로부터 북해를 건너 이동하여 7개의 앵글로-색슨(Anglo-Saxon)왕국을 건설하였다.

스코틀랜드(Scotland), 웨일즈(Wales) 및 아일랜드(Ireland)는 계속 켈트족의 지역으로 남게 되었으나, 아일랜드는 聖패트릭(St. Patrick, 390~461경)의 전도로 가톨릭으로 개종하고 그 곳 수도원 출신자들은 역으로 대륙에 대한 전도사업을 전개하였다.

고트족을 압박하여 민족이동을 야기시킨 훈족은 5세기 초에 유럽에 나타나 루마니아, 헝가리, 유고슬라비아의 일부, 폴란드 및 체코를 정복하고 다시 라인강을 건너 갈리아로 침입하였다. 그들은 샬롱(Châlon)에서 패하여(451) 후퇴하고, 다음 해 그들의 지도자 아틸라(Attila)가 죽은 후 훈족의 제국은 무너졌다. 그들의 대부분은 아시아로 철수하였으나, 그 뒤에는 그들과 유사한 아시아민족인 아바르족(Avars), 불가리아족(Bulgars), 그리고 마자르족(Magyars) 등이 중앙유럽에 자리잡았다.

東고트族과 이탈리아

훈족의 제국이 무너지자 그들로부터 해방된 동고트족(Ostrogoths)은 이탈리아로 이동하여 나라를 세웠다. 국왕 테오도릭(Theodoric)은 콘스탄티노플에서 교육을 받은 탓으로 그리스문화와 로마의 제도를 존중하였다. 그는 동로마황제의 총독 비슷한 지위를 누리면서 라벤나(Ravenna)를 수도로 30여년간(489~526) 군사면만 장악하고 행정을 종래의 로마관리들에게 맡김으로써 이탈리아에 질서와 안정을 초래하였다.

이러한 평화로운 상황 속에서 사라져가는 로마문화의 마지막 등불이 희미하게나마 켜졌으니, 보에티우스(Boethius, 480~524)와 같은 철학자의 출현이 그 예이다. 그는 플라톤과 아리스토텔레스의 저작을 라틴어로 번역할 계획을 갖고 있었으나 아리스토텔레스의 논리학에 관한 논문을 약간 번역한 데 그쳤다. 그는 말년에 스토아적인 입장에서 《哲學의 慰安》(Consolation of Philosophy)을 집필하고, 외부적인 불운을 두려워하거나 이에 절망하지 말고 자신의 내부에 스스로의 행복을 찾을 것을 권고하였다.

테오도릭의 사후, 동로마의 유스티니아누스제는 옛 로마領의 회복사업에 착수하여 북아프리카의 반달왕국을 멸망시킨 후 동로마군은 시칠리아를 점령하고 이탈리아에 상륙하였다. 이후 약 20년간(535~554) 야만적이고 파괴적인 전투가 계속되어 동고트족은 사라지고 이탈리아반도는 황폐하였다. 유스티니아누스는 이탈리아에서의 황제권 회복을 선언하였으나(554), 그가 죽은 후 3년만에 아리우스파에 속하는 롬바르드족(Lombards)이 북부이탈리아에 침입하여 파비아(Pavia)를 수도로 삼고 왕국을 건설하였으며, 그 일부는 보다 더 남쪽에 두 公國을 세웠다. 이에 대하여 동로마는 라벤나에 총독(exarch)을 두고 시칠리아와 남부이탈리아를 보유하였으나, 동쪽으로부터의 위협 때문에 이탈리아에 큰 관심을 갖거나 지원할 겨를이 없었다.

이러한 상황 속에서 교회의 중요성은 증대하고, 가톨릭교도의 보호자로서의 교황의 지위도 크게 향사되었다. 더구나 이 혼란기에 레오 1세(Leo Ⅰ, 440~461)와 그레고리 1세(Gregory Ⅰ, 590~604)와 같은 유능한 교황의 출현은 교황권강화에 큰 힘이 되었다. 레오 1세는 서방의 모든 가톨릭교회에 대한 首位權(primatum)을 선언하고, 훈족이 로마에 접근하였을 때는 아틸라를 설득하여 로마의 약탈을 방지하였다. 부유한 로마귀족출신으로서 교황이 된 그레고리 1세는 로마를 요새화하고, 시민을 위한 식량확보에 노력하는 한편, 교회의 재산과 토지관리에 힘쓰고, 라벤나의 총독과 롬바르드족과의 교섭을 행하는 등 위대한 행정능력을 발휘하였다. 이러한 예는 비단 교황에 국한된 것이 아니었다. 로마의 행정기능이 마비된 민족이동기에 있어 교회와 주교들은 로마의 행정관리를 대신하여 게르만족과의 교섭을 통한 시민들의 보호와 게르만족의 교화에 힘쓰고, 그들에게 로마문화를 전달한다는 매우 중요한 역할을 수행하였다.

프랑크王國

갈리아지방 남부 론강(Rhone) 계곡에는 5세기 중엽에 부르군드족(Burgundians)이 이동하였으나 갈리아의 실질적인 지배자가 된 것은 프랑크족이었다. 프랑크족은 원주지인 라인 하류지역으로부터 팽창하는 형태로 서쪽과 남쪽으로 진출하여 갈리아의 중심부를 차지하여 주변지역으로 그 세력을 확대시켰다. 프랑크왕국의 건설자요 메로빙거왕조(Merovingians)의 창건자인 클로비스(Clovis, 481~511)는 알라만니족(Alamanni)과의 투쟁에(496) 승리한 후, 가톨릭으로 개종하고 아퀴테느(Aquitaine)의 성직자와 원주민의 지지를 받아 아리우스파인 서고트족을 에스파냐로 후퇴시켜 오늘의 프랑스 대부분을 차지하였다.

대부분의 게르만왕국들이 단명에 그친 반면, 프랑크왕국만은 유럽의 중심부에 자리잡고 발전을 계속하여 새로운 시대의 주도적인 세력이 되었다. 그 이유는 첫째로 원주지를 버리지 않고 팽창형태로 이동이 이루어졌기 때문에 뿌리가 튼튼하였다는 점, 둘째로 가톨릭으로의 개종으로 로마領民이나 교회와 마찰이 없었다는 점, 그리고 끝으로 그 지리적 위치로 보아 비잔틴이나 이슬람의 직접적인 공격을 받지 않았다는 점 등을 들 수가 있다. 게르만적인 성격을 강하게 그대로 보유한 프랑크족이 가장 일찍이 로마문화가 깊이 뿌리를 내린 갈리아로 이동하여 교회와 결합하였다는 사실은 새로운 로마=게르만적 사회의 형성에 뜻 깊은 일이었다.

클로비스 이후, 왕자 사이에 영지를 분할하는 프랑크족의 관습으로 골육상쟁의 잔인하고 피비린내나는 음모와 내분이 그치지 않아, 7세기 말에 이르러서는 왕은 유명무실해지고 프랑크 왕국의 실권은 왕국의 중심으로서 궁내장관격인 宮宰(Major Domus)의 손으로 넘어갔다. 에스파냐를 점령한 이슬람이 피레네산맥을 넘어 프랑크왕국에 침입해 왔을 때, 투르(Tours) 근처에서 이를 격퇴한 것도 궁재 차알스 마르텔(Charles Martel, 재임 714~741)이었다. 그의 아들 피핀(Pepin the Short, 재위 741~768)은 급기야 허수아비같은 메로빙거왕조의 왕을 추방하고 새로운 왕조를 열었다.

제 2 절 비잔틴帝國

歷 史

민족이동의 혼란 속에서 서로마제국은 몰락하였으나 동로마제국은 그 후에도 약 1000년간 명맥을 유지하였다. 새로운 역사적 상황 속에서 서방에서는 로마＝게르만적 사회가 형성되어 갔으나, 동로마에서는 그리스＝동방적 사회와 문화가 발전하게 되고, 공용어도 라틴어로부터 그리스어로 변하였다. 그러므로 민족이동 후의 동로마를 그 수도인 콘스탄티노플의 전신이었던 그리스시대의 비잔티움에 관련시켜 비잔틴제국(Byzantine Empire)이라고 부른다.

민족이동의 혼란이 어느 정도 안정된 6세기에 마지막으로 과거의 로마제국의 재건과 그 전통의 계승을 시도한 황제가 유스티니아누스(Justinianus, 527~565)였다. 그는 로마法典의 편찬이라는 대사업을 진행시키는 한편, 장군 벨리사리우스(Belisarius)를 시켜 북아프리카의 반달왕국을 공략하고, 시칠리아를 거쳐 이탈리아의 동고트족을 굴복시킴으로써 과거의 지중해연안의 로마영토를 회복하는 데 일단은 성공하였다. 그는 라틴어를 사용한 마지막 횡제이기도 하다. 그러나 그가 건조한 비잔틴건축의 정수라고 할 聖소피아 대성당(Santa Sophia)은 과거의 순수한 로마식 건축이 아니라, 거대한 돔(dome)을 가진 동방적인 건축이었다.

유스티니아누스가 죽은 후 비잔틴은 북으로부터 아바르족(Avars)과 슬라브족(Slavs)의 침입을 받고, 동쪽으로부터는 사산조 페르시아의 공격을 받아 시리아, 이집트를 상실하였다. 헤라클리우스제(Heraclius, 610~641)는 유능한 과단성있는 황제로서 페르시아에 대한 반격을 통하여 시리아와 이집트 등을 회복하였으나, 얼마 안가서 새로 흥기한 이슬람의 공격으로 비잔틴의 영토는 소아시아를 포함한 수도 주변으로 축소되었다. 이 무렵 그리스와 동방적인 요소에 입각한 비잔틴제국의 독특한 성격이 형성되었다.

거듭되는 외부로부터의 위협에 대처하기 위하여 비잔틴은 소아시아와 발칸반도에 軍管區制(themes)를 실시하였다. 자유농민에게 군역에 대한 보상으로 일정한 토지를 수여하고, 그 토지는 아들이 계속 군역에 종사한다는 조건 하에서 이를 상속하게 하였다. 이리하여 비잔틴 사회는 초기의 대토지소유제와 예농 대신 소토지소유자 농민 및 이러한 농민으로 구성된 자유촌락이 우세한 사회로 변하게 되었

다. 군관구의 사령관은 군사만이 아니라 지방행정도 관장하였기 때문에 그 권한은
매우 컸으며, 그들의 반란이 빈번하고 경우에 따라 제위를 위협하는 경우도 있어 7
세기 말에 7區였던 것이 세분되어 8세기 말에는 30區로 증가하였다.

8세기 초에 이슬람은 수도 콘스탄티노플에 접근하여 이를 포위하였으나 레오 3
세(Leo Ⅲ, 717~741)는 이를 격퇴하고(717), 이후 이슬람과의 전투는 소아시아의
국경선에 따라 안정세를 유지하게 되었다. 그러나 라벤나의 총독은 롬바르드족에
의하여 종지부를 찍게 되었다(751). 그러다가 9세기 후반에 마케도니아왕조
(867~1057)가 들어서면서 비잔틴제국은 성기를 맞이하게 되었다. 새로 힘을 가다
듬은 비잔틴은 10세기 후반에 크레타를 회복하고(961), 잇따라 안티오크와 시리아
북부를 회복하는 한편, 아르메니아에 침투하여 이를 병합하였다. 그러나 아르메니
아의 병합으로 비잔틴은 中央아시아의 투르크족과 직접 대결하는 형세가 되었다.

이미 9세기 중엽부터 대토지소유의 경향이 다시 고개를 들고, 소아시아에서의
대규모 반란이 소토지소유에 타격을 주기도 하였으나, 마케도니아왕조 초기에는
이러한 추세가 더욱 강화되었다. 그리하여 자유로운 소농층이 쇠퇴하는 반면에 대
토지소유가 급속도로 확대하면서 병사들에게 급여되었던 보유지가 잠식되고, 이
에 따라 용병이 다시 나타났다. 그리하여 사병을 거느린 지방의 대토지소유인인
호족은 황제권에 도전하는 존재가 되었다. 이에 대항한 것은 중앙의 관료들로서
양자 사이의 내분과 투쟁은 비잔틴제국의 방비를 약화시켰다. 그 결과 비잔틴의
영향력이 미약하나마 남아 있던 시칠리아와 남이탈리아가 노르만족(Norman)에
게 빼앗기고, 동쪽에서는 셀주크 투르크족(Seljuk Turks)이 황제군을 격파하고
소아시아로 진출하게 되었다.

이에 소아시아 출신의 지방호족의 한 사람이었던 알렉시우스 1세(Alexius Ⅰ,
Comnenus 1081~1118)가 새로이 제위에 올라 위기를 모면하고 十字軍時代를 맞
이하게 되었다.

政治와 社會

비잔틴제국의 황제는 절대적인 지배자였다. 그는 7세기에는 '바실레우스'
(basileus, 王中의 王)라 자칭하고, 실질적으로 동방적인 신적 성격을 가진 존재가
되었다. 그는 관리나 군대를 지배하는 한편, 종교에서도 콘스탄티노플의 수좌대주
교의 임명권을 비롯하여 종교회의의 소집과 회의내용에 대한 결정권 등을 갖고 있
었다. 그리스정교(Greek Orthodox)로 불리워지는 비잔틴의 그리스도교교회는
이와 같이 서방과는 달리 황제의 통제 하에 있었기 때문에 황제교황주의(Caesaro-
papism)라고도 부른다.

　황제가 거처하는 궁전은 일반인으로부터 격리된 성역이었으며, 국가기구의 중심이었다. 가장 중요한 국가관리는 바로 궁정관리였으며 많은 宦官(환관)이 최고 관직에 등용된 것도 비잔틴의 동방적인 성격의 일면을 나타내고 있다. 황제는 이론상으로는 원로원이나 시민, 또는 군대에 의하여 선출되는 것으로 되어 있었으나 실질적으로는 세습제였다. 다만 그가 허약하거나 무능한 경우 반란지도자에 의하여 폐위되었고, 그리하여 여러 번 왕조가 교체하였다.

　사방에 적을 가진 비잔틴에 있어 군대는 매우 중요하였다. 그 핵심은 중무장 기병으로서 전병력의 절반을 차지하였다. 장교는 귀족출신이었고 사병은 다수가 국가로부터 토지를 급여받은 자유농민이었다. 병영의 설치, 군수물자의 수송과 확보, 말의 사육 등은 따로 從者가 담당하였다. 보병에는 경·중의 두 종류가 있었으며, 경보병은 무장하지 않은 弓士였고, 중보병은 방패를 가진 무장병으로서 검, 창, 도끼 등의 무기를 소지하였다. 사령관은 직업군인으로서 병력보충의 어려움을 감안하여 유리한 조건이나 불가피할 경우에만 전투를 택하였고, 가능하면 협상을 택하였다. 그렇기 때문에 비잔틴에서 외교술은 상당히 높은 수준에 도달하였다.

　경제면에서 비잔틴은 로마 말기의 통제경제를 계승하였다. 식량확보와 군대의 병력원으로서 농업을 중시하였으며, 슬라브 정착민 등을 이용하여 농업발전을 꾀하였다. 6세기 중국으로부터 페르시아를 거쳐 전해진 양잠업은 비잔틴의 가장 중요한 공업으로 발달한 견직물공업의 원료원으로서 성행하였다. 토지제도는 앞에서도 언급하였듯이 대토지소유와 자유로운 소토지소유 농민이 공존하면서 서로 우세를 다투었다.

　외적의 침입은 있었으나 만족의 혼란을 겪지 않은 비잔틴제국의 도시들은 상공업의 중심지로서 번영을 자랑하였다. 콘스탄티노플은 성기에 인구 백만을 헤아렸고, 테살로니카(Thessalonica)는 50만의 인구를 가졌으며, 기타 중소도시들도 적지 않았다.

　중요한 공업은 조합(gild)에 의한 독점생산이었고 조합은 원료구입, 판매, 제조방법, 가격, 이윤 등에 이르기까지 엄격한 국가의 통제를 받았다. 그렇기 때문에 생산은 안정을 유지하였으나, 기술의 향상은 거의 없었다. 무기 이외의 대부분의 주요 생산품은 사치품으로서 견직물·모직물·융단·보석세공·장식품 및 상아제품이었으며, 특히 종교관계 제품에는 세심한 주의가 기울여졌다. 그리하여 비잔틴 제품은 유럽에서 존중되고 또한 모방의 대상이 되었다.

　상업도 공업에 못지 않게 엄격한 국가통제를 받았고, 가장 이윤이 높은 곡물과 견직물은 정부의 전매사업이었다. 그러나 다른 상거래도 엄격한 통제를 받았으며, 거대한 상업망이 구성되어 있었다. 콘스탄티노플은 당시 가장 큰 국제적인 시장으로서 동서의 각종 상품의 집산지였다. 비잔틴은 그들의 화폐의 가치유지에 노력하였으며, 국제무역에서의 표준적인 화폐로 존중되었다.

상공인 중에 巨富는 드물었으나 비잔틴사회는 능동적이고 활기에 찬 중산층을 형성하였다.

文 化

비잔틴문화는 한 마디로 그리스적인 헬레니즘문화에 동방적인 요소를 섭취하고, 그리스정교에 의하여 규제된 문화라고 할 수 있다.

비잔틴문화의 가장 큰 공적의 하나는 그리스고전의 보존이다. 학자들은 그리스의 작품을 읽고 이를 연구하는 한편, 필사하고 주석을 붙이는 데 여념이 없었다. 그들은 고전에 관련된 사전과 문법서를 만들고, 거대한 백과사전을 편찬하였으며 법률, 지리, 전술, 행정기술 등에 관한 다양한 논문을 작성하였다.

'그리스의 불'(Greek fire)이라고 불리워지는 일종의 대포가 발명되어 전투에서 큰 위력을 나타내기도 하였으나 순수과학에 있어서는 별다른 진전이 없었다.

역사서술에서는 유스티니아누스제의 사생활을 기록한 프로코피우스(Procopius)의 《秘史》(*Secret History*)가 주목을 끌지만 독창적인 업적은 별로 없다.

문학이나 사상에서 중심적 지위를 차지한 것은 종교와 신학이었다. 종교적인 찬가와 성인전, 그리고 종교적인 논쟁에 관련된 사변적이고 신비주의적인 신학적 저술이 이 분야의 주종을 이루고 있다.

비잔틴문화의 특색을 가장 잘 나타내고 있는 분야는 미술이다. 6세기에 유스티니아누스제에 의하여 건조된 聖소피아 대성당과 그 내부의 화려한 상징주의적이고 신비로운 모자이크 벽화는 새롭고 독창적인 비잔틴 미술의 출발이었다. 비잔틴의 종교미술은 그리스의 것과 팔레스타인 및 시리아의 동방적인 것을 잘 융합시킨 독특한 것이었다. 라벤나의 聖비탈레 성당(St. Vitale), 그리고 이보다 늦게 비잔틴의 성기에 건조된 베네치아의 聖마르코 성당(St. Marco) 등과 그 내부의 모자이크畵들은 비잔틴 미술의 정수라고 하겠으며, 필사본의 색채 장식, 금·은 및 상아의 아름다운 장식품, 聖爵(성작)과 십자가같은 종교적 세공품 등도 비잔틴 미술의 독창성을 보여주고 있다.

비잔틴제국의 歷史的 意義

프랑스의 역사가들은 비잔틴제국을 '低帝國'(Bas-Empire)이라고 부른다. 그것은 비잔틴이 그 전신인 로마제국에 비하여 모든 면에서 뒤진다는 것을 뜻한다. 확실히 지중해세계를 지배하던 전성기의 로마에 비하면 비잔틴을 낮게 평가할 수밖에 없다. 그러나 비잔틴제국이나 그 문화를 이러한 시각에서 평가한다는 것은 역사적으로 정당한 방법이 아니다.

로마제국이 붕괴한 뒷 자리에 성립한 유럽, 이슬람 및 비잔틴 중에서는 비잔틴이 문화나 정치에서 가장 앞서 있었다. 중세유럽에 문화다운 문화의 꽃이 다시 핀 것은 12세기의 일이며, 이슬람이 곧 비잔틴의 뒤를 이어 헬레니즘문화를 흡수하면서 어느 분야에서는 비잔틴을 능가하는 문화를 발전시키게 되지만, 적어도 6·7세기에 있어 비잔틴은 문화다운 문화를 가진 유일한 존재였다.

이러한 선진적인 비잔틴문화는 그리스·로마의 古典文化나 유럽 또는 이슬람문화와는 다른 독자적인 문화를 발전시켰고 또한 주변세계에 영향을 미쳤다. 이슬람세계도·초기에는 비잔틴으로부터 많은 것을 배웠으며, 중세유럽도 비잔틴의 영향을 받았다. 르네상스 때 그리스古典이 부활한 데는 비잔틴 학자들의 공이 매우 컸다.

한편 비잔틴문화와 그리스정교는 발칸반도와 러시아를 포함한 동유럽의 슬라브 세계에 대하여 가톨릭교회가 게르만족에 대한 것과 비슷한 역할을 수행하였다. 즉, 그들에게 문명과 그리스도교를 전달함으로써 독자적인 문화형성의 기반을 마련해 주었던 것이다. 후에 투르크족이 유럽으로 진출하였을 때, 발칸반도의 여러 민족이 해체되지 않고 다시 부활할 수 있었던 것은 그리스정교의 힘에 의존하는 바 컸고, 러시아는 아예 비잔틴 제국의 후계자로 자처하고, 모스크바를 '제 3의 로마'라고 불렀다.

제 3 절   이슬람世界

마호메트의 出現

대부분이 사막인 광대한 아라비아반도에는 셈어족에 속하는 아랍인들이 살고 있었다. 그들의 대부분은 가축을 거느리고 오아시스를 찾아다니는 유목생활을 하고 있었으며, 강수량이 많은 곳에서는 간혹 농경생활을 하는 부족도 있었다. 홍해연안지대는 일찍부터 隊商貿易路로 이용되어 메카(Mecca)나 메디나(Medina)와 같은 도시가 일어나고, 아랍인 중에도 대상에 종사하는 자가 나타났다. 아직 정치적 통일은 없었으며, 종교는 다신교였다. 특히 메카의 카아바(Kaaba)에 있는 黑石은 전 아랍인의 숭배의 대상이었으며 문화수준은 낮았다.

장차 아라비아만이 아니라 광대한 지역과 여러 민족의 종교와 운명을 좌우하게 될 새로운 종교를 시작한 마호메트(Mahomet 또는 Mohammed, 570~632)가 메카에서 태어난 것은 570년경의 일이다. 그는 어려서 양친을 잃고 고아로 자라났으며, 커서 부유한 연상녀의 대상에 참가하였다. 그는 대상에 종사하면서 유대교와 그리스도교에 접하게 되었으며, 중년에 이르러 알라(Allah)신의 예언자가 되라는 계시를 받고 새로운 종교를 전하기 시작하였다. 그러나 그의 새로운 종교는 메카에서 용납되지 않았을 뿐만 아니라 박해가 심하여, 마호메트는 메디나로 도망가지 않으면 안되었다. 이를 '헤지라'(Hegira : 聖遷)라고 하며, 이슬람교에서는 이 해(622)를 기원 원년으로 삼고 있다.

마호메트는 메디나에서 새로운 종교를 펴는데 성공하고, 곧 교세의 확장에 착수하여 메카를 다시 점령하게 되었다(630). 메카로 돌아온 마호메트는 우상숭배의 중심이었던 카아바를 黑石만 남긴 채 다른 우상을 모두 추방하여 이슬람교의 신전으로 만들었다. 이리하여 메카는 이슬람교의 성지가 되었으며, 마호메트가 죽을 무렵에는 아라비아의 절반 가량이 새로운 종교를 받아들이게 되었다.

이슬람敎

마호메트가 시작한 새로운 종교를 일반적으로 이슬람교(Islamism) 또는 回敎라 하며, 그 신자를 모슬렘(Moslems)이라고 한다.[2] 이슬람교는 그 성립과정에서 알 수 있듯이 유대교와 그리스도교의 영향을 받았다. 그렇기 때문에 구약성경의 모세의 5書, 詩篇, 그리고 신약성경의 복음서가 신의 계시임을 인정한다. 그러나 그것들은 신의 계시의 일부에 지나지 않으며 코란(Koran)[3]만이 신의 계시의 완전한 기록이라고 주장한다. 또한 구약성경의 여러 예언자의 정통성을 인정하지만 그리스도를 신의 아들이라고 인정하지 않고 마호메트만을 신이 보낸 마지막 최고의 예언자로 섬긴다.

이슬람교에 있어서는 그리스도교에서와 같은 삼위일체설이나 그리스도의 神性論과 같은 복잡한 신학적인 문제는 발생하지 않았다. 오직 알라신 이외는 신이 없고 마호메트는 "알라의 예언자임"을 믿고 그 가르침에 절대 복종할 따름이다. 이렇게 알라를 믿고 그 가르침에 따르는 자에게는 복된 내세가 약속되고, 그렇지 않은 자에게는 불행과 지옥이 기다릴 뿐이다. 신자들은 부족과 계급을 초월한 신앙

---

2) '이슬람'은 신에 대한 복종을 뜻하며, '모슬렘'은 신에게 몸을 바친다라는 뜻의 말이다.

3) '코란'이라는 말 자체는 '읽는다'는 아라비아語에서 유래한 것이며, 3대 칼리프 오스만(Othman, 644~655) 때 결집이 완료된 이슬람교의 성경이다. 총 114章, 6,200여節로 되어 있으며, 내용은 설화・봉찬・계율・교리・훈계・논쟁 등이다.

공동체의 일원이 되며, 코란의 첫 구절에 널리 사용되는 "자비롭고 자애에 넘치는 알라의 이름으로…"라는 구절이 말해주듯이, 善한 행위와 더불어 특히 가난한 자에 대한 자선이 강조된다. 따로 승려계급이 형성되지 않고, 예배의식도 단순한 편이다. 신자는 하루에 다섯 번 메카를 향하여 기도해야 하며, 돼지고기나 술을 취해서는 안된다. 경제적 여유가 있으면 일생에 한번은 메카를 순례해야하며, 부인은 4명까지 허용된다. 신앙을 위한 전쟁, 즉 聖戰(Jihad)에서의 죽음은 천국으로 가는 가장 확실한 길이기도 하였다.

이슬람의 膨脹

이슬람은 놀라울 정도의 빠른 속도로 팽창하였다. 7세기 중엽까지 시리아와 사산조 페르시아, 그리고 이집트를 정복하고, 다시 東進하여서는 중앙아시아와 인더스강유역까지 진출하고, 西進하여서는 카르타고를 점령하고 8세기 초에는 에스파냐를 차지하였다(711). 이슬람은 다시 피레네를 넘어 프랑크왕국에까지 침입하였으나 차알스 마르텔에 의하여 투르근방에서 격퇴되었다.

마호메트가 죽은 지 불과 2세기도 못되어 아시아·아프리카·유럽의 3대륙에 걸친 거대한 대제국이 건설된 것이다. 그 이유는 무엇일까. 아랍인들이 새로운 종교로 견고한 정치적 단결을 이룩하고 聖戰이라는 종교적 열의에 가득차 있었던 것은 사실이다. 그러나 보다 더 중요했던 것은 당시의 주변정세, 말하자면 국제정세가 이슬람에게 매우 유리하였다는 점이다. 즉, 비잔틴과 페르시아는 장기간에 걸친 투쟁으로 서로 지쳐 있었고, 시리아의 유대인이나 이집트의 單性論的 그리스도교도(Monophite Christians)들은 종교적 박해와 重稅에 시달리고 있어 지배자의 교체에 별로 관심이 없었던 것이다. 그리고 이슬람은 흔히 '한 손에 코란, 다른 손에는 칼'이라고 해서 무력으로 신앙을 강요한 것 같이 오해되기 쉬우나, 개종자에게 면세의 특전을 베풀었을 뿐, 이교도에게 신앙을 강요하지 않고 관대히 대하면서 공납만을 요구하였다. 그리고 그들의 정복사업은 종교를 전파하려는 면도 있었겠으나 그보다는 살기 좋은 땅과 전리품을 위한 것이었다.

王朝의 交替

마호메트의 후계자 계승에 관해서는 따로 정해진 바가 없고, 부족적인 관습에 따라 칼리프(calipf: 마호메트의 '후계자' 또는 '대표'라는 뜻)는 3대까지 마호메트의 가족 밖에서 선출되었다. 이에 대하여 마호메트의 가족들은 마호메트의 사위 알리(Ali)를 중심으로 단결하여 코란에 대한 주석을 배격하고 따로 시아파(Shiites)를 형성하였다. 이에 대하여 칼리프의 선출을 지지하고 주석으로 코란을 보완하는 것

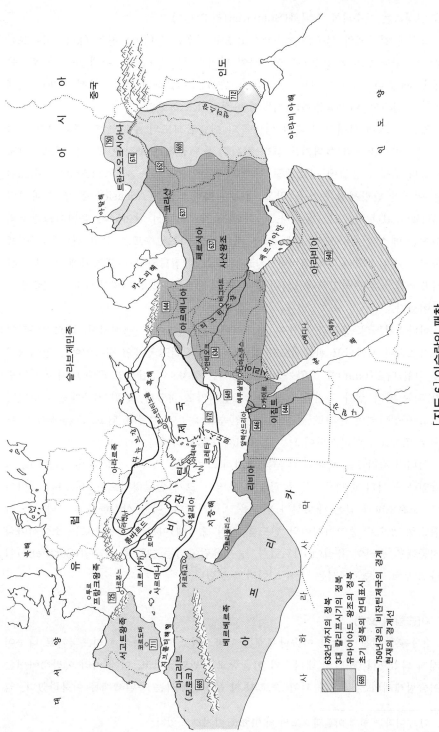

[지도 6] 이슬람의 팽창

을 인정하는 다수파를 수니파(Sunniites)라고 한다.[4]

그러나 칼리프의 선출은 초기뿐이고 3대 이후는 옴미아드왕조(Ommiads, 또는 우마야드왕조 Umayyards)가 성립하여 다마스커스(Damascus)에 도읍한 후로는 세습화하였다. 이 옴미아드왕조기(660~750)는 이슬람의 팽창기로서 거대한 대제국이 건설되고, 이슬람문화의 기반이 마련되기도 하였다.

영토가 크게 확대됨에 따라 이민족의 이슬람교도의 수도 날로 증가하고 그들은 옴미아드왕조의 쇠퇴기를 틈타 정치적 동등권을 요구하고 반란을 일으키기도 하였다. 8세기 중엽에 마호메트 형제의 후손인 아부울－아바스(Abu'l－Abbas)는 이러한 반란세력과 손을 잡고 새로이 아바스왕조(Abbasids)를 열고 바그다드(Bagdad)로 수도를 옮겼다. 이러한 왕조교체에서 살아남은 옴미아드왕조의 후손은 에스파냐로 도망가서 코르도바(Cordova)를 수도로 삼고 새로운 칼리프국가를 건설하였다(후기 옴미아드왕조). 그 후 이집트와 북아프리카에 또 다른 칼리프국가가 출현하고, 페르시아를 비롯한 동방의 여러 지방에서도 分立現象이 일어났다.

아바스왕조의 성립과 더불어 페르시아적인 성격이 우세해져서, 페르시아적인 궁정조직이 채택되고 관료제도가 정비되었다. 칼리프국가의 정복지에는 군사령관을 겸한 태수(emir)를 두었는 바, 이 중에는 점차로 독립적인 군주 내지 봉건영주가 되는 자가 생겨 분권적인 경향이 조장되기도 하였다. 한편 처음에는 아랍인만으로 구성되었던 군대도 변질하여 이민족의 용병이 주류가 되고, 그들에 대한 보수로 토지를 급여하게되어 느슨한 봉건제가 발달하였다.

역대의 칼리프는 학문과 예술을 장려하고 학자를 보호하여 문화가 발달하고, 아랍인은 동서의 중개무역을 독점하여 무역이 크게 발달하였으며, 바그다드, 카이로, 코르도바와 같은 대도시가 번영을 자랑하였다. 아랍 상인들은 바그다드를 기점으로 동으로 중앙아시아와 인도를 거쳐 중국에 이르고 서방으로는 소아시아와 지중해를 통하여 유럽에 이르렀다. 중세유럽에서는 그들을 사라센(Saracens)이라고 부르고 중국에서는 '大食人'이라고 불렀다.

이슬람의 文化

3대륙에 걸친 광대한 이슬람세계는 아바스왕조 이후 여러 칼리프국가로 나누어지게 되었으나, 주민의 대다수가 이슬람교를 받아들이고, 이에 따라 아라비아어는 이슬람세계의 공용어가 되어 종교 내지 문화면에서는 통일세계를 이룩하였다. 역

---

4) 수니파는 현재 이슬라교도의 약 91%를 차지하고 있다.

대의 칼리프가 문화활동을 장려하고[5] 인종의 차별없이 학자를 등용하고 우대하였기 때문에 9세기로부터 10세기에 걸쳐 이슬람문화는 절정기에 도달하였다.

이슬람이 지배한 지역은 헬레니즘문화와 페르시아문화의 전통이 깊이 뿌리를 박고 있던 곳이고, 동으로 인도와 쉽게 접촉할 수가 있었고, 중앙아시아를 거쳐서는 중국과도 연락할 수 있었다. 그리하여 이슬람세계는 헬리니즘문화와 페르시아문화를 기반으로 삼으면서 주변문화를 섭취하고 이슬람교와 아랍적인 독창성을 첨가하여 고도로 발달한 찬란한 문화를 발전시킨 것이다.

이슬람문화에서 특히 높이 평가되는 분야는 과학이었다. 의학에서 그들의 스승격인 그리스를 능가하였고, 안질, 마마 그리고 홍역에 관한 의학서는 18세기까지 최고의 권위로서 알려졌고, 아비세나(Avicenna, 980~1037)는 당시에 알려진 모든 의학지식을 체계화하였다. 물리에서는 특히 光學의 발달이 눈에 띄며, 화학은 주로 연금술의 형태로 발달하였다. 천문학은 이론적으로는 헬레니즘의 것을 능가하지는 못하였으나, 훌륭한 관측소와 관측기구가 만들어졌다. 수학에 있어서는 인도의 숫자를 채택하여 아라비아 숫자를 만들고, 인도로부터 새로이 영(zero)의 개념을 도입하였다. 또한 분석기하를 시작하고 삼각법에 있어서도 큰 진전이 있었다. algebra(代數), cipher(영의 기호), alcohol(알코올), alchemy(연금술), zenith (천정), nadir(天底) 등등이 아라비아어에서 유래한 것으로서도 아라비아 과학이 우수함을 알 수가 있다.

철학에 있어서는 플라톤, 아리스토텔레스 및 新플라톤철학을 열심히 연구하여 코란의 해석과 이슬람교의 교리문제에 이를 적용하는 등 이른바 '아라비아의 學問'이 일어났다. 이에는 단순히 철학이나 교리관계의 학문만이 아니라 아라비아의 언어와 역사 등의 연구가 첨가되었다. 13세기에는 이븐 하르둔(Ibn Hardun, 1332~1406)이라는 아라비아의 위대한 역사가가 나와 세계사적 관점에서 국가, 사회 및 문화의 발전을 연구하고 그 법칙을 찾으려고 하였다.[6] 바그다드, 코르도바, 카이로 등은 이러한 아라비아의 학문과 문화의 중심으로서 대학이 세워졌다.

이슬람은 비잔틴과 더불어 고전철학과 과학의 보존에도 크게 공헌하였으며, 에

---

5) 문화활동을 장려한 대표적인 칼리프로서는 하룬 알 라시드(Harun al-Rashid, 785 ~809)와 마문(Mamun, 813~833)을 들 수 있다. 하룬 알 라시드는《아라비안 나이트》의 주인공이기도 하며, 번역자 학교를 설립하고, 콘스탄티노플을 비롯하여 여러 곳에서 그리스와 헬레니즘시대의 고전작품을 수집하게 하였다. 마문은 바그다드에 관측소와 대학을 설립하고, 그리스와 인도의 과학자와 철학자의 저작을 아라비아어로 번역하게 하였다.

6) 이븐 하르둔의 역사철학에 대한 손쉬운 소개서로서는 Muhsin Mahdi, *Ibn Khaldûn's Philosophy of History*(Phoenix Books, 1964)이 있다.

스파냐의 아베로이스(Averroës, 1126~1198) 아리스토텔레스에 관한 주석은 후에 아라비아어로부터 라틴어로 번역되어 스콜라철학의 형성에 큰 영향을 미쳤다.

문학에 있어서는 유목민의 생활을 묘사한 시가 발달하여 오마르 카이얌(Omar Khayyam, 1060?~1123)의 〈루바이야트〉(Rubaiyat)같은 작품이 나오고, 특히 에스파냐에서 발달한 사랑의 시는 프랑스와 독일의 편력시인에 영향을 미쳤다. 劇은 별로 발달하지 않았으며, 유명한 《아라비안 나이트》(*Arabian Nights*)는 10세기로부터 15세기에 걸쳐 수집된 이야기들을 엮은 것이다.

미술에 있어서는 특히 건축과 장식면에 독특한 발전이 이루어졌으며, 큰 원형지붕과 鍾樓(종루)를 가진 이슬람의 사원건축인 모스크(mosque)와 식물의 잎이나 꽃을 아름답게 엮어 놓은 이른바 아라베스크(arabesque) 양식이 그 대표적인 것이다. 다마스커스, 카이로, 예루살렘, 코르도바의 모스크는 그 기하학적 紋樣(문양)이나 아라비아문자의 내부장식과 더불어 이슬람예술의 정수라 하겠다.

음악이론과 악기도 발달하였으며, lute(류우트, 기타같은 악기), tambaurine(탬버린, 가장자리에 방울 달린 손북), guitar(기타), fanfare(팡파르, 트럼펫 따위의 화려한 吹奏) 등의 말이 아라비아어에서 유래하였고, 궁정의 사랑 노래와 류우트와 같은 악기들도 에스파냐로부터 프랑스를 거쳐 전유럽에 전해졌다.

이슬람의 지배가 워낙 광대하고 여러 지역에 걸쳐 있었고, 또한 다른 지역과의 교역이나 왕래도 잦았기 때문에 지리에 관한 지식이 발달하고 이븐 바투타(Ibn Battuta, 1304~1377?)와 같은 대여행가도 나왔다.

이와 같이 이슬람문화는 그리스고전의 보존자로서, 또한 독자적인 문화의 창조로서 유럽세계에 매우 큰 영향을 미쳤으며 이에 비하여 중세유럽은 적어도 12세기까지는 아주 뒤떨어진 상태에 있었다.

제 4 절   샤를마뉴와 노르만의 活動

카롤링거王朝의 成立

다른 게르만족과는 달리 갈리아에 건국했던 프랑크왕국은 클로비스 때 가톨릭으로 개종하고 세력을 팽창시키면서 순조롭게 발전하였다. 그러나 왕족 내의 끊임없는 음모와 내분은 왕권을 약화시키고 실권이 궁재에게로 넘어가게 되었으며, 8세기에 이르러서 왕권의 교체는 거의 시간문제에 지나지 않았다. 투르에서 이슬람의 침입을 격파한 차알스 마르텔의 아들 피핀은 유명무실한 메로빙거의 왕을 추방하고 대신 왕위에 오를 것을 결심하였다. 때마침 피핀이 그의 이러한 결의를 실천에 옮기는 데 매우 유리한 여건이 조성되고 있었다.

그 하나는 聖像禁止問題(Iconoclasm)로 인한 동서교회의 분열이었다. 비잔틴의 레오 3세가 처음으로 성상금지령을 내렸을 때(726) 그것은 단순한 종교문제에 그치는 것이 아니라, 대토지소유를 억제하려는 정책과도 관련을 갖는 것이었다. 레오 3세 자신이 성상숭배에 반감을 가지고도 있었으나, 대토지소유자인 동시에 성상숭배의 경향이 강한 수도원의 세력을 억제하려는 속셈이 있었던 것이다.

서로마의 몰락 후 점차로 비잔틴으로부터의 독립을 강화해 오던 로마교회는 文盲인 게르만족의 교화사업에 성상사용이 필요했던 관계도 있어 레오 3세의 금지령에 불복하게 되고, 이를 계기로 동서교회의 분열은 거의 결정적인 사실이 되었다.[7]

이러한 시기에 북이탈리아의 롬바르드족은 팽창을 계속하여 로마교황은 몹시 불안한 상태에 놓이게 되고, 자연 프랑크왕국의 지원을 기대할 수밖에 없게 되었다. 그러므로 피핀이 왕위에 오를 뜻을 전하고 후원을 요청했을 때 교황은 이를 승인하고 여기에 새로이 카롤링거王朝(Carolingians)가 열리게 된 것이다.

롬바르드족이 라벤나를 점령하고 로마를 직접 위협하게 되자, 교황 스테판 2세(Stephen Ⅱ, 752~757)는 직접 프랑크왕국으로 가서 피핀에게 塗油式(도유식)을 거행해 줌으로써 그의 왕좌를 더욱 확고하게 만들었다. 피핀은 이에 대한 보답으로 이탈리아로 원정하여 롬바르드족을 격파하고, 라벤나를 포함한 중부이탈리아의 영토를 교황에게 기증하였다(Donation of Pepin). 이것이 1870년까지 계속된 교황령(Papal State)의 시작이며, 르네상스 때 위작으로 밝혀진 유명한 〈콘스탄티누스의 기증장〉(Donation of Constantine)은 이 무렵에 만들어진 것으로 생각된다.

클로비스의 개종으로 가톨릭교회와 프랑크왕국 사이에 유대가 성립하였으나, 이제 카롤링거왕조의 성립을 계기로 교황과 프랑크왕국의 왕권은 보다 더 밀접하게 결합하게 되었으며, 양자에 의한 유럽세계의 새로운 형성이라는 유럽史發展의 주된 흐름이 확정되었다.

---

7) 성상문제는 레오 3세의 금지령 이후, 787년에 女帝 이레네(Irene)가 금지령을 포기하고 레오 5세가 815년에 금지령을 다시 채택하고, 843년에 성상이 부활될 때까지 1세기 넘어 비잔틴에서 논쟁의 대상이 되었다. 동서교회의 최종적인 분열(final schism)은 로마교황의 지지를 받은 노르만의 남이탈리아정복과 비잔틴교회의 이에 대한 반대(1054)라고 하나(William L. Langer, ed., *An Encyclopedia of World History,* 4th ed., 1968. p. 267), 726년의 성상금지령이 실질적으로는 분열에 결정적인 작용을 미쳤다. B. Tierney and S. Painter, p. 110 참조.

샤를마뉴

피핀의 아들 샤를마뉴(Charlemagne : 교과서의 카알대제, Karl der Grosse : Charles the Great, 771~814)는 동시대의 전기작가 아인하르트(Einhard)에 의하면 정력적이고 야심적이며, 智勇을 겸비한 위대한 정치가였다. 그는 롬바르드족을 완전히 평정하여 직접 통치하기로 하고, 동으로 진출하여 완강한 저항을 계속하는 색슨족을 굴복시켜 가톨릭으로 개종시키고, 다시 지금의 보헤미아와 오스트리아, 그리고 헝가리와 유고의 일부까지 정복하여 동부 경계선을 엘베강까지 확장시켰다. 샤를마뉴는 이러한 정복전쟁에 성직자를 동반하여 피정복민의 민심을 수습하는 한편 새로운 교구를 설치하고, 국경근처에는 邊境州(mark)를 설치하여 경계하였다. 서쪽으로는 피레네를 넘어 에스파냐의 이슬람을 공격하였으나 큰 성과를 거두지 못하고 철수할 때, 후방부대의 일부가 적의 복병의 기습을 받았다. 이것이 후에 유명한 武勳詩 〈롤랑의 노래〉(Chanson de Roland)의 소재가 되었다. 샤를마뉴는 에스파냐정복에는 실패하였으나, 피레네산맥 남부 카탈로니아(Catalonia)지방에 에스파냐 변경주(Spanish mark)를 설치하여 이슬람과의 완충지대로 삼았다.

이와 같은 샤를마뉴의 끊임없는 정복전쟁으로 프랑크왕국의 영토는 제국이라고 부를 수 있는 규모로 확대되었다. 서쪽과 북으로는 에스파냐와 브르타뉴(Bretagne) 지방을 제외한 대서양과 북해연안으로부터, 동으로는 엘베강과 보헤미아, 그리고 남으로는 로마 이북의 이탈리아를 포함하는 광대한 지역을 샤를마뉴는 지배하게 된 것이다. 이는 앵글로－색슨왕국이 건설된 브리텐(로마시대의 브리타니아) 섬과 이슬람의 지배 하에 들어간 에스파냐 및 북아프리카, 그리고 아직도 형식적으로 비잔틴황제에 속하는 남이탈리아와 시칠리아를 제외한 과거의 서로마제국 영토의 대부분이 샤를마뉴에 의하여 회복되었음을 뜻하며, 그는 여기에 다시 중앙 및 동부유럽의 일부를 추가한 것이다.

이러한 사실을 고려한 것인지 그 동기는 정확하게 확인할 수 없으나, A.D. 800년의 크리스마스 날 로마를 방문하여 미사에 참석한 샤를마뉴의 머리에 교황 레오 3세(795~816)는 서로마제국의 제관을 얹어주었다(Coronation). 비잔틴 황제는 처음에는 놀라고 항의하였으나 후에 이를 정식으로 승인하였다(813). 이제 일개 야만족출신의 왕이 빛나는 서로마황제가 되고, 또한 그것이 로마교황에 의하여 행하여졌다. 이는 민족운동 이후 유럽의 혼란이 안정되고 그리스도교교회를 매개로 로마＝게르만적인 중세유럽의 새로운 질서가 수립되었다는 것을 뜻한다. 샤를마뉴의 대관식은 한편으로는 교회와 국가의 긴밀한 유대관계의 강화를 뜻하는 것이지만, 후에 神聖로마帝國의 성립과 더불어 전개되는 교권과 제권의 분쟁의 씨앗이 되기도 하였다.

統治와 文化

샤를마뉴는 새로운 정복지에 주교구를 설치하는 한편, 전국을 약 300개의 州 (county)로 나누고 州伯(count 또는 Graf) 또는 변경伯(margrave : 이 말은 변경을 뜻하는 mark, 州伯을 뜻하는 Graf에서 유래)을 두어 치안, 사법 및 군사를 관장하게 하였다. 그러나 민족이동 이후의 사회적·정치적 혼란은 지방분권적인 경향을 조장시켜 주백도 상당한 독립성을 유지하였지만, 그외에 주교나 지방의 유력한 귀족들도 상당한 권력을 보유하게 되었다. 이들을 중앙으로부터 통제하는 것은 왕의 命令(capitularies)과 왕이 파견하는 巡察使(missi dominici) 정도였다. 순찰사는 俗人貴族과 고위성직자 두 명으로 구성되고, 주백을 통제할 권한이 있었으나 그것은 샤를마뉴와 같이 강력한 왕이 중앙에 있을 경우에 한정되었다.

샤를마뉴는 영토확장만이 아니라 그 동안 거의 불이 꺼지다시피된 문예의 부흥에도 노력하였다. 색슨족출신의 알퀸(Alcuin)을 비롯하여 많은 학자를 각처에서 엑크스-라 샤펠(Aix-la Chapel)에 불러 궁정학교를 개설하고 고전, 라틴어 문법, 논리학 등을 가르치게 하였다. 이러한 문화부흥정책에 따라 수도원에서도 고전작품의 필사를 비롯한 고전연구가 활발해졌다. 이러한 일련의 움직임을 가리켜 '카롤링거 르네상스'(Carolingian Renaissance)라고 부르는 학자도 있다. 확실히 민족이동 후의 문화가 전반적으로 황폐하고 침체한 데 비한다면 샤를마뉴시대에 문화의 등불이 다시 반짝인 것은 뜻깊은 일이었다. 그리고 이 시기에 부활한 수도원에서의 고전연구나 필사는 후에 중세문화가 발전하고 꽃필 밑거름이 되었다. 그러나 우리가 일반적으로 이해하고 있는 이탈리아의 '르네상스'에 비한다면 매우 미약한 것이었다. 당시 민중의 대다수는 문맹의 야만적인 상태에 머물고 있었으며, 학자의 수효도 극히 제한된 소수에 지나지 않았고, 독창적이고 창조적인 문화운동이 전개된 것도 아니었다. 그러므로 '카롤링거 르네상스'는 그 동안 땅에 떨어지고 암흑에 가까웠던 상태에 미약하나마 한 줄기 문화의 빛이 소생하였다고 이해하는 것이 타당할 것이다.

프랑크帝國의 붕괴

샤를마뉴가 건설한 프랑크제국이 그가 죽은 후 해체할 것은 거의 필연적이었다. 원래 샤를마뉴제국 자체가 언어와 습속을 달리하는 여러 부족으로 구성되어 있었고, 지방분권적인 경향이 강했으며, 오직 샤를마뉴와 같은 강력하고 위대한 지배자에 의해서만 통합이 가능했던 것이다. 그러므로 그의 계승자 루이 경건왕(Louis the Pious, 814~840)이 죽은 후 프랑크제국은 그의 세 왕자 사이에서 3分되었다 [베르뎅 (Verdun)조약, 843]. 찰스 대머리왕(Charles the Bald, 843~877)이 서부

프랑크, 루이 독일왕(Louis the German, 843~876)이 동부프랑크를 차지하고, 장자 로테르(Lothair, 840~855)는 황제칭호와 동서프랑크의 중간지대에 해당하는 지금의 네덜란드, 라인란드, 론계곡, 북이탈리아를 포함하는 중부프랑크를 차지하였다.

그러나 로테르가 일찍이 사망하자 동서프랑크는 북이탈리아를 제외한 중부프랑크를 서로 잠식하여 여기에 오늘의 프랑스·독일·이탈리아 3국의 어렴풋한 윤곽이 드러나기 시작하였다(메르센 Mersen 조약, 870).

異民族의 侵入

동서프랑크 왕국을 비롯한 유럽 전체가 9세기 후반부터 10세기에 걸쳐 제 2 차 민족이동이라고도 불리는 노르만(Norman)족을 비롯한 이민족들의 침입으로 격심한 시달림을 받게 되었다. 동쪽에서는 중앙아시아 출신의 알타이(Altai)어계통의 마자르족(Magyars)이 9세기 말에 헝가리평원에 나타나 바이에른(Bayern : Bavaria), 작센(Sachsen : Saxony) 등 동부프랑크 일대를 20년간이나 괴롭힌 끝에 지금의 헝가리의 핵심을 형성하였다.[8]

남쪽에서는 9세기에 이슬람세력이 다시 준동하기 시작하여 동세기 중엽에는 시칠리아를 점령하고, 코르시카, 사르디니아 등도 그들의 수중에 들어갔다. 이슬람은 이탈리아 본토에는 발을 붙이지 못하였으나, 10세기 초에 비잔틴에 의하여 격퇴될 때까지 그 세력을 유지하였으며 시칠리아는 그 후에도 1세기 가량 이슬람의 지배 하에 있게 되었다.

활동기간과 범위가 가장 길고 넓었던 것은 북방의 노르만족(Northmen, Norsemen 또는 Viking으로도 불린다)이었다. 그들은 스칸디나비아 반도와 지금의 덴마크에 거주하는 게르만족계통의 부족들로서, 모험심이 강하고 항해에 능한 사람들이었다. 그들이 9세기에 왜 유럽 각처를 갑자기 침입하게 되었는지 정확한 이유를 알 수 없으나, 인구증가와 덴마크, 스웨덴, 노르웨이 등의 왕들이 질서를 확립함에 평온한 생활을 싫어하는 모험심 많은 귀족과 그 도당들이 해외로 진출하게 된 것이 아닌가 생각된다.

노르만의 活動

스웨덴의 노르만은 동으로 슬라브족의 땅으로 진출하였다. 9세기 중엽에는 노브

---

8) 헝가리어는 핀란드어 및 바스크어(Basque)와 더불어 유럽에서의 유일한 非인도유럽어이다.

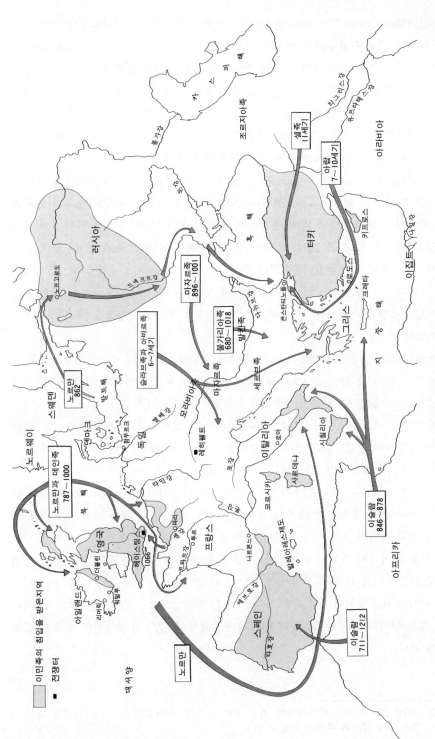

[지도 7] 異民族의 侵入(7세기부터 11세기까지)

고로드(Novgorod)에 기지를 설치하고, 다시 남쪽으로 진출하여 드네프르(Dne-pr)강변의 키에프(Kiev)에 정착하였다. 그들은 일명 바랑고이족(Varangians)으로도 알려졌으며, 여기 저기에 요새화한 기지를 마련하여 주변의 농촌주민을 정복하였다. 그들은 전사인 동시에 상인을 겸하여 모피나 꿀, 그리고 포로로서 노예가 된 자를 상품으로 삼아 콘스탄티노플과 교역도 하고, 때로는 침략자로 변하여 공격을 가하기도 하였다. 10세기에 바랑고이족은 현재의 서부러시아의 지배자가 되고, 이 넓은 땅을 키에프公이 지배하는 최초의 러시아국가를 건설하였다.

노르만은 북해와 대서양에도 출현하였으나, 이 방면에서는 노르웨이와 덴마크 출신의 노르만의 활동이 더욱 현저하였다. 9세기에 그들은 수시로 영국과 프랑스의 해안지대 내지 하천유역에 출현하여 약탈을 일삼았다. 그들의 침입과 약탈에 시달린 서부프랑크왕은 10세기 초에(911) 그들에게 세느강(Seine) 하구일대를 나누어 주고 封臣으로 삼았다. 이것이 후에 커져서 노르망디공국이 되고, 11세기에는 그들의 일부가 멀리 지중해로 진출하여 시칠리아를 이슬람으로부터 탈환하고, 남이탈리아에 나라를 세우는 한편, 영국을 정복하여 노르만왕조를 세우기도 하였다(1066).

이보다 앞서 9세기 후반에 영국은 덴마크 계통의 노르만인 데인족(Danes)의 침입에 시달린 끝에 북동부지방(Danelaw)을 그들에게 할애하였다. 이들은 후에 그리스도교로 개종하여 앵글로－색슨족과 융화하게 되었다.

노르만은 아일랜드에도 침입했으나 원주민인 켈트족에게 격퇴되었다. 그들은 다시 멀리 아이슬란드(Iceland)와 그린란드(Greenland)로 진출하고,[9] 일부는 거기로부터 북미대륙까지 건너갔다는 說도 있다.

이러한 노르만과 이민족의 침입은 가까스로 이루어졌던 질서회복과 안정을 완전히 파괴하여, 사회의 전반적인 봉건화를 촉진하고, 부흥하는 듯이 보였던 문예도 완전히 사라지는 형편이 되었다. 서부프랑크에서는 대부분의 수도원이 노르만의 약탈과 파괴의 대상이 되었으며, 많은 도읍이 여러 번 약탈되고 불탔다. 인명피해도 많았거니와 많은 경작지가 방치되어 삼림이나 황무지로 변하였다. 마자르족의 침입은 노르만처럼 장기간은 아니었으나, 파괴성에서는 더욱 격심하였다. 이러한 깊은 황폐의 진구렁으로부터의 부흥과정에서 유럽의 중세사회와 문화가 발전하게 된다.

---

9) 그린란드는 지금도 덴마크왕의 지배 하에 있으며, 아이슬란드는 1944년까지 역시 그 지배 하에 있다가 현재는 독립하였다.

제 6 장

中世封建社會와 敎會

중세유럽의 봉건사회는 민족이동과 로마제국의 몰락 후의 정치적·사회경제적 상황의 역사적 산물이다. 그것은 기본적으로 국가공권의 해체와 사회의 전반적인 농촌화를 배경으로 성립하였으며, 정치적으로는 지방분권적인 사회요, 사회경제적으로는 農奴制를 바탕으로 한 농촌사회였다.

이러한 봉건사회의 근간을 이루는 主從制度와 莊園制度는 그 기원을 민족이동 전의 로마사회와 게르만사회에 가지고 있으며, 양자를 별개의 것으로 볼 것이 아니라 구조적인 연관을 가진 것으로 종합적으로 파악해야 할 것이다.

본질적으로 지방분권적인 정치질서 속에서 중세 봉건왕국이 싹트고 중세교회 또한 봉건사회와 밀접하게 결합하면서 발전하였으며, 敍任權問題라는 중세유럽에 특이한 종교적·정치적 문제가 발생하기도 하였다.

제 1 절 封建社會의 構造(1) : 封建制度

用語와 解釋의 問題

유럽의 중세사회를 봉건사회(feudal society) 또는 봉건제도 내지 봉건제(feudalism)라고 한다. feudalism라는 용어는 원래 일정한 의무수행에 대하여 수여되는 封 내지 封土(fief)를 뜻하는 중세 라틴어의 feodum, 또는 feudum에서 유래하였다. 그렇기 때문에 일찍부터 봉건제도를 일정한 의무수행과 이에 대한 封(土)授與로 성립하는 주종제도를 중심으로 이해하려고 하였다. 특히 이러한 해석은 法制史家들에게 있어 두드러지며, 지금도 독일계통의 역사가로서 이러한 입장을 취하는 사람은 봉건제도를 封制度(Lehenswesen)로 이해하려고 한다.

주종제도를 중심으로 한 봉제도가 봉건제도의 매우 중요한 내용임에는 틀림없으나, 그것이 내포하는 정치적 의미도 고려해야 할 것이며, 나아가서 봉건제도를 떠받쳐주고 있는 사회경제적 기반도 아울러 생각해야 한다. 그렇기 때문에 社會經濟史家들은 법제적인 국면보다 농노제에 입각한 장원제도를 봉건제도의 보다 더 본질적인 내용이라고 주장한다.

이러한 사회경제사가의 주장은 매우 타당하며, 봉제도만으로는 봉건제도를 전체적으로 완전히 파악했다고는 할 수 없다. 그러므로 필요한 작업은 양자의 해석을 종합하는 일이다. 그러나 단순히 두 가지 해석을 나란히 제시하는 것으로 그쳐서는 안된다. 양자 사이의 유기적인 연관 내지 구조적인 연관이 모색되어야 한다. 다시 말하면 봉건사회를 올바르게 전체적으로 파악하려면 주종제도를 중심으로 한 봉제도와 농노제에 기반을 둔 장원제도를 서로 유기적이고 구조적인 연관을 가진 것으로 파악해야 한다는 것이다.

상술한 해석상의 문제에서 용어의 문제가 파생한다. 오늘날까지도 feudalism을 주종제도 내지 봉제도로 이해하려는 경향이 강하고, 그러한 사용법이 널리 행하여지고 있는 것이 사실이다. 그러나 다른 한편으로는 보다 더 넓게 사회경제적인 국면까지도 포함시켜 사용하는 경우도 적지 않고, 또한 의식적으로 그렇게 하려는 경우도 있다.[1] 그러므로 feudalism이라는 말을 봉건제도로 번역하든 봉제도로 번역하든 거기에는 좁은 뜻과 넓은 뜻의 두 가지 용법이 있으며, 광의로 해석하는 경우 그것은 봉건사회와 거의 동의어로 사용된다는 점에 유의할 필요가 있다. 그리고 ‘封建的’(feudal)이라는 형용사 또한 다양하게 사용되고 있으며, 유럽 이외의 사회에 대하여도 유럽 봉건사회의 어느 한 성격이나 특징과 유사한 것만 있으면 해당 사회의 전체적인 구조야 어떻든간에 ‘封建的’이라고 부르는 경향이 있다. 한편 근자에 많이 사용되고 있는 전통사회(traditional society)라는 말은 근대이전의 사회를 아무런 구별없이 지칭하는, 따라서 봉건사회보다 훨씬 넓고 다양한 내용을 가진 용어다.

起源과 成立過程

봉건제도의 기원에 관해서도 종래 게르만說과 로마說이 대립하였고, 그것은 봉건제도 그 자체에 대한 가치판단까지 수반하였다. 그러나 봉건제도의 기원을 게르만과 로마 그 어느 한 쪽에만 구하려는 태도는 편견 이외의 아무 것도 아니며, 봉건제도를 구성하는 여러 요소의 기원은 민족이동 전의 게르만사회나 로마사회에서 다 같이 찾아볼 수 있는 것이다. 이를테면 주종제도의 한 측면인 개인적 보호관

---

1) 이러한 문제에 관해서는 C. Stephenson(羅鍾一譯), 封建制란 무엇인가(1976, 探求堂)의 부록으로 수록된 마르크 블로크 및 오토 힌제의 논문이 짧으나마 매우 시사적이다.

계는 로마사회의 보호자와 피보호자의 관계인 클리엔테이지(clientage)에서 볼
수 있으며(本書, p.98 참조), 이보다 더 주종제도와 유사한 것은 게르만 사회에서의
종사제(comnitatus)였다(本書, p.147 참조).

봉토의 한 중요한 속성인 토지의 불완전 소유, 즉 완전한 소유가 아니라 地代를
비롯한 일정한 의무수행을 조건으로 토지의 用益權을 갖는 사례는 로마사회의 프
레카리움(precarium)을 들 수 있으며, 이는 또한 민족이동 후의 프랑크왕국에서
의 恩貸地制度(beneficium)와 관련을 갖고 있다. 토지에 결박된 예속적인 소작농
의 출현은 이미 로마제정 후반기의 콜로누스(colonus, 本書, p. 128 참조)에 찾아볼
수 있다.

이러한 여러 요소가 연관을 맺으며 결합하여 유럽 중세에 독특한 봉건제도를 형
성하게 된 것은 역시 민족이동 후의 정치적・사회경제적 상황의 결과였다. 그러므
로 그것은 어느 특정한 지배자나 인물이 인위적으로 마련한 제도라기보다 역사적
으로 형성된 것이다. 그렇기는 하나 봉건제도의 성립에 있어 중요한 위치를 차지
하는 인물이 없지는 않다. 그는 바로 프랑크왕국의 궁재로서 사라센의 침입을 격
퇴한 차알스 마르텔이다. 마르텔은 사라센격퇴를 위하여 종전의 보병 대신 대규모
의 기병을 필요로 하였다. 그러나 기병의 경우 말의 보유와 사육 등 비용이 들었
다. 그리하여 마르텔은 유능한 전사를 모집하여 그들에게 절대적인 충성을 맹세하
게 하고, 기병으로서 종군하는 보상으로 은대지(benfice)를 수여하였다. 그러나
王領만으로써는 토지가 부족하여 교회의 토지로 나머지를 충당하였다. 교회의 토
지는 완전한 소유권의 이전이 불가능하였고, 용익권만이 허용되는 은대지로 수여
되는 것이 관례였다. 전사가 사망하면 그 토지는 응당 교회로 돌아가야 하지만, 마
르텔은 이를 다시 유능한 전사에게 동일한 조건으로 수여하였다. 이리하여 주종제
도와 은대지제도가 결합하게 되고, 9세기에 가서 은대지라는 말 대신에 feudum,
즉 봉토라는 말이 널리 사용되었다.

확실히 마르텔의 조치는 봉건제도성립에 있어 획기적인 중요성을 갖고 있으나,
봉건제도가 완성된 것은 샤를마뉴의 제국이 무너지고, 노르만의 침입・사라센의
공격・마쟈르족의 침입 등이 격심했던 9세기로부터 10세기에 걸친 시기였다. 그
역사적 상황은 극도의 혼란과 무정부상태, 그러한 가운데서의 국가의 무력화와 국
가공권의 해체라고 할 정도의 약화와 분산, 그리고 지방 내지 작은 영역단위의 방
어의 필요성 등이었다.

이러한 정치적 상황만이 아니라 사회경제적인 국면 또한 봉건사회의 성립을 촉
진시켰다. 그것은 로마 말기부터 시작되어 민족이동 후 가속화되고, 사라센의 팽
창으로 유럽이 지중해를 상실함으로써 거의 결정적인 사실이 되어버린 사회의 전

반적인 농촌화와 자연경제로의 후퇴였다. 다시 말하여 상공업의 쇠퇴, 화폐사용과 유통의 소멸이라고 할 정도의 격감, 상공업의 중심으로서의 도시의 소멸 등이 유럽을 자연경제로 돌아가게 하고 사회를 농촌화시켰으며, 이에 따라 토지가 가장 중요한 유일한 재산 형태로 되었던 것이다.

이러한 상황 속에서는 결국 싸울 줄 아는 전사와 토지의 소유자가 사회의 지배층으로서 군림하게 되고, 나머지 일반인이나 무력한 자는 전사계층의 보호 밑에 그들의 토지를 경작하는 예속적인 존재가 되는 수밖에 없었던 것이다.

主從制度와 封土

좁은 의미의 봉건제도의 핵심은 주종제도(vassalage)였다. 봉건적 주종관계는 封臣(vassal)이 될 자가 主君(lord) 될 사람에게 臣誓(homage)와 충성(fidelity)의 맹서를 하고, 주군 되는 사람이 봉신에게 봉토를 수여함으로써 성립한다. 신서와 충성의 의식은 봉신이 될 자가 주군 앞에 무릎을 꿇고, 그의 두 손을 주군의 손 사이에 놓고, 그의 신하가 될 것을 서약하고, 이어 성경이나 성스러운 유물에 대하여 충성과 봉토에 관련된 모든 의무를 수행할 것을 맹서한다. 이 의식은 의례적인 키스로 끝나는 경우도 있으나, 봉토의 상징으로 한 줌의 흙을 봉신에게 수여하는 경우가 많았다.

이러한 의식으로서 성립하는 봉건적 주종관계는 어디까지나 자유인 사이의 개인적 보호관계였다. 주군과 봉신은 자유로운 전사 상호간의 상하관계이지만 봉건사회의 또 하나의 중요한 인간관계인 영주와 농노와의 관계처럼 예속적인 것은 아니었다. 그것은 오히려 자유인 사이의 사적인 계약관계로서 어느 한 쪽이 의무를 수행하지 않는 경우 깨어질 수 있는 성질의 것이었다.

주군 된 사람의 의무는 있는 힘을 다하여 봉신과 그의 봉토를 보호하는 것이고, 봉신된 자의 가장 중요하고 큰 의무는 군사적 봉사(military service)였다. 이러한 군역은 물론 기사(knight : chevalier)로서 종군하는 것이었으나, 주군이 성주인 경우 성의 수비 내지 경비임무가 포함되었다.

그 밖에 봉신은 주군에 대한 경제적 지원(aid)의 의무를 진다. 즉, 주군의 새로운 계승자가 그의 상위자에 대하여 납부할 봉토상속세(relief)가 부족할 경우, 주군의 몸값, 주군의 장자의 성년식이나 장녀의 혼인식, 十字軍從軍, 새로운 城의 축조 등의 경우이다. 이러한 지원은 11세기에 이르러 크게 두 종류로 구분되었다. 즉, 주군이 권리로서 신하에게 지원을 요구할 수 있는 것은 몸값, 장자성년식, 장녀혼인식, 그리고 때로 주군 자신의 상속세보충 등이고, 나머지 경우는 지원할 수 있는 것으로서 봉신은 이를 거부할 수도 있었다.

이 밖에도 봉신은 주군과 그 종자들에게 숙식을 제공할 의무가 있었고, 주군이 부르면 언제나 그 궁정(court)에 나가서 중요한 사항에 관한 상의에 응하고, 충실한 의견을 제시해야 한다(counsel).

봉토는 처음에는 당대에 한한 것이었으나 10세기에 이르러 점차로 세습화하였고, 장자상속제에 의하여 장자에게로 계승되었다. 봉토계승 때는 상속세(relief)를 납부해야 했고, 계승자가 미성년이거나 딸인 경우 주군은 봉토관리자를 지정한다. 만일 계승자가 아무도 없는 경우 봉토는 주군에게로 돌아갔다(escheat).

주종관계는 개인적인 상호 계약관계이지만, 봉신의 주된 의무가 군사적 봉사이기 때문에 한 사람이 여러 주군을 섬긴다는 것은 현실적으로 어려운 일이었다. 그러나 실제로는 이러한 사례가 상당히 많았고, 12세기에는 대부분의 중요한 봉토보유자는 여러 주군의 봉신이었다. 이러한 경우 사태의 혼란을 방지하기 위하여 어느 한 주군에게만 직접 군사적 봉사를 제공하고 나머지 주군에 대하여는 직접적인 종군 이외의 봉신으로서의 의무를 수행하였다(liege homage).

封建的 階層制와 政治機能

주종제도로 맺어지는 상하관계는 평면적인 구성이 아니라 국왕을 정점으로 하고, 평기사를 저변으로 삼는 피라미드형의 봉건적 계층제(feudal hierarchy)를 형성하였다. 즉, 봉신을 거느리지 않는 평기사의 주군은 보다 유력한 자, 이를테면 백작(count)의 봉신이며 백작은 또 다시 보다 더 유력한 봉건적 대토지 보유자인 백작이나 공작(duke), 또는 국왕의 봉신이다. 이렇게 국왕을 정점으로 많은 중간 단계를 거치면서 폭이 넓어지고, 저변에 평기사를 갖는 피라미드형의 계층제가 형성되는 것이다.

이러한 봉건적 계층제의 구성원은 그들 사이에 상·하의 구별이 있고, 토지보유와 권력의 대소에 있어 차이가 있었지만, 피라미드형의 저변에 있는 평기사를 포함하여 모두가 전사인 동시에 봉건적 토지보유자로서 봉건적 지배계급에 속하고 있었다. 봉건사회의 인적 구성 내지 계급구성을 상징하는 말에 '기도하는 사람, 싸우는 사람, 일하는 사람'이라는 표현이 있지만, 주종관계로 봉건적 계층제를 구성하는 사람은 바로 이 '싸우는 사람', 즉 전사에 해당하는 것이다.

주종제도의 가장 중요한 정치적 기능은 원래 개인적인 관계에 불과한 주종관계가 무정부상태라고 할 무질서와 혼란 속에서 붕괴한 국가의 공적 질서를 대신하여, 그나마 질서와 평화를 유지하는 기능을 발휘할 수 있는 거의 유일한 제도였다는 점이다. 그러나 주종제도는 본질에 있어 전사계급을 결속시키는 제도였고, 따라서 이해관계의 해결책으로 가장 빈번히 사용된 것은 전쟁이었다. 그러므로 주종제도의 질서와 평화유지의 기능에는 한계가 있을 수밖에 없었다.

봉건제도의 성립과 더불어 초래된 가장 중요한 정치적 상황은 지방분권이었다. 이는 9세기로부터 10세기에 걸친 유럽의 전반적인 정세의 결과이기도 하지만, 또한 봉토수여에 수반된 不入權(immunity)의 수여의 결과이기도 하다. 불입권은 원래 로마시대에 있어서는 황제령과 같은 특수한 領地에 대한 면세권을 뜻했으나, 봉건제도의 발전과 더불어 그것은 행정, 사법을 포함한 광범한 자치적 통치권을 의미하게 되었다. 이러한 통치권이 봉토보유자인 개인에게 수여됨으로써 국가공권은 봉건적 지배계급에게 광범위하게 분산되고, 그리하여 지방분권적인 정치체제가 성립하게 된 것이다.

그러나 이러한 통치권의 분산이 일률적으로 균등하게 이루어진 것은 아니다. 가장 중요한 구분의 표지는 사형선고가 가능한 상급재판권(high justice)과 가벼운 죄를 다루는 하급재판권이다. 미약한 봉건영주라 하더라도 그의 영지 내에서 재판권을 행사하였으나, 중죄를 처리할 수 있는 상급재판권은 유력한 봉건제후에게 한정되었다. 이러한 봉건제후는 대체로 성(castle)을 가지고 봉신인 기사로 하여금 수비의 임무를 맡게 할 수 있는 성주들이었다. 영국에서 barons이라고 불리워진 이 성주들은 또한 봉건적 계층제라는 권력구조에서 가장 유력한 핵심적인 존재이기도 하였다.

騎士道

기사라는 말은 봉건적 계층제에 있어서의 평기사의 뜻과 더불어, 말을 탄 전사라는 의미에서 봉건적 지배계급을 구성하는 모든 사람에게 적용된다. 따라서 이러한 넓은 뜻에서는 봉건사회의 지배계급인 귀족이 위로는 국왕으로부터 아래는 평기사에 이르기까지 모두가 기사인 것이다. 그러므로 기사도(chivalry)는 봉건적 지배계급인 귀족집단의 도덕과 예의범절을 포함한 행동규범을 뜻하며, 봉건제도의 발전에 따라 역사적으로 형성되었다.

봉건귀족의 아들은 7·8세가 되면 아버지의 주군이나 친척의 상위귀족의 궁정에 가서 기거하면서 기사로서의 교육과 훈련, 그리고 예의범절을 배우게 된다. 어려서는 성주 부인의 시동(page)으로 봉사하면서 예의범절, 악기연주, 노래 등 주로 비군사적인 재능을 닦는다. 14·5세가 되면 從士(squire)로서 주군에게 봉사하면서 말의 사육으로부터 무술연마에 이르기까지, 기사로서 필요한 훈련을 받고, 20세가 되면 騎士敍任을 통하여 완전한 독립된 기사가 된다.

기사의 주된 임무는 전쟁이었다. 성주인 유력한 제후들은 봉신을 거느리고 인접한 영지를 잠식하기 위하여 전쟁을 하고, 일반 평기사는 봉건적인 의무와 주군의 승리,

그리고 전리품에 참여할 수 있다는 기대로 종군한다. 전쟁은 승자에게 가장 이로운 사업이며, 전투는 즐거운 경기이기도 하였다. 봉건귀족들의 일상생활에서 큰 비중을 차지한 사냥도 그 자체의 즐거움과 더불어 심신의 단련을 겸하는 것이었다.

그렇기 때문에 기사에게 있어 가장 중요한 덕목은 용맹이었고, 주종제도의 유지에 필요한 충성과 신의였다. 따라서 비겁과 배신은 가장 큰 악덕이었으나, 폭력이나 적에 대한 잔인성 등은 그렇게 나쁘게 생각되지 않았다. 그러므로 기사도의 본질은 전사로서의 덕과 생활이었으며, 적어도 11세기나 12세기 초까지만 해도 그들의 기질이나 생활은 거칠고 사나운 것이었다. 더구나 봉건귀족에 관한 한 그들의 개인적인 행동을 규제할 법은 실질적으로 존재하지 않았다.

12세기 이후 상업이 부활하고 화폐경제가 발달함에 따라 봉건귀족의 생활도 변하였다. 전체적으로 보다 더 풍요해졌으나 중소귀족과 대귀족의 격차가 전보다 더욱 현저해졌다. 이와 동시에 쇄신된 교회와 십자군의 영향으로 기사도도 우아해지고 세련되었다.

명예를 존중하는 기풍은 전부터 있었으나 이 시기에 더욱 강화되고, 무장하지 않은 상대를 공격하는 것은 부당하다는 태도의 밑바닥에는 명예 존중사상이 깔려 있었다. 교회는 기사들의 전쟁이나 전투를 줄이고 완화시키기 위하여 '신의 휴전' (Truce of God)이라 하여 일요일이나 주된 축제일에는 전투를 금지하고, '신의 평화'(Peace of God)라 하여 여자, 상인, 농민, 성직자 등 비전투원에 대한 공격을 금지시켰다. 이러한 교회의 금지가 반드시 그대로 지켜지지는 않았지만, 거칠고 사나웠던 전사적인 기질이 다듬어지고 노약자에 대한 동정과 보호가 용맹과 더불어 덕으로 간주되었다.

기사도에 있어서 여성존중의 기풍도 궁정의 사랑을 테마로 삼은 기사문학의 영향이 없지 않았으나, 교회의 영향이 컸다. 기사는 이상적인 여성—현실적으로는 대체로 주군의 부인이었다—을 정하고 그를 위하여 헌신적인 봉사를 하는 것을 큰 명예로 생각하게 된 것이다. 이러한 기풍은 여성의 지위향상에 큰 도움을 주었으며, 13세기 초에는 여자상속자의 臣誓도 가능해졌다.

봉건귀족에게 있어 가장 큰 행사의 하나가 된 馬上試合(tournament)도 기사들의 전투기질을 일종의 경기로 승화시켜 완화하는 데 큰 도움이 되었다. 처음에는 두 기사집단간의 시합으로서 경기가 거칠고 인명의 손상도 있었으나, 점차로 1 대 1의 시합으로 바뀌고, 무기도 인체에 손상을 주지 않는 것으로 변하였다.

기사문학에 묘사된 기사도는 현실과 거리가 멀었고, 봉건제도의 붕괴와 더불어 기사도도 쇠퇴하였으나, 근대에 접어들어서도 유럽 지배층의 생활윤리에 미친 영향은 적지 않다.

제 2 절 封建社會의 構造(2) : 莊園制度

定住 및 農業經營形態

주종제도로서 결합된 봉건적 지배층은 다 같이 전사인 동시에 토지소유자였고, 그들의 토지는 莊園으로 조직되어 있었다. 따라서 그들은 모두가 장원영주(manorial lord)였으며, 장원제도(manorial system)는 주종제도의 사회경제적 기반으로서 봉건사회의 핵심을 이루고 있으며 양자는 구조적인 연관을 가진다. 그 내용을 보기에 앞서 중세 유럽 농촌의 定住(settlements)와 농업경영형태의 기본형을 간단히 보기로 하자.

정주형태는 크게 촌락(village)과 散居定住(dispersed settlements)로 나눌 수 있다. 후자는 스코틀랜드, 웨일즈, 콘월(Cornwall), 브르타뉴, 서부노르망디, 그리고 프랑스의 중부 고지대 등 빈약한 토질의 지방에서 흔히 볼 수 있으며, 보다 더 비옥한 지방은 대체로 촌락정주형태를 취하고 있다.

산거정주의 경우 농민들은 세대마다 따로 떨어져 고립해서 거주하며, 토지의 경작도 원시적이다. 각 세대는 집 근처에 약간의 경작지(in-field)를 가지고, 가축의 분뇨를 비료로 삼아 계속 경작을 한다. 그밖에 따로 개방된 토지(out-field)를 경작하는 바, 이는 1년 내지 2년간 地力이 고갈될 때까지 경작한 후에는 또 다른 토지로 옮겨 경작한다. 이러한 농업 경영방식은 토질이 빈약하고 인구가 희박한 곳에 적합하다.

촌락정주의 경우 경작지의 형태에 따라 크게 두 형태로 구분된다. 영국의 대부분, 르와르강(Loire) 북쪽과 세느강 하구 동쪽의 프랑스, 그리고 독일의 비옥한 지방은 開放耕地制(open-field system)로서 처음에는 2圃制였다가 후에 3圃制(three fiedld system)로 변하였다. 르와르강 남쪽의 프랑스와 대부분의 지중해 연안지방은 울타리로 둘린 거의 正方形에 가까운 사각형의 경작지로서 각 세대는 이러한 경작지를 서너개 갖고 2포제를 채택하고 있었다. 개방경지제의 경우 다른 여러 가지 요인과 결합하여 촌락공동체적인 규제가 강하고, 울타리를 친 경우는 농가마다의 독립경영이 지배적이었다.

莊園의 構造

장원(manor : seigneurie : Villikation)은 촌락과 일치하는 경우가 많았으나, 경

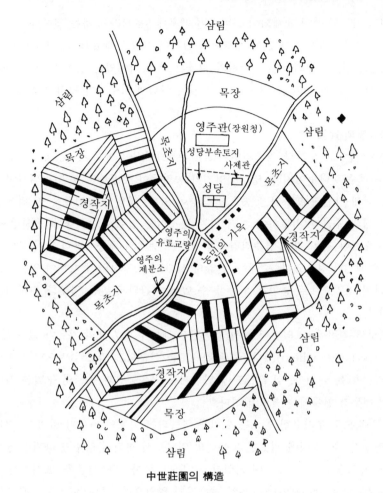

삼림

목장

영주관(장원청)

삼림

성당부속토지

사제관

삼림

목장

목초지

경작지

성당

목초지

영주의
유료교량

농민의 가옥

경작지

영주의
제분소

목초지

삼림

경작지

목장

삼림

中世莊園의 構造

우에 따라 한 장원에 두 개 이상의 촌락이 포함되는 경우도 있고, 큰 촌락인 경우 두 개 이상의 장원으로 구분되는 경우도 있었다. 어떤 경우이든 장원은 농촌적인 중세사회의 일상적인 현실생활이 영위되는 기본 단위였다.

한 촌락이 하나의 장원인 경우 그 중심에 장원을 관리하는 영주관(manor house)이 있다. 단순한 평기사인 경우 본인이 여기에 거주하면서 관리하였으나, 그외의 경우에는 관리인(steward 또는 bailiff)을 두었다. 농가는 도로변에 나란히 모여 있으며, 제분소·제빵소·창고 등 시설물과 교회가 영주관에 인접해 있다. 그 주변에 경작지와 공동목장(common pasture)이 있으며, 경작지는 크게 셋으로 구분되어 있다. 하나는 休耕地이며 다른 하나에는 가을에 겨울곡식(겨울보리)을 심고, 세번째 것에는 봄에 봄곡식(봄보리) 또는 콩 종류를 심었다. 이러한 각 경작지의 기능이 매년 교체되어 돌아가기 때문에 3포제라고 하는 것이다.

경작지에는 울타리가 없이 개방되어 있으며 수많은 地條(acre strips)로 구성되어 있고, 영주·교회·농민 각자의 지조가 서로 섞여있는 것이 또한 특징이다(混在地制度, Gemengelag). 촌락 밖에는 넓은 삼림과 황무지가 펼쳐져 있었다.

農奴制와 賦役

경작지는 그 성격상 영주직영지(demesne)와 농민보유지(peasant's holding)의 두 범주로 나누어지며, 영주직영지가 농민들이 제공하는 부역에 의하여 경작된다는 점에 장원제도의 가장 중요한 특징이 있다. 장원의 농민들은 이 밖에 가옥이나 성벽의 수리를 비롯하여 여러 가지 짐스러운 일에 노동력을 제공하였으나, 가장 중요했던 것은 역시 영주직영지를 위한 노동력의 제공이었다.[2] 이 부역은 평균 일주일에 3일 정도였다. 중세는 '신앙의 시대'이기도 하였기 때문에 일요일은 노동을 하지 않았으므로 농민은 노동할 수 있는 시간의 절반을 영주를 위하여 바쳤던 셈이다.

이로써 짐작할 수 있듯이 장원의 농민은 대다수가 人身의 자유가 없는 예속적인 농노(serf, 또는 villein)였다. 물론 자유로운 신분의 농민도 있었으나 수적으로 많지 않았을 뿐 아니라, 실제 생활에 있어서는 자유농민과 농노의 구별은 적어도 장원의 테두리 안에서는 별로 없었다.[3]

신분적으로 부자유한 농노는 토지에 결박되어 이동의 자유가 없었다. 그는 장원의 영주직영지 경영에 필요한 노동력의 일부로서 장원의 영주가 바뀌면 장원과 더불어 새로운 영주에게 예속되었다. 농노는 부자유한 신분을 표시하는 인두세(chevage)를 납부하였다 .그 액수는 많지 않았으며, 프랑스의 경우 4드니에(denier)였기 때문에 농노를 '4드니에의 사람(homme de quatre deniers)'이라고도 불렀다. 농노는 혼인의 자유도 제한되었다. 특히 다른 영주소속의 농노의 딸과 결혼하는 경우 해당 영주에게 있어 그것은 자기 소유 노동력의 감소를 뜻하는 것이

---

2) E. Lipson은 장원제도의 본질에 관하여 다음과 같이 말하고 있다. "장원제도의 본질은 영주의 직영지와 부자유한 농민사회 사이에 설정된 밀접한 연관에 있다. 그리고 농노제의 기본적인 목적은 영주직영지에 대한 농동력의 제공이었다." E. Lipson, *The Growth of English Society* (1948), p. 15.

3) 9세기 중엽을 전후한 시기의 수도원의 장원문서를 보면, 농민의 구성이 다양한 것을 알 수 있다. 즉, 자유인, colonus, 해방노예, 노예(servus, 실제로는 농노) 등이다. 이는 장원농민의 출신을 말해주는 것으로서 12세기까지는 거의 전부가 농노로 통합되며, 이미 이 시기에서도 부담이나 의무 등에 있어 현실적으로 큰 차이는 없었다. B. Tierney and S. Painter, *Westen Europe in the Middle Ages* (1978), p. 159 이하 참조.

었고, 따라서 이를 보상하는 의미에서 혼인세(formarriage)를 물었다. 농민보유지는 농노의 소유지가 아니라, 영주가 필요로 하는 노동력의 재생산을 위하여 그에게 할당된 땅이었다. 따라서 농노는 보유지를 상속할 때 상속세(mainmorte)를 물었으며, 상속자가 없는 경우 토지는 영주에게로 돌아갔다. 기본적인 인두세는 그 액수가 정해져 있었으나, 경우에 따라 농노는 영주의 자의에 의하여 상당히 많은 액수의 인두세(taille arbitaire)를 납부하는 경우도 있었다.

이상은 농노제(serfdom)의 본질을 구성하는 각종 공납이지만, 농노는 이 밖에 각종 잡역에 동원되고, 영주 자녀의 혼인 등 여러 가지 명목으로 공납을 바쳐야만 했다. 그리하여 독일에서는 농노를 가리켜 '뿔없는 소'라고 부르기까지 했다.

領主權

장원영주는 강대한 영주권(seigneurial rights)을 갖고 있었다. 그것은 영주가 단순히 토지소유자라는 경제적 요인에서 유래하는 것이 아니라, 본질에 있어 경제외적인 권리요 권한이었다. 그것은 앞서 주종제도에서 살핀 바 국가공권의 해체와 분산에 그 근원을 두고 있으며, 평기사의 영주로부터 백을 넘는 장원을 가진 대영주에 이르기까지 대소간에 이러한 영주권을 갖고 있었다.

영주권의 구체적 내용은 다양하다. 영주는 장원 내에서 제분·제빵·포도압축 등 일상생활에 필요 불가결한 시설을 독점하고, 장원 내 주민들로 하여금 이를 강제적으로 이용하게 하여 요금을 징수할 권리를 가진다. 이러한 시설독점 및 강제사용권(bannality : Bannrecht)은 도로·교량·항만의 부두시설, 그리고 나아가서는 시장개설 내지 시장 내 각종 시설에까지 미친다.

그러나 영주권에 있어 가장 핵심적인 것은 영주재판권이었다. 앞서도 지적한 것처럼 재판권에는 상급과 하급의 구분이 있었으나, 소영주라 하더라도 재판권을 행사했으며, 바로 이 영주재판권이야말로 농노를 부자유한 신분에 예속시키고, 그들을 장원의 노동력으로서 토지에 결박시키는 기본적인 권리였다. 이러한 재판권에는 당연한 일이지만, 도망간 농노를 쫓아가서 잡아올 권리[追迹權]가 포함되어 있으며, 상급재판과 같이 중죄를 다루는 경우는 다르지만, 경죄의 경우 체형보다는 벌금형이 보통이었고, 그것은 또한 영주의 수입을 증대시키는 방편이기도 하였다.

이 밖에 일반적으로 대영주의 경우이지만, 관세·시장세·상품세 등 각종 세금의 징수권과 영지 내의 광산개발권, 그리고 나아가서는 화폐주조권 등 본질에 있어 국가공권에 속하는 여러 권한을 지방제후들이 영주권으로서 갖고 있었다.

이상과 같은 경제외적인 광범한 영주권의 보유와 행사라는 측면에서 볼 때, 장원제도는 領主制(seigneurial system)라고 부르는 것이 더 타당할지도 모른다.

共同體的 性格과 慣習

장원제도 안에는 앞서 설명한 영주제적인 면과는 성격을 달리하는 共同體的인 규제와 권리가 있었다. 공동체적 규제는 구체적인 농업경영면에서 두드러지게 나타나며, 그것은 기술상의 제약과도 밀접한 관련을 가진다. 3포제 농법과 개방경지, 그리고 혼재지제도 하에서는 농민은 물론이요, 영주라 하더라도 독자적이고 개별적인 농업경영이 불가능하였다. 경작지에 심는 곡식의 종류, 파종이나 수확의 시기 등은 전체적으로 정해져 있었으며, 이러한 공동규제를 耕地强制(Flurzwang)라고 한다.

농업경영에 관한 이러한 공동체적인 규제보다 농민에게 있어 보다 더 중요했던 것은 공도체적인 권리이다. 수확이 끝나면 누구의 경작지에서든 떨어진 이삭을 주울 수 있고[落穗權], 가축을 방목할 수 있었다[放牧權]. 촌락의 목장이나 목초지는 공동으로 이용할 수 있고, 주변의 삼림에서는 벌목이나 숯을 구어 땔감을 마련할 수 있었으며, 소택지에서의 고기잡이와 泥炭採集 등도 공동으로 할 수 있었다. 이러한 공동체적 권리는 특히 가난한 농민에게 있어 생활에 직결되는 소중한 권리들이었다.

공동체적 규제나 권리는 그 기원이 영주제보다 앞선 촌락공동체(village community)에 있는 것으로 생각되며, 장원의 관습으로서 영주권까지 제약하는 힘을 갖고 있다. 영주는 농노로부터 부역과 각종 공납을 마음대로 요구할 권리가 있었으나, 장원의 관습은 이를 억제하는 힘을 가졌고 일단 정해진 것은 관습화하여 영주권으로서도 그렇게 마음대로 인상하거나 새로운 요구를 할 수 없었다. 영주의 입장에서도 지나친 요구나 수탈, 또는 부당한 재판권행사 등으로 장원 그 자체가 마비되거나 붕괴되는 것은 바람직한 것이 못되고, 관습을 존중하는 편이 안전하였다. 이렇듯 장원의 관습의 힘은 매우 컸고, 농노의 일상생활로부터 토지보유, 그리고 장원 전체의 운영이 관습에 규제되는 면이 강하였다.

공동체적인 규제와 장원의 관습은 원칙적으로 개인의 자발성이나, 창조성, 그리고 자유경쟁을 배제하는 것으로서 봉건사회의 정적(static)인 성격과도 부합된다. 그러므로 장원제도의 붕괴로부터 동적(dynamic)인 근대사회로의 이행에 있어 단순히 영주제적인 면만이 아니라, 공동체적인 면과 관습의 붕괴도 무시못할 중요성을 지닌다.

제 3 절   中世封建王國의 成立

프랑스

서부프랑크의 대부분의 영토는 과거 로마제국의 일부였고, 메로빙거, 카롤링거 두 왕조를 통하여 프랑크왕국의 주요 부분을 이루고 있었기 때문에 서북부의 브르타뉴와 아키텐(Aquitaine)지방을 제외하고는 동질성을 갖고 있었다. 국토는 州(county)로 나누어져 있었고, 주는 주교구와 일치하였으며, 그것은 또한 로마시대의 도시행정구역(civitates)과도 일치하였다.

서부프랑크의 정치구조에 있어 핵심적인 존재는 州伯(count)이었다. 그는 원래 국왕의 대리인으로서 신하의 기사적 의무를 지휘하였으나 그 지위가 점차로 세습화하여 유력한 봉건제후가 되고, 그 중에는 몇 개 백작령을 병합한 대제후도 생겨났다. 이러한 유력한 제후들의 그늘 밑에서 서부프랑크의 왕권은 점차로 미약해졌다. 그것은 단순히 국왕이 무능했던 탓만은 아니다. 애당초 샤를마뉴의 직할령은 서부에서는 그리 많지 않았고, 따라서 서부프랑크왕은 언제나 가난한 편이었다. 그나마 국왕은 그의 지지세력을 얻기 위하여 봉토로 그의 직할령을 나누어 주었기 때문에 10세기에는 직할령이 극도로 축소되었다. 뿐만 아니라 왕위계승을 둘러싸고 내분이 계속되는 가운데 노르만의 침입이 빈번하여 봉건제후의 세력은 날로 증가하였다.

10세기 말에 카롤링거왕조의 마지막 왕인 루이 5세(986~987)가 사망하자 전국의 봉건귀족과 고위성직자는 회의를 열어 유그 카페(Hugh Capet, 987~996)를 새로이 국왕으로 추대하였다. 국왕이 된 유그 카페는 곧 재위 중에 장자를 협력자로 지명하는 관행을 마련하여 왕위의 세습화를 기도하였고, 다행히 왕자가 끊이지 않은 카페왕조는 14세기 초까지 계속되었다(987~1328).

그러나 카페왕조 초기의 국왕들은 미약한 존재였다. 그의 직할령은 지금의 수도 파리를 중심으로 한 일-드-프랑스(Ile-de-France) 公領이었고 富나 권력에 있어 다른 봉건대제후(feudal princes)보다 나을 것이 없었다. 플랑드르(Flandre), 노르망디, 브르타뉴, 앙쥬(Anjou), 샹파뉴(Champagne), 부르고뉴(Bourgogne: Burgundy), 아키텐, 투울루즈(Toulouse) 등의 광대한 백작령 내지 공작령(duchy)을 소유한 대제후들은 거의 독립국가나 다름없는 존재였다. 그러므로 초기 카페왕조의 프랑스는 통일된 국가라기보다 이러한 대제후들의 느슨한 연합체에 지나지 않았고, 그러한 의미에서 전형적인 봉건국가의 모습을 보여주고 있다.

이러한 상황 속에서 카페왕조가 존속한 것은 첫째로 정치적 안정을 바라는 교회의 확고한 지지를 받았기 때문이다. 주교나 수도원장도 하급성직자와 교회재산을 보호하기 위하여서는 대제후의 봉건적 신하가 되지 않을 수 없었다. 그리하여 봉건적 계층제의 한 구성원이 되어 있었으나, 그래도 교회재산을 빼앗기는 사례가 없지 않아 안정된, 그리고 가능하면 강력한 국왕을 기대하였던 것이다. 둘째로 봉건적 이론에 따르면 왕국의 대제후의 상위주군 내지 수장으로서 국왕이 필요하였고, 카페왕조는 그러한 면에서 적합하였다. 왜냐하면 왕권은 약하고 왕령도 넓지 않아 無害한 존재였고, 따라서 교회에 의하여 塗油되어 성화된 국왕을 구태여 타도할 필요가 없었던 것이다. 셋째로 왕위의 세습이 관행으로 인정되고, 왕위를 계승할 세자가 단절됨이 없이 대를 이었던 것도 중요한 이유의 하나다.

英 國

앵글로－색슨족이 여러 왕국(7 왕국)을 건설하고 있던 영국이 통일된 왕국으로 발전한 것은 9세기로부터 10세기에 걸친 데인족의 침략에 대한 저항 과정에서였다. 영국의 통일왕국의 진정한 건설자는 웨섹스(Wessex)의 알프레드대왕(Alfred the Great, 871~899)이었으며, 그는 데인족과 평화협상을 맺고 재건에 노력하였으며, 학예의 부흥에도 관심을 가졌다. 그의 후계자들에 의하여 데인족의 점유지가 회복되었으나, 그들의 거주지인 데인로(Danelaw) 지역은 고유의 법과 習俗을 유지하였다. 앵글로－색슨족의 옛 터는 점차로 장원으로 조직되었으나, 데인로 지역에서는 독립농이 우세하였다.

앵글로－색슨왕국의 통치는 동시대의 유럽대륙의 어느 곳보다 능률적으로 조직되어 있었다. 국왕은 원칙적으로 선거제였으나 실제로는 알프레드대왕의 후계자로 한정되어 있었다. 왕령은 전국에 산재해 있고, 국왕은 지방법정에서의 벌금의 일부를 징수할 수 있었고, 국왕의 소집에 따라 모든 성년남자는 병역의 의무를 지고 있었다. 이리하여 국왕은 왕권과 궁정을 유지할 군대와 충분한 영지를 가질 수 있었고, 많지는 않더라도 정기적인 화폐의 수입도 있었다. 뿐만 아니라 州長官(sheriff 또는 shirereeve)을 임명하고 교체시킬 권한을 가졌으며, 주교와 수도원장도 임명하였다.

국왕의 자문기관인 동시에 국왕선거도 실시하는 위탄게모트(Witangemot)로 알려진 모임은 고위관직자, 대지주 그리고 고위성직자로 구성되었으며, 또한 국왕은 그의 직속으로 왕명(writs)을 작성하는 매우 능률적인 비서실(chancery)을 가지고 있었다. 그러나 국왕은 통치임무의 일부만 관장하고, 나머지는 주법정(shire court)에 위

임하였다. 주(shire 또는 county)는 원래 앵글로-색슨왕국의 지방행정단위였으며
(Kent, Essex. Sussex 등), 데인족의 점유지를 회복하면서 그 곳 역시 군사기지인
바라(borough)를 중심으로 샤이어(州)가 새로 조직되었다(Nothinghamshire,
Cambridgeshire, Bedfordshire 등). 주법정은 지방 군사령관(earldorman), 주장
관, 그리고 주교의 사회로 주 내의 자유민이 모여 지방의 관습에 따라 재판하였다.

11세기에 데인족은 재차 영국을 침범하였다. 1016년 덴마크왕 카누트(Canute,
또는 Knut)는 대함대를 거느리고 영국에 침입하여 왕위에 올랐다. 카누트왕
(1016~1035)은 공정하고 유능한 통치자였으며, 군대를 유지하기 위한 비용으로서
덴겔트(Danegeld)를 징수하였을 뿐, 영국의 법과 관습을 존중하였다.

카누트가 사망한 후 그의 후계자들 사이에 격렬한 내분이 일어나서 위탄회의(Wi-
tangemot)는 알프레드 계통의 에드워드 告解王(Edward the Confessor, 1042~
1066)을 국왕으로 선출하였다. 고해왕의 어머니는 노르망디公 리처드(Richard Ⅱ)의
누이동생이었고, 카누트 치세 때 고해왕은 노르망디 궁정에 머물렀다. 이러한 혈연관
계로 고해왕이 후계자없이 사망하자 그의 외사촌인 노르망디公 윌리엄(William)이
왕위계승자로 나섰다. 그는 각처로부터 모집한 약 5,000의 기사를 거느리고 영국으로
쳐들어가서 위탄회의가 선출한 웨섹스伯 하롤드(Harold, earl of Wessex)를 헤이스
팅즈(Hastings)의 전투에서 격파하고 영국 왕위에 올랐다(1066). 이것이 이른바 '노
르만의 영국정복'(The Norman Conquest of England)이다.

그러면 노르만의 정복으로 영국은 얼마나 달라졌는가. 많은 변화가 일어났으나,
또한 전시대의 많은 것이 존속되었다. 윌리엄 정복왕(William the Conqueror,
1066~1087)은 군사기지(borough)마다 성채(castle)를 축조하고, 특히 도버해협
쪽에는 만일의 경우 철수에 대비해서 요새를 축조하였다. 그리고 북의 스코틀랜드
와 서쪽의 웨일즈 국경선에는 통합된 봉토를 일괄해서 신임하는 신하에게 수여하
여 대비하게 하였다.

윌리엄은 스스로 정복자라기보다 고해왕의 정당한 계승자로 자처하였다. 그리
하여 그는 왕령을 고스란히 자기 소유로 접수하고 무력으로 저항하지 않은 색슨족
의 지주들은 그대로 신하로 삼고, 반항한 색슨의 토지는 몰수하여 종군한 신하들
에게 분배하였다. 색슨 지주들의 토지는 분산되어 있었기 때문에 윌리엄 추종자들
의 봉토도 여기 저기 분산되었다. 색슨이든 노르만이든 봉토소유자는 일정한 수의
기사를 차출할 의무가 가해졌으며, 주교와 수도원장을 비롯한 고위성직자들에게
도 동일한 의무가 부과되었다.[4] 대제후의 경우 그 영지를 再分封하는 것은 본인에

---

4) 그 결과 윌리엄은 약 5,000의 기사를 확보할 수 있었다.

게 일임하였다. 이리하여 영국에서도 대륙식의 봉건제도가 서서히 틀을 잡아가게
되었다.

윌리엄은 영국 古來의 관습을 유지하고 또한 앵글로－색슨시대의 국왕들의 법
을 인정할 것을 약속하였다. 그리하여 주법정도 관습법에 따라 재판하도록 존속시
켰으나, 주장관(sheriff)만은 노르만으로 대치시키고 대륙식에 따라 교회재판권을
따로 분리시켰다. 정치구조에 있어서의 가장 중요한 변화는 노르망디에서의 봉건
적인 관행을 도입한 것이다. 윌리엄은 종래의 위탄회의 대신 유력한 봉건신하로서
구성되는 왕실회의(curia)를 설치하였다. 노르만 영주에게는 영민에 대한 경찰권
을 부여하고, 보다 유력한 영주에게는 교수형에 처할 수 있는 권리를 부여하였다.
주교나 수도원장은 이미 앵글로－색슨시대에 부분적이지만 불입권을 가지고 있었
으나, 윌리엄은 이를 가장 유력한 세속 영주에게 확대시켰다.

노르만정복 전의 영국농민은 부자유한 농노로부터 영주에게 일정한 의무는 지
지만 신분은 자유로운 농민에 이르기까지 여러 층이 있었다. 정복자인 노르만의
영주들은 이러한 중간단계의 농민을 일률적으로 농노로 취급하고, 그들에게 영주
제를 적용하였다. 그리하여 앵글로－색슨시대에 자유로운 신분을 누렸던 많은 소
농들이 노르만의 정복과 더불어 영주의 자의적인 지배에 예속하게 되었다.

윌리엄은 북부프랑스에서 전형적으로 발전한 봉건제도를 영국에 도입하면서도
유럽의 어느 군주나 국왕보다도 강력한 왕권을 누렸다. 왕령은 매우 광대하여 신
하의 누구보다도 부유하고 강력하였으며, 국왕에 대한 기사로서의 봉사의무는 그
에게 막강한 군사력을 제공하였다. 그는 전대로부터의 덴게르트와 같은 임시세를
전국적으로 징수할 권리를 보유하였으며, 국왕이 임명하는 주장관을 통하여 지방
의 행정과 사법을 통제할 수 있었다.

이러한 어느 정도 중앙집권적이라고도 할 수 있는 강대한 왕권을 바탕으로 그것을
더욱 강화하는 조치가 취해졌다. 1086년 윌리엄은 전국의 陪臣들(subvassals)을 솔
즈베리(Salsbury)에 소집하여 국왕에게 충성을 서약하게 하였으며(솔즈베리의 서
약), 이 충성의 서약을 배신들이 그들의 직접적인 주군에게 행한 것보다 앞서는 것으
로 규정하였다. 또한 윌리엄은 王命委員들을 각 주법정에 보내어 각 지역의 자원에
관한 상세한 보고를 작성하게 하고, 이를 토대로 《둠즈데이 북》(*Domesday Book*)
이라는 토지대장을 편찬하여 징세와 행정의 자료로 삼았다(1086). 당대에 이와 같이
규모가 크고 정확한 행정 및 징세자료를 가진 군주는 따로 없었다.

이와 같이 윌리엄의 권력이 강대해짐에 따라 제후들(barons)과의 사이에 긴장
상태가 조성되었다. 윌리엄은 강력한 왕권을 그대로 유지할 뿐 아니라 가능하면
이를 보다 더 강화하려 하였고, 영국의 제후들은 적어도 노르만의 귀족들과 같은

정도라도 왕권으로부터의 독립성을 얻으려고 하였다. 정복왕은 이러한 제후들을
통제하는 데 성공하였으나, 그의 후계자들은 반드시 그렇지도 않았다.

獨 逸

독일의 봉건국가로서의 발전과정은 프랑스나 영국과 다른 점이 많았다. 과거의
로마領이었던 것은 로타링겐(Lotharingen : 英 · 佛에서는 로렌 Lorraine)과 서부프
랑켄(Franken : Franconia)정도였고, 바이에른은 피핀(Pepin) 때 프랑크왕국에
편입되고 작센은 장기간에 걸친 저항끝에 샤를마뉴 때 정복되었다.

이와 같이 로마문화나 프랑크왕국과의 관련이 희박하였고 이에 따라 봉건제는
일반적으로 로타링겐과 프랑켄을 넘어 퍼지지 못하고, 州伯(count : Graf)은 지방
법정의 감독권을 가진 국왕의 代官이었으며, 서부프랑크에서와 같은 주 조직은 대
부분의 경우 없었다. 영주제 또한 독일에서는 별로 볼 수 없었고, 작센에서는 실질
적으로 존재하지 않았으며, 귀족과 평민인 자유농민이 있었을 뿐이다.

9세기 중엽에 동부프랑크에서 카롤링거 계통의 왕권이 쇠퇴하자, 프랑켄, 작센,
슈바벤(Schwaben : Swabia), 바이에른 등 독일을 구성하는 주요 부족들은 과거
의 독립적인 지위를 회복하려고 하였다. 이러한 부족의 족장은 公(Herzog)이라
칭하였으며, 그들 권력의 원천은 대토지소유와 그들의 영토 내에서의 군사적 지도
자로서의 영민에 미치는 영향력이었다. 이러한 部族公(tribal duke)들은 왕령을
잠식하고, 주백을 복종시키며 교회에 대한 보호권을 획득하여 동부프랑크 말기에
는 각 공국에서의 왕과 같은 존재가 되었다.

부족公들은 통일군주가 없는 것이 유리하였으나, 교회는 이와 반대로 강력한 통
일군주를 원하였고, 마자르족의 거듭되는 침입은 역시 통일군주의 필요성을 절감
하게 하였다. 그리하여 10세기 초에 카롤링거 계통의 혈통이 단절되자, 프랑켄의
콘라드(Konrad, 911~918)를 국왕으로 선출하였으나 그는 너무나 미약하였다. 그
리하여 가장 강력한 부족公인 작센公 하인리히 1세(Heinrich Ⅰ, 919~936)를 다
시 선출하였다. 하인리히는 각 지방 제후(부족公)로 하여금 통일군주로서의 국왕
을 인정하게 하였을 뿐 각 지방의 자치를 허용하였고—실제로 그럴 수밖에 없었
다—, 따라서 지방 제후들은 거의 독립적인 지배자나 다름없었다. 이와 같이 독일
은 건국초부터 부족적인 지방할거주의가 강하였다.

새로 출범한 독일왕국에 강력한 왕권을 수립한 것은 하인리히의 아들 오토 1세
(Otto Ⅰ, 大帝 der Grosse, 936~973)였다. 오토 1세는 왕권의 강화와 더불어 神
聖로마제국(the Holy Roman Empire : das Heilige Römische Reich)을 건설하
고, 레히펠트(Lechfeld)에서 마자르족을 격파하여(955) 마자르족의 대규모 침략

북 해

러시아

포메라니아

폴란드

뤼베크

함부르크

브레맨

작센

히르쯔산맥

마그데부르크

실레시아

튀린기아

하부로렌

아헨

독 일 왕 국

보헤미아

모라비아

프랑크푸르트

트리에르

오스트리아

프랑켄

스트라스부르

아우크스부르크

빈

프랑스

슈바벤

바르바리아

스티리아

카린티아

카르니올라

밀라노

브레시아

트리에스테

롬바르디

베네치아

알렉산드리아

페라라

제노바

론코글리아

볼로냐

라벤나

아비뇽

이탈리아왕국

피사

피렌체

로마냐

자라

아를

안코나

투스카니

리구리아해

앗시시

아드리아해

라구사

코르시카

교황령

탈리아코쪼

로마

티 레 니 아 해

엘피

나폴리

사르데냐

살레르노

아폴리아

두 시칠리아왕국

팔레르모

시칠리아

시라쿠사

지 중 해

■ 전쟁터

— 신성로마제국의 경계

두시칠리아 왕국

교황령

교황의 요구지역

베네치아의 영역

[지도 8] 中世독일과 이탈리아(13세기 중엽)

에 종지부를 찍었다.

오토는 명실상부한 국왕이 되기로 결심하고, 아아헨(Aachen)에서 대관식과 도유식을 올리고, 지방제후의 반항을 분쇄하였다. 이 과정에서 프랑켄公이 전사하자 오토는 프랑켄을 직접 통치하기로 하였으며, 프랑켄의 병합은 독일왕권을 크게 강화하고 부유하게 만들었다.

오토는 왕권강화에 있어 교회에 크게 의존하였다. 그는 유력한 주교나 수도원장을 선택하여 그들에게 부와 권력을 부여하는 한편 국왕에 대한 충성과 지원을 약속하게 하였다. 프랑스나 영국의 국왕도 성직자의 지원에 의존하는 바 컸으나, 특히 독일에서는 다른 어느 곳에서보다도 교회는 왕권의 주된 보루가 되었다. 주교와 수도원장은 그들의 광대한 토지재산을 관리하고, 주변 지역에 대하여 州伯의 권한을 행사하는 한편, 필요한 경우 오토에게 병사를 제공하였다. 그리하여 오토는 작센과 교회로부터 병사를 얻어 막강한 군사력을 유지할 수 있었다. 독일에서의 종교제후의 세력이 다른 곳에서보다 더 강대해진 원인의 하나다.

오토는 슈바벤公과 바이에른公이 다 같이 야망을 품고 있는 부르군드(Burgund) 왕국과 롬바르디아지방에 대하여도 재빨리 손을 써서 부르군드왕국을 보호 하에 두고, 롬바르디아 지방을 정복하였다(951). 이어 그는 군대를 거느리고 로마로 진군하여 교황으로부터 제관을 받았다(962). 이로써 이른바 독일국민의 신성로마제국이 성립하게 되었으며, 독일의 국왕은 동시에 황제를 겸하게 되었다. 이러한 국민적이고 특수한 왕권과 세계적이고 보편적인 황제권의 결합은 독일의 또 하나의 특이한 면을 말해주는 것이다.

神聖로마제국의 황제는 현실적으로는 독일 국왕으로서 독일의 명목상 통일군주 —그것도 완전한 통합된 왕국의 군주가 아니다—에 지나지 않았으나, 이념상으로는 세계국가인 로마제국을 계승하는 것으로서 황제권은 왕권을 넘어선 보편적인 권력으로 생각되었다. 그리하여 역대의 황제는 로마제국의 옛터인 이탈리아에 세력을 부식하려 하였고, 이러한 황제의 이른바 이탈리아정책은 중세에 있어서 또 하나의 보편적 권력인 교황권과 대립하게 되었다. 그리하여 북이탈리아의 소공국과 도시국가들이 이 투쟁에 말려들어가서 중세 유럽정치사에 특이한 한 페이지를 장식하게 되었다. 뿐만 아니라 황제의 교황과의 대립은 독일의 국내문제와 복잡하게 얽키면서 결과적으로는 독일의 통일국가로의 발전을 저해하는 중요한 요인이 되었다.

오토 이후 3대로서 작센왕조(919~1024)는 단절되고 프랑켄公 콘라드 2세(1024 ~1039)가 국왕으로 선출되어 살리에르(Salier)왕조가 시작되었다.[5] 작센왕조는

---

5) 이 왕조명은 프랑켄이 살리 프랑크族의 원주지였다는 사실에서 유래한다.

부족公의 세력을 억제하기 위하여 종교제후의 세력을 신장시켰으나, 다른 한편으로는 각 공국에 부족公에 대항할 만한 새로운 세속제후의 세력을 육성하려고 하였다. 그 결과 독일 역사가들이 '퓌르스텐'(Fürsten : princes)이라고 부르는 대귀족층이 형성되었다. 그들은 프랑스의 대제후와 맞먹는 존재로서, 독일 정치사에서 매우 중요한 역할을 담당하게 되는 바 광대한 領地를 소유하고, 이에 대한 사법권의 획득과 세습화를 원하고 있었다.

콘라드 2세는 부르군드왕국의 왕위가 비어있는 틈을 타서 이를 병합하고(1033), 왕권의 새로운 기반으로서 '미니스테리아레스'(ministeriales)로 알려진 家臣階層을 육성하였다. 이들 家臣은 왕령에서 선발된 농민, 대부분의 경우 농노출신으로서 전사 또는 행정관리의 훈련을 받은 사람을 말한다. 따라서 그들은 기존의 귀족이나 성직자와 혈연관계나 이해관계를 갖지 않는 독립된 행정관리층과 기사군대를 형성하게 되었다.

콘라드의 아들 하인리히 3세(1039~1056)는 父王의 정책을 답습하였다. 그는 왕권의 세력기반을 확장하기 위하여 남부작센과 튀링겐(Thüringen : Thuringia)에 성채를 축조하고, 슈바벤의 왕령 출신인 家臣(미니스테리아레스)들로 하여금 이를 지키게 하였다. 이러한 왕권강화책은 제후들 특히 왕권으로부터 독립하고 있던 작센의 제후들의 강한 반대에 봉착했으나, 家臣들은 오직 국왕에게만 충성할 뿐 작센의 귀족들에게는 일말의 공감도 갖지 않았다.

하인리히 3세는 유능한 군주로서 교회의 개혁운동에도 공감을 표명하고 신흥 대귀족인 '퓌르스텐'들의 왕권강화책의 묵인과 교회의 지지로 1046년에는 독일 전체를 평정하는 데 성공하였다. 같은 해 그가 로마에서 제관을 받았을 때, 독일 왕권은 권세와 위엄의 한 정점에 도달하였다.

북유럽 3 國

노르만이 유럽의 여러 지역을 침공하고 있던 9세기로부터 10세기에 걸쳐 스칸디나비아의 여러 나라는 견고한 통일된 정치조직이 없고, 지방호족들이 대립과 분쟁을 거듭하는 이교도의 나라였다. 덴마크(Denmark), 노르웨이(Norway) 및 스웨덴(Sweden)의 이른바 북유럽 3국이 견고한 통일왕국을 건설하고, 그리스도교를 공식적으로 받아들인 것은 10세기 후반으로부터 11세기 전반기에 걸친 시기였다.

11세기로부터 12세기에 걸친 이들 북유럽 3국의 정치사는 전쟁과 반란의 역사였다. 3국이 서로 싸우고, 국내에서는 왕위 쟁탈전이 거듭되었던 것이다. 11세기에는 소농들도 대지주와 나란히 왕의 소집에 따라 종군하였으나, 13세기에는 지주귀족만이 참전의무와 더불어 면세의 특권을 갖게 되는 반면에, 일반 자유농민들의 지위가 저하하여 참전의무가 없어지는 대신 납세의무만 지게 되고, 점차로 지주귀족에게 예속되는 경향을 보였다. 이러한 경향은 귀족토지의 확대경향과 병행하였으며, 귀족계급의 발전은 봉건제도의 채택을 촉진하는 결과를 가져왔다.

12세기 말 덴마크왕은 참전의 대가로 봉토를 수여하였고, 이러한 관행은 후에 노르웨이와 스웨덴에도 퍼졌다. 그러나 이 봉토는 서유럽에서와 같이 세습적인 것이 아니었고, 귀족들의 실권은 오히려 그들의 자유로운 보유토지(allodial lands)에 기반을 두고 있었다. 북유럽 3국의 귀족계급은 저마다 귀족회의를 구성하여 왕권을 제약하는 작용을 하였다.

이를 전체적으로 볼 때 북유럽 3국에서는 봉건화의 경향에도 불구하고 봉건제는 지배적이 아니었으며, 더구나 영주제는 존재하지 않았다. 봉토보유자와 귀족은 관직보유자가 아닌 경우(노르웨이에서는 관직보유의 경우가 일반적) 영민에 대한 사법권을 갖고 있지 않았다.[6]

동유럽과 슬라브族

10세기로부터 11세기에 걸쳐 동유럽에서는 정치구조와 종교에 있어 중요한 발전이 이루어졌다. 즉, 정치면에서는 폴란드(Poland), 보헤미아(Bohemia, 후의 체코슬로바키아) 및 헝가리라는 새로운 국가가 건설되고, 종교면에서는 주로 독일 전도사의 활동으로 그리스도교를 수용하게 되었다. 폴란드는 얼마 안가서 독일 교회의 영향을 벗어나서 로마교황에 직속하게 되고, 보헤미아의 교회도 독립하여 국민교회로 발전하게 되었다.

9세기 후반(863)에 비잔틴황제 미카엘(Michael Ⅲ)은 모라비아(Moravia)의 슬라브족에게 키릴(Cyril)과 메토디우스(Methodius)형제를 전도사로 파견하였다. 두 형제는 슬라브 알파벳을 발명하여 복음서를 슬라브어로 번역하고, 전도사업이 어느 정도 진척되자 슬라브기도서를 만들었다. 그들과 그들의 제자들의 노력으로 남부슬라브족은 거의 그리스드교를 받아들이게 되고, 로마와 콘스탄티노플은 이들을 서로 자기 세력권에 흡수하려고 하였다. 그리하여 달마티아 연안에 정착한 크로아티아인(Croats)은 로마교회에, 세르비아인(Serbs)은 동방교회에, 그리고 불가리아인(Bulgars)은 처음 로마교회에, 후에 동방교회에 속하게 되었다.

이보다 약 1세기 후에, 즉 10세기 후반에 러시아도 동방교회를 받아들였다. 그것은 반란과 패전에 시달린 비잔틴황제 바질 2세(Bazil Ⅱ, 976~1025)와 키에프公

---

6) 멀리 아이슬란드(1,000년경)와 그린란드(1050년경)에 그리스도교가 전해진 것도 이 무렵이었으며, 두 지역이 유럽의 그리스도교 문화권에 들어오게 되었다.

블라디미르(Vladimir)와의 일련의 협상의 산물이었다. 즉, 바질은 블라디미르에게 원조를 요청하고, 블라디미르는 동방교회를 받아들이는 대가로 황제의 누이 동생을 아내로 요구한 것이다. 블라디미르는 잔인한 인물이었고, 그에게는 이미 수명의 아내가 있었으나 비잔틴帝室과의 혼인으로 가문의 위엄을 높이고, 동방교회를 이용하여 정권의 기반과 질서를 확립하고자 한 것이다. 키에프公의 원조가 필요했던 황제 바질은 이를 받아들이고, 블라디미르는 약속을 이행하여 비잔틴식의 러시아 교회가 설립되었다.

이리하여 폴란드·보헤미아·헝가리·크로아티아가 서방적인 가톨릭교회를 받아들이고, 세르비아·불가리아·러시아가 동방적인 그리스정교를 받아들에게 되었다. 이러한 그리스도교전파의 결과는 그 후 영속적인 결과를 가져왔으며, 20세기까지도 동유럽의 정치와 문화에 큰 영향을 미치게 되었다.

한편 10세기에 비잔틴제국은 서방과의 단절이 더욱 심화되면서 전성기를 맞이하고 있었다. 즉, 크레타와 키프로스를 점령하고, 시리아와 팔레스타인을 정복하여 영토가 크게 확장되었으며, 수도 콘스탄티노플은 중앙아시아로부터 멀리 중국에 이르는 상업망의 중심으로 번영하고 있었다.

제 4 절   中世敎會의 發展과 敍任權問題

修道院의 起源

수도원은 중세의 정신생활이나 문화에 있어 매우 중요한 역할을 담당하였다. 수도원은 중세교회가 타락하고 속화하였을 때, 이를 정화하고 개혁하는 원동력이 되었고, 중세 초기의 문화적 암흑기에 희미하게나마 문화의 등불을 유지하고, 그럼으로써 중세 후반기에 문화의 꽃을 피우게 한 것도 수도원이었다.

로마제국 초기의 심한 박해에도 불구하고 그리스도교의 교세는 확장해갔으며, 4세기에는 그리스도교로의 집단적인 개종현상이 광범하게 발생하였다. 이렇게 교세가 커지자 교회는 큰 재산의 소유자가 되고, 이에 따라 세속화현상이 일어나게 되었다. 경건한 열성적인 신자나 성직자 중에는 이러한 교회의 세속화를 못 마땅하게 생각하고, 초기 교회의 이상으로 돌아가려는 움직임이 생기고, 그것이 수도원이라는 새로운 제도를 낳게 하였다.

수도원생활은 먼저 동방에서 시작되었다. 3세기 말 聖안토니(St. Anthony)는 북부이집트의 사막에서 은둔생활을 하였고, 그의 추종자들은 주변에 집을 지어 함께 금욕적인 생활을 하였다(Anthonites라 부름). 역시 이집트 출신의 파코미우스 (Pachomius)는 사막에서의 은둔생활이 너무나 고통스러운 점을 감안하여, 일정한 계율을 정하고 한 건물에서 금욕적인 공동생활을 하도록 하여 수도원다운 제도가 마련되기 시작하였다. 그러나 동방에서의 수도원제도(monasticism)의 확립자로서는 일반적으로 4세기의 소아시아 출신의 그리스인 敎父 聖바질(St. Basil the Great)을 꼽는다. 그는 노동과 자선과 공동생활을 토대로 한 수도원의 계율을 정하였으며, 그 계율은 비잔틴제국 내의 수도원의 표준적인 계율이 되었고, 현재도 그리스정교 세계에서 통용되고 있다.

서방에서도 동방 기원의 수도원이 4세기에 전해졌으나 깊이 뿌리를 내리지는 못하였다. 오히려 그러한 동방인 수도원과는 별도로 독자적인 서방 수도원을 설립한 것은 이탈리아의 수도사인 누르시아의 聖베네딕트(St. Benedict of Nursia, ca. 480~543)였다. 그는 젊었을 때부터 금욕적인 이상에 끌려, 수도생활을 해 오다가 6세기 초(520년경, 또는 529년 등의 설이 있다) 로마와 나폴리 중간에 위치한 몬테 카시노(Monte Cassino)에 수도원을 세우고, 그 후 유럽 수도원의 모범이 된 이른바 베네딕트의 계율을 마련하였다.

베네딕트의 계율은 '淸貧·貞潔·服從'을 이상으로 삼고, 금욕적이며 엄격한 규칙적인 공동생활을 규정하였다. 매일의 일과는 노동과 기도로 크게 나누어지며, 수도사는 매일 여러 시간의 육체노동에 종사해야 하고 ,나머지 시간의 대부분은 명상·기도·공동예배에 할당되었다. 문화적으로 매우 중요했던 것은 수도사의 필사작업으로서, 후에 가서는 필사실(scriptorium)이 따로 마련되기도 하였다. 모든 수도원은 공동생활을 영위하는 데 충분하고도 남는 토지를 소유하고 자급자족하였다.

敎會의 改革運動

9세기 중엽에 샤를마뉴의 제국이 붕괴하자 교회는 혼란 속에서 질서와 기강을 유지하려고 애썼다. 때마침 프랑스에서는 렝스(Reims)의 대주교 힝크마르 (Hincmar), 그리고 교황에 니콜라스 1세(Nicholas Ⅰ, 858~867) 등 강력한 교회 지도자가 나타나 질서와 기강유지에 어느 정도 성공하였다. 그러나 사회의 봉건화에 따른 교회의 봉건화와 타락을 막을 수는 없었다.

이 무렵 프랑스의 주교들은 힝크마르와 같은 고위성직자의 압력에 시달려 그 지위가 불안정하였고, 세속 봉건귀족들의 교회령에 대한 침범과 압력에 시달리고 있었다. 그리하여 그들은 주교의 지위를 안정시키고 교회재산을 세속제후로부터 지키기 위한 선례, 즉 敎會法典을 찾았으나 이를 발견하지 못하였다. 그리하여 그들은 ♯전설적인 교황의 서한을 위조하여 법전을 만들고, 이를 7세기의 聖이시도르 (St. Isidor of Seville)가 편찬한 것으로 꾸몄다. 이 유명한 《이시도르 僞文書集》 은 전부가 위조문서만은 아니지만, 그러한 위조문서를 만들지 않으면 안되었다는 사실 자체가 당시 성직자들의 고민이 얼마나 컸던가를 말해주고 있다.

10세기 초의 교황은 로마시의 귀족들의 붕당 수령에 불과하였고, 오토 1세의 대 관식 후로는 독일황제가 임명권을 장악하고, 황제의 세력이 물러가자 다시 로마의 귀족들이 교황을 선택하는 상황이었다. 뿐만 아니라 유럽 전역에 걸쳐 교회 전체 가 노르만·마자르 등의 침입에 시달리고, 봉건화의 길을 걷게 되었다. 교회와 성 직자도 살아남기 위하여 세속제후의 보호를 구해야 했고, 그리하여 대제후의 봉신 이 되는 고위성직자도 적지 않았으며, 그들의 임명권도 세속제후의 수중에 넘어갔 다. 이러한 현상이 비단 고위성직자에 한정된 것이 아니라, 중세교회조직의 하부 구조라고 할 수 있는 교구 및 司祭의 경우 더욱 심하였다. 장원영주들은 저마다 교 회를 짓고 사제를 임명하여 교회세(tithe)와 교회령에서의 수입을 가로채고, 최소 한도의 경비만을 지출하였다. 그리하여 교회세와 교구 토지재산으로부터의 수입 이 장원영주 수입의 큰 몫을 차지하였다. 주교나 수도원장 등 고위성직자는 그래 도 봉건귀족층에 속하였지만, 교구사제는 세속영주의 고용인에 불과하였다.

이러한 사태는 교회를 세속화하고, 성직자의 기강을 완전히 붕괴시키는 결과를 가 져왔으며, 그것은 성직자의 혼인과 성직매매(simony)의 성행에 단적으로 나타났 다.

이러한 교회의 봉건화에 따른 세속화와 성직자의 타락에 대한 개혁운동이 클루 니(Cluny)수도원을 중심으로 일어났다. 클루니 수도원은 10세기 초(910)에 아퀴 네느公 윌리엄(William of Aquitaine)의 승인 하에 설립되었는데, 그 승인장 (Charter)에 이미 강렬한 개혁의지가 담겨져 있었다. 즉, ① 봉건적 토지보유를 하지 않고, 토지를 포함한 모든 재산을 신자들의 자유로운 회사로 간주하고, 봉건 적 의무를 지지 않을 것이며, ② 수도원장의 선거권은 수도사가 가지며, ③ 교황에 직속하고 고위성직자의 간섭을 받지 않을 것이며, ④ 태만과 나태를 추방하고, 필 사와 노동과 공동예배에 보다 많은 시간을 할당할 것 등이 명시되어 있었다. 이러 한 취지 하에 설립된 클루니교단(Cluniac Order)소속 수도원의 수는 날로 증가하 여 서유럽 전역에 걸쳐 수 백을 헤아리게 되었다. 이러한 개혁운동은 10세기 후반 에 영국에서도 일어나고 로타링겐의 고르츠(Gorze) 대수도원 또한 클루니에 다음 가는 개혁운동의 중심이 되었다.

이러한 수도원 중심의 개혁운동은 11세기 중엽 이후 교황의 영도 하에 전유럽적 인 규모로 전개되었다. 최초의 개혁적 교황은 독일황제 하인리히 3세가 임명한 레오 9세(Leo Ⅸ, 1049~1054)로서, 그는 로타링겐의 개혁운동 중심지의 주교출신이었다. 그는 5년간이란 짧은 재임기간 동안에 많은 일을 했다. 그는 종교회의(synod)로 하여금 성직자의 혼인과 성직매매를 금지하는 立法을 하게 하여 성직자의 정화작업을 추진시키고, 유럽 각처에서 저명한 개혁적인 고위성직자를 로마교회의 추기경(cardinal)으로 임명하여 교황이 가장 신임할 수 있는 협력자와 행정가로 등용하였다. 레오 9세는 또한 유럽의 중심지를 순회하면서 그 지방의 고위성직자회의를 소집하여 개혁운동의 실천을 독려하기도 하였다. 이리하여 교황의 입법권과 사법권이 알프스 북쪽에서 전에 없이 효과적으로 발동되고, 유럽사회에서의 교황의 영도적 지위를 재확인하는 동시에 그의 개혁을 계승해 나갈 유능한 인재를 로마에 보유하게 되었다.

敍任權問題

9세기로부터 10세기에 걸친 혼란 속에서 성직자들은 강력한 국왕을 기대하고 그에게 의지하려고 하였다. 국왕들은 이러한 상황을 적극적으로 이용하여 성직자를 지명할 뿐 아니라 敍任까지 하게 되었다. 한편 성직자들은 교황이 무력한 까닭으로 해서 국왕은 지상에서의 神의 牧者라는 王權神政論(royal theocracy)까지 펴게 되어 국왕의 세속 서임(lay investiture)은 권리남용이 아니라 당연한 권리행사로 생각되었다. 그리하여 11세기의 국왕들은 단순히 주교를 지명할 뿐 아니라, 실제로 서임까지 하게 되었던 것이다. 교회의 개혁자들은 이러한 세속 서임권에 도전하게 되었으며, 이는 어떤 의미에서는 왕권 그 자체에 대한 도전이기도 하였다.

1059년 로마에서의 종교회의는 교황선출에서 로마귀족의 붕당과 독일황제의 개입을 배제하고, 로마교회의 추기경에 의한 선출을 규정하였다. 이 규정에 의하여 1061년에 알렉산더 2세(Alexander Ⅱ, 1061~1073)가 선출되어 많은 개혁이 진행되었다. 이제 교황권은 전유럽에 확대되고 교황사절은 도처에서 지방종교회의를 열어 개혁을 추진시켜 나갔다.

클루니수도원출신의 힐데브란트(Hildebrand)가 그레고리 7세(Gregory Ⅶ, 1073~1080)로서 교황으로 선출되자 서임권문제를 둘러싸고 독일황제 하인리히 4세와 정면충돌을 하게 되었다. 그레고리 7세는 밀라노의 주교선출에 관하여 하인리히 4세에게 간섭하지 말도록 서한을 보내는 동시에, 주교와 수도원장은 세속군주로부터 서임을 받지 말도록 규정하였다(1075). 곧이어 그레고리 7세는 교황권에 관한 규정(Dictatus papae)을 마련하여 교황에게 황제를 폐위시킬 권한이 있다고 선언하였다.

교황의 이러한 강경한 태도에 하인리히는 처음에는 독일 국내의 반란 등도 있고 해서 타협적이었으나, 반란이 진압되자 다시 밀라노의 황제파 주교에 대한 후원을 시작하였다. 이에 교황은 파문과 폐위로 위협을 가하고, 하인리히는 독일 내의 주교회의를 소집하여 그레고리를 찬탈자로 규정하였다. 이 소식에 접한 그레고리는 곧 위협을 실천에 옮겨 하인리히의 파문과 폐위를 선언하였다.

황제에 대한 파문과 폐위라는 전례없는 일에 직면한 독일 국내의 동요는 클 수밖에 없었다. 중앙집권을 싫어하는 제후들의 反황제 움직임이 표면화하고, 황제의 지지세력으로서 황제의 애호를 받고 있던 주교들도 당혹했다. 그리하여 1077년 아우크스부르크(Augusburg)에서 교황의 주재 하에 귀족과 주교로 구성된 국회를 소집하여 이 문제를 논의하기로 합의를 보았다. 1076년 말에 교황 그레고리는 국회에 참석하기 위하여 북상하는 도중, 교황을 만나러 알프스를 넘었던 하인리히와 카노사(Canossa)에서 마주치게 되었다. 황제 하인리히는 회개하고 告罪하며 교황의 용서를 빌었다. 교황은 추운 겨울날에 3일간을 기다리게 한 후 하인리히를 용서하였다. 이것이 유명한 '카노사의 굴욕'으로 알려진 사건이다.

하인리히는 교황의 용서를 받자 곧 自派勢力을 구축하고, 反황제파는 따로 황제후보자를 옹립하여 양파간에 3년간 내란상태가 계속되었다. 1080년 반대파에 승리한 하인리히는 교황에 대한 공세를 펴고, 이탈리아로 들어가 로마에서 허수아비교황을 세워 대관식을 올렸다. 교황 그레고리는 피신하여 노르만의 보호를 받았으나 수개월 후에 사망하였다.

그 후에도 교황 우르반 2세(Urban Ⅱ, 1088~1099)는 서임권문제를 포함한 그레고리의 개혁안을 적극 추진하고, 영국에서는 캔타베리 대주교 聖안셀모(St. Anselm)가 개혁의 선두에 서서 활약했으나, 문제는 해결을 보지 못한 채 12세기를 맞이하였다.

먼저 해결의 실마리가 열린 것은 영국에서였다. 교황 파스칼 2세(Pascal Ⅱ, 1099~1118)때 聖안셀모와 국왕 헨리 1세 사이에 타협안이 마련되고, 교황의 승인을 받게 되었다(1107). 그 내용은 주교는 교회 내에서 선출하되, 주교로 취임하기 전에 그는 국왕에게 봉신으로서 신서(homage)를 하고, 국왕으로부터 봉토와 이의 관할권을 수여받는다는 것이다. 뿐만 아니라 국왕은 신서를 거부할 수가 있고, 주교선출에도 강한 발언권을 행사할 수 있었다. 거의 같은 시기에 프랑스에서도 유사한 타협이 성립하였다.

이제 남은 것은 독일이었다. 국왕 하인리히 5세(1106~1125)는 로마를 점령하고 대관식의 사전준비로 서임권문제의 해결을 교황에게 강요했다. 교황 파스칼 2세는 영국과 프랑스에서의 타협안이 지나친 양보였다고 뉘우치고 있었던 참이라, 이번에는 매우 철저한 개혁안을 제시하였다. 즉, 세속군주가 주교서임권을 요구하는 것은 주교가 봉토와 이에 대한 관할권을 보유하고 있기 때문이다. 따라서 이를 포기한다면 세속군주의 요구의 근거는 없어질 것이라는 것이다. 그리하여 교황은 주교들이 봉토를 포기하고 오직 영적 세계의 관장에만 전념할 것을 제안한 것이다. 이 案은 확실히 문제의 핵심을 찌르고 있으며, 만일 그것이 실시되었더라면 유럽의 교회와 그리스도교 세계는 크게 달라졌을 지도 모른다. 그러나 현실적으로 실천 가능성은 거의 없었고, 추기경과 주교를 비롯하여 교회 안에서도 반대의 소리가 높았다. 이렇듯 우여곡절을 거듭한 끝에 교황 칼릭스투스(Calixtus, 1119~1124)와 하인리히 5세 사이에 보름스협약(Concordat of Worms, 1122)이 맺어짐으로써 서임권문제는 일단락을 짓게 되었다. 그 내용은 영국과 프랑스에서의 타협안과 유사한 것이었으며, 다만 독일에서는 국왕이 주교선출에 직접 참석할 권리를 보유한다는 점이 첨가되었다.

서임권문제의 해결은 결국 타협으로서 일단락을 지었지만, 주교선출의 기준이 종전보다 훨씬 강화된 것만은 틀림없는 사실이었다. 그리고 이와 동시에 교황권이 크게 강화되었다. 이제 교회관계사항에 있어 교황이 그리스도교 세계의 최고 권력자임은 널리 인정되게 된 것이다. 12세기 초만 하더라도 아직 전유럽에 적용할 수 있는 통일적인 교회법전이 없었고 지방교회 전체에 대한 정보망도 없었다. 개혁적인 교황들은 교황사절을 이용하고, 주교들, 특히 대주교의 로마방문을 권장하여 그들로부터 필요한 정보를 얻어내고 있었으나 불충분한 것이었다. 그러므로 12세기 이후 교황은 중앙집권적인 지배를 강화하기 위한 기구와 法을 마련할 필요가 있었고 또한 그렇게 할 수 있는 지위에 서게 되었다.

한편 서임권문제를 둘러싼 투쟁은 교회와 국가간의 지속적인 대립과 긴장이라는 중세정치의 한 특성인 2元性을 강하게 부각시키는 동시에 교회 내에서나 국가 내에서도 지배자에 대한 반항권을 내세우는 경향을 강화시키는 결과를 가져왔다. 이러한 정치적 결과는 영국·프랑스의 경우 당장은 별로 문제가 되지 않았다. 그 것은 당시의 프랑스왕은 너무나 미약했고, 영국왕은 매우 강력했기 때문이다. 그러나 독일의 경우는 달랐다. 서임권 문제가 발생할 무렵, 하인리히 4세는 지방제후들을 누르고 강력한 왕권을 수립할 찰나에 있었고 성공할 가능성이 매우 농후했다. 그러나 서임권문제의 발생은 독일의 지방제후에게 왕권에 저항하는 절호의 기회를 주었고, 이로 말미암아 독일에서의 강력한 왕권수립은 좌절되고 말았던 것이다. 하인리히 5세가 아들없이 사망하자 지방제후들은 무력한 작센公을 왕으로 선출하고, 왕권을 잠식하면서 지방할거주의를 강화시켜 나갔다.

이러한 권리잠식의 기풍은 독일 정치구조의 하부에도 전해지게 되어 소영주나 기사들은 그들 나름으로 자유로운 소농들을 압박하여 농노로 만들고, 그럼으로써 독일 내의 대부분의 지역에서 영주제가 확고하게 뿌리를 내리게 되었다. 한편 지방제후들은 종전의 주백의 권한(countship)과 재판권을 장악하고, 소영주들을 그들의 봉신으로 만들어 봉건제가 전국에 퍼지게 되었다.

제 7 장

유럽中世世界의 發展

10세기로 접어들면서 유럽사회는 전반적인 안정세를 보이기 시작하였다. 9세기에 격심했던 노르만, 마자르 및 사라센의 침입도 점차로 진정되고, 장원제도를 바탕으로 한 봉건사회도 나름대로 틀이 잡혀서 발전을 하게 되었다. 10세기로부터 11세기 전반기에 걸친 사회의 전반적인 안정과 봉건사회의 발전은 농업생산력의 발전과 인구의 증가를 가져오고, 도처에서 개척과 개간사업이 활발하게 진행되기 시작하였다. 규모는 작지만 잉여농산물의 처리를 위한 지방단위의 시장이 생기고, 이와 더불어 교환경제가 일어나기 시작하고 도시가 싹트게 되었다. 그리하여 11세기에는 유럽 전체에 새로운 활기가 감돌고 넘쳐 흐르게 되었다.

이러한 유럽의 새로운 활기는 11세기말 십자군으로 나타났다. 십자군은 그 동안 일방적으로 공격만 받았던 유럽이 이슬람세계에 대하여 반격을 가할 만한 힘을 가지게 되었다는 것을 말해주는 것이며, 또한 중세세계가 신앙의 시대임을 증명하는 것이기도 하였다.

성지회복이라는 목적을 달성하지 못하였으나 십자군으로 말미암아 遠隔地通商을 포함한 '상업의 부활'이 촉진되고, 이에 따라 중세도시가 발달하게 되었다. 중세도시는 상공업활동의 중심지로서 자유와 자치권을 획득하여 주변의 예속적인 농촌과는 확연히 구별되는 독특한 생활영역을 형성하였으며, 시민계급이라는 새로운 사회계층을 탄생시키고 성장하게 하였다.

11세기로부터 13세기에 걸쳐 일어난 이러한 사회경제적 변화는 정치적 발전과 무관하지 않았다. 유력한 대제후의 한 사람에 지나지 않았던 국왕이 점차로 그 권한을 강화하면서 중앙집권과 국가통일에 나서게 되고, 봉건제를 타파하려는 시민계급과 음으로 양으로 제휴하게 되었다. 이러한 경향은 전형적인 봉건제가 수립되었던 프랑스에서 가장 뚜렷하였고, 노르만 정복이래 왕권을 강화하였던 영국에서는 한때 봉건귀족의 반항에 봉착하기도 하였다. 독일의 경우는 황제의 이탈리아정책으로 교황과의 마찰을 통하여 황제권이 쇠약하는 사이에 지방분권적인 領邦國家가 분립하는 방향으로 나아가게 되었다.

제 1 절 十 字 軍

에스파냐와 시칠리아王國

이슬람에 대한 그리스도교세계의 반격은 먼저 이베리아반도의 에스파냐에서부터 시작되었다. 이슬람의 이베리아반도 정복은 완전한 것이 아니었다. 그들의 침입 때 서고트족의 일부는 반도의 북서지역으로 후퇴하여 나라를 세우고 11세기 초에는 그것이 레온(Leon)과 카스티야(Castilla)의 두 나라로 나누어졌다. 그 동쪽 피레네산맥의 남부 변두리를 따라 샤를마뉴의 에스파냐 邊境領이 설치되어 있었는데, 그 서부가 9세기 말에 독립하여 나바르(Navarre)왕국이 되고, 거기에 포함되어 있던 바스크인(Basques)의 땅이 다시 독립하여 아라곤(Aragon)왕국이 세워졌다(1035). 그리고 그 동쪽에는 바르셀로나(Barcelona)백작령이 있었다. 그러므로 11세기 중엽의 에스파냐에는 레온, 카스티야, 나바르, 아라곤, 그리고 바르셀로나의 그리스도교 국가가 있었다.

유럽에서 새로운 활기와 팽창의 기운이 팽배하던 11세기 전반에 코르도바(Cordava)의 교주국(caliphate)에서 내란이 발생하여 분열하자, 반도 북부에 자리잡고 있던 그리스도교 국가들은 일제히 반격을 시작하여 이른바 '再征服'(reconquista)에 나섰다. 에스파냐의 국민적 영웅인 시드(Cid, 本名은 로드리고, Rodrigo Diaz de Vivar)가 용맹을 날린 것도 바로 11세기 후반, 즉 재정복 초기의 일이었다. 카스티야는 톨레도(Toledo)를 점령하고(1085), 아라곤은 사라고사(Saragossa)를 정복하고(1118), 바르셀로나를 합병하여(1137) 그 영토를 크게 확대시켰다.

이러한 이슬람과의 투쟁 속에서 12세기 초에 포르투갈(Portugal)왕국이 탄생하고, 중엽에는 리스본(Lisbon)을 점령하였다. 그 후 이슬람의 공격으로 한때 후퇴한 일도 있었으나, 그리스도교 국가는 계속 이슬람을 압박하여 13세기 전반에는 카스티야가 코르도바(1236)와 세비야(Sevilla, 1248)를 점령하고, 아라곤 또한 마조르카(Majorca)와 미노르카(Minorca), 그리고 발렌시아(Valencia, 1238)를 정복하여 13세기 중엽의 이슬람은 그라나다(Granada)지방만 남기고 에스파냐의 전 영토를 거의 상실하였다.

중세 에스파냐의 제도는 동일하지 않았다. 바르셀로나의 경우 당연한 일이기도 하지만 프랑스식의 봉건제도가 발전하고, 아라곤의 경우도 약간의 차이는 있으나 이와 유사하였다. 그러나 카스티야·레온 그리고 포르투갈에서는 봉건제도가 발달하지 않았다. 부분적으로 봉건적 토지보유자가 있었으나 대부분의 귀족과 교회는 자유토지보유자였고 봉건적 계층제도 성립하지 않았으며, 封土를 소유한 封臣과 동일하게 무장한 농민병사가 나란히 전투에 참가하였다.

이슬람이 시칠리아를 점령한 것은 9세기의 일이었으며 그들은 이를 근거지로 삼아 이탈리아본토의 남부를 습격하고 있었다. 그런데 남부 이탈리아의 일부는 비잔틴제국이 장악하고 일부는 롬바르드족의 지배 하에 있어 양자간에 끊임없는 대립과 분쟁이 거듭되어 혼란상태에 있었다.

11세기 초 일단의 노르만 기사들이 예루살렘 순례에서 돌아가는 길에 우연히 남부 이탈리아에 들렀다가 그들이 재능을 발휘할 절호의 상황임을 깨닫고 용병 등으로 활동하게 되었다. 그 중에 노르만의 소영주인 탕크레드(Tancred, de Hauteville)의 세 아들이 있었는 바, 그들 역시 용병으로 일하다가 계획적으로 영토를 점령하기 시작하고, 사태가 매우 유리해지자 다시 고향으로부터 다른 형제들과 기사들을 불러 남부 이탈리아의 지배자가 되었다. 그리하여 로버트 기스카아드(Robert Guiscard)는 교황으로부터 남부의 아풀리아(Apulia)와 칼라브리아(Calabria)公으로 封해지고(1059), 동생 로저(Roger)를 시켜 시칠리아 정복에 나섰다. 로버트는 남부의 비잔틴령을 완전 회수하고(1071), 로저는 11세기 말에 시칠리아 정복을 끝냈다(1091).

로저의 아들 로저 2세(1103~1154)는 12세기 초에 시칠리아伯이 되고, 다시 로버트의 손자가 사망하였을 때 아풀리아公領을 접수하였다(1127). 3년 후 그는 교황에게 臣從하는 대신 시칠리아왕을 칭하게 되고, 그럼으로써 두 시칠리아왕국(Kingdom of Two Sicilies)이 탄생하였다.

로저 2세는 매우 현명한 지배자였다. 왕국을 강력한 중앙집권국가로 만들고, 그 지배 하에 여러 민족이 포함되어 있었기 때문에 노르만의 봉건적 관습, 로마법, 그리고 이슬람의 관습을 지역에 따라 적절하게 적용하여 통치하였다. 봉건제후(barons)와 기사는 정규적인 봉건적 계층제에 따라 조직하고, 국왕은 교황의 봉신으로서, 또한 이교도로부터 시칠리아를 탈환한 위세로서 왕국의 성직자에 대하여 완전한 통제권을 장악하였다.[1]

十字軍의 동기

十字軍(Crusade, Croisade, Kreuzzug)의 기본적인 배경은 10세기로부터 11세기에 걸친 유럽사회의 전반적인 안정, 이로 인한 농업생산력의 발전과 인구의 증

---

1) 시칠리아왕국은 12세기 말에 혼인관계로 독일왕권과 결합하게 된다. 즉, 하인리히 6세(1169~97)의 妃가 시칠리아 출신이었으며, 프리드리히 2세(1215~1250)는 시칠리아 왕으로서 독일황제가 되었다.

가 등으로 축적된 유럽의 새로운 활기와 에너지였다. 이러한 유럽의 넘쳐흐르는 활기와 정력은 유럽 내에서는 개척과 개간사업, 그리고 엘베 동쪽지역에 대한 식민운동 등으로 나타났으며, 대외적으로는 이슬람세계에 대한 반격으로 그 분출구를 찾게 된 것이다.

에스파냐에서의 그리스도교 국가들은 일진일퇴를 거듭하면서도 꾸준히 이슬람세력을 압박하여 11세기 말경에는 이베리아반도의 절반을 회수하고, 시칠리아에서는 완전히 이슬람세력을 추방하였다. 에스파냐에서의 이슬람에 대한 반격은 클루니 수도원의 지원과 교황의 적극적인 후원, 그리고 프랑스 귀족들의 참전 등으로 이미 십자군적인 성격을 띠고 있었다. 말하자면 십자군은 어떤 의미에서 이미 시작되고 있었으며, 교회의 개혁과 세속권과의 투쟁에서 새로운 힘을 자각하게 된 개혁파 교황들이 성지(the Holy Land) 예루살렘을 회복함으로써 동서 그리스도교 세계를 다시 통합하고, 그 주도권을 장악하려고 한 것도 지나친 욕망은 아니었다.

11세기 중엽을 전후하여 비잔틴제국은 內外로 매우 어려운 상황을 맞이하고 있었다. 융성기였던 바질 2세 후 연달아 무능한 황제가 들어서면서 國庫가 탕진되고, 지방귀족의 세력이 확장하여 군대의 핵심인 자유농민이 예농화하고, 중앙정부의 약화가 현저해졌다. 한편 10세기에 중앙아시아 방면으로부터 이슬람제국의 동부로 이동하여 열렬한 이슬람교도가 된 셀주크 투르크족(Seljuk Turks)이 급속하게 그 세력을 팽창시켜 11세기 중엽에는 바그다드를 점령하고(1055), 이슬람제국의 실질적인 지배자가 되었다. 이에 위협을 느낀 비잔틴은 그들을 공격하였으나 만찌커트(Manzikert)에서 황제가 포로가 되는 등 대패하고(1071), 투르크족은 소아시아를 점령하여 니케아(Nicea)를 수도로 정하고 새로운 이슬람 국가를 건설하였다. 소아시아는 비잔틴제국 중 경제적으로 가장 부유할 뿐 아니라 또한 병력의 원천이기도 하였기 때문에 그 손실의 타격은 매우 컸고, 바로 코앞에 사나운 적과 대하게 된 것이다. 그리하여 비잔틴의 부흥을 다짐하고 제위에 오른 콤네누스(Comnenus)왕조의 알렉시우스 1세(Alexius I, 1081~1118)는 교황 우르반 2세에게 투르크족에 대항할 지원을 요청하였다(1094).

과감한 교회개혁운동의 지도자였던 그레고리 7세의 후계자인 우르반 2세는 시리아와 팔레스타인의 투르크족을 공격하여 성지를 이교도로부터 탈환하고, 비잔틴 교회를 로마 교회에 통합할 절호의 기회라고 생각하였다. 그리하여 1095년 11월 프랑스의 클레르몽(Clermont) 공의회에서 우르반 2세는 십자군을 제창하였다. 교황은 이슬람의 승리는 그리스도교 세계의 불명예이며, 유럽의 귀족들은 그들 상호간의 투쟁을 종식시키고 그들의 칼을 신앙에 돌려 동방교회를 돕고 성지를 회복해야한다고 설교하였다. 그는 또한 동방세계의 부유함과 순례자들에 대한 박해를 강조하고, 이슬람에 대한 싸움은 성전이며 이 전쟁에서 전사하는 자는 모두 천국에서 그 보상을 받을 것이라고 열변을 토하였다. 감격한 참석자들은 이구동성으로 "하나님은 이를 원하신다."라고 호응하였다.

이어 우르반 2세는 프랑스를 순회하면서 십자군을 제창하고 많은 열성적인 설교사들이 여러 곳을 다니면서 성전에 참가할 것을 권유하였다. 때마침 팽배하던 활력과 강렬한 신앙심이 결합하여 전유럽이 궐기하게 되었다.

第 1 回 十字軍

우르반 2세는 가장 우수한 기사들로써 십자군을 구성할 생각이었으나, 자발적으로 농촌을 순회한 설교사들은 별로 그러한 고려를 하지 않았다. 그리하여 은자 피터(Peter the Hermit)로만 알려진 유능한 설교사 주위에 수많은 무일푼의 기사와 모험적인 농민들이 모여들고, 그들은 아무런 준비와 계획도 없이 성지를 향하여 출발하였다(1096년 봄). 이른바 이들 농민십자군의 일부는 도중에서 약탈을 자행하다가 헝가리에서 분쇄되고, 피터에게 인솔되어 콘스탄티노플에 도착한 무리도 오합지중의 도래에 놀란 비잔틴 황제에 의해 급히 소아시아로 수송되어 투르크군에게 격멸되었다.

우르반 2세가 구성한 정규 십자군이 출발한 것은 이보다 늦어 1096년의 이른 가을이었다. 국왕들의 참가는 없었으나 영국 · 프랑스 국왕들의 형제가 참가하였고, 저명한 제후로서는 르렌公 갇프리(Godfrey de Bouillon, duke of Lower Lorraine), 그의 兄 플랑드르伯 볼드윈(Count Baldwin of Flanders), 투울루즈伯 레이몽(Count Raymond of Toulouse), 로버트 기스카아드의 아들 보에몽(Bohemond) 등이 참가하였다.[2] 이들은 콘스탄티노플을 거쳐 소아시아의 니케아를 함락시키고(1097. 5.), 안티오크로 향하는 도중 볼드윈은 본대와 떨어져 에데사(Edessa)를 공격하여 이를 점령하고 에데사伯領을 창건하였다.

다음 해 주력부대는 안티오크를 점령하고 보에몽을 안티오크公으로 남긴 채 계속 남하하여 1099년 7월에 예루살렘에 입성하였다. 이 예루살렘 공격은 피비린내나는 학살을 수반하였으며, 과장된 것이지만 당대기록에 의하면 솔로몬사원에서만도 10,000명이 살해되었다고 한다.

예루살렘에는 십자군의 왕국이 건설되고 갇프리가 왕으로 선출되었으며, 레이

---

2) 병력규모는 당대 기록에 의하면 기사 100,000명에 보병 600,000명이었다고 하나, 이는 완전히 환상적인 숫자이고, 실제로는 기사 2,000명～3,000명과 보병 8,000～12,000명 정도였으며, 그 밖에 순례자를 포함하여 수많은 남녀 비전투원의 무리가 동행하였다. B. Tierney and S. Painter, *Western Europe in the Middle Age,* pp. 232～233.

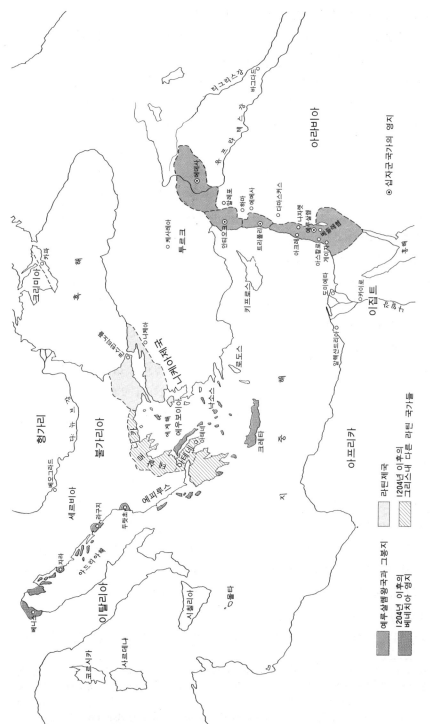

[지도 9] 十字軍이 건설한 국가들

몽과 그의 아들은 예루살렘왕국과 안티오크공령 중간지대에 트리폴리백령을 건설
하였다. 이리하여 시리아로부터 팔레스타인 연안지대에 4개의 십자군국가가 건설
된 셈이다.

간프리와 그의 뒤를 계승한 볼드윈 1세는 정복지와 정복예상지를 제후에게 봉토
로서 分封하고 이들은 또한 하급기사에게 이를 재분봉하는 식으로 전형적인 봉건
제국가를 수립하였다. 약탈과 학살이 자행되고, 또한 참가 제후들간에 심한 대립
과 반목이 있기는 하였으나, 그래도 제1회 십자군은 성지회복이라는 소기의 목적
을 달성한 유일한 십자군이었다.

騎士團

성지를 수호하는 군사력의 원천은 제후와 그의 신하들이었으나, 그들에 못지 않
게 중요한 역할을 담당한 것은 종교적인 기사단이었다. 볼드윈 1세 때 순례자를 보
호할 목적으로 설립된 寺院騎士團(Knights of the Temple : the Templars)은 곧
솔로몬사원 근처에 숙사를 마련하게 되고 ─ 그들의 명칭은 여기서 유래 ─ 12세기
초에는 교황의 정식인가를 받았다(1128). 이보다 약간 늦게 창단된 것이 病院騎士
團(Knights of the Hospital─the Hospitalers)으로서 11세기 초에 순례자를 위
하여 설립된 예루살렘의 聖존(Saint John of Jerusalem)병원에 부설되었기 때문
에 그렇게 불리워졌다. 이밖에 제3회 십자군 때 독일인만으로 구성된 독일기사단
(Teutonic Knights)이 설립되었다.

사원기사단은 흰 바탕에 적색십자가를 새긴 옷을, 병원기사단은 검은 바탕에 백
색십자가를 수놓은, 그리고 독일 기사단은 흰 바탕에 흑색십자가를 수놓은 옷을
입었으며, 일반 수도회와 마찬가지로 청빈·정결·복종을 서약하였으나, 성지에
교회와 요새, 그리고 영지를 소유하였을 뿐 아니라 유럽에서도 광대한 봉토를 소
유하고 금융업에도 종사하였다.

사원기사단은 14세기 초에 프랑스왕 필립 4세에 의하여 해체되고, 병원기사단은
성지에서 키프로스로 이동하고, 14세기 초에 로도스(Rhodes)섬으로 옮겼다가 투
르크족에 쫓겨 몰타(Malta)섬으로 추방되어 1798년 나폴레옹이 이 섬을 점령할
때까지 존속하였다. 한편 독일기사단은 성지에서의 활동도 활동이려니와, 발트海
동부해안의 이교도와의 투쟁이 보다 더 현저하였고, 16세기 초(1525)에 해체되었
을 때 그 영지는 프로이센에 의하여 계승되었다.

第2回·第3回 十字軍

제1회 十字軍의 성공은 어떤 의미에서 이슬람 국가의 분열과 유능한 지도자가

없었던 탓이기도 하였다. 그러나 모술(Mosul)의 太守 잔기(Zangi)는 북부 시리
아를 회복하고, 1144년 에데사伯領을 정복하였다. 이에 제 2 회 십자군(1147~49)이
조직되고, 프랑스왕 루이 7세와 독일의 콘라드 3세(Conrad Ⅲ)가 이에 호응하였
다. 그 주력부대는 소아시아에서 큰 손실을 입고, 잔여부대의 다마스커스 공략도
성공하지 못하여 완전한 실패로 돌아갔다.

12세기 후반에 예루살렘의 라틴왕국이 쇠퇴의 길을 걷는 반면에, 이슬람쪽에는 위
대한 장군 살라딘(Saladin)이 이집트와 시리아의 지배자가 되어(1174) 크게 위세를
떨치게 되었다. 살라딘은 수중의 전병력을 동원하여 예루살렘왕국을 공격하여 하틴
(Hattin)의 전투에서 대승리를 거두고 예루살렘을 함락시켰다(1187). 예루살렘의
함락은 유럽에 큰 충격을 주어 영국왕 리처드 1세(Richard Ⅰ, the Lionhearted),
프랑스왕 필립 존엄왕(Philippe Auguste), 독일황제 프리드리히 1세(Friedrich
Ⅰ, Barbarossa) 등 당대의 대표적인 국왕들이 참가한 제 3 회 십자군이 조직되었다
(1189~1192). 그러나 영국과 프랑스왕의 대립으로 양국의 십자군출발이 늦어지자
독일황제는 단독으로 먼저 출발하였으나 소아시아의 하천에서 익사하고 말았다. 그
의 군대의 일부는 시리아로 행군을 계속하였으나 대부분의 기사는 귀국하였다.

1190년 여름, 리처드와 필립은 같이 출발하였으나, 두 국왕의 대립은 행군도중에
도 계속되고 리처드는 도중에 키프로스를 점령하는 등 딴 짓을 하였으나 다음 해
(1191)에 시리아에서 힘을 합쳐 아크레(Acre)를 점령하였다. 아크레의 점령 후 필
립은 곧 귀국해버리고, 리처드만이 예루살렘으로 향하려고 하였으나 무력함을 깨닫
고 살라딘과 협상하여 순례자들의 자유로운 예루살렘 출입을 보장받고 돌아섰다. 유
럽의 대표적인 지배자들로 구성된 십자군치고 그 성과는 너무나 미약했다.

第 4 回 十字軍

제 4 회 십자군은 13세기 초 교황권의 절정을 이룩한 강력한 이노센트 3세(Inno-
cent Ⅲ, 1198~1216)에 의하여 거행되었으나 그 결과는 십자군 중 가장 추악한 것
이었다.

이노센트 3세의 호소에 국왕들은 아무도 호응하지 않고, 플랑드르伯 볼드윈을
위시한 북프랑스의 기사들이 호응하였다. 그들은 海路를 택하여 베네치아 상인들
에게 수송과 식량공급을 의뢰하였다. 베네치아 상인들은 이를 승락하였으나 그 대
가는 십자군의 지불능력을 초과한 것이었다. 베네치아 상인들은 부족분을 보충하
는 대가로 얼마 전에 그리스도교 국가인 헝가리에게 점령된 달마티아쪽의 짜라
(Zara)시의 회복을 요구하였다. 그리하여 십자군은 성지로 향하기에 앞서 짜라시
를 점령하고 약탈을 자행하였다(1202). 이에 격노한 이노센트 3세는 십자군들을 파

문하였다. 출발부터 잘못되어도 크게 잘못된 십자군이었다.

때마침 비잔틴에서는 제위다툼이 있었고, 폐위된 황제의 아들은 남매간인 독일 황제의 후보자 슈바벤公에게 父王의 복위를 요청하였고, 베네치아 상인들도 성지 회복보다는 콘스탄티노플의 교역권 장악을 희망하였다. 그리하여 일부의 반대를 무릅쓰고 제4회 십자군은 짜라시를 점령한 후 방향을 180도 바꾸어 콘스탄티노플로 향하여 이를 점령하였다. 무절제한 약탈과 만행을 자행한 끝에 베네치아와 전리품을 半分하고 영토를 나누어 가진 후 플랑드르伯 볼드윈을 콘스탄티노플의 황제로 옹립하여 라틴 제국(Latin Empire)을 수립하였다(1204). 베네치아는 콘스탄티노플의 일부와 크레타섬, 그리고 주요 항구도시를 획득하고, 그리스 본토에는 유럽식의 봉건국가가 세워졌다. 그러나 라틴제국이 실제로 지배할 수 있었던 지역은 얼마되지 않았고, 적의에 찬 원주민 속에 유럽으로부터의 지원도 없이 고립하여 반세기 후에는 멸망하고(1261), 비잔틴제국이 재건되었다. 한편 그리스 본토에 세워졌던 봉건국가들도 영구적인 영향을 남기지 못하고 15세기에 대부분이 투르크족에 의하여 멸망되었다.

第5回 이후와 少年十字軍

제5회 십자군은 이슬람의 근거지인 이집트를 공격하여 한때 나일강변의 요새 다미에타(Damietta)를 점령하였으나(1219), 카이로로 진격하지 못하고 다미엣타마저 탈환당하였다(1221).

제6회 십자군은 교황으로부터 파문된 독일황제 프리드리히 2세가 지휘하였다. 그는 시칠리아왕국 출신으로서 이슬람 교도를 잘 알고 있었다. 그리하여 협상을 통하여 예루살렘을 회복하였다(1229). 그러나 이집트의 太守(vizier)는 때마침 징기스칸의 몽고인들에게 쫓긴 중앙아시아의 투르크인들을 고용하여 예루살렘을 다시 점령하고(1244), 이후 1917년까지 성지는 이슬람의 수중에 남게 되었다.

마지막 두 번에 걸친 십자군(제7 및 제8회)은 프랑스의 聖王 루이(Saint Louis)에 의하여 거행되었다. 성왕 루이는 이집트를 목표로 삼고, 다미에타를 다시 점령하였으나(1249), 그 자신 포로가 되어 막대한 보상금을 지불하고 풀려나는 등 그의 이집트 체재(1248~1254)는 별다른 성과를 거두지 못하였다. 때마침 이집트에서는 노예들로 구성된 친위대(Mamluks)가 정권을 장악하고(1250), 몽고족이 바그다드의 아바스 교주국(Abbasid Calidphate)을 멸망시키고(1258) 시리아로 침공하였다. 이를 격퇴한 이집트의 친위대출신의 장군 바이바르스(Baibars)는 곧 술탄이 되어 안티오크를 점령하였다(1268). 그는 성왕 루이의 십자군(제8회)을 염려하여 십자군의 근거지 소탕작전을 일시 늦추었으나 1270년 튀니스(Tunis)에 상륙한 루이가 그 곳에서 병사하자 다시 소탕작전을 시작하여 트리폴리(1289)와 아크레 (1291)를 점령함으로써 十字軍의 근거지를 일소하였다.

제 4 회 십자군의 터무니없는 탈선에 분노한 이노센트 3세는 유럽 각지에 설교사를 파견하여 다시금 십자군의 열기를 불러 일으키려 하였다. 이에 호응이라도 하듯이 프랑스와 독일에서 성지회복의 계시를 받았다는 소년들을 중심으로 소년십자군(Childrens Crusade: Kinderkreuzzug)이 결성되어 1212년 지중해로 향하여 남하하기 시작하였다. 구약성경의 출애급기(Exodus)에 나오는 모세의 경우와 같이 바다가 갈라져 성지로의 길을 열어줄 것이며, 이를 따라 피 한 방울 흘리지 않고 행군하여 승리를 거두게 될 것이라고 소년들은 기대하였다. 그러나 기대한 기적은 일어나지 않고, 악덕상인들에 의하여 그들은 마르세이유를 비롯한 여러 항구에서 배에 실려 노예로 팔려갔다. 그 수는 수천명에 달하였다. 십자군과 유럽중세의 특이한 일면을 보여준 슬픈 사건이었다.

十字軍의 意義와 結果

십자군의 결과에 관하여 역사가들은 많은 논의를 하고 있다. 극단적인 경우 성지회복이라는 애당초의 목적을 달성하지 못하였다 하여 그 결과가 별것이 아니었다는 부정적인 견해로부터, 십자군이 진행된 200년간에 일어난 유럽의 모든 변화가 다 십자군의 결과이며 심지어 그것은 근대 초부터 진행된 식민운동의 선구였다는 견해에 이르기까지 각양 각색의 의견이 제시되고 있다.

십자군이 성지회복이라는 애당초의 목적을 달성하지 못한 것은 사실이지만, 그렇다고 200년간에 걸친 전유럽적인 규모의 거대한 움직임이 유럽에 아무런 영향도 미치지 못하고 아무런 결과도 가져오지 않았다는 것은 십자군에 대한 지나친 과소평가라고 하겠다.

이와 정반대로 12세기로부터 13세기에 걸쳐 일어난 유럽의 모든 변화와 발전이 모조리 십자군의 결과라고 보는 것은 십자군에 대한 과대평가라고 하지 않을 수 없다. 십자군 전반기에 있어서의 교황권의 신장, 후반기에 있어서의 왕권의 강화, 이탈리아 도시를 중심으로 한 지중해무역의 융성과 중세도시의 발달, 봉건귀족의 쇠퇴현상과 초기민족국가의 성장, 중세문화의 만발 등, 이 모든 것이 십자군과 직접 간접으로 관련을 가지고 십자군의 자극을 받은 경우가 많지만, 그렇다고 이 모든 것이 십자군없이는 발생하지 않았을 것이라는 뜻에서 십자군의 결과라고 한다는 것은 확실히 지나친 견해다.

그렇다면 십자군의 참된 의의와 결과는 과연 무엇일까?

십자군은 그 전체를 통하여 유럽 중세세계가 그리스도교적인 통일체였다는 것을 입증하는 동시에, 그러한 유럽세계의 생명력과 팽창력을 증명하였다고 하겠다. 물론 십자군에 참가한 봉건귀족, 국왕, 기사들은 저마다 대립하고 행동통일을 취하지 못하였으며, 그것이 또한 십자군실패의 가장 큰 원인의 하나이기도 하다. 그러나 그러한 내부 분열이나 대립에도 불구하고, 유럽이 한 덩어리가 되어 이교도인 이슬람세계에 반격을 가했다는 사실은 움직일 수 없는 엄연한 사실이다. 제 4 회와 같은 탈선도 있었지만, 유럽 중세세계가 그리스도교적인 통일체가 아니었다면 십자군과 같은 거대한 장기적인 운동이 전개될 수 없었을 것이다.

십자군은 유럽의 중세가 좋은 의미에서나 나쁜 의미에서나 신앙의 시대였다는 것을 말해주고 있다. 십자군에 참가한 사람들의 동기는 저마다 달랐고, 세속적이고 경우에 따라 추악한 동기도 적지않게 섞여 있었다. 그렇기는 하나 그 모든 것을 감안하더라도 참가자의 대다수를 움직인 것은 역시 진정한 종교적 정열과 신앙이요, 구제에 대한 갈망이었다.

십자군은 교황권을 신장시켰는가라는 물음에는 단기적으로는 그러한 결과를 가져왔으나, 장기적으로 본다면 반드시 그렇지도 않다고 대답하는 것이 정확하다. 십자군 초기에 있어 이를 영도한 것은 교황이었고, 그리스도교적인 중세유럽의 지도자는 바로 교황이었다는 것을 십자군은 말해주고 있다. 그러나 십자군이 진행되고 후반기에 접어들수록 교황의 영향력은 줄어들었을 뿐 아니라 그것이 소기의 목적을 달성하지 못하고 빗나가기도 하자 교황권은 오히려 손상을 입게 되었다. 그러나 교황권의 쇠퇴는 반드시 십자군의 실패에만 그 원인이 있는 것은 아니다. 오히려 왕권의 신장과 왕권을 중심으로 한 집권적인 통일국가 형성의 추세가 교황권 쇠퇴에 보다 더 크게 작용하였다.

그러면 왕권의 신장과 십자군의 관계는 어떠한가. 십자군에 참가한 봉건귀족이 전사하거나 영지경영이 소홀해져서 쇠퇴하였고, 그 결과 왕권이 강화되었다는 견해가 있다. 십자군이 왕권의 신장이나 봉건귀족의 쇠퇴와 아무런 관계가 없다고 말할 수는 없을지 몰라도, 이 문제는 십자군보다 봉건사회의 전반적인 맥락에서 고려하는 것이 보다 더 타당할 것이다.

지중해무역의 발달도 아마 그러한 맥락에서 검토하는 것이 옳을런지 모르나, 이슬람 교도들에게 빼앗겼던 지중해를 유럽이 회복하고, 그럼으로써 이를 유럽의 바다로 만드는 데 있어 십자군은 매우 중요한 공헌을 했다고 하겠다. 십자군 없이도 지중해무역은 점진적으로 발달하였을른지 모르나, 유럽인이 완전한 주도권을 장악하지 못하였거나 장악한다 하더라도 실제보다 훨씬 더 긴 세월이 소요되었을 것이다.

문화면에서도 이미 코르도바의 교주국을 통하여 유럽은 사라센문화와 접하고 이를 받아들이고 있었으며, 지중해를 통한 평화로운 접촉으로도 받아들일 수 있었을 것이다. 그러나 십자군이 이를 크게 촉진시키고 시간을 단축시킨 점만은 부정할 수 없다.

끝으로 다시 강조하고자 하는 것은 중세 전반기에 급속도로 팽창하는 이슬람세력에 일방적으로 밀리고 압박만 당하던 유럽이 십자군을 통하여 비로소 이슬람에게 공세를 취하고 반격을 가하게 되었으며, 거기에 표출된 유럽의 새로운 활력과 팽창력은 그대로 유럽 중세사회와 문화를 발전시키고 변화시키는 힘과 결코 무관하지 않았다는 사실이다.

제 2 절 商業의 復活과 都市의 發達

商業의 復活

10세기로부터 11세기에 걸쳐 모든 이민족의 침입이 종식되고, 유럽사회는 게르만족의 이동 후 처음으로 전반적인 안정을 되찾게 되었으며, 이러한 안정을 바탕으로 유럽에는 새로운 활기가 돌기 시작하였다. 11세기로부터 13세기에 이르기까지 인구가 계속적으로 증가하고, 전유럽적인 규모로 개간과 간척사업이 활발하게 진행되었다. 국왕과 제후, 그리고 영주들조차 주변의 황무지나 소택지, 삼림 등을 개간하여 경작지를 확대시켰고, 특히 10세기 말(1098)에 창립된 시토교단(the Cistercians)의 활약은 현저하였다. 그들은 영국의 북부와 웨일즈지방, 스코틀랜드, 프랑스북부, 그리고 플랑드르 지방에서 활발한 개간사업을 전개하였다. 12세기 이후에는 엘베강 동쪽의 슬라브족 거주지에 대한 대대적인 개척과 개간사업이 조직적으로 진행되고, 식민운동이 전개되어 13세기 말까지에는 독일의 지배력이 비스튤라강(Vistula)까지 이르게 되었다. 오늘의 동독은 이때 비로소 유럽문화권에 편입되었다.

새로 개척된 지역에는 '新邑'(villes neuves)이라고 부르는 새로운 마을이 건설되고, 그 곳의 농민은 장원의 농노와는 달리 신분적으로 자유로왔다.

사회 안정, 인구 증가 그리고 경작지 확대는 자연 농업생산력 증가를 초래하게 되었다. 농업생산력 증가는 장원의 자가소비를 초과한 잉여생산물을 낳게하고, 이러한 잉여생산은 거의 소멸되다시피 한 소규모의 지방적인 시장에 새로운 활기를 불어넣고, 점차로 교환경제(시장경제)를 움트게 하였다. 이와 동시에 지방적인 상공업의 중심으로 농촌과는 다른 도시가 발달하게 되었다.

그러나 이러한 반 농업적인 또는 농촌에 주로 의존하는 지방적인 소규모의 상업활동의 부활보다 더 중요했던 것은 전유럽을 그 활기 속에 쓸어넣게 된 대규모의 국제적인 '商業의 復活'(Renaissance du commerce)이었다. 역사가가 원거리통상(Fernhandel)이라고도 부르는 국제무역의 부활은 11세기로부터 시작되며, 그 중심은 남에서 지중해, 북에서는 발트海 및 북해였다.

북부이탈리아의 베네치아는 사라센의 지중해점령 후에도 콘스탄티노플과의 교역을 계속하여 상업도시로서 번영하였으며, 그 활기는 롬바르디아 지방에 파급되어 11세기 초에는 제노아(Genoa)와 피사(Pisa)가 대두하였다. 제노아와 피사는 사라센과의 교역도 불사한 베네치아와는 달리 사르디니아와 코르시카로부터 사라센을 축출하고, 노르만이 시칠리아를 정복함으로써 서부지중해를 이슬람으로부터 해방시켜 유럽의 교역무대로 만들었다.

그러나 지중해의 회복에 있어 결정적이었던 것은 역시 십자군이었다. 앞서도 지적한 바와 같이 십자군의 정치적·종교적 결과는 논의의 여지가 있다 하더라도, 십자군은 지중해를 유럽에 회복시켜주고, 이탈리아의 여러 도시에게 지중해무역의 패권을 안겨주었던 것이다.

지중해무역(또는 Levant 무역)은 본질에 있어 동서무역이었다. 동방물산으로서 가장 중요했던 것은 후추를 비롯한 각종 향신료였으며, 그밖에 견직물·설탕·각종 염료와 염색에 쓰이는 명반(明礬) 등이었고, 이에 대한 서방의 상품은 모직물이 주종이었다. 동방물산은 바그다드로부터 다마스커스를 거쳐 시리아와 팔레스타인의 이탈리아상인에게 넘겨졌다. 이탈리아에 운반된 동방물산은 다시 알프스를 넘거나, 마르세유나 바르셀로나로 운반되어 유럽 대륙으로 전달되었다.

이러한 남쪽의 지중해무역에 대하여 북방무역의 중심은 플랑드르 지방이었다. 발트海와 북해는 한때 노르만들의 활동무대였으나 10세기 중엽에 그들의 침입이 가라앉고 질서가 회복되자 부루해(Bruges)를 선두로 헨트(Ghent), 릴레(Lille), 이프레(Ypres), 두에(Douai) 등의 플랑드로 도시들이 북해무역의 중심으로 번영하게 되었다. 원래 이 곳은 로마시대로부터 모직물생산지로 이름이 나 있었으며, 12세기 중엽에는 북유럽 전체에 그들의 모직물이 널리 퍼졌다. 그 원료는 처음 영국南部産의 양모였으나 12세기에 시토교단이 북부와 웨일즈에서 牧羊을 시작하고, 양질의 양모를 공급하게 되어 플랑드르産 모직물은 동방물산의 향신료, 비잔틴의 견직물, 그리고 북방의 모피와 더불어 가장 수요가 많은 수출품의 하나가 되었다.

플랑드르의 경제적 활기는 인접한 네덜란드를 자극하고 다시 12세기에는 북부독일연안의 도시로 번져갔다. 뤼벡(Lübeck), 함브르크(Hamburg), 브레멘(Bremen), 단찌히(Danzig) 등 북독연안 도시들은 한자동맹(Hansaetic League: Han-sabund)을 결성하여 노브고로드, 스칸디나비아반도, 부루해, 런던 등과 활발한 교역에 종사하였다. 그들은 발트産 생선·목재·곡물·모피·금속, 그리고 琥珀

(호박) 등을 서유럽시장에 제공하고, 모직물·포도주·향신료·기타 사치품을 가지고 돌아갔다. 한자동맹은 한때 가맹도시가 90개를 넘을 정도로 팽창하였으며, 독일에서의 황제권의 약화로 자위상 함대와 요새까지도 갖추고 海外商館(Kontor)을 두어 무역활동의 거점으로 삼았다.

북부 이탈리아를 중심으로 한 지중해무역과 플랑드르 중심의 북방무역의 경제적 활기는 점차로 내륙에 전파되어 전유럽에 경제적 발전의 활기가 감돌게 되었다. 남으로부터 북상하는 활기와 북으로부터 남하하는 활기는 베네치아로부터 브뤼지로 통하는 자연적인 교통로의 중앙지점인 프랑스의 샹파뉴(Champangne)에서 마주치게 되었다. 샹파뉴지방은 손(Saone)강과 론(Rhone)강을 통하여 남으로는 마르세유에 연결되고 라인강과 모젤(Moselle)강을 통하여 플랑드르에, 세느(Seine)강을 통하여 파리와 북부프랑스에, 그리고 르와르(Loire)강을 통하여 중부 및 서부프랑스로 연결되는 교통의 요지이기도 하였다. 그리하여 트로와(Troyes), 라니(Lagny), 프로벵(Provins) 및 바르-쉬르-오브(Bar-sur-Aube)에서 교대로 국제적인 定期市場(fair)이 열리고, 이탈리아와 플랑드르를 비롯한 유럽 각처의 상인과 구매자들이 모여들었으며, 대금결제를 위하여 환전업무와 어음발행 등 초보적인 금융업이 발달하였다. 샹파뉴大市의 성황기는 12·3세기로서 14세기에는 이 곳이 샹파뉴伯領으로부터 王領으로 편입되어 고액의 세금이 부과되고, 백년전쟁에 휘말려 들어갔을 뿐 아니라 14세기 초부터 이탈리아상인이 갈레(galley)선으로 직접 브뤼지와 런던을 정기적으로 왕래하게 됨으로써 쇠퇴하게 되었다.

都市의 發達

지방적인 규모의 상업과 특히 원거리통상의 부활은 중세도시발달의 원동력이었으며, 피렌느(H. Pirenne)가 지적하듯이 중세도시는 바로 '商業의 발자욱' 위에 생겨났다.[3]

상공업의 중심지로서의 도시는 민족이동 후 유럽 사회가 전면적으로 봉건화하고 농촌사회로 변함에 따라 실질적으로 사라졌다. 로마시대의 도시들은 대부분이 주교관구의 중심으로서 주변의 농촌보다 인구가 약간 많기는 하였으나, 상공업의 중심지는 아니었다. 그 밖에 농촌보다 인구가 많은 곳이라고는 봉건제후의 성채

---

3) H. Pirenne, *Les Villes du moyen âge*(1927), p. 118. 중세도시의 기원에 관해서는 여러 학설이 있다. 그러나 중세의 전반적인 사회 경제적 맥락에서 볼 때 피렌느의 견해는 古典的이면서도 아직도 정당성을 유지하고 있다. I. Geiss, *Die Geschichte griffbereit,* 6, *Epochen* (1979), Ⅳ Das europäische Mittelalter의 脚註 5 및 6(p. 478 및 479) 참조. 따라서 H. Pirenne, *Economic and Social History of Medieval Europe* (1936)는 아직도 中世사회경제사에 대한 훌륭한 入門書이다.

(burgus)가 있는 곳으로, 이 곳 역시 상공업의 중심지는 아니었고, 영지관리의 중심이었을 뿐이다. 이러한 주교도시나 영주의 성채는 경우에 따라 중복되는 수도 있고, 또한 수도원의 소재지인 경우도 있었다. 이러한 곳이 상공업의 중심지로서의 도시로 발달하기 위하여서는 새로운 자극이 필요하였고, 그러한 자극은 바로 '商業의 復活'에서 왔다.

대체로 주교도시나 성채는 자연적 교통로의 중심에 위치한 경우가 많았고, 상업의 부활에 따라 그 곳에는 상인들이 모여들기 시작하였다. 처음에는 겨울을 나기 위한 일시적인 宿營地였을지도 모르는 곳이 점차로 상인들의 居留地로 변하였다. 이러한 새로운 거류지는 재래의 城 밖에 건설되었으며, 점점 인구가 증가하고 경제력이 증가하자 상인들은 스스로를 지키기 위하여 그들 거류지 주변에 새로운 성벽 내지 보루를 축조하게 되었다. 그리하여 재래의 부르구스(burgus), 즉 구부르구스 밖에 新부르구스가 생기고(영국과 네덜란드에서는 portus라고 했다), 이 新부르구스가 舊부르구스를 흡수함으로써 상공업 중심으로서의 중세도시가 탄생하게 된 것이다.

상인들과 더불어 도시주민의 핵심을 이룬 것은 수공업자들이었다. 수공업자의 대부분은 종래의 성주나 주교를 위하여 일하던 사람과 주변의 농촌출신이었다. 상인의 기원은 이보다 더 복잡하고 다양하였다. 그러나 그 주류는 봉건사회의 주변인(marginal man)이었다. 즉, 경작할 토지를 가지고 있지 않고 사회의 표면을 흘러다니며 수도원의 布施(보시)를 받아 하루 하루를 연명하면서, 수확 때는 토지의 경작자에 고용되고, 전쟁이라도 일어나면 병사로 응모하고, 기회가 있으면 약탈이나 강탈도 주저하지 않은 사람들이었다.[4] 그 좋은 예가 핀체일(Finchale)의 聖고드릭(St. Godric)이다. 고드릭은 11세기 말경 영국의 린컨셔(Lincolnshire)의 가난한 농민의 아들로 태어나 어려서부터 머리를 써서 생계의 수단을 입수해야만 했다. 그는 처음 해변을 돌아다니며 漂着物을 줍고 있었으나, 어느날 운좋게 값나가는 것을 주웠는지 행상인(peddler)이 되어 약간의 물건을 가지고 전국을 돌아다니게 되었다. 드디어 약간의 재산을 모은 고드릭은 도시 상인들의 무리를 만나 그들과 어울려 장터와 定期市(fair), 그리고 도시를 돌아다니게 되었다. 이리하여 전문적인 상인이 된 후, 그는 곧 다른 상인과 조합을 만들 정도로 돈을 벌어 그들과 더불어 작은 배를 임대하여 영국, 스코틀랜드 덴마크 및 플랑드르의 연안무역에 종사하게 되었다. 이 조합은 큰 성공을 거두었는 바, 그들의 장사란 외국에, 그 곳에서는 진기한 것으로 되어 있는 물품을 가지고 가서 비싸게 팔고, 그것과 교환하여

---

4) H. Pirenne, "The Stages in the Social History of Capitalism", *American Historical Review,* Vol. XIX, No. 3, 1914, p. 502 이하 참조. 이 논문은 퍽 오래된 것이지만, 자본주의와 특히 자본가의 기원에 관하여 아직도 많은 시사를 주고 있다.

다양한 상품을 구입하여 수요가 가장 많고, 따라서 이윤이 가장 많은 곳에 가서 처분하는 것이었다. 이리하여 수년 후에 고드릭은 그의 동료 상인들과 더불어 당당한 부호가 되었다. 그런데 그는 갑자기 신의 은총에 의하여 그의 재산을 버리고 재화를 빈민에게 분배하고 수도사가 되었다.[5]

이러한 상인들 주변에는 자연 상품의 荷積과 수송, 선박의 艤裝(의장), 그리고 수레, 통·상자의 제조 등 상업의 영위에 필요한 모든 부속품의 제조에 종사하는 사람들이 모여들게 되고, 주민의 수가 증가하자 새로이 외부로부터 제빵업자, 양조업자, 푸줏간, 대장간 등 필요 불가결한 職人들도 모여들게 되었다. 주변에서 공업이 행하여지고 있는 경우, 이를테면 플랑드르의 오래 된 직조업의 경우, 도시는 농촌으로부터 織布工을 불러들이기도 하였다. 다시 말하면 유리한 장소로의 상인들의 집합은 곧 그곳으로 수공업자들(artisans)을 모여들게 하였던 것이며, 그들을 중심으로 시민계급(부르주아지, bourgeoisie) 내지 중산계급(middle class)이라는 새로운 사회계층이 성장하게 되었다.

코뮌運動

상공업에 종사하는 사람들은 그들 활동의 성질상 봉건적 지배로부터의 해방, 즉 자유와 자치권을 원하였다. 이러한 자유와 자치권의 획득은 평화롭게, 즉 돈으로 사는 경우도 있었으나, 많은 경우 힘으로 쟁취하지 않으면 안되었고, 그러기 위하여 도시민들은 서로 서약(conjuratio)으로 단결하고 코뮌(commune)을 형성하였다. 이러한 코뮌운동은 11세기로부터 12세기에 걸쳐 전개되었는 바, 알프스 북쪽에서는 봉건귀족이 이질적인 존재로서 의식적으로 도시로부터 추방되었다. 그러나 대부분의 도시가 주교의 지배 하에 있고, 귀족이 그의 신하였던 이탈리아의 롬바르디아나 투스카나(Tuscana) 지방에서는 상공인이 귀족과 연합하였다. 이리하여 봉건귀족을 배제한 이른바 북유럽형과, 봉건귀족과 상공인이 공존하는 남유럽형의 구별이 생겨났다.

대부분의 도시가 12세기 중엽까지는 자유와 자치권을 획득하게 되었으며, 그것은 특허장(Charter : Privilegien)으로 문서화되었다. 그 내용에 있어 가장 중요했던 것은 신분의 자유와 경제활동에 필요한 여러 자유였다. 신분의 자유는 "도시의 공기는 자유를 만든다."(Stadtluft macht frei.)는 말과 같이 도시가 갖는 지역적인 특권으로서 도시 내에 1년과 1일을 거주하면 그 이전의 신분과는 관계없이 누구든지 자유로운 신분이 될 수 있었다. 그리하여 농촌의 농노제의 흔적은 도시의

---

5) *Ibid.*, p. 503. 이 聖고드릭의 일생은 中世商人과 그 활동, 그리고 의식구조를 살피는 데 하나의 귀중한 표본을 제공해주고 있다.

성벽 내에서는 사라졌으며 시민과 자유민은 동의어가 되었다.

중세도시는 자유와 더불어 영주재판권이나 교회법으로부터 해방되어 독자적인 재판권과 사법권을 갖는 특수한 법적 구역이 되고, 시참사회(concilium : curia)라는 독자적인 행정기관과 시민군 등을 갖는 자치체가 되었다. 시민들은 도시 내에서의 질서유지를 위한 벌칙을 포함한 도시법을 제정하고, 선서에 의하여 이에 복종하고 도시를 수호하는 동시에, 상호 원조할 것을 서약하였다. 시민들은 저마다 예외없이 도시의 혜택을 향유하는 동시에, 수입에 따라 평등하게 市의 여러 비용을 부담하였다. 시민들은 자기가 거주하는 도시를 자랑하고, 그것을 위하여 헌신하였으며 그들의 도시에 대한 애착심은 오늘의 애국심에 비할 만한 것이었다.

이와 같이 중세도시의 시민들은 서약단체로서 자치공동체를 형성하였고, 이러한 공동체적인 자치체로서의 도시는 중세유럽에 독특한 것이었다.

商人組合과 길드生産

중세의 상인과 수공업자는 길드(gild)라는 조직을 형성하고, 이를 통하여 경제활동과 생산에 종사하였다. 상인조합(merchant gild)은 일찍이 11세기에 그 모습을 나타내고 있으며, 수공업자조합(craft gild : corporation, Zunft 또는 Gewerbesgilde)은 이보다 늦었으나 12세기 말까지는 대부분의 도시에 중요한 수공업자조합이 형성되고, 13세기에는 급속도로 발전하였다.

상인조합은 공동의 이익과 안전을 도모하기 위한 조직으로서, 상품의 수송도중 난파를 당하거나 도적을 만나 상품이 상실되었을 때 이를 지원하고, 회원이 사망하였을 때는 장례를 치르고 과부와 자식들의 양육을 도우며, 회원 자제들의 교육을 위하여 학교를 경영하기도 하였다. 또한 도시 내의 종교적 축제를 관장하고, 교회에 대한 지원 등 종교적 友愛를 표시하는 등 그 기능은 매우 다양하지만, 또 한편으로는 상업권을 독점하고 영주와의 교섭 등도 그들이 맡았다. 사실 중세도시의 자유와 자치권의 획득에 있어 앞장선 것은 이들 상인조합이었으며, 따라서 도시의 행정에 있어서의 발언권은 강하였고, 후에는 도시귀족으로서 실질적으로 도시의 행정권을 독점하게 되었다.

상인조합보다 뒤늦게 형성된 수공업자조합은 동일업종마다 조직되었기 때문에 同業組合이라고도 한다. 그 목적은 동일업종에 종사하는 수공업자를 다른 도시의 수공업자와의 경쟁으로부터 보호하고, 동업자간의 경쟁을 배제하려는 것이었다. 따라서 동일업종의 생산에 대한 독점권을 가지는 동시에, 생산과 판매를 엄격하게 통제하였다. 노동시간, 품질, 제조방법, 가격 등을 통제하고, 회원간의 모든 경쟁을 금지하는 동시에 수요와 공급의 균형을 유지하기 위하여 생산량을 조절하고, 일정한 범위 내의 주변 농촌에서의 동일상품 생산을 금지하였다(쭌프트強制 : Zunftzwang 또는

Bannmeile). 그러므로 수공업자 조합의 성격은 자유경쟁과 개인의 창의성의 완전한 배제,·철저한 보호주의와 통제, 그리고 균등화의 경향이라고 하겠으며, 이는 아직도 공업생산력이 미약하고 얕은 단계에서는 거의 불가피하였다고 하겠다.

수공업자조합에 가입할 수 있는 것은 독립된 일터와 가게(workshop)를 가진 匠人(master)으로서, 그는 한 두 사람의 직인(journeyman)과 역시 한 두명의 도제(apprentice)를 거느렸다. 직인이나 도제의 수도 조합에 의하여 규정되어 있기 때문에 마음대로 그 수를 늘일 수 없다. 도제는 나이 어린 일종의 수련공으로서 장인과 침식을 같이하면서 일을 배운다. 직종에 따라 또한 지역에 따라 그 기간은 다르지만, 대체로 7년 정도가 지나면 직인이 되어 장인으로부터 급료를 받으며 본격적인 기술연마를 한다. 직인은 말하자면 기능공으로서, 독립할 단계에 이르면 그의 기술을 증명하기 위한 작품(masterpiece, chef-d'oeuvre, Meisterwerk)을 조합에 제시하여 인정을 받으면 독립된 장인이 된다.

초기에는 장인이 되는 길이 개방되어 있었지만, 중세 말기에 갈수록 그 길이 폐쇄되어 직인들의 불만이 생겨나게 되고, 다른 한편으로는 도시의 행정권을 독점하고 있는 도시귀족화한 대상인들에 대한 수공업조합의 장인들의 불만도 생겨, 중세 말기의 도시는 사회경제적으로 복잡한 양상을 띠게 된다.

中世都市의 모습

12·3세기에 많은 자치도시가 생겨나고 발달하였으나 그 수효는 그렇게 많지 않았다. 사회전체는 아직도 농촌적인 봉건사회였고, 도시는 이러한 봉건사회의 大海에 점점이 산재해 있는 섬과도 같았다.

오늘의 도시에 비하면 인구도 매우 적은 편이었다. 인구 5,000명이 표준적이었으며, 20,000명으로부터 40,000명 정도면 당시로서는 국제적인 도시에 속하였다. 14세기의 런던이 약 40,000명 정도이고, 부루해·헨트 등 플랑드르의 상업 중심지나 가장 큰 한자도시들이 20,000명 내지 40,000명 정도였으며, 제노아·밀라노·바르셀로나 등이 이보다 약간 많은 편이고 베네치아·피렌체·파리 등이 100,000명 정도로서 예외적인 대도시였다.

인구가 이렇게 적은데도 시민들이 길가에 득실거린 것은 성벽 내의 도시영역이 워낙 좁았기 때문이고, 시내 여기 저기에 채소밭이나 과수원이 있었고, 주민들 중에는 도시주변의 농토를 경작하거나 목축에 종사하는 자도 적지 않았다. 상·하수도시설이 제대로 되어 있지 않아 비위생적이었고, 건물은 시청사나 교회, 또는 상인조합의 건물, 부호의 저택 등을 제외하고는 대부분이 목조였다. 땅값이 비싸기 때문에 상층으로 올라갈수록 건물이 길쪽으로 튀어 나오고, 그리하여 길에서 하늘

이 보이지 않는 경우도 있었다.

중세도시의 인구분포에서도 볼 수 있듯이, 중세도시는 크게 두 가지 유형으로 구분할 수 있다. 인구 5,000명 내외의 대부분의 도시는 局地的인 지방시장의 거래를 주축으로 발달한 것이며, 또 하나는 인구 20,000명을 넘는 대도시로서 국제적인 무역의 중심지로서 발달한 것이다. 전자의 경우 도시의 생산은 도시 자체 이외에 도시 성벽의 주변 2·30里 정도를 보탠 지역의 주민들의 수요에 의하여 결정되며, 도시가 공업제품을 공급하면, 교외의 주변지역은 도시민에게 식량을 공급하였다. 그러나 또 다른 유형의 도시는, 이를테면 플랑드르나 이탈리아의 대도시의 모직물 공업에서 볼 수 있듯이, 국지적인 지방시장을 목표로 하는 것이 아니라, 끊임없이 증대하는 유럽 전역에 걸친 국제시장을 목표로 생산하는 수출공업을 중심으로 발달하였다. 또한 대도시 중에는 해안에 위치하고 있다는 지리적 조건으로, 이를테면 이탈리아·프랑스·영국·그리고 북부독일의 많은 항구도시에서 볼 수 있듯이, 해운업과 무역으로 융성해진 도시도 있었다.

中世都市의 意義

상공업의 중심지로서 자유롭고 자치적인 중세도시의 발달은 설혹 그것이 아직은 봉건적인 大海 속에 산재하는 섬에 지나지 않는다 하더라도 여러 모로 중요한 의미를 갖는 것이었다. 중세도시에서의 자유가 아직은 집단적이고 지역적인 특권이었고, 도시 내에서의 상업활동이나 생산활동 역시 집단적이고 보호와 엄격한 통제를 받음으로써 완전한 개인의 자유와 자유경쟁에 입각한 근대사회와는 다른 것이다. 그러나 그러한 제약에도 불구하고, 중세도시의 발달은 비봉건적이고 비농업적인 사회세력의 출현을 뜻하는 것이었다. 예속적인 농노와는 다를 뿐 아니라, 봉건귀족과도 다른 능동적이고 진취적인 자유로운 시민계급(부르주아지)의 성장, 관습과는 대조적인 계약사상의 출현, 그리고 시장경제의 발달, 이 모든 것은 도시에서만 중요한 의미를 갖는 것이 아니라, 얼마 안가서 주변의 농촌적인 봉건사회에 대하여 서서히 그러나 결정적인 해체작용을 미치게 되었다.

제 3 절   中世封建王政의 發展

封建王政의 發展

학자에 따라서는 封建國家(feudal state)라는 말을 사용할 수 있을 것인가를 의

심하는 사람도 없지 않다. 그것은 중세 봉건사회에서 우리가 현재 익히 알고있는 국가형태를 찾아볼 수 없기 때문이요, 바로 그 점에 유럽 봉건사회의 정치질서의 특징이 있기 때문이다. 봉건적인 정치질서는 앞에서도 설명한 바와 같이, 국가권력의 해체에 따른 지방분권과 그 결과 실질적으로 정치권력을 장악한 지방제후들의 사적인 보호관계인 주종제도를 그 특징으로 삼고 있다. 따라서 거기서는 주권의 개념이나 중앙집권을 찾아볼 수 없고, 명확한 경계선을 가진 영토개념이나 국민의식이 결여되어 있다. 국왕이라 하더라도 명목상의 통일군주에 지나지 않고, 실질적으로 그의 권한이 미치는 곳은 왕령의 범위를 넘어서지 못하였으며, 봉건제후의 상위 주군(suzerain)으로서 그들로부터 봉건적인 臣從의 의무를 요구할 수 있을 뿐이고 미약한 국왕의 경우 그것조차 어려웠다.

이러한 봉건적 정치질서로부터 근대국가가 성장해 나오려면 먼저 중앙집권과 국토의 통합이 필요하였으며, 이러한 과업수행의 핵심이 된 것은 왕권이었다. 왕권을 중심으로 한 중앙집권에 있어 봉건제후의 지방분권을 타파해야 하는 것은 당연한 일이었지만, 유럽중세의 특이한 상황으로 또 다른 강력한 장애물이 있었다. 그것은 초국가적인 조직을 가진 보편적 중세교회의 首長인 교황권이었다. 그리하여 왕권은 지방분권적인 봉건제후와 보편적인 정치권력을 행사하고 있는 교황과 싸우면서 중앙집권을 이룩해야만 했다. 한편 국토통합의 경우, 무력이나 평화로운 여러 방법으로 왕령을 확대시켜나가는 방식으로 진행되었으며, 이러한 국토통합이 진행되어 국가영역과 그 경계선이 윤곽을 잡아감에 따라 그 영역 내의 주민 사이에 국민의식이 싹트게 되었다.

이상과 같은 봉건적 정치체제로부터 근대국가로의 이행은 12세기경부터 진행되기 시작하며, 도시를 중심으로 한 상공업의 발달과 시민계급의 성장, 그리고 주권개념이 강한 로마법의 부활은 왕권을 중심으로 한 집권적 통일국가의 형성에 유리하게 작용하였다. 나라마다 사정은 달랐지만, 영국과 프랑스에서 이러한 발전이 계속적으로 이루어졌고, 독일과 이탈리아의 경우 오히려 지방할거주의(particularism)가 강화되고 정치적 분열이 계속되었다.

英國의 發展

영국의 노르만왕조는 정복왕조였기 때문에 유럽 대륙에 비하여 처음부터 왕권이 강대한 편이었다. 그러나 그러한 왕권이 중앙집권적인 국가통합의 핵심으로서 부각되는 것은 헨리 1세(Henry Ⅰ, 1100~1135)와 특히 헨리 2세(1154~1189) 때부터의 일이다. 헨리 1세의 업적은 왕의 재판권 강화와 왕실재정의 정비였다. 헨리 1세는 국왕의 재판관을 전국에 파견하고(巡廻裁判制의 시작) 왕실재정의 정비를 위하여 따로 재무관(exchequer)을 두고, 주장관인 셰리프(sheriff)로 하여금 일년에 2회씩 왕실의 수입과 지출에 관한 보고를 하게 하였다.[6]

헨리 1세가 죽은 후 유일한 후계자인 딸과 그의 남편 앙주(Anjou)伯을 제쳐놓고 헨리의 누이동생의 아들 스테판(Stephen, 1135~1154)이 왕위에 오르자, 양자간에 치열한 왕위 쟁탈전이 벌어지고, 그러한 내란은 대제후들의 세력을 신장시켰다. 두 파의 협상으로 스테판의 뒤를 이어 앙주伯의 아들 헨리 2세가 왕위를 계승하고, 이에 플란타지네트왕조(Plantagenets)가 열리게 되었다.

헨리 2세가 왕위에 올랐을 때(1154), 그는 앙주伯, 노르망디公, 그리고 왕비 엘레노아(Eleanor)를 통하여 아키텐(Aquitaine)公을 겸하여, 프랑스 내에 광대한 봉건영토를 갖는 강대한 군주였다. 헨리 2세는 즉위하자마자 그 동안 세력을 신장했던 대제후를 누르고 왕권을 다시 강화하였다. 윌리엄정복왕 이래 국왕의 직속봉신(tenant-in-chief)은 전시에 일정한 수의 기사를 제공하기로 되어 있었으나, 그들은 프랑스와 같은 외국에서의 전쟁에 종군하기를 기피하는 경향이 있어, 헨리 2세는 그들로부터 軍役代納金(scutage)을 받아 용병군대를 조직하여 프랑스 내의 영토의 보전과 확대에 이용하였다.

헨리 2세의 업적 중 가장 중요했던 것은 왕의 재판권 강화와 전국적인 규모로의 확대였다. 헨리 2세는 교회에 대한 통제를 강화하기 위하여 클라렌든憲章(Constitutions of Clarendon, 1164)을 마련하고, 신뢰하던 토마스 아 베게트(Thomas à Becket)를 캔터베리(Canterbury)대주교로 임명하였다. 그러나 대주교가 된 베게트는 매사에 헨리 2세에게 대항하였고 급기야 국왕의 기사에 의하여 살해되었다. 교황으로부터 준엄한 문책을 받은 헨리 2세는 영국의 교회법정이 교황청에 訴請하는 권리를 인정하는 등 양보하는 수밖에 없었다.

교회 재판권에 대한 통제에는 실패하였으나, 일반 법정에 대한 왕의 재판권강화와 확대는 큰 성공을 거두었다. 즉, 헨리 1세 때 시작된 순회재판제가 전국적인 규모로 확대 강화되고, 배심제가 확립되었다. 종래 형사사건은 피해자나 그 친척의 고발에 의해서만 재판이 행하여졌기 때문에 가해자가 유력자인 경우 고발이 불가능한 경우가 많았다. 헨리 2세는 이를 시정하여 각 군(hundred)에서 12명, 각 자치도시에서 4명씩의 배심원들이 왕립법정에서 고발하도록 하고(大陪審制 : grand jury), 토지소유권에 관한 소송에 있어 종래의 결투 등의 방법 대신, 셰리프가 24명의 기사 배심원으로 판결하게 하는(grand assize) 제도를 마련하였다. 그리고 또한 봉건제후의

---

6) 이 보고서가 the Pipe Roll이며, 헨리 1세 治世의 것이 하나, 그리고 헨리 2세 이후는 계속적으로 남아 있다. B. Tierney and S. Painter, p. 298.

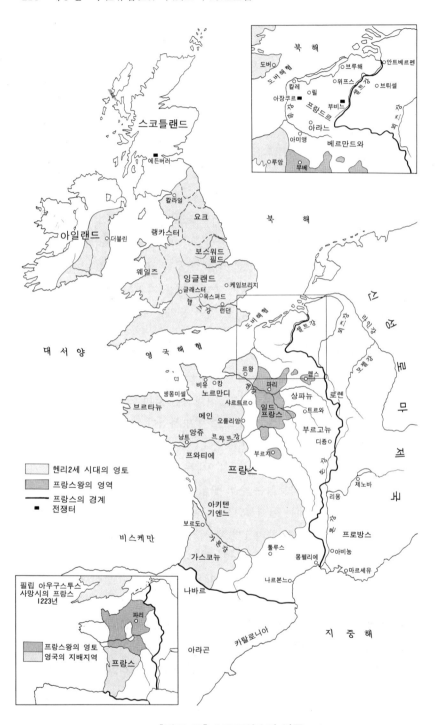

[지도 10] 中世프랑스와 영국

법정에서의 판결에 불만인 경우 왕립법정에 상소할 수 있는 길을 열었다.

이러한 헨리 2세의 재판제도의 개혁을 통하여 영국의 특유한 보통법(common law)이 발전하게 되었다. 보통법의 뜻은 전국에 적용되는 법, 즉 왕국의 모든 사람과 모든 지역에 공통되는(common) 법이라는 것이다. 각 지역과 봉건법정은 저마다 관습법을 갖고 있었으나, 왕의 재판관은 어느 곳에서나 보다 공정한 국왕의 법을 실시하려 하였고, 봉건법정 또한 그의 판결이 부당한 경우 왕립법정에 의하여 재심될 것을 알고 보통법에 의거하여 재판하려는 경향을 보였다. 이리하여 보통법은 그의 경쟁자를 물리치고 다음 1세기 동안에 급속도로 팽창하였다.

프랑스王政의 發展

프랑스에서는 전형적인 봉건적 정치체제가 형성되어, 영국의 노르만왕조와는 대조적으로 프랑스의 카페왕조는 매우 미약한 상태에서 출발하였다. 필립 1세(Philip I, 1060~1108) 때 왕권은 왕령 내의 소제후들에게조차 미치지 못하였다. 다음 루이 6세(Louis VI, 1108~1137)는 길고 고통스러운 투쟁을 통하여 왕령 내의 소제후들을 굴복시키고 유력한 대제후인 아퀴텐公과 플랑드르伯의 臣從을 얻음으로써 비로소 왕권 발전의 기초를 닦게 되었다. 루이 6세는 죽기 전에 장남 루이 7세(Louis VII, 1137~1180)와 아키텐公의 상속녀인 엘레노아와의 혼인을 성사시켰으나, 엘레노아는 딸만 둘 낳은 채 이혼하고(1152), 곧 영국왕 헨리 2세와 재혼하였다. 루이 7세는 두번째 혼인에서도 왕자를 얻지 못하고 셋째 왕비에게서 비로소 왕자 필립을 얻었다. 뿐만 아니라 이 셋째 왕비를 통하여 프랑스 내의 매우 유력한 대제후인 샹파뉴伯 및 블로아(Blois)伯과 남매관계를 맺게 되어, 마음 약한 루이 7세는 강한 처남들에게 지배되기는 하였으나 왕권을 위한 튼튼한 울타리를 마련할 수 있었다.

프랑스 왕권에 비약적인 발전을 가져온 것은 루이 7세를 계승한 필립 2세 존엄왕(Philip II, Augustus, 1180~1223)이었다. 그의 주된 목적은 영국세력을 프랑스로부터 몰아내는 것이었으나 그것은 그리 쉬운 일이 아니었다. 그의 상대는 리처드 사자심왕(Richard the Lionhearted, 1189~1199)이었다. 제3회 십자군에 같이 출발하여(1190) 聖地로 향하는 도중 계속 싸우고, 먼저 귀국하여 노르망디를 탈취할 계획을 세웠으나, 십자군사의 영토는 교황의 보호 하에 있다하여 제후들이 출진을 거부하여 그 계획은 좌절되었다. 영국왕 리처드는 성지에서 귀국하는 도중 오스트리아公에게 사로잡혀 독일황제에게 막대한 볼모금을 지불하고 석방되었으나, 그는 당대 제일가는 전사로서 그의 생존시에 필립은 별다른 성공을 거두지 못하였다.

리처드가 불의의 사고로 사망하고, 동생 존 1세(John I, 1199~1216)가 그 뒤를 계승하자 필립에게 기회가 돌아왔다. 영국왕 존이 신하인 프와투(Poitou)지방의 소영주 루시냥(Hugh de Lousignan)의 약혼녀를 왕비로 빼앗아갔다는 진정이 본인으로부터 프랑스왕 필립에게 제출된 것이다. 봉건적인 위계상으로 영국왕의 상위 주군인 필립은 이를 이용하여 존왕을 호출하고, 존왕이 출정하지 않자 봉건적 의무를 이행하지 않았다 하여 그의 프랑스 내 영지의 몰수를 선언하고 이를 실천에 옮겼다. 그리하여 필립은 노르망디, 메인(Maine), 앙쥬 및 투레인(Tourraine)을 회복하고 프와투의 대부분의 제후들의 臣從을 받게 되었다. 물론 존왕이 가만히 있을 리가 없었다. 그는 생질인 독일황제 오토 4세(Otto Ⅳ, 1208~1215)와 동맹을 맺고 필립을 공격하였으나, 오토의 독일軍이 북부프랑스의 부비느(Bouvines)에서 크게 패함으로써(1214) 영국왕의 수중에는 아퀴텐, 가스코뉴(Gascogne) 및 기엔느(Guienne)의 해안지대만 남게 되었다.[7]

노르망디, 메인, 앙쥬 및 투레인의 획득은 프랑스왕권의 발전에 있어 획기적인 전진이었다. 왕실수입은 일약 4배로 증가하였고, 이보다 앞서 왕비의 상속권으로 아르트아(Artois)伯領도 얻고 있어 필립의 왕령은 광대한 것이 되었다. 이렇게 광대해진 영토의 관리를 위하여 필립은 바이이(baillis)와 세네샬(sénéchals)이라는 새로운 지방행정관을 창설하였다. '바이이'는 그의 관할구역(바이야즈 : baillage)에서 왕권을 대행하고 사법과 국왕의 수입을 관장한다. 특기할 것은 그들은 귀족 아닌 시민계급출신으로서 왕으로부터 봉급을 받고, 따라서 왕의 명령과 이해관계에 충실한 관리였다는 사실이다. '세네샬'도 임무는 '바이이'와 대동소이였으나, 그들은 적대적인 지역에 인접한 곳에 배치되고, 경우에 따라 지방적인 소규모전투를 수행할 능력을 갖고 있어야 했다. 그렇기 때문에 그들은 성주거나 기사출신이었다. 바이이나 세네샬은 다같이 그들의 지방행정관으로서의 직무수행에 있어 보조자들이 필요했고, 그리하여 점차로 그 수효가 늘면서 상당한 규모의 국왕의 관료 조직이 형성되어 갔다.

皇帝와 敎皇의 對立

독일과 이탈리아의 정치적 발전은 영국이나 프랑스와 크게 달랐다. 독일에서는 보름스협약으로 서임권문제가 일단락된 후, 벨펜(Welfen : Welf)公家와 호엔쉬타우펜(Hohenstaufen 또는 쉬타우페르: Staufer 라도고 함.)公家가 제위를 둘러싸고

---

7) 존왕에게는 the Lackland라는 별칭이 붙어 있다. 여기에 대해서 2說이 있다. 그 하나는 프랑스 내의 많은 영토를 상실하였다 하여 '失地王'이라고 부르게 되었다는 것이며, 다른 견해는 존이 헨리 2세의 末子로 태어나 헨리 2세가 "兄들에게 영지를 주고나니 너에게는 줄 것이 없구나"라고 말하였다 하여 '無地王'의 뜻으로 부르게 되었다는 것이다. 역사적으로 본다면 '失地王'이 더 적합한 것 같다.

대립을 계속하였으며, 그 대립은 이탈리아로까지 파급되어 교황파인 겔프(Guelfs)와 황제파인 기벨린(Guibellines)의 대립을 낳게 하였다.[8]

호엔쉬타우펜朝를 연 프리드리히 1세(Friedrich Barbarossa, 1152~1190)[9]는 국내에서의 막강한 적대세력인 벨펜家의 하인리히 사자公(Heinrich der Löwe)과의 충돌을 회피하고, 대제후에게 영지 내에서의 자유재량권을 인정하는 대신, 황제에 대한 臣從을 요구하고, 소제후와 귀족을 대제후의 신하로 만듦으로써 독일을 봉건국가로 조직하였다.[10]

독일에서의 봉건질서를 확립한 프리드리히는 혼인을 통하여 부르군드왕국을 접수하고, 이탈리아로 진출하여 롬바르디아에서의 황제권회복에 나섰다. 롬바르디아에서는 귀족과 도시의 상인이 연합하여 황제의 代官을 겸하고 있던 주교의 정치권력을 박탈하고, 자치적인 도시공동체(commune)를 형성하였던 것이다. 황제의 이탈리아 진출은 필연적으로 교황과의 충돌을 초래하였으며, 밀라노에서의 反황제파 봉기의 실패(1162)를 계기로 롬바르디아 도시동맹(Lombard League)이 결성되어 황제軍을 레냐노(Legnano)에서 격파하였다. 프리드리히는 결국 롬바르디아의 도시들과 和平을 맺고, 투스카나와 스폴레토(Spoleto) 등 중부이탈리아로 그 세력을 확장시키는 동시에 시칠리아와의 친선을 도모하기 위하여 황태자비에 시칠리아왕의 숙모 콘스탄스(Constance)를 맞이하였다.

프리드리히의 후계자들에게는 교황과의 대립을 회피하고 중부 이탈리아와 부르군드로부터의 수입을 이용하여 독일에서의 왕권강화와 중앙집권을 도모하는 길도 있었으나, 그들은 이 길을 택하지 않고 계속 이탈리아정책에 모든 정력을 경주하였고, 그 결과 독일과 이탈리아에서의 집권적인 통일국가로의 발전은 봉쇄되어 버렸다.

프리드리히 1세가 십자군에 참가하여 성지로 향하던 중 소아시아에서 익사하자 그의 아들 하인리히 6세(119~1197)가 제위에 올랐다. 그는 시칠리아왕이 후계자 없이 사망하자 왕비의 이름으로 왕위를 요구하고, 시칠리아왕국의 주요 직책에 독일인 관리를 배치하였다. 그리하여 그는 독일, 부르군드, 이탈리아 및 시칠리아의 지배자가 되어, 이를 근거로 지중해세계를 지배할 꿈을 가졌으나 그 일에 착수하기 전에 사망하였다. 하인리히 6세가 사망하자 그의 아들 프리드리히의 나이가 아직 어린 것을 이용하여 벨펜家의 오토(Otto)가 영국왕 리처드의 후원을 얻어 왕위

---

8) 겔프는 Welf에서 유래하고, 기벨린은 호엔쉬타우펜家領인 Waibling에서 유래하였다.

9) 바르바롯사(Barbarossa)는 이탈리아 말로 '붉은 수염'의 뜻.

10) 영지 내에서의 자유재량권을 인정받은 대제후를 중심으로 이른바 帝國諸侯分身(Reichsfürstenstand)이 형성되게 되었으며, Graf(伯)와 자유귀족(소귀족)인 freie Herren은 그 陪臣이 되었다.

에 오르고, 이를 계기로 **兩家**의 대립과 갈등에 다시 불이 붙었다.

이노센트 3세와 프리드리히 2세

때마침 이노센트 3세가 37세라는 젊은 나이로 교황의 자리에 올랐다(1198). 그는 유럽의 모든 군주가 교황을 최고지배자로 인정하게 되는 경우에 비로소 그리스도교세계의 통합과 안정이 이룩될 수 있을 것이라는 신념을 갖고, 교황의 정치권력을 최대한 확대시키려고 노력하였다. 그는 처음 독일황제로 오토를 지지하였으나 시칠리아를 교황에게 돌려준다는 약속을 지키지 않자 오토를 파문하고 젊은 프리드리히를 지지하였다. 또한 프랑스의 필립 2세의 이혼문제에 개입하여 첫번째 왕비를 다시 맞아들이게 하고, 영국왕 존과는 캔터베리 대주교의 임명문제로 대립을 거듭한 끝에 이를 굴복시켜 존으로 하여금 교황이 지지하는 랭턴(Stephen Langton)을 대주교로 임명하고 영국을 교황에게 바친 후 이를 다시 봉토로 받도록 하였다.

이노센트 3세는 비단 정치면에서만 교황권의 확대를 노린 것이 아니라, 로마에서 제4차 라테란 公議會(Lateran Council, 1215)를 열어 가톨릭의 기본적 교리를 확인하고 교회의 도덕적 개혁과 교회의 내부행정의 향상에도 진력하였다. 그리하여 이노센트 3세에 이르러 교황권은 모든 면에서 권세의 절정에 달하였다.

호엔쉬타우펜家의 프리드리히 2세(1215~1250)는 이노센트 3세의 지지로 황제가 되었으나, 가장 무서운 교황의 적이 되었다. 그의 몸에는 시칠리아인의 피가 절반이나 섞여 있었고, 이슬람문화에 젖어 있는 시칠리아 궁정에서 자라난 탓으로 별로 신앙심도 없었거니와 성직자나 교황을 존경하는 마음도 없었다. 그는 높은 수준의 교육을 받고 총명하였으며, 스스로 시인이기도 하였거니와 학문과 예술을 보호하였다.

교황 그레고리 9세(Gregory Ⅸ, 1217~1241)가 십자군에 출발하지 않는다 하여 프리드리히를 파문하자, 그는 성지로 향하여 이집트의 太守(술탄)와 협약을 맺고 예루살렘, 베들레헴(Bethlehem) 등을 확보하였다. 귀국하여서는 중부 이탈리아의 영토를 침범한 교황을 격파하고, 멜피헌장(Constitution of Melfi, 1231)으로 시칠리아와 중부 이탈리아를 집권적인 통일국가로 재편성하였다. 즉, 봉건귀족과 도시의 자치권을 대폭 축소하여 왕권을 절대화하고, 관료적인 중앙정부의 통제 하에 황제가 임명하는 지방행정관으로 하여금 지방의 사법과 행정을 관장하게 하였다. 그는 상업을 장려하고, 때로 귀족, 성직자 및 시민대표로 구성되는 회의를 소집하였다. 이러한 프리드리히의 國制는 근대적인 절대주의국가를 연상시키는 것이었다.

멜피헌장과 같은 해에 프리드리히는 '독일 제후의 이익을 위한 헌장'(Consti-
tution in Favor of the Princes for Germany)을 선포하여 지방제후에게 실질적
인 독립과 주권을 부여하고, 롬바르디아에 대하여서는 멜피헌장과 동일한 체제의
적용을 선언하였다. 이에 롬바르디아의 도시들은 다시 동맹을 결성하여 저항을 하
고, 교황 이노센트 4세(1243~1254)는 다시 프리드리히 2세를 파문하고 롬바르디아
도시동맹을 지원하였다.

　프리드리히는 이를 굴복시키지 못하고 사망하였다(1250). 그의 사망은 실질적으
로 호엔쉬타우펜家의 종말을 뜻하였으며, 이와 더불어 황제권의 光輝도 사라졌다.
프리드리히의 아들 콘라드(Konrad)가 1254년에 사망한 후 大空位時代(Great In-
terregnum, 1254~1273)가 나타나고, 합스부르크(Hapsburg)家의 루돌프(Ru-
dolph, 1273~1291)가 황제로 선출되었으나 왕년의 황제권의 위엄을 찾아볼 수 없
었다. 루돌프는 교황령에 대한 요구를 포기하여 교황의 지지를 획득하였으나, 독
일 내에서 왕권을 강화한다거나 중앙집권을 시도하려고 하지 않았다. 이리하여 독
일의 지방제후들은 저마다 영방국가(Territorial State)를 형성하는 방향으로 나
아가게 되고, 도시는 自衛를 목적으로 도시동맹을 결성하게 되었으며, 이탈리아는
정치적 분열을 계속하게 되었다.

聖王 루이와 필립 4세

　필립 2세 때 확고한 기반을 구축하게 된 프랑스 왕권은 그 후에도 계속 강화되
고, 왕령도 확대되었다. 13세기에 들어서서는 알비즈와 십자군(Albigensian Cru-
sade, 1207~29)의 장기적인 결과로서 남부프랑스에 광대한 왕령을 얻게 되었다.

　중세를 통하여 이단파는 적지않았으나 가장 큰 세력을 가졌던 것은 11세기경 남부
프랑스의 알비(Albi)를 중심으로 일어나 그 주변에 교세를 크게 확장시킨 알비즈와
파(Albigeois, Albigenses)와 12세기 후반에 발생한 왈도파(Waldenses)였다. 알
비즈와파는 일명 카다리파(Cathari, '純粹'라는 뜻)로도 불리우며, 동방의 마니교
(Manicheanism)에서 영향을 받아 육체를 죄악시하고, 엄격한 금욕주의를 주장하
며, 가톨릭교회의 聖事를 배격하였다. 한편 왈도파는 1170년 경 리용(Lyon)의 富商
피터 왈도(Peter Waldo)가 시작한 것으로, 초기 교회의 단순한 복음전도에 힘을
기울이면서 성직자의 富와 세속화를 격렬하게 비난하였다. 남부프랑스일대에 이들
이단파의 교세가 확장되자 이노센트 3세는 1207년 알비즈와 십자군을 일으켜 이를
철저하게 탄압하고, 그 과정을 통하여 랑그독(Languedoc)과 프로방스(Provence)
등이 프랑스 왕령에 편입되고, 프랑스의 남북간 융합이 이루어지게 된 것이다.

　이렇게 계속되는 왕령의 확대와 더불어, 聖王 루이 9세(St. Louis, 1226~1270)

는 왕권을 정의와 결합시켜 윤리적인 차원으로 높였다. 그는 유능한 장군은 아니었으나 용감하고 관대하였으며, 신앙심이 매우 깊고 국내에서만이 아니라 국제적으로도 널리 존경을 받은 중세의 이상적인 군주에 가장 가까운 국왕이었다. 그는 '바이이'의 학정에 대한 불만이 점차 커지자 감찰관(enqueteur)을 파견하여 지방 행정관을 감독하고 지방민의 불평을 시정시키는 한편, 왕령 외의 소송도 받아 처리하였다. 성왕 루이의 정의로움과 공정함이 널리 알려져 왕의 재판에 대한 상소가 날로 증가하게 되어 파리에 항구적인 법정, 즉 고등법원(parlement)을 설치하였다. 루이의 유일한 결함은 십자군에 대한 지나친 정열로서 그는 1249년에 일으킨 십자군에서 포로가 된 일이있고, 1270년에는 동생과 더불어 다시 십자군을 일으켰다가 낯선 땅에서 병사하였다.

필립 3세(1270~1285)를 거처 필립 4세(美麗王, le Bel, the Fair, 1285~1314)에 이르러 프랑스 왕권을 중심으로 한 중앙집권체제는 더욱더 견고해졌다. 즉, 필립 4세는 고등법원의 기능과 조직을 강화하고,[11] 왕실재정의 관장을 위하여 會計院(샹브르 데 콩트 Chambre des Comptes)을 창설하는 한편 국왕의 자문에 응할 王室評議會를 설치하여 점차로 중앙의 행정기구가 싹트게 되었으며, 바이이와 세네샬의 수도 증가하여 왕권에 의존하는 관료제가 성장하게 되었다.

필립 4세 때 설립된 또 하나의 매우 중요한 기구는 삼부회(États-généraux, Estates General, 1302)였다. 삼부회설립의 직접적인 계기는 교황 보니파키우스 8세(Bonifacius Ⅷ, 1294~1303)와의 生死를 건 투쟁에서 프랑스국민 전체의 지지를 얻고자 한 데 있으나, 그 배후에는 도시와 시민계급의 성장과 그들의 경제면만이 아니라 정치면에서의 비중의 증대가 있었다. 삼부회는 성직자·귀족·제3신분(도시대표)의 세 신분별로 구성되었으며, 초기에는 강력한 왕권의 지지세력 구실을 하였으며, 관습과 전통을 타파하고 왕권의 중앙집권화에 공헌하다.

이리하여 중앙과 지방에서의 중앙집권적인 관료제와 통치기구가 발전하게 되었으며, 관리의 대부분이 로마법의 훈련을 받은 법률가로서, 국왕은 절대권을 가지고 왕국을 통치하기 위하여 임명된 지상에서의 神의 대리인라는 사상이 그들 사이에서 발전하게 되었으며, 이는 절대군주제로의 길을 준비하는 것이었다.

大憲章과 議會의 탄생

영국의 리처드 사자심왕은 당대 제일가는 무장이었고 매력적인 인물이었으나,

---

11) 고등법원을 다음의 3部로 확대하였다. 1. Chambre des plaids(소송을접수하고 이를 처리함), 2. Chambre des requêts(여러 진정과 불평불만을 접수하여 이의 처리 또는 각하 여부를 결정), 3. Chambre des enquêtes(사법기관의 감사를 담당).

국왕으로서는 부적당하였다. 10년간의 치세에 영국에 머문 것은 1년도 되지 못하였던 것이다. 그를 계승한 동생 존은 리처드와는 대조적인 인물로서 교활하고 음흉하며 잔인하였다. 도시의 발달, 무역의 번창, 농산물 시장의 급속한 확장 등으로 상인과 봉건귀족의 수입이 증대하는 것을 본 존은 국왕의 수입을 증대시키려 하였고, 그러한 정책은 자연 봉건제후들의 반감을 불러일으켰다.

존의 대륙에서의 모든 시도가 다 실패로 돌아가고, 대륙 대부분의 영토를 상실하고 귀국하자, 봉건귀족들은 1215년 봄 무장봉기를 일으켜 런던을 점령하였으며, 시민계급도 이에 호응하였다. 이에 존은 하는 수 없이 윈저(Windsor) 근처의 라니미드(Runnymede)에서 귀족대표와 회합하여 그들이 제출한 이른바 ‘귀족의 요구사항’(Articles of the Barons), 즉 大憲章(Magna Carta)을 승인하였다.

대헌장의 대부분의 조항은 당시의 봉건귀족들의 요구사항으로서 일시적인 성격을 가진 것이었다. 그러나 제3조의 국왕직속신하의 전체회의의 승인없이 軍役代納金이나 특별보조세를 징수할 수 없다는 규정과, 제39조의 자유인은 정당한 합법적인 절차없이 구속되거나 투옥되거나 재산을 박탈당하지 않는다는 조항은 이후의 영국 역사에 있어 매우 중요한 의미를 갖게 되었다. 즉, 전자는 영국의회의 과세에 대한 통제의 기초가 되었고, 후자는 영국과 미국에서의 개인의 자유의 토대가 되었다. 당시에 있어 자유인의 수는 전인구의 절반도 되지 못하였으나, 시대의 변천에 따라 자유인의 수가 증가하자 제39조가 갖는 의미의 중요성도 증가하였던 것이다. 뿐만 아니라 대헌장을 승인함으로써 존은 법에 종속한다는 것을 인정한 셈이며, 그 결과 대헌장은 영국 국왕이 제한군주(limited monarch)임을 언제나 상기시키는, 말하자면 왕권에 대한 제동역할을 하게 된 것이다.

존을 계승한 헨리 3세(1216~1272)는 극도로 허약한 군주로서, 낭비가 심하고 교황에게 비굴하였다. 참다못한 귀족들은 레스터伯 시몽 드 몽포르(Simon de Montfort, earl of Leicester, 1208~1265)의 영도 하에 귀족지배를 요구하고 헨리가 저항하자 그를 사로잡아 수년간 실질적으로 영국을 지배하였다. 그러나 귀족 사이에 분열과 대립이 발생하고 왕자 에드워드는 몽포르의 군대를 격파하여 그의 당파를 분쇄하였다.

왕위에 오른 에드워드 1세(Edward Ⅰ, 1272~1307)는 무장으로서나 정치가로서 제1급에 속하는 군주였다. 그는 먼저 내란 중에 약화되었던 왕권을 회복하고, 왕권의 강화책으로서 국왕의 행정을 分化하고 전문화하였다. 봉건신하들로 구성되어 있던 왕실회의(curia regis)를 국왕직속의 재무관 내지 법관으로 강화하고, 특히 왕실재정의 업무를 분화하여 전문화 하는 한편, 신하들의 민사소송을 처리하는 民訴裁判所(court of common pleas)와 민사, 형사에 관계없이 국왕에게 관련된 모든 소송을 처리하는 왕좌재판소(counrt of king's bench)를 설치하여 왕의 재판권을 강화하였다. 그러나 무엇보다도 중요했던 것은 議會(Parliament)의 탄생이었다.

영국 의회는 앵글로-색슨 시대의 위탄회의(위테나게모트), 노르만왕조기의 王室大會議(Great Council, Magnum Concilium), 그리고 주법정(shire court) 등 여러 요소와 관습이 13세기의 역사적인 상황 속에서 결합하여 성립한 것이다. 의회를 가리키게 된 'parliamentum'라는 말은 13세기에 만들어졌으며, 처음에는 특정한 제도가 아니라 두 사람 이상의 '협의'(parley)를 뜻하였다. 그러다가 1240년대에 이르러 국왕의 법관, 고문관, 廷臣, 대귀족, 고위성직자 등으로 구성되는 왕실대회의를 가리키는 말로 사용되기 시작하였다. 그러나 거기에는 아직 州대표나 도시대표가 선출되어 참석한다는 일은 없었다.[12]

선출된 대표들이 참가한 최초의 의회는 이른바 '시몽 드 몽포르의 議會'였다. 헨리 3세와의 투쟁에서 일시적으로 승리를 거둔 몽포르는 귀족들이 서로 대립하고 그의 당파로부터 이탈하는 경향을 보이자 시민계급과 州騎士의 지지를 얻고자 각 주에서 2명의 기사와 자치도시에서 2명의 시민대표를 귀족과 고위성직자와 더불어 소집하여 의회를 구성했던 것이다(1265). 그러나 몽포르는 다음 해 왕자 에드워드의 반격에 패하고 처형되었다. 따라서 그의 의회는 구속력을 가진 전례가 되지는 못하였고, 선출된 대표도 반드시 전국적인 것은 아니었다.

그러므로 참된 의미의 영국의회의 기원은 역시 1295년에 에드워드 1세가 소집한 이른바 '模範議會'(Model Parliament)라고 하겠다. 이때 에드워드 1세는 對佛戰爭과 스코틀랜드와 프랑스와의 제휴에 대비하기 위한 자금마련을 위하여 성주(baron) 이상의 귀족과 수도원장을 포함한 고위성직자, 그리고 각 주에서 2명씩의 기사와 자치도시에서 2명씩의 시민대표를 선거제에 의하여 소집하였던 것이다. 그러나 어떤 의미에서 이보다 더 중요했던 것은 2년 후(1297)에 소집된 의회였다. 이 의회는 1296년에 에드워드가 의회의 승인없이 관세를 부과한 데 대하여 상인과 귀족이 저항하고 다음 해에 의회의 지도자들이 의회의 과세승인권을 강조한 데 비롯된 것이었다.

에드워드 1세의 의회는 과세문제 이외에도 國事를 논하고 법률도 제정하였으며, 지방의 사정에 밝은 대표나 도시대표들이 제출하는 각종 진정(petitions)과 보통법 법정이 처리하지 못한 문제들을 처리하였다. 뿐만 아니라 하급귀족인 기사와 도시 중산계급의 대표가 나란히 자리를 같이하였다는 사실은 영국의회가 프랑스의 삼부회와는 다른 특이한 점으로서, 후에 매우 강력한 존재가 된 하원의 출현을 가능하게 한 것이었다. 그러나 에드워드 1세의 의회는 아직도 유동적이었고, 의회

---

12) B. Tierney and S. Painter, p. 374 참조.

가 보다 더 확고한 형태를 취한 것은 후의 일이었다.

에드워드 1세는 이밖에 웨일즈 지방을 정복하여 국왕의 통치 하에 편입하고, 스코틀랜드도 굴복시키려고 하였으나 영국 귀족출신인 로버트 브루스(Robert Bruce)를 중심으로 한 스코틀랜드인의 완강한 저항에 부딪쳐 실패하고, 스코틀랜드는 독립을 유지하였다.

제 4 절 中世文化

中世文化의 性格

유럽중세문화는 고대 지중해세계의 문화를 종합한 로마제국으로부터 물려받은 로마적 요소와, 새로 유럽 역사무대에 등장한 게르만족의 게르만적 요소로 구성되었다. 이 두 요소는 보편적 교회(Uiversal Church)로서의 중세교회에 의하여 통합되고 규제되었으며, 중세교회는 또한 봉건사회와 밀착하고 있었기 때문에 중세문화는 그리스도교적인 성격과 봉건적인 성격을 아울러 지니게 되었다.

봉건사회는 지방분권적인 사회로서 오늘날과 같이 민족이나 국민단위의 근대국가가 아직 존재하지 않았다. 그렇기 때문에 중세교회의 초국가적인 보편적 지배가 가능하기도 하였으나, 그것은 또한 중세문화에 보편적인 통일문화의 성격을 부여하였다.

봉건사회는 또한 신분제사회였고, 중세교회는 이를 신이 정한 질서라고 하여 옹호하였다. 중세 후반기에 상공업과 도시의 발달은 시민계급이라는 새로운 사회계층을 낳고, 날이 갈수록 그들은 성장하였으나 봉건사회의 신분제를 완전히 타파하지는 못하였다. 그렇기 때문에 '기도하는 사람, 싸우는 사람, 그리고 노동하는 사람'이라는 기본적인 신분의 구분은 중세 말기까지 지속되었으며, 각 신분은 저마다 별도의 상이한 생활과 문화를 갖는 수밖에 없었다.

중세사회에서는 권위나 전통, 관습과 집단이 존중되었다. 그렇기 때문에 중세문화는 개인의 창의에 의한 창조라기보다 집단과 관습의 소산이요, 권위와 전통이 지배하는 문화였다.

민족이동 후 10세기까지의 유럽문화는 새로운 문화의 씨를 그 속에 간직하고 키우고는 있었으나, 문자 그대로 암흑기였다. 이른바 '칼로링거 르네상스'도 그러한 암흑 속에 잠시 희미하게 문화의 등불이 반짝인 것에 지나지 않았다. 봉건사회의 안정과 더불어 유럽이 밖으로 팽창해 나갈 힘을 갖게 된 11세기 이후 중세문화는 개화하기 시작하고, 상공업과 도시의 발달을 배경으로 12 · 3세기에 만발하게 되었다.

中世教會

중세교회는 초국가적인 강력한 조직체였다. 그 정상에 있는 것이 교황으로서 교황청(papal curia or court)에는 교황을 보좌하는 많은 관리와 서기가 있었다. 교황 다음 가는 고위성직자로서는 추기경이 있었고, 추기경회의에서 교황을 선출하였다. 실질적인 교회관리의 핵심은 주교로서 몇개의 주교관구가 합쳐서 대주교관구(province)를 형성하고 그 관리자는 대주교(archbishop)였다. 각 주교관구의 중심이 되는 도시에는 주교성당이 있고, 성당 참사회(chapter)가 주교를 선출하고 그를 보좌하였다. 하부조직은 교구(parish)로서, 도시는 크기에 따라 다르지만 서너 개, 그리고 농촌에서는 하나의 촌락 내지 장원이 하나의 교구를 이루고 있었다. 교구사제는 그 관리자로서 일반민중과의 접촉이 가장 많았다. 이러한 기본조직의 외곽에 종교회의(공의회)와 수많은 수도원 그리고 교단이 있었다.

이러한 조직을 바탕으로 교황은 강력한 정치권력을 행사하고, 교황에 복종하지 않는 군주나 제후를 파문으로 위협하고, 한 국가 전체에 聖事禁止令(interdict)을 내리기도 하였다. 중세교회는 교회법(canon law)에 입각한 독자적인 재판권을 가지고 있었고, 형사관계처벌의 대부분이 벌금형이었기 때문에, 그것은 주교의 적지 않은 수입원이기도 하였다.

교회의 수입은 비단 벌금만이 아니었다. 주교나 수도원은 광대한 장원을 소유하고 있었으며, 모든 교구민은 교회세(10분의 1세, tithe, dîme, Zehnte)를 납부하였고, 기타 初入稅(annates-성직에 취임한 첫해의 수입을 교황에 바치는 것) 등의 세금과 신자로부터의 기부 등으로 중세교회는 막대한 경제력을 가지고 있었는 바, 13세기의 교황청 수입은 유럽의 모든 군주와 국왕의 수입을 합친 것보다 많았다.

이렇듯 중세교회는 단순한 종교기관에 그치는 것이 아니라, 독자적인 재판권을 가진 정치권력체였고, 또한 막대한 경제력의 소유자이기도 하였다. 뿐만 아니라 중세의 정신계와 문화계는 완전히 교회의 통제 하에 있었으며, 7聖事(sacraments)를 통하여 유럽인 모두의 일상생활까지 관장하였다. 중세의 속담 그대로 중세인은 교회를 떠나서는 태어날 수도, 죽을 수도 없었다.

시토敎團과 托鉢敎團

10세기에 클루니 수도원을 중심으로 강렬한 개혁운동이 전개된 사실에 관해서는 앞에서 서술하였지만, 12세기에는 또 베네딕트의 계율을 엄수하려는 시토교단

(order of Citeau 또는 Cistercian order)이 크게 발전하였다. 창설은 11세기 말이었으나 시토교단 발전의 초석을 놓은 사람은 클레르보(Clairvaux)의 수도원장 베르나르(Bernard of Clairvaux, 1090~1153)였다. 그의 정력적인 노력에 의하여 12세기 초에 다섯 개였던 교단소속 수도원이 그가 죽을 무렵에는 343개로 증가하고, 13세기 말에는 그 수가 다시 배로 늘었다. 시토교단은 앞에서도 말한 것처럼 베네딕트의 계율을 엄격히 준수하는 것을 취지로 삼아 단순하고 검소한 수도생활을 보냈다. 그러나 가장 특징적인 것은 장원을 비롯한 농경지의 기증을 거부하고, 직접 황무지를 개간하여 이를 교단의 수입원으로 삼았다는 점이다. 그들에 의하여 많은 황무지가 개척되었으며, 특히 영국의 요크셔(Yorkshire)의 황무지가 광대한 牧羊地로 변하고, 영국이 양모생산의 중심지가 된 것도 시토교단의 개간사업의 결과였다.

13세기에는 도시의 발달, 이단의 발생, 그리고 정화된 복음지향의 생활에 대한 갈망 등이 결합하여 두 개의 탁발교단(Friar)이 설립하였다.

그 하나가 아시지의 聖프란체스코(St. Francesco, Fransis of Assisi, 1182?~1226)에 의해서 설립된 프란체스코교단(Fransiscans)이었다. 聖프란체스코는 중세 聖人 중에서 가장 사랑스러운 인물로서 보다 단순하고 자연스러운 생활을 권고하였다. 그는 자연을 찬미하고 그 속에 신의 영광과 업적을 보았으며, 새에게까지 설교하였다. 그러나 그의 설교는 도시로부터의 도피가 아니라 도시민에게 단순하고 자연스러운 복음을 전하려는 것이었다.

또 다른 탁발교단은 聖도미니쿠스(St. Dominicus, Dominic, 1170~1221)에 의하여 설립된 도미니쿠스교단(Dominicans)이다. 도미니쿠스는 에스파냐 출신이었으나, 남부프랑스를 여행 중 알비즈와파의 이단에 놀라 생명의 위험을 무릅쓰고 설교를 시작하였으며, 1216년 교황의 인가를 받아 교단을 설립하였다. 그의 주된 목적은 聖프란체스코와는 달리 이단을 개종시키는 것이었으며, 청빈을 강조하였으나 그것은 교단의 세력과 위엄을 증가시키는 방편이었으며, 도미니쿠스교단은 종교재판에 주로 관여하였다.

두 교단은 급속도로 교세가 발전하였으며, 13~14세기의 대학의 발전에 주요한 역할을 담당하고, 당대 제일가는 석학들을 배출하였다. 그러나 교세가 확장됨에 따라 초기의 청빈과는 거리가 멀어지고, 15세기에는 쇠퇴하였다.

學問의 復活

봉건사회의 전반적인 안정을 바탕으로 유럽은 11세기 이후 사회와 문화의 모든 면에서 스스로 자각하고 눈부신 독자적인 발전을 하게 되었다. 그 가장 두드러진 현상은 에스파냐에서의 이른바 '再征服'과 십자군에 나타난 유럽세계의 이슬람세계에 대한 반격이었다. 그 과정을 통하여 유럽인의 시야는 넓어지고, 당시에 있어서는 일종의 선진문화였던 고도로 발달한 사라센문화와 접촉하게 되고, 그들로부터 많은 것을 유럽인은 배우게 되었다. 그러한 것 중에서도 유럽중세의 학문에 지대한 영향을 미친 것은 아리스토텔레스의 全著作에 접할 기회를 가지게 되고, 그것이 유럽에 전해지게 되었다는 사실이다.

이슬람세계에서는 9세기 말까지는 아리스토텔레스의 모든 저작이 아랍어로 번역되고, 이와 병행하여 新플라톤학파의 일부 저작도 번역되었다. 이슬람세계의 아랍학자나 유대인 학자들은 아리스토텔레스의 철학을 이슬람교나 유대교와 조화시키기 위하여 많은 노력을 기울였다. 이러한 아리스토텔레스의 저작이 일부는 시칠리아에서, 그리고 대부분은 에스파냐의 톨레도(Toledo)에서 라틴어로 번역되어 12세기 후반에는 아랍학자들의 주석과 더불어 유럽에 소개된 것이다.[13] 로마제국의 몰락 후 유럽에 알려진 유일한 아리스토텔레스의 저작이라고는 고작 보에티우스(本書, P. 150)가 번역한 논리학에 관한 초보적인 논문이었던 참에, 아리스토텔레스의 저작이 전부 소개된 사실은 유럽 중세학문의 발달을 크게 자극할 수밖에 없었다. 사실 유럽 중세학문은 어떤 의미에서는 아리스토텔레스의 사상체계를 어떻게 그리스도교 교리의 테두리 속에 융화시키느냐의 문제를 중심으로 전개되었다고 해도 과언이 아니다.

11세기 이후의 상공업과 도시의 발달은 중세학문과 문화발달에 또 다른 강력한 자극제가 되고 새로운 환경을 조성하게 되었다. 중세 전반기에 있어 학문과 교육의 중심은 수도원이었고, 로마제국의 몰락 후 희미하고 가냘프게나마 학문의 등불을 유지해 온 것은 수도사들이었다. 그러나 11세기로부터 12세기에 걸쳐 사태는 달라지게 되었다. 12세기 초부터의 활기찬 수도원개혁운동의 전개에도 불구하고, 수도원은 이제 문화적·지적 활동에 있어 가장 중요한 중심적인 지위를 상실하게 되었다. 이미 12세기에 학문과 문화의 주도권은 수도사로부터 일반 성직자에게, 그리고 수도원으로부터 주교성당의 부속학교(schola)로 이동하기 시작하였다.

---

13) 톨레도 대주교 레이몬드(Raymond)의 지원 하에 도미니쿠스교단 소속의 군디사비(Gundisabi)와 크레모나의 제라르(Gerard of Cremona)에 의해서 아리스토텔레스의 저작이 번역되었으며, 그 번역과정에서 新플라톤학파의 저작이 포함되었다. 그러나 이 번역 사업에 있어 어려운 문제는 原本, 즉 텍스트의 문제였다. 즉, 번역자들은 그리스原本이 아니라, 그것으로부터 시리아어로, 시리아어로부터 다시 아랍어로 번역된 것을 라틴어로 번역해야만 했던 것이다. 그러나 이 문제는 13세기 중엽에 해결되었다. 즉, 뫼르베케의 윌리엄(William of Moerbeke)이 그리스原本으로부터 충실한 번역을 하였던 것이다.

이탈리아에서는 로마제국 말기부터 학생들로부터 수업료를 받고 가르치는 개인 교사가 있었으나, 알프스 북쪽에서는 대부분의 학자들이 정기적으로 생활비를 지급해 줄 수 있는 주교성당이나 부유한 교회에 소속하고 있었다. 그 결과 11세기로부터 12세기에 걸쳐 많은 주교도시가 학문과 교육의 중심이 되고, 학생들이 그 곳에 모여들기도 하였다. 그러나 12세기 후반부터 13세기에 걸쳐 대학이 설립되고 수도원은 물론이요, 성당의 부속학교를 대신하여 학문연구와 보급의 새로운 중심으로 발달하게 되었다.

中世大學

유럽에서의 대학은 12세기 후반부터 13세기 초에 걸친 시기에 학생 또는 교사조합(길드)으로부터 출발하였다. 대학을 가리키는 우니베르시타스(universitas)라는 말은 원래 집단적인 의미로의 '전체'라는 뜻이며, 어떤 공통된 목적을 추구하는 집단에 적용되었고, 실제로 수공업자조합의 회원들에게도 사용되었다. 그러므로 대학의 기원은 기본적으로는 교육을 위한 길드였으며, 이탈리아와 남유럽에서는 학생길드, 알프스 북쪽에서는 교사길드였다. 이러한 학생이나 교사의 결합은 국왕이나 군주의 허가없이 이루어질 수 있었고, 또한 年代記 作家의 주목을 끌만한 일도 아니었기 때문에, 유럽에서 가장 오래 된 볼로냐, 파리, 옥스퍼드대학의 설립연대가 확실치 않고, 캠브리지대학의 설립연대는 가장 애매하다.

이탈리아의 볼로냐(Bologna)대학은 12세기 초에 후술할 이레니우스(Irenius)의 로마법 강의와 12세기 중엽의 그라티아누스(Gratianus)의 교회법 강의로 그 기반이 마련되고, 12세기 말에는 그 명성에 끌려 전유럽에서 학생들이 모여들게 되었다. 학생들은 스스로의 보전책으로 이탈리아의 학생과 이탈리아외의 학생들로 조직된 두 개의 학생길드(또는 nation, natio)를 조직하여 대학운영과 학생생활을 관리하였다. 파리대학은 노틀담(Notre Dame)성당학교의 명성에 끌려 모인 교사들이 12세기 말에 길드를 형성함으로써 설립되었으며, 1200년에는 필립 2세로부터 교사와 학생에게 특권을 부여하는 특허장이 교부되었다. 볼로냐대학이 법학으로 유명한 반면에 파리대학은 신학연구의 총본산이 되었다. 옥스퍼드대학은 12세기 전반기에 파리와 볼로냐로부터의 편력교사들의 강의에서 싹트고, 1167년에 헨리 2세가 對佛關係의 악화로 파리에 있던 영국학자들에게 귀국명령을 내림으로서 그 기틀이 잡혔다. 옥스퍼드에 모인 교사들은 북유럽과 남유럽별로 두 개의 길드를 조직하였다. 캠브리지대학은 옥스퍼드와 파리에서 이주해 온 교사들에 의해서 설립되었으며, 그 설립연대는 확실하지 않다. 이 밖에 13세기로부터 15세기에 걸쳐 많은 대학이 설립되었으며, 13세기에는 에스파냐와 포르투갈에, 그리고 14세기에는 독일에도 대학이 설립되었다.

모든 대학이 세속군주나 도시당국은 물론이요, 교회의 지배나 통제로부터 독립하기 위하여 장기간에 걸친 투쟁을 계속하였다. 그러한 투쟁의 결과 얻어진 대학의 자치권은 옥스퍼드대학의 경우 교사와 학생, 그리고 그들의 시중을 드는 사람들에 대한 사법권을 대학총장이 장악하게 되고, 파리대학의 경우는 이에 보태어 대학에 필요한 물품을 제공하는 길드, 이를테면 서적상, 잉크 제조업자, 종이장사 등에 대한 감독권과 오랜 동안 성당이 장악해온 교사자격증 수여권 등도 대학이 획득하게 되었다.

대학에서의 기본적인 교과과정은 문법, 수사 및 논리의 3교과(trivium)와 산수, 기하, 천문, 음악의 4교과(quadrivium)의 이른 바 7자유교과(seven liberal arts)였다. 3교과를 수료한 경우 문학사(bachelor of arts)의 학위가 주어지는 바, 이는 수공업자조합의 직인(journeyman)에 해당하는 격으로서, 초보적인 교과를 가르칠 자격이 주어지는 것이다. 그 후 5·6년간의 수업을 거친 후 비로소 완전한 독립된 교사자격인 문학석사(master of arts)가 될 수 있으며, 그는 7자유교과를 가르치는 교사가 되든지 또는 전문학부인 법률, 의학 및 신학을 수학하는 길을 택하게 된다. 이 전문과정을 이수하면 박사학위가 수여되는데 중세에 있어 학문 중의 여왕격이었던 신학의 이수가 가장 어려웠다. 즉, 문학석사는 4년을 이수해야 비로소 신학사가 되고, 그로부터 다시 6년을 수학해야 신학박사가 될 수 있었다. 그렇기 때문에 중세의 신학자들은 학생들이 돈벌이가 잘 되는 법학과 의학을 많이 택한다고 불평을 하였다.

대학의 구조면에서의 중요한 발전은 칼리지(college, 單科大學)의 출현이었다. 이는 대학 밖의 人士에 의한 빈곤한 학생을 위한 기숙사설립에 그 기원이 있다. 이러한 기숙사에서는 빈곤한 학생에게 무료로 또는 아주 싸게 숙식을 제공하였으며, 교사가 상주하면서 학생의 수학도 지도하였다. 최초의 칼리지의 하나는 1258년에 파리의 부유한 상인인 로베르 드 소르봉(Robert de Sorbon)이 설립한 소르본느(Sorbonne)대학이며 옥스퍼드의 경우 로체스터(Rochester)의 주교 머튼의 월터(Walter of Merton)가 설립한 머튼 칼리지와, 거의 같은 시기에 북부 영국의 대제후인 존 벨리올(John Baliol)이 설립한 벨리올 칼리지가 가장 오래된 것이다. 이러한 칼리지는 설립자로부터 광대한 토지와 지대의 기증을 받아 중세 말 종합대학(university)의 강의는 점차 중요성을 상실하고, 단과대학(college)이 대학교육의 대부분을 장악하게 되었다.

중세대학의 학생은 일단 僧籍에 속하고 성직자 식으로 삭발을 하였으나 그 언동은 반드시 경건한 것만은 아니었다. 면학에 열중하는 면이 있는가 하면, '술과 노래와 여자'라는 청춘을 구가하는 낭만적인 동시에 방자한 면도 있었다. 학생과 시민들과의 유혈소동이 빈번했고, 언제나 돈이 부족했던 학생들에게 있어 훔친다는 것은 예사였다. 그것은 학생신분을 획득하는 것이 중세에는 매우 쉬웠고, 범죄인이 학생신분을 가장하는 경우도 적지 않았던 탓도 있다. 실제로 15세기의 파리에서는 가장 악질적인 범죄인의 소굴이 바로 대학 뒤에 있었으며, 그 곳 주민의 많은 수가 학생을 가장하고 있었다.

이러한 결함에도 불구하고 대학은 중세문화의 발전에 현저한 공헌을 하였다. 대부분의 저명한 학자는 대학에 속해 있었고 각 학부는 그 분야의 최고권위로 인정되고 있었다. 어느 교황은 종교문제를 결정하는 데 있어 파리대학의 신학부에 상의하지 않은 것을 사과한 일도 있었다. 대학졸업생은 학식을 필요로 하는 전문적 직업을 메꾸었다. 문학석사는 교사, 학교장, 행정가로 진출했고, 법학박사는 로마법을 사용하는 국가에서 법률가나 군주의 관리로 행세하였고, 교회법학자는 교회법정의 법관이 되었으며, 신학박사는 신학교수나 고위성직자가 되었다. 확실히 13세기 이후의 중세문화의 일반적인 발전은 대학에 힘입은 바 매우 크다고 하겠다.

스콜라哲學

교회에 의하여 지배되던 중세에 있어 대표적인 학문은 교회의 학문, 즉 신학이었고, 철학은 이에 봉사하는 시녀였다. 중세학문을 대표하는 신학적 철학체계라고 할 스콜라철학 또는 스콜라학(Scholasticism)은 그것이 주교성당이나 수도원의 부속학교인 스콜라(schola)에서 명맥을 유지하고 자라났기 때문에 그렇게 불리우며, 그 기반은 로마시대의 교부철학과 아우구스티누스의 사상이었다. 11세기로부터 12세기에 걸쳐 이슬람세계로부터 새로 소개된 아리스토텔레스를 중심으로 한 고대철학은 스콜라학자들에게 새로운 문제를 제시하였고, 그것을 계기로 스콜라철학은 발전하고 체계를 갖추게 되었다.

스콜라학자들이 당면한 첫번째 문제는 신의 존재를 증명하는 일이었으며, 이 문제는 스콜라철학의 가장 핵심적인 문제인 이성과 신앙을 조화시키는 문제에 관련된 것이었다. 최초의 주목할 만한 답변은 캔터베리 대주교였던 聖안셀모(St. Anselm, Anselmus, ca. 1034~1109)에 의하여 제시되었다. 그는 지적 노력으로 신앙을 심화시키고 不信者를 설득할 수 있다고 생각하였으나, 궁극적으로는 이성보다 신앙이 앞서며, 신의 존재는 의심할 여지가 없다고 생각하였다. 그의 결론은 "나는 신앙을 위하여 지성을 구하는 것이 아니라 알기 위하여 믿는다."였다.

이와 관련된 두번째 문제는 이른바 '普遍'(the universals)의 문제였다. 이는 12세기 초에 대두된 중요한 철학적 과제로서 보편적인 개념의 實在(real existence)

를 주장하는 實在論(realism)과 보편적인 것은 오직 이름뿐이고 실재하는 것은 개별적인 것이라고 주장하는 唯名論(nominalism)과의 대립을 불러일으키고, 양자간에 '普遍論爭'이 벌어졌다. 이 문제에 타당한 해결책을 제시한 것은 에로이즈(Heloise)와의 사랑으로도 유명한 12세기 전반기의 파리학계의 거장이었던 아벨라르(Peter Abelard, 1079~1142)였다. 아벨라르는 보편적인 것은 실재하지만 그것에 내재하는 개별적인 것을 떠나 따로 존재하지 않으며, 개별적인 것과 별개로 파악된 보편적인 개념은 인간지성의 추상의 산물이라고 하였다. 그의 이러한 견해는 14세기 초까지 일반적으로 받아들여졌다.

스콜라학자들이 이러한 문제를 해결하는 데 있어 당면한 큰 어려움은 그들이 의거할 성경을 포함한 교부철학자들의 견해가 반드시 일치하지 않고 경우에 따라 날카롭게 대립하고 있다는 사실이었다. 아벨라르는 그의 가장 유명한 저서인 《肯定과 否定》(*Sic et Non, Yes and No*)에서 이 문제를 직시하고 숨김없이 제시함으로써 스콜라철학의 발전에 크게 공헌하였다. 아벨라르는 그의 저서에서 논쟁의 대상이 된 문제거리의 명제를 망라적으로 제시하고, 그 하나 하나에 대하여 찬반의 결론을 도출할 수 있는 권위있는 전거를 제시하였다. 그는 대립하는 견해를 조화시키려는 노력을 하지 않고 그것을 학생들에게 맡겼다. 왜냐하면 그러한 훈련이 그들의 정신을 연마할 것이라고 생각했기 때문이다. 아벨라르의 태도는 "회의를 통하여 탐구하게 되며, 탐구를 통하여 진리에 도달한다."라는 그의 말에 요약되어 있으며, 이러한 그의 '변증법적 방법'은 그 후 신학연구에 널리 채택되었다.

아벨라르가 죽은 지 얼마 안되어 파리의 롬바르(Peter Lombard)는 아벨라르보다 더 많은 전거를 수집하고, 그러한 전거를 전통적인 신앙에 입각하여 어떻게 해석할 수 있는가를 보여주는 주석까지 붙였다. 그의 《典據의 書》(*Book of Sentences*, 1150경)는 신학강의의 교재로 널리 이용되었다.

토마스 아퀴나스

12세기 후반에 그 전모가 소개된 아리스토텔레스의 철학체계를 수용하면서 그것이 제기한 새로운 도전을 극복하고 스콜라철학을 대성시킨 학자가 토마스 아퀴나스(Thomas Aquinas, 1225~1274)였다. 아퀴나스는 이탈리아출신으로서 도미니쿠스파 수도사가 되어, 파리에서 공부하고 파리대학에서 신학을 강의하였다. 그는 50세 미만에 사망하였으나 오늘의 인쇄에 의한 출판으로 32권에 달하는 많은 저작을 남겼다. 그 방대한 저작 중 대표적인 것이 《神學大全》(*Summa Theologica*)으로서, 서로 상충하는 대립적인 의견의 제시를 통하여 문제를 검토해 나가는 아벨라르의 '변증법적 방법'의 가장 훌륭한 성과를 보여주고 있다. 아퀴나스는 신학대전에서 6백조항 이상의 문제를 제기하고, 이를 논의하는 데 1만에 달하는 반대의견을 검토하고 있다. 그가 제기한 첫 항목은 '哲學 이외에 또 다른 敎義가 필요한가'로서 바로 여기에 그가 당면하고 해결하려던 모든 문제의 핵심인 이성과 신앙의 문제가 담겨져 있었다.

아퀴나스에 의하면 이성의 진리와 신앙의 진리가 있으며, 양자는 서로 대립하거나 모순되는 것이 아니다. 그는 인간정신이 감각적인 경험을 통하여 자연의 세계에 관한 진리에 도달할 수 있다는 아리스토텔레스의 주장을 전면적으로 받아들인다. 그러나 그는 자연의 세계의 진리 이외에 또한 초자연의 진리가 있으며, 그것은 오직 신의 은총으로서 인간에게 계시됨으로써 인간이 이를 인지할 수 있는 것이라고 하였다. 아퀴나스에게 있어 이 초자연의 진리는 자연계에 관한 지식과 모순되는 일이 없을 뿐 아니라, 자연의 진리를 보완하고 완성시키는 것이다. 그의 말대로 '은총은 자연을 파괴하는 것이 아니라 이를 완성'시키는 것이었다.

아퀴나스는 아리스토텔레스의 윤리학과 정치학을 당시의 그리스도교 사회의 필요에 적응시켰다. 그는 인간의 진정한 목적은 지상에서의 행복한 상태의 달성이며 합리적인 윤리체계는 이 목적의 달성을 가능하게 한다는 아리스토텔레스의 견해를 기꺼이 받아들인다. 그러나 인간의 목적은 그것만이 아니라고 그는 덧붙인다. 인간에게는 보다 높은 목적이 있으며 그것은 신의 세계를 인식하는 것이며, 지성의 至上目標는 바로 여기에 있으며, 내세에서의 인간의 구제는 아리스토텔레스의 자연적인 德의 실천만이 아니라, 신앙과 자애라는 그리스도교적인 덕을 요구한다는 것이다.

아퀴나스는 또한 국가가 인간에게 있어 자연스러운 것임을 시인하고, 국가권력의 형태도 자연과 인간의 필요에 대한 합리적인 성찰로써 결정될 문제라고 하였다. 그러나 그는 인간이 지상에서의 행복만을 추구한다면 국가만으로 족하겠지만, 인간에게는 내세에서의 신과의 생활이라는 보다 높은 초자연적인 목적이 있고, 교회는 바로 이 목적으로 인간을 인도하기 위하여 필요한 것이라고 하였다. 아퀴나스는 더 이상 상세하게 정치사상을 전개하지 않았고, 교회와 국가의 관계에 관한 그의 입장도 애매한 것이지만 그가 아리스토텔레스의 정치사상을 일단 인정하였다는 사실은 그 후의 정치사상의 독자적인 발전에 공헌하였다.

아퀴나스의 사상이 당시에 있어서는 여러 신학체계 중의 하나에 불과하였다 하더라도, 그가 아리스토텔레스의 철학을 수용하면서 당대의 모든 중요한 문제를 과감하게 지적으로 검토하면서 이성과 신앙을 조화시키려고 노력한 사실은 높이 평가되어야 할 것이며, 그의 사상이 후에 가톨릭교회의 공식 철학이 된 이유도 여기에 있다.

經濟思想

교회는 처음 모든 상업활동에 대하여 부정적이었다. 상업은 결국 돈벌이를 위한 것이며, 그것은 탐욕의 소산이라는 것이다. 그러나 상업의 부활과 도시의 발달로 상업이 일반화되자 이에 대한 반대는 크게 완화되고, 경제윤리의 초점은 빈민구제와 공정가격, 그리고 이자로 압축되었다.

가난한 자와 병자에 대한 자선은 그리스도교적인 덕으로서 가장 강조되었으며, 有産者는 누구나 가난한 사람에게 자선을 베풀 것이 요구되었다. 실제로 빈민에 대한 자선은 너그럽게 행하여졌고, 聖俗 諸侯나 부유한 상인은 병자를 위한 병원을 설립하였으며, 이러한 자선의 덕의 강조와 실천은 상공업활동에 아무런 지장을 주지 않았다.

공정가격(just price)의 이론 또한 경제활동에 큰 지장을 주는 것은 아니었다. 공정가격의 산출에 관해서는 상품의 유용성, 물량의 다소 또는 생산비 등을 기준으로 한 여러 견해가 있었지만, 아퀴나스는 공개시장에서의 공정한 거래로서 결정되는 가격이라고 규정하였다.

돈을 빌려주고 이자(usury)를 받는 것을 중세교회는 죄악으로 생각하였으며, 이러한 교회의 태도는 대규모 상업 특히 금융업의 발달을 저해하였다. 그러나 13세기 이후 대금업자는 대부에 수반되는 위험부담에 대하여 보상을 받을 권리가 있다는 견해와 더불어 이자에 대한 교회의 태도도 크게 완화되었다.

대부에 대한 교회의 부정적인 태도로 대금업은 주로 유대인에게 맡겨졌다. 중세에 있어 유대인은 완전히 사회에서 소외된 존재로서, 특히 십자군의 진행과정에서 反유대적인 감정은 격화되었다. 그리하여 거의 모든 생업에서 배제된 유대인으로서는 그리스도교도에게 금지된 대금업에 종사하는 수밖에 없었던 것이다. 그러나 13세기 이후 이탈리아의 상인을 비롯하여 그리스도교도의 금융업자가 활동을 하게 되자, 유대인의 이용가치는 사라지게 되었다. 13세기 말에 유대인 대금업자는 영국과 프랑스에서 추방되고, 14세기에 그 풍조가 독일에까지 파급되자 북유럽의 유대인들은 폴란드로 많이 피신하였다.

自然科學

종교와 교회에 의하여 문화가 지배되고 통제되던 중세에 있어 자연과학이나 기술이 발달할 여지는 별로 없었다. 아리스토텔레스의 저작을 통하여 고대그리스의 과학적 지식이 전해졌으나, 그것을 능가할 만한 노력은 없었고, 아라비아의 과학적 지식의 전래와 더불어 아리스토텔레스를 넘어서려는 노력은 점성술과 연금술의 발달을 가져왔을 뿐이다. 14·5세기에 크게 유행한 연금술은 저질의 금속을 황금으로 변화시키는 이른바 '철학자의 돌'을 발견하려는 황당무계한 노력을 되풀이 하는 과정에서 약간의 화학적 실험기구의 발명과 새로운 증류법의 발견이라는 부 산물을 가져왔으나, 그 자체로써는 근본적으로 길을 잘못 잡은 것이었다.

거의 불모에 가까운 중세의 자연과학분야에서 두 사람의 영국인이 주목을 끈다. 옥스퍼드대학의 총장을 거쳐 링컨(Lincoln)의 주교가 된 그로세테스트(Robert Grosseteste, 1168~1253)는 직접적인 지식과 직접적인 관찰을 강조하고, 자연계 에 대한 수학적인 설명을 시도하였다. 그의 가장 큰 공헌은 그의 자연과학적인 방 법론이었다. 즉, 자연현상을 관찰하고 이를 설명할 가설을 설정하는 과정에서 동 일한 현상에 대하여 여러 가설이 가능한 경우, 보다 더 논리적이고 확실한 증거에 입각하여 그릇된 가설을 제거해야 한다는 것이다.

또 한 사람은 그로세테스트의 제자인 프란체스코파의 탁발수도사였던 로저 베 이컨(Roger Bacon, 1220~1292)이다. 그는 인간지식의 진보가 고대의 권위에 대 한 지나친 존중, 민중의 편견, 그리고 학자들이 무지함을 인정하는 것을 주저하는 탓으로 저해되고 있다고 지적하고, 자연현상의 연구에 있어 실험을 존중하고 '실험 과학'(scientia experimentalis)을 철저하게 활용할 것을 주장하였다. 그는 상상 력이 풍부하여 나르는 기계, 잠수선, 기계로 움직이는 배 등을 예견했으나 스스로 는 주목할만한 독창적인 실험을 한 바 없고 새로운 과학적 법칙을 발견하지도 않 았다.

로마法의 復活과 敎會法

중세봉건사회의 안정과 더불어 유럽중세사회가 혼란과 무질서상태를 탈피하고 상공업과 도시가 발달하기 시작한 1100년 경부터 로마법에 대한 관심이 높아지고 로마법이 부활하게 되었으며, 이에 결정적인 역할을 한 사람이 볼로냐의 이레니우 스(Irenius)였다. 중세 이탈리아에 전해진 유스티니아누스의 법전은 단 한 부뿐이 었는 바, 일부 역사가는 그 사본의 발견을 로마법 부활의 계기로 중요시하고 있다. 그러나 보다 더 중요했던 것은 12세기에 접어들면서 로마법을 이해하고 이를 존중 할 수 있는 사회적 상황이 조성되었다는 사실이다.

이레니우스는 로마법을 전체적으로 파악하고 이를 통합된 전체로서 설명하였 다. 그의 이러한 로마법 강의를 듣고자 유럽 각처에서 학생들이 모여들었고, 이후 볼로냐는 중세유럽의 법학연구의 중심이 되었다. 로마법은 주권의 개념과 더불어 입법권을 가진 공공권력체로서의 국가와 정부의 개념을 유럽사상에 도입하게 되 고, 법체계가 무엇인가에 관한 새로운 사상을 중세인에게 가르쳐주었다.

이보다 좀 늦게(1140년경) 볼로냐의 수도사 그라티아누스(Gratianus)는 교회의 재판기준이 되는 종교회의의 결의와 교황의 훈령 등 교회법의 방대한 텍스트를 체계적으로 편찬하였다. 이 《그라티아누스法令集》(*Decretum*)은 큰 성공을 거두어 교회법에 관한 가장 권위있는 법령집으로서 널리 이용되게 되었다.

교회법은 물론 교황이 관장하고, 성직자와 교회재산에 관련된 모든 문제를 취급하고 있지만, 이와 동시에 일반 속인 또한 교회의 신자였기 때문에 결혼, 지참금, 유언, 계약의 집행, 서약, 빈민구제, 교육, 이단, 이자 등 일상생활과 사회생활의 많은 부분을 규제하고 있어 그것의 체계적인 편찬은 현실적으로 중요한 의미를 갖는 것이었다. 이 법령집에 규정된 교황의 권한을 이용하여 교황은 새로운 입법조치를 많이 취했으며, 교황법정(papal curia)은 유럽의 전그리스도교세계의 최고법정으로서의 권위를 갖게 되었다.

中世文學

중세의 언어생활은 이중적이었다. 교회와 학문, 그리고 법률 등에는 라틴어가 사용되었고, 그것은 국가나 민족을 넘어 선 보편적인 언어로서 중세문화의 통일성에도 공헌하였다. 이러한 라틴어와 더불어 가정이나 논밭, 시장이나 작업장 등에서는 일상적이고 비근한 속어(vernacular)가 사용되었고 그것은 국어로 성장하게 되었다.

이러한 언어생활의 이중구조에 따라 중세문학 또한 라틴어문학과 속어문학(vernacular literature)으로 나누어지게 되었다. 그러나 중세의 라틴어 작품은 약간의 위대한 聖歌와 방랑시인과 학생들이 부른 술과 사랑의 노래를 제외하고는 별로 볼만한 것이 없다.[14] 중세문학의 주류는 속어문학으로서, 새로 역사무대에 등장한 게르만족의 원시적이고 야생적인 정신을 표현한 영웅서사시와 성숙한 봉건사회의 기사도와 사랑을 취급한 기사문학이 대표적인 것이다.

《베이어울프》(*Beowulf*)는 앵글로-색슨족의 영웅 베이어울프가 괴물을 퇴치하는 이야기로서 가장 일찍이(8세기경) 나타난 것이며, 《니벨룽겐의 노래》(*Niebelungenlied*)는 13세기에 완성된 작품형태를 갖추었지만, 그 소재는 중세 초기의 게르만족이 아직 그 원시적이고 야생적인 성격을 상실하지 않았던 시대의 것이다. 이야기의 줄거리는 용감한 지그프리드(Siegfried)의 죽음과 그의 아내 크림힐트(Kriemhild)의 복수를 주제로 전개되지만, 복수가 이루어지는 마지막 장면의 처

---

14) 술, 사랑, 자연, 그리고 젊음을 노래한 세속적 라틴어의 대부분은 학생 또는 한때 학생이었던 방랑詩人에 의하여 만들어졌으며, 그들은 골리아스파(Goliards)로 불리워졌다. 13세기 말 바이에른 지방의 베네딕트 계통의 수도사들이 이러한 노래들을 필사한《카르미나 부라나》(Carmina Burana)가 남아 있다.

참한 모습은 소름을 끼치게 한다. 이 계통에 속하는 또 다른 작품들은 노르만(바이 킹)들의 모험담을 엮은 '사가'(saga)들로서 억제를 싫어하고 자유를 사랑하는 기 질, 위험을 무릅쓰는 용맹성, 그리고 한도를 모르는 활수 등, 후에 봉건사회의 지 배층의 특성을 이루게 되는 게르만족의 기질이 잘 묘사되어 있다.

12세기에 남부프랑스의 프로방스 지방에 트루바두르(troubadours)라고 불리는 시인의 무리가 나타나 새로운 문학 장르를 개척하였다. 그들 중에는 고귀한 신분 을 포함한 기사출신이 많았고 생업으로 詩作을 하는 유능한 시인들도 적지 않았 다. 그들은 고귀한 신분의 여성에 대한 기사들의 낭만적인 사랑을 노래로 불렀고, 12세기 중엽에 절정에 달하였다. 이러한 기풍은 곧 전유럽에 전파되고, 독일에서 는 민네징거(Minnesinger)라는 사랑의 서정시인이 출현하였다. 그들의 시는 처 음 낭만적이고 참신하고 생기에 가득차 있었으나 점차 유형화하고 생기를 잃어갔 다.

이러한 사랑의 서정시가 남부프랑스지방을 중심으로 유행하고 있을 때 프랑스 에서는 또 다른 형태의 작품이 나타났다. 그것은 일반적으로 武勳詩(Chanson de geste)로 알려진 작품으로서, 기사들의 사랑이 아니라 그들의 용맹과 주군에 대한 충성을 주제로 삼은 것이었다. 무훈시 중에 대표적인 것은 샤를마뉴의 에스파냐 원정으로부터의 귀국 길에, 그 후위부대를 지휘한 롤랑이 불의의 복병을 만나 용 감하게 싸워 전사함으로써 주력부대를 구한《롤랑의 노래》(*Chanson de Roland*) 이다.

이러한 무훈시의 출현은 안정된 봉건사회에서의 귀족들의 흥미로운 이야기에 대한 요구였다. 그들은 저택이나 성에서 기나긴 저녁시간을 보내기 위하여 편력시 인들을 환영하였고, 그들의 이야기에 귀를 기울였다. 트루베르(trouvères)로 불리 는 북부프랑스의 편력시인들은 여러 가지 소재를 이용하여 이야기를 꾸몄지만, 그 들이 가장 즐기고 또한 전유럽의 공통된 소재가 된 것은 켈트족출신의 전설상의 왕인 아더왕(King Arthur)과 그의 원탁기사(Kinghts of the Round Table)들에 관한 이야기였다. 이 새로운 소재를 이용하여 12세기 후반에 기사문학의 꽃을 만 발시킨 트루베르의 대표자는 크레티앙 드 트로아(Chétien de Troyes)였다. 그는 아더왕의 왕비와 랭스롯(Lancelot)의 사랑을 비롯한 아더왕의 궁정과 그의 기사 들에 관한 많은 이야기를 엮었으며, 그러한 아더왕의 전설은 다시 聖杯(the Holy Grail)전설과 결합하게 되었다. 예수가 최후의 만찬 때 사용한 성배는 인류구제의 상징으로서 성배를 보관하고 있는 그랄城(Gral)을 찾는 것이 원탁기사들의 이상 이었다. 이 성배를 찾는 데 성공한 기사가 파르찌발(Parzival)이며, 독일의 볼프 람(Wolfram vom Eisenbach)의 작품이(ca. 1220) 성배전설에 관련된 작품 중에서는 대표적인 것으로 꼽는다. 이 작품은 기사도와 그리스도교정신의 아름다운 결합을 보여주고 있거니와, 고트프리드(Gottfried von Sraßburg)의 《트리스탄과 이졸데》(*Tristan und Isolde,* ca. 1210)는 기사문학의 걸작으로서 문학적 향기가 높으며, 그 슬프고도 아름다운 사랑의 사연은 지금도 감동을 준다.

설혹 기사문학의 일부 걸작이 독일에서 다듬어졌다 하더라도, 중세의 속어문학을 주도한 것은 프랑스였으며, 봉건귀족을 대상으로 한 기사문학과는 성격을 달리하는 '寓話'(fabliaux)가 발달한 것도 프랑스였다. 우화는 이솝(Aesop)이야기에 본받은 바 많으며, 귀족들도 즐겼으나 원래는 도시민들을 상대로 웃음과 풍자를 섞은 단편적인 이야기들이었다. 보다 더 대중적이었던 것은 연극으로서, 장터에 세워진 간소한 무대에서 상연되었다. 13세기에는 대체로 성경에 입각한 종교적인 神秘劇, 성인들의 생애를 취급한 奇蹟劇, 그리고 덕과 악덕을 인격화한 說敎劇이 널리 유행하였다. 그것들은 모두가 진지한 종교적 내지 도덕적 주제를 취급하면서도 야비하며 속된 희극적인 내용을 담고 있었다.

이탈리아에서 속어문학의 발전은 프랑스보다 늦었다. 그러나 聖프란체스코의 《太陽의 讚歌》(*Canticle of the Sun,* 13세기초)는 자연을 찬미하는 아름다운 걸작이었고, 13세기 말에는 중세를 통하여 가장 위대한 작가로 꼽히는 단테(Dante Alighieri, 1265~1321)가 나타났다. 피렌체출신의 단테는 젊어서 그의 久遠의 女性이 된 베아트리체(Beatrice)에 대한 사랑을 노래부른 서정시〈新生〉(La vita nouva)의 작가로서 출발하였으나, 그의 나이 25세 때 젊은 베아트리체가 사망함으로써 한때 절망에 빠졌다. 그 후 그는 철학공부에 뜻을 두었으며 그 성과는 주로 아리스토텔레스의 윤리학을 이탈리아어로 해설한 《饗宴》(*Banquet,* 1308)이라는 저술로 나타났다. 그는 피렌체에서 교황의 정책을 반대하는 당파를 지지한 탓으로 피렌체에서 추방되어 이탈리아 각처를 방랑하다가 만년에는 란벤나(Ravenna)에 자리잡았다. 이러한 그의 정치적 경험으로 그는 황제파에 속하게 되고, 독일황제에 의하여 통치되는 世界國家를 논한 《帝政論》(*On Monarchy*)을 저술하였다.

그의 가장 위대한 걸작인 《神曲》(*Divine Comedy*)은 만년의 작품으로서 단테가 이교도인 로마의 시인 베르길리우스의 안내로 지옥과 연옥, 그리고 다시 베아트리체의 안내로 천국에 이르는 웅장한 구상 하에 전그리스도교적인 우주의 환상과 그 속에서의 인간의 위치를 당대의 신학자와 철학자의 견해를 반영시키면서 비할 바 없는 통찰과 탁월한 문학적 솜씨로 묘사하였다. 주인공인 단테는 지옥과 연옥, 그리고 천국을 두루 돌아다니면서 수없이 많은 역사적인 인물과 전설상의 인물, 그리고 당대에 생존하고 있는 저명인사를 만나고, 이를 평가하면서 베아트리체의 안내로 신의 영광과 성스러운 사랑에 도달한다. 단테의 《神曲》은 아퀴나스의

《神學大全》과 장려한 고딕 교회건축과 더불어 중세문화의 주제가 그리스도교의 신앙임을 다시 한번 상기시켜준다.

中世의 歷史敍述

오늘의 中世史家의 대부분은 중세문화를 서술할 때 역사서술을 따로 서술하지 않고 문학에 관련시켜 서술하고 있다. 그것은 중세의 역사서술이 그만큼 빈약하다는 것을 말해준다.

그리스도교가 지배하던 중세에 있어 아우그스티누스가 제시한 역사관 이외에, 또는 그것을 능가하는 역사관이 나올 가능성은 없었다. 인간보다 신이 더 중요했던 시대라 대부분의 史書는 年代記라는 역사라기보다 역사의 소재에 지나지 않은 기록들이었다.

중세 전반기의 사서로서 주목되는 것은 투르의 그레고리(Gregory de Tours, 538~593)의 《프랑크史》와 비드(Bede, Venerable, 674~735)의 《英國敎會史》그리고 아인하르트(Einhard, ?~840)의 《찰스大帝傳》정도이다. 중세 후반기에 들어와서는 맘즈베리의 윌리엄(William of Malmesbury, ?~1143)의 《英國王의 歷史》가 주목을 끌며, 12세기 말경부터 역사 서술에 라틴어 대신 속어인 국어가 사용되기 시작한다. 프랑스어로 서술된 사서 중 주목을 끄는 것은 빌라르두엥의 죠프레이(Geoffrey de Villehardouin, ca. 1213)의 《제4회 十字軍》과 13세기 말의 조엥빌의 領主 존(John of Joinville)의 《聖王 루이傳》이다.

中世의 美術

종교에 지배된 모든 문화가 그러하듯이, 중세의 미술도 교회건축이 중심이었다. 개성적인 상상과 창조의욕의 표현인 회화나 조각은 독자적인 세계를 갖지 못하고 교회건축의 장식 또는 부속물에 머물렀다. 모든 예술적 활동이 오직 신의 영광을 나타내기 위한 것이었고, 또한 중세가 개성의 시대라기보다 집단의 시대였기 때문에 중세의 예술가들은 그들의 이름을 밝히지를 않았다.

중세의 교회건축은 대체로 10세기 경에 성립한 로마네스크(Romanesque)양식과 12세기 이후의 고딕(Gothic)양식으로 구분된다. 로마네스크 양식은 중세초기의 문화가 로마적인 요소를 간직한 채 여러 이질적인 요소가 잡다스럽게 혼합되어 있던 문화형성기의 산물이었다. 평면도는 로마의 장방형의 바실리카식으로부터 라틴 십자형으로 바뀌고, 천정은 돌로 된 교차 궁륭(groin vault)으로 이 무거운 천정을 떠받치기 위하여 두껍고 튼튼한 벽이 필요하였고 창문도 클 수가 없었다. 내부의 열주는 둥근 아치(round arch)로 연결되고, 교차궁륭이나 창문의 상부도

원형이었다. 이 원형 아치가 로마네스크 양식의 특색이며, 건물 전체가 무겁고 내부는 어둡고 침침한 인상을 준다. 로마네스크 양식은 이탈리아에서 시작되어 유럽의 다른 지역에 번졌고, 알프스 북쪽에서 고딕양식이 발전한 후에도 이탈리아에서는 로마네스크의 전통이 유지되었다.

로마네스크 양식이 민족이동의 혼란을 완전히 탈피하지 못한 과도기의 양식인데 비하여, 12세기에 북부프랑스에서 시작되어 전유럽에 전파된 고딕양식은 중세의 독자적인 그리스도교예술을 대표하는 교회건축이었다. 그것은 봉건사회가 안정되고, 교회의 세계지배가 확립된 中世盛期의 예술적 표현이었으며, 도시의 발달과 시민층의 경제력과 자부심을 배경으로 나타났다.

고딕건축은 로마네스크에 비하여 건물의 높이가 훨씬 높아지고, 수직으로 솟아있다. 肋骨궁륭(ribbed vault)으로 천정의 무게를 분산시키고, 扶壁을 만들어 이로부터 건물의 벽을 향하여 부연 벽받이(flying buttress)를 내놓고 있어, 로마네스크 건축처럼 벽이 두꺼울 필요가 없고 창문도 크게 만들 수가 있게 되었다. 尖頭아치(pointed arch)가 도처에 사용되고, 건물정상에는 뾰족한 高塔이나 많은 小塔이 솟아 있다. 높이 만들어진 창문은 색유리와 그림(stained glass)으로 장식되어 있고, 건물의 정면과 입구 근처는 종교만이 아니라 일상생활에서 취재한 수많은 조각으로 장식되어 있다. 십자형의 터전 위에 하늘 높이 솟아 있는 尖塔은 有限한 지상 세계에서 영원한 신의 세계를 동경하는 중세인의 열렬한 신앙과 종교적 갈망을 표현하고 남음이 있다. 높게 만들어진 창문의 색유리는 교회내부를 신비롭게 물들이고, 모든 線이 모여 수직으로 높이 정상을 향하여 올라가는 모습은 모든 지상의 노력이 신의 세계를 지향하고 있던 중세사회 그대로의 모습이다.

프랑스의 노트르담(Notre-Dame), 샤르트르(Chartre), 렝스(Reims), 아미앙(Amiens), 영국의 웨스트민스터(Westminster)와 솔즈베리(Salsbury,) 독일의 쾰른(Köln) 등의 대성당은 고딕건축의 대표적인 것들이다.

제 **4** 편

中世로부터 近代로의 移行

제 8 장

封建社會의 崩壞

11세기에 이루어진 중세사회의 전반적인 안정을 배경으로 중세유럽은 밖으로 이슬람세력에 대한 반격과 팽창을 시도하고 안으로는 봉건적인 농촌경제와 길드적인 도시경제가 발전하였으며, 이러한 사회경제적 발전을 바탕으로 12·3세기에는 그리스도교적이며 봉건적인 중세문화의 꽃이 만발하였다. 그러나 14세기로부터 15세기에 걸쳐 중세유럽의 봉건사회는 붕괴 내지 해체의 길을 걷게 된다.

13세기까지 성장을 계속하던 봉건경제가 전반적으로 위축되기 시작하고, 심각한 기근, 가공할 흑사병, 장기간에 걸친 대전쟁, 농민반란 등이 발생하여, 영주제는 위기에 당면하고 장원제도가 붕괴하게 된다. 도시에서도 부유한 상인과 금융가들이 폐쇄적인 도시귀족으로 변함으로써 도시의 하층민 내지 노동자의 폭동과 반란이 빈번하게 일어나고, 길드적인 도시경제의 틀이 흔들리게 되었다.

정치면에서는 봉토를 매개로 한 주종관계가 깨어지고 왕권을 중심으로 한 집권적인 통일국가의 형성이 촉진되지만, 백년전쟁이나 장미전쟁과 같은 큰 전쟁의 진통을 겪지 않으면 안 되었다.

13세기에 절정에 달하였던 교황권도 14세기에는 교회의 대분열 등으로 쇠퇴하고, 가톨릭교리에 도전하는 이단설이 나오고, 종교개혁의 선구적인 움직임이 나타난다.

이러한 봉건사회의 붕괴는 당시 유행하였던 '해골의 춤'에 상징적으로 표현되었다. 그러나 이러한 붕괴과정 속에 새로운 싹, 새로운 힘이 또한 자라나고 있었다. 그것은 15세기 중엽 이후의 경제회복과 더불어 뚜렷하게 그 모습을 드러내게 될 근대사회의 새로운 형성력이었다. 그러므로 14·5세기는 중세가 끝나는 봉건사회의 붕괴기인 동시에 근대로의 이행기이기도 하였다.

제 1 절   莊園制度의 붕괴와 都市의 변화

경제적 위축

11세기 이래 성장과 팽창을 거듭하던 중세경제는 14세기에 접어들면서 정체현상을 보이게 되었다. 계속 늘어만 가던 원거리통상의 팽창이 멈추어 버리고, 동부 독일에 대한 식민운동도 기진맥진한 양으로 중단되었다. 즉, 리투아니아(Lithuania)와 라트비아(Latvia)의 국경선에서 정지되고, 보헤미아, 폴란드, 헝가리쪽으로 더 이상의 진출이 없었다. 플랑드르지방의 모직물공업이 쇠퇴하기 시작하고, 금융계를 지배하던 이탈리아의 대은행이 파산하고, 샹파뉴의 정기시가 몰락하였다. 이러한 경제적 위축 내지 정체현상과 더불어 11세기 이래의 인구증가도 정지되고 오히려 감소현상을 나타내게 되었다.

이러한 경제발전의 정체와 위축, 그리고 인구감소의 이유는 명확하지 않다. 그러나 중요한 원인의 하나는 유리한 개간지의 고갈인 것 같다. 즉, 11세기로부터의 인구증가는 경작지에 압박을 가하게 되었으나 새로운 개척과 개간으로 이러한 압박을 소화할 수 있었다. 그러나 13세기 말에 이르러 가장 좋은 땅은 그 대부분이 개간되어 농민들이 정착하고, 변두리의 메마른 토지의 개간은 이에 투입된 노력만큼의 대가를 산출하지 못하게 된 것이다. 뿐만 아니라 14세기 초부터 장기적인 기후변화가 시작되어 겨울은 더 추어지고 습기가 많아졌다. 그 결과 스칸디나비아 반도에서는 곡물생산이 가능한 토지가 줄어들고, 영국에서는 포도재배가 불가능해지고 흉작이 빈번하게 일어나게 되었다. 특히 14세기 초(1315~1317)의 대흉작으로 인한 심한 기근은 사람 고기까지 먹었다는 소문이 돌 정도로 격심하였다.

중세사회의 기반은 견실하게 팽창하는 농업경제와 이로 인한 부의 증가였고, 그것은 또한 상업에 필요한 자본축적도 가능하게 하는 것이었으며, 민중에 대한 과중한 부담이나 압박없이 효과적인 중앙정부의 수립을 가능하게 하는 요인이기도 하였다. 그러나 이제 경제적 팽창이 중지되고 경제적 위축현상이 나타나자 그 영향은 중세사회의 모든 국면에 걸쳐 여러 형태로 나타나게 되었다.

莊園制度의 崩壞

중세봉건사회의 사회경제적 기반은 장원제도[領主制]였고, 장원제도의 핵심은 영주직영지의 경영을 위하여 부자유한 농노가 제공하는 부역, 즉 노동지대였다. 그러므로 장원제도의 붕괴는 기본적으로 ① 부역의 소멸, ② 직영지의 소멸 또는 그 경영형태의 변화, ③ 농노해방, 즉 농노제의 소멸을 뜻한다.

부역 대신 일정한 금액의 화폐지대를 바치는 이른바 金納化(commutation)는 빠른 경우 12세기에 시작되었으며, 13세기에 일시 중단되었다가 14세기부터 다시 본격적으로 진행되었다. 이렇게 부역이 금납화로 변하는 경우, 농노의 노동력으로 경영되던 영주직영지의 경영은 그 형태를 바꾸지 않으면 안된다. 그 하나의 방식은 농업노동자를 고용하는 것이다. 그러나 이 경우 노동력이 풍부하고 임금이 싸다는 조건이 필요하다. 뿐만 아니라 그러한 조건이 갖추어진다 하더라도 약간 번거로운 경영방식이기도 하다. 그렇기 때문에 대부분의 경우 금납화와 더불어 직영지를 일정한 지대납부와 기한부로 분할해서 임대하는 것이 보통이었다. 기한도 길고 짧은 여러 경우가 있었으나, 표준적인 경우 9년이 보통이었고, 그 결과 나타난 것이 정기소작제(lease-hold)이다. 이렇게 부역이 소멸하고 직영지가 임대지로 대여되자, 구태어 농민들을 부자유한 신분에 얽매어 둘 필요도 없어졌다. 그리하여 영주들은 자발적으로, 나아가서는 농민들의 요구와 압력에 못이겨 농민들을 부자유한 농노신분으로부터 해방시키게 되었던 것이다.

봉건적 생산양식의 붕괴라고도 할 수 있는 장원제도의 붕괴는 지역과 나라에 따라 시기와 구체적인 경위가 다르고, 그 결과 또한 큰 차이를 보여주고 있다. 가장 순조로왔던 것은 영국으로서 14·5세기에 금납화가 순조롭게 진행되고, 전반적인 화폐가치의 하락으로 영국농민의 대다수는 농노신분으로부터 해방되었을 뿐 아니라 봉건적인 공납으로부터도 실질적으로 벗어나게 되었다. 한편 프랑스는 농노해방이 순조롭게 진행되어 대다수농민이 자유로운 신분이 되었으나, 중세 말에 진행되던 금납화는 16세기에 봉건적 반동으로 생산물지대로 고정되어 프랑스농민은 봉건적 공납을 실질적으로 계속 부담하게 되었다.

영국이나 프랑스와 큰 대조를 이루고 있는 곳은 엘베강 동쪽, 즉 동부독일이었다. 동부독일은 12세기 이래 대대적인 식민운동으로 개척된 곳으로, 새로 건설된 농촌의 주민은 자유롭고 부담도 가벼운 편이었다. 그러나 16세기에 '農奴制의 再版'(the second serfdom)이라고도 불리는 구츠헤르샤프트(Gutsherrschaft : 영주농장제), 즉 예속적인 농민의 노동력에 입각한 영주제적인 대농장경영이 성립하여 농민들은 농노와 다름없는 예농으로 전락하였다. 구츠헤르샤프트가 장원제도와 다른 점은 양자가 다 같이 예속적인 농민의 노동력에 의하여 운영되지만 장원이 본질적으로는 자급자족을 목표로 하는 데 反하여 구츠헤르샤프트가 시장을 목표로 곡물생산을 행하는 대농장경영이라는 점이다.

莊園制度崩壞의 要因

장원제도붕괴의 요인은 단순하지 않았다. 그것은 여러 요인이 복합적으로 작용한 결과이며, 중세 후반기, 특히 중세 말기의 사회경제적 내지는 정치적 요인까지도 관련된 전체적인 역사적 상황의 소산이었다.

12세기 이래 새로운 개간지에 건설된 새로운 농촌(villes neuves)의 농민은 가옥과 토지에 대한 일정한 지대를 부담할 뿐, 영주로부터의 자의적인 부과로부터 면제되었을 뿐 아니라 신분적으로도 자유로왔다. 이러한 자유로운 농촌의 출현이 주변의 영주제에 신음하는 부자유한 장원에 영향을 미칠 것은 능히 짐작할 수 있다. 그러나 보다 더 근본적이고 중요했던 것은 상업의 부활과 도시의 발달, 그리고 이로 말미암아 나날이 발전하는 시장경제였다. 날로 발달하고 증대하는 시장경제와 화폐경제는 그 주체인 상인이나 도시만이 아니라, 점차로 주변의 농촌까지도 그 영향권 속에 흡수하여 장원제도에 파괴적인 작용을 미치게 된 것이다.

전반적인 경제적 발전과 원거리통상을 포함한 상업의 발달은 특히 봉건사회의 지배계급인 영주층의 생활수준을 향상시키고 새로운 사치품에 대한 기호를 낳게 하여 수입을 증가시키려는 욕망을 또한 증대시키게 되었다. 이러한 수입증가에 대한 영주들의 욕구증대는 결과적으로 장원의 농민들에 대한 부담의 증가로 나타나게 되며, 그러한 압박의 가중은 급기야 감당하기 어려운 정도에 이르게 되어 농민들은 도시로 도망가거나 반란 등으로 저항을 하게 되었다. 이러한 '농노의 도망'은 날이 갈수록 격심해지고, 14·5세기의 흑사병의 유행, 큰 규모의 기근, 대전쟁 등으로 인한 전반적인 인구감소와 농촌의 황폐는 영주수입의 격감을 가져오고, 이른바 '영주제의 위기' 내지 봉건제의 위기를 초래하였다. 이러한 위기에 당면하여 영주들은 종전부터 부분적으로 진행되던 부역의 금납화 또는 生産物地代로의 전환, 그리고 농노해방 등으로서 양보하지 않을 수 없게 되고, 직영지의 경영을 소작제나 임금노동의 이용 등으로 바꾸지 않으면 안되었다.

그러나 금납화나 직영지 경영형태의 변화는 이용가능한 자유노동의 다소, 그리고 지불해야 할 임금의 고저에 따라 영향을 받는다. 즉, 노동력이 싸고 보다 더 생산적이며, 일정한 장소와 시간에 그것을 쉽게 구할 수 있는 경우 영주는 자진해서 금납화의 조치를 취하지만, 이와 반대로 노동력이 희소하고 값비싼 경우 영주는 오히려 부역강화를 도모하게 된다. 엘베강 동쪽의 동부유럽의 경우 토지가 광대하고 空地가 많은데 비하여 노동력이 부족하고, 이에 따라 상업의 발달과 시장의 확대는 오히려 '농노제의 재판'을 초래하였던 것이다. 그러나 동부독일지방에서의 농노제의 재판은 그 곳에서 도시의 발달이 미숙했다는 점과, 독일의 정치적 상황이 대영지의 소유자인 융커(Junker, 지주귀족)에게 유리하게 작용하였다는 점도 아울러 고려해야 할 것이다. 프랑스에서의 봉건적 반동으로 인한 생산물지대로의 고정도 영주권의 강도와 이를 허용한 정치적 상황을 검토할 필요가 있다.

黑死病

인구증가의 추세가 멈추고 경제가 전반적으로 침체하며 봉건사회가 붕괴의 징조를 뚜렷하게 보이게 된 14세기 중엽에 발생한 흑사병(Black Death : Grandes Mortalités : Schwarze Tod)은 중세 말의 사회경제구조를 근본으로부터 뒤흔들어 놓을 정도로 심각한 영향을 미쳤다. 페스트의 일종인 흑사병의 진원지는 아시아방면이었던 것 같으며, 그것이 흑해연안의 항구로부터 콘스탄티노플을 거쳐 제노아·베네치아 및 시칠리아에 전해지고, 1347년에는 전이탈리아에 만연하였다. 같은 해 말에는 마르세유와 아비뇽에 전염되고, 1348년에는 프랑스 전체를 휩쓸었다. 같은 해 가을에는 영국에 상륙하고, 1349년에는 영국 전체에 만연하였으며, 1350년에는 북유럽으로 번져 아이슬란드부터 러시아까지 이르렀다.

수년간에 걸친 전유럽적인 규모의 흑사병의 유행은 문자 그대로 가공할 결과를 가지고 왔다. 물론 흑사병의 화를 면한 곳도 없지 않았으나, 도시의 경우 인구의 절반이 감소하고, 아비뇽에서는 수주간에 추기경의 절반이 쓰러졌다. 농촌이나 소읍 중에는 병으로 죽거나 병마를 피하여 주민들이 마을을 버리고 도망간 결과 폐촌으로 변한 곳이 적지 않았다. 과장없이 전유럽 인구의 3분의 1이 감소하였으며, 그 후에도 전염병은 심심치않게 재발하여 1400년경의 유럽인은 흑사병 이전에 비하여 3분의 1 내지 2분의 1로 감소하였다. 15세기 전반기에 인구감소추세는 정지되고, 같은 세기 후반부터 인구가 서서히 증가하게 되었으나, 유럽이 13세기 수준의 인구를 회복한 것은 17세기에 이르러서이다.

흑사병이 유행하는 동안 기도하면서 위엄있게 죽어가는 사람도 없지 않았으나, 대다수가 공포에 사로잡혀 저마다 살아 남기 위하여 도시와 마을로부터 가족조차 버리고 도망쳤으며, 환자를 간호할 사람이 있을리 없고 시체의 매장도 불가능하였다. 사람들의 공포는 흑사병의 원인에 대한 무식으로 가중되었다. 혹자는 악마의 소행이라고 했고, 천벌이라고도 했다. 파리대학의 의학부는 천체의 이변의 결과라는 의견을 발표했으며, 보다 더 널리 유포된 의견은 누군가 독을 물에 탔다는 것이었다. 그리하여 평소의 증오대상이나 집단에 대한 복수가 행하여지고, 속죄를 부르짖는 사이비 종교집단도 발생하였다. 한 마디로 사회기강은 무너지고 형용할 수 없는 공포와 혼란상태가 빚어진 것이다.

농촌에서의 가장 뚜렷한 결과는 격심한 노동력의 부족과 경작되지 않은 많은 토지, 그리고 농업노동자의 임금인상요구였다. 뿐만 아니라 이러한 상황 속에서 종전의 관습과 장원의 경영방식도 혼란에 빠질 수밖에 없었다. 일부 영주는 격심한 노동력의 부족에 대응하기 위하여 농노해방을 중지하고 부역을 강화하려고 시도하였으며, 왕의 관리들은 임금수준을 동결하려는 억압책을 쓰기도 하였다. 그러나 이러한 대응책들은 상황변화에 대응하여 지위 향상을 꾀하려는 농민들의 반항을 불러 일으켰다.

農民叛亂

봉건사회에 있어 농민반란은 자본주의사회에서의 공장노동자의 파업과도 같이 빈번하였다. 그러나 봉건사회가 해체기에 접어든 14세기의 농민반란은 규모에 있어 컸을 뿐 아니라, 사회구조 그 자체에 대한 도전적인 성격을 띤 심각한 것이었다.

1323년, 당시로서는 경제적 선진지역이었던 플랑드르지방에서 발생한 농민반란은 때마침 부루해, 이프레 등 도시에서 발생한 반란에 힘입어 1328년까지 간헐적으로 지속되었다. 이 반란은 오랜 시일을 끌었고, 이를 진압하는 데 프랑스왕의 힘까지 빌려야 했다. 그 양상은 매우 참혹하였으며, 반란을 일으킨 농민들은 민중편이라고 선언하지 않는 자를 학살하고, 직접 노동에 종사하지 않는 자를 적대시하였으며, 교회와 성직자에 대하여도 반감을 표명하였다. 반란의 직접원인은 농민들에 대한 봉건적 부담의 가중이었으나 반란은 이러한 부담의 제거를 넘어서서 사회질서 전체에 대한 반항의 양상을 띠었던 것이다. 그 결과 봉건귀족들의 진압도 집단학살을 포함한 무자비한 것이었다.[1]

1358년 북부프랑스의 보베지(Beauvaisis)에서 시작된 농민반란(La Jacque-rie)은 플랑드르의 것에 비하면 아주 짧은 시일 내에 끝났다. '자케리'로 알려진 프랑스의 농민반란은 백년전쟁과 흑사병, 그리고 봉건귀족들의 압박의 가중에 시달려 극도로 비참해진 농민들이 참다못해 터뜨린 분노와 절망의 폭발이었다. 말하자면 '선량한 농민 자크'(Jacque Bonhomme)가 견디기 어려운 비참한 생활에 반발한 것이다. 처음 보베지에서 시작된 반란은(5月末) 순식간에 북부프랑스 일대에 번지고, 한 때는 파리에서 반란을 일으킨 에티엔느 마르셀과도 결탁하였으나(本書 p. 259), 이 결합은 오래 가지는 않았다. 당시의 年代記는 叛徒들이 귀족의 저택이나 성을 파괴하고 약탈과 방화와 살인을 일삼았을 뿐 아니라 부녀자에 대하여 폭행을 자행하였다고 전하고 있다. 봉건귀족들의 진압 또한 이에 못지않게 잔인하고 무자비하였으며, 7月에는 선량한 자크의 '절망과 분노의 폭발'도 가라앉게 되었다.[2]

1381년 영국에서 발생한 와트 타일러의 반란(Watt Tyler's Rebellion)은 플랑드르나 북부프랑스보다 더 중요한 면을 지니고 있다. 프르와사르(Jean Froissart)의 年代記에 의하면 켄트(Kent)의 어리석은 수도사 존 볼(John Ball)에게 선동된 켄트, 에섹스(Essex), 서섹스(Sussex), 베드포드(Bedford) 등 남부 여러 지방의 농민들은 와트 타일러의 지휘 하에 반란을 일으켜 왕에게 진정하기 위하여

---

1) H. Pirenne, *La fin du moyen age*(1285~1453) (Peuples et Civilisation, Ⅶ), pp. 245~246.

2) A. Coville, "Les premiers Valois et la Guerre des Cent Ans.", E. Lavisse, ed., *Histoire de France,* t. IV (1), pp. 131~137.

런던으로 향했다. 그들은 저마다 "아담(Adam)이 밭을 갈고 이브(Eve)가 베쌈을 짤 때, 누가 귀족(gentleman)이었는가"라고 외쳤다고 한다. 그들의 무기라야 고작 방망이 정도였고, 극소수가 활을 가지고 있을 뿐이었으나, 런던시내의 하층민 중에 공감하는 자가 있어 무난히 시내로 들어갈 수 있었다. 런던은 공포의 도가니 속에 빠지고, 젊은 국왕 리처드 2세는 반란농민들의 요구를 받아들이기로 하였다. 농민들의 요구는 요약해서 인신과 토지의 자유, 즉 봉건적 예속으로부터의 해방이었다. 그러나 왕의 시종에 의하여 와트 타일러가 살해되고 런던의 상류층이 민병대를 조직하여 공격을 가하고, 지방영주들이 병력을 거느리고 도착하자 반란농민들은 뿔뿔이 흩어지고, 지방에서의 반란도 곧 영주들의 군대에 의하여 진압되었다.[3]

영국의 농민반란의 원인은 흑사병으로 인구가 격감하여 임금이 앙등하고 이로 말미암아 자유노동을 얻기 어렵게 된 영주들이 흑사병 이전에 진행되던 금납화를 취소하고 부역을 부활하려고 하였으며, 흑사병 직후 임금을 동결시키기 위하여 제정한 '勞動條例'(Statute of Labourers)는 노동자계층의 불만을 자아냈으며, 백년전쟁의 전비를 마련하기 위하여 의회가 신설한 인두세의 1381년도분은 특히 빈민층에 과중한 것이었다는 여러 요인이 결합된 것이었다. 그러나 이러한 구체적인 여러 요인과 더불어 사회적으로나 경제적으로 향상의 길을 걷고 있던 농민들이 그들의 해방과 자유를 더욱 더 확고하게 하기 위한 반봉건운동의 성격이 매우 강하였다는 사실을 잊어서는 안된다. 뿐만 아니라 농민들을 선동하였다고 전해지는 존볼은 종교개혁의 선구로 알려진 위클리프(John Wyclif) 계통의 롤라드파(Lollards)에 속하고 있었다는 점을 고려한다면, 농민반란이라는 반봉건운동이 중세교회에 반항하는 반교회운동과 결합되어 있었다고 하지 않을 수 없다. 그리고 또 하나 주목할 점은 반란농민들이 외쳤다는 구호 속에는 원시 그리스도교에 유래하는 평등사상이 뚜렷하게 나타나 있다는 점이다.

이상은 14세기에 일어난 주된 농민반란이지만, 14세기 말에는 카탈로니아(Catalonia)에서도 농민반란이 일어났고, 독일에서는 15세기에 산발적으로 일어나던 농민반란이 종교개혁을 맞이하여 농민전쟁(1524~1525)으로 크게 폭발하였다. 독일의 농민전쟁에 관해서는 후에 다시 보기로 하겠으나, 중세 말의 농민반란은 모두가 그 당시에는 목표를 달성하지 못하고 실패하였다. 뿐만 아니라 많은 경우 억압과 생활의 비참에서 오는 분노의 폭발이었고, 미래에 대한 뚜렷한 목표나 계획도 없었다.[4] 그러나 그

---

3) *Harvard Classics*, vol. 35, Chronicle and Romance, pp. 61~82.
4) H. Pirenne, *Economic and Socail History of Medieval Europe*(1936), p. 201 참조.

것은 봉건사회에 대한 구조적인 도전이었고, 거기에 표시된 반봉건적 에너지는 봉건사회를 무너뜨리고 새로운 근대사회를 이룩하는 힘의 하나가 되었다. 트레벨리안(G.M. Trevelyan)은 영국의 농민반란에 관하여 "새로운 영국이 자라나기 위하여 겪어야 했던 고통의 하나"라고 말하였으나,[5] 이는 비단 영국의 경우만이 아니라 중세 말의 농민반란 전체에 해당되는 것으로서, 결국 유럽사회가 봉건사회를 탈피하고 근대사회로 발전하기 위하여 치루어야 했던 '성장의 고통'이었던 것이다.

都市의 변화

흑사병으로 인한 급격한 인구감소는 인구밀도가 조밀한 도시의 경우 농촌보다 더 심각하였고, 상품의 과잉공급과 전반적인 수요의 대폭적인 감퇴를 초래하였다. 그것이 도시경제에 미친 영향은 컸고, 경제 전반이 위축현상을 나타내게 되었으나, 중세 말의 도시는 이와 더불어 심각한 구조적인 변화를 겪고 있었다. 그것은 12 · 3세기의 상공업의 발달에 따라 진행된 도시민의 계층분화와 그것이 가지고 온 여러 결과였다.

도시가 성립한 초기에 비교적 균등하였던 도시민은 12 · 3세기에 진행된 계층분화의 결과 자본가라고 할 수 있는 상층부르주아지(bourgeois capitalist 또는 haute bourgeoisie)와 중산적 내지 소시민적 부르주아지(small or medium bourgeoisie)로 나누어지고, 그 밑에 임금노동자 내지 도시프롤레타리아(urban proletariat)가 나타나게 되었다.

상층부르주아지는 대체로 외국무역이나 도매상에 종사하여 부유해진 대상인들로서 구성되었다. 그들은 13세기 후반에는 도시귀족(the patriciate)化하여 시행정을 장악하고, 이를 이용하여 보다 많은 부를 축적하였다. 그러나 이러한 대상인들은 단순히 상업활동에만 종사한 것은 아니다. 폴랑드르 지방과 같이 모직물공업이 융성하였던 공업중심지에서는 양모수입상이 모직물 제조업자를 겸하였고, 이탈리아에서는 은행가를 비롯한 대금융업자가 상인이나 무역업자와 나란히 상층부르주아지의 주요 구성원을 형성하였다. 뿐만 아니라 그 중에는 도시 내의 토지나 주변농촌의 토지에 투자하여 상업을 버리고 지대취득자가 되거나, 귀족가문과 혼인관계를 맺어 귀족적인 생활을 하는 자도 있었다. 그들은 전체 주민에 비하여 극히 소수에 불과하였으나, 도시의 부는 그들에게 집중되어 있었다.

이러한 상층부르주아지의 형성과 더불어 다른 한편으로는 수많은 임금노동자,

---

5) G.M. Trevelyan, *History of England* (3rd ed., 1926), p. 241.

즉 도시프롤레타리아가 나타나게 되었다. 플랑드르나 이탈리아와 같이 중세 공업의 주종을 이루는 모직물공업 등 직조업이 발달한 지역의 도시에서는 비교적 일찍부터 많은 임금노동자가 존재했으며, 수공업자들도 대기업가로부터 원료와 생산시설을 공급받고 그의 지시에 따라 제품을 생산하고 있었다. 뿐만 아니라 중세 말에 가까와지면서 길드의 장인직(master)이 폐쇄화와 특권화의 경향을 보이게 됨으로써 장인이 되는 길이 막혀버린 결과 일반 직인의 임금노동자화 현상이 두드러지게 되었다. 그들은 스스로의 권익을 옹호하기 위하여 직인조합(yeoman 또는 journeyman gild)을 조직하기도 하였으나, 소수의 행운아를 제외하고는 그들 대부분이 임금노동자로 전락하였다. 그들은 기껏해야 소장인(small master)이 되기도 하였으나, 장인과는 달리 독립적인 생산자가 아니라 원료나 시설을 공급받아 제품을 생산하고 제품을 기업가나 장인에게 넘기는 존재에 지나지 않았다. 이리하여 임금노동자는 길드의 폐쇄성의 증대와 산업의 발달에 따른 생산체제의 대규모화에 따라 그 수효가 날로 증대하였다. 이와 같이 증가 일로를 걷는 노동자들은 그 어느 때보다도 대기업가의 완전한 지배 하에 놓이게 되고, 주변 농촌지역의 노동력이나 여성노동자, 그리고 외부로부터 유입하는 노동력과의 경쟁에 당면하여 실업의 위기와 빈곤에 시달리게 되었다. 이러한 빈곤한 도시민의 수는 14세기에 도시 전주민의 적어도 3분의 1 내지 경우에 따라 절반에 달할 정도로 많았다.

자본가적인 상층부르주아지와 도시프롤레타리아 사이에 중소시민층이 자리를 잡고 있었다. 그들은 부유하지는 않았으나 가난하지도 않았고, 그 생활은 안락한 편이었다. 소매상인들을 비롯하여 자본가적인 기업가로 상승하지 못한 장인들, 그리고 임금노동자로 전락하지 않은 소장인들이 그 주축을 이루고 있었다. 13세기에는 중산적 부르주아지(bourgeoisie moyenne)는 많은 신참자를 맞이하게 되며 특히 프랑스에 있어 그러하였다. 이들 신참자의 대부분은 법관이나 공증인 등 각종 법률에 종사하는 법조인들과 통일국가의 형성에 따라 그 수가 증가하게 된 관료들이었다.

이상과 같은 중세 말의 시민층의 계층분화는 결코 고정된 카스트(caste)적인 것이 아니라 유동적이었으며, 중소시민층을 중심으로 한 각 계층간의 사회이동 (social mobility)이 생각보다는 훨씬 크게 이루어지고 있었다.[6]

---

6) 도시민의 계층분화에 관해서는 P. Boissonade, *Life and Works in Medieval Europe,* (1927), p. 299 이하 참조. 그 밖에 H. van Wervelse, "The Rise of the Towns", *The Cambridge Economic History of Europe,* vol. Ⅲ, (1971), p. 33 이하, 그리고 Jacques Heers, *L'occident aux XIVᵉ et XVᵉ siecles*(Nouvelle Clio, 1963), p. 214 이하 참조.

都市의 叛亂

소수의 상층부르주아지가 도시귀족화하면서 시행정권을 배타적으로 독점하고, 길드조직 내에서 장인직이 폐쇄적인 특권으로 변하여 일반 직인에게 장인이 될 길이 막히고, 다수의 도시프롤레타리아, 즉 임금노동자가 나타남으로써 중세 말의 도시들은 많은 소요와 반란을 겪게 되었다. 도시에서의 반란이 도시혁명(urban revolution)이라고 할 정도로 격심했던 것은 플랑드르와 이탈리아의 대공업도시의 경우였으며, 여기서는 반란이 자본가적인 상층부르주아지에 대한 도시프롤레타리아의 전면적인 반항의 형태로 나타났다.[7] 1378년에 피렌체에서 발생한 梳毛工의 반란인 '치옴피(Ciompi)의 반란'은 그들 자신의 길드결성과 도시행정에의 참여, 그리고 독자적인 사법권을 주장하였다. 이보다 더 과격하였던 것은 프랑드르의 여러 도시의 반란이었으며, 1370년대 말에 강(Ghent)에서 발생한 반란의 지도자들은 장인에 대하여 직인을, 대기업가에 대하여 임금노동자를 대항시킴으로써 노동자들이 시행정권을 장악하려고 시도하였다. 라인강변의 도시나 기타 독일의 도시, 그리고 프랑스의 경우 대체로 거상을 중심으로 한 도시귀족에 대한 수공업자조합의 반항이었으며, 독일의 경우 수공업자조합의 도시행정에의 참여 요구가 대체로 관철되기도 하였다. 이탈리아의 베네치아와 독일의 한자도시의 경우 별로 소요가 없었던 것은 상층부르주아지가 폐쇄적이고 이기적인 과두제지배로 타락하지 않고, 상업으로 부유해진 새로운 사람이 끊임없이 지배층을 새롭게 하고 젊게 하였기 때문이다. 또한 영국의 경우도 도시에서의 소요는 별로 없었는 바, 이는 도시에 대한 왕권의 통제가 강하여 하층민의 반항이 있다하더라도 이를 능히 억제할 수 있었기 때문이다.

중세 말의 여러 도시가 경험하게 된 소요와 반란은 저마다 성격을 달리하면서도 이를 전체적으로 본다면 중세적인 도시경제가 그 속에서 자라나고 발전한 상공업을 통제하고 더욱 발전시키기에는 너무 협소하고 부적당하다는 것을 말해주는 것이었다. 그것은 특권적이고 폐쇄적인 중세도시의 길드적인 생산체제를 넘어선 자본주의적인 세계경제의 출현을 예고하는 조짐이었으며, 도시를 대신하여 상공업의 발달을 촉진할 보다 넓고 강력한 힘, 즉 왕권을 중심으로 형성되어 가고 있던 새로운 집권적 통일국가의 등장을 요구하는 것이기도 하였다.

商人資本家의 出現

14세기에 도시는 많은 시련을 겪었으며, 1350년 이후 전체 무역량은 격심하게

---

7) P. Boissonade, p. 307 이하 및 H. Pirenne, *Economic and Social History,* p. 203 이하 참조.

감소하고 경제가 전반적인 침체현상을 보였음에도 불구하고, 새로운 자본가적인 부의 축적이 있었고, 일부 지역과 일부 공업은 번영을 누렸다. 그 좋은 예가 영국에서의 모직물공업의 성장이었다. 질좋은 양모수출국이었던 영국은 백년전쟁으로 양모수출이 어렵게 되자 자국산의 원료를 이용하여 모직물공업을 육성하게 되고, 그것은 영국에 막대한 부를 초래하게 되었던 것이다. 모직물공업으로 백만장자가 된 자가 신에 대한 감사의 뜻으로 15세기에 건조한 '羊毛 聖堂'(wool churches)은 바로 그 상징이었다.

13세기에 샹파뉴의 정기시가 쇠퇴하는 대신에 유럽의 남북을 연결하는 새로운 무역로가 개척되었다. 그 하나는 海路로서 베네치아의 갈레선단에 의한 것이었다. 갈레선은 1300년까지에 종전의 노 대신 돛을 추진력으로 삼는 보다 빠르고 적재량이 많은 상선으로 개량되었으며, 14세기 초 베네치아는 이 갈레선단을 플랑드르에 파견하였다. 그 후 매년 베네치아 갈레선단(4척~6척으로 구성)은 값진 상품을 만재하고 플랑드르와 영국의 항구를 정기적으로 왕래하게 되었다. 또 다른 새로운 무역로는 陸路로서 베네치아와 제노아로부터 알프스를 넘어 울므(Ulm)와 아우크스부르크(Augusburg)를 거쳐 북쪽지방에 이어졌다. 이 육로의 북쪽 끝의 북해연안 도시들은 바로 한자동맹의 도시들이었다. 13세기에 형성된 한자동맹은 독일의 정치분열로 인한 自衛의 필요상 14세기 중엽에는 정치적 결합으로 발전하고, 15세기 말경까지 북방무역의 왕자로서 번영을 자랑하였다.

14·5세기에 많은 변화가 있었음에도 불구하고 유럽의 국제무역 구조가 붕괴하는 일은 없었다. 경제가 침체하기는 하였으나 그 대신 복식장부를 비롯하여 보다 합리적이고 과학적인 기업경영의 기술이 개발되기도 하였다. 경제적 호황기였던 13세기에는 중 정도의 상인도 상당한 재산을 축적할 가능성이 있었으나, 15세기에 상인의 부는 전대보다 상대적으로 감소하였다. 그러나 약간의 가장 성공적인 기업가는 전대에 볼 수 없었던 거대한 재산을 축적하였으며, 경우에 따라 그들은 기업경영에 필요한 이상의 자본을 소유하게 되고, 토지를 구입하거나, 이탈리아의 대도시에서는 시당국이 발행한 채권을 매입하기도 하였으며, 경우에 따라 금융업에 진출하기도 하였다.

중세 말의 금융업은 대금회수에 큰 위험부담이 있었기 때문에 자연 금리는 매우 높은 편이었다. 금융업자의 업무는 고리대금만이 아니라, 당시 유통하던 수백종의 화폐의 환전업무와 遠隔地에의 송금 내지 상거래의 결제업무도 겸하였다. 대은행가는 특히 피렌체나 시에나(Siena) 등 이탈리아의 도시에 집중되어 있었으며, 바르디家(the Bardi)와 페루치家(the Peruzi)는 14세기 피렌체의 대표적 은행가였다. 그들은 영국의 양모수입과 모직물수출의 금융을 담당하고, 영국과 프랑스왕에게 막대한 돈을 대부하였다. 그러나 백년전쟁의 전비로 영국의 에드워드 3세가 부채상환이 불가능해지자 14세기 중엽에 몰락하고 말았다. 그 뒤를 이어 15세기에 등장한 것이 메디치家(the Medici)이다. 메디치家는 처음 상인제조업자로 출발하였다. 즉, 原毛를 수입하여 방적공에게 공급하고, 다시 그 실을 織布工에게 공급하여 제조된 직물을 매입하여 세계시장에 판매하는 이른바 先貸制(putting-out system)를 실천하였던 것이다. 그리하여 축적한 자본으로 1390년대에 메디치은행을 설립하고, 유럽 각처에 지점을 갖는 유럽 최대의 은행으로 성장시켰다. 아우크스부르크의 후거家(the Fuggers) 역시 독일에서 금융제국을 건설하였으나, 그 출발은 아마포의 직조와 판매였다.

이러한 대상인자본가 내지 금융업자의 출현이나 수출공업의 중심지에서의 선대제의 확대는 유럽경제가 길드생산에 입각한 도시경제의 영역을 넘어서기 시작했다는 것을 말해 주는 것이지만, 특히 주목을 끄는 현상은 이러한 상인자본과 왕권의 결합이다. 14세기의 국왕들은 전세기로부터의 발전으로 효과적인 징세기구를 마련하였으나, 14세기의 전쟁 등으로 징세만으로는 수입이 부족하였다. 그리하여 그들은 대상인으로부터 돈을 빌려야만 했고 상인들은 이에 따르는 위험부담으로 금리 이외에 각종의 특권을 요구하고 실제로 이를 획득하였다. 메디치家는 여러 군주에게 돈을 대부하였을 뿐 아니라, 특히 교황청의 금융가행세를 하였다. 후거家는 15세기 말 메디치家가 지점경영의 부실과 사치와 낭비로 몰락한 후, 교황청의 금융가가 되는 동시에, 오스트리아의 합스부르크왕실의 금융가가 되고, 합스부르크왕실의 특혜로 헝가리와 티롤(Tyrol)지방의 은과 동광을 입수하여 16세기 전반기에 전성기를 맞이하였다. 프랑스의 자크 쾨르(Jacques Coeur, 1395~1456)는 중부 프랑스의 부루해(Bourges)의 평범한 수공업자의 아들로 태어났으나, 관직을 매입하여 이를 이용해서 재산을 모으고, 특히 중동지역의 이슬람교도와의 교역과 성지순례자의 수송으로 거부가 되었다. 샤를 7세는 그를 외교사절로 임명하는 동시에, 왕실재정과 조폐국의 책임자로 임명하였다. 쾨르는 백년전쟁의 마지막 전투에 필요한 돈을 국왕에게 제공하고, 그 대가로 일련의 직조작업장과 광산개발권을 획득하였다. 그는 빈곤해진 귀족의 영지를 매입하고, 프랑스의 수많은 대제후에게 돈을 대부하고, 부르즈의 대성당을 건조하였으며, 그 자신의 저택은 궁전과도 같이 호화로운 것이었다.

영국의 경우 상인자본과 왕권의 결합은 좀 색다른 것이었다. 1313년 영국 국왕은 양모수출 지정항구(staple port)를 지정하고 양모수출을 양모상인조합(Company of the Staple)의 회원에게 한정하였다. 그리하여 왕실은 돈이 필요하면 이들에게서 빌렸으며, 대륙에서의 지정항구는 처음 브루헤(Bruges)로부터 후에 칼레(Calais)로 옮겨졌다.

왕권과 결탁한 상인의 末路는 반드시 행복한 것은 아니었다. 빚 갚기를 꺼리는 샤를르 7세는 그의 寵姫를 독살하려고 했다는 조작극을 꾸며 하루 아침에 퀘르를 몰락시켜 버렸고, 후거家는 16세기 후반에 신대륙으로부터 귀금속이 대량으로 유입하여 중부유럽의 광산업이 쇠퇴하고, 에스파냐왕 필립 2세에게 빌려준 막대한 돈을 회수하지 못하여 17세기 초(1607)에 파산하고 말았다. 그러나 15세기로부터 16세기에 걸쳐 유럽의 경제와 정치는 크게 달라지고 있었고 퀘르나 후거家의 뒤를 이어 새로운 상황에 적응한 새로운 유형의 자본가가 그들의 뒤를 이어 유럽의 경제를 주름잡게 되었다.[8]

제 2 절   中央執權的 統一國家로의 發展

영국의 發展

에드워드 1세 때 성립한 의회는 14세기에 발전을 계속하여 에드워드 3세(1327~1377) 때는 상·하원이 분리되고, 의회의 권한도 강화되었다. 처음 신분제의회의 성격을 지녔던 것이 성직자의 자발적인 불참으로 그 수가 줄고, 왕실회의의 대제후와 귀족이 따로 상원(House of Lords)을 구성하고, 주와 도시대표들은 하원(House of Commons)을 형성하게 되었다. 하원이 상원과 별도로 독자적인 회의장에서 회합을 가진 최초의 기록은 1341년의 일이었다. 하원은 아직 입법권을 갖지 않았고, 법령(Statute)의 최종적인 내용을 결정할 권한은 없었으나, '陳情'이라는 형태로 대부분의 입법이 하원에서 발의되고, 과세나 왕이 필요로하는 돈의 교부 등에 관한 결정이 하원에서 행하여지는 것이 관례가 되었다. 에드워드 3세는 의회의 승인없이 직접세를 징수하지 않을 것을 약속하고, 관세에 대한 의회의 통제권도 인정하였다. 이리하여 그의 치세 중에 의회는 영국의 통치기구의 가장 중요한 일익을 담당하는 위치를 굳히게 되었다.

에드워드 3세 때의 또 하나의 중요한 발전은 치안판사(Justice of the peace)의 설치였다. 에드워드 1세 때 주장관과 조사관(coroners)의 감독을 위하여 치안유지관(keeper of the peace)을 설치하였는데, 그 후 그는 고발을 접수하고 피고발

---

8) 제7장에서 인용한 바 있는 H. Pirenne, 'The Stages in the Social History of Capitalism'이라는 論文은 중세 후반기로부터 근대 초에 이르는 시기에 있어 새로운 상황에 적응하는 새로운 유형의 資本家의 등장을 취급한 것이다.

자를 체포할 권한을 갖게 되었으며, 1329년에는 중죄인을 재판할 권리를 갖게 됨으로써 치안판사가 되었다. 그들은 지방귀족과 특히 젠트리(gentry)로 불리워진 지방의 유력한 지주층에서 왕으로부터 임명되었고, 지방에서의 왕권 대행자였으나 원칙적으로 보수가 없었기 때문에 상당한 독립성을 유지하였다. 그들은 점차로 경찰권까지 흡수하게 되어 명실공히 지방자치의 중추적인 지위를 차지하게 되었다.

반세기에 걸친 에드워드 3세의 치세가 끝나고, 그의 손자 리처드 2세(1377~1399)가 9세의 어린 나이로 즉위하자 귀족들의 붕당 싸움이 격렬해지고, 1381년에는 농민반란이 일어나는 등 어수선하였다. 마침내 왕의 숙부로서 섭정이었던 고온트의 존(John of Gaunt)의 아들인 랭카스터의 헨리(Henry of Lancaster)는 의회를 통하여 리처드를 폐위하고 왕위에 올라 헨리 4세(1399~1413)가 되었다. 그러나 그의 즉위를 지지했던 유력한 귀족들의 힘이 강하여 그의 치세 중 끊임없이 그들의 압박과 반항에 시달렸다. 이러한 상황 속에서 의회의 권한은 더욱 증대하고 강화되었다. 즉, 의회 내에서의 발언에 대한 면책권과 개회 중 의원의 신체의 자유보장을 확보하고, 의회를 통과한 법령에 대한 국왕과 왕실회의의 내용수정이 불가능하게 되었다. 뿐만 아니라 의회는 부당한 왕을 폐하고 새로운 왕을 선택하는 전례를 남기게 되었다.

발루아王朝와 百年戰爭

중세 말의 유럽정치사에 있어 가장 크고 중요했던 사건은 백년전쟁(Hundred Years' War, 1337~1452)이었다. 백년전쟁의 주된 원인의 하나는 프랑스에서의 발루아(Valois)왕조의 성립과 이에 관련된 왕위계승권문제였다. 카페왕조가 프랑스 왕위를 오래 누리면서 왕권을 강화할 수 있었던 이유의 하나는 대대로 왕위를 계승할 왕자가 끊이지 않았다는 점에 있었다. 그러나 필립 4세의 후계자는 불행하게도 왕자를 갖지 못하였다. 장남인 루이 10세(1314~1316)와 그의 동생 필립 5세(1316~1322)는 딸만 있었고, 막내인 샤를 6세(1322~1328) 역시 왕자가 없었다. 그리하여 많은 논의 끝에 필립 4세의 동생의 아들인 발로와伯이 필립 6세(1328~1350)로서 왕위에 오르고 카페왕조 대신 발루아왕조(1328~1589)가 성립하게 되었다. 필립 6세가 물론 가장 가까운 男系 왕위계승권자임에는 틀림없으나, 여자가 직접 왕위계승이 불가능하다 하더라도 만일 그녀의 아들에게 계승시킬 수 있다면, 필립 4세의 딸이요 잇따라 왕위를 계승한 세 오빠의 여동생인 이사벨라(Isabella, 영국왕 에드워드 2세의 왕비)의 아들 에드워드 3세가 보다 더 가깝고 상위계승자라는 주장도 충분히 성립할 수가 있는 것이다. 이사벨라는 필립 6세의 즉위에 항의하였으나, 젊은 에드워드 3세는 가스코뉴(Gascogne)公領의 영주로서 필립 6세에게 臣從을 서약하였다(1329). 그러나 그의 心中에 프랑스 왕위에 대한 야망이 전혀 없었던 것은 아니었다.

이상과 같은 왕위 계승문제 외에도 영국과 프랑스에는 언제나 전쟁을 벌일 조건은 있었다. 노르망디公의 영국정복 이래 영국왕은 프랑스 내에 광대한 영토를 소유하였고, 역대 프랑스왕들은 이를 회복하려고 노력하여 양국 사이에는 언제나 전쟁과 대립이 그치지를 않았다. 헨리 3세 때 프랑스 내 대부분의 영토에 대한 요구를 포기하는 대가로 프랑스왕의 신하자격으로 가스코뉴의 소유를 요구하고 루이 9세[聖王]가 이를 승인하였는데 바로 이 가스코뉴의 영유문제로 영국·프랑스 양국은 끊임없이 분쟁을 거듭하고 있었던 것이다. 뿐만 아니라 해상에서는 양국의 해적들이 서로 힘을 겨루어 이것 역시 전쟁을 유발할 위험성을 내포하고 있었다.

또 다른 분쟁과 대립의 씨앗은 플랑드르지방의 문제였다. 앞서 본 바와 같이 14세기 초 이래 플랑드르에서는 부유한 상인지배에 대한 수공업자와 임금노동자의 폭동과 반란이 빈번하게 발생하고, 플랑드르伯이 이를 처리하지 못하자 프랑스왕의 개입을 초래하게 되었다. 그런데 플랑드르는 영국 양모의 주요시장으로서, 양모수출에 대한 관세는 영국왕의 주요수입원의 하나였으므로, 영국왕은 플랑드르가 프랑스의 지배 하에 들어가는 것을 묵과할 수 없었던 것이다.

이상과 같은 배경 하에 백년전쟁의 직접적인 원인이 된 것은 필립 6세의 법률가들이 1329년 에드워드 3세의 신종 서약이 형식적으로 완전한 것이 못된다 하여 그 불비점을 시정할 것을 요구하고, 에드워드가 이를 거부한 일이었다. 에드워드는 스코틀랜드와 전쟁 중에 있었고, 프랑스가 스코틀랜드를 은근히 지원하는 것을 몹시 못마땅하게 생각하고 있어 양국의 관계가 험악해지고 있던 참에, 필립 6세는 가스코뉴의 몰수를 선언하고, 에드워드는 프랑스에 대한 선전포고로 이에 맞서는 한편, 프랑스 왕위도 요구하였다.

百年戰爭 : 前期

백년전쟁이 시작될 무렵의 프랑스와 영국의 인적·물적 자원은 프랑스가 훨씬 유리하였다. 당시 영국의 인구는 약 350만인데 비하여, 프랑스왕의 지배 하에 있던 주민은 약 1,600만이었고, 왕령지의 주민만도 1,200만 정도였다. 뿐만 아니라 프랑스는 영국에 비하여 훨씬 더 생산적이고 번영하고 있었으며 생활수준도 높았다. 그러나 이러한 전체적인 자원의 차이는 봉건사회에서의 군사력과는 별로 관계가 없다. 영국이나 프랑스가 실제로 움직일 수 있는 병력은 비슷하였고, 양국왕이 쓸 수 있는 재원 또한 거의 비슷하거나 오히려 에드워드 3세의 수입이 약간 많은 편이었다. 프랑스군의 핵심은 전시대나 다름없이 중무장을 한 봉건귀족의 기사였으나, 영국군의 경우 이러한 봉건기사에 보태어 새로운 무기인 長弓(long bow)을 가진 자영농민출신의 보병대가 실전의 경험을 갖고 참가하고 있었다.

백년전쟁을 통하여 줄곧 싸움터가 된 곳은 프랑스였으나, 실제의 전투는 긴 휴전기간을 두고 간헐적으로 행하여졌다. 최초의 큰 전투는 1346년의 크레시(Crécy)의 전투로서, 에드워드 3세는 수적으로 우세한 프랑스군을 격파하고 다음 해에 칼레(Calais)를 함락시켜 프랑스로 침공하는 견고한 근거지로 삼게 되었다. 한편 흑색 갑옷을 입고 출전하였기 때문에 '黑太子'(Black Prince)라는 별명을 갖게 된 에드워드 3세의 장남은 가스코뉴를 근거지로 남부프랑스 일대를 돌아다니며 약탈과 방화를 일삼았다. 1357년 가스코뉴를 출발하여 르와르 계곡까지 진출한 黑太子는 돌아오는 길에 프아티에(Poitiers)에서 프랑스군을 만나 이를 크게 격파하고 국왕 장(Jean, 1350~1364)과 그의 막내 아들 필립을 비롯하여 많은 귀족을 사로잡았다. 그 결과 양국 사이에는 브레티니의 휴전(Treaty of Brétiny, 1359)이 성립하였다.

에티엔느 마르셀의 叛亂

프아티에 전투와 브레티니 휴전까지의 약 2년간에 프랑스는 내부적으로 큰 곤욕을 치르었다. 즉, 에티엔느 마르셀(Etienne Marcel)의 반란과 전술한 농민반란이 그것이다.

14세기 초 프랑스의 정부기구와 영국의 그것은 많은 점에서 유사하였으나 몇 가지 중요한 차이점이 있었다. 그 하나는 프랑스의 관료제가 영국보다 훨씬 컸다는 점이요, 또 다른 점은 국가 통합에 있어 프랑스는 영국에 훨씬 미치지 못하였다는 점이다. 프랑스왕은 그의 왕국은 물론이요, 직할영지인 왕령지조차 통일적으로 지배하지 못하고, 지방은 저마다 상이한 관습과 이해관계를 갖고 있었다. 이러한 차이는 필립 6세(1328~1350)와 에드워드 3세(1327~1377) 때 더욱 확대되었다. 즉, 프랑스의 관료제는 놀라운 속도로 비대해졌는 바, 일례를 들면 1340년의 파리 고등법원의 법관이 167명인데 비하여, 이에 해당하는 영국의 중앙법정의 법관은 불과 12명이었다. 한편 지방적인 분권화 경향도 강화되었는 바, 필립 4세 때 설치된 3부회는 전국을 대표한다기보다 주로 북부만을 대표하고, 남부에는 랑그도크 삼부회가 따로 있었고, 일부 지방은 또한 독자적인 지방삼부회를 갖고 있었다. 그리하여 프랑스왕은 돈이 필요할 때 이 세 가지 삼부회와 절충을 해야만 했고, 영국의회가 에드워드 3세와의 협력을 통하여 영국의 통치기관의 중요한 한 기구로 발전한 데 反하여 프랑스의 삼부회는 왕이 돈을 필요로 할 때 상의하는 여러 기관 중의 하나에 불과하였다.

중세 말의 국왕들은 다 돈이 필요하고 부족하였다. 프랑스왕도 예외는 아니었으며, 특히 전시에는 왕령지로부터의 봉건적인 수입 외에 별도 수입이 필요하였다. 그리하여 1343년 소금판매를 왕실정부가 독점하고, 그 판매이익금을 수입으로 삼는 염세(가벨 : gabelle)를 설치하고 인두세(처음의 명칭은 푸아즈 fouage, 후에 타이유 taille)를 신설하였다. 그러나 이러한 세금의 신설로서도 전비부담에는 불충분하였다. 그리하여 따로 특수한 방편이 이용되었는데, 그 하나는 대규모로 돈을 빌리는 것이요, 또 다른 방편은 화폐개주였다. 즉, 나쁜 화폐를 찍어 이로써 빚을 갚고 세금징수를 비롯하여 수입을 거두어들일 때는 良貨로 바꾸어 찍어내는 것이다. 1337년부터 1350년 사이에 24회나 화폐를 바꾸어 찍었으니 그것이 경제활동에 극히 나쁜 영향을 미쳤을 것은 명약관화한 일이다.

새로운 물품세를 주로 부담하고, 왕실에 돈을 빌려주며 화폐개주의 희생이 된 것은 부르주아지, 즉 시민계급이었다. 따라서 그들의 불만이 높아질 수밖에 없었으며, 그나마 전쟁은 패전의 연속이었다. 프아티에 전투 후 왕태자 샤를(후의 샤를 5세)가 전쟁비용과 포로가 된 부왕의 몸값을 마련하기 위하여 1357년 삼부회를 소집하였을 때, 주로 도시대표들로 구성된 제3신분대표들은 파리시장격인 파리상인 조합장인 에티엔느 마르셀을 중심으로 단결하여, 세금징수의 개혁, 화폐개주의 중지, 삼부회의 정기적 소집 등 광범한 개혁을 요구하였다. 다음 해 왕태자가 이를 거부하자 파리시민은 폭동을 일으키고, 마르셀은 때마침 반란을 일으킨 농민군과 제휴하려고 하였다. 이에 불안을 느낀 시민 중의 보수파에 의하여 마르셀이 살해되고 파리는 왕태자의 수중에 들어갔으며, 농민반란도 귀족들에 의하여 진압되었다.

런던에서 포로의 몸으로 사망한 국왕 장의 뒤를 이어 왕위에 오른 샤를 5세 (1364~1380)는 마르셀의 반란을 계기로 자치운동(코뮌운동)이 강하였던 북부프랑스의 자치도시들의 독립성을 삭감하여, 이를 왕권의 통제 하에 두었으며, 일일이 삼부회를 거치지 않고 정규적인 세금을 부과하는 데 성공하였다. 그는 무엇보다도 그 동안의 패전과 파리 시 및 농민의 반란으로 입은 상처를 씻고, 국력을 축적하는 데 힘을 기울였다. 영국과의 전쟁수행에 있어서도 대규모 전투는 피하고 영국의 거점을 하나씩 공략하는 방식을 통하여 가스코뉴의 대부분을 회복하고, 영국의 세력을 해안지대로 압축시키는 데 성공하였다. 이러한 샤를 5세의 성공적인 전쟁수행과 안정된 내정으로 프랑스는 모처럼 사회 전체의 안정을 회복하게 되었다.

百年戰爭 : 後期

백년전쟁 초기의 영웅이었던 흑태자가 1376년에 사망하고, 잇따라 에드워드 3세

(1377)와 샤를 5세(1380)가 사망하자, 영국과 프랑스는 저마다 국내문제에 분주하여 백년전쟁은 소강상태를 유지하게 되고, 1396년에는 양국이 20년간의 휴전에 합의하였다.

프랑스에서는 샤를 6세(1380~1422)가 어린 나이로 왕위에 오르자 실제 통치는 왕족에게로 넘어가고, 그들 상호간에 격심한 세력 다툼이 일어나게 되었다. 더구나 1392년 왕의 정신에 이상이 생기자 왕족인 오르레앙(Orlean)家와 부르고뉴(Bourgogne)家 사이에 치열한 붕당 싸움이 되풀이되어 15세기 초의 프랑스는 두 집안에 의하여 완전한 분열상태에 빠지게 되었다.

영국에서도 에드워드 3세의 뒤를 이은 리처드 2세(1377~1399)와 그를 폐하고 왕위에 올라 랭카스터(Lancaster)왕조를 연 헨리 4세(1399~1413)의 치세는 농민반란을 비롯하여 국내 대제후들의 세력 다툼으로 어수선한 시기였다. 그러나 헨리 4세를 계승한 헨리 5세(1413~1422)는 호전적인 권력정치가로서 때마침 프랑스가 격심한 내분으로 분열상태에 빠져 있는 것을 묵과하지는 않았다. 그는 곧 대륙으로 건너가 아젱쿠르(Agincourt)의 전투(1415)에서 프랑스군에게 대승을 거두고 트로와(Troyes)조약을 체결하였다(1420). 이 조약의 주된 내용은 왕태자 샤를의 왕위계승권을 부인하고, 헨리 5세가 샤를 6세의 딸 캐더린(Catherine)과 혼인하여 프랑스의 왕위계승자가 된다는 것이었다. 그 결과 1422년 샤를 6세와 헨리 5세가 잇따라 사망하자 생후 수 개월밖에 되지 않은 헨리 6세(1422~1461)에게 영국과 프랑스 왕위가 돌아가게 되었다. 이에 따라 프랑스는 영국이 점령하고 또한 이와 결탁한 부르고뉴家가 지배하는 북부프랑스와 부르즈(Bourges)에 도읍한 왕태자 샤를에 속하는 르와르강 남쪽으로 兩分되었다.

왕태자 샤를의 지위는 설혹 영국에 의하여 왕위계승권이 박탈되었다 하더라도 강한 편이었으나, 그 자신의 성격이 유약한데다가 母后로부터 嫡子가 아니라는 선언을 받은 것에 몹시 충격을 받고 있었다. 1428년 영국은 실질적으로 프랑스 전체를 지배할 목적으로 남하를 꾀하여 오를레앙을 포위하였다. 프랑스군은 거듭된 패전에 사기가 땅에 떨어지고, 왕태자 샤를의 주변에는 사리사욕을 채우려는 廷臣들 뿐으로서 프랑스의 운명은 문자 그대로 풍전등화격이었다. 이때 기적과도 같이 나타난 것이 잔 다르크(Jeanne d'Arc : Joan of Arc)였다.

잔은 프랑스동부의 동레미(Domrémy)출신의 무식한 시골 처녀로서, 그녀가 좋아하는 聖人들이 나타나 오를레앙의 포위를 풀고 대대로 프랑스왕의 대관식이 거행되는 랭스(Reims)에서 왕태자를 즉위시키라고 그에게 명하였다는 것이다. 잔은 이를 하느님의 씀함이라고 굳게 믿고, 1429년 2월 영국군과 부르고뉴군이 점령하고 있는 지역을 무사히 통과하여 때마침 시농(Chinon)에 체류하고 있던 왕태자를 만나게 되었다. 그리하여 그는 거의 절망상태에 빠져 있던 왕태자와 그 주변, 그리고 프랑스군의 지휘관과 병사들에게 자신감을 심어주는 데 성공하였다. 잔 다르크에 의하여 이루어진 이 자신감 회복이 기적을 낳게 한 것이다. 잔을 선두로 프랑스군은 오를레앙을 해방하고, 불과 수주만에 르와르 계곡에서 영국군을 구축하였다. 그는 왕태자를 설득하여 곧바로 렝스로 진격하고, 1429년 7월 16일 이를 점령하여 렝스 대주교의 집전하에 샤를 7세(1422~1461)의 대관식을 거행하였다. 한때 사생아로 낙인이 찍혔던 왕태자는 이제 신에 의하여 축복받은 정통적인 프랑스 왕이 된 것이다. 그 후 잔은 콩피에뉴(Compiégne)에서 부르고뉴군의 포로가 되어 영국군에게 인도되고, 루앙(Rouen)에서의 정치적인 종교재판에서 마녀로 규정되어 화형에 처해졌다. 당시 그의 나이 19세였다. 샤를 7세는 잔을 구하려는 노력을 하지 않았으나, 그가 처형된 후 종교재판을 다시 열어 그에 대한 부당한 선고를 뒤집고, 20세기에 와서 잔은 聖女에 列하게 되었다. 잔 다르크의 출현은 확실히 프랑스를 가장 어려운 상황에서 구원한 기적적인 현상이며, 프랑스의 애국열의 상징이 된 것도 당연한 일이다.

잔 다르크의 사후 전세는 계속 프랑스에게 유리하게 전개되었으며, 특히 부르고뉴公 필립과 샤를 7세가 아라스(Arras)의 和約(1435)으로 화해한 것이 결정적으로 프랑스에게 유리하게 작용하였다. 이후 프랑스군은 영국군이 점령하고 있던 성과 도시를 하나씩 함락시키고, 1450년에는 노르망디에서 승리하고 1452년에는 보르도(Bordeaux)에서의 결정적인 승리로 영국의 가스코뉴 지배를 종식시켰다. 이제 기나긴 백년전쟁도 끝나게 되었으며, 영국의 수중에는 칼레와 그 주변 지역만이 남게 되었다.

百年戰爭 후의 프랑스

백년전쟁의 싸움터가 된 프랑스가 막대한 피해를 입었을 것은 짐작하고 남음이 있다. 단순히 영국군의 약탈과 방화만이 아니었다. 프랑스군의 용병대는 전투가 끝나자 급료가 지급되지 않았기 때문에 곧바로 도적단으로 변하여 영국군 이상으로 노략질을 일삼았다. 그리하여 "모든 기름진 땅과 지방이 황폐해버리고 경작되지 않고 주민이 사라져 가시덤불과 숲으로 변하여 방치되었다." 이러한 황폐와 피해로부터의 부흥을 통하여 프랑스는 근대적인 통일국가로의 발돋음을 하게 되었다. 백년전쟁은 이러한 발전에 두 가지 이점을 가져다 주었다. 그 하나는 영국으로부터의 영토회복이요, 다른 하나는 잔 다르크에 상징되듯이 새로운 국민의식의 싹틈이었다.

샤를 7세는 유능하였다기보다 인복이 많은 군주였다. 그는 잔 다르크에 의하여 왕관을 쓰게 되었고, 유능하고 용맹한 군지휘관들이 영국군을 구축해주고, 자크 퀘르와 같은 거상으로부터 재정지원을 받았으며 관리들은 그를 위하여 열심히 봉사하였다. 전쟁 말기에 갈수록 심해지는 용병대의 횡포로부터 영구히 해방되기 위하여 샤를 7세는 15개 기사군단(compagnie d'ordonance)을 설치함으로써(1445) 약 6천명의 상비군을 갖게 되었다.[9] 이러한 상비군의 출현과 더불어 15세기에 실전에 이용되기 시작한 대포를 비롯한 小火器의 출현, 그리고 훈련받은 보병부대의 등장 등은 종래의 전술에 큰 변화를 가져오고, 정치적인 측면에서의 왕권의 강화와 더불어 봉건기사들의 몰락을 촉진시켰다.

루이 11세(1461~1483)때 왕권과 시민계급의 제휴는 더욱 강화되고, 왕의 관리들은 충성을 다하여 재건사업에 열을 올렸다. 루이 11세 자신이 중세적인 군주타입을 벗어난, 어떤 의미에서는 목적을 위하여 수단과 방법을 가리지 않는 현실정치가적인 기질을 가진 새로운 근대적인 군주였다. 그는 음모와 뇌물, 그리고 정책적인 혼인 등으로 부르고뉴·앙쥬(Anjou)·프로방스(Provence)·가스코뉴·브르타뉴 등 왕족령과 대제후령을 왕령으로 흡수하여 영토적인 통합을 크게 전진시키고, 절대왕정으로의 기반을 닦았다.

中世末의 영국사회

영국은 백년전쟁으로 노르만의 정복 이래 프랑스 내에 소유하게 된 거의 모든 영토를 상실하였다. 그러나 그 대신 영국 역시 국민의식이 강화되고, 특히 섬 나라로서의 자각을 갖게 된 것은 영국의 근대적인 발전에 있어 매우 귀중한 소득이었다.

중세 말의 영국사회의 정상에는 약 50명의 대제후가 군림하고 있었다. 그 세력의 기반은 광대한 토지재산으로부터의 지대를 비롯한 막대한 수입이었다. 그들은 견고한 石造 성채에 거주하며, 필요한 경우 私兵을 동원할 수가 있었고, 그러한 사병동원을 가능하게 하는 요인은 군역제공에 대한 급료(livery)와 보호, 특히 법정에서의 보호(maintenance)였다. 이들 대제후는 대부분이 백년전쟁 때의 군대지휘관들이었고, 그들의 사병은 당시의 병사들이었다. 이 '리버리'(급료)와 '메인테난스'(보호)에 의하여 종래의 봉토수여를 매개로 한 것과는 다른 새로운 사적 주종관계가 성립하게 되었으며, 이를 擬似封建制度(bastard feudalism)라고 한다. 이 새로운 봉건제도는 끊임없는 사회불안과 무질서의 원천이 되었으며, 대제후는 이

---

9) 1個軍團은 100個分隊(lances)로 구성되며, 1개분대는 중무장기사와 그의 종자들로 ─1명의 대검자, 2명의 弓兵, 2명의 무기운반자─ 구성되었다. 이외의 농촌출신자로 민병대도 조직하였으나 별로 성과는 없었다.

들 사병을 단순히 동료 제후들에 대해서만이 아니라, 경우에 따라 왕과 중앙정부에 대해서도 사용할 위험이 있었다. 이들 대제후는 작위소유자거나(peers) 곧 작위를 갖게 될 유력자들이었다.

이들 작위귀족(peerage)이나 곧 그 지위로 상승할 부유한 기사의 하위에 있는 것이 '젠트리'(gentry)였다. 젠트리의 표지는 정당한 문장(coat of arms)의 소유였으나, 그러한 문장의 획득은 그리 어려운 일이 아니었기 때문에 젠트리란 농업생산에 직접 참여하지 않고 토지로부터의 지대수입으로써 여유있는 생활을 할 수 있는 정도의 토지소유자, 즉 지주라고 규정하는 것이 가장 적절하다. 그들은 하나 이상의 장원을 소유하고, 해자와 돌 벽으로 가볍게 방비된 영주관에 거주하며, 한 두 교회에 대한 사제 추천권을 가지고, 또한 작은 수도원의 보호자일 수도 있다. 그들은 기사(knight)칭호를 갖는 경우도 있으나, 14세기에 이르러 기사칭호는 별로 위엄있는 것이 되지 못하였기 때문에 그러한 칭호를 가진 자는 얼마되지 않았다. 그들은 armigers(문장패용자), 또는 squires(鄕紳)로 불리워졌으며, 초오서(Chaucer)는 더 오래된 franklin이란 말을 사용하였다. 하원의원으로 선출되는 州騎士의 경우 실제로 기사인 경우는 드물고, 대부분이 유력한 젠트리였으며, 자치도시(borough)의 대표도 주변 농촌의 젠트리인 경우가 많았다. 뿐만 아니라 치안판사는 젠트리라야만 했다. 이리하여 개별적으로는 작위귀족과 어깨를 겨눌 수가 없었으나, 집단적으로는 하원과 지방자치의 핵심적인 존재로서 매우 유력한 사회층을 형성하고 있었다. 그들은 사병을 거느린 귀족과는 달리 평화와 질서를 원하였다.

프랑스에서는 미약한 하급귀족이라도 상업에 종사할 수 없다는 제한이 있었으나, 영국에서는 그러한 제한이 없었다. 그리하여 젠트리의 차남들은 상인에게서 상술을 배우고, 상인으로서 재산을 축적하였으며, 부유한 상인은 토지를 매입하여 한 세대 후에는 젠트리로서 행세할 수 있었다. 특히 15세기에 모직물공업이 번창한 지역에서는 젠트리와 상인을 구별하기가 어려울 지경이었으며, 그 결과 젠트리와 상인은 실제로 작위귀족과 일반 민중과의 중간계층을 형성하고 있었다.

젠트리 밑에 위치한 것이 독립적인 자영농민층(yeomanry)이었다. 요우먼(yeoman)은 소규모의 자유토지보유농(small freeholder)이거나 대차지농(tenant of a large farm)으로서 직접 농사에 종사했으나 임금노동자를 고용하는 경우가 많았다. 이러한 자영농민층은 14·5세기의 장원제도의 붕괴에 따른 영주직영지의 분할임대 등을 통하여 양적으로나 중요성에 있어 급속하게 성장하였다. 다른 사회계층과 마찬가지로 자영농민층도 유동적이었다. 정력적이고 성공적인 농민은 보유토지를 증가시켜 자영농민으로 지위가 향상되고, 부유한 자영농민은 젠트리로 상승하였다. 헨리 6세 때 年收 40실링(shillings) 이상의 자유토지보유농에게 주기사 선거권이 부여되었는데, 연수 40실링은 작은 액수로서 대부분의 자유토지보유농 이 선거권을 갖게 되었으며, 백년전쟁 때는 요우먼이 槍兵이나 弓兵으로서 활약하 여 그들의 중요성을 증대시켰다.

薔薇戰爭

이와 같이 15세기 중엽의 영국에는 강력한 젠트리와 부유한 상인층, 그리고 중 산적인 자영농민층(요우맨리)이 사회의 중추를 이루면서, 그들의 지위와 생활향상 을 위하여 사회안정과 법적 질서를 갈망하고 있었다. 이에 반하여 그들 상위에 있 는 사병을 거느린 세습적인 작위귀족들은 호전적이고 왕위를 둘러싼 당파 싸움에 서 크게 한 몫 보려는 심산이었다. 장미전쟁(Wars of the Roses, 1455~1485)은 이러한 상황 속에서 발생하였다. 백년전쟁 직후 발생한 장미전쟁은 영국의 랭카스 터家(Lancaster, 1399~1461)와 요크家(York, 1461~85) 사이에 벌어진 왕위 쟁탈 전으로서, 랭카스터家가 赤色장미, 요크家가 白色장미를 표지로 삼았기 때문에 이 를 '장미전쟁'이라고 한다.

탄생한 지 얼마 안되어 왕위에 오른 헨리 6세(1422~141)가 30세 경에 정신이상 을 일으키자, 유력한 요크家의 리처드가 섭정이 되었다. 그러자 야심많은 왕비 마 가레트(Margaret)는 이를 위험시하여 그를 영국으로부터 추방하였으나, 리처드 는 곧 귀국하여 장미전쟁으로 알려진 치열한 왕위쟁탈전이 벌어지게 되었다. 1460 년 랭카스터家의 왕군은 요크군을 격파하고 리처드가 전사하였으나, 그의 아들로 서 유능한 무장이었던 에드워드가 1년도 못가서 랭카스터군을 격파하고 왕위에 올 랐다(Edward Ⅳ, 1461~1483). 랭카스터家는 그래도 단념하지 않고 에드워드 4세 를 공격하였으나, 에드워드는 모든 적대세력을 분쇄하고, 미친 헨리 6세를 런던탑 에 유폐하는 한편, 왕비를 추방하였다. 에드워드 4세가 사망하였을 때 두 젊은 왕 자와 수명의 왕녀가 있었으나 의회는 두 왕자가 서자라고 선언하고, 왕족으로서 섭정이었던 리처드가 왕위를 계승하였다(리처드 3세, 1483~1485). 두 젊은 왕자는 런던탑에 유폐된 후 얼마 안가서 행방불명이 되었는데 살해된 것으로 추측된다. 이에 어머니 계통으로 왕실에 연결된 랭카스터家의 유일한 왕위 요구인 헨리 튜 터(Henry Tudor)가 요크家의 부르고뉴지원을 미워하던 프랑스의 루이 11세의 지원 을 받아 리처드 3세를 격파하고 의회의 승인을 얻어 헨리 7세로서 즉위하였다. 헨리 7 세(1485~1509)는 그의 왕권을 보다 견고하게 하기 위하여 에드워드 4세의 왕녀와 혼 인하였으며, 이로써 장미전쟁은 끝나고 새로이 튜터왕조가 열렸다.

장미전쟁은 왕가와 대제후 및 귀족 사이의 싸움이었으며, 양측이 다같이 일반

민중에 손상을 미치지 않도록 유념하였으며, 런던을 비롯한 대도시들도 중립적인
태도를 지켰다. 그 결과 주로 피해를 입은 것은 내란에 참가한 귀족들로서 많은 귀
족이 살해되고 재산이 몰수되었다. 장미전쟁은 말하자면 ‘귀족층이 스스로의 몸에
가한 유혈의 수술’이었으며 일반 국민은 내란은 물론이요, 특히 지방의 젠트리와
도시의 시민계급은 귀족들의 횡포와 무질서를 증오하고, 이를 방지할 수 있는 강
력한 왕권의 출현을 갈망하였다. 헨리 7세에 의한 절대왕정은 바로 이러한 상황을
배경으로 삼아 성립하였다.

中世末의 독일

영국과 프랑스가 왕권을 중심으로 집권적인 통일국가로 발전의 길을 걷고 있을
때, 독일은 영방국가와 자치도시, 기사령 등 수많은 대소의 독립적인 정치 단위로
의 분열의 길을 걸었으며, 그러한 추세는 황제권의 쇠퇴와 보조를 같이하는 것이
었다. 독일의 황제권은 시칠리아 출신의 프리드리히 2세를 마지막으로 결정적으로
쇠퇴하게 되었다. 이른바 大空位時代(1256~1273)를 거쳐 황제자리는 이 왕가로부
터 저 왕가로 전전하다가 黃金(또는 金印)勅書(Golden Bull, 1356)로 7명의 選帝
侯(Electors : kurfürsten)에 의하여 선출되었다. 즉, 마인쯔(Mainz), 트리에르
(Trier) 및 쾰른(Köln)의 대주교들, 작센公, 팔츠(Falz)伯(count Palatine of
the Rhine), 브란덴부르크邊境伯(Markgraf Brandenburg), 그리고 보헤미아왕
의 7선제후가 황제의 사망과 동시에 다수결로 새로운 황제를 선출하게 된 것이다.
선제후는 결과적으로 다른 제후보다 우월한 위치에 서게되고, 거의 완전한 주권군
주와 다름없게 되었으며, 그들은 또한 제국의 전반적인 사태에 관한 감시역할도
수행하였다. 이 황금칙서는 황제선출에 관련된 분쟁의 발생을 방지하거나 그것을
감소시키게 되었으나, 황제권의 약화 내지 유명무실화를 확인하고 이를 확정지은
것이기도 하다. 그 후 제위는 룩셈부르크(Luxemburg)家를 거쳐 15세기 중엽에
(1440) 오스트리아의 합스부르크(Hapsburg)왕가에 정착하고 신성로마제국이 소멸
할 때까지(1806) 거의 세습적으로 계승되었으나, 그것은 합스부르크王家에 부착된 명
예로운 칭호에 불과하였고, 독일 전체를 통합하는 구심점이 되지는 못하였다.

황제권의 쇠퇴는 곧 독일의 정치적 해체 추세의 심화를 뜻하였다. 자치도시들은
自衛上 한자동맹과 같은 도시동맹을 결성하고, 경우에 따라 하급귀족의 결합체인
기사동맹도 결성되었으며, 시민과 기사와 성직자들은 봉건제후들의 침범으로부터
스스로의 재산권을 보호하기 위하여 신분제의회를 소집하였다. 이러한 정치적 해
체 추세에서 가장 중요했던 것은 영방국가의 형성이었다.

영방국가는 이미 프리드리히 2세 때 싹트고 있었으며, 13세기 후반과 14세기에

[지도 11] 15世紀의 독일과 발트海

걸쳐 유력한 봉건제후들은 영방(Territorium)단위로 영토를 다지고 집권화를 추진시키면서 독립적 경향을 강화시켰다. 그들은 最終審的 재판권, 축성권, 화폐주조권, 관세징수권 등 국가공권에 속하는 領邦高權(Landeshoheit)을 확립하여 주권군주나 다름없는 영방군주(Landesherr)가 되고, 이어 신분제의회(Landtag)의 소집권을 장악하여 거의 완전한 독립국가의 모습을 갖추게 된 것이다. 15세기에 이러한 발전이 특히 현저하였던 것은 브란덴부르크, 바이에른, 메클렌부르크(Mecklenburg) 등으로서 신분제의회의 소집권을 장악하고, 의회로 하여금 영방군주의 과세권을 인정시켜 그 수입으로 능률적인 행정기구를 발전시켰다. 귀족과 시민계급의 반항에 대하여서는 지배자의 징세권은 不可讓渡의 고유한 권리라는 로마법의 주권이론을 내세워 그들의 주장을 관철시켰다. 이리하여 19세기까지 독일의 정치질서의 중추적인 존재가 된 영방국가가 성립하였으며, 15세기로부터 16세기에 걸친 영방국가는 봉건적 정치질서로부터 근대적인 절대왕정으로 넘어가는 과도기적인 신분제(等族)국가(Ständestaat)의 형태를 취하였다.

한편, 성지수호의 목적으로 설립된 독일기사단(Teutonic Knights)은 13세기에 독일의 국경을 넘어 슬라브족에 대한 활동을 시작한 이래, 이 사업에 보다 더 큰 의의를 발견하고 그 일에 열중하였다. 프리드리히 2세는 독일기사단에게 동프로이센(Preussen : Prussia)을 수여하고(1226), 그들은 비스툴라강을 넘어 東進하여 13세기 후반에는 프로이센을 독일화하고 그리스도교화하게 되었다.

스위스의 獨立

북부스위스는 원래 슈바벤(Schwaben)公領의 일부였으나, 13세기 중엽에 합스부르크家가 이 지역에 세력을 확대하려고 하자 삼림지대의 3개주(canton)가 동맹을 맺고 이에 저항하여 14세기 초에 합스부르크군을 격파하였다(1315). 그 후 루세른(Lucern), 취리히(Zürich), 베른(Bern) 등 다른 주도 이 동맹에 참가하여 14세기 말 다시 합스부르크군을 격파하여 독립의 기반을 굳혔다. 그 후 영토를 더욱 확대하고, 1477년에는 남쪽으로 세력을 팽창하려는 부르고뉴公 샤를을 격파하여 전유럽에 그 용맹을 떨치기도 하였다.

스위스는 영방제로서 공동통치를 하지만, 각 주는 거의 완전한 독립을 유지하고 대외적으로는 결합하지만 내부적으로는 분쟁이 잦았다. 스위스의 강점은 통치의 능률성보다 지리적 조건과 주민의 군사적 자질에 있었다.

시칠리아

황제 프리드리히 2세의 사망 후 교황의 지지를 얻어 프랑스왕 루이 9세의 동생인 앙쥬伯 샤를(Charles of Anjou)이 시칠리아의 지배자가 되었다(1266). 이러한 처사는 시칠리아 주민의 의사를 완전히 무시한 것으로서, 시칠리아 주민들은 프랑스계 군주와 그의 군대를 증오하였다. 특히 샤를의 동부지중해로의 팽창을 위한 중세를 싫어하였다. 비잔틴 황제도 샤를을 경계하였고, 아라곤(Aragon)의 피터 3세 또한 그의 왕비를 통한 혈연관계로 시칠리아의 왕위에 야심이 있었다. 그리하여 그들은 시칠리아 주민의 불만을 부채질하여 1282년 팔레르모(Palermo)에서 폭동을 일으키게 하고, 이 폭동은 곧 전시칠리아에 파급되었다. 시칠리아 주민은 왕관을 아라곤의 피터 3세에게 제공하고, 그 후 21년간 샤를과의 사이에 시칠리아 쟁탈전이 벌어졌으나, 결국 시칠리아는 아라곤의 수중에 남고, 앙쥬家는 나폴리왕으로서 남부 이탈리아를 유지하는 데 그쳤다.

변두리 국가들

노르웨이, 덴마크, 스웨덴의 이른바 북유럽 3국은 칼마르동맹(Union of Kalmar, 1397)으로 통합되었으나 스웨덴의 민족주의적 반란이 거듭된 끝에 스웨덴이 따로 독립하여 동맹은 깨지고 말았다(1501). 그러나 노르웨이와 덴마크의 통합은 1814년까지 계속되었다.

러시아는 13세기에 몽고족의 침입 이래(1237), 여러 公國으로 분열되어 몽고족의 통제 하에 막대한 공납을 바치게 되었다. 14세기 전반기 이반 1세(Ivan I, 1328~1341) 때 모스크바大公國이 지도적 세력으로 대두하여 몽고족 지배자로부터 다른 러시아 公國들의 공납을 징수하는 총책임자로 임명되었다. 그 후 14세기 말(1380) 모스크바大公은 몽고지배에 반항하였으나 실패하고, 100년 후인 이반 3세(Ivan III, the Great, 1462~1505) 때 몽고족의 내분과 이로 인한 약화를 틈타 몽고의 지배로부터 해방되고, 노브고로드(Novgorod)의 획득을 비롯하여 영토를 크게 넓혔다. 1472년 이반 3세는 비잔틴의 마지막 황제의 姪女와 혼인하여 비잔틴 황제의 계승자임을 자처하는 동시에 모스크바 대주교는 그리스정교교회(Greek Orthodox Church)를 계승하였다. 그 결과 모스크바는 그리스정교 문명의 중심지로서 이른바 ‘제 3의 로마’(the Third Rome)를 자처하게 된 것이다.

이베리아반도에서는 ‘재정복’을 통하여 성립한 아라곤, 카스티야, 포르투갈의 그리스도교 3왕국이 그라나다(Granada)의 무어인(Moors) 이슬람 국가에 대한 공격을 계속하는 가운데 도시경제가 계속 발달하고 신분제의회인 코르테스(Cortes)도 발전하였다. 그러나 영국이나 프랑스의 경우와는 달리 이베리아반도의 국왕들은 능률적인 중앙정부 수립에는 너무나 미약하였다. 이러한 이베리아반

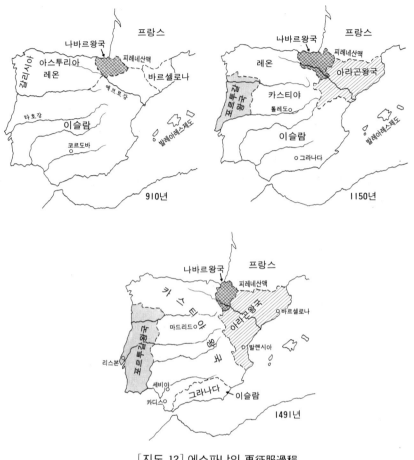

[지도 12] 에스파냐의 再征服過程

도의 정세에 큰 변화를 가져온 것은 아라곤의 페르디난드(Ferdinand of Aragon)
와 카스티야의 이사벨라(Isabella of Castile)의 결혼이었으며(1469), 두 사람이
잇따라 왕위에 오름으로써(이사벨라가 1474년, 페르디난드가 1479년) 통합된 에스파
냐왕국이 탄생하게 되었다. 에스파냐는 이슬람의 최후 거점인 그라나다를 공격하
여 이를 병합하고(1492), 포르투갈은 중세 이래 독립왕국으로 남게 되었으며, 두
나라는 곧 신항로와 신대륙발견에 앞장을 서게 된다.

제 3 절 敎皇權의 衰退와 中世文化의 凋落

敎皇權의 衰退

중세에 교황권이 단순히 그리스도교세계의 영도자로서만이 아니라 세속적인 면에서의 보편적 권력으로서 황제권과 싸우고, 세속군주 위에 군림할 뿐 아니라, 막강한 경제력을 가질 수 있었던 것은 민족이동과 서로마제국의 몰락으로 조성된 혼란과 무질서상태라는 중세 초기의 역사적인 상황과, 지방분권적인 봉건사회의 구조와 깊은 관련을 갖고 있었다. 그렇기 때문에 중세 말에 이르러 봉건사회가 붕괴하고, 집권적인 통일국가가 성장함에 따라 보편적 권력으로서의 교황권은 그 존립의 기반을 상실하면서 세속적인 왕권의 도전을 받을 수밖에 없었고, 그 과정에서 교황권은 쇠퇴의 길을 걷게 되었다.

13세기 말 프랑스의 필립 4세가 가스코뉴公領의 쟁탈전에 필요한 전비를 염출하기 위하여 국내 성직자에게 과세하려 하자, 교황 보니파키우스 8세는 敎書(Clericus laicos, 1296)를 발하여 이에 반대하였다. 필립 4세는 이에 대항하기 위하여 프랑스로부터 교황청으로의 금전유출을 금지하고, 다시 14세기 초에는 프랑스 왕권에 적대행위를 취한 주교의 제거문제로 양자는 날카로운 대립을 보였다. 필립 4세는 광범한 국민의 지지를 얻기 위하여 삼부회를 소집하고, 교황은 이에 맞서 유명한 교서 '우남 상크탐'(Unam Sanctam)을 발하였다(1301). 그 내용은 "만일 세속권이 과오를 범하면 영적 권력에 의하여 심판을 받아야 하며, 영적 권력은 위엄이나 고귀함에 있어 어떤 세속권보다 우월"하다는 것으로서, 왕권에 대한 교황권의 우월을 극단적으로 강조한 것이었다. 이에 필립은 보니파키우스의 제거를 결심하고, 심복인 노가레(William de Nogaret)를 시켜 아나니(Anagni)에 머물고 있던 교황을 습격하여 사로잡게 하였다(1303). 주변 귀족들의 압력으로 노가레는 교황을 석방하였으나, 年老한 보니파키우스는 충격과 굴욕감으로 곧 사망하였다.

1305년 추기경회의는 새로운 교황으로 보르도(Bordeaux)대주교 클레멘트 5세(Clement V, 1305~1314)를 선출하였다. 클레멘트는 곧 28명의 추기경을 새로 임명하였는데, 그 중 25명이 프랑스인이었을 뿐 아니라 그는 교황의 거처를 남부프랑스의 아비뇽(Avignon)으로 옮겼다. 아비뇽은 엄격하게 따지면 아직 프랑스의 왕령에 속하지는 않았으나 그 세력 하에 있는 도시로서 이후 교황은 완전히 프랑스왕권의 지배 하에 놓이게 된 것이다. 이를 옛 유대인의 바빌론幽囚의 故事에 따라 '교황의 바빌론유수'(The Babylonian Captivity of the Pope, 1309~1376),

또는 교황의 아비뇽유수라고 한다.

이와 같이 필립 4세는 교황권에 치명적인 타격을 가했을 뿐 아니라, 사원기사단 (Templars)을 해산하고, 그들의 프랑스 내의 광대한 영지를 몰수하기로 하였다. 13세기에 절정에 달한 교황권이 "교황은 태양이요, 국왕은 달"이라고 호언장담하던 시대와는 너무나 상이한 상황이 전개되기 시작한 것이다.

1377년 교황청은 다시 로마로 돌아가고 다음 해 로마시민들의 압력으로 이탈리아 출신의 교황 우르반 6세(1378~1389)가 추기경회의에서 선출되었다. 그러나 추기경들은 곧 그와 대립하게 되어 새로이 프랑스인 교황 클레멘트 7세(1378~1394)를 선출하고, 클레멘트 7세는 아비뇽으로 교황청을 옮겼다. 이리하여 교황청은 로마와 아비뇽으로 갈라지고, 이른바 '교회의 대분열'(Great Schism, 1378~1417)로 알려진 그리스도교세계의 양분 현상이 일어나게 되었다. 영국과 독일은 로마를, 프랑스와 에스파냐는 아비뇽을 각각 지지하였으며, 이러한 세속적인 세력의 지지가 교회의 분열을 오히려 조장하고 장기화시켰다. 대립하는 두 교황과 세속군주와의 결탁은 교황권의 위엄을 손상시킴은 물론, 교회 전체를 타락시키는 결과를 가져왔다.

오캄과 위클리프

이러한 상황 속에서 신학과 신앙면에 변화가 생기고 새로운 경향이 나타난 것은 당연한 일이었다. 14세기 초 영국의 프란체스코파 수도사인 윌리엄 오캄(William Occam, 또는 William of Ockham, ca. 1285~1349)은 철저한 唯名論을 제창함으로써 13세기에 모처럼 이루어진 신앙과 이성의 조화를 파괴하고, 나아가서 교권정치와 그 제도가 신앙의 전부를 말하는 것이 아니라고 주장하였다. 그러나 이러한 오캄의 주장보다 더 위험한 새로운 사상을 전개한 것은 옥스퍼드대학의 신학교수였던 존 위클리프(John Wyclif, ca. 1330~1384)였다. 그는 교회의 부와 사치를 공격하여 유명해졌으며, 교회재산은 세속적 권위의 배려로 유지되는 것이라고 하여 당시 교회재산을 탐내고 있던 랭카스터公 고온트의 존(John of Gaunt)을 비롯한 영국 귀족들에게 환영을 받았다. 그러나 위클리프의 사상은 이 정도에 그치지 않았다. 그는 죄를 범한 성직자가 집전한 성사는 무효이며, 聖事 그 자체가 영혼의 구제에 본질적인 것이 아니라고 주장하고, 그리스도는 영적인 존재일 뿐 빵이나 포도주에 존재하는 것이 아니라고 하여 化體說(Eucharist)까지 공격하였다. 그는 또한 그리스도교신자의 생활방식은 교회의 가르침에 있는 것이 아니라 성경에서 구해야 한다고 주장하고, 성경이 모든 사람에게 읽혀져야 한다는 취지 하에 성경의 번역을 지휘하기도 하였다. 이러한 위클리프의 주장은 교회의 재산과 수입을 위태롭게 하고, 교회의 영적 권위를 크게 손상시키는 것이었다. 그리하여 그는 교황과 영국의 성직자회의에서 비난과 배척을 받았으나 랭카스터公의 보호로 무사하였다. 위클리프의 敎說은 주로 농촌에 퍼지고, 그의 추종자는 롤라드(the Lollards)라고 불리워졌다. 헨리 4세의 롤라드 금지령과 헨리 5세의 철저한 탄압으로 롤라드는 지하로 숨어들었으나 비밀리에 종교개혁까지 계승되었다.

후스와 후스運動

보헤미아왕 카알 4세의 딸이 영국왕 리처드 2세의 첫째 왕비였던 관계로 그녀를 따라 영국에 왔던 보헤미아인들은 위클리프의 사상을 보헤미아에 전하게 되고, 카알 4세가 건립한(1347) 프라하(Prague) 대학 내에 위클리프의 지지자가 증가하게 되었다. 후스(John Hus, 1370~1415)도 그 중의 한 사람으로서, 열렬한 종교개혁가였다. 그는 위클리프의 사상을 전부 받아들이지는 않았으나, 고위성직자의 부와 세속성을 공격하고, 신앙생활의 핵심은 성경이라고 주장하였다. 그는 1412년 나폴리왕과 대립하고 있던 교황 존 23세(1410~1415)가 그의 지지자에게 면죄부 판매를 허용한 것에 반대하여 대학과 교회로부터 추방되었다. 후스는 콘스탄츠 공의회의 소식을 듣고, 황제의 승인 하에 자진 출두하여 해명할 기회를 가지려고 하였다. 그러나 오히려 이단으로 규정되어 火刑에 처해졌다(1415).

후스의 처형은 어리석은 일이었고, 교회의 경직성을 드러낸 처사였다. 휘스는 체코의 민족주의의 상징적인 인물로서 체코의 거의 모든 사회층에 동조자를 갖고 있었다. 그리하여 1419년 후스의 추종자(Hussites)들의 대대적인 반란이 발생하고, 체코의 농민군은 여러 번 황제의 기사군을 격파하였다. 이 후스운동은 1434년에 온건파가 급진파를 제쳐놓고 보헤미아의 가톨릭 귀족과 타협함으로써 진정되기 시작하였다. 후스운동은 영국의 롤라드와 더불어 종교개혁의 선구로서 종교개혁의 움직임이 反봉건적인 민족주의 운동과 결합하였다는 사실이 주목된다.

神秘主義와 共同生活의 兄弟團

神秘主義(mysticism)는 언제나 그리스도교의 중요한 요소였다. 그러나 그것은 또한 제도로서의 교회를 넘어서 신과의 직접적인 결합을 강조한다는 점에서 이단으로 흐르기 쉽고, 제도적인 교회의 입장에서는 문제성을 지닌 사상이었다. 중세 말의 가장 주목할 신비주의자는 도미니쿠스파의 에크하르트(Eckhardt, 1260~1327)와 그의 제자 타울러(Tauler, 1290~1361)였다. 그들은 新플라톤 학파의 영향을 받아 汎神論的 경향이 강하였고, 타울러는 일반인과 성직자로 구성된 '神의 벗'(Friends of God)이라는 모임을 조직하여 교회를 내부로부터 개혁하려고 하였다.

에크하르트나 타울러의 추종자들은 정통적인 교회의 입장을 떠나지는 않았으나, 개인적인 종교적 경험을 강조하고 교회의 형식주의에 대한 불만을 토로함으로써 부분적으로 종교개혁으로의 길을 닦기도 했다.

민중적인 신비주의 중에는 막바로 이단의 길을 걷게 된 것도 있었고, 13세기에는 低地方(Low Countries)에 수많은 비공식적인 종교단체가 생겨났으며, 그 중에는 여성들의 모임도 있었다. 이러한 종교단체 중에서 정통파 경건주의(pietism) 운동으로서 가장 중요했던 것은 14세기에 게르트 흐로테(Geert Groote, 1340~1384)가 네덜란드 지방에 설립한 '共同生活의 兄弟團'(the Brethren of the Common Life)이었다. 이는 일반 俗人들의 모임으로써 소집단으로 생활하며, 자선을 베풀고 기도를 위하여 공동집회를 가졌다. 중세 말의 가장 고전적인 경건주의 문헌인 토마스 아 켐피스(Thomas á Kempis)의 《그리스도의 모방》(*The Imitation of Christ*)은 바로 이 형제단의 소산이었다. 창설자인 그로트는 대학에서 공부한 사람이었으나, 복잡한 교리보다 심성의 단순한 경건을 기르도록 권하였다. 이 형제단의 이상은 중세를 넘어 에라스무스(Erasmus)와 루터(Martin Luther)에게 영향을 미쳤다.

중세 말의 교황청이나 교회 지도자들의 가장 큰 잘못은 반드시 이단적이거나 反교회적이 아닌 풍요한 종교적 정력을 적절하게 조정하지 못한 데 있다. 14세기의 교황들은 모든 새로운 종교사상이나 종교적 감정을 의혹의 눈으로만 보았으며, 이제 교회는 필요한 개혁을 수행할 정신력을 상실한 듯이 보였다.

콘스탄츠公議會

교회의 대분열은 누구의 눈에나 있을 수 없는 불상사였다. 1394년 파리대학은 사태수습의 길이 두 교황의 퇴위라고 선언하였으나 아무도 퇴위하지 않았다. 그리하여 종교회의에서의 사태수습의 길이 모색되고, 1409년 피사(Pisa)에서의 공의회는 두 교황의 퇴위를 결정하고 새로운 교황을 선출하였으나, 기존의 두 교황이 퇴위를 거부한 결과 세 사람의 교황이 있게 되는 형세가 되어 혼란만 가중되었다.

사태를 이 이상 더 방치할 수 없어 1414년 콘스탄츠에서 교회의 분열을 종식시키고 이단을 억압하며 교회의 개혁을 도모하기 위한 공의회가 소집되었다(Council of Constance, 1414~1417). 회의는 성대하였으며 모든 주요 국가들이 대표를 파견하고 대부분의 추기경과 200명 가까운 주교, 약 100명의 수도원장, 300명 이상의 신학박사가 참석하고, 황제 지기스문트(Sigismund)도 직접 참석하여 매우 중요한 역할을 수행하였다.

회의는 기존 교황과의 대립으로 어려움을 겪었으나, 1415년 봄에 신앙문제에 있어서의 공의회의 정당성과 권위를 규정하고, 교황도 이에 복종해야 한다는 획기적인 결정을 채택하였다(Haec Sancta, 또는 Sacrosancta). 그리고 이 결정에 입각하여 차례로 세 교황을 폐위하고, 새로이 마르틴 5세(Martin, 1417~1431)를 교황으로 선출함으로써(1417), 교회의 분열에 종지부를 찍었다.

이단문제에 있어서는 보헤미아의 후스를 이단으로 규정하여 火刑에 처하였으나(1415), 교회의 개혁문제에 있어서는 보수파와 급진파의 대립이 격심하여 결론을 얻지 못하고 있었다. 게다가 백년전쟁이 재발한 관계로(1415) 각국의 보조 또한 일치하지 않아 공의회의 정기적 소집만을 결정하고(Frequens), 개혁문제는 다음 공의회로 넘기기로 하였다.

그 후 파비아(Pavia, 1423)와 바젤(Basel, 1431)에서 공의회가 열렸으나 구체적인 성과를 거두지 못한 채 페라라(Ferrara, 1437)의 공의회에서 전그리스도교계의 영도자로서의 교황권이 다시 확인되었다.

한편 프랑스의 교회회의는 1438년 국왕의 관리가 지배하는 가운데 '부르즈의 결의'(Pragmatic Sanction of Bourges)를 채택하였다. 그 내용은 교회세의 로마납부를 금지하고, 프랑스 내 교회령에 대한 교황의 주교 임명권을 폐지함으로써 프랑스교회는 독립적인 길을(gallicanisme) 걷게 되었다. 다음 해에 독일의 영방군주들도 프랑스의 경우와 거의 동일한 내용의 '마인츠의 결의'(Pragmatic Sanction of Mainz, 1439)를 채택하였다.

교회의 대분열 말기에 싹트고 콘스탄츠 공의회에서 구체적으로 전개된 종교회의 중심의 개혁운동(conciliar movement : conciliarism)은 교황의 절대권을 억제하고 代議制的인 종교회의를 교회운영의 중심기구로 삼아 당면한 교회개혁을 추진하려고 하였으나, 15세기 중엽에 이르러 실패로 돌아갔다. 그 결과 교황권의 우위가 다시 확인되고, 세속군주들은 그들의 지배 하에 교회를 국가단위로 통합하는 데 상당한 성공을 거두게 되었으며, 이단은 날이 갈수록 발호하였다. 이리하여 중세 말에는 종교개혁의 기반이 확고하게 굳어졌다.

中世文化의 凋落

13세기에 황금기를 맞이하였던 그리스도교적이고 봉건적인 중세문화는 14세기에 이르러 뚜렷한 조락의 조짐을 보이게 된다. 중세 말에 널리 퍼지고 거듭 되풀이된 '죽음의 춤' 또는 '해골의 춤'(danse macabre)은 해골이나 시체가 살아있는 사람들과 어울려 춤추는 광경인 바, 이 주제는 스웨덴으로부터 시칠리아에 이르는 수많은 교회의 벽화나 木版畵에 그려졌으며, 중세문화의 죽어가는 모습을 이 이상 더 완벽하게 상징적으로 표현할 수도 없었을 것이다.

기사문학은 생명을 상실하고 형식주의에 빠졌으며, 쟝 드 멍(Jean de Meung)은 13세기 후반에 그의 《장미 이야기》(*Roman de la Rose*)에서 궁정적인 사랑을 야유하고 풍자하였다.

이러한 기사문학의 쇠퇴와는 대조적으로 14세기의 영국은 두 사람의 위대한 작가를 산출하였다. 윌리엄 랑그랜드(William Langland, ca. 1332~1400)의 《農民 피어즈》(Piers Plowman)는 가난한 마을 사제와 그 주위 농민들의 관점에서 쓰여진 중세에서는 거의 유일한 작품으로서 당대의 폐단, 특히 교회의 폐단에 대한 비난을 담고 있다. 초오서(Geoffrey Chaucer, ca. 1340~1400)의 《캔터베리 이야기》(*Canterbury Tales*)는 중세 말 영문학의 걸작으로서, 고귀한 기사로부터 천한 방앗간 주인, 수녀원장으로부터 가난한 교구 사제에 이르기까지, 당대 사회의 모든 계층과 직업인을 등장시켜 기사의 사랑이야기로부터 날카로운 풍자와 잡스러운 이야기에 이르기까지 다양한 소재가 유려한 필체로 전개되고 있다. 그것은 한 마디로 중세 말기 문학의 모든 흐름과 사회상을 생생하게 반영한 위대한 작품이다.

이렇듯 14·5세기에는 봉건사회와 중세문화가 붕괴하고 시들어갔으나, 그 밑바닥에서 새로운 사회와 문화가 움트고 태동하고 있었던 사실을 잊어서는 안된다. 유럽은 이제 바야흐로 근대로 접어들고 있었던 것이다.

제 9 장

近代文化의 胎動

14세기경으로부터 중세봉건사회가 무너지기 시작하고, 집권적인 통일국가가 성장함에 따라 교황권은 쇠퇴하고 중세문화도 시들게 되었다. 이러한 봉건사회의 붕괴와 중세문화의 조락 속에서 새로운 근대사회와 근대문화가 싹트고 자라나기 시작하였으며, 유럽 근대사의 여명을 알리는 르네상스, 종교개혁 그리고 이른바 지리상의 발견이 14세기로부터 16세기에 걸쳐 일어난 것도 우연은 아니다. 르네상스는 古典古代文藝의 부흥을 바탕으로 새로운 근대문화를 창조하려는 문화운동이었고, 종교개혁은 1,000년간 유럽의 문화를 지배해 온 중세교회의 통일에 종지부를 찍음으로써 세속적인 근대적 발전을 촉진시켰으며, 지리상의 발견은 유럽세력을 전지구상으로 팽창·확대시키는 동시에 유럽경제의 비약적인 발전을 초래하였다.

제 1 절 르네상스

르네상스의 歷史的 意味

르네상스(Renaissance)라는 말은 원래 프랑스어로 '再生'이라는 뜻이며 보다 더 구체적으로는 14세기경부터 16세기에 걸쳐 그리스·로마의 古典文藝가 부활한 것을 뜻한다. 그 기원을 따져 올라간다면 르네상스기의 화가이기도 한 바사리(Giorgio Vasari, 1511~1547)에게 구해야 할 것이다. 그는 《藝術家列傳》(*Lives of the Artists*)에서 13세기 말 치마부에(Cimabue, 1240~1303)와 지오토(Giotto, 1266~1337)로부터 시작되어 미켈란젤로(Michelangelo, 1475~1564)에 이르러 완성된 古典古代 미술의 부활을 '레나시타'(renascita), 즉 '再生'이라고 불렀던 것이다. 그러나 르네상스를 단순히 고대미술의 부활만이 아니라 古代文化 전체의 부활과 그것을 발판으로 한 새로운 근대문화의 창조라고 파악하고, 이를 하나의 시대개념으로 제시한 것은 19세기의 프랑스 역사가 미슐레(Jules Michelet)였다.[1] 그러나 미슐레는 르네상스를 프랑스적인 현상으로 파악하고, 그나마 샤를

---

1) H. Butterfield, *Man on his Past*(Beacon Press, 1960), pp. 131~132.

278 제 4 편 中世로부터 近代로의 移行

8세의 이탈리아침입(1494)에서 시작되었다고 보았다. 그러므로 이탈리아를 중심으로 14세기경부터 古典古代文化의 부활을 발판으로 한 근대문화창조의 움직임이라는 오늘의 르네상스개념을 확립한 역사가는 스위스의 부르크하르트(Jacob Burckhardt)라고 하겠다.

현재도 고전으로 존중되고 있는 부르크하르트의《이탈리아 르네상스期의 文化》(*Die Kultur der Renaissance in Italien,* 1860年刊)는 르네상스를 역사발전 속에서 도려내어 하나의 독립적인 완성된 형태로 파악하였기 때문에 르네상스를 중세와 단절된 그리고 고대와 직결된 문화현상으로 파악하였다. 이러한 부르크하르트의 르네상스觀에 대하여 그 후 많은 비판과 수정이 제시되었다. 그 주된 흐름은 르네상스와 중세와의 연속을 강조하는 것으로서 12세기의 르네상스를 운운하는 견해로부터[2] 르네상스에 중세적인 것이 많이 존재한다는 견해, 그리고 다시 르네상스를 중세의 황혼으로 보는 견해 등이[3] 제시되었다. 이러한 견해는 12세기의 르네상스를 운운하는 견해를 제외하고는, 저마다 일면의 진실을 지니고 있기는 하나, 그것이 중세와의 연속을 강조하는 나머지 르네상스의 독자성, 특히 그것이 지니는 새로운 근대적인 것의 맹아를 무시하거나 흐리게 할 위험을 내포하고 있다. 그리하여 일종의 타협으로 제시된 것이 르네상스를 중세로부터 근대로의 移行으로 보려는 견해이다. 이 견해는 르네상스와 중세와의 연속을 인정하는 동시에 르네상스의 근대적인 성격도 중시하며, 르네상스의 중세적인 것과 근대적인 것의 공존을 보려고 하는 것이다.[4]

확실히 르네상스는 중세와 아무런 관계없이 고대와 직접 연결되거나 새로운 근대가 완성된 형태로 나타난 것은 아니다. 그러므로 르네상스를 이행기로 보려는 견해는 현재 많은 지지를 받고 있는 것이 사실이다. 그러나 르네상스의 역사적 의미를 올바르게 파악하려면, 중세와의 연속이나 이행기적 내지 과도기적인 성격이 아니라, 르네상스기에 새로이 인식된 고전고대문화의 부흥을 통하여 새로운 근대문화가 창조된 면을 중시해야 한다고 생각하며, 그것은 결국 부분적인 수정과 새로운 해석을 첨가한다 하더라도 본질에 있어 부르크하르트적인 르네상스像의 정당성을 재인식한다는 것을 뜻한다.[5]

---

2) Charles H. Haskins, *The Renaissance of the 12th Century*(1927).
3) J. Huizinga, *The Waning of the Midde Ages*(1924) 부르크하르트의 견해와 르네상스 研究史에 관해서는 車河淳, 西洋近世史－르네상스의 社會와 思想－(探求堂, 1973) 의 附錄, 제2장 및 제3장 참조.
4) Wallace K. Ferguson, *Renaissance in Historical Thought*(1948) 및 同著者의 *Europe in Transition* : 1300~1520(1962) 참조.
5) Hans Baron, "Fifteenth-Century Civilization and the Renaissance," *New Cambridge Modern History,* vol 1, Chap, Ⅲ, 1957 및 F. Chabod, *Machiavelli and the Renaissance*(1960) 등이 이러한 입장이다.

이탈리아 르네상스의 背景

르네상스의 배경은 넓은 의미의 중세세계의 붕괴였다. 14·5세기는 바로 전유럽적인 규모로 중세세계가 붕괴하고 있었으며, 르네상스는 유럽의 어느 곳에서나 일어날 잠재적 가능성이 있었다. 사실 페트라르카(Petrarca)나 보카치오(Boccacio)와 같은 시기에 영국에서는 초오서가 나타나고 있으며(本書, p.276 참조), 그는 새로운 영국문화탄생의 씨앗을 지니고 있었다. 그럼에도 불구하고 르네상스는 이탈리아적인 현상이었으며, 이탈리아에서 먼저 전개되고 알프스 북쪽의 르네상스는 이탈리아의 르네상스에 觸發(촉발)된 것이었다. 그 이유는 무엇일까.

이탈리아는 로마제국이 일어난 곳으로서 고전고대의 옛 터전이었으며, 고대문화가 다른 어느 곳보다도 풍부하게 잘 보존되고 그 유적과 유물도 많았다. 따라서 이탈리아인에게 고전고대의 부활은 게르만족에 의해 파괴된 옛 전통을 되찾는 것이었다. 14세기 중엽에 교황청이 아비뇽으로 이동하여 로마가 황폐하였을 때, 리엔찌(Rienzi, ca. 1313~1354)가 고대로마의 공화정을 부활하려는 반란을 일으킨 것도 이러한 맥락에서 이해할 수 있는 것이다. 그러므로 르네상스를 이탈리아의 문화적 민족주의 내지 애국심의 발로로 해석하려는 입장도 있을 수 있는 것이다.

고전문화의 전통을 강하고 풍부하게 지닌 이탈리아에서는 고대도시의 전통이 완전히 사라지지 않았고, 봉건제도는 유럽의 어느 곳보다도 미약하였다. 뿐만 아니라 십자군 이래 재개된 지중해무역의 중심지로서 도시가 급속하게 발달하고, 경제적 번영을 누리게 되었으며, 부유한 시민층이 성장하였다. 황제권과 교황권의 대립과 갈등의 와중에서 북부 이탈리아의 도시들은 주변의 농촌을 흡수하여 도시국가를 형성하고, 원거리무역과 모직물공업, 그리고 중세 말에는 금융업으로 막대한 재산을 축적하게 된 상층 부르주아지는 재래의 지주귀족과 더불어 새로운 도시귀족을 형성하여 도시국가를 지배하게 되었다. 원래 미약했던 봉건제도와 농노제가 13세기까지는 무너지거나 폐지되고, 지주귀족이 시민층에 합류하고 이에 굴복하여 시민화함으로써 유럽에서 가장 빨리 시민적인 사회(civil society)가 형성되었다. 바로 이러한 시민사회가 르네상스를 낳고 키우게 된 사회 경제적 기반이었다.

이탈리아의 政治情勢

도시와 시민계급의 성장은 북서유럽의 경우 왕권의 신장과 더불어 집권적인 통일국가의 발전을 촉진하였으나 이탈리아의 경우 그렇지가 않았다. 지중해무역의 중심이 된 북부 이탈리아의 경우 독립적인 도시국가가 大小公國과 더불어 분립하

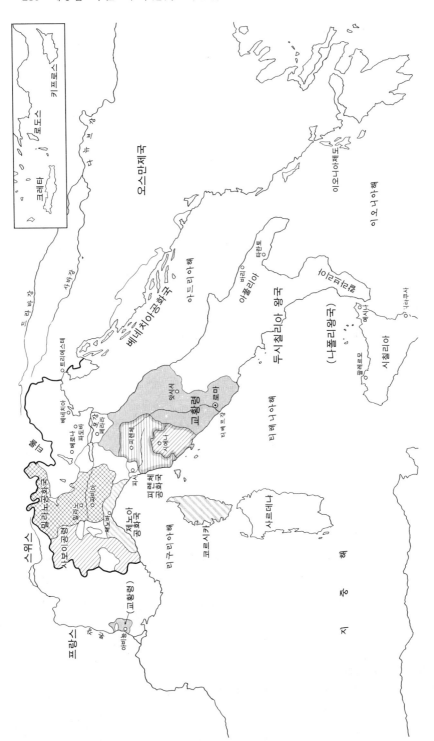

[지도 13] 르네상스期 이탈리아정세(1494년경)

고, 중부 이탈리아에는 교황령이 자리잡고, 남부이탈리아에는 나폴리(두 시칠리아)
왕국이 있었다. 북부이탈리아의 도시국가들은 상업과 무역의 패권을 둘러싸고 치
열한 경쟁을 벌였으며, 15세기에는 밀라노, 베네치아, 피렌체가 주도적인 지위를
차지하고, 교황은 교황대로 세력확장에 열중하고 있었으며, 나폴리왕국은 15세기
후반에 에스파냐와 프랑스의 쟁탈 대상이 되어 있었다. 그리하여 르네상스기의 이
탈리아 정치정세는 분열과 대립, 외국세력의 개입 등으로 매우 복잡하고 어수선하
였다. 뿐만 아니라 일부 도시국가, 이를테면 피렌체의 경우 도시국가의 정권을 장
악한 대상인과 금융가에 대한 중소시민 내지 노동자의 반란이 일어나고, 밀라노의
경우 용병대장이 정권을 장악하는 등 내부적인 갈등이 심하였고, 거기에 해묵은
황제당(기벨린)과 교황당(겔프)의 대립이 계속되고 있었다. 그리하여 15세기에는
이러한 내분을 종식시키고 외부에 대한 경쟁력을 높이기 위하여 전제군주(des-
pot)의 지배 하에 정치적 안정을 기하려고 하였다.

피렌체

르네상스의 중심이 되고, 부르크하르트에 의하면 '최고의 정치적 자각과 가장
다양한 인간적 발전'을 보여 준 피렌체는 빌라니(G. Villani, 14세기의 피렌체상인)
의 기록에 의하면 인구 약 9만, 글을 배우는 아동이 8,000에서 1만, 산수를 배우는
아이는 1,000에서 1,500, 교회가 110, 병원이 30개로 1,000개 이상의 병상을 가지
며, 200여의 모직물업자가 매년 약 8만필을 생산하고, 은행이 80, 변호사가 600명,
60명의 의사에 100명의 약제사가 있었다고 한다. 이러한 숫자에는 과장이나 잘못
이 있을 수도 있겠으나 당대인에 의한 이러한 통계가 작성되고 있다는 사실 그 자
체가 이탈리아 이외의 도시에서는 볼 수 없는 일이며, 피렌체의 활기차고 번영된
모습을 짐작케 하고 남음이 있다.

피렌체는 이미 12세기에 모직물제조와 판매로 유수한 도시로 성장하였으며, 13
세기에는 대상인과 금융업자를 중심으로 한 상층부르주아지가 市政에서 봉건귀족
의 세력을 구축하고 공화정을 수립하였으며, 1289년에는 농노제가 폐지되었다. 그
러나 이러한 발전은 내부적으로 사회계층간의 대립을 발생시키고, 시정을 독점한
상층시민, 즉 대시민(popolo grasso)에 대한 소시민(popolo minuto), 즉 장인이
나 직인 등 소생산자층의 저항이 발생하여 14세기 중엽에는 그들 역시 시정에 참
여하게 되었다. 이러한 민주적인 발전은 1378년 치옴피(Ciompi, 梳毛工)의 난으로
더욱 촉진되었다. 梳毛工은 임금노동자나 다름없는 하층시민으로서 그들은 이 반
란으로 조합을 만들 권리와 또한 이를 통한 시정참여의 길이 열린 것이다. 그러나
이러한 하층시민의 진출과 거듭되는 사회계층간의 대립은 대부분의 시민에게 불

안감을 주고, 정치적 안정과 경제적 번영을 유지할 강력한 지배자가 요망되었다. 이러한 상황 속에서 대금융가로 알려진 메디치家의 코시모(Cosimo de Medici)는 15세기에 정권을 장악하고, 그의 손자 로렌쪼(Lorenzo the Magnificent, 집권기간 1469~1492)는 계속 공화정의 형태를 유지하였으나 실질적으로는 전제군주로서 군림하였다. 그가 죽은 후 광신적인 사보나롤라(Savonarola, 1452~1498)의 反르네상스적인 종교개혁운동으로 메디치家는 피렌체로부터 추방되었다가 다시 돌아왔으나, 그 때는 이미 피렌체의 영화는 사라지고 없었다.

베네치아

피렌체와는 달리 베네치아는 정치적 안정을 유지하였다. 중세를 통하여 지중해 무역의 왕자였던 베네치아는 15세기에는 포(Po)강의 하류계곡 지대, 아드리아海의 달마티아연안, 그리스본토와 그 주변 섬 일부를 소유하는 제국으로 팽창하고 있었다. 상업거래의 총액은 4,000만 두카텐(ducaten : 3.5~3.6g의 金을 함유한 金貨)에 달하고 3,000의 小船, 300의 大船, 두 개의 마스트를 가진 갈레船[6] 45척의 선박을 보유하고, 선원은 저마다 17,000, 8,000, 그리고 11,000명이었으며, 선박관계 목수는 16,000명에 달하고, 조선소(Arsenal)에서는 보통 1,000명 이상의 노동자가 일하고 있었다.

이러한 베네치아는 정치적으로는 과두제적인 공화국이었다. 처음에는 시민회의에서 종신직인 총독(도제, doge)을 선출하였으나, 실권은 점차로 전시민의 2% 정도밖에 되지 않는 대상인의 수중으로 넘어갔다. 그리하여 도시귀족화한 대상인 출신으로 구성되는 대회의에서 총독을 선출하고, 시정의 실무를 담당할 소위원회들도 선출하였으나, 가장 핵심적이었던 것은 '십인위원회'였다.[7] 베네치아에서는 이러한 과두제적인 공화제가 아무런 말썽없이 평화롭게 유지되고, 각국에 외교사절을 파견하여 대상국가의 내정과 경제상태를 살피게 하였다. 무역의 왕자였고, 또한 상업에 능하였던 베네치아는 피렌체와는 달리 고전이나 문예에는 별로 열의를 보이지 않았다.

밀라노

피렌체나 베네치아보다 더 전형적으로 르네상스기 이탈리아의 大小公國의 정치

---

6) 15세기에 갈레船은 帆船化하였으며, 승무원 2백명 이상, 화물 적재량은 250톤 정도였다. 매년 정기적으로 4척이 플랑드르, 4척이 레바논 연안, 3척이 흑해, 3척이 알렉산드리아, 2척이 남부프랑스 등지로 향하고, 그 밖에 2~3척이 순례자를 싣고 聖地로 향하였다.

7) 총독은 점차 실권을 상실하고 형식적 존재가 되었으며, 그 가장 중요한 기능의 하나는 배네치아의 富의 원천인 바다와의 혼인을 상징하는 祝祭에서 아드리아海에 혼인반지를 던지는 일이었다.

발전과정을 보여주는 것이 밀라노이다. 밀라노는 이탈리아의 곡창이기도 한 롬바르디아 평야의 중심에 위치하여 전략적으로 중요할 뿐 아니라, 알프스 이북과의 무역로의 종점으로서 경제적으로 중요한 위치를 차지하고 있었다. 직물업과 금속공업이 발달하였으며, 12세기에는 롬바르디아동맹을 거느리고 황제 프리드리히 2세에 대항할 정도로 강력하였다. 이 무렵의 밀라노는 약간의 재산을 가진 전시민이 참가하는 시민회의(Parlamento)와 귀족이 지배하는 공화국이었으나, 시정이 비능률적인데다가 시민층내부에 당쟁과 대립이 계속되자 13세기 후반에 구 귀족가문인 비스콘티(Visconti)家가 정권을 장악하고 전제정치를 실시하였다. 1447년 비스콘티家의 직계가 단절되자 용병대장(콘도티에레 : condottiere)이며 마지막 비스콘티家의 庶出의 여자 남편이었던 프란체스코 스포르차(Francesco Sforza, 1401~1466)가 정권을 장악하였다. 이 스포르차는 그의 차남으로서 조카로부터 정권을 찬탈한 루도비코 일 모로(Ludovico Il Moro, 1451~1508)와 더불어 15세기 전제군주의 전형으로 간주되고 있다. 그들은 스스로의 재능과 냉정한 타산을 믿고, 정권의 장악과 유지를 위하여 수단과 방법을 가리지 않는 동시에, 학자나 文人을 주변에 모으고 문예의 보호자를 자처하였다. 비스콘티家의 쟝갈레아초(Giangaleazzo, 1351~1402)는 무자비하게 거두어들인 막대한 세금으로 통일된 이탈리아의 왕좌를 꿈꾸는 한편, 웅대하고 장엄한 밀라노대성당과 화려한 파비아 궁전을 축조하고, 여기에 그가 수집한 서적의 文書庫를 마련하였다. 한편 루도비코 일 모로는 당시 유럽에서 가장 화려한 궁정을 꾸미는 동시에, 레오나르도다빈치와 같은 예술가와 학자를 불러들이기도 하였다.

政治狀況과 르네상스

상술한 바와 같이 르네상스기 이탈리아의 정치상황은 특이한 것이었다. 그것은 북서유럽에서의 집권적인 통일국가로의 발전과 달랐음은 말할 나위도 없지만, 영방국가의 분립상태로 발전하고 있던 독일과도 달랐다. 그러면 이러한 이탈리아의 정치상황은 르네상스와 어떠한 관계가 있을까.

먼저 지적해야 할 점은 이탈리아의 정치적 분열이 지방분권적인 봉건적 분열이 아니었다는 사실이다. 당시 이탈리아의 정치세계를 구성하고 있었던 것은 개별적인 독립국가들로서, 저마다 근대국가의 요소를 다분히 간직한 국가들이었다. 부르크하르트의 표현을 빌린다면 그것은 "의식적인 사려와 반성에 의존하고, 현실에 대한 신중한 타산에 기초를 둔 창조물"이었으며, 그러한 의미에서 그것은 하나의 '예술품'(Kunstwerke)과도 같았다. 다시 말하면 르네상스기의 이탈리아 국가들은 근대국가의 원형이었던 것이다. 이러한 국가들은 또한 세력균형의 원리에 입각

하여 끊임없이 상호관계를 재조정하는 근대적인 국가체계의 최초의 본보기이기도
하였다. 바로 이러한 의식과 타산의 창조물인 근대적인 국가들의 상호견제와 대
립, 이것이 르네상스의 온상이었으며, 그러한 정치상황이 또한 르네상스의 도시적
이고 시민적인 성격을 존속시킨 주된 요인이기도 하였다.[8]

뿐만 아니라 이러한 정치상황은 새로운 유형의 지배자를 낳게 하였다. 르네상스
의 전성기인 15세기(콰트로첸토 : Quattrocento)는 전제군주의 시대였다. 그 중에
는 피렌체의 메디치家처럼 부유한 금융가 출신이 있는가 하면, 밀라노의 스포르차
처럼 용병대장 출신도 있었다. 그러나 그들은 한결같이 자기 자신의 재능과 현실
적인 타산만을 믿는 자들이었다. 종교적・윤리적 규범을 무시하고, 음모・모략・
암살・독살 등을 태연하게 자행하였다. 지배하기 위하여, 또한 지배자의 지위를
유지하기 위하여 그들은 수단과 방법을 가리지 않았다. 부르크하르트는 그들을 가
리켜 "당시 이탈리아 이외의 군주에게는 몽상할 수도 없을 정도로 모든 수단에 대
한 의식적인 타산이 영토 내에서의 절대적인 권력의 확립과 더불어 매우 특수한
인간과 생활양식을 낳게 하였다."고 말하고 있다. 이렇듯 전제군주 자신이 매우 개
성적인 르네상스적 인간이었던 것이다.

그러면 이러한 전제군주가 문예와 학문의 애호가와 보호자가 된 이유는 무엇일
까. 그것은 군주 자신이 진실로 예술이나 학문을 애호한 점도 있겠으나, 또한 문예
애호가 시대의 유행이었고, 따라서 이를 따르는 것이 명성을 유지하는 가장 효과
적인 방법이라고 생각한 탓도 있을 것이다. 그러나 여기 부르크하르트의 보다 더
깊고 예리한 심리적 분석이 있다.

　　정통적이라고 할 수 없는 지배자로서 그들 신변에서는 언제나 위험이 떠
나지 않았으며, 그들로 하여금 마음속 깊이 고독을 느끼게 하였다. 그들이
맺을 수 있는 유일한 영광스러운 교제는 가문이나 혈통과는 관계없는 탁월
한 재능을 타고 난 사람들과의 교제였다.…권세를 떨치고 명성을 팔려는 이
탈리아의 전제군주들은 예술가를 그 예술적인 천분만으로서 등용한다. 시
인과 학자들 사이에 그들은 새롭게 의지할 곳을 발견한다. 아니 군주라는
새로운 명분조차 거기에서 발견한듯이 느낀다.[9]

도시를 중심으로 자라난 시민사회를 바탕으로 개화한 르네상스는 바로 이러한

---

8) Hans Baron, p. 70 이하 참고. H. Baron은 이탈리아가 강력한 전제적인 통일국가를
　　형성하였더라면, 현재 우리가 알고 있는 것과 같은 르네상스는 발전할 수 없었을 것
　　이라고까지 말하고 있다.

9) J. Burckhardt, *Die Kultur der Renaissance,* 12[te] Auflage, 1st Bd. (Leipzig, 1919),
　　p. 7.

정치상황과 그 정치상황이 낳은 전제군주의 애호와 보호로 발전하였다. 뿐만 아니라 그러한 정치상황은 르네상스가 낳은 가장 위대한 역사가요, 정치이론가였던 마키아벨리(Machiavelli, 1469~1527)의 연구실이요, 그의 유명한 《君主論》(*Il Principe* : *The Prince*)의 産室이기도 하였다.

피렌체 출신의 마키아벨리는 《君主論》에서 훌륭한 지배자의 자질과 통치기술을 논하였으며, 이를 논함에 있어 그는 완전히 종래의 종교나 도덕의 규범을 무시하였다. 그러므로 그는 정치학을 종교나 도덕과는 관계없는 하나의 독자적인 분야로 독립시키고, 또한 목적을 위하여 수단과 방법을 가리지 않는 권모술수, 즉 마키아벨리즘(Machiavellism)의 창시자로 지목되었다. 그러나 그가 처음부터 끝까지 권모술수와 기만, 모략, 암살, 투옥 등의 악덕을 찬양한 것은 아니다. 지배자에게 요청되는 것은 무엇보다도 탁월한 통치능력과 재능이며, 그러한 德(virtu)을 소유한 지배자에게는 필요하다면 권모술수와 악덕조차도 허용될 수 있다고 주장한 것이다. 마키아벨리의 입장이 현실정치와 권력정치임에는 틀림없으나, 그의 이러한 입장은 당시의 헝클어진 이탈리아의 정치상황에 대한 예리한 관찰과 이를 극복하고 이탈리아의 통일을 달성할 군주의 출현을 기대하는 염원에서 나온 것이었다.[10]

人文主義

르네상스의 발판이 된 그리스·로마문화가 중세에 완전히 사라져버린 것은 아니었다. 민족이동과 더불어 그리스어에 관한 지식은 사라지고, 그 작품 또한 거의 망각되었으나 라틴어는 키케로시대에 비하면 속화되기는 하였으나 교회용어로 사용되었고, 수도원이나 성당학교를 통하여 희미하게나마 학문의 등불도 명맥을 유지하였다. 11세기 이후 이슬람을 통해서이지만 아리스토텔레스의 저작이 소개되어 스콜라철학의 기반이 되기도 하였다. 그러나 그리스도교가 문화계를 지배하던 중세를 통하여 그리스·로마문화의 유산은 미미하였고, 그 전체가 계승되거나 문제가 되지는 않았다. 뿐만 아니라 그 미미한 고대문화의 유산조차 중세교회의 테두리 안에서 그것에 필요한 범위 내에서 수용되고 전수되었을 뿐이다. 이제 봉건사회가 무너지고 교황권의 쇠퇴와 더불어 교회가 문화와 생활에 대한 통제력을 상실하게 되자 사람들은 특히 이탈리아의 자유로운 시민사회에서 자라난 사람들은 그리스도교적인 중세문화와는 다른 새로운 문화와 인생관을 찾게 되었으며, 그러한 사람들에게는 고대문화가 그들의 이러한 욕구를 충족시켜 주고 또한 새로운 문

---

10) 마키아벨리는 피렌체의 소귀족출신으로서 메디치家가 몰락한 1498년부터 1512년까지의 공화정부시대에 외교사절을 지내고, 전술면에서 활약한 일도 있다. 그의 대표작인 《군주론》외에 역사서로서는 《피렌체史》와 《로마史論》 등이 있다.

화창조와 생활양식의 원리를 제공해 주는 것으로 생각되었다. 그리하여 그들은 중세교회와는 전혀 다른 새로운 눈으로 고대문화를 보게 되고 고대문화에 도취하면서 그것의 전체적이고 참된 모습을 찾으려고 하였다. 그리하여 그리스·로마의 고대문화가 부흥하고 그것은 마침내 새로운 근대문화창조의 원동력이 되었다.

이러한 고대문화의 부흥에 앞장을 서고 중심이 된 사람들이 人文主義者(Humanist)로 불리워진 학자 겸 文人들이었다. 그들은 새로운 관심과 시각을 갖고 고대작가의 작품 수집에 열중하고 이를 정리하고 연구하는 데 몰두하였으며, 르네상스기의 이러한 기풍을 가리켜 인문주의(Humanism)라고 한다. 인문주의라는 말은 원래 후마니타스(humanitas)라는 말에서 유래하였다 하며, 키케로에게 있어 후마니타스란 인간성을 도야하고 세련시켜 주는 품위있는 글과 예술의 힘을 뜻하였다. 그리하여 그리한 힘을 가진 것으로서 시, 수사학, 역사, 윤리 등 이른바 인문적인 교양과목이 지목되었고, 이러한 과목은 중세의 수도원학교나 대학에서도 기초과목으로 인정되었다. 이러한 과목의 바탕은 그리스 특히 라틴의 고전작품이었으나, 앞서도 말한 것처럼 중세에 있어 그것은 교회나 그리스도교 교리의 테두리를 벗어나는 것이 아니었고, 그 자체로써 존중되고 연구되지는 않았다. 르네상스기의 인문주의자들이 고전작품을 수집·정리·연구(studia humanitas)하는 데 열중하였을 때, 그들은 이러한 테두리나 제약으로부터 해방되어 있었으며, 고전작품을 새로운 인생관, 즉 중세의 작품보다 더 자유롭고 더 넓고 합리적이며, 인간적이고 현세적인 인생관을 계시해 주는 것으로 환영하였다. 그들에게 있어 고전작품은 인간의 정서생활에 가해졌던 속박, 美의 감각에 가해진 구속, 그리고 모든 지적 활동을 억압하고 있던 쇠사슬을 끊고 해방시켜 주는 것이기도 하였다. 그렇기 때문에 고대문화의 부흥은 단순히 과거로 돌아가거나 과거를 모방하는 데 그치지 않고 새로운 문화창조의 원천이 될 수 있었다.

페트라르카와 보카치오

의식적으로 고대의 작품을 수집하고 그 연구에 열중한 최초의 인문주의자는 페트라르카(Petrarca, 1304~1374)였다. 그는 일찍이 학교시절에 키케로의 시대에 매혹되었으며, 이탈리아의 과거와 古代世界에 대한 동경이 그의 가슴에 싹텄다. 그리하여 그는 라틴작가의 작품을 수집하고 연구하는 데 열중하게 되었으며, 그러한 연구의 산물로 스키피오 아프리카누스(Scipio Africanus)를 주인공으로 한 〈아프리카〉라는 라틴어 서사시를 지었다. 그러나 시인으로서 그의 면모가 잘 표현된 것은 젊었을 때 만난 라우라(Laura)라는 여인에 대한 사랑을 노래부른 서정시집 《칸초니에레》(*Canzoniere*)였다. 그는 여기서 이탈리아어로 인간과 자연의 아

름다움을 있는 그대로 새롭게 노래불렀고, 그리하여 그는 최초의 '近代人'이라고
도 불리워진다.

페트라르카의 이러한 태도나 고전연구의 호소는 당시 새로운 것을 찾고 있던 사
람들에게 깊은 감명과 영향을 주게 되었으며, 부유하고 세속적인 지배자층에서 보
호자를 발견하고, 또한 좁은 범위나마 우수한 추종자를 갖게 되었다. 그 중 출중한
사람이 보카치오(Boccaccio, 1313~1375)였다. 페트라르카는 그리스어를 배우려
다 그 뜻을 이루지 못하고 나이 차는 얼마되지 않으나 제자격인 보카치오에게 그
리스어를 배울 것을 권하였다. 르네상스기에 이탈리아에서 그리스 연구가 활발해
진 것은 소수의 우수한 그리스인 학자에 힘입은 바 크지만, 이탈리아인으로서 이
방면에 관심을 갖고 어느 정도 진척을 보인 것은 보카치오가 처음이었다. 그러나
보카치오는 흑사병을 피하여 교외에 모인 10명의 피렌체의 남녀들이 10일간 번갈
아가면서 짤막한 이야기를 한 것을 모은 형태로 꾸며진《데카메론》(Decameron)
의 작가로 더욱 유명하다. 이 작품에는 사회 각층의 사람들이 등장하며, 난잡한 이
야기와 기지에 찬 웃음을 자아내는 이야기들이 주가 되어 있지만 당시의 사회상을
적나라하게 묘사하는 동시에 교회나 수도사의 위선에 대한 날카로운 비판과 풍자
가 담겨져 있다.《데카메론》은 근대소설의 효시라고도 평가되며, 영국의 초오서를
비롯하여 동시대인에게 많은 영향을 미쳤다.

페트라르카와 보카치오가 세상을 떠날 무렵에는 고전작품의 수집과 연구의 기
풍, 즉 인문주의는 본 궤도에 오르게 되었다. 앞에서도 지적한 바와 같이 고전연구
에서 특히 빈약했던 것은 그리스 관계였는데, 14세기 말 비잔틴 출신의 크리솔로
라스(Manuel Chrysoloras)가 피렌체로 건너와서 그리스에 관한 강의를 함으로써
본격적인 부활의 징조를 보이게 되었다. 그의 강의는 많은 자극과 영향을 주었으
며, 15세기에 들어서면서 많은 학자가 비잔틴으로부터 이탈리아로 건너오고, 콘스
탄티노플이 함락한 후에는 비잔틴학자들의 새로운 망명의 물결이 흘러들어와서,
그리스 연구는 성황을 이루게 되었다. 특히 플레톤(Gemistos Plethon)은 피렌체
에서의 플라톤철학의 부활과 유행에 자극을 주었으며, 코시모 데 메디치는 피렌체
에 플라톤학회(Academia Platonica, 1438)를 창설하고, 15세기 말에는 피치노
(Marsilio Ficino)가 플라톤의 라틴어번역을 출간하였다(1482).

이리하여 그리스 연구가 순조롭게 발전하게 되었고 라틴작가에 관한 연구 또한
페트라르카의 뒤를 이어 계속 발전하였으며, 특히 이탈리아인에게 있어 라틴고전
은 그들 조상의 생활을 알고자 하는 열의와 결합되어 있었다. 처음에는 라틴작가
를 모방하고 그들의 작품에 대한 주석이 주류를 이루었으나, 로렌쪼 발라
(Lorenzo Valla)에 이르러서는 문헌비판이 나오게도 되었다. 즉, 발라는《콘스탄

티누스의 기부장》(*On the Donation of Constantine*)에서 콘스탄티누스대제가 교회령을 기부하였다는 문서가 위작(9세기경에 작성됨)임을 밝혔던 것이다.

이와 같이 고전작품에 대한 관심이 높아짐에 따라 고대의 유물 특히 사본에 대한 관심도 높아지고, 이를 수집하려는 움직임이 고조되었다. 인문주의자들은 서로 다투어 이탈리아는 물론 기타 지역의 수도원이나 교회의 도서관을 뒤지고 고사본을 수집하는 데 열을 올렸다. 그리하여 16세기 초까지는 우리가 현재 알고있는 그리스·로마의 고전작품 대부분이 알려지게 되었다.

人文主義의 普及

인문주의의 전파와 보급의 가장 일반적인 수단은 저명한 학자의 강의로서 이는 페트라르카 사후 곧 시작되었으며, 또 다른 수단은 후원자와 학자들의 사적인 모임, 즉 학회형식으로서 그 범위는 한정된 것이었으나 업적은 전문적인 수준의 것이었다.

저명한 학자에 의한 고전에 관한 공개강의는 15세기에 이탈리아의 거의 모든 문화중심지에 설치되어 많은 수강생들이 모여들었으며, 이를 통하여 그리스적인 새로운 교육이념이 싹트게 되었다. 이 방면에 공이 컸던 사람은 펠트레(Vittorino da Feltre)로서 그는 만투아(Mantua) 후작의 초청으로 학교를 개설하였다. 그의 교육목적은 학생의 전인격을 발전시키는 것, 즉 지적·윤리적·육체적 발전을 이룩하는 것이었으며, 어떤 특정한 직업을 목적으로 하지 않고 훌륭한 시민, 유능한 사회의 일원을 양성하는 것을 목표로 삼았다.

공개강의나 학교 등을 통하여 15세기 중엽까지는 고전연구의 기풍이 전이탈리아에 확산되고, 고전에 관한 지식은 교양계급과 상류층의 지적 흥미의 주류를 이루는 동시에, 젊은이 교육의 주된 내용과 토대가 되었다.

이상과 같은 인문주의의 전파와 보급을 바탕으로 학회활동이 발전하였다. 인문주의자와 그 후원자를 중심으로 한 학회는 로마와 나폴리에도 설립되었으나, 대표적인 것은 피렌체의 플라톤학회였다. 이 학회는 코시모데 메디치시대에 설립되었으나, 15세기 후반 로렌쪼시대에 전성기를 맞이하였다. 거기에는 피치노, 피코 델라 미란돌라(Pico della Mirandola), 알베르티(Leo Baptista Alberti) 등 당시의 플라톤 연구의 대가들과 더불어 미켈란젤로도 참가하고 있었으며, 철학적 논의 외에도 명상과 사색의 생활과 현실적인 활동의 생활의 우열에 관한 논쟁이 전개되기도 하였다.[11]

한편 구텐베르크(本書, p.297 참조)에 의하여 발명된 활판인쇄술 또한 인문주의의

---

11) 이 논쟁을 기록한 것이 란디노(Cristofolo Landino)의 《카말돌리論爭》(*De Disputatione Camaldolense*)으로서 플라톤학회의 모임을 전해주는 문헌으로서 귀중하다.

전파와 보급에 크게 공헌하였다. 활판인쇄로 제본의 시간이 단축되고, 작품의 原典을 무수히 재생산할 수 있게 되어, 지식을 신속하게 넓은 범위로 전파시키는 동시에 지식과 학문을 좁은 성직자 집단을 넘어서 보다 넓은 사회계층으로 확산시킬 수 있게 된 것이다. 이탈리아에는 이 인쇄술이 15세기 중엽에 도입되었으며, 15세기 말로부터 16세기 초에 걸쳐 베네치아, 안트베르펜, 리용, 파리, 제네바 등 유럽의 수많은 도시에서는 근대적인 출판업자가 탄생하고 성장하였다.

世界와 人間의 發見

인문주의의 융성은 문학의 영역을 넘어 고대문화 전반에 대한 관심을 환기시키고, 이에 관한 인식이 깊어짐에 따라 중세와는 다른 새로운 인생관을 낳고, 인간과 자연에 대하여서도 새로운 인식이 싹트게 되었다. 부르크하르트는 이를 '世界와 人間의 발견'이라고 하였다.

'세계의 발견'이라함은 외부세계에 대한 호기심과 이를 찾고자 하는 의욕으로서 신항로와 신대륙의 발견이 그 가장 좋은 예라고 하겠다. 이렇게 미지의 세계로, 바깥세계로 뻗어나가려는 욕망, 즉 팽창의 정신을 가리켜 르네상스의 정신이라고 보는 역사가도 있다.[12] 그러나 세계의 발견은 인간외적 세계, 즉 자연에 대한 중세와는 다른 태도를 뜻하기도 한다. 그것은 자연 속에 신의 섭리를 찾는 것이 아니라, 자연을 있는 그대로 보고, 그 아름다움을 즐기고 묘사하려는 것이다. 그리하여 르네상스기에 비로소 근대적인 자연과학의 싹이 트고, 자연의 아름다움을 나름대로 문장이나 화폭에 자유롭게 묘사하게 되었다.

그러나 '인간의 발견'은 세계의 발견에 못지않게, 어떤 면에서는 보다 더 중요하였다. 그것은 인간에 대한 중세와는 다른 새로운 인식을 뜻하며, 르네상스의 새로운 인간관은 근대적인 인간이 형성되고 발전할 출발점이 되었다. 르네상스기의 이탈리아에서는 신분이나 사회계층, 또는 혈통같은 것이 아무런 문제도 되지 않았으며, 그것은 르네상스가 인간의 본질을 철저하게 깊이 인식하였기 때문이다. 말하자면 르네상스는 인간의 전체적인 완전한 모습을 발견하고, 이를 世人에게 제시하였던 것이다. 뿐만 아니라 그러한 인간을 개성적인 존재로 파악하였다. 그 결과 르네상스는 인간성을 종교적 속박으로부터 해방시키고, 인간이 그의 타고난 개성을 마음껏 기르고 발전할 수 있게 함으로써 자유분방한 개성적인 인간과 여러 면에 걸쳐 비상한 재능을 가지고 이를 발휘한 '萬能의 天才'(I'uomo universale)들을 다른 어느 시대보다도 많이 배출시켰던 것이다. 다시 부르크하르트의 말을 인용해 보기로 하자.

---

12) H.R. Trevor-Roper, "The General Crisis of the 17th Century." *Past and Present,* No. 16, Nov. 1959 참조.

(中世에 있어서는) 인간은 오직 인종, 인민, 당파 또는 조합과 같은 협동체의 일원으로서만, 즉 어떤 일반적인 범주에 속하는 존재로서만 스스로를 인식하고 있었다. 이탈리아에서 이러한 구속과 속박이 처음으로 사라지게 되었다. 즉, 국가를 비롯하여 현실세계의 모든 사물에 대한 객관적인 고찰과 대응이 가능해진 것이다. 이와 더불어 주관적인 측면도 확립되었는데, 인간은 이제 정신적인 개성을 지닌 존재가 되고, 또한 그러한 존재임을 자각하게 된 것이다.[13]

이와 같이 종교나 혈통이나 신분, 그리고 집단적인 것으로부터 해방되고 개성적인 존재임을 자각하게 된 르네상스인은 인간의 육체가 지니는 아름다움을 다시 발견하고, 인간의 외모에 세밀한 관찰을 가하여 이를 생생하게 묘사하였을 뿐 아니라 인간의 개성적인 내면생활도 깊이 파고들었다. 이러한 인간의 발견은 르네상스기에 전기문학이나 자서전이 새로 생겨난 사실에서도 그 일단을 엿볼 수 있으며, 특히 첼리니 (Benvenuto Cellini)의 자서전은 죄악을 포함하여 모든 것을 할 수 있고, 또한 실제로 모든 것을 하고 스스로를 자율적으로 계량할 척도를 가진 근대적인 인간이 탄생하고 있음을 보여주고 있다.

르네상스가 새로 발견한 인간은 카스틸리오네(Castiglione)의 《宮廷人》(Il Cortegiono : the Courtiers, 1528)에 잘 표현되어 있다는 의견이 많다. 스스로 귀족출신이었던 카스틸리오네는 당시 상류층의 이상적인 인간상, 즉 고전에 관한 넓고 깊은 교양을 지니고, 지적으로만이 아니라 육체적으로도 균형있게 발달한, 모든 분야에 능통한 예의바르고 우아한 인간상을 제시하였는데, 이는 확실히 르네상스적인 인간상임에 틀림없다. 그러나 그것은 이탈리아 르네상스가 난숙하여 기울어지는 말기단계의 상류층의 인간상이었다. 우리는 오히려 미란도라(Pico della Mirandora, 1463~1494)의 《人間의 威嚴》(Oration on the Dignity of Man)에 관한 글에서 르네상스가 파악한 보다 더 본질적인 인간상을 발견할 수 있다고 생각한다. 그는 다음과 같이 말하고 있다.

神은 창조의 마지막 날에 인간을 만들었다. 그것은 인간으로 하여금 우주의 법칙을 인식하고 우주의 아름다움을 사랑하고 우주의 위대함을 찬양하게 하기 위해서이다. 신은 어떤 일정한 장소나 일정한 일에 인간을 결박하거나 쇠사슬과도 같은 필연성으로 인간을 묶어놓지 않고, 욕망하고 행동할 자유를 인간에게 주었다. 조물주는 최초의 인간인 아담에게 말하였다. 나는 너를 세

---

13) J. Burckhardt, 1st Bd., p. 111.

계의 중심에 있게 하였으니, 그것은 그대가 보다 더 쉽게 세계의 모든 사물을 관찰할 수 있게 하기 위해서이다. 나는 너를 하늘에 속하지도 않고 땅에도 속하지 않는 존재로, 또한 죽을 운명에 있지도 않고 不死의 존재도 아닌 존재로 만들었는 바, 그것은 오직 그대가 자유롭게 스스로를 형성하고 스스로를 극복할 수 있게 하기 위해서이다. 그대는 동물의 경지로 떨어져 버릴 지도 모르나, 다시 또 신에 가까운 존재로 재생할 수가 있는 것이다.…오직 그대 인간에게만 스스로의 자유의사에 따라 성장하고 발전할 수 있는 가능성이 주어졌으며, 너는 자신 속에 우주 생명의 싹을 지니고 있다.[14]

이탈리아의 르네상스美術

르네상스기 이탈리아에서처럼 위대한 천재적인 예술가가 수없이 나타난 시대도 역사상 드물 것이다. 그들은 인문주의자와 더불어 고대문화의 부활에 중요한 일익을 담당하였고, 그리스·로마의 고전미술은 그들의 예술적 영감의 가장 중요한 원천의 하나였다. 수도원의 개축과 같은 기회에 오랜 동안 땅속에 파묻혀 있던 고대의 조각작품이 발견되었을 때, 그들은 경외와 찬탄의 눈으로 이를 바라보았다. 고대문화에 대한 열광적인 관심은 그 유물의 수집욕을 환기시키고 고고학적인 발굴의욕을 자아냈으며, 예술가와 예술애호가들은 악마의 소산이라고 두려워하는 수도사들 몰래 이를 열심히 수집하였다. 고전미술의 발견은 틀림없이 하나의 새로운 美의 세계의 발견이었다.

이러한 고전미술 이외에 또 다른 영감의 원천이 있었으니 그것은 있는 그대로의 자연이었다. 문학에 있어서와 마찬가지로 르네상스기의 미술가들은 종교를 비롯한 재래의 편견이나 구속을 떠나 있는 그대로의 자연의 아름다움을 다시 발견하고 이에 접근하고 묘사하려고 하였다. 뿐만 아니라 인체의 아름다움에도 새로 눈을 뜨고, 그 정확한 구조를 알고자 당시로서는 금지된 모험과 위험이 수반된 일이었지만, 시체를 몰래 입수하여 해부하였다.

르네상스기의 이탈리아 미술가들은 어떤 의미에서는 단순한 화가, 조각가가 아니라 생리학자요, 물리학자요, 화학자이기도 하였다. 시체해부를 통하여 얻은 인체에 관한 정확한 지식을 바탕으로 인체의 아름다움을 묘사하고, 광선의 강도와 그것의 각도에 따라 모든 사물의 색채와 형태가 미묘하게 달라진다는 것을 관찰하고 원근법을 발견하였으며, 새로운 물감을 탐색하면서 유화를 그리게도 되었다. 이러한 새로운 기술적인 발전은 고대의 유물이 비교적 적었던 회화부문에서 특히 현저하였다.

르네상스기의 미술가들은 육체에 대한 그리스도교적인 죄의식과 싸우면서 그

---

14) Franklin Baumer, ed., *Main Currents of Western Thought,* 4th ed. (1978), p. 128 참조.

아름다움에 매혹되었고, 인간의 내면적인 정신까지 파고 들었으며, 감정의 미묘한 움직임조차 놓치지 않고 파악하려고 하였다. 이제 그들은 중세의 예술가와 같은 무명의 장인이 아니라 당당한 예술가로서 당당히 그 이름을 밝히고 높은 사회적·물질적 대우를 받게 되었다. 그들은 여전히 종교적인 테마를 많이 택하였으나 그 정신은 인간적이고 현세적이었으며, 그리스 신화나 주변의 일상생활에 관한 테마도 취급하였다.

새로운 화풍은 14세기에 피렌체의 지오토로부터 시작되었으며, 15세기에는 활짝 꽃피게 되었다. 마사치오(Masaccio, 1401~1443)는 새로운 원근법을 완성시키고, 프라 안젤리코(Fra Angelico, 1387~1455)는 르네상스적인 자유로운 분위기에서 나올 수 있는 천진난만한 종교화를 그렸다. 보티첼리(Botticelli, 1444~1510)의 '비너스의 탄생'은 그리스도교적인 죄의식에 대한 육체의 아름다움의 승리였다.

이렇게 발전해 온 이탈리아 르네상스의 회화는 15세기 말로부터 16세기 초에 걸쳐 레오나르도 다빈치(Leonardo da Vinci, 1452~1519), 미켈란젤로, 라파엘로(Raffaello, 1483~1520)와 같은 거장이 나타남으로써 절정에 달하였다.

레오나르도는 고금에 보기 드문 만능의 천재였다. 회화와 조각에 뛰어났으며 그의 인체 해부도는 정확할 뿐 아니라 예술작품이며 인체에 대한 철학적인 성찰이기도 하였다. 그는 물리학과 토목기술에 뛰어났으며, 각종의 새로운 기계를 설계하고 구상하였다. 레오나르도는 남다른 예술적 천분과 지성을 갖고 여러 가지 일에 손을 대었으나 완성시키지 못한 것이 많았다. 왜냐하면 사람의 손으로는 그의 사상이나 그의 상상 속에 떠오르는 대상을 완전무결하게 표현할 수 없는 것같이 보였기 때문이다. 그는 원근법과 명암법을 절묘하게 사용하였으며, '모나리자'(Mona Lisa)로 알려진 신비로운 '라 지오콘다'(La Gioconda), 새로운 물감을 실험하였으나 성공을 거두지 못하여 그 보존책이 강구되고 있는 밀라노의 산타 마리아 델라 그라찌에(Santa Maria della Grazie)성당의 '최후의 만찬' 등은 그의 대표작으로 꼽히고 있다. 레오나르도는 피렌체 출신이었으나 밀라노의 루드비코 일 모로, 그리고 프랑스의 프랑스와 1세에도 봉사한 세계시민(코스모폴리탄)이었다.

미켈란젤로 역시 르네상스가 낳은 위대한 예술가인 동시에 만능의 천재였다. 그는 화가인 동시에 조각가요, 건축가였으며, 시인으로서 플라톤학회의 회원이기도 하였다. 그 역시 피렌체태생이었으나 레오나르도와는 달리 피렌체를 사랑하고 피렌체의 자유와 민중을 사랑하였다. 피렌체의 광장에 세워진 그의 걸작 '다비드像'은 피렌체의 자유를 지키려는 늠름한 모습을 보여주고 있다. 그는 성격이 강직하고 도덕적으로도 엄한 편이었으며, 독립심이 강하였다. 그는 일에 열중하면 육체적 고통을 돌보지 않았다. 그의 대작인 로마의 시스틴예배당(Sistine Chapel)의 '천지창조'와 '최후의 심판'이라는 웅장한 천정화를 그릴 때, 그는 20개월이나 현장에 틀어박혀 고개를 젖히고 천정과 붓에서 떨어지는 그림물감을 뒤집어쓰며 일에 몰두하였다. 이 천정화는 신의 위대함이라기보다 거대한 인간극의 묘사였으며, 거기에는 자각한 인간의 힘이 약동하고 있다. 이러한 강한 인간의 힘의 묘사는 그의 '다비드'像은 물론 '모세'像이나 메디치墓所의 조각작품에도 여실하게 나타나 있다.

라파엘로는 위대한 선배들의 화풍을 섭취하여 그의 타고난 천분으로 조화의 미를 창조하였다. 그의 많은 성모상(Madonna)의 그림이나 바티칸궁의 벽화로 그려진 '아테네의 학원' 등은 레오나르도나 미켈란젤로에게서는 볼 수 없는 안정된 조화의 아름다움을 보여주고 있다. 실험정신에 가득차고 인간의 내면생활까지 파고들어 이를 완벽하게 묘사하려고 애쓰고 고민하던 레오나르도는 라파엘로가 그러한 고뇌는 아랑곳없이 손쉽게 아름답기 짝이 없는 그림을 그리는 것을 보고 무척 부러워하였다. 라파엘로의 생애도 좌절을 모르는 행복한 것이었다. 16세기에는 르네상스의 중심이 피렌체를 떠나 로마로 이동하였고, 라파엘로는 교황 율리우스 2세(Julius Ⅱ, 1503~1513)와 레오 10세의 총애를 받고 행복한 여건 속에서 명예를 누리면서 일하였다.

상업과 상인의 도시인 베네치아에는 이탈리아 르네상스의 꽃이 시들어가는 16세기에 지오르지오네(Giorgione, 1478~1511), 티치아노(Tiziano, 1477~1576), 틴토레토(Tintoretto, 1518~1582), 베로네제(Veronese, 1528~1588) 등 이른바 베네치아파 화가들이 나타나 이탈리아 르네상스의 황혼을 찬란하게 장식하였다. 그들의 공통된 특징은 호화찬란한 색채의 사용이며, 보티첼리의 비너스는 그래도 아직 일말의 수줍음을 머금고 있는데 반하여 티치아노의 '누워있는 비너스'는 오직 매혹적인 관능미에 넘쳐 있다.

고대의 유물이 많았던 조각에 있어서는 특히 고대미술이 모범이 되고, 회화에 있어서와 마찬가지로 인체와 사물에 대한 정확하고 자유로운 관찰이 토대가 되었다. 조각가로서는 피렌체 출신의 기베르티(Ghiberti, 1378~1455)와 도나텔로(Donatello, 1386~1466)가 유명하며, 피렌체의 洗禮堂의 문에 양각으로 조각된 기베르티의 작품은 미켈란젤로로 하여금 '天國의 門'이라고 찬탄하게 하였다. 미켈란젤로가 위대한 조각가이기도 했다는 것은 앞서도 지적했으나 현재도 피렌체의 광장에 서 있는 다비드像의 모조품 말고 그 진품이 보관되어 있는 작은 미술관에는 미켈란젤로의 미완성 조각품이 많이 소장되어 있다. 비범한 예술적 감각을 갖지 않은 범상인도 차디찬 생명없는 대리석 덩어리 속에서 새로운 생명이 힘차게 탄생하고 있는 것을 실감할 수 있다.

건축에 있어서는 고딕양식이 그렇게 성하지도 않았고 그나마 건축모양이 알프스 이북과는 달랐던 이탈리아에서는 르네상스와 더불어 로마의 돔과 아치형식, 그리고 그리스의 열주식 등을 절충한 르네상스양식이 발전하였다. 브루넬레스키(Brunelleschi, 1377~1446)가 건축한 거대한 둥근 지붕(cupola)을 가진 피렌체의 대성당, 브라만테(Bramante, 1444~1514)가 설계하고 착수하여 미켈란젤로가 계승한 로마의 베드로 대성당 등은 이 시기의 대표적인 건축이지만, 그 밖에 군주들의 궁전, 도시의 공공건물, 그리고 부유한 개인의 저택 등에도 새로운 르네상스 양식을 찾아볼 수 있다.

16세기 말이 되면 화려하고 찬란하였던 창조적인 르네상스기 이탈리아 미술도 그 생명력을 상실한 듯 거장들의 작품을 모방하고 외형을 과장하여 기교에 치우친 마니에리스모(manierismo : mannerism)의 단계로 접어들게 되며 17세기에 바로크 시대를 맞이하게 된다.

北部유럽의 르네상스

이탈리아 르네상스는 16세기에 알프스를 넘어 북부유럽에 전파되었다. 그러나 북유럽르네상스가 꽃핀 터전은 이탈리아와는 달랐다. 이탈리아 르네상스의 바탕은 어디까지나 도시적이고 시민적인 것이었고, 15세기 후반에 전제군주의 궁정이 르네상스의 중심이 되었을 때도 그 기본성격에는 변함이 없었다. 알프스 이북에서도 도시가 발달하고 봉건사회가 무너지고 있었으나, 정치의 중심은 절대군주요 그의 궁정이었다. 독일은 이탈리아와 같이 정치적으로 분열되어 있었으나 이탈리아와 같이 도시국가의 분립이 아니라 봉건적이고 신분제적인 영방국가의 분립이었고, 영방군주는 나름대로 절대군주화의 길을 택하고 있었다.

이탈리아에 있어 고전은 직접적인 문화전통이었으나 알프스 이북의 경우는 반드시 그렇지도 않았다. 일찍이 로마문화가 뿌리를 내렸던 프랑스의 경우만 하더라도 중세의 기사문학과 스콜라철학, 그리고 고딕건축의 중심이었고, 독일은 고전문화권 밖의 야만상태에 놓여져 있었다. 그렇기 때문에 이탈리아의 인문주의자는 고전에 열광할 수 있었지만, 북쪽지방의 인문주의자는 고전에 대하여 보다 더 냉정할 수 있었다. 뿐만 아니라 이탈리아의 인문주의자는 고대를 새롭게 발견한 나머지 이의 부활과 모방에 열중하였으나, 그렇게 해서 부활한 고대에 대하여 북유럽 인문주의자는 모방의 단계를 넘어서 보다 더 학구적으로 그리고 비판적으로 대할 수 있었다.

새로이 발견된 고대와 그리스도교를 결합시키려는 시도는 플라톤철학의 부흥과 더불어 피렌체의 플라톤학회의 주제의 하나였지만, 북유럽 인문주의자들은 원시 그리스도교와 그 근거로서의 성경의 원전에 보다 더 강한 흥미와 관심을 가졌다. 그리하여 북유럽 인문주의는 그리스도교적 인문주의(Christian Humanism, 또는 Biblical Humanism)의 길을 걷게 되었으며, 그 대표적 인물이 로테르담 출신의 에라스무스(Erasmus of Rotterdam, 1466~1536)였다.

에라스무스는 '共同生活의 兄弟團'계통의 학교에서 교육을 받아 성경에 입각한 단순하고 경건한 신앙으로 돌아갈 것을 주장하였다. 그리하여 그는 탁월한 그리스어 지식을 구사하여 학구적인 그리스어판 신약성경을 출판하고 라틴어로 주석을 달았다. 한편 그는《우신예찬》(*Encomium Moriae, Praise of Folly*)에서 예리한 관찰력과 비판력으로 교회와 성직자의 타락과 어리석음을 날카롭게 비판하고 풍자하였다. 그러나 에라스무스는 루터와 같은 종교개혁가는 아니었으며, 이단과 종파의 분파행동에 반대하였다. 그는 철저한 세계시민으로서 유럽 각처를 편력한 끝에 바젤을 마지막 거주지로 삼았다. 약 2,500통에 달하는 현존하는 그의 서한은 당시의 학자나 지식인만이 아니라 각국의 군주·제후·교황 그리고 루터 등과 나눈 훌륭한 라틴어 서한으로서, 그가 유럽의 지적·종교적 활력의 중심이었음을 말해주고 있다.

프랑스에도 고전과 성경의 원전에 관한 깊은 지식을 갖고 문화 서클을 조직하여 주위에 영향을 미친 데타플(d'Etaples) 등이 있었으나, 독일에서는 고전에 대한 관심보다 원시 그리스도교에 대한 관심이 보다 더 강열하여 로이힐린(Reuchlin, 1455~1522)과 멜란히톤(Melanchton, 1497~1560)은 단순한 지적·학문적 영역을 넘어서서 직접 간접으로 종교개혁과 관련을 맺었다.

에라스무스와 가까왔던 영국의 토마스 모어(Thomas More, 1478~1535)는 북유럽 인문주의자 중에서 특이한 존재였다. 실제적인 정치가이기도 하였던 모어는 대법관으로 있으면서 헨리 8세의 이혼문제를 계기로 발생한 로마교회로부터의 영국교회의 독립에 찬성하지 않은 탓으로 런던탑에서 처형되었다. 그는 당시 크게 변해가고 있던 영국사회에 날카로운 비판을 가하고, 이상적인 사회를《유토피아》(*Utopia*)에서 그렸다. 모어가 공상한 이상적인 사회는 사회의 구성원이 부를 공유하면서 공동의 선을 위하여 노력하는 共產制的인 사회로서, 이론적인 밑받침이나 체계화가 없지만 사회주의의 선구적인 작품으로 평가되고 있다. 그의 이상적인 사회의 정당성이나 타당성보다 북유럽 인문주의가 당대 사회를 비판하고 새로운 사회를 제시하는 데까지 이르렀다는 점에 더욱 주목해야 할 것이다.

북유럽 르네상스는 각국의 국민문학이 싹트고 자라는 시기이기도 하였다. 프랑스의 라블레(Rabelais, 1494~1553)는 《가르강튀아(*Gargantua*)와 판타그뤼엘

(Pantagruel)》이라는 소설에서 주인공 父子의 편력과 모험을 이야기하면서 재치 있게 당대 사회를 풍자하였으며, 작품 중에 나오는 텔렘(Teleme) 수도원의 표어로 제시된 '하고 싶은 대로 하라'는 권고는 자유분방한 르네상스적 생활신조를 표현한 것이었다. 라블레보다 뒤늦게 나온 몽테뉴(Montaigne, 1533~1592)는 《隨想錄》(*Essays*)에서 건전한 회의주의와 관용주의에 입각하여 가벼운 필치이지만 모든 사물에 대한 예지와 인간성에 대한 깊은 통찰을 보여주고 있다.

영국에서는 초서에 싹이 튼 국민문학이 셰익스피어(Shakespeare, 1564~1616)에 이르러 활짝 꽃피었다. 셰익스피어는 언어의 천재이며 무궁무진한 말의 寶庫이다. 그는 《햄릿》(*Hamlet*), 《오델로》(*Othelo*), 《맥베드》(*Macbeth*), 《로미오와 줄리엣》(Romeo and Juliett)과 같은 수많은 희곡의 명작을 남겼다.

거의 같은 시기에 에스파냐에서는 세르반테스(Cervantes, 1547~1616)가 《돈 키호테》(Don Quixote)라는 작품을 남겼다. 이 작품은 중세의 기사시대를 동경하는 시대착오적인 주인공 돈 키호테의 어리석고 우스꽝스러운 편력의 모습을 그린 것으로서 사회비판을 담은 동시에, 사색적이고 내성적인 《햄릿》과는 대조적인 낙천적이고 행동적인 인간형을 그렸다는 평을 받고 있다.

북유럽르네상스의 미술은 기라성과도 같은 수많은 천재들이 종횡무진으로 활약했던 호화찬란한 이탈리아에 비하면, 질과 양에 있어 훨씬 빈약하다. 볼만한 화가로서는 프랑드르에 반 아이크형제(Van Eyck, 1366~1462 : 1390~1441경), 독일에 홀바인(Holbein, 1497~1554), 뒤러(Dürer, 1471~1528), 브뤼겔(Brühgel, 1520~69), 에스파냐에 베라스케스(Velasquez, 1599~1660) 등이 있으나, 그 중에서 특히 주목을 끄는 특출한 화가는 뒤러와 브뤼겔이다.

뒤러는 이탈리아에 유학하여 회화의 기법을 배웠으나 그의 화풍은 독일적인 신비주의에 가득 찬 독자적인 것이었으며, 그는 銅판화에도 걸작을 남겼다. 브뤼겔은 마을의 풍속을 생생하게 묘사하고, 농민과 민중의 생활을 그림으로써 도시적이고 시민적이며 궁정적인 르네상스 미술에 있어 특이한 독보적 존재였다. 베라스케스에 이르러서는 르네상스를 넘어 바로크 시대로 접어들고 있다.

發明과 科學

르네상스의 왕성한 지적 호기심과 아직도 남아있는 많은 제약 속에서 싹트기 시작한 자유로운 탐구정신은 이른바 르네상스의 3대발명을 낳고, 근대과학의 초석을 놓았다. 중국에서 발명되어 이슬람세계를 통하여 유럽에 전해진 화약은 개량이 거듭된 끝에 15세기 초에는 실전에 사용되기 시작하였다. 火器와 대포의 사용은 봉건기사를 무용지물로 만들어 몰락시키는 데 큰 몫을 하였으며, 봉건적인 성채도

쓸모없는 존재가 되었다. 원양항해를 가능하게 함으로써 유럽의 팽창을 가져오게
된 나침반 역시 원래는 중국 기원이었으나 개량이 거듭된 것이었다. 르네상스의 3
대발명 중 참된 의미의 유럽의 발명이라 할 수 있는 것은 활판인쇄술이었다. 그 발
명자가 구텐베르크(Johann Gutenberg, 1400?~1468)라는데 대하여 異論이 없지
않으나, 1440년대에 라인란드 지방에서 활자가 발명된 것만은 거의 틀림없는 사실
이다. 이것 역시 중국으로부터 들어온 종이가 그 이전에 필사에 사용되던 양가죽
보다 훨씬 싸다는 것을 알게 되고, 목판이나 동판을 만들어 동일한 그림을 여러 장
복사하는 기술이 발달한 결과였다. 일단 활판인쇄술이 발명되자 곧 널리 퍼지고,
1500년 경에는 이탈리아에서만도 활자를 이용하는 인쇄소가 73개소나 되었다. 이
발명의 보급으로 종래의 필사본에 비하면 훨씬 정확한 고전의 권위있는 판본과 서
적들이 값싸게 다량으로 만들어지게 되었으며, 그것은 지식과 정보의 신속한 전달
과 보급에 크게 공헌하였다.

자연과학 또한 중세 말에 로저 베이컨이 실험과학을 주장한 예도 있었지만 과학
의 발달을 억제하는 종교적 제약은 컸고, 르네상스기에는 고대의 권위가 또한 새
로운 발달을 저해하는 요인으로 작용하기도 하였다. 그러나 이러한 여러 제약을
극복하면서 르네상스의 자유로운 탐구정신은 근대과학의 초석을 놓게 되었다. 그
좋은 예의 하나가 해부학에서의 베살리우스(Vesalius, 1514~1564)이다. 그는 벨
기에 출신으로서 파리에서 공부한 후 당시 과학적 탐구열이 왕성하던 이탈리아의
파두아(Padua)대학에서 교편을 잡았다. 베살리우스는 1543년에 출판된 《인체구
조론》(*De Humanis Corporis Fabrica*)이라는 저서에서 고대의학이 권위였던 갈
레노스의 견해를 많이 답습하기는 하였으나, 이를 비판적으로 대하였다. 이를테면
혈액순환은 심장을 두 부분으로 갈라놓고 있는 두꺼운 조직의 벽에 뚫린 눈에 보
이지 않는 미세한 구멍으로 피가 심장의 한 쪽에서 다른 부분으로 흐르기 때문이
라는 갈레노스의 설명을 배격함으로써 하비의 혈액순환론을 준비하였다.[15]

베살리우스보다 더 혁명적이고 17세기의 과학혁명을 준비한 것은 코페르니쿠스
(Copernicus 1473~1543)의 태양중심설이었다. 독일계 폴란드인이었던 코페르니
쿠스는 파두아를 비롯한 이탈리아의 여러 대학에서 의학과 법률을 배우고, 단치히
근처의 교회 성직자로 30년간을 보냈으나 그의 뜻과 업적은 수학과 천문학이었다.
그는 중세교회에 의하여 공인되고 있던 프톨레마이오스(Ptolemaios, Ptolemy)
의 지구중심설에 의문을 품고, 1520년대에 地動說에 관한 이론을 세웠으나 당시의

---

15) 레오나르도도 많은 해부를 통하여 이와 비슷한 발견에 도달하였으나 갈레노스의 권
위를 부정할 수 없어 후퇴하고 말았다.

여건을 감안하여 이를 정식으로 공표하지는 않았다. 죽기 1년 전에야 지동설에 관한 그의 이론을 출판할 결심을 한 코페르니쿠스가 인쇄된 그의 저서를 희미하게나마 본 것은 그의 임종이 가까울 때였다. 《天體의 回轉에 관하여》(*De Revolutionibus Orbium Coelestium,* 1543)라는 그의 저서는 천체의 운행에 관한 혁명적인 이론을 담은 것이었다. 그러나 당시 대부분의 사람들은 종래의 天動說을 버리려 하지 않았고,[16] 코페르니쿠스의 이론에도 결함이 있었다. 그의 지동설이 확립되려면 17세기의 과학혁명을 기다려야 했다.

제 2 절 유럽의 팽창 : 大航海時代[17]

動機와 背景

15세기로부터 16세기에 걸쳐 유럽인들은 '새로운 섬, 새로운 땅, 새로운 바다'를 찾아나서고 그것들을 실제로 발견하였다. '地理上의 發見'이라고도 하는 이 '大航海時代'에 행하여진 새로운 항로와 신대륙의 발견은 유럽의 전세계로의 팽창과 확대의 계기가 되었으며, 그 후의 유럽의 발전은 물론이요, 지구상의 거의 모든 지역과 모든 사람을 포함한 세계사의 발전에 지대한 영향을 미쳤다.

그러면 이 시기에 유럽인들이 새로운 항로와 미지의 나라를 찾게 된 동기는 무엇일까. 이에 관하여 종래 일반적으로 인정되어 온 견해는 오스만 투르크족이 레반트(Levant) 방면으로 진출하고, 특히 콘스탄티노플을 점령함으로써(1453) 東方貿易路가 폐쇄되고, 동방의 산물에 대하여 重稅가 부과되었기 때문이라는 것이다. 그러나 오늘날 이 견해를 그대로 받아들일 수는 없다. 왜냐하면 콘스탄티노플은 동방무역에 있어 그렇게 중요한 위치를 차지하고 있지 않았으며, 동방무역로의 종점인 시리아나 알렉산드리아는 16세기에 들어서서야(1516년 및 1517년) 투르크족에게 점령되었다. 게다가 15세기를 통하여 동방의 산물은 계속 유럽에 수입되고 있었고, 향신료가격의 급등현상도 없었기 때문이다. 그러나 이보다 더 중요한 사실

---

16) 프란시스 베이컨, 파스칼, 밀턴 같은 16세기 말로부터 17세기에 걸친 제1급에 속하는 지성인이나 학자들도 코페르니쿠스의 지동설을 받아들이려고 하지 않았다. 가톨릭교회는 1615년 코페르니쿠스의 지동설을 정식으로 배격하고, 1616년에는 그의 저서를 금서목록에 포함시켰다. 가톨릭교회가 최종적으로 지동설을 승인한 것은 1757년이었다.

17) 本節을 서술함에 있어 J.H. Parray, *The Establishment of European Hegemony,* 1415~1715(Harper Torchbooks, 1961)를 많이 참고로 삼았다.

은 콘스탄티노플이 함락되기 훨씬 전부터 포르투갈인들은 동방으로 가는 새로운 항로를 탐험하고 있었다는 사실이다. 그렇다면 지리상의 발견 동기는 이에 앞장을 선 나라가 이베리아반도의 포르투갈과 에스파냐였다는 사실을 감안하면서 오스만 투르크족의 진출과는 다른 각도에서 찾아야 할 것 같다.

그러면 진정한 동기는 무엇이었을까. 새로운 인도항로의 발견자인 바스코 다 가마는 '그리스도교인과 향료'를 찾으러 왔다고 말하고 있다. 그리스도교인을 찾는다는 것이 기이하게 들릴지는 모르겠으나, 우리는 여기서 포르투갈과 에스파냐의 건국 역사가 어떠한 것이었는지를 상기할 필요가 있다. 이베리아반도에서의 두 왕국의 성립은 바로 끊임없는 이슬람과의 투쟁이었다. 그러므로 그들의 마음과 몸에는 이슬람에 대한 적개심과 이슬람을 타도하고 그리스도교를 전파하려는 염원이 가득차 있었다. 따라서 프레스터 존(Prester John)이 다스리는 망각된 강력한 그리스도교 국가가 동부 아프리카나 아시아의 어느 곳엔가 존재한다는 전설은 그들에게 있어 큰 관심의 대상이 아닐 수 없었다. 만일 이를 발견하고 동맹을 맺는다면 이슬람 세력을 협공할 수가 있을 것이 아닌가. 바스코 다 가마의 그리스도교인을 찾으러 왔다는 말의 뜻은 바로 이것이었다.

후추를 비롯한 각종 향료는 지중해를 통한 동방무역의 주종상품이었고 그것이 막대한 경제적 이익을 가져온다는 것은 이를 독점하다시피 하고 있는 이탈리아 도시들의 경제적 번영을 보면 쉽게 알 수 있는 일이었다. 만일 동방과 직접 교역할 수 있는 길이 발견된다면 아랍상인이나 이탈리아상인이 독점하고 있는 저 막대한 경제적 이득을 대신 차지하고 경제적 번영을 누릴 수 있을 것이 아닌가.

東方에 대한 유럽인의 관심과 호기심은 13세기에 몽고족의 元나라 조정에 오래 머물다가 귀국한 베네치아의 마르코 폴로(Marco Polo, 1254~1324)의 《東方見聞錄》과 같은 여행기로 더욱 커졌다. 유럽인에게 있어 동방은 향료만이 아니라 중국산 견직물과 각종 보석의 산지이기도 하였으며, 마르코 폴로의 여행기에는 중국보다 더 동쪽에 지팡고(Cipango : 日本을 지칭한 것 같다)라는 황금의 나라가 있다는 것이 기록되어 있었다. 그러므로 동방과의 직접적인 접촉의 길을 발견한다는 것은 매우 매력적이고 경제적 이득이 클 뿐 아니라, 신앙심을 높이고 국가적인 영광을 가져다 주는 것이기도 하였다. 때는 마침 르네상스시대로서 팽창의 기운이 감돌고, 새로운 것과 미지의 세계에 대한 호기심은 강력하였으며, 위험과 곤란을 무릅쓰고 이에 도전하려는 모험정신이 유럽에 팽배해 있었다.

아무리 동방이 매력적이고 미지의 새로운 것에 대한 호기심이 강렬하고 위험을 무릅쓸 모험정신이 왕성하다 하더라도, 새로운 항로의 발견에는 항해술의 발달을 비롯한 구체적이고 실천적인 여건이 갖추어져 있어야만 했다. 좀 더 자세하게 말한다면 15 · 6세기에 있어서의 탐험과 해외진출에는 세 가지 분야에서의 기술적인 발전이 절대적인 조건이었다. 즉, 첫째로 지리학과 천문학에 대한 지식의 확대와 그것의 실제적인 항해문제에의 적용, 둘째로 造船과 항해기술의 발달, 그리고 셋째로 火器 특히 海戰에서의 이의 이용의 발달이다. 처음 두 분야의 경우 유럽인들은 고전고대와 인접한 이슬람세계로부터 필요한 지식을 획득하였으나, 이러한 지식을 실제로 현실에 응용하는 면에 있어서 르네상스기의 유럽인들은 놀라우리 만큼 독창적이었다.

지리학의 발달도 고전고대의 부활에 힘입은 바 컸다. 프톨레마이오스의 《천문학개론》(*Almagest*)은 아랍인을 통하여 유럽에 전해지고 있었고 15세기 초에 추기경 다이이(Pierre d'Ailly)는 아랍과 유럽의 지리적 지식을 망라한 저서 《Imago Mundi》를 집필하였다. 바로 그 해에(1410) 아랍인들도 별로 주목을 하지 않아 오래 망각되었던 프톨레마이오스의 또 하나의 저서 《地理學》이 재발견되어 큰 관심을 모았다. 미지의 세계를 찾아나서려는 탐험가들에게 이것들은 큰 자극이 되고, 다이이 추기경의 저서는 콜럼버스가 읽은 얼마 안되는 책 중의 하나이기도 하였다. 실제 항해자에게는 그 책들이 큰 도움을 주지 못하고, 대항해시대의 탐험은 프톨레마이오스의 견해가 극히 제한되고, 결국은 잘못이었다는 것을 입증하는 결과가 되었다.

실제적인 항해자나 탐험가들에게 있어 현실적으로 보다 더 중요했던 것은 海圖였다. 13세기이래 이탈리아와 카탈로니아의 항구에는 전문적인 水路學者들이 있었고 그들에 의하여 해도가 작성되고 있었다. 이러한 해도는 날이 갈수록 더 정확해지고 항해자에게 큰 도움을 주었으나, 육지가 보이지 않는 먼 바다에 나갔을 때 선박의 위치를 측정할 길이 없었다. 이런 경우 항해자는 지리학과 천문학 등 모든 지식을 총동원하여 推測航法으로 항해하는 수밖에 없었다.

이러한 추측항법의 성공률이 그렇게 낮은 것은 아니었으나 그것으로써는 육지를 멀리 떠난 원양항해는 불가능하거나 매우 위험한 일이었다. 나침반의 이용은 이러한 결함에 결정적인 역할을 하였다. 초보적인 나침반은 13세기경부터 이용되고 있었으나, 15세기에는 보다 더 발달하여 정밀해지고, 천체관측의 보다 간편한 四分儀도 아울러 사용되어 어느 정도 원양항해에 필요한 도구가 갖추어지게 되었다.

조선술도 15세기에는 발달하였다. 중세 말에 지중해와 북해방면을 왕래하는 무역선의 주종은 노와 돛을 병용하는 육중한 갈레船이었고, 돛은 큰 사각형의 것이 사용되었다. 15세기에 들어서면서 마스트의 수가 하나로부터 네개로까지 늘고, 항해를 전적으로 돛에 의존하는 범선이 발달하게 되었다. 뿐만 아니라 아랍 선박의 삼각형의 돛이 도입되어 종전의 사각형의 돛을 겸용하는 발이 빠른 경쾌한, 그러면서 원양항해에도 견딜 수 있을 정도로 견고한 카라벨(Caravel)船이 나타났다. 초기의 탐험과 발견에 사용된 선박의 대부분은 바로 이 카라벨船이었으며, 16세기에는 사각형과 삼각형 돛의 병용이 대형선박에도 적용되어 원양항해의 선단은 이러한 대형선박과 카라벨船으로 구성되었다.

이러한 선박에 대포를 장비하게 됨으로써 전투능력은 크게 향상되고 해전의 양상도 일변하게 되었다. 종전처럼 적선에 접근하여 石弓과 작은 화기로 갑판상의 적을 공격하고 적선에 뛰어들어 육탄전을 전개하는 대신, 원거리에서 함포사격으로 적선을 격침시키게 된 것이다. 이는 또한 따로 보병의 전투부대를 승선시켜야 한다는 부담을 덜어주기도 하였다. 이 함포사격에 의한 새로운 해전술은 포르투갈 함대에 의하여 인도양에서 곧 그 위력을 과시하게 되었다.

이렇게 서술하면 사람들은 오늘의 돛을 단 멋진 원양항해의 연습선 같은 것을 연상할지 모르나 그것은 큰 잘못이다. 콜럼버스가 탔던 산타 마리아號의 배수량이 약 230톤 정도밖에 되지 않았다. 선실은 선장이나 항해사급정도에 한정되어 일반 승무원은 갑판을 비롯하여 아무 데서나 자는 수밖에 없었고, 악천후에는 짐을 실은 선창으로 내려가야 했다. 쥐와 바퀴벌레가 들끓고, 모든 목조선이 그렇듯이 물이 스며들어 매일 아침 물퍼내는 것이 승무원의 일과였으며, 악천후에는 선내 어느 곳도 마른 곳이라고는 없었다. 이러한 여건 하에 장기간 미지의 원양을 항해한다는 것은 몹시 고통스러운 일이 아닐 수 없다. 그러나 불편한 것은 그것뿐이 아니었다. 식량은 소금에 절인 육류와 비스켓, 그리고 말린 콩 정도였고, 음료수로서는 포도주와 물이었으며 그나마 선적할 수 있는 분량은 제한되어 있었다. 장기항해에 있어 영양실조는 거의 당연지사였고 특히 비타민 C 부족으로 인한 괴혈병의 희생자가 많았다. 바스코 다 가마의 선원의 3분의 1 이상이 귀국 전에 바로 영양실조와 괴혈병으로 사망하였다. 모든 고난과 불편을 이겨낸 강렬한 의지와 모험정신 없이는 대항해는 이루어질 수 없었다.

끝으로 지리상의 발견을 가능하게 한 조건으로서 집권적인 통일국가의 형성을 들어야 하겠다. 새로운 항로의 탐색과 발견에 필요한 막대한 비용과 그것이 실패하였을 경우의 희생을 감수할 능력은 역시 통일국가를 이룩한 왕권에 구할 수밖에 없었다. 번영을 자랑하던 베네치아나 한자도시들은 구태여 새로운 항로를 찾을 필요가 없었으며, 영국이나 프랑스는 어느 정도 지중해무역이나 북해무역의 혜택을 받고 새로운 항로를 찾아야만 할 절박한 이유나 필요성도 없었다. 포르투갈 및 이와 경쟁적인 입장에 있는 에스파냐는 지중해무역으로부터 소외되어 있었고, 이슬람에 대한 강한 적개심을 갖고 있었으며, 새로운 항로의 발견으로 초래될 경제적 이득에 대한 강렬한 갈망과 필요성이 있었다. 뿐만 아니라 그들은 다 같이 대서양

연안에 위치하고 있었다.

인도航路의 發見

대항해시대의 막을 연 것은 포르투갈의 항해왕자 엔리케(Henrique : Henry the navigator, 1394~1460)였다. 그는 15세기 초부터 주변에 유능한 선원만이 아니라, 조선과 항해장비 제조기술자, 천문학자, 수로학자 등(다수가 이탈리아인이었다)을 불러 아프리카 서해안을 남하하여 인도에 이르는 새로운 항로를 탐험하기 시작하였다.

엔리케왕자는 1420년부터 규모는 크지 않으나 잘 조직된 과학적인 탐험대를 정기적으로 파견하였다. 초기의 성과는 미미하였으나 탐험은 계속되었고, 1441년에는 보야도르 압(Cape Bojador, 1434년에 도달) 남쪽해안에서 탐험대는 약간의 사금과 흑인 포로를 데리고 왔으며, 그 후 6년간에 포르투갈 탐험대는 1,000명에 가까운 노예를 본국으로 운반하였다. 엔리케왕자가 사망한지 얼마 안가서 탐험대는 시에라 레오네(Sierra Leone)에 도달하고(1462), 해안선이 동쪽으로 굴곡하는 것을 보고 큰 희망을 가졌다. 1471년에는 적도를 넘어섰으나 해안선이 다시 남으로 구부러져 실망이 컸다. 뿐만 아니라 에스파냐와의 전쟁 등으로 탐험은 일시 중단되었다가 1480년대에 조안 2세(João : John)의 적극적인 후원으로 탐험이 재개되고 1487년에는 바르톨로뮤 디아스(Bartholomeu Dias, 1450경~1500)가 아프리카 대륙의 남단에 도달하는 데 성공하였다. 그는 심한 폭풍우 끝에 이곳을 발견하였기 때문에 '폭풍우의 압'(Cape of Storms)이라고 이름지었으나, 디아스의 보고를 들은 국왕은 '희망봉'(Cape of Good Hope)이라고 명칭을 고쳤다.

그러나 희망은 곧 달성되지 않았다. 인도로의 항해는 포르투갈과 같은 작은 나라로서는 신중을 기해야 할 대사업이었고, 복잡한 내정문제가 발생한데다가 1493년에는 에스파냐의 후원을 받은 콜럼버스가 아시아의 東端에 도달하였다는 보고까지 들어왔다. 그렇다면 1세기 가까운 노력이 허사로 돌아가는 것이 아닌가. 그러나 망서리던 끝에 콜럼버스의 보고가 반드시 정확하지만은 않으리라는 생각을 갖고 1497년 바스코 다 가마(Vasco da Gama, 1469~1524)로 하여금 4척의 배로 인도로 향하게 하였다. 다 가마는 디아스의 경험을 살려 적도의 무풍지대를 피하여 멀리 육지로부터 떨어진 항해를 하여 희망봉을 우회하고, 아프리카 동해안의 항구에서 필요한 물자를 보급받으면서 다음 해(1498) 인도의 캘리컷(Calicut)에 도달하였다. 현지의 힌두계 지배자는 별로 호의를 보이지 않았고 기득권을 가진 아랍 상인들의 방해도 있었으나 신항로개척의 목표였던 후추와 肉桂 등 향료를 입수하여 다음 해 리스본으로 돌아왔다. 다 가마의 짐은 60배의 이익을 남겼다고 하나 그의 항해는 줄잡아 2년이 넘어 걸리고, 3분의 1 이상의 선원을 잃고, 그 자신 300일이 넘도록 해상에서 보내야 했던 어려운 대항해였다. 그러나 이로써 처음에는 포르투갈과, 그리고 얼마 안가서 다른 유럽 열강이 포르투갈의 뒤를 따라 아시아로 진출하고 침략의 손을 뻗치는 길이 활짝 열리게 된 것이다. 동양사에서 말하는 西勢東漸이 시작된 것이다.

포르투갈의 東方經略

다 가마의 인도항로 발견에 뒤이어 포르투갈이 적극적으로 東方經略에 나선 것은 당연한 일이지만, 이에 앞서 1500년경의 향료무역의 내용과 그 경로를 보아두는 것이 필요할 것 같다.

유럽에서 육류를 저장하고 보존하는 데 있어 동방의 열대산 향료는 필수불가결한 것이었다. 가장 일반적인 것이 후추로서 주로 인도와 동인도제도에서 산출되며, 肉桂(계피)는 세일론, 육두구는 셀레베스와 기타 동인도제도에서, 생강은 양질의 것이 中國에서, 저장에 가장 귀한 향료로서의 丁香은 몰루카(Molucca)제도에서 산출되었다. 이 밖의 동방무역의 귀중한 상품으로서는 중국산 비단, 인도의 면직물, 의약품으로 사용된 중국산 大黃根, 그리고 인도산 에머랄드, 티베트산 루비, 세일론의 사파이어 등의 보석이 있었다. 이러한 동방무역의 동쪽 끝에 위치한 것이 중국인으로서 그들은 동인도제도의 각종 향료를 모아 말라야반도의 항구 말라카(Malacca)로 운반하고, 거기서부터는 인도인, 말라야인, 또는 아랍인 등의 이슬람교도의 상인에 의하여 뱅갈만을 가로질러 인도에 운반된다. 인도에서는 세일론의 계피와 인도 자체의 후추가 추가되어 인도의 서해안 지대인 말라바르(Malabar)연안의 코친(Cochin), 캘리컷, 고아(Goa), 그리고 그보다 북쪽의 디우(Diu) 등에서 판매되었다. 이 일대의 무역은 아랍인과 이슬람교도에게 장악되어 있었으며 그들은 인도의 서해안으로부터 귀중한 동방물산을 홍해나 페르시아만으로 운반하고, 다시 육지를 통하여 카이로나 바그다드에서 무거운 관세를 지불하고 알렉산드리아나 시리아의 항구로 운반하였다. 여기서 기다리고 있던 베네치아상인을 비롯한 이탈리아상인들이 이를 사들여 전유럽에 공급하였다. 무역에 소요되는 경비는 막대하였으나 이윤 또한 거대하였다. 6척의 선박 중 5척을 잃어도 나머지 한 척이 무사히 도착하면 이윤을 남길 수 있었다고 한다.

포르투갈은 1500년에 상선대를 파견하고, 다시 1502년에는 바스코 다 가마를 지휘자로 하여 14척으로 구성된 강력한 무장 상선대를 파견하였다. 이 무장 상선대는 적대적인 태도를 취하는 캘리컷에 함포사격을 가하고, 말라바르의 아랍상인들의 함대를 해상에서 격파하였다.

바스코 다 가마의 제2차 항해는 잘 무장된 포르투칼함대의 우세를 증명하였고, 이제 남은 문제는 향료무역에서 아랍이나 이슬람상인을 배제하면서 그 이윤을 독점할 영구적인 무역거점을 설치하는 일이었다. 이 과업을 수행한 것이 제2대 총독으로 임명된 알부케르케(Affonso d'Albuquerque, 1453~1515)였다. 그는 페르시아만을 제압하는 동방물산의 집산지인 호르무즈(Hormuz)를 먼저 점령하고, 동방경략의 근거지로 고아를 택하여 이를 점령하였다(1510). 이렇게 해서 동방무역로의 서쪽을 장악한 알부케르케는 다시 동쪽으로 진출하여 말라야의 요소인 말라카를 점령하는 데 성공하였다(1511). 중국상인의 서쪽 종점인 말라카를 차지한 포르투갈에게 이제 동남아시아와 동아시아의 문호가 활짝 열린 셈이다. 1513년에는 최초의 포르투갈 선박이 廣東에 도달하고, 그 후 포르투갈은 마카오(Macao)에 무역거점을 설치하여 중국과 말라카 사이의 무역에 직접 참여하게 되었다. 거의 같은 시기에 포르투갈은 香料諸島로 알려진 몰루카제도에 이르러 그 곳 太守와 협약을 체결하였다. 물론 힘이 축적되면 이를 점령할 생각이었다.

포르투갈의 동방경략이 이렇게 짧은 시일 내에 이루어진 것은 물론 그 함대의 우수한 군사력의 결과이지만, 이를 지휘한 알부케르케의 탁월한 솜씨가 못지않게 중요하였다. 그는 무역을 위한 거점과 무역로를 지키기 위한 군사기지를 설치하는 데 그치고, 그 이상 영토를 요구하거나 점령하려고 하지 않았으며, 이러한 정책은 그 후에도 포르투갈정부에 의해서 계승되었다. 그것은 이 광대한 지역에서의 토착세력과 불필요한 마찰과 분쟁을 회피하기 위한 것이었으며, 오직 무역과 상업 및 이의 보호에만 전념하였던 것이다. 동방경략이 진척됨에 따라 많은 포르투갈인이 건너오고 이와 더불어 그리스도교의 전파를 위하여 성직자와 수도사들이 뒤를 따랐으나, 초기에 있어서의 전도 성과는 제한된 것이었다.

아메리카大陸의 發見

항해왕자 엔리케는 아프리카 서해안을 남하하는 인도항로의 탐험과 더불어 그 서쪽에 산재해 있는 섬들에 대하여도 관심을 갖고 있었다. 카나리아제도(Canaries)만은 에스파냐와의 오랜 분쟁과 시비끝에 에스파냐 소유로 낙착되었으나, 그 밖의 주된 섬들, 즉 마데이라(Madeira), 아조레스(Azores) 및 베르데(Cape Verde) 제도는 포르투갈령으로서 15세기에 식민이 행하여지고, 설탕과 포도주의 산지로서 개발되고 있었다. 이와 같이 대서양쪽의 섬들이 발견되고 식민이 행하여지는 과정에서 항해자나 모험가의 관심과 호기심도 강해지고, 특히 그리스도교도가 번영 속에 살고 있다고 전해진 가공의 섬 아틀란티스(Atlantis 또는 Antilla)를 발견하는 것은 그들의 꿈이었다.

제노아의 선원출신인 콜럼버스(Christopher Columbus, 1446?~1506)는 그들과
는 좀 다른 보다 더 현실적인 생각에서 대서양의 西航을 생각하고 있었다. 그는 많
은 책을 읽지는 않았으나, 다이이 추기경의 地理書를 읽고 피렌체의 지리학자인
토스카넬리(Toscanelli)와의 서신교환 등을 통하여 지구가 球形이며, 인도로 가기
위하여 아프리카 남단을 우회하는 것보다 대서양을 서쪽으로 항해하는 것이 훨씬
가깝다는 나름대로의 계산을 하였던 것이다. 이는 콜럼버스만의 잘못은 아니었다.
프톨레마이오스는 그보다 앞서 비교적 정확하게 지구의 둘레를 계산한 에라토스
테네스(Erathosthenes)보다 4분의 1 내지 6분의 1 정도 작게 계산하였고, 유럽과
아시아 사이에 광대한 대륙과 바다가 있다는 것을 아무도 몰랐던 것이다. 그리하
여 콜럼버스는 대서양을 西航하는 경우 인도는 평균 3노트의 속도로 약 1개월의
항해 거리에 있다고 판단하였다.

콜럼버스는 처음 그의 계획을 포르투갈에 제시하였으나, 이미 디아스에 의하여
인도항로발견의 문턱까지 와 있다고 생각한 포르투갈로서는 새로운 모험에 투자
할 생각은 없었다. 결국 경쟁적인 입장에 있던 에스파냐의 이사벨라여왕의 후원을
가까스로 얻게 된 콜럼버스는 1492년 8월 3일 3척의 배를 갖고 팔로스(Palos)항
을 떠났다. 그는 한 달 가까이 걸려 카나리아제도에 도착하고, 거기를 출발한 지
41일만에 지금의 바하마 제도(Bahamas) 중의 어느 섬에 도착하여 이를 산 살바
도르(San Salvador, '성스러운 구세주'라는 뜻)라고 이름지었다. 그는 인도의 어느
곳, 적어도 그보다 훨씬 동쪽에 있다는 지팡고 근처에 도착한 것으로 알고 그 일대
를 탐험하고 다음 해 귀국하였다. 그는 그 후에도 3회에 걸쳐(1493 : 1496 : 1502) 항
해를 하고, 향료와 황금을 찾았으나 허사였다. 그는 죽을 때까지 인도 근처에 도착
한 것으로 믿었으나, 재정의 부담만 늘어나는 데 지친 에스파냐왕실의 후원도 끊
어지고, '모기提督'(Admiral of Mosquitoes)이라는 야유를 받으면서 이 위대한
신대륙의 발견자는 실의와 가난 속에 세상을 떠났다.

콜럼버스가 첫번째 항해에서 돌아온 후 에스파냐의 요청도 있고 또한 포르투갈
과의 분쟁의 염려도 있어, 교황 알렉산더 2세는 베르데제도의 서방 약 500km 해상
에 상상적인 경계선을 설정하고, 이후 발견되는 육지를 경계선의 서쪽은 에스파냐
령, 동쪽은 포르투갈령으로 한다고 정하였다. 포르투갈은 구태여 이에 반대할 필
요를 느끼지 않았으나, 경계선을 1,300km가량 더 서쪽으로 이동시킬 것을 요청했
고, 인도 근처에 도착했다는 콜럼버스의 보고를 믿고 있던 에스파냐도 이에 찬성
하였다. 그리하여 두 나라간에 토르데실라스(Tordesillas)조약이 체결되었는데
(1494), 바로 이 무심한 상상적인 경계선의 변경으로 후에 브라질(Brazil)이 포르
투갈영토가 될 줄은 당시 아무도 몰랐다.

쿨럼버스의 항해는 인도로 가는 서방항로의 탐험을 크게 자극하게 되었다. 영국에 살고 있던 베네치아 출신의 존 카보트(John Cabot)는 1496년 헨리 7세의 후원을 얻어 지금의 캐나다 동해안에 도달하였고, 피렌체 출신의 아메리고 베스푸치(Amerigo Vespucci, 1451~1512)도 여러 번 신대륙으로 건너가 중남미쪽을 탐험한 끝에, 이 곳이 종전의 유럽인에게는 알려지지 않았던 '新世界'(the New World)일 것이라는 의견을 발표하였다. 그리하여 이 신대륙은 최초의 발견자인 콜럼버스와는 관계없이 베스푸치의 이름을 따서 '아메리카'라고 불리워지게 되었으며 독일의 지리학자 발트제뮐러(Martin Waldseemüller)는 1507년 간행된 세계지도 속에 유럽과 아시아 사이에 길다란 육지를 하나 그려넣고 이를 아메리카라고 기록했다. 그 후 에스파냐의 식민지가 되어있던 이스파니올라(Hispaniola : 지금의 하이티 Haiti)에 살던 에스파냐의 모험가 발보아(V.N. de Balboa)는 황금을 찾고자 파나마지협을 횡단하여 처음으로 태평양을 바라보았다.

발보아의 발견은 신대륙의 폭이 의외로 좁다는 인상을 주었고, 이에 따라 인도로의 서방항로의 탐험은 더욱 가열되었다. 포르투갈 출신인 마젤란(Ferdinand Magellan, 1480경~1531)은 베스푸치를 비롯하여 남미에 관한 탐험 기록을 검토한 끝에, 그 남단을 돌아 인도로 가는 항로를 발견할 수 있을 것이며, 그 과정에서 새로 발견되는 육지는 토르데실라스조약에 의하여 에스파냐령이 될 것이라고 믿었다. 그렇기 때문에 포르투갈의 후원은 기대할 수가 없을 것이라는 판단 하에 그는 에스파냐의 후원을 받기로 하였다. 1519년 9월 마젤란은 5척의 카라벨船에 동방무역에 필요한 물건을 싣고 세비야(Seville)를 출항하였다.

마젤란의 항해는 생각보다 훨씬 어려웠다. 배가 난파하고 선원의 반란이 있었으며, 그의 이름이 붙게 된 마젤란해협의 통과는 난항 중의 난항이었다. 그 어려움을 간신히 극복하고 다시 大洋으로 나왔을 때 바다는 의외로 평온하여 이를 太平洋(Pacific Ocean)이라고 이름지었다. 마젤란은 그가 목표로 삼고 있는 몰루카제도가 신대륙으로부터 가까운 곳에 있을 것으로 예상하였으나 태평양은 넓기 한이 없었다. 그래도 항해를 계속하여 필리핀에 도착한 마젤란은 토착민과의 싸움에서 40명의 부하를 잃고 자신도 전사하였다. 마젤란 대신 지휘자가 된 델 카노(Sebastian del Cano)는 남은 배 2척을 거느리고 몰루카의 티도레(Tidore)섬에 이르러 향료를 싣고 한 척은 태평양쪽으로 항해케 했으나 이는 포르투갈인에게 나포되고 스스로는 포르투갈인의 눈을 피해 희망봉을 거쳐 에스파냐로 돌아왔다(1522). 수많은 난관을 돌파하고 막대한 희생을 지불하면서 최초의 세계일주항해가 성공한 것이다. 문자 그대로 거대한 항해였으며, 이로써 지구가 둥글다는 것이 확인되었고, 지구가 30년 전에 콜럼버스가 생각한 것보다 훨씬 크다는 것도 알려지게 되었다.

마젤란의 世界週航은 에스파냐와 포르투갈 사이에 몰루카제도를 둘러싼 분쟁을
야기시켰으나, 1529년 사라고사(Saragossa)조약으로 해결을 보았다. 즉, 에스파
냐는 몰루카에 대한 권리를 포르투갈에게 팔아 넘기고, 양국의 경계선을 임의로
몰루카제도 동방 17도선으로 정한 것이다. 이로써 탐험과 대항해의 첫 장은 끝나
고, 유럽의 기타 국가에 의한 새로운 진출과 팽창의 막이 열리게 된다.

에스파냐의 新大陸經營

신대륙에 있어 16세기 초의 20년간이 직접적인 탐험가의 시대였다면, 다음 30년
간(1520~1550)은 에스파냐의 직업적인 정복자, 즉 콘퀴스타도르(conquistador)
의 시대였다. 이 정복자들은 극히 작은 수의 병력으로 짧은 기간에 중남미의 토착
문명을 파괴하고, 유럽 최초의 광대한 식민제국을 건설하였다.

아메리카대륙의 원주민은 베링해협이 육지로 연결되어 있었던 아득한 옛날에
아시아로부터 건너온 몽고계 인종의 후손으로 생각되고 있다. 유럽인들이 건너올
무렵 그들의 대부분은 신석기문화의 단계에 있었고, 일부는 채집과 사냥에 종사하
고 있었다. 그러나 오늘의 멕시코와 안데스(Andes)산맥의 중앙고지에서는 기원
전 1,000년기에 오리엔트와 유사한 도시문명이 싹트기 시작하였다. 중앙아메리카
에서는 먼저 마야(Maya)문명이 성립하여(6세기경) 장려한 궁전과 사원 등이 건조
되고, 약간의 상형문자가 사용되고, 독특한 조각을 비롯한 미술이 발달하였다. 이
어 북방으로부터 내려온 아스테크인(Aztecs)은 멕시코고원 일대를 정복하고 마
야文明을 계승하였다. 아스테크문명은 상형문자와 달력을 갖고, 귀금속을 채굴하
여 장신구를 만들고, 장대한 피라미드형 신전을 건조하였으며, 그들의 종교에는
人身을 공양하는 관습이 있었다. 지금의 페루(Peru)에서는 13세기 이후 잉카
(Inca)제국이 성립하였으며 주변의 도시와 광대한 지역을 정복하고 통합하여 태
양신을 숭배하는 지배자가 관료와 군대를 거느리고 군림하고 있었다. 이 토착문명
들은 관계농업에 의존하고 있었으나, 주로 옥수수를 재배하고 보리 종류는 몰랐으
며, 멕시코에서는 감자가 생산되었다. 도구는 주로 나무와 석기를 사용하고, 말
(馬)을 몰랐다. 금・은의 세공기술이 발달하였고, 피정복민족으로부터 공납을 거
두어들이고 있었다.

1520년 이전에 서인도제도(West Indies) 대부분의 큰 섬들이 개발되고 수많은
에스파냐인이 이주하였으며, 이스피니올라와 쿠바(Cuba)가 그 중심이 되었다. 발
보아의 탐험 이래 중남미의 토착문명에 관한 소식과 그들이 많은 귀금속을 보유하
고 있다는 정보가 들어오고, 경우에 따라 그들이 꿈에 그리던 황금의 나라인 '엘
도라도'(El Dorado)일지도 모른다는 기대를 자아내게 하였다. 그리하여 마젤란이

대항해에 출발하던 1519년 에스파냐의 하급귀족출신인 코르테스(Hernando Cor-tes, 1485~1547)는 600명 남짓한 병력을 거느리고 멕시코 정복에 나섰으며, 1521년까지에는 아스테크를 완전히 정복하고, 그의 부하들은 중앙아메리카의 마야지역을 잔인하게 점령하였다.

잉카제국의 정복은 보다 더 간단하였다. 미천한 출신인 피사로(Francisco Pizarro, 1471?~1541)는 코르테스보다도 적은 병력으로 당시 서로 자리 다툼을 하고 있던 잉카제국의 계승자를 奸計로 속여 쉽게 이를 정복하였다. 그러나 탐욕스럽고 잔인한 에스파냐 정복자들은 얼마 안가서 내분을 일으켜 피사로는 페루 정복의 협력자요 경쟁자이기도 했던 알마그로(Almagro)를 죽이고, 알마그로의 부하는 다시 피사로를 살해하였다. 이러한 내분은 원주민의 반항을 자아냈으나 이미 때는 늦었고, 멕시코 쪽에서의 원주민 반란도 진압되어 1550년경에는 아스테크, 잉카의 토착문명이 완전히 파괴되고, 중남미 일대에 걸친 광대한 지역에 에스파냐의 식민지가 건설되었다.

이 새로운 식민지는 에스파냐왕국과는 별도로 국왕에 직속하고, 이의 통치를 위한 별도의 왕실회의가 마련되었다. 현지에서는 국왕이 임명하는 총독과 지방장관이 행정의 책임을 지고, 도시와 지방에는 자치적인 기구가 설치되었다. 에스파냐의 식민사업에 있어 이교도이고 그들의 눈에는 야만적이기도 한 원주민의 교화사업은 가장 중요한 목표의 하나였고, 따라서 식민지에서의 프란체스코파를 비롯한 수도사들의 활동과 발언권은 컸다. 또한 왕권의 정의를 구현하기 위하여 설치된 법정과 이를 관장하는 법관은 국왕에게 매우 충실하였다. 그리하여 그들은 국왕의 신임을 받고, 경우에 따라 총독이나 지방장관에 대한 감시 역할도 하였다.

식민지통치에 있어 가장 어려운 문제는 원주민에 관한 것이었다. 이에 대하여 에스파냐정부는 형식적으로 관대하고 인도주의적인 태도를 취하였다. 즉, 원주민은 국왕의 직접적인 신하로서 자유로우며 노예화할 수가 없고, 토지와 재산을 향유하며 에스파냐의 법정에 제소할 수도 있다고 규정되었다. 그러나 에스파냐정부는 대부분이 자기 부담으로 신세계를 개척하고 에스파냐의 식민지로 만드는 데 공이 컸던 정복자나 그 후손, 또는 入植者들의 요구를 충족시켜주지 않을 수 없었다. 그리하여 그들에게 일정한 領地를 주고 영지 내의 원주민으로부터 공납을 징수할 수 있는 권리, 즉 '엔코미엔다'(encomienda)를 부여하는 한편, 현지의 실정을 감안하여 원주민에 대하여 강제노동을 요구할 권리를 허용하였다. 이 경우 적절한 임금지불(mita 또는 repartimiento)이 규정되기는 하였으나 이러한 제도가 '엔코멘데로'(encomendero, 엔코미엔다를 부여받은 자)에 의하여 악용되지 말라는 법은 없었다. 엔코미엔다에는 사법권이 포함되어 있지 않았으나 실제로 이 제도는 원주민에 대한 착취의 원천이 되고, '엔코멘데로'는 거두어 들인 공납으로 각종 유리한 사업을 경영하고 원주민을 강제노동으로 부렸던 것이다.

초기에 신세계로 건너 온 에스파냐 사람들은 토지를 구하여 정착하려는 사람들이 아니었다. 그들의 대부분은 군인,선교사, 그리고 법관을 포함한 행정관들로서, 식민지사회의 지배층이었다. 그들은 얼마 안가서 각종의 이권을 차지하게 되었으며, 그러한 이권의 가장 강력한 대변자는 엔코미엔다를 부여받은 초기 정복자와 그 후손들이었다. 그러나 엔코미엔다를 무한정 부여할 수는 없고, 또한 식민지의 관리자리도 한정되어 있었기 때문에 뜨내기로 入植한 백인의 빈민도 생기고, 그들은 원주민과 어울려 살면서 곧잘 말썽을 부렸다. 많은 입식자들이 빈부를 막론하고 원주민의 여인을 아내로 삼게 되고, 그 결과 그렇지 않아도 복잡한 식민지사회에 에스파냐인과 원주민의 혼혈아인 메스티조(mestizo)계층이 생겨나고, 그 수는 날이 갈수록 증가하여 원주민과 에스파냐인을 능가하게 되었다. 오늘날 라틴 아메리카 주민의 다수를 차지하고 있는 것도 바로 이들 '메스티소'이다.

에스파냐의 정복자들은 그들의 기질에도 맞기 때문에 즐겨 목축업을 경영하였다. 에스파냐로부터 말·소·양 등을 들여와 기후가 온화한 지역에서 대규모의 목장을 경영하였으며, 에스파냐인 목장주는 보다 가난한 에스파냐인과 '메스티소' 하인, 그리고 원주민 노동자를 大家長과도 같이 거느렸다. 목축에 부적당한 열대 해안지대, 특히 카리브海와 멕시코만 일대에서는 사탕과 담배를 재배하는 대농장(plantation)이 발달하고, 노동력으로서는 포르투갈상인으로부터 구입한 아프리카의 흑인노예가 많이 이용되었다.

목축이나 사탕재배가 매우 유리한 사업이었음은 틀림없으나, 식민초기에 있어 금·은의 귀금속채굴에 비하면 아무 것도 아니었다. 초기의 정복자들은 아스테크나 잉카제국이 보유한 금·은을 마구잡이로 탈취하여 사복도 채우고 본국에도 보냈다. 그러나 점차로 금광과 은광을 답사하여 이를 채굴하게 되고, 16세기 중엽에는 멕시코의 포토시(Potosi)와 같은 풍부한 광맥들이 발견되었다. 에스파냐 왕실은 16세기 중엽부터 이 귀중한 귀금속을 안전하게 운반하기 위하여 전함의 호송하에 20척 내지 60척으로 구성된 대선단을 정기적으로 운행하였다. 이리하여 막대한 양의 귀금속이 신대륙으로부터 에스파냐에 운반되어 에스파냐 왕실을 풍요하게 만들었을 뿐 아니라, 유럽경제에 큰 자극과 영향을 미치게 되었다.

地理上의 發見의 結果

地理上의 發見의 결과는 매우 컸다. 지리상의 발견은 장기적으로 본다면 유럽과 세계의 다른 지역의 모습을 바꾸어 놓을 정도로 컸다. 그렇기 때문에 애덤 스미스(Adam Smith)는 이를 가리켜 '人類歷史上 가장 거대하고 가장 중요한 사건'이라

고 평가하였다.[18]

　지리상의 발견으로 유럽의 물질생활은 풍요해지고 유럽의 경제는 비약적으로 발전하였다. 종래 지중해무역으로 유럽인이 익히 알고 있던 동방물산이 대량으로 값싸게 들어오게 되고 새로운 산물이 소개되었다. 대표적인 상품이었던 후추의 경우 16세기 초에 포르투갈 상선대는 1,300톤을 운반하였고, 가격은 수시로 변동하였으나 지중해경유보다 절반가량 쌌다. 새로운 상품으로서는 캘리코(calicoes)와 같은 면직물이 소개되고, 17세기 초에는 茶가 들어오게 되었는데, 다같이 대중의 일상생활에 널리 사용되었다.

　새로운 상품이나 산물은 역시 아프리카와 신대륙에서 많이 도래하였다. 아프리카에서는 금과 상아가 중요시되었으나 점차로 '흑상아'(black ivory)라고도 불리워진 흑인노예가 가장 값진 상품이 되었다. 이 흑인노예는 초기에는 신대륙의 에스파냐 식민지에서, 그리고 후에는 北美에서 그 수요가 커졌으며 에스파냐왕실이 발급하는 흑인노예공급권(Asiento)은 막대한 이권이었다. 신대륙에서는 사탕, 옥수수, 감자, 코코아, 담배 등이 들어오게 되어 유럽인의 식생활과 일상생활에 변화를 일으켰다. 그리고 특히 막대한 양의 금과 은의 유입은 유럽경제에 큰 영향을 미쳤다. 즉, 16세기 초를 기준으로 약 1세기 동안에 물가가 2배 내지 3배로 앙등하는 이른바 가격혁명(the Price Revolution)이 일어난 것이다. 이 가격혁명은 고정된 지대수입으로 생활하는 지주와 임금노동자에게 타격을 주는 한편, 상인과 생산업자 등, 신흥자본가들에게는 유리하게 작용하였다.

　금·은의 유입이나 새로운 산물의 도래, 그리고 보다 더 대중적인 새로운 상품의 등장 등에[19] 못지 않게 장기적인 관점에서 유럽 경제에 결정적으로 중요했던 것

---

18) Adam Smith *The Wealth of Nations*(Modern Library edition), p. 590.
19) 대중적인 商品의 등장과 더불어 지리상의 발견의 의의에 관해서 J.L. Hammond는 다음과 같이 말하고 있다. "지리상의 발견은 그 영향이 충분히 나타나기 위해서는 수세기가 걸린 革命을 야기시켰다. 상업은 이제 단순히 보다 더 큰 선박과 보다 더 많은 자본을 이용하게 되었을 뿐 아니라 대중적인 상품을 운반하게 되었다…茶, 사탕, 담배가 후추를 비롯한 향료를 대신하여 주요 상품이 되었다…그리하여 大西洋을 건너, 또는 희망봉을 돌아 항해하는 선박들은 이제 궁전이나 대성당을 위한 물품이 아니라, 도시의 뒷골목이나 촌락의 오막살이에 살고 있는 사람들을 위한 물품을 날라오게 되었다. 資本主義的 商業은 이렇게 귀족이나 대주교, 부유한 상인이나 법률가들 뿐 아니라, 농민과 노동자들의 수요도 만족시키려고 노력하였다…새로운 원료, 새로운 제품, 새로운 물자, 새로운 嗜性, 富의 팽창과 금융의 발전으로 상업은 量에 있어서나 규모에 있어 급속도로 증대하게 되었는데, 이러한 양적 변화는 질적 변화를 의미하는 것이었다. 부유층을 위하여 자바로부터 후추를 날라오느니보다, 빈곤한 사람들을 위하여 인도로부터 茶를 운반하는 것이 더욱 많은 이윤을 남기게 된 바로 그 날은 세계가 近代的인 체제로 발전하는 데 있어 중요한 계기를 마련한 날이었다." J.L. Hammond, *The Rise of Moeren Industry*(1925), pp. 21~23.

은 유럽의 상인이나 제조업자를 위한 광대한 새로운 시장의 출현이었다. 애덤 스미스는 이에 관하여 다음과 같이 지적하고 있다.

　　유럽의 상업도시들은 세계의 아주 작은 부분, 즉 대서양 연안지대와 발트해 및 지중해 주변의 국가들을 위한 제조업자나 仲介商人(carriers)의 지위를 버리고, 이제 아메리카 대륙의 수많은 유복한 개척자를 위한 제조업자가 되고, 아시아, 아프리카, 그리고 아메리카의 모든 상이한 국민들의 중개상인 또는 어떤 면에서는 제조업자가 된 것이다. 유럽의 산업에는 두 개의 신세계가 열리게 되었는데, 그 하나 하나가 구세계보다도 훨씬 크고 광대하였다.[20]

　이러한 거대한 새로운 시장의 출현과 그것의 끊임없는 확대는 유럽의 상인과 제조업자에게 전례없는 자극과 기회를 제공하였고, 유럽 경제를 비약적으로 발전시키게 되었다. 새로운 부와 자본이 축적되고 새로운 근대적인 기업형태인 주식회사(joint-stock compay)가 나타나고 금융업은 보다 합리적인 체제를 갖추게 되었다. 그리하여 동적이고 세계적인 규모의 자본주의체제가 본격적으로 발전을 하게 되고, 시민계급(중산계급)이 무럭무럭 자라나게 되었다. 일부 역사가는 16세기 이후의 이러한 상업상의 큰 변혁과 이를 바탕으로 한 새로운 유럽 경제의 비약적인 발전을 가리켜 '商業革命'(Commercial Revolution)이라고 부르기도 한다.[21]

　이제 유럽의 국가들은 이 새로 열린 세계시장의 점거를 목표로 치열한 경쟁에 나서게 되었으며, 식민지획득에 열을 올리게 되었다. 이 경쟁에서 탈락한 국가나 이에 참여하지 못한 도시는 경제적 번영에서 낙오하고 이에 승리한 국가와 도시는 번영을 누리게 될 것이다. 지리상의 발견 후 얼마 안가서 이탈리아의 도시와 그들과 밀접한 경제관계를 맺고 있던 남부독일의 도시, 그리고 북부독일의 한자도시들이 쇠퇴하고, 경제와 번영의 중심은 대서양 연안으로, 즉 포르투갈의 리스본과 에스파냐의 세비야로 이동하였다. 그러나 포르투갈과 에스파냐의 경제적 우월과 번영도 얼마 안가서 네덜란드, 프랑스, 그리고 영국의 도전을 받게 되었다.

　끝으로 지적할 것은 장기적으로 볼 때 지리상의 발견은 세계사의 거대한 전환점이었다는 사실이다. 즉, 이로 말미암아 종전까지 비교적 서로 고립하여 독자적인 문화와 역사발전의 길을 걸어오던 국가와 지역이 이제 직접적인 접촉을 통하여 밀접한 역사적 연관성을 갖게 되고, 그것은 날이 갈수록 더욱 확대되어 우리가 오

---

20) Adam Smith, p. 591.
21) J.L. Hammond가 그 예다. 그는 "15・6세기에 일어난 商業革命은 18・9세기에 이르러 産業革命의 필요불가결한 序論"이라고 말하고 있다. 上揭書, p.23.

늘날 보는 바와 같은 참된 의미의 세계사가 성립하는 계기가 되었다. 지구상의 모든 민족과 지역을 포함하는 세계사의 성립과 발전에 있어 유럽은 주도적인 역할을 담당하게 되며, 19세기까지의 세계사의 흐름은 유럽의 일방적인 팽창과 침략의 역사라고 해도 과언이 아니다. 신대륙에서는 토착문명이 완전히 파괴되고, 유럽문화가 고스란히 이식되었으며, 아시아의 여러 나라들도 홍수처럼 밀려오는 유럽의 상인과 선교사, 그리고 그들이 갖고 오는 유럽문화에 격심한 진통을 겪게 되었다.

제 3 절 宗敎改革

宗敎改革이 일어난 背景

宗敎改革(Reformation)이 일어나게 된 역사적 배경은 중세 말의 유럽사회의 전면적인 변화과정 속에 이를 찾아야 할 것이다. 왜냐하면 중세 가톨릭교회는 좋든 싫든 중세봉건사회와 밀착하였고, 따라서 봉건사회의 붕괴는 가톨릭교회의 중세적인 존립기반의 붕괴를 뜻하는 것이기 때문이다. 이를 정치면에서 본다면 봉건적인 지방분권체제가 교황의 보편적이고 초국가적인 교권지배의 기반이었으나, 이제 왕권을 중심으로 성장하고 날이 갈수록 강대해지는 집권적 통일국가의 발전은 바로 이 기반을 무너뜨리고, 왕권은 교황권에 강력한 도전을 하게 된 것이다. 14세기에 발생한 '교황의 바빌론유수'나 '교회의 대분열'은 바로 이러한 도전 앞에 교황권이 대항할 힘을 상실하였다는 것을 말해준다. 교황의 권위는 크게 실추되었으며, 각국에서는 국가교회주의의 추세가 강하게 나타났다. 한편 봉건적인 사회구조의 변화는 보편적 조직체였던 중세교회의 사회경제적 기반을 잠식하게 되었다. 새로운 세력으로 등장한 국왕이나 몰락의 길을 걷는 봉건귀족이 다 같이 '돈의 궁핍'(Geldmangel)에 시달리면서 교회의 재산을 탐내고 로마로 유출되는 돈을 가로채려고 하였으며, 장원제도의 붕괴로 농노신분과 봉건적 부담으로부터 해방되기 시작한 농민들은 10분의 1세와 같은 교회세에 대하여 회의적으로 될 수밖에 없었다. 끝으로 날로 증가하는 이단운동과 신비주의의 대두, 그리고 르네상스의 인문주의와 개성의 각성은 중세 말의 정신적·지적 풍토를 크게 변화시키고, 교회의 획일적인 정신적·문화적 통제를 크게 약화시키고 무력하게 만들고 있었다.

이상과 같은 상황은 종교개혁이 불가피하다는 것을 말해주고 있다. 사실 14세기 후반기에 영국에서 일어난 위클리프와 그 계승자인 롤라드파, 그리고 15세기 전반기에 보헤미아에서 발생한 후스파의 움직임은 명확한 종교개혁의 선구자였다. 문제는 교회의 개혁이 가톨릭교회 자체 내부에서 자발적으로 일어나느냐, 아니면 밖에서 교황권과 교회조직 전체에 대한 도전의 형태로 발생하느냐 뿐이었다. 그러나 교회 내부에서의 자발적인 개혁의 가능성은 매우 희박하였다. 15세기 초의 종교회의운동은 실패하였으며, 이 중대한 시기에 교황과 교회는 그 어느 때보다도 부패하고 타락해 있었다. 성직자의 타락은 당대인의 눈에 너무나 뚜렷하여 야유와 풍자와 비판의 대상이 되었으며, 교황 또한 르네상스의 물에 젖어 세속적이고 현세적인 욕망의 충족에 여념이 없었다. 마키아벨리의《君主論》의 모델의 한 사람으로 알려진 악랄한 권모술수의 名人 체자레 보르지아(Cesare Borgia)는 대표적인 르네상스 교황 알렉산더 6세의 조카라고 하였으나, 실제는 그의 아들이었다. 이렇게 교황이 그의 아들을 조카로 행세시키는 네포티즘(nepotism)은 르네상스기 교황청의 상식이었다. 교회내부로부터의 개혁, 그것도 매우 대담한 개혁을 기대할 수 없는 것이었다면, 외부로부터의 개혁, 즉 종교개혁은 거의 필연적이었다.

독일의 情勢

이렇게 본다면 종교개혁은 유럽의 어느 곳에서든지 일어날 가능성이 있었다. 실제로 15세기 말 르네상스의 중심이었던 피렌체에서 사보나롤라의 짧기는 하나 일종의 反르네상스적인 종교개혁의 움직임이 있었고, 후에 보듯이 각처에서 광범위하게 종교개혁이 발생하였다. 그러나 종교개혁이 가장 먼저 일어난 곳은 독일이었으며, 이 사실은 자연 그 이유가 무엇인가의 의문을 제기한다.

당시 독일은 앞서도 본 바와 같이 개별적인 연방국가의 형성으로 정치적 분열상태에 있었고, 7명의 선제후 중 세 사람이 종교제후였다는 사실로서도 알 수 있듯이, 종교세력이 강대하였다. 그렇기 때문에 독일은 교황청의 착취의 좋은 대상이었으며, 교황청의 젖소(乳牛)라고까지 불리워졌다. 이러한 상황은 당시의 독일황제 카알 5세(Karl V, 1519~1556)가 親교황적이었다는 사실로 더욱 강화되었다. 오스트리아의 합스부르크 왕실과 에스파냐 왕실간의 혼인으로 카알 5세는 에스파냐왕(카를로스 1세)이었다가, 1519년 독일황제에 선출되었다. 따라서 그는 유럽내에서만도 오스트리아·보헤미아·에스파냐·남부이탈리아와 시칠리아·네덜란드 등을 領有하는 강대한 군주였고, 하나의 거대한 제국을 건설한 형세에 있었다. 이에 대하여 강력한 저항과 반격을 가한 것이 프랑스의 프랑수와 1세(François Ⅰ, 1491~1547)로서, 두 사람의 대립은 특히 이탈리아에서의 패권쟁탈에 있어 격심하였고, 철저한 가톨릭인 에스파냐왕실 출신의 母后의 영향도 있었겠지만 카알 5세는 프랑수와 1세를 물리치고 이탈리아에서의 패권을 잡기 위하여서도 친교황적이었다.

이러한 카알 5세에 대하여 독일 내의 영방군주들은 그들의 독립성이 침해될 것을 우려하고 반항적인 입장에 있었다. 그들은 다른 군주와 마찬가지로 재정궁핍에 시달리고 독일의 돈이 로마로 흘러나가는 것에 분노를 느꼈으며, 광대한 교회재산을 몹시 탐내고 있었다. 그렇다고 그들은 독일의 근대화를 촉진시킬 기수역할을 담당할 존재는 되지 못하고, 봉건제후의 변신으로서 오히려 봉건적인 성격이 강하였다.

독일경제가 전반적으로 후진적인데다가, 당시 독일경제를 지배한 것은 아우크스부르크의 상인출신으로서 유럽의 국제적 대금융업자이면서 남부독일과 중유럽의 광산개발권을 비롯한 여러 독점권을 장악하고 있던 야콥 후거(Jacob Hugger, 1459~1525)였다. 후거의 실력은 독일황제의 선출에 있어 카알 5세와 프랑스와 1세가 경합하였을 때, 카알 5세를 지원함으로써 그를 황제에 당선시켰을 정도였다. 뿐만 아니라 후거는 교황청과도 막대한 금융대부를 통하여 밀착하고 있었으며, 종교개혁의 발단이 된 면죄부판매의 대금을 실제로 관리한 것도 후거의 대리인이었다.

이러한 거상 및 대금융업자에 대하여 도시의 중산적 생산업자나 상인들은 강한 반감을 갖고 있었고, 아직도 봉건적인 속박으로부터 완전히 해방되지 못하고 있던 독일농민층은 교회의 착취와 봉건적 부담을 증오하고 있었다.

이리하여 교황, 황제, 특권적 거상에 대하여 영방군주, 봉건귀족, 도시의 부르주아지, 그리고 농민층이라는 광범한 反로마적 · 反교황적 세력이 형성될 수 있는 잠재적 요인이 있었으나, 도시의 소생산자와 소상인 및 농민층은 영방군주나 봉건귀족, 그리고 도시의 상층부르주아지와 경제적 이해관계에 있어 반드시 보조가 일치할 수 없었다. 그리하여 루터의 종교개혁이 어떠한 사회세력과 결합하는가는 독일 종교개혁의 성격을 규정하게 될 것이었다.

끝으로 독일의 르네상스는 그렇게 화려하지도 않았고 활발한 편도 아니었다. 그러나 그리스도교 인문주의가 주류를 이루고, '共同生活의 兄弟團' 등의 영향을 많이 받아 경건주의와 신비주의의 경향이 강하였다. 이러한 정신적 · 종교적 풍토 또한 종교개혁에 유리하게 작용하였다.

루터와 免罪符

종교개혁이 거의 필연적이었다고는 하지만, 그것이 현실적인 움직임으로 나타나기 위해서는 마틴 루터(Martin Luther, 1483~1546)가 필요하였다. 루터는 아이스레벤(Eisleben)의 농민의 아들로 태어났으나 그의 부친은 곧 만스펠트(Mansfeld)로 옮겨 광부가 되었다. 광부라고 하지만 하나의 독립된 작업장을 가진 소생산자의 지위에 오른 부친은 루터를 대학으로 보내어 법률가가 되기를 원하였다. 1505년 루터는 에르푸르트(Erfurt) 대학을 졸업하고 부친의 뜻대로 법률을 공부하기 위하여 석사과정에 들어갔다. 그러나 어느 날 들판에서 심한 천둥과 번개를 만나 갑작스러운 죽음의 공포로 수도사가 될 것을 서약하고 부친의 큰 실망에도 불구하고 서약대로 아우구스티누스파 수도원에 들어갔다. 수도사가 된 루터의 가장 큰 문제는 그의 영혼의 구제였다. 교회의 교리와 수도원의 계율에 따라 조금도 비난받을 바 없는 수도사생활을 하면서도, 그는 신 앞에서는 여전히 죄인이라는 의식을 씻을 수가 없었다. 이렇게 심한 죄의식과 영혼의 구제문제로 고민하던 끝에 루터는 로마書(1, 17)에서 구원의 실마리를 얻었다. 그것은 신에 대한 신앙과 자비로운 신의 은총으로써만 인간은 구제될 수 있다는 것이었다. 그리하여 그는 교회가 말하는 바와 같이 聖事와 善行에 의해서가 아니라 오직 "신앙으로써만 의롭게 된다"(justification by faith)는 결론에 도달한 것이다(義認說).

1508년 작센 선제후에 의하여 신설된 지 얼마 안되는 비텐베르크(Wittenberg) 대학에서 강의를 맡은 루터는 수년 후 신학교수가 되어 그의 의인설을 중심으로 새로운 신학을 전개시키고 있었다. 바로 이러한 때 루터는 면죄부판매문제에 부딪치게 된 것이다.

면죄부(indulgence)는 중세 후반기에 십자군 종군자나 자선행위자에게 교황이 발급하는 것으로서 죄, 그것도 비교적 가벼운 죄를 교회에 누적된 聖者의 공덕으로 면제해 주는 것이며, 苦行을 비롯하여 교회가 정한 일정한 속죄행위를 수반하는 것이었다. 그러나 중세 말에는 이것이 남용되기 시작하여 교황의 재정적 필요를 보충하는 방편으로 이용되고, 15세기에는 그 효능도 확대되어 煉獄(연옥)으로부터의 구제까지 포함하게 되어 교회 내에서도 시비가 없지 않았다. 종교개혁의 발단이 된 면죄부 판매는 메디치家출신의 교황 레오 10세(Leo X, 1513~1521)가 성 베드로 대성당의 수축비용을 마련하기 위하여 발급한 것으로서, 때마침 마인츠 대주교로 임명된 호엔쫄레른家(Hohenzollern)의 알브레히트(Albrecht : Albert)는 막대한 初入稅(annate)를 마련할 길이 없어 이를 후거家에서 빌리고, 이를 갚기 위하여 교황으로부터 면죄부판매귀을 얻어낸 것이었다. 알브레히트의 면죄부판매를 맡은 도미니쿠스파 수도사 테첼(Tetzel)은 어떤 의미에서 매우 유능한 판매원이었다. 그는 단순히 면죄부를 산 사람의 죄만이 아니라 그의 부모 친지의 영혼조차 면죄부를 산 돈이 금고에(금고는 그나마 후거의 대리인이 관리하고 있었다.) 떨어지는 짤랑거리는 소리와 함께 연옥으로부터 튀어 나온다는 식의 과대선전을 하면서 판매에 열을 올렸다. 그렇지 않아도 의인설을 중심으로 새로운 신학을 전개하고 있던 루터는 1517년 10월 면죄부판매의 부당성을 지적하는 95개조반박문(Ninety-five Theses)을 비텐베르크성의 교회에 게시하였다. 루터의 이러한 행위는 종교상의 문제에 관하여 異見이 있을 때 이를 공표하여 시비를 가리기 위한 당시의 관례에 따른 것에 지나지 않았으나, 결과적으로는 교황권과 가톨릭교회에 대한 전면적인 도전으로 확대되었다. 종교개혁이 시작된 것이다.

루터의 宗敎改革

교회는 처음 이를 중요시하지 않았으나 루터의 반박문은 곧 독일어로 번역되어 인쇄술의 덕택으로 전국에 뿌려져 큰 반응을 일으켰다. 그 결과 1519년 루터는 교회의 입장을 대변하는 이골드슈타트(Igoldstadt) 대학의 신학교수 에크(Johann Eck)와 라이프찌히에서 공개토론을 갖게 되었다. 루터는 처음 자기의 견해가 가톨릭의 교리에 크게 어긋난다고는 생각하지 않고 토론에 임했으나, 유능한 토론자인 에크의 추궁을 받게 되자 루터는 정통적인 교리를 인정하면서 자기 입장을 옹호할 수 없다는 것을 깨닫게 되었다. 라이프찌히의 공개토론은 바로 이 점에, 즉 루터로 하여금 교황과 교회를 떠나야 한다는 인식을 갖게 하였다는 점에서 매우 중요하였다. 그렇기 때문에 "루터는 그러한 생각없이, 또는 자기 의사에 반하여 기묘하게도 역사상 가장 혁명적인 인물이 되었다"는 평을 받기도 한다.

루터는 다음 해에 자기 입장을 밝히는 세 개의 논문을 발표하였다. 그 하나는 〈독일 국민의 귀족에게 씀함〉(Address to the Nobility of the German Nation)이라는 것으로서, 성직은 반드시 신성한 것이 아니라는 주장과 더불어 독일귀족은 독일을 로마로부터 해방시키고 교회의 토지와 재산을 접수하라는 호소가 담겨져 있었다. 〈교회의 바빌론 유수〉(On the Babylonian Captivity of the Church)에서는 교황과 聖事制度를 공격하고, 〈그리스도人의 自由〉(On the Freedom of a Christian Man)에서 루터는 의인설을 중심으로 자기의 새로운 신앙을 전개시켰다. 이러한 책자발행과 더불어 그 해 말에는 기한부로 이단설을 철회하라는 교황의 칙서를 공중 앞에서 불살라 버림으로써 루터는 교황과 정면으로 대결하게 되었다. 사태가 이렇게 되자 이번에는 황제 카알 5세가 개입하였다. 1521년 카알 5세는 보름스(Worms)에 국회를 소집하여 군대를 배치한 삼엄하고 위협적인 분위기 속에서 루터에게 그의 견해의 철회를 요구하였다. 그러나 루터는 "나는 여기 서 있다, 나는 달리 될 수 없다."(Hier stehe ich, ich kann nicht anders)는 유명한 말을 던지고 황제의 요구를 단호하게 거부하였으며, 황제는 루터에 대한 법의 보호를 박탈하였다. 루터의 신변은 매우 위험했으나 돕는 사람이 있었다. 처음부터 루터에게 호의적이었던 작센 선제후는 국회개회 때부터 루터의 신변을 염려하여 부하를 배치시켰고, 루터가 법의 보호를 박탈당하자 곧 그를 발트부르크성(Waltburg)에 은신시켰다. 루터는 선제후의 보호 하에 약 1년간 여기 머물면서 성경을 독일어로 번역하였다. 이 성경번역은 루터가 자기의 입장을 널리 이해시키고 옹호하기 위한 것이었으나, 근대독일어의 발전에도 크게 공헌하였다.

이 무렵에 이르러 루터의 종교개혁은 루터 개인을 넘어 전국적인 국민운동과 사회운동으로 확대되었다. 1521년 루터보다 훨씬 급진적이고 사회개혁까지도 시도하려는 과격한 再洗禮派(Anabaptist : Wiedertäufer) 운동이 발생하였다. 그들은 어렸을 때의 세례는 무의식 중에 받은 것이기 때문에 성년에 달하여 확고한 신앙을 가졌을 때 다시 세례를 받아야 한다고 주장하였다. 그 지도자의 한 사람인 토마스 뮌처(Thomas Münzer, ca. 1490~1525)는 공산적인 사회건설을 주장하였다고 하나 확실한 증거는 없으며,[22] 그의 주된 사상은 묵시록적인 千年王國說이었으며, 최후의 심판과 신의 나라의 도래가 가까워졌다고 설교하였다. 그는 농민전쟁의 지도자로 활약하다가 체포되어 처형되었다. 재세례파는 극단적인 과격파로서 여러 곳에서 다양하게 나타났으며, 사회의 하층과 무교육자가 많았다. 그들은 모든 기존질서에 반감을 갖고, 기존의 법이나 도덕률이 아니라 각자의 양심이 바로 법과 도덕의 원천이라고 주장하였다(antinomianism, 도덕률폐기론). 그들은 또한 계급과 사유재산을 부정하고 신자들의 공동사회에서의 공동노동과 이익의 공동분배를 주장하기도 하였다. 1535년 네덜란드 출신의 재단사인 라이덴의 존(John of Leiden)을 중심으로 한 재세례파의 한 집단이 뮌스터(Münster)를 점령하여 그들의 공동사회를 건설하려고 하였으나, 一夫多妻制를 실시하는 등 현실적으로 혼란만 야기시키고 실패한 사례도 있다. 재세례파는 모든 교파로부터 심한 박해를 받았으며, 오늘의 케이커교도(Quakers), 침례교(Baptists), 메노파(Mennonites) 등은 그들의 후예거나 그들과 관련을 가진 교파들이다.

1522년에는 인문주의자로 알려진 후텐(Ulrich von Hutten, 1488~1523)과 지킹겐(Franz von Sickingen, 1481~1523) 등을 중심으로 제국기사의 반란이 일어났다. 제국기사는 황제 직속의 독립적인 소영주들이었으나 봉건사회의 붕괴와 영방국가의 성립과정에서 몰락의 길을 걷고 있었다. 그리하여 그들은 루터의 종교개혁을 기화로 루터를 지지하면서 과거의 영광된 독립적인 지위를 회복하려고 한 것이다. 그러나 그들의 시대는 이미 지나가 버렸으며 영방군주들에 의하여 곧 진압되었다.

가장 규모도 크고 사회적으로 심각했던 것은 농민전쟁(Peasants' War : Bauernkrieg)으로 불리워지는 농민반란이었다. 1524년 6월 슈바르츠발트(Schwar-

---

22) E.G. Rupp, "Luther and the German Reformation to 1529," *New Cambridge Modern History,* Ⅱ, p.87 참조.

zwald)지방의 스틸링겐(Stühlingen)에서 발생한 농민폭동이 순식간에 라인란트 (Rheinland)·슈바벤·프랑켄, 그리고 뒤링겐(Türingen) 등 남부독일 일대로 확산되어, 농민반란이라고 부르기에는 너무나 규모가 큰 그러기에 농민전쟁이라 고 부르게 된 대규모의 반란으로 확대되었다. 그들의 요구는 지역에 따라 약간씩 달랐으나, 가장 대표적인 것으로서는 메밍겐(Memmingen) 사람들의 '12개조' (Twelve Articles)로서 그 내용의 핵심은 농노제의 폐지와 봉건적 부담의 경감, 10분의 1세 등 교회의 착취의 경감 내지 철폐였다. 이 반란에는 빈농만이 아니라 부농도 참가하였으며, 그 밖에 광산노동자와 도시의 소시민 및 빈민들도 광범위하 게 참가하였다. 그러나 그들은 적절한 지도자를 얻지 못하고, 지역에 따라 온건파 와 과격파간에 서로 이해관계가 달라 공동전선을 결성하지 못하여 영방군주를 비 롯한 제후들의 가차없는 반격으로 다음 해 진압되었다.

루터는 농민의 아들임을 자랑하였고, 반란을 일으킨 농민들은 루터의 지지를 기 대하였다. 그러나 그는 농민반란을 지지하지 않을 뿐 아니라 오히려 적극적으로 반대하고, 반란자들을 미친 개를 잡듯이 때려 잡으라고 권고하였다. 루터에게 있 어 뮌처와 같은 지나친 광신주의자나 농민전쟁과 같은 과격한 반란은 다 같이 그 의 종교개혁을 파멸시키려는 악마의 소행이라고 생각되었으며, 그는 기존권위와 권력에 대한 시민적 복종이 그리스도교도의 의무라고 주장하였다.

이러한 루터의 태도는 매우 중요한 결과를 가지고 왔다. 즉, 농민전쟁 후 그의 종교개혁은 독일의 민중을 떠나 영방군주를 비롯한 기존의 정치적 지배세력에 의 존하게 되었으며, 이는 후에 루터파교회를 국가에 종속시키는 결과를 가져왔다.

아우크스부르크의 宗教和議

독일 내의 루터파 제후들에 대한 카알 5세의 태도는 그와 적대관계에 있는 프랑 수아 1세와 동쪽으로부터 오스트리아를 위협하는 오스만 투르크족과의 관계에 크 게 좌우되었다. 프랑스와 투르크의 위협이 강대하였던 1526년 카알 5세는 스파이 에르(Speyer)국회에서 루터파 제후들에게 양보하였으나, 그 후 사태가 호전되자 1529년 같은 장소에서 열린 국회에서 다시 강경한 자세를 취하였다. 루터파 제후 들은 이에 항의하였으며, 그리하여 신교도들을 '항의하는 사람들', 즉 '프로테스탄 트'(Protestants)라고 부르게 되었다. 1530년 아우크스부르크에서 열린 국회에 루터파는 메란히톤(Melanchton)이 편찬한 《信仰告白》(Confession of Augsbu-rg)을 제출하고, 그것이 부인되자 다음 해 슈말칼덴동맹(League of Schmal-kalden)을 결성하여 황제에 대항하였다. 두 파의 대립은 내란상태로까지 확대되 었으나(1546년 이후) 1555년 아우크스부르크의 宗教和議로 일단락을 지었다. 그 주된 내용은 첫째로 "지배자가 종교를 지배한다."(Cuius regio, eius religio)는 원칙에 따라 제후들과 자유도시에게 종교선택의 자유가 주어졌으며, 둘째로 선택의 자유는 가톨릭과 루터파에 한정되고, 칼뱅파는 물론이요 재세례파를 비롯한 다른 교파는 엄격히 배제되었다. 그렇기는 하나 이제 교황의 지배를 받지 않는 새로운 교회가 정식으로 인정되었다는 사실은 매우 중요하였다. 농민전쟁의 영향으로 남부독일은 가톨릭으로 남고, 루터파교회는 대체로 북부독일에서 채택되었으며, 덴마크·스웨덴·노르웨이의 군주들이 또한 루터파를 받아들였다.

칼비니즘

루터의 종교개혁이 시작된 지 얼마 안되는 1519년 스위스의 쮜리히에서는 츠빙글리(Zwingli, 1484~1531)의 종교개혁이 진행되고 있었다. 그는 루터파보다 더 철저하게 성경주의를 내걸고 聖體聖事도 폐지할 것을 주장하였다. 그러나 1531년 그의 개혁에 반대하는 삼림지대의 가톨릭세력과 싸우다가 전사하였다.

츠빙글리의 뒤를 이어 스위스에서 종교개혁을 성공시킨 사람이 칼뱅(John Calvin, 1509~1564)이었다. 그는 프랑스의 중산계급출신으로 법률을 공부하다가 개혁사상에 물들고, 1530년을 전후한 시기에 신의 계시를 받았다. 그러나 독일황제에 대항하기 위하여 루터파를 적극적으로 지원하던 프랑수아 1세도 국내에서는 이를 철저하게 탄압하였기 때문에, 칼뱅은 스위스의 바젤로 피신하여 츠빙글리의 주장을 연구하면서 스스로의 사상을 체계화하여 《그리스도敎綱要》(*The Insti-tutes of the Christian Church,* 1536)를 저술하였다.

그의 주저인 《그리스도교강요》가 발간된 1536년 칼뱅은 제네바로 들어가 그 곳에서 종교개혁을 단행하고, 죽을 때까지 제네바를 종교적으로 지배하였다. 그의 지배는 일종의 神政政治였으며, 축제와 오락적인 모임을 금지하고 극장도 폐쇄하는 등, 시민들에게 매우 엄격한 금욕적인 생활이 강요되었다. 그러나 칼뱅의 명성은 전유럽에 퍼져 각처로부터 그에게서 배우고자 하는 숭배자들이 모여들어 칼뱅은 '프로테스탄트의 교황'이라고까지 불리워졌다. 그리하여 칼뱅의 새로운 교리는 유럽의 여러 곳에 널리 전파되었으며, 프랑스의 위그노(Huguenots), 네덜란드의 고이센(Geussen), 스코틀랜드의 장로파(Presbyterians), 영국의 청교주의(Puritanism) 등은 다 칼뱅파(Calvinism) 계통에 속한다.

칼뱅의 교리 중 가장 핵심적인 것은 예정설(Predestination)이다. 이에 의하면 인간은 죄악으로 타락함으로써 모든 정신적 선과 구제를 초래할 수 있는 것에 대한 의지능력을 완전히 상실하였으며, 신은 스스로의 영광을 나타내기 위하여 그 결의로써 어떤 사람들을 영원의 생명으로 예정하고, 다른 사람들은 영원의 죽음으로 예정하였다는 것이다. 이는 어떤 의미에서 무서운 교리이다. 그러나 이 교리는 그것을 받아들인 사람에게 역사상 보기드문 영웅적 행동을 할 수 있는 힘을 주고, 그들의 교회를 '전투적인 교회'(ecclesia militans)로 만들었다. 왜냐하면 예정설을 받아들인 칼뱅교도들은 구제의 확신과 더불어 신에 의하여 선임되었다는 선민의식을 갖고 신의 영광을 이 지상에 나타내기 위하여 現世로 향하였기 때문이다. 이제 그들에게 있어 세속적 직업은 단순히 신으로부터 주어진 것으로서, 각자 그 신분에 따라 의무를 이행해야 한다는 다분히 중세적인 루터의 직업관과는 달리, 신에게 구제를 받았다는 '확신의 표지' 또는 악마와 나날이 싸우면서 신의 영광을 나타낼 '신앙의 싸움터'라는 매우 적극적인 의미를 가지게 되었다. 그리하여 칼뱅교도들은 근면하게 직업노동에 종사할 것이며, 이를 위하여 모든 사치와 낭비를 배격하고, 그들의 생활전체를 합리적으로 조직할 것이 권고되었다. 뿐만 아니라 그 결과로써 초래되는 재화의 축적이 적극적으로 긍정되고 축적된 재화는 절약으로 자본을 형성하고, 금욕적인 소비억제로 재생산에 투입되어 생산력의 확대를 초래하였다.

이상은 막스 베버(Max Weber, 1864~1920)가 그의 유명한《프로테스탄트의 倫理와 資本主義의 精神》에서 주장한 내용의 요지이며, 그의 주장에 대하여 오늘날까지 찬반 양론이 있다. 그러나 칼비니즘이 재화의 축적과 합법적 이윤의 추구를 적극적으로 긍정하고, 이를 위한 금욕적인 生活倫理형성의 주된 원천이 되었으며, 그러한 생활윤리가 당시 향상의 길을 걷고 있던 생산적인 중산계급에게 널리 받아들여진 것은 사실이다.[23]

英國의 宗敎改革

영국의 종교개혁은 국왕 헨리 8세(1509~1547)의 이혼문제에서 발단되었다. 헨리 8세는 독일에서 종교개혁의 바람이 거세게 불고 있을 때, 루터를 공격하여 교황으로부터 '신앙의 옹호자'(Fidei Defensor : Defender of the Faith)라는 명예로운 칭호까지 받았다. 그러나 18년간이나 같이 살아온 에스파냐 왕실출신의 왕비 캐더린(Catherine)과 이혼하고, 宮女 앤 불린(Anne Boleyn)을 正妃로 맞이하려고 교황에게 승인을 요청하였을 때, 교황과 틈이 생겼다. 교황으로서도 헨리의 요청을 들어주고 싶은 생각이 없지 않았으나, 캐더린은 때마침 루터파와 싸우고 있는 카알 5세의 異母였기 때문에 교황은 주저하였던 것이다. 이에 헨리 8세는 1534년 首長令(Act of Supremacy)을 의회에서 통과시키고, 영국교회를 로마교황으

---

23) 拙稿《宗敎改革과 近代社會의 成立》, 西洋近代史硏究(1975), pp. 32~47 참조.

로부터 분리시키는 동시에, 국왕이 독립한 영국국교회(Anglican Church)의 首長
임을 선포하였다. 헨리 8세는 잇따라 수도원을 해산하고(1536년과 1539년), 수도원
의 막대한 토지재산을 몰수하여 왕실의 수입으로 삼는 한편, 측근과 공로자들에게
분배하였다. 이와 같이 국왕의 이혼문제를 계기로 종교개혁이 단행될 수 있었던
것은 영국 국민에게 광범하게 교황과 로마에 대한 반감이 있었고, 민족주의가 싹
트고 있었기 때문이다.

영국의 종교개혁은 종교나 신앙문제로 일어난 것이 아니기 때문에 헨리 8세 때
의 영국 국교회는 단순히 로마로부터 분리되어 독립하였을 뿐이지, 신앙내용이나
예배형식에 있어 아무런 변화도 없었다. 그의 뒤를 이은 에드워드 6세(Edward
Ⅵ, 1547~1553) 때 프로테스탄트의 요소를 받아들여《일반기도서》(*Book of Com-
mon Prayer,* 1549년 제정, 1552년에 간행)가 마련되었다. 그러나 이혼당한 캐더린의
딸 메리(Mary the Tudor, 1553~1558)가 왕위에 오르자 영국 교회는 가톨릭으
로 복귀하였다. 메리여왕은 에스파냐의 필립 2세와 혼인하였으나 소생이 없었다.
그리하여 다음에 앤 불린의 딸 엘리자베스 1세(Elizabeth Ⅰ, 1558~1603)가 즉위
하자, 여왕은 통일령(Act of Uniformity, 1559)으로 영국의 국교주의(Anglica-
nism)를 확립하고, 이어 〈39개조〉(1563)를 제정하여 프로테스탄트적인 신앙내용
을 채택하였다. 그러나 예배형식에는 거의 손을 대지 않았고, 따라서 영국교회는
프로테스탄트교회 중 가장 가톨릭에 가까운 편이다. 그리하여 한편으로는 가톨릭
부활운동이 전개되는 반면, 청교도(Puritans)를 비롯한 보다 혁신적인 신교파의
불만도 적지 않았다.

가톨릭敎會의 改革

종교개혁의 바람이 거세게 불어닥치자 가톨릭교회도 좌시할 수만은 없었다. 그
리하여 스스로 교리를 가다듬고 각종 폐단을 시정하면서 프로테스탄트에 대한 반
격에 나섰다. 우선 트렌트의 공의회(Council of Trent, 1545~1563)를 통하여 가톨
릭교회는 프로테스탄트의 주장을 반박하고, 기본적인 교리를 재확인하였다. 즉,
성경과 더불어 가톨릭교회의 전통에도 계시로서의 가치를 인정하고, 신앙만이 아
니라 선행 또한 구제에 필요하며, 인간에게는 신의 뜻에 대하여 적극적으로나 소
극적으로 응답할 수 있는 자유의지가 있으며, 7聖事는 여전히 유효하다는 점 등이
재확인된 것이다. 그 밖에 성직매매나 뇌물로 인한 성직겸무에 기인하는 不在聖職
者를 없애고, 성직자의 품위향상을 위한 교육 등도 검토되었다.

트렌트의 공의회와 나란히 교황청 자체 내부의 반성과 자숙이 단행되어 르네상
스적인 세속적이고 향락적인 분위기가 일소되었다. 이와 더불어 종교재판(Inqui-

sition)을 강화하고 금서목록(index)을 작성하여 이단을 방지하고 제거하는 데 노력하였다.

가톨릭의 개혁에 있어 경건한 수도회조직의 활동 또한 컸다. 종전의 프란체스코파, 도미니쿠스파, 카르멜수도회 등이 생기를 되찾아 활발한 활동을 재개하는 한편, 예수회(society of Jesus)와 같은 새로운 교단이 생겨나기도 하였다.

예수회는 에스파냐의 군인출신인 이그나티우스 로욜라(Ignatius Loyola, ca, 1491~1556)에 의하여 설립되었으며, 1540년 교황의 정식인가를 받고, 가톨릭 세력의 회복과 확장에 눈부신 활약을 하게 되었다.

예수회 수도사(Jesuits)는 2년간의 견습기간과 다시 10년간의 수학기간을 거쳐야만 했고, 上位者에 대한 순종, 특히 교황에 대한 절대순종을 서약함으로써 교단 내의 단결을 강화하고 교황직속의 가장 충실한 집단이 되었다. 종교재판의 강화와 예수회의 활동으로 이탈리아와 에스파냐에서는 프로테스탄트가 발을 붙이지 못하고, 예수회는 다시 오스트리아를 중심으로 남부독일과 폴란드 등을 가톨릭으로 복귀시키는 데 주된 역할을 담당하였다. 뿐만 아니라 때마침 지리상의 발견으로 진출의 길이 열린 아메리카대륙과 특히 아시아에 대한 전도사업에서도 다른 수도회와 더불어 맹활약을 하였다. 이러한 교세회복과 해외전도사업 외에 예수회는 교육활동도 중요시하였으며, 그들의 부속학교는 당대 지배층의 엘리트양성소가 되었다.

宗教改革의 結果

종교개혁에 대하여 공정한 객관적인 태도를 가진다는 것은 힘드는 일이다. 가톨릭과 프로테스탄트가 종교개혁에 대하여 정반대의 입장을 취하고 있는 것은 차라리 당연한 일이라고 하겠다. 이를테면 가톨릭의 입장에서는 프로테스탄트의 운동은 종교개혁이 아니라 '반란'(revolt)이며, 가톨릭의 개혁이야말로 참된 종교개혁이다. 그러나 프로테스탄트의 입장에서 본다면 가톨릭의 개혁은 '반동 종교개혁' (Counter-Reformation)인 것이다. 이렇듯 명칭부터 다르니 세부적인 내용에 이르러서는 더 말할 나위가 없다. 따라서 종교개혁의 결과를 논하는 경우 입장에 따라 서로 다른 다양한 의견이 나오리라는 것은 짐작하고 남음이 있다. 그러므로 가능한 한 역사적인 입장에서 공정하게 객관적으로 살피도록 노력하는 수밖에 없을 것이다.

학자에 따라서는 프로테스탄티즘(Protestantism)이 신앙을 내면화하고 심화시켰다고 주장한다. 개신교가 가톨릭교회의 교리나 의식의 번잡함을 피하고, 신앙과 그것의 근거로서 성경을 내세우며, 원시그리스도교로 돌아가고자 한 것은 사실이다. 그리고 종교개혁 당시의 가톨릭교회나 성직자의 타락과 세속화를 생각한다면 어느 정도 긍정이 가는 견해인 것 같다. 그러나 공정하게 보아 개신교의 신앙이 가톨릭보다 더 참되고 내면적이라고 할 수 있을 것인지는 의심스럽다.

이보다 좀 더 타당성이 있어 보이는 것은 종교개혁이 유럽 근대사회의 가장 중요한 이데올로기라고 할 수 있는 개인주의와 민주주의와 더불어 자유주의의 중요한 구성요소인 종교적 관용을 초래하고 발전시켰다는 견해이다. 개신교 전체에 공통되는 개인의 신앙을 가장 중요시하는 점이라든가, 칼비니즘 계통의 교회조직 등을 본다면 종교개혁이 개인주의와 깊은 관련이 있고, 민주적인 발전에 어느 정도 공헌한 점을 시인하지 않을 수 없다. 그러나 종교개혁이 개인주의나 민주주의의 원천이었다고 주장한다면 그것은 지나친 견해라고 하지 않을 수 없다.

종교적 관용에 이르러서는 전혀 해당되지 않는다. 루터나 칼뱅은 다같이 편협하고 배타적이었으며, 가톨릭에 대해서는 물론이지만 같은 개신교 내의 다른 교파에 대해서 이를 서로 용납하려 하지 않았다. 종교개혁의 제1차적이고 가장 두드러진 결과는 각 교파간의 대립과 배척, 그리고 가톨릭과 프로테스탄트간의 치열한 무자비하고 잔인한 종교적 대립과 분쟁이었다. 사실 루터의 종교개혁이 일단 성취된 후, 약 1세기 동안은 바로 종교전쟁시대였던 것이다. 신·구교를 포함한 각 교파간의 무자비한 박해와 피비린내나는 살육을 거듭하고 지친 끝에 종교적 관용은 서서히 자리를 잡게 되었으며, 그것도 국가의 정치적인 배려에서 취해졌으며, 그 원천을 찾는다면 종교개혁이 아니라 오히려 르네상스의 인문주의에 구해야 할 것이다.

새로운 프로테스탄트교회의 성립과 그 내부에서의 끊임없는 새로운 교파의 발생은 로마교황을 중심으로 유지되어 오던 그리스도교세계의 통일을 파괴하고 그리스도교 세계의 분열을 가져왔다. 이와 더불어 로마제국의 보편적 이념을 계승하였던 중세 가톨릭교회의 보편적 이념도 현실적으로 파괴되고, 이념상으로도 사멸하였다. 이제 종교적으로 또한 정치적으로 통일된 유럽세계라는 이념은 사라지고, 국가가 역사의 전면에 나서고, 교회는 좋든 싫든 점차로 그 그늘에 가리워지게 되었다.

이러한 결과는 반드시 종교개혁가가 본래 의도한 것이 아니었다. 그러나 그리스도교세계의 통일의 파괴와 그리스도교세계의 분열은 결과적으로 중세 말 이래의 각 분야에서의 세속적인 발전을 촉진시키고 강화시켰다. 이제 종교는 세속세계에 대한 지배력이나 통제의 힘을 상실하고, 점차로 개인 영혼의 문제로 국한되게 되었으며, 이는 어떤 의미에서는 그 본래의 모습으로 되돌아가게 된 것이라고 하겠다. 이러한 맥락에서 종교개혁은 국가중심의 세속적이고 현세적인 유럽의 근대세계의 성립과 발전에 간접적으로 공헌하였다고 할 수 있겠다.

끝으로 일부 프로테스탄티즘, 특히 칼비니즘은 그리스도교적인 금욕을 수도원으로부터 '生活의 장터'로 끄집어 내어 세속적인 일상생활의 개조를 시도하게 되었다. 그리하여 근대적인 직업윤리와 새로운 금욕적인 생활윤리가 탄생하고, 중산계급에 널리 받아들여지면서 유럽 근대사회발전의 중요한 정신적 지주가 되었다.

제 5 편

近代社會의 成立

제 10 장

絶對王政時代

르네상스와 지리상의 발견, 그리고 종교개혁으로 근대의 동이튼 유럽은 16세기로부터 18세기에 걸쳐 절대왕정시대를 맞이하게 된다. 이 시기는 유럽 근대사회성립의 초기단계로서 절대왕권을 중심으로 근대국가의 체제가 갖추어지기 시작하고, 초기자본주의가 성장하며, 근대문화의 확고한 토대가 구축된다.

왕권을 중심으로 통일을 달성한 유럽의 여러 나라는 종교개혁으로 인한 신·구교의 대립과 왕위를 둘러싼 정치적 내분 등으로 내란과 전쟁을 겪게 되고, 지리상의 발견으로 열리게 된 해외로의 진출을 서두르고, 식민지획득에 또한 치열한 경쟁을 벌이게 되었다.

지리상의 발견에 앞장을 섰던 포르투갈과 에스파냐가 먼저 번영을 자랑하였으나, 에스파냐로부터 독립한 네덜란드가 현저한 경제적 발전을 이룩하고, 17세기 후반에는 루이 14세 치하의 프랑스가 융성하였다. 영국에서는 17세기에 두 번에 걸쳐 혁명이 발생하여 절대왕정이 무너지고 의회중심의 입헌정치가 수립되었으며, 18세기에는 프로이센과 러시아가 유럽의 새로운 강대국으로 등장하였다.

르네상스에서 싹튼 근대문화는 절대왕정기에 더욱 발전하였으나, 18세기에는 절대왕정에 비판적인 새로운 사상이 등장하였다. 뿐만 아니라 지리상의 발견 이래 급속하게 성장한 시민계급은 절대왕정의 전제정치와 그 때까지도 남아있던 봉건적 잔재를 타파하고, 그들에게 적합한 정치체제와 사회를 건설하려고 하였다. 그리하여 절대왕정시대는 시민혁명과 산업혁명의 단계로 넘어가게 된다.

제 1 절   絶對王政의 構造

政治構造

국가에 따라 차이는 있으나, 일반적으로 16세기로부터 18세기에 걸친 시기를 유럽史에서는 절대왕정(Absolute Monarchy)시대 또는 절대주의(Absolutism)시대라고 한다.[1] 이 시기는 유럽사회가 봉건사회를 탈피하여 근대적 발전의 단계로 접어 든 시기로서, 유럽근대사회성립의 초기단계라고 할 수 있다. 따라서 정치나 사회 경제, 그리고 문화면에서 근대적인 발전이 두드러지기는 하나, 다른 한편으로는 아직도 봉건적인 요소나 세력이 남아있는 시기로서, 그러한 봉건적 잔재는 절대왕 권의 전제정치와 더불어 18세기 후반으로부터 19세기 초에 걸쳐 시민혁명과 산업 혁명으로 일소되어 19세기에 근대적인 시민사회가 확립된다.

절대왕정국가는 봉건제후의 지방분권적인 정치체제를 지양하고 왕권을 중심으 로 국가통일이 이루어지고, 행정·사법·군사면에서 중앙집권이 달성된 근대초기 의 국가를 말한다. 국가통일과 중앙집권의 중심이 된 왕권은 매우 강대하였고, 그 정치는 오늘의 시각에서 본다면 전제정치였다. 그러나 절대왕권이라는 표현이 시 사하는 바와는 달리 왕권은 아무런 제약도 받지 않는 절대적인 권력은 아니었고, 그 전제정치 또한 고대이집트의 파라오나 로마황제의 전제정치에 비하면 훨씬 느 슨하고, 여러 제약과 견제세력이 있었다. 그러므로 절대왕정에서의 왕권의 절대성 은 중세의 봉건적인 권력분산에 대비해서의 절대성이었고, 보다 더 구체적으로는 정치적인 대립이 발생하였을 때, 국가 내의 다른 세력에 대하여 왕권이 자기의사 를 관철시킬 수 있는 정도에 상응하는 것이었다. 그러므로 절대왕정이란 군주가 그의 통제 하에 있는 군사조직과 관료조직의 지원을 받으면서, 전영토에 국가권력 을 실질적으로 그리고 효과적으로 행사하는 정치체제를 말한다. 이 경우 절대왕권 의 효과적인 권력행사가 도전을 받았을 때, 반대세력, 이를테면 귀족이나 의회, 또는 세습적 관료집단을 굴복시킬 수 있다는 사실이 절대왕정의 본질적인 기준이 된다.[2]

절대왕정의 성립과 유지에 있어 가장 중요한 요소는 관료제와 상비군이었다. 통 치와 행정에 있어 전적으로 국왕에게 의존하고, 국왕의 의사를 충실하게 이행하려 는 관료집단의 발생과 이용은 왕권강화의 중요한 첫걸음이었으며, 필요할 때 언제 나 동원할 수 있는 상비군의 보유는 국왕으로 하여금 봉건제적인 구속을 탈피할 수 있는 계기가 되었다. 관리는 그 대부분이 귀족아닌 '미천한 출신자', 즉 중산층 이나 시민계급출신이었고, 봉토가 아니라 녹봉이 지급되었다. 그러므로 관료집단 의 발생과 그 팽창은 자연 국가의 재정지출을 증대시키게 되었지만, 관료기구가

<hr>

1) 엄격히 따지면 절대주의라는 말이 이 시기의 정치·경제·사회를 포괄적으로 지칭하 는 술어이고, 절대왕정이나 절대왕권은 이 시기의 정치체제 내지 정치구조를 가리킨 다. 그러나 절대왕정과 절대주의는 많은 경우 동의어로 사용된다.

2) Immanuel Wallerstein, *The Modern World-System* I : *Capitalist Agriculture and the Origins of the European World-Economy in the Sixteenth Century*(1974), p. 145 note 51 참조.

효율적인 경우 이를 상쇄하고 남음이 있었다.[3]

절대왕정기의 상비군의 주력은 용병('mercenary' soldiers)이었다. 용병은 목숨을 건 위험한 직업이었기 때문에 아무나 돈으로 고용할 수가 없었다. 그렇기 때문에 지역적으로는 후진지역[4] 그리고 사회적으로는 하층출신자로 메꾸어졌다 .15세기 후반부터의 인구증가는 유랑민을 증가시켰고, 유랑민의 증가는 사회질서에 위협을 가하였다. 그러므로 그들의 일부를 용병으로 흡수한다는 것은 부분적으로 실업을 해소하고, 위험분자인 나머지 유랑민을 억압하는 일거양득의 효과가 있었으며, 상비군의 유지는 상공업을 자극하였고, 특히 전시에는 군납업자와 무기제조업자에게 큰 혜택을 주었다.

왕권은 봉건체제 하에서도 명분상으로라도 우월한 지위를 누렸고, 중세 말 이래 실질적으로 권력을 강화함으로써 그의 정통성을 내세울 수가 있었다. 왕권의 전통성은 실질적으로 당시의 지배층이나 지배집단에 의하여 인정되고 있었으며, 절대왕정의 성립과 더불어 나타난 왕권신수설은 이러한 절대왕권의 정통성을 옹호하고 절대왕정을 정당화하는 이데올로기로서 큰 몫을 하였다(本書 p. 380).

絶對王政의 性格

절대왕정은 근대국가의 면모를 갖추기 시작하였으나, 아직도 진정한 의미의 근대적인 국민국가(nation state)는 아니었다. 절대왕정은 종속적인 민중의 동질화를 기본요소의 하나로 삼고 있으나 진정한 국민은 형성되지 않았고, 따라서 절대주의는 민족주의의 역사적 선행조건이지 민족주의는 아니다. 민족주의는 대중감정이지만, 절대주의는 국가통치에 직접 관여하거나, 이에 이해관계를 갖는 소수집단 내지 소수인의 감정이고 그나마 국왕 개인을 향한 것이지, 국가구성원의 전체집단의 감정은 아니다.[5] 그러므로 절대왕정 하에서는 왕조적 이해관계와 국민적 이해관계가 미분화 상태에 있거나, 오히려 왕조적 이해관계가 앞서는 형편이었다. 당시의 관료나 군대도 본질에 있어 국가나 국민을 위하여 존재한다기보다는 절대

---

3) 프랑스에서는 주로 재정수입의 증대라는 관점에서 관직매매(venalité)가 성행하였고, 앙리 4세는 1604년 관직보유자가 관직가치의 60分의 1에 해당하는 年稅를 납부하면 관직의 세습을 인정하는 폴레트(paulette)制를 실시하였다. 관직매매, 특히 폴레트制에 의하여 세습적인 관료집단이 형성되자 왕권과의 관계가 미묘해지고, 국왕은 세습관료의 통제에 고심하게 되었다 .상세한 것은 金成鶴《프랑스官職賣買와 絶對王政의 形成, 1598~1643》, 西洋史論 vol., ⅩⅩⅢ(1982) 참조.

4) 이를테면, 가스코뉴(Gascogne), 피카르디(Picardie), 브르타뉴, 웨일즈(Wales), 코르시카(Corsica), 사르디니아(Sardinia), 달마티아(Dalmatia) 등 지역이며, 특히 스위스 출신의 용병은 그 용맹으로 이름을 날렸다.

5) I. Wallerstein, p. 145.

군주를 위한 관료요, 군대였다. 그러한 의미에서 절대왕정을 왕조국가(dynasty state)라고도 부를 수 있으며, 루이 14세가 말했다고 전해지는 '국가, 그것은 즉 나다'(L'état, c'est moi)라는 표현이 절대왕정의 일면을 잘 말해주고 있다.

절대왕정의 성격에 관하여 일찍이 엥겔스(Fr. Egels)는 《가족, 사유재산 및 국가의 기원》에서 서로 대립하는 계급들의 세력이 거의 동등하여 국가가 그들의 중재자로서 독립적인 존재가 되는 예외적인 시기가 있는 바, 유럽의 17세기와 18세기의 절대왕정이 바로 이에 해당되며, 이 시기에 귀족과 부르주아지는 서로 균형을 이루고 있었다고 말하였다.[6] 이러한 엥겔스의 해석은 마르크스주의자만이 아니라 비(非)마르크스주의 역사가들에게도 널리 수용되었다. 그러나 최근 일부 마르크스주의자들은 엥겔스의 일종의 계급균형설을 거부하고 절대왕정의 봉건적 성격을 강조하고 있다. 즉, 그들에 의하여 절대왕정은 재편성된 봉건적 지배장치이며 봉건국가의 최종단계라는 것이다.[7] 그러나 이러한 해석은 영국이나 프랑스에는 해당하지 않고, 오히려 프로이센, 오스트리아, 러시아 등 동유럽의 절대왕정에 더 잘 어울린다. 그렇다고 동유럽의 절대왕정에 근대적인 요소가 전혀 없는 것도 아니며 다만 봉건적 성격이 서유럽의 절대왕정에 비하여 훨씬 강하다는 것이다. 이 점에 관해서는 다시 후술하겠지만 절대왕정은 동·서 유럽을 통털어 근대국가의 초기단계이며, 서유럽의 경우 부르주아지를 중심으로 한 근대적인 세력과 낡은 봉건세력과의 균형 위에 절대왕권이 군림하였다.

상기한 절대왕정의 성격에 관한 두 해석은 주로 계급구조의 시각에서의 해석인데 절대왕정에는 또 하나 무시할 수 없는 중요한 요인이 있다. 그것은 절대왕정이 그 성립과정에서 중세적인 것을 철저하게 분쇄한 것이 아니라 봉건적이고 중세적인 요소나 세력을 왕권에 굴복시키면서 온존하였다는 사실이다. 그 결과 중세 후반기에 출현한 거의 모든 독립적이고 자치적인, 따라서 저마다 독자적인 권리와 이권을 가진 집단이나 단체들(privileged corporate bodies)이 정치적 독립성을 상실하였으나 실질적으로 잔존하였다. 즉, 여러 신분, 지방, 자치도시, 상공업 길드, 대학, 학회, 수도회와 교단 등의 종교단체, 특권회사, 관료집단 등이 그것들이며, 사실 절대왕정국가는 이러한 특권적인 집단과 단체들의 집단체이기도 하였다.[8] 그러므로 이러한 집단이나 단체들의 부분적이고 이기적인 권리추구를 그대로 방치하는 경우 서로 대립하고 갈등을 빚을 위험이 컸으며 국가 전체의 복지나 발전을 저해할 염려가 있

---

6) Ibid., p. 159 註 101 참조.
7) Perry Anderson, *Lineage of the Absolutist State*(1974), p. 18 이하 참조.
8) 東京大學의 柴田三千雄는 이러한 사실을 중요시하여 절대왕정국가를 「社團國家」라고 부르고 있다. 「近代世界と民衆運動」(1983)

었다. 그리하여 절대왕정은 이를 통제하고 통일된 국가에 융합시킬 필요가 있었고 절대왕정은 완전하지는 못했으나 어느 정도 이 과업을 성공적으로 수행하였다.[9] 그러므로 시민혁명은 절대왕정의 전제정치를 타도하고 봉건적 잔재를 제거할 뿐 아니라 중세 이래의 독립적이고 자치적인 집단과 단체의 특권을 분쇄하지 않으면 안되었다.

重商主義

절대왕정은 관료와 상비군을 유지하고, 국가를 통치하기 위하여 많은 돈이 필요 하였다. 그리하여 조세제도를 마련하고, 국가재원을 증대시키기 위하여 중상주의 (Mercantilism)로 알려진 일련의 경제정책을 실시하였다.

12세기 이후 유럽경제는 자연경제로부터 시장경제로 전환하게 되고, 중세 말로 부터 근대 초에 이르러 화폐의 중요성은 날로 증가하였다. 당시의 화폐는 금, 은 등이 주가 되었기 때문에 초기의 중상주의는 화폐인 금이 바로 國富를 상징하는 것으로 생각하여, 될 수 있는 대로 많은 양의 금을 모으고 보유하려고 하였는데, 이를 가리켜 重金主義(bullionism)라고 한다. 그러나 금을 산출하는 지역은 한정 되어 있고, 에스파냐와 같이 신대륙에서 많은 금이 들어오는 경우를 제외하고는 금을 직접 획득할 길이 없었다. 그러한 경우 택할 수 있는 방법은 외국으로부터 물 건을 적게 사들이고, 그 대신 외국에 많은 물건을 팔면 그 차액만큼의 금이 남게 되는 것이므로, 수입을 억제하고, 수출을 증대시켜 그 차액을 얻는 방법이다. 이것 이 무역차액설(theory of balance of trade)로서, 구체적으로는 보호관세를 설치 하여 수입을 억제하고, 수출장려책을 쓰는 것이다.

그러나 좀 더 깊이 살펴보면 무역차액의 원천은 결국 국내공업의 발달여하에 의 존한다고 하겠다. 수입대체상품의 국내생산은 물론이요, 특히 수출공업의 육성과 보호가 관건이 되는 것이다. 그러므로 중상주의는 상업과 무역만이 아니라, 나아 가서 국내공업의 보호와 육성에도 역점을 두게 되는 것이다. 그리고 이와 관련해 서 중요시된 것은 해외식민지였다. 지리상의 발견으로 유럽인은 아메리카대륙과 아시아로 진출하게 되고, 각국은 식민지획득에 열을 올리게 되었으며, 일단 식민 지를 획득하면 본국의 공업이나 상인에게 유리하게 식민지에 여러 제약을 가하고 통제하였다. 이러한 식민지정책 또한 중상주의의 주된 내용의 하나다.

이렇듯 중상주의는 경제활동 전반에 걸쳐 국가의 간섭과 통제, 그리고 보호·육

---

9) William H. Sewell, gr., "Idealogies and Social Revolutions : Reflections on the French Case", *The Journal of Modern History,* vol 57, no. 1, March 1985. 참조.

성을 내용으로 하는 경제정책이었으나, 그 궁국의 목표는 국가 통일과 국가권력의 증대에 있었다. 그러므로 어떤 의미에서 중상주의에 담겨진 국가주의(statism)는 근대 초의 유럽 각국에 있어 통일된 국가 건설(nation-building)의 포괄적인 이데올로기이기도 하였다.[10]

중상주의는 후에 자유방임주의의 입장에서 비난과 공격을 받았으나, 국내상공업이 미약하고, 시민계급이 아직 독립할 수 있을 정도로 성장하지 못하고 있던 근대 초에 있어서는 나름대로의 역사적 사명과 필요성을 지니고 있었으며, 특히 해외무역이나 식민지획득에 있어서는 국가의 적극적인 개입과 후원이 불가결하였다.

社會經濟構造

이미 중세 말에 일부 수출공업의 중심지였던 대도시와 그 주변 농촌에서는 자유로운 임금노동에 입각한 자본주의가 싹트고, 16세기 이후 유럽의 근대자본주의는 본격적인 발전을 하게 된다. 이러한 자본주의의 발전은 절대왕정의 성립과 때를 같이 하고 있으며, 사실 양자는 밀접한 상호 연관성을 가지고 있다. 상업의 팽창과 농촌의 자본주의적 발전 없이는 날로 팽창하는 관료제적 절대왕정의 국가기구를 재정적으로 지탱할 수가 없었을 것이다. 뿐만 아니라 절대왕정의 국가기구 그 자체가 새로운 자본주의 체제의 지주가 되고, 이를 정치적으로 보호하는 기능을 수행하였다. 실제로 16세기로부터 18세기에 걸친 유럽의 경제적 발전에 있어 국가기구는 경제활동의 중심적 역할을 담당하였다.

16세기로부터 18세기에 이르는 시기에 유럽경제는 시기에 따라 다를 뿐 아니라 지역차도 현저하였다. 단기적인 변동이나 기복은 제쳐놓고, 장기적으로 볼 때, 14·5세기의 전반적인 침체와 위축의 시기를 지나, 16세기에 유럽경제는 전례없는 팽창과 호황을 맞이하였다. 그러나 17세기에는 다시 침체와 불황이 닥쳐오고, 18세기에 상당히 장기간 지속될 경제적 상승기를 맞이하게 된다.

근자에 17세기의 침체와 불황을 둘러싸고 이른바 '17世紀 危機論'으로 알려진 국제적인 논쟁이 전개되어, 여러 의견이 제시되었다.[11] 그러나 일부 논자가 주장하듯이 17세기의 위기는 구조적인 변화나 체제의 위기를 뜻하는 것이 아니라, 어떤 의

---

10) Eli F. Heckscher는 중상주의의 본질을 중세의 지방분권과 보편주의에 대한 국가통합의 체제 및 國富와 국가권력의 증강을 위한 체제로 파악하고 있다. Eli E. Heckscher, *Mercantilism,* trans, by M. Shapiro, 2 vols(rev. ed., 1955).

11) 외국문헌으로서는 T. Aston, ed., *Crisis in Europe,* 1560~1660(London, 1965). 우리 나라 문헌으로서는 羅鍾一, 17世紀危機論과 韓國史, 歷史學報, 第 94, 95 合輯, (1982)을 참조.

미에서는 16세기의 너무나 급격한 팽창과 호황에 대한 상대적인 침체였으며, 16세기에 출현한 자본주의체제의 기반을 다지고 공고히 하면서 새로운 도약을 준비하는 의미에서의 위축이었다.[12] 뿐만 아니라 이탈리아, 에스파냐, 그리고 독일에게 있어 17세기는 암흑의 세기(black century)였으나, 프랑스의 경우 적어도 灰色, 네덜란드의 경우 황금기, 그리고 영국의 경우는 銀의 세기였다. 그러므로 17세기는 에스파냐와 이탈리아에게 있어 위기의 시기였으나, 네덜란드와 영국의 경우 팽창의 시기였으며, 이러한 사실들은 17세기에 지중해세계 전체가 몰락하고, 유럽경제의 중심이 결정적으로 지중해로부터 북서유럽으로 이동하였다는 것을 말해준다.[13]

중세 말의 장원제도 붕괴과정을 통한 유럽농촌의 개편과 사회변동은 16세기 이후 크게 세 가지 類型으로 진행되었다(本書, p. 245 이하 참조). 그 하나는 엘베강 동쪽(Ost-Elbe)의 프로이센 및 폴란드 등을 포함한 동부유럽으로서, 이 곳에서는 16세기의 농산물가격의 앙등에 절호의 기회를 포착한 영주들이 농민의 자유를 박탈하고 직접 광대한 직영지경영에 나섬으로서 농노의 강제노동에 입각한 구츠헤르샤프트(Gutsherrschaft), 즉 영주농장제가 출현하였다. 이 이른바 '農奴制의 再版'은 자가소비를 위한 것이 아니라 시장, 그것도 국제시장을 목표로 한 곡물생산으로서 영주층은 토착상인을 배제하면서 스스로 상업에 종사하였다. 프로이센의 융커(Junker)계층은 바로 이러한 영주들의 후예이다.

이와 매우 대조적인 것이 영국이었다. 영국에서는 장원의 해체와 농노해방이 순조롭게 진행되어, 중산적인 자영농민층(yeomanry)이 형성되면서 농민의 계층분화가 진행되었다. 그 과정은 한편으로 자유노동을 창출하는 동시에 다른 한편으로는 자본주의적인 농업기업가를 배출시키게 되었다. 15세기 말에 시작되어 16세기 중엽부터 17세기 전반기에 걸쳐 치열하게 진행된 인클로저운동(Enclosure Movement)은 이러한 발전을 더욱 더 촉진시키고, 농촌의 공동체적 성격을 해체시켰다. 이 인클로저운동은 대부분의 경우 당시 국민적 산업으로 크게 발달하게 된 모직물공업의 원료인 양모수요의 급증에 따라 牧羊業을 위한 목장을 만들고자 농민을 추방하여 토지를 집중하고, 이에 울타리를 치는 움직임이었다. 요맨으로부터 상승한 부농과 젠트리(gentry)로 불리우는 지주들이 그 중심이 되었으며, 그들은 자유로운 노동에 입각하여 농경과 목축을 경영하는 자본주의적 농업기업가였다.

동유럽과 영국의 중간에 위치하고 있는 것이 프랑스였다. 프랑스에서도 농노해방이 순조롭게 이루어져서 농민은 자유로운 신분이 되고, 동유럽에서처럼 농노제

---

12) I. Wallerstein, *The Modern World-System* II (1980), Introduction 참조.
13) Carlo M. Cipolla, *The Fontana Economic History of Europe,* vol. 2 (1977), Intro., pp. 12~13.

의 재판도 없었다. 그러나 근대로 접어들면서 봉건적 공납이 생산물지대로 고정되기 시작하여 농민에게 실질적인 부담이 되고, 영주권의 해체도 불완전하였다. 영국에서와 같은 목축을 위한 인클로저운동도 거의 없어 공동체적 성격도 대부분 그대로 잔존하여 농민층의 계층분화가 지연되고, 자본가적인 농업기업가의 출현도 늦어지고 수적으로 많지 않았다. 뿐만 아니라 도시의 시민계급이나 관직으로 귀족이 된 신흥귀족은 많은 토지를 구입하여 지주가 되고, 그 토지를 소작지로 내놓았다. 그래도 북부에서는 라부레르(laboureur)로 알려진 중산적 농민층을 중심으로 완만하게나마 계층분화가 진행되고, 17세기 이후에는 대차지농 중에는 자본가적인 농업기업가가 나타나기도 하였다. 그러나 남부에서는 북부의 정기소작과는 달리 농민에게 매우 불리한 分益小作(또는 절반소작, métayage)이 우세하였고, 분익소작농은 자유노동과 농노의 중간적인 존재가 되었다.

한편 영국에서는 도시상인의 농촌으로의 진출과 젠트리나 귀족 차남의 도시로의 진출이 활발하였고, 그리하여 봉건적인 신분제가 무너지면서 자본가적이고 부르주아적인 새로운 지배층이 형성되기 시작하였으나, 프랑스의 경우 시민계급의 상층은 토지와 관직을 획득하여 귀족이 되기를 원하고, 귀족에게는 상업에 종사하는 것이 법으로 금지되어 있었기 때문에 봉건적인 신분제는 그대로 존속하였다.

절대왕정과 새로운 자본주의경제의 연관성을 생각한다면 대상인, 즉 자본가가 각종의 독점권(monopoly)을 비롯한 경제적 특권을 향유한 것은 오히려 당연한 일이었다. 그들은 절대왕정에 필요한 존재였다는 점에서만이 아니라, 그들 자신의 능력과 그 거대한 자본규모로 보아 열에 아홉은 경쟁을 배제하고 특권을 누릴 힘을 갖고 있었다. 그러므로 이들 大商人인 자본가들을 독점상인 또는 전기적 상업자본이라 하여 배척하고, 그들이 자본주의발전을 저해하였다고 논하는 것은 산업혁명 이전의 유럽경제 실태를 정당하게 이해하려고 하지 않는 일본의 일부 관념론적 낡은 경제사가나 마르크스주의자뿐이다.

또 하나 이들 구식경제사가들의 그릇된 편견이 있다. 그들에 의하면 직접생산자가 성장하여 자본가가 되고, 그러한 자본가가 자유노동을 고용하여 생산하는 매뉴팩처(manufacture)가 진정한 자본주의발전의 길이고, 상인이 여러 곳에 산재해 있는 수공업자나 농민에게 원료와 시설 등을 공급하거나 대여하여 생산하게 하고, 생산된 제품을 수거하여 시장에 판매하는 先貸制(putting—out system : Verlagssystem)는 생산이 상업자본에 종속하고 있기 때문에 자본주의발전의 正道가 아니며, 나아가서 자본주의발전을 저해하였다는 것이다.

중세 말부터, 특히 16세기 이후 급격하게 날로 넓어지는 시장과 이에 따라 증가하는 수요를 중세적인 길드생산으로서는 충족시킬 수 없었다. 그리하여 상인 겸

제조업자(merchant-manufacturer)는 도시의 길드에 흡수되지 못한 수공업자를 이용하거나, 특히 길드의 제약을 받지 않는 농촌으로 진출하였다. 도시에서 길드 밖에서의 수공업생산이나, 특히 농촌공업(rural industry)의 경우, 상인자본가에 의한 선대제가 압도적으로 우세하였으며, 이에 비하면 매뉴팩처는 19세기까지 전체 생산의 극소부분을 차지하였을 뿐이다. 근대 초의 상인자본가는 상업과 외국무역만이 아니라, 금융업과 부동산업, 船具製造를 비롯하여 각종 제조업과 중세 이래 국제무역의 주종상품이었던 모직물공업 등 유리한 사업이나 기업에 다양하게 손을 댔다. 그러한 경우 그들은 약간의 예외를 제외하고는 생산양식에 관해서는 그것이 매뉴팩처이던 또는 선대제이건 별로 관심이 없었다.[14]

제 2 절   絶對王政期의 各國의 發展(1) : 西유럽

합스부르크와 발루아

지리상의 발견으로 유럽인이 신대륙과 아시아방면으로 진출하고, 유럽 안에서는 종교개혁의 파란이 격렬하게 일고 있던 16세기 전반기에 오스트리아의 합스부르크왕실은 초국가적인 제국건설을 꿈꾸고, 프랑스의 발루아(Valois)왕실은 이를 저지하려고 치열한 투쟁을 전개하였다.

15세기 중엽 알브레히트 2세(Albrecht Ⅱ, 1438~1439)가 신성로마제국의 황제로 선출된 이래, 대대로 제위를 세습하다시피 계승하게 된 오스트리아의 합스부르크왕실은 막시밀리안 1세(Maximilian, 1493~1519) 때 거대한 왕조적 제국으로 팽창하기 시작하였다. 그는 부르고뉴公領의 상속녀와 혼인함으로써 부유한 경제중심인 네덜란드를 얻게 되고, 은광으로 유명한 티롤(Tyrol)을 비롯하여 오스트리아 주

---

14) F. Braudel, *Afterthoughts on Material Civilization and Capitalism* (1977), pp. 57~58 및 p. 61. 그리고 筆者의《西洋近代史研究》(1975), pp. 28~31 참조.
　　독점상인과 상업자본을 배척하고, 산업자본과 매뉴팩처를 편협하게 옹호하는 낡은 經濟史家의 대표자는 마르크스주의자와 日本의 이른바 大塚史學에 속하는 사람들이다. 여기서 이 문제를 간단하게나마 언급한 것은 오쓰가사학의 영향이 우리 나라 경제사학자에도 미치고 있기 때문이다(大塚史學에 관해서는 崔鍾軾,《西洋經濟史論》(1978), 제4장 제3절 참조). 유럽에서의 經濟史 및 社會史研究는 제 2 차 세계대전後 프랑스의 아날(Annales)학파를 비롯하여 괄목할 만한 것이 있다. 따라서 유럽經濟史, 특히 中世와 近代經濟史分野에 있어서는 日本의 낡은 오쓰가사학의 亞流에 만족할 것이 아니라, 歐美의 새로운 연구성과를 최대한으로 흡수하여 再整理할 필요가 있다.

변영역을 통합하는 한편, 보헤미아·헝가리왕가와 인척관계를 맺었다. 그의 뒤를 이어
16세기에는 카스티야와 아라곤의 연합왕국인 에스파냐왕실과의 혼인으로 거대한 합스
부르크제국이 출현하였다. 에스파냐의 왕위계승권자가 차례로 요절한 결과, 카스티야
의 여왕 이사벨라가 사망하였을 때(1504) 그 왕관이 막시밀리안의 아들 필립에게 시집
온 에스파냐왕녀에게로 넘어오고, 다시 아라곤의 페르디난드가 사망하자(1516), 그의
유언에 따라 그보다 앞서 사망한 필립의 장남 카알이 에스파냐왕국과 그 해외식민지를
포함한 전영토를 계승하게 되었다. 그 결과 카알이 프랑스의 프랑수아 1세(François,
1515~1547)의 경쟁을 물리치고, 황제로 선출되어(1519) 카알 5세가 되었을 때 그는
방대한 합스부르크제국의 지배자가 되었다. 해외식민지를 제외한 유럽 내의 그의 영토
는 오스트리아를 중심으로 한 남부독일의 여러 지역, 에스파냐와 네덜란드, 보헤미아
와 헝가리, 프랑슈 콩테(Franch-Comté), 밀라노, 나폴리, 시칠리아, 사르디니아 및
기타 지중해연안의 에스파냐령이었다.

카알 5세의 합스부르크제국은 그 성립의 경위로 보거나 지리적 분포로 보아 견
고한 통일적인 제국은 아니었다. 혼인관계와 상속으로 획득한 저마다 역사적 전통
과 사회구조를 달리하는 여러 국가와 지역의 집합체에 불과하였다. 그렇기는 하
나, 그 세력은 거대하고, 주변 국가에 위협적인 존재였다 .그 위협을 가장 절실하
게 느낀 것은 유럽의 중심부에 위치하면서, 비교적 넓은 영토를 가진 통일국가로
발전하기 시작한 프랑스였다. 뿐만 아니라 프랑스는 중세 말 이래 나폴리왕국에서
에스파냐의 아라곤과 이탈리아 북부에서는 합스부르크왕실과 대립관계에 있었다.
이탈리아 특히 그 북부는 지리상의 발견의 결과가 뚜렷하게 나타나기 이전인 16세
기 전반기만 하더라도 여전히 유럽경제의 중심이었다. 그리하여 카알 5세와 프랑
스와 1세를 중심으로 한 합스부르크와 발루아왕실의 대립과 투쟁은 이탈리아 쟁탈
전의 양상으로 전개되었다.

카알 5세에게는 몇 가지 불리한 점이 있었다. 앞서도 지적한 바와 같이 그의 광
대한 제국은 결코 통일적인 성질의 것이 아니었으며, 독일은 영방국가와 자유도시
의 연합체였을 뿐 아니라 영방군주들은 주권국가로서 독립하려는 경향이 매우 강
하였고, 때마침 루터의 종교개혁 바람이 거세게 불고 있었다. 게다가 1453년에 콘
스탄티노플을 점령하여 비잔틴(동로마)제국을 멸망시킨 오스만 투르크가 그 세력
을 신장시켜 동남쪽으로부터 보헤미아와 헝가리를 침공하고, 1529년에는 수도 빈
을 위협하는 형세였다.[15] 프랑수아 1세가 이러한 약점을 이용하지 않을 리가 없고,

---

15) 이 오스만 투르크의 침공과 위협은 종교개혁의 진행에도 영향을 미쳤으며, 그 위협
이 완전히 사라진 것은 1699년 젠타(Zenta)의 전투에서 오스트리아가 승리하여 칼
로비츠(Karlowitz)조약을 맺은 후의 일이다.

그는 이교도인 투르크와 동맹을 맺는 것까지도 사양하지 않았다. 그러나 반세기에 걸친 일진일퇴의 투쟁끝에 지칠대로 지친 합스부르크와 프랑스는 1559년 카토ー캄브레지(Cateau-Cambrésis)조약으로 뚜렷한 승패를 가리지 못한 채 和平을 맺었다. 이 조약으로 프랑스는 이탈리아를 포기하는 대신, 라인강변의 요지인 메쓰(Metz), 툴(Toul) 및 베르됭(Verdun)을 얻었다.

에스파냐의 隆盛과 沒落

발루아왕실과의 오랜 투쟁에서 제국건설의 꿈이 깨어진 카알 5세는 루터파의 탄압도 체념하고 1555년 아우크스부르크의 和議를 맺고, 다음 해 퇴위하였다. 제위는 동생 페르디난드 1세(1556~1564)에게 물려주었으나, 에스파냐왕위와 네덜란드, 프랑슈 콩테, 밀라노, 나폴리, 시칠리아, 그리고 에스파냐령 해외식민지는 아들 펠리페 2세(Felipe: Philip, 1556~1598)에게 물려주고, 영국의 가톨릭여왕 메리(1553~1558)와의 결혼을 성사시켰다. 카알 5세는 영방군주들의 저항이 심한 독일제국을 버리고, 유럽의 새로운 세계경제의 중심으로 부상하기 시작한 에스파냐와 네덜란드에 영국을 결합시킴으로써 합스부르크제국과는 다른 또 하나의 초국가적인 제국을 아들 대에 꿈꾸었는지도 모른다. 그러나 카토ー캄브레지조약은 그러한 제국건설에 종지부를 찍었고, 시대는 바야흐로 절대왕정에 입각한 국민국가를 지향하는 단계로 넘어가고 있었다. 사실 카토ー캄브레지조약은 이후 약 1세기에 걸친 새로운 유럽 국제질서의 출발점이 되었으며, 이를 전후하여 유럽경제 또한 새로운 국면을 맞이한다. 1557년 펠리페 2세가 파산을 선고함으로써[16] 한 시대를 지배하였던 남부독일의 후거를 비롯한 국제적인 대금융가들이 빌려준 막대한 자금을 회수하지 못하여 몰락의 길을 걷게 된 사실이 이를 상징하고 있다. 뿐만 아니라 이 무렵부터 지리상의 발견의 경제적 결과가 서서히, 그러나 뚜렷하게 그 힘을 발휘하게 된다.

16세기는 에스파냐가 유럽에서 어느 국가보다도 우월한 지위를 누리던 시대였다. 카알 5세로부터 시작된 에스파냐의 우월은 펠리페 2세 때도 계속되었으며, 지중해로 진출해오는 투르크를 레판토(Lepanto)해전에서 격파하여(1571) 지중해의 패권을 확보하고, 1580년에 포르투갈을 합병함으로써 에스파냐의 우월은 절정에 달하였다.

에스파냐의 융성이 신대륙과의 무역, 특히 신대륙으로부터의 막대한 양의 귀금

---

16) 막대한 액수의 일시차입금의 장기공채화선언으로서, 펠리페 2세는 1575년에도 다시 동일한 조치를 취하였다.

속 유입의 결과였음은 두말할 나위가 없다. 신대륙과의 무역은 세비야(Seville)의 상무원(Casa de Contratacion)을 통한 독점적인 국가사업이었다. 그러나 그러한 무역의 혜택이나 귀금속은 지속적인 國富증진의 기반조성에 유효하게 사용되지 않았다. 과도하게 비대해진 반면에 비능률적인 관료제의 유지와 귀족과 궁정의 사치, 그리고 끊임없는 전쟁비용으로 지출되었다. 뿐만 아니라 에스파냐의 사회구조와 경제의 취약성은 모처럼의 귀금속을 다시 국외로 유출시켰다.

에스파냐에서는 재정복에 의한 국가건설이라는 특수한 상황으로 서유럽적인 봉건제나 장원제도가 성립하지 않았다. 그러나 그것은 농민에게 유리하다기보다는 오히려 불리하였다. 토지는 귀족과 교회에 집중되고, 세금과 귀족에 대한 공납으로 농민은 빈곤에 허덕이고 있었다. 사태를 더욱 악화시킨 것은 거대한 移動牧羊者組合인 메스타(Mesta)의 특권과 횡포였다. 春秋로 북에서 남으로, 남에서 북으로 이동하는 양떼와 그것에 주어진 특권으로 농업은 큰 타격을 받았다. 왕실재정의 주된 원천인 메스타 앞에 농업이 재물로 바쳐진 것이다. 편협한 종교정책으로 17세기 초에 취해진 이슬람계 원주민인 모리스코(Morisco)의 추방 또한 그 수는 약 30만 정도였으나, 그들이 농민엘리트라고 할 정도로 우수한 농업기술의 소유자였기 때문에 농업에 큰 타격을 주었다.

중세 말부터 발전하기 시작한 모직물공업을 비롯한 공업생산도 뜻하지 않았던 귀금속의 유입에 국가재정의 풍요한 원천을 발견한 정부의 보호육성책의 부재와 기술의 후진성으로 네덜란드, 특히 영국산 모직물과의 경쟁에 패하고 16세기 말에는 쇠퇴하였다. 신대륙과의 무역은 그것이 세비야의 상무원에 독점되었다 하더라도 상공부르주아지가 성장할 좋은 기회였다. 그러나 돈을 번 부르주아지는 토지를 구입하고 귀족의 지위를 사들여 비생산적인 계층으로 轉身하기를 원하였다. 그리하여 에스파냐는 최대의 상품인 메스타의 양모를 포함하여 국내생산품만으로는 필요한 외국상품을 조달하 수 없었고,[17] 따라서 그 차액을 화폐, 즉 은으로 충당하는 수밖에 없었으며, 세비야로 들어온 신대륙의 귀금속은 곧 바로 외국으로 흘러나갔다.

펠리페 2세가 광대한 이질적인 영토를 통합하기 위하여 가톨릭의 신앙을 일률적으로 강요한 것도 불행한 결과를 초래하였다. 레판토의 해전은 에스파냐의 국력을 과시하고, 그리스도교도에게 지중해를 확보해 주었으나 막대한 전비지출은 어찌할 도리가 없었고, 프랑스의 종교전쟁에 대한 개입 역시 지출이 컸으며, 급기야는

---

17) 1558년의 거의 유일한 귀중한 자료에 의하면, 에스파냐의 네덜란드와의 수출입비율은 수출이 1에 수입이 8 내지 10이었다.

가장 부유한 영토였던 네덜란드를 상실하게 되었다. 마침내 신교도인 영국 여왕 엘리자베스를 응징하기 위하여 파견한 무적함대(Invincible Armada)가 무참하게 패하였을 때(1588), 태양이 기우는 곳이 없었던 에스파냐제국도 사양길에 들어서게 되었다. 에스파냐 번영의 원천이었던 귀금속의 유입도 17세기의 30년대 이후 급격하게 줄어들고,[18] 인구 또한 16세기 초에 약 800만이던 것이 17세기 초에는 600만정도로 감소하였다.

네덜란드의 獨立

네덜란드는 중세를 통하여 북해 및 발트해무역의 중심지로서 상업이 융성하고, 13세기 경부터는 모직물공업이 발달하여 도시가 발달하고, 시민계급의 성장도 현저하였다. 도시와 지방들은 자치적인 특권을 누리고, 지역에 따라서는 언어와 풍습에도 차이가 있었으며, 근대 초에는 칼뱅계통의 신교를 받아들이는 주민의 수가 많아지고 있었다.

에스파냐의 펠리페 2세는 중앙집권적인 통합정책의 일환으로, 이러한 지역적인 차이나 자치적인 특권을 무시하고, 종교재판을 강화하면서 일률적으로 가톨릭을 강요하였다. 1560년대에 이러한 펠리페 2세의 절대주의정책과 강압적인 종교정책에 대한 반발이 시작되었으나, 펠리페 2세는 알바(Alba)公과 군대를 파견하여 (1567) 철저한 탄압을 가하였다. 이에 네덜란드는 시민계급을 중심으로 일부 귀족과 민중이 합세하여, 오렌지公 윌리엄(William the Silent of Orange, 1533~1584)의 지도 하에 국민적인 독립운동을 전개하게 되었다. 구교도가 많은 남부 10州는 에스파냐의 평정과 회유로 저항운동 도중에 탈락하였으나, 신교도가 우세한 홀란드(Holland)주를 비롯한 북부 7주는 위트레흐트(Utrecht)동맹을 결성하여 (1579) 투쟁을 계속한 끝에 1581년 독립을 선언하고 국명을 네덜란드 연방국가 (United States of Netherland)라 하였다. 그 후에도 에스파냐와의 전쟁은 계속되었으나, 17세기 초에는 휴전이 성립하고(1609~1621), 30년전쟁을 마무리짓는 베스트팔렌조약(1648)에서 정식으로 독립이 인정되었다.

네덜란드의 정치체제는 연방제의 공화국으로서 중앙에 국가원수격인 총독과 입법권을 가진 연방회의가 있으나, 주마다 주의회가 있고, 자치권에 대한 요구가 강하여 분권적인 성격이 짙었다.

네덜란드는 독립전쟁으로 많은 피해를 입었으나, 또한 그것은 새로운 발전과 번

---

18) 귀금속유입의 급격한 감소는 신대륙에서의 광산 자체의 고갈에도 그 원인이 있지만, 또한 멕시코가 필리핀을 거쳐 중국과의 무역으로 대량의 은을 유출시킨 데도 기인한다.

영의 계기가 되었다. 특히 16세기에 유럽경제의 중심이었던 안트베르펜(Ant-werp)이 에스파냐군에게 점령되자(1585), 그 곳의 상공업자가 대거 암스테르담(Amsterdam)으로 이주하게 되어, 암스테르담은 17세기를 통하여 유럽경제, 특히 상업과 금융의 중심이 되었다. 네덜란드의 경제적 기반은 모직물공업과 조선업, 그리고 특히 仲介商業이었다. 근대 초에 네덜란드는 동유럽산의 곡물과 목재 등을 반출하여 이를 유럽 각처에 재수출하고, 16세기 말에는 그 상선대가 지중해와 아프리카 서해안, 그리고 멀리 포르투갈령 브라질까지 진출였다. 1602년 동인도회사가 설립되면서, 강력한 국가적 지원 하에 아시아 방면으로의 진출도 한층더 활발해졌다. 포르투갈의 상업권을 뚫고 들어간 네덜란드는 영국의 경쟁을 물리치면서 1619년 말에는 쟈바의 바타비아(Batavia)에 확고한 거점을 구축하고, 포르투갈을 대신하여 아시아와의 향료무역을 지배하게 되었다.

네덜란드의 독립은 대상인을 중심으로 한 시민계급의 승리였고, 또한 독립으로 가장 많은 혜택을 받게 된 것도 그들이었다. 그리하여 당시 네덜란드와 암스테르담은 날로 융성하는 세계적인 국제무역의 중심지로서 경제적 번영을 자랑할 뿐 아니라, 유럽에서 정치적으로나 사상적으로 가장 자유로운 나라가 되어, 학문과 예술의 꽃이 만발하였다. 화가 렘브란트, 철학자 스피노자, 국제법의 그로티우스 등이 나왔을 뿐 아니라, 각국의 저명한 학자들의 동경의 대상이 되고, 다른 나라에서 출판할 수 없는 서적들이 자유롭게 출판되기도 하였다.

그러나 네덜란드의 모직물공업은 영국의 모직물공업의 도전으로 쇠퇴의 길을 걷고, 중개상업 또한 17세기 중엽에는 영국의 항해조례(1651)를 비롯한 도전으로 타격을 받고[19] 얼마 안가서는 새로이 해외발전과 식민지 획득경쟁에 적극적으로 뛰어들게 된 프랑스의 도전 등으로 네덜란드의 번영은 17세기 후반에는 기울어지기 시작하였다.

프랑스의 絕對王政

16세기 전반기의 프랑수아 1세 시대는 앞서 설명한 바와 같이 합스부르크왕실과의 격렬한 대립의 시기인 동시에, 절대왕정이 성립하기 시작하고, 프랑스의 르네상스문화가 꽃핀 시기이기도 하였다. 그러나 장기간에 걸친 합스부르크와의 대립을 카토-캄브레지조약으로 일단락지은 후 얼마 안가서 프랑스는 위그노전쟁(1562~1598)으로 알려진 격심한 종교전쟁을 겪게 되었다.

---

19) 항해조례의 발포를 계기로 네덜란드는 영국과 두 번에 걸쳐(제1차, 1651~1654 : 제2차, 1665~1667) 싸웠으나 패하였다.

프랑스의 칼뱅계통의 신교도인 위그노는 중남부, 특히 알비이단파가 강했던 남서부지방에 많았고, 사회적으로는 상인이나 수공업자 등 신흥계층만이 아니라 귀족 사이에도 위그노는 적지 않았다. 위그노전쟁은 신·구교도의 대립이 주축이지만, 귀족간의 세력다툼, 귀족과 왕권과의 대립, 그리고 왕위계승문제 등이 엉켜 장기간에 걸쳐 복잡한 양상으로 진행되었고, 영국이 위그노를, 에스파냐가 가톨릭을 원조하여 국제분쟁의 양상까지 가미되었다. 전쟁이 고조되어가고 있던 1572년 8월 23일부터 24일 새벽에 걸쳐, 때마침 위그노 지도자의 한 사람인 나바르(Navarre) 왕 앙리의 王妹와의 혼인을 축하하기 위하여 파리에 모여든 위그노들은 구교도의 습격을 받아, 지도자의 한 사람인 콜리니(Coligny)제독을 비롯하여 2,000명이 학살되고, 지방에서의 피살까지 합치면 '聖바르돌로메(St. Bartholomew)의 대학살'[20]의 희생자는 만명을 넘었다. 이 어마어마한 유혈극에도 불구하고 전쟁은 끝이 나지 않았다. 전쟁은 강경파인 가톨릭동맹(Ligue, 1576년 결성)의 지도자 기즈 (Guise)公이 국왕 앙리 3세(1574~1583)에 의하여 살해되고, 이에 격분한 동맹파에 의하여 앙리 3세가 살해되어 부르봉(Bourbon)의 나바르왕 앙리가 앙리 4세 (1589~1610)로서 왕위를 계승함으로써 종결될 서광이 보였다. 그러나 문제는 앙리 4세가 위그노의 지도자였다는 점이다. 파리의 완강한 저항에 봉착한 앙리 4세는 "파리는 聖事를 행할 가치가 있다."고 말했다고 전해지는 대로, 1593년 가톨릭으로 개종하고, 1598년에는 낭트의 勅令(Edict of Nantes)으로 위그노에게 일정한 지역에서의 신앙의 자유를 허용함으로써 피비린내나는 장기간의 종교전쟁을 종결지었다.[21]

위그노전쟁을 통하여 신·구교의 광신적인 극단파외에 보다 냉정하게 현실적으로 문제를 해결하고, 왕권의 강화를 통하여 질서를 회복하고 유지하려는 사람들이 있었다. 그들은 정치파(폴리틱 : Politique)라고 불리워졌는데, 신교도인 앙리 4세의 즉위, 그의 개종, 그리고 낭트의 칙령 등 일련의 정책은 이들 정치파의 승리를 의미하는 것이었다. 그리하여 종교분쟁으로 한때 헝클어졌던 절대왕정은 앙리 4세 이후 다시 발전의 길에 올라 17세기 후반에 전성기를 맞이하게 된다.

앙리 4세는 쉴리(Sully, 1559~1641)와 같은 유능한 보좌관을 얻어 농업을 장려하고, 도로와 교량을 개축하고 신설하는 한편, 파리에서의 사치품공업과 견직물공업

---

20) 마침 이 날이 聖바르돌로메의 祭日이었기 때문에 그렇게 불리워지며, 이 대학살은 가톨릭의 강경파 지도자인 기즈公과 샤를 9세(1560~1574)의 섭정이었던 母后 카트린 드 메디치(Catherine de Medici)의 치밀한 사전계획에 의한 것이었다.

21) 같은 해에 앙리 4세는 에스파냐와 베르벵(Vervins)조약을 맺고 에스파냐의 간섭을 종식시키는 동시에 그 동안 에스파냐가 점령했던 영토를 회수하였다.

을 육성하였다. 왕은 후대에 국민으로부터 몹시 사랑받는 국왕으로 전해졌으나, 불행하게도 한참 일할 나이에 광신자에게 암살되었다. 나이 어린 루이 13세(16 10~1643)가 즉위하자 왕권은 흔들리고, 혼란의 징조가 나타났다. 1614년 귀족의 요청으로 소집된 삼부회는 제3신분, 즉 시민계급대표와 귀족 사이의 날카로운 의 견대립으로 왕권에 의하여 해산되었다.[22] 마침 이 삼부회에 성직자대표로 참석하 여 후에 추기경이 된 리슐리외(Richelieu, 1585~1642)가 재상으로서 국정을 담당 하게 되자, 혼란은 사라지고 왕권은 확고한 기반을 구축하게 되었다.

리슐리외의 궁극목표는 왕권의 강화와 국력의 증진이었으며, 모든 것을 國家理 性(raison d'état : reason of state: Staatsräson), 즉 국가의 존립과 팽창이 필요 로 하는 욕구에 종속시켰다. 그는 낭트의 칙령으로 남서부지방의 요새도시를 관리 할 권리가 주어졌던 위그노의 정치적 특권을 없애고, 그들의 본거지인 라 로셸(La Rochelle)항을 점령하였다. 그는 대귀족의 궁정음모와 지방귀족의 반항, 그리고 重稅에 허덕이던 농민들의 반란을 진압하고, 국왕에 의하여 임명되는 지방장관 (intendant)을 새로이 전국에 파견하여 사법·치안유지·재무 등 지방행정을 관 장하게 하였으며, 중앙의 국무회의를 강화하여 전문화하였다.[23] 대외적으로는 30 년전쟁에 개입하여 독일의 신교도를 지원함으로써 프랑스의 국익을 증진시키는 데 성공하였다.

리슐리외의 후계자로서 루이 14세(1643~1715)의 미성년기를 보좌한 이탈리아

---

22) 이후 프랑스혁명이 발생한 1789년까지 삼부회는 소집되지 않았다. R. Mousnier는 이 삼부회에서의 귀족과 제3신분의 대립, 그리고 왕권의 개입과 해산 등에 절대왕 정의 기본적인 성격의 한 표현을 보려고 하고 있다. R. Mousnier, "The Develop- ment of Monarchical Institutions and Society in France," R. Hatton, ed., *Liuis XIV and Absolutism* (1976) 참조.

23) 地方長官(intendent)과 같은 新官僚體系의 창설은 반드시 舊官僚體系의 배제나 소 멸을 뜻하지 않았다. 구관료체계의 핵심은 ① 파리 및 지방의 고등법원을 비롯한 각 종 재판기구의 법관들과 ② 타이유(taille) 등 직접세의 배분과 징수를 관장하는 재 무관료들이다. 그들은 16세기에 거의 제도화된 賣官制에 의하여 관직을 사들인 관직 보유자(officiers)들로서 17세기에는 폴레트(paulette)制에 의하여 관직의 상속권이 확립되었다. 뿐만 아니라 고등법원의 법관 등 고급관리는 귀족이 될 수 있었다. 이른 바 法服貴族 내지 관직귀족이 그것이다. 이와 같이 관직보유자의 경우 관직은 양도 ·상속·매매가 가능한 일종의 家産으로서, 봉급보다는 직무수행으로 들어오는 수 입이 더 컸고, 따라서 관직은 이권이기도 하였다.
이러한 관직보유자집단이 비능률적이며, 절대왕권과 경우에 따라 대립적인 관계 에 서게 되는 것도 당연한 일이었다.
이러한 관직보유자와 별개로 국가가 지불하는 봉급에 의존하고, 자유롭게 任免할 수 있으며, 지휘명령계통에 일관성이 있는 新官僚體系의 창설은 절대왕권강화의 길 이기도 하였다. 그러나 舊官僚體系가 소멸되지 않고 새로운 것과 교차하면서 接木되 는 현상은 절대왕정기의 거의 모든 면에서 볼 수 있는 특징이기도 하다.

출신의 추기경 마자랭(Mazarin, 1602~1661) 역시 철저한 국가이성의 추종자였다. 국무회의의 강화와 지방장관의 임명으로 권한이 축소된 파리의 고등법원과 귀족들은 이른바 '프롱드(Fronde)의 난'을 일으켰다(1648~1653). 이 난은 국민 속에, 특히 신흥시민계급에게 참된 뿌리를 박지 못하였기 때문에 실패하고, 오히려 마자랭의 권력과 관료제적인 절대왕정을 강화하고 확립시키는 결과를 가져왔다.

마자랭이 사망한 후(1661) 성년에 달한 루이 14세는 재상을 두지 않고 직접통치를 하였다. 그는 총명하고 우아하였으며, 위대한 지배자로서의 거의 모든 자질을 갖추고, 스스로 '國王의 일'이라고 말한 국가통치에 전념하였다. 그리하여 그의 치세는 '위대한 세기'가 되고, 그는 '태양왕'으로 불리워지게 되었다.

루이 14세에게는 유능한 보좌관과 장관들이 많았으나, 그 중에서도 출중한 인물은 재무를 담당한 콜베르(Colbert, 1619~1683)였다. 그는 시민계급출신으로서 재무 외에도 상업·농업·해군·식민지 등 광범하게 국정을 총괄하였으나, 리슐리외와 같은 재상은 아니고, 어디까지나 왕의 충실한 관리로서 콜베르주의(Colbertism)라고도 불리는 전형적인 중상주의정책을 실시하였다. 그는 먼저 재정개혁에 착수하고, 개간과 관개시설의 확충 등 농업진흥에 힘썼으나, 그가 무엇보다도 힘을 기울인 것은 뒤떨어진 프랑스공업의 육성이었다. 그는 국립공장과 특권매뉴팩처를 설립하고, 각종 특권을 부여하는 동시에 자본대여, 장려금의 하사, 외국인 기술자의 유치 등, 모든 방법을 동원하여 국내공업의 육성과 보호에 힘쓰고, 수입억제와 수출증대를 도모하는 한편, 국내관세의 정비, 도로의 수축, 랑그독운하의 개통 등으로 상업의 발전도 꾀하였다. 이러한 중상주의정책의 일환으로 그는 적극적인 해외진출을 꾀하여 동인도회사를 설립하고, 국제무역의 증진과 식민지획득에도 노력하였다. 그의 모든 사업이나 정책이 성공한 것은 아니지만, 이러한 노력으로 유럽전체로는 불황기에 접어든 17세기 후반에 프랑스의 국부와 국력은 크게 증대하였다.

루이 14세는 이러한 국부의 증대를 바탕으로 파리교외에 호화 찬란한 베르사유(Versailles) 궁전을 짓고, 문화와 예술을 장려하여 라신(Racine), 코르네유(Corneille), 몰리에르(Molière) 등 위대한 극작가가 나와 프랑스 고전문학과 바로크예술이 꽃피게 되었다. 루이 14세의 베르사유에서의 궁정생활은 호화롭고 세련된 것이었으며, 유럽 각국의 군주나 국왕들이 이를 모방하려고 애쓰고, 프랑스어는 유럽 외교계와 사교계의 언어가 되었다.

루이 14세는 '위대한 국민'에 걸맞게 군사력 양성에도 주력하였고, 그의 주변에는 당대 제일가는 군정가 루부아(Lubois, 1641~1691), 축성술에 뛰어난 보방(Vauban, 1633~1707) 그리고 명장 튀렌(Turenne, 1611~1675) 등이 있었다. 그리하여 막강한 군사력을 갖게 된 17세기 후반의 프랑스는 유럽에서 가장 우월한 지위를 누리게 되었다.

그러나 이러한 국력의 증대와 축적은 루이 14세로 하여금 영토를 팽창시키려는 야망을 갖게 하였다. 루이 14세는 먼저 에스파냐왕실출신인 왕비의 상속권을 내세워 에스파냐령 네덜란드를 침략하였으나(1667~1668) 별로 소득은 없었다. 얼마 후 그는 다시 네덜란드를 고립시키고 이를 공격하였다(네덜란드戰爭, 1672~1678). 네덜란드는 오렌지공 윌리엄의 지도 하에 완강한 저항을 보이고, 오스트리아, 에스파냐, 그리고 프로이센이 네덜란드를 지원하였다. 루이 14세는 나이메헨(Nimwegen)조약으로 프랑슈 콩테를 확보하고 전쟁을 종결시켰다(1678).

그러나 루이 14세의 야망은 여기서 그치지 않았다. 그는 다시 라인강변의 서부독일로 영토를 팽창하고자 이른바 아우크스부르크동맹전쟁(1688~1697)을 일으켰다. 이번에는 네덜란드의 오렌지공 윌리엄을 중심으로 독일 내의 유력한 영방국가와 오스트리아, 에스파냐, 스웨덴, 그리고 전쟁 중에 윌리엄이 영국왕이 되었기 때문에 영국, 사보이 등, 거의 유럽전체의 대동맹이 결성되고, 프랑스해군은 영국해군에 패하였다. 라이스바이크(Ryswick)조약에서 (1697) 프랑스는 알자스의 일부를 보유하는 데 그치고 현상유지에 합의하였다. 그러나 4년 후 왕위계승자가 없던 에스파냐의 카를로스 2세(1665~1700)가 그의 전영토와 왕위를 루이 14세의 손자 필립에게 물려주고 사망하자, 에스파냐왕위계승전쟁(1701~1713)이 발생하였다. 만일 프랑스와 에스파냐가 부르봉왕실에 의하여 통합된다면, 이는 유럽 국제정치의 세력균형(balance of power)을 완전히 파괴하는 결과가 된다.[24] 그리하여 영국·네덜란드·오스트리아를 주축으로 대동맹이 결성되고, 격렬한 전투가 벌어졌다. 전세는 프랑스에게 불리하였으나, 결정적인 것은 아니었고, 대동맹의 단결도 말기에는 깨어졌다. 그리하여 전쟁에 지친 루이 14세는 위트레흐트(Utrecht)조약으로 화평을 맺었다(1713).

루이 14세는 에스파냐가 프랑스와 합병하지 않는다는 조건 하에 그의 손자 필립을 에스파냐왕으로 앉히는 데 성공하였다. 그러나 프랑스는 신대륙의 뉴펀들랜드, 노바스코티아 및 허드슨만지역을 영국에 양도하였고, 영국은 다시 에스파냐로부터 지중해의 관문격인 지브롤터와 에스파냐 식민지에 대한 노예공급권(Asiento)을 얻었다. 오스트리아는 지금의 벨기에에 해당하는 에스파냐령 네덜란드를 획득하고, 사보이

---

24) 이 세력균형은 법적인 구속력이나 도덕적인 당위성을 지닌 것은 아니었으나, 유럽근대의 국제질서를 유지시키는 중요한 요인으로 작용하였다. 그 내용은 한 국가가 지나치게 강대해진 경우 그 위협을 느끼는 인접국가들이 결합하여 이를 억제하는 것으로 영국이 중요한 역할을 담당하였다.

는 시칠리아를 얻었으나 1720년 이를 사르디니아와 바꾸어 사보이공은 사르디니아왕을 칭하게 됨으로써, 19세기에 이탈리아를 통일하는 긴 과정이 여기서 시작되었다. 프로이센도 이 전쟁에 참전한 공로로 왕의 칭호를 갖게 되었다.

루이 14세는 그의 治世 말기에 이르러 무모한 전쟁을 거듭함으로써 프랑스의 국력을 탕진하였다. 또한 그는 종교적 통합을 꾀하는 뜻에서 낭트의 칙령을 철폐함으로써(1685) 약 5만에 달하는 유능한 기술자와 상공인의 위그노들이 네덜란드, 영국과 그 신대륙의 식민지, 그리고 프로이센 등으로 빠져나갔다. 이리하여 태양왕이 사망할 무렵, 프랑스의 영광은 기울고, 재정은 부채에 허덕이게 되었다.

제 3 절   絶對王政期의 各國의 發展(2) : 東유럽

東유럽의 絶對王政의 特徵

동유럽의 절대왕정도 관료집단과 상비군을 거느린 강력한 절대왕권의 전제적 지배라는 기본적인 성격에서는 서유럽의 절대왕정과 별로 다를 바가 없다. 그러나 몇 가지 점에서 서유럽과 달랐다. 우선 성립연대가 대체로 17세기 후반으로 서유럽보다 1세기 이상 늦었다. 그리고 성립계기가 자율적인 왕권의 강화가 아니라 이를테면 프로이센의 경우 스웨덴의 위협이라는 타율적인 것이었고 군사적인 성격이 강하였다. 셋째로 서유럽에서는 농노제의 붕괴와 자본주의의 성장이 절대왕정 성립의 사회적 기반이 된 것과는 반대로 동유럽에서는 재판 농노제가 절대왕정 성립의 사회적 기반이 되었다. 애당초 동유럽에서는 도시의 발달이 미약했고 이에 따라 부르주아지의 성장도 미미하였다. 그러면서 근대에 들어서서 재판 농노제가 실시되었으니 부르주아지 성장의 가능성은 더욱 희박해질 수밖에 없었고 바로 이 점이 서유럽과는 근본적으로 달랐다. 넷째로 동유럽의 절대왕정기의 귀족은 고급관리와 군 장교로서 왕권에 봉사하는 봉사귀족(service nobility)이었다. 절대왕권은 이러한 귀족들의 봉사에 대한 대가로 그들의 영지에서의 농노지배를 인정하였다.

이렇듯 동유럽형의 절대왕정은 서유럽형과는 달랐으며 재판 농노제를 기반으로 한 동유럽에서는 도시와 부르주아지의 미발달 및 왕권과 귀족의 유착으로 인해 밑으로부터의 개혁이나 혁명의 가능성은 희박하였고 위로부터의 개혁만이 가능하였다.[25]

---

25) 동유럽의 절대왕정의 특징에 관해서는 Perry Anderson, Lineages of the Absolutist State(1974), P. 195.

30年戰爭

독일에서는 아우크스부르크의 종교회의로 모든 문제가 해결된 것은 아니지만, 그래도 그 후 종교문제는 소강상태를 지속하였다. 그러나 16세기말 경에 이르러 약간의 변화가 일어났다. 그 하나는 예수회를 중심으로 한 가톨릭세력의 현저한 회복이요, 다른 하나는 독일에서 공식적으로 인정을 받지 못하고 있는 칼뱅파의 세력확대였다. 17세기 초에 불안을 느낀 프로테스탄트 제후들은 칼뱅파의 팔츠 (Pfalz : Palatine)선제후를 중심으로 동맹을 맺어 '聯合'(Union)을 결성하고 (1608), 다음 해에 가톨릭은 바이에른공을 중심으로 '同盟'(Liga : League)을 결성 하여 맞섰다. 이러한 새로운 신·구교의 대립 속에서 30년전쟁(1618~1648)으로 알 려진 가장 대규모의, 그리고 마지막이 될 종교전쟁이 발생하였다.

전쟁의 발단은 보헤미아에서의 분쟁이었다. 보헤미아는 후스운동의 본고장으로서 신교도가 많았고, 오스트리아의 지배에 대한 민족감정이 강하였다. 1619년에 독일황제 가 될 페르디난드(1619~1637)가 그보다 앞서(1617)보헤미아왕이 되자, 그는 곧 보헤 미아의 신교도를 탄압하였고, 보헤미아의 신교도 귀족들은 이에 반발하여 페르디난드 대신 팔츠선제후 프리드리히를 보헤미아왕으로 추대하여 전쟁이 시작되었다(1618). 에 스파냐는 곧 라인강변의 팔츠를 공격하고, 페르디난드는 가톨릭동맹의 지원을 얻어 보 헤미아의 반란군을 격파하였다(1620). 팔츠선제후는 도망가고, 반란 귀족은 영지를 몰 수당하였으며, 보헤미아는 오스트리아 합스부르크의 세습 왕국이 되었다. 이로써 사태 가 가라앉는듯이 보였으나 북부독일에 세력확대를 노리고 있던 루터파의 덴마크왕 크 리스찬 4세(Christian Ⅳ, 1588~1648)가 개입함으로써(1625), 30년전쟁은 제2의 국 면을 맞이하게 되었다. 그러나 덴마크군은 황제군의 발렌시타인(A.W. Wallenstein, 1583~1634)에 의하여 격파되었다.[26] 그 결과 프로테스탄트는 중대한 위기에 당면하게 된 반면에, 황제권은 강화되고 가톨릭의 기세는 크게 올랐다. 바로 이러한 시기에 이

---

26) 발렌시타인은 수수께끼의 인물이다. 그는 보헤미아의 루터파 소귀족으로 태어났으나, 가 톨릭으로 개종하고, 보헤미아의 반란 때는 황제편에 서서 공을 세웠다. 그는 죽은 아내로 부터 많은 재산을 물려받고 또한 전공으로 획득한 화폐주조권을 이용하여 추방된 보헤미 아 귀족영지를 값싸게 매입하여 대영지를 구축하였다. 그는 황제에게 융자할 정도로 부 유했으며, 제국제후의 신분을 획득하고, 자신의 재력으로 대용병군을 조직하였다. 덴마 크군을 격파하였을 때 발렌시타인의 세력은 절정에 달하였다.

그러나 1630년 선제후들의 반발로 황제는 그를 파면하지 않을 수 없었으나, 스웨덴 의 침입으로 황제는 다시 그를 불러들였다. 루첸의 전투 이후 발렌시타인은 적극적인 전투 대신에 兩派와 협상을 시도하였다. 이러한 그의 태도는 황제파의 의혹을 사게 되 고, 결국 1634년 그는 암살되었다.

그가 한낱 용병대장(condottiere)으로서 독일의 지배자가 되려는 꿈을 가졌던 야망가 였는지, 또는 진정으로 분열된 독일의 통일을 원한 애국자였는지는 미지수에 속한다.

번에는 발틱海의 패권을 노리는 스웨덴의 구스타프 아돌프(Gustav Adolf, 1611~
1632)가 신교도편에 서서 참전하였다(1630). 스웨덴군은 루첸(Lutzen)의 전투에서
승리하였으나(1632), 구스타프는 이 전투에서 전사하고, 스웨덴군의 기세는 한풀 꺾이
었으며, 황제는 독일 내의 프로테스탄트 제후들과 화해하였다(1635).

합스부르크왕실의 타도는 16세기 이래 프랑스의 가장 중요한 대외정책이었고,
리슐리외 또한 이를 답습하였다. 그리하여 그는 독일 내의 신교 세력과 스웨덴에
재정적 지원을 계속해 왔다. 그러나 황제의 세력이 꺾이지 않은 채, 스웨덴이 고립
하고 패색이 짙은 것을 보자, 리슐리외는 직접 개입하기로 하였다(1635). 프랑스군
은 라인강을 넘어 남부독일로 침입하고, 스웨덴군도 공격을 재개하였다. 황제군은
점차로 수세로 몰리고, 날이 갈수록 패색이 짙어졌다. 그리하여 1648년 베스트팔
렌(Westphalen)조약이 체결되고 30년전쟁은 막을 내리게 되었다.

베스트팔렌조약은 근대에 들어와서 규모가 가장 큰 국제조약이었으며, 프랑스
와 스웨덴은 승자의 입장을 취하였다. 그 결과 프랑스는 메쓰, 툴 및 베르됭의 영
유를 확인하고, 알자스를 획득하였다. 스웨덴은 서폼메른(Pommern)을 비롯하여
발틱海와 북해연안에 영토를 얻고, 브란덴부르크 선제후도 동폼메른과 약간의 주
교구를 획득하였다. 그 밖에 이미 오래 전에 기정사실화 되어있던 스위스와 네덜
란드의 독립이 정식으로 인정되었다. 한편 종교면에서는 새로이 칼뱅파가 루터파
와 가톨릭과 동등한 권리를 갖게 되고, 교회재산의 소속은 1624년을 기준으로 삼
기로 하였다. 그러나 이러한 종교적 결정보다 훨씬 더 중요했던 것은 독일제국을
구성하고 있던 영방국가의 완전한 주권과 독립을 정식으로 인정한 사실이다. 30년
전쟁 이전에도 영방국가는 주권국가나 다름없었으나, 베스트팔렌조약에서 그들은
서로, 또는 외국과 동맹을 체결할 권리를 얻게 된 것이다. 이로써 독일국민의 신성
로마제국은 실질적으로 붕괴하고, 그 이름과 껍데기만 남게 되었다.

30년전쟁은 독일의 종교전쟁으로부터 시작하여 각국의 정치적 이해관계가 얽힌
국제적인 전쟁으로 확대되었으며, 장기간에 걸쳐 전쟁터가 된 독일의 인적·물적
손실은 막대하였다. 당시의 군대는 대부분이 용병이었고, 외국군대는 말할 것도
없고, 모든 군대가 보급을 현지징발에 의존하였고, 살륙·방화·강간·약탈을 자
행하였다. 전쟁으로 인한 식량부족과 질병의 피해 또한 무시할 수 없었다. 그리하
여 독일제국과 보헤미아 人口는 약 3分의 1이 감소하였으며, 독일의 근대적 발전
과 경제는 큰 타격을 받았다.

프로이센의 興起
30년전쟁을 고비로 독일은 이를 구성하고 있는 각 영방국가를 중심으로 발전하

게 되며, 각 영방국가는 저마다 차이는 있으나 신분제국가(Ständestaat)의 단계
로부터 절대왕정체제로 넘어가게 되었다.[27] 수많은 영방국가 중에서도 독일의 미
래를 위해서나 유럽의 국제 정치에 있어 가장 주목을 끌고, 또한 중요했던 것은 브
란덴부르크－프로이센(Brandenburg－Preußen: Prussia)의 흥기였다.

15세기 이래 브란덴부르크 선제후였던 호엔촐레른(Hohenzollern)家는 17세기
초에(1618) 독일기사단이 개척한 프로이센을 상속하여 브란덴부르크－프로이센이
되었다. 브란덴부르크는 이보다 앞서 라인강변의 클레페(Kleve) 등을 획득하고
있었기 때문에 그 영토는 브란덴부르크를 중심으로 라인강변과 비스툴라강변에
산재하였고, 30년전쟁의 피해도 적지않았다. 大選帝侯 프리드리히 빌헬름(Fried-
rich Wilhelm, 1640~1688)은 전쟁피해의 복구에 노력하는 한편, 산재한 영토를
통합하고, 절대왕정체제를 수립하여 장차 프로이센이 흥기할 기반을 닦았다. 그는
인구증가와 산업발전책의 일환으로 프랑스의 위그노 등 외국이주자를 환영하고,
領邦身分, 특히 귀족의 정치적 권리를 누르고, 상비군을 설치하는 등 중앙집권적
인 절대왕정을 수립하였으나, 그 대신 귀족, 특히 프로이센의 귀족들의 영지 내에
서의 권한을 증대시켜주고, 그들을 행정의 요직과 특히 군대의 장교로 등용하였
다. 그 결과 융커로 알려진 토지귀족과 절대왕권은 서유럽에서와 같이 대립관계가
아니라, 서로 협조하는 유대관계에 서게 되었다.

대선제후의 아들 프리드리히 1세(1713~1740)는 '프로이센왕'의 칭호를 얻고
(1701), 다음 프리드리히 빌헬름 1세(1713~1740) 때 프로이센은 유럽의 강대국으
로 발전할 토대가 마련되었다. 그는 국가기구에 대한 왕의 통제를 강화하고 관료
조직을 합리화하였으며, 상비군을 배로 늘리고 철저하게 훈련시켰다. 왕은 군대에
대해서만은 돈을 아끼지 않았으나, 그 밖의 일에 있어서는 인색하였고, 근검절약
을 신조로 국고의 충실을 기하였다. 그리하여 그의 아들 프리드리히 2세(大王,

---

27) 16세기의 독일帝國은 300餘의 독립적인 정치단위의 집합체였으며, 그 대다수는 영
방국가였고, 몇개의 제국(자유)도시가 포함되어 있었으나, 제국도시의 정치적 의의
는 부수적이었다. 독일의 制度史家들은 중세 말로부터 근대 초에 걸친 제국과 영방
국가를 '身分制國家'라고 부르고 있다. 그 뜻은 황제권이나 영방군주권이 국내의 諸
身分(Stände)에 의하여 제약되고 있다는 것이다. 여기서 제신분이라 함은 제국의회
또는 영방의회에 출석할 권리를 가진 신분으로서, 제국의 경우 聖俗諸侯와 제국도시
이며, 영방국가의 경우 고위성직자와 귀족, 그리고 영방도시였다. 그러나 領邦身分
의 경우 일반적으로 귀족의 세력이 강하고, 성직자와 도시대표는 허약했다.
　영방군주는 영방의 內政이나 외교상의 중요사항의 결정에 있어 영방의 신분제의
회(Landstände)의 동의를 얻어야만 했고, 군주와 신분제의회는 同權的이었다. 따
라서 身分制國家는 어떤 의미에서 二元的인 성격의 국가였다. 그러나 점차로 이러한
領邦身分의 군주제약의 힘은 약화되고, 군주권이 강대해지면서 영방국가단위로 절
대왕정체제가 성립하게 되는 바, 그 시기는 대체로 30년전쟁 이후의 일이다.

1740~1786)는 능률적이고 충성스러운 관료조직과 풍부한 재정, 그리고 기강이 엄하고 잘 훈련된 군대를 물려받게 되었다. 그러나 父王이 남긴 것은 그것만이 아니었다. 프리드리히는 젊어서 음악을 좋아하여 플루트를 연주하고, 시를 즐겼다. 부왕은 이러한 프리드리히를 국가행정과 政務를 익히도록 10년 간이나 매우 엄격하게 훈련하였다. 그렇기 때문에 28세로 왕위에 오르자마자 눈앞에 나타난 기회를 프리드리히는 결코 놓치지 않았다.

그 기회란 오스트리아의 왕위계승문제였다. 오스트리아는 왕조적으로 팽창한 나라로서 지금의 벨기에지역과 이탈리아에 영토를 가지고 있었으나, 그 핵심은 오스트리아, 헝가리, 보헤미아, 그리고 슐레지엔이었다. 그러나 이 핵심부에서조차 이민족이 많아 이질적인 요소로 구성된 왕조국가였고 18세기 초에는 에스파냐의 합스부르크의 왕관을 부르봉왕실에 넘겨주기는 하였으나, 중앙유럽의 강대국이었다. 오스트리아 내의 일부지역에서는 古來의 게르만법에 의하여 여자상속을 배제하고 있었는바, 황제 카알 6세(1711~1740)에게는 불행하게도 딸 마리아 테레지아(Maria Theresia, 1740~1780)가 있었을 뿐이다. 그리하여 황제는 마리아 테레지아가 전영토를 상속할 수 있게 하기 위하여 國事詔勅(Pragmatic Sanction)을 마련하고, 많은 노력을 기울여 국내귀족과 열강의 승인을 받았다. 그러나 1740년 카알 6세가 사망하고, 23세의 마리아 테레지아가 그 뒤를 계승하자, 國事詔勅을 존중하려는 나라는 별로 없었고, 프로이센의 프리드리히는 재빨리 섬유공업이 발달하고, 석탄과 철이 풍부한 슐레지엔를 점령하였다. 영토획득의 기회를 엿보고 있던 프랑스, 에스파냐, 바이에른 등이 프로이센편에 서고 영국이 오스트리아편에 가담하였다.

이 오스트리아 왕위계승전쟁(1740~1748)은 유럽에서만이 아니라, 인도와 아메리카대륙에서는 영국과 프랑스의 패권다툼으로 전개되었다. 해외에서의 전투는 승패가 가려지지 않은채 에익스-라-샤펠(Aix-la-Chapelle)조약(1748)에서 현상유지가 결정되고, 마리아 테레지아는 영토의 큰 손실없이 그 왕위가 확인되었으나, 프로이센은 이미 1745년의 드레스텐(Dresden)조약으로 보유하게 된 슐레지엔을 그대로 영유하였다.

오스트리아 왕위계승전쟁이 끝난 1748년부터 7년전쟁이 시작된 1756년 사이에 유럽의 국제관계에는 외교혁명(Diplomatic Revolution)이라고도 할 극적인 변화가 일어났다. 가장 큰 변화는 오스트리아 왕위계승전쟁 중 프리드리히의 마키아벨리적인 태도에 분격한 프랑스가 전후에 프로이센이 중앙유럽의 강대국으로 등장한 데 위협을 느끼고, 슐레지엔의 탈환을 노리는 오스트리아의 권유를 받아들여, 2세기에 걸친 적대관계를 청산하고, 동맹관계를 맺은 사실이다. 이때 프리드리히를 증오하던 러시아의 女帝 엘리자베스(1741~1762)는 기꺼이 프랑스, 오스트리아 진

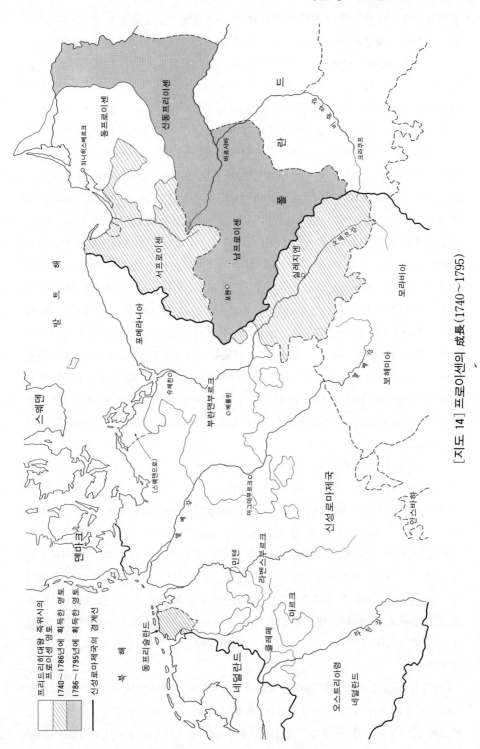

참가하였다. 3대강국에 포위되어 고립된 상태에 놓인 프리드리히는 영국에 접근하였다. 영국은 해상과 식민지에서 프랑스와 대립하고 있었고, 왕실의 고향인 하노버를 지켜줄 세력을 원하고 있었기 때문에 프로이센과 동맹을 맺었다(1756, Convention of Westminster). 이리하여 7년전쟁(1756~1763)이 시작하기 직전에 유럽의 동맹관계는 완전히 뒤집어지게 된 것이다.

7년전쟁은 한편으로는 오스트리아의 슐레지엔탈환과 프로이센의 세력을 꺾으려는 프랑스 및 러시아의 동조, 그리고 프랑스와 영국의 식민지쟁탈전이라는 이중의 내용을 지닌 전쟁이었다. 수적으로는 압도적으로 우세한 적대세력에 대하여 프리드리히는 기민하게 전투를 전개하였다. 먼저 프랑스군을 로스바하(Rossbach)에서 격파하고(1757), 이어 오스트리아군을 로이텐(Leuthen)에서 압도하였으며, 1758년에는 초른도르프(Zorndorf)에서 러시아군에게 승리하였다. 그러나 승리의 여신은 이 무렵 프리드리히에게 등을 돌린 것같이 보였다. 1759년 프리드리히는 쿠네르스도르프(Kunersdorf)에서 참패하고, 수도 베를린마저 위기에 처하였다. 영국은 식민지와 해상에서의 싸움으로 재정적인 지원에 그치고 큰 도움이 되지 않았다. 그러나 행운의 여신은 프리드리히를 버리지 않았다. 1762년 女帝 엘리자베스가 사망하고, 프리드리히를 숭배하는 표트르 3세(재위기간은 불과 수개월)가 즉위하자, 그는 러시아군을 철수시키고, 프로이센과 강화를 체결하였다. 이로써 프로이센을 위협하던 동맹관계는 무너지고, 전쟁에 지친 교전국들은 후베르투스부르크(Hubertusburg)조약으로 프로이센의 슐레지엔領有를 확인하고 전쟁을 종결시켰다(1763).

한편 해상과 식민지에서는 처음 영국이 불리하였으나 유능하고 정력적인 피트(William Pitt) 내각(1757~1761)이 들어서면서, 인도에서, 그리고 카리브海와 북미대륙에서 영국은 프랑스에 승리하여 식민지쟁탈전에서 최종적인 승리를 거두었다. 7년전쟁의 종결과 더불어 영국, 프랑스, 그리고 에스파냐 사이에 체결된 파리조약(1763)에서 영국은 프랑스로부터 캐나다와 미시시피강 동쪽지역과 서인도제도의 일부, 그리고 서아프리카의 기지를 얻고, 에스파냐로부터는 플로리다를 얻었다. 에스파냐는 그대신 프랑스로부터 루이지애나를 양도받고, 프랑스는 서인도제도의 일부와 인도에서의 약간의 교역지를 보유하였으나, 북미대륙과 인도에서 영국은 압도적으로 우월한 지위를 확보하고, 세계의 지도적인 상업 및 식민지 제국이 되었다.

7년전쟁으로 프로이센은 강대국으로서의 지위를 확고부동하게 굳혔다. 전후에 프리드리히는 복구작업에 전념하였다. 戰禍가 심한 지역에는 세금을 면제하고, 농민들에게는 농기구와 종자를 무상으로 배급하였다. 그는 운하·도로·교량을 건설하고, 소택지를 개간하고 새로운 촌락을 건설하여 신앙에 관계없이 수많은 이주민을 유치하였다. 그는 또한 공업을 육성하기 위하여 官房學(Kameralismus)이라고도 부르는 중상주의정책을 실시하였다. 즉, 보호관세를 설치하여 수입을 억제하고, 수출증대와 자급자족을 위하여 낙후된 산업의 보호육성에 힘썼다. 프로이센의 기후에 별로 적합하지 않은 뽕나무재배를 장려하여 견직물공업을 일으키려고 하였으나 별로 성공하지 못하였다. 그러나 군대와 관련있는 다른 섬유공업과 금속공업은 발달하였다. 그는 또한 고문을 없애는 등 사법개혁을 단행하는 한편, 상비군을 증강하고, 제 1 회 폴란드 분할로 서프로이센을 획득하여(1772) 영토를 통합하였으며, 프로이센의 인구는 그의 즉위당시의 약 300만에서 500만으로 증가하였다. 프리드리히의 치적은 그를 '大王'이라고 부르기에 족한 것이었다.

프리드리히는 음악을 좋아하고 시를 썼으며, 계몽사상, 특히 볼테르(Voltaire)를 흠모하고 그의 영향을 받아 계몽전제군주(enlightened despot)로 자처하였다. 그는 스스로를 '國家 第一의 公僕'이라고 칭하고, 포츠담궁전에서 아침 일찍부터 저녁 늦게까지 政務에 전념하였으며, 간소한 생활 속에 그의 감독의 눈초리는 행정기구의 말단까지, 그리고 국토의 구석구석까지 미쳤다.

그는 젊어서《反마키아벨리論》을 저술하였으나 그의 외교와 군사행동은 마키아벨리즘의 표본이나 다름없었고, 그의 본질은 家父長的인 성격을 지닌 전제적인 절대군주였으며, 프로이센은 군국주의적인 관료제적 절대왕정국가였다. 그는 군대지휘자로서의 토지귀족층(융커)을 국가의 근간이라고 생각하고, 그들의 농노(Leibeigene)에 대한 지배권을 강화하는 반면, 중산계급을 이해하지 못하고 멸시하였다. 그는 당대는 물론 후대에도 가장 위대한 전형적인 애국적 독일인이요, 독일군주의 모범이었으나, 프랑스문화에 심취하여 프랑스어로 글을 쓰고, 그의 말년에 일어나기 시작한 독일문학의 새로운 움직임(질풍과 노도운동)에는 별로 관심이 없었다.

오스트리아

오스트리아는 실레지아를 상실하였으나 여전히 중유럽의 강대국이었다. 그 영토는 광대하였으나, 산재하고 있었을 뿐 아니라 이질적인 민족과 주민들로 구성되어 있어 한 국가로서의 견고한 통일성이 없었다.

7년전쟁 후 마리아 테레지아는 개혁을 시도하였으나, 거기에는 가톨릭의 신앙심의 두터운 귀부인으로서의 명백한 한계가 있었다. 계몽전제군주로서 진지하게 오스트리아의 전반적인 개혁을 시도한 것은 요제프 2세(1780~1790)였다. 그는 마리아 테레지아의 장남으로서 부친 프란츠가 사망하자 제위를 계승하였으나, 母王이 생존하는 동안은 그 뜻을 펴지 못하였다. 1780년에 마리아 테레지아가 사망하자 요제프 2세는 理性의 시대에 적합한 제반 개혁에 착수하였다. 농노를 해방하고, 평등주의에 입각한 새로운 법령을 마련하여 사형과 고문을 폐지하고, 신앙의 자유를 선포하고, 교육의 보급에 힘썼다. 그러나 이러한 개혁의 대부분은 귀족들의 반대에 봉착하여 실패하고, 전인구 중 4분의 1밖에 되지 않는 독일인을 중심으로 전영토를 통합하고, 중앙집권을 강화하려는 정책 또한 이질적인 민족과 주민들의 반항에 부닥쳤다. 그리하여 당시 가장 참되고 진지한 계몽군주였던 요제프 2세는 스스로 다음과 같은 묘비명을 작성하였다. "가장 훌륭한 의도를 가졌으나, 하려고 한 모든 일에 성공하지 못한 요제프 2세가 잠들다."

러시아의 대두

이반 3세(1462~1505) 때 '타타르의 멍에'(Tartar yoke), 즉 몽고족의 지배를 벗어난 후 이반 4세(1533~1584)에 이르러 근대 러시아의 사회와 국가의 기본구조의 틀이 잡히게 되었다. 그것은 날로 확대되고 강화되어 가는 農奴制를 기반으로 한 황제(차르) 중심의 강력한 중앙집권적 전제국가였다. 이반 4세는 황제권의 강화를 위하여 악명높은 비밀경찰을 창설하여 황제에 반항하는 귀족을 철저하게 탄압하는 한편, 그에게 군사적 봉사를 제공하는 충실한 신하에게 토지를 주어 신흥귀족 층을 키워나갔다. 이와 동시에 새로이 획득한 광대한 지역으로의 농민의 도망을 방지하기 위하여 농민의 이동의 자유를 박탈하고, 농노제를 강화하였다. 그러나 엘베 동쪽지역에서 도시와 시민계급이 몰락한 것과는 달리, 러시아에서는 도시가 곡물과 모피 등의 교역시장으로서 활기를 띠고, 토착상인들의 활동도 활발하였다.

이반 4세 후 제위계승에 혼란이 생기고, 신·구 귀족간의 갈등과 농민들의 반항 등으로 한때 질서가 문란해졌으나, 이반 4세의 왕비계통의 로마노프(Romanov) 왕조가 들어섬으로써(1613) 러시아는 다시 안정을 되찾았다. 이와 동시에 로마노프왕조를 옹립한 신흥귀족의 세력이 신장하고, 농노제가 강화되었으며 자유농민은 계속 몰락의 길을 걸었다.[28]

17세기를 통하여 러시아는 유럽과 아시아의 경계선에서 강대국으로 성장하고 있었으나, 아직도 국민의 대다수가 문맹이고, 아시아적인 성격이 강한 후진지역으로서 유럽세계와는 직접적인 접촉이 없는 별개의 세계로 성장하고 있었다. 경제적

---

28) 구귀족의 특권을 유지시키고 있던 門閥制度도 이미 유명무실해지고 있었으나, 그나마 1682년에 폐지되었다. 그리고 국가와 지주들의 압박에 시달린 일부 농민과 코삭(Cossack)들이 1670년 돈강과 볼가강 하류에서 스텐카 라진(Stenka Razin)을 주모자로 반란을 일으켰으나 이듬해 진압되었다.

으로도 유럽상인의 왕래는 있었으나 유럽과의 직접적인 거래의 門戶는 白海의 아르한겔리스크(Archangelisk)뿐이었고, 정치적으로는 스웨덴과 폴란드가 러시아의 유럽으로의 진출을 완강하게 가로막고 있었다. 이러한 러시아가 유럽국가로 등장하게 되는 것은 표트르大帝(Pëotr : Peter the Great, 1682~1725) 때의 일이다.

표트르의 前황제 페도르(Fedor, 1676~1682)는 아이가 없었기 때문에 옛부터의 대의제의회인 쩸스키 소보르(Zemsik Sobor)는 前황제인 알렉세이(Alexei, 1645~1676)의 두번째 왕비의 소생인 10세의 표트르를 황제로 선출하였다. 표트르의 나이가 어렸기 때문에 그의 이복 누이인 소피아가 친위대인 스트렐치(Streltsy)의 지지를 받아 섭정으로서 실권을 잡았다. 그러나 소피아는 스트렐치의 방종을 통제하지 못하고, 1689년 수녀원에 유폐되고, 표트르가 실권을 장악하였다.

젊은 표트르는 7尺에 가까운 장신이었고, 총명하고 호기심이 왕성하였으며, 야생적이었다. 그는 전쟁놀이를 즐기고, 특히 배에 대해서는 강한 호기심을 가졌으며, 형식적인 것을 싫어하고, 궁정이나 교회의 의식에는 아무런 관심도 없었다.

親政 초기에 표트르는 그의 전쟁솜씨를 시험해 보기 위하여 투르크와 싸워 실패하였으나, 곧 네덜란드 전문가의 도움으로 함대를 만들어 흑해연안의 아조프(Azov)에서 승리하였다(1696). 후에(1711) 아조프는 다시 투르크에게 빼앗겼으나, 이 경험은 표트르의 정복욕을 자극하는 동시에, 유럽에 대한 호기심을 환기시켰다. 그리하여 그는 다음해 하사관으로 신분을 감추고, 수많은 수행원과 더불어 유럽 시찰여행에 떠났다. 그는 프로이센을 거쳐 네덜란드에 이르러서는 스스로 조선소에서 직공으로 일도 하고, 영국과 빈을 시찰하고 베네치아로 가는 도중, 스트렐치의 반란 소식을 듣고 급거 귀국하였다.

표트르는 반란자를 가차없이 처단하고, 말성거리였던 스트렐치를 해산해버렸다. 이와 동시에 표트르는 서유럽화를 통한 러시아의 근대화에 착수하였다. 우선 그는 생활과 풍습의 서유럽화부터 시작하였다. 신하들의 긴 수염을 깎게하고, 동양식의 긴 의복을 서양식 옷으로 바꾸게 하였으며, 귀부인들에게 가슴이 패인 옷을 입고 무도회에 출석하여 술을 마시게 하였다. 또한 그는 젊은 러시아인들을 유럽에 유학보내고, 유럽인을 초빙하였으며, 유럽문화와 특히 기술의 도입에 힘썼다. 큰 성공을 거두지는 못했으나 각종 학교를 세워 유럽식교육의 보급에 힘쓰고, 사망 직전에 학술원을 설립하였다.

표트르의 이러한 급격한 서유럽화는 보수파의 불만을 사게 되었으나, 그는 이들의 음모를 철저하게 응징하였으며, 특히 수도사를 포함한 교회 관계인사들이 그의

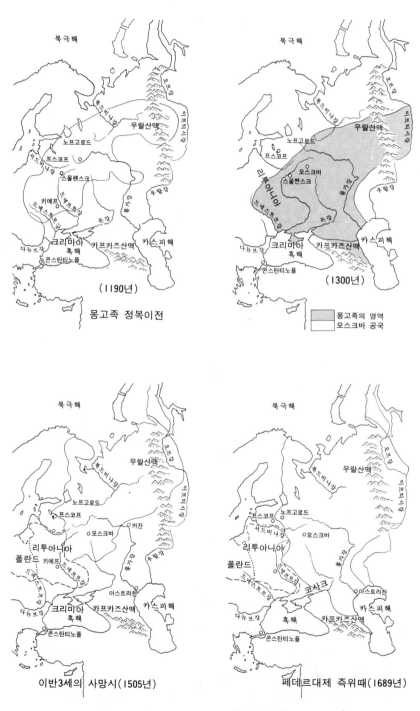

북극해

드비나강
우랄산맥
이르티슈강

노프고로드
프스코프
드비나강
스몰렌스크
키에프
드네프르강
돈강
우랄강

크리마아
흑해
카프카즈산맥
카스피해
다뉴브강
콘스탄티노플

(1190년)

몽고족 정복이전

북극해

드비나강
우랄산맥
이르티슈강

노프고로드
프스코프
모스크바
스몰렌스크
리투아니아
볼가강
드네프르강
돈강
우랄강

크리마아
흑해
카프카즈산맥
카스피해
다뉴브강
콘스탄티노플

(1300년)

█ 몽고족의 영역
□ 모스크바 공국

북극해

드비나강
우랄산맥
이르티슈강

노프고로도
프스코프
모스크바
카잔
리투아니아
폴란드
키에프
드네프르강
볼가강
우랄강
아스트라한

크리마아
흑해
카프카즈산맥
카스피해
다뉴브강
콘스탄티노플

이반3세의 사망시(1505년)

북극해

드비나강
우랄산맥
이르티슈강

프스코프
노프고로드
드비나강
모스크바
리투아니아
폴란드
드네프르강
볼가강
돈강
코사크
아스트라한
우랄강

흑해
카프카즈산맥
카스피해
다뉴브강
콘스탄티노플

페데르대제 즉위때(1689년)

[지도 15] 中世 및 近代初의 러시아(1190~1689)

개혁에 반대하는 것을 보고, 首座大主敎(Patriarch)를 폐지하고, 황제가 지배할
수 있는 종교회의(Holy Synod)로 대체시켰으며, 이로써 러시아의 교회는 국가에
더 밀착하게 되었다. 한편 서유럽파(Zapadniki)와 슬라브파(Slavophil)의 대립
도 이에 싹트게 되었다.

표트르는 러시아의 근대화와 더불어 직접 유럽과 접촉할 수 있는 발트海로의 진출을
꾀하였다. 이른바 '西方으로의 窓口'를 찾은 것이다. 그러기 위하여서는 당시 발트海를
지배하고 있던 스웨덴을 꺾어야만 했다. 때마침 나이어린(15세) 카알 12세(1697~
1718)가 스웨덴왕으로 즉위하자 표트르는 덴마크 및 폴란드와 동맹을 맺고 스웨덴과
전쟁을 시작하였다(북방전쟁, 1700~1721). 그러나 카알은 의외로 유능하여 선수를 쳐
서 덴마크를 공격하여 굴복시키고, 나르바(Narva)강의 전투에서 러시아군을 크게 격
파하였다. 카알은 계속 러시아를 공격하지 않고, 폴란드로 진격하였으며, 표트르는 그
사이에 군비를 정비하고 군대를 강화하여 폴타바(Poltava)에서 스웨덴군을 격파하여
결정적인 승리를 거두었다(1709). 카알은 투르크로 피난하여 러시아와 싸우도록 설득
하였으나 성공하지 못하고, 노르웨이와의 싸움에서 전사하였다(1718). 북방전쟁에서
승리한 러시아는 니스타드(Nystad)조약에서 (1721) 카렐리아(Karelia), 잉그리아
(Ingria), 에스토니아(Estonia) 및 리보니아(Livonia)를 획득하여 대망의 '西方으로
의 窓口'를 얻게 되었다. 표트르는 이러한 전란 중에 네바(Neva)하구에 聖 페트로그
라드(지금은 상크트 페테르스부르크)를 건설하여 모스크바 대신 새로운 수도로 삼았다
(1712). 한편 스웨덴은 발트海를 지배하던 강대국의 지위를 상실하였다.

표트르는 두번째의 유럽여행(1716~1717) 후 중앙과 지방의 행정 및 관료기구를
개혁하였다. 그는 전쟁으로 수도를 자주 비우게 되므로, 그의 부재 중 권력을 대행할
9명으로 구성된 원로원을 창설하고, 외무·육해군·상무·사법·세출입 등 9개의
부서를 마련하여 國務를 관장하게 하였다. 군사적인 목적으로 兵事區가 전국에 설치
되고, 그것을 토대로 지방행정구역이 마련되었으며, 지사가 임명되어 중앙의 비능률
적이던 수많은 기능이 지방으로 이양되었다. 일정한 수의 세대가 일정한 수의 신병
을 공급하는 징병제도를 마련하고, 각군 사관학교를 세우는 동시에, 모든 지주는 의
무적으로 文武의 관직을 맡아 국가에 봉사하도록 강요되었다. 귀족계급은 물론이지
만 일반 지주층(젠트리)도 국가에 대한 봉사가 요구되었으며, 재산과 문벌이 없는 자
라도 일정한 지위에 도달하면(이를테면 육군에서는 소령) 토지와 귀족의 칭호가 주어
졌다. 그리하여 이들은 완전히 황제에게 종속하게 되었다.

끊임없는 전쟁과 개혁에는 돈이 필요하였다. 그리하여 표트르는 화폐가치를 저하시
키고, 모든 것에 세금을 부과하였으며, 새로운 稅源을 위하여 종래의 戶口稅 대신 인두
세를 신설하였다. 이를 위한 국세조사과정에서 부동층은 농노로 기록되어 농노제는 양

적으로 팽창하였으며, 관직자에 대한 토지의 하사 또한 농노제를 강화하였다.

표트르는 유럽의 선진기술을 도입하면서 중상주의정책으로 러시아의 산업을 발전시키고자 노력하였다. 외국기술자의 초빙, 면세와 免役 등 각종특권이 제조업자에게 주어지고, 보호관세로서 수입을 억제하고, 공장주에게는 공장의 노동력으로서 농노의 매매가 허용되었다. 그의 산업육성책은 큰 성공을 거두지는 못하였으나, 이로부터 러시아경제는 유럽경제에 편입되었다.

표트르大帝가 사망한 후 37년간은 제위를 둘러싼 궁정혁명으로 어수선한 시대였다. 그 동안 여섯 사람의 황제가 교체되었으며, 7년전쟁 말기에 프로이센에 대한 공격을 중지한 표트르 3세(1762)도 제위에 오른지 불과 반년만에 살해되고, 황후였던 예카테리나 2세(Ekaterina : Catherine, 1762~1796)가 제위를 계승하였다.

예카테리나는 독일의 작은 나라의 公主出身이었으나, 러시아의 언어와 풍습에 잘 적응하여 익숙해지고, 자기의 운명을 러시아와 일치시켰다. 그 결과 예카테리나는 동유럽의 강대국으로서의 러시아의 지위를 확고부동하게 만들었다.

女帝는 일생을 통하여 수없이 많은 사랑의 염문을 뿌렸으나, 매우 총명하고 이지적이었으며, 정치에 있어서는 마키아벨리스트였다. 女帝는 계몽사상의 영향을 받아, 디드로(Diderot)를 후원하고, 볼테르나 달랑베르(D'Alembert) 등과 서신을 왕래하며, 계몽전제군주로 행세하려고 하였으나, 러시아의 현실 앞에 여제의 이상은 큰 힘을 발휘하지 못하였다.

러시아의 전통적인 팽창정책은 흑해방면으로의 남하정책과 유럽방면으로의 진출, 그리고 시베리아쪽으로의 東進政策이었다. 시베리아방면으로의 진출은 일찍부터 시작되어 우랄산맥을 넘어 동진을 계속하였으며, 17세기 중엽에는 오호츠크海에 달하고, 표트르대제 때에는 남쪽으로 진출을 꾀하였으나, 흑룡강방면에서 중국의 淸의 제지를 받고, 네르친스크(Nerchinsk)조약을 체결하였다(1689). 그 후 방향을 다시 동쪽으로 돌려 17세기 말부터 18세기 초에는 캄차카반도에 달하고, 예카테리나 2세 때는 알래스카를 차지하기에 이르렀다. 그러나 예카테리나가 주력한 것은 유럽과 흑해방면으로의 진출이었다. 유럽으로의 진출은 폴란드의 분할로 구체화되었으며, 남하정책은 즉위 초에 투르크와 싸워(1768~1774) 쿠츄크 카이나르지(Kutchk Kainardji)조약(1774)으로 흑해연안일대와 크리미아의 일부를 획득하고, 흑해의 자유항해권과 보스포러스 및 다다넬스해협의 통과권을 얻었다.[29]

---

29) 이를 제1차 러시아—투르크 전쟁이라 하며, 그 후 에카테리나는 러시아의 후원 하에 비잔틴제국을 재건하려는 웅대한 꿈을 갖고 세바스트폴에 기지를 만들고 제2차 러시아—투르크전쟁(1787~1791)을 시도했으나, 그 꿈은 이루어지지 않고, 흑해북부연안에 남아 있던 투르크령을 병합하고, 크리미아에 대한 러시아의 종주권을 확보하는 데 그쳤다.

예카테리나는 그녀의 지지자들에게 막대한 국유지를 하사하여 세력기반을 굳힌 후, 복잡하고 통일이 없었던 법률을 정비하고 법전화하기 위한 위원회를 소집하였다(1766). 예카테리나의 의도는 계몽적이고 인도적인 것이었고, 위원회는 200회를 넘는 회의를 거듭하였으나, 통일적인 법전을 만들지 못한 채 1768년에 해산하였다. 예카테리나는 각 도시와 농촌에 학교를 세워 교육을 보급시킬 것을 구상하였으나, 실천에 옮기지 못하였다. 그러나 여제의 후원 하에 설립된 병원과 고아원은 다소나마 국민에게 혜택을 주었다.

1773년 불만을 품어오던 코삭에 농노가 합세하여 푸가초프(Pugachov)의 대반란이 일어났다. 푸가초프는 농노들에게 자유와 토지를 약속하면서 동남러시아를 휩쓸고, 모스크바를 향하여 진격하였으나 1775년에 진압되었다. 이 반란은 러시아사회에 내제하던 심한 불만과 모순을 드러낸 것이었다. 그러지 않아도 난맥에 빠져있던 지방행정은 이 반란으로 거의 붕괴상태에 이르렀으므로, 예카테리나는 전국을 50개의 행정구역으로 구분하여 지방행정기구를 정비하였다. 여제는 지방자치를 창달시킬 뜻을 비쳤으나, 실제는 황제에 의하여 임명되는 귀족출신의 지방장관에게 실권이 있었고, 따라서 이 개혁은 황제의 전제정치를 강화하는 것이었다.

예카테리나는 예술가와 문필가를 격려하고, 프랑스에서 불온서적으로 낙인이 찍힌 과격한 서적의 유포조차 허락하였다. 여제의 궁정과 귀족들은 완전히 프랑스풍에 물들어 프랑스어를 사용하고, 프랑스풍의 옷을 입었다. 그러나 프랑스혁명의 발생은 여제로 하여금 계몽군주의 탈을 완전히 벗게 하였다. 《상크트 페테르스부르크로부터 모스크바로》라는 기행문에서 러시아 전제정치의 폐단과 농노의 비참한 생활상을 묘사한 라디쉬체프(Alexander Radishchev)가 시베리아로 추방되고, 계몽사상의 위험서적도 금지되었다.

농노제는 16세기 이래 러시아사회의 기반이었으며, 날이 갈수록 강화되고 확대되었다. 예카테리나 治世에도 막대한 국유지의 하사로 농노의 수는 크게 증가하고, 귀족은 병역 및 세금을 면제받는 동시에 농노의 운명과 영지에 대한 절대적 지배권을 확보하였다. 농노는 매매와 도박, 선물과 저당의 대상이 되었으며, 그들의 가족생활도 해체되고, 잔인한 학대와 혹사의 대상이 되었다. 프랑스어를 사용하는 귀족과 학대에 시달리는 농민과는 하나의 동일한 국민이라고 할 수 없을 정도였다. 지배층인 귀족과 민중과의 이 엄청난 간격은 러시아사회의 가장 큰 모순으로 남게 되었다.

폴란드의 분할

17세기 후반으로부터 18세기에 걸쳐 동쪽에 러시아, 서쪽에 프로이센이라는 새

로운 강대국의 출현은 폴란드의 미래에 크나큰 영향을 미치게 되었다. 폴란드는
슬라브 계통의 민족이었으나, 러시아를 비롯한 다른 슬라브족과는 달리 그리스정
교가 아니라, 로마가톨릭교회를 받아들이고, 따라서 문화적으로나 정치적으로 유
럽세계와 보다 밀접한 관계를 갖고 있었다. 14세기에 리투아니아(Lithuannia)와
합병하여 그 영토가 확장되고, 16세기에는 그 영토가 발트海로부터 멀리 흑해에까
지 이르는 강대한 국가가 되었다. 이 광대한 국가는 실제로 폴란드를 중심으로 한
여러 소국가의 느슨한 연합체였으나, 그 번영기에는 야겔로(Jagello)왕조의 유능
한 군주들의 治下에서 동으로는 모스크바공국, 남으로는 오토만제국의 공격을 물
리칠 정도로 강대하였다. 그러나 17세기에는 투르크, 타타르, 스웨덴, 러시아 등
주변의 여러 세력의 공격을 받고 국력이 현저하게 쇠퇴하였다.

　폴란드의 쇠퇴와 급기야는 亡國이라는 비운의 한 원인은 그 지리석 조건에 있었
다. 하천이 많은 평원지대로서 폴란드는 외적을 방어할 자연의 장벽이나 장애물이
없이 개방되어 있었다. 그러나 이보다 더 중요한 원인은 폴란드의 國制에 있었다.
폴란드의 군주제는 선거제였고, 선거를 좌우한 귀족들은 그들의 권한을 축소하거
나 삭감할 정도로 강력한 군주를 선출하려고 하지 않았으며, 때로는 폴란드의 사
정을 전혀 모르는 외국인이 선출되는 경우도 있었다. 그리하여 왕은 무력하였고,
실권은 귀족들로 구성되는 국회에 있었으나, 회의의 구성원인 귀족은 저마다 절대
적인 거부권(liberum veto)을 갖고 있어, 효율적인 운영을 기대할 수 없었다. 뿐
만 아니라 폴란드의 귀족은 그가 속한 계급에 대한 이기적인 충성심밖에 갖고 있
지 않았으며, 토착상인은 물론이요, 외국상인들조차 박해하여 한때 번창했던 도시
의 시민계급을 거세해버리고, 영지의 농노를 러시아의 귀족들보다 훨씬 가혹하게
대하였다. 말하자면 사회적 후진성에 정치적 무정부상태가 첨가되고 오직 귀족들
의 계급적인 이기심만이 판을 치고 있었던 것이다.

　이러한 상황 속에서 1772년 예카테리나女帝가 프로이센의 프리드리히대왕과 협
의하고, 오스트리아의 마리아 테레지아를 끌어들여 저마다 인접한 폴란드의 일부
영토를 나누어갖기로 했을 때 폴란드는 저항할 힘이 없었다. 영토의 4분의 1을 상
실한 폴란드의 귀족들은 대책을 강구했으나 때는 이미 늦었다. 1793년 러시아와
프로이센은 제2차 분할에서 원하던 영토를 다시 획득하고, 1795년에는 코슈추슈
코(Thaddeus Kosciuzko)를 중심으로 한 폴란드 애국자들의 완강한 저항에도 불
구하고, 나머지 영토가 러시아·프로이센·오스트리아에 의하여 분할되어 폴란드
는 멸망하였다. 그 후 폴란드민족은 기회있을 때마다 독립의 회복을 위하여 영웅
적인 투쟁을 계속하였으나 번번히 실패하고, 그들이 독립을 회복한 것은 제1차 세
계대전이 끝났을 때였다.

제 4 절   英國의 絶對王政과 革命

튜더王朝

영국의 절대왕정은 튜더(Tudor)왕조의 헨리 7세(1485~1509)와 더불어 성립하였다. 장미전쟁으로 과거의 봉건귀족이 크게 약화된 것이 그 주된 이유이지만, 또한 국민이 봉건체제의 무질서에 싫증을 느끼고, 질서와 안정을 희구하고, 그 구심점을 왕권에 구하게 되었으며, 헨리 7세가 이러한 기대에 부응하여 왕권을 강화한 사실도 절대왕정성립의 중요한 이유였다. 헨리는 봉건귀족의 私兵制(livery and maintenance)를 폐지하여 의사 봉건제에 기인하는 무질서를 종식시켜 안정과 질서를 회복하고, 국가수입을 크게 증가시키는 한편 낭비를 삼가고, 이탈리아나 한자상인과 같은 외국상인을 억제하고 국내상인을 적극 지원하였다. 그리하여 헨리 7세는 왕권을 국민적인 기반 위에 확립시키고, 안정과 번영된 국가와 여유있는 국고를 헨리 8세(1509~1547)에게 남겼다.

헨리 8세는 여섯 번이나 왕비를 갈고, 르네상스기의 군주에게서 볼 수 있듯이 화려함을 좋아했으나, 국가재정을 파탄으로 몰고가는 일은 없었다. 그는 중앙정부를 개혁하고,[30] 종교개혁을 단행하였으며, 수도원을 해산하여, 그 토지를 측근과 왕권의 지지자들에게 나누어 주었다. 그의 시대에 절대왕권은 확립되었으나, 그는 영국의 憲政的인 전통을 무시하지 않았고, 중요한 일은 의회를 통하여 실천에 옮겼다. 이 점에 있어서는 헨리 7세나 엘리자베스 1세도 동일하였다. 물론 튜더시대에 의회는 왕권에 저항할 만한 힘이 없었고, 왕권의 도구에 불과하였다. 그러나 프랑스의 삼부회가 전혀 소집되지 않게 된 것과는 달리, 영국의회가 중요한 국사에 있어 그 기능을 유지하였다는 사실은 그 후 두 나라의 발전에 큰 차이를 가져오게 되었다.

헨리 8세가 단행한 종교개혁으로, 로마로부터 독립한 영국 교회는 다음 에드워드 6세(1547~1553) 때 약간의 신교적인 내용이 가미되었으나, 헨리 8세의 첫번째 왕비의 소생이며 에스파냐 펠리페 2세의 아내가 된 메리여왕(1553~1558) 때 다시 가톨릭으로 되돌아갔다. 신교도를 몹시 박해하여 '流血의 메리'(Bloody Mary)라고 불리우고, 에스파냐의 왕비가 됨으로써 영국국민에게 굴욕감을 안겨준 메리가

---

30) 튜더時代의 행정개혁은 G.R. Elton이 '튜더革命'이라고 부를 정도로 획기적이었다. G.R. Elton, *The Tudor Revolution in Government*(1953) 및 羅鍾一, "튜더革命", 英國近代史研究(1972) 참조.

사망하자, 헨리 8세의 두번째 왕비였던 앤 불린의 소생인 25세의 엘리자베스 1세
(1558~1603)가 왕위를 계승하였다.

엘리자베스의 治世는 셰익스피어(1564~1616)에 상징되듯이 영국 르네상스의 개화
기요, 튜더 절대왕정의 절정기로서 영국의 근대적 발전의 확고한 기반이 구축된 시기
이기도 하였다. 여왕은 즉위하자 곧 신교적인 영국국교회를 확립시키고 종교면에서
의 국민적 통합을 꾀하였으나, 신·구교의 극단파를 제외하고는 종교적으로 관대한
태도를 취하였다. 영리한 여왕은 일생 독신으로 지냈으나, 펠리페 2세를 비롯한 많
은 구혼자들을 적절히 조종하여 외교정책에 탁월한 효과를 거두었다. 여왕의 행정부
는 능률적이었고, 의회는 여왕에게 순종하였다. 경제는 계속 발전하고, 1600년에는
최초의 주식회사인 동인도회사가 설립되는 등 해외발전의 기틀도 마련되었다.

당시 스코틀랜드는 모든 면에서 후진적이었고, 그나마 프랑스의 기즈(Guise)家
의 메리의 섭정 하에 있었다. 그렇기 때문에 제네바에서 돌아온 존 녹스(John
Knox, ca. 1514~1572)가 칼뱅계통의 長老敎敎會(Presbyterian Church)를 세우
자, 그것은 곧 反프랑스적인 국민감정의 구심점이 되었다. 1561년 메리의 딸인 동시
에 헨리 7세의 증손녀인 메리 스튜어트(Mary Stuart)가 스코틀랜드를 통치하러 프
랑스로부터 건너왔을 때, 그녀는 장로교도의 강력한 반항에 당면하였고, 7년 후에는
결국 어린 제임스 6세를 장로교도의 손에 남긴 채 영국으로 피신하였다. 엘리자베스
는 메리 스튜어트가 가엾기도 하였지만, 영국의 왕위계승권을 갖고 있고, 가톨릭과
에스파냐의 온갖 음모의 주인공으로 추대되는 것을 보고, 그녀를 처형하지 않을 수
없었다(1587). 한편 에스파냐의 펠리페 2세는 엘리자베스에 대한 구혼에 실패하고,
영국 私掠船의 해적질에 몹시 분개하고 있었다. 드레이크(Francis Drake)가 이러
한 사략선을 거느리고 에스파냐 상선을 약탈하면서 세계일주를 마치고 귀국하였을
때 펠리페는 그의 처형을 요구하였으나 엘리자베스는 오히려 그에게 기사칭호를 수
여하였다. 게다가 메리까지 처형되자 펠리페는 무적함대를 파견하였고 영국해군은
이를 격파하여 해상에서의 우위를 확보하였다.

사회의 변화

튜더시대로부터 혁명이 발생한 1640년 사이에 영국사회는 많은 변화를 겪었으
며, 이러한 사회의 변화는 청교도혁명의 주된 배경 내지 원인이 되었다.[31]

1520년으로부터 1640년까지에 영국인구는 배로 증가하였으며, 이러한 인구증가
는 농업생산을 자극하여 기술이 개량되고, 대규모경작지를 중심으로 경작지의 증

---

31) 이 항목 및 淸敎徒革命의 원인에 관해서는 주로 Lawrence Stone, *The Causes of the
English Revolution,* 1529~1642(Harper Torchbooks, 1972)에 의거하였다.

가를 초래하였다. 한편 15세기 이래 영국의 국민적 산업으로 성장하기 시작한 모
직물공업은 날로 융성해지고, 이에 따라 牧羊을 위하여 울타리를 치고 목장을 만
드는 이른바 인클로저운동이 날로 성행하였다. 그 결과 수많은 소농과 빈농이 토
지로부터 추방되어 토지없는 임금노동자로 전락하는 한편, 그러한 농업노동자를
고용하여 대규모경작지를 자본주의적으로 경영하는 자본가적 借地農(capitalist
tenant farmer), 그리고 지주라는 영국농업경영의 특징인 이른바 3分割制(tripar-
tite system)가 성립하기 시작하였다.

16세기 후반의 해외무역은 큰 발전이 없었으나, 17세기에 들어서면서 급속도로
신장하여 경제만이 아니라 사회 각 분야와 정치에서 차지하는 중요성이 크게 증대
하였다. 특히 모직물수출은 그 비중이 컸고, 사회통합의 강력한 요인이었다. 왜냐
하면 그것은 양떼를 가진 지주층과 방적이나 직조에 종사하는 가난한 노동자나 수
공업자와 그들의 가족, 그리고 이를 경영하는 직조업자(clothier)와 모직물수출에
종사하는 상인 등,[32] 광범한 사회층에 영향을 미치기 때문이었다. 그렇기 때문에
모직물수출은 지주층과 수공업자, 그리고 상인집단간에 경제적 이해관계의 동질
성을 부여하고, 이에 관련된 과세나 독점권, 각종 부과금이나 외국무역 등에 관한
문제에 있어 그들은 정부에 대하여 공동전선을 형성하였다. 해외무역에 못지 않게
국내상업 또한 크게 발달하였으며, 17세기 전반기에 이자율이 10%에서 5%로 하
락하여 유동자본이 증가하였다. 한편 석탄산업·철사·유리·비누제조업과 같은
신규산업이 일어나고, 그것들은 일부 經濟史家들이 제1차 산업혁명이라고 부를
정도로 그 비중이 크지는 않았고, 영국경제는 여전히 소규모생산과 상업이 지배적
이었으나, 신규산업이 자본주의적인 대규모생산이었던 점이 주목된다.

이상과 같은 경제발전과 더불어 주목을 끄는 것은 런던의 급속한 성장이다. 16
세기로부터 17세기 초에 걸쳐 경제성장의 중요국면이 런던에 집중되었으며, 인구
는 1500년에 6만이던 것이 1640년에는 45만으로 증가하고 있다. 이 기간에 인구가
전체적으로 배로 증가한 사실과 인구 25,000을 넘는 도시가 없었던 사실을 감안한
다면 런던의 인구증가는 놀라운 사실이 아닐 수 없으며, 지방과 농촌의 잉여노동
력이 런던에 집중되었다고 볼 수밖에 없다. 1550년에 영국의 주요 수출상품인 모
직물의 90%가 런던을 거쳐서 수출되었고, 17세기에 런던은 영국의 수출입의 70%

---

32) 모직물수출의 독점권을 갖고 유럽大陸에서의 시장개척에 나선 商人들이 유명한 '모
    험상인'들이었으며, 그들의 특권적인 모임이 Merchant Adventurers' Company이
    다. 이 Company의 전성기는 엘리자베스시대였으며, 17세기에는 특권에 대한 공격
    을 받고, 1689년에 그 특권이 사라지게 되었다. E. Lipson, *The Economic History of
    England,* Vol Ⅱ (6th ed., 1956), Chap. Ⅱ, i 참조.

내지 80%를 장악하고 있었다. 게다가 런던에는 각종 법정이 집중되어 있어 영국의 법적 중심지로서, 런던은 권력의 거대한 지레를 장악하고 있는 셈이다. 그러므로 만일 왕권이 런던을 상실한다면 그것은 군사·경제 및 정치면에서 주요자원의 상실을 뜻하는 것으로서, 런던을 상실하고 王이 延命할 가능성은 희박하였다.

이상과 같은 경제적 발전에 수반하여 커다란 사회적 변화가 발생하고 있었다. 1540년으로부터 1640년에 이르는 기간에 영국의 사회사나 정치사에 있어 핵심적인 사실은 지주계층과 전문직업종사자의 수적 증가와 부의 증대다. 인구는 그 기간에 배로 증가한 데 비하여, 지주계층은 3배로 증가하였으며, 그들은 교회 특히 수도원 재산의 매각에서 직접·간접으로 많은 토지를 획득하고, 날로 성황을 이루어가는 토지시장에서도 많은 토지를 구입하였다 이러한 일반적인 추세와 더불어 특히 주목을 끄는 사실은 지주계층 중에서도 젠트리(gentry)의 현저한 양적·질적 향상이다. 귀족들도 수도원재산을 구입하거나 기증을 받았으나, 곧 그것을 젠트리에게 팔았고, 소규모 등기소작농(small copy-holders)[33]이나 정기소작농(lease holders)들도 물가앙등과 소작료의 상승으로 압박을 받고, 그들의 토지를 젠트리와 부유한 자영농, 즉 요우먼에게 팔아넘겼다. 이리하여 토지의 흐름은 사회계층의 양극으로부터 젠트리를 향하여 흘렀던 것이다. 물론 젠트리 중에는 빈곤한 젠트리, 그리고 몰락하는 젠트리(declining gentry)도 있었다. 그러나 그러한 빈곤하고 몰락한 젠트리를 감안한다 하더라도 젠트리의 지위는 전반적으로 향상하고 있었으며, 상대적·절대적, 수적인 면이나 부에 있어서, 하나의 유력한 신분집단(status group)으로서 젠트리층의 현저한 대두가 있었던 것만은 틀림없다.

이러한 젠트리층은 비단 지주로서만이 아니라, 그 차남이나 3남은 대학에, 그리고 법률업에 쏟아져 들어갔으며, 상업의 훈련을 쌓기도 하였다. 뿐만 아니라 이 시기에 하원의석이 약 300석으로부터 500석으로 증가하였는데, 젠트리의 의석점유율은 50%에서 75%로 증가하였고, 지방행정의 핵심이 되는 치안판사는 그 절대다수가 젠트리였다.

이러한 젠트리의 대두 다음으로 중요했던 것은 전문직계층(professional classes)이었다. 그 중 가장 부유하고 유력한 집단은 법률가였고, 그 다음이 의사들이었다. 세번째로 중요했던 집단은 상인들로서, 특히 런던과 지방 주요 도시의 상인 엘리트들이었다.

---

33) 등기소작농이란 재판소 기록부의 등기등본에 의하여(by the copy of court roll) 토지를 보유하고 있는 농민을 말하며, 비교적 그 지위가 안정된 편이었다. 이에 비하여 관습소작농(customary tenant)은 장원의 관습에 의한 토지보유농을 가리키고, 영주에 대한 종속성이 강하지만 현실적으로는 그렇게 엄격하게 구별된 것은 아니다.

이렇게 새로이 대두된 유력한 사회계층, 특히 젠트리는 17세기에 귀족과 왕권으로부터 해방되어 자신감에 넘쳐 있었고, 그 대다수가 고등교육의 이수자로서, 스튜어트 왕조의 사치와 낭비, 압제와 전제의 상징인 궁정(court)에 대하여, 이에 대항하는 이데올로기로서 '지방'(country)을 내세우면서 이를 국민적인 이데올로기로 승화시키는 한편,[34] 보통법을 중심으로 영국의 헌정적 전통을 지키려는 강한 의지를 갖고 있었다.

또한 젠트리나 전문직업인들 중 많은 수가 청교주의(Puritanism)를 신봉하고 있었고,[35] 청교주의의 영향은 소상인, 수공업자, 소상점주, 그리고 자영농민 사이에 광범하게 퍼져 있었다. 특히 후자, 즉 중산계층과 그 하층에 대하여 청교주의는 문자해독과 교육의 기능을 수행하였다. 이들 경건한 청교도들은 성경을 읽기 위하여 글을 배웠고, 청교도목사는 신도가 성경을 올바르게 이해하도록 설교를 하였으며, 그 설교는 교육적 의미와 더불어 농촌의 자영농민과 도시의 수공업자들을 정치화하는 역할도 수행하였다. 그리하여 그들은 후에 수평파로 알려진 정치집단의 사회적 기반이 되었다.

이상과 같은 사회경제적 균형의 변화는 청교주의의 전파 및 교육의 확대와 더불어, 한편으로는 전통적인 권력의 보유자, 즉 국왕·궁정인·고위성직자 및 귀족계급과 다른 한편으로는 젠트리·법률가·상인·자영농민 및 소상인의 점차 증대하는, 그러나 아직은 동질적이 아닌 세력과의 사이에 마찰이 발생할 것이라는 것을 예고하는 것이었다. 그러므로 17세기의 영국이 당면한 가장 중요한 정치적 과제는 후자를 어떻게 효율적으로 정치적 과정 속에 협동적으로 참여시키느냐의 문제였다.[36]

革命으로의 길

엘리자베스 1세로서 튜더왕조가 단절되고, 메리 스튜어트의 아들인 스코틀랜드왕 제임스 6세가 영국왕 제임스 1세(1603~1625)로 즉위하자 절대왕권과 의회 및 국민과의 원만한 관계는 사라지게 되었다. 제임스는 영국왕이 되기 전에〈自由王國의 진정한 法〉이라는 논문을 써서 왕권신수설을 주장하였고, 영국 사정에 어두운 그는 영국왕이

---

34) 여기서 '地方'이라고 함은 자체의 어떤 적극적인 내용보다도 절대왕권과 그 궁정에 대한 반대개념의 성격이 강하다. 따라서 궁정의 사치나 부패에 대한 田園的이고 소박한 것, 압제에 대한 독립과 자유, 중앙집권과 지방자치의 균형 등, 다양한 내용을 포함하며, 궁중중심의 절대왕정에 대항하는 입장에서의 대립적 이데올로기 내지 理想을 표현한 말이다.

35) 淸敎主義에 대한 명확한 규정은 힘들다. 일반적으로 칼뱅계통의 신앙, 즉 예정설을 받아들이고, 영국국교회의 가톨릭적인 의식의 잔재를 못마땅하게 생각하고, 이를 정화(purify)하기를 원하는 신교 중의 左派에 속하는 교파를 말한다. 그러나 그 내부에서도 온건한 교파로부터 과격한 것까지 광범하고 다양하였다.

36) L. Stone, p. 76

되자 이를 실천에 옮기려고 하였다. 말하자면 대륙형의 절대왕정을 지향하였던 것이다. 제임스는 이러한 그의 생각을 첫번째 의회에서 표명하였고, 이에 놀란 하원은 곧 반대의사를 표명하였다. 절대왕권과 의회와의 대립의 씨앗이 뿌려진 것이다. 제임스는 종교에 관심을 갖고 즉위한지 얼마 안되어(1611) 지금도 영어사용 국민이 사용하는 欽定版(King James Version) 성경을 만드는 한편, 청교도에 대한 압박을 시작하였다. "主教가 없으면, 王도 없다."(No bishop, no king)는 신념의 소유자인 제임스에게 청교도는 영국국교회의 주교(감독)제도(episcopalism)를 파괴할 위험이 있는 것으로 보였던 것이다. 일단의 청교도들은 박해를 피하여 메이플라워호(Mayflower)를 타고 아메리카대륙으로 건너갔다(1620). 이러한 제임스에게 의회가 왕이 필요로 하는 재정적 뒷받침을 할 리가 없고, 그는 직접 개인에게 세금을 부과하는 德稅(benevolence)를 징수하였다. 이에 대한 거부사건을 지지한 까닭으로 에드워드 코크(Edward Coke)가 대법관직에서 파면되자 절대왕권의 전제정치는 세인의 주목을 끌게 되었다. 제임스가 에스파냐와의 전쟁을 종식시킨 것도(1604) 에스파냐상선의 습격과 약탈을 일삼던 사람들에게는 불만이었지만, 제임스가 왕자비를 에스파냐왕실에서 맞아들이려 하자 의회는 의회의 권한을 강조한 대항의서(Great Protestation, 1621)를 제출하고 이에 반대하였다. 결국 후에 왕자비는 프랑스왕실에서 맞이하였으나, 이것 역시 의회나 국민에게는 만족스러운 것이 아니었다.

제임스를 계승한 찰스 1세(1625~1649)는 한 개인으로서는 친절하고 사랑스러운 인물이었으나, 국왕으로서는 부왕보다 더 영국을 이해하지 못하였을 뿐 아니라, 스코틀랜드의 정세에도 어두웠다. 그는 제임스가 영국국민과 멀어지고 의회와 대립하게 된 정책들을 더 강력하게 비타협적으로 강행함으로써 의회와의 대립을 격화시키고, 드디어는 혁명으로의 길을 열게 되었다.

찰스가 신임한 대주교 로드(Laud)는 완고한 국교회주의자로서 영국국교회를 가톨릭에 가까운 방향으로 몰고가는 동시에 청교도에 대한 박해도 강화하였다. 그 결과 많은 청교도가 신앙의 자유를 찾아 신대륙으로 이주하였으나, 국내에 머문 많은 청교도들은 절대왕권에 대항하는 세력을 구축하기 시작하였고, 온건한 국교도조차 그들에게 가담하게 되었다. 왕실재정의 궁핍은 여전하였고, 그나마 찰스는 에스파냐와 소규모이지만 전쟁을 시작하고, 프랑스와의 전쟁에도 말려들었다. 전비에 궁해진 찰스는 부유한 신하로부터 강제로 돈을 차용하고, 세대주의 비용으로 개인집에 병사를 숙박시키기도 하였다. 그래도 돈이 부족했던 찰스는 의회를 소집하였는데, 의회는 오히려 權利請願(Petition of Right, 1628)을 제출하였고, 찰스는 부득이 이를 승인하였다. 이 권리청원은 영국 憲政史上 중요한 문헌으로서 "의회의 승인없이 과세할 수 없다. 개인 집에 병사를 숙박시킬 수 없다. 평화시에 계엄령을 선포할 수 없다. 그리고 자의적인 구속이나 투옥을 할 수 없다."는 내용을 담고 있다.

이와 같은 의회의 완강한 반항에 당면한 찰스는 다시는 의회를 소집하지 않겠다고 작정하고, 1629년에 의회를 해산한 후 11년간 로드와 보수적인 스트라포드伯(Strafford)에 의지하면서 자의적인 전제정치를 실시하였다. 그는 의회의 승인없이 함부로 과세하고, 측근의 궁정인에게 각종 독점권의 혜택을 주었다. 자의적인 과세의 대표적인 것이 선박세(ship money)로서, 원래는 戰時에 한하여 해안지대에서 징수하게 되어 있던 세금이 전국적이고 정상적인 세금으로 징수되었던 것이다. 존 함프덴(John Hampden)은 이를 거부하고, 소송을 제기하여 패소하였으나 후에 反王派의 지도자가 되었다.

문제는 과세가 무거웠다기보다 그것이 비합헌적으로, 즉 의회를 거치지 않고 자의적으로 징수되고, 징수된 세금이 궁정의 사치와 낭비 등 국민이 수긍할 수 없는 곳에 사용되었다는 데 있다. 그리하여 젠트리층을 중심으로 광범한 반대세력이 구축되고 강화되어갔다. 찰스는 수많은 공업분야에 새로이 길드제도를 강요하였는데, 이것 역시 왕권의 통제를 강화하고, 재정을 보충하자는 것이었다. 이 모든 것이 심한 불경기 속에 행하여졌다는 것도 문제였다. 수출의 주종을 이루고 있는 모직물수출은 1620~1621년에 큰 타격을 받은 후, 종전 상태로 회복하지 못하고 있었고, 1630년대는 전반적으로 농작물의 작황이 신통치 않았다. 이러한 경제적 불황은 혁명발생의 주된 원인은 아닐지 모르나, 광범하게 여러 사회층에 불만을 조성하게 하고, 그러한 불만 속에 찰스의 자의적이고 강압적인 재정정책이나 경제정책을 놓고 본다면 혁명으로의 길이 매우 가까워지고 있음을 짐작할 수 있다.

왕권의 보호를 받고 이를 지지해야 할 런던의 대상인들도 찰스의 무모한 경제정책 앞에 몸을 도사리게 되었다. 독점권의 난발은 그 혜택을 받은 자와 기득권자간에 마찰을 빚어내고, 모두 불만을 갖게 되었다. 그리하여 찰스가 긴급하게 돈이 필요하게 된 결정적인 순간에 런던상인은 왕의 재정적인 요청을 거부하였던 것이며, 찰스는 하는 수없이 의회를 소집하게 되었던 것이다. 그 계기는 1637년 대주교 로드가 스코틀랜드에 영국국교회를 강요한 데서 발생하였다. 스코틀랜드의 장로교파는 단결하여 완강한 저항을 보였고, 런던상인들로부터 전비를 조달하지 못한 찰스는 1640년 의회를 소집하였다(短期議會, Short Parliament). 의회가 왕의 요청을 받아들이지 않고, 그 동안에 쌓인 불만을 털어놓자 찰스는 곧 이를 해산하였으나, 再開된 스코틀랜드와의 전투에서 패하였다. 궁지에 몰린 찰스는 같은 해 10월에 또 다시 의회를 소집하는 수밖에 없었으나, 이 의회는 1653년에 가서야 정식으로 해산되는 長期議會(Long Parliament)가 되었다.

淸敎徒革命

장기의회의 선거결과는 국왕지지세력의 현저한 약화로 나타났다. 그리하여 의회는 곧 그 동안의 폐단을 일소하고, 절대왕정을 제한하는 대대적인 개혁작업에 나섰다. 선박세같은 부당한 과세를 폐지하고, 성실청(Star Chamber)[37]과 같은 왕권의 특별법정을 해체하는 동시에 강압적인 국교회정책, 즉 고파교회(High Church)정책을 철회하고, 3년마다 의회의 정기적인 소집을 결의하였다(3년회기법, the Triennial Act). 그리고 의회는 그 동안의 실정의 책임을 물어 로드와 스트라포드를 규탄하고, 찰스도 하는 수없이 로드를 추방하고(내란 발생 후 1645년에 처형됨) 스트라포드를 처형하였다(1641).

장기의회의 개혁작업과 더불어 정치적인 각종 책자가 쏟아져 나오고, 청교도계통 설교사의 설교는 과격해졌으며, 이에 따라 민중이 정치에 참여할 기세를 보였으나, 이 단계에 있어서는 아무도 내란이나 혁명을 생각하고 있지는 않았다. 그러나 때마침 아일랜드에서 발생한 대규모의 반란은 왕과 의회를 극단적인 대립으로 몰고가는 하나의 계기가 되었다. 이 반란은 스트라포드의 강압적인 지배와 영국신교도의 이주자들에 대한 가톨릭계지주들과 농민의 반항이었다. 이를 진압하기 위하여는 군대가 필요하였고, 의회는 그 군대를 찰스에게 맡기기를 꺼렸다. 그리하여 의회는 군대지휘권을 의회가 장악하는 법안을 통과시키고, 그 동안의 실정과 의회의 불만을 종합한 大諫奏(대간주, Grand Remonstrance, 1641)를 제시하였다. 이에 이르러 찰스는 더 이상 참을 수가 없었다. 1642년 초에 왕은 함프덴을 비롯한 반왕파의 의회지도자 다섯 명을 체포하려고 하였으나, 그들은 런던시청으로 피신하고, 런던시는 그들의 인도를 거부하였다. 이에 찰스는 북부로 떠나 군대를 규합하고, 의회 또한 자위책으로 군대를 모집하였다. 그리하여 1642년의 여름이 끝날 무렵에는 내란(the Civil War)이 불가피하게 되었으며, 청교도혁명(Puritan Revolution)이 시작되었다.

처음 장기의회가 소집되었을 때 의회의 입장을 지지하는 세력은 압도적이었다. 그러나 의회가 과격해질수록 중도적이거나 온건한 의원들은 의회파로부터 탈락하였다. 1641년 5월, 스트라포드의 규탄안은 204 대 59로 가결되었으나, 같은 해 11

---

37) 星室廳은 헨리 7세에 의하여 설치된 특별법정으로서, 그 명칭은 법정으로 사용되는 방의 천정에 별이 그려져 있는 데서 유래하였다. 원래는 왕의 국무회의(Privy Council)의 특별위원회로서, 왕국의 각종 법정들을 감독하는 임무를 맡았다. 그러나 재판을 신속하게 진행시키기 위하여 배심원을 비롯하여 보통법의 절차를 생략하고, 피고의 권리를 무시할 수 있었다. 그래도 튜더왕조기에는 재판이 빠르고, 비교적 공정하며, 비용이 덜든다고 하여 이용자가 많았으나 17세기에 이르러 전제적인 절대왕권의 도구로 변하고 사법권의 남용 등으로 비난과 공격의 대상이 되었다.

월 대간주는 159대 148이라는 근소한 차로 통과하였고, 내란이 시작되려는 1642년 6월에 의회에 남은 의원은 302명이었고, 236명은 그 대부분이 왕에 합세하기 위하여 런던을 떠났다.[38] 이러한 하원의원의 동향은 그대로 지방의 젠트리에게도 반영되었다. 그러면 이렇게 兩分된 젠트리에게 현저한 사회경제적 차이나 지위의 차이가 있었던가. 별로 없었다는 것이 현재까지의 연구결과이다. 차이가 있었다면 그것은 정치나 종교문제에 관한 의견의 차이거나, 전통적으로 국왕을 섬겨 온 정서의 문제였다. 젠트리 중에는 적지 않은 수가 내란이라는 극단적인 사태를 회피하기를 원하고, 또한 끝끝내 중립을 지켰다. 그러나 어느 편엔가 가담한 경우, 가톨릭과 국교도가 왕당파에서 압도적으로 많았고, 대부분의 청교도는 의회편이었으며, 평균하여 의회파가 왕당파에 비하여 10세가량 연령이 높았다. 이것은 찰스 1세의 전제정치를 얼마나 오래 직접 체험하였는가의 차이에서 오는 것같다. 이 밖에 두드러진 차이는 왕당파가 비교적 후진적인 북부와 서부에서 우세하였고, 의회파는 동부와 중부, 그리고 런던을 비롯한 주요도시에서 우세하였다는 지역적인 차이다.

작위를 가진 귀족(peerage)은 당연한 일이지만 왕당파에 많이 가담하였으나, 중립을 지키는 자도 있었고, 소수이지만 의회파에 가담한 귀족 중에는 유력한 문벌과 부유한 자도 있었다.

도시의 경우 독점상인을 비롯하여 왕권에 의존하거나, 그로부터 특혜를 받고 있는 대상인들은 대체로 왕당파거나, 조심스러운 중립을 지켰다. 그 반면에 신대륙과의 무역이나, 식민에 관심을 갖고, 독점권을 분쇄하려는 새로운 상인층은 대체로 청교도가 많았고, 의회를 지지하였다. 그들보다 사회적으로 한 단계 아래에 있는 소상인이나 소규모 무역업자, 소상점주나 수공업자, 그리고 도제들은 청교도적인 기질이 강하고 의회편이었다. 혁명 초기의 런던을 장악하고, 그 막대한 자원을 의회파에 제공한 것은 바로 이들과 반독점적인 신흥상인들이었다.

농촌에서는 젠트리의 경우와 마찬가지로 자영농민층(요우먼리)은 兩分되었으나, 빈농이나 농업노동자는 별다른 역할을 하지 않았고, 도시에서도 노동에 의존하는 빈민층은 혁명과 별로 관계가 없었다.

이상과 같은 사실로 보아 청교도혁명은 봉건적 귀족에게 지지된 절대왕권과 진보적 부르주아지와의 투쟁이라는 시민혁명의 도식에는 반드시 일치하는 것은 아니며, 더구나 계급투쟁은 아니었다.

---

38) L. Stone, p. 141.

크롬웰의 獨裁

내란이 시작되었을 때 왕당파인 기사당(Cavaliers)이 우세하였으나, 의회파인 원두당(Roundheads)에 동부의 젠트리 출신인 크롬웰(Oliver Cromwell, 1599~1658)이 출현함으로써 전세는 달라졌다. 그는 무엇 때문에 싸우는가를 잘 알고, 신앙심이 두터운 청교도로 철기군(Ironside)을 조직하여 마스톤 모어(Marston Moor)에서 왕군을 격파하고(1644), 다시 철기군을 중심으로 신형군(New Model Army)을 조직하여 네스비(Nasby)에서 결정적인 승리를 거두었다(1655). 찰스는 스코틀랜드군에 피신하였으나, 스코틀랜드군은 돈을 받고, 왕을 의회군에게 넘겼다.

왕당파에게 승리한 의회파는 새로운 질서의 수립을 둘러싸고 크게 두 파로 분열하였다. 즉, 의회 내에 다수를 차지하고, 長老制를 전국적으로 실시하려는 장로파(Presbyterians)에 대하여, 의회군의 핵심을 형성하고, 각 교파의 자유와 독립을 주장하는 독립파(Independants)가 그것이다. 그러나 독립파 안에는 소상점주와 수공업자를 배경으로 보다 급진적이고 민주적인 수평파(Levellers)가 군대 내의 사병들에게 그 세력을 침투시켜, 장교단과 대립하는 형세를 보였다. 찰스는 의회파 내의 이러한 대립을 이용하여 스코틀랜드군으로 탈출하였다. 크롬웰은 수평파를 무마하여 의회군 내부의 대립을 해소시키고, 이제 왕군으로 변한 스코틀랜드군을 격파하여 찰스를 다시 포로로 잡았다(1648). 크롬웰은 그 해 12월 프라이드(Pride) 대령으로 하여금 장로파의원을 숙청하게 하고(프라이드의 숙청), 다음 해 1월에는 의회 내에 특별법정을 마련하여 찰스 1세를 반역죄로 처형하였다.

왕의 처형으로 영국은 공화국(Commonwealth)이 되었다. 합헌적인 정부는 백 명도 안되는 급진파의원만이 남은 잔부의회(Rump Parliament)였으나, 실권은 크롬웰의 군대에 있었다. 크롬웰은 1653년 봄에 잔부의회를 해산하고, 영국 헌정사상 유일한 성문헌법인 《統治憲章》(*Instrument of Government*)을 제정하여 스스로 호국경(Lord Protector)에 취임하였다. 이 헌장에 의하면 호국경 밑에 3년마다 선거로 구성되는 의회가 있고, 20명 정도로 구성되는 국무회의가 있었으나, 크롬웰의 호국경정치(Protectorate)는 군대를 배경으로 한 독재정치였다. 크롬웰은 그래도 합헌적인 정부형태라도 갖추어보려고 의회를 소집했으나 이와 충돌하였다. 1655년에는 풍기단속법의 실시를 감독한다는 명목 하에 전국에 소장을 배치하여 실질적인 군정을 실시하였다(소장제). 1657년에는 국민의 불만이 높아지자, 통제와 간섭을 통한 선거로 순종자만으로 구성된 의회를 소집하였으나, 이것과도 충돌하여 해산하였다. 찰스 1세의 처형 이후 크롬웰의 정치적 노력은 그의 군사독재의 합헌화였으나, 마지막까지 성공하지 못하였다.

그래도 크롬웰의 호국경정치 하에 일단 질서가 잡히고, 표면상으로는 평온하였다. 그의 통치는 철저한 청교도정치로서 풍기단속법을 마련하여 일요일에는 극장 문을 닫고, 간음·음주·주정·곰과 닭의 투기·도박 등을 금지하였다. 한편 공화 국시대에 아일랜드의 가톨릭교도들이 반란을 일으키자, 크롬웰은 이를 무자비하 게 탄압하여 지금까지도 '크롬웰의 저주'로 아일랜드인의 기억에 오래 남게 되었 다. 스코틀랜드의 장로파의 반란에 대하여서는 그래도 관대한 편이었다. 영국 내 의 문제를 해결한 크롬웰은 1651년 船海條例(Navigation Act)를 발하여 네덜란 드의 중개무역에 타격을 가하였다. 즉, 이 조치는 영국이나 영국식민지에 상품을 운반할 수 있는 선박을 영국이나 상품생산국의 선박에 한정한 것이었다. 이로 말 미암아 네덜란드와 전쟁이 발생하였으나, 크롬웰은 이에 승리하였다(1652~1654). 크롬웰은 말년에 에스파냐와 전쟁을 시작하였는데(1656~1659), 그 결과 영국은 카 리브海의 풍부한 설탕생산지인 자마이카를 획득하였다. 어려운 시절에도 영국의 해상발전과 해외진출은 계속되었던 것이다.

1658년 크롬웰이 사망하자 그의 아들 리처드(Richard Cromwell)가 호국경에 취임하였으나, 그는 재간이 없었고, 국민의 불만은 더이상 호국경정치를 지속시킬 수 없는 상황에 이르고 있었다. 군사령관이었던 몽크 장군(General Monk)은 프 라이드의 숙청에서 추방된 의원 중 생존자까지 합하여 잔부의회를 재소집하여 찰 스 1세의 장남을 다시 국왕으로 추대했다. 1660년 찰스 2세(1660~1685)는 국민의 환호 속에 귀국하여 왕정복고(Restoration)가 이루어졌다.

革命의 意義

혁명당시부터 오늘에 이르기까지 청교도혁명에 대한 강한 부정적인 견해가 있 다. 그것은 혁명을 '내란' 또는 '대반란'(Great Rebellion)이라고 부르는 사실에도 잘 나타나 있지만, 극단적인 경우 20년간에 걸친 혁명기간은 영국역사상 무의미한 시대이며, 1660년은 곧바로 1640년의 연속이라는 의견도 있다. 이러한 왕당파적이 고 비역사적인 견해를 받아들이지 않는다 하더라도, 청교도혁명의 적극적인 의의 는 그렇게 뚜렷하지 않다. 청교도혁명을 프랑스혁명과 동일한 시민혁명으로 보려 는 일부 사회경제사가나 마르크스주의역사가의 견해는 그들 스스로 철회하였다. 왜냐하면 혁명을 담당한 사회층이 지주계급인 젠트리였고, 그들이 왕당파와 의회 파로 갈라졌다는 사실이 움직일 수 없는 실증적인 연구로 밝혀졌기 때문이다.[39]

그렇다면 청교도혁명의 의의는 무엇일까. 그것은 튜더시대 이래 사회적으로나 경제적으로 귀족계급을 잠식하면서 성장과 발전을 계속해 온 젠트리층을 주축으

---

39) 拙稿, "17世紀 英國革命의 解釋에 관한 몇 가지 問題", 西洋近代史硏究 참조.

로 하여 절대왕정의 전제정치를 타도하고, 의회를 중심으로 영국 고유의 전통적인 헌정상의 자유와 종교적 자유를 확립하려는 혁명이었다. 왕정복고로 그 뜻의 달성은 일시 중단되었으나, 얼마 안가서 명예혁명으로 그 뜻이 이루어지고, 더구나 당시 대륙에서는 절대왕정이 더욱 그 기반을 굳히면서 전성기로 향하고 있던 사실에 비추어 본다면 청교도혁명의 의의는 자못 크다고 하겠다.

청교도혁명에 있어 사회경제적 요인이 직접적으로는 크게 작용하지 않았고, 혁명 자체가 이 분야에서 크게 달성한 것도 없다. 젠트리나 부르주아지가 다 같이 왕당파와 의회파로 나누어지기도 하였으나, 봉건제로부터 자본주의로의 이행이라는 긴 안목에서 본다면 청교도혁명은 자본주의로의 발전을 위한 매우 중요한 계기가 되었으며, 의회파의 중심이 된 젠트리나 부르주아지는 근대사회의 발전을 지향하는 진보적 세력이요, 계층이었다. 이러한 관점에서 볼 때 청교도혁명은 프랑스혁명과 같이 그렇게 선명하지는 않으나 넓은 의미로 시민혁명의 범주에 속한다고 할 수 있을 것이다.

또 하나 주목할 점은 혁명기간 중에 당시로서는 과격하고 급진적이었으나, 근대사회발전의 밑거름이 될 사회사상과 민주주의사상이 힘차고, 다양하게 전개되었다는 사실이다. 확실히 청교도혁명은 근대사회와 민주주의가 싹트고 성장할 기름진 사상적 옥토였다. 이를테면《失樂園》의 시인 밀턴(John Milton)은《아레오파지티카》(*Areopagitica*)에서 언론의 자유를 주장하고, 수평파는 그들의 정치강령으로 제시한《人民協定》(*Agreement of the People*)에서 보통선거, 의회의 정기적 소집, 과세의 합리화, 법의 평등하고 공정한 운영 등, 후대에 실제로 실현된 중요한 민주주의 사상을 전개하였던 것이다.[40]

復古王政

찰스 2세는 처음 10년간 조심스럽게 통치하였다. 왕당파로 가득찬 의회는 영국 국교회를 확립하고, 클라렌든법(Clarendon Code, 1661~1665)으로 알려진 일련의 법으로 비국교도(non-conformist)에 제약을 가하고, 그렇게 엄격하게 실시되지는 않았으나, 심사령(Test Act, 1673)으로 비국교도의 공직취임을 금지하였다. 그러나 비국교도의 수는 많이 줄지 않았고, 상공업이나 학문분야에 진출하여 영국의 사회생활에서 무시할 수 없는 존재가 되었다.

찰스 2세는 금욕적인 청교주의 생활방식에 종지부를 찍었고, 국민은 즐거운 생

---

40) 이 밖에 '진정한 수평파'를 자칭하는 윈스탠리(G. Winstanly)의 '디거즈'(Diggers), 第5王國派(Fifth Monarchy Man) 등 정치적으로 중요하지는 않으나 사상적으로 흥미있는 집단이 많이 나타났다.

활의 부활을 환영하였으나, 도덕의 이완과 방종으로 흐르는 면도 있었다.

찰스 2세는 왕위가 튼튼해지자 도버(Dover)밀약으로 프랑스의 루이 14세와 손을 잡고(1670), 가톨릭교도에게 신앙의 자유를 주기 위하여 비국교도에게까지 자유를 확대시키려 하였다(1672). 프랑스와의 밀약은 이보다 앞서 네덜란드와의 전쟁(제2차, 1665~1667)에서 영국이 획득한 뉴암스테르담(지금의 뉴욕)의 소유를 보장하는 것이었으나, 의회나 국민의 환영을 받지 못하였다. 더구나 가톨릭세력의 부활 움직임에 대하여 의회는 즉각적인 반발로 심사령을 제정하였다. 이 무렵부터 의회 내에는 왕에게 매수되거나 왕을 지지하는 여당격인 '토리'(Tory)당과 왕의 전제정치를 배격하고 프랑스와 가톨릭을 경계하는 야당격인 '휘그'(Whig)당이 형성되기 시작하였다.[41] 1670년대 말에 의회의 주도권을 장악한 휘그는 가톨릭인 왕제 제임스의 왕위계승을 배제하는 데는 성공하지 못하였으나, 인신보호령(Habeas Corpus Act, 1679)을 제정하여 피고를 무한정 구금할 수 없고, 일정한 기간 내에 재판을 하여 그 죄명을 명시할 것을 규정하였다.

이러한 의회의 움직임에 대하여 찰스 2세는 의회를 소집하지 않고, 전제적인 통치를 하려고 했으나, 얼마 안가서 사망하였다.

名譽革命

찰스 2세에게는 嫡子가 없었기 때문에 그의 동생 제임스 2세(1685~1688)가 왕위에 올랐다. 그는 治世의 시작을 찰스 2세의 서자 먼모스공(Monmouth)의 반란사건에 대한 '피의 재판'(Bloody Assizes)으로 알려진 관련자에 대한 무자비한 대량처형으로 장식하였다. 그는 찰스 2세와는 달리 가톨릭으로 나섰으며, 가톨릭교도를 정부 고위직이나 군대장교, 그리고 대학에 임용하고, 1687년에는 의회를 무시하고 〈寬容宣言〉(Declaration of Indulgence)을 발포하여 가톨릭을 비롯한 모든 비국교도에 신앙의 자유를 선포하였다. 뿐만 아니라 그는 모든 계층의 민심을 떠나게 하려는 듯이 심사령과 인신보호령을 폐기하고, 상비군을 설치하여 런던 근교에 주둔시켰다. 제임스 2세는 드러내놓고 가톨릭의 완전한 부활과 의회없는 자의적인 전제정치를 표방하였던 것이다.

그래도 청교도혁명이란 내란의 기억이 생생한 의회나 국민은 참았다. 왜냐하면 제임스의 첫째 왕비에게서는 딸밖에 없었고, 그 중 메리는 신교도인 네덜란드 총독에게 시집을 갔기 때문이다. 그러나 제임스 2세의 두번째 왕비에게서 왕자가 탄

---

41) '토리'나 '휘그'는 서로 상대방을 멸시하는 뜻에서 사용되었으며, '토리'는 아일랜드 말의 '도적' 또는 '犯法者'에서 유래하였으며, '휘그'는 왕권에 도전한 스코틀랜드의 장로교도를 가리키는 말이었다.

생하자 더 이상 참고 기다릴 수만은 없게 되었다. 토리와 휘그의 의회지도자들은
비밀리에 네덜란드 총독 오렌지공 윌리엄(William of Orange)에게 그 아내 메리
와 더불어 영국왕이 되어줄 것을 요청하였다. 윌리엄이 이를 받아들이고, 1688년
11월 약 14,000의 군대를 거느리고 영국에 상륙하였을 때 제임스 2세를 옹호하려
는 세력은 없었고, 제임스는 프랑스로 도망갔다. 이에 의회는 1689년 1월에 제임스
2세가 "國王과 人民 사이의 원초적인 계약을 파기하고, 기본법을 위반함으로써 왕
국의 헌법을 파괴하려고 하였고, 또한 스스로 왕국을 떠났기 때문에 王位는 空位
상태"라고 선언하고, 윌리엄 3세(1689~1702)와 메리 2세(1689~1694)를 공동왕으
로 추대하였다. 피 한 방울 흘리지 않고 혁명이 이루어졌기 때문에 이를 명예혁명
(Glorious Revolution)이라고 한다.

그러나 명예혁명은 왕의 교체만을 뜻하는 것이 아니었다. 의회는 윌리엄 3세와
메리 2세로 하여금 왕위를 받아들이는 동시에 《權利章典》(*Bill of Rights,* 1689)
을 승인시켰던 것이다. 그 주된 내용은 ① 의회의 승인없이 법을 제정하거나 법의
효력을 정지시킬 수 없다. ② 의회의 승인없이 과세할 수 없다. ③ 의회의 승인없
이 상비군을 유지할 수 없다. ④ 의회의 선거는 자유로워야 한다. ⑤ 의회 내에서
의 토론은 자유로워야 한다. ⑥ 의회는 자주 소집되어야 한다. ⑦ 법은 공정하고
적절하게 운영되어야 한다는 것이다. 이는 중세 이래의 영국의 헌정적 전통을 종
합하고 확인한 것이지만, 실제로 왕권을 제약하고, 의회의 우위를 확인하는 것이
었다. 의회는 권리장전에 이어 곧 이를 보충하는 일련의 혁명적 조치(Revolution-
ary Settlement)를 취하였다. 즉, 군대의 통수권을 의회가 장악하고(Mutiny
Act, 1689), 관용법(Torelation Act, 1689)으로 비국교도인 신교도에게 예배의 자
유를 허용하고, 3년마다 의회의 정기적 소집을 규정하고(Triennal Act, 1694) 검
열법을 폐기함으로써 언론과 출판의 자유를 보장하였다(1694). 그리고 메리의 누
이 동생으로서 윌리엄 3세를 계승한 앤(Anne, 1702~1714)여왕에게 후계자가 없
었기 때문에 의회는 왕위계승법(Act of Settlement, 1701)으로서 영국왕은 영국
국교회에 속해야 한다고 규정하여 제임스 2세 후손의 왕위 요구를 봉쇄하고, 신교
도인 하노버(Hanover)왕실의 왕위계승을 원할하게 하였다.

명예혁명으로서 영국은 유럽에서 가장 빨리 절대왕정을 타파하고, 의회 중심의 입헌
정치로의 길을 열었다. 문제는 이렇게 해서 창조된 유럽 최초의 중요한 근대적이고 국
민적인 입헌국가가 원활하고 효율적으로 운영될 수 있느냐였다. 18세기의 영국은 오늘
의 민주주의와는 거리가 멀었으나, 명예혁명으로 성립한 새로운 정부형태가 운영 가능
할 뿐 아니라, 매우 효율적이라는 것을 입증하였다. 정부운영에 있어 가장 중요한 문제
의 하나인 국가재정문제도 1694년 영국은행(Bank of England)이 설립됨으로써 해

결을 보았다. 즉, 정부는 6%~7%라는 낮은 이자로 필요한 돈을 차용할 수 있었고, 유산계급은 그들의 대표자로 구성된 의회가 보증인이 되어줄 것을 확신하고, 영국은행을 통하여 정부에 융자하였다. 이리하여 17세기에 영국에서는 근대국가라는 리바이어던(Leviathan, 구약성경에 나오는 怪獸로서 닥치는대로 집어삼킨다고 함)을 길들이는 데 성공하였으며, 그 괴수의 거대한 힘을 파괴하지는 않았으나, 그것을 국민의 의사와 법에 종속시키는 데 성공하였다.[42]

앤여왕이 후계자없이 사망하자, 이미 마련된 왕위계승법에 따라 제임스 1세의 손녀의 아들인 하노버公이 조지 1세(George Ⅰ, 1714~1727)로 왕위를 계승하였다.[43] 그는 영어조차 잘 몰랐기 때문에 정치를 장관들에게 맡기게 되고, 의회에서 다수를 차지한 정당이 내각을 조직하여 의회에 책임을 지고 정치를 하는 책임내각제의 관습이 수립되기 시작하였다.

한편, 이보다 앞서 앤여왕 치세에 통합법(Act of Union, 1707)으로 영국과 스코틀랜드의 두 왕국이 정식으로 결합하여 '그레이트 브리튼 연합왕국'(United Kingdom of Great Britain)이 되었다.[44] 이 결합은 영국으로서는 신교도인 하노버왕실이 들어섰을 때, 스코틀랜드에 가톨릭의 스튜어트왕실이 복귀할 후환을 없애는 것이고, 후진적이었던 스코틀랜드인에게는 영국과 그 식민지가 새로운 활동무대로 개방된다는 것을 의미하였다. 그러나 아일랜드의 가톨릭 원주민은 1690년에 제임스 2세를 지지하는 반란을 일으켰다가 실패한 후로 계속 종교적으로나 경제적으로 압박을 받아 소요가 그치지 않았다.

제 5 절   17·8世紀의 文化

바로크藝術

17세기는 근대국가만이 아니라 근대과학과 근대철학이 형성된 시기였으며, 그 밑바닥에는 인간의 새로운 힘의 자각, 즉 스스로의 사회를 형성하고, 자신의 운명을 개척할 수 있다는 힘의 자각이 있었다.

---

42) C.J. Friedrich and Charles Blitzer, *The Age of Power*(1957), p. 149.

43) 現 왕실은 하노버왕실의 후손이지만, 제1차 세계대전 중 독일 명칭을 꺼려 별궁의 소재지인 윈저(Windsor)의 이름을 따서 1917년에 윈저왕실로 명칭을 바꾸었다.

44) 이 통일왕국의 의회에 스코틀랜드는 상원에서 16석, 하원에서 55석을 할당받았다. 그리고 영국의 聖조지와 스코틀랜드의 聖앤드류(St. Andrew)의 십자가를 겹친 유니온 재크(Union Jack)旗가 연합왕국의 국기로 정해졌다.

'바로크'라는 말은 원래 17세기의 건축양식을 가리키는 말로서, 베르사유 궁전이나, 1666년의 대화재 후 재건된 런던의 聖바울 대성당에서 볼 수 있듯이 장대함과 장려함, 복잡한 장식과 풍요, 뛰어난 기교를 그 특징으로 삼고 있다. 그러나 이는 비단 건축만이 아니라, 이 시대의 회화와 음악 등 거의 모든 예술에서 찾아볼 수 있다. 베르사유 궁전의 기하학적인 기본형은 질서와 안정을 나타내고 있으나, 그것은 완성된 안정이라기보다 그 속에 대립과 갈등, 불안과 긴장을 내포하고 있었다. 과도한, 경우에 따라 괴기한 세부적 장식의 건축, 회화에 있어서의 격렬한 움직임 등은 오히려 불안정과 소요스러운 인상을 주기도 한다. 그러나 이 모든 것은 근대인의 힘의 자각에서 오는 의기양양함을 나타내고 있다.

회화 역시 바로크의 특징을 나타내고 있으나, 기교면에서 주목을 끄는 특징은 선명한 색채나 명확한 선보다 광선과 음영의 미묘한 대조와 단계적인 색조의 결합이다. 플랑드르의 루벤스(Peter Paul Rubens, 1557~1640)는 세속적인 의미에서도 성공한 화가로서 200명의 畵生을 수용할 수 있는 화실을 가지고 있었다. 그의 육감적인 장미빛 나체화는 바로 바로크 양식의 풍만을 나타내고 있다. 네덜란드의 렘브란트(Rembrandt van Riju, 1609~1669)는 시정의 '야경원', '모직물상관의 평의원' 등 평범한 테마 속에 비범한 畵才를 발휘하였고, 그의 '방탕아의 귀환'은 프로테스탄트적인 신앙의 내면적인 광휘의 절정을 보여주고 있다.

바로크음악 또한 근대음악의 새로운 경지를 열고, 오르간을 비롯한 각종 악기의 특성이 유감없이 발휘되었다. 이탈리아의 프레스코발디(Frescobaldi, 1583~1643), 스카를라티 父子(Scarlatti, 父 Alessandro, 1659~1725, 子 Domenico, 1685~1757), 비발디(Antonio Vivaldi, 1675~1743) 등은 아름다운 기악곡을 작곡하고, 바하(Johann Sebastian Bach, 1685~1750)와 헨델(George Frederik Händel, 1685~1759)에 이르러 바로크음악은 절정에 달한다. 그들이 창조한 새로운 음악양식 속에는 情緖主義와 합리주의, 자연주의와 형식주의가 힘차게 조화를 이루면서 전개된다. 바로크음악의 또 하나의 새로운 산물은 베네치아의 몬테베르디(Claudio Monteverdi, 1567~1643)가 시작한 오페라였다. 이는 곧 널리 유행되어 이탈리아 출신의 룰리(Jean Baptiste Lully, 1633~1687)는 루이 14세의 궁전에서 비극적인 오페라를 작곡하고, 관현악단을 조직하였으며, 영국의 퍼셀(Henry Purcell, 1659~1695)은 '디도와 에네아스'(Dido and Aeneas)라는 아름답고 감동적인 작품을 내놓았다.

18세기에 이르면 미술에서의 바로크 양식은 스케일이 작아지고, 역동감이 줄면서 보다 우아하고 섬세하며, 기교적인 로코코(Rococo) 양식으로 변하고, 음악에서는 하이든(Joseph Haydn, 1732~1809), 모차르트(Wolfgang Amadeus Mozart, 1756~1791), 베토벤(Beethoven, 1770~1827) 등에 의하여 고전음악이 확립되었다.

文 學

17세기 말에 일어난 프랑스에서의 '고대인'과 '근대인'의 논쟁, 그리고 영국에서의 '典籍의 싸움'(battle of books)은 17세기라는 시대와 그 문화를 상징하고 있다. 두 싸움의 근본문제는 고대와 근대의 우열에 관한 것이었고, 근대인은 그리스·로마의 고대인을 능가할 수 있다는 자심감을 표명했던 것이다. 이러한 자신감은 18세기에 이르러서는 확고부동한 것이 된다.

17세기 프랑스문학의 특징은 고전주의(classicism) 또는 '고전정신'(l'esprit classique)으로 알려져 있다. 이는 절도와 기율, 새로 고안된 것이 아니라 과거에 발견된 규범, 그리고 품위나 세련의 존중을 말한다. 사실 17세기의 프랑스문학은 이러한 특징들을 보여주고 있으며, 그 표현은 엄격한 형식 속에 담겨져 있기도 하며, 실제로 브알로(Nicolas Boileau)는 《詩論》(*L'Art Poétique,* 1674)에서 시와 문학적 표현의 규범적인 양식을 제시하였다. 그러나 비단 프랑스만이 아니라 17세기 문학의 내용은 총체적으로 그러한 형식을 넘어서 힘차고 격렬하며, 역동감에 넘치는 바로크정신을 나타내고 있다.

프랑스의 코르네유(Corneille, 1606~1684)와 라신(Racine, 1639~1699)은 그리스 고전비극의 규범을 쫓으면서도 고양된 명예를 추구하고, 또는 강렬한 열정으로 파멸의 길을 걷는 인간의 감동적인 모습을 묘사한 비극작품을 내놓았다. 위대한 희극 작가인 몰리에르(Molière, 1622~1673)는 독특한 여러 인간형을 풍자적으로 묘사하였다. 즉, 《守錢奴》(*L'Avare*)에서는 인색한 사람을, 《타르튀프》(*Tartuffe*)에서는 위선자를, 그리고 《부르주아 장티롬》(*Le Bourgeois Gentilhomme*)에서는 졸부를 그렸다.

17세기 영국이 낳은 가장 위대한 작가는 《아레오파지티카》에서 언론의 자유를 논하고, 청교도혁명기에 크롬웰의 비서까지 지낸 밀턴(Milton, 1608~1674)이었다. 그의 장엄한 《失樂園》(*Paradise Lost,* 1667)은 청교주의의 발로인 동시에 신에 반항하는 사탄의 모습은 바로크적인 인간을 상징하고 있다. 그러나 프랑스어에 비하여 영어는 아직도 세련되지 않은, 말하자면 지방어에 지나지 않았다. 이러한 영어를 세련하는 데 있어 드라이든(John Dryden, 1631~1700)의 詩作은 크게 공헌하였고, 청교도적인 버니언(John Bunyan, 1628~1688)의 《天路歷程》(*The Pilgrim's Progress*)과 데포우(Daniel Defoe, Ca. 1660~1731)의 《로빈슨 크루소》(*Robinson Crusoe*)에 이르러 영어의 산문도 단순화하고 세련되기 시작하였다.

18세기 후반에 독일에서는 크로프쉬톡(Klopstock, 1724~1803)과 레싱(Lessing, 1729~1781)에 의하여 참된 의미의 독일국민문학이 탄생하였다. 그들의 뒤를 이어 18세기 말에는 괴테(Goeth, 1749~1832)와 실러(Schiller, 1759~1805)가 각각 《젊은 베르테르의 슬픔》(1774)과 《群盜》(1781)를 갖고 '질풍과 노도'(Strum und Drang)운동으로 알려진 새로운 문학운동을 전개하였다. 그들은 문학사상 고전주의에 속하지만 '질풍과 노도'운동은 고전주의의 형식주의나 합리주의를 벗어나서 강한 정열적인 개성의 해방을 구가하는 독일의 새로운 문학발전의 움직임이었다. 괴테는 수많은 작품을 썼으며 말년에는 《파우스트》(*Faust*)라는 대작을 내놓았고, 실러에게도 《빌헬름 텔》, 《오를레앙의 少女》등의 작품이 있다.

科學革命

17세기에 근대인이 정말로 고대인을 능가한 것은 자연과학분야이며, 이 시기에 이루어진 눈부신 과학적 업적을 총괄하여 과학혁명(Scientific Revolution)이라고 한다. 이 과학혁명은 비단 근대과학의 확립을 뜻할 뿐 아니라 정신과 의식의 거대한 혁명이었다.

근대과학은 르네상스에서 싹텄으나 17세기에는 이의 발전을 크게 촉진시킬 방법론과 그것을 실천할 수 있는 기구와 수단이 발달하였다. 영국의 프란시스 베이컨(Francis Bacon, 1561~1626)은 중세 이래 일반적으로 행하여지고 있던 연역법(deduction)을 배격하고, 구체적인 사실과 현상의 관찰과 가능한 한 많은 자료의 측적을 권장하고, 그것으로부터 일반적인 법칙에 도달하는 귀납법(induction)을 강조하였다. 그의 귀납법과 사물의 관찰과 실험의 강조는 근대과학의 발전을 궤도에 올려놓는 데 중요한 공헌을 하였다.

한편 관찰과 실험에 필요한 기구의 발달도 현저하였다. 네덜란드에서 렌즈가 발명되고 이탈리아의 갈릴레이(Galileo Galilei, 1564~1642)는 이를 이용하여 망원경을 만들었으며, 네덜란드의 반 레벤후크(Van Leeuwenhoek)는 현미경을 만들었다. 한편 이탈리아의 토리첼리(Torricelli)는 기압계를 발명하고, 프랑스의 파스칼은 이를 이용하여 산 밑과 정상에서 수은주의 높이를 측정하여 기압은 높이에 따라 감소하며, 진공이 가능하다는 것을 증명하였다.

과학자들의 모임인 학회의 설립 또한 과학의 발달을 촉진시켰다. 대표적인 것으로는 1660년에 조직되고 1662년에 정식으로 발전한 영국의 '自然에 관한 지식향상을 위한 王立協會'(Royal Society for Improving Natural Knowledge)와 1666년에 콜베르가 설립한 '科學 아카데미'(Académie des Sciences)였다. 전자는 왕립이라는 수식어에도 불구하고 사적인 것이었고, 후자는 정부사업이었다. 兩者가다 같이 연구를 재정적으로 지원하고 학술지를 발간하였다.

이 모든 것에도 불구하고 수학의 발달없이는 아마 근대과학의 확립은 늦어졌을지도 모른다. 왜냐하면 실험이나 관찰의 결과를 정리하고 공식화하는 데 있어 수학은 불가결이었기 때문이다. 계산을 쉽게 빨리 할 수 있는 방법이 제시되는 등 실용적인 발달이 있었으나, 가장 두드러진 업적은 기하학과 대수를 결합시킨 프랑스의 데카르트의 해석기하학과 영국의 뉴턴과 독일의 라이프니츠의 미적분의 발명이었다. 이것들 없이는 뉴턴은 천문학과 물리학에서 그의 혁명적인 가설을 떠받쳐 줄 계산을 할 수 없었을 것이다.

독일의 케플러(Johann Kepler, 1571~1630)는 코페르니쿠스의 지동설이 제시한 새로운 우주의 움직임을 보다 더 단순하게 수식화할 수 없을까 생각하였다. 그리하여 그는 태양 주위를 돌고있는 유성의 궤도는 코페르니쿠스가 생각한 것처럼 원형이 아니라, 타원형이며, 태양에 가까워질수록 그 속도가 빨라진다는 사실을 발견하였다. 한편 갈릴레이는 망원경을 이용한 관찰을 통하여 지동설의 정당성을 확인하고 이를 공표하였다가 종교재판에서 경고를 받고, 법정을 나오며 "그래도 지구는 움직인다."(And still it moves)라고 말했다고 전해진다. 이 말은 지동설의 긍정과 더불어 새로운 시대의 도래와 그것을 누구도 또한 어떠한 힘으로도 막을 수 없다는 것을 뜻하기도 한다. 갈릴레이는 이 밖에도 물체의 움직임에 관한 연구 끝에 낙하물체의 가속화에 관한 법칙을 공식화하였다.

코페르니쿠스, 케플러, 갈릴레이 등의 업적을 수렴하여 근대적인 새로운 우주상을 제시한 과학자가 영국의 뉴턴(Isaac Newton, 1642~1727)이었다. 그 핵심이 되는 것은 동력의 법칙이다. 이에 의하여 태양·유성 그리고 그 위성들이 궤도를 벗어나지 않는 것은 상호간의 중력에 의한 것이며, 중력은 서로 끌어당기고 있는 두 물체의 乘積에 비례하며, 두 물체 사이의 거리의 제곱(自乘)에 반비례한다는 것이다. 뉴턴은 이 법칙을 일찍이 대학시절에 부분적으로 발견하였으나, 명확한 수식으로 공식화하여 발표한 것은 훨씬 후인 《自然哲學의 數學的 原理》(*Principia Mathematica,* 1687)에서였다. 그는 또한 갈릴레이의 업적을 토대로 고전적인 운동법칙을 공식화하고, 프리즘을 통하여 태양광선을 스펙트럼으로 분리함으로써 광학에도 공헌하였다.

천문학과 물리학의 발달에 비하면 화학의 발달은 미미하여, 보일(Robert Boyle, 1627~1691)이 공기의 용량은 그것에 가해진 압력에 반비례한다는 것을 발견한 정도였다. 한편 영국의 하비(William Harvery, 1578~1657)는 1628년에 간행한 저서에서 인간의 심장은 사실상 펌프이며, 혈액은 심장에서 분출되어 동맥을 통하여 인체를 순환한 후 정맥을 통하여 심장으로 되돌아간다고 설명하였다. 매우 중요한 생명의 법칙이 발견되기 시작한 것이다.

17세기는 '天才의 世紀'였고 과학혁명이 이루어지기도 하였으나, 그 반면에 가장 험악한 마녀사냥이 도처에서 성행하기도 하였다. 그것은 인간의 사고 속에 미신과 종교적 편견이 얼마나 강하고 깊게 뿌리박고 있는가를 말해주는 것이다. 과학혁명은 바로 이러한 미신과 종교적 편견을 타파하고 계몽된 시대를 준비하게 되었다. 과학의 발달은 유럽 근대문화의 주요 특징인 합리주의의 소산인 동시에 그것을 강화하고 발전시키게 되었다. 과학혁명은 질서정연하게 통합된 기계적인 우주상을 제시하는 동시에, 우주와 자연의 외관상의 혼란과 불규칙성에도 불구하고, 합리적이고 법칙적인 질서가 존재하며, 인간의 理性은 이를 파악하고 그럼으로써 이에 생산적인 조작을 할 수 있다는 인식을 초래하였다. 이러한 자연과학적 인식은 유럽에 고유한 것이었으며, 이후의 우주와 자연의 정복을 가능하게 하고, 자연과학과 산업기술의 발달을 가져오게 되었다.[46]

近代哲學의 成立

17세기에 과학혁명과 밀접한 관련을 갖고 성립한 근대철학에는 크게 두 조류가 있었다. 그 하나는 영국을 중심으로 전개된 경험론(empiricism)이고, 다른 하나는 대륙에서 발전한 합리론(rationalism)이다.

영국의 로크(John Locke, 1632~1704)는 《人間理解에 관한 試論》(*Essay Concerning Human Understanding,* 1690)에서 인간의 정신은 원래 아무 것도 쓰여 있지 않고, 아무 생각도 들어 있지 않은 白紙와도 같으며, 그것을 메꾸는 것은 한 마디로 경험이라고 하였다. 그리고 그는 인간의 이성은 인간이 필요로 하는 모든 것을 이해할 수 있는 능력을 갖고 있다고 생각하였다. 말하자면 인간의 지식의 원천은 환경과의 접촉에서 얻는 경험과 이에 대한 성찰, 즉 이성의 작용이라는 것이다. 이러한 로크의 사상은 18세기 계몽사상가들에게 깊은 영향을 미쳤다.

한편 프랑스의 데카르트(René Descretes, 1596~1650)는 수학자로서 과학의 발달에 공헌하였으나, 또한 철학자로서 합리론을 수립하였다. 그는 "조금이라도 의심할 여지가 있는 모든 견해를 명백한 잘못이라고 거부해야 한다."고 생각하였다. 왜냐하면 그의 목적은 "그렇게 한 후에도 아직 믿을 것을 요구하는, 완전히 의심할 수 없는 무엇이 남지 않을까를 발견"하는 것이기 때문이다. 이렇게 의심스러운 모든 것을 거부한 끝에 그가 찾아낸 것은 무엇일까. 그는 "이렇게 모든 것이 잘못이라고 생각하고 있지만, 이렇게 생각하고 있는 나는 무엇이라야만 한다는 것이 절대로 필요하다."는 것을 깨닫게 되었다. 그리하여 데카르트는 "나는 생각한다, 그러므로 나는 존재한다."(Cogito, ergo sum)라는 명제에 도달하고 그것을 그의 철

---

46) 로스토우(W.W. Rostow)는 이 새로운 자연과학적 인식을 전통사회와 근대사회를 구분짓는 분수령이라고까지 말하고 있다. R.R. Rostow, *Non-Communist Manifesto* (1959); 李相球 譯,《反共產黨宣言》, p. 20 참조.

학의 제일 원리로 삼았던 것이다(《方法序說》 *Discourse on Method*, 1637, Part Ⅳ). 데카르트는 이 원리로부터 출발하여 신의 존재와 우주의 존재 및 성격을 도출하였으며, 그의 신은 현세의 혼란으로부터 멀리 떨어진 수학적인 질서 속에 존재하였다. 네덜란드 출신의 스피노자(Baruch 또는 Benedictus Spinoza, 1632~1677)는 렌즈를 연마하면서 가난 속에서 오직 철학적 사색에만 몰두하였다. 그는 그리스도교와 유대교의 인격신을 배격하고, 데카르트적인 신을 유일한 실체라고 보는 한편, 기하학의 연역적 방법으로 그러한 신이 모든 것의 제일원인이며, 만물에 편재한다는 汎神論을 전개하였다.

독일의 라이프니츠(Gottfried Wilhelm von Leibniz, 1646~1716)는 데카르트가 신과 정신과 물질을, 그리고 스피노자가 오직 신만을 실체로 본 데 대하여 무수히 많은 실체가 존재한다고 보았으며, 그것을 모나드(monad, 單子)라고 하였다. 이 모나드는 물리학의 원자와 비슷한 것으로서 불가분의 것이며, 그 본질은 움직임이요, 힘이다. 모나드는 서로 독립하여 상호작용을 미치지 않으며, 따라서 '창이 없다'. 그것은 모든 모나드가 저마다 우주의 거울이기 때문이다. 모나드는 서로 다르며, 우주를 반영하는 명료함에 따라 저급의 것으로부터 상급의 것으로 階序制를 이루고 있다. 이를테면 인간은 여러 모나드로 구성되어 있지만, 그 중 가장 지배적인 것은 인간의 영혼에 해당하는 모나드이다. 이러한 무수한 모나드로 구성되어 있는 우주는 신에 의하여 조화가 예정되어 있으며, 이 세계는 작은 악을 내포하면서도 가장 좋은 세계라는 것이다. 이러한 낙천적인 생각은 볼테르에 의하여 신랄한 야유를 받았으나 다른 한편으로 라이프니츠의 이론과 사상은 계몽사상에 영향을 미쳤다.[47]

영국의 경험론과 대륙의 합리론은 얼핏 보기에 서로 대립하는듯이 보이나, 사실은 서로 보완하는 관계에 있으며, 다 같이 합리주의를 발전시켰다.

파스칼(Blaise Pascal, 1623~1662)은 이상과 같은 철학의 주류와는 약간 동떨어진 특이한 사상가였다. 그는 수학자와 물리학자로서 과학사에서 중요한 자리를 차지하는 동시에, 장세니즘(Jansenism)을 옹호한 가톨릭의 사상가였다. 네덜란드의 신학자 얀센(Cornelis Jansen, 1585~1638)은 신학보다 종교적 경험을 강조하고, 의식보다 신의 사랑과 믿음을 중요시하였다. 그의 주장은 프랑스에서 유행하여, 파리에서 얼마 멀지 않은 시토교단의 수도원인 포르 로얄(Port Royal)을 근거지로 하나의 교파를 형성하였다. 일찍이 그 영향을 받고있던 파스칼은 예수회의 요청으로 교황이 얀센의 저작을 이단이라고 선언하자, 《시골 사람의 편지》(*Prov-*

---

47) Bertrand Russell, *History of Western Philosophy*(Unwin Univ. Press, 1961), pp. 564~565 및 C.J. Friedrich and Charles Blitzer, pp. 20~21 참조.

incial Letter, 1656~1657)를 통하여 예수회를 통렬하게 공격하여, 장세니즘의 금욕적인 도덕적 완전주의와 예수회의 세속성과의 대조를 부각시켰다. 장세니즘은 결국 억압되었으나(1660), 예수회가 받은 타격 또한 컸다. 파스칼은 그의 대표적 저술인 《팡세》(瞑想錄)에서 인간의 무력함을 말하고, 우주의 인간에 대한 참뜻을 이해하기 위하여서는 이성이 아니라 신비로운 신앙의 힘에 의지해야 한다고 주장하면서, 주목할 만한 그리스도교 변신론을 전개하였다.

政治思想

근대국가의 성립과 더불어 정치사상의 중심과제는 주권과 국가이성의 문제였다. 국가이성이란 국가가 그의 존립 또는 발전을 위하여 갖는 욕구를 말하며, 그것은 경우에 따라 다른 모든 이해관계보다 앞선다는 것이다. 이러한 국가이성은 근대국가의 근본적인 속성이며, 이를 일찍이 간파한 사람은 마키아벨리였고, 17세기의 정치가나 군주는 국가이성의 추구에 여념이 없었다. 한편 주권의 문제는 그 내용과 소재의 문제였다. 이미 16세기에 프랑스의 보댕(Jean Bodin, 1520~1596)은 주권을 "法의 구속을 받지 않는, 또한 어떤 上位者도 인정하지 않는, 국가에서의 최고 권력"이라고 규정하고, 그 내용으로서는 입법권, 군대유지권, 전쟁 및 평화체결권, 최고사법권, 과세권, 화폐주조권 등을 열거하였다. 보댕은 이러한 주권은 당연히 군주에 의하여 행사되어야 한다고 주장하여, 형성 과정에 있던 절대왕정을 옹호하였다.

그러나 절대왕정이 확립된 17세기에는 더 강력하게 왕권의 절대성을 옹호하는 왕권신수설(theory of the Divine Right of Kings)이 널리 행하여졌다. 이에 의하면 국왕은 지상에서의 신의 대리인이며, 왕권은 신으로부터 주어졌기 때문에 신성불가침이요, 절대적이며, 국왕은 신에게만 책임을 지고, 신하에게는 오직 복종의 의무가 있을 뿐이라고 하였다. 가톨릭의 입장에서 세계사를 서술한 바 있는 프랑스의 보쉬에(Jacques—Bénigne Bossuet, 1627~1704)는 이러한 입장에서 루이 14세의 절대왕정을 적극적으로 옹호하였다. 루이 14세만이 아니라 당시의 거의 모든 군주가 왕권신수설의 신봉자였지만, 영국의 제임스 1세는 그 중에서도 대표적인 국왕이었다. 그는 영국왕이 되기 전에 〈自由로운 君主國의 진정한 法〉(The True Law of Free Monarchy, 1598)이라는 글에서 왕권신수설을 주장하고, 영국왕이 된 후 최초의 의회에서(1609) "국왕을 神이라고 부르는 것은 정당하다. 왜냐하면 국왕은 神과 같은 권력을 지상에서 행사하기 때문"이라고 선언하였다.

영국의 홉스(Thomas Hobbes, 1588~1679)는 이와는 다른 합리적이고 근대적인 이론으로 왕권의 절대성을 주장하였다. 그는 《리바이어던》(*Leiviathan,* 1651)에서 인간의 자연상태는 萬人 대 萬人의 투쟁상태이며, 거기에는 오직 공포와 죽음의 위험이 있을 뿐으로, 인간은 이를 면하기 위하여 계약을 맺고 국가를 형성하였는 바, 이때 모든 권리를 주권자인 지배자에게 양도하였기 때문에 국왕은 절대적인 존재라고 주장하였다. 홉스가 인간의 자연상태를 출발점으로 삼고, 계약설을 도입하는 동시에 왕권의 절대성의 근거를 인민이 주권을 양도한 점에 구한 것은 주목할 점들이며, 또한 그가 근대국가를 구약성경에 나오는 모든 것을 집어삼킨다는 바다의 거대한 짐승인 리바이어던에 비유한 점도 근대국가 본질의 일면을 척결한 것으로 흥미롭다.

17세기 말 영국에서는 명예혁명이 일어나 절대왕정이 무너지고, 의회중심의 새로운 입헌정치가 발전하기 시작하였다. 이러한 변화를 반영하여 경험론철학을 확립한 로크는 《政府論》(*Two Treatises of Government,* 1690)에서 새로운 민주주의이론을 전개하였다. 그에 의하면 인간의 자연 상태는 자연법이 지배하는 평등한 상태이며, 인간은 재산과 생명, 그리고 자유라는 자연권을 누리고 있었다. 인간은 이러한 자연권을 보다 더 확실하게 누리기 위하여 계약을 맺고 사회, 즉 국가를 형성하였다. 따라서 계약에 의한 국가의 성립은 자연권의 완전한 향유와 자연법의 원활한 실시를 위한 것이고, 권리를 양도한 것이 아니라 위탁(trust)한 데 지나지 않는다. 그러므로 개인은 국가나 군주에 복종해야 하지만, 그것은 자유로운 동의에 의한 것이고, 자연권의 향유라는 한계 내에서의 일이다. 따라서 지배자가 계약에 의하여 위탁받은 권한과 한계를 넘어서고, 자연권을 유린할 때, 이에 반항하는 것은 시민의 자연권에 속한다. 이러한 로크의 주장은 현실적으로 명예혁명을 정당화하는 것이었으나, 나아가서 근대민주주의 사상의 가장 중요한 기반이 되고, 18세기의 계몽사상과 미국혁명에 큰 영향을 미쳤다.

로크에게서 뚜렷하게 엿볼 수 있듯이 자연법사상은 유럽 근대사회형성에 크게 공헌하였다. 그 기원은 고대의 스토아학파와 로마법에까지 소급해야 할 것이며, 중세에는 신의 법이 이를 대신하였으나 16세기 이후 종교를 떠나 인간적인 차원에서 근대자연법사상이 발전하게 되었다. 그 내용은 현실의 여러 법이나 도덕률을 넘어서서 그 근원에 보편 타당한 규범적인 법이 있다는 것이다. 거기서 도출된 인간의 자연권은 양도할 수 없는 것이며, 현실의 법과 제도는 자연권을 보다 완벽하게 보장하고 자연법에 일치하도록 노력해야 한다는 것이다.

네덜란드의 그로티우스(Hugo Grotius, 1583~1645)는 이러한 자연법사상에 입각하여 국제법의 필요성을 주장하였다. 그는 특히 30년전쟁의 참상을 보고 《戰爭과 平和에 관한 法》(*Law of War and Peace,* 1625)을 저술하였다. 그는 전쟁이 나면, 야만인조차 부끄러워할 만행과 잔인한 행동이 그리스도교도 사이에 횡행한다고 개탄하고, 모든 국가가 지켜야 할 정의와 윤리, 즉 국제법을 제창하였다.

啓蒙思想

이미 17세기 말에 영국에서는 절대왕정이 무너졌지만, 18세기에는 다른 곳에서도 절대왕정이 동요하면서 새로운 시대의 동이 트기 시작하였다. 18세기에 프랑스를 중심으로 성립하여 다른 지역에도 널리 전파된 啓蒙思想(the Enlightenmet : Aufklärung)은 이러한 새로운 시대를 준비하는 이데올로기였으며, 그것의 사상적 기반은 17세기의 합리주의와 로크의 철학 및 정치사상, 그리고 뉴턴의 기계적 우주관이었다.

프랑스에서 필로조프(Philosophes, 철학자)라고 불리워진 계몽사상가는 단순히 철학자만이 아니라 문인과 정치학자, 경제학자와 사회개혁가, 그리고 수학자와 과학자를 포함하고 있었다. 프랑스에서는 계몽사상이 단순히 이들 사상가들만의 점유물이 아니라, 귀족이나 부유한 상층시민의 婦人이 그녀의 객실인 살롱(salon)에서 주관하는 모임의 주된 화제가 되어 유포되었으며, 18세기 중엽에 많이 설립된 지방학회 또한 계몽사상의 전파기관 구실을 하였다. 프랑스에는 미치지 못하였으나, 다른 나라에서도 계몽사상을 받아들인 진보적인 지식인이 있었고, 또한 이를 촉진시킨 학회가 있었다.

계몽사상가는 개별적으로는 저마다 생각이 달랐지만, 다 같이 인간의 이성의 힘과, 그것에 의한 인류의 무한한 진보를 믿고 있었다. 만일 인간의 이성이 자연과 우주를 움직이고 있는 법칙을 인식하고, 그럼으로써 자연을 인간에게 유리하도록 이용할 수 있다면, 인간의 이성은 인간과 사회를 움직이고 있는 기본원리를 파악할 수 있고, 이에 따라 이를 개혁하고 향상시킬 수 있을 것이라고 믿었던 것이다. 그리하여 계몽사상가들은 인류의 진보를 위하여서는 계몽을 통하여 무지와 미신을 타파하고, 이성에 어긋나는 구습과 낡고 모순된 제도를 과감하게 시정하고 개혁할 것을 주장하였다. 그리하여 계몽사상은 현존질서를 타파하고 개혁하려는 혁신사상이 되었으며, 현실적으로 미국혁명과 프랑스혁명의 사상적 기반이 되고, 새로운 시민사회 건설의 사상적 동력이 되었다.

계몽사상가 중에는 돌바흐 남작(Baron d'Holbach, 1723~1789)처럼 완전한 무신론자도 있었으나, 대부분은 理神論者(deist)였다. 이신론자들은 사랑과 은총을 베풀거나, 기적을 행하는 종래의 인격적인 신 대신에 기계와도 같은 우주의 창조자인 동시에, 이 우주 기계를 영원히 법칙에 맞게 움직이도록 한 제일동작자로서의 신을 설정하는 것이다. 그렇기 때문에 그들은 한결같이 광신을 배격하고 관용을 옹호하였다. 볼테르(Voltaire, 1694~1778)는 계몽사상의 대표적인 인물인 동시에 이신론의 입장에서 종교적 관용을 위하여 싸운 사람이었다. 그는 재치있고 풍자적인 수많은 작품을 통하여 교회의 부패를 공격하고, 신앙과 언론, 그리고 출판

의 자유를 주장하는 한편, 미신과 광신의 타파에 노력하였다. 정치적으로는 영국
의 입헌정치를 동경하는 비교적 온건한 입장을 취하였고, 프로이센의 프리드리히
대왕이나 러시아의 예카테리나여제와 같은 계몽전제군주들의 존경을 받고, 많은
영향을 미쳤다. 볼테르는 또한《루이 14世時代史》와《諸國民의 習俗과 精神에 관
한 試論》등에서 종래의 역사서술이 왕, 궁정, 전쟁 등 이른바 정치사중심이었음을
비판하고 그 분야를 예술, 산업, 습속, 사상 등으로 확대시킬 것을 주장하여 오늘
의 넓은 뜻의 문화사를 제창하였다.

귀족출신의 법률가였던 몽테스키외(Montesquieu, 1689~1755)는 그의 대표작
인《法의 精神》(*L'Esprit des lois : The Spirit of the Laws,* 1748)에서 정치제도
는 각국의 기후와 지리적 조건, 산업의 발전도 등에 따라 서로 다르며, 입법·행정
및 사법의 3권분립과 상호억제가 자유를 유지하는 최상의 길이라고 주장하였다.
그러나 그의 자유는 결국 귀족지배 하의 자유였고, 민중의 정치참여를 인정하지
않았다.

계몽사상가 중에서 그의 시대에 가장 강하게 반항하고 과격했던 것은 스위스 제
네바 출신의 장 자크 루소(Jean Jacques Rousseau, 1712~1778)였다. 그는 정규
교육을 받은 일이 없고, 도제로 일하다가 16세에 제네바를 떠난 후 방랑생활을 거
듭하였다. 파리에서 살롱을 중심으로 한 사교계에 적응하지 못하고, 다른 계몽사
상가와의 의견 차이도 적지 않았다. 그는 난숙한 문명에 반감을 느끼고, 구제도(앙
시앵 레짐)에 반항하였다. 그리하여 그는 자연을 찬미하고, 자연으로 돌아갈 것을
권고하기도 하였다. 이러한 주장은 그의 후기 저작인《에밀》(*Emile,* 1762)에서의
혁신적인 교육론에 나타나지만, 디종의 아카데미(학회)의 현상논문으로 당선된《藝
術과 學問論》(1750)과《人間不平等起源論》(1755)에도 나타나 있다. 루소는 전자에
서 예술과 학문의 발달이 덕의 향상을 초래하지 않는다고 논하고, 후자에서는 평
등한 자연상태로부터 불평등한 사회가 생겨나는 과정을 살피고 있다.

그러나 루소는 인간이 자연상태로 돌아갈 수 없음을 알고 있었다. 인간은 이미
문명 속에, 그리고 국가 속에 살고 있다. 그렇다면 국가란 무엇이며, 법이란 무엇
인가. 이에 대한 루소의 대답이 그의 主著인《社會契約論》(*Du contrat social :
The Social Contract,* 1762)이었다. 루소에 의하면 인간은 원래 자유로우며, 따라
서 국가의 성립도 인간의 자유의지에 의한 것이라야 했다. 그는 로크를 비롯한 일
반 계약론자들이 계약을 피치자와 통치자 내지 통치집단간의 계약이라고 본 것과
는 달리, 사회 구성원 전체의 개별적인 의지의 집약인 동시에 그것을 넘어선 '일반
의지'(general will)에 따를 것을 약속함으로써 국가가 성립하며, 이 약속이 바로
사회계약이라고 하였다. 개인의지가 때로는 사리사욕에 빠지는 데 반하여 일반의

지는 언제나 공동의 선과 공동이익을 추구한다. 이러한 일반의지의 표현이 바로 법이며, 일반의지의 행사가 주권이다. 그러므로 주권은 언제나 인민에게 있는 것이며, 불가분이요, 양도할 수 없는 것이다. 그리하여 루소는 代議制民主主義를 거부하고, 순수한 직접민주주의를 택하였고, 개인은 때로 자유를 강요당하는 경우가 있으며, 참된 민주주의는 '神과 같은 人民'의 경우 가능할 것이라고도 말하였다. 이러한 루소의 일반의지론은 전체주의나 독재주의를 뜻하는 것으로 해석될 가능성을 지니고 있으나, 그것의 본질은 가장 순수하고 철저한 민주주의 이론이었으며, 루소의 사상은 프랑스혁명은 물론이요, 그 이후 오늘에 이르기까지 민주주의자들을 크게 고무하였다.

한편 디드로(Diderot, 1713~1784)와 달랑베르(D'Alembert, 1717~1783)등 이른바 百科全書派(Encyclopedists)는 새로운 과학적 지식과 계몽사상을 널리 보급시키려는 뜻에서 당대의 저명한 학자와 사상가 160명을 동원하여 정치적 억압을 극복하면서 총 33권에 달하는《百科全書》를 편찬하였다. 이는 당대의 지식과 계몽사상을 집대성한 기념비적인 사업이었다.

계몽사상은 사법 분야에서도 주목할 업적을 낳았다. 즉, 이탈리아의 베카리아(Cesare Beccaria, 1738~1794)는《犯罪와 刑罰論》(1764)에서 근대적인 형벌론을 전개하면서 사법에 관한 세 가지 자연법을 제시하였다. 즉, 첫째로 형벌의 목적은 재범을 방지하고, 타인에게 경고를 주기 위한 것이며, 둘째로 재판은 신속해야 하며, 셋째로 범죄의 예방은 형벌의 가혹성이 아니라 확실성이라는 것이다. 베카리아는 또한 고문과 사형을 공격하고, 범죄의 예방을 위한 교육의 중요성을 강조하였다.

새로운 經濟思想

계몽사상은 절대왕정과 구제도에 대한 비판만이 아니라, 절대주의의 경제이론이요, 경제정책이었던 중상주의를 비판하는 새로운 경제사상을 낳았으며, 이는 또한 자본주의가 독립할 수 있을 정도로 성장하였다는 것을 말해주기도 한다.

의사이기도 하였던 프랑스의 케네(François Quesnay, 1694~1774)를 중심으로 한 중농학파(Physiocrats)는 중상주의가 地金을 財富의 원천으로 삼는 것을 비판하고, 토지와 농업을 재부의 근원으로 삼았다. 그들은 또한 국가의 통제와 간섭이 자연에 어긋난다고 하여 비난하고, 자유방임(laissez-faire)을 주장하였다.

스코틀랜드태생의 애덤 스미스(Adam Smith, 1729~1790)는 《國富論》(*The Wealth of Nations,* 1776)에서 자유방임주의를 더 강력하게 주장하고, 자유주의적인 고전경제학의 초석을 놓았다. 애덤 스미스는 중상주의를 전면적으로 체계적

으로 비판하는 동시에, 재부의 원천을 중농학파와는 달리 산업 각 분야에서의 상
품 생산, 즉 노동이라고 주장하였다. 그리고 그는 각 개인이 자기의 이익을 추구하
도록 방임하면 '보이지 않는 손'이 작용하여 사회 전체의 복리를 통제나 간섭보다
더욱 증진시키게 된다고 하였다. 그리고 나아가서 정부의 기능을 ① 외적의 침입
방지, ② 사회질서유지, ③ 공공기관의 유지라는 수동적인 경찰의 지위로까지 낮
추었다(야경국가론). 바야흐로 개인의 자유가 자연의 법이라고 선언될 뿐 아니라,
개인의 자유가 현실 속에 뿌리를 내리게 되는 새로운 시대가 도래하고 있었다.

18世紀의 人口[48]

18세기에는 사회와 정치를 혁신할 계몽사상과 같은 새로운 사상만이 아니라 보
다 더 현실적으로 현존하는 생활질서에 영향을 미치고 경제변화를 촉구하는 변화
가 발생하였다. 그것은 '인구폭발'(population explosion)로 불리우는 유럽 인구의
현저한 증가이며 이 인구폭발은 유럽에서 20세기까지 지속되었다. 17세기의 경우
인구증가는 정상적인 경우 1년에 0.5% 내지 1%정도였다. 이 증가율은 비교적 낮
은 것이기는 하나 그래도 70년 내지 140년 사이에 인구를 배로 증가시키며, 매년
1%씩 3백년간 계속 증가한다면 인구는 16배가 된다. 그러나 18세기 이전의 농업
적인 유럽에서 실제로 이러한 거대한 인구증가는 일어나지 않았다. 기근, 전염병
그리고 전쟁으로 말미암은 인명손상이 인구를 감소시켰던 것이다. 가뭄과 홍수 등
천재로 인한 흉작만이 아니라, 빈약한 농업방식으로 기근은 중세 이래 고질적으로
빈발하였으며, 발달하지 못한 교통과 통신이 그 피해를 증대시켰다. 기근에 보태
어 이질이나 천연두와 같은 전염병이 많은 인명을 앗아갔으며, 14세기 중엽에 적
어도 유럽인구의 1/3을 앗아간 흑사병은 그 때만큼의 큰 피해를 주지는 않았으나
심심치 않게 재발하였다. 전쟁 또한 기근이나 전염병에 못지 않게, 경우에 따라 그
보다 더 심각하게 인명에 손상을 가하였다. 일례를 든다면 17세기 전반기의 30년
전쟁은 많은 지역에서 인구의 2/3를, 그리고 대부분의 지역에서 1/3을 감소시켰
으며, 독일 전체 인구의 40%가 감소하였다.

14세기의 흑사병으로 급격하게 감소한 유럽의 인구는 15세기 후반부터 서서히
증가하기 시작하여 1600년 경에 흑사병 이전 상태를 회복하고 17세기를 통하여 기
근과 전염병, 그리고 전쟁의 타격을 받으면서 느린 속도지만 서서히 증가하여
1700년에는 약 1억 1천만명이 되었다. 그러던 것이 18세기, 특히 그 후반기부터 유

---

48) 18세기의 인구와 특히 생활을 서술함에 있어 J.P. McKay, B.D. Hill, J. Buckler,
A History of Western Society, 3rd., 1987, vol Ⅱ, chap. 20에 많이 의존하였다.

럽의 인구는 급격하게 증가하여 1800년의 유럽 인구는 1억 8천 내지 1억 9천만명에 달하고 1850년에는 2억 6천 6백만명이 되었다. '인구폭발'이 일어난 것이다. 그것도 유럽의 어느 한 부분이나 선진지역 등에 관계없이 유럽 전체에 걸쳐 거의 일률적으로 일어났다. 그러므로 '인구폭발'의 원인은 어떤 특수한 요인보다는 일반적인 요인에서 찾아야 할 것이다. 경우에 따라 출생률의 증대를 고려할 수도 있으나 결정적인 요인은 사망률의 저하, 즉 전세기에 비하여 사람이 덜 죽었다는 사실이라는 것이 최근의 인구사가들의 결론이다.

가장 무서운 전염병이었던 페스트는 14세기의 흑사병 이후에도 지역게 따라 간헐적으로 재발하고 있었다. 18세기에 들어서서도 1720년에 시리아와 레반트로부터의 선박이 페스트균을 마르세유로 운반하였다. 몇 주 안되는 기간에 9천명의 주민 중 4천명이 사망하고 페스트는 남프랑스 일대에 퍼졌으며, 큰 도시 주민의 1/3 또는 1/2, 심한 경우 3/4이 죽었다. 페스트에 대한 공포가 전유럽에 확산되었으나 신비스럽게도 페스트는 가라앉고 더 이상 번지지 않았다. 뿐만 아니라 이것이 서유럽과 중앙유럽에서의 페스트의 마지막이었다.

페스트 소멸 원인의 하나는 지중해의 항구들과 오스트리아의 투르크와의 접경지대에서 검사와 검역이 강화된 사실을 들 수 있겠으나 보다 더 결정적이었던 것은 쥐의 종류의 변화였다. 페스트균의 주된 매체는 黑色 쥐에 기생하는 벼룩이었는데, 1600년 이후 그 이유를 알 수 없으나 아시아 기원의 갈색 쥐가 출현하여 흑색 쥐를 추방하기 시작하고 마침내 이를 소탕해버렸다. 갈색 쥐도 페스트에 걸리지만 그것에 기생하는 새로운 종류의 벼룩은 보균력이 약할 뿐 아니라, 다행하게도 사람의 피를 좋아하지 않았다.

18세기에 제너의 종두법 발견 등이 있었으나 의사나 의학의 발달은 아직 사망률을 저하시키는 데 크게 공헌하지는 않았다. 급수와 하수시설의 개량은 공중위생의 향상에 이바지 하였으나 아직은 제한적이었다. 18세기에는 특히 서유럽에서 도로와 운하의 건설이 활발하였고 이러한 수송수단의 발달은 지방적인 기근의 피해를 감소시켰다. 그리고 전쟁의 잔인성도 약화되고 새로운 음식의 도입, 특히 감자는 굶주림을 덜어주었다. 기근과 페스트외의 전염병, 그리고 전쟁은 18세기에도 여전히 일어나고 있었으나 그 피해의 강도는 완화되고 있었다.

18세기의 급격한 인구증가는 유럽의 전반적인 진보를 뜻하기도 하였으나, 이와 동시에 새로운 사회적 경제적 문제를 제기하였다. 과잉인구는 빈곤을 촉진하고 특히 농촌에서의 빈농의 극빈화를 초래하였다. 그들은 생계에 보탬이 된다면 임금이 싸더라도 일거리를 원했다. 도시의 상인자본가는 이를 이용하여 그들에게 일거리를 주었고 그리하여 중세 말에 싹트기 시작하고 점차로 발달하게 된 농촌공업이 18세기 후반의 인구팽창과 더불어 크게 융성하게 되었다. 가난한 농민들은 물레와 베틀을 놓을 작은 공간만 있으면 도시의 상인들로부터 원료를 공급받아 방적과 직포에 종사하고 임금을 받았다. 그렇기 때문에 이를 '코테이지 공업'(cottage industry) 또는 '가내 공업'(domestic industry)이라고 부르고, 그 체제를 '선대제'(putting-out system)라고 부르며, 최근에는 이를 '原産業化'(proto-industrialisation)라고도 한다.

18世紀의 生活

18세기에 이르면 3대에 걸친 대가족은 드물어지고 부모와 자녀의 핵가족이 일반화되었다. 혼인도 만혼이 많고 미혼의 남녀도 상당수에 달하였다. 이러한 만혼의 풍조는 경제적 요인의 탓인 경우가 대부분이었으나 혼인에 대한 규제 탓도 있었다. 법적 승인이나 지방 영주 내지 지주의 허가가 필요한 경우가 있었으며, 독일과 오스트리아에서는 실질적으로 가난한 남여의 결혼은 어려웠다. 빈민의 자유결혼은 빈민을 증가시키고 기아의 증가와 복지비용의 증대를 의미하였기 때문이다.

많은 젊은 남여가 분가해서 독립할 때까지 가족 안에서 노동에 종사하였다. 남자 아이는 농경에, 여자 아이는 옷감짜기와 가축을 돌보는 일에 종사하였다. 또 다른 많은 젊은 남녀는 다른 곳에서 일하려 집을 떠났다. 도시의 경우 소년은 도제가 되어 7 내지 14년간 고된 일에 종사하면서 직업과 기술을 배웠다. 그 중 운이 좋은 자만이 길드의 회원이 되어 경제적으로 자립할 수 있었고, 대부분의 경우 직업을 자주 바꾸었다. 소농에 고용되거나, 도로 공사의 인부가 되거나 또는 도시에서 물 운반에 종사하였다. 이러한 일이란 경기변동의 영향을 받기 쉬웠고, 실직의 위험성이 높았다. 소녀들 또한 어린 나이에 많이 농촌을 떠났다. 그들이 택할 수 있는 직업은 적었고, 대부분이 하녀가 되었다. 그들은 여주인의 가혹행위와 일상적인 노동에 시달릴 뿐 아니라 남자 주인이나 그 아들 또는 그의 친구로부터 性폭행을 당하는 경우도 적지않았다. 만일 임신이라도 하면 그 집에서 추방되어 매춘과 절도를 일삼게 된다.

만혼인 탓으로 혼전 성교가 많았다. 영국의 한 촌락의 경우 첫 아이의 1/3은 혼인 전에 임신하였고 많은 아이가 혼인 후 3개월만에 태어났다. 이렇듯 혼전 성교가 많았음에도 불구하고 1750년까지는 사생아가 매우 적었다. 영국의 어느 교구 기록에 의하면 20명의 신생아 중 사생아는 1명뿐이었고, 17세기 프랑스의 경우 사생아는 신생아의 1% 이하였다. 혼전 성교의 다발과 극히 적은 사생아라는 사실은 전산업화 시대의 유럽 농촌에서 아직도 전통적인 공동체적 규제와 통제가 강하게 작용하고 있었다는 것을 말해준다.

그러나 18세기 후반에는 만혼과 드문 사생아에 변화가 일어난다. 이러한 변화는 가내공업의 융성으로 약간이나마 경제적 여유가 생기고, 젊은 남녀 사이에 혼인의 전제로 경제적 고려보다 사랑을 중시하는 기풍이 생겨난 탓일 것이다. 1750년부터 1850년에 걸쳐 사생아는 급증하고 있다. 프랑크푸르트의 경우 18세기 초에 신생아의 약 2%였던 사생아가 1760년에 약 5%, 1800년에는 약 10%, 그리고 1850년에는 절정에 이르러 25%로 증가하고 있다. 小邑이나 촌락의 경우 사생아는 적은 편이었으나 1750년에 1~3%였던 것이 1850년에는 10~20%로 증가하고 있다. 이 시기의 대부분의 젊은 여자들은 하녀거나 직조공이었던 바, 병사나 일용 노동자, 또는 남자 하인과 혼인약속을 하고서도 쌍방의 임금이 적고 벌이가 신통치 않아 혼인약속을 이행할 수 없는데서 연유한 것 같다. 이렇듯 저임금과 생활 불안정으로 젊은 남녀 노동자들의 사랑의 꿈은 자주 깨어졌고, 과거의 혼인이나 가족형태가 서민 사이에서 붕괴하였다. 19세기 말에 이르러서야 보다 더 안정된 형태가 다시 잡히게 되었다.

빈민층이나 농촌의 여성은 아이를 일반적으로 母乳로 키웠으나 귀족이나 중상층의 여성은 유모를 고용했고, 도시의 소상점주와 수공업자의 처 역시 시골 여자의 유모에게 맡겼다. 그리하여 18세기에 유모업은 성업이었다. 그러나 유모의 폐단도 적지않았다. 유모의 나쁜 특성이 유아에 전달될 뿐 아니라 애당초 애정이 없고 돈벌이를 위한 일이었기에 탐욕스러운 유모에 맡겨진 아이는 죽기십상이었다. 아이가 죽으면 또 새로운 아이에 젖을 먹이고 돈을 벌 수 있으니까. 그래서 '살인 유모'(killing nurse)라는 말이 생기고 그 수효가 적지 않았다.

유모에 의한 의도적이거나 그렇지 않은 유아살해외에 친 부모에 의한 원하지 않았던 아이의 살해도 적지 않았다. 부모 침대에 동침하던 유아를 덮쳐서 질식사시키는 것이다. 부모들은 술에 취한 실수였다고 변명을 하였다. 1784년 오스트리아에서는 5세 이하의 어린 아이를 부모가 같은 침대에 동침시키는 것을 금지하는 법을 만들었다. 가난이 빚은 비극이었다.

이러한 잔인한 행동보다는 신생아를 버리는 경우가 훨씬 더 많았다. 파리의 노틀담 대성당 입구에 버려지는 갓난 아이 수가 너무 많아 그 곳 신부는 따로 양육원을 지었으며, 영국정부는 진정에 따라 기아를 보존하기 위한 시설을 마련하였다. 이러한 양육원은 18세기에 많았으며, 그 중에서도 유명한 것이 상크트 페테르스부르크의 양육원이었다. 이 곳에는 19세기 초에 25,000명의 기아가 수용되고 있었으며 1년에 5,000명씩 수용하였다. 1770년대에 파리 신생아의 1/3이 기아양육원에 수용되었으며, 그 중 1/3이 결혼한 부부의 아이였다고하니 당시의 빈곤한 노동자들의 생활수준을 짐작하게 하는 유력한 자료이다. 양육원에 수용된 아이들은 잘해서 절반이 1년 내에 사망하였으며, 최악의 경우 90%가 일년 이내에 사망하였다. 따라서 기아양육원을 가리켜 '합법적인 유아살해'라고 부르기도 하였다.

　18세기에 어린 아이에 대하여 부모나 사회는 거의 관심을 갖지 않았으며, 이는 부자집 아이의 경우도 마찬가지였다. 유아 사망률은 매우 높아서 5명 중 1명은 사망하였으며, 빈민지역의 경우 3명에 1명꼴이었다. 전산업화 시대의 유럽의 父母는 그들의 아이들 중 절반이 무사히 성장하면 매우 다행이라고 생각할 수밖에 없었다. 《로마 興亡史》로 유명한 역사가 에드워드 기본(Edward Gibbon, 1737~1794)의 아버지는 그의 아들 중 하나라도 성장했으면 하는 뜻에서 아들들의 이름을 전부 에드워드로 지었다. 그의 희망은 적중하여 역사가이며 장남인 에드워드만이 살아남고, 그의 다섯 동생과 누이 동생은 전부 어려서 죽었다. 18세기 말 유럽의 평균수명이 35세밖에 되지 않았던 것도 높은 유아 사망률이 한 원인이었다. 어린 아이에 대한 무관심, 그리고 그것과 표리를 이루는 매질, 체벌 등의 가혹행위가 변화한 것은 18세기 말 장 자크 루소를 비롯한 계몽사상가들의 영향으로 말미암은 것이었다.

　귀족이나 부유한 집안의 자제교육을 위한 특수학교는 16세기에 설립되기 시작하였으나 일반대중의 자제교육을 위한 학교(little schools)는 17세기에 등장하였다. 그러한 학교는 7세부터 12세에 이르는 아동을 수용하여 기본적인 글읽기와 글쓰기 그리고 종교교육을 실시하였다. 일반 대중의 다수는 18세기에도 무교육상태였으나 그래도 나라에 따라 국가적으로(프로이센) 또는 교회에 의하여 초등교육을 위한 학교가 증가하였고, 계몽사상이 교육에 대한 관심을 고조시켰다. 그 결과 18세기에 문자해독률은 크게 상승하였다. 1600년에 프랑스와 스코틀랜드에서 6명의 남자 중 1명이, 그리고 영국에서는 4명 중 1명이 문자를 해독하던 것이 1800년에는 스코틀랜드의 남자 90%가, 프랑스의 경우 3명 중 2명이, 영국남자의 절반 이상이 문자해독자였다. 이 시기에 여성의 문자해독자도 증가하였으나 남자에 뒤졌다.

　18세기에 페스트와 같은 무서운 전염병이 사라지고 기근도 줄어들면서 생활이 전반적으로 향상되었다. 1700년의 유럽인의 평균수명이 25세이던 것이 1800년에 35세로 연장된 사실이 이를 반영하고 있다. 18세기 일반서민들의 주식은 조악하게 제분된 소맥과 라이 보리로 만든 빵이었다. 프랑스의 보베지의 농민은 하루에 2파운드의 빵을 물, 양조된지 1년이 안되는 포도주나 맥주와 함께 먹었다. 그렇기 때문에 곡물의 공급과 빵 값은 대다수 사람들에게 가장 중요한 문제였다.

　가난한 사람들이 빵 다음으로 많이 섭취한 것은 배추, 콩, 당근 등의 야채였고 과일은 일반적이 아니었다. 육류와 계란은 누구나 좋아했으나 빈민에게는 너무나 비싸서 종교적인 축제일이나 혼인식과 같은 특별한 날에나 먹을 수 있었다. 고기는 보통 양고기였고 우유는 몸에 나쁘다고 해서 거의 마시지않고, 치즈와 버터의 원료로 사용되었는데 이것 역시 값이 비싸 빈민들은 간혹 입수할 뿐이었다.

귀족, 고급관리, 부유한 부르주아지의 식탁은 빈민과 달랐다. 18세기에 그들의 식탁은 육류(소, 닭, 양)와 생선류가 3접시씩 주류를 이루었고, 과일과 야채는 별로 섭취하지 않았으며, 포도주를 과음하고 多食하는 경향이기 때문에 그들의 식탁은 건강에 좋은 편이 아니었다. 오히려 소상인, 장인, 하급관리들의 식탁이 농민의 것보다는 다양하였고, 육류, 야채, 과일, 그리고 빵과 콩을 고루 섭취하여 건강에 좋은 편이었다. 식탁의 내용이 지역에 따라 차이가 있었으며, 북부와 대서양 연안이 남부와 지중해 연안보다 잘먹었고 1700년경 영국인이 육류를 많이 소비한 반면에 프랑스 농민은 빵과 야채를 많이 먹었다. 18세기 초에 식품은 중세와 크게 다를 것이 없었고, 새로운 식품으로서 특히 빈민과 아일랜드인에게 귀중했던 것은 감자였다. 야채는 유럽의 재래산에 오렌지, 레몬, 유자의 일종인 라임 등 아열대산 과일이 첨가되고, 18세기를 통하여 설탕 소비량이 증대하였다.

제 11 장

市民革命과 産業革命

18세기 후반부터 19세기 초에 걸쳐 유럽은 신대륙을 포함하여 거대한 격동의 시기, 즉 혁명의 시기를 맞이하게 된다. 신대륙에서의 미국혁명과 유럽에서의 프랑스혁명은 다 같이 민주주의를 지향하는 시민혁명으로서, 미국혁명은 아메리카합중국이라는 새로운 근대적인 공화국을 탄생시키고, 프랑스혁명은 전제적인 절대왕정을 타도하고 봉건제의 잔재를 일소함으로써 자유롭고 평등한 근대시민사회건설의 길을 열었다.

미국혁명이나 프랑스혁명과 거의 같은 시기에 조용하지만 중요한 산업상의 큰 변화가 영국에서 시작되고 있었다. 이른바 産業革命은 농업적이던 유럽사회를 산업화함으로써 산업사회로 전환하는 계기가 되었으며, 자본주의를 완성시킴으로써 유럽의 경제, 사회, 그리고 나아가서 정치에 심대한 영향을 미쳤다.

14·5세기에 싹트고, 16세기 이래 본격적인 발전을 하게 된 유럽의 근대적 발전, 즉 근대화는 프랑스혁명과 산업혁명을 계기로 완성단계에 들어서며, 19세기에는 근대시민사회와 근대국민국가가 확립된다.

제 1 절 美國革命

植民地時代

신대륙에 대한 영국의 본격적인 식민활동은 17세기에 시작되었다. 스튜어트왕조의 전제정치와 종교적 탄압을 피하여 청교도를 비롯하여 자유를 찾는 사람들이 신대륙으로 이주하였고, 그 밖에 경제적 이득을 노리는 모험자나, 국왕으로부터 특허장(Charter)을 얻어 식민지경영에 나서는 사람도 있었다. 그리하여 18세기 초에는 북아메리카의 동해안일대에 13개의 영국식민지가 건설되었다.

13개 식민지의 사정은 저마다 달랐으나, 전체적으로 볼 때 빈부의 격차는 그렇게 큰 편이 아니었고, 사회적 지위의 불평등은 있었으나, 유럽에서와 같은 신분제는 없었다. 뿐만 아니라 경제적 기회는 얼마든지 있었고, 사회적 유동성도 현저하였다. 그리하여 계급구조도 매우 유연하였고, 富의 집중으로 인한 대립과 갈등도 매우 적은 편이었다. 산업상으로 남부에서는 노예를 사용하는 농장경영(plantation)이 성행하였고, 북부에서는 自營農民이 압도적으로 많았으며, 상공업도 발달하고 있었다.

영국은 식민지에 총독(governor)을 파견하고 있었으나, 실제정치는 언제나 식민지의회를 중심으로 상류계층(upper class)의 수중에 있었다. 식민지의회는 당시로서는 가장 민주적으로 구성되어 있었으며, 투표자격으로 토지소유라는 제한이 있었지만, 투표권자의 수효는 예상외로 많았다. 매사추세츠에서는 백인성년남자의 80% 이상이 투표권을 행사하였고, 버지니아에서는 절반에 약간 미달하였다. 식민지의회는 유럽대륙의 어느 의회보다도 큰 권한을 갖고 있었으며, 1760년까지 총독과의 권한투쟁은 식민지의회에 유리하게 해결되었다. 그리하여 각 식민지는 처음부터 자유를 원하여 그것을 향유하여 왔고, 또한 자치도 확고하게 깊이 뿌리를 내렸다.

이러한 자유와 자치의 전통 속에서 식민지인들은 상당히 고도의 공동체의식과 유대감을 갖게 되었다. 이러한 식민지인들의 공동체적 유대감의 성장은 서로 상이하고, 때로는 대립하기도 하면서 13개 식민지가 비교적 짧은 기간 내에 상호간의 차이와 대립을 극복하고, 본국정부에 대항하여 결합할 수 있었던 주된 이유 중의 하나다.

아메리카식민지에는 본국의 법률이 그대로 실시되는 것으로 되어 있었고, 영국은 17세기 이래 식민지에 중상주의정책을 실시하여 왔다. 이를테면 영국에서의 종교나 신앙에 관한 규정은 원칙적으로 식민지에 적용되는 것으로 되어 있었고, 식민지의 무역은 본국의 이해관계에 의하여 제약을 받았고, 본국산업과 경쟁상대가 될 산업은 금지되었다. 그러나 적어도 7년전쟁이 끝난 1763년까지는 본국정부의 식민지에 대한 태도는 '건전한 방임'(salutary neglect)정책으로서, 중상주의적 통제나, 종교 등에 관한 본국의 법률을 엄격하게 실시하려고 하지는 않았다. 그렇기 때문에 영국의 경제정책이나 정치적 태도는 잠재적으로 식민지인들에게 불만스러운 것이 있었지만 그것은 본국에 전면적으로 반항할 정도의 것은 아니었다. 따라서 1763년 이전의 상태가 그대로 지속되고 식민지는 1763년 이전의 영국과의 관계를 그대로 유지하는 데 만족했을 가능성은 매우 컸다.[1]

---

1) Jack P. Greene, "Reappraisal of the American Revolution in Recent Historical Literature" *The Reinterpretation of the American Revolution:* 1763～1789, ed. by Jack P. Greene(Harper, 1968), p. 27 참조. 美國革命에 관한 서술에서 많이 이용한 것은 이 Greene의 논문과 R.R. Palmer, *The Age of the Democratic Reveolution: the Challenge*(1959)이다.

革命으로의 길

영국의 아메리카식민지에 대한 태도와 정책은 7년전쟁이 끝난 후 크게 변하였다. 즉, 종전의 '건전한 방임'정책을 포기하고 과세와 중상주의적 통제를 강력하게 실시하려고 하였던 것이다. 그 이유의 하나는 1760년에 즉위한 조지 3세(1760~1820)가 先代와는 달리 왕권을 강화하고 정치에 직접 관여하려고 하였을 뿐 아니라, 그러한 태도를 식민지에게까지 적용하려 한 것이요, 둘째는 7년전쟁의 전쟁비용과, 신대륙에서 새로이 획득한 영토를 포함한 식민지의 방위비 등을 식민지로부터 염출하려는 재정적 고려였다.

1763년 본국정부는 새로이 획득한 영토 중 알레가니산맥 서쪽지역에 대한 식민지인의 이주를 금지하였다. 이는 이곳 인디안들이 불온한 기세를 보인 탓으로 식민지인을 보호하려는 것이었지만, 새로이 획득한 지역으로의 진출을 원하고 있던 식민지인들에게는 불만스러운 것이었다. 다음 해 영국은 종전의 당밀법(Molasses Act)을 개정한 설탕법(Suger Act)으로 타국 식민지로부터 수입하는 설탕에 대한 과세를 엄격하게 징수하기 시작하였다. 그러나 식민지에 광범한 분노와 반항을 자아낸 것은 印紙法(Stamp Act, 1765)이었다. 이는 신문, 책자, 법적 문서를 비롯하여 카드놀이의 카드와 학위증서에 이르기까지 인지를 첨부할 것을 규정한 것이었다. 9개 식민지대표들이 뉴욕에서 인지법회의를 열고, 앞서 버지니아의회가 채택한 "代表 없는 곳에 과세할 수 없다."(no taxation without representation)는 헌정적인 원칙을 확인하고, 여러 곳에서 영국상품의 불매운동이 일어났다. 그 결과 인지법은 곧 폐기되었으나, 영국의회는 본국이 식민지를 통제할 법을 제정할 권리를 보유한다는 선언법(Declaratory Act)을 채택하였다. 이는 본국의회에 대표를 파견하지 않고 있는 식민지에 함부로 과세할 수 없다는 식민지의 주장에 정면으로 대립하는 것으로서, 헌법상의 중요한 견해 차이가 표면에 드러난 것이다.

선언법이 한낱 원칙의 선언에 불과한 것이 아니라는 것을 입증하려는 듯이, 영국의회는 1767년 타운센트법(Townshend Acts)을 제정하여 茶, 紙類, 塗料, 유리, 납(鉛) 등에 과세하였다. 이에 대하여도 강한 반대가 일어났기 때문에 영국은 차에 대한 세금만 형식적으로 남기고 나머지는 폐지하였다. 그러나 식민지는 이것을 본국정부의 부당한 탄압의 상징으로 보고 반항의 고삐를 늦추지 않았다. 1773년 겨울, 차를 싣고 보스턴 항구에 정박 중이던 영국의 동인도회사의 선박에 인디안으로 가장한 시민이 난입하여 차상자를 바다에 던진 사건이 발생하였다. '보스턴 茶會'(Boston Tea party)사건으로 알려진 이 사건에 대하여 영국은 보스턴 항구를 봉쇄하고, 매사추세츠의 선거를 정지하는 등, 강경한 보복과 억압조치를 취하였다(1774).

한편 본국정부와의 관계가 날이 갈수록 험악해지자, 1773년부터 거의 모든 식민지에 통신위원회라는 식민지인들의 의견발표와 정보교환을 위한 기관이 설립되어 강력한 혁명조직의 기반이 마련되고 있었다. 보스턴에 대한 강압적 조치가 취해지자, 이에 대항하기 위하여 통신위원회 등의 활동으로 조지아를 제외한 모든 식민지대표가 필라델피아에서 제1차 대륙회의(Continental Congress)를 열고(1774년 9월), 본국의회의 식민지에 대한 입법권을 부정하고, 본국과의 통상 단절이 결정되어, 영국상품의 보이콧이 시작되었다. 이제 사태는 최악의 상태에 이르렀으며, 드디어 1775년 4월 보스턴근교의 렉싱턴(Lexington)에서 영국군과 식민지의 민병대가 충돌함으로써 마침내 독립전쟁이 일어나게 되었다.

獨立戰爭과 그 結果

식민지대표들은 5월에 제2차 대륙회의를 열어, 본국과의 전쟁이 불가피함을 인정하고, 민병대를 정규군으로 공인하여 조지 워싱턴(George Washington, 1732~1799)을 총사령관으로 임명하였다. 이후 聯合規約(Articles of Confederation, 1781)이 성립할 때까지 상설기관으로서 실질적인 전쟁지도를 담당하게 된 대륙회의는 전쟁준비를 추진시키는 한편, 1776년 7월 4일 〈獨立宣言〉(Declaration of Independence)을 공포하여, 그들의 굳은 결의와 독립해야 할 이유를 내외에 천명하였다. 주로 제퍼슨(Thomas Jefferson, 1743~1826)에 의하여 기초된 독립선언은 그 서두에서 인간은 평등하게 태어났으며, 생명·자유 및 행복추구라는 양도할 수 없는 천부의 권리를 가지며, 정부는 피치자의 동의에 의하여 이러한 권리를 보호하기 위하여 수립된 것이고, 따라서 정부가 그러한 목적을 파괴하는 경우, 이를 변혁 또는 폐지하여 새로운 정부를 수립할 권리를 갖는 것이라고 독립의 이론적 근거를 제시하였다. 그 내용은 로크의 정치사상을 바탕으로 한 것이며, 민주주의의 기본원리를 선언한 것이다.

독립전쟁이 시작되자 식민지인은 독립을 원하는 애국파(patriots)와 영국을 지지하는 충성파(loyalists)로 갈라졌으나,[2] 식민지인의 다수는 애국파를 지지하였고, 독립선언의 공포는 애국파를 크게 고무하고, 유럽의 자유애호가들의 공감을 획득하였다. 처음 전세가 불리하였던 식민지군은 1777년 사라토가(Saratoga)에서 첫 승리를 거두고, 이를 계기로 국제정세도 매우 유리하게 전개되었다. 즉, 7년

---

2) 애국파와 충성파의 사회경제적 내지 계급적 성분은 그렇게 분명하지 않다. 대체로 애국파는 영국과의 단절과 독립에 기회의 확대 내지 새로운 기회의 발생을 본 사람들이고, 충성파는 영국과의 결합에서 혜택을 받고 있던 사람들이라고 할 수 있다. R.R. Palmer, p. 200 이하 참조.

전쟁에서 영국과 싸웠던 프랑스가 식민지편에 참전하고(1778년 2월), 이어 에스파냐(1779)와 네덜란드(1780)가 식민지편에 가담하였다. 한편 러시아를 비롯한 유럽의 많은 나라들이 武裝中立(Armed Neutrality)을 선언하여(1780) 영국에 대항하는 태도를 취하였다. 이러한 유리한 국제적 지원 하에 식민지군은 요크타운(Yorktown)에서 다시 승리를 거두었다(1781). 이에 영국도 파리조약(1783)으로 식민지의 독립을 승인하고 북은 5대호, 서는 미시시피강, 남은 조지아 남쪽 경계안의 지역을 그 영토로 인정하였다.

憲法制定

독립전쟁이 시작된 후 각 식민지는 식민지시대의 정부조직을 바꾸어, 저마다 헌법을 가진 독립국가가 되었다. 이러한 상황에서 대륙회의는 통합의 필요성을 절감하여 聯合規約의 원안을 마련하였으나(1777), 그것이 모든 식민지의 동의를 받아 발효하게 된 것은 1781년이었다. 그러나 이 연합규약에 의하면 미국은 13개의 독립국가의 연합에 불과하고, 연합의회는 과세권이 없고, 각 연방에 대한 통제력도 갖지 못하였다.

파리조약으로 독립이 승인된 후에 연합의회는 재정곤란에 빠지고, 전쟁 중에 남발된 지폐는 그 가치가 하락하여 통화로서 유통되지 않게 되고, 물가앙등과 투기가 성행하는 등 사회불안까지 조성되어, '강력한 중앙정부의 수립이 요청되었다. 그리하여 1787년 필라델피아에서 연합규약을 대신할 헌법제정회의가 열렸다. 여기에서 채택된 헌법은 몽테스키외의 3권분립의 원리에 입각한 공화제헌법이었다. 각 州에 광범한 자치권과 권한을 인정하되, 중앙에 연합의회보다 훨씬 강력한 연방정부를 두기로 하였다.

삼권분립의 원리에 따라 입법·행정·사법이 각각 독립하고, 상호견제와 억제의 기능을 발휘하도록 마련되었다. 입법권을 갖는 연방의회는 상·하원으로 구성되며, 과세·군대모집 등도 관장한다. 행정권은 간접선거로 선출되는 임기 4년의 대통령에게 귀속되며, 그가 이끄는 연방정부는 직접 국민에게 명령할 수 있고, 국방·외교·州間상업·우편·통화 등에 관한 중요한 권한을 갖게 되었다. 사법부는 연방과 州의 이중구조로 되어 독립적인 존재가 되었으며, 최고법정으로서 대법원이 설치되었다.

이 연방헌법에 대하여서는 찬·반 논의가 많았다. 해밀턴(Alexander Hamilton, 1757~1804)과 매디슨(James Madison, 1751~1836) 등 이를 지지한 사람들은 페더럴리스트(Federalists, 연방주의자)라 불리우고, 반대한 분권주의자들은 反페더럴리스트로 불리웠다. 이러한 논의끝에 연방헌법이 발효하게 된 것은 1788년의 일이며, 다음 해 워싱턴이 선거인 전원에 의하여 초대대통령에 선출되었다. 이에 창창한 미래가 약속되는 아메리카합중국(United States of America)이라는 새로운 공화국이 탄생하였다. 그 후 1791년에 헌법제정당시부터 권리장전이 없다는 비난이 있었음을 감안하여, 기본적인 인권을 보장하는 10개조의 헌법수정(Amendment)이 첨가되었다.

美國革命의 性格

미국혁명은 단순한 독립전쟁이 아니라 참된 의미의 혁명이었다.

> 즉, 이 혁명에서 일부 미국인들은 합법적인 정부를 전복시키고, 반대자를 추방하여 그 재산을 몰수하였으며, 人民이 입법권자로서 행동하여야 한다는 원리를 실천에 옮김으로써 혁명계획의 실례를 보여주었다는 점에서이다. 그렇기는 하나, 미국인은 새로운 국가를 건설하였을 때, 그들의 과거의 전통을 많이 부활시키려고 하였다.……
> 그렇기 때문에 미국혁명은 서로 모순되는 兩面을 가지고 있다. 즉, 그것은 한편으로는 보수적이면서도, 다른 한편으로는 혁명적이었다. ……미국혁명이 혁명적이었던 것은 상당히 강한 평등사상의 소유자인 지도층(gentlemen)이 人民의 이름 아래 立憲的인 권력을 행사한 여러 모임을 통하여 인간의 권리, 人民主權 등의 추상적인 이론의 실천 가능성을 보여주었기 때문이다. 그리고 미국혁명의 보다 더 먼 간접적인 영향을 문제삼지 않는다 하더라도, 大西洋 건너, 당시의 유럽세계에 미친 영향으로 보아서도 확실히 혁명적이었다.[3]

그렇다면 미국혁명의 본질과 성격은 무엇일까. 제2차 세계대전 전에 미국역사학계를 지배했던 것은 비아드(Charles A. Beard)를 비롯한 혁신주의역사가들(progressive historians)의 해석이었다. 그들에 의하면 1765년부터 1776년 사이에 도처에서 급진주의자들은 영국의 억압적인 정책에 대하여 미국의 자유를 수호한다는 애국적인 구호 아래, 식민지의 지방적 귀족을 공격할 절호의 기회가 도래한 것으로 생각하였다. 그렇기 때문에 미국혁명은 독립을 위한 전쟁인 동시에 식민지귀족에 대한 전쟁이 된 투쟁에 민중을 결합시킬 수 있었고, 그것은 식민지 내에서의 사회혁명의 과정이기도 하였다. 그 의의는 인민 대다수의 정치적·경제적 지위향상을 시도한데 있는 것이다. 합중국헌법의 제정은 이러한 노력을 일시적으로 좌절시켰으나, 모든 것이 상실되지는 않고, 19세기의 민주주의발전은 미국혁명

---

3) R.R. Palmer, p. 232 및 235.

에서 그 힘의 원천을 찾았다는 것이다.

그러나 최근의 연구동향은 이러한 혁신주의적인 해석을 비판·부정하고, 반크로프트(George Bancroft)의 휘그(Whig)적인 해석으로[4] 되돌아가는 감이 있다. 즉, 미국혁명의 본질은 자유의 추구였으며, 자유와 자치에 익숙해 있던 식민지는 조지 3세의 전제와 압제에 자유를 포기할 것을 거부하고, 그들의 자유를 보존하기 위한 투쟁 속에 그들의 憲政的인 연합의 진정한 기반을 발견하였다는 것이다. 좀 더 부연한다면, 미국혁명은 미국의 자유와 재산을 수호하기 위한 보수적인 운동이었으며, 그 주요과제는 헌정적이고 정치적인 문제였고, 정치권력의 분포와 기본적인 사회구조나 제도의 운영에 있어 큰 변화가 없었으며, 합중국헌법은 혁명의 논리적 귀결이었다는 것이다.[5]

이러한 대립적인 견해를 절충하면서 미국혁명을 18세기 후반의 프랑스혁명을 비롯한 유럽세계의 혁명들과 본질적으로 동일한 민주주의혁명으로 파악하려는 것이 파머(R.R. Palmer)의 입장이다. 그에 의하여 18세기에 식민지사회는 초기의 단순성을 상실하고, 유럽세계의 구제도사회로의 지향이 싹트고 있었으며, 사회계급의 분화가 진행되고, 토착귀족계급이 형성되어 가고 있었다는 것이다. 그 결과 계급적 갈등과 사회내부의 긴장이 조성되고 있었다는 점을 파머는 시인한다. 그렇기 때문에 미국혁명의 본질은 역시 자유의 추구에 있었으나, 그것은 또한 귀족적 세력과 원리에 대한 민주주의세력과 원리의 투쟁이기도 하였다는 것이다. 그러한 의미에서 미국혁명은 프랑스혁명과 동일한 성격을 지닌 혁명이었으나, 다만 미국에서는 타파해야 할 구제도나 귀족적 세력이 약했고, 이미 광범한 자유를 누리고 있었기 때문에 프랑스혁명에 비하여 폭력적이고 혁명적인 성격이 약하고, 보수적인 면이 강하게 나타났을 뿐이라는 것이다.[6]

제 2 절 프랑스革命

앙시앵 레짐과 特權階級

프랑스혁명은 전형적인 시민혁명(bourgeois revolution)으로서, 그 깊은 원인은 앙시앵 레짐(Ancien Régime), 즉 혁명 전의 프랑스사회인 구제도의 모순에 있었다.

---

4) George Bancroft, *History of the United States,* 10 vols(Boston, 1834~74).
5) Jack P. Greene, p. 72 이하 참조.
6) R.R. Palmer, pp. 188~189 및 202~206 참조.

구제도 하의 프랑스에는 과거의 유물인 신분제가 아직도 남아 있었으며, 제 1 신분인 성직자와 제 2 신분인 귀족은 특권계급이었다. 성직자는 총인구 2,700만명 중 10만을 넘지 않았을 것이며, 독자적인 성직자회의와 특수한 법정을 갖는 조직체였다. 그들은 많은 특권을 갖고 있었으며, 면세의 특권대신 정기적으로 자발적인 공납금을 국왕에게 바쳤다. 그들은 전국토의 10분의 1에 해당하는 토지재산을 갖고 있었으며, 영주로서 봉건지대를 받는 한편, 모든 농산물에 대하여 10분의 1세를 징수하였다. 교회는 또한 교육과 구빈사업을 독점하고, 모든 출판물의 검열에도 참가하였다. 그러나 사회적으로 본다면 주교나 수도원장 등 고위성직자는 귀족이나 다름 없었고, 司祭나 대다수의 수도사와 같은 하위성직자는 평민이었다. 성직자의 이러한 계급적 분화는 삼부회에서 뚜렷하게 표면화되었으며, 하위성직자대표들은 평민편에 가담하게 된다. 그러므로 구제도 하의 프랑스에는 실질적으로 귀족과 평민이라는 두 계급이 있었을 뿐이다.

제 2 신분인 귀족은 약 40만 정도였으며, 적어도 전국의 5분의 1 정도에 해당하는 토지를 소유하고 있었으며, 봉건적 권리를 갖고 있었다. 귀족은 직접세인 타이유(taille)와 도로부역 등의 면제와 같은 실질적인 특권을 누리고, 칼을 찬다든지 하는 형식적인 명예특권을 갖고 있었다. 18세기의 프랑스귀족에는 두 종류가 있었다. 그 하나는 출생에 의한 혈통귀족으로서 帶劍貴族(noblesse d'épée)이라고 불리워졌고, 다른 하나는 부유한 부르주아출신으로서 관직을 매입하여 귀족이 된 자들로서 특히 고등법원과 같은 법관직이 많았고, 또한 세력이 컸기 때문에 이들 신흥귀족은 法服貴族(noblesse de la robe)이라고 불렀다. 처음에는 대검귀족이 법복귀족을 경멸하였으나, 점차로 양자간의 차이는 사라졌다.

법복귀족은 그 출신성분답게 재산관리에 능하였으나, 대검귀족 중 대귀족은 궁정에 드나들며(궁정귀족) 사치와 낭비를 일삼고, 토지의 관리에는 소홀하였다. 지방의 소귀족은 수입은 적은 데다가 물가가 앙등하여 생활이 궁핍하였으며, 그럴수록 귀족이라는 신분과 특권에 집착하였다. 재산관리에 유능한 탓이든, 또는 수입을 증가시킬 필요 때문이든, 18세기 후반부터 장원의 소유자인 영주들은 지대를 비롯하여 각종 공납을 올리고 철저히 징수하려 하였을 뿐 아니라, 이미 소멸한 것까지 되찾아 내어 새로이 징수하려 하였다. 이것이 이른바 '봉건적 반동'이라는 현상이었으며, 귀족계급은 정치면에서도 공세를 취하였다.

市民階級과 農民

특권적인 제 1 신분과 제 2 신분을 제외한 나머지 국민의 대다수는 일괄하여 제 3 신분에 속하였다. 그 수는 전인구의 96%에 달하였으며, 거기에는 가장 부유한 부

르주아지로부터 乞人에 이르기까지 다양한 사회계층이 포함되어 있었다. 그 중에
서도 가장 중요했던 계층은 금융업과 상공업에 종사하는 사람들과 모든 종류의 법
률가·의사·문필가 등 자유업에 종사하는, 즉 부르주아지(bourgeoisie)라고 불
리던 시민계급이었다. 그들은 중세 말부터 성장을 거듭하고, 특히 지리상의 발견
이래 자본주의의 발달과 더불어 비약적인 발전을 하게 되어, 그들의 재력과 재능
은 국가나 사회발전에 있어 불가결한 것이 되었다. 그럼에도 불구하고 그들은 평
민으로서 특권적인 귀족계급의 하위에 있었고, 정권으로부터도 배제되어 있었으
며, 경제면에서도 길드의 잔존 등 봉건적인 잔재로 그들의 자유로운 활동이나 자
본주의의 발달이 저해되고 있었다. 그리하여 시민계급은 이러한 구제도의 모순을
타파하고, 그들에게 적합한 새로운 사회를 건설하려고 하였으며, 계몽사상은 이러
한 시민계급에게 사상적 무기를 제공하였다.

　시민계급도 富나 생각에 있어 반드시 동질적이지는 않았다. 은행가나 징세청부업
자 또는 해외무역종사자와 같은 상층부르주아지는 귀족 부럽지 않은 생활을 하였고,
귀족이 되고 싶어 하였지만, 그 문은 좁았다. 한편 도시의 수공업자와 小상점주 등
小市民層(쁘띠 부르주아)은 생활이 어려웠고, 특히 수공업자는 자본주의의 발달에 압
력을 받고, 임금노동자로 전락할 위협을 느끼고 있었기 때문에 자본주의에 대하여
반감을 갖고 있었다. 그러나 이렇듯 생활조건이 서로 다른 시민계급 사이에 매우 견
고한 하나의 결합의 유대가 형성되어 있었는 바, 그것은 귀족계급에 대한 증오였다.

　임금노동자 수는 전체적으로는 많은 편이 아니었으나, 파리와 같은 대도시의 경
우 결코 적은 편은 아니었고, 날로 증가하는 추세를 보였다.[7] 그러나 그들은 아직
은 독자적인 행동을 취할만 한 단결력이나 계급의식을 갖고 있지 않았다.

　한편 소시민을 합친다 하더라도 시민계급은 소수에 지나지 않았고, 제3신분의
대다수를 차지하고 있는 것은 농민이었다.[8] 18세기의 프랑스 농민은 동유럽의 농
민과는 달리 일찍이 농노신분으로부터 해방되어 자유로왔으며, 영국 농민이 농업
노동자로 전락한 것과는 달리 그 대다수가 토지소유자였다.[9] 그러나 농촌사회는
반드시 동질적이 아니었다. 가장 부유한 농민층은 경우에 따라 자기소유토지는 전
혀 없으면서도 대규모의 토지를 빌어 경영하는 자본가적인 농업경영가였고, 그들
밑에 농촌의 중산층이라고 할 수 있는 자영농(라부레르)이 있었으며, 다시 아래로

---

7) 파리의 경우 인구 50만 내지 60만 중 임금노동자는 약 7만 5천명 정도였고, 그들의 가
　족을 합치면 25만 내지 30만 정도가 되었다. G. Lefebvre, *Quatre-ving-neuf*; 関錫泓
　譯,《프랑스革命》-1789年-(乙酉文庫), p. 162 참조.
8) 적어도 총인구의 4분의 3이 농민이었다. G. Lefebvre, p. 213 참조.
9) 프랑스전체를 통하여 농민소유토지는 평균해서 30% 정도였고, 시민계급의 토지소유
　는 약 5분의 1 정도였다. G. Lefebvre, p. 215 참조.

내려가면서 소규모의 소작농과 절반소작농(메타에 : metayer), 자기소유토지로서
는 생활하기가 어려운 영세농, 그리고 농촌의 프롤레타리아라고 할 토지 없는 농
업노동자가 있었다. 그러나 농민의 대다수는 그들의 토지로서는 생활하기 어려운
형편이었고, 18세기의 급격한 인구증가와 분할 상속제는 농민의 영세화에 더욱 박
차를 가하는 결과를 가져왔다. 뿐만 아니라 농민들은 교회에 10분의 1세를 바치고,
국가가 부과하는 직접세와 간접세(그 대표적인 것인 鹽稅), 그리고 도로부역 등을 부
담하고, 나아가서 生産物地代와 같은 실질적인 봉건적 공납을 영주에게 바치고,
그것은 봉건적 반동으로 더욱 무거워지고 있었다. 거기에 근대에 들어와서도 완전
히 해체되지 않은 영주권의 착취가 있었고, 더욱이 생활에 큰 보탬이 되고 있는 방
목권과 같은 공동체적 권리에 대한 영주들의 침해는 소농과 빈농에게는 큰 타격이
었다. 그리하여 농민의 다수를 차지하는 소농과 영세농은 토지를 갈망하고, 대농
경영이나 농업의 자본주의화에 반감을 가졌으며, 그들은 귀족계급에 대하여 도시
주민들보다 더 심각한 불만을 품고 있었다.

財政危機와 貴族의 反抗

　프랑스혁명의 깊은 원인은 앙시앵 레짐의 모순에 있었지만, 직접적인 원인은 왕실
의 재정위기였고, 이를 이용하여 절대왕정에 최초의 타격을 가한 것은 귀족계급이었
다. 왕실재정은 이미 루이 14세 말년부터 어려운 상태에 빠졌고, 루이 15세(1713~
1774) 때도 개선되지는 않았다. 루이 16세(1774~1792)는 즉위 초에 유능한 지방장관
이요, 일류급 중농주의자였던 튀르고(Turgot, 1727~1781)를 재무장관으로 임명하
여 개혁을 시도하였다. 튀르고의 개혁안은 비교적 온건한 것이었으나, 면세의 특권
을 침해하고, 궁정경비의 삭감을 포함하고 있었기 때문에, 귀족과 왕비의 반대에 봉
착하여 실패하였다. 튀르고의 뒤를 이은 스위스출신의 은행가 네케르(Necker,
1732~1804)는 계속 돈을 빌리면서 사태를 꾸려갔으나, 미국의 독립전쟁에의 참전은
국가재정을 결정적으로 위기에 몰아넣었다.[10] 네케르의 뒤를 이어 재무장관이 된 칼
론느(Calonne, 1734~1802)는 고식적인 방법으로는 재정위기를 타개할 수 없음을
깨닫고, 다방면에 걸친 개혁안을 마련하였다. 가장 중요한 사실은 앙시앵 레짐 하에
서는 모든 국민이 고르게 세금을 부담하고 있지 않다는 사실이다. 그리하여 칼론느

---

10) 앙시앵 레짐 하의 유일한 예산보고서인 1788년의 보고서에 의하면 세출 6억 2천 9백
　　만 리브르(livre)에 대하여 세입은 5억 3백만 리브르로서 적자가 1억 2천 6백만 리브
　　르에 달하고 있다. 세출의 내역을 보면 궁정비용이 3천 5백만 리브르로서 총세출의
　　6%, 일반회계가 19%, 육해군 및 외교관계가 26%를 차지하고 있는 데 비하여 國債
　　의 이자 및 상환이 3억 1천 8백만 리브르로서 총세출의 50%를 초과하고 있다. G.
　　Lefebvre, p. 36 참조.

느는 모든 토지소유자로 하여금 신분의 차별이나 면세의 특권없이 일률적으로 현물로 납부하는 '補助地稅'의 부과를 그의 개혁안의 핵심으로 삼았던 것이다. 이 개혁안이 고등법원의 반대를 받을 것을 예상한 칼론느는 비교적 왕실에 가까운 귀족계급의 각계대표들로 구성된 名士會를 소집할 것을 구상하였다.[11]

그러나 1788년 초에 소집된 명사회는 칼론느의 제안에 반대하여 칼론느는 사임하고, 정부는 고등법원과 정면으로 대결하는 수밖에 없게 되었다. 법복귀족의 아성인 고등법원은 국왕의 칙령이 발효하려면 고등법원에 등록되어야 하며 ,고등법원은 이에 대하여 諫奏할 권리가 있는 것을 이용하여 개혁안에 완강히 반대하였다. 고등법원은 새로운 세금의 부과는 오직 삼부회(États généraux: General Estates)만의 권한이라고 하여, 국민의 자유와 기본권의 이름 아래, 삼부회의 소집을 강력하게 요구하였다. 그들의 속셈은 왕실의 재정위기를 이용하여 과거에 상실했던 정치권력을 회복하고, 절대왕권을 제약하여 귀족정치를 실시하자는 것이었다. 파산에 직면한 루이 16세는 1788년 여름에 '사표를 던지는' 기분으로 다음 해 5월 1614년 이래 소집되지 않고 있던 삼부회를 소집할 것을 선포하였다. "귀족이 혁명을 시작하고, 평민이 이를 성취하였다."는 샤토브리앙(Chateaubriand)의 말과 같이 귀족의 반항으로 시민혁명으로의 길이 열린 것이다.

3部會

삼부회소집의 소식이 전해지자 전국은 벽촌의 농민에 이르기까지 희망과 기대에 부풀었다. 18세기를 통하여 물가가 65%, 地代가 98% 오른 데 반하여, 임금은 22%밖에 상승하지 않아 서민의 생활, 특히 도시 민중의 생활은 어려웠다. 1786년에 체결된 英佛通商協定의 결과 산업혁명으로 접어들고 있던 영국의 싼 섬유제품과 금속제품이 프랑스시장에 침투하여 많은 실업자가 생기고, 1788년의 농사는 흉작이었다. 그리하여 1789년 봄에는 경제위기의 현상이 나타나고, 파리와 농촌에서는 작은 소요사건이 일어나고 있었다.

삼부회의 제3신분대표의 선출은 2단계 내지 3단계의 간접선거였고, 한 단계마다 선거구민의 요구사항을 적은 陳情書(까이에: Cahier)가 작성되었다. 이 과정을 통하여 앙시앵 레짐의 모순이 白日下에 드러났으며, 최종 단계에서의 대표선출은 공개적이었기 때문에 말주변이 좋은 법률가가 평민대표의 대다수를 차지하게 되었다. 제2신분에는 소수이지만 자유주의적인 귀족대표가 있었고, 제1신분에서는

---

11) 名士會(assembly of the notables)는 14명의 고위성직자, 36명의 대영주, 33명의 고등법원법관, 13명의 지방장관과 왕실참사회원, 37명의 지방삼부회 및 도시대표들로써 구성되었다. G. Lefebvre, p. 42.

하위성직자가 대표의 3분의 2를 차지하였기 때문에 제3신분대표들은 귀족과 성직
자대표 중에서 많은 동조자를 기대할 수 있었다.

과거의 관례에 따르면 각 신분은 약 300명의 대표로써 구성되며, 신분별로 투표
를 하게 되어 있었다. 이는 제3신분에게 불리한 것이었다. 그리하여 제3신분은
그들의 대표수를 배로 증가할 것과 신분별이 아닌 머리수표결을 요구하였다. 절대
왕권은 귀족들이 개혁안에 대하여 완강하게 반대하고 있는 점을 고려하여 제3신
분대표를 600명으로 늘리는 데 동의하였으나, 표결방식에 관해서는 결정을 하지
않고 숙제로 남겼다.

앙시앵 레짐의 붕괴

1789년 5월 베르사유에 소집된 삼부회에서는 곧 제3신분대표들이 머리수표결
을 요구하면서 6월 17일 신분별회의를 지양하고 국민의회(national Assembly)를
선포하여 다른 두 신분대표에게 합류를 권고하였다. 귀족대표는 이를 거부하였으
나, 성직자대표의 다수를 차지하는 하위성직자들이 호응하였다. 6월 20일 평민대
표들은 그들의 회의장소가 수리한다는 이유로 폐쇄되자 실내 정구장에 모여 새로
운 헌법이 제정될 때까지 해산하지 않을 것을 서약하였다(테니스코트의 서약). 국왕
루이도 하는 수없이 6월 27일 귀족과 남은 성직자대표에게 국민의회에 참가할 것
을 지시하였다. 그 결과 삼부회는 사라지고, 새로운 헌법제정을 맹서한 평민대표
를 중심으로 한 국민의회가 그 뒷자리에 들어섰다. 앙시앵 레짐은 이제 무너지기
시작하였다.

그러나 국왕과 귀족이 진심으로 양보하거나 새로운 프랑스의 창조에 협력하려
고 한 것은 아니다. 국왕 루이는 베르사유에 군대를 집결시켰고, 이 소식은 파리시
민을 긴장시켰다. 무력탄압으로부터 국민의회를 지켜야 한다는 생각에서 삼부회
의 평민대표를 선출한 파리의 선거인단은 자치위원회를 구성하여 시행정을 접수
하고, 민병대(후의 국민방위군)를 조직하였다. 무장하기 위하여 무기와 탄약을 찾던
일부 민중은 7월 14일 바스티유(Bastille) 감옥을 습격하여 점령하였다. 원래는 요
새였고, 정치범을 수감하는 감옥으로 사용되던 바스티유가 민중의 눈에는 압제와
전제의 상징으로 보였으며, 감옥 내에 실제로 수감되어 있던 죄수는 일반범죄자 5
명과 정신이상자 2명뿐이었고, 무기와 탄약도 별로 없었으나, 바스티유의 함락은
매우 큰 영향을 미쳤다. 그것은 혁명에 민중과 폭력이 개입하였음을 뜻하는 동시
에 민중의 첫 승리이기도 하였다.

封建制廢止와 人權宣言

바스티유의 습격은 전국을 혁명의 도가니 속에 몰아넣었다. 지방도시들은 파리를 모방하여 종래의 행정기구 대신 시민계급을 중심으로 자치위원회와 민병대를 조직하였으며, 농촌에서는 곳곳에서 폭동이 발생하였다. 당시 귀족들이 혁명을 저지하려는 음모를 꾸미고 있으며, 그 앞잡이로 외국군대와 匪賊을 이용하려 한다는 풍문이 널리 퍼졌고, 농민들은 이를 굳게 믿고 있었다. 그리하여 농민들 사이에는 '大恐怖'(Grande Peur: Great Fear)로 알려진 공포분위기가 조성되고, 호미·갈퀴 등 무기로 쓸만한 것으로 자위책을 강구하였다. 수상한 자가 나타나거나 또는 기다리던 비적이 출현하지 않자, 공포 속에서 극도로 긴장해 있던 농민들은 인근 귀족의 성이나 영주의 저택을 습격하여 불을 지르고, 봉건적 권리가 적힌 문서를 찾아 이를 불살라버렸다.

이러한 농민폭동의 소식이 전해지자 파리의 국민의회 시민대표들은 처음 당혹하였다. 그들 중에는 봉건적 권리의 소유자가 있었고, 따라서 농민들의 행동에 재산권에 대한 위협을 느꼈기 때문이다. 그러나 농민의 지지없이 혁명을 수행할 수는 없었다. 그리하여 8월 4일 밤부터 다음 날 새벽까지 계속된 역사적인 회의에서 지방과 도시, 그리고 귀족대표들은 저마다 古來의 특권을 조국의 재단에 바치고, 국민의회는 장엄하게 "封建制를 폐지한다"고 선언하였다. 그러나 실제로 폐지된 것은 형식적인 명예특권이었고, 실질적인 봉건적 공납은 되사기, 즉 유상폐지로 결정되었다.

혁명이 이와 같이 전국에 확산되고 크게 진전되자, 국민의회는 혁명의 원리와 이념을 천명할 필요를 느끼게 되었다. 그리하여 8월 26일 〈인간과 시민의 권리선언〉이 채택되었다. 인권선언은 전문에서 "인간의 권리에 대한 무지와 망각 또는 경멸이 공공의 불행과 정부의 부패의 유일한 원인"이라고 지적하고, 제1조에서 "인간은 자유롭게, 그리고 권리에 있어 평등하게 태어났으며, 그렇게 존속한다."고 선언하였다. 이어 제2조에서는 "모든 정치적 결합의 목적은 인간의 양도할 수 없는 자연권의 보전"임을 밝히고, 자연권의 내용을 '자유·재산·안전 및 압제에 대한 저항'이라고 규정하였다.

인권선언에 의하면 자유란 "타인을 해치지 않는 일이면 무엇이든 할 수 있는"권리며, 자유의 한계는 오직 '法으로서만 정'할 수 있었다(제4조). 자유에는 구체적으로 종교를 포함한 사상의 자유(제10조), 언론 및 출판의 자유(제11조)가 포함된다. 집회와 결사의 자유가 포함되어 있지 않은 것은 길드와 같은 구제도 하의 특권적인 단체의 해체가 진행되고, 클럽과 같은 정치적 결사가 자유롭게 이루어지고 있었기 때문으로 해석된다.

평등은 기본적으로 권리의 평등과 만인의 法앞에서의 평등(제6조), 그리고 세금부담의 평등(제13조)으로 해석되고, 재산의 평등을 뜻하지는 않았다. 재산권은 '신성불가침'의 권리이며, 법으로 정한 공익을 위한 경우가 아니면 박탈될 수 없었다 (제17조). 또한 제6조는 덕과 재능 이외의 아무런 구별없이 공직이 만인에게 개방되어야 한다고 규정하였다.

정치적 결합의 목적이 자연권의 보전에 있음은 이미 제2조에서 규정하였는 바, 제3조에서는 "모든 주권의 권리는 본질적으로 국민에게 속한다"고 국민주권의 원리를 선언하였다. 그러므로 '법은 일반의지의 표현'이며, "모든 시민은 직접 또는 대표를 통하여 법의 형성에 참여할 권리"를 가지며(제6조), 공권력은 만인의 이익을 위하여 행사되어야 한다(제12조). 정부조직에 관해서는 권력, 즉 입법·사법·행정의 3권이 분리되어야 한다는 조항이 하나 설정되어 있다(제16조). 제7조로부터 제9조에 이르는 비교적 긴 조항에서는 법적인 인신보호와 유죄판결시까지는 무죄로 간주되어야 하며, 법은 필요불가결한 형벌만을 규정해야 한다는 법 운영과 형법에 관한 내용이 규정되어 있다.

이상과 같은 전문 17개조로 되어 있는 인권선언은 빠진 것도 있고, 내용의 배열이나 경중의 차별에 있어 완전하다고는 할 수 없다. 그것은 인권선언을 작성한 사람들이 스스로 뼈저리게 체험한 앙시앵 레짐의 모순과 부조리의 타파를 염두에 두었기 때문이다. 그러므로 인권선언은 제1차적으로 앙시앵 레짐의 사망증서였다. 그러나 인권선언은 이를 넘어서 새로운 미래세계가 지향할 이념을 또한 제시하였다.

한편 국왕 루이는 이러한 혁명의 진전을 인정하려고 하지 않고, 소극적인 저항을 계속하고 있었다. 국민의회 내에서는 혁명을 주도해오던 애국파에 분열이 생기고, 파리에서는 웅변가와 신문기자가 민중을 선동하고, 전년도의 흉작으로 식량이 부족하고 물가가 오르며, 실업자도 증가하였다. 이러한 상황 속에서 기묘한 10월 폭동이 일어났다. 10월 5일 약 6,000 내지 7,000명으로 추정되는 서민층 여인네들이 빵을 요구하며, 베르사유로 행진하고, 이어 약 2만명에 달하는 국민방위병과[12] 민중이 그 뒤를 따랐다. 이들의 압력에 못이겨 루이 16세는 국민의회와 더불어 파리로 거처를 옮기지 않을 수 없었다. 왕과 그 일족을 파리로 데리고 오는 도중 여인들과 민중은 '빵집 주인과 그 마누라와 빵집 아들'을 데리고 오는 길이라고 외쳤다. 이제 국왕은 파리시민의 감시 하에, 그리고 국민의회는 파리시민의 보호 하에 놓이게 되었다. 애국파 내의 온건파는 귀족계급과 더불어 결정적으로 패배하고, 망명객의 물결이 줄을 이었다. 1789년의 혁명은 이에 일단락을 짓게 되었으나, 혁

---

12) 파리를 비롯하여 지방도시에서도 7월 중순 이래 자기방어를 위하여 중산시민을 중심으로 민병대가 조직되고 있었으며, 이를 모체로 하여 파리에서는 8월 10일 정식으로 국민방위군이 설치되었다.

명의 물결은 이제 막 일기 시작했을 뿐이었다.

國民議會의 改革

앙시앵 레짐의 폐허 위에 새로운 프랑스를 건설하기 시작한 국민의회가 당면한 현실적으로 긴급을 요하는 문제는 재정문제였다. 혁명의 혼란 속에서 평등한 과세원칙에 따라 부과한 세금이 제대로 징수되지 않고 있었던 것이다. 궁여지책으로 국민의회는 교회재산의 몰수를 결정하고(1789년 11월), 이를 담보로 아시냐(assignat) 지폐를 발행하고, 교회재산을 매각하였다. 아시냐는 처음 利子附國債와 비슷한 것이었으나, 1790년에는 지폐로 통용하게 되고, 발행고가 증가함에 따라 그 가치가 하락하여 인플레이션과 경제위기의 주된 요인이 되었다. 교회재산(국유재산)의 매각은 세분하지 않고 큰 덩어리로 경매에 부친 결과, 농업기업가, 부르주아지, 그리고 부유한 자영농이 그 대부분을 구입하고, 빈농이나 토지없는 농민은 아무런 혜택도 받지 못하였다.

국민의회는 중세 이래의 길드를 폐지하고, 내륙관세와 통행세를 없애는 등 자유주의 경제정책을 추진시키는 동시에, 샤플리에(Le Chapelier)법으로 노동자의 결사와 파업을 금지하였다(1791년 6월).

교회재산의 몰수와 매각으로 교회와 성직자 조직에 근본적인 개혁이 불가피하였다. 국민의회는 수도원을 해체하고, 성직자민사기본법(Civil Constitution of the Clergy, 1790년 7월)으로 모든 성직자를 선출제로 하고, 국가가 봉급을 지급하기로 하였다. 로마교황이 이를 반대하자 국민의회는 모든 성직자에 대하여 기본법을 지지한다는 선서를 요구하였다. 그러나 선서한 성직자는 7명의 주교와 절반이 안되는 교구신부뿐이었고, 선량한 가톨릭교도들은 비선서성직자편을 들게 되었다. 이리하여 성직자기본법은 反革命과 내란의 한 요인이 되었다.

국민의회는 또한 무질서했던 지방행정제도를 개혁하여 전국을 거의 비슷한 넓이의 83개의 道(department)로 구분하고, 도를 다시 군(district)과 市邑面자치체(코뮌, commune)로 나누었다. 앙시앵 레짐 하의 고등법원을 폐지하고, 새로운 지방행정구역에 부합한 통일적인 법원체계를 마련하고, 법관은 선출제로 하였다.

91年憲法과 國王의 逃亡事件

국민의회의 가장 중요한 과업은 새로운 헌법제정이었다(그러기에 국민의회를 제헌의회라고도 한다). 헌법에 관한 논의는 이미 1789년 여름부터 진행되었으나, 최종적으로 가결된 것은 1791년 9월 3일이었다. '91年 헌법'은 새로운 정치체제로서 권력분립의 원칙에 입각한 단원제의 입법군주제를 채택하였다. 그러나 중요한 사실은 시민을 능동적 시민(active citizen)과 수동적 시민(passive citizen)으로 구분하고, 참정권을 오직 능동적 시민에게만 부여한 점이다. 능동적 시민은 3일간의 노동임금에 해당하는 직접세의 납부자로서 약 400만 정도였고, 그들만이 제1차 선거회에 참석하여 시의 관리와 입법의회 의원을 선거할 선거인을 선출할 자격을 가졌다. 그러나 선거인이 되려면 10일간의 임금에 해당하는 납세자라야 하며, 전국적으로 그 수는 약 5만 정도였다. 이들 선거인이 선거회의에서 도의 관리와 법관, 그리고 입법의회의 의원을 선출하는 바, 의원의 자격은 금 1 마르크(mark, 약 54프랑)의 세금납부였다. 이렇듯 의회선거는 간접선거였고, 새로운 정치체제는 재산자격으로 인한 철저한 유산계급의 지배체제였다.

과연 이러한 부르주아지 지배체제가 아무 탈없이 지속될 것인가도 의문이었는데, 루이 16세는 스스로의 무덤을 파는 어리석은 일을 저질렀다. 즉, 1791년 6월 그는 왕비와 함께 국외도망을 획책하였으나, 바렌느(Varennes)에서 발각되어 파리로 연행되었던 것이다. 이 사건은 국왕에 대한 신뢰에 치명적인 타격을 가하였다. 7월 17일 약 6천명의 시위군중이 연병장(Champ de Mars, 샹 드 마르스)에 모여서 왕의 퇴위를 요구하는 진정서를 제출하였다. 국민방위군사령관이었던 라파이에트(Lafayette)는 이들에게 발포하여 해산시키는 데 성공하였다. 그러나 미국의 독립전쟁에 참전하고, 프랑스의 워싱턴을 꿈꾸던 자유주의귀족의 대표였던 라파이에트의 정치적 생명도 이로써 끝났다.

이와 더불어 자코뱅클럽(Jacobin club)에도 분열이 생겼다. 89년의 10월 폭동으로 온건파가 탈락한 후 보통선거를 요구하고 민주주의를 표방하는 애국파의원들은 憲友會(Society of the Friends of the Constitution)를 만들어 도미니쿠스파에 속하는 자코뱅수도원에서 회합을 갖고, 자코뱅클럽으로 불리워졌다. 그들은 애국적인 시민을 포섭하고, 지방도시에까지 조직망을 확대시켰다. 국왕의 국외도망사건 이후 자코뱅클럽 내에서 로베스피에르(Robespierre, 1758~1794)의 영향하에 공화주의가 우세해지자, 자유주의적인 귀족과 상층 부르주아지를 중심으로 한 입헌군주주의의 옹호자들은 자코뱅클럽을 떠나 따로 페이양클럽(Feuillant club)을 조직하였다.

立法議會와 革命戰爭

1791년 10월 새로운 헌법에 의거하여 선출된 입법의회(Legislative Assembly)가 개회되었다. 로베스피에르의 제안에 따라 제헌의회(Constituent Assembly, 즉 국민의회) 의원이 제외되었기 때문에 새로 선출된 의원은 다 신인이었다. 총 740여석 중 페이양파를 중심으로 한 우파가 260여석으로 다수를 차지하고, 과격파인 자코뱅은 130여석이었다. 나머지 340여석은 정견없는 중간파로서 회의장의 아래쪽을 차지하여 평원파(Plains)라고도 불리워졌다. 공화주의를 지향하는 자코뱅은 소수였으나, 그 중에서 후에 지롱드지방출신이 많았기 때문에 지롱드파(Girondins)로 알려지게 되는 한 分派가 브리소(Brissot)를 중심으로 중간파를 포섭하면서 입법의회의 주도권을 잡았다.

브리소는 입법의회 초기부터 이념적인 혁명전쟁, 즉 '自由의 十字軍'을 주장하였다. 혁명전쟁은 왕비 마리 앙트와네트(Marie Antoinette)의 친정인 오스트리아를 비롯한 유럽의 절대주의체제에 철퇴를 가하고, 아울러 프랑스국내의 왕실과 귀족들의 반혁명음모를 드러내게 할 것이라는 것이 브리소의 주장이었다. 1792년 3월에 내각을 조직한 브리소파는 4월 20일 오스트리아에 대하여 선전을 포고하고, 프로이센이 오스트리아편에 가담하였다. 23년간이나 계속될 대전쟁이 시작된 것이다.

프랑스는 전쟁에 대한 준비가 전혀 없었을 뿐 아니라, 혁명으로 군의 기강은 문란해지고, 장교의 절반 이상이 망명을 갔다. 그러므로 개전과 더불어 프랑스군이 패전을 거듭한 것은 당연한 일이었다. 입법의회의 호소에 따라 각 지방에서 의용군이 조직되고, 6월 20일에는 파리의 민중이 왕이 거처하는 튈르리(Tuileries)궁을 습격하였다. 7월에 입법의회는 '조국이 위기'에 처해 있음을 선언하고, 이에 호응하여 지방의 의용군이 속속 파리로 모여들었다. 마르세유출신 의용병은 파리에 들어오면서 루제 드 릴(Rouget de Lisle) 大尉가 작곡한 '라인江 수비대의 노래'를 힘차게 불렀으며, 그리하여 이 군가는 '라 마르세예즈'(La Marseillaise)라 불리워져 혁명가가 되고 후에 국가가 되었다.

7월 하순 프로이센군의 사령관 브라운슈바이크(Braunschweig)공은 파리시민에 대하여 매우 위협적인 선언을 발표하였는 바, 이는 오히려 파리시민의 혁명열을 고조시켰다. 파리의 각 지구(section) 대표들은 합법적인 시행정기구 대신 혁명위원회(insurrectional committee)를 구성하고, 8월 10일 각 지구의 민중과 의용병들은 왕궁을 습격하여 방화하고, 저항하는 스위스출신 친위대 600명을 학살하였다. 이에 입법의회는 왕권을 정지하고, 왕족을 감금하는 한편, 새로운 헌법제정을 위한 國民公會(National Convention)의 소집을 결정하였다. 부유한 부르주아지의 지배가 무너지고, 수공업자(artisans)와 소상점주(shopkeepers)등 소시민층을 중심으로 한 상-퀼로트(sans-culottes), 즉 혁명적 민중의 시기가 도래하려 하고 있었다.[13]

왕권에 결정적인 타격을 가한 1792년 8월 10일의 민중봉기의 배후에는 과격파

---

13) 귀족과 상류계층은 허벅지에 밀착하는 半바지, 즉 퀼로트(culotte)를 입고 양말을 신었으나, 서민이나 민중은 퀼로트를 착용하지 않고, 넓은 긴 통바지를 입었기 때문에, 민중을 '퀼로트 없는 사람'이라는 뜻으로 '상 퀼로트'라 불렀다.

의 선동도 있었으나, 아시냐 지폐의 급격한 하락(약 40%)과 식량부족이라는 경제위기가 있었다. 8월 하순에 戰線의 상황이 극도로 악화되자, 8월 봉기로 흥분해 있던 파리의 민중은 9월 초순(2일부터 7일까지) 감옥을 돌아다니며 정당한 재판절차를 거치지 않고 즉결재판을 통하여 약 1,200명을 처형하였다. 조국의 위기에 처하여 일선의 적을 무찌르기 전에 귀족과 비선서성직자와 같은 국내의 반혁명분자를 먼저 처단해야 한다는 것이 그 이유였지만, 희생자의 67%는 비정치범이었다.[14] 이같은 9월학살은 공포정치의 뚜렷한 조짐이었다.

國民公會와 루이의 處刑

국민공회가 첫 모임을 가진 1792년 9월 20일은 기념할 만한 날이었다. 이날 프랑스의 시민병은 잘 훈련된 프로이센군에게 발미(Valmy)에서 뜻깊은 승리를 거두었던 것이다.[15] 다음 날 국민공회는 왕정을 정식으로 폐지하고, 9월 22일을 공화정의 제1년의 첫 날로 선포하였다.

국민공회의 세력분포는 총 750석 중 평원파가 400여석으로 많았으나, 실제로 公會를 주도할 지롱드파와 자코뱅파는 지롱드당이 약간 많았으나 거의 비슷한 의석을 차지하여 팽팽하게 맞서게 되었다. 다 같은 공화주의자였으나, 지롱드파는 부유한 부르주아지를 대변하고 연방주의(지방분권)와 경제적 자유주의를 표방하였으며, 전쟁을 시작해 놓고 이를 수행할 과감한 정책을 추진하지 못하고 있었다. 한편 회의장의 높은 곳을 차지하여 산악파(Mountains: Montagnards 몽타나르)라고 불리워진 자코뱅파 의원들은 부르주아지 출신이였지만, 소시민층과 민중을 세력기반으로 삼고, 파리를 중심으로 강력한 중앙집권을 주장하며, 민중의 복지와 전쟁수행을 위해서는 통제경제도 불사하는 철저한 민주주의의 신봉자들이었다.

이와 같이 성격을 달리하는 두 政派의 중요한 대결의 기회는 연말에 행하여진 루이 16세의 재판이었다. 지롱드파는 가능하면 재판을 기피하려고 하였으며, 최소한 사형만은 면하게 할 작정이었다. 그러나 12월에 시작된 재판은 거의 만장일치로 루이 16세의 유죄를 인정하고, 근소한 표차로 사형이 결정되어, 1793년 1월 21일 루이 16세는 단두대에서 처형되었다.[16]

---

14) Albert Goodwin, *The French Revolution,* (Harper, 1966), p. 121.

15) 때마침 프로이센군에 종군하여 이 전투를 목격한 독일의 문호 괴테는 "여기서, 그리고 오늘부터 세계사의 새로운 시대가 시작된다."고 기록하였다.

16) 유죄판정이 있은 후, 판결을 국민투표에 부치자는 지롱드파의 제안은 278 대 426의 다수로 부결되고, 사형은 1793년 1월 16일 밤의 표결에서 찬성 387표, 반대 344표로 결정되었다. 다만 26명이 사형의 유예에 투표하여 1월 18일에 유예문제에 관한 표결이 다시 행하여진 결과 찬성 310, 반대 380으로 부결되어 사형이 최종적으로 확정되었다.

국왕의 처형은 내외에 커다란 충격을 주었으며, 국민공회는 유럽의 군주제국가에 대하여 背水의 진을 치지 않을 수 없었다. 이보다 앞서 총사령관으로 임명된 지롱드파의 뒤무리에(Dumouriez)는 1792년 11월 초 제마프(Jemappes)에서 오스트리아군에게 대승을 거둔 바 있었지만, 국민공회는 1793년 2월에 영국에 선전하고 3월까지는 러시아를 제외한 대부분의 국가와 교전상태에 들어갔다. 한편 국내에서는 아시냐 화폐가 액면가의 50%로 떨어지고, 물가가 급등하는 동시에 생필품이 품귀현상을 보이는 등 경제 위기가 격심해지는 가운데 '앙라제'(Enragés : '怒한 사람들'의 뜻)라는 극단적인 과격파가 준동하고, 지롱드와 자코뱅의 대립이 격화되어 갔다. 국민공회는 대외전쟁의 수행을 위하여 30만명의 징집을 결정하였으나, 이를 계기로 보수적인 방데(La Vendée)지방의 반혁명반란이 일어나고, 지롱드파를 지지하는 지방에서도 불온한 기세가 번지고 있었다. 국민공회는 이러한 지방의 불온한 기세를 진압하고 감시하기 위하여 80명의 '순찰의원'(représentants en missions)을 지방에 파견하고, 혁명재판소(Revolutionary Tribunal, 3월 10일)와 공안위원회(Committee of the Public Safety)를 설치하였다. 이 두 기관은 이보다 앞서 설치된(1792년 10월) 보안위원회(Committee of the General Security)와 더불어 공포정치의 핵심기관이 되었다.

한편 戰線에서는 패전을 거듭하던 뒤무리에 장군이 4월에 적군에게 탈주하는 사건이 발생하여 지롱드파는 큰 타격을 받았다. 이러한 가운데 물가고와 식량부족에 허덕이던 파리의 민중은 과격파와 자코뱅의 선동을 받고, 1793년 5월 31일 국민공회를 습격하고, 6월 2일 국민공회는 지롱드파 지도자들을 숙청하였다.

恐怖政治

지롱드파의 숙청으로 국민공회의 주도권을 잡은 산악파는 망명귀족의 토지재산을 빈농도 취득할 수 있게 분할하여 매각하기로 하고, 공유지를 주민들 사이에 평등하게 분할하는 법을 마련하는 동시에, 7월 17일에는 모든 봉건적 공납을 무상으로 폐지함으로써 농민층을 견고하게 혁명대열에 결합시켰다.

한편 국민공회는 6월 24일 로베스피에르의 주장이 강하게 반영된 새로운 헌법을 인준하였다. '자코뱅 헌법'으로도 알려진 이 '93년의 헌법'은 능동적 시민과 수동적 시민의 구별을 없애고 보통선거를 규정한 철저한 민주주의헌법이었을 뿐 아니라, '사회의 목적은 공공의 행복'이라고 선언하고, 생존권과 노동권, 그리고 실업자와 병약자에 대한 공공의 지원을 규정함으로써 사회의 민주화 내지 복지국가의 맹아까지 내포하고 있었다. 그러나 이 헌법은 국내외의 비상사태로 그 실시가 보류되었다.

지롱드파의 숙청 이후 지방에서는 지롱드파 계통의 연방주의자들의 불온한 움직임이 가열되어 리용, 투울루즈, 보르도, 마르세유 등이 반란 상태에 빠지고, 국경에서는 오스트리아와 프로이센군의 공격이 격화되었다. 파리에서는 아시냐 지폐의 계속적인 하락과 물가고, 그리고 식량난으로 민중이 동요하고, 이를 이용한 극단적인 과격파(앙라제)의 반정부 움직임이 활발하였다. 이러한 국내외의 위급한 사태에 대응하기 위하여 국민공회는 공안위원회를 강화하고, 국민총동원령(8월 23일)으로 18세부터 25세까지의 독신남자의 전면적인 징집을 결정하는 한편, 최고가격제(maximum général, 9월 26일)를 정하여 물가와 임금의 통제에 나섰다. 1793년 10월 10일 로베스피에르가 주도하는 공안위원회는[17] 스스로 혁명정부임을 선언하고, 10월과 11월에 왕비를 비롯한 반혁명분자와 지롱드파 의원에 대한 대대적인 처형을 감행하였다. 이제 정식으로 공포정치(the Terror: la Terreur)가 일정에 올랐다(공포정치는 또한 자코뱅독재라고도 한다).

이보다 앞서 국민공회는 미터법을 채택하고, 1793년 10월 초에는 1792년 9월 22일을 기점으로 삼은 革命曆을 정하였다.[18] 혁명정부의 기능을 발휘하게 된 공안위원회의 비상한 노력으로 전세는 호전되고, 국내의 반혁명반란도 진압되었으며, 경제도 그런대로 안정을 회복하였다. 그러나 자코뱅파 내부에는 당통(Danton)을 중심으로 한 온건파가 대두하고, '앙라제'를 대신한 과격파인 에베르파(Héberists)는 극단적인 非그리스도敎化(dechristianisation)운동을 전개하고 있었다.

청렴하기로 이름난(그래서 'Incorruptible'라는 별칭이 붙었다) 로베스피에르의 이상은 도시나 농촌에서 자기능력에 따라 일하며, 독립적인 생활을 영위하는 사람들이 주권을 행사하며, 자유롭게 그리고 지나친 부나 빈곤없이 평등하게 생활할 수 있는 '德의 共和國'을 건설하는 것이었다. 그는 이러한 혁명과업의 달성을 위하여 국민공회를 헌정적 기반으로 삼고, 자코뱅과 상—퀼로트의 제휴로서 내외의 혁명의 적을 타도해야 한다고

---

17) 로베스피에르가 공안위원이 된 것은 7월 하순이며, 9월 이후 공안위원의 수는 12명이었다.
18) 혁명력은 한 달을 30일로 하고, 10일을 1주로 하였으며, 연말에 남은 5일은 휴일로 삼았다. 월명은 그 달의 기후와 계절적인 특징을 따서 붙였다. Ⅰ. 가을 : 방드미에르(Vendemiaire : 포도의 달), 브뤼메르(Brumaire : 안개의 달), 프리메르(Frimaire : 서리의 달), Ⅱ. 겨울 : 니보즈(Nivôse : 눈의 달), 플뤼비오즈(Pluviôse : 비의 달), 방토즈(Ventôse : 바람의 달), Ⅲ. 봄 : 제르미날(Germinal : 맹아의 달), 플로레알(Floréal : 꽃의 달), 프레리알(Prairial : 목장의 달), Ⅳ. 여름 : 메시도르(Messidor : 보리의 달), 테르미도르(Thermidor : 熱의 달), 프뤽티도르(Fructidore : 열매의 달). 이 혁명력은 10년 후 나폴레옹시대에 폐지되었으며, 한 달에 휴일이 한번 줄었기 때문에 노동자들에게는 그다지 만족스럽지 않았다. 혁명사서술이 이 혁명력을 사용하고 있기 때문에 일반 태양력으로 환산하는 것이 불편하고, 환산표가 필요한 형편이다.

생각하였다. 그렇기 때문에 혁명세력에 분열을 가져오는 행위는 용납할 수 없었다. 그리하여 그는 1794년 봄에 에베르파와 당통파를 귀요틴(guillotine : 단두대)으로 보내고, 반혁명용의자의 재산을 몰수하여 빈곤한 애국자에 분배하려고 하였다(방토즈法). 그러나 방토즈법은 실시되지 않았고, 에베르파의 제거는 상-퀼로트와의 유대를 약화시켰으며, 당통파의 숙청 또한 자코뱅파의 단결을 약화시켰다.

로베스피에르는 민중의 종교심을 달래기 위하여 6월 8일 '最高 存在'(Supreme-being)의 예배를 위한 대대적인 제전을 거행하고, 이어 혁명재판의 절차를 간소화하여 공포정치를 더욱 강화하였다(프레리알法, 6월 10일).[19] 그러나 내외정세는 공포정치를 완화할 시기였다. 국내정세는 안정되고, 혁명군은 플뢰뤼(Fleurus)에서 오스트리아군에게 승리하여, 벨기에를 확보하였으며, 국민공회나 민중도 강압적인 공포정치에 지쳐 있었다.

1794년 7월 27일, 즉 데르미도르 9일, 국민공회 내의 反로베스피에르파 의원들은 발언대에서 연설을 하려던 로베스피에르에게 '독재자를 타도하라'고 외치면서 그의 발언을 중단시키고, 그의 체포와 고발을 결의하였다. 파리의 상-퀼로트도 그를 구제하려는 적극적인 움직임을 보이지 않았다. 로베스피에르는 다음날 그의 충실한 협력자였던 생-쥐스트(Saint-Just)와 쿠통(Couthon)과 더불어 귀요틴의 이슬로 사라졌다(데르미도르反動).

데르미도르反動과 總裁政府

로베스피에르의 몰락으로 프랑스혁명의 중요한 국면은 일단락을 짓게 되었다. 국민공회에서 데르미도르반동을 주도한 의원들은 부패하거나 지방에서 지나친 탄압으로 소환되어 로베스피에르의 규탄을 두려워하던 의원들과 중간파의원들이었으나, 그 배후에는 혁명의 과격화를 싫어하는 부르주아지가 있었다.

로베스피에르를 타도한 데르미도르파(Thermidorians)는 혁명재판소를 해산하고, 공안위원회의 권한을 극도로 축소하는 등 공포정치의 기구를 해체하고, 통제경제도 포기하였다. '德의 共和國'을 위한 강압과 통제 대신 평범한 일상적인 사회생활이 되돌아오고, 왕당파와 보수적인 우파의 '白色 테러'가 횡행하였다. 아시냐화폐의 가치는 액면가의 5%로 하락하였고, 통제경제의 포기로 물가가 앙등하여 생활고에 허덕이게 된 파리의 상-퀼로트는 여러 번 데르미도르파에 대한 반대시위를 하였으나, 과거와 같은 힘은 없었다.

---

19) 이후 로베스피에르가 몰락할 때까지를 '大恐怖政治'期라고 하며, 프레리알법이 제정된 후 약 한 달 사이에 1,200명이 단두대에서 처형되었다.

이러한 상황 속에서 데르미도르파는 서둘러 1795년의 헌법을 마련하였다. 그것은 유산계급을 중심으로 한 제한선거에 입각한 5백인회와 원로원의 양원입법부와 원로원이 선출하는 5명의 총재(director)가 주도하는 행정부를 규정하였다.

'95년 헌법'으로 성립한 총재정부(Directory, 1795년 10월~1799년 11월)는 대외전쟁을 치르는 가운데 경제난과 재정난, 그리고 정치적 불안정에 시달렸다. 최고가격제가 폐지됨으로써(1795) 인플레는 격화되고, 민중은 물가고에 시달렸다. 총재정부는 거의 종이쪽지나 다름없이 된 아시냐 지폐를 폐기하고(1797), 국가채무의 3분의 2를 지불 거부함으로써 재정난을 억지로 모면하였으며, 高率의 보호관세를 설치하여 그들의 사회기반인 상공업 부르주아지를 무마하였다.

그러나 이보다 더 총재정부를 괴롭힌 것은 좌우로부터의 정치적 공격이었다. 왕당파와 자코뱅의 후예들이 끊임없이 공격을 가해오는 동시에, 입법부와도 빈번하게 충돌하였다. 1796년 농촌의 공동체를 기반으로 생산물의 국가관리와 유통면의 규제를 주장하는 전근대적 공산주의사상의 소유자인 바뵈프(Gracchus Babeuf, 1760~1797)의 이른바 '平等派의 음모'는 사전에 발각되어 분쇄되었다. 그러나 1797년 9월에는(프뤽티도르 18일)왕당파의 음모를 분쇄하기 위하여 군대의 힘을 빌려야 했고, 1798년 5월에는(플로레알 22일) 새로 선출된 좌파의원을 실격시켜야만 했다. 그래도 정치적 안정을 얻지는 못하였다. 1799년 6월에는(프레리알 30일) 입법부의 공화파가 자코뱅파와 결합하여 3명의 우파총재를 사직시키고, 공화주의자를 대신 선출하였다.

그렇지 않아도 대외전쟁의 계속으로 군대는 독자적인 세력으로서 그 영향력이 커져가고 있었는 데다가 총재정부가 정치적 갈등의 해결책으로 군대의 힘을 빌린 것은 스스로의 무덤을 파는 격이 되었다. 뿐만 아니라 국유재산의 매각 등으로 혁명의 혜택을 받은 부르주아지나 농민들은 정국의 불안정과 총재정부의 허약함에 실망하고, 그들의 기득권을 지켜줄 강력하고 유능한 군사적 지도자를 기대하게 되었다. 그 결과 1799년 11월(브뤼메르 18일) 나폴레옹의 쿠데타로 총재정부는 쓰러지고, 나폴레옹의 독재정치가 시작되었다. 이제 프랑스혁명은 끝났다.

프랑스革命의 意義와 理念

프랑스혁명은 전형적인 시민혁명이었다. 정치적으로는 전제적인 절대왕정을 타도하고 시민계급이 권력을 장악하게 되었으며, 경제적으로는 봉건적인 잔재를 제거함으로써 자본주의의 순조로운 발전을 가능하게 하였다. 사회적으로는 앙시앵 레짐의 신분제적이고 법적인 불평등과 특권을 타파하고, 귀족계급에 대하여 시민계급이 승리함으로써 자유롭고 평등한 근대시민사회의 발전이 가능해졌다. 사상적으로는 종교적이고 구습에 젖은 낡은 전시대의 사고방식에 대한 계몽사상의 전면적인 승리를 뜻하였으며, 그것은 프랑스혁명의 이념 속에 압축되어 표현되었다.

프랑스혁명이 실제로 달성한 구체적인 업적이나 성과도 중요하였으나 그것이 달성하려고 하였던 이념이 어떤 의미에서는 더욱 중요하였다. 왜냐하면 프랑스혁명의 이념은 유럽만이 아니라 '世界를 一週'하였기 때문이다. 프랑스혁명의 이념은 '자유 · 평등 · 우애'로 표현된다. 자유는 인종과 신앙 등 모든 구별이나 차이를 넘어선 문자 그대로 모든 사람의 자유를 뜻하였으며, 그러한 자유는 평등 없이는 성취될 수 없다고 생각되었다. 말하자면 자유와 평등은 불가분의 관계에 있다는 것이다. 평등은 처음 법적인 권리의 평등을 뜻하였으나, 나아가서 사회적이고 경제적인 평등을 포함하게 되었다. 사유재산을 부정하거나, 공산주의를 결코 포함하지 않으나, 빈부의 격차를 축소한다는 뜻에서의 경제적 평등이었다.

우애(fraternity)는 1차적으로 자유와 평등의 달성을 전제로 한 국민적 단합의 이념이었고, 나아가서 세계평화의 이념이었다. 자유롭고 평등해진 시민들이 서로 우애로써 결합할 때 비로소 진정한 '하나로서 不可分'의 국민이 탄생하며, 그러한 국민들이 서로 자유롭고 평등한 입장에서 우애로써 결합할 때 비로소 세계평화는 달성될 수 있다는 것이다.[20]

프랑스혁명에서 특히 주목되는 점은 도시와 농촌의 민중이 혁명에 적극적으로 참여하였다는 사실이다. 민중은 부르주아지를 지원하여 승리하게 하였을 뿐 아니라, 혁명력 2년(1973-94)에는 보다 더 평등한 사회건설을 위한 추진세력이 되었다(민중혁명). 그러나 민중혁명은 독재를 수반하고 좌절하였다. 그리하여 프랑스혁명은 부르주아혁명으로 끝났으며, 19세기 이후의 유럽과 세계에 자유를 상실함이 없이 어떻게 평등한 사회를 건설할 수 있느냐의 과제를 남겼다.[21]

제 3 절   나폴레옹時代

나폴레옹의 登場

프랑스가 제노아로부터 코르시카(Corsica)를 획득한 직후에 이 섬에서 태어난 나폴

---

20) 따라서 fraternity를 '博愛'로 번역하는 것은 잘못이며, 일반적으로 말하는 박애정신과는 다르다.

21) Francois Furet를 비롯한 佛 · 英 · 美의 수정주의자들은 프랑스혁명을 '부르주아혁명'(시민혁명)으로 해석하는 정통적인 해석을 거부한다. 그들의 주장에 관해서는 민석홍 엮음, 프랑스 革命史論(까치, 1988)을 참조.

레옹(Napoléon Bonaparte, 1769~1821)은 사관학교를 나온 후 자코뱅 국민공회 때 반란을 일으킨 툴롱港 탈환에 공을 세우고(1793년 12월), 다시 데르미도르파를 위하여 파리에서는 왕당파폭동을 진압하여(1795년 10월) 젊은 장교로서의 재능을 인정받았다.

제1차 對佛同盟(1793년 결성)은 프로이센이 바젤(Basel)조약(1795)으로 라인강 서쪽의 영토를 프랑스에 양도하고 강화를 체결함으로써 무너지기 시작하였다. 나폴레옹은 1796년 27세라는 젊은 나이로 오스트리아를 공격하기 위한 이탈리아원정군의 사령관으로 임명되고, 이탈리아로부터 오스트리아군을 一掃하였다. 그 결과 체결된 캄포 포르미오(Campo Formio)조약(1797)에서 오스트리아는 벨기에와 롬바르디아를 프랑스에 양도하였다. 이탈리아작전에서 혁혁한 공을 세운 나폴레옹은 영국에 대한 간접적인 공격으로서 이집트에 착안하고 1798년 이집트원정에 나섰다. 이집트원정은 성공을 거두지는 못하였으나, 나폴레옹이 군대와 더불어 거느리고 간 학자들은 로세타 비석(Rosetta Stone)을 발견하는 등 이집트학의 길을 열었다.[22]

나폴레옹의 이집트원정으로 지중해방면의 권익에 위협을 느낀 러시아가 오스트리아에 접근하고 영국과 더불어 제2차 대불동맹을 결성하여(1798년 12월), 프랑스본국을 위협하고, 국내에서는 자코뱅의 진출로 정치정세가 어수선해졌다. 이에 나폴레옹은 홀로 이집트로부터 귀국하여(1799년 8월) 총재정부를 쿠데타로 쓰러트리고(브뤼메르정변) 새로이 통령정부(Consulate)를 수립하였다.

統領政府와 第1帝政

통령정부의 골격은 혁명력 제8년의(1799년 12월) 헌법으로 정해졌다. 이에 따르면 임기 10년의 3명의 통령(Consul)이 강력한 행정부를 구성하나, 실권은 제1통령인 나폴레옹에게 집중되어 있었고, 4개의 기관이 각각 입법권의 일부를 행사하였다. 즉, 국무회의(Council of the State)는 법안을 제안하고, 호민원(Tribunate)은 이를 토의하고, 입법원(Legislative Corps)이 표결하고, 원로원(Senate)은 거부권을 가졌다. 국무회의는 오늘의 내각에 해당되는 바, 그 구성원은 제1통령이 임명하고 선거에는 의장이 된다. 나머지 기관의 의원은 여러 단계의 간접선거를 거쳐 선출되었으므로 부유한 사람만이 선출되고, 선거에는 정치권력이 작용할 가능성이 매우 컸다. 그러므로 통령정부는 거의 나폴레옹의 독재체제나 다름없었다.

그나마 나폴레옹은 권력행사에 제약을 느꼈다. 그리하여 1802년에 헌법을 수정하여 후계자의 임명권과 헌법수정권을 갖는 종신통령이 되고, 1804년에는 드디어

---

22) 1799년 8월 로세타 근처에서 요새공사 중 발견된 비석으로서, 샹폴리옹(Champollion)의 이집트문자해독의 단서가 되었다. 현재는 大英博物館에 소장되어 있다.

황제가 되어 나폴레옹 1세라 칭하였다(제1제정).

이러한 정체의 변화는 매번 국민투표에 회부되어 절대다수의 찬성을 얻었다. 즉, 제8년헌법에 대하여 찬성 3,001,107표, 반대 1,562표, 1802년의 종신통령제에 대하여서는 찬성 3,568,885표, 반대 8,374표, 그리고 제1제정의 성립에 대하여서는 찬성 3,572,329표, 반대 2,579표였다. 투표나 그 결과에 대한 관권의 개입이나 조작을 감안한다 하더라도 놀라운 결과임에 틀림없으며, 당시의 프랑스국민이 얼마나 질서와 안정을 원하고 있었던가를 여실하게 말해주고 있다.

나폴레옹은 과거에 선출제로 되어 있던 지방관리들을 임명제로 바꾸었다. 道, 郡, 市邑面의 장을 직접 임명하고 통제하였기 때문에 그 어느 때보다도 강력한 중앙집권제가 성립하였다. 그는 또한 관리를 등용할 때, 그들의 정치적 과거를 불문에 부치고, 오직 능력과 공로로 이를 채용하고 승진시켰으며, 제정의 성립과 더불어 귀족의 작위를 부활시키고, 元帥制(원수제)를 마련하는 동시에 훈장도 새로 만들었다.[23]

나폴레옹의 內治

정권을 장악한 나폴레옹은 곧 오스트리아를 격파하여 뤼네빌(Luneville)조약 (1801)으로 캄포 포르미오조약을 재확인시키고, 영국은 아미앙(Amiens)조약(1802) 으로 강화를 맺고, 그 동안 정복한 프랑스 식민지를 거의 전부 양도하기로 하였다.

이리하여 모처럼 평화를 얻은 나폴레옹은 內治에 힘을 기울였다. 나폴레옹은 교황 피우스 7세(Pius Ⅶ, 1800~1823)와 종교협약(Concordat, 1801)을 맺고 가톨릭과 화해하였다. 이 협약은 가톨릭이 프랑스 국민 대다수의 신앙임을 인정하고, 성직자를 선출하는 대신, 주교는 정부가 지명하고 교황이 서임하며, 교구신부는 주교가 임명하기로 하였다. 그러나 교회는 10분의 1세와 혁명 중에 몰수된 재산을 포기하였으며, 그 대신 성직자에 대하여서는 국가가 봉급을 지급하였다.

나폴레옹은 혁명기에 구상되었으나 실현되지 못한 전국적으로 통일된 法典을 편찬하였다(1804). 이 《나폴레옹 법전》은[24] 법적 평등, 취업의 자유, 신앙의 자유, 사유재산의 존중, 계약의 자유 등, 혁명의 원리를 부분적으로 계승하였으나, 고문을 부분적으로 인정하고, 개인의 권리보다 국가이익을 우선시키는 등 혁명원리와 상치되는 부분도 있었다.

이렇듯 나폴레옹은 혁명의 결과를 부분적으로 수렴하면서도 그것을 제정에 적

---

23) 훈장 중 가장 명예로운 것이 '레지옹 도네르'(Légion d'Honeur)로서 국가에 큰 공이 있었던 사람에게 수여하였다.

24) 이 법전은 2차대전 후까지도 큰 수정없이 실시되었다.

합하게 이용하거나 왜곡시켰다. 그의 시민적 자유에 대한 태도는 임시응변적인 편
의주의에 입각한 것이었고, 파리 신문의 6분의 5를 폐간하고, 연극・학회・설교를
감시하고 분석하는 등 언론의 자유를 탄압하였다. 교육에 있어서는 고등학교(리세,
lysée)를 신설하고, 국가재정을 안정시키기 위하여 半官半民의 프랑스은행을 설립
하였다(1800).

나폴레옹의 유럽 制覇

　전비부담에 대한 국내의 반대로 불리한 아미앙조약을 맺었던 영국은 1803년부
터 다시 프랑스와 교전상태에 들어가고, 1805년에는 오스트리아, 러시아, 스웨덴
과 더불어 제3차 대불동맹을 결성하였다. 같은 해 10월에 프랑스와 에스파냐연합
함대는 트라팔가(Trafalgar)해전에서 넬슨(nelson)의 영국함대에게 크게 패하여
나폴레옹의 영국침공의 꿈은 깨어졌다. 그러나 유럽대륙에서는 혁혁한 승리를 거
두었다. 나폴레옹은 울므(Ulm)에서 오스트리아군을 격파하고, 다시 아우스테를
리츠(Austerlitz)에서는 러시아와 오스트리아의 연합군에게 대승하였다(1805년 12
월). 그 결과 오스트리아는 프레스부르크(Pressburg)조약에서 일부 영토를 내놓
았다. 1806년에는 서남독일 일대가 신성로마제국으로부터 탈퇴하여 라인연방
(Confederation of the Rhine: Rheinbund)을 형성하고, 오스트리아황제가 신성
로마제국의 제위를 포기하여 중세 이래의 유서깊은 신성로마제국이 완전히 해체
하였다.
　한편 바젤조약(1795) 이래 프랑스와 평화를 유지해 오던 프로이센은 프랑스의
세력이 강하게 독일로 침투해 오자, 1806년 프랑스와 개전하였으나, 예나(Jena)
와 아우에르쉬타트(Auerstadt)에서 크게 패하여, 1807년 굴욕적인 틸지트
(Tilsit)조약을 맺었다. 이 조약으로 프로이센은 엘베 서쪽의 영토와 폴란드 분할
에서 얻은 땅을 상실하고, 상비군병력이 4만 2천 이하로 제한되었다.
　이리하여 나폴레옹은 유럽대륙의 지배자가 되고, 유럽은 그의 지배 하에 크게
세 부분으로 나누어졌다. 그 하나는 그 동안 국경지대의 영토를 병합하여 팽창한
프랑스제국, 둘째는 그 대부분이 나폴레옹 一家에 의하여 통치되는 위성국가들,
그리고 셋째는 오스트리아・프로이센・러시아로서 패전으로 좋던 싫던 프랑스의
동맹국이 된 나라들이었다.
　나폴레옹의 지배권 밖에 홀로 남아있는 강대국은 영국뿐이었다. 트라팔가의 해
전으로 직접적인 침공을 단념한 나폴레옹은 1806년 베를린칙령(대륙봉쇄령)으로서
이른바 대륙봉쇄체계(Continental System)를 수립하였다. 이는 유럽대륙과 영국
과의 통상을 금지한 것으로서, 영국에 경제적 타격을 주는 동시에, 프랑스의 시장

을 확대하려는 목적을 갖고 있었다. 영국도 어느 정도 타격을 입었으나, 대륙의 여러 나라들은 그보다 더 심한 고통을 받았으며, 유럽에서의 프랑스시장의 확대는 영국의 우세한 해군력에 의한 해외시장의 상실에 비하면 별 것이 아니었다.

제대로 실시되지는 않았으나, 그래도 이 대륙봉쇄령은 나폴레옹의 세력을 상징하는 것이었다. 그는 1810년 아들 없는 조세핀(Joséphin)과 이혼하고, 명문인 합스부르크왕실로부터 나이어린 공주를 새로 아내로 맞이하여 다음 해에 아들을 얻어 로마왕이라 부르고 그가 창조한 제국을 계승 시키려고 하였다.

프로이센의 改革

예나와 틸지트의 굴욕은 프로이센을 중심으로 하여 독일민족을 각성시키게 되었다. 1807년 슈타인(Stein, 1757~1831)은 10월칙령으로 농노제를 폐지하고, 다음 해 도시조령으로 길드중심의 중세적인 도시자치제를 폐지하고, 중산계층을 중심으로 한 새로운 근대적 도시자치제를 수립하는 한편, 중앙정부의 기구개혁을 구상하였으나, 나폴레옹의 압력으로 장관직을 물러났다. 1810년 하르덴베르크(Hardenberg, 1750~1822)가 슈타인의 개혁을 계승하여 정부기구를 개혁하고, 다음 해에는 조정령으로 슈타인의 농업개혁을 보완하였다. 슈타인─하르덴베르크改革으로 농민은 人身의 자유와 보유지처분의 자유를 얻었으나, 오히려 보유지를 상실할 위험이 수반되고, 대영지는 그대로 남고 영주재판권도 소멸되지 않았다. 샤른호르스트(Scharnhorst, 1755~1813)의 군제개혁은 프랑스식의 징병제도를 도입하였으나, 장교는 여전히 토지귀족인 융커가 독점하였다. 그러므로 슈타인─하르덴베르크개혁은 봉건적인 최악의 폐단만을 제거하고, 근대국가와 근대사회의 외투만을 입힌 것으로서, 프로이센의 국가권력과 권위는 여전히 국왕과 융커, 그리고 군대에 남아 있었다.

이러한 내정 및 사회개혁과 더불어 독일의 민족정신 또한 각성하였다. 그림 형제(Jakob Grimm, 1785~1863; Wilhelm Grimm, 1786~1859)는 유명한《童話集》(1812)을 펴내는 동시에, 독일어를 연구하여 프랑스어와 프랑스문화에 대한 반격을 전개하였고, 철학자 피히테(Fichte, 1762~1814)는 베를린에서〈獨逸國民에게 告함〉이라는 애국적인 강연을 행하여(1807~1808) 큰 영향을 미쳤다. 그에 의하면 독일어는 본원적 언어(Ursprache)이며, 독일민족은 가장 도덕적인 본원적 민족(Urvolk)이었다. 1810년에는 베를린대학이 창설되고 교수진에는 피히테를 비롯하여 독일민족주의의 엘리트들이 모여들었다.

나폴레옹의 沒落

나폴레옹의 정복전쟁은 그에게 정복되거나 굴욕을 맛보게 된 국민 사이에 민족주

프랑스 제국
프랑스지배하의 국가
프랑스의 동맹국
■ 전쟁터

[지도 16] 나폴레옹時代의

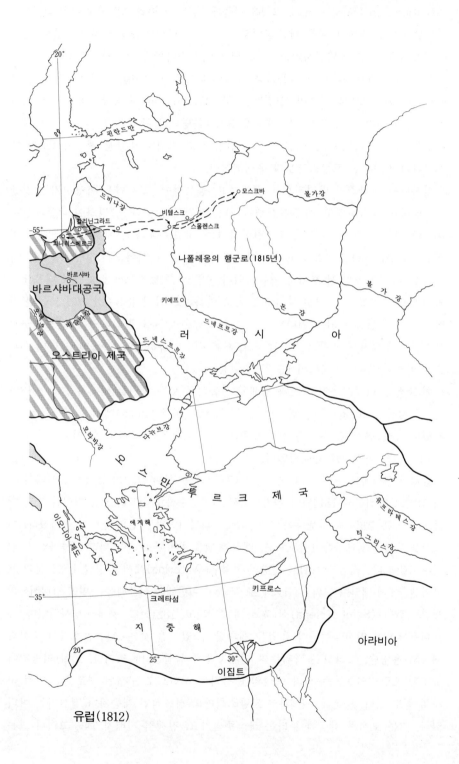

유럽(1812)

의(nationalism)를 낳게 하고, 그것은 나폴레옹몰락의 주된 원인의 하나가 되었다.

나폴레옹에 대한 반항은 에스파냐로부터 시작되었다. 1808년 나폴레옹이 별로 인기가 없는 국왕을 퇴위시키고, 그의 형을 에스파냐왕에 앉치자, 에스파냐민중은 궐기하였다. 에스파냐의 反나폴레옹 투쟁(半島戰爭, Peninsular War)은 날이 갈수록 강화되고 확대되었으며, 웰링턴(A.W. Wellington)의 영국군의 지원을 받아 한층 더 기세가 높아졌다. 나폴레옹은 30만의 병력을 투입하였으나, 에스파냐의 저항을 꺾지 못하였고, 1812년 러시아 원정에 그 병력의 일부를 빼돌림으로써 에스파냐의 저항군은 프랑스군보다 우세해졌다.

러시아는 프랑스가 발칸진출을 방해하고, 동유럽에 그 세력을 확장시키는 것을 못마땅하게 생각하였고, 대륙봉쇄령을 지킬 생각도 없었다. 그리하여 나폴레옹은 1812년, 3분의 2가 외국군으로 편성되기는 하였으나 70만에 달하는 '대군대'(Grande Armée)를 거느리고 러시아원정에 나섰다. 러시아군은 정면전을 회피하고, 초토작전을 쓰면서 후퇴를 거듭하였다. 9월 중순 모스크바에 도달한 나폴레옹의 눈앞에서 모스크바 역시 불타고 초토로 변화하고 있었다. 5주간 그가 제안한 강화에 대한 회답을 헛되게 기다린 끝에 나폴레옹은 回軍을 결심하였다. 러시아군과 유격대가 후퇴하는 프랑스군을 덮치고, 冬將軍이 엄습하였다. 나폴레옹의 '대군대'도 괴멸하고 생존자는 4분의 1도 못되었다.

이 소식은 나폴레옹의 정복과 지배에 신음하던 모든 국민을 궐기시켰고, 1813년 라이프치히(Leipzig)의 '諸國民의 전쟁'(Battle of Nations)에서 나폴레옹은 패하였다. 1814년 연합군은 파리에 入城하고, 나폴레옹은 퇴위한 후 지중해의 엘바(Elba) 섬의 통치자로 유배되었다.

승리한 연합국은 빈에서 회의를 열고, 프랑스에는 루이 16세의 동생이 돌아와서 루이 18세로 즉위하고 1814년의 헌법으로서 입헌군주제를 선포하였다. 그러나 왕과 더불어 귀국한 망명귀족의 반동은 격심하였고, 파리시민과 국민의 불만이 높아졌다. 이 소식을 들은 나폴레옹은 1815년 3월 엘바를 탈출하여 환호 속에 파리로 돌아왔다. 그러나 6월에 나폴레옹은 브뤼셀 근방의 위털루(Waterloo)에서 웰링턴의 영국군과 프로이센군에게 패하여 그의 '百日天下'도 끝났다. 이번에는 나폴레옹은 멀리 남대서양의 세인트헬레나(Saint Helena)섬(英領)에 추방되고, 1821년 그 곳에서 병사하였다.

나폴레옹이 일시적이나마 유럽을 제패할 수 있었던 것은 그의 천재적인 군사적 재능과 용병술, 그리고 능력위주의 인재등용에 힘입은 바 크지만, 또한 혁명기에 고조된 프랑스의 민족주의와 애국열에 불타는 시민으로 구성된 새로운 국민적 군대의 힘도 컸다. 나폴레옹은 결코 프랑스혁명의 정통적인 계승자나 결산자는 아니었다. 그는 오히려 야망에 불타는 군국주의자요, 전제적 지배자였다. 그러나 그는 혁명의 혼란을 수습하여, 그 성과를 부르주아지와 토지소유자 농민에게 유리하게 확정짓고, 프랑스국민에게 '偉大한 國民'의 영광을 맛보게 하였다. 뿐만 아니라 그의 정복과 군사적 승리는 결과적으로 프랑스혁명의 이념을 전유럽에 전파시켜 자유주의와 민족주의를 일깨웠다. 그리하여 전제정치와 구체제(앙시앵 레짐)를 동요시키고, 그것의 붕괴 계기를 마련하였으며, 독일과 이탈리아의 영토를 마음대로 처리함으로써 간접적으로 두 나라의 정치적 통일의 기틀을 마련하기도 하였다.

제 4 절 産業革命

産業革命과 그 背景

18세기 후반 신대륙과 유럽大陸에서 독립전쟁과 혁명의 거센 바람이 불고 있을 때, 영국에서는 조용한 가운데 산업상의 큰 변혁이 진행되고 있었다. 즉, 기계의 발명과 기술의 혁신으로 전례없는 생산력의 비약적이고 지속적인 발전이 이루어지기 시작하고, 그 영향은 전산업분야에 파급하여 산업구조와 사회만이 아니라, 정치에까지 큰 변화를 야기시켰다. 이러한 변화를 혁명이라고 불러야 할 것이냐에 관한 논의가 없지도 않으나, 그것이 초래한 거대한 변화를 감안한다면 관례에 따라 産業革命(Industrial Revolution)이라고 부르는 것이 오히려 타당할 것으로 생각된다. 영국에서 먼저 시작된 산업혁명은 점진적으로 유럽의 주요국가들에 파급되었으며, 오늘날 非西歐國家들이 겪고 있는 산업혁명과 유사한 산업상의 변혁은 이를 공업화 또는 산업화(industrialization)라고 부르고 있다.

거시적으로 본다면 산업혁명은 농경과 가축사육을 시작한 신석기혁명 이래 인류생활에 가장 큰 변화를 가져왔으며, 그러한 변화를 서유럽이 가장 먼저 경험하였다. 그 이유는 무엇일까. 이에 대답한다는 것은 쉬운 일이 아니다. 그러나 확실한 것은 18세기에 서유럽은 당시 지구상의 어느 지역보다, 그리고 현재의 산업화 이전의 지역에 비하여 부유한 상태에 있었다는 사실이다.[25] 이는 유럽이 경제적으

---

25) 1750년대 영국의 1인당 국민소득이 £12 내지 £13로 추정되는 바 이를 20세기의 화폐가치로 환산한다면 약 £100에 해당한다. 20세기의 후진국 내지 半工業化國家와 비교한다면, 아프리카에서 가장 부유한 나라로 알려진 나이지리아(Nigeria)의 1960년대의 1인당 소득이 £30, 인도가 £25, 그리고 라틴 아메리카의 브라질이 £95 (1961년도)였다. Divid S. Landes, *The Unbound Prometheus: Technological Change and Industrial Development in Western Europe from 1750 to the Present*(1972), p. 12 참조. 산업혁명의 서술에 있어 本書에 의존하는 바 컸다.

로 매우 앞서고 있었다는 것을 뜻하며, 그 이유 또한 복합적이다. 정치적으로 볼 때 유럽이 단일적인 제국이 아니라, 여러 민족국가로 나누어져서 상호간에 치열한 경쟁이 전개되었다는 점, 그리고 사회경제적으로는 신대륙과 아시아방면으로 진출하여 광대한 식민지를 보유하게 되고, 초기형태이지만 근대적인 경제체제인 자본주의가 발전하고, 사기업이 광범위한 활동의 자유를 누리며, 이에 종사하는 상공업자와 금융업자 등 기업가계층이 전례없는 사회적·정치적 활력을 갖고 영향력을 발휘할 수 있었다는 점을 지적할 수 있을 것이다. 그리고 끝으로, 르네상스 이래 싹튼 사물에 대한 합리적인 태도와 사회 및 자연환경에 대한 무한한 통제 및 지배의 욕구를 들 수가 있을 것이다. 이 세번째 사실은 17세기의 과학혁명과 18세기의 계몽사상에 단적으로 나타나 있으며, 과학과 기술은 상호보완적으로 꾸준히 발달하면서 환경에 대한 무한한 지배의욕과 결합하여 산업혁명을 낳았던 것이다.

영국의 경우

유럽 여러 나라 중에서도 영국은 산업혁명이 일어나기에 적합한 조건을 가장 잘 갖추고 있었다. 즉, 일찍이 장원제도가 무너지면서 모직물공업을 중심으로 근대적인 산업이 발전하고, 해외로의 발전도 활발하였다. 이러한 근대 초기의 경제 발전을 토대로 영국경제는 왕정복고(1660) 이후 지속적인 성장을 계속하면서 18세기까지 이어졌다.

농업의 개량은 이미 17세기 후반에 시작되고 있었으나, 18세기에는 다방면에 걸쳐 기술개량과 경영의 합리화가 이루어졌다. 말이 끄는 파종기와 제초기가 사용되고, 네덜란드로부터 순무재배를 도입하여 가축의 사료로 사용하고, 토지의 비옥도를 증대시키기 위하여 클로버가 새로 재배되었으며, 이러한 새로운 농작물의 재배로 종전의 3륜작 대신 4륜작이 보급되기 시작하였다. 이와 더불어 제2차 인클로저가 활발하게 진행되었다. 제1차 인클로저와는 달리 이번에는 경작지의 증가와 농업경영의 합리화를 위한 것이었다. 이러한 농업혁명(Agricultural Revolution)은 농업생산고를 크게 증대시켜 식량생산이 인구증가를[26] 보충하고 남음이 있었다. 한편 인클로저운동은 소농을 몰락시키게 되었는 바, 그들은 농업노동자가 되거나, 산업혁명이 필요로 하는 공장노동자의 예비군이 되었다.

공업생산도 지속적으로 증대하고, 식민지경쟁에 승리하여 해외시장이 날로 확대되었다. 또한 내국관세나 봉건적인 통행세 등이 없고, 도로가 개량되고, 운하가

---

26) 영국의 인구는 1700년에 600만이던 것이 1800년에는 900만으로 증가하였으며, 그 중 70~80%가 18세기 후반에 증가하였다.

개통되어 당시로서는 매우 견실하고 광대한 국내시장이 형성되어 있었다. 당시의 대륙에 비하여 1인당 구매력이 가장 컸으며, 수입도 상대적으로 균등하게 배분되어 있었다. 이 모든 것이 자유로운 상업활동과 더불어 수요를 증대시키고, 그것은 다시 공업생산을 자극하였다.

자본은 계속 축적되고, 이자율은 계속 5% 이하의 저율에 머물고, 중앙은행으로서의 영국은행의 설립(1694) 등 근대적인 금융제도와 재정구조가 발달하였다. 한편 명예혁명 이래 정치와 사회가 안정되고, 부유한 상인층의 정치적 발언권이 증대하였으며, 정부의 간섭도 별로 없었다. 그리고 석탄과 철강 등 새로운 공업발전에 필요한 자원도 풍부하였다.

풍부한 자본과 저율의 이자, 광대한 국내시장과 해외시장, 그리고 풍부한 노동력은 기업의욕을 자극하여 농업과 공업에 많은 투자가 행하여지고, 증대일로를 걷던 현실적인 그리고 잠재적인 수요는 공업의 비약적인 생산증대를 촉구하게 되어 일련의 기계의 발명과 개량, 그리고 기술의 혁신이 이루어지게 되었다. 산업혁명이 시작된 것이다.

기계의 발명

기계의 발명은 값싼 대중적인 의류품으로서 국내시장만이 아니라 해외 시장에서 수요가 급증하고 있던 면직물공업에서 시작되었다. 1730년대에 랑카샤(Lancashire)의 織布工이었던 존 케이(John Kay, 1704~1764)가 발명한 '나르는 북'(flying shuttle, 飛梭)이 60년대에 면직물공업에 응용되어 직포생산이 배로 증가하자 면사의 수요가 늘고, 이를 충족시키기 위하여 연달아 새로운 방적기가 발명되었다. 1760년대에 하그리브스(James Hargreaves, ?~1778)가 '제니'(Jenny)방적기로 알려진 다추 방적기를 발명하고, 이어 아크라이트(Richard Arkwright, 1732~1792)가 수력방적기를, 그리고 1779년에는 크럼프턴(Samuel Crompton, 1753~1827)이 양자의 장점을 살린 '뮬'(mule)방적기를 발명하였다. 이러한 방적기의 발명으로 질기고 정교한 면사가 다량으로 생산되자, 직포공정이 자극을 받아 1784년에 카트라이트(Edmund Cartwright, 1743~1823)가 力織機를 발명하였다. 한편 1793년에는 미국의 휘트니(Eli Whitney, 1765~1825)가 면사섬유를 씨로부터 분리시키는 繰綿機(cotton 'gin')를 발명하여 종래 50명의 노예가 하던 일을 단 1명의 노예가 할 수 있게 되었다.

이렇게 비약적인 발전을 하게 된 면직물공업은 모직물공업을 대신하여 영국의 주요산업이 되고, 1760년에 250만 파운드의 원면을 수입한 데 비하여 1787년의 원면소비는 2,200만 파운드로 늘고, 반세기 후에는 3억 6천 6백만파운드가 되었

다.[27] 1851년의 인구조사에 의하면 면직물공업에 종사하는 노동자수는 50만을 넘고 있었다.[28]

이미 아크라이트의 수력방적기는 종래의 가내공업적인 수공업의 단계를 넘어선 '공장'을 출현시키게 되었고, '뮬'방적기의 경우 수력 대신 증기기관이 동력으로 사용되고, 역직기에도 증기기관이 이용되었다. 증기기관은 종래 탄광에서 물을 뽑아 내는 데 이용되고 있었으나, 18세기 초에 뉴코멘(Thomas Newcomen, 1663~1729)에 의하여 개량되고, 1760년대에 제임스 와트(James Watt, 1736~1819)는 다시 이를 개량하고 거듭 손질을 가한 끝에 1780년대에 이르러서는 모든 기계의 동력으로 이용할 수 있게 되었다. 이러한 인간을 포함하여 동물 아닌 동력원의 확보는 인간으로 하여금 生物의 한계를 넘어설 수 있게 하고, 생산력을 수 백배나 증가시킬 수 있게 하였다.

製鐵業과 石炭

기계의 발명과 그 이용의 증가는 제철업의 발달을 촉구하였다. 철은 옛부터 생산되고 있었으나, 연료와 광석의 철분으로부터 불순물제거가 양질의 철생산의 장애물이었다. 종래 사용되고 있던 연료는 목탄으로서 장기간에 걸친 삼림벌채로 나무가 줄어들고 목탄가격이 앙등하였다. 이를 대신할 연료로서 석탄이 등장하고, 1730년에 이를 코크스화하여 연료로 사용하는 용광로가 발명됨으로써 제철업은 새로운 발달의 계기를 마련하고, 1780년대에는 새로운 제련법과 압정법이 고안됨으로써 제철업은 급속하게 발달하였다. 1750년에 영국은 국내생산의 2배의 선철을 수입하였으나, 1814년에는 국내소비의 5배를 수출하게 되었다. 이는 나폴레옹전쟁의 자극도 있었으나, 계속 증대하는 공장과 기계시설의 설치, 농기구의 기계화, 철물제조, 수도관과 가스관, 그리고 특히 1830년 이후의 철도부설은 제철업에 대한 수요를 크게 증가시켰다. 그리하여 1780년대에 영국의 철생산고는 프랑스보다 적었으나 1844년에는 거의 300만톤에 달하였으며, 이는 전세계의 철생산을 능가하는 것이었다.[29]

이러한 제철업의 급속한 발달은 영국이 철과 석탄이라는 근대산업의 2대동맥이라 할 수 있는 자원을 풍부하게 갖고 있었기 때문이기도 하다. 석탄에 대한 수요의

---

27) D.S. Landes, pp. 41~42 참조.
28) 力織機의 대수는 1830년의 2400대에서 1833년에는 10만대, 그리고 19세기 중엽에는 25만대로 증가하고 있다. D.S. Lands, p. 86 참조.
29) J.P. Mckay, B.D. Hill, J. Buckler, *A History of World Societies*(1984), vol. Ⅱ, p. 982.

증가는 석탄업의 발달을 촉진시키고, 그것은 또한 증기기관의 개량과 밀접한 관계를 가진다. 석탄에 대한 수요는 비단 공업용 연료로서만이 아니라 일상생활의 난방용으로서도 증가하였으며, 1800년 영국전체의 연간 석탄소비량은 약 1,100만톤이었으나, 1830년에는 배가 되고, 15년 후에는 다시 그것의 배가 되었으며, 1870년에는 1억톤을 넘어섰다.[30]

공업의 기계화는 제철업의 발달을 가져왔을 뿐 아니라 기계공업을 발달시키고, 기계를 만드는 기계, 즉 공작기계의 제조를 촉진시켰으며, 규격화된 기계부품의 제조를 자극하였다. 제철업과 기계공업은 1850년대로부터 1860년대에 걸쳐 프랑스계의 영국인 베세머(Henry Bessermer, 1813~1898)와 영국에 거주하던 독일인 지멘스(E.W. von Siemens, 1816~1892)의 발명과 기술개량으로 강철이 값싸게 대량으로 생산됨으로써 새로운 발달의 전기를 맞이하였다.

交通과 通信

19세기에 들어서면서 운하의 개설과 도로의 개량은 현저하였다. 영국과 미국에서는 수많은 새로운 운하가 개통되고, 破石으로 포장한 튼튼한 도로가 건설되었다. 그러나 산업혁명의 진행은 원료와 상품을 보다 더 빨리, 그리고 석탄과 철과 같은 무거운 화물을 대량으로 수송할 수 있는 육로의 교통수단을 필요로 하였다. 이러한 요구는 1830년 영국의 스티븐슨(George Stephenson, 1781~1841)이 증기기관차를 발명함으로써 해결되었다. 그해 스티븐슨의 증기기관차 '로케트'호는 리버풀(Liverpool)과 맨체스터 사이를 시속 약 16마일로 달리는 데 성공하였던 것이다. 그 후 얼마 안가서 철도부설은 영국을 비롯하여 유럽각국에서 큰 성황을 이루어 철도시대를 現出시켰다. 영국의 경우 1838년에 500마일, 1850년에 6,600마일, 1870년에는 15,500마일의 철도가 부설되었다.

증기기관은 또한 선박에도 이용되었다. 미국의 풀턴(Robert Fulton, 1765~1815)이 고안한 증기선(기선)은 1807년 허드슨江의 항해에 성공하고, 증기선은 곧 미국과 유럽의 內陸水路에 이용되었다. 초기의 증기선은 大洋航海에는 불편이 많았으나 1840년에는 대서양의 정기항로가 개설되고, 개량이 거듭되어 추진기의 사용과 더불어 대형화물의 수송이 가능해짐으로써 상업용 범선은 대양에서도 사라지게 되었다. 이러한 육로 및 해로에서의 교통수단의 혁신은 원료와 상품의 수송을 쉽고 빠르게 하고, 나아가서 전세계를 잠재적 시장으로 개방함으로써 산업과 경제의 발달에 크게 공헌하게 되었으며, 세계의 거리를 단축시켜 문화교류에도 이.

---

30) D.S. Landes., p. 97.

바지하였다.

이러한 교통수단의 혁명적인 발달과 더불어 통신기관 또한 급속도로 발달하였
다. 1840년 영국에서는 값싸고 빠른 '페니' 우편(penny post)제도가 시작되고,
1844년에는 미국의 모스(Samuel Morse, 1791~1872)가 발명한 電信이 볼티모어
와 워싱턴 간에 처음으로 타전되었다. 1851년에는 영국해협에, 그리고 1866년에는
대서양에 해저전선이 가설되고, 1876년에는 미국의 벨(Alexander G. Bell,
1847~1922)이 전화를 발명하였다.

유럽大陸

1851년 런던의 수정궁(Crystal Palace)에서 열린 박람회는 영국이 '世界의 工
場'(workshop of the world)임을 과시하고 남음이 있었다. 수정궁 자체가 철과
유리로 된 거대한 온실과도 같은 놀라운 건축이었거니와, 그 곳에 진열된 각종 최
신기계들은 각국으로부터 모여든 참관인에게 더욱 경이적이었다. 프랑스의 절반
인구밖에 갖지 않은 작은 섬나라인 영국은 당시 전세계 석탄의 3분의 2, 철과 면직
물의 2분의 1 이상을 산출하고 있었으며, 관세를 비롯한 모든 장벽을 뚫고 유럽시
장만이 아니라 세계시장에 자유롭게 진출하고 있었다.

유럽대륙은 산업상 영국에 훨씬 뒤지고 있었고, 영국의 선례는 그들에게 큰 자
극이 되었다. 대륙에서 경제발전이 앞서고 있던 프랑스조차 18세기 말까지도 공업
의 기계화는 예외적인 것이었고, 그나마 혁명과 전쟁으로 군사관계의 일부 특수분
야를 제외하고는 발전이 일시 중단되었다. 프랑스에서 산업혁명이 본격적으로 진
행되는 것은 1830년의 7월혁명 이후의 일이며, 1848년의 2월혁명 때만 해도 수공
업자의 수는 무시못할 정도로 많았다. 독일은 정치적 분열과 사회경제적 후진성으
로 프랑스보다 산업혁명이 늦어졌으며, 1830년대의 관세동맹의 성립과 1840년대
부터의 철도부설이 큰 자극을 주기는 하였으나, 본격적인 산업화는 1850년 이후의
일이었다. 미국은 繰綿機의 발명으로 산업혁명에 일찍이 공헌하였고, 방적분야의
기계화는 19세기 초에 시작되었으나 본격적인 산업화는 1840년대 이후이다. 이 밖
에 벨기에가 프랑스와 거의 비슷하게 1830년대에, 스웨덴이 훨씬 늦어 60년대에
산업화과정에 들어섰으며, 러시아는 이들보다 훨씬 늦게 1890년대에 가서야 산업
혁명단계로 접어든다.[31]

그들 중 프랑스·벨기에·독일 그리고 미국의 경우 산업혁명의 시발점은 약간

---

31) 각국의 산업혁명(공업화)의 연대는 로스토오(W.W. Rostow)의 도약단계의 연대에
   주로 의존하였다. W.W. 로스토오 著(李相球·姜命圭 譯), 經濟成長의 諸段階
   (1961), p. 74 참조.

씩 차이가 있으나, 다 같이 1850년부터 70년대 전반에 걸쳐 산업화가 급속하게 진행되면서 기술적으로도 성숙단계에 도달하게 되며,[32] 특히 독일과 미국은 19세기 말까지 영국과의 거리를 좁히면서 영국의 우위에 강력하게 도전하게 된다.

産業革命의 結果

산업혁명은 프랑스혁명과 더불어 유럽근대사회 확립의 가장 중요한 계기가 되었다. 이제 유럽은 계속되는 기계의 발명과 기술의 혁신으로 종전의 농업적인 사회를 탈피하고 산업사회(industrial society)로 발전하게 되었으며, 생산력의 비약적인 발전과 지속적인 경제성장이 가능해진 것이다.

산업혁명은 우선 무엇보다도 먼저 생산수단과 생산조직에 큰 변혁을 가져왔다. 즉, 기계를 사용하고, 다수의 노동자를 한 장소에 집중시켜, 감독과 일정한 기율 하에 협동적으로 생산작업에 종사하게 하는 공장제도(factory stsyem)를 출현시키고, 이로 말미암아 자본주의는 완성단계에 접어들었다. 물론 공장제도는 일시에 낡은 생산양식인 가내공업적인 수공업을 사라지게 하지는 않았다. 그러나 기계의 발명과 기술의 혁신이 계속적으로 이루어짐에 따라 공정제도는 가내공업적인 수공업을 압도하게 되었다. 뿐만 아니라 공장제도는 모든 공업부문에 확산되고, 새로운 부문을 창출하였다. 새로운 기계와 기술은 또 다른 새로운 발명과 기술의 혁신을 불러일으키고, 서로 연관을 맺으면서 발전을 거듭하였다. 사실 종전의 경제적 변혁이나 정치적 혁명은 그것이 어느 단계에 도달하면 균형을 되찾고, 안정상태에 들어가는 것이 보통이었으나, 산업혁명만은 그칠 줄 모르고, 한없이 계속된다는 특징을 지니고 있다.

기계의 발명과 기술의 혁신은 생산력의 비약적인 증대만이 아니라, 그 이전에는 생각하지도 못하였던 새로운 제품을, 그것도 값싸게 대량으로 생산하고 교통기관의 발달은 이를 전세계에 확산시키게 되었다. 이러한 물질면에서의 발전은 경제·사회·정치, 그리고 문화면에서도 광범위하고 복잡한 변화를 야기시키고, 그것은 다시 기술의 혁신을 촉구하기도 하였다. 사실 산업혁명의 진행과 이에 따른 공업의 발달은 국민소득과 국민생산에서의 공업의 몫을 크게 증가시키고, 농업인구와 노동력을 공업으로 흡수하게 되었다. 이른바 공업화는 더 광범위하고 복잡한 변화인 근대화(modernization)의 핵심이었다. 근대화는 유럽의 경우 근대 초부터 시작되고 있었으나, 산업혁명으로 완성단계에 접어들었던 것이다. 새로운 공업지대에는 새로운 도시가 출현하여 농촌인구를 흡수하면서 도시화(urbanization) 현상

---

32) D.S. Landes, p. 193 이하 참조.

이 일어나고, 공업화 이전단계에 비하여 사망률이 급격하게 감소하고, 관료제는 보다 능률적이 되고 중앙집권화하는 경향을 보였다. 한편 날로 새로워지고 발달하는 기술과 공업의 인적 수요를 충족시키기 위한 새로운 교육제도가 마련되고 널리 보급되었다.

이러한 일련의 변화와 더불어 산업혁명은 오늘의 산업사회가 안고 있는 거의 모든 문제를 제기하였다. 공장제도의 출현과 더불어 오늘의 산업사회의 중추를 구성하는 자본가계급과 임금노동자계급을 발생시키게 되었다. 새로운 공장주, 그 관리인, 은행가 등, 모든 종류의 기업가들은 기존의 자본가와 합세하여 근대적인 산업 부르주아지를 형성하고, 경제와 사회만이 아니라, 정치까지 궁극적으로는 좌우하는 계층을 형성하였다. 이에 대하여 공장노동자의 수는 공업의 발달에 비례하여 날로 증가하고, 몰락하는 수공업자를 그 진영에 흡수하여 점차로 뚜렷한 계급의식을 갖게 됨으로써 근대적인 프롤레타리아, 즉 임금노동자계급을 형성하였다. 그들은 그들 나름대로 경제적·사회적 지위의 향상을 꾀하고, 이를 위한 노동조합의 결성과 파업할 권리, 그리고 나아가서 정치권력에의 참여를 요구하였다.

산업혁명으로 소수의 자본가계급과 다수의 노동자계급이 형성되고 양자 사이에는 대립과 갈등 그리고 투쟁이 계속되었으나 산업사회는 반드시 이 두 계급의 양극화로만 치닫지는 않았다. 생산성의 증대와 대량생산, 그리고 도시화현상과 전반적인 생활수준의 향상은 전에 볼 수 없었던 각종 서비스업 종사자와 전문적인 직업인을 증가시키고, 봉급생활자, 관리, 기술자 등의 수도 증가하였다. 그리하여 자본가계급과 농동자계급 사이에 다양한 중산층과 이른바 '화이트 칼라'(white collar)로 불리워지는 중산하층이 형성되고 이들은 날이 갈수록 양적으로나 질적으로 두터워졌다. 그리고 산업혁명 이전의 쁘띠 부르주아, 즉 소상점주와 수공업자를 중심으로 한 소시민층도 사라지지 않았다. 산업혁명 초기의 산업자본가의 출신성분을 보면 확고한 기반을 가진 상인출신이 많았으나 이렇다할 재산을 갖지 못한 자도 적지 않았으며, 남달리 뛰어난 재능을 가진 수공업자나 숙련공 출신도 있었다. 그리고 토지귀족이 지배하던 전통적 사회에서 소외되었던 인종이나 종교집단 출신에게 산업혁명은 새로운 기회를 제공하였다. 이를테면 영국의 경우 퀘이커 교도(Quakers)와 스코틀랜드인이 그렇고 가톨릭 국가인 프랑스에서 금융업을 지배한 것은 개신교도와 유대인이었다. 그러나 산업혁명이 진행되어 공장규모가 커지자 아래로부터의 상승 기회, 즉 뛰어난 재능은 있으나 가난한 기술자가 부유한 제조업자가 될 기회는 감소하였다. 영국에서는 이미 1830년대에 그리고 프랑스와 독일에서는 1860년까지 지도적 산업가는 확립된 기업의 상속자인 경우가 많았으며, 그들은 재정적으로 창업자 세대보다 안정된 상태였다. 이러한 상황변화에 따라 자본가와 노동자 사이의 거리 또한 커졌다.

사실 초기 산업가들은 심한 경쟁에 시달렸다. 생산과정에 수많은 문제가 있었고 성공은 불확실하였다. 그들은 생산비용의 절감을 위하여 끊임없이 싸워야 했고 대부분의 이윤은 새롭고 보다 좋은 기계의 구입을 위하여 재투자해야만 했다. 그들에게는 오직 성공 아니면 몰락뿐이었다.

산업혁명 초기의 '산업의 수령들'(captains of industry)의 세계가 가혹한 것이기는 했으나 공장노동자들의 비참함에 비하면 아무 것도 아니었다. 임금은 적은데 노동시간은 길고 많은 미성년자와 부녀자가 고용되고 있었다. 미성년자와 부녀자의 고용은 농촌출신 가장의 가족단위로 일하겠다는 요청으로 이루어진 경우가 많았다. 같은 장소에서 아이나 마누라가 가장인 아버지의 조수격으로 일하는 경우 일이 고되고 노동시간이 길더라도 견딜 수 있을만 했다. 그러나 산업혁명이 진행되고 기술의 변화로 미성년자와 부녀자가 가장의 곁을 떠나 십장이나 공장감독관의 지휘에 맡겨지자 사태는 달라지고 이들의 노동은 가혹하고 잔인한 것이 되고 지탄을 받게 된 것이다. 공장에서의 노동환경 또한 열악하고 비위생적이었으며 위험부담도 컸다. 뿐만 아니라 주기적으로 닥쳐오는 경제 위기와 불경기는 대량실업을 초래하고 저임금이나마 호구지책을 단숨에 빼앗아갔다. 그리고 당연한 일이지만 그들의 주거환경은 극히 불량하였고, 대부분 도시의 빈민굴에서 집단적으로 거주하였다.

産業革命에 대한 評價

산업혁명 초기의 노동자들의 비참한 모습이나 도시화에 수반된 폐단 등은 일찍이 당대인들의 비판의 대상이 되었다. 시인 윌리엄 블레이크(William Blake, 1757~1827)는 초기 공장을 '악마의 공장'이라 불렀고 역시 시인인 워즈워드(William Wordsworth, 1770~1850)는 전원생활의 파괴와 대지와 하천의 오염을 한탄하였다.[33] 라다이츠(Luddites)로 불리워진 일부 수공업자는 실업의 원천이라고 하여 1812년 이후 영국 북부의 전 공장을 습격하여 새로운 기계를 파괴하는 과격행동을 취하기도 하였다. 1844년에 프리드리히 엥겔스(Friednich Engels, 1820~1895)는 영국 북부의 노동자를 연구하여 《영국 노동자 계급의 상태》라는 저서를 출판하고 자본가의 착취를 맹렬히 비난하였다.[34]

산업혁명에 대한 이러한 비판적이고 부정적인 견해는 그 후 사회주의자들은 물

---

33) J.P. Mckay et al. *A History of World Societies,* vol. Ⅱ, p. 1002에서 再 引用.

34) F. Engels, *The Condition of the Worlking Class in England,* trans. and ed. W.O. Henderson and W.H. Chaloner(1968).

론 산업혁명을 연구하는 일부 역사가들에게도 계승되었다. 그러나 이와는 대조적
으로 산업혁명을 옹호하는 견해가 당대에도 적지 않았다. 즉, 면방직공장에서의
노동조건이 그렇게 가혹한 것이 아니었으며 오히려 양호한 편이었다는 보고가 있
고, 노동자들이 전보다 더 많은 생활필수품을 구입하고 경우에 따라 약간의 사치
품조차 입수할 수 있었다는 것이다. 최근의 임금과 물가에 관한 정밀한 계량적 연
구는 자료관계로 불완전한 것이기는 하지만 대체적으로 전쟁기(1792~1815)를 제
외한 산업혁명기를 통하여 영국 노동자들의 경제상태는 실질적으로 향상되었다는
결론에 도달하고 있다.[35] 미성년노동에 관해서도 1833년의 공장법(Factory Act)
은 하루 노동시간을 8시간으로 제한하고(성년 노동자는 12시간) 9세 이하의 고용을
금지하는 동시에 공장소유자는 의무적으로 학교를 설립하여 취학시킬 것을 규정
하였다. 이 법령제정 후 미성년자의 고용이 급격하게 감소하고 가족 단위의 노동
이라는 취업형태가 깨어졌으며 1842년의 광산법(Mines Act)은 부녀자와 10세 미
만 아동의 지하작업을 금지하였다. 이러한 폐단의 시정과 더불어 노동자들 자신이
단결하여 적극적으로 그들의 생활과 지위, 그리고 권리신장을 도모하는 노동운동
이 비교적 일찍부터 전개되기도 하였다. 그 경위를 살핀다면(後述) 노동자들은 결
코 빈곤에 허덕이는 희망없는 희생자에 머물지 않았을 뿐 아니라 소극적인 受惠者
로 끝나지도 않았다.

만일 산업혁명이 일어나지 않았다면 목가적이고 전원적인 농업사회가 지속되었
을까. 시인의 환상적인 상상은 긍정적일지 모르나 현실은 그럴 수가 없었다. 무엇
보다도 인구의 중압이 당시 농업사회의 목가적인 생활을 불가능하게 만들고 있었
다. 1750년에 1억4천만이던 유럽인구는 1800년에 1억8천8백만으로, 1850년에는
다시 2억6천6백만명으로 증가하였다. 반세기마다 약 40%씩 증가하고 있다. 이러
한 급격한 인구증가는 농촌주민에게 큰 압박을 가하여 그들은 도시로 이주하거나
해외로 이민가는 수밖에 없었다. 19세기 전반기에 이러한 인구증가의 압력을 특히
심하게 받은 곳은 프랑드르, 스칸디나비아 반도의 일부, 그리고 남서 독일이었으
며 1840년대에 인구증가에 따른 빈곤을 이기지 못한 독일과 스웨덴에서는 많은 이
민이 미국의 중서부로 떠났다. 산업혁명을 격지않고 인구증가가 계속된 경우의 빈
곤과 비참함의 상징적인 예가 아일랜드였으며 만일 유럽이 이 시기에 산업혁명을

---

35) 산업혁명에 따른 노동자들의 임금 및 생활수준의 향상문제는 많은 논의의 대상이 되
   었고 많은 요인이 복잡하게 관련되어 있다. 다음 책은 임금과 부의 배분, 노동여건,
   교육, 주택, 건강, 계급구성 등 다양한 문제를 산업혁명과 연관지어 검토하고 있다.
   Hartmut Kaelble, *Industrialisation and Social Inequality in 19th Century Europe,*
   trans. by Bruce Lile(1896)

겪지 않았더라면 유럽의 대부분 지역의 운명은 아일랜드와 다를 바가 없었을 것이라는 에쉬턴의 지적은 정당하다.[36]

산업혁명 초기의 폐단과 노동자의 비참한 노동조건이나 빈곤한 생활만 보고 산업혁명에 회의적이거나 부정적인 시각을 가진다는 것은 잘못된 일이다. 문제는 오늘 날까지 지속되고 있는 산업혁명의 폐단과 폐해를 어떻게 극복하고 해방된 생산력의 비약적인 발전의 혜택을 어떻게 이용하고 배분하느냐에 있다.

---

36) T.S. Ashton, *The Industrial Revolution*(1948), p. 161 참조.

제 12 장

自由主義와 民族主義의 發展

유럽의 근대사회는 프랑스혁명과 산업혁명을 거치면서 19세기에 확립되었다. 그러므로 19세기의 유럽사는 유럽 근대사회의 확립과 발전의 역사이며, 보다 더 구체적으로는 프랑스혁명이 제기한 자유주의와 민주주의, 그리고 민족주의에 산업혁명으로 자본주의가 완성됨으로서 제기된 노동문제와 사회문제, 그리고 이와 연관된 사회주의가 엉키고 중첩되면서 전개된다.

나폴레옹 몰락 후 프랑스혁명 전의 상태로 되돌아가려는 보수적인 빈체제가 성립하여 자유주의와 민족주의는 억압되었다. 그러나 1820년대에 중남미의 식민지들과 그리스가 저마다 독립하였다. 1830년 파리에서는 7월혁명이 일어나서 부르봉 復古王朝가 쓰러지고 다시 1848년에는 2월혁명으로 프랑스는 민주적인 공화국이 되고 빈체제는 붕괴하였다.

2월혁명은 자유주의와 민주주의의 승리였으나 새로 대두한 노동자계급과 사회주의세력이 참가하여 시기상조의 과격한 요구를 제시함으로써 부르주아지가 겁을 먹고 한 걸음 후퇴하였다. 그리하여 프랑스에는 제 2제정이 수립되고 기타 지역에서의 자유주의적인 민족운동이 좌절되었다. 그러나 19세기 후반에 프랑스는 다시 공화정으로 복귀하고 이탈리아와 독일은 통일을 달성하였다. 신대륙의 미국은 남북전쟁을 치른 후 유럽列強과 어깨를 나란히 하고 帝政러시아도 농노해방 등 개혁에 나섰다.

산업혁명으로 자본주의가 완성되고 급속하게 발전함에 따라 노동문제가 제기되고 노동자계급과 사회주의가 대두하여 노동조합이 결성되고 사회주의 정당도 출현하였다. 그리하여 자유주의와 민주주의, 그리고 민족주의와 더불어 노동운동과 사회주의세력은 19세기사의 주요한 흐름을 형성하였다.

산업혁명 후 19세기 유럽인의 생활은 18세기와 크게 달라지고 인구가 급격하게 증가하면서 도시로 집중하고 도시의 면모도 달라졌다. 문학과 예술에서 다양한 작품이 쏟아져 나오고, 자연과학과 기술은 눈부시게 발전하였으며, 철학과 사회과학분야에서도 다양한 사상이 제기되고 근대적인 학문이 성립하고 발전하였다.

제 1 절 自由主義의 發展

빈體制

나폴레옹의 몰락과 더불어 프랑스혁명 이래 4반세기에 걸친 유럽의 동란과 전쟁도 종식하였다. 그리하여 각국대표들은 오스트리아의 수도 빈에 모여 유럽의 질서회복과 재편성을 논의하였다.

프랑스에 대하여 동맹국들은 처음에는 혁명분자와 나폴레옹에게 기만당한 프랑스국민의 해방자로 임하여 관대하였으나, 나폴레옹이 엘바를 탈출하여 프랑스국민의 열렬한 환영을 받으면서 파리에 들어간 것을 보고는 국경선을 혁명 전으로 환원하고, 예술품의 반환과 7억프랑의 배상금, 그리고 5년간의 동맹군 주둔비를 부과하였다. 그러나 동맹국들은 끝끝내 프랑스를 적대적인 패전국으로는 보지 않고, 프랑스가 다시는 침략을 감행하지 못하도록 하는 데 주된 관심을 쏟았다.

빈회의(1814~1815)는 전례없이 호화로운 국제회의였다. 러시아와 오스트리아 황제, 프로이센왕 등 각국 군주와 오스트리아의 제상 메테르니히(Metternich, 1773~1859)를 비롯하여, 영국의 카슬리(Castlereagh, 1769~1822), 프랑스의 탈레이랑(Talleyrand, 1754~1838) 등 각국의 쟁쟁한 대표들이 참석하였고, 매일같이 연회와 무도회가 열리는 가운데 협의는 막후에서 진행되었다. 유럽의 질서회복과 재편성을 위한 빈회의를 지배한 정신은 '신성한 正統性의 원리'(the sacred principle of legitimacy)였다. 그것은 혁명 전의 상태를 정통적인 것으로 보고, 그 상태로 돌아가자는 것이었다. 이 원리에 입각하여 프랑스, 에스파냐, 나폴리에는 혁명 전의 부르봉왕실이 복귀하고, 포르투갈에도 옛 왕실이 돌아왔다. 그러나 국경선이나 영토문제에 있어서는 반드시 완전하게 혁명 전으로 돌아갈 수는 없었다. 특히 폴란드에 대한 러시아의 요구와 프로이센의 작센에 대한 요구가 과대하여 회의는 한때 정돈상태에 빠졌으나, 이에 대한 타협이 성립되자 기타 영토문제는 보상원칙(compensation)에 따라 비교적 우호적으로 해결되었다. 중요한 결정사항을 보면 다음과 같다.

① 러시아는 폴란드의 상당부분을 얻어 폴란드왕국을 세우고, 러시아황제가 그 왕위를 겸하였다.

② 프로이센은 나폴레옹을 지지하였던 작센의 북부와 라인지방을 얻었다.

③ 독일은 오스트리아와 프로이센을 중심으로 39개국(처음에는 38개국, 1817년에

39개국)으로 구성된 독일연방(German Confederation)이 되었다.

④ 네덜란드는 오스트리아領 벨기에를 얻어 네덜란드왕국이 되고, 스웨덴은 덴마크로부터 노르웨이를 얻었으며, 스위스는 영세중립국이 되었다.

⑤ 오스트리아는 벨기에를 포기하는 대신, 이탈리아에서 롬바르디아를 회복하고 베네치아를 얻었다. 그 결과 이탈리아는 외국세력이 지배하는 정치적 분열상태로 되돌아갔다.

⑥ 영국은 지중해의 요지인 몰타(Malta)섬과 네덜란드의 식민지였던 케이프 식민지와 세일론을 얻었다.

각국 간에 이상과 같은 내용의 합의가 이루어진 후 얼마 안가서 러시아 황제 알렉산드르 1세(1801~1825)의 제창으로 그리스도교정신에 입각하여 평화를 유지하자는 神聖同盟(Holy Alliance)이 대부분 국가들의 찬성을 얻어 결성되었다(1815년 9월). 이 동맹은 러시아황제의 신비주의의 소산으로서 실질적으로는 무의미한 것이었고, 영국은 이에 참가하지 않았다. 같은 해 11월에 보다 더 실질적인 동맹이 오스트리아, 영국, 러시아 및 프로이센 사이에 체결되었다. 이 4국동맹(Quad-ruple Alliance)은 빈회의의 결과를 유지하기 위하여 무력을 사용할 수 있다는 내용을 포함함으로써 빈체제를 유지하기 위한 실질적인 국제기구 구실을 하게 되었다.[1]

빈회의와 그 후 얼마 동안 유럽의 국제기구를 주도한 정치가는 오스트리아의 메테르니히였다. 그는 철저한 보수주의자로서 그가 내세운 정통주의는 단순히 구왕조의 복위나 영토문제해결의 원리에 그치는 것이 아니라, 구질서의 회복과 유지, 즉 프랑스혁명에서 싹튼 자유주의와 민족주의를 억압하려는 것이었다. 그러므로 19세기를 통하여 유럽 전체가 휘말려들어가는 전쟁이 없었다는 사실을 들어, 4국동맹을 중심으로 한 빈체제가 그 어느 국제조약보다 '유럽의 協調'(Concert of Europe)를 달성하는 데 성공하였다고 평가하는 것은 역사의 외형만을 보는 잘못을 범하고 있다. 4국동맹 자체 내에 얼마 안가서 불화가 생기고, 혁명이 유럽대륙을 휩쓸게 된다. 그것은 역사발전을 저지하고 시계바늘을 거꾸로 돌리려는 보수적이고 복고적인 빈체제에 대한 도전이었으며, 대규모전쟁이 없었던 주된 이유도 각국이 자유주의와 민족주의, 그리고 산업혁명의 진행이 제기하는 도전 등 국내문제의 해결에 분망하였기 때문이다.

---

1) 1818년 프랑스가 새로이 참가하여 5국동맹(Quintuple Alliance)이 성립하였으나, 핵심은 어디까지나 4국동맹이었다.

빈體制에 대한 反抗

빈체제의 유지에 가장 열성적이었던 것은 메테르니히였다. 그는 직접 힘을 미칠 수 있는 독일에서의 자유주의와 민족주의운동을 철저하게 탄압하기로 하였다. 1815년 이후 독일의 대학생들은 학생조합(부르셴샤프트, Burschenschaft)을 결성하여 자유주의와 민족주의운동에 앞장섰다. 1817년 10월 그들은 라이프치히 戰勝 4주년과 루터의 종교개혁 300주년을 기념하는 축제를 벌이고, 보수적이라고 생각한 서적과 프로이센 병사의 군복 등을 불살랐다. 1819년에는 예나(Jena) 대학생이 당시 러시아 황제의 스파이로 지목되던 코체부(Kotzebue)라는 문필가를 암살한 사건이 발생하였다. 전부터 학생운동을 몹시 못마땅하게 생각하던 메테르니히는 곧 독일의 여러 군주와 회합하여 카를수바드(Karlsbad)법령을 결의하였다. 이 법령은 학생조합을 해산하고, 대학에 감독관을 파견하여 교수와 학생의 동태를 감시하는 한편, 신문을 비롯한 감독관을 파견하여 교수와 학생의 동태를 감시하는 한편, 신문을 비롯한 출판물의 검열을 강화하였다. 이로써 독일의 자유주의운동은 질식상태에 빠졌다.

메테르니히는 다른 지역에서의 자유주의운동에도 탄압의 손길을 뻗쳤다. 1820년 에스파냐, 포르투갈, 그리고 시칠리아에서 자유주의혁명이 발생하였다. 에스파냐에서는 보통선거와 제한군주제를 규정한 1812년의 민주적인 헌법이 채택되고, 포르투갈에서도 이와 유사한 헌법이 작성되었으며, 나폴리에서는 카르보나리(Carbonari, '숯굽는 사람'이라는 뜻)라는 비밀결사가 반란의 중심이 되었다. 메테르니히는 4국동맹을 이용하여 자유주의혁명을 억압하려고 하였다. 영국은 이를 內政問題라 하여 간섭에 반대하였으나 메테르니히는 트로파우(Troppau)회의에서 프로이센과 러시아의 동의를 얻어 무력간섭을 단행하였다. 그 결과 나폴리의 혁명정부는 오스트리아군에 의하여 쓰러지고(1821), 에스파냐의 혁명은 프랑스군에 의하여 진압되었다(1823).

그러나 이러한 메테르니히의 탄압정책은 매번 성공을 거둔 것은 아니다. 본국정부의 착취와 가혹한 식민지정책에 신음해 오던 중남미의 에스파냐 식민지는 계몽사상과 미국의 독립, 그리고 프랑스혁명에 자극되어 나폴레옹시대에 저마다 독립운동을 전개하였다. 시몬 볼리바르(Simon Bolivar, 1783~1830)는 콜롬비아 공화국(1819)과, 북부 페루의 볼리비아 공화국(1825)의 독립을 성취한 공으로 '解放者'의 칭호를 얻었으며, 이 밖에도 아르헨티나(1816), 칠레(1818), 페루(1821), 산 도밍고(San Domingo, 1821), 멕시코(1820) 등이 속속 독립을 선언하였다. 유일한 포르투갈 식민지인 브라질 또한 1820년 본국의 혁명을 이용하여 독립하였다.

에스파냐는 물론 메테르니히도 이러한 식민지의 독립을 빈체제에 위배된다고

보고 이를 탄압하려고 하였으나, 영국은 중남미의 식민지가 독립함으로써 새로운
시장이 개척되는 것을 환영하는 입장이었기 때문에 이에 대한 간섭을 반대하였다.
뿐만 아니라 이러한 영국의 태도에 힘입은 미국의 먼로 대통령(1817~1825)은 1823
년 의회에 보낸 敎書에서 이른바 먼로주의(Monroe Doctrine)를 선언하였다. 그
내용은 유럽국가에 의한 아메리카대륙에 대한 간섭을 배격하고, 미국도 유럽에 간
섭하지 않을 것이며, 아메리카대륙에 대한 새로운 식민지건설에 반대한다는 것이
었다. 강력한 해군력을 가진 영국의 반대를 무릅쓰고 대서양 건너 라틴 아메리카
에 간섭한다는 것은 위험하고 성공의 가능성이 희박하였기 때문에 메테르니히도
이를 단념하지 않을 수 없었다. 빈체제는 먼 곳에서부터 금이가기 시작하였다.

얼마 안가서 보다 더 가까운 곳에서 메테르니히는 실패의 쓴 잔을 마시게 되었
다. 15세기 이래 오스만 투르크의 지배를 받아 온 그리스에서 독립전쟁이 일어난
것이다. 그리스의 민족주의를 영도하는 두 개의 집단이 있었다. 그 하나는 콘스탄
티노플을 중심으로 그리스 正敎會의 관리를 맡은 정치적으로 유력한 파나리오트
파(Phanariots)이며,[2] 다른 하나는 도서파(Island Greeks)로서 에게海의 항구와
섬 출신의 상인들이었다. 도서파는 베네치아 상인이 물러간 후 광범한 상업활동을
전개하는 한편, 순수한 고전적 그리스어로 돌아가려는 문화적인 민족주의를 고취
하였다. 한편 파나리오트파의 입실란티(Ypsilanti, 1793~1832)는 오뎃사에 애국적
비밀결사를 조직하고, 1821년 몰타비아(현재의 루마니아)지방에서 투르크에 대한
반란을 시도하였으나 실패하였다. 그러나 곧 그리스본토의 모레아(Morea)의 농
민들이 봉기하여 독립전쟁이 시작되었다. 독립전쟁은 서로 상대방을 무자비하게
학살하는 잔인한 양상을 띠었으며, 이집트의 메헤메트 알리(Mehemet Ali)가 나
서서 토벌군을 조직하자 그리스 독립군은 패색이 짙어졌다. 메테르니히는 이번에
는 무간섭을 주장하였다. 방치한다면 그리스의 독립전쟁은 투르크에 의하여 진압
될 것이기 때문이다. 그러나 유럽의 친그리스적인 문화인, 낭만주의자, 자유주의
자는 일제히 그리스 독립의 원조에 나섰다. 영국의 시인 셸리(Shelly)는 '우리는
모두 그리스인'이라고 선언하고, 바이런(Byron)은 직접 참전하여 전선에서 병사
하였으며, 프랑스의 화가 드라크루아(Dracroix)는 키오스(Chios)의 학살을 그렸
다. 그리하여 조직된 친그리스위원회는 물자와 자금을 보내는 동시에 각국의 직접
간섭을 요청하였다. 발칸 방면에 진출하기를 원하고 있던 러시아가 움직이고, 이
방면에 이해관계가 깊은 영국과 프랑스가 러시아의 일방적인 진출을 염려하는 뜻

---

2) 이 파의 사람들이 주로 거주하던 콘스탄티노플(지금의 이스탄불)의 지구명에서 유래
하였다.

도 있어 3국이 공동으로 그리스 원조에 나섰다. 1827년 英·佛·露의 함대는 그리스 서부의 나바리노(Navarino)에서 투르크와 이집트함대를 격파하고, 러시아군은 콘스탄티노플에 접근하였다. 이에 투르크도 굴하여 1829년 그리스의 독립을 승인하였다. 1832년 친그리스파인 바이에른왕실의 오토(Otto Ⅰ, 1833~1862)가 새로 독립한 그리스의 왕으로 추대되었다.

7月革命

그리스가 독립한 다음 해인 1830년 7월 파리에서는 자유주의혁명이 발생하였다. 나폴레옹 몰락 후 돌아온 부르봉왕실의 루이 18세(1814~1824)는 입헌군주제를 규정한 1814년의 헌법을 선포하였다. 이 헌법은 신앙의 자유, 법적 평등, 관직개방을 비롯하여 혁명 중의 재산처리를 인정하는 등, 혁명의 성과 중 많은 것을 인정하고는 있었으나 1791년의 헌법에 비교한다면 상당히 보수적인 것이었다. 행정권은 국왕에게만 속하며, 국왕은 장관을 임명할 권리와 입법기관에 대한 해산권을 가진다. 입법기관은 양원제로서 상원의원은 왕이 임명하고, 하원의원은 선거로 선출되지만, 선거권은 재산으로 크게 제한되어 유권자는 10만을 넘지 못하였다. 법령은 의회의 찬동을 받아야하지만 발의권은 왕에게만 있었다.

당연한 일이지만 부르봉왕실과 더불어 많은 망명귀족과 고위성직자가 돌아왔다. 그들은 "혁명에서 아무 것도 배우지 않고, 아무 것도 망각하지 않았다." 그리하여 그들은 왕의 동생 아르투아(Artois) 백작을 중심으로 극우왕당파를 형성하여 앙시앵 레짐의 부활, 즉 혁명으로 상실한 특권과 재산을 회복하려고 책동하였다. 보수적이기는 하였으나 비교적 온건하였던 루이 18세는 그들을 가까이하지 않고, 중도정책을 펴나갔다. 1820년 왕의 조카가 암살되고, 유럽 각처에서 자유주의운동이 일어나자 루이 18세도 극우왕당파로 기울어졌으나, 오랜 혁명과 전쟁, 그리고 패전에 지친 일반 국민의 평화와 안정을 원하는 분위기로 큰 동요는 없었다.

1824년 루이 18세가 사망하고, 그의 동생이요, 극우왕당파의 수령이었던 아르투아 백작이 샤를 10세(1824~1830)로 왕위에 오르자 사태는 달라졌다. 샤를은 앙시앵 레짐으로 역행하려는 반동정치를 시도한 것이다. 그는 교육에 대한 성직자의 권한을 확대하고, 1825년에는 망명귀족이 혁명 중에 상실한 재산에 대한 보상으로 연금을 지급하기로 하였다. 그 재원으로 이미 발행한 국채의 이자를 5%에서 3%로 낮추기로 하였는 바, 이는 금융부르주아지와 국채소유자인 광범한 시민계급의 반감을 사게 되고, 자유주의자들의 반항을 유발시켰다. 1827년의 총선거는 이러한 정세를 반영하여 극우왕당파가 그 기반을 상실하고, 자유주의세력이 과반수에 가까운 의석을 차지하였다. 샤를은 이를 무시하고 1829년에는 가장 과격한 극우파로 알려진 폴리냑公(Prince of Polignac)을 총리로 임명하였다. 폴리냑은 국민의 불만을 달래기 위하여 1830년 아프리카의 알지에(Algiers)를 공격하여 점령하였다. 그러나 의회 내의 다수파인 자유주의자들의 폴리냑에 대한 공격은 멈추지 않았다. 이에 샤를 10세는 의회를 해산하고 새로이 선거를 실시하였으나(1830년 5월) 그 결과는 反정부파가 과반수를 차지하였다.

1830년 7월 25일 샤를과 폴리냑은 ① 언론의 극단적인 탄압, ② 막 선출된 의회의 해산과 새로운 선거, ③ 다수의 시민계급을 선거에서 제외시키는 선거권의 제한을 내용으로 하는 칙령을 발표하였다. 다음날 티에르(Adolphe Thiers, 1797~1877)와 기조(François Guizot, 1787~1874) 등, 자유주의 역사가와 언론인들이 일제히 붓을 들어 정부의 새로운 조치에 공격을 가하고, 파리의 시민과 민중이 이에 호응하여 궐기하였다. 그들은 바리케이트를 구축하고 3일간(7월 27일~29일)의 시가전 끝에 시청을 점령하고, 노틀담 대성당에 三色旗를 휘날렸다. 샤를 10세는 영국으로 망명하고, 복고왕조는 무너졌다.

7월혁명의 주된 혁명지도자들은 반동적인 샤를 10세에 반대한 자유주의자들이었고, 혁명적 민중은 실업자나 빈곤한 최하층민이 아니라 일정한 직장을 가진 노동자계급과 소시민 출신이었다. 혁명이 성공한 후 혁명세력 내에서는 새로운 체제에 대한 의견이 갈라졌다. 과격파는 보통선거에 입각한 공화제를 원하고, 온건파는 제한선거에 입각한 입헌군주제를 원하였다. 대세는 온건파로 기울어지고, 대혁명에 참가하여 '평등주의자 필립'(Philippe Egalité)이라는 별칭을 받은 아버지를 가지고 스스로는 발미의 전투에 참가하기도 한 오를레앙公 루이 필립(Louis Philippe, Duke of Orléans)을 왕으로 추대하는데 공화파도 타협하였다.

이리하여 성립한 7월왕정(July Monarchy)은 1814년의 헌법에서 왕권의 절대성에 관한 조항만 제거하고 그 핵심을 보존하였다. 왕은 이제 '프랑스 국민의 王'이라 불리워지게 되었으며, 부르봉의 白色旗 대신 대혁명의 三色旗가 국기로 채택되었다. 선거권도 확대되었으나 3,000만에 달하는 인구 중 유권자는 16만을 약간 넘을 정도에 그쳤다. 그리하여 7월왕정은 민주주의와는 거리가 멀었으며, 실제로 시가전을 싸운 공화주의적인 혁명세력을 만족시키지는 못하였다.

7월혁명의 영향은 곧 유럽대륙 전역에 파급되었다. 파리에서 혁명이 발생한지 한 달 채 못된 8월 25일 벨기에의 브뤼셀에서 독립을 위한 자유주의혁명이 일어났다. 오스트리아에 속해 있던 벨기에는 빈회의에서 프랑스에 대한 견제세력으로 네덜란드를 강화해야겠다는 의도에서 이에 병합되었다. 이 병합은 벨기에의 제조업자들에게 네덜란드의 상업과 식민지의 혜택을 주기도 하였으나, 언어와 관습이 다르고, 가톨릭이 우세한 벨기에로서는 네덜란드의 정치적 지배는 큰 불만이었고,

그리하여 독립을 원하는 민족주의가 싹트게 되었다. 8월 25일 브뤼셀의 한 극장에서 나폴리 혁명을 소재로 한 연극을 보고 있던 관중들이 봉기하였다. 네덜란드군에 대항한 혁명세력은 처음 산업노동자들이었으나, 점차 주도권은 시민계급출신의 자유주의자들에게로 넘어갔다. 그들은 1830년 11월 전국의회를 소집하여 독립을 선언하고, 입헌군주제헌법을 제정하였다. 보통선거를 채택하지는 않았으나 선거권의 재산조건은 영국이나 프랑스보다 훨씬 낮았고, 새로운 왕으로는 독일의 소군주를 추대하였다. 그는 영국왕 조지 4세의 사위로서 상처한 몸이었고, 곧 루이 필립의 딸과 결혼하여, 영국과 프랑스의 적극적인 옹호를 받을 수 있었다. 그리하여 벨기에는 영국으로부터 독립과 중립을 보장받고, 네덜란드의 무력탄압의 시도는 英·佛의 군사적 개입으로 실패하여 네덜란드도 1839년 벨기에의 독립을 정식으로 승인하였다.

그러나 다른 지역에서의 혁명은 벨기에의 경우와는 달리 성공의 행운을 거두지는 못하였다. 18세기 말 국토가 완전히 분할되고, 빈회의에서 실질적으로 러시아의 지배 하에 들어간 폴란드에서는 1830년 11월 바르샤바의 사관후보생의 봉기로 혁명이 시작되었다. 그러나 혁명세력은 대귀족을 중심으로 한 보수적인 白色派와 중소지주(젠트리)를 중심으로 한 약간 진보적인 赤色派로 분열하고, 두 파 모두 국민의 대다수를 점하는 농민들의 지지를 받지 못하였다. 그리하여 혁명군은 러시아군에 대하여 혈전을 벌였으나 다음 해 9월에는 바르샤바가 함락되었으며, 1833년에 이르러 폴란드의 민족해방운동은 완전히 진압되었다. 러시아의 니콜라이 1세는 폴란드를 직할영토화하여 계엄령체제를 강요하고, 민족주의의 온상이었던 바르샤바대학과 리투아니아(Lithuania)의 빌나(Vilna)대학을 폐쇄하였다. 수만명의 폴란드 지식인과 민족주의자들은 파리로 망명하였다.

이탈리아와 독일에서의 민족주의와 자유주의운동도 실패하였다. 이탈리아에서는 ‘카르보나리’를 중심으로 민족주의자와 자유주의자들이 1831년 파르마(Parma), 모데나(Modena) 그리고 교황령에서 혁명을 일으켜 한때 성공하는듯이 보였으나 곧 메테르니히가 파견한 오스트리아군에 의하여 진압되었다.

카를스바드법령으로 독일의 민족주의와 자유주의운동은 한때 질식상태에 빠졌으나 그 숨통이 완전히 끊어진 것은 아니었다. 7월혁명의 영향으로 북부독일의 몇몇 군주, 특히 작센과 하노버의 군주는 보다 자유주의적인 헌법을 제정하지 않을 수 없었다. 그러나 프로이센과 오스트리아에서는 이렇다 할 움직임이 없었다. 그래도 약 25,000명의 혁명동조자들은 1832년 5월 독일을 하나의 공화국으로 통일할 것을 요구하고, 다음 해 독일연방의회의 개최지인 프랑크푸르트를 점령하려고 하였으나 잔인하게 진압되었다.

1830년의 혁명은 프랑스와 벨기에에서 성공하였을 뿐, 다른 곳에서는 실패하였다. 그 결과 서유럽과 동유럽 간의 격차는 더욱 확대되었다. 영국, 프랑스, 벨기에에서는 온건한 자유주의라면 이를 받아들이고 지원할 자세가 갖추어진 반면 프로이센, 오스트리아 및 러시아의 군주는 1833년 자국에서의 자유주의 탄압은 물론, 다른 지역에서도 군주가 혁명의 위협을 받을 경우 이를 공동으로 원조할 것을 약속하였다. 결국 동유럽과 이탈리아 등에서는 자유주의가 소수 지식인이나 젊은 장교의 점유물에 지나지 않고, 민중 속에 넓게 깊이 퍼지지 못하였던 것이다. 그리고 그렇게 된 이유의 하나는 사회경제적 후진성으로 시민계급 내지 중산계급의 성장이 느리고 그 세력이 미약한 탓이었다.

2月革命

7월왕정은 부르봉 복고왕조에 비하여 자유주의적이고, 선거권도 확대되었으나, 그것은 은행가, 대상공업자, 그리고 일부 부농에 한정된 것이었다. 이러한 7월왕정에 대하여 7월혁명의 실제적인 혁명세력이었던 공화주의자나 수공업자를 포함한 노동자들이 불만이었던 것은 당연한 일이었고, 1830년대부터 본격적으로 진행되기 시작한 산업혁명은 '名士들'(Les notables)이 지배하는 7월왕정에 대한 불만을 더욱 고조시키게 되었다.

프랑스는 원래 소토지소유자 농민의 나라로서 이는 프랑스혁명을 경과하면서 더욱 더 강화되었으며, 수공업이 영국에 비하여 상당히 늦게까지 잔존하였다. 그러나 산업혁명의 진행은 특히 대도시를 중심으로 공장의 집중현상을 가져오고, 공장노동자의 수도 증가하였다. 노동자들의 단결은 대혁명기의 샤플리에법으로 금지되어 왔으나, 그들은 상호부조의 목적을 위한 결사를 통하여 서로 단결을 강화하였으며, 이 무렵부터 나타나기 시작한 여러 갈래의 사회주의사상의 영향을 받아 강력한 정치세력으로 성장하고 있었다.

이러한 상황변화에도 불구하고, 7월왕정의 정치는 보수적이고, 노동자에 대하여는 반단체법을 제정하는 등(1834) 억압적이었다. 그리하여 7월왕정은 "소수 주주들의 이익만을 위하여 운영되는 주식회사와도 같다"는 평을 듣게도 되었다. 그리고 외교정책 또한 영국과 러시아의 뒤를 쫓아다니는 소극적인 것으로서, 적극적인 해외시장의 개척을 강하게 희망하고 있던 신흥산업자본가들을 크게 실망시키는 것이었다. 이리하여 7월왕정에 대한 불만이 광범위하게 퍼지게 되었으며, 그러한 불만은 선거권의 확대라는 요구에 집약되었다.

1846년과 47년에 걸친 농사의 흉작은 공업에 파급되어 전반적인 경제위기를 몰고 왔으며, 대량실업과 도산이 속출하였다. 이러한 가운데 보수적인 기조내각의 사임과 선거권확대를 요구하는 정치적 '연회'(banquet)가 전국적으로 개최되고, 1848년 2월 22일에는 파리에서 대대적인 연회가 계획되었다. 기조내각은 이를 금지하였으나, 연회 대신 학생과 노동자를 중심으로 시위운동이 벌어지고, 다음 날에는 소상점주와 수공업자 등 소시민층까지 합세하여 거리에는 바리케이드가 구축되었다. 기조의 저택이 습격을 받고, 수비하던 군대의 발포로 사상자가 발생하자 혁명적 분위기는 더욱 고조되었다. 2월 24일 시청이 점령되고, 왕의 거처가 습격을 받자 '平民王'을 자처하던 老年(74세)의 루이 필립은 왕위로부터 물러났다.

7월왕정의 붕괴와 더불어 새로 조직된 임시정부는 부르주아지 출신의 온건파가 다수를 차지하였으나 노동자계급을 대표하여 사회주의자도 참가하였다. 그리하여 노동자들의 요구로 노동권이 보장되고, 노동자의 결사의 자유가 인정되었으며, 실업자구제를 위한 국립작업장이 설립되었다. 그러나 이러한 급진적인 세력의 진출과 급격한 개혁은 농민과 도시의 부르주아지를 놀라게 하고, 그 결과는 새로운 헌법을 제정하기 위한 제헌의회선거에 뚜렷하게 반영되었다. 즉, 유럽에서 처음으로 성년 남자의 보통선거로 실시된 선거에서 900명의 의원 중 800명이라는 절대다수가 온건한 공화파였다.

파리의 노동자와 사회주의자들은 이러한 국민의 결정을 받아들이려고 하지 않았다. 그들은 5월 15일 의사당에 침입하여 의회의 해산과 새로운 임시정부 수립을 요구하였다. 이 폭동은 노동자와 급진세력에 대한 시민계급의 두려움을 더욱 강화시켰다. 그리하여 정부는 그 동안 별로 일거리도 없이 소일하고 있는 노동자를 먹이고 수당까지 지불하고 있던 국립작업장이 오히려 폭동의 온상지임을 깨닫고 이를 폐쇄하는 동시에 여기 속한 노동자에게는 군대를 지원하거나 지방의 일자리를 찾도록 명령하였다. 파리의 노동자들은 이에 반항하여 6월 23일부터 26일에 걸쳐 격심한 폭동을 일으켰으나, 카베냑(Cavaignac) 장군의 군대에 의하여 진압되었다.

6월폭동 후 파리에는 계엄령이 선포되고, 계엄 하에서 새로운 공화제헌법이 제정되었다. 그것은 노동권을 삭제하였을 뿐 보통선거로 선출되는 단원제의회와 임기 4년의 대통령을 행정수반으로 규정한 민주적인 헌법이었다. 이 헌법에 입각하여 1848년 12월에 대통령선거가 실시되었으나 그 결과는 놀라운 것이었다. 800만에 달하는 투표에서 진정한 공화파의 세 입후보자는 불과 50만에 미달되는 득표밖에 얻지 못하고, 그 동안 실질적으로 파리를 군사적으로 지배해 온 카베냑 장군이 150만표를 얻었으며, 나폴레옹의 조카 루이 나폴레옹 보나파르트(Louis Napoléon Bonaparte, 1803~1873)가 550만표라는 압도적 다수표로 신생공화국의 대통령에 당선되었다.

2월혁명의 특색은 그것이 기본적으로는 자유주의 혁명이면서도 거기에 노동자와 사회주의자가 적극 참여하였다는 점에 있다. 그 결과 당시로서는 급진적이며 사회주의적인 정책이 채택되고, 그것이 시민계급과 보수적인 농민층에 두려움을 낳게 하였으며, 계급투쟁의 양상을 띤 6월폭동은 민심을 결정적으로 노동자와 사회주의자로부터 따나게 하였다. 이러한 사태의 진전과 민심의 동향, 그리고 1840년 센트 헬레나로부터 그 유해가 파리로 돌아온 나폴레옹의 후광이 그 사람됨과 정치적 신념이 별로 알려지지도 않았던 루이 나폴레옹을 대통령으로 당선시켰던 것이다.

2月革命의 영향

2월혁명의 영향은 7월혁명보다 훨씬 컸으며, 유럽 각처에서 자유주의와 민족주의 운동이 전개되었다.

1840년대의 이탈리아에서는 세 개의 자유주의세력이 형성되고 있었다. 그 중 사르데냐(피에몬트) 왕국과 교황을 중심으로 한 두 파는 비교적 온건하였고, 이탈리아가 낳은 위대한 이상주의적인 민족주의자 마치니(Mazzini, 1805~1872)를 중심으로 한 제3의 자유주의세력은 이탈리아가 민주적 공화국으로 통일되어야 한다고 주장하였다. 마치니는 '靑年이탈리아당'(the Young Italy)을 창건하고, 독일과 폴란드 등에서도 이와 유사한 집단의 형성을 지원하여 '靑年유럽당'(the Young Europe)이라는 연합체를 구성하였다.

2월혁명 직전(1848년 1월) 나폴리에서 발생한 혁명은 온건한 자유주의 헌법을 획득하고, 2월혁명 직후 사르데냐왕국과 교황 피우스 9세(Pius IX, 1846~1878)가 나폴리의 예를 따랐다. 빈에서 혁명이 일어났다는 소식이 전해지자 오스트리아의 지배 하에 있던 밀라노에서 혁명이 발생하여 성공하고, 베네치아에서는 공화국이 수립되었다. 이러한 혁명의 성공과 더불어 사르데냐를 중심으로 오스트리아의 세력을 완전히 추방하려는 민족해방의 聖戰이 일어나고, 나폴리와 교황이 지원군을 파견하였다. 이탈리아에서 모처럼 민족주의와 자유주의가 승리할듯이 보였다. 그러나 사르데냐의 급격한 세력팽창은 다른 국가들의 두려움과 시기심을 자아내고 교황은 초국가적인 가톨릭의 영도자라는 입장을 내세워 중립을 선언하였으며 나폴리도 지원군을 철수하였다. 홀로 남은 사르데냐군은 쿠스토차(Custozza)에서 오스트리아군에게 격파당하였다(1848년 7월). 이탈리아의 혁명은 이로써 좌절된 듯이 보였으나 그 해 11월에 로마의 급진파가 혁명을 일으켜 마치니를 수반으로 하는 로마 공화국을 수립하고, 이들 급진파의 압력으로 사르데냐왕은 1849년 3월 다시 한번 오스트리아에 도전하였다. 그러나 노바라(Novara)에서 패하고, 이어 오스트

리아군은 베네치아를, 그리고 프랑스군은 로마 공화국을 쓰러뜨렸다. 이로써 1848
년의 이탈리아 혁명은 좌절되었다.

2월혁명의 영향은 곧 프랑스에 인접해 있는 서부 독일의 여러 국가들에게 파급
되어 자유주의적인 헌법이 채택되고 3월에는 베를린과 빈에서 혁명이 발생하였다
(3월혁명). 프로이센의 프리드리히 빌헬름 4세(1840~1861)는 자유주의자와 민족주
의자의 요구를 받아들이고, 새로운 헌법을 약속하였다. 그러나 혁명세력은 지도적
조직이나 명확한 통일된 개혁안이 없었고, 개혁은 국왕의 선의에 맡겨진 셈이었
다. 그러나 혁명적 분위기는 독일 전체에 고조되었고, 그러한 상황에서 1848년 5
월에는 보통선거로 선출된 독일의 각 연방대표들이 프랑크푸르트의 聖 바울대성
당에 모여 독일연방의 자유주의적인 개혁과 통일과업에 나섰다. 이 프랑크푸르트
의회를 구성한 전독일의 대표들은 대학교수와 교사, 그리고 법률가 등 독일지식층
을 대표하는 사람들이 많았으나 독일민중의 넓은 기반은 갖고 있지 않았다.[3] 그들
은 통일된 독일의 영역에서 非독일인지역을 제외할 것을 원칙으로 정하고, 통일의
중심으로 오스트리아를 택하려는 大독일주의와 프로이센 중심의 小독일주의문제
에 있어서는 후자를 택하였다. 이어 1849년 3월 미국의 연방제도와 영국의회의 관
례를 참작하여 자유주의적인 통일헌법을 마련하고, 프로이센왕을 황제로 선출하
였다.[4] 이 때는 이미 지난 해 가을부터 일기 시작한 반혁명이 강화되어가고 있던 때
였기 때문에 프리드리히 빌헬름 4세는 혁명적 의회가 만들어낸 帝冠은 받을 수 없다
고 거절하였다. 프랑크푸르트 의회의 노력은 이로써 수포로 돌아갔다. 한편 자유주
의에 양보했던 독일군주들도 양보를 철회하거나 축소하고, 프로이센왕은 1850년 헌
법을 제정하였으나, 그것은 3월혁명의 산물이 아니라 반혁명의 산물이었다. 즉, 노
동자와 중산계급하층을 기반으로 한 사회주의자를 비롯한 과격파를 두려워하게 된
부르주아지 및 지배층인 융커(土地貴族)의 지배와 종래의 전제정치를 확인하는 '外觀
上의 立憲主義'(Scheinkonstitutionalismus)에 불과하였다.[5]

독일과 이탈리아에서의 혁명은 사실 오스트리아에서의 혁명의 결과에 크게 좌

---

3) 830명의 대표 중 법관을 포함한 법률가가 223, 교사 57, 대학교수 49, 성직자 33, 의사
   18명이었으며, 그 밖에 약 140명의 사업가가 있었으나, 농민출신은 단 1명뿐이었고,
   노동자는 한 명도 없었다.
4) 프랑크푸르트의회가 작성한 통일헌법은 입헌군주인 독일황제 밑에 양원제 입법부를
   가진다. 상원은 제국을 구성하는 각국 정부와 입법부가 선임하는 의원으로 구성되고,
   하원은 성년남자의 보통선거로 구성된다. 중앙정부를 구성하는 장관들은 입법부에
   책임을 지며, 구성국가들은 중앙정부에 많은 권한을 양도하는 것으로 되어 있다. 통
   일이 달성된 후의 제국헌법에 비하여 보다 더 헌정적이고 자유주의적이었다.
5) 1850년의 프로이센헌법은 통일 후에도 그대로 존속하여 1918년까지 효력을 발생하였
   다. 그 내용에 관해서는 독일제국의 건설항목에서 설명하겠다.

우되었으며, 오스트리아가 수많은 소수민족을 거느린 복잡한 국가였기 때문에 그 곳의 혁명 또한 복잡한 양상을 띠었다. 2월혁명의 소식이 전해지자 3월에 빈, 헝가리, 그리고 보헤미아에서 거의 동시에 혁명이 발생하였다. 빈에서는 3월 12일 노동자와 대학생이 궐기하여 메테르니히가 영국으로 망명하고, 5월에는 혁명위원회가 실질적으로 빈을 지배하게 되었으며, 7월에 소집된 제헌의회는 9월에 개혁안을 마련하고 농민의 부역의무를 폐지하였다.

헝가리에서는 마자르족의 급진적인 민족주의 지도자인 코수트(Louis Kossuth, 1802~1894)를 중심으로 정치적 자치권을 획득하고, 선거에 의한 의회와 이에 입각한 정부를 수립하는 한편, 귀족의 면세특권과 농노제를 폐지하였다(3월법). 그러나 의원자격으로 마자르어를 필수조건으로 규정한 결과 다른 소수민족의 반감을 사게 되었다.

거의 같은 시기에 보헤미아의 프라하에서는 체코의 민족주의자들이 헝가리와 동일한 권리를 요구하고, 1848년 6월에는 汎슬라브회의를 소집하여 슬라브족의 단결을 촉진하였다. 그들이 시위를 벌이던 중 우연히 오스트리아의 프라하 주둔군사령관 빈디슈그레츠(Windischgrätz)의 부인이 살해된 사건이 발생하였다. 빈디슈그레츠는 지체없이 프라하를 포격하여 혁명파를 분쇄하고 보헤미아를 군사적으로 지배하였다. 反혁명이 시작된 것이다.

오스트리아군은 이탈리아에서도 사르데냐군을 격파하고 있었다. 9월에 오스트리아는 헝가리에서의 차별대우에 불만을 가진 크로아티아인으로 하여금 마자르족을 공격하게 하고, 이에 분격한 빈의 혁명파가 마자르족에 대한 지지를 성명하고 오스트리아가 민주공화국임을 선언하였다. 10월 말 빈디슈그레츠의 오스트리아군은 빈을 공격하여 이를 점령하고 혁명파 지도자를 처형하였다. 11月에는 빈디슈그레츠와 남매간인 슈바르첸베르크公(Schwarzenberg, 1800~1852)이 내각을 조직하여 무능한 페르디난드 대신 그의 조카 프란츠 요제프(Franz Joseph, 1848~1916)를 황제에 즉위시키고, 前 황제의 모든 약속은 무효라고 선언하였다. 이에 분격한 마자르족은 항전을 계속하면서 1849년 4월에는 독립공화국을 선언하고 코수트를 행정수반으로 추대하였다. 이러한 사태가 폴란드에 미칠영향을 염려한 러시아가 오스트리아에 지원을 제의하고, 이를 받아들인 오스트리아군은 1849년 8월 헝가리공화국의 저항을 분쇄하였다. 오스트리아의 3월혁명 또한 反혁명의 승리로 끝났다.

1848년의 혁명은 1830년에 비하여 강도에 있어서나 규모에 있어 훨씬 강하고 컸다. 그러나 동유럽과 이탈리아에서의 자유주의와 민족주의운동은 1848년에도 反혁명 앞에 좌절되고 말았다. 그것은 자유주의자나 민족주의자들이 1830년의 교훈을 제대로 살리지 못한 데 주된 원인이 있었다. 그들에게는 여전히 조직과 훈련이 미비하였고, 현실감각과 정치감각이 부족하였으며, 무엇보다도 자유의식을 민중 속에 널리 깊게 뿌리박는 작업을 소홀히 하였다.

그러나 실패의 원인은 그것만이 아니었다. 헝가리에 있어서와 같이 편협한 배타적인 민족주의는 자신의 좌절을 초래하였을 뿐 아니라, 자유주의까지도 손상시켰으며, 노동자나 사회주의자의 때이른 과격한 개혁의 성급한 요구는 당시로서는 자유주의와 민족주의에 분열만을 초래하였던 것이다.

1848년의 좌절에도 불구하고 자유주의와 민족주의는 역사발전의 주된 추진력으로 남았다. 다만 1848년의 혁명은 산업혁명으로 방출된 사회적 힘과 그것이 제기한 새로운 문제들이 결코 만만치 않다는 것을 보여주었으며, 앞으로의 역사진전은 이들 3자의 교차 속에서 이루어질 것임을 시사하였다. 유럽의 역사는 새로운 국면에 접어들고 있었다.

英國의 자유주의 개혁

19세기 전반기에 유럽대륙이 반동과 혁명의 소용돌이 속에 휘말려 있을 때, 영국만은 구체적인 정치문제를 중심으로 혁명이나 폭력에 의하지 않고 착실하게 점진적으로 자유주의적인 개혁을 달성해 나갔다. 이미 18세기 중엽에 거대한 식민지 제국을 건설하고 18세기 말에는 본격적인 산업혁명이 진행되고 있던 영국은 나폴레옹몰락 후의 메테르니히를 중심으로 한 보수적인 빈체제와 보조를 같이 하지 않았다. 국내문제에 있어서도 1828년에는 심사령을 폐지하여 非국교도인 신교도에게 관직을 개방하고, 다음 해에는 가톨릭교도에 대한 해방령(Catholic Emancipation Act)을 통하여 가톨릭교도에게도 시민적 자유와 권리를 부여하였다.

1830년대에 들어서면서 영국의 가장 중요한 정치문제로 부각된 것은 의회의 개혁 문제로서, 이는 바로 산업혁명의 진행에 따른 인구이동과 사회구조의 변화에서 제기되었다. 영국의회는 명예혁명 이래 아무런 변화도 없었고, 여전히 지주층인 젠트리와 약간의 자유직업인 및 대상인과 금융가들로 구성되어 있었으며, 유권자의 수는 성년남자의 6분의 1에 미달하였다. 그러나 산업혁명의 진행에 따라 중산계급의 힘이 강화되면서 새로이 신흥자본가와 노동자계급이 형성되고, 신흥공업도시의 출현과 더불어 농촌인구의 도시로의 이동현상이 현저해졌다. 이러한 사회경제적 변화는 의회구성과 선거법의 모순을 드러내고, 이의 개혁을 거의 불가피하게 만들었다. 즉, 1831년에 인구 300만을 좀 넘는 남부 10州가 의회에서 236석을 차지하고 있는 반면, 400만에 가까운 북부 6州는 불과 68명의 의원을 선출할 뿐이었다. 이보다 더 심한 모순은 이른바 부패선거구(rotten boroughs)였다. 이는 그 동안의 인구이동이나 지형의 변화로 거의 유권자가 없어진 선거구로서, 이를테면 50명 미만의 유권자가 2명의 의원을 선출하는 경우가 있는가하면, 단윅(Danwick)의 선거구는 그 대부분이 바다에 매몰되어 선박 위에서 투표를 하는 형편이었다. 그 반면 맨체스터나 리버풀과 같은 신흥공업도시는 독립된 선거구를 구성하지 못하고 있었던 것이다.

선거법개정에 대한 요구는 이미 일찍부터 있어 왔고, 1820년대에 더욱 강화되었다. 따라서 1831년 휘그당은 선거법개정안(Reform Bill)을 의회에 제출하였으나 상원에서의 토리당의 반대로 번번히 좌절되어 사태가 악화되고 혁명직전의 험악한 상황에까지 이르렀다. 이에 반대자들도 한 풀 꺾이어 1832년 6월 선거법개정안이 의회를 통과하게 되었다. 그 주된 내용은 50개 이상의 부패선거구를 없애고 이를 신흥공업도시에 배정하는 한편, 선거자격을 완화하여 토지소유 이외에 동산소유를 자격에 포함시킨 결과 유권자의 수는 약 50%가 증가하여 신흥자본가를 포함한 거의 모든 중산계급이 투표권을 획득하였다. 이 선거법개정은 아직 노동자들에게는 투표권을 주지 않았으나, 자유주의의 커다란 승리였으며, 영국의 민주적 발전의 첫 걸음이기도 하였다.

선거법개정은 정당에 변화를 가져오게 되었다. 휘그당은 산업자본가를 비롯한 진보적인 중산계급출신자를 맞이하여 자유당(Liberals)이 되고, 토리당도 농촌과 영국국교회를 기반으로 하는 보수당(Conservatives)으로 개편되었다. 1832년 이후에도 선거법이 거듭 개정되면서 선거권이 확대되자 두 정당은 대중정당으로 성장하게 되었다. 자유당과 보수당은 그 지지세력에 차이가 있기는 하였으나 결코 계급적인 것은 아니었고, 전자가 진보적이고 후자가 보수적이라는 차이도 있었으나 그렇게 선명한 것은 아니었다. 오히려 두 정당은 일찍이 확립된 의회정치의 전통에 입각하여 타협과 선의의 경쟁을 통하여 영국의 자유주의적인 발전에 공헌하였다.

산업부르주아지는 선거법개정에 이어 또 하나의 승리를 거두었다. 그것은 1846년의 곡물법(Corn Law)의 폐기였다. 이 곡물법은 국내 지주들의 이익을 옹호하기 위하여 외국으로부터의 곡물수입을 제한하는 것이었는 바, 그것은 곡가를 높게 유지함으로써 임금에 압박을 주고, 공업제품의 가격을 인상시키는 결과를 가져왔다. 그러므로 산업자본가 출신인 맨체스터의 코브덴(R. Cobden)과 브라이트(J. Bright) 등은 반곡물법동맹(Anti Corn-Law League)을 결성하여 이의 반대운동에 나섰고, 1846년 이를 폐기시키는 데 성공한 것이다. 이와 더불어 원료와 공업제품에 대한 보호관세도 차례로 폐지되고, 1849년에는 항해조례도 폐지되었다. 이는 산업자본의 승리와 자유방임주의의 확립을 뜻하는 것으로서, 영국은 이제 완전한 자유무역국가가 되었다. 그것이 가능했던 것은 영국이 가장 선진적인 공업국가인 동시에, 최대의 해운국이요, 광대한 식민지보유국이었기 때문이다.

제 2 절 産業革命에의 對應

古典經濟學

산업혁명으로 야기된 급격한 사회변동에 대하여 고전적 자유주의자들은 개인주의에 입각한 자유경쟁과 자유방임을 기본적인 신념으로 삼았다. 고전경제학의 초석을 놓은 애덤 스미스의 경우 중상주의적인 간섭과 통제로부터 경제활동이 해방되어 개인의 자유로운 활동에 맡겨진다면 경제의 발전은 물론이지만 사회 전체의 복지가 증진될 것이라는 미래에 대한 낙관적이고 밝은 전망이 있었다. 그러나 19세기 초의 맬더스(T.R. Malthus, 1766~1834)와 리카도(D. Ricardo, 1772~1823)의 경우는 그렇지가 않았다. 맬더스는 그의 《人口論》(*Essay on the Principles of Population,* 1798)에서 "인구는 억제되지 않으면 기하급수적으로 증가하고, 식량은 산수급수적으로 증가할 뿐"이라는 유명한 인구법칙을 제시하고 인구의 무한한 증가는 빈곤과 악덕을 낳고 노동자의 임금을 저하시킨다고 설명하였다. 그러므로 노동자의 빈곤의 주된 책임은 양육할 자신도 없으면서 일찍 혼인하여 아이를 낳는 노동자 자신에게 있으며 이에 대한 시정책은 만혼과 출산율의 저하이지만 그것이 잘 이행될지 의문이라고 비관적인 태도를 취하였다.

리카도는 한 술 더 떠서 노동자의 임금은 언제나 굶주림을 면할 정도의 저임금에 머물 수밖에 없다는 이른바 '임금의 철칙'(Iron Law of Wages)을 제시하였다. 즉, 그에 의하면 경제를 움직이는 세 가지 큰 힘은 토지나 광산의 소유자가 받는 地代, 기업가가 챙기는 이윤, 그리고 노동자가 받는 임금인 바, 지대의 몫이 커지는 반면에 이윤과 임금의 몫은 줄고, 그나마 임금은 노동시장의 수요공급의 원칙과 인구의 압력으로 언제나 최저임금의 수준을 유지하게 된다는 것이다.

맬더스와 리카도의 이러한 견해는 경제학을 '우울한 학문'(dismal science)으로 만들었으며 자본가들의 입장과 이익을 옹호하는 결과가 되었다. 그러나 고전 경제학을 완성시킨 존 스튜어트 밀(John Stewart Mill, 1806~1873)은 그들과 달랐다. 그는 노동자의 저임금의 적극적인 시정책을 주장하고 말기에는 사회주의자들의 온건한 해결책도 부분적으로 수용하였다. 그는 노동자가 조합을 결성하고 협동체를 조직하여 높은 임금을 받고 이윤의 일부를 받도록 허용되어야 한다고 주장한 것이다. 그는 또한 보통선거권을 요구하고 이를 위하여 최소한도의 의무교육의 실시를 주장하였으며, 여성해방운동의 선구자이기도 하였다. 밀은 그의 《自由論》(*On Liberty*)에서도 볼 수 있듯이 철저한 자유주의자로서 개인의 자유와 권리의 옹호자였으나 고전적 자유주의 경제학자였던 맬더스나 리카도와는 달리 산업화에 수반되는 폐단에 대한 적극적인 시정과 개혁을 주장함으로써 자유주의에 유연성을 부여하고 자유주의와 민주주의를 결합시키는 길로 나아갔다.

民主的 急進主義

민주적 급진주의(democratic radicalism)는 자유주의에 비하여 더 급진적이고 민중적이었다. 프랑스혁명의 자코뱅, 특히 1793~1794년의 자코뱅파의 주장에 그 기원을 갖는 민주적 급진주의는[6] 자유주의가 주장하는 개인의 기본적인 자유에 기초를 두면서도 도시와 농촌의 하층민에 대하여 더 큰 관심을 두고 있었다. 그들은 정치적으로는 적어도 성년남자의 보통선거를 통하여 민중의 소리와 주장이 정치에 반영되기를 원하고, 정부형태로서는 공화정을 선호하였다. 사회경제적으로는 실질적인 평등의 달성에 중점을 두고 빈부의 격차를 될 수 있는대로 축소하려 하였으며, 노동계급의 빈곤을 적극적으로 시정하려하였다. 그러나 그들은 사회주의자와는 달리 사유재산을 부정하지 않고 오히려 사회의 모든 구성원이 작은 규모나마 재산소유자가 되기를 바랬고 사회전체의 집단화나 전면적인 국가통제를 거부하였다. 그 사회적 기반은 소규모 기업가, 상점주, 중소 토지보유농, 화이트 칼라 노동자, 독립적 수공업자 등 중산계급 하층(lower middle class), 즉 이른바 소시민층(petty bourgeoisie)이었다. 자본주의의 발전이 그들의 사회적 지위와 재산에 위협을 가하는데 강력하게 반발하고 저항하면서 노동자들을 이끌고 그들에게도 소규모의 재산소유자가 될 기회를 부여하려고 하였다. 그렇기 때문에 19세기를 통하여 이 소시민층의 이데올로기인 민주적 급진주의는 의외로 많은 노동자들을 그 진영에 끌어들일 수 있었다.

初期 社會主義

고전적 자유주의는 정치나 경제에서 자본주의를 옹호하고 그것의 발전을 지원하는 이데올로기로 작용하였다. 이에 대하여 자본주의와 자유주의를 전면적으로 거부하거나 부정하지는 않지만 보다 더 실질적으로 평등한 사회를 건설하고저 하는 소시민층 중심의 민주적 급진주의가 등장하였다. 그러나 이 민주적 급진주의는 이데올로기로서의 일관된 체계를 갖추지 않았고 다분히 심정적이고 윤리적인 성

---

6) 그렇기 때문에 민주적 급진주의를 자코뱅주의(jacobinism)이라고도 한다.

격이 강하였다. 이에 대하여 가난한 자와 노동자들에 대한 동정에 있어서 민주적 급진주의자와 궤를 같이하면서도 자본주의 그 자체를 부정하고 사회를 완전히 새롭게 재조직하려는 보다 더 확고하고 체계적인 이론에 입각한 사회주의(Socialism)가 등장하였다. 그들은 자유방임이 아니라 정부가 경제와 산업을 합리적으로 조직하고 운영해야 하며, 가난한 사람을 돕고 부자와 자본가로부터 보호해야 하며, 사유재산을 폐지하고 생산수단을 국가나 사회가 소유해야 한다고 주장하였다. 이러한 주장은 19세기의 여러 갈래의 사회주의에 공통되는 점이지만 초기 사회주의자들은 새로운 사회주의 사회를 건설함에 있어 폭력이나 혁명이 아니라 이상적인 공동체를 제시하고 설득을 통하여 그들의 목적을 달성하려고 한 데 그 특징이 있으며, 바로 이러한 점에서 마르크스와 엥겔스는 그것을 '공상적 사회주의' (utopian socialism)라고 불렀다.[7]

프랑스의 귀족출신인 생-시몽(Claude Henri de Saint-Simon, 1760~1825)은 산업화의 거대한 가능성과 미래의 진보를 인식하고 그것에 걸맞는 새로운 사회 조직을 제안하였다. 그의 새로운 사회에서는 국왕과 귀족, 그리고 성직자 등은 쓸모없는 寄生的인 '有閑者'(les oisifs)로 배제되고, 생산적인 일에 종사하는 '産業人' (les industriels)이 생산과 경제를 조직하여 사회를 주도한다. 그런데 그의 산업인의 범주에는 비단 산업가만이 아니라 과학자와 기술자에 보태어 예술가와 같은 창조적이고 생산적인 시민이 광범하게 포함되어 있다. 사회의 지도적 위치가 주어지지는 않았으나 육체노동자도 산업인에 포함되었으며 생-시몽은 사회의 모든 제도는 가난한 사람들의 생활개선을 목표로 삼아야 한다고 진지하게 주장하였다. 따라서 생-시몽의 후계자들은 한편으로는 사유재산을 부정하는 사회주의의 길을 택하고 다른 한편으로는 적극적으로 산업화를 추진시키려는 산업주의로 나갔으며 그것은 부자나 빈자 모두에게 혜택을 줄 것이라는 생각에서이기도 하였다. 여하튼 생-시몽주의(Saint-Simonism)는 사회주의를 산업화를 통한 진보와 밀접하게 결합시켰다.

이에 비하면 푸리에(Charles Fourier, 1772~1837)는 공상적 사회주의자 중에서도 가장 공상적이었다. 그는 현존사회의 제도와 생활을 부정하고 농업과 공업생산이 같이 행하여지고 노동이 즐거움이 될 수 있는 1,620명의 주민을 가진 이상적인 공동체(phalanstére)를 토대로 한 새로운 사회의 건설을 제안하였다. 또한 결혼의 폐지, 性의 완전한 자유, 그리고 철저한 여성해방을 주장하기도 하였다. 그는 매일

---

7) 사회주의와 노동운동에 관해서는 Albert S. Lindemann, A History of European Socialism (1983): Dick Geary, ed., Labour and Socialist Movements in Europe before 1914 (1989) 등에 주로 의존하였다.

정오에 그의 아파트에서 그의 계획에 투자할 사람을 헛되이 기다렸다. 그러나 미국에는 그의 이상촌을 본받은 몇 개의 공동체가 설립되었다.

루이 블랑(Louis Blanc, 1811~1882)이 그의 《노동의 조직》(1839)에서 제안한 내용은 그렇게 공상적인 것은 아니었다. 그는 자본주의의 자유경쟁의 폐단과 노동자의 가중되는 빈곤과 비참을 지적하고, 공업과 농업분야에서의 '사회작업장' (ateliers sociaux)의 설치를 제안하였다. 이 작업장은 우애와 연대의 원리에 입각한 협동체이며 생산수단은 물론이요, 생산이윤도 공유한다. 이러한 작업장은 의회의 입법으로 설립되며, 설립 첫해는 관리직이 정부에 의하여 임명되지만 다음 해부터는 노동자들의 자율에 맡겨진다. 이러한 작업장은 전 생산분야에 확산되어 자본주의의 개인기업에 승리하게 되지만 그 과정은 국가권력의 강압에 의한 것이 아니라 양자간의 평화로운 선의의 경쟁으로 이루어진다. 블랑은 그가 제안한 사회작업장이 기능면에서나 생산성에서 자본주의의 개인 기업보다 월등 우수하기 때문에 사회작업장을 근간으로 한 사회주의 체제로의 변화를 낙관하였다. 그리고 그 대전제로 보통선거에 의한 민주적인 의회와 정부의 수립이 필요하다고 생각하였다. 2월혁명 직후 루이 블랑은 노동문제를 전담할 루크상부르(Luxembourg) 위원회의 위원장직을 맡았으나 온건한 공화파에 밀려 뜻을 제대로 펴지 못하고 6월폭동이 진압된 후 그는 영국으로 망명하였다.[8]

영국의 사업가였던 로버트 오웬(Robert Owen, 1771~1858)은 스코틀랜드의 뉴라나크(New Lanark)의 섬유공장을 당시로서는 가장 모범적으로 운영하여 전 유럽의 관심을 끌었다. 그는 푸리에보다는 산업화가 지니는 의의를 인식하고 이를 긍정적으로 받아들였으나 공장제도의 폐단을 지적하고 일반적인 행복을 확보하는 최상의 길은 자유시장제도를 통한 생산력의 증대가 아니라 조화로운 협동과 합리적인 계획이라고 믿었다. 그리하여 그는 실업자로 구성된 자급자족의 농업적인 공동체인 '협동촌락'(Villages of Cooperation)을 구상하였으나 아무런 호응도 받지못하였다. 그는 다시 1824년에 미국으로 건너가서 인디애나주의 하모니에 '뉴 하모니'(New Harmony)라는 이상적인 공동체를 건설하였다. 여기서는 재산의 공유와 협동적 생산, 그리고 평등한 분배를 원칙으로 삼았으며, 운영도 구성원의 민주적인 참여와 통제로 이루어졌다. 그러나 이 실험도 얼마 안가서 실패로 돌아가고 1828년에 거의 파산상태로 영국으로 돌아온 오웬은 당시 본격적으로 진행되기 시작한 노동운동과 노동자의 복지향상에 나머지 생애를 바쳤다.

---

8) 루이 블랑에 관해서는 拙稿, '19世紀前半期의 社會運動과 勞動思想 ─ Louis Blanc을 中心으로', 서울大學校 人文論叢, 제19집(1987) 참조.

마르크스주의

1840년대에 이르러 다분히 공상적이고 평화로운 변혁의 길을 택하고 있던 다양한 초기 사회주의는 독일의 칼 마르크스(Karl Marx, 1818~1883)와 그의 동료 프리드리히 엥겔스(Friedrich Engels, 1820~1895)에 의하여 과학적인 혁명적 사회주의로 발전하였다. 마르크스는 나폴레옹 몰락 후 프로이센의 영토가 된 트리에르(Trier)의 그리스도교로 개종한 유대인 법률가의 아들로 태어나서 베를린대학에서 철학을 전공한 후 신문편집인이 되었다. 그러나 그의 과격한 논조는 프로이센 정부의 탄압을 초래하여 신문은 폐간되고 1843년 가을에 마르크스는 귀족가문 출신으로서 그의 험난한 일생의 둘도 없는 훌륭한 반려요 내조자가 된 아내 제니(Jenny von Westphalen)와 함께 파리로 망명하였으며 여기서 그는 엥겔스를 만나 깊은 우정을 꽃피우게 되었다. 엥겔스는 바르멘(Barmen)의 경건한 그리스도교 집안 출신으로서 맨체스터의 섬유공장 운영을 맡고 있었다. 그는 학문과 혁명운동에 있어 마르크스의 좋은 협조자였으며 1849년 이후 런던에 자리잡은 마르크스의 곤궁한 생활을 물질적으로 꾸준히 돕기도 하였다. 마르크스의 거대한 업적 뒤에는 애정어린 제니의 내조와 엥겔스의 변함없는 우정과 지원이 있었다.

마르크스의 정치경제학과 혁명이론은 당대의 독일철학, 프랑스의 초기 사회주의 그리고 영국의 고전경제학을 두루 섭렵하고 집대성하여 독자적인 체계를 이룩한 것이었다. 마르크스는 헤겔의 변증법을 전도시켜 유물론과 결합시킴으로써 유물변증법을 주장하고, 이를 역사발전에 적용하여 유물사관과 계급투쟁론을 제시하였다. 그에 의하면 사회발전의 원동력은 경제적 생산력이며 일정한 생산력의 발전단계는 그것에 상응한 일정한 생산양식을 낳고 생산을 통제하고 지배하는 계급과 생산노동을 제공하는 피지배계급이 나타난다. 이 생산양식이 사회의 '토대' 내지 하부구조(sub-structure)이며 모든 제도와 정치 그리고 예술과 같은 문화의 상부구조(superstructure)가 그 위에 구축된다. 현실적인 역사의 진행과 발전은 한 사회 내에서 서로 대립하는 계급의 투쟁과정이다. 그러므로 "여태까지 존재한 모든 사회의 역사는 계급투쟁의 역사다."(《공산당 선언》) 발전하는 생산력과 이에 따라 변화하는 생산양식은 "자유민과 노예, 귀족과 평민, 영주와 농노, 길드의 장인과 직인" 간의 계급투쟁을 낳았고 길드제도는 소자본가의 매뉴팩처 단계를 거쳐 '巨大한 현대산업', 즉 자본주의로 이어졌다.

마르크스는 자본주의체제가 놀라울 정도의 비약적인 생산력의 발전을 가져왔다는 사실을 시인한다. 그러나 자본가들, 즉 부르주아지는 노동자의 노동에 합당한 임금을 지불하지 않고 그 노동의 잉여가치(surplus value)를 착취하여 부를 축적한다. 그러나 기술이 발달함에 따라 기계가 인간노동을 대체하는 비율이 높아지고 그 결과 노동의 잉여가치가 감소한다. 그럴수록 자본가는 보다 더 가혹하게 노동자를 착취하게 되며, 기계사용의 증대는 노동자의 실업을 증가시켜 '실업자의 예비군'이 형성된다. 이 모든 요인이 노동자의 임금을 생계수준에 머물게 하며 노동자의 빈곤과 비참은 참을 수 있는 한계를 넘고 프롤레타리아 혁명이 폭발하게 된다.

한편 자본주의 체제의 내적 논리에 따라 경기변동이 되풀이 되며 자본가는 살아남기 위하여 그의 기업을 키워야 하고 자본의 축적과 투자를 증대해야 한다. 그 결과 거대기업이 출현하고 자본의 집중과 독점현상이 나타남으로써 자본주의는 그 자체의 기본원리에 위배되는 방향으로 나아가며 내부적으로 붕괴한다. 뿐만 아니라 그 과정에서 중소기업과 소시민층이 몰락하고 사회계급은 부르주아지와 프롤레타리아만 남게 되어 계급투쟁이 첨예화하고 혁명을 통하여 프롤레타리아가 최종적으로 승리한다. 그럼으로써 착취와 계급없는 공산주의 사회가 출현하고 지배계급이 다른 계급을 억압하기 위한 조직적 권력인 국가도 소멸한다. 그 후의 사회주의 및 공산주의 사회에 관한 청사진을 마르크스나 엥겔스는 뚜렷하게 구체적으로 제시하지 않고 있다. 다만 1848년 1월에 독일계 공산주의자 모임인 공산주의자연맹(Communist League)의 위촉으로 두 사람이 공동작성한 《공산당 선언》(*Communist Manifesto*)은 "구성원 각자의 자유로운 발전이 전 구성원의 자유로운 발전의 조건이 되는 협동체를 갖게 될 것"이라고만 기술하고 있다. 마르크스의 이론 체계의 윤곽은 이 《공산당 선언》에 그 골격이 나타나 있으며 자본주의에 대한 보다 더 정밀한 분석은 그의 주저인 《資本論》에 담겨져 있다.[9]

無政府主義

무정부주의(anarchism)의 어원은 그리스어의 an-archos로 '無 지도자'를 뜻하며 좀 더 느슨하게는 '無 권위'를 뜻한다. 이러한 말의 뜻대로 무정부주의자는 모든 권위를 부정하며 그 중에서도 특히 권위와 국가권력의 억압수단인 경찰과 군대, 관료와 법원을 부와 재산의 착취와 불평등의 옹호자로 공격하고 그것들을 폐기할 것을 주장한다. 그들은 국가를 소멸시킴으로써 현존 사회질서를 뒤집고 권위주의의 억압과 불평등, 그리고 착취를 폐지하고 정의에 입각한 새로운 사회건설을 목표로 삼는다. 그들에게는 당연하게도 시조의 권위를 지닌 이론가가 없어 각자의 주장이 다양하기도 하지만 이론만이 아니라 행동을 중요시하는 점에서는 공통된다. 일부 무정부주의자는 폭탄투척, 다이너마이트 폭파, 암살 등 매우 과격한 직접

---

9) 첫째권은 1867년에 출판되었으나 나머지 2권은 마르크스의 사후 그의 연구노트를 정리하여 출판되었다.

적인 행동을 취하고 그러한 폭력적인 행동으로 민중을 자극하여 압제자 타도에 나서게 하려 한다. 그들은 모두가 폭력적인 행동가는 아니지만 그러한 행동을 용인하고 혁명가를 자처하며 부르주아적이고 자본가적인 현존 사회체제의 급격하고 극적인 변혁을 믿었다. 무정부주의는 마르크스주의와 목표에 있어 유사하였지만 서로 대립하는 경우가 많았다. 무정부주의의 추종자는 주로 수공업자와 가난하고 원시적인 농민이었으며 공업발전이 가장 뒤지고 극도로 빈곤한 지역에서 큰 영향력을 발휘하였다.

프랑스의 프루동(Pierre-Joseph Proudhon, 1809~1865)은 일찍이 《재산이란 무엇인가》(1840)라는 저서에서 재산이란 절도 이외의 아무 것도 아니라고 단정하였다. 그러나 그는 소규모 재산의 소유를 인정하였고 실제로 재산없는 노동자가 소규모 재산소유자가 되기를 원했다. 그는 국가를 부정하고 노동자들이 개별적으로 또는 작은 집단으로 생산수단을 소유하고 자본가에 착취되지 않고 정당한 노동의 열매를 거두어 드릴 수 있는 노동자의 협동체와 그러한 협동체로 구성된 코뮌(자치체)의 연방제를 구상하였다. 1850년대로부터 60년대에 걸쳐 프랑스 노동계는 프루동주의자들의 영향 하에 있었다.

가장 전형적인 무정부주의자는 러시아의 귀족출신인 바쿠닌(Michael Bakunin, 1814~76)이다. 그는 프루동의 영향을 받았으나 프루동보다 훨씬 더 과격하고 폭력적이었다. 현존하는 시민적 제도의 폭력적인 파괴는 혼란과 무법상태를 초래하지 않고 오히려 인간성의 해방을 가져 올 것이라고 바쿠닌은 믿었다. 그는 가장 무식하고 가난하며 사회의 최하층에 있는 사람들이야말로 국가 숭배와 자본가적 관습으로 부패되지 않은 자들이라고 하여 이상화 하였다. 그는 또한 프루동의 개별적인 소유 대신에 대규모의 자발적인 공유협동체를 내세웠으나 프루동의 노동자들의 생산성에 따른 정당한 보수체계는 그대로 받아들였다.

크로포트긴(Peter Kropotkin, 1842~1921) 역시 러시아의 귀족출신으로서 초기에 바쿠닌을 지지하였으나 점차 그 진영을 떠났다. 바쿠닌은 끊임없이 음모와 혁명적 봉기에 종사하였으나 크로포트킨은 그렇지 않았다. 바쿠닌은 부르주아 사회의 파괴에 중점을 두었으나 크로포트킨은 그 후의 건설적인 측면을 강조하였다. 크로포트킨은 프루동이나 바쿠닌이 주장한 노동자의 정당한 보수개념을 부정하고 공산주의적인 무정부주의를 설계하였다. 그것은 별로 새로운 것은 아니었으나 《빵의 정복》(The Conquest of Bread) (1892)에 수록된 그의 글들은 매우 명석하고 호소력을 지니고 있었다. 그는 《상호부조》(Mutual Aid, 1902)에서 인간의 자연적인 결합관계를 논하고 협동과 상호부조를 강조하였다.

그리스도교의 대응

산업화로 야기된 새로운 상황과 제반문제에 대하여 그리스도교 교회의 대응은 그렇게 활발하지 않았다. 19세기 중엽에 그리스도교 사회주의자로 불리워지는 작은 집단이 영국에 나타났는데 그 실체는 영국 국교회의 성직자들로 구성된 개혁주의자들이었다. 그들은 당대의 물질주의를 공격하고 투쟁보다는 형제애를, 착취와 경쟁보다는 단합과 협동을 강조함으로써 계급간의 대립을 완화하고 소멸시키려고 하였다. 그러나 그들은 사회주의자라기보다는 그리스도교적인 입장에서 문제를 해결하고자 하였다. 그 중 대표적인 인물이었던 킹즐리(Chanles Kingsly, 1819~1875)는 성실한 사회소설을 통하여 노동자들의 비참한 생활을 묘사하고 런던에 노동자대학(Working Men's College)을 설립하는 데 협력하였다.

가톨릭교회의 대응도 영국 국교회와 비슷하였으나 그들은 스스로를 보다 더 정확하게 '그리스도교적 민주주의' 내지 '사회적 그리스도교'라고 불렀다. 교황 피우스 9세(1846~1878)는 자유주의에 호감을 보이는 듯 하였으나 2월혁명 후 보수주의로 돌아섰다. 그를 계승한 레오 13세(1878~1903)에 이르러 가톨릭교회는 당대의 사회문제에 정면으로 대응하였다. 그는 1891년에 발표한 《새로운 사물에 관하여》 (*Rerum Novarum*)라는 回勅에서 자본주의의 폐단을 지적하고 사회주의를 공격하면서 자본과 노동은 서로 필요한 존재이므로 그리스도교 정신에 입각하여 문제를 해결할 것을 권고하고 가톨릭의 노동조합결성을 호소하였다.

英國의 勞動運動

산업화에 따라 전개된 19세기의 노동운동은 노동세력의 구조와 구성, 해당국가의 정치체제, 그리고 노동계급에 작용한 이데올로기 등에 따라 각국마다 상이하였다.

산업화가 가장 먼저 진행된 영국에서는 1799년과 1800년에 제정된 결사금지법 (Combination Acts)으로 19세기 초에는 합법적인 노동운동이 불가능하였다. 따라서 기계의 도입으로 임금저하와 실직의 위협을 느낀 일부 노동자들은 1811년부터 1816년에 걸쳐 기계를 파괴하거나 악덕 고용주를 직접 공격하는 방식으로 저항을 시도하였다. 이들 기계파괴주의자들(Ludittes : Luddism)의 일견 원시적이라고도 할 폭력의 사용은 달리 고용주에 저항할 방도를 갖지 못하였던 노동자들의 협박과 위협을 통한 단체협약 행위였다고도 볼 수 있다. 그러나 그들의 저항은 당국의 강력한 억압과 고용주들의 반격으로 실패하였다. 1824년에 결사금지법이 폐기되자 지하에 숨어있던 노동조합과 새로이 결성된 노동조합들의 활동이 활발해졌다. 1829년부터 1832년에 걸친 불경기는 이러한 노동계급의 공세를 한층 더 격

화시켰으며 때마침 미국에서 귀국한 오웬의 영향도 있어 협동주의에 입각한 협동
상점(cooperative shops)등이 생기고, 1834년에는 전국 노동조합 대연맹(Grand
National Consolidated Trade Union : GNCTU)이 결성되었다. 그러나 이것 역
시 고용주들의 반격과 당국의 억압, 그리고 연맹 내의 온건파와 강경파의 대립 등
으로 그해 말에 해체되고 협동상점도 문을 닫았다.

　이러한 움직임과 연관을 가지면서 노동자들은 선거법 개정운동에 열렬히 참가
하여 1832년의 선거법개정에 크게 공헌하였다. 그러나 그들의 기대와는 달리 선거
권이 중산계급에게만 확대되자 노동자들은 배신감과 더불어 중산계급에 대한 적
대적인 계급의식을 강화하게 되었다. 그리하여 그들은 1838년에 보통선거, 비밀투
표, 의원의 재산자격 폐지, 의원에 대한 봉급지불, 평등한 선거구, 매년 의회선거
등의 요구를 담은 인민헌장(People's Charter)을 내걸고 의회로 하여금 이를 승
인하게 하려는 인민헌장 운동(Chartist Movement : Chartism)을 전개하였다.
대규모 집회와 시위, 그리고 백만명이 넘는 대규모 청원과 총파업의 위협 등의 방
법으로 의회에 압력을 가했으나 의회가 이를 거들떠보지도 않고, 노동자들 자신의
조직활동의 미숙, 그리고 지도자들의 단합의 미흡 등으로 1848년의 런던에서의 대
규모 집회를 끝으로 인민헌장운동은 시들어버렸다. 이 운동은 유럽에서 처음 나타
난 노동자계급의 대규모 민주적 정치운동이었으며, 그들의 요구 중 매년 의회선거
를 제외한 나머지는 그 후에 실현되었다.

　인민헌장운동이 실패한 후 영국의 노동운동은 한때 침체국면을 맞이하였으나
19세기 후반에 '신모형 노조'(New Model Trade Union)로도 불리워지는 숙련공
중심의 새로운 노동조합을 주축으로 전개되었다. 조합원들은 같은 직종에 종사하
는 숙련공 중에서도 최고의 엘리트에 속하는 사람들이었으며 그들은 '노동귀족'
(anistocracy of labour)이라고도 불리워졌다.[10] 이러한 조합원의 성격과 당시 아
직도 노조가 적대시되고 있던 상황으로 말미암아 노조활동은 경제투쟁과 공제조
합과 유사한 활동이 주가 되었으며 그나마 온건하고 개량주의적이었다. 1871년의
노동조합법(Trade Union Act)으로 노동조합의 활동이 합법화되고 1875년에는
파업과 피케팅이 용인됨으로써 노조활동은 더 활발해졌으나 직종별 노조들의 기
본성격은 변하지 않았다.

　1889년 여름에 일어난 런던의 부두노동자의 파업을 계기로 영국의 노동운동은
신조합주의(New Unionism)라는 새로운 국면을 맞이하였다. 종전에 노조에서 배

---

10) 노동귀족에 관해서는 간략하나마 朴枝香, '英國勞動組合運動 : 勞動主義의 展開過程',
　　「歷史學報」, 제130집(1991), pp. 139~140 및 p. 149를 참조.

제되었던 미숙련공과 半숙련공들의 전국적인 규모의 조직화가 폭발적으로 진행되고, 1880년대에 활발해진 사회주의의 영향을 받아 신조합주의의 지도자들 대다수가 사회주의자였다. 그러나 영국의 사회주의자나 그 조직체인 1883년에 설립된 사회민주주의협회(Social Democrectic Federation : SDF)나, 1884년에 설립된 페이비언협회(Fabian Society), 그리고 1893년에 설립된 독립노동당(Independent Labour Party : ILP) 등은 계급투쟁과 혁명을 강조하는 마르크스주의가 아니라 개량주의 노선을 추구하였다. 그렇기는 하나 신조합주의의 노조들은 과거 노조들의 온건한 노선에 비하여 훨씬 더 과격했고 파업을 주 무기로 삼았다.

이렇듯 신노조주의로 고양된 노동계급은 종전과 같이 자유당을 통하여 그들의 목적을 달성하려던 고식적인 태도를 버리고 직접 의회에 진출하는 길을 모색하였다. 그리하여 1868년에 영국 노동계급의 총체적인 조직체로 출발한 노동조합회의(Trade Union Congress : TUC)의 주선으로 1900년에 노동조합과 사회주의 단체들이 모여 노동대표위원회(Labour Representation Committee : LRC)를 조직하고 1906년의 선거에서 30석을 확보하자 명칭을 노동당(Labour Party)으로 바꾸었다. 이제 영국의 노동계급은 그들의 이익을 대표할 정당을 갖게 된 것이다.

프랑스의 勞動運動

프랑스의 노동운동은 영국과는 상당한 차이가 있다. 왕정복고기에 잠잠하던 프랑스 노동자들은 7월혁명에 참여함으로써 잠에서 깨어난듯 1830년대와 40년대에 활발한 움직임을 보였으며, 이 시기는 또한 프랑스의 산업화가 본격적으로 진행되기 시작한 시기이기도 하였다. 1831년과 1834년에는 리용(Lyons)에서 견직공(Canuts)들의 대대적인 봉기가 있었고 1832년부터 다음 해에 걸쳐 파리에서도 많은 파업이 일어났다. 그러나 이러한 봉기나 파업은 큰 성공을 거두지 못하고 오히려 7월왕정의 탄압을 초래하여 1830년대 후반에는 소강상태를 이루었다.

1791년의 샤플리에법으로 노동조합의 결성이 금지되고 있었기 때문에 프랑스의 노동자들은 협동조합(association)을 비롯한 상부상조의 친목단체를 조직할 수밖에 없었으나 자신들의 신문을 발간하고 이로부터 사상적 세례를 받고 있었다. 그 동안 소강상태를 지속해 오던 노동자들은 1839년과 1840년에 걸쳐 다시 궐기하였다. 1839년에는 궁극적으로는 공산주의를 신봉하는 혁명적 음모가인 블랑키(Auguste Blanqui : 1805~1881)가 약 500명의 소수로 파리 시청을 점령하는 사건이 일어나고 1840년에는 파리에서 숙련공들의 파업이 연달아 일어났다. 뿐만 아니라 같은 시기에 카베(Etienue Cabet, 1788~1856)의 공산주의적인《이카리 여행》(*Voyage en Icarie,* 1839), 루이 블랑의《노동의 조직》, 그리고 프루동의《재산이

란 무엇인가?》라는 초기 사회주의자들의 저서가 잇따라 출판되어 노동자들에게
널리 읽혔다. 따라서 1840년대에는 현실적인 경험을 통하여 각성한 노동자들의 의
식과 노동운동이 사회주의 사상과 결합하게 되었다.

사회주의자와 노동자들은 1848년의 2월혁명에 적극 참여하여 그 기세가 당당하
였으나 임시정부를 장악한 온건한 공화파의 견제에 밀리고 4월선거에서 패하고 6
월폭동에서 분쇄되고 말았다. 그리하여 프랑스의 노동운동은 1850년대에 침체기
를 맞이한다. 1860년대에 나폴레옹 3세의 관용도 있어 노동운동은 활기를 되찾게
되지만 1871년의 파리 코뮌에서 다시 패하고 숨을 죽이게 되었다. 1870년대 말에
가서야 프랑스 노동운동은 부활의 기미를 보이고 1879년에는 게드(Jules Guesde,
1845~1922)의 마르크스주의에 입각한 프랑스 노동당(Partie Ouvrier Francais :
POF)이 결성되었다. 그러나 이것은 프랑스 사회주의의 마르크스주의로의 통합을
뜻하지 않고 오히려 프랑스 사회주의의 대분열의 시작이었다. 1884년에 샤플리에
법이 폐기되고 노조의 결성과 활동이 합법화되면서 노동운동은 새롭게 활기를 되
찾았다. 1887년에는 파리에 직업소개를 받기 위한 노동자들의 집합장소로 노동교
환소(Bourse du Travail : BT)가 생기고 지방도시에도 확산되어 1892년에는 10
내지 14개의 교환소가 BT연맹을 결성하였다. BT는 원래 직업소개소같은 것이었
으나 점차 노조역할도 겸하고 노조의 회합장소가 되기도 하였다. 이와는 별도로
1895년에는 노동조합의 총연합체인 노동총동맹(Confédération générale du Tra-
vail : CGT)이 결성되어 BT연맹과 양립상태를 지속하다가 1902년에 양자는 결합
하였다.

1880년대 프랑스의 노조운동은 1840년대와는 달리 사회주의자를 포함한 부르주
아 출신의 지식인을 배제하고 생디칼리즘(Syndicalism)을 받아들였다. 생디칼리
즘은 정치활동과 의회를 불신하고 노조중심의 파업과 같은 직접행동을 통하여 총
파업을 도출하여 자본주의 체제를 파괴하려고 하였다. 그렇기 때문에 다분히 혁명
성을 내포하고 무정부주의의 영향이 강하여 혁명적 생디칼리즘 또는 아나르코생
디칼리즘(anarchosyndicalism)으로도 알려져 있다. 당시 조합에 가입한 노동자
는 전체 노동자의 10% 미만이었고 이러한 노조노동자를 장악한 생디칼리스트의
비정치적 전략은 보통선거가 실시되고 있는 정치상황에서는 적절한 것이 못되었
다. 그리하여 1910년의 철도노조의 대규모 파업이 실패한 후 생디칼리즘은 쇠퇴하
였다.

1880년대로부터 90년대에 걸쳐 프랑스에서는 마르크스주의의 혁명노선을 강조
하는 게드주의자로부터 개혁주의자에 이르는 다양한 사회주의자들이 分派를 형성
하여 분립과 대립을 거듭하고 있었다. 그들의 대부분은 의회에 진출하여 입법과정

을 통한 개혁과 변혁을 목표로 삼고 따라서 非정치적인 생디칼리스트와는 선을 긋고 있었다. 1893년의 총선거에서 뜻밖에도 50여명의 사회주의자가 당선되자 그들 사이에서 통합에 대한 기운이 싹트고 급기야 1905년 여러 사회주의 분파의 통합이 이루어져 통합사회당(Section francaise de l'Internationale ouvriére : SFIO)이 탄생하였다. '노동자 인터내셔널 프랑스 지부'라는 당명이 말해주듯이 통합사회당은 사회주의의 국제적 연대를 존중하고 마르크스주의의 노선을 따른다는 것을 뜻하였다. 그러나 통합의 주역을 맡고 통합사회당을 실질적으로 이끌어 간 조레스(Jean Jaurès, 1859~1914)는 혁명주의와 개혁주의의 절충의 길을 걸었고 통합사회당은 창당 직후인 1906년의 총선에서 51석, 1910년에 76석, 1914년에는 103석을 차지하는 등 당세를 착실하게 확장하였다.

독일의 勞動運動

독일의 노동운동은 프랑스나 영국과 다른 양상을 보였다. 경제적으로 후진적이었던 독일에서는 1840년부터 수공업자와 직인(journeymen)들을 중심으로 노동운동이 활기를 띠기 시작하고 1848~1849년의 이른바 3월혁명기에는 직인 중심의 독일노동자형제단(Allgemeine Deutsche Arbeiterverbruderung : the Brother-hood of German Workers)이 보통선거권을 요구하면서 정치운동을 전개하였다. 그러나 1850년대의 보수화추세 속에 침체기를 거쳐 1860~1873년 사이에 노동자들의 친목단체와 교육협회 등이 속출하고, 그러한 가운데 최초의 사회주의적인 노동자조직이라고 할 수 있는 라살레(Ferdinand Lassalle, 1825~1864)의 독일노동자총연맹(Allgemeine Deutscher Arbeiter Verein : ADAV)이 1863년에 결성되고, 1869년에는 남부독일의 아이제나흐(Eisenach)에 베벨(August Bebel, 1840~1913)과 리프크네흐트(Wilhelm Liebknecht, 1826~1900)가 주도하는 사회민주 노동당(Sozialdemokratische Arbeiterpartei : SDAP)이 나타났다. 라살레의 사회주의는 마르크스로부터 빌린 엉성한 것이었으나 국가를 사회변혁에 필요한 기관으로 보는 점에서 마르크스와 큰 차이를 보였고 베벨과 리프크네흐트가 이론상으로는 마르크스에 더 가까웠다. 1875년 ADAV와 아이제나흐 당은 고타(Gotha)에서 합동회의를 갖고 독일사회민주당(Sozialdemokratische Partei Deutschlands : SPD)을 탄생시켰으며 이후 독일의 노동운동은 SPD를 중심으로 전개되었다.

독일사민당(SPD)은 노동자를 위한 사회주의 정당이었으나 그 산하에 노동조합만이 아니라 소비조합을 비롯하여 교육, 문화·예술, 오락 등 다양한 산하단체를 거느리고 있었다. 1878년 비스마르크의 反사회주의법으로 사민당은 그 산하단체를 포함하여 모든 활동이 금지되고 다만 의원출마만이 허용되었다. 이러한 강력한 탄압으로 사민당은 붕괴될 위험에 직면하였고 1880년대 초에는 의원수도 감소하였다. 그러나 1870년대부터 급격하게 진행한 산업화로 현대적 공장노동자, 즉 프롤레타리아의 수가 급격하게 증가하면서 그들은 사민당을 적극적으로 지지하였다. 그 결과 사민당은 선거 때마다 승리를 거듭하고 1890년에는 反사회주의법의 갱신이 불가능하였다. 그리하여 사민당은 1891년 에르푸르트(Erfurt) 강령을 채택하고 재건되었다.

창당 때의 고다강령은 마르크스주의와 라살레의 주장의 절충이었으나 카우츠키 (Karl Kautsky, 1854~1938)가 작성한 에르푸르트강령은 훨씬 더 마르크스이론에 충실하였다. 즉, 계급투쟁과 중공업의 집중 및 독점적 생산체계의 성장, 노동계급의 프롤레타리아화와 빈곤화를 강조하고 자본주의 모순의 최종적 해결책으로서 사회주의와 계급없는 사회의 건설을 제시하였다. 그러나 1890년대 후반에 사민당에 초창기부터 참가하고 지도적인 이론가였던 베른시타인(Eduard Bernstein, 1850~1932)이 당의 공식노선에 대한 수정주의(revisionism)를 제기하였다. 그는 노동자의 생활수준 향상, 중규모의 재산증가, 소시민층의 건재, 화이트칼라 (White-collar)노동자의 증가와 非프롤레타리아화 등의 구체적 사실을 들면서 자본주의는 사회적으로나 경제적으로 자본가와 노동자로의 양극화와, 양자의 격렬한 충돌의 방향으로 발전하고 있지 않으며 따라서 혁명은 불필요하다. 사회주의는 소망스러우나 필연적인 것은 아니며 人民이 원하고 노력할 때 실현되며 계급투쟁의 소산이 아니라 개혁의 연속으로 점진적으로 실현된다고 주장하였다. 베른시타인의 수정주의는 당대회에서 부정되고 사민당은 계속 당세를 확장하여 1914년에는 제국의회에서 110석 이상을 차지하는 독일의 최대 정당으로까지 성장하였다.

1860년대 이후의 독일 노동계급이 사민당과 결합하여 정치화하고 마르크스주의를 받아들여 적어도 이념상으로 과격화한 것은 다음 3개 요인의 상호작용의 결과였다. 첫째는 독일의 부르주아지가 영국과 프랑스에서와 같이 민주적 개혁과 시민적 자유의 도입에 실패하고 통일 이후에는 半권위주의적인 제국을 지지하면서 '봉건화' 내지 '융커化'하였다. 그 결과 독일 노동계급은 독자적으로 급진적인 정치발전을 도모할 수밖에 없었다. 둘째로 독일의 고용주들은 기껏해서 때로 가부장적인 복지수단을 강구하였을 뿐 노동자에게 충성심을 강요하고 노동조합을 인정하지 않았으며 많은 고용주가 노동자 대표와의 협상을 거부하였다. 임금의 단체협약의 혜택을 받은 노동자의 수를 영국과 비교해 본다면 직물공업에서 영국이(1910) 46만명인데 비하여 독일은(1913) 1만 6천명에 불과하였고 광산업에 있어서는 영국이

90만명인데 비하여 독일은 놀랍게도 단 82명이었다. 그렇기 때문에 독일 노동자는 고용주와의 투쟁은 영국에서와 같이 단순한 경제투쟁이 아니라 정치투쟁이라야 한다고 판단한 것이다. 셋째로 독일제국의 牛권위주의적이고 계급적인 성격이 크게 작용하였다. 통일 후의 독일제국은 동독의 토지귀족(융커)과 서독의 大부르주아지가 지배하였고 모든 정책에 있어 국가는 지배계급의 이익을 대변한다는 마르크스의 명제를 문자 그대로 구현하고 있었다. 프로이센의 의회선거는 빈곤한 하층민에게 극히 불리한 3계급제였고 제국의회의 선거는 보통선거였고 그리하여 사민당은 최다 의석을 차지하기도 하였으나 실질적인 권력이나 권한을 행사할 수 없었다.

제 1 및 제 2 인터내셔널

마르크스는《공산당 선언》의 말미에서 "지배계급으로 하여금 공산주의혁명에 떨게하라. 프롤레타리아가 잃어버릴 것은 쇠사슬뿐이며 전취할 세계가 있다. 만국의 노동자여, 단결하라!"고 호소하였다. 마르크스의 호소는 1860년대에 실현될 기회를 맞이하였다. 1860년대 초에는 영국에서 '신형 노조'가 왕성한 활동을 보이기 시작하고 프랑스에서도 노동운동이 활성화되었으며 독일에서는 라셀레의 ADAV가 결성되었다. 이러한 전반적인 노동운동의 고조된 열기 속에서 1862년의 런던 국제박람회에는 각국에서 참관온 노동자들이 자연스럽게 상호 의견을 교환할 수 있었고 그것을 바탕으로 1864년 11월에는 '국제노동자협회'(the International Workingmen's Association : the First International)가 결성되고 마르크스는 개회사를 읽었다. 그러나 여기 참가한 각국 대표들은 다양하였다. 대부분 사회혁명가가 아니었고 마르크스주의자도 소수였다. 가장 수적으로 많았던 것은 영국의 노동조합 대표들이었고 그 밖에 오웬주의자(Owenites)와 챠티스트들도 있었고 프랑스 대표로서는 프루동주의자와 블랑키주의자가 참가하였다. 이러한 구성에서 짐작할 수 있듯이 제 1 인터내셔널은 대립과 갈등 특히 마르크스와 프루동 및 바쿠닌의 무정부주의 추종자들 사이의 대립과 갈등으로 큰 성과를 거두지 못하고 1876년 소멸하였다.

제 1 인터내셔널의 소멸 후 마르크스와 엥겔스는 새로운 국제조직의 제안에 별로 열성적이 아니었다. 그들은 이데올로기적으로 보다 더 동질적인 성격의 조직을 원했으며 그들의 입장에서는 게드의 프랑스 노동당은 말할 것도 없고 독일의 사민당조차 만족스럽지 않았다. 이러한 마르크스와 엥겔스의 생각이나 태도와는 달리 1880년대에 고양된 각국의 노동운동과 사회주의 세력들은 국제적인 연대의 필요성을 절감하고 1889년 7월 14일 프랑스혁명 1백주년 기념일을 기하여 게드주의자들의 주도 하에 국제대회를 열고 제 2 인터내셔널(또는 the Socialist International)를 탄생시켰다.

후에가서는 제 1 인터내셔널과 마찬가지로 분파적인 대립과 갈등이 일어났으나 초기에는 사회주의의 국제적 연대를 추구하려는 비교적 화합된 모습이었다. 따라서 그 노선도 직접적인 혁명보다 의회에 진출하여 자본주의가 붕괴한 날을 준비하고, 그러기 위하여서는 각국에 부르주아로부터 완전히 독립된 노동계급의 정당을 수립할 필요성이 인정되었다. 이에 대하여 소수이지만 무정부주의자들이 비판을 가하자 제 2 인터내셔널은 1896년 그들의 추방을 결정하고, 독일의 사민당 계통의 마르크스주의자들의 주도 하에 제 2인터내셔널은 제 1 차 세계대전까지 존속하였다.

제 3 절   民族主義와 各國의 發展

民族主義

민족의 통합과 단합, 그리고 발전의 이데올로기로서의 근대 민족주의는 프랑스 혁명에 그 기원을 가지며 자유주의와 더불어 19세기 유럽사의 주류를 이루었다. 19세기에 전개된 민족주의운동은 크게 세 가지 형태로 나누어지며, 그 첫째는 타 민족의 지배로부터의 해방과 독립이고, 둘째는 분단 내지 분열되어 있는 민족이나 국가의 정치적 통일의 달성이며, 셋째는 이미 정치적 통일을 달성한 국가의 발전과 팽창이다. 첫번째 경우는 19세기 초의 라틴 아메리카 여러 나라와 그리스, 벨기에의 독립이고 1848년에 고조되었던 동유럽의 여러 약소민족의 독립운동은 대부분 실패하였다. 두번째 경우는 1860년대와 1870년대에 이루어진 이탈리아와 독일의 통일이며 세번째 경우는 영국, 프랑스, 미국, 러시아 등이다. 노동조합이나 사회주의자들은 민족주의를 부정하는 경향이 강하였으나 실제로 제 1 차 세계대전이 발생하였을 때 그들은 다시 '조국'을 찾았다. 민족주의 그 자체는 정치적 이데올로기이면서도 체제에 관해서는 無色이며 자유주의나 민주주의, 전체주의나 독재주의, 사회주의나 공산주의 등 어떠한 이데올로기와도 결합한 형태로 나타날 수 있다. 또한 민족주의의 과격한 형태로는 국수주의 내지 국가지상주의, 또는 인종주의 등이 있다. 그러므로 민족주의는 억압적이고 배타적인 어두운 면과 자유롭고 개방적인 밝은 면을 갖고 있으며 다분히 정서적이고 낭만적이기도 하다.

프랑스의 第 2 帝政과 第 3 共和政

1848년 말에 신생공화국의 대통령으로 취임한 루이 나폴레옹은 1849년 1월에 의회를 해산하고 5월에 선거를 실시한 결과 새로운 의회에서는 왕당파를 중심으로

한 질서당이 다수를 차지하였다. 보수주의자가 다수를 차지한 의회는 선거법을 개정하여 300만에 달하는 노동자를 비롯한 가난한 하층민의 선거권을 박탈하였다. 임기가 끝나가자 루이 나폴레옹은 대통령의 재선을 금지하고 있는 헌법의 개정을 희망하였으나 의회는 그의 제안을 부결하였다. 이에 루이 나폴레옹은 군부와 경찰을 장악하고 1851년 12월 2일[11]에 쿠데타를 감행하여 의회를 해산하고 새로운 헌법제정을 제안하였다. 파리에서는 이에 대항하는 시가전이 벌어졌으나 곧 진압되고 중부와 남부지방에서 일어난 농민들의 봉기도 일주일만에 진압되었다. 그 해 말에 루이 나폴레옹은 보통선거를 부활시키고 그의 제안을 국민투표에 회부한 결과 750만표 대 64만표라는 압도적 승리를 거두었다. 그리하여 1852년 1월에 제정된 신헌법은 루이 나폴레옹에게 거의 독재적인 통치권을 부여하는 것이었다. 즉, 국가원수는 의회가 아니라 오직 국민에게만 책임을 지며, 상원에 해당하는 원로원 의원, 국무장관과 지방의 도지사를 비롯한 요직에 대한 임명권을 가진다. 보통 선거로 선출되는 입법원은 도지사가 추천하는 관선 입후보자 중에서 선출되며 발의권과 수정권이 없었다. 그러나 루이 나폴레옹은 이에 만족하지 않고 원로원의 제안이라는 형식을 빌려 帝政 수립을 다시 국민투표에 물어 전보다 더 많은 찬성표를 얻어 1852년 12월 2일 제정을 선포하고 나폴레옹 3세(1852~1870)가 되었다.[12]

프랑스 국민은 왜 이렇게 열렬하게 루이 나폴레옹을 지지하였을까. 1830년대로부터 40년대에 걸쳐 형성된 '나폴레옹 전설'의 혜택을 톡톡히 입은 것은 당연하지만 또한 신생 공화국의 탄생과 더불어 등장한 노동자와 사회주의자들의 과격한 움직임이 부르주아지와 특히 국민의 다수를 차지하는 소토지 소유농에 불안감과 공포를 심어준 사실을 지적할 수 있다. 그들은 불안정한 공화정 대신 자신들의 재산과 토지를 지켜줄 강력한 지도자를 요망하였던 것이다. 끝으로 농민층에 대한 불충분한 정치교육 탓으로 그들의 정치의식이 얕았고 보통선거라는 민주적인 방식이 역기능으로 작용하였다.[13]

제 2 제정의 성립과 더불어 프랑스의 자유주의는 질식상태에 빠졌다. 이미 쿠데타 때 80명에 가까운 반대파 의원을 체포하고 2만명에 달하는 시민을 투옥 내지 추방한 루이 나폴레옹은 제정의 성립과 더불어 언론을 탄압하고 공직자에게 충성의

---

11) 루이 나폴레옹이 쿠데타의 날짜를 12월 2일로 잡은 주된 이유는 그 날이 첫째로 1804년에 나폴레옹이 황제에 즉위한 날이었으며, 둘째는 나폴레옹이 1805년 아우스테를릿츠에서 대승을 거둔 날이었기 때문이라고 한다.

12) 나폴레옹 2세는 나폴레옹 1세와 합스부르크 왕녀 사이에 탄생한 아들로서 나폴레옹 몰락 후 빈의 쉔브른 궁전에서 쓸쓸하게 지내다가 1831년에 사망하였다.

13) 이러한 해석은 모리스 아귈롱이 제시하고 있다. Maurice Agulhon, The Republican Experiment, 1848~1852(1983), p. 173 및 p. 187 참조.

서약을 요구하여 대학교수를 비롯하여 많은 지식인들이 잠적하거나 망명하였다.

이렇듯 자유를 억압한 나폴레옹 3세는 경제발전에 전력을 쏟아붓고 국민적 영광을 달성하기 위한 외교정책을 추구하였다. 그는 투자은행의 신설을 비롯한 금융제도의 개선을 장려하고, 정부보증에 의한 철도부설을 추진하는 한편, 섬유, 금속, 특히 대규모 중공업의 발전에 힘을 기울였다. 그는 또한 항만시설의 개량, 운하의 개설 등 대규모 토목공사를 일으키고 도시계획에도 힘을 기울여 세느道지사 오스만(George-Eugène Haussmann)은 파리의 미로와 같은 좁은 골목길을 없애고 개선문을 중심으로 방사선 모양의 大路를 새로 개통시켜 파리를 아름다운 현대도시로 변모시켰다. 이러한 그의 정책으로 프랑스의 산업화는 급속도로 진행되고 大금융가와 大상공업자를 비롯하여 산업 부르주아지를 만족시켰다. 그리하여 그는 '馬上의 생—시몽'으로 불리워졌으며 1855년 크림전쟁 중에 파리에서 개최된 세계박람회는 프랑스의 기술발달과 경제발전을 과시하였다. 이와 동시에 황제 사회주의자를 자처한 나폴레옹 3세는 노동자들에 대한 배려도 잊지 않았다. 토목공사를 비롯한 공공사업과 산업의 발전은 새로운 일터를 창출하였고 노동자를 위한 주택도 지었다. 그리하여 산업 부르주아지보다는 훨씬 적었으나 노동자들도 경제발전과 정부시책의 혜택을 받았다.[14]

나폴레옹 3세의 외교정책은 성공보다 실패가 컸다. 1854년에 크림전쟁에 참가하였으나 실질적으로 얻은 것은 없었고 다만 파리에서 강화회의를 개최함으로써 약간의 체면을 지켰다. 1859년에 사르데냐의 이탈리아 통일전쟁을 지원한 정책은 일관성이 없었을 뿐 아니라 국내외에 적을 만들었다. 나폴레옹 3세는 사르데냐를 지원하여 참전한 대가로 사보이(Savoy)의 일부와 니스(Nice)를 얻었으나 사르데냐가 로마 교황령을 공격함으로써 프랑스 내의 가톨릭세력으로부터 공격을 받고, 전쟁도중에 오스트리아와 강화를 맺은 결과 이탈리아의 애국자들은 물론 국내의 공

---

14) 나폴레옹 3세의 정책이나 정치체제를 가르키는 술어로서 Bonapartism, 그리고 이를 지지하는 사람들을 Bonapartist라고 하는 바 그 정책을 사회구조와 연관시켜 특징지운 것은 마르크스였다. 마르크스에 의하면 보나파르티즘은 부르주아지와 프롤레타리아가 다같이 혼자서는 지배할 능력을 갖지 못한 사회여건 하에서 보수적인 小農을 정치적 기반으로 삼고 부르주아지와 프롤레타리아의 세력균형 위에 성립한 반동적인 독재체제라는 것이다. 보나파르티즘이 시민적 자유를 억압한 것은 그것의 반동적인 측면임에 틀림없으나 체제유지를 위하여 소농의 분해를 억제하여 자본주의의 발전을 지연시켰다는 마르크스의 견해는 사실에 맞지 않는다. 보나파르티즘은 경제적 시각에서 본다면 시민적 자유를 억압하는 대신 자본주의의 발전과 산업화를 강력히 추진하였으며 초계급적인 입장을 취하면서 국민적 단결을 구호로 내세웠으나 궁극적으로는 부르주아지의 이익을 대변하였다. 이렇게 본다면 보나파르티즘은 20세기에도 비단 유럽만이 아니라 전세계적으로 자주 나타난 정치체제라고 하겠다.

화파로부터 원망을 샀다. 그러나 이보다 더 큰 외교상의 실패작은 맥시코원정이었
다. 나폴레옹 3세는 1861년 멕시코의 내란을 빙자하여 군대를 파견하여 공화정을
폐기하고 일부 상류층의 지지밖에 얻지 못하고 있던 오스트리아의 맥시밀리안
(Maximillian)大公을 황제로 옹립하였다(1863). 그러나 멕시코인민의 저항과 남
북전쟁을 끝낸 미국의 강력한 압력을 받아 프랑스군대는 철수할 수밖에 없었고 맥
시밀리안은 공화파에 의하여 총살되었다(1867). 나폴레옹 3세의 위신이 크게 손상
된 것은 말할나위가 없다.

 황제파였던 가톨릭세력의 이탈, 자유주의자와 공화파의 반항에 보태어 1860년
대에 들어서면서 그 동안 잠잠했던 노동운동이 고개를 들게 되고 노동자들마저 이
탈할 기미를 보였다. 그리하여 나폴레옹 3세는 1864년 폭력을 수반하지 않는 노동
자의 파업을 인정하였으나 노동자들의 기세는 더 험해지고 연달아 파업이 일어났
다. 뿐만 아니라 1860년에 체결된 佛英通商條約은 프랑스의 뒤진 기술발전을 자극
하고 자본의 집중과 기계제 대공장의 증가로 프랑스의 산업화를 촉진시키기도 하
였으나 일부 산업부르주아지와 수공업자들의 불만을 야기시켰다. 이러한 상황변
화에 직면한 나폴레옹 3세는 억압적인 권위주의체제를 완화하고 자유의 폭을 넓히
는 수밖에 없었다. 더구나 1869년의 총선거에서 공화파가 30명이나 당선되고 그
밖에 反정부세력이 크게 진출하자 나폴레옹 3세는 입법원에 법률발의권과 예산심
의권을 주는 등 입헌군주제에 가까운 '自由帝政'(Liberal Empire)으로 체제를 바
꾸어 나갔고 1870년의 국민투표는 이러한 체제변화를 압도적 다수로 지지하였다.

 그러나 때는 이미 늦었다. 나폴레옹 3세는 곧 비스마르크의 술책에 넘어가 아무
런 준비도 없이 프로이센과 전쟁을 하게 되고 개전 6주도 않된 9월 초에 황제와 프
랑스군은 세당에서 프로이센군에게 항복하였다. 9월 4일에 이 소식이 파리에 전해
지자 파리의 민중이 봉기하여 입법원으로 하여금 제정의 몰락을 선언하게 하고 파
리시청에 수립된 임시정부는 제 3 공화정을 선포하였다.

 임시정부는 전쟁을 계속하려 하였으나 이미 주력부대가 붕괴하였고 프로이센군
에게 포위된 파리의 저항은 완강하였으나 1871년 1월 말에 파리도 항복하였다. 임
시정부를 대신할 국민의회가 새로 선출되었으나 왕당파를 비롯하여 평화를 원하
는 보수파가 다수를 점하여 3월에 독일에게 알자스(Alsace)와 로렌(Lorraine)의
일부를 양도하고 50억 프랑의 배상금을 지불하는 조건으로 강화가 성립하였다. 그
러나 파리의 노동자와 소시민층은 이에 불만을 품고 소란스러웠기 때문에 국민의
회는 파리에 들어가지 못하고 베르사유에 자리잡고 파리의 국민방위군의 급료지
불을 중지하고 무장을 해제하려고 하였다. 그러나 그것이 실패하자 7월왕정기에
수상을 지낸 바 있고 이번에 다시 임시정부의 수반이 된 왕당파 계통의 티에르는

정부와 군대를 파리로부터 철수시켰다. 이러한 정치적 공백상태에서 파리의 국민
방위군은 3월 18일 파리의 행정권을 장악하여 파리 코뮌(Paris Commune)을 수
립하고 26일에 코뮌의원 약 90명을 선출하였다. 의원 중 다수는 사회주의자라기보
다는 급진적인 자코뱅주의자와 폭동과 폭력혁명을 주장하는 블랑키주의자였고 소
수의 제1인터내셔널 계통의 사회주의자들도 마르크스보다는 프루동의 추종자가
주류를 차지하였다. 그들은 곧 사회개혁에 착수하였으나 그 내용은 즉각적인 부의
재분배나 생산수단의 사회화 등을 포함한 마르크스적인 사회주의라기보다 노동조
건의 개선, 소유자가 포기한 공장의 접수, 협동적 생산과 급진적인 교육개혁 등 종
전의 노동운동과 프랑스의 사회주의자들의 요구를 반영한 것이었다. 이러한 코뮌
에 대하여 티에르는 파리를 포위한체 코뮌이 식량부족으로 지치기를 기다렸다. 코
뮌은 초기의 축제 분위기와는 달리 점차 가혹해지는 식량난에 시달려 동물원의 동
물을 살륙하고 심지어는 애완동물과 쥐까지 잡아먹었다. 이를 알아차린 정부군은
5월 21일 공격을 개시하고 코뮌의 결사적인 저항으로 5월 28일까지 '피의 일주일'
의 처참한 전투가 벌어졌으며 파리 중심가의 대부분이 불탔다. 약 200명의 코뮌투
사(Communards)가 페르-라셰즈(Pere-Lachaise) 묘지에서 최후의 전투를 벌
이고 147명이 즉석에서 총살당하여 그 시체를 묻은 거대한 분묘가 지금도 남아있
다.[15] 이들을 포함하여 약 2만명의 코뮌투사가 처형되고 수만명이 체포되었으며 7
만명의 가족과 친지 그리고 활동가들이 박해를 피해 파리를 탈출하였다.

마르크스는 파리 코뮌을 최초의 노동자계급에 의한 정권장악이라고 규정하고
레닌(Lenin)은 이로부터 많은 교훈을 얻었다. 확실히 파리 코뮌은 노동자를 기반
으로 한 노동자의 사회적 해방의 성격을 부분적으로 지니고 있기는 하나 소시민층
을 무시할 수 없고 담당자는 노동자계급의 대변자라기보다는 상-퀼로트적이고
급진적인 자코뱅주의자들이었으며 프로이센의 침략에 대항하려는 애국적 정열도
코뮌운동의 또하나의 요인이었다.

파리 코뮌이 진압된 후에도 프랑스의 정치는 안정을 찾지 못하였다. 국민의회에
서 다수를 차지하고 있던 왕당파는 부르봉파와 오를레앙파로 나뉘어 대립을 거듭
하였고 그 틈바구니에서 공화파는 명맥을 유지하고 1875년 일련의 입헌적인 법률
로 제3공화국 헌법이 제정되었다. 국가원수는 상하 양원의 합동회의에서 선출되는
7년 임기의 대통령이었으나 실권은 없고 간접선거로 선출되는 상원도 별로 권한이
없었다. 실권은 보통선거로 선출되는 하원에 있었고 내각은 하원 지도자들의 의견

---

15) 1880년대 이후 5월 23일이 되면 사회주의와 공산주의 투사들은 '연맹병사(즉 코뮌투
   사)의 벽'(mur des fédérés)으로 불리워지는 이 무덤에 참배하며 19세기 말과 20세
   기 프랑스의 저명한 사회주의자와 공산주의자들이 그 주위에 매장되었다.

에 따라 조직되었다. 프랑스는 영국과는 달리 10여개의 작은 정당의 분립상태였기 때문에 내각은 수개 정당의 연립으로 성립하게 되었으며, 따라서 안정성이 없고 단명에 그치는 경우가 많았다. 그러나 각료가 한번에 전부 교체되는 것이 아니고 정책의 급격한 변화도 많지 않았으며 실제 행정은 매우 강력한 관료기구가 담당하였기 때문에 내각의 빈번한 경질에도 불구하고 행정상의 큰 혼란은 없었다.

1875년에 정식으로 출범하게 된 제 3 공화정은 1879년 공화파가 상·하 양원에서 승리하고 왕당파의 막마옹(Macmahon) 대통령이 사임하는 동시에 내각책임제가 자리를 잡으면서 안정된 기반을 갖게 되었다. 다음 해에는 '라 마르세예즈'가 국가로 지정되고, 7월 14일이 국경일로 정해짐으로써 제 3 공화정이 프랑스혁명의 계승자임을 국내외에 천명하였다. 1880년대에 들어서서 1882년과 1886년의 교육개혁으로 의무, 무상, 세속의 3원칙에 입각한 초등교육제도를 확립함으로써 공화주의 이데올로기를 널리 보급시킬 수 있게 된 것도 공화정의 안정에 기여하였다.

그러나 왕당파와 가톨릭계통의 교권주의자들의 세력도 쇠퇴하고는 있었으나 만만치 않았다. 그들은 육군장관으로 군의 인기를 얻고 독일에 대한 복수를 주장하여 민중에게도 인기가 있었던 불랑제(Boulanger)장군의 쿠데타에 기대하였다. 그러나 그는 1889년 거사 직전에 탄로난 것을 짐작하고 벨기에로 도망가서 옛 애인 무덤 앞에서 자살하였다. 이보다 더 복잡하며 공화정을 동요시킨 것은 드레퓌스 사건이었다. 1894년 유대인으로 육군대위였던 드레퓌스(Alfred Dreyfus, 1859~1935)는 군의 기밀을 독일에 팔았다는 혐의로 군법회의에서 종신형을 선고받았다. 그의 무죄를 믿는 그의 가족과 일부 인사들은 재심을 청구하고 1898년 소설가 졸라(Emil Zola)는 '나는 告發한다'(J'accuse)라는 유명한 고발장을 발표하고 드레퓌스 옹호에 나섰다. 그리하여 드레퓌스 사건은 전국적인 관심사가 되고 그의 유죄를 주장하는 군부와 교권주의자 및 왕당파와 그의 무죄를 주장하는 공화파와 사회주의자를 비롯한 좌파세력이 맞서게 되었다. 드레퓌스는 실제로 무고하였고 그의 혐의의 근거가 된 문서는 위조된 것이었다. 1906년 대법원은 그의 무죄를 확정하고 그는 군에 복귀하였다.

이 드레퓌스 사건은 사실상 공화정의 운명을 건 큰 사건이었으며 왕당파와 군부, 그리고 가톨릭교회는 큰 타격을 받았다. 대법원의 판결이 있기 훨씬 전 공화파는 1899년에 군부를 공화주의로 개편하고 이어 結社法(1901)으로 교육과 사회사업에 대한 교회세력을 제거하는 한편, 1905년에는 정교분리법으로 1801년에 교황과 나폴레옹 1세 사이에 체결되었던 종교화약을 폐기하여 가톨릭교회의 특권을 박탈하는 동시에 성직자에 대한 국가의 봉급지급을 중지하였다. 이리하여 공화정은 군부와 왕당파 그리고 교권주의자들로부터 완전히 안전하게 되었다. 한편 드레퓌스 사건에서 공화주의자를 도왔던 사회주의자들은 10시간 노동, 미성년자의 노동금지, 노동자의 건강관리증진, 퇴직연금법, 재해보상법 등을 통하여 노동자들의 지위와 생활향상을 도모하였다. 그러나 이 모든 조치는 영국이나 독일의 사회복지정책에는 훨씬 미치지 못하는 것이었으며 20세기 초의 프랑스는 전형적인 부르주아 공화국이었다.

英國의 發展

19세기 후반의 빅토리아女王(1837~1901) 시대는 보수당에 디즈레일리(Benjamin Disraeli, 1804~1881), 자유당에 글래드스턴(William Ewart Gladstone, 1809~1898)과 같은 유능한 정치가가 나와 양당제도에 의한 효과적인 의회정치와 개혁을 통하여 산업화의 선두주자인 영국을 고전적 자유주의로부터 민주주의국가로 발전시켰다. 차아티스트운동은 1840년대 말에 가라앉았으나 1860년대에 들어서면서 선거권의 확대요구는 다시 활발해졌다. 보수당의 디즈레일리는 산업화에 따른 사회의 변화로 보수당의 기반이 좁아지고 있는 것을 감안하여 1867년에 제2차 선거법개정으로 도시 노동자에게 선거권을 확대시켰다. 1872년에는 비밀투표제가 실시되고 1884년에는 글래드스턴의 자유당에 의하여 제3차 선거법개정이 행하여져서 선거권이 농촌과 농업노동자에게까지 확대되어 완전하지는 않으나 성년남자의 보통선거제가 수립되고, 다음 해의 선거구재편에 따라 영국은 정치적 민주주의에 바싹 다가섰다.

산업화에 수반된 폐단과 문제들은 일찍부터 식자간의 관심사가 되었다. 그리하여 의회는 1819년의 工場法(Factory Act)으로 면직물공업에 한정된 것이기는 하나 아동의 야간작업을 금지하고 노동 시간을 12시간으로 제한하였다. 그러나 이의 실시 여부를 확인할 장치가 마련되지 않아 제대로 실시되지 않았다. 그리하여 1833년의 공장법은 9세 이하 아동의 노동을 전면적으로 금지하고 노동시간을 13세 이하는 9시간, 18세 이하는 12시간으로 제한하고 이의 실시여부를 확인할 감독관을 두기로 하였다. 그 후에도 노동조건의 개선과 작업 중의 사고에 대한 고용주의 보상 등을 규정한 노동입법이 계속되었으며 1871년에는 노동조합의 결성과 활동이 합법화되고 1906년에는 노동자 정당으로서 노동당이 출현하였다.

노동당의 출현에 자극을 받은 자유당의 로이드 조오지(David Lloyd George, 1863~1945)는 1909년에 노년연금과 같은 사회입법과 독일 해군에 대항하기 위한 해군확장의 비용을 얻기 위하여 대폭적인 증세를 포함한 이른바 '人民豫算案'(People's Budget)을 의회에 제출하였다. 이 예산안의 증세의 주요 대상은 유산계급의 부유층과 귀족적인 지주층으로서 보수당은 이를 '혁명'이라고 규정하면서 반대하였다. 사실 이 예산안은 부유층에 많은 부담을 부과함으로서 國富의 균등한 분배를 노린 일종의 사회개혁적인 성격을 띤 것이었으며 보수당과 상원의 반대에도 불구하고 1910년 초에 의회를 통과하였다. 이와 더불어 귀족과 국교회의 주교들로 구성된 보수적인 상원의 권한을 거부권의 무력화를 비롯하여 대폭 축소하여 영국의 의회는 실질적으로 單院制와 다름없게 되었다. 이어 1911년에는 정부와 고용주, 그리고 노동자가 기여금을 분담하는 의료보험과 실직보험을 포함한 국민보험법(National Insurance Act)이 성립하여 영국은 복지국가(welfare state)로 발전하기 시작하였다.

한편 19세기 중엽까지는 언론과 출판의 자유가 확립되고, 신문에 대한 과세가 폐지되어 언론창달과 여론형성에 공헌하였다. 그리고 1870년에는 교육법이 제정되어 각급학교에 대한 정부의 지원과 보조금이 크게 증가하여 교육의 보급도 촉진되었다.

이렇듯 '세계의 공장'임을 자랑하던 영국은 제1차 세계대전 전야에 정치적으로 민주주의를 달성하고 복지국가의 면모를 갖추었다. 그러나 그러한 영국에도 아일랜드(Irland)라는 미해결의 두통거리가 있었다. 아일랜드는 12세기에 영국에 정복되었으며 16세기와 17세기에는 영국인과 스코틀랜드인들이 아일랜드 북부의 얼스터(Ulster) 지방에 정착하여 특권적인 프로테스탄트 지주로서 가톨릭의 아일랜드 농민을 착취하였다. 이에 대한 불만이 컸고 저항도 있었으나 19세기 초까지 모든 문제가 미해결로 남았다. 1801년에 아일랜드는 정식으로 영국에 통합되고[16] 아일랜드인의 영국의회 진출이 허용되었다. 그러나 아일랜드인들 사이에서는 自治에 대한 욕망이 높아가고 토지개혁과 아일랜드에서의 국교회제도 폐지를 요구하였다. 뿐만 아니라 1840년대에 발생한 격심한 감자 흉작은 아일랜드인의 영국에 대한 증오를 격화시켰다. 1860년대에 들어서면서 영국정부는 조금씩 문제해결에 접근하였다. 1869년에 아일랜드에서의 국교회제도가 폐지되고 다음 해에는 아일랜드인의 소작농을 지주의 가혹한 착취로부터 보호하려는 토지개혁법(Land Act)이 실시되었다. 그러나 초등교육의 보급과 더불어 아일랜드의 민족주의는 더 확산되고 강화될 뿐이었다. 아일랜드 문제는 단순히 토지나 종교의 문제에 그치지 않고 문화와 민족의 차이에 대한 매우 특이하고 강렬한 패자의식의 문제였다. 1870년대에는 영국의회 내에 100석 미만이지만 아일랜드 자치당이 결성되어 자유당과 보수당에 영향을 미칠 정도가 되었다. 자유당의 글래드스턴은 1885년과 1892년에 아일랜드 자치법안을 의회에 제출하였으나 전자의 경우 자유당 내의 반대로, 후자의

---

16) 이때의 영국의 정식국호는 United Kingdoms of Great Britain and Irland 였다.

경우는 上院의 부결로 각각 실패하였다. 1895년부터 10년 간에 걸친 보수당 치하
에서 자치법은 묵살되고 아일랜드의 농민을 소작농으로부터 소토지보유농으로 향
상시키려는 조치가 취해졌다. 그러나 이러한 '당근'정책으로 아일랜드의 민족주의
가 완화될리 없었고 오히려 더욱 강화되어 신앙에 가까워졌다. 상원의 거부권이
무력화된 후인 1912년 로이드 조오지의 자유당은 다시 자치법을 제출하여 1914년
에는 확정될 예정이었다. 그러나 이번에는 프로테스탄트적인 얼스터가 영국과의
분리에 강력하게 반대하고 나서고 의용병을 모집하여 무력으로라도 저지할 기세
를 보였다. 그리하여 1914년에 성립한 자치법안에는 얼스터문제의 해결까지 실시
를 보류한다는 조항이 붙게 되었으며 그나마 제1차 세계대전의 발발로 아일랜드
문제의 해결은 대전 후로 연기되었다.

이탈리아의 統一

2월혁명에서 가톨릭의 자유주의나 마치니의 이상주의적이고 공화주의적인 민족
주의운동이 실패로 돌아가자, 이탈리아통일의 과업은 사르데냐의 현실정치가인
카부르(Cavour, 1810~1861)의 손으로 넘어갔다.

이탈리아는 정치적으로 분열되어 있었을 뿐 아니라 오스트리아의 세력이 강하
게 부식되어 있었다. 그러므로 이탈리아의 통일과업은 단순한 분열의 지양만이 아
니라, 오스트리아세력의 구축이라는 이중의 과업을 뜻하였다.

2월혁명 때 오스트리아에 패한 사르데냐에 새로이 비토리오 에마누엘레 2세
(Vittorio Emanuele, Ⅱ 1849~1861)가 왕위에 오르자(1849), 그는 오스트리아의
압력을 물리치고 자유주의적인 헌법을 고수하여 이탈리아의 전 애국자의 희망의
등불이 되었다. 귀족출신인 카부르는 1850년 재상으로 임명되자 그는 첫째로 사르
데냐의 국력배양이 시급하다고 판단하고, 산업을 장려하고 군대를 개편하는 등 개
혁을 단행하고, 둘째로 인구 500만 정도의 과히 크지 않은 사르데냐가 통일의 주인
공이 되기 위해서는 그 국제적 지위를 향상시키고, 통일을 도와줄 우방이 필요하
다고 생각하였다. 그리하여 그는 크림전쟁에서 영국과 프랑스에 가담하여 양국의
호의를 얻는 데 성공하였다.

1859년 나폴레옹 3세와 밀약을 맺은 카부르는 이탈리아통일전쟁을 일으켜, 마젠
타(Magenta)와 솔페리노(Solferino)에서 오스트리아군에게 승리하였으나, 사르
데냐의 세력이 지나치게 강대해지는 것을 꺼린 나폴레옹 3세는 중도에 약속을 어
기고 빌라프란카(Villafranca)에서 오스트리아와 단독으로 휴전하였다. 나폴레옹
3세의 이러한 배신은 오히려 이탈리아의 애국자들을 사르데냐편으로 규합시키게
되었다. 즉, 북부 및 중부의 작은 나라들은 민중운동의 뒷받침을 받아 사르데냐와

의 합병을 요청하고, 카부르는 이를 받아들여 북부 및 중부이탈리아를 통합하고 (1860), 프랑스에게 사보이(Savoy)와 니스(Nice)를 양도하였다.

때마침 남부에서도 통일에 매우 유리한 사태가 일어나고 있었다. 마치니와 같이 공화주의적 민족주의자이며, 낭만적인 風雲兒인 가리발디(Garibaldi, 1807~1882)가 赤色샤쓰黨으로 불리는 1,000명의 의용군을 거느리고 부르봉왕실 출신의 왕이 지배하던 시칠리아에 상륙하여 이를 점령하고, 이어 나폴리를 장악하였던 것이다. 카부르는 공화파인 가리발디가 로마로 진출함으로써 교황과 분쟁을 야기시키는 경우, 가톨릭교도와 국제여론이 이탈리아통일에 불리하게 될 것을 염려하여 서둘러 사르데냐군을 남하시켰다. 가리발디 또한 이탈리아의 통일이라는 大義 앞에 그의 공화주의를 포기하고, 시칠리아와 나폴리는 국민투표로 북부와의 통합을 가결하였다. 이리하여 로마와 베네치아를 제외한 전 이탈리아가 통합되고, 사르데냐왕을 국왕으로 추대한 이탈리아왕국이 1861년 3월에 탄생하였다.

카부르는 그 해 6월에 사망하였으나, 사르데냐는 그의 교묘한 외교정책을 계승하여 베네치아와 로마를 차례로 흡수하였다. 즉, 1866년 프로이센과 오스트리아의 전쟁에서 프로이센을 지원한 보수로 베네치아를 회수하고, 1870년에는 프로이센과의 대립으로 로마에 주둔하던 프랑스군이 철수하자 이를 점령하여, 수도를 피렌체로부터 로마로 옮겼다. 이로써 이탈리아의 통일은 실질적으로 완성되었다. 그러나 교황의 동의없이 교황령을 합병하였다는 이른바 '로마문제'가 남고, 북쪽의 작은 땅이지만 트리에스트(Trieste)와 트렌티노(Trentino) 등이 아직 오스트리아의 수중에 있어 '미회복의 이탈리아'(Italia Irredenta)로 남게 되었다.

통일왕국은 입헌군주제로서 그 헌법은 프랑스의 제3공화정의 것과 유사한 것이었다. 국왕은 장식적인 존재이고, 내각이 하원에 책임을 지고, 하원선출자격은 처음 재산자격으로 엄격하게 제한되어 있었으나 1881년 이후 이 자격은 19리라(약 4弗)의 직접세 납입으로 크게 완화되었다.

통일 후 북부에서는 급속한 산업화가 진행되고, 국가가 관리하는 철도는 급속하게 남부지방에까지 뻗어갔으나, 남부는 후진적인 농업지대로 남게 되었다. '두개의 이탈리아'라고 할 정도로 경제와 산업상의 격차를 보인 공업적인 북부와 농업적이고 빈곤한 남부의 차이는 사회적 긴장을 증진시키는 중요한 요인이 되었다. 그러나 이탈리아경제는 전반적으로 빠른 속도로 발전하고, 이탈리아商船隊가 해외로 진출하게 되었으며, 육해군의 강화는 이탈리아에 강대국의 지위를 가져다 주었다. 그리하여 이탈리아는 20세기에 들어서면 제국주의적인 식민지획득 경쟁에도 끼어들게 되었다.

독일의 統一

프랑스혁명과 나폴레옹전쟁으로 고무되었던 독일의 민족주의와 자유주의는 메테르니히체제로 거의 질식상태에 빠졌다. 그러나 빈회의는 두 가지 면에서 독일통일에 약간의 공헌을 하였다. 그 하나는 독일전체를 35개의 군주국과 4개의 자유시로 정비하여 독일연방을 구성한 것이며, 다른 하나는 오스트리아가 네덜란드나 남부독일의 영토를 포기하고 북부이탈리아에서의 영토를 확장함으로써 독일 내에서의 이해관계가 희박해진 반면에, 프로이센이 라인강방면과 폴란드에 새로운 영토를 얻어 내외로 독일의 미래를 짊어지는 형세가 되었다는 점이다. 즉, 독일의 통일과업이 오스트리아보다는 프로이센을 중심으로 이루어질 가능성이 높아진 것이다. 사실 프로이센은 1818년 분산되어 있는 영토 내에서의 내국관세를 철폐하고, 인접국가들이 이에 참가하여 1833년에는 관세동맹(Zoll-verein)이 결성되었으며, 1844년까지는 오스트리아를 제외한 대부분의 연방국가들이 여기에 참가하게 되었다. 관세동맹은 독일의 경제적 발전을 크게 촉진하게 되었으며, 이러한 경제적 통합은 정치적 통일의 길을 닦았다.

1848년의 3월혁명은 메테르니히를 몰락시켰으나, 독일의 자유주의적인 통일은 실패하였다. 프로이센의 프리드리히 빌헬름 4세는 프랑크푸르트 의회가 제공한 제관을 거절하였으나, 통일에 대한 미련은 있어 1849년 몇몇 국가와 君主同盟(Erfurt Union of Princes)을 맺었다. 그러나 오스트리아의 책략과 러시아의 압력으로 프로이센은 1850년 올뮈츠(Olmütz)조약으로 이 동맹을 해산하고, 독일연방의 부활에 동의하였다. 그리하여 독일의 통일과업은 비스마르크(Otto von Bismarck, 1815~1898)의 등장을 기다려야만 했다. 3월혁명이 실패한 후 1850년대는 정치적으로는 자유주의가 억압된 반동적인 시기였으나, 경제적으로는 산업혁명이 본격적으로 진행된 발전기였다. 이러한 경제적 발전은 당연히 부르주아지의 세력신장을 가져왔고, 이에 따라 자유주의의 신장도 생각될 수 있는 일이었으나, 1848년 이래 사회주의자와 노동자의 과격한 움직임에 겁을 먹은 독일의 부르주아지의 자유주의에는 한계가 있었다.

1861년 프리드리히 빌헬름 4세를 계승한 빌헬름 1세(1861~1888)는 군사력증강을 위한 軍制改革案을 놓고, 자유주의자가 다수를 차지한 의회와 첨예하게 대립하였다. 한때 퇴위까지 생각하였던 빌헬름 1세는 이 난국을 타개할 인물로 1862년 비스마르크를 재상으로 등용하였다. 비스마르크는 동부독일의 토지귀족(융커) 출신의 철저한 보수주의자로서, 프로이센 중심의 독일통일을 확신하고, 러시아(1859) 및 프랑스(1862)주재 대사를 지낸 외교통이기도 하였으며, 목적을 위하여 수단을 가리지 않는 마키아벨리스트적인 현실정치가였다.

비스마르크는 독일의 통일을 가로막는 최대의 장애물은 오스트리아와 프랑스이며, 이를 제거하는 길은 군사적 행동밖에 없고, 따라서 軍制改革은 필요하다고 판단하고 있었다. 그리하여 이에 반대하는 자유주의자들에게 "오늘날의 대문제는 연설이나 다수결로써가 아니라, 오직 철과 피로써 결정된다"고 외치고, 의회(下院)의 반대를 무릅쓰고, 군제개혁을 단행하였다.

강력한 군대를 갖게 된 비스마르크는 먼저 오스트리아부터 굴복시킬 것을 생각하고, 그 구실로 슐레스비히 – 홀시타인(Schleswig – Holstein)문제를 잡았다. 이두 公國, 특히 홀시타인은 독일계 주민이 많고, 형식적으로는 덴마크국왕에 소속되어 있었으나 자치권이 허용되고 있었다. 그런데 덴마크가 돌연 두 공국의 합병을 선언하자 비스마르크는 오스트리아를 끌어들여 군사적 행동으로 두 공국을 각각 나누어 가졌다(1864). 이와 동시에 비스마르크는 러시아와 프랑스에 접근하여 오스트리아에 가담하지 않도록 외교적 절충을 하고, 다시 이탈리아와는 攻守同盟을 맺었다(1866). 모든 준비를 끝낸 비스마르크는 홀시타인에 대한 오스트리아의 관리에 대하여 항의를 거듭한 끝에 1866년 6월 프로이센군을 진주시키고, 이에 프로이센 – 오스트리아 전쟁이 일어났다. 이 전쟁은 나폴레옹 3세의 예상과는 달리 '7주전쟁'이라고도 불릴 정도로 프로이센군이 보헤미아의 쾨니히그레츠(König-grätz : 英・佛에서는 사도와 Sadowa라고 함)에서 대승함으로써 단기간에 끝났다. 8월에 체결된 프라하(Prague)조약에서 비스마르크는 오스트리아에 관대하게 대하였다. 즉, 슐레스비히 – 홀시타인에 대한 권리의 양도와 약간의 배상금지불을 요구하였을 뿐이다. 그 대신 비스마르크는 독일연방을 해산하고, 프로이센 중심으로 북부독일연방을 결성하는 한편 남부독일의 여러 나라와는 비밀리에 동맹을 맺었다.

비스마르크의 鐵血政策은 눈부신 성공을 거두었다. 그는 4년간 무시해 온 의회에 나가서 그 동안 그가 취해온 정책에 대한 '사면', 즉 추후 승인을 요청하고, 이를 획득하였다. 비스마르크를 반대해 온 자유주의자들도 그의 성공을 인정하지 않을 수 없었던 것이다.

이제 남은 장애물은 프랑스였다. 1868년 에스파냐에서 혁명이 발생하고, 여왕을 추방한 혁명정부는 프로이센왕가에서 새로운 왕을 추대하였다. 그러나 프랑스의 강력한 반대로 본인이 사양할 의사를 표명하였으나, 독일주재 프랑스대사는 이에 만족하지 않고 에므스(Ems) 온천장에서 휴양 중인 빌헬름 1세를 방문하여 공식적인 다짐을 받으려고 하였다. 빌헬름은 이를 단호하게 거절하고 그 전말을 비스마르크에게 전보로 알렸다(1870). 이 '에므스 전보'를 받은 비스마르크는 독일국민에게는 프랑스대사가 프로이센왕에게 무례한 짓을 범하고, 프랑스국민에게는 프랑스대사가 모욕을 당한 인상을 주도록 전문내용을 가위질하여 발표하였다. 그가 기대한 반응이 즉각 나타났다. 프랑스는 1870년 7월 19일 프로이센에 선전포고를 하고, 전 독일국민이 프로이센을 지지하고 나섰다.

　비스마르크는 에므스 전보를 공표하기 전에 군부에게 프랑스와의 전쟁에서의 조속한 승리를 확인한 바 있었다. 과연 잘 조직되고 훈련되었을 뿐 아니라, 오스트리아와의 전쟁에서 경험을 쌓은 프로이센군은 파죽지세로 프랑스 영내로 진격하였다. 메츠(Metz)에 포위된 프랑스군을 구원하러 나폴레옹 3세가 직접 나섰으나 오히려 세당(Sedan)에서 포위되어 프로이센군에게 항복하였다(9월 2일). 개전한 지 두 달이 못 되는 짧은 기간이었다. 이로써 제2제정은 붕괴하고, 파리의 임시정부는 항전을 계속하였으나 역부족으로 다음 해 1월 하순에 파리도 성문을 열고 항복하였다. 이보다 열흘 앞선 1871년 1월 18일 프로이센왕 빌헬름 1세는 베르사유 궁전에서 독일의 全군주들이 바치는 제관을 받고, 독일제국의 황제로 즉위하였다. 독일의 통일이 달성되고, 독일제국이 탄생하였다.

독일帝國의 發展

　신생독일제국은 프로이센을 중심으로 형성되었던 북부독일연방에 남부독일의 여러 나라가 가입하는 형식으로 이루어졌으며, 25개 지방국가로 구성된 聯邦國家(Bundesstaat)였다. 각 구성국가는 재래의 명칭과 군주를 그대로 유지하고 상당한 자치가 인정되었으나, 독일제국은 그러한 국가들의 단순한 연합이 아니라 독일황제에 의하여 통치되는 실질적인 통일국가였다. 1867년에 제정된 북부연방헌법의 연장이라고 할 수 있는 제국헌법에 의하면, 상원에 해당하는 연방의회(Bundesrat)는 주로 구성국가의 대표와 황제가 임명하는 대표로써 구성되며, 하원에 해당하는 제국의회(Reichstag)는 25세 이상의 성년남자의 보통선거로 구성되었으나, 실질적인 권한이 없고, 제상이 국민의 여론을 듣는 장소에 지나지 않았다. 실제로 국정을 좌우하는 것은 프로이센의 총리가 임명되는 재상과 황제이며, 재상은 의회가 아니라 황제에게 책임을 지며, 황제는 의회해산권을 갖고 있었다. 한편 프로이센에서는 1850년에 제정된 이른바 '외관상의 立憲主義' 헌법이 그대로 실시되었으며(本書, p. 443 참조) 계급별선거제도도 그대로 유지되었다. 즉, 상원은 아예 귀족과 勅選議員의 세습제였고, 하원의 선거는 유권자의 4%에 해당하는 고액납세자, 14%에 해당하는 중정도의 납세자, 그리고 나머지 82%에 해당하는 저액납세자의 세 계급으로 구분되어 각각 3분의 1의 의원을 선출하였다. 그러므로 프로이센의회는 완전히 토지귀족과 신흥부르주아지의 지배 하에 있었고, 그나마 하원은

예산을 승인하는 일외에는 별로 하는 일이 없었다.[17]

통일의 대업을 달성한 비스마르크는 1890년까지 재상의 자리를 유지하였다. 그는 새로운 제국의 건설과 더불어 발생한 여러 문제를 온건한 부르주아지의 정당인 자유당과의 협조 하에 처리해 나갔다. 화폐를 통일하고 중앙은행을 설치하며, 철도와 우편제도를 조절하고 통일하는 등 그의 정책은 중앙집권화를 지향하는 것이었다. 그러나 그는 곧 '문화투쟁'(Kulturkampf)으로 알려진 가톨릭교회와의 대립에 당면하였다.

교황 피오 9세(1846~1878)는 1864년의 回勅에서 19세기의 자유주의사상을 공격하고, 국가의 교회에 대한 간섭을 비난하였으며, 1869년에는 16세기의 트렌트公議會 이래 처음 열리는 세계적인 공의회를 바티칸에서 개최하여 敎皇無謬의 교리를 선언하고, 교황권의 세속국가에 대한 우월성을 강조하였다. 제국건설 후 가톨릭교도를 기반으로 결성된 중앙당(Zentrum)은 바티칸공의회의 선언을 받아들이고, 독자적인 노동운동을 전개하면서 중앙집권정책에 반대하였다. 이에 대하여 비스마르크는 자유당의 협조를 얻어 예수회원의 독일로부터의 추방, 성직자의 정치적 설교의 금지, 교회의 교육기관 폐쇄 등에 관한 법률을 통과시키고, 프로이센에서는 종교의식과 관계없이 민법상의 혼인을 인정하고, 장차 신부가 될 사람은 일반대학에 적을 두어야 한다고 규정하였다. 교황은 이러한 법률의 무효를 선언하고 교도들에게 저항을 명하였다. 가톨릭교도의 저항은 예상외로 강경하고, 중앙당 의석도 증가하였다. 뿐만 아니라 비스마르크는 70년대 말에 자유무역정책으로부터 보호관세정책으로의 전환으로 자유당의 지지를 상실하고, 점차 세력이 증대하고 있는 사회민주당에 대항하기 위하여 새로운 여당으로서 중앙당의 협력이 필요하였다. 그리하여 1880년까지 反가톨릭적인 법률의 대부분이 폐기되었다. 11세기에 교황에게 굴복한 하인리히 4세처럼 "카노사에 가는 일은 없다"고 장담한 비스마르크도 문화투쟁에 패한 것이다.

독일의 산업은 70년대에 철과 석탄자원이 풍부한 알자스, 로렌의 획득, 통일의 달성, 중앙집권적인 재정정책 등으로 한층 더 그 발전이 촉진되어 프랑스를 능가하면서 영국과 육박하고, 일부 산업부문에서는 얼마 안가서 영국을 추월하게 되었다. 처음 비스마르크는 자유무역정책에 만족하고 있었으나, 1873년의 금융공황이

---

17) 정책수립이나 결정은 상원에서, 또는 보다 빈번하게 국왕과 그의 군사 및 정치고문들에 의하여 행하여졌다. 내각은 국왕에 의하여 임명되었으며, 원하지 않는 법안을 국왕은 거부할 수 있었다. 국왕은 자유롭게 사용할 비용을 갖고 있었으며, 군사문제를 처리하는 특별한 군사내각이 따로 있었고, 이 내각은 국왕에게 직속하고, 의회나 일반 국무장관에게 보고할 의무가 없었다. 국왕에게 충실한 관료와 군대를 가진 프로이센의 이러한 전제적이고 군국주의적인 성격은 또한 통일된 독일제국의 성격을 규제하는 것이기도 하였다.

있은 후 제철업과 방직공업이 영국과 경쟁하기 위하여 보호정책을 요구하고, 농업
위기 또한 동유럽으로부터의 값싼 농산물에 대한 보호를 필요로 하였다. 그리하여
비스마르크는 1879년 모든 수입품에 대한 보호관세법을 제정하였다. 자유당은 이
정책전환을 계기로 비스마르크와 사이가 멀어지고, 중앙당은 보호주의정책을 지
지하였으며, 비스마르크는 문화투쟁을 종식시키고 있었다. 그러나 그는 중앙당을
전적으로 믿고 의지한 것은 아니다. 자유당의 개편에 노력하여 이를 보수적인 산
업가 집단으로 만드는 데 성공하였는 바, 그 원인의 하나는 보호주의정책이 공업,
특히 중공업의 급속한 발전을 초래한 사실에 있었다.

　1870년대 말에 비스마르크가 문화투쟁을 완화하고 보호무역으로 정책전환을 하
고 있을 때, 그는 사회민주당이라는 새로운 적대적 세력을 맞이하였다. 독일산업
의 급속한 발전은 한편으로는 부르주아지의 세력을 증대시켰으나, 다른 한편으로
는 노동자의 수를 증가시키고, 계급적인 각성을 촉구하여 사회주의와 노동운동이
급격하게 고조되었다. 이러한 현실에 당면한 비스마르크는 사회주의의 탄압만이
능사가 아니고 노동자의 복지를 위한 정책이 필요하다고 느꼈다. 그리하여 그는
질병보험법(1882), 재해보험법(1884), 그리고 양로 및 상해자보험법(1889) 등 일련
의 법안을 추진하였다.[18] 이와 같이 독일에서의 사회복지정책은 사회주의세력을
약화시키려는 의도에서 비스마르크에 의하여 시작되었다. 그러나 그 의도야 어떻
든 이로 인하여 노동자들은 생활개선에 실질적인 혜택을 받게 되었고, 사회민주주
의자에 대한 지지표도 감소하지 않았다.

오스트리아-헝가리 帝國

　1848년에 소수민족의 자치와 독립의 요구를 무력과 소수민족 상호간의 갈등으
로 회피한 오스트리아는 그 후 대외적으로 위축을 거듭하였다. 1859년의 이탈리아
통일전쟁에서는 밀라노를 포함한 롬바르디아를 상실하고 1866년에는 프로이센에
패하여 독일로부터 추방당하는 동시에 베네치아를 상실하였다. 이러한 상황 속에
서 오스트리아는 1867년 그 동안 꾸준히 자치를 요구해 온 헝가리의 마자르족에게
'타협'(Ausgleich)을 통하여 자치를 허용하여 오스트리아-헝가리 二重王國(Dual
monarchy : Doppelreich)이 성립하였다. 그 내용은 오스트리아 황제 프란츠 요제
프(Franz Joseph, 재위 1848~1916)가 헝가리왕을 겸하고 국방, 재정 및 외교를 공
동으로 하는 이외는 각자가 독자적인 정부와 의회를 갖는 것이었다. 그러나 이 이

---

18) 질병보험은 고용주와 노동자가 기금을 내고, 재해보험은 전적으로 고용주가, 그리고
　　양로보험은 고용주와 노동자가 기금을 내고 정부가 보조금을 지급하게 되어 있었다.

중왕국은 저마다 주로 슬라브계통의 소수민족의 자치 내지 독립의 요구라는 골치
아픈 문제를 지니고 있었으며 이중왕국의 성립은 어떤 의미에서 이러한 소수민족
에 대한 오스트리아의 독일인과 마자르족과의 공동전선의 결성이었다.

　오스트리아에는 체코인(Czechs)과 폴란드인, 헝가리에는 슬로바키아인(Slo-
vaks)과 루마니아인이 있었고, 크로아티아인(Croats), 세르비아인(Serbs), 슬로
베니아인(Slovenes) 등이 양국에 걸쳐 분산되어 있었다. 오스트리아 내의 체코인
은 프라하를 중심으로 보헤미아, 모라비아, 그리고 오스트리領 실레지엔 등에 주
로 거주하며 오스트리아인구 중 23%를 차지하고 슬라브족 중에서는 경제와 문화
가 가장 발달하였다. 폴란드인은 주로 갈리치아(Galicia) 지방에 거주하며 인구의
18%를 차지하고 대부분 지주로서 우크라이나인의 농민을 지배하여 프로이센과
러시아 내의 폴란드인에 비하여 만족스러운 생활을 하고 있었다. 그들은 러시아를
증오하였으나 汎게르만주의에는 무관심하였다. 이 밖에 오스트리아 내의 소수민
족으로서는 인구의 3% 미만의 이탈리아인, 인구의 4.5%의 슬로베니아인, 인구의
3% 이하의 크로아티아인과 세르비아인 등이 있었다. 이탈리아인은 트리에스트에
거주하며 이탈리아와의 합병을 원했고, 슬로베니아인은 불만이 없었고, 대부분 달
마티아(Dalmatia)에 거주하는 크로아티아인과 그들보다 수가 훨씬 적은 세르비아
인은 헝가리 내의 동족보다는 불만이 적었으나 그래도 자치를 원하거나 남부 슬라
브 국가와 합쳐지기를 기대하였다.

　헝가리에서의 소수민족문제는 오스트리아의 경우보다 더 복잡하고 격렬하였다.
그것은 주로 인구의 55%를 차지하는 마자르족이 다른 소수민족의 민족성을 말살
하고 마자르화하려는 정책을 강행하였기 때문이며, 그 수단으로 아시아계통의 언
어인 마자르어를 공식용어로서 관공서나 학교에서 강요하였던 것이다. 헝가리 인
구의 11%를 차지하는 슬로바키아인은 대부분 가난한 농민으로서 마자르화하는
경향이었다. 인구의 16.5%를 차지하는 루마니아인은 주로 트란실바니아(Tran-
sylvania)에 거주하였고 그리스正敎 유지에 전력을 기울이면서 마자르화 정책에
반항하였다. 그들은 처음에는 빈에 自治를 호소하였으나 아무런 반응이 없자 인접
한 루마니아왕국에 기대를 걸었다. 세르비아인과 크로아티아인은 일부가 헝가리
본토에 그리고 나머지는 크로아티아에 거주하였다. 본토에는 약 60만명 정도가 거
주하였고 그 중 2/3가 세르비아인이었고 그들은 헝가리를 몹시 증오하고 세르비
아왕국에 기대를 걸었다. 크로아티아는 1848년에 자치를 기대하면서 황제편에 가
담하였으나 헝가리에 편입되고 말았다. 그 후 헝가리와 크로아티아는 타협을 거쳐
서 군사와 경제를 헝가리가 관장하고 크로아티아인에게는 고유의 언어와 교육제.
도 그리고 법원과 의회를 허용하였다. 그러나 크로아티아인은 이에 만족하지 않고

완전한 자치를 원했으며 세르비아인과 非가톨릭계통의 남부 슬라브족을 경멸하였다. 그리스정교의 세르비아인은 크로아티아 인구의 1/4을 좀 넘을 정도였는데 그들과 크로아티아인은 인종이나 언어에서 차이가 없었으나 종교가 달라서 세르비아인은 차별대상이 되고 있었다. 헝가리총독은 이를 이용하였으나 20세기 초에는 양자가 점차 협력관계를 구축하였다.

이러한 이중왕국 내의 소수민족문제를 보다 더 복잡하게 만든 것은 보스니아-헤르체고비나(Bosnia-Herzegovina) 문제였다. 이 지역은 1870년대까지 약 4세기 동안 오토만 투르크제국의 지배 하에 있었고 주민은 남부 슬라브족에 속하였다. 1879년의 주민구성을 보면 약 50만명이 이슬람교도, 약 50만명이 그리스정교도, 그리고 15만명 정도가 가톨릭이었다. 투르크지배 하에서는 그리스정교도는 이슬람지주의 땅을 경작하는 농민이었고 인접한 세르비아왕국에 해방을 기대하였으며 아무도 합스부르크 왕실에 흡수되기를 원하지 않았다. 그런데 1878년의 베를린회의에서 오스트리아가 두 지방에 대한 점령권을 얻고 실질적으로 지배하게 되었다. 세르비아는 이 두 지방을 합병하여 大세르비아를 건설할 포부를 가졌고, 이슬람교도는 투르크의 지배가 종식되지 않기를 원했으며, 가톨릭교도는 크로아티아와 합쳐지기를 원했다. 이러한 상황에서 오스트리아에서는 달마치아, 크로아티아, 보스니아-헤르체고비나를 묶어서 남부 슬라브왕국을 건설하고 프란츠 요제프를 공동왕으로 추대하는 삼중왕국의 수립을 제안하는 의견도 있었으나 마자르의 강력한 반대로 실현되지 않았다. 1908년 투르크에 청년 투르크당의 혁명이 일어나자 오스트리아는 재빨리 이 두 지방을 합병해버렸다. 세르비아는 말할 것도 없거니와 이중왕국 내의 거의 모든 소수민족이 크게 분노하였으며 제1차 세계대전의 씨앗이 되기도 하였다.

오스트리아 사회에서 上位를 차지하고 있는 귀족들은 대영지를 소유한 완전한 유한계급이었고, 토지보유농민도 소농 내지 영세농으로서 생활수준이 낮았다. 소수민족을 억압하기 위한 군사력과 경찰에 많은 예산을 할당하여 경제성장은 지연될 수밖에 없었다. 그리하여 도시의 중산계급도 미약하고 성장이 느렸으며 산업노동자는 느린 경제발전이나마 그 수가 점차 증가하였다. 가장 유력한 정당은 가톨릭의 그리스도교 사회당으로서 합스부르크에 충성하며 대기업보다는 농민과 소기업편에서 사회입법을 주장하고 反유대주의를 표방하였다. 산업노동자의 증가에 따라 1888년에 창당된 사회민주당은 마르크스주의 정당이었으나 혁명노선보다는 복지정책과 노동자의 지위향상에 주력하였다. 오스트리아의 인구 1/3을 차지하는 독일인 중에는 합스부르크 왕실을 부정하고 가톨릭에 반대하며 독일과의 합병을 주장하는 汎게르만주의(Pan-Germanism)를 신봉하는 자도 있었다. 그들은 강력한 反슬라브적이고 反유대적인 입장을 취하였고 수효는 적지만 그들이 내는 소리는 높았다. 오스트리아의 유대인은 1870년대 이후 증가하기 시작하여 총인구의 5%, 수도 빈에서는 주민의 10%에 달하였다. 그들은 공직에 취임할 수 없어 금융 업이나 상업, 예술과 과학 등에 종사하여 두각을 나타내고 빈의 생활양식에도 영 향을 미쳤다. 이러한 유대인에 대한 반감은 상당히 광범하고 강력했으며 1897년부 터 1910년에 걸쳐 빈 시장이었던 카를 뤼거(Karl Lüger)는 그 대표자격이었다. 히틀러의 反유대주의는 바로 이러한 분위기에서 싹텄다.

헝가리사회는 오스트리아보다도 후진적이었다. 소수의 토지귀족이 농토의 절반 이상을 소유하고 그 바로 아래에 수적으로는 훨씬 많은 중 정도의 영지를 소유한 향신(젠트리) 계층이 있었는데 그들은 관리나 전문직에 진출하였다. 농민은 소토지 소유농이라 하더라도 교육수준이 낮고 생활은 어려웠다. 인구의 20%를 넘지 않는 도시의 산업노동자는 저임금에 노동조건도 나쁘고 계급의식도 희박하여 사회주의 정당이 성립할 수 없었다. 인구의 60%가 가톨릭이고 나머지는 칼뱅 및 루터파였 고, 선거권은 극히 제한되어 의회는 마자르족의 엘리트에 의하여 운영되었다. 그 들 중 일부는 완전독립을 요구하였으나 다른 일부는 국가원수만 공유하고 나머지 분야에서의 독립을 요구하였다. 그러나 마자르족의 단독지배에는 이견이 없었다. 이러한 마자르족 내의 완전독립이나 자치권의 확대에 대한 요구에 황제는 소수민 족을 포함한 보통선거제의 실시를 무기로 삼아 그 기세를 꺾었다.

美國의 發展

새로이 탄생한 아메리카합중국은 각 州에 광범한 자치권을 인정했으나, 결코 주 권을 소유한 여러 주들의 단순한 연맹체가 아니라 주권을 소유하고 행사하는 어엿 한 연방국가(federal state)였고, 초기에 신생공화국을 영도한 것은 중앙집권을 강조한 부유층의 연방주의자들(federalists)이었다. 그러나 1800년에 '미국 민주 주의의 아버지'로 불리워지는 제퍼슨(Thomas Jefferson, 재임 1800~1809)이 대통 령으로 당선되자 민중을 위한 정치, 즉 민주주의가 시작되고, 잭슨(Andrew jackson, 1829~1837)시대에 확고한 기반이 잡히게 되었다. 잭슨 자신이 서부의 자 영농민의 아들이었고, 그리하여 그는 민중의 희망을 잘 감지하고, 민중을 위한 정 치를 행하였던 것이다.

민주주의로의 발전과 더불어 국가적 통합도 진전되었다. 나폴레옹시대에 발생 한 美英戰爭(1812~1814)은 독립전쟁 당시의 프랑스와의 유대와 영국 해군의 통상 방해, 그리고 캐나다를 얻으려는 엉뚱한 욕망 등이 원인이 되었다. 전쟁 그 자체는 대단치 않았고, 또 캐나다를 점령하지도 못하였지만, 미국국민의 통합과 국내공업 의 발전을 촉진시켰다. 중남미에 대한 유럽의 간섭을 배격한 먼로주의(1823) 또한 미국의 국가적인 자각과 국제 정치에의 등장을 뜻하는 것이었다.

미국의 영토 또한 19세기 전반기에 놀라울 정도로 팽창하였다. 1803년 나폴레옹으로부터 광대한 루이지애나(Louisiana)를, 1819년에는 에스파냐로부터 플로리다(Florida)를 구입하고, 1840년대부터는 서부로의 진출이 현저하여 멕시코로부터 텍사스(Texas)를 빼앗고(1845), 멕시코와의 전쟁(1846)을 통하여 캘리포니아(California)를 획득하여(1848), 그 영토가 태평양에 도달하게 되어, 1850년대에는 오늘의 미국의 광대한 영토의 대체적인 윤곽이 잡혔다.[19]

이러한 영토의 팽창과 계속 유입하는 이민의 물결로 인구 또한 급격하게 증가하여 1790년에 390만을 약간 넘던 것이 1860년에는 3,100만이 되었다.[20] 미국은 식민지시대부터 모든 식민지(후의 州)가 서쪽에 소수의 인디언이 산발적으로 살기는 하나 그 대부분이 황무지인 '프론티어'(frontier, 변경)를 갖고 있었다. 19세기 말까지 미국의 역사는 이 프론티어로의 진출과 개척의 역사, 그리하여 프론티어가 사라질 때까지 그것이 서부로 이동해 가는 역사이기도 하였다. 특히 활발해진 1840년대부터의 서부개척은 동부의 빈민이나 새로운 이민들에 의하여 인디언과 자연과의 힘든 싸움을 통해서 급속도로 진행되었다. 그 과정을 통하여 개인주의적이고, 능력위주의 진취적인 프로티어정신이 함양되고, 그것은 미국의 국민성 속에 깊이 뿌리를 박게 되었다.

활발한 서부개척과 거의 때를 같이하여 산업혁명이 본격적으로 진행되기 시작하고, 운하와 철도부설도 활발해졌다. 그리하여 1850년에는 공업제품이 농업산출고를 능가하고, 50년대에 미국은 농업국가로부터 농업·공업국가로 변모하기 시작하였다. 그러나 이러한 공업화는 주로 동북부에서 진행되었기 때문에 지역(section) 간의 산업과 사회경제구조의 격차를 심화시켰다. 즉, 동북지역에는 자유노동과 공업에 입각한 자본주의사회가 형성되고, 이에 따라 그들은 공업의 발전을 위하여 보호무역과 연방정부의 강화를 주장하였다. 이에 반하여 남부는 노예제를 바탕으로 한 면화재배의 대농장경영(plantation)이 지배적이었고, 이에 따라 값싼 공산품의 수입을 위한 자유무역과 州權존중의 지방분권을 원하였다. 새로 개척된 서부는 자영농민의 사회로서 경제적으로 동북부에 의존하는 경향이 강하였다.

이러한 사회경제구조의 격차에서 발생한 남북간의 대립은 노예문제로 격화되었

---

19) 알래스카(Alaska)는 1867년 러시아로부터 구입하였으며, 하와이와 더불어 1959년에 州로 승격하였다.

20) 미국인구는 1910년에는 9,200만에 육박하였다. 李普珩, 美國史槪說(1976), 附錄 2 참조.

다. 남부에서는 인구의 5% 정도밖에 되지 않는 대지주가 400만을 넘는 노예를 소유하고 있었으며, 선거권이 없는 노예까지 포함한 인구비례로 하원의 의석이 배정되었기 때문에 정치적으로 모순이 있었다. 뿐만 아니라 상원의원은 각 주마다 2명씩 선출되었기 때문에 새로이 개척된 서부의 주가 노예주가 되느냐 또는 자유주가 되느냐의 문제는 남북간의 큰 정치문제가 될 수밖에 없었다. 그러나 노예문제는 단순히 사회경제나 정치문제에 그치지 않고, 인도주의의 입장에서도 큰 시비거리가 되었고, 스토우부인(Mrs. Stowe)의 《톰 아저씨의 오막살이》(*Uncle Tom's Cabin*)라는 소설은 널리 읽혀 노예제폐지의 여론을 고조시켰다.

노예문제로 고조되어가고 있던 남북간의 대립은 1860년의 대통령선거에서 노예제에 반대하는 공화당의 링컨(Abraham Lincoln, 1809~1865)이 당선되자 드디어 발화점에 도달하였다. 다음 해 초에 남부의 7개 주가 연방을 탈퇴하여 '아메리카 연합'(Confederate States of America)을 구성하고, 따로 헌법을 제정하여 제퍼슨 데이비스(Jefferson Davis, 1808~1899)를 대통령으로 선출하였다. 이어 남부는 외국으로부터 무기를 구입하고 전쟁을 준비하여 1861년 4월 삼터(Sumter)요새를 공격함으로써 남북전쟁(Civil War, 1861~1865)이 시작되었다.

남북의 전쟁수행능력에는 현격한 차이가 있었다. 남북는 처음 분리를 선언한 7주에 4주가 더 참가하여 11주가 되고 인구는 노예 400만을 포함하여 900만인 데 비하여, 북부는 23주에 인구 2,200만이었다. 뿐만 아니라 북부는 공업력과 해군을 보유하고 있었다. 따라서 전쟁의 결과는 어느 정도 자명한 것이었으나, 리(R.E. Lee, 1807~1870) 장군이 지휘하는 남군도 초기에는 만만치 않았다. 그러나 링컨 대통령이 1863년 1월 노예해방을 선언함으로써 전쟁의 대의를 국내외에 천명하고 국제여론도 북부에 유리하게 전개되었다. 그리하여 남부가 믿었던 영국의 개입이 좌절된 데다가 북부의 해군이 남부의 해안을 봉쇄함으로써 남군은 점차 곤경에 빠졌다. 전세는 게티스버그(Gettysburg)의 승리(1863년 7월)를 계기로 그랜트(U.S. Grant, 1822~1885) 장군의 북군에게 유리하게 전개되고, 마침내 리 장군의 항복으로(1865년 4월) 전쟁은 북부의 승리로 끝났다.

전쟁의 뒷수습은 결코 쉬운 일이 아니었으며, 남군이 항복한 직후 발생한 남부파의 배우 부드(Booth)에 의한 링컨의 암살사건(1865년 4월 14일)이나, 10년 가까운 남부에 대한 군정실시 등이 그 어려움을 여실하게 말해주고 있다. 남부의 혼란과 황폐는 격심하였으며, 북부로부터의 '뜨내기 政商輩'(carpetbaggars)의 발호도 혼란을 가중시켰다. 그러나 그러한 혼란도 서서히 가라앉고, 남부의 재건이 진행됨으로써 남북의 융화도 실현되고 국가적인 단합이 견고해지면서 미국은 새로운 비약적인 발전을 이룩하게 되었다. 즉, 남부에서는 노예제에 기반을 두었던 대농장경영이 사라지고, 다수의 소규모 농장이 생겨났으며, 섬유·담배·제철 등의 새로운 공업이 급속도로 발전하고, 중산계급이 형성되는 등 사회경제구조에 전면적인 전환이 이루어져 '새로운 남부'(New South)가 탄생하였다 .이러한 남부는 민주당의 견고한 기반이 되고, 공화당과 더불어 미국의 정치를 좌우하게 되었다.

한편 북부에서는 전후 공업발전이 현저하여 1860∼1870년 사이에 공업생산은 배로 증가하고, 농업과 교통수단에도 큰 발전이 이루어져 넓은 의미의 경제혁명을 겪게 되었다. 전쟁 중에 북부는 서부를 자기 편으로 끌어들이기 위하여 자작농지법(Homestead Act, 1862)을 만들어 시민 또는 장차 미국시민이 될 사람으로서 일정한 지역에 5년간 거주하면서 개간에 종사한 자에게 160에이커의 토지를 무상으로 주기로 하였다. 이로 말미암아 서부개척은 큰 자극을 받아 크게 촉진되고 외국으로부터의 이민도 증가하였다. 또한 전쟁 중 노동력의 부족을 보충하기 위하여 농업의 기계화가 촉진되고, 1869년에는 兩大洋을 연결하는 대륙간 횡단철도의 부설이 완공되었다.

남북전쟁은 미국이 통합된 국민국가로 발전하기 위하여서는 거의 불가피하였다. 전쟁 중에 노예제도는 폐지되어 다시 부활하지는 않았으나 흑인은 실제에 있어 여러 규제로 선거권의 자격을 박탈당하고, 다시 대두한 인종차별로 흑백문제는 오늘날까지 미국사회의 골치거리로 남게 되었다. 그러나 미개척의 풍부한 천연자원과 인력, 그리고 개인의 창의성과 기업의 자유는 새로이 형성된 광대한 국내시장을 바탕으로 20세기 초까지 미국을 거대한 산업사회로 발전시키고, 제1차 세계대전 후에는 세계금융의 중심도 런던으로부터 뉴욕으로 이동하였다. 이러한 자유기업에 입각한 자본주의의 급격한 발달은 '호경기 시대'(Gilded Age) 또는 '착취자본가의 시대'(Age of the Robber Barons)를 출현시켰으나, 이와 더불어 유럽의 산업국가에 있어서와 마찬가지로 노동문제를 제기하게 되었다. 그리하여 전국적인 규모라기보다는 주 단위로 최저임금법, 위생관리, 노동시간규제, 노동자보상 등이 마련되었다. 그리고 전국적인 규모로는 숙련공중심의 직업별조합의 연합체인 미국노동자총동맹(American Fedration of Labor: AFL)이 1886년에 결성되고, 사뮤엘 곰퍼즈(Samuel Gompers)가 회장으로 선임되었다. 한편 1890년에는 기업의 합동과 독점을 금지하는 셔먼 反트러스트법(Sherman Anti-Trust Law)이 제정되고, 20세기에 들어서면서 공화당출신의 데오도어 루스벨트(Theodore Roosewelt, 1901∼1909) 시대에 미국경제의 중요부분을 독점하게 된 大트러스트 또는 기업합동(combination)에 대한 공격은 더욱 박차를 가하였다. 그러나 그것은 기업의 자유라는 미국경제의 기본이념을 부정하는 것은 아니었다.

러시아의 發展

19세기 초에도 러시아는 여전히 농노제에 기반을 둔 후진적인 전제국가였다. 알렉산드르 1세는 이러한 러시아의 개혁에 뜻을 두고 내각제도를 도입하고, 새로운 관료조직을 마련하였으나, 토지귀족이 이를 독점하여 결국 황제(차르)의 전제적 지배가 토지귀족의 관료조직을 통해서 운영되는 것에 불과하였다. 한편 유럽의 자유주의의 물결은 일부 토지귀족과 청년장교, 그리고 대학생을 비롯한 지식층에 침투하여, 그들은 농노제와 전제정치의 폐지를 목표로 비밀결사를 조직하고 있었다. 1825년 12월 알렉산드르가 사망하자 이들은 이른바 '데카브리스트'(Dekabrist, 12월당이라는 뜻)의 반란을 일으켰으나 새로 즉위한 니콜라이 1세(Nicholas Ⅰ, 1825~1855)에 의하여 곧 진압되었다.

즉위 직전에 데카브리스트의 반란을 경험한 니콜라이 1세는 철저한 반동정치를 실시하였다. 즉, 출판물의 검열을 엄격히 하고, 대학에 대한 감독을 강화하였으며, 러시아인의 해외여행과 유럽인의 입국을 엄격하게 통제하고, 비밀경찰로써 질서유지를 꾀하였다. 이러한 상황에서 근대적인 사회개혁을 담당할 시민계급이 자라나지 않고 있던 러시아에서는 이른바 '인텔리겐챠'(Intelligentsia)로 불리는 러시아의 특유한 지식층이 이를 담당할 수밖에 없었다. 이들 지식층은 유럽적인 방식을 택하려는 서유럽주의자(Westerners)와 러시아 고유의 것을 존중하려는 新슬라브파(Slavophiles: 슬라브족의 벗)로 갈라져 있었으나, 그 어느 쪽도 비밀경찰의 철저한 감시 하에 제대로 활동을 하지 못하고, 순수문학이나 학문을 통하여 개혁의 뜻을 표현하는 수밖에 없었다.

러시아는 일찍부터 흑해방면으로 진출하려는 남진정책을 갖고 있었으나, 뜻대로 이루어지지 않고 있었다. 니콜라이 1세의 말년에 이르러 팔레스타인의 성지관리권이 프랑스로 넘어간 것을 계기로, 러시아는 투르크에 대하여 러시아정교회의 보호와 해협지대에서의 러시아의 특권적 지위를 요구하고, 그것이 거절되자 투르크에 宣戰하였다. 이 방면에 깊은 이해관계를 가진 영국과 프랑스가 투르크와 동맹을 맺고 러시아에 선전하여 크림전쟁(1853~1856)이 일어났다. 세바스토폴(Sebastopol)공방전을 중심으로 한 이 전쟁은 러시아의 패전으로 끝나고, 파리조약으로(1856) 러시아는 몰다비아(Moldavia)와 왈라키아(Walachia)를 포기하고 흑해의 중립을 약속하였다.

크림전쟁 중에 즉위한 알렉산드르 2세(1855~1881)는 패전에서 충격을 받고 내정개혁의 필요성을 절감하였다. 그는 유럽에 대한 여행을 완화하고, 정치범을 석방하는 동시에 출판물에 대한 검열도 완화하였다. 이러한 개혁 중 가장 크고 중요했던 것은 1861년의 농노해방령이었다. 4,000만 이상의 인간을 하나의 법령으로 해방시킨 이 개혁은 거대한 것이었으나 농민에 대한 실질적인 혜택은 별로 없었다. 농노해방으로 왕실소유이든 개인 소유이든 모든 농민은 해방되고, 각 농가는 일정한 토지를 받게 되었다. 그러나 그 과정에서 종전의 보유지를 지주에게 많이 빼앗기고, 할당된 토지에 대한 장기간에 걸친 상환금을 부담하게 되었으며, 그나마 그 토지는 '미르'(mir)라는 농촌공동체에 소속되고, '미르'는 이 토지를 주기적으로 재분배할 권리를 가졌다. 그러므로 농민은 완전한 자유가 없었으며, 종전의 지주 대신에 농촌공동체에 얽매이게 된 것이다. 그러나 어떻든 농민은 형식적으로라도 자유로와졌고, 자유로와진 농민은 자본주의생산에 노동력을 제공하게 되어 자본주의발전의 한 요인이 되었다.

농노해방으로 지주가 그의 영지에서 행하던 사법권과 경찰권이 사라졌으므로 지방행정을 정비할 필요가 생겼다. 그리하여 1864년 까다로운 선거절차에 의하기는 하나 지방유지들로 구성되는 '쳄스트보'(Zemstvo), 즉 지방의회를 창설하여 지방의 재정, 교육, 의료, 과학적 농업, 도로보존 등 광범한 지방행정을 관장하게 하였다. 이어 알렉산드르는 도시에 시의회를 설치하고, 사법제도를 개선하여 배심제를 도입하고, 대학에 대한 감독을 완화하는 동시에, 21세에 달한 장정을 계급의 구별없이 징집하는 군제개혁도 단행하였다.

알렉산드르 2세의 이러한 개혁은 러시아의 '인텔리겐차'를 만족시키지 못하였다. 그들에게 있어 그것은 너무나 점진적이고, 미온적이었으며, 전제정치 그 자체에는 아무 변혁도 없는 것이었다. 그리하여 일부 인텔리겐차는 기존의 모든 가치와 관습과 권위를 부정하는, 말하자면 아무 것도 믿지 않는 허무주의(Nihilism)에 빠졌다. 그 중에는 바쿠닌의 무정부주의와 폭력적인 혁명론의 세례를 받은 자도 있었으나, 농민의 중요성과 혁명을 위한 농민의 계몽을 강조한 라브로프 (P. Lavrov, 1823~1900)의 영향을 받은 자도 많았다. 그리하여 대학생을 비롯한 인텔리겐차는 허무주의를 떠나 나로드니키(Narodniki: populist 즉 인민주의자)가 되어 '人民 속'으로, 즉 농민들 속에 파고들었다. 그러나 그들은 농촌생활을 몰랐고, 농민을 이해하지 못하였다. 그들의 농민에 대한 낭만적인 견해는 곧 사라지고, 1870년대에 강한 탄압으로 그 모습이 사라지게 되었다. 뒤에 남은 것은 혁명적 과격파로서, 그들은 자본주의적인 시민사회가 형성되기도 전에 기존사회를 전복하고 농촌적인 사회주의사회를 건설할 것을 주장하고, 폭력과 테러를 주무기로 삼았다. 그들은 '人民의 意志'(People's Will)라는 테러리스트집단을 만들어 여러 번 알렉산드르 2세의 생명을 노린 끝에 1881년 차르를 살해하는 데 성공하였다. 때마침 알렉산드르 2세는 매우 중요한 새로운 개혁안을 승인한 직후였다.

알렉산드르 2세의 내정개혁은 국력배양을 바탕으로 한 대외발전에도 그 목적이 있었다. 1876년에 반란을 일으킨 불가리아(Bulgaria)인을 투르크가 대대적으로 학살한 사건을 계기로 러시아는 전격적으로 투르크를 공격하여(露土戰爭, 1877~1878) 산 스테파노(San Stepano)조약을 맺고(1878) 투르크로 하여금 세르비아(Serbia), 몬테니그로(Montenegro), 루마니아(Rumania)의 독립과 불가리아의 자치를 승인하게 하였다. 그러나 이 조약은 곧 영국과 오스트리아의 강한 항의를 받게 되고, 비스마르크의 조정으로 베를린회의에서 수정되었다(1881). 즉, 불가리아를 비롯하여 새로 독립한 나라들의 영토를 대폭 축소하고, 영국은 키프로스 섬을 얻는 한편, 오스트리아는 보스니아와 헤르체고비나(Herzegovina)를 차지하였다.

한편 알렉산드르 2세의 암살은 그 뒤를 계승한 알렉산드르 3세(1881~1894)와 니콜라이 2세(1894~1917)를 극도로 反動化시켜 전제정치는 한층 강화되고, 자유주의는 철저한 탄압을 받게 되었다. 그런 가운데서도 농민 은행이 설립되어 농민의 상환금지불이 용이해지고, 여성노동자의 노동시간 단축 등 약간의 개량이 없지 않았다. 특히 1890년대부터는 러시아에서도 산업혁명이 본격적으로 진행되기 시작하였다. 도네츠(Donets)지방의 석탄지대가 개발되기 시작하고, 바쿠(Baku)의 유전이 석유를 산출하게 되었으며, 강철과 棉의 생산이 증가하였다. 철도부설이 활발하게 진행되고, 당시 재무장관이었던 위테(Sergej Witte, 1849~1915)는 1891년 시베리아횡단철도의 부설을 시작하는 등 산업발전의 주도적 역할을 담당하였다. 이러한 산업의 발전에 따라 도시노동자의 수효도 급격하게 증가하고, 노동시간의 11시간 고정을 비롯한 노동조건개선의 시도도 있었으나 매우 미흡하여 파업이 빈발하였다.

이러한 상황 속에서 러시아에 마르크스주의가 뿌리를 내리고, 1898년에 사회민주당이 조직되었으며, 형이 황제의 암살을 기도했다 하여 처형된 중산층 출신의 레닌(Uladimir Ilich Lenin, 1870~1924)이 두각을 나타냈다. 레닌은 중앙의 견고한 소수집단이 당을 지도할 것을 주장하였고, 1903년의 브뤼셀과 런던의 당대회에서 다수가 그를 지지하여 볼셰비키(Bolshevik, 다수파라는 뜻)로 불리우게 되었다. 이와 반대로 당의 허술한 민주적 조직을 주장한 소수파는 멘셰비키(Menshevik)로 불리워지게 되었다. 그러나 두 파 모두 사회민주당 내에 머물렀다. 한편 마르크스주의와는 달리 자유주의자를 중심으로 한 온건한 개혁파는 1905년 입헌민주당(그 머리 글자를 따서 카데츠 Kadets라고 부른다.)을 결성하였다. 이 단계에서 러시아의 앞날을 점칠 수 있는 사람은 아무도 없었다.

제 4 절 19세기의 社會와 文化

19세기의 人口동태와 都市化

18세기, 특히 18세기 후반부터 급속하게 증가하기 시작한 유럽인구는 19세기에 증가추세와 속도가 더욱 빨라졌다. 1800년에 1억8천7백만명이던 유럽인구는 1850년에 2억6천6백만명, 1900년에 4억1백만명, 그리고 1913년에는 4억6천8백만명으로 증가하였다. 그 증가속도를 본다면 18세기 후반에 34%, 19세기 전반에 43%, 19세기 후반에 50%로 가속화되고 있다.

이러한 급속한 인구증가는 지역에 따라 차이가 있었으며, 산업화가 일찍 시작되고 이에 따른 도시화(urbanization)가 급속히 진행된 탓이기도 했다. 도시의 인구 증가를 유럽 전체로 본다면 1800년에 인구 10만명 이상의 도시가 23개였고 그 주민 수가 550만명이던 것이 1900년에는 135개, 그리고 주민 수는 4,600만명으로 증가하고 있다. 이를 주요 국가별로 살펴보자. 영국의 경우 1800년에 런던의 인구가 100만명 정도이고 5~10만명 규모의 도시는 에든버러, 리버풀, 글래스고, 맨체스터, 버밍엄 등 5개뿐이었으나, 1850년에 런던의 인구는 236만명으로 증가하고 10만명을 초과한 도시가 9개, 5~10만명의 도시가 18개로 늘었으며, 1900년에는 런던의 인구가 인접지역을 편입한 탓도 있으나 450만명으로 늘고, 10만명 이상의 주민을 가진 도시가 46개로 증가하고 있다. 프랑스의 경우 1801년의 파리 인구는 약 55만명이고 리용과 마르세유만이 10만명을 약간 초과하고 잇었으나 1851년에 파리의 인구는 100만명을 약간 초과하고, 마르세유가 19만 5천명, 리용이 17만 7천명으로 증가하였으며, 1911년에는 파리의 인구가 280만명, 마르세유가 55만명, 리용이 52만 3천명으로 늘고, 이상의 3개 도시를 포함하여 10만명 이상의 주민을 가진 도시가 16개로 증가하였다. 독일과 오스트리아의 경우 1800년에 주민 수가 10만명을 넘는 도시는 빈(24만 7천명), 베를린(17만 2천명), 그리고 함부르크(13만명)뿐이었으나 1850년에는 그것이 빈(44만 4천명), 베를린(41만 9천명), 함부르크(13만 2천명) 브레슬라우(11만 4천명), 뮌헨(11만명)의 5개 도시로 증가하고, 5만명 이상의 도시가 14개를 헤아리게 되었다. 19세기 후반에 산업화가 급속하게 진행됨에 따라 도시로의 인구집중현상도 두드러져 5만명 이상의 인구를 가진 도시가 독일의 경우 73개로 증가하고 오스트리아는 3개로 머물렀으며, 1910년에 베를린의 인구는 200만명을 약간 초과하고, 빈이 약 200만명, 함브르크가 110만명을 헤아리게 되었다. 특히 공업지대로 부상한 루르지방의 변화가 현저하여, 1850년부터 1910년 사이에 에센의 인구가 9천에서 29만 5천명으로, 뒤셀도르프가 2만 7천에서 35만 9천명으로 대폭 증가하고 도르트문트와 두이스베르크는 작은 촌락에서 각각 21만 4천명과 33만 1천명의 주요도시로 발전하였으며, 1910년의 독일제국에는 10만명 이상의 도시가 45개였다. 이탈리아는 18세기 말 유럽에서 가장 도시가 많았다. 나폴리가 35만명을 넘었고, 밀라노, 로마, 베네치아, 팔레르모, 제노바가 10~20만명이었다. 그러나 19세기 전반을 통하여 이렇다 할 변화가 없고 메시나가 10만명 이상의 도시로 등장하였고 19세기 후반에도(1860~1910) 10만명 이상의 도시가 4개 추가되었을 뿐이다. 이 시기에 가장 현저한 인구증가를 보인 도시는 로마(53만 9천), 공업중심지인 밀라노(59만 4천), 그리고 非공업도시인 나폴리(72만 3천)였다(1910년). 그리고 1910년의 이탈리아에는 10만명 이상의 도시가 13개 있었으며, 이 숫자는 앞서 본 영국, 프랑스 및 독일에 비하여 매우 적으며 이는 이탈리아의 산업화가 늦어지고 있었다는 것을 말해준다. 러시아의 경우 1800년에 모스크바와 상크트 페테르스부르크가 각각 20만명 이상의 인구를 가졌고 다른 도시의 경우는 未詳이다. 1850년에 페테르스부르크의 인구가 48만 5천, 모스크바가 36만 5천명으로 증가하고 5~10만명의 도시가 5개 출현하였다. 1910년에 상크트 페테르스부르크의 인구가 190만명, 모스크바의 인구가 약 150만명으로 증가하고 10만명 이상의 도시가 12개로 증가하고 있으나 이것 역시 러시아에서의 도시의 성장이 다른 산업국가에 비하여 뒤지고 있음을 말해주는 것이며, 러시아에서의 도시화는 1917년의 혁명 이후 가속화된다.

도시로의 인구집중으로 농촌인구가 급격하게 감소하지는 않았으며 지역에 따라 농촌인구의 증감에는 차이가 있었다. 도시인구가 농촌인구를 추월하는 시점은 영국이 1851년, 독일이 1891년, 프랑스가 1931년이다. 농촌인구라 하여 전부가 농업에 종사하는 주민을 가리키는 것은 아니며, 서유럽의 경우 19세기 후반에 농업은 가장 중요한 생산활동이기를 멈추었다. 영국과 벨기에에서 그러한 변화가 일찍 일어나고, 독일의 경우 1850~1870년 사이, 프랑스의 경우 제2제정 말기 내지 제3공화정 초기, 그리고 스칸디나비아 국가의 경우 19세기 말에 그러한 변화가 일어났고, 동유럽과 중부유럽에서는 20세기까지 과반수가 농업에 종사하였고, 이탈리아, 에스파냐 및 포르투갈도 이와 동일하였다.[21]

중세 이래 도시는 행정과 경제, 그리고 문화활동의 중심이었으나 현대도시가 갖

---

21) 以上의 서술과 통계는 주로 André Armengaud, Population in Europe: 1700~1914, in *The Fantana Economic History of Europe*, vol 3, ed. by Carlo M. Cipolla, (1976)에 의존하였다.

추고 있는 기본적인 시설이 없었던 탓으로 더럽고 비위생적이었다. 전염병은 농촌
보다 훨씬 더 빨리 전파되었으며 평상시에도 도시의 사망률은 농촌보다 높았다.
이러한 상황은 산업혁명 후 전례없는 도시로의 인구집중으로 더욱 악화되었다. 신
흥 공업도시인 맨체스터(Manchester)의 경우 1811년부터 1821년 사이에 인구가
40% 증가하고 1821년부터 1831년 사이에 다시 47%가 증가하였다. 이러한 급속한
인구증가는 그러잖아도 인구의 과밀현상을 보이던 도시의 주거환경을 더욱 악화
시켰다. 수많은 사람들이 지하실이나 다락방에서 살았으며 한 방에 6명이나 8명,
심지어는 10명이 거주하는 것이 오히려 보통이었다. 수도는 물론 없고 하수시설이
나 배수시설, 주기적인 오물과 쓰레기 수거 등이 없는데다가 변소는 옥내·옥외할
것 없이 많지 않아 오물이 쓰레기와 범벅이 되어 지하실에 고이고 길로 넘쳤다. 당
시의 표현을 빌린다면 가난한 수백만명의 남녀노소의 영국인들은 '똥 속에서 살고
있었다.'

 이러한 상황이 식자와 행정당국의 관심을 끌고 대책이 강구되기 시작한 것은
1840년대의 일이었으며 영국을 비롯하여 유럽 대부분의 도시들이 1860년대와 70
년대에 이르러서는 맑은 물을 공급하는 수도와 하수시설을 갖추게 되었다. 그 결
과 도시에서의 사망률은 크게 감소하였다. 1840년을 기준으로 영국의 경우 1840년
에 1,000명당 사망률이 23명이던 것이 1913년에는 14명으로 줄고 있으며, 프랑스,
독일, 스웨덴 등이 비슷한 감소추세를 보이고 있다. 이러한 도시에서의 사망률 감
소는 수도와 하수시설 그리고 쓰레기 수거 등이 환경정화에 힘입은 바 크지만 또
한 19세기에 이루어진 의학과 공중위생의 발달도 이에 크게 공헌하였다. 즉, 프랑
스의 파스퇴르와 독일의 코흐 등에 의한 세균학의 발달과 영국과 특히 독일에서
발달한 소독과 살균방법의 개발 등이 디프테리아, 장티브스, 발진티브스, 콜레라,
황색열 등의 전염병퇴치의 길을 열었다. 그리하여 1910년 경에는 도시에서의 모든
연령층의 사망률이 농촌보다 높지 않거나 작은편이었고 특히 1890년 이후에는 도
시에서의 유아사망률이 현저하게 감소하였다.

 19세기 도시화의 문제는 환경정화와 공중위생에 관한 것만이 아니었다. 지나친
주민의 밀집상태, 나쁜 주거환경, 그리고 대중교통수단의 결여 등 해결해야 할 문
제는 많았다. 이를테면 1850년의 파리 중심가는 뉴욕의 센트럴 파크의 두배가 채
안되는 지역에 파리의 100만 주민의 1/3이 밀집해서 살고 있었으며 그 결과 빈민
굴의 양상을 띠고 질병으로 인한 사망률이 매우 높았다. 거기에다 좁고 어두운 가
로가 미로처럼 엉켜 있었다. 나폴레옹 3세는 오스만 시장으로 하여금 도시계획에
따른 대수술을 가하게 하여 파리를 오늘과 같은 아름다운 현대도시로 개조하였다.
이것이 선례가 되어 1870년 이후 유럽도시들은 새로운 모습으로 탈바꿈하게 되고

그 과정에서 수도와 하수시설 그리고 쓰레기 수거 등이 아울러 진행되어 환경정화와 공중위생의 향상이 도모되었다. 이와 발을 맞추어 대중교통수단도 등장하게 되었는데 1870년대에 많은 유럽도시들은 민간기업에게 마차의 운영을 허락하였다. 그러나 획기적인 대중교통수단의 출현은 1890년대에 등장한 전차였다. 전차는 마차에 비하여 훨씬 값싸고 빠르고 안전하였으며 1886년에 오스트리아, 프랑스, 독일 그리고 영국에서 마차는 약 9억에 달하는 승객을 수송하였지만 1910년에 전차는 67억의 승객을 수송하였다. 이미 마차의 출현으로 중산계급 이상의 주민들은 보다 좋은 주거지로 이동할 수 있었지만 전차의 출현은 가난한 사람들에게도 새롭고 나은 주거지를 찾을 수 있게 하였다. 종전까지는 걸어다녀야 하였기 때문에 사람들은 공장이나 사무소 등 일터 가까운 곳에 살아야만 했으나, 마차와 특히 전차의 출현으로 걸어다닐 필요가 없어지므로 일터로부터 먼 곳에 새롭고 쾌적한 주거지가 마련되어 주민의 밀집상태가 크게 완화되었다.

사회구조와 계급

산업화와 도시화, 그리고 도시환경과 공중위생의 개량 등은 거의 모든 사람들에게 혜택을 주었으나 사회계급 사이의 빈부의 격차나 불평등을 해소하거나 감소시키지는 않았다. 도시적인 산업사회로의 변혁이 거의 모든 사람의 생활수준을 향상시킨 것은 틀림없다. 이미 1850년 무렵까지 실질임금이 향상되고 있던 영국노동자들의 임금은 1850년과 1906년 사이에 실질적으로 거의 두배로 증가하였으며, 1850년 이후에 산업화의 길에 들어선 유럽의 다른 국가에서도 사태는 동일하였다. 말하자면 전반적으로 유럽인들은 빈곤과 생활개선을 위한 장기간에 걸친 투쟁의 거대한 첫걸음을 내디딘 셈이다. 그러나 빈곤은 사라지지 않았고 빈부의 격차도 줄지 않았다. 1900년경의 거의 모든 선진국에 있어 모든 세대 중 가장 부유한 5%가 국민소득의 1/3 이상을 차지하고 가장 부유한 1/5의 세대가 모든 국민소득의 50 내지 60%를 차지하고 있었다. 이에 비하여 나머지 4/5의 세대가 40 내지 50%를 차지하였을 뿐이고 밑바닥의 30%의 세대는 모든 소득의 10% 이하에 불과하였다. 뿐만 아니라 부유층에 대한 소득세는 가볍거나 거의 부과되지 않았으며, 20세기 초의 빈부의 격차는 심해져 산업혁명 이전의 귀족지배의 농업시대나 크게 다를 것이 없었다. 이러한 빈부의 격차가 지속된 이유의 하나는 산업과 도시의 발달이 사회를 보다 더 다양화했기 때문이라고 생각된다. 산업화에 따른 경제적 전문화는 수많은 새로운 직종과 기술, 그리고 수입원을 창출하는 동시에 또한 새로운 사회집단과 사회계층을 형성하게 하였다. 그리하여 산업화는 마르크스가 예언한 것처럼 부르주아지와 프롤레타리아라는 서로 첨예하게 대립하는 두 계급으로 구성되계급사회를 발전시키지 않았던 것이다. 아주 부유한 극소수의 엘리트와 매우 가난한 대중 사이에 많은 중간적인 사회계층이 형성되었으며 그들은 사회적 상승을 위하여 노력하거나 최소한 자기지위를 유지하기를 원하고 있었다. 뿐만 아니라 부르주아지를 포함한 중산계급이나 노동자계급 자체도 결코 긴밀한 유대로 결합된 단일 세력이 아니었다. 이러한 상황을 토대로 사회계급보다는 사회계층이라는 호칭이 보다 더 타당하다는 의견이 나오기도 하고 마르크스주의 안에서 수정주의가 제기되기도 하였다.

20세기 초 도시의 중산계급은 매우 다양했고 여러 중산계급의 연합체라고 하는 것이 보다 더 현실에 가까웠다. 부르주아지라고도 할 수 있는 중산계급의 상층 (upper middle class)은 주로 금융, 산업 및 대규모 상업의 가장 성공적인 기업가들로 구성되어 있었으며 그들의 사고나 생활양식은 전통적인 귀족계급과 가까웠다. 그들의 부유함은 도시 내의 저택만이 아니라 주말이나 계절적인 용도로의 전원이나 해변가의 별장 소유, 2, 3명의 남자 家僕, 그리고 개인용 마차의 소유 등으로 상징되었다. 그들은 기업에 진출한 재래의 귀족들과 점차 융합하여 국민소득의 1/3을 차지하는 총인구의 5%를 점하는 사회의 최정상 계층이었다. 그들 바로 밑에 수적으로는 훨씬 많지만 재산은 적은 그리고 점점 더 다양해지는 중산계급 집단이 있었다. 여기에는 중규모의 산업가와 상인, 그리고 법률과 의학분야의 전문직업인들이 속해 있었으며, 그들은 부호는 아니었으나 안락한 생활을 향유하는 견고한 사회층으로 중산계급의 중간계층(middle middle class)이었다. 그 밑에 독립적인 상점주, 소상인, 소규모 제조업자 등으로 구성된 중산계급의 하층(lower middle class)이 위치하였는데, 이 두 중산층은 산업과 기술의 발전에 따라 그 수가 늘었을 뿐 아니라 새로운 구성원을 맞이하였다. 중간층의 경우 엔지니어링과 경영관계의 전문적인 지식과 기술을 가진 사람들이 새로이 참가하였는데 이를테면 건축사, 약제사, 계리사, 측량사 등과 정부관리를 비롯한 대기업의 경영자 내지 간부사원들이다. 그들은 자본가도 아니고 큰 재산의 소유자도 아니었으나 전문적인 지식이나 기술로 여유있는 생활을 할 수 있는 수입을 가진 사람들이었다. 중산계급의 하층도 독립적인 상점주와 소규모 기업인의 수가 증가하고 여기에 판촉원, 경리사원, 상점관리인, 서기를 비롯한 사무직사원 등 이른바 '화이트 칼라'층이 참가하였다. 이 '화이트 칼라' 층은 재산도 없고 보수가 좋은 숙련공이나 경우에 따라 半숙련공보다도 수입이 적었지만 중산계급에 대한 강한 소속감을 갖고 사회적 상승을 열망하였으며, 넥타이와 정장의 양복, 그리고 부드럽고 깨끗한 손 등이 노동자와 그들의 계급적 차이를 표시하는 것으로 간주되었다. 교육수준은 높은 편이나 특수한 기술이 없었던 많은 화이트 칼라는 확고한 직업적인 지위를 구축하고 중산계급의 지위를 확보하려하였다. 이에 성공한 사람들로서는 초등교육의 교사들, 간호사, 그리고 노동계급인 이발사로부터 독립한 치과의사 등이다.

이러한 중산계급은 직업과 수입, 그리고 이해관계도 서로 달랐으나 일정한 생활양식으로 엉성하게 통합되어 있었다. 그들의 家計에 있어 가장 큰 비중을 차지하는 것이 식비였고 부유한 정도에 따라 8 내지 9코스의 만찬회를 매주 또는 한달에 한번 정도 열었으며, 여름철에는 야유회도 정규적으로 가졌다. 다음으로 큰 지출은 하인에 대한 것인데 적어도 한명의 가정부를 두고 있다는 것은 그들이 노동계급이 아니라 중산계급에 속한다는 것을 말해주는 표지였다. 1900년경의 중산계급의 주거환경은 쾌적한 편이었고 의복에 큰 관심을 가졌으며 자녀의 교육비도 만만치 않았다. 그들의 문화생활과 오락은 독서와 음악, 그리고 여행이었다. 중산계급의 또 다른 표지의 하나는 일정한 행동규범과 도덕이었다. 그것은 매우 엄격한 편이었으며 특히 근면한 노력과 개인적인 업적이 중요시되었으며, 범죄와 가난은 본인 자신의 책임으로 간주되었다. 전통적인 그리스도교적 도덕이 이들에 의하여 재확인되고 언제나 점잖고 올바른 행동이 요구되었으며, 음주와 도박은 금기되고 순결과 정절이 미덕으로 간주되었다.

생계를 육체노동에 의존하고 하인을 두지 않은 사람을 노동자계급에 속한다고 한다면 19세기 말에 5명 중 4명은 이 계급에 속했다. 그 중 상당수가 특히 동유럽에서는 아직도 소토지소유 농민과 농업노동자였으나 서유럽이나 중부유럽에서 이들의 수는 감소하고 전형적인 노동자는 토지를 떠나고 있었다. 1900년에 영국에서 농업노동에 종사하는 인구는 8% 이하였고 독일의 경우 4명 중 1명이 농업노동에 종사했고 공업화가 느렸던 프랑스에서조차 토지에 의존하는 사람은 총 인구의 절반에 미달하였다.

도시의 노동자계급은 중산계급보다 통일성이 적었고 균질적이 아니었다. 노동계급의 최상위를 차지하고 있는 고도의 기술을 가진 숙련공은 노동계급의 약 15%였으며 그들은 '노동귀족'이었다. 1900년경 영국에서는 그들의 수입이 '하인을 가진' 중산층의 최하층의 2/3 정도에 지나지 않았으나 미숙련공 수입의 2배였고 半숙련공의 수입보다 1/3 이상이 많았다. 숙련공 중에서도 가장 '귀족적'이었던 것은 건축현장이나 공장에서의 십장이었으며 기계화되지 않았거나 공장에 흡수되지 않은 고도의 기술을 필요로 하는 전통적인 수공업종사자도 노동귀족에 속하였다. 이를테면 악기와 과학기구 제조업자, 가구사, 도자기공, 보석세공인, 제본공, 조관공, 인쇄공(식자공 포함) 등이다. 그러나 기계와 공장의 확산으로 목각공과 시계제조인처럼 숙련공인 수공업자가 저임금의 半숙련공인 공장노동자로 대치되는 경우가 발생하는 한편 조선공, 기계공, 철도기관차 직공, 고급 면직물방적공, 그리고 일부 금속공 등이 새로이 노동귀족에 편입되기도 하였다.

이와 같은 유동성과 불확실성 때문에 노동귀족은 가족과 경제적 향상을 중요시하였으며 저축과 아이들의 교육, 그리고 좋은 주거에 유념하였다. 숙련공들은 중산계급으로의 상승을 원하기보다 노동자 계급의 당연한 지도자로 자처했고 과음과 성적문란을 배격하고 절제있는 생활을 강조하였다. 그들은 또한 그리스도교이던 사회주의이건 또는 양자를 합친거든 일정한 정치적 사상적 신념을 갖고 있었으며 그것이 또한 그들의 엄격한 도덕률을 더욱 강화시켰다.

노동귀족의 하위에 위치한 半숙련공과 미숙련공들은 다양한 모습을 보여준다. 목공이나 벽돌공들은 半숙련공의 정상에 위치하며 노동귀족을 넘나볼 정도였다. 半숙련공의 다수는 공장노동자로서 그들의 수입은 차이가 심했으나 대체로 양호한 편이었으며 노동세력에서의 그들의 상대적 지위는 날로 그 비중이 커졌다.

날품팔이 등을 포함한 미숙련노동자는 수적으로 매우 많았으나 일거리가 매우 다양했고 통합도 안되었으며 조직도 되어 있지 않았고 수입은 적었다. 미숙련노동자 중 수적으로 가장 많은 비중을 차지한 것의 하나가 하인이었으며 그 중 가정부가 다수를 차지하였다. 19세기에 가정부에 대한 수요는 날로 증가하였고 건강하지만 기술이 없는 시골 처녀에게 도시의 가정부 자리는 적은 보수에 힘은 들었으나 매우 매력적인 일자리였다. 영국의 경우 20세기 초에 15세부터 20세 사이의 여자 3명 중 한 명은 가정부였다.

도시의 노동자계급에게 있어 가장 두통거리였던 것은 음주였으나 19세기 말에는 점차 이 문제가 다스려지고 목로주점이나 선술집에서의 사교적인 절도있는 음주로 변해갔으며 이러한 목로주점이나 선술집은 노동자들의 정치활동의 장이기도 하였다. 노동자들이 즐긴 오락은 스포츠와 뮤직홀이었는데 스포츠로서는 경마와 축구가 가장 인기가 있었고 대중 음악이나 가벼운 희가극이 상연되는 뮤직홀이나 극장이 애호의 대상이었다. 이러한 극장은 1900년에 런던에서만도 50개가 넘었다.

가족생활

가족사연구가 개발된지 얼마 되지않고 은밀한 사생활에 관한 부분이 많은 탓으로 아직 알려지지 않은 부분이 많다. 현재 알려진 바로서는 산업화와 도시화에 따라 가족생활은 전시대에 비하여 많이 변화하였다. 1850년 무렵까지에 노동자계급에서의 장기간의 求愛나 인력보충의 의미를 지닌 혼인은 사라지고 결혼이 당사자 사이의 낭만적인 사랑의 결실이라는 형태를 지니게 되었다. 그리고 婚前性交와 이에 따른 사생아출생이 18세기 후반기에 이어 왕성하였다. 그러나 19세기 후반기에 사생아출산율은 감소하고 혼전성교로 임신한 신부가 혼인식에 임하는 경우는 줄지 않았지만 19세기 말에는 임신은 대부분의 경우 혼인을 의미하고 가족을 형성하는 것으로 되었다. 그 결과 도시의 노동자계급의 부부는 안정되고 그러한 안정성이 제도로서의 가족을 강화하였다.

중산계급의 경우 노동자계급보다 혼인에서의 경제적 고려가 더 중요하게 생각되었고 그러한 관습은 그대로 지속되었다. 프랑스의 경우 지참금과 세밀한 법적 혼인계약서는 표준적인 관행이었으며 혼인은 가족생활에서의 매우 중요한 재정적인 거래였다. 중산계급의 젊은 여성의 신랑감 구하기는 그의 모친에 의해서 감시되고 통제되었으며 혼인 후에는 엄격한 도덕률 하에 정절이 엄격하게 요구되었다. 중산계급의 남자 아이도 모친의 감시와 통제를 받았으며 적절한 혼인상대를 구할 때까지 기다려야 하였기 때문에 중산계급의 젊은이들은 젊은 가정부나 창녀에게 접근하였다.

사실 창녀는 매우 많은 편으로서 1871년과 1903년 사이에 파리에서만도 등록된 창녀수는 15만5천명에 달하였으며 실제수효는 그보다 훨씬 많아 75만명 정도로 추산되고 있다. 거의 모든 계층의 남자들이 창녀를 찾았지만 특히 부유한 중산계급은 표면상의 엄격한 청교도적인 도덕률에도 불구하고 아내를 주로 경제와 사회적 지위와 연관시켜 생각하고 性을 돈으로 사는 경우가 많았다. 그 대상이 되는 여성은 대다수가 가난한 하층계급이나 농촌출신이었고 여기에도 19세기 사회의 빈부의 큰 격차가 반영되고 있었다.

노동자계급에서는 혼인 후의 친척간의 유대가 일반적으로 매우 강하였다. 대부분의 신혼부부는 부모근처에서 살았고 대가족이 서로 인접해서 사는 경우가 많았다. 이는 길흉사는 물론이요, 질병이나 실직 등 불행한 일을 당했을 때나 가난 때문에 주부가 밖에 돈벌이로 나가야 할 경우 등에 서로 도움을 주고 받기 위해서였다.

산업화와 현대도시의 성장은 유럽 여성들의 생활을 크게 변화시켰다. 산업혁명 전에는 농민부부가 함께 밭일을 나가고 농촌공업의 가내공업에 종사하였고 산업화 초기에는 가족단위로 공장에 취업하였으나 산업화가 진척됨에 따라 도시에서는 그러한 관행이 사라지고 부부간의 性에 따른 엄격한 분업이 나타났다. 즉, 주부는 가사와 육아에 전념하고 남편은 돈을 벌어오는 존재가 된 것이다. 이에 따라 수입이 좋은 직장은 여성에게는 접근이 불가능해지고 같은 일이라도 여성의 보수는 남성보다 못했다. 물론 19세기 후반에 벌써 이러한 성적 차별에 대한 항의가 제기되고 남녀평등을 주장하는 소리가 나오기도 하였다.

이렇듯 직장에서 밀려나거나 불평등한 대우를 받게 된 여성도 가정에서는 확고한 지위를 구축해갔다. 영국의 노동자계급에서 일반적으로 家計를 좌우한 것은 아내쪽이었으며 프랑스에서는 가정에서의 여성의 힘은 더욱 컸다. 사실 도시에서의 일은 복잡하고 힘들었으며 주부들은 그러한 가사처리를 통하여 가정을 즐겁고 안락한 안식처로 꾸미는데 정성을 다하였다. 그리하여 가정은 비인간적이고 고된 도시생활에서 유일하게 따뜻한 피난처로 인식되었다. 가족이 함께 모이는 저녁은 남편이나 아이들에게 있어 순수하고 가장 완전한 행복스러운 한때였다. '즐거운 나의 집'(Home, sweet home)이라는 노래는 1870년대에 부르기 시작하여 국가 다음으로 많이 부르는 노래가 되었는데 20세기 초의 영국의 빈민굴의 아이들에게도 나의 집은 즐거운 곳이었다. 1900년경에 가정과 가족은 모든 계급의 수백만명의 사람들에게 있어 삶의 보금자리였다.

가족생활에서 점점 더 깊어지는 정서적인 유대의 하나는 어머니의 아이에 대한 관심과 애정이었다. 산업화 이전의 유럽사회에서는 전형적인 어머니 상이라는 것은 아이들에 대한 무관심이었다. 이러한 무관심은 18세기 후반에 중산계급에서 사라지기 시작했으나 아이들을 위한 희생적인 헌신이 널리 일반화한 것은 19세기가 진행되는 동안의 일이었다. 아이들은 중요한 존재가 되었으며 여성들은 좋은 어머니가 되었다. 많은 어머니가 유모를 두는 대신 직접 모유로 아이를 키우게 되고 이러한 모정의 심화에 따라 육아와 아동건강에 관한 책들이 대량으로 출판되었으며 사생아를 기아로 버리는 관행도 1850년 이후에는 크게 줄었다. 이러한 어린 아이에 대한 관심과 애정은 사춘기에 접어든 청소년기의 자녀에 대한 관심과 애정으로 연장되었다. 아이를 곱게 잘 기르겠다는 생각으로 주부들은 자율적으로 출산율을 조절하게 되었으며 그것은 오늘 날까지도 계속되고 있다. 1860년대에 결혼한 영국의 여성은 평균 6명의 자녀를 가졌는데 1890년대에 4명, 그리고 1920년대에는 단 2명 또는 3명의 자녀를 가질 뿐이었다.[22]

自然科學의 발달

19세기는 '科學의 世紀'라고 불리어질 정도로 뉴턴 이래의 자연과학과 기술의 발달이 눈부실 정도로 현저하였고, 그 발달의 속도는 날이 갈수록 가속화하였다. 이러한 과학과 기술의 발달은 유럽근대문화의 가장 중요한 내용의 하나이며, 유럽으로 하여금 가장 일찍이 산업혁명, 즉 산업화를 이룩하고, 그럼으로써 산업과 물질문명에 있어 선진적인 지위를 차지할 수 있게 하였던 것이다.

자연과학은 뉴턴 이후 '理性의 時代'로 불리워지는 18세기에도 계속 발달하였다.

---

22) 이상의 서술은 John P. Mckay, Benett D. Hill, John Buckler, A History of Western Society, 3rd ed.(1987), vol. Ⅱ, chap 24에 주로 의존하였다.

이를테면 천문학에서 프랑스의 라플라스(Laplace, 1749~1827)는 태양계의 운동을 수학적으로 체계화하여 '프랑스의 뉴턴'이라고 일컬어지고, 스웨덴의 린네(Linne, 1707~1778)는 동물 및 식물을 분류하여 라틴명칭을 붙이는 방법을 확립하여 생물학의 토대를 마련하였다.

19세기에 바로 이 생물학에서 매우 중요한 업적이 나왔는데, 그것은 다윈(Charles Darwin, 1809~1882)의 진화론(theory of evolution)이었다. 다윈은 《自然淘汰라는 방법에 의한 種의 起源》(On the Origin of Species by Means of Natural Selection, 1859)을 발표하여 생물이 장기간에 걸쳐 단순한 것으로부터 복잡한 것으로 진화한다는 설을 주장하고, 그러한 진화과정을 설명하기 위하여 '생존경쟁'(struggle for existence), '적자생존'(survival of the fittest), 및 '자연도태'라는 개념을 제시하였다. 다윈의 진화론은 성경의 창세기를 믿는 그리스도교도의 심한 반발을 샀으나, 신·구의 많은 교파들은 그것을 생물학상의 하나의 가설로 보고 중립적인 입장을 취하였다. 이러한 신학적인 논쟁보다 중요했던 것은 다윈이 전개한 생물학적 개념들이 사회과학과 인간관계에 적용되어 '사회적 다윈주의'(Social Darwinism)를 낳게 된 사실이다. 즉, 생존경쟁은 인간사회에도 적용되며, 열등한 자는 도태당하고, 생존조건에 적합한 자가 살아남게 마련이라는 것이다. 이러한 주장은 당시 성공을 거두고 있던 부르주아지나 자본가에게 깊은 감명을 주었다. 그러나 열렬한 진화론자인 영국의 스펜서(Herbert Spencer, 1820~1902)같은 사람을[23] 비롯하여 많은 사회적 다윈주의자는 이러한 잔인한 이론을 전개하는 한편, 자선심을 비롯한 利他的인 도덕적 감정이 인간사회의 경우 진화과정의 최고업적이라는 것을 인정하였다. 사회적 다윈주의에 보이는 이 모순은 우생학의 이론으로 어느 정도 완화되었다. 즉, 인간사회에서는 부적자를 무자비하게 도태해버리기보다 적자와 적자를 계획적으로 결합시켜 인종의 개량을 시도한다는 것이다.

다윈의 진화론은 그 후 부분적인 수정을 받게 되었고, 진화과정에 있어 중요한 유전에 관해서는 오스트리아의 수도승인 멘델(Gregor Mendel, 1822~1884)의 법칙이 아직도 유력하다.

물리학과 화학은 자연과학 중에서도 가장 중요한 자리를 차지하는 분야로서, 그 응용은 인간생활과 산업에 직접적으로 관련을 가진다. 독일의 마이어(J.R. von Mayer, 1814~1878)와 헬름홀츠(H.L.T. von Helmholtz, 1821~1894)는 에너지

---

23) Herbert Spencer의 主著로는 《論理學原理》(Principles of Ethics, London, 1779~1893)이었다.

불멸의 법칙을 세우고, 영국의 패러데이(M. Faraday, 1791~1867)는 전동기와 발전기의 기초이론을 세웠다. 이러한 전기학의 발달은 미국의 모스(S.F.B. Morse, 1791~1872)로 하여금 電信을 발명하게 하고(1844) 이어 벨(A.G. Bell, 1847~1922)이 전화를(1876), 그리고 이탈리아의 마르코니(G.M. Marconi, 1874~1937)가 무선전신을 발명하여(1896) 통신의 혁명이 일어났다. 한편 미국의 에디슨(T.A. Edison, 1847~1931)은 축음기, 백열전구, 영화 등을 발명하고, 증기력과 더불어 전력이 동력으로 이용되기 시작하였으며, 19세기 말에는 內燃機關이 등장하였다. 또한 같은 시기에 독일의 뢴트겐(W.K. Röntgen, 1845~1923)이 X선을 발견하고, 프랑스의 마리(Marie, 1867~1934) 및 피에르(Pierre, 1859~1906) 퀴리(Curie) 부처는 라듐을 발견하여 물리학과 화학은 물론 의학분야에도 크게 공헌하였다.

화학은 18세기 말에 프랑스의 라브와지에(A.L. Lavoisier, 1743~1794)에 의하여 그 기초가 확립되고, 19세기에 장족의 진보를 하게 되었으며, 독일의 리비히(J. Liebig, 1803~1873)는 유기화학을 확립하였다. 화학은 특히 산업과 밀접한 관계를 가지며, 양자는 서로 연관을 맺고 발달하여 화학공학분야도 근대산업의 발달에 따라 발전하였다.

X선과 라듐의 발견은 의학에서 새로운 분야를 개척하였으나, 이보다 앞서 영국의 제너(E. Jenner, 1749~1823)는 1796년 종두법을 발견하여 그 예방접종에 성공하고, 프랑스의 파스퇴르(L. Pasteur, 1822~1895)는 細菌說을 주장하고 광견병 치료에 성공하였으며, 독일의 코흐(R. Koch, 1843~1910)는 결핵균을 발견하여 세균학이 발달하게 되었다. 세균학의 발달은 예방의학과 보건위생의 급속한 발달을 초래하고, 인류의 난치병에 대한 새로운 도전이 시작되었다.

이상에 적은 것은 19세기에 이루어진 자연과학의 발달과 여러 발명 중의 말하자면 빙산의 일각에 불과하다. 자연과학과 기술은 서로 손을 잡고 다방면에 걸쳐 급속하게 발달하였으며, 그것은 19세기에 더욱 가속화하면서 산업과 인간생활을 급격하게 변화시키게 되었다.

탐험과 운하

과학과 교통기관, 그리고 통신기술의 발달은 지리상의 발견 이래 미지의 세계에 대한 탐험심을 새롭게 자극하였다. 19세기 후반에 영국의 전도사 리빙스턴(D. Livingston, 1813~1873)과 미국신문사의 위촉으로 그의 행적을 쫓은 스탠리(H. H. Stanly, 1841~1904)는 아프리카의 내륙지방 깊숙이 들어가서 그 곳 사정을 세상에 알렸다. 20세기 초에는 미국 해군의 피어리(R.E. Pearly, 1856~1920)가 3회에 걸쳐 북극을 탐험한 끝에 1909년 드디어 극지에 도달하고, 1911년 연말에는 노르웨이의 아문센(R. Amundsen, 1872~1928)이 남극에 도달하였으며, 이보다 한 달 늦게(1912년 1월) 영국의 스콧(R.F. Scott, 1868~1912) 역시 남극에 도달하였으나 돌아오는 길에 동사하였다.

근대에 들어와서 유럽각국은 경제개발을 위하여 국내의 하천 간에 또는 하천과 바다를 연결하는 운하를 파고 있었으나, 19세기 후반기 이후 더 규모가 큰 운하들이 새로 개통되었다. 수에즈지협의 운하는 고대에도 만들어졌다가 매몰되었으나, 근대에 들어와서는 1859년 프랑스의 레셉스(F. Lesseps, 1805~1894)가 기공하여 1869년에 완공하고, 1895년에는 북해와 발트해를 연결하는 키일(Kiel)운하를 개통하였으며, 대서양과 태평양을 연결하는 파나마운하도 많은 어려움끝에 개통되었다(1914). 특히 수에즈와 파나마운하의 개통은 해상교통에 혁명을 초래하였다고 할 정도로 그 의의는 컸다.

哲 學

19세기에는 자연과학만이 아니라 인문 및 사회과학 또한 크게 발달하여 새로운 분야가 개척되고, 새로운 과학적인 방법이 모색되었다.

칸트에서 시작된 독일관념철학은 피히테를 거쳐 헤겔(G.W.F. Hegel, 1770~1831)에 이르러 절정에 달하였다. 헤겔의 철학은 논리학, 법철학, 역사철학 등 다방면에 걸쳐 있다. 그에 의하면 세계사는 세계정신이 스스로를 나타내는 과정이며, 그 과정을 변증법(dialectic)이라는 동적인 발전 개념으로 설명하였다. 즉, 역사의 발전은 기존질서인 正(테제)과 이에 도전하는 反(안티테제)의 대립과 이를 지양한 合(진테제)의 성립이라는 과정의 연속이라는 것이다. 이러한 변증법적 발전개념은 역사와 사회의 발전을 이해하는 데 새로운 시야를 열어주었으며, 마르크스에게 심대한 영향을 미쳤다. 헤겔은 알렉산더대왕, 카이사르, 나폴레옹 등을 세계사적인 영웅으로 꼽고, 국가의 중요성을 강조하기도 하여 20세기 독재체제의 사상적 선구로도 해석되지만, 그가 생각한 최종적인 정치적 진테제(合)는 관념적이기는 하나 자유주의화한 프로이센국가였다.

프랑스에서는 독일과는 달리 콩트(A. Comte, 1798~1857)가 실증주의(positivism)철학을 주장하였다. 그에 의하면 인간의 인식은 신학적·형이상학적 및 실증적인 세 단계를 거치는데, 수학이나 물리학 등 자연과학은 실증적인 학문이 되었으나, 사회에 관한 학문은 아직 그 단계에 도달하지 못하였다고 하였다. 그리하여 사회학이라는 새로운 분야가 개척되고, 19세기 후반에는 자연과학의 영향도 받아 실증주의가 유럽사상계의 주된 흐름의 하나가 되었다.

영국에서는 벤담(Jeremy Bentham, 1748~1832)이 공리주의(Utilitarianism)

를 주장하였다. 그에 의하면 인간의 행동과 사고는 쾌락과 고통의 지배를 받으며, 공리의 원리는 바로 이 사실을 인정하는 것이며 개인은 저마다 자신의 행복을 추구하게 마련이다. 그러나 소수의 행복추구가 다수의 행복을 손상시켜서는 안되며, 입법과 사회의 궁극적 목표는 '최대다수의 최대행복'이라야 한다고 주장하였다. 그의 철학은 영국의 자유주의적인 개혁의 사상적 밑받침이 되었으며, 그 자신 원형 감옥과 같은 현실적인 개혁안을 많이 제시하기도 하였다.

歷史學의 發展

17세기에 프랑스의 수도사 마비용(Mabillon, 1632~1707)은 中世史料에 대한 비판적 연구를 통하여 古文書學을 창시하고, 18세기 초에 이탈리아의 비코(G.B. Vico, 1668~1744)는 나선형의 새로운 발전개념을 제시하고, 계몽사상가 볼테르는 《諸國民의 習俗論》에서 종래 역사가가 다루지 않았던 사회와 인간활동의 여러 분야를 취급하여 문화사를 서술하였다. 이러한 역사연구와 역사서술의 발달은 19세기에 이르러 독일의 랑케(L. von Ranke, 1795~1886)에 의하여 과학적인 역사학으로 발전하였다. 랑케는 역사가의 주관이나 시대의 편견을 배제하고, 엄밀한 사료비판을 통하여 과거가 '본래 어떠한 상태에 있었는가'를 객관적으로 밝히는 것이 역사연구의 임무라고 주장하였다. 랑케의 뒤를 이어 독일에서는 물론이지만, 프랑스와 영국에서도 역사연구는 큰 성황을 이루었다. 이렇듯 19세기에 역사학이 크게 발전한 것은 학문의 전반적인 융성과 관련이 있지만, 특히 낭만주의와 민족주의의 자극이 컸다. 민족주의와 낭만주의는 서로 결합하여 정치면에서는 보수적인 경향을 낳는 한편, 민족의 과거나 전통에 관심을 돌리고, 계몽사상이 멸시하였던 중세문화를 새롭게 보게 하였다.

이러한 역사학의 융성과 나란히 독일에서는 경제학에서 리스트(Fr. List, 1785~1846)와 로셔(W.G.F. Roscher, 1817~1894), 법학에서 사비니(F.K. von Savigny, 1779~1861) 등 역사학파가 등장하였다. 리스트는 국민경제학에 역사적 관점을 도입하고, 로셔는 경제학을 국민경제의 발전에 관한 학문이라 하였다. 사비니는 법은 민족정신의 표현이라 하여 법의 역사적 연구를 강조하였다.

文 學

19세기 문학은 백화난만이라고 할 정도로 다채롭고 풍부하였다. 전반기의 경향은 낭만주의(romanticism)가 주류를 이루고, 후반기에는 사실주의(realism)와 자연주의(naturalism)가 나타났다.

낭만주의는 고전주의가 규격과 형식에 치우치고, 계몽사상이 이성을 지나치게 중요시한 데 대한 반발로서, 인간의 감정과 정서를 중요시하고 직관에 의존하며, 현실에 없는 것을 추구하는 경향을 지니며, 민족주의와 결합하여 민족의 과거와 중세에 깊은 관심을 가졌다.

독일의 낭만주의는 이미 괴테와 실러를 중심으로 한 '질풍과 노도'운동에 싹트고 있었으며, 그 뒤를 이어 하이네(Heine, 1797~1856)의 시, 노발리스(Novalis, 1772~1801)의 소설, 그리고 클라이스트(H. Kleist, 1777~1811)의 극작 등에 만발하였다. 프랑스에서는《파리의 노틀담》을 쓴 위고(Victor Hugo, 1788~1824),《赤과 黑》의 스탕달(Stendahl, 1783~1842)을 대표적인 낭만주의자로 꼽을 수 있으며, 영국에서는 시에 워즈워드(Wordsworth, 1770~1850), 바이런(Byron, 1788~1824), 그리고 테니슨(Tennyson, 1809~1850), 소설에 중세의 기사를 테마로 한《아이반호》(*Ivanhoe*)의 작가 월터 스콧(Walter Scott, 1771~1832)가 대표적이다. 러시아에서는 푸슈킨(Pushkin, 1799~1837)이 낭만적인 시와 소설을 쓰면서 러시아국민문학의 길을 열었다.

19세기 중엽으로부터 낭만적인, 어떤 의미에서는 비현실적인 아름다움이나 꿈을 쫓느니보다 인간과 사회의 현실을 직시하고, 그것을 있는 그대로 묘사하려는 사실주의의 경향이 두드러지게 되었으며, 그것은 다시 자연주의로 이어졌다. 영국의 디킨스(Dickens, 1811~1870)와 프랑스의 발자크(Balzac, 1799~1850)는 낭만주의 시대에 이미 소설을 쓰기 시작하였고 따라서 낭만주의의 영향을 찾아볼 수도 있으나, 디킨스는 당시의 영국사회와 세태를 예리하게 사실적으로 묘사하고, 발자크는《人間喜劇》이라고 이름지은 일련의 소설에서 프랑스 중산계급의 생활을 리얼(사실적)하게 묘사하였다. 프랑스 소도시의 평범한 의사부인의 낭만적 동경과 그 좌절을 그린 플로베르(Flaubert, 1821~1880)의《보바리 夫人》(*Madame Bovary*)은 사실주의의 최고 걸작으로 꼽히고 있다. 그러나 일부 작가는 사실주의가 인간과 사회의 현실을 충실하게 묘사하는 데 그치는 것에 불만을 품고, 거기에 작가의 인간관 내지 인생관을 보태고, 자연과학적인 수법을 구사하려고 하였다. 그리하여 탄생한 자연주의는 산업혁명으로 초래된 사회의 변화에 보다 깊은 관심을 가졌을 뿐 아니라, 거기에 잠재한 문제까지 제시하려고 하였다.[24] 대표적인 자연주의 작가인 프랑스의 에밀 졸라(Emil Zola, 1840~1902)는《제르미날》(*Germinal*)에서, 그리고 독일의 하우프트만(C. Hauptmann, 1858~1921)은《직조공》(Die Weber)에서 노동자의 어려운 처지를 그렸으며, 역시 졸라는《목로酒店》에서, 그

---

24) 사실주의와 자연주의의 구분은 어렵고 까다롭다. 千勝傑 譯, 自然自義(문학비평총서, 서울大出版部, 1978) 참조.

리고 하우프트만은 《해뜨기 전에》에서 인간이 타락해 가는 모습을 그렸다. 한 가문의 자연적 사회적 역사라고 할 수 있는 졸라의 《루공 마카르》(*Rougon Macquart*) 시리즈는 확실히 생물학의 유전법칙의 영향을 받은 것이었다.

이렇게 문학사조가 변하는 가운데 프랑스의 보들레르(Charles Baudelaire, 1821~1867)는 《惡의 꽃》이라는 시집에서 매우 특이한 시의 세계를 창조하였다. 그의 시의 세계가 때로 악마주의라고도 평해지는 것처럼 그는 상식과 속세의 모든 것에 반항하였다. 19세기 말이 되면 자연주의를 포함하여 문학은 불만과 저항의 문학이 되고, 反知性的이며 비관적인 경향을 띠게도 된다. 영국의 토마스 하디(Thomas Hardy, 1840~1928), 프랑스의 모파상(Maupassant, 1850~1893), 러시아의 체호프(Chekov, 1860~1904) 등의 작품경향은 비관적이고 우울하다. 노르웨이의 입센(Ibsen, 1828~1906)은 《人形의 집》에서 전통과 인습을 타파하려는 신여성을 그렸고, 영국의 버나드 쇼오(Bernard Shaw, 1856~1950) 역시 문제극에 속하는 작품을 썼다. 한편 19세기 후반은 러시아문학의 황금기로서 투르게네프(Turgenev, 1818~1883)는 《아버지와 아들》에서 신구세대의 갈등과 무정부주의를 사실적으로 묘사하고, 도스토예프스키(Dostoevskii, 1821~1881)는 《죄와 벌》, 《카라마조프의 兄弟》등에서 인간의 영혼문제를 깊게 다루면서 당대 러시아 사회를 묘사하고, 인도주의적인 톨스토이(Tolstoy, 1828~1910)는 《復活》, 《戰爭과 平和》등의 걸작을 남겼다.

美術과 音樂

미술에서도 19세기 전반기는 에스파냐의 고야(Goya, 1746~1828), 프랑스의 드라크루아(Delacroix, 1798~1863), 영국의 터너(J.M.W. Turner, 1775~1851)와 컨스터블(John Coustable, 1776~1837) 등 낭만파가 주류를 이루었다. 19세기 중엽에는 '만종'을 비롯한 牧歌的인 전원풍경을 사실적으로 그린 바르비종파(Barbizon School)의 대가인 밀레(Millet, 1814~1875), 파리 코뮌에 참가하여 투옥되고 스위스로 망명한 사실주의의 쿠르베(Courbet, 1819~1877), 풍자적인 만화와 수많은 석판화를 그린 특이한 존재인 도미에(Daumier, 1808~1879) 등이 나왔다. 19세기 후반에는 마네(Manet, 1832~1883)로부터 시작되어 모네(Monet, 1840~1926), 드가(Degas, 1834~1917), 투울루즈-로트렉(Toulouse-Lautrec, 1864~1901) 르누아르(Renoir, 1841~1919) 등 기라성같은 인상파 화가들(inpressionisto)이 활약하였다. 그들은 광선을 구성색소로 분해하여 몇 천 개의 점으로 나타내어, 보는 사람으로 하여금 일정한 거리에서 이를 재구성하게 하는 독특한 화법을 구사하였으며 소재를 일상생활에 확대시키고 주관적인 인상을 대담하게 묘사하였다. 19세기 말에는 프랑스의 세잔(Cezanne, 1839~1906)와 고갱(Gauguin, 1848~1903), 그리고 네덜란드의 반 고흐(Van Gogh, 1853~1890) 등이 인상파를 탈피하면서 독자적인 화풍으로 현대회화의 길을 닦았다. 조각에서는 '생각하는 사람'으로 유명한 프랑스의 로댕(Rodin, 1840~1917)이 19세기 후반에 활약하였다.

　음악에서는 고전주의를 대성시키면서 낭만주의로의 길을 연 위대한 베토벤에 이어 낭만적인 교향곡을 작곡한 프랑스의 베를리오즈(Berlioz, 1803~1869)와 독일의 슈만(Schumann, 1810~1856), 수많은 아름다운 가곡을 남긴 독일의 슈베르트(Schubert, 1797~1828)와 주옥같은 피아노 곡을 남긴 폴란드 태생의 쇼팽(Chopin, 1810~1848) 등이 낭만주의 음악을 수놓았다. 낭만주의 음악은 19세기 말 무렵까지 지속되었는데, 독일의 브람스(Brahms, 1833~1897)는 고전음악의 형식 속에 강한 낭만적 정서를 담고, 독일의 바그너(Wagner, 1813~1883)는 중세의 전설을 주제로 극과 음악을 결합시킨 종합예술로서의 장대한 악극을 내놓았다. 19세기 말 무렵에는 프랑스의 드뷔시(Debussy, 1862~1918)가 인상파음악으로 새로운 경지를 열고 러시아에서는 무소르그스키(Mussorgsky, 1835~1881)를 비롯한 국민파 음악가들이 활약하고 차이코프스키(Tchaikovsky, 1840~1893)가 '비창'을 비롯한 교향곡과 아름다운 발레음악을 작곡하였다. 19세기는 또한 오페라가 성황을 이루었던 시대로 오페라의 왕자라고 할 이탈리아의 베르디(Verdi, 1813~1901)를 비롯하여 푸치니(Puccini, 1858~1924), 프랑스의 비제(Bizet, 1838~1875)와 구노(Gounod, 1818~1893) 등이 이 방면에서 활약하였다.

제 **6** 편

現代史의 展開

제 13 장

帝國主義와 第1次 世界大戰

　　1880년대부터 유럽의 선진 자본주의국가들은 새로운 열기를 띠며 앞을 다투어 해외진출에 나서 후진지역을 경우에 따라 무력을 사용하면서까지 식민지화하려고 하였다. 이를 가리켜 帝國主義라고 하며, 이로 말미암아 제1차 세계대전 전까지 아프리카와 아시아의 여러 지역이 유럽열강의 식민지 내지 半식민지화하였다.

　　이러한 제국주의정책은 자연 이해관계의 대립으로 경쟁과 갈등을 불러일으키고 나아가서는 국제관계의 악화와 긴장을 초래하였다. 그리하여 유럽열강은 그들의 이해관계에 따라 협상과 동맹을 맺어 두 진영으로 대립하게 되고, 그 대립이 점차 격화하고 첨예화하여 급기야는 제1차 세계대전이라는 전례없는 대규모의 전쟁을 유발하였다.

　　제1차 세계대전은 독일을 중심으로 한 동맹국에 대하여 英·佛·美를 중심으로 한 연합국의 승리로 끝났으며, 전쟁의 규모가 컸을 뿐 아니라 전쟁의 양상과 성격 또한 종전과는 크게 달랐다. 연합국의 일원이었던 러시아에서는 대전 중 볼셰비키혁명이 일어나서 제정이 쓰러지고 독재적인 공산주의정권이 수립되었다.

제 1 절　帝國主義와 世界分割

第2次 産業革命[1]

　　영국에서 시작된 산업혁명이 프랑스, 벨기에, 독일 등으로 확산되면서 성장을 계속하던 유럽경제는 1873년부터 약 20년간에 걸친 불황기를 맞이하였다. 19세기 말에 유럽은 이 불황을 벗어나면서 산업상의 새로운 발전과 도약을 맞이하고 과학적 발명과 기술혁신이 진행되었는 바 이를 가리켜 제2차 산업혁명이라고 한다. 종전의 산업혁명이 증기력과 석탄을 동력원으로 삼고 섬유공업과 같은 경공업 위주

---

1) 제2차 산업혁명에 관해서는 주로 Geoffrey Iarraclough, *An Indroduction to Contemporary History*(London, 1964), Chap. Ⅱ, The Impact of Technical and Scientific Advance에 의거하였다.

로 진행된 데 반하여, 전력과 석유가 새로운 동력원으로 등장하고, 강철, 알미늄
등의 비금속, 전기, 화학공업 등 중공업부문이 발전하면서 생산방식 또한 일관작
업(assembly line)과 같은 대량생산체제로 변하고 기업과 공장의 규모도 대형화
하였다. 우리가 오늘날 익히 잘 알고 있는 문명세계 산물들의 대부분이 이 시기에
출현하였다. 즉, 내연기관, 전화, 확성기, 축음기, 무선전신, 전등, 전차와 자동차,
압착공기로 채운 타이어, 자전차, 타이프라이터, 값싼 대중용 신문지, 최초의 합성
섬유인 인조 비단, 그리고 최초의 합성플라스틱인 베크라이트(bakelite) 등등, 이
모든 것이 제2차 산업혁명기간 중, 내지 그보다 좀 앞선 시기에 출현하였으며,
1903년 라이트(Wright) 형제가 발명한 비행기는 제1차 세계대전을 겪으면서 발
달을 거듭하였다. 그 대부분이 새로운 소재, 새로운 동력원, 그리고 무엇보다도 과
학적 지식의 산업에의 응용의 결과였다. 제2차 산업혁명은 종전의 산업혁명이 거
의 기초적인 과학적 훈련을 받지 않은 생산현장의 '실제적인' 사람의 '발명'에 의
존한 것과는 달리 과학혁명이라고 부를 수 있을 정도로 훨씬 더 과학적이었다는
데 그 특징이 있다.

  강철(steel)은 1850년까지만 해도 半귀금속 취급을 받았으며, 전세계의 생산고
는 8만 톤에 불과하고 영국이 그 절반을 생산하였다. 그러나 베세머(Bessemer),
지멘스(Siemens) 등의 주조과정의 개량으로 1900년에는 생산고가 2,800만 톤으
로 증가하고, 1890년에 몬트(Ludwig Mond)가 추출방법을 발견한 니켈(nickel)
의 첨가로 그 질이 더욱 견고해졌다. 그리고 이 때까지 너무나 高價였던 알미늄
(alminium)도 1886년에 전기분해방법이 발견되어 그 가격이 상품화에 걸맞게 하
락하고, 새로운 소재, 특히 건설재로서 제1급의 중요성을 지니게 되었는 바, 항공
기제작이 그 좋은 예이다.

  새로운 조명과 난방의 원천으로서, 그리고 또한 새로운 동력원으로서의 전력의
출현과 화학공업의 발전은 제2차 산업혁명의 또 다른 핵심적인 내용이다. 지멘스
가 발전기를(1867), 그리고 에디슨이 백열등을(1879) 발명하였으며, 1882년에는 뉴
욕에 최초의 전력발전소가 설립되고, 1890년에는 미국의 콜로라도(Colorado)에
최초의 수력발전소가 건설되었다. 전기사용이 널리 일반화되면서 전기분해도 가
능해지고, 여타 전기공업과 화학공업이 19세기 말 이래 급속도로 발전하였으며,
그 영향은 매우 광범하였다.

  전력에 못지 않게 혁명적인 중요성을 지닌 것은 석유였다. 석유는 석탄이나 전
력과 동일하게 새로운 동력원이 되었을 뿐 아니라 광대한 범위의 석유화학의 원료
로서 이용되었다. 1870년의 록펠러(Rockefeller)의 스탠다드 석유회사(Standard
Oil Company) 설립은 새로운 시대의 상징이었으며, 1897년까지 미국의 방방곡곡

에 지점이 설치되고 미국의 연간 석유수출액은 6,000만달러에 달하였다.

한편 새로운 화학 및 생리학의 지식은 농업에도 영향을 미쳐 인구증가에 상응한 농업생산증대를 초래하였다. 화학비료가 생산되고, 살균소독과 저온살균법 등 새로운 식량보존기술이 발달하였다. 우유의 저온소독은 1890년 경부터 일반화되고 식품의 통조림 산업이 발달하였다. 증가하는 인구에 대한 식품의 값싼 대량공급은 주요 철도망의 완성, 대형 기선의 발달, 그리고 냉동기술의 완성으로 크게 촉진되었다. 1876년에 냉동차량은 캔자스시로부터 뉴욕으로 냉동고기를 수송하고, 냉동선이 그것을 다시 유럽으로 운반하였다. 1877년부터 아르헨티나의 소고기가 유럽시장에 나타나고, 뉴질랜드산의 냉동된 양고기가 영국시장에 처음으로 도착한 것은 1882년이었다.

제 2 차 산업혁명에서 주도적 역할을 담당한 나라는 독일과 미국이었다. 특히 화학공업과 전기산업에서 독일은 선도적 역할을 수행하고, 미국은 이들 분야에서 급속하게 발전하면서 대량생산기술에서 앞섰다. 그리하여 세계경제의 중심이 급속하게 미국과 독일로 이동하고 영국과 프랑스는 선진산업국가의 지위를 아직도 유지하고는 있었으나 그 지위는 상대적으로 하락하였다. 실질적으로 1913년의 미국의 공업생산량은 전세계의 공업생산량의 1/3을 초과하였으며, 그것은 영국, 독일, 프랑스의 공업생산량을 합친 것에 약간 미달하는 것이었다.[2]

제 2 차 산업혁명의 과학적, 기술적 그리고 산업상의 변화는 구질서를 용해하고 신질서를 낳게하는 촉매작용을 하였으며 그것은 우리가 잘 알고 있는 현대세계의 출발점이 되었다. 제 2 차 산업혁명으로 유럽의 생산능력은 거대하게 증대하고 이에 따라 전반적이고 급속한 생활수준의 향상을 가능하게 하였다. 유럽이 두 차례의 세계대전의 피해에서 회복할 수 있었던 것도 새로운 기술의 덕택이었으며, 1928년에는 제 1 차 세계대전 전보다 더 번영하고, 1950년에는 공업과 농업의 생산이 1929년을 능가하였다.[3] 또한 제 2 차 산업혁명으로 가능해진 새로운 경제적 풍요는 빈곤을 불필요하게, 그럼으로써 더욱 더 용납할 수 없게 만들고, 모든 사회변화의 요람이 되었다.

帝國主義

지리상의 발견 이래 치열했던 식민지 쟁탈전도 18세기 중엽에는 7년전쟁을 고비로 일단락 짓게 되었다. 유럽열강은 국내문제나 유럽 자체 문제에 더 많은 관심을

---

2) *The New Cambridge Modern History*(Cambridge, 1960) vol. ⅩⅡ, p. 24.
3) 같은 책, p. 43.

기울이게 되고, 식민지는 본국에게 오히려 부담스럽다는 의견까지 나왔다. 그러나 19세기 중엽에 산업혁명이 영국 외에 유럽 각국과 미국에 파급되고, 자본주의가 고도로 발달하게 되자, 세계의 선진 자본주의국가들은 1870년대 내지 80년대로부터 종전과는 다른 새로운 양상으로, 더 강한 열기를 갖고 후진 내지 저개발지역으로의 진출과 팽창을 꾀하였다. 산업화한 선진 자본주의국가들은 화학공업과 같은 새로운 공업의 원료, 새로운 제품의 시장, 증가한 인구를 위한 식량, 그리고 이민의 배출구와 국내에서 남는 자본의 보다 더 유리한 투자를 위하여 앞을 다투어 해외로 진출하여, 가능한 한 많은 민족, 많은 지역에 자국의 깃발을 꽂으려는 광적인 충동에 사로잡혔다. 19세기 말로부터 제1차 세계대전에 이르는 시기의 이러한 선진 자본주의국가의 해외 팽창은 단순한 경제적 침투가 아니라 그것에 보태어 광대한 식민제국을 창건하거나 확대하려는 정치적 진출이요, 세계의 영토적 분할이었다. 그리하여 한 세대도 되지 않는 기간에 전지구의 육지의 5분의 1과 전주민의 10분의 1이 유럽열강의 식민지지배 하에 들어오게 되었다. 이를 가리켜 帝國主義 (Imperialism) 또는 新帝國主義라고 한다.

제국주의에 관해서는 당대로부터 오늘에 이르기까지 다양한 논의와 해석이 가해져왔으며, 그 중에서도 초기에 매우 유력했던 것은 영국의 노동당 좌파에 속하는 홉슨(J.A. Hobson)과 마르크스주의에 입각한 레닌(Lenin)의 제국주의론이었다.[4] 제국주의가 절정기에 달하기 시작한 1902년에 출간된 저서에서 홉슨은 제국주의의 가장 중요한 요인으로서 국내시장에서 유리한 투자가 불가능해진 잉여자본의 첨예한 경쟁이라고 지적했으며, 그것은 결국 국내의 하층민에게 돌아갈 몫을 박탈한 소수의 금융자본가 내지 부유층의 탐욕탓이라고 하였다. 제1차 세계대전 중인 1916년에 출간된 《資本主義의 最高 段階로서의 帝國主義》에서 레닌은 "제국주의란 獨占과 금융자본의 지배가 성립하고, 자본의 수출이 현저한 의의를 갖게 되고, 국제 트러스트에 의한 세계분할이 시작되고, 최대의 자본주의국가들에 의한 지구상의 전영토의 분할이 완료한, 그러한 발전단계에 도달한 자본주의"라고 규정하였다. 이를 좀 더 부연한다면 자본주의는 1870년대 이후 생산과 자본의 집중으로 독점단계에 접어들고, 은행자본(금융자본)과 산업자본이 융합하며, 상품수출과는 다른 자본수출이 특히 중요한 의미를 갖게 되고, 국제적인 자본가의 독점단체가 형성되어 세계분할에 나서며, 최대의 자본주의 강대국들이 자본수출, 모든 수단의 정치적 지원을 받는 경제적 침투, 강요된 영토병합, 그리고 제국주의적인 전

---

4) Wolfgang J. Mommsen, *Theories of Imperislism,* trans, by P.S. Falla(London, 1981) 참조. 이 책은 다양한 제국주의 이론을 요령있게 毛澤東의 그것에 이르기까지 망라적으로 소개하고 있다.

쟁 등으로 지구의 영토적 분할을 완료한다는 것이다. 그리하여 레닌은 제국주의를 '(社會化로의) 과도적인 자본주의, 보다 더 정확하게 말하면 죽어가고 있는 자본주의'로 파악하였다.

레닌의 이 마지막 견해는 그 후의 역사가 증명하듯이 그의 오산이었지만, 그의 제국주의 해석의 골격은 비단 공산세계만이 아니라 비공산세계에도 수용되었다. 레닌은 자본주의의 독점단계로의 발전을 자본주의의 '法則'으로 파악하였으나 실제로는 1870년대부터 1890년대까지 지속된 유럽경제의 대불황과 제2차 산업혁명의 진행이 기업연합(cartel)이나 기업합동(trust), 그리고 기업의 대형화 등 독점체제를 촉진하였다. 그리고 레닌이 지적하듯이 금융자본과 산업자본의 융합으로 인한 자본수출, 즉 국내 잉여자본의 유리한 투자시장 확보가 제국주의적인 해외진출의 새로운 요인으로 부각되었지만, 대불황으로 인한 국내시장의 위축, 독일(1879)과 프랑스(1892) 등 자본주의 열강의 관세장벽 설치, 그리고 제2차 산업혁명으로 인한 화학공업과 같은 신흥공업의 발달 등이 선진 자본주의 국가들로 하여금 새로운 원료획득과 상품시장을 위하여 해외로 진출하게 하였다.

제국주의에 있어 경제적 요인이 가장 중요하지만, 그외에 여러 요인이 복합적으로 작용하였다. 그 중에서도 민족주의적 팽창의욕은 강렬하였고, 제국주의적인 팽창으로 별로 혜택을 받지 못한 대중들로부터도 지지와 환영을 받은 것은 그 때문이었으며, 평상시에 제국주의에 비판적이었던 사회주의자를 비롯한 좌파계열들도 파쇼다사건이나 모로코사건 등에서는 일제히 자국의 이익을 옹호하고 나섰다. 식민지를 보유하고 그것을 확대하는 것이 국가의 지위와 위신을 상승시켜 준다는 생각은 당시 각 국민의 대중의 일반적인 심리상태였던 것이다. 이외에도 미개한 사회에 문명을 전하고, 그들을 개화시킨다는 것은 인도주의를 만족시켰고, 그리스도의 복음을 전하는 선교사업은 성스러운 사업이었다. 그리하여 영국의 시인 키플링(R. Kipling, 1865~1936)은 미개인을 지도하고 개화하는 일은 '白人의 짐'(white men's burden)이라고 하였다. 사실 선교사·의사·기술자·식민지관료 등 많은 선의의 사람들이 미개사회에 문명의 혜택을 전달했고, 후진지역의 지배자 중에는 그들의 근대화를 위하여 외국의 기술자를 초빙하고 외국의 자본을 유치하기도 하였다. 그러나 선교사 뒤에는 보다 많은 이윤을 얻으려는 자본가가 따랐고, 자리잡은 자본가는 보다 많은 특권과 기업의 안전을 위하여 본국의 군사적 뒷받침을 원하였다. 그리하여 단순한 선의의 전도사업이나 기업의 진출이 결과적으로는 해당지역을 그 곳의 토착문화와 특히 지배세력의 강약에 따라 선진 자본주의국가의 보호령으로 만들게 되고, 마침내 식민지로 전락하게 하는 경우가 적지 않았다.

제국주의적인 해외팽창과 식민지획득 경쟁은 교통과 통신기관의 발달로 더욱 가열되고 가속화되었을 뿐 아니라, 영국이나 프랑스와 같은 종전의 식민지국가에 보태어 독일과 이탈리아, 미국과 러시아, 그리고 일본조차 새로이 참여하게 되어 제국주의적인 식민지획득 경쟁은 한 층 더 치열해질 수밖에 없었다. 그리하여 제국주의는 선진 자본주의 국가 사이에 경제적·정치적 대립을 낳고, 그것은 다시 국제적 긴장과 갈등을 초래하였다. 이와 더불어 제국주의적인 침략을 받은 국가나 지역에서는 그것에 대한 반발과 반항이 일어나고 제1차 세계대전을 고비로 反식민주의와 해방과 독립을 위한 민족주의운동이 광범하게 전개되었다.

아프리카의 分割

이집트를 포함한 아프리카북부지역은 일찍이 고대지중해세계의 일부를 형성하고 있었고, 8세기에는 이슬람세력에 흡수되었다. 그 밖에 新航路의 발견을 전후하여 동서해안지대에 약간의 식민지와 무역거점이 건설되었으나, 광대한 내륙지방은 19세기 중엽까지도 유럽인에게는 잘 알려지지 않은 '암흑의 대륙'이었다. 그러나 19세기 후반에 영국의 선교사인 리빙스턴과 미국의 스탠리에 의하여 내륙지방의 사정이 알려지게 되자 제국주의로 접어든 유럽열강은 앞을 다투어 아프리카로 진출하여 1914년까지 거의 완전히 이를 분할 점령하였다.

이미 광대한 식민지를 보유하고 있던 영국은 아프리카에서도 큰 몫을 차지하였다. 1815년 빈회의의 결과 영국이 네덜란드로부터 케이프식민지(Cape Colony)를 획득하자 네덜란드의 후손인 보어인(Boers)은 북쪽으로 이동하여 트랜스바알(Transvaal)과 오린지자유국을 세웠다. 이 보어인의 나라는 처음 農牧의 나라로서 별로 매력이 없었으나, 19세기 후반에 금과 다이아몬드가 발견되어 영국인의 침투가 날로 증대하였다. 영국은 드디어 보어전쟁(Boer War, 1899~1902)으로 이를 합병하고, 케이프식민지와 나탈(Natal)과 더불어 南阿聯邦(Union of South Africa)을 조직하였다(1910). 한편 1869년에 프랑스인에 의하여 수에즈운하가 개통되자, 이집트는 유럽과 아시아를 연결하는 요지로서 부각되고, 특히 인도를 보유한 영국의 관심을 끌게 되었다. 1875년 이집트의 재정난을 이용하여 영국은 이집트가 보유하고 있던 수에즈운하의 주식 17만 6천株를 매입하여 일약 최대의 주주가 되어 수에즈운하의 경영을 좌우하게 되었다. 그후 이집트의 최대의 채권국인 영국과 프랑스에 반항하는 아라비 파샤(Arabi Pasha)의 민족주의 반란이 발생하자, 영국은 재빨리 出兵하여 반란을 진압하고 이집트를 실질적인 보호령으로 만들었다(1882). 이와 같이 남북에 확고한 거점을 확보한 영국은 이를 연결하는 아프리카종단정책을 추진하게 되고, 그 정책은 프랑스의 아프리카횡단계획과 충돌하여 파쇼다(Fashoda)사건이 일어났다(1898). 이 사건은 양국의 파견대가 수단의 파쇼

[지도 17] 아프리카의 分割(1910년)

다에서 만나 서로 양보하지 않음으로써 양국간에 전쟁의 위기가 조성된 사건으로서 결국 프랑스가 후퇴하였다.

프랑스는 이집트에서, 그리고 파쇼다에서 영국에 밀려났으나, 아프리카에서 그가 얻은 것은 결코 적지 않았다. 1830년에 투르크로부터 획득한 알제리(Algerie)를 거점으로 東進하여 튀니지(Tunisie)를 얻고(1881), 남으로는 사하라사막을 포함한 佛領西아프리카와 적도아프리카를 획득하였으며, 그 후 홍해에 약간의 땅과 동해안의 마다가스카르(Madagascar)섬을 얻었다(1896). 그리하여 프랑스는 아프리카횡단계획을 세웠으나 파쇼다에서 후퇴하여 영국의 이집트지배를 인정하는 대신, 모로코(Morocco)에 대한 진출을 인정받아 이를 보호령으로 삼았다(1911).

통일을 달성한 비스마르크는 유럽에서의 독일의 지위보전에 더 많은 관심을 기울이고, 제국주의적인 해외진출에는 큰 관심을 보이지 않고, 상인들의 진출을 후원하는 정도로 그쳤다. 그러나 이러한 개별적인 진출을 토대로 독일은 토고랜드(Togoland)와 카메룬(Cameroons)을 얻고(1884~1885), 다시 獨領南西아프리카

와 동아프리카를 보호령으로 삼았다. 뒤늦게 통일을 달성한 이탈리아는 국내문제
의 어려움을 안고 있었으나, 강대국의 위신을 세우기 위하여 아프리카로의 제국주
의적인 진출을 꾀하였다. 홍해연안의 에리트리아(Eritrea)와 인도양의 伊領소마
릴랜드(Somaliland)를 획득한 후 이탈리아는 아프리카 북부해안의 튀니지에 눈독
을 들였으나 프랑스에게 선취당함으로써 크게 실망하였다. 이어 에티오피아
(Ethiopia)를 침략하였으나, 오히려 에티오피아군에게 패하였다(1896). 이렇듯 식
민지 획득에 고배를 마신 이탈리아는 1911년 투르크와의 싸움에서 트리폴리
(Tripoli)를 얻고, 리비아(Libya)를 식민지로 삼았다. 한편 스탠리의 탐험을 후원
한 벨기에는 중부아프리카의 광대한 콩고자유국(Congo Free State)을 국제적 승
인 하에(1884) 관리하다가 1908년 이를 식민지로 병합하였고, 포르투갈은 앙골라
(Angola)와 모잠비크(Mozambique)를 소유하게 되었다. 이리하여 1914년에 아
프리카에서 독립을 유지하고 있는 나라는 미국의 해방노예가 건설한 라이베리아
(Liberia)와 에티오피아 정도였다.

아시아와 太平洋

일찍이 新航路의 발견 이후 포르투갈과 에스파냐가, 그리고 그 뒤를 이어 네덜
란드, 영국, 프랑스 등이 인도로부터 동남아시아와 태평양방면에 진출하고 있었으
나, 19세기에 이르러 그들의 진출범위는 더욱 확대되고 식민지화도 본격적으로 진
행되었다. 영국은 7년전쟁 때 인도에서 프랑스에게 승리하여 이의 경영에 힘써오
다가 1876년 인도제국을 세우고 빅토리아여왕이 황제를 겸하게 되었다. 영국은 다
시 네팔을 점령하고 아프가니스탄을 보호국화하는 동시에, 버마를 점령하고, 싱가
포르와 말레이시아반도의 요지를 점령하여 말레이연방을 설립하였다(1895). 인도
에서 밀려난 프랑스는 나폴레옹 3세 때 가톨릭교도의 보호를 구실로 사이공을 점
령한 후(1862) 캄보디아·베트남에 세력을 확대시켜 프랑스領 인도차이나를 만들
고(1887), 다시 라오스를 거기에 추가하였다. 네덜란드는 인도네시아지방으로 진
출하여 포르투갈과 영국을 누르고 자바, 몰루카 제도, 수마트라, 보르네오의 일부
를 차지하여 네덜란드령 동인도를 만들었다(1904).

일찍이 시베리아로 진출한 러시아는 17세기 말부터 18세기 초에 걸쳐 만주와 몽
고방면으로 그 세력을 뻗치려다가 청의 제지를 받고, 알라스카와 쿠릴열도를 차지
하였다. 19세기 중엽에는 청과 아이훈(愛琿 : Aigun)조약을 맺어(1858) 헤이룽 강
이북을 차지하고, 베이징(北京)조약으로 연해주를 얻었다(1860). 그 후 러시아는
알라스카를 미국에 매각하고(1867) 방향을 남쪽으로 돌려 중앙아시아의 투르키스
탄(Turkestan)을 차지하여 페르시아, 아프가니스탄, 파미르 방면으로의 진출을

시 베 리 아

러 시 아

시베리아통과철도

크라스노야르스크

바이칼호

치타

아랄해

탄누투바

사할린

쿠릴열도

몽고

만주

블라디보스톡

신장

베이징

텐진

조선

일본

서울

아프카니스탄

티베트

황하강

청

난징

상하이

도쿄

펀저브

네팔

부탄

양쯔강

원저우

오키나와섬

1.다롄(일)
2.웨이하이(영)
3.칭다오

30°

샹데르나고르

광저우

푸저우

디우

콜커타

버마

마카오

홍콩

타이완

마리아나제도(미)

다만

봄베이

아라옹

고아

마드레스

인도

퐁디셰리

사이암

인도차이나
반도

필리핀

괌섬(미)

마에

카리칼

사이공

실론섬

말레이시아주
연방

캐롤라인제도(독)

싱가포르

보르네오섬

셀레베스해협

비스마르크제도
(독)

0°

수마트라섬

네 덜 란 드 령 인 도

뉴기니섬

0°

인 도 양

자바섬

티모르섬

북부지방

퀸즐랜드

오스트레일리아

웨스턴
오스트레일리아

사우스
오스트레일리아

브리즈베인

뉴사우스웨일즈

퍼스

시드니

빅토리아

캔버라

멜버른

태즈메니아

	영국령
	영국의 보호국가
	네덜란드령
	프랑스령
	독일령
	일본 및 일본령
	미국령

90°

120°

150°

[지도 18] 아시아와

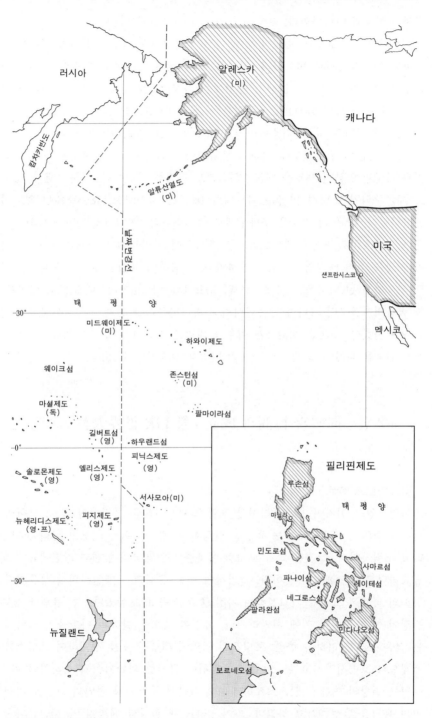

태평양(1910)

꾀하여 영국과 대립하였다.

19세기 후반으로부터 20세기 초에 이르는 시기에 남태평양의 여러 섬들이 또한 구미열강의 식민지로 변하였다. 영국은 이미 18세기 후반부터 오스트레일리아에 죄수와 이주민을 보내어 19세기 중엽에는 자치령으로 승격시키고 뉴질랜드도 영국연방에 속하게 되었다(1907). 독일은 이 방면에서도 그 진출이 늦었으나, 1880년대 이후 뉴기니의 일부, 비스마아크, 마샬, 마리안, 캐롤라인제도 등을 차지하고, 그 밖의 섬들도 구미열강에 의하여 분할점령되었다. 특히 이 시기에 주목을 끄는 것은 미국과 일본이 새로운 제국주의국가로 등장한 사실이다. 남북전쟁 후 급속도로 자본주의가 발달한 미국은 미드웨이(1867)를 차지하고, 1898년에는 하와이를 합병하였다. 같은 해 미국은 쿠바문제로 에스파냐와 싸워(아메리카·에스파냐 전쟁) 쿠바를 보호국화하고 푸에르토리코를 획득하여 카리브해를 지배하게 되고, 필리핀과 괌을 얻어 태평양국가로 등장하였다. 그리하여 유럽열강보다 뒤늦게 중국으로 진출하게 된 미국은 문호개방정책(Open Door Policy)을 내걸었다. 미국은 또한 콜롬비아로부터 파나마를 독립시키고 파나마운하를 건설하여 대서양과 태평양을 연결시켰다. 일본은 明治維新 이후 근대화를 촉진시키고, 대륙으로의 제국주의적인 진출을 꾀하여 그 발판으로 우리 나라를 강점하였다(1910).

제 2 절 同盟과 協商의 成立 : 第 1 次 世界大戰으로의 길

비스마르크 時代

독일통일을 위하여 오스트리아와 프랑스와의 전쟁을 마다하지 않고, 오히려 도발까지 하였던 비스마르크는 통일을 달성한 후에는 평화를 원했고 평화를 달성하려고 노력하였다. 그것은 그가 모처럼 이룩한 독일제국의 안전과 발전에는 평화가 필요하다고 판단했기 때문이다. 그리하여 그는 유럽의 국제질서의 현상유지와 프랑스의 국제적 고립을 외교정책의 가장 중요한 목표로 삼았다. 즉, 유럽에 중대한 분쟁이 생겨 독일이 이에 휘말리거나, 독일이 새로운 갈등과 마찰을 일으키게 되는 것을 몹시 염려하는 한편, 프랑스의 독일에 대한 복수를 경계하여 프랑스를 국제적으로 고립시키려고 한 것이다. 그리하여 탁월한 외교가이기도 하였던 비스마르크는 열강의 이해관계를 교묘하게 이용하면서 동맹이나 협약의 그물을 쳐서 소기의 목적을 달성하려고 하였다. 그가 1890년에 실각할 때까지 약 20년간의 유럽의 국제관계는 이러한 비스마르크의 외교정책에 의하여 좌우되었다고 해도 과언

이 아니며, 따라서 이 시기를 비스마르크시대라 하고, 그에 의하여 성립된 국제질
서를 비스마르크체제라 부르기도 한다.

유럽의 국제질서의 비스마르크체제는 1873년에 성립한 독일·오스트리아·러
시아의 3帝協約(Three Emperor's League : Dreikaiser Abkommen)으로부터 출
발하였다. 이 협약은 구체적이고 뚜렷한 내용을 갖는 것은 아니었고, 막연하게 협
약국의 혁명운동에 대한 군주 사이의 유대강화를 강조한 것이었으나, 비스마르크
의 목적은 프랑스의 고립이었다.

露土戰爭의 결과 체결된 산 스테파노조약으로 러시아의 세력이 크게 발칸방면
으로 진출하게 되자, 이 방면에 깊은 이해관계를 가진 오스트리아와 영국이 강한
불만을 표시하였다. 이를 본 비스마르크는 새로운 분쟁의 발생을 회피하기 위하여
조정에 나섰다. 1878년의 베를린회의에서의 조정은 러시아를 억제하고, 오스트리
아와 영국에 유리한 것이었다. 그 결과 러시아는 독일과 멀어지게 되었으며, 오스
트리아와 독일은 더욱 접근하여 1879년에는 양국 사이에 상호방위를 위한 비밀군
사동맹(2국동맹 : Zweibund)이 맺어졌다. 그러나 비스마르크는 러시아가 독일과
멀어짐으로써 프랑스에 접근하는 것을 원하지 않았다. 그리하여 그는 다시 러시아
에 접근하고, 발칸방면에서의 이해관계의 대립으로 주저하는 오스트리아를 설득
하여 1881년 獨·露·墺 사이에 3帝同盟(The Alliance of the Three Emperors
: Drei-Kaiser Vertrag)을 성립시켰다. 그 내용은 동맹국 중 1국이 제4국의 공격
을 받는 경우 나머지 동맹국은 우호적인 중립을 지키고, 투르크에 대하여는 서로
사전에 협의한다는 것이다.

때마침 이탈리아는 눈독을 들이고 있던 튀니지를 프랑스에 빼앗겨 오스트리아
와 독일에 접근하였다. 비스마르크는 이를 이용하여 1882년 주로 프랑스를 대상국
으로 독일·오스트리아·이탈리아의 3국동맹(Triple Alliance)을 맺었다. 한편 3
제동맹은 3년 기한이었기 때문에 1884년 이를 갱신하였으나, 1887년에는 러시아와
오스트리아의 관계가 악화하여 갱신되지 않았다. 어떻게 해서든지 러시아가 프랑
스에 접근하지 않게 붙잡아 두고 싶었던 비스마르크는 같은 해 러시아와 재보장조
약(Reassurance Treaty)으로 알려진 비밀협정을 맺었다. 그 내용은 양국의 어느
한 쪽이 제3국으로부터 공격을 받는 경우 다른 약정국은 호의적 중립을 지킨다는
것이었으나, 독일이 프랑스를, 그리고 러시아가 오스트리아를 공격하는 경우에는
적용되지 않는다는 단서가 붙어 있었다.

3國協商의 成立

1870년대와 1880년대의 유럽의 국제질서는 비스마르크체제에 의하여 가까스로

평화와 세력균형을 유지하고 있었다. 그것은 비스마르크의 탁월한 외교수완의 탓이기도 하였으나, 보다 더 중요했던 것은 비스마르크가 가급적 도발을 피하고, 각국간의 이해관계의 조정을 통한 현상유지를 목표로 삼았기 때문이다. 그러나 1890년 비스마르크가 오랜 재상직에서 실각하고 황제 빌헬름 2세(1888~1918)가 직접 외교정책을 지휘하게 되자 비스마르크체제는 깨어지고, 유럽의 국제관계는 새로운 위험한 단계로 접어들게 되었다.

1890년 러시아와의 재보장조약이 만기가 되었을 때, 러시아는 열렬히 이의 갱신을 희망하였으나 빌헬름 2세는 이를 거부하였다. 그 결과 비스마르크가 그렇게도 두려워하던 러시아와 프랑스의 접근이 시작되었다. 독일로부터 버림받은 러시아와 오랜 동안 국제적 고립에 고민하던 프랑스는 1891년 양국이 평화를 위하여 협의할 것을 약속한 정치협약을 맺고, 그것은 1894년에 이르러 명백한 군사동맹으로 발전하였다. 그 주된 내용은 ① 프랑스가 독일 또는 이탈리아로부터 공격을 받는 경우 러시아는 독일을 공격하며, ② 러시아가 독일 또는 오스트리아로부터 공격을 받는 경우 프랑스는 독일을 공격하며, ③ 이 협정은 3국동맹이 존속하는 한 유효하다는 것이다.

독일을 중심으로 한 3국동맹에 대항하는 프랑스와 러시아의 군사동맹의 성립은 비스마르크가 가장 우려하던 것으로서 유럽의 국제질서는 명백히 새로운 단계에 접어들게 되었다. 그렇다고 곧바로 독일과 러시아, 또는 프랑스와의 사이에 긴장관계가 조성된 것은 아니다. 그것은 그들이 저마다 제국주의적인 진출에 바빴고, 또한 그로 인하여 영국과 복잡한 이해관계에 얽히고 있었기 때문이다. 영국은 그동안 '명예로운 고립'과 對獨親善關係를 유지해 왔다. 그러나 이제 그러한 외교방침에 큰 변화를 가해야 할 상황이 조성되고 있었다. 그 첫째는 열강의 경제적·군사적 발전이 영국의 절대적 우위를 더이상 허용하지 않게 되어가고 있었다는 사실이며, 둘째는 독일의 빌헬름 2세의 적극적인 제국주의정책, 즉 '世界政策'(Weltpolitik : World Politics)의 추진과 이를 위한 군비확장정책이었다. 특히 영국이 큰 자극을 받은 것은 독일의 해군법 제정으로서(1898), 이는 영국의 해군력에 대한 강력한 도전을 뜻하는 것이었고, 이 후 두 나라는 치열한 建艦競爭을 벌이게 되었다. 그러나 이러한 정부차원에서의 대립만이 아니라 두 나라 국민간에도 강한 적개심이 조성되고 있었다. 그 단서는 이른바 '크루거전보'(Kruger telegram, 1896)인데, 이는 1895년 케이프식민지 총리며 대표적인 제국주의적 식민지경영가인 세실 로드(Cecil Rhode 1853~1902)의 추종자인 제임슨(Jameson) 일당의 트란스바알습격을 보어공화국 대통령 크루거가 격퇴한 것을 축하하는 전문을 황제 빌헬름 2세가 보낸 것이다. 이 전보사건은 두 나라 신문에 선동적으로 보도되어 특히 영국의 국민감정을 들끓게 한 바 있었다.

이와 같이 독일에 대한 감정이 악화하고 있던 영국이 고립주의를 버리고 최초의 동맹국으로 선택한 것은 멀리 아시아의 일본이었다(1902). 英·日동맹은 아시아에서의 러시아에 대처하기 위한 것이었으나, 영국은 곧 독일에 대처하기 위하여 프랑스에 접근하여 1904년에 英·佛협상(Entente)을 체결하였다. 때마침 露·日전쟁이 발생하였기 때문에 교전국과 각각 동맹을 맺고 있는 두 나라로서는 서로 이에 개입하지 않기로 약속하고, 프랑스가 이집트를 영국에 맡기는 대신, 영국은 모로코에서의 프랑스 입장을 지원하기로 하였다. 1898년의 파쇼다O 의 충돌 이래 英·佛은 이 협상으로 완전히 화해했으며, 이 후 국제문제에 있어 서로 공동보조를 취하기로 했다.

이제 남은 과제는 영국과 러시아와의 관계였다. 영국은 러시아가 露·日전쟁에서 패하는 것을 보고 러시아에 접근하여 1907년 英·露협상이 성립하였다. 이 협상은 그 동안 두 나라 간의 누적된 문제들을 해결한 것으로서 페르시아(지금의 이란) 북부를 러시아의, 남부를 영국의 세력권으로 삼고, 아프가니스탄을 영국의 세력권으로 인정하는 대신, 러시아는 흑해로부터 발칸방면으로의 진출에 대하여 영국의 양해를 얻게 되었다. 그 밑바닥에는 점차 노골화되는 독일의 중동지역에 대한 진출에 공동으로 대처하려는 뜻이 내포되어 있었다. 이 英·露협상의 성립은 그 보다 앞서 체결된 佛·露동맹 및 英·佛협상과 결합하여 英·佛·露의 3국협상(Triple Entente)의 성립을 뜻하는 것으로서 유럽의 국제관계와 세력균형상 결정적인 중요성을 갖는 것이었다. 즉, 3국협상은 독일을 중심으로 한 3국동맹에 대항하는 강력한 진영의 성립을 뜻하는 것으로서, 이제 유럽의 주요 강대국들은 양대 진영으로 갈라져 대립하게 되고, 날로 치열해지는 제국주의정책으로 말미암아 유럽의 국제적인 긴장을 날로 격화시키게 되었다. 사소한 분쟁으로 인한 동맹과 협상측의 어느 한 국가간의 전쟁은 자동적으로 나머지 국가들을 끌어들여 대규모 전쟁을 유발할 위험성을 강하게 지니게 된 것이다.

국제적 긴장의 격화

유럽의 국제적 긴장을 격화시킨 가장 중요한 요인의 하나는 비스마르크 실각 후의 독일의 적극적인 세계정책의 추진과 이를 위한 군비확장이었다. 독일은 비스마르크시대에 있어서도 열강의 뒤를 따라 아프리카와 태평양주, 그리고 중국 등으로 진출하였으나, 그것은 열강의 세계분할에 한몫 끼자는 것이지 열강의 어느 특정세력권이나 기득권에 대한 도전은 아니었다. 그러나 빌헬름 2세의 세계정책은 기존 세력권이나 기득권을 무시하고 파고드는 도전적인 것이었고, 그 결과 분쟁을 유발할 가능성이 매우 짙었다.

빌헬름 2세는 세계분할이 거의 끝날 무렵 약체임을 드러내고 있는 투르크에 큰 관심을 갖고 그 곳을 직접 방문하는 등(1898), 적극적인 자세를 취하여 비잔티움(지금의 이스탄불)과 바그다드 간의 철도부설권을 따내고, 이를 베를린과 연결하는 이른바 3B정책을 강력하게 추진하려 하였다. 이러한 빌헬름의 세계정책의 기본방향은 영국의 케이프식민지와 카이로, 그리고 인도의 캘커타(Calcutta)를 연결하는 3C정책과 정면으로 충돌하는 것이었을 뿐 아니라, 러시아의 투르크 및 지중해로의 진출정책과도 정면으로 대립하는 것이었다. 유럽의 국제적 불안을 世界大戰으로까지 몰고 간 기본요인의 하나는 바로 여기에 있었고, 장기간에 걸쳐 대립을 거듭해 오던 영국과 러시아가 서둘러 타협을 모색하고 협상을 맺은 주된 이유도 여기에 있었다.

아프리카의 서북부에 위치하고 있는 모로코에는 프랑스의 세력이 침투하고 있었으나 20세기에 들어와서도 아직 완전히 프랑스의 지배 하에 들어가지는 않았다. 프랑스는 英·佛협상을 통하여 이곳에서의 우월한 지위와 영국의 지원을 약속받고 있었는데, 바로 그 협상이 맺어진 다음 해인 1905년 황제 빌헬름 2세는 돌연 모로코의 탕지르(Tangier)항을 공식방문하여 모로코의 영토보전과 문호개방을 주장하였다(제1차 모로코사건). 이 사건은 열강에 큰 충격을 주었으며, 다음 해 에스파냐의 알제시라스(Algeciras)에서의 국제회의에서 프랑스는 영국을 비롯한 열강의 지지를 얻어 모로코에서의 우월한 지위를 확인받고, 고립된 독일이 물러섬으로써 일단락을 지었지만, 한때 大戰의 발생을 예감하게 하는 위기를 조성하였다.

그러나 이로써 독일은 모로코를 완전히 포기한 것은 아니었다. 1911년 봄 모로코에서 내란이 발생하여 프랑스가 이를 진압하기 위하여 군대를 파견하자 독일은 모로코의 아가디르(Agadir)항에 군함을 파견하여 다시 일촉즉발의 위기감이 감돌았다(제2차 모로코사건). 이번에도 영국이 강력하게 프랑스를 지지하고 나섰기 때문에 독일이 양보하고 프랑스는 모로코를 보호령으로 삼았다.

한편 1908년 발칸지역에서는 사라예보사건의 결정적인 요인이 될 사태가 벌어지고 있었다. 즉, 1878년의 베를린회의에서 오스트리아가 관리를 맡게 된 보스니아(Bosnia)와 헤르체코비나의 합병을 선언한 것이다. 이러한 오스트리아의 조치는 전부터 보스니아의 영유를 갈망해 오던 세르비아(Serbia)를 격노시켰다.

제2차 모로코사건을 전후하여 유럽의 변두리지역에서 드디어 局地戰爭이 터지기 시작하였다. 1911년 열강의 관심이 모로코사건에 쏠리고 있는 틈을 타서 이탈리아는 아직도 아프리카의 투르크領으로 남아 있는 트리폴리(Tripoli)에 군대를 파견하여 이를 점령하였다(伊土戰爭). 이 무렵 투르크에서는 케말 파샤(Kemal Pasha)가 영도하는 '청년투르크당'이 궐기하여 혁명을 일으키고(1908), 투르크의 근대화를 부르짖고 있었다. 이러한 투르크의 정치적 혼란은 투르크의 영토를 노리고 있던 발칸국가들에게는 좋은 기회였다. 그리하여 불가리아, 세르비아, 그리스 등은 발칸동맹을 결성하고 1912년 투르크와 전쟁을 시작하였다(제1차 발칸전쟁). 전쟁에 패한 투르크는 다음 해 런던조약에서 콘스탄티노플(지금의 이스탄불)과 그 주변지역을 제외한 유럽대륙 내의 영토와 크레타섬을 발칸동맹국에게 양도하였다. 그러나 새로 획득한 영토의 분배과정에서 불가리아의 몫이 너무 많다 하여 제2차 발칸전쟁이 발생하였다(1913). 고립한 불가리아는 크게 패하고, 그리스는 크레타를 비롯하여 에게해의 여러 섬과 마케도니아의 일부를 얻고, 세르비아와 루마니아도 그 영토를 확장하였다(부카레스트조약). 세르비아는 이 기회에 지난 런던조약에서 독립이 승인된 알바니아(Albania)를 병합하여 아드리아해로의 출구를 얻고자 하였으나 오스트리아의 강경한 반대로 뜻을 이루지 못하여 오스트리아에 대한 반감은 한층 더 격화되었다.

國際協調의 움직임

19세기 후반에는 국민국가의 발전과 더불어 각국간의 국제적인 협조를 도모하려는 움직임이 나타났다. 크림전쟁 때 직접 현지에 가서 부상병을 간호한 영국의 나이팅게일(F. Nightingale, 1820~1910)여사에 기원을 갖는 국제적십자사, 만국우편협회, 만국전신협회가 그 좋은 예이며, 1896년에는 세계올림픽대회가 시작되었다. 한편 열강의 제국주의정책의 추구로 국제관계가 긴장하고 서로 다투어 군비확장에 열중하는 상황이 전개되자 이를 제한하려는 움직임도 나타났다. 그 최초의 것이 1899년에 네덜란드의 헤이그(Hague)에서 열린 만국평화회의였다. 이 회의는 러시아황제가 군비확장에 따른 재정적 부담을 감당하기 어려워 이를 축소하려는 뜻에서 제창하였고, 당시의 강대국을 포함한 26개국이 참가하였으나 군비 제한에는 실패하였다. 그러나 국제중재재판소의 설립(1901년 헤이그에 설립), 독가스의 사용금지, 전쟁포로의 대우문제 등에 관한 규정이 채택되었다. 우리 나라의 이준, 이상설, 이위종의 세 투사가 참석하려고 했던 제2회 만국평화회의가 1907년에 역시 헤이그에서 열렸으나 군비제한에는 성공하지 못하였다.

제 3 절　第1次 世界大戰

大戰의 발생과 初期戰況

1914년 6월 28일 보스니아에서 행하여지는 陸軍大演習에 임석차 수도 사라예보

(Sarajevo)를 방문한 오스트리아의 제위계승자 페르디난드(Franz Ferdinand) 大公부처가 세르비아의 한 청년에 의하여 암살되었다. 암살자는 反오스트리아 비밀결사에 속해 있었다. 오스트리아는 독일과 상의한 후 최후통첩에 가까운 강경한 항의를 세르비아에 보내고, 그 회답이 만족스럽지 못하다고 판단하여 7월 28일 세르비아에 宣戰하였다. 이에 러시아가 총동원령을 내리고, 8월1일 독일이 러시아에 전쟁을 선포하였으며, 같은 날 프랑스가 동원령을 내리고, 8월3일에는 독일이 프랑스에 대하여 전쟁을 시작하였다. 독일군이 중립국인 벨기에를 침범하자 8월 4일 영국이 독일에 宣戰하여, 이탈리아를 제외한 3국동맹과 3국협상 양측의 모든 국가가 전쟁상태에 돌입하였다. 8월 말에 일본이 연합국에 가담하고, 11월에는 투르크가 동맹국에 가담하여 참전하였다. 처음 중립을 선언했던 이탈리아는 1915년 5월에 3국동맹을 떠나 연합국에 가담하여 참전했으며, 1917년 4월에는 미국이 독일에 宣戰하여 연합군에 가담하였다.

독일이 미리 작성해 놓았던 '슐리펜 계획'(Schlieffen plan)이라는 작전계획에 의하면, 먼저 벨기에로부터 프랑스로 침입하여 서부전선에서 신속한 승리를 거두고, 동부로 그 힘을 돌려 러시아를 공격함으로써 대륙에서의 전쟁을 단기간에 종결시킨다는 것이었다. 이 계획에 따라 독일군은 의외로 완강하게 저항하는 벨기에를 유린하고 프랑스로 침입하여 빠리에 접근하였다. 그 진격은 예정보다 빠른 속도였다. 한편 동부전선에서는 러시아의 동원이 의외로 빨라 동프로이센으로 공격을 가해 왔다. 이에 독일군 참모총장 몰트케(Helmut von Moltke)는 서부군의 일부병력을 동부전선으로 돌렸다. 그러나 이 증원군이 도착하기 전에 새로이 동부전선의 사령관으로 임명된 힌덴부르크(Paul von Hindenburg, 1847~1934)는 8월 말 탄넨베르크(Tannenberg)에서 크게 승리하여 러시아군에게 큰 타격을 가하였다. 그러나 서부군의 일부가 동부로 빠진 것은 슐리펜계획에 큰 차질을 가져왔다. 프랑스와 영국군은 9월 초순에 반격으로 나서 마른(Marne) 전투에서 독일군의 중앙을 돌파하고, 독일군을 국경선까지 후퇴시켰다. 뿐만 아니라 칼레와 불로뉴 등 도버해협에 연한 항구를 점령하기 위한 독일군의 공격도 실패로 돌아갔다. 이리하여 독일의 속전속결의 단기전계획은 무너지고, 서부전선은 참호를 구축하여 대치하는 장기전의 양상을 띠게 되었다.

영국은 일본의 참전이 유럽에서의 전쟁을 이용하여 중국을 비롯한 아시아에서의 세력확대를 노린다는 것을 간파하고 이를 반대하였으나, 일본은 어부지리를 얻고자 8월 하순에 독일에 宣戰하였다. 10월에는 투르크가 러시아와 교전상태에 들어가고, 러시아와 그리고 이어 영국 및 프랑스가 투르크에 宣戰하였다. 전쟁이 장기전의 양상을 띠게 되자 중립국을 자기 편으로 끌어들이려는 외교전이 활발하게 전개되었다. 계속 중립을 지켜오던 이탈리아는 英·佛과 런던밀약을 맺고(1915년 4월), 전후에 이탈리아가 원하는 未回收領土를 획득한다는 조건 하에 3국동맹을 파기하고 오스트리아에 宣戰하였다(1915년 5월). 이탈리아는 군사적으로 약했으나, 그래도 오스트리아를 견제한다는 뜻에서 간접적으로 러시아를 지원하는 격이 되었다. 제2차 발칸전쟁에서 고배를 마신 불가리아는 獨·墺로부터 전후의 영토획득의 약속을 받고 동맹측에 가담하였다(1915년 10월). 루마니아는 처음 獨·墺와 교섭하여 중립을 지키는 대가를 요구하였으나 거절당하자 연합국에 가담하였다(1916년 8월). 그리스에서는 중립파와 연합국편에 가담하자는 의견이 맞서다가 결국 연합국편에 참전하였다(1917년 6월).

1915년 3월, 당시 영국의 해운장관이었던 처칠(Winston Churchill)을 중심으로 러시아에 대한 지원의 길을 트고, 또한 동맹군의 배후를 찌르기 위하여 다다넬스 해협에 대한 공격이 시도되었다. 그러나 英·佛함대는 약간의 손실을 입고서는 물러나고, 후에 영국·오스트레일리아·뉴질랜드·프랑스 등의 군대가 상륙했으나 보급이 신통치 않은 데다가 상호간의 연락과 통합이 잘 안되고, 투르크군의 완강한 저항에 부딪쳐 끝내 실패하고 말았다.[1]

전쟁 3년째를 맞이한 1916년 2월부터 6월에 걸쳐 독일은 서부전선의 교착상태를 타파하기 위하여 막대한 희생을 무릅쓰고 베르됭(Verdun)에 총공격을 가하였다. 그러나 프랑스군은 페탱(Philippe Pétain) 장군 지휘 하에 완강하게 저항하여 독일군의 공격을 물리쳤다. 그리고 7월부터 11월에 걸쳐 이번에는 연합군이 솜(Somme)강방면에서 독일군에게 맹렬한 공격을 가했으나 큰 소득은 없었다. 그리하여 서부전선은 다시 참호전의 교착상태로 되돌아갔다.

독일은 제1차 세계대전 전에 해군을 강화하고 전함을 건조하였으나, 개전시의 해군력은 영국에 비하여 열세였다. 그리하여 영국해군은 처음부터 우세를 견지하였고, 프랑스, 그리고 후에는 이탈리아와 미국함대가 이에 합세하여 연합국의 함대는 완전한 제해권을 장악하였다. 그 결과 연합군은 필요한 자원을 세계 어느곳에서나 획득하고 필요한 병력을 수송할 수 있었던 반면에 독일은 해외식민지를 상실하고, 필요한 물자를 조달할 수가 없었다. 1916년 5월 말 유틀란드해전에서 독일해군은 영국함대에 많은 손상을 입히기는 했으나, 승패는 결정되지 않고, 독일에 대한 해상봉쇄를 돌파할 수 없었다. 궁여지책으로 독일은 잠수함(U-boat)으로 군수물자를 수송하는 선박을 공격하여 연합국의 전력을 약화시키려고 하였고, 실제

1) 이 작전은 다다넬스해협 서쪽에 있는 半島의 이름을 따서 '갈리폴리작전'(Gallipoli Campaign)이라고도 하며, 제2차 세계대전 때 영국수상 처칠은 이 계획을 다시 제시한 바 있다.

로 많은 상선이 격침되었다. 이러한 독일의 잠수함공격은 중립을 지키던 미국의 여론을 악화시켰고, 특히 영국의 호화여객선 루시타니아 호(Lusitania)가 격침되었을 때(1915년 5월) 많은 미국인이 희생되어 미국의 여론은 비등하였다. 이러한 사태를 감안하여 독일은 잠수함공격을 완화하고 영국의 해상봉쇄를 돌파하려고 시도하였으나(유틀랜드 해전), 영국의 제해권을 타파할 수 없었다. 그리하여 독일은 잠수함공격을 다시 강화하고, 1917년 2월에는 교전국이나 중립국의 선박을 막론하고 차별없이 공격을 가할 것을 선언하였다. 이 독일의 무제한잠수함공격은 미국의 여론을 크게 자극하여 같은 해 4월에 미국은 드디어 연합국에 가담하여 참전하였으며, 미국의 참전은 제1차 세계대전의 승패를 가름하는 계기가 되었다.

전쟁의 새로운 양상

독일의 잠수함공격이 위력을 발휘한 것도 해전사상 처음 있는 일이었지만, 그밖에 새로운 무기가 등장하였다. 독일은 체펠린(Zeppelin)비행선으로 1916년부터 다음 해에 걸쳐 런던을 여러 번 공격하였고, 1903년 라이트형제가 발명한 비행기가 등장하여 폭격보다는 주로 정찰임무에 크게 활약하였으며, 전투기가 크게 발달하였다. 독가스는 1914년 10월에 독일군에 의하여 처음 사용되었다. 그러나 이것은 별로 효과가 없었고, 다음 해 4월에 개량된 독가스는 프랑스군을 놀라게 하였다. 이에 대한 대책으로 방독마스크가 고안되어 양측이 다 같이 사용함으로써 독가스의 위력은 줄어들었다. 다음에 등장한 신무기는 탱크로서 영국이 처음 발명하여 1916년 전선에 나타났으며, 독일도 곧 이를 생산하게 되었다.

신무기의 등장과 더불어 주목을 끄는 사실은 전쟁의 성격 변화였다. 종전의 전쟁에 있어 후방이 문제가 되지 않은 것은 아니지만, 그래도 전쟁은 전선에서의 전투병의 일이었다. 그러나 제1차 세계대전에 이르러 전쟁은 전·후방의 구별이 거의 없는 총력전 내지 전체전(total war)의 양상을 띠게 된 것이다. 주요 교전국은 다같이 총동원령을 내려 싸울 수 있는 자를 전선에 보내고, 남자는 무기나 기타 군수물자의 생산과 수송에 종사하였으며, 부족한 노동력은 여성으로써 메꾸어졌다. 그렇기 때문에 병사들만의 사기뿐 아니라 국민전체의 사기가 중요해지고, 宣戰戰이 큰 몫을 차지하게도 되었다. 양측이 다같이 자기들의 행동과 전쟁목적을 정당화하고 이상화하는 반면, 상대방을 무자비하게 비방공격하였다. 이 선전전에서 영국과 프랑스는 독일에 승리하였고, 특히 미국의 참전 후에는 세계의 여론이 압도적으로 연합국편으로 기울어졌다. 연합국은 세계대전이 전제주의에 대한 민주주의의 싸움이며, 정복의 야욕에 불타는 전제적 지배자들로부터 자유를 수호하기 위한 전쟁임을 밝히고, 미국의 윌슨 대통령은 민주주의의 안전과 영구적인 평화를 위한 전쟁임을 선포하였다. 이는 국민의 사기진작만이 아니라 중립국의 여론을 유리하게 유도하는 데 있어 폭탄보다 때로 더 효과적일 수도 있었다.

연합국의 승리

1917년 3월 패전을 거듭하던 러시아에서는 혁명이 발생하고, 다시 11월에는 레닌의 볼셰비키가 정권을 장악하여 연합국으로부터 탈락하고 다음 해 3월에는 독일과 단독강화를 맺었다. 러시아의 탈락은 연합국에 있어 손실임에 틀림없었으나, 미국의 참전은 이 손실을 보충하고도 크게 남았다. 미국의 참전은 연합국의 사기를 크게 고무하였으며, 실제로 미국은 200萬을 넘는 병력을 전선에 파견하고, 풍부한 군수물자의 공급과 막대한 재정지원으로 제1차 세계대전을 연합국의 승리로 이끄는 데 결정적인 역할을 하였다.

1918년 3월, 동부전선으로부터 해방된 독일은 서부전선에서 최후의 대공격을 시도하였다. 처음에는 약간의 성과를 거두는 듯이 보였으나 연합군의 끈질긴 저항으로 점차 공세가 둔화되고, 이 무렵 미군이 새로이 전선에 그 모습을 나타내게 되어 연합군의 사기는 크게 앙양되고 방어력도 강화되었다. 7월과 8월에 독일군은 필사적인 공격을 다시 감행하였으나 무위로 끝나고 9월 중순에 이르러서는 전세가 역전하기 시작하였다. 미군을 맞이한 연합군은 반격을 개시하여 독일군을 이전의 전선으로 후퇴시키고, 독일영내로 쳐들어갈 기세를 보였다. 이미 연료와 식량 등의 결핍으로 국민의 사기가 저하되고 있던 독일은 이 무렵에 이르러 전력도 고갈되어 싸울 능력을 상실해가고 있었다. 실제로 독일은 10월에 미국의 윌슨에게 강화교섭을 하였으나 거절당하였다.

봄부터 시작된 독일의 서부전선에서의 대공세에 발맞추어 불가리아와 오스트리아도 공세를 취하였으나, 9월에는 여기서도 패색이 짙어졌다. 즉, 1918년 9월에는 불가리아가 항복하고, 10월에는 투르크가 휴전에 응하여 동맹국의 발칸전선이 먼저 붕괴하였다. 이는 곧 오스트리아에 영향을 미쳐 유서깊은 합스부르크의 황제정치가 무너지고, 오스트리아가 11월 초에 무조건 항복을 받아들였으며, 독일에서도 혁명이 발생하여 11월 11일 사회민주당 중심의 임시정부가 휴전조약에 조인하여 제1차 세계대전은 연합국의 승리로 끝났다.

獨逸革命

독일의 패전이 결정적으로 된 1918년 10월 말, 독일의 해군당국은 독일함대에게 영국함대를 공격하기 위하여 출항할 것을 명령하였다. 그러나 킬(Kiel) 군항의 수병들은 이를 거부하고 11월 3일 시위를 벌였으며, 다음 날에는 노동자와 더불어 勞

兵 소비에트를 결성하였다. 이러한 움직임은 다른 주요도시와 항구에도 확산되고, 노병 소비에트는 황제의 퇴위와 민주적 정부의 수립 등을 요구하였다. 11월 8일에는 바이에른에서 소수파인 독립사민당(USPD) 주도 하에 노병 소비에트가 구성되고 민주사회주의 공화국이 선포되었다. 다음 날에는 대부분의 노동자가 파업을 하고 시위에 나섬으로써 드디어 황제 빌헬름 2세도 퇴위하여 네덜란드로 망명하였다. 11월 사태가 이렇게 되자 11월 11일 다수파 사민당(SPD)과 독립사회당은 인민대표위원회라는 임시정부를 구성하고 연합국과의 휴전조약에 조인하였다.

에베르트(Friedrich Ebert)가 영도하는 다수파 사민당은 의회민주주의의 노선을 견지하면서 패전의 혼란 속에서의 산업의 국유화를 비롯한 조급한 사회주의정책의 실시는 곤란하다는 입장을 취하고 있었는데 반하여 독립사민당은 즉각적인 사회주의국가의 건설을 주장하고, 리프크네흐트(Karl Liebknecht)와 로자 룩셈부르크(Rosa Luxemburg)가 주도하는 극좌파인 스파르타쿠스團(Spartacus-bund : Spartacists)은 러시아혁명과 같은 프롤레타리아 독재를 지향하였다. 에베르트는 독립사민당과 특히 스파르타쿠스團이 황제의 퇴위와 공화국수립을 위한 제헌의회 소집정도로 만족하지 않을 것을 예측하고 참모본부의 협조를 얻기로 하였으며, 참모본부는 일선으로부터 귀환한 장교와 사병들로서 自由軍團(Freik-orps)을 조직하였다.

1918년 12월 말 스파르타쿠스團은 독일공산당을 창건하고 1920년에 독립사민당의 좌파는 이에 합류하고 우파는 다수파 사민당으로 돌아왔다. 1919년 1월 초에 공산당은 베를린에서 노조간부와 더불어 혁명위원회를 조직하고 혁명정부수립을 선언하는 동시에 대규모 폭동을 일으켰다. 자유군단이 진압에 나서서 4일간의 시가전 끝에 공산당폭동을 분쇄하고 그 와중에서 리프크네흐트와 로자 룩셈부르크는 체포되어 잔인하게 살해되었다. 그러나 이로써 혁명기운이 진정되지는 않았다. 1919년 2월에 공산주의자들이 조직한 파업이 광범위하게 발생하고 몇몇 도시에서는 산발적인 시가전이 벌어졌다. 3월 초에는 베를린에서 다시 공산주의자들이 총파업을 시도하여 혼란과 시가전이 전개되고 자유군단의 개입으로 3월 중순 질서가 회복되었으나 약 천명 정도의 희생자가 났다. 그러나 이것으로 끝이 난 것은 아니었다. 1919년 4월에는 공산당과 독립사민당이 각각 바이에른에서 소비에트공화국을 건설하였다. 지방자유군단이 다른 군부대의 지원을 얻어 뮌헨에 진입하여 수일간 격렬한 시가전 끝에 질서가 회복되었으며 모든 지방 공산당지도자들과 수백명의 노동자가 즉결처분에 처해졌다. 바이에른에서의 공산당의 패배로서 러시아혁명식의 소비에트공화국을 수립하려는 제2의 혁명은 끝이났다. 1921년에 다시 발생한 공산당의 폭동은 실패한 제2혁명의 에필로그에 불과하였다. 독일에서는 패전과 더불어 의회민주주의 혁명은 성공하였으나 볼셰비키혁명은 실패하였다.

러시아革命

알렉산드르 2세의 암살 후 보다 더 강화된 전제정치 하에서도 농노해방을 바탕으로 한 공업의 발전은 1890년대에 이르러 본격적인 공업화단계로 진전하게 되었다. 그 결과 한편으로는 부르주아지가 대두하고 자유주의가 발전하는 반면에, 공장노동자가 증가하여 노동운동이 활발해지고 마르크스주의를 비롯한 사회주의사상도 퍼지게 되어 러시아사회는 19세기 말로부터 20세기 초에 걸쳐 큰 전환기를 맞이하였다.

그러나 차르의 전제정치에는 아무런 변화도 없고, 오직 자유주의와 혁명운동에 대한 철저한 탄압이 있었을 뿐이다. 그 결과 국민의 불만은 점점 높아질 수밖에 없었고, 露·日전쟁으로 인한 물가고는 이를 더욱 부채질하였다. 1905년 초에 수도 페테르스부르크에서 공장노동자의 파업이 일어나고, 1월 22일(일요일)에는 약 14만 명의 노동자가 황제에게 진정서를 제출하려고 궁전으로 향하였다. 그들에게는 아직도 한가닥 차르에 대한 믿음이 있었던 것이다. 그러나 뜻밖에도 친위대는 무장도 하지 않은 군중을 향하여 발포하고 수많은 사상자가 생겼다('피의 일요일' 사건). 이 사건을 계기로 도시에서는 파업이 일어나고, 농민들은 폭동을 일으켰으며, 자유주의자들은 단결하여 의회정치와 보통선거를 요구하였다. 차르도 할 수 없이 10월칙령으로 언론·집회·결사의 자유를 승인하고, 광범한 선거권에 입각한 입법의회(Duma)의 창설을 약속하였다. 이로써 혁명적인 기운이 일단 누그러지자, 니콜라이 2세(1894~1917)는 국가기본법을 제정하여(1906년 5월) 국회(두마)에서의 헌법문제토의를 배제시키는 것을 비롯하여 자유주의적인 입헌개혁을 후퇴시켰다.

같은 해에 총리로 임명된 스톨리핀(P.A. Stolypin, 1862~1911)은 보수주의자였으나 점진적인 개혁으로 입헌정치를 구현하고 혁명을 저지하려고 하였다. 그리하여 그는 혁명파를 철저하게 탄압하는 한편, 농업개혁을 단행하여 농민공동체(미르)를 폐지하고 토지소유농민을 창출하려고 하였다. 권한은 축소되었으나 국회가 소집되고 농업개혁이 추진되어 富農(kulaks)을 포함한 자영농민이 형성되고 농민의 법적 지위도 시민과 동등해졌다. 상당히 큰 규모의 교육개혁도 착수되어 1914년의 초·중학교의 취학률은 22%로 상승하였으며, 이러한 교육개혁은 1922년에 완성될 예정이었다. 이리하여 러시아에서도 자유주의적인 입헌정치로의 점진적인 발전의 가능성이 싹트기 시작하였으나 제1차 세계대전의 발발은 이를 좌절시키고 말았다.[2]

---

2) 한스콘(金種心 譯), 近代러시아-그 갈등의 歷史(1981), 제5장 참조.

러시아정부는 단기전을 예상하고 있었으나, 탄넨베르크의 패전 이래 전세는 불리하고 장기전의 양상을 띠게되자, 군수물자가 부족하고, 식량을 비롯한 생필품의 결핍이 국민생활을 크게 압박하였다. 이러한 상황 속에 현실감각을 잃은 니콜라이 2세는 전선에 나가고, 실제 정치는 황후와 그녀의 신임을 받은 怪僧 라스푸틴(G. E. Rasputin, 1872~1916)의 수중에서 놀아난 결과 군의 사기는 저하되고 탈주병이 속출하는 한편 국내의 혼란은 날이 갈수록 더욱 심해졌다.

1917년 3월 8일 페테르스부르크에서는 공장노동자의 파업과 폭동이 발생하고 군대도 이를 진압하려 하지 않았다. 전시가가 홍분에 휩싸인 가운데 노동자와 병사의 소비에트(Soviet : 평의회)가 조직되고, 자유주의적인 르포프(E.E. Lvov, 1861~1925)공을 수반으로 하는 임시정부가 수립되었다. 전선에서 이 소식을 들은 니콜라이 2세는 제위를 동생 미하일(Mikhail) 대공에게 물렸으나 대공은 이를 거절하였다. 이로써 로마노프왕조는 종말을 고하게 되었으며, 이를 3월혁명이라고 한다(러시아 舊曆으로는 2월혁명).

3월혁명으로 러시아는 그 길고 괴로웠던 역사상 처음이자 마지막의 자유를 누리게 되었다. 주로 입헌민주당(Kadets)으로 구성된 임시정부는 국민과 여러 사회조직의 시민적 자유에 가해졌던 모든 제약을 없애고, 소수민족과 소수종교에 대한 불평등을 폐지하였다. 계급·신분·인종·종교의 차이를 넘어서 모든 시민에게 동등한 권리가 부여되고, 정치범에 대한 대사면이 선포되었다. 11월로 제헌의회의 소집이 약속되고, 거기서는 황실과 수도원의 토지를 몰수하여 농민에게 분배할 것을 비롯한 광범한 사회개혁이 이루어질 예정이었다. 그러나 자유러시아의 앞날에는 어려운 문제가 산적해 있었다. 심각한 국내의 물자부족과 경제난 속에서, 그리고 기강이 무너진 군대를 거느리고 전쟁을 수행해야 했고, 러시아의 민중은 자유를 이해하지 못하고 농민은 성급하게 토지를 요구하였으며, 자유주의적인 온건파는 민중을 이해하지 못하고 통치의 경험이 없었다.

1917년 4월 16일 레닌은 망명지인 스위스로부터 독일군참모부가 마련한 밀봉열차로 이송되어 페테르스부르크의 핀란드역에 도착하였다. 독일참모부는 反戰을 부르짖고 있는 레닌을 귀국시킴으로써 러시아를 연합군의 진영으로부터 이탈시킬 수 있을 지도 모른다고 생각한 것이다. 그것은 적중하였으나 레닌의 귀국은 결과적으로 러시아국민과 유럽, 나아가서 전세계에 예상하지 못했던 큰 결과를 가져오게 되었다. 레닌은 이론가라기보다 마키아벨리스트적인 실천적 혁명가였다. 그는 현실감각과 판단력이 뛰어났으며, 과단성을 갖고 있었다. 그리하여 그는 곧 볼셰비키를 지휘하게 되고, 임시정부와의 가차없는 투쟁을 선언하였다. 한편 임시정부의 국방장관이었던 젊은 케렌스키(A.F. Kerensky, 1881~1970)는 국민의 사기를 쪽자) 될 잉

양양하기 위하여 6월에 전선에서 공세를 취하였으나 성공하지 못하고, 식량난과
물가고만 더욱 심해졌다. 이를 이용하여 볼셰비키는 7월에 반란을 시도했으나 실
패하고 레닌은 핀란드로 피신하였다. 이 무렵 케렌스키가 새로운 내각의 수반이
되었다.

그러나 케렌스키의 신 내각의 생명은 짧았다. 그 생명을 더욱 단축시킨 것은 코
르닐로프(Kornilov) 장군의 전쟁수행을 위한 강력한 정부수립을 목표로 한 쿠데
타계획이었다. 이 계획은 8월 말에 실패하였으나 케렌스키정부를 약화시키고, 볼
셰비키로 하여금 처음으로 페테르스부르크와 모스크바의 소비에트의 주도권을 잡
게 하였다. 5월에 망명지로부터 귀국하여 볼셰비키에 참가한 트로츠키(Leo
Trotsky, 1877~1940)는 곧 레닌 다음가는 지위를 차지하고 赤衛隊(Red Guard)
를 조직하였다. 10월 하순에 은밀히 귀국한 레닌은 트로츠키와 더불어 무장봉기
를 계획하였다. 1917년 11월 4일 대규모의 시위와 대중집회가 열리고, 7일 무장봉
기가 일어났다. 11월혁명(구력으로는 10월혁명)은 거의 유혈극없이 진행되었다. 케
렌스키는 미국 대사관소속 차량으로 도망가고, 원래는 페테르스부르크의 방위를
위하여 구성되었으나 트로츠키의 지휘 하에 들어오게 된 군사혁명위원회(Mili-
tary Revolutionary Committee)가 정부를 접수하였다. 동위원회는 곧 제2차(제
1차는 6월에 소집) 소비에트대회를 소집하고, 이어 레닌을 의장으로 하고 트로츠키
를 외무위원으로 한 인민위원회(Council of People's Commissars)라는 새로운
내각이 조직되었다. 모스크바를 비롯하여 지방에 따라 혼란과 약간의 저항이 있었
으나 11월 말까지는 혁명의 성공이 거의 확실해졌다.

새로운 공산정권은 곧 독일군과 휴전교섭에 들어갔다. 레닌은 '영토의 병합과
배상이 없는' 平和를 주장하고 있었으나 독일의 영토요구로 협상은 지지부진이었
다. 결국 레닌은 양보하는 수밖에 없었고, 그리하여 1918년 3월에 체결된 브레스트
─리토프스크조약에서 러시아는 우크라이나, 발트연안지대, 핀란드를 독일에게
양도하였다. 이는 러시아 인구의 3분의 1, 철생산의 80%, 석탄생산의 90%의 상실
을 뜻하는 것이었다.

이보다 앞서 레닌은 제헌의회의 소집을 허용하였다. 러시아인들은 그들의 역사
상 처음이자 마지막이 될 완전히 자유로운 보통선거에 참가하였다. 그 결과는 볼
셰비키가 투표의 4분의 1밖에 얻지 못하고, 사회혁명당을 비롯한 다른 사회주의정
당들이 62%의 득표율을 보였다. 이 제헌의회는 1918년 1월 중순에 한 번 모이고
곧 바로 레닌의 명령에 따라 무력으로 해산되었다. 이제 3월혁명으로 길이 열린듯
이 보였던 러시아의 자유주의적인 발전은 완전히 좌절되고 종지부를 찍었다.

코민테른

혁명에 승리하고 정권을 장악한 레닌은 1919년 3월 모스크바에 각국대표들을 소집하여 공산주의 인터내셔널(Communist International), 略하여 코민테른(Comintern)을 창설하고, 제1인터내셔널의 정통적인 계승자로서 제3인터내셔널임을 선언하였다. 그 목적은 당시 준동하고 있던 사회주의 인터내셔널, 즉 제2인터내셔널의 재건을 방지하고 전세계 공산당의 힘을 통합하여 세계혁명을 실현하려는 것이었다. 창립선언은 또한 후진 여러 민족의 자결권, 식민지 및 半식민지의 해방을 주장하기도 하였다. 그러나 제1차 대회에 참가한 각국 대표는 불과 19명에 불과하엿다.

코민테른이 국제적인 공산당기구로서 그 기반을 확립한 것은 1920년 여름에 모스크바에서 개최된 제2차 대회에서였다. 이 대회에는 37개국 대표가 참석하고, 레닌은 회원자격으로서 21개항을 제시하였다. 그 핵심은 모든 공산당에게 소련방식을 따를 것을 요구하는 것이었다. 그리고 코민테른의 규약은 전세계의 공산당에게 모스크바에 있는 코멘테른 집행위원회의 명령에 복종할 것을 규정하였다. 실제로 코민테른 집행위원회는 각국 공산당의 내부사정에 간섭할 권리를 갖고, 공산당 상호간의 관계도 모스크바의 승인을 받아야 하며, 코멘테른 밖에서의 공산당활동이 금지되었다. 그 결과 세계 공산주의의 이해관계는 소련의 이해관계와 동일시되고, 코민테른은 소련 외교정책의 도구가 되었다. 대부분의 외국공산당은 세계최초의 사회주의국가를 건설한 볼셰비키에 충성할 수밖에 없었던 것이다.

코멘테른의 방침과 정책은 수시로 변경되었으나 아시아와 후진지역에 대하여서는 反제국주의적인 민족주의진영과의 합작과 동맹전술을 초기부터 추구하였고, 1930년대에 파시즘의 진출에 대항하기 위하여 '공동전략'(united front)의 전술을 채택하여 인민전선(popular front)이 형성되었다.

그러나 1939년 독·소 불가침조약이 체결되자 이 전술은 포기되고, 1941년 독일이 소련을 공격하자, 스탈린은 1943년 연합국의 공산주의혁명에 대한 두려움을 해소하기 위하여 코민테른을 해산하였다.

제 14 장

베르사유體制와 第2次 世界大戰

제1차 세계대전이 끝난 후 유럽에는 새로이 베르사유체제가 수립
되고 세계평화를 유지하기 위한 국제기구로서 국제연맹이 창설되었
다. 1920년대는 대전 후의 평화유지 기운이 결실하여 평화가 정착하
는 듯이 보였다. 그러나 1929년에 미국에서 발생한 경제공황은 전세
계에 파급하여 선진 자본주의국가들은 심각한 경제위기에 당면하였
다. 이를 극복하는 과정에서 고전적인 자유방임주의가 포기되고 경제
활동에 대한 국가의 개입과 간섭이 증대하였다.

제1차 세계대전 후 보통선거의 채택으로 민주주의는 대중 민주주
의로 발전하고 帝政이 붕괴한 뒷자리에 민주적인 공화정이 수립되어
민주주의는 질적으로나 양적으로 크게 발전하였다. 그러나 독일에서
는 1930년대 초에 바이마르공화국이 무너지고 베르사유체제의 타도
를 부르짖는 히틀러의 나치스가 정권을 장악하여 독재적인 전체주의
체제를 수립하였다. 이보다 앞서 이탈리아에서는 이미 1920년대 초에
무솔리니가 파시즘으로 알려진 전체주의체제를 수립하였고, 이 두 나
라는 아시아의 군국주의적인 전체주의국가인 일본과 손을 잡고 1930
년대 후반에 공공연하게 팽창주의를 내걸고 침략을 자행하였다. 이에
대하여 국제연맹은 무력했고 민주주의국가들은 소극적인 유화정책으
로 대응하였다. 그리하여 제1차 세계대전이 끝난지 20년만에 더 큰
규모의 치열한 제2차 세계대전이 일어났다.

革命 후 국내정비와 산업발전에 주력하던 소련은 파시즘과 나치즘
을 맹렬히 공격하고 있었으나 1939년 히틀러와 불가침조약을 맺어 세
계를 놀라게 하였다. 그러나 1942년에 히틀러의 공격을 받고 연합국
과 나란히 싸우게 되었다.

제2차 세계대전은 독재적인 전체주의 국가에 대한 자유민주주의의
완전한 승리로 끝났다.

제 1 절 베르사유體制

파리講和會議

제1차 세계대전의 인적·물적 손실과 피해는 그 이전의 어느 전쟁과도 비교가 안될 정도로 컸다. 쌍방을 합하여 전사자가 약 1,000만명에 달하고, 부상자는 2,000만이었다. 일반시민의 사상자 또한 적지 않았겠지만 이를 추산하기는 어렵다. 건물이나 선박을 비롯하여 전쟁에 투입된 물자 등 물적손실 또한 정확한 통계를 잡을 수 없지만 막대하였다. 뿐만 아니라 이러한 직접적인 손실 외에 간접적인 피해 또한 적지 않았다. 식량부족으로 인한 영양실조, 장기간 지속되는 긴장된 전시생활, 불구가 된 부상자와 전사자 가족의 슬픔과 정신적 고통은 숫자로는 표현할 수 없을 정도로 거대한 것이었다. 따라서 전쟁이 끝났을 때 사람들의 가슴에 평화에 대한 갈망이 불길같이 솟아오른 것은 오히려 당연한 일이었다.

전쟁의 뒷수습을 매듭짓고, 영구적인 평화를 수립하기 위하여 1919년 1월 18일 전승국 27개국이 참가한 가운데 파리강화회의가 개최되었다. 패전국은 회의에 참가할 수 없었고, 독일은 제시된 내용에 논평조차 가할 수 없었다. 전승국이라 하더라도 약소국가들은 본 회의에서 제외되고, 실제로 강화내용을 결정한 것은 미국의 윌슨(T. Woodrow Wilson, 1856~1921, 재임 1913~1921), 영국의 로이드 조지(Lloyd George, 1863~1945), 그리고 프랑스의 클레망소(G.E.B. Clemenceau, 1841~1929)의 3巨頭였다.

이 전쟁은 민주주의의 안전을 위한 전쟁이었고, 전쟁을 종결짓는 전쟁이었기에, 미국대통령 윌슨은 1918년 1월 전후처리의 기본원칙으로 '14개조항'(The Fourteen Points)을 제시하였다. 그 주된 내용은 비밀외교의 배척(Ⅰ), 公海에서의 항해의 자유(Ⅱ), 경제적 장벽의 제거와 무역의 평등(Ⅲ), 군비축소(Ⅳ), 식민지문제의 공정한 조정(Ⅵ), 오스트리아, 동유럽 및 투르크제국 내의 민족문제해결에 있어서의 민족자결주의원칙의 적용(Ⅹ,ⅩⅠ,ⅩⅡ), 그리고 국제연맹의 창설(ⅩⅣ)이었다. 윌슨이 제시한 원칙은 확실히 제국주의를 지양하고, 자유와 자치에 입각한 평화로운 세계질서수립을 위한 고귀한 원칙이었다. 그러나 그의 이상주의적인 고매한 원칙이 파리강화회의에서 그대로 실현될 수는 없었다. 영국과 프랑스는 이미 전쟁 중에 여러 나라와 전후의 영토문제에 관하여 비밀조약을 체결한 바 있고, 전승국들의 현실적인 이해관계 또한 복잡하였던 것이다. 그리하여 윌슨의 14개조항은 표면상으로는 존중되면서 실제로는 그 일부만이 실현되고, 영국과 프랑스를 중심으로 한 전승국의 현실적인 이해관계와 그들이 전쟁중에 약속한 비밀조약, 그리고 패전국, 특히 독일에 대한 철저한 응징이 강화내용결정에 있어 보다 더 큰 비중을 차지하였다.

난항을 거듭한 끝에 독일과의 강화조약인 베르사유조약은 5년 전에 사라예보사건이 발생한 것과 같은 날짜인 6월 28일에 조인되었다. 이 조약으로 독일은 모든 해외식민지를 포기하고, 본국에서도 알자스·로렌을 프랑스에 반환한 것을 비롯하여 많은 영토를 상실하였다. 군비도 극도로 축소되어 육군 10만, 군함은 36척으로 한정되고, 잠수함과 공군은 금지되었으며, 주된 무기생산도 금지되었다. 그리고 30년에 걸쳐 상환할 배상금총액은 1,320億 金마르크라는 천문학적 숫자에 달하였다. 끝으로 베르사유조약의 제231조는 제1차 세계대전의 책임이 전적으로 독일에 있다는 것을 확인하였다. 그 조문은 아래와 같다.

연합국과 이에 동조한 정부들은 독일과 그 동맹국들의 침략으로 강요된 전쟁의 결과로 연합국과 이에 동조한 정부 및 그 국민들에게 입힌 모든 손실과 피해에 대한 책임은 독일과 그 동맹국에 있음을 확인하고, 독일은 이를 인정한다.

이 조문은 바로 베르사유조약의 기본정신이었으며, 독일은 이에 대하여 논평을 가하거나 이의를 제기할 수 없었다. 그렇기 때문에 독일에서는 즉각적으로 베르사유조약을 가리켜 '베르사유의 명령'(Versailles Diktat)이라고 불렀다.

독일과의 강화조약에 이어 오스트리아(1919년 10월), 불가리아(1919년 11월), 투르크(1920년 8월) 등 다른 패전국과의 강화조약도 개별적으로 체결되었다. 그 결과 오스트리아제국은 완전히 해체되어, 오스트리아, 헝가리, 체코슬로바키아로 나누어지고, 세르비아는 보스니아, 헤르체고비나, 크로아티아(Croatia) 등을 합병하여 오늘의 유고슬라비아가 되었다. 투르크제국 또한 붕괴하여 유럽대륙에서는 콘스탄티노플과 그 주변의 협소한 지역과 아시아에서는 그들의 옛 터인 아나톨리아만을 유지하였다. 러시아의 소비에트정권은 강화회의의 참석이 허용되지 않고, 브레스트-리토프스크조약이 폐기되었으나 핀란드가 독립을 되찾고, 에스토니아(Estonia), 라트비아(Latvia), 리투아니아(Lithuania)의 이른바 발트공화국들이 새로 발족하였다. 18세기 말에 나라를 상실했던 폴란드가 옛 영토를 회복하여 독립하고, 발트海로의 출구에 해당하는 이른바 '폴란드 回廊'(Polish Corridor) 지대를 획득하였으나, 그가 원하던 단치히는 자유시가 되었다. 그 밖에 전승국인 이

[지도 19] 제1차 세계대전 후의 영토조정(1919∼1926)

탈리아는 미회수지역인 트렌티노와 트리에스테를 얻었으나 푸이메(Fiume)를 얻지 못하여 불만이 컸고, 프랑스가 원하던 독일의 석탄산지인 자르지방은 15년간 국제연맹의 관리 하에 두기로 하고, 라인란트는 독일영토로 남되 비무장지대로 결정되었다.

  제1차 세계대전 후 패전국의 해외영토 귀속을 결정함에 있어 委任統治制(man-date system)라는 새로운 제도가 나타났다. 이는 국제연맹이 어느 영토에 대한 통치권을 특정국가에 위임하고, 해당국가는 위임통치령의 주민을 교육하여, 궁극적으로는 민주주의적인 자치정부의 수립과 독립을 달성할 수 있도록 준비시킨다는 것이다. 이 제도에 따라 독일의 아프리카식민지 중 동아프리카(지금의 탄자니아)는 영국, 서남아프리카는 南阿연방, 그리고 카메룬과 토골란드는 각각 영국과 프랑스에 맡겨졌다. 태평양에서는 뉴기니의 독일령이 오스트레일리아, 서부사모아는 뉴질랜드, 그리고 캘로라인, 마샬 및 마리안 군도는 일본에게 각각 위임되었다. 중동지역에서는 메소포타미아와 팔레스타인이 영국의, 시리아와 레바논이 프랑스의 위임통치령이 되었다.

파리강화회의의 결과 탄생한 유럽의 새로운 국제질서를 베르사유체제라고 한다. 베르사유체제는 그것이 수립된 지 20년만에 붕괴하고 제2차 세계대전이 발생함으로써 여러 모로 비난을 받았다. 특히 독일에 대한 평화조약이 가혹했다는 점과, 많은 신생국가를 탄생시킴으로써 유럽전체를 발칸化(Balkanization of Europe)하였다는 사실이 공격의 대상이 되었다. 그러나 유럽의 근대적 국가체계 하에서 맺어진 여러 조약과 비교해 볼 때, 베르사유조약은 최선의 것이라고 말할 수 없을지 몰라도, 그렇게 가혹한 것은 아니었다. 유럽의 발칸化도 불가피한 것이었으며, 오히려 윌슨이 제창한 민족자결주의의 원칙이 보다 더 철저하게 관철되지 못한 점이 비난의 대상이 되어야 할지도 모른다. 베르사유체제는 적어도 1920년대에 그런대로 안정될 추세를 보였던 것이며, 따라서 그것의 붕괴의 원인은 대전 후의 유럽의 정세변화와 전체주의의 대두에서 찾아야 할 것이며, 특히 이 체제를 수립한 美·英·佛의 체제유지를 위한 소극적인 태도와 협력의 결여가 지적되어야 할 것이다.

國際聯盟

베르사유체제의 가장 중요한 목표의 하나는 국제협조와 평화수립이었다. 이러한 목표달성을 위하여 강화회의의 벽두에 결정되고, 베르사유조약의 중요한 부분을 차지한 것이 國際聯盟(League of Nations)의 창설이었다. 국제연맹은 세계평화의 수립과 인류문화의 향상이라는 2대목표를 달성하기 위한 국제협력기구로서 군비축소, 안전보장, 국제분쟁의 평화로운 해결, 문화발전과 인도적 사업의 전개 등을 그 주요임무로 내걸었다. 국제연맹은 가맹국이 저마다 1표씩 표결권을 갖는 總會와 英·佛·美·伊·日의 5대강국이 영구적인 자격을 갖고 총회에서 선출되어 기한부 자격을 가지는 다른 4개국과 더불어 구성하는 이사회, 그리고 제네바에 설치된 상설사무국으로 그 골격이 짜여졌다.

그러나 국제연맹은 그 출발부터 차질이 생기고 결함을 지니게 되었다. 독일과 소련의 가맹이 허용되지 않은 것도 문제지만, 미국마저 참가하지 않았던 것이다. 1918년 가을에 행하여진 미국의 의원선거에서 공화당이 승리하여 上·下院을 지배하게 되고, 민주당출신의 윌슨이 제시한 베르사유조약의 비준을 상원이 거부한 것이다. 이는 놀라운 일이 아닐 수 없다. 미국의 국내정치와 윌슨의 비타협적인 성격에도 그 원인은 있겠으나, 보다 더 근본적으로는 미국의 국제무대와 국제정치에서의 경험부족과 미숙함에 기인하는 것이었다. 그렇다고 미국이 완전히 국제무대에서 철수해 버린 것은 아니었으나, 미국의 불참이 국제연맹에 매우 큰 타격이었음은 재론의 여지가 없다. 뿐만 아니라 내용상으로도 큰 결함이 있었다. 즉, 가맹국에 대한 구속력이 없어 참가국은 임의로 탈퇴할 수 있었고, 특히 평화를 위협하는 침략국가에 대한 제재방법으로는 경제봉쇄정도로서 실효성이 없었다. 국제연맹이 작은 분쟁을 많이 처리하고, 그 보조기구인 국제노동기구(International Labor Organization, I.L.O.)가 노동문제에 대한 국제적인 관심과 여론을 환기시키는 등, 공적이 없지는 않았으나, 궁극적으로 침략을 방지하고 평화를 지키는 데는 실패하였다. 이것 또한 베르사유체제의 붕괴와 무관하지 않다.

平和의 摸索

베르사유조약이 독일에 의하여 '命令'으로 받아들여지고 국제연맹에 결함이 있었다 하더라도, 평화에 대한 한결같은 염원은 각국으로 하여금 평화를 모색하게 하였고, 그리하여 1920년대에는 평화가 성취되는 듯이 보였다.

전후의 평화수립에 있어 큰 난관은 프랑스의 독일에 대한 지나칠 정도의 복수심과 경계였다. 1923년 독일이 배상금을 제대로 지불하지 못하자 프랑스는 독일의 최대공업지대인 루르(Ruhr)지방을 점령하였고, 이로 인하여 양국관계는 극도로 악화되었다. 그러나 전체적인 평화모색의 기운과 더불어 1925년 독일外相 스트레제만(Stresemann)의 제의에 따라 영국·프랑스·독일·이탈리아·벨기에·폴란드·체코의 대표들 사이에서 로카르노(Locarno)협정이 체결되었다. 이 협정은 프랑스와 독일이 베르사유조약을 준수할 것이며, 협정국들은 모든 문제를 평화로운 방법으로 해결할 것을 약속한 것이다. 로카르노협정은 전후에 남아있던 교전국들의 적대의식을 해소시키고, 새로운 '成就의 時代'(Era of fulfilment)의 도래를 알리는 우렁찬 종소리였다. 그러기에 다음 해(1926) 독일은 국제연맹에 가입하였다. 성취의 시대 다음 산물은 1928년에 체결된 켈로그―브리앙협정(Kellog―Briand Pact)으로 알려진 不戰條約이었다. 이 협정의 골자는 국가정책수행의 수단으로서 전쟁을 적극적으로 배제하자는 것으로서, 처음에 15개국이, 후에는 세계의 대부분 국가가 참가하였다. 그러나 참가국이 국가안보 또는 중대한 국가이익의 경우를 유보조건으로 내세우고, 이 협정을 위배한 경우에 대한 대책이 전혀 마련되어 있지 않았기 때문에 실효성은 없었고, 평화에 대한 갈망을 상징할 따름이었다.

전후에 있어 평화수립과 경제부흥에 직접 관련된 중요문제는 배상문제였다. 베르사유조약 후 최종적으로 결정된 독일의 배상금은 막대한 액수였고, 패전의 혼란과 경제적 침체에 허덕이는 독일로서는 도저히 이를 지불할 능력이 없었다. 그리하여 프랑스는 루르지방을 점령하였고, 독일경제는 파탄직전에 몰리게 되었다. 독일경제의 파탄은 유럽경제의 혼란을 뜻하는 동시에, 전승국의 대부분이 미국에 빚을 진 채무국으로서, 배상금을 받지 못하면 미국에 대한 부채 또한 갚을 길이 막연하였다. 이와 같이 배상금과 戰債는 미묘한 함수관계에 있었던 것이다. 그리하여 1924년 미국은 도즈案(Dawes Plan)을 제시하여 2억달러의 차관으로 독일의 마르크貨를 우선 안정시키고, 앞으로 5년간의 배상액을 잠정적으로 정하였다. 마르크화의 안정과 더불어 독일경제도 부흥의 기미를 보였으나 배상금은 역시 큰 부담이 아닐 수 없었다. 그리하여 1929년 미국은 다시 영案(Young Plan)으로 배상금총액을 4분의 1로 감소하고 지불연한도 59년으로 연장하였다. 그러나 바로 이때 불어닥친 세계적인 경제공황으로 그나마 지불이 불가능해지자, 미국의 후버 대통령은 1년간의 상환정지를 통고하였다(Hoover Moratorium). 1932년 관계국은 로잔느(Lausanne)회의에서 배상금을 44분의 1로 감소하고, 그나마 경제회복 때까지 지불을 유예하기로 하였으며, 히틀러의 정권장악과 더불어 배상문제는 실질적으로 소멸하였다. 이에 따라 미국에 대한 戰債問題도 흐지부지되었다.

배상문제보다 더 직접적으로 평화수립과 관련된 문제는 군비축소였다. 그러므로 윌슨은 '14개 조항'에서 국내의 안전을 유지하는 선까지 군비를 축소할 것을 제안하였고, 국제연맹 또한 이 문제를 중요시하여 그 구체안을 작성하기로 하였다. 그러나 군비축소의 제안은 미국에서 먼저 제출되었다. 즉, 미국은 전후에 日本의 세력이 태평양지역에서 급속하게 비대해지는 것을 경계하여 워싱턴회의(1921~1922)를 소집하였다. 여기서 美·英·佛·伊·日의 主力艦의 비율을 5:5:3:1.75:1.75로 정하고, 앞으로 10년간 주력함을 건조하지 않기로 결정하였다. 이 회의의 부산물로서 美·英·佛·日이 태평양지역에서의 기존의 영토보유권을 서로 존중할 것을 약속한 4개국조약과, 이 회의에 참석한 모든 국가가 중국의 영토보전과 문호개방원칙을 존중할 것을 약속한 9개국조약이 체결되었다.

워싱턴회의는 군비축소에 관한 한 주력함만 제한하였기 때문에 보조함에 관한 문제를 토의하고자 1927년 제네바군축회의가 소집되었으나, 프랑스와 이탈리아가 참석하지 않고, 美·英·日 사이에 의견이 대립되어 아무런 성과도 거두지 못하였다. 1930년 세계공황 속에서 각국이 다같이 군비지출을 삭감할 필요를 느끼게 되어 런던군축회의가 열렸다. 여기서는 보조함에 관하여 美·英·日 사이에 10:10:7의 비율이 정해졌으나, 프랑스와 이탈리아는 의견의 대립으로 협정에 참가하지 않았다. 1932년에는 제네바에서 국제연맹주도 하에 세계적인 군축회의가 개최되었다. 종전의 군축회의가 주로 해군만을 대상으로 삼은 데 반하여 이번에는 모든 군비의 축소를 토의하기로 하였으며, 참가국도 61개국에 달하였다. 그러나 300여개의 제안이 나오고 회의만 거듭될 뿐 아무런 결말도 맺지 못하고 있는 사이에 독일의 재무장을 주장하는 히틀러가 정권을 장악하였다는 소식이 전해지자 각국대표는 하나 둘 회의를 빠져 나가버렸다. 얼마 안가서 군비축소가 아니라 군비확장이 각국의 주요관심사가 되었으며, '성취의 시대' 또한 끝났다.

제 2 절   民主主義의 發展과 苦憫

民主主義의 發展

제1차 세계대전에서 연합국의 전쟁목표의 하나는 '민주주의를 위하여 안전한 세계'를 만들려는 것이었으며, 연합국의 승리는 이를 달성한 듯이 보였다. 과거의 유물처럼 보이던 독일·오스트리아·투르크, 그리고 러시아의 제정이 무너지고, 러시아의 경우를 제외하고는 그 뒷자리에 민주적인 공화국이 수립되고, 새로 독립한 나라들도 대다수가 민주주의를 택하였다. 19세기에 이미 민주주의의 기반이 확립된 英·佛·美 등의 경우는 말할 것도 없고, 벨기에·네덜란드·스위스는 종전대로 민주주의체제를 유지하였고, 핀란드·에스토니아·라트비아·리투아니아 등 러시아로부터 독립한 나라들도 공화제를 채택하였으며, 덴마크·노르웨이·스웨덴에서는 민주주의가 뿌리를 내리고 있었다. 오스트리아·체코·폴란드에서는 민주적인 헌법이 채택되고, 유고와 루마니아에서도 민주화가 진행되었으며, 공화국이 된 투르크에서는 케말 파샤의 주도 하에 근대화가 시작되었다.

이와 같이 政體에 있어 공화제가 늘고 민주주의를 택하는 나라의 수가 증가하였을 뿐 아니라, 민주주의 그 자체도 발전하였다. 즉, 19세기에 선거권에 가해졌던 재산소유의 제한이 없어지고, 남녀평등의 보통선거가 일반화되어, 유산계급의 제한된 민주주의로부터 대중민주주의(mass democracy)로 발전하였다.[1]

정치면에서의 대중의 발언권 강화는 사회면에서의 대중의 진출을 뜻하기도 하였다. 그리하여 20세기에는 시민사회, 즉 부르주아지가 지배하던 사회에 대중적이고 민중적인 성격이 가미되면서 대중사회(mass society)의 성격이 강하게 부각되기 시작하였다. 그러면서 19세기의 개인주의적인 자유주의에도 변화가 생겨났으며, 특히 경제정책면에서 그러한 변화는 두드러졌다. 1929년의 세계적인 경제공황을 계기로 개인주의적인 자유경쟁을 바탕으로 한 자유방임주의는 포기되거나 대폭적인 수정을 받게 되고, 생산과 분배에 대한 국가의 개입과 통제 및 조정이 강화되면서 계획경제의 개념이 등장하였다. 뿐만 아니라 빈곤에 대한 사회의 태도도 달라졌다. 자

---

1) Geoffrey Baraclough, *An Introduction to Contemporary History*(1964), Ⅴ 참조.

유방임주의에 있어 빈곤은 개인의 무능이나 태만의 결과라고 생각되었으나, 이제 빈곤은 개인의 책임만이 아니라 사회에도 책임이 있으며, 사회의 모든 구성원은 인간으로서의 품위를 유지할 수 있는 생활을 할 권리를 가졌다는 복지국가(welfare state)의 개념이 등장하게 된 것이다. 노동자나 노약자에 대한 복지정책은 이미 19세기 후반기에 상황에 따라 단편적으로 나타났으나, 이제 그것은 사회의 가장 중요한 목표로 국가정책의 핵심적인 지위를 차지하기 시작하였다. 말하자면 정치의 민주화와 더불어 사회와 경제의 민주화가 진행되기 시작한 것이다.[2]

이상과 같은 민주주의의 양적·질적 발전에도 불구하고, 제1차 세계대전으로부터 제2차 세계대전에 이르는 시기에 민주주의국가들은 많은 어려움과 커다란 시련을 겪게 된다.

영 국

일찍부터 의회민주주의가 발달한 영국에서는 1918년에 21세 이상의 모든 성년 남자에게 선거권이 부여되고, 이때 30세 이상으로 제한되었던 여성도 1928년에는 그 제한이 없어져서 성년 남녀의 평등한 보통선거가 실현되었다. 이와 같이 선거권의 확대와 더불어 노동당의 진출이 현저하여 정권을 잡는 등 민주주의가 크게 발전하였다. 한편 노동당의 진출로 자유당이 보수당과의 틈바구니에 끼어 쇠퇴하고, 그 결과 전후의 영국정계는 보수당과 노동당이 좌우하는 형세가 되었다.

영국은 대전으로 많은 피해를 입었다. 그 인적 손실도 적지 않았으나,[3] 특히 경제적 타격이 컸다. 7대양을 누비던 영국의 상선대는 40%가 파괴되었으며, 영국이 의존하던 국제무역의 조직도 도처에서 구멍이 뚫리고 단시일 내에 회복되지 않았다. 그 결과 수출무역이 부진해지고, 그것은 산업의 위축을 가져왔다. 불황과 실업이 계속되고, 실업자가 100만 이하로 떨어지지 않았으며, 부흥의 기미도 좀처럼 보이지 않았다. 영국은 이제 '世界의 工場'의 자리를 내어놓게 된 것이다. 이러한 상황 속에서 1924년 맥도날드(J.Ramsey MacDonald, 1866~1937)를 수반으로 한 노동당내각이 성립하였다. 그러나 자유당의 지지를 필요로 한 노동당내각은 그가 표방하는 사회주의정책을 과감하게 추진하지 못하고 주택자금의 방출과 실업보험제의 강화 등에 그쳤으며, 친소련적이라는 보수당의 공격으로 집권한 지 1년도 못되어(1924년 1월~11월) 물러났다.

그 뒤를 이은 볼드윈(Stanley Baldwin, 1867~1947)의 보수당내각은 1926년 탄

---

2) E.H. Carr, *The New Society*(1965), Ⅱ, Ⅲ 참조.
3) 영국군의 전사자는 75만, 전상사는 약 150만에 달하였으며, 연방까지 합치면 전사자가 100만에 가깝고, 전상자는 200만을 넘었다.

광종업원으로부터 시작된 250만에 달하는 노동조합원의 총파업에 당면하였으나 중산 이상의 시민들의 협력으로 위기를 모면하였다. 그러나 불황과 실업은 여전히 계속되었고, 1929년에는 맥도날드가 다시 자유당의 지지를 얻어 노동당내각을 조직하였다. 그러나 때는 세계공황의 前夜였다.

제 1 차 세계대전 후 帝國(British Empire)의 編制에도 변화가 생겼다. 대전 중 영국의 자치령은 군대를 파견하여 영국군과 나란히 싸우고, 전후에도 개별적으로 국제연맹에도 가입하였다. 그리하여 1931년의 웨스트민스터조례(Statute of Westminster)는 1926년의 제국회의의 보고서에 입각하여 본국과 자치령이 국왕에 대한 공통의 충성으로 결합될 뿐 기타 모든 점에서 동등하며, 상호 독립적임을 규정하였다. 이리하여 본국과 자치령은 영국연방(British Commonwealth of Nations)을 형성하여 캐나다, 오스트레일리아, 뉴질랜드, 남아프리카연방, 아일랜드자유국 및 뉴펀들랜드가 이에 포함되었다.

그러나 여기에 포함되지 않은 영국식민지들 중 인도같은 나라에서는 계속 자치를 요구했고 아일랜드는 연방에서 탈퇴하였다. 제 1 차 세계대전 전에 자치(Home Rule)를 획득한 아일랜드의 민족주의자들은 제 1 차 세계대전 후 신 페인 당(Sinn Fein, 켈트語로 '우리들 자신만'이라는 뜻)을 중심으로 독립을 위한 격렬한 투쟁을 전개하였다. 대전에 지쳐 있던 영국은 타협안을 제출하였다. 신 페인 당의 온건파는 이를 받아들여 1921년 신교도가 우세한 얼스터(Ulster)의 북부 6주를 제외한 남부 26주가 아일랜드자유국으로서 자치령의 지위를 획득하고, 국제연맹에도 가입하였다(1923). 데 발레라(Eamon de Valera)가 영도하는 과격파는 처음 이에 승복하지 않고, 전국의 독립을 목표로 투쟁을 계속하였으나, 1927년 이후에는 자유국의 회에 참가하였다. 그러나 데 발레라당은 1933년에 의석의 과반수를 차지하자 국왕에 대한 충성을 철회하고, 1937년에는 국명을 에이레(Eire, '아일랜드'라는 켈트語)로 고쳤다. 1949년 영국은 에이레공화국을 완전한 독립국가로 승인하였다. 그러나 얼스터를 합병하려는 움직임으로 소란은 그 후에도 계속되었다.

프랑스

제 1 차 세계대전 중 직접 전쟁터가 된 프랑스의 피해는 막심하였다. 200만에 달하는 젊은이가 전사하거나 정상적인 생활을 할 수 없는 몸이 되었으며,[4] 30만의 가옥과 2만의 공장이 파괴되었다. 이렇게 전쟁피해가 크면 클수록 프랑스의 普佛戰爭 이래의 독일에 대한 적대적인 감정과 공포 또한 강하였다. 그렇기 때문에 프랑

---

4) 프랑스의 전사자는 138만 5천, 전상자는 300만을 약간 넘었다.

스는 독일에 대하여 철저한 응징과 대독안전보장을 원하였다. 베르사유조약에서 알자스와 로렌을 회복하였으나, 프랑스는 애당초 석탄산지인 자르지방을 병합하고, 라인강서부를 독일로부터 분리시켜 라인란트공화국을 만들어 그들의 세력 하에 둘 것을 요구하였던 것이다. 이 요구는 윌슨과 영국의 반대로 관철되지 못하였으나, 그 대신 프랑스의 안전보장을 위하여 美·英·佛의 방위동맹이 계획되었다. 그러나 이 계획마저 美國上院이 베르사유조약의 비준을 거부함으로써 좌절되고, 이에 따라 영국도 프랑스와의 방위동맹을 거부하였다. 프랑스는 하는 수 없이 독일의 동부와 남부에 있는 신생국가들, 즉 폴란드와 동맹을 맺고, 유고·체코 그리고 루마니아와 기회있는 대로 小協商(Little Entente)을 체결하는 데 만족할 수밖에 없었다.

제3공화정의 프랑스정치는 소정당의 분립상태였다. 제1차 세계대전 중에 그들은 서로 협력하였으나 전후에는 우파정당들이 국민블록(Bloc National)을 형성하고, 좌익이 좌파연합(Cartel des Gauches)을 형성하여 대립하였다. 전후에 정권을 잡은 것은 국민블록으로서 독일이 배상금지불을 자주 연기하자 대독강경론자인 프앙카레(R.N.L. Poincaré, 1860~1934) 내각은 1923년 1월 벨기에와 더불어 독일의 공업지대인 루르를 점령하였다. 그러나 루르점령은 독일의 소극적인 저항으로 소기의 목적을 달성하지 못하고, 그 곳의 군대유지비는 戰災再建費와 더불어 인플레이션만 증진시켰다. 그리하여 1924년 좌파연합이 정권을 장악하고, 대외협조의 방침에 따라 루르로부터 군대를 철수하고(1925) 로카르노협정에 참가하였다. 그러나 국민블록정부가 회복한 교황청과의 관계를 단절함으로써 우파와 가톨릭교도로부터 심한 공격을 받고, 계속되는 인플레이션을 해결하지 못하여 1926년 프앙카레가 다시 정부를 조직하였다.

프랑카레는 위험선까지 하락한 프랑貨의 구제를 위하여 새로운 과세를 징수하고, 1928년에는 평가절하를 단행하였다.[5] 때마침 국제무역이 호전되어 프랑스경제는 안정을 되찾고, 다시 번영의 길로 들어섰다. 그리하여 1929년에 시작된 세계공황도 소규모공업이 우세한 프랑스로서는 극복할 수 있을 듯이 보였다. 그러나 위기가 약간 늦게 찾아온 데 지나지 않았다.

美國의 번영

미국이 입은 인적 피해는 전사자 11만 5천, 전상자 20만 6천이었다. 그 자체로써

---

5) 인플레이션이 극심하였던 1920년대 중엽에 프랑貨는 제1차 세계대전 전 美貨 20센트이던 것이 2센트까지 하락하였다. 1928년 약 5분의 1로 절하하여 1프랑 대 3.92센트로 환율을 안정시키는 데 성공하였다.

는 작다고 할 수 없을지 몰라도 프랑스나 영국에 비하면 별 것이 아니었으며, 미국은 오히려 제 1 차 세계대전에서 혜택을 받은 편이었다. 미국의 金보유고는 제 1 차 세계대전 후 얼마 안가서 세계의 절반에 가까운 46억불에 달하고 뉴욕은 런던을 대신하여 세계금융의 중심으로 부상하였다. 한편 전시 중의 연합국의 주문과 전후 각국의 차관에 기인하는 미국중공업의 발전은 1930년대 초에 戰債에 대한 채권을 포기한 손실을 보충하고 남음이 있었다.

1918년의 의회선거에서 승리한 공화당은 베르사유조약의 비준을 거부하고,[6] 1920년의 대통령선거에서는 공화당의 하딩(W.G. Harding, 1921~2923)이 당선되었다. 그가 내건 '正常狀態(normalcy)로의 복귀'는 당시 미국민의 여론을 반영한 것이기도 했다. 미국인의 대다수는 유럽을 도와 독일을 패배시키는 데 최선을 다하였고, 이제 더이상 유럽의 복잡한 정치정세에 휘말릴 필요가 없다고 생각한 것이다. 그리하여 전후의 미국외교정책은 고립주의를 택하였으나, 세계정세는 미국으로 하여금 완전한 고립주의를 고수하게 내버려 두지는 않았다. 미국은 국제연합에는 가입하지 않았으나 워싱턴군축회의를 주관하고, 不戰條約의 주도적 역할도 담당하였다. 그러므로 전후 미국의 고립주의는 부분적인 것이었다.

하딩에 이어 공화당은 대통령선거에서 계속 승리하여 쿨리지(C.Coolidge, 1923~1929), 후버(H. Hoover, 1929~1933)가 백악관의 주인이 되었으며, 특히 쿨리지시대는 전례없는 호경기시대였다. 기업은 번창하고 날로 커졌으며, 공업생산력은 일대 비약기를 맞이하여 미국의 경제와 정치는 이들 기업인으로 좌우되었다. 사람들은 너나 할 것 없이 증권시장을 드나들었고, 요란스러운 째즈 음악으로 거리는 흥청거리고 여자들은 짧은 스커트를 입었다. 기이하게도 1919년의 금주법(Volstead Act)으로 주류양조와 판매가 금지되었지만, 오히려 밀주가 성행하고 범죄 또한 급증하였다. 경제적 붐과 범죄와 타락이 同居하는 소란스러운 시대였으나, 그러한 가운데 미국인의 생활수준은 착실히 향상되고 있었다. 미국의 자동차 보유는 세계의 80%, 전화는 61%에 달하고, 1923년의 석유소비량은 프랑스의 1인당 37kg에 대하여 미국은 956kg이라는 엄청난 격차를 보여주고 있다. 쿨리지가 영원의 번영을 구가한 것도 무리가 아니었다.

바이마르共和國

전후 가장 어렵고 비참한 상태에 놓인 것은 독일이었다. 패전의 혼란 속에서 스파르타쿠스(Spartacus : 로마시대의 노예반란의 지도자)團으로 알려진 독일공산당은

---

6) 미국은 1921년 7월 독일과 별도로 강화조약을 체결하였다.

공산혁명을 시도하였으나 실패하였다. 1919년 2월, 20세 이상의 남녀보통선거로 선출된 국회가 유서깊은 바이마르(Weimar)에 소집되어 독일이 연방공화국임을 선포하고, 노동자출신의 투사인 사회민주당의 에베르트(E. Ebert, 1871~1925)를 대통령으로 선출하였다. 사회민주당을 중심으로 가톨릭중앙당과 전의 진보당과 자유당우파가 새로이 결성한 민주당[7] 이 연립정부를 수립하여 베르사유조약을 비준하고 7월에는 바이마르헌법을 채택하였다.

바이마르헌법은 당시로서는 매우 민주적인 헌법이었다. 18개의 연방대표로 구성되는 참의원이 있었으나 사실상의 입법권은 20세 이상의 남녀 보통선거로 구성되는 국회에 있었다. 전국민의 직접선거로 선출되는 임기 7년의 대통령은 조약체결권, 내각조직과 해산권, 군 통수권, 국회해산권 등 비교적 많은 권한을 가지며, 특히 비상시에 긴급령을 발동할 수 있는 비상대권이 부여되었는데, 이는 후에 남용되어 화근이 되었다. 그러나 정책입안과 실시는 내각수반의 권한이었고, 내각은 국회에 대하여 책임을 졌다. 필요한 경우 기업을 국영화할 수는 있으나 사유재산과 상속권은 보장되었으며, 국민의 노동권을 확인하고, 노동자의 단결권과 단체교섭권을 인정하였다.

새로이 출범한 바이마르공화국의 전도는 다난하였다. 그것은 패전의 산물이었고, 독일국민의 다수는 패전을 믿으려 하지 않고 오히려 "등에 칼을 맞았다"는 전설에 매달렸다. 그리하여 과거의 제국과 프로이센의 제도에 이해관계가 깊은 극우세력과 공산당의 극좌세력으로부터 끊임없는 공격과 도전을 받게 되었다. 바이마르에서 국회가 열리고 있는 동안에도 공산당의 폭동은 끊이지가 않았으며, 1920년 3월에는 극우세력이 일으킨 카프폭동(Kapp-Putsch)으로 정부는 일시 베를린으로부터 쫓겨나기도 하였다. 이 폭동은 에베르트의 지시에 따른 노동자와 관리들의 총파업으로 곧 진압되었으나, 1921년에는 중앙당당수가 그리고 다음 해에는 민주당출신의 유대인각료가 우익의 비밀테러단체에 의하여 암살되었다.

이러한 정치적 시련보다 더 바이마르공화국을 괴롭힌 것은 전대미문의 격심한 인플레이션이었다. 전쟁 전에 美貨 1달러 당 4.2 마르크였던 것이 종전 직후에 8.4 마르크로 하락하고, 1921년 1월에는 45마르크, 12월에는 160마르크로 폭락하였으며, 1922년 9월에는 1,309마르크, 그 해 연말에는 놀랍게도 1달러 당 7,000마르크

---

7) 이들은 이른바 바이마르정당으로 알려졌으며, 이 밖에 우파로서는 과거의 자유당을 중심으로 한 인민당이 있고, 이보다 더 보수적인 국민당이 있었다. 인민당의 당수는 스트레제만(G. Stresemann)으로서 바이마르공화국을 지지하였으나, 국민당은 공화정을 받아들이지 않았다. 좌파로는 독립사회당이 있었으나 그들은 곧 사회민주당에 합류하였고, 극좌에 공산당이 있었다.

가 되었다. 독일경제는 파탄직전에 이른것이며, 이러한 상황 속에서 독일정부는 배상금을 지불할 수가 없었고, 배상금지불의 연기를 요청할 수밖에 없었다. 그러나 그 결과는 프랑스군의 루르점령이었다. 이에 대하여 독일정부는 광산과 공장에서의 사보타즈(태업), 프랑스에 대한 물자공급중지 등의 소극적인 저항을 주민들에게 지시했다. 그러므로 프랑스도 별 소득이 없었으나, 독일경제는 이로 말미암아 치명적인 타격을 받았다. 프랑스의 루르점령이 시작된 1923년 연초에 1달러 당 5만마르크로 급락한 것이 눈 깜짝할 사이에 수백만대, 수10억대로 떨어지더니, 1923년 12월에는 놀랍게도 수조억 마르크라는 믿을 수 없는 폭락현상을 빚었다.[8] 빵 한쪽을 사기 위하여 사람들은 손수레로 가득히 지폐를 싣고가야 했고, 우표 한 장 값이 5,000만 마르크에 달하였다.

표현할 길이 없을 정도의 격심한 인플레로 봉급생활자는 파멸에 직면하고, 중산계급의 저축은 無로 돌아갔으며, 노동자들은 기아선상을 헤매게 되었다. 오직 산업재벌만이 채무를 손쉽게 갚고, 중소기업을 흡수하여 거대한 산업체를 형성하였다. 한편 인플레는 정치적으로는 극우와 극좌세력을 강화하였고, 무명의 히틀러(Adolf Hitler, 1889~1945)가 뮌헨의 맥주집에서 폭동을 시도한 것도(München Putsch, 뮌헨폭동) 이러한 상황에서였다(1923년 11월). 폭동은 곧 진압되고 히틀러는 실제로 약 8개월간 복역하면서 나치스(Nazis)의 경전이 될《나의 투쟁》(*Mein Kampf*)의 대부분을 이때 집필하였다.

1923년 내각수반이 된 인민당의 스트레제만(G. Stresemann, 1875~1929)은 인플레에 대하여 단호한 조치를 취하였다. 그는 루르에서의 저항을 중지하고, 배상금지불의 재개를 약속하는 동시에, 1조마르크를 1렌텐마르크(Rentenmark)로 환산하는 통화개혁을 통하여 인플레의 열기를 진정시키고, 1924년에는 도즈案의 채택으로 미국으로부터 2억달러의 차관을 얻어 새로운 통화를 안정시켰다.

내각수반에서 외무장관으로 자리를 옮긴 스트레제만은 대외적으로도 온건한 국제협조의 노선을 지켜 1925년에는 로카르노협정을 성립시키고, 다음 해에는 국제연맹에도 가입하였으며, 1929년에는 不戰條約에도 서명하였다. 영案의 채택으로 배상금도 대폭 삭감되고, 1930년 연합군은 베르사유조약에서 규정된 것(15개년)보다 4년 앞당겨 라인란트에서 철수하였다. 이리하여 바이마르공화국은 대외적인 신뢰를 획득하고, 국제사회의 일원으로서 새로운 발전의 길에 올랐다.

이러한 내외의 전반적인 정치정세의 안정과 더불어 경제부흥도 빠른 속도로 착실하게 진행되었다. 고도의 기술과 미국식 대량생산방법의 도입, 그리고 고도의

---

8) Crane Brinton et al., *A History of Civilization*(1971), vol 2, p. 1005 및 1006 참조.

능률적인 산업기구를 갖추어 독일의 생산고는 1920년대 후반에 제1차 세계대전 전의 수준을 능가하게 되었다. 그리하여 배상금을 지불하면서도 경제발전을 지속시킬 수 있었다.

다만 문제는 이러한 경제발전이 외국, 특히 미국자본에 크게 의존하고 있었다는 사실이었다. 정치면에서도 1925년에 에베르트가 사망한 후 새로운 대통령으로 국민당과 인민당을 중심으로 한 우익세력이 추대한 77세의 고령인 대전의 영웅 힌덴부르크(Paul von Hindenburg) 원수가 사회민주당을 비롯한 바이마르정당들의 입후보를 물리치고 당선되었다는 사실 또한 일말의 불안을 안겨주었다. 그러나 1930년까지 힌덴부르크는 바이마르헌법에 충실하였고, 좌·우익의 반대세력은 여전하였으나 민주적인 바이마르공화국의 앞날은 밝은 듯이 보였다.

世界恐慌과 뉴딜

1920년대 후반에는 세계대전의 상처도 아물고, 복구와 부흥이 결실하여 유럽을 비롯하여 세계각국이 안정을 되찾고, 국제협조가 고조되어 평화가 정착하는 듯이 보였다. 특히 미국은 다른 교전국과는 달리 일찍이 기업의 전성시대를 맞이하여 세계경제를 주도하면서 번영을 구가하고 있었다. 이러한 미국에 아무런 예고도 없이 1929년 10월에 갑작스럽게 경제공황이 불어닥쳤다. 그 첫 징조는 뉴욕의 증권시장에서의 주가의 폭락이었다. 증권시장에 발생한 공황은 순식간에 금융업과 농업, 그리고 공업에 파급되어 문을 닫는 은행이 속출하고, 농산물가격이 폭락하였으며, 공장과 기업이 연쇄적으로 도산하고 실업자가 급증하였다. 이러한 미국의 경제공황은 곧 전세계에 파급되어 전세계적인 공황으로 진전되었다. 1929년부터 1932년 사이에 세계무역은 60% 이상이 감소하고, 세계의 물가는 3분의 1로 急落하였으며, 전세계의 실업자수는 3,500만에서 5,000만으로 추산되었다.

이러한 세계공황은 모처럼의 평화와 안전기조에 금을 가게 하고, 경제정책에 큰 변화를 초래하는 동시에, 민주주의국가에 좌절을 가져오고, 바이마르공화국에 치명타를 가하면서 전체주의의 득세를 가져왔다.

경제공황의 타격은 진원지인 미국의 경우 가장 심각하였다. 1929년 이래 공업생상은 50% 이상 감소하고, 최악의 시기의 실업자수는 전노동인구의 3분의 1에 해당하는 1,600만에 달하였으며, 농민의 수입은 60%가 줄고, 48개 주의 은행 중 47개 주의 은행이 문을 닫거나 예금인출을 제한하였다.[9]

---

9) 1929년 미국의 국민총생산고는 1,038억 2,800만 달러였으나, 1933년에는 557억 6,000만 달러로 떨어졌다.

종전 후 줄곧 정권을 담당해 온 공화당의 후버 대통령은 이러한 공황타개에 실패하여 물러나고, 1933년 민주당의 루스벨트(Franklin D. Roosevelt, 1933~1945)가 대통령에 취임하면서 뉴딜(New Deal)정책으로 알려진 일련의 획기적인 공황타개정책을 실시하였다. 뉴딜정책은 단순한 임기응변의 공황타개책을 넘어선 경제정책의 획기적인 전환으로서, 구제(relief)와 부흥(recovery)에 그치는 것이 아니라 개혁(reform)까지 포함한 것으로 3R정책이라고도 불린다.

루스벨트는 취임 직후 우선 급한대로 은행의 구제와 금융제도의 정비에 착수하고, 공황의 타격을 가장 심하게 받은 농업과 농민문제의 해결을 위하여 1933년 농업조정법(Agricultural Adjustment Act : AAA)을 마련하였다. 이는 연방정부가 개입하여 농업생산을 조절하고, 과잉생산물을 정부가 매입하는 동시에 농민들로 하여금 계획생산을 하도록 조직하여 수요와 공급을 균형되게 조절하려는 것이었다. 이어 산업부흥법(National Industrial Recovery Act : NIRA)을 마련하여 각 산업부문마다 생산조절과 최저가격을 정하게 하였으며, 거기에는 고임금과 실업자구제계획이 포함되어 있었다. 이러한 과감한 대책으로 공황이 어느 정도 진정되고 경제가 회복의 기미를 보이자 루스벨트는 다시 사회보장법(Social Security Act)을 제정하였다. 이는 65세 이상의 노인에 대한 연금과 실업자수당을 비롯하여 주정부의 빈곤자, 불구자, 무능력자 구제에 대한 연방정부의 재정지원을 규정한 것이다.

이러한 획기적인 정책에 대하여 대법원은 1935년에 산업부흥법과 농업조정법이 주권과 개인의 재산권을 침해하는 것이라고 위헌판결을 내렸다. 그러나 다음 해에 루스벨트는 압도적인 다수로 재선되었다. 그는 노동자의 단결권과 단체교섭권을 인정한 와그너법(Wagner Act, 1935)을 제정하고, 다시 최저임금제와 주 40시간 근로제를 도입하였다(Fair labor Act, 1938). 한편 종래의 직능별조합의 연합체로 활약해 온 미국노동자총연맹(AFL)과는 별도로 산업별노동조합의 연합체(Congress of Industrial Organization : CIO)가 새로 조직되어(1935) 노동자의 지위와 복지향상에 공헌하게 되었다.

뉴딜정책을 계기로 미국경제는 19세기의 고전적인 자유방임주의를 탈피하였으며, 연방정부의 개입과 통제의 권한이 증대하였다. 물론 자유기업과 자유경쟁의 원칙이 사라진 것은 아니지만, 복지국가로의 추세가 뚜렷하게 부각되었으며, 이를 위하여서는 경제활동이 중앙정부의 통제를 받아야 한다는 원칙이 인정된 것이다. 1933년에 발족한 테네시계곡 개발공사(Tennessee Valley Authority : TVA)는 실업자구제와 더불어 지역개발의 필요성과 가능성, 그리고 공공사업의 합리성을 보여준 것이었다. 뿐만 아니라 뉴딜은 富의 분배에 대한 국가의 개입을 뜻하기도 했다. 그것은 물론 사회주의적인 것은 아니다. 그러나 가장 부유한 자를 깎아내리고, 빈곤한 다수를 상승시킴으로써 피라미드형의 부의 분배를 다이아몬드형으로 변형시키는 것이었다. 뉴딜정책 이후 미국의 국민총생산은 계속 증대하였고, 그것은 분배할 부의 증가를 뜻하였다. 경제공황에 대한 루스벨트의 성공적인 대응은 자본주의의 탄력성을 보여주고 미국민에게 자신감을 심어주었다.

대외정책면에서도 루스벨트는 1920년대의 고립주의를 포기하고, 국제협조에 보다 큰 역점을 두었으며, 라틴 아메리카에 대하여 종래의 강압적인 태도 대신에 西半球의 단결과 공동의 안전과 복지를 추구하는 善隣政策(Good Neighbor Policy)을 채택하였다. 그리하여 쿠바의 독립을 승인하고(1934), 필리핀에 대해서도 10년 후의 독립을 약속하였다.

英國의 대응

유럽 여러 나라에서도 경제공황의 타격은 컸다. 영국의 경우 1929년 공황이 시작되기 전의 進水船舶은 500만톤이었으나 1931년에는 불과 18만톤밖에 되지 않은 것으로도 공황의 심각성을 알 수가 있다. 수출은 50%, 수입은 43%가 감소하였다. 노동당내각은 공황 속에서 막대한 적자를 안고, 그들의 정책인 실업수당이나 사회사업비를 삭감할 것을 원하지 않았기 때문에 1931년 물러나고, 보수당과 자유당, 그리고 맥도날드가 영도하는 노동당 우파가 연립내각을 조직하였다. 이 연립내각은 실업수당과 사회사업비를 감축하고, 금본위제를 폐지하는 한편, 1932년에는 보호관세를 실시하여 19세기 이래의 자유무역주의를 포기하였다. 이와 동시에 캐나다의 오타와에서 연방회의를 열고(Ottawa Conference), 연방의 자치령과 본국이 서로 전자의 농산물과 후자의 공산품에 대하여 특혜관세를 매기도록 하는 한편, 외국상품에 대한 관세를 높이는 등, 서로 경제적인 유대를 긴밀히 할 것을 협의하여 블록경제를 지향하게 되었다. 그리하여 1933년 후반부터 경기가 회복되기 시작하고 실업자 수도 감소하였다.

실질적으로 이 연립내각을 영도한 것은 보수당이었고, 1935년의 선거에서도 승리하여 볼드윈이 다시 내각을 조직하고 균형예산의 유지에 노력하여 경제적 난관을 극복해 나갔다. 그러나 30년대 후반의 국제정세의 악화에 대비해야 했기 때문에 미해결의 경제 및 사회문제에는 손을 댈 수 없었다.

프랑스의 대응

프랑스는 다른 주요 자본주의국가들보다는 공황의 영향을 늦게 받았다. 그러나 예외일 수는 없었고 공황은 1932년에 프랑스를 강타하였다. 재정은 악화되고 실업자수가 증대하여 심각한 경제난에 당면하였다. 그결과 勞使의 대립이 격화되고 내각은 빈번하게 교대하였으며, 중산계급과 농민의 궁핍을 바탕으로 극우세력이 등장하고, 악시옹 프랑세즈(Action Française)와 같은 파시스트적인 단체의 활동이 활발해졌다. 이에 대하여 공화주의세력은 다시 한번 힘을 가다듬어 단결하였다. 즉, 사회당을 중심으로 좌파세력이 결합하여 인민전선(People's Front)을 결성하고, 1936년의 총선거에 승리하여 사회당의 레옹 블룸(Leon Blum, 1872~1950)이 인민전선내각을 조직하였다. 인민전선내각은 정치를 안정시키고 경제위기를 어느 정도 극복하였으나, 그들이 원하던 복지정책이나 주요산업의 부분적인 國有化 등에는 별로 성공하지 못하고 1937년 3월에 사임하였다. 그 뒤를 이은 급진사회당의 달라디에(E. Daladier, 1884~1970)는 전체주의세력의 진출에 대항하여 영국과 유대를 강화하고, 각종 경제조치로 경제를 구출하기는 했으나 프랑스는 경제적으로나 정신적으로나 극도의 침체상태에 빠져 있었다.

제 3 절 全體主義의 대두

소련의 共産獨裁

1918년 3월 볼셰비키는 러시아공산당으로 명칭을 변경하고, 수도를 페테르스부르크로부터 모스크바로 옮기는 동시에 새로운 헌법을 제정하였다. 그러나 11월혁명 직후부터 새로운 공산정권에 대한 반대는 컸고, 1920년 말까지 공산당은 내란과 외국군의 개입에 몹시 시달리게 되었다. 이 시기를 戰時共産主義(war communism)라 부른다.

레닌은 이미 11월혁명 직후에 지주로부터의 토지몰수를 선언한 바 있었지만, 공산정권은 잇따라 거의 전산업의 국유화에 나서고, 은행을 접수하며 국내상업을 불법화하였다. 처음에는 토지를 갖게 되었다고 기뻐하던 농민들도 제정 때보다 더 가혹한 강제공출에 분노하고, 이로 인한 농촌의 불온한 기세는 내란으로 확대되었다. 러시아가 독일과 휴전하자 러시아농촌에 거주하던 체코인과 오스트리아군의 포로와 도망병들을 집단적으로 시베리아경유로 본국에 송환하게 되었는데, 소비에트정부의 이들에 대한 압박으로 이른바 이 '체코여단'(Czech brigade)은 지방도시를 점령하고 反볼셰비키군대(白軍)가 지방에 조직되기 시작하였다. 1918년 7월 체코여단과 白軍이 니콜라이 2세와 그의 가족이 감금되어 있던 에카테린부르크(Ekaterinburg)에 접근하자, 그 곳 소비에트는 차르와 그 가족을 총살하였다.

소비에트정부의 단독휴전에 분노한 연합국들은 1918년 6월 이후 러시아문제에 개입할 것을 결정하고, 8월 초에는 美·英·日군이 체코여단이 점령한 블라디보스톡에 상륙하고, 다시 소수이지만 英·美군이 白海沿岸의 아르항겔리스크(Archangelisk)에 상륙하였으며, 농촌에 기반을 가진 사회혁명당이 공공연하게 반기를 들고, 여기 저기의 白軍으로 알려진 反소비에트의 지방군이 중앙을 향하여 진출을 꾀하였다.[10]

위기에 당면한 소비에트정부는 일찍이 체카(Cheka)로 알려진 강력한 비밀경찰을 창설하여(1917년 12월) 반대자와 비협력자에 철저한 탄압을 가하고, 트로츠키는 서둘러 적군을 조직하여 반란군인 백군을 공격하였다. 백군은 물론이요, 反볼셰비키세력은 저마다 뿔뿔이 흩어져서 저항하였을 뿐, 서로 연락을 취하고 단결을 하지 못하였고, 더구나 뚜렷한 정치적·사회적 목표를 제시하지 못하여 민중의 지지를 획득하지 못하였다. 그리하여 적군에 밀리고, 외국군은 애당초 소극적이었고, 전후의 국내문제가 복잡해지자 하나 둘 철수하였다.

1920년 말까지에 백군과 외국간섭의 위기를 모면한 소비에트정부는 새로운 국내위기에 직면하였다. 그것은 1921년 초의 기근과 대규모 농민폭동의 발생, 그리고 크론쉬타드(Kronstadt)해군기지에서의 군대의 반란이었다. 군의 반란은 트로츠키에 의하여 진압되었으나, 레닌은 급속한 공산화정책을 완화할 필요를 느꼈다. 그리하여 농민들로부터의 징발을 줄이고, 국내상업과 경공업에 있어 개인기업을 허용하는 등 신경제정책(New Economic Policy : NEP)을 채택하였다(1921). 이 정책의 수행을 위하여서는 외국의 협력과 그 자본 및 기술의 도입이 필요하였기 때문에 대외적으로도 국제협조를 표방하고, 독일과 라팔로(Rapallo)조약을 체결하여 상호간의 경제원조를 약속하였다(1922). 영국과 이탈리아가 1924년에 소비에트정권을 인정한 데 이어 신정권을 승인하는 국가가 늘었다.[11]

러시아에 수립된 소비에트정부는 해를 거듭하면서 우크라이나, 白러시아 등 주변지역에도 설립되어, 1924년에는 헌법을 개정하여 이들을 묶어 소비에트 사회주의공화국연방(Union of Soviet Socialist Republics : USSR)이 형성되었다.[12] 그러나 바로 이 해 초(1월)에 레닌이 사망하고, 그 후계자 문제를 둘러싸고 공산당

10) 이 시기에 오스트리아軍의 병사로서 포로가 되어 시베리아경유로 귀국한 역사가 한스 콘의 생생한 기록은 매우 흥미롭다. Hans Kohn, *Living in a World Revolution*, 閔錫泓 譯, 歷史家와 世界革命(探求新書), 第11章 참조.
11) 미국이 소련을 승인한 것은 1933년이며, 소련은 1934년 9월에 국제연맹에 가입하였다.
12) 이때 연방을 구성한 것은 9개공화국이었으나 점점 증가하여 1936년에는 11개, 1940에는 16개가 되었다.

서기장직을 맡고 있던 스탈린(Joseph Stalin, 1879~1953)과 트로츠키 사이에 결사적인 권력투쟁이 전개되었다. 당과 정부의 요직을 차지하여 유리한 고지를 점하고 있던 스탈린은 '1국사회주의'(communism in one country)를 표방하면서 세계혁명을 지향하는 트로츠키를 물리치고 1928년 소련의 유일한 실권자의 자리를 차지하였다.[13] 스탈린은 이로부터 독재국가기구의 건설을 통하여 독재체제를 완벽하게 강화하면서 1928년부터 연속적으로 강행된 5개년계획을 통하여 농업의 집단화와 급속한 공업화를 추구하는 한편, 모든 정치적 반대파의 무자비한 숙청과 근절을 단행하였다. 그 결과 1940년에 이르러 소련의 공업생산고는 독일에 육박하게 되었다. 그러나 이 모든 것은 전례없는 강압과 숙청과 테러로 이루어졌으며, 그 희생은 막대하였다.

소련의 공산독재는 파시즘이나 나치즘보다 더 강력하고 철저한 독재체제로서, 인권과 자유는 완전히 말살되며, 기회있는 대로 타국가의 공산화를 노리는 무서운 침략체제이기도 하다. 스탈린의 독재와 압제는 과거의 전제정치를 훨씬 능가하는 것이며, 강제노동수용소에 수감된 인원수는 제정 때 시베리아로 유배된 수보다 훨씬 많았다. 뿐만 아니라 공산혁명당시 지도적인 역할을 담당하였던 옛 볼셰비키의 지도자들의 거의 전부가 차례로 숙청당했다는 사실도 스탈린 치하의 공산독재의 잔인성을 말해주고 있다. 1920년대에 소련을 여행하고 돌아온 프랑스의 앙드레 지드(André Gide)는 갓난애를 씻은 물이 더럽다하여 그 물을 버리려다 애기까지 버린 것 같다고 논평하였다. 공산주의는 마르크스가 예언한 것처럼 자본주의가 성숙한 자유민주주의 국가에서 나타나는 것이 아니라, 오히려 자유롭고 민주적인 근대화에 실패한 사회를 엄습하는 페스트와도 같다는 것을 러시아를 위시하여 20세기의 세계사는 입증하고 있다.

이탈리아의 파시즘

이탈리아는 경제기반이 약한데다가 전쟁중에 막대한 외채를 짊어지게 되어 전후에는 인플레에 시달리고, 실업자가 증가하여 노동자들이 공장을 점유하는 등 사회불안이 격화되었다. 한편 협상측에 가담하여 전승국이 된 이탈리아는 런던 비밀조약(1915)에서 약속된 달마치아의 슬라브지구를 파리강화회의에서 얻지 못한 데 대하여 심한 불만을 품게 되고, 국민들 사이에는 과격한 민족주의의 열기가 퍼졌다. 민족주의시인인 다눈치오(Gabriele d'Annuncio, 1863~1938)는 이러한 분위

---

13) 트로츠키는 1927년 12월 공산당대회에서 시베리아로 추방되고, 그 후 투르크, 노르웨이를 거쳐 멕시코에 망명했다가 1940년 암살자의 어름깨는 도끼(ice-axe)에 의하여 살해되었다.

기 속에서 의용군을 조직하여 푸이메를 점령하였다.

이러한 전후의 어수선한 상황 속에서 무솔리니(Benito Mussolini, 1883~1945)의 파시스트당(Fascist)이 결성되었다(1919).[14] 무솔리니는 젊어서는 열렬한 사회주의자로서, 과격한 사회주의혁명을 주장하여 사회당기관지 '아반티'(Avanti : '前進'이라는 뜻)의 편집자가 되었다. 그는 세계대전이 발생하였을 때 처음에는 참전에 반대하였으나 생각을 바꾸어 참전을 주장하여 사회당에서 제명되고, 스스로 '이탈리아인민보'(Il Popolo d'Italia)를 발간하였다. 그는 기회주의자였으며, 목표는 정권장악에 있었다. 그의 파시스트당은 미미한 집단으로서 사회당의 이탈자·제대군인·소시민층을 규합하였으나, 점차로 모든 계층의 청년들이 광범하게 참가하여 1921년 2월에는 당원이 10만명으로 불어나고, 1922년에는 30만명이 되었다. 그들은 폭동과 테러행위를 일삼으며, 공산주의자와 사회주의자, 그리고 노동운동 지도자와 反파시스트정치가들을 공격하거나 살해하였다. 1922년 10월 군대와 경찰의 묵인 하에 파시스트는 이른바 '로마進軍'을 감행하고, 국왕 에마누엘레 3세(1900~1947)는 무솔리니에게 조각을 위촉하였다(1922년 10월 29일).

정권을 장악한 무솔리니는 기한부였으나(1923년 말) 독재적인 비상대권을 획득하고, 그에게 충성을 바치는 약 20만 명의 파시스트민병대를 창설하고, 정규군을 확장하여 그에게 충성을 서약할 것을 요구하였다. 이어 선거법을 유리하게 개정하여 의회에서 다수를 차지하고, 정부권한을 강화하는 한편 반대파를 탄압하고,[15] 1925년에는 일련의 '파시스트立法'을 통하여 언론과 출판의 자유를 박탈하였다. 1926년에는 파시스트당 이외의 모든 정당을 금지하여 명실공히 1당독재체제를 수립하였다.

1925년 파시스트노동연맹은 노동계약을 협의할 수 있는 유일한 권한을 획득하고, 1926년에는 6개 산업부문(공업, 상업, 농업, 海空運輸業, 육로 및 내륙 하천수송업, 은행)에 걸쳐 각각 기업가와 노동자의 조합(syndicate)을 인정하고, 여기에 지식인들의 조합을 보태어 13개 조합이 형성되었다. 1928년에는 이러한 협동조합을 바탕으로 한 새로운 선거법이 제정되었다. 이에 의하면 각 조합과 문화 및 자선단체가 400명의 의원선출에 대하여 1,000명의 후보를 추천하고, 이미 실질적인 최고권력기관이 되어 있던 파시스트당의 중앙위원회가 이를 손질하여 400명을 선임하고,

---

14) 파시스트의 어원이 된 fasci는 고대로마공화정 때 관직을 상징하는 홀(笏)을 뜻한다. 1919년 3월 무솔리니가 창건한 것은 '戰友集團'(fasci di combattimento)이었다.

15) 무솔리니의 반대파였던 사회주의자 마테오티(Giacomo Matteotti)는 《파시스트를 폭로한다》라는 冊子를 쓴 탓으로 1924년 6월 납치되어 살해되었다. 이 사건은 당시 이탈리아를 들끓게 하였다.

유권자는 이 집단적인 명단에 대하여 일괄적으로 可否의 투표를 하게 되었다. 유권자에게는 최소한도의 세금이나 조합비의 납부가 요구되었고, 여성에게는 투표권이 없었다. 다시 1929년에는 조합의 대표들과 정부대표들이 협동조합 협의회 (Council of Corporations)를 구성하여 조합상호간의 분쟁을 해결하고, 생산을 지원하는 조정역할을 수행하게 되었으며, 1934년에는 새로이 창설된 22개 조합을 대표하는 824명으로 구성된 협동조합중앙위원회가 실질적으로 의회의 하원을 대신하게 되었다.[16] 그렇기 때문에 이탈리아의 파시스트국가를 협동조합국가(Corporative State)라고도 부른다.[17]

파시즘의 이데올로기의 주된 내용은 파시스트독재와 국가지상주의, 그리고 군국주의와 팽창주의였다. 즉, 파시스트에 의하면 국가 위에, 국가 외에, 그리고 국가에 反하여는 아무 것도 존재하지 않는 바, 그러한 국가는 바로 파시스트당에 의하여 대표되고, 오직 파시스트의 신문과 파시스트의 교육이 있을 뿐이다. 파시스트당이 대표하는 이탈리아국가는 강력하고 위대해져야 하며, 팽창하지 않는 국가는 쇠퇴하고 멸망하며 전쟁은 인간을 위대하게 만든다는 것이다.

파시스트는 이탈리아의 통일 이래 불화가 계속되던 로마교황청과의 화해를 모색하여 1929년 교황과 라테란(Lateran)조약을 체결하였다. 그 주된 내용은 ① 바티칸 도시국가(바티칸 궁전과 그 주변의 108에이커의 넓이)의 완전독립을 승인하고, ② 가톨릭을 국교로 인정하는 대신, ③ 교황은 이탈리아왕국을 승인하고 과거의 교회령을 포기한다는 것이다. 한편 파시스트는 식량의 자급자족을 비롯하여 경제발전에 전력을 경주하고, 1924년에는 피우메를 접수하였으며, 알바니아를 실질적인 보호국으로 만들었다.

독일의 나치즘

1929년의 세계공황은 1920년대 후반에 성장의 가능성을 보인 민주적인 바이마르공화국에 치명적인 타격을 가하고, 그 때까지만 해도 미미한 존재에 지나지 않았던 히틀러에게 집권의 기회를 제공하였다. 히틀러는 오스트리아 출신으로서 빈에서 미술을 공부하고자 하였으나 시험에 낙방하여 뜻을 이루지 못하였다. 일정한 직업없이 기아선상을 헤매는 사이에 그에게는 유대인에 대한 반감이 싹텄다. 1913

---

16) 공식적으로 의회의 해산조치가 취해진 것은 1938년이다.

17) 파시스트들은 이 협동조합 국가의 미덕을 강조하였으나, 실제는 파시스트 관료주의의 철저한 감시 하에 있었다. 조합만이 아니라 개인생활 또한 파시스트에 의하여 철저하게 통제되었으며, 모든 반대세력은 OVRA('反파시스트 범죄기구'라는 이탈리아어의 머리글자를 딴 것)라는 비밀경찰에 의하여 탄압되었다.

년 빈을 떠나 뮌헨으로 옮긴 히틀러는 1914년 독일군에 입대하여 하사로서 종군하였으며, 훈장을 받기도 하였다. 종전 후 뮌헨으로 돌아온 히틀러는 정치가가 되기로 결심하고, 나치스의 전신인 '독일노동당'이라는 작은 정치단체에 가입하였다 (1919).[18] 그는 대중을 매혹시키는 탁월한 웅변술의 소유자로서 1921년에는 나치스의 지도자가 되고, 갈색샤쓰를 입고 팔에 갈고리 십자(卍) 완장을 두른 나치스의 폭악한 행동부대인 SA(Sturmabteilung : 폭풍부대)를 조직하였다. 1923년 뮌헨에서의 히틀러의 폭동은 실패로 끝나고, 그 후에도 나치스는 줄곧 극우의 매우 미약한 정치세력에 지나지 않았다.[19] 이러한 히틀러와 나치스에게 이제 기회가 주어진 것이다.

미국에서 발생한 공황의 타격이 독일의 경우 특히 심하였던 것은 독일의 경제적 부흥이 외채에 의존하는 바 컸고, 특히 미국의 차관이 큰 비중을 차지하고 있었기 때문이다. 전후의 비참을 견디어 내고 이제 막 안정을 되찾으려던 중소기업가, 봉급자, 利子生活者 등을 포함한 중산계급과 중소농민층이 공황의 여파로 다시 안정을 상실하고, 생활근거 그 자체에 위협을 받게 되었다. 그리하여 그들은 재래의 정치에 큰 불만을 느끼고, 나치스를 지지하게 된 것이다. 바로 이 무렵 히틀러는 괴벨스(P.J. Göbbels), 리펜트로프(Joachim von Ribbentrop) 등 심복의 동지들을 규합하고, 흑색셔츠의 전위대 SS(Schutzstaffel : 방위군단)의 책임자로 히믈러 (Heinrich Himmler)를 앉혔다. 이 SS는 SA보다 상위에 있었고, '순수한 혈통'의 소유자만이 그 대원이 될 수 있었으며, 후에 게슈타포로 알려진 나치의 비밀경찰의 핵심분자가 되었다.

난국을 맞이한 노령의 대통령 힌덴부르크는 1930년 가톨릭중앙당의 브뤼닝 (Heinrich Brüning)을 총리로 임명하고, 그 동안 한번도 발동하지 않았던 긴급사태 하에서의 대통령의 비상권을 행사하기 시작하였다. 이는 바이마르헌법에 규정되어 있어 합헌적이라고 할 수는 있으나 의회제도를 붕괴시키는 하나의 조짐이기도 하였다. 이러한 조치를 묻는 1930년 9월의 총선거에서 나치당은 앞의 선거(1928년)에서의 12석에서 107석으로 놀라운 증가를 보여 제 2 당이 되고, 공산당 역시 54석에서 77석으로 의석수가 증가한 반면에, 온건한 중간노선의 정당들이 의석을 잃었다.

이러한 선거결과를 보고, 사회민주당은 브뤼닝을 싫어하면서도 나치스의 정권참여를 방지하기 위하여 그를 지지하기로 하였다. 그리하여 브뤼닝은 공황타개책

---

18) 독일노동당은 곧 당명을 '국가사회주의독일노동당'(NSDAP)이라고 바꾸었으며, 略하여 나치(Nazi)라 하며, 그 복수형인 나치스(Nazis)도 일반적으로 널리 사용된다.

19) 1924년 12월선거에서 20석, 1928년 5월선거에서는 12석밖에 차지하지 못하였다.

의 하나로 오스트리아와의 관세동맹을 시도하였으나 연합국, 특히 프랑스의 반대로 좌절되고, 오스트리아의 대은행인 크레디트－안쉬탈트(Kredit－Anstalt)가 파산하여 공황은 더욱 심각해졌다.

한편으로 대재벌을 공격하면서도 다른 한편으로는 공산주의를 배격하고, 사유재산제를 옹호하고, 소시민층에게 조합노동자와는 별도의 지위를 약속하는 나치스에게 중소시민층은 끌렸다. 뿐만 아니라 독일의 궁핍의 원인으로서 유대인을 희생양으로 몰아부치고, 베르사유조약의 폐기를 주장하는 나치스는 국민감정속 깊숙이 파고들어가고 있었다. 그리고 1932년 초에는 정권장악을 위하여 돈이 필요하였던 히틀러와 그의 장래성을 내다본 대재벌 및 산업자본가들 사이에 타협이 성립하고, 나치스는 우익정당인 국민당, 재향군인회('강철헬멧' Stahlhelm 이라 칭하였다), 융커농업연맹 등과도 제휴하였다. 대통령의 임기만료로 행하여진 1932년 3월의 선거에서 과연 히틀러는 중앙당과 사회민주당을 중심으로 한 온건파가 지지한 힌덴부르크에게 패하기는 하였으나 그 표수 차이는 불과 600만표 정도였다.[20] 잇따라 4월에 행하여진 지방선거에서도 나치스는 큰 승리를 거두고, 7월의 총선거에서는 230석을 얻어 제 1 당이 되었다.

한편 이보다 앞서 5월에 총리가 된 가톨릭귀족출신으로서 중앙당 우파에 속하는 파펜(Franz von Papen)은 산업자본가에게 압력을 가하여 히틀러의 세력을 꺾으려고 하였고, 어느 정도 성공의 조짐도 보였다.[21] 그러나 그 동안 힌덴부르크의 막후의 인물로 활약해 온 야심적인 슐라이헤르(Kurt von Schleicher) 장군이 전면에 나서 총리가 되자 파펜은 히틀러와 접근하고, 산업자본가와 재벌은 1933년 1월 초에 나치스에게 재정지원을 약속하였다. 국회에서의 기반이 없는 슐라이헤르는 힌덴부르크의 지지마저 상실하여 물러나고, 1933년 1월 30일 히틀러는 드디어 총리에 취임하였다.

히틀러는 곧 국회를 해산하고 새로운 선거를 실시하기로 하였다. 선거기간 중 나치스반대파는 폭력과 위협으로 협박당하고, 언론의 이용도 불가능하였다. 1933년 2월 하순에는 나치스의 소행이 틀림없는 의사당방화 사건이 발생하고 나치스는 이를 공산당의 소행으로 돌렸다. 이를 계기로 비상사태가 선포되고, SA의 폭력과 테러가 난무하는 가운데 선거가 실시되었다. 나치스는 288석을 얻기는 하였으나

---

20) 이 때 국민당과 공산당이 각각 후보를 세웠고, 히틀러가 1,130만표, 힌덴부르크가 1,860만표를 획득하였으나, 필요한 당선권에 아주 근소하게 미달하였다. 그리하여 다시 결선투표가 실시된 결과 히틀러가 1,340만표, 힌델부르크가 1,936만표를 얻었다.

21) 그해 11월선거에서 나치스는 230석에서 196석으로 상당한 감소를 보였다.

압도적 다수는 아니었다.[22] 1933년 3월 23일 히틀러는 의사당 밖에서 SA의 협박적인 시위가 계속되는 가운데 정부의 독재권과 바이마르헌법의 기능정지를 규정한 授權法을 통과시켰다. 공산당당선자는 이미 제거되어 참석을 못하고, 사회민주당당선자 중 참석한 94명만이 반대하였다. 그들은 이제 다수를 차지한 정부로서 합헌적으로 원하는 것을 할 수 있는 마당에 수권법의 필요성이 어디에 있는가라고 주장하였으나 곧 그 이유를 알게 되었다. 의사당의 국기게양대에는 공화국국기 대신 나치스의 하켄크로이츠기(Hakenkreuz : 갈고리 십자기)가 게양되었다. 바이마르공화국은 죽은 것이다.

수권법이 통과된 후 곧 히틀러는 독재화작업에 나섰다. 지방장관을 중앙에서 임명함으로써 강력한 중앙집권체제를 수립하고, 공산당과 사민당을 불법화하고, 가톨릭중앙당의 활동을 금지하여 1933년 7월에는 나치스만이 독일 내에서 유일한 합법적인 정당이라고 선언하였다. 그 해 11월의 마지막 선거에서는 반대파입후보자는 한 사람도 없었고, 600명을 넘는 국회의원 중 非나치스의원은 단 두 사람뿐이었다. 재향군인회는 나치당에 흡수되고, 공로에 대한 보상이 적어 불만을 품게 된 SA를 가차없이 숙청해 버렸다(1934년 6월 30일의 '피의 숙청'). 이제 독일 내에서나 나치당 내부에서도 히틀러에 반대할 세력은 없었다. 1934년 8월 87세의 힌덴부르크가 사망하자 그 권한까지 접수한 히틀러는 총통(퓌러 : Führer)으로서 명실공히 독일의 유일한 독재자가 되었다.

독일의 나치즘(Nazism)은 극단적인 민족주의와 反知性主義에 입각한 전체주의적인 독재체제라는 점에서 이탈리아의 파시즘과 유사하다. 그러나 파시즘에 비하여 더욱 독재성이 강하고, 인종주의(racism)에 입각한 유대인의 박해와 대량학살 등 광신적인 성격이 강하였다.

히틀러는 빈 시절부터 유대인에 대한 강한 반감을 갖고 있었으며, 정권을 잡은 직후에(1933년 4월) 유대인을 모든 직장과 공직에서 추방하였으며, 1935년에는 뉘른베르크법으로 조부모 중 한 사람이라도 유대인이면 그를 유대인으로 간주한다고 규정하였다. 이렇게 규정된 유대인은 시민권을 박탈당하고, 유대인과의 혼인이 금지되고, 교육기관·은행·병원 등에서의 근무는 물론이요, 저술활동이나 연극상연, 음악회개최 등 모든 정상적인 활동이 금지되었다. 유대인을 식별할 수 있게 그들은 특별한 이름을 갖고 다비드의 황색별을 박은 완장을 차야만 했다. 이 모든 조치는 2차 세계대전 중의 집단수용소나 강제수용소에서의 수백만에 달하는 유대

---

22) 1933년 3월 선거의 결과는 아래와 같다. 나치스 288석 중앙당 74석 사회민주당 125석 국민당 52석 공산당 81석. 상기한 선거결과는 모두 Crane Brinton et al., p. 1005의 통계표에 의거하였음.

인 대학살의 전주곡에 지나지 않았다. 히틀러의 '피의 순수성'에 대한 광신은 인간 이성으로서 이해할 수 있는 한계를 훨씬 넘어선 것이었다. 베토벤, 괴테, 칸트를 낳은 독일민족이 어찌하여 히틀러의 이러한 광신을 묵인하고 추종하였는지 아직 도 풀리지 않는 수수께끼다.

중세의 신성로마제국과 비스마르크가 건설한 독일제국에 이어 히틀러의 제국은 제 3 제국이었다. 그리하여 대외적으로는 '生活空間'(Lebensraum)을 요구하는 팽 창주의를 내세우고, 내부적으로 모든 경제활동과 국민의 일상생활을 낱낱이 통제 하였다. 1933년에는 노동조합을, 그리고 다음 해에는 고용주협회를 해산하고, 이 를 대신하여 나치스의 '노동전선'(Arbeitsfront : Labor Front)이 결성되고, 노동 자의 직업과 배치도 국가의 통제를 받았다. 종교에 있어서도 1933년 7월에 가톨릭 과 히틀러 사이에 협약이 이루어졌으나 나치스는 이를 무시하였다. 신-구교를 막 론하고 나치스의 통제를 벗어날 수 없었고, 나치스의 인종주의나 군국주의에 저항 하는 움직임은 별로 없었다. 국가의 통제와 조종작용은 교육과 예술을 비롯하여 국민생활의 모든 분야에 적용되었고 히틀러의 취미가 국민에게 강요되었다. 1933 년 설치된 게슈타포(Geheime Stastspolizei : 비밀국가경찰)는 개인의 서신교환은 물론, 전화도청과 사생활까지 조사할 권리를 갖고, 나치스에 대한 반대자나 국가 통제의 이탈자를 가차없이 색출하였다.

1933년부터 시작된 경제계획은 독일산업의 급속한 발전을 가져오고, 실업자도 크게 감소하였다. 독일민족의 대다수는 생활의 향상과 안정, 그리고 영토팽창과 민족적 긍지의 회복에 만족하고 히틀러를 환호하였다. 그러나 그것들을 위하여 지 불된 대가와 희생은 물론이요, 히틀러가 새로운 파국을 향하여 미친듯이 줄달음질 치고 있는 사실을 그들은 알지 못하였다.

제 4 절   全體主義國家의 침략과 제 2 차 세계대전

만주사변과 에티오피아

1920년대에 베르사유체제 하에 정착할듯이 보이던 세계평화는 세계공황을 겪고 1930년대에 들어서면서 동서의 군국주의적인 전체주의국가들에 의하여 급속도로 무너지게 되었다. 먼저 무력진출을 시도한 것은 일본이었다. 일찍이 한국을 강점 한 일본은 1931년 만주사변을 일으키고, 다음 해에는 만주에 괴뢰정부를 수립하였 다. 미국은 곧 이를 비난하였으며, 영국의 리튼伯(V.A. Lytton)을 수반으로 한 국제연맹의 조사위원단은 일본의 행위를 명백한 침략행위라고 규정하였다. 그러나 미국이나 국제연맹은 아무런 행동도 취하지 않았고, 오히려 일본이 리튼보고서를 거부하고 국제연맹에서 탈퇴하였다(1933년 3월). 국제연맹은 위신을 손상당하고 금이 가기 시작하였다.

한편 정권을 장악한 히틀러 역시 1933년 10월에 국제연맹에서 탈퇴하고, 1935년 3월에는 베르사유조약 중 독일의 군비를 제한한 조항의 폐기를 선언하고 공공연하게 독일군의 재건에 착수하였다. 국제연맹은 이를 비난했으나 아무런 소용도 없었고, 프랑스는 서둘러 소련과 상호원조조약을 체결하였다(1935년 5월). 그러자 독일은 이를 로카르노협정의 위반이라고 트집을 잡아 베르사유조약에서 비무장지대로 규정된 라인란드에 군대를 진주시켰다. 이때 영국과 프랑스가 힘을 합쳐 제재에 나섰더라면 히틀러의 침략적 행위는 그 출발점에서 좌절되었을 것이다. 그러나 그들은 형식적인 항의를 했을 뿐이다.

이보다 앞서 무솔리니는 일본과 독일이 연달아 국제연맹을 탈퇴하고, 히틀러가 베르사유조약을 무시하고 재무장에 나서도 국제연맹이나 연합국이 속수무책임을 보고, 1935년 10월에 에티오피아를 침공하였다. 이탈리아는 1896년에 에티오피아에 침입했다가 패한 바 있었는데, 로마제국의 부활을 떠들어대는 파시스트들은 그 굴욕을 씻을 필요가 있었던 것이다. 국제연맹도 이번에는 이탈리아를 침략자로 규정하고 경제적 제재를 가하기로 하였다. 즉, 이탈리아상품의 불매와 주요군수물자의 이탈리아에 대한 금수조치를 취한 것이다. 그러나 미국과 특히 독일은 국제연맹회원국이 아니었고, 석유가 금수품목에 포함되지 않았으며, 영국의 지배 하에 있는 수에즈운하가 이탈리아 군대와 무기수송에 개방되어 실질적인 효과는 없었다. 그리하여 1936년 초에 이탈리아는 에티오피아를 점령하고 이를 합병하였다. 에티오피아에서의 실패로 국제연맹은 점차로 험악해지는 국제정세에 대처하는 데 있어 아무런 기능도 발휘할 수 없다는 치명적인 타격을 입었다.

에스파냐의 내란

이탈리아가 에티오피아를 합병한 후 얼마 안가서 에스파냐에서는 내란이 발생하였다. 에스파냐는 지방색이 강하고 지방에 대한 애착이 국가에 대한 것보다 앞섰다. 에스파냐경제는 농업이나 공업원료면에서 자급자족할 수 있을 정도로 발전하고 있었으나, 땅은 메마르고 농업경영은 후진적인데다가 농촌인구는 과잉상태였다. 그리하여 빈곤이 만연하고 불만이 널리 깔려 있었다. 이러한 상황에서 과거에는 그래도 가톨릭교회가 국민적 결집의 중요한 역할을 담당하여 왔으나, 19세기에 교회는 과거의 회교도나 신교도에 대한 것에 못지않게 자유주의와 투쟁하기로 결정하였다. 그 결과 교회는 대지주와 동일시되고, 가난에 시달리는 민중은 교회를 떠나 무정부주의를 비롯하여 사회주의사상에 물들어갔다.

1920년대 초까지도 에스파냐는 군주제였으나 실권은 리베랴(Primo de Rivera) 장군의 수중에 있었다. 1930년에 그가 사망하자 다음 해에 실시된 지방선거에서 소상인·지식인·교사 및 언론인 등 도시의 소시민층을 대변하는 공화파가 승리하고, 국왕 알폰소 13세(Alfonso XIII, 1902~1931)는 국외로 떠났다. 1931년 6월의 선거에서 승리를 거둔 공화파와 사회주의자들은 국왕의 귀국을 금지하고 12월에는 단원제와 내각책임제를 골자로 한 공화국헌법을 제정하였다.

새로운 공화국은 좌우로부터 공격을 받고 파업과 폭동에 시달려 동요를 거듭하였다. 1936년 2월의 선거에서 점차 증대하는 우익세력에 대하여 좌익은 인민전선을 결성하여 승리하였다. 그 결과 성립한 중도적인 내각에 대하여 좌익의 과격파는 협력을 거부하고 혁명을 기도하였다. 한편 1932년에 리베라 장군의 아들에 의해서 창립되고 이탈리아식의 파시스트 이념을 내세운 팔랑제(Falange : 方陣)당은 1936년 선거에서 소수표밖에 얻지 못하였으나, 곧 군부·왕당파·교회 등 우익세력과 결합하여 反革命을 일으키고, 7월에는 프랑코(Francisco Franco, 1892~1975) 장군이 지휘하는 쿠데타가 발생하였다. 에스파냐는 공화정부에 대한 파시스트 반란군의 내란상태에 돌입하였다.

에스파냐의 내란은 단순한 정권다툼을 넘어선 이념적인 전쟁이었다. 즉, 그것은 파시즘에 대한 자유민주주의(설혹 거기에 공산주의자와 무정부주의자가 포함되어 있었다 하더라도)의 투쟁이었다. 독일과 이탈리아는 곧 적극적으로 프랑코 장군을 지원하였는데, 영국과 프랑스의 정부군 지원은 매우 소극적이었고 소련이 약간 적극적이었으며, 오히려 개인자격으로 정부군에 참전하는 자가 많았다. 내란은 1939년 초에 프랑코 장군의 파시스트의 승리로 끝났다.

독일의 침략

이념상으로 서로 가까울 뿐 아니라 에티오피아문제와 에스파냐내란 등에 있어 서로 접근하게 된 독일과 이탈리아는 1936년 10월에 협정을 맺고 베를린-로마 추축(Berlin-Rome Axis)을 형성하였다. 뒤이어 아시아의 파시스트국가인 일본은 독일과 防共協定을 맺고, 다음 해에(1937년 11월) 이탈리아가 여기에 참가함으로써 동서의 침략국가들의 결합이 이루어졌다.

베르사유조약의 군비제한을 폐기한 독일은 군비확장을 서둘러 단시일 내에 기계화된 정예부대와 공군을 갖게 되었다. 히틀러는 이러한 군사력을 배경으로, 또한 英·佛의 이해관계의 대립과 우유부단한 宥和政策을 이용하여 1938년 3월 오스트리아에 군대를 진주시켜 이를 합병하였다(Anschluss). 히틀러의 야욕은 이로써 만족하지 않았다. 그는 잇달아 汎게르만주의의 이름으로 약 325만명의 독일인이 살고 있는 체코슬로바키아의 주데텐란트(Sudetenland)를 요구하였다. 이에 유럽의 국제관계는 긴장하였으나, 가능한 한 평화를 유지하려는 영국과 프랑스는 무솔리니의 주선으로 1938년 9월 말 뮌헨에서 히틀러와 더불어 정상회담을 갖고, 독일이 더 이상 영토를 요구하지 않는다는 약속을 받고 주데텐란트를 독일에게 넘겨주었다. 이 회담에 참가했던 영국수상 체임벌린(Neville Chamberlain, 1869~1940)은 이 뮌헨회담의 결과를 가리켜 '평화의 보장'이라고 자랑하였다. 그러나 다음 해 3월 히틀러의 군대는 거의 아무런 저항도 받지 않고 체코슬로바키아의 나머지 지역으로 진격하여 이를 송두리째 집어 삼키고 말았다.

체코슬로바키아의 병합은 汎게르만주의를 넘어선 히틀러의 끊임없는 영토팽창의 야망을 명백하게 드러냈다. 그는 잇달아 폴란드에게 단치히자유시와 독일과 단치히를 연결하는 폴란드回廊을 요구하였다. 영국과 프랑스의 유화정책도 그 한계에 도달하였다. 프랑스는 이미 폴란드와 협상을 맺고 있었거니와, 영국도 1939년 4월에 폴란드와 상호원조조약을 맺음으로써 독일과의 일전을 불사하겠다는 결의를 보였다.

그러나 히틀러를 비롯한 나치스지도자들은 영국과 프랑스의 군비가 불충분할 뿐 아니라, 그 사회가 무기력하고 비능률적이며, 갱생한 활기에 넘치는 독일에 대항할 용기를 환기시킬 수 없을 것이라고 판단하였다. 그러므로 히틀러에게 있어 문제는 소련이었다. 영국과 프랑스도 소련을 의식하여 협상사절을 보냈으나 소극적이었던 반면에, 히틀러는 외무장관 리펜트로프를 협상대표로 내세우고 적극적인 자세로 임하였다. 놀랍게도 이데올로기상으로 서로 용납할 수 없는 나치독일과 공산주의소련이 1939년 8월 23일 '히틀러-스탈린조약'이라고도 불리워지는 불가침조약을 체결하였다. 이 조약은 상호간의 불가침만이 아니라, 조약국이 제3국과 전쟁을 하는 경우 다른 조약국은 중립을 지킨다는 내용과, 폴란드에서의 양국의 세력권에 관한 것을 담고 있었다. 이러한 독·소불가침조약은 유럽만이 아니라 전세계를 놀라게 하였으며, 파시즘타도를 외치고 있던 공산주의자들을 망연자실하게 하였다.

동부에 대한 두려움이 없어진 히틀러는 불가침조약체결 후 1주일만인 1939년 8월 31일 폴란드에 최후통첩을 보내고, 9월 1일 새벽을 기하여 독일군에게 폴란드 진격을 명령하였다. 영국과 프랑스는 그들의 의무를 이행하기 위하여 폴란드로부터의 독일군철수를 요구한 최후통첩의 기한만료를 기하여 9월 3일 독일에 대하여 선전포고를 하였다. 제 2차 세계대전이 시작된 것이다.

樞軸國의 攻勢

압도적으로 우세한 공군과 기계화부대를 앞세운 독일의 전격작전(Blitzkrieg) 앞에 폴란드국민의 완강한 저항도 맥없이 무너졌다. 이를 보고 있던 소련은 9월 중순에 황급하게 동부로부터 침입하여 독일과 폴란드를 나누어 가졌다. 이어 소련은 발트 3국을 점령하고 핀란드를 공격하였다(1939년 11월). 의외로 저항이 강하여 초기에 고전을 하였으나 다음 해 3월에는 이를 굴복시키고 해군기지를 확보하였다.

겨울 동안 잠잠하던 서부전선에서는 1940년 4월 예상과는 달리 독일은 중립국인 덴마크와 노르웨이를 공격하여 이를 점령하였다. 이로써 독일은 영국과 대서양에 대한 공군과 잠수함작전의 훌륭한 기지를 확보하게 되었다. 이 무렵 영국에서는 체임벌린 대신 처칠(Winston Churchill, 1874~1965)이 연립내각을 조직하고, 대독전쟁을 수행하게 되었다.

노르웨이를 점령한 다음 달(5월) 독일군은 돌연 벨기에와 네덜란드에 공군의 지원을 받은 기계화부대로 공격을 가해 왔다. 그들은 네덜란드의 저항을 가볍게 물리치고, 프랑스의 주된 방어선인 마지노선(Maginot Line)의 정면공격을 피하고 그 북쪽 끝을 돌아 도버해협을 향하여 진격하였다. 그 결과 영국군과 프랑스군의 일부를 합친 약 30여만의 연합군이 남쪽의 프랑스주력부대와 격리되어 덩키르크(Dunkirk)의 해안에 고립하게 되었다. 이 적지 않은 병력이 독일군의 공격이 늦추어진 탓도 있지만 6월 초에 덩키르크로부터 철수하는 데 성공한 것은 기적인 동시에 영국군을 고무하는 결과를 가져왔다. 독일군은 남쪽의 프랑스군을 격파하면서 파리로 향하였다. 6월 14일 저항이 무의미하다는 것을 깨달은 프랑스는 파리를 '무방비 도시'로 선언하고, 아무런 저항없이 이를 독일군에게 넘겨주었다. 6월 22일 휴전조약이 성립되고, 프랑스의 3분의 2는 독일군의 점령 하에 들어가고 나머지를 제 1 차 세계대전의 영웅이었으나 이제는 늙어 패배주의자가 된 페텡(H.P. Pétain, 1856~1951)원수를 수반으로 한 괴뢰정부가 비시(Vichy)에서 통치하게 되었다. 프랑스는 어이없이 패배하고 말았다. 그러나 드골(Charles de Gaulle, 1890~1970) 장군이 영도하는 소수파는 항복을 거부하고 영국으로 망명하였다. 드골 장군은 덩키르크에서 철수한 프랑스군과 그 후 도버해협을 결사적으로 건너온 프랑스의 피난민들을 규합하여 '自由 프랑스'를 결성하여 독일과의 전쟁수행을 선언하고, 프랑스본토에서도 지하의 '저항운동'(레지스탕스)이 조직되어 프랑스의 해방을 위하여 싸우게 되었다. 독일군이 파리에 입성하기 얼마 전인 6월 10일 무솔리니의 이탈리아가 英·佛에 대항하여 참전하였다.

이제 유럽에서 독일에 저항하는 세력은 영국뿐이었다. 독일은 영국의 전력을 약화시키기 위하여 그 해 가을에 매일같이 공습을 강행하였으나, 영국국민은 처칠의 영도 하에 굳게 단결하여 저항을 계속할 뿐 아니라 군수생산을 증가시키고, 영국 공군은 독일공군에 적지 않은 피해를 입혔다. 이무렵 獨·伊·日은 3국동맹을 체결하였다(1940년 9월).

한편 이탈리아는 연래의 소망이던 발칸방면과 아프리카로 진출하였으나, 영국군과 각국의 저항이 완강하여 전세는 오히려 이탈리아에 불리하였다. 이에 히틀러는 이탈리아의 곤경을 돕고, 과거 나폴레옹의 작전을 답습하여 롬멜(E. Rommel) 휘하의 기계화 정예부대를 아프리카에 파견하고, 유고슬라비아와 그리스를 공격하여 발칸을 지배하게 되었다(1941년 봄). 이리하여 1941년 전반기에 히틀러는 소련을 제외한 유럽대륙의 지배자가 되었다.

여기서 히틀러는 나폴레옹의 전철을 밟게 되었다. 즉, 1941년 6월에 소련에 대한 공격을 시작한 것이다. 독·소불가침조약은 한낱 야합에 지나지 않았고, 유럽에서의 소련과의 세력권설정의 비밀협상은 의견대립을 보이고 있었으며, 소련은 계속 군비를 확장하고 있어 독일은 불안을 느꼈다. 뿐만 아니라 전쟁이 장기화되고, 전선이 크게 확대됨에 따라 독일은 소련 내의 물자, 특히 우크라이나의 식량과 코카서스의 유전 등을 확보하고 싶었다. 그리고 독일군부는 단기전으로 소련을 굴복시킬 수 있으리라고 판단한 것이다. 과연 독일의 전격작전은 성공하였다. 9월에는 레닌그라드와 모스크바에 육박하고, 10월에는 우크라이나를 점령하였다. 그러나 이러한 독일군의 진격도 워낙 광대한 영토를 가진 소련에게 치명적인 타격을 가하지 못하고, 독일군은 레닌그라드와 모스크바의 그 어느쪽도 점령하지 못한채 나폴레옹의 '大軍隊'를 괴멸시킨 冬將軍을 맞이하게 되었다.

미국에는 고립주의적인 경향이 밑바닥에 강하게 깔려 있기는 하였으나, 독일의 폴란드 진격 이래 獨·伊에 대한 반대여론이 높았다. 더구나 고군분투하는 영국마저 굴복하는 경우 유럽은 완전히 나치스 독일과 공산주의 소련의 지배 하에 들어갈 것이고, 다음 목표는 미국이 될 것이라고 느꼈다. 그리하여 이러한 여론의 뒷받침을 받은 루스벨트는 군수공업을 급격히 확장하여 미국을 이른바 '민주주의의 병기창'으로 만들고자 하였다. 1940년 6월부터 미국은 영국을 적극적으로 지원하였고, 다음 해 3월에는 무기대여법(Lend-Lease Act)을 제정하여 영국을 위시하여 추축국과 싸우는 모든 국가와 세력에게 단순히 군수품만이 아니라 식료품까지 공급하기 시작하였다. 이러한 미국의 태도는 히틀러를 자극하기에 충분한 것이었으나, 그는 미국과의 정면대결을 될 수 있으면 회피하려고 하였다.

太平洋戰爭과 聯合國의 승리

만주를 침략하고 中·日전쟁을 일으켜(1937) 중국본토로 침략의 손을 뻗친 일본은 도시들을 점령하는 데는 성공하였으나 중경으로 수도를 옮겨 저항을 계속하는 국민정부를 굴복시키지는 못하고 있었다. 이에 초조해진 일본은 유럽에서의 전쟁 발생을 기화로 大東亞共榮圈이라는 허울좋은 구실을 내세워 동남아시아를 비롯한 남방으로의 진출을 꾀하였다. 獨·伊·日의 3국동맹으로 힘을 얻고, 蘇·日 중립 조약(1941년 4월)으로 북방으로부터의 위협이 없어진 일본은 佛領인도차이나로 진 주하고, 다시 버마와 남태평양으로의 진출을 시도하였다. 미국은 이러한 일본의 침략을 결코 용인할 생각은 없었고, 그리하여 1941년 겨울에는 긴장이 고조되었 다. 일부 군국주의자들의 지배 하에 있던 일본은 1941년 12월 8일(미국에서는 7일) 선전포고도 없이 하와이의 진주만을 기습공격하였다. 이 공격은 미해군과 항만시 설에 큰 손상을 입힌 것은 사실이지만, 미국의 전력이 이로써 파괴된 것은 아니었 으며, 오히려 미국민을 일치단결시켜 對日戰에 궐기하게 하는 결과를 가져왔다. 태평양전쟁이 시작되었으며, 3국동맹에 입각하여 독일과 이탈리아가 미국에 선전 포고를 함으로써 전쟁은 문자 그대로 세계대전이 되었다.

미국의 태평양함대에 큰 손상을 입히고, 영국이 아시아에서의 전력을 증강시킬 수 없는 틈을 타서 일본은 서전에서 혁혁한 승리를 거두었다. 즉, 1942년 봄까지 일본은 미국의 전초기지인 괌, 웨이크와 필리핀을 점령하고, 말레이시아·버마· 네덜란드領 인도네시아를 차지하였다.

이리하여 1941년 겨울부터 다음 해 봄에 이르는 시기에 동서의 침략적인 추축국 의 세력은 절정에 이르렀다. 그러나 1942년 초여름부터 전세는 전환기를 맞이하였 다.

먼저 태평양전쟁에서는 1942년 5월 서남태평양의 코랄(Coral)해전에서 일본해 군은 처음으로 패전을 맛보고, 6월에는 미드웨이(Midway)를 점령하려던 일본군 의 대작전이 완전한 실패로 돌아가고, 일본함대는 큰 타격을 받았다. 8월에는 드디 어 미군의 반격이 시작되어 가달카날(Guadalcanal)에 상륙하였다. 다시 아프리카 전선에서도 몽고메리(B.L.Montgomery) 장군이 지휘하는 영국군은 엘－알라메 인(El－Alamein)에서 롬멜의 전차부대에 큰 손상을 입히고, 때마침 상륙한(1942 년 11월) 아이젠하워(D.D. Eisenhauer) 장군 지휘 하의 미군과 독일군을 협공하기 시작하였다. 동부전선에서도 독일군은 1942년 여름에 재차 공세를 취하여 스탈린 그라드(Stalingrad)에 육박하여 이를 공격하였으나 점령하지 못하고, 다음 해 2월 에 반격에 나선 소련군에게 포위되어 30만의 독일군이 항복하였다.

아프리카전선에서 반격에 나선 연합군은 튀니지로 진격하여 '사막의 여우'로 불 리던 롬멜휘하의 獨·伊 최정예부대의 항복을 받았다(1943년 5월). 이어 연합군은 시칠리아에 상륙하고(7월), 9월에는 이탈리아본토로 진격하였다. 이에 이탈리아의 고급장성과 왕의 측근이 제휴하여 무솔리니의 파시스트정권을 무너뜨리고, 연합군과 휴전협상을 시작하였다. 그러나 이탈리아주둔 독일군은 감금되었던 무솔리니를 구출하고(1943년 9월) 완강하게 저항하였다. 그 결과 연합군의 진격이 늦어졌으나 1944년 6월에 로마로 진격하였다.

태평양전쟁이 시작되기 얼마 전인 1941년 8월 루스벨트는 처칠과 대서양상의 영국전함에서 회합을 갖고 전후의 평화수립의 원칙을 밝힌 대서양헌장(Atlantic Charter)을 발표하였다. 그 내용은 ① 영토의 무병합, ② 관계국민의 희망에 反한 영토변경의 배격, ③ 각국국민의 정부형태 선택권 인정, ④ 모든 국가의 평등한 세계무역참가권, ⑤ 노동조건의 개선과 경제발전 및 사회보장을 위한 국제협력, ⑥ 모든 국민의 안전한 생활수단확보 및 공포와 결핍으로부터의 자유, ⑦ 해양의 자유, ⑧ 무력행사의 포기와 군비축소 등이었다. 그 후 전쟁이 확대되고 또한 전세가 연합국에게 유리하게 전개되자 보다 더 구체적으로 전후처리문제를 논의할 필요가 생겼다. 그리하여 1943년 11월 루스벨트, 처칠, 蔣介石은 카이로(Cairo)에서 정상회담을 갖고, 12월 1일 만주, 대만 등의 중국 귀속과 한국의 독립, 그리고 일본의 무조건항복 등을 내용으로 하는 카이로선언을 발표하였다. 같은 해 12월에는 美·英·蘇의 수뇌가 테헤란(Teheran)회담을 갖고 제2전선의 형성과 전후의 국제안전보장에 관한 협의를 하였다.

테헤란회담에서 논의된 제2전선에 대한 준비를 진행해 온 연합군은 1944년 6월 6일 아이젠하워 장군을 총사령관으로 하여 역사상 최대규모의 노르망디상륙작전을 감행하였다. 교두보를 확보하는 데 성공한 연합군은 독일의 완강한 저항을 격파하면서 빠른 속도로 진격하여 8월 말에는 저항운동자(레지스탕스)와 시민들의 봉기로 파리가 해방되고, 연합군은 자유프랑스군을 선두로 파리에 들어갔다. 연합군은 진격을 계속하여 라인江에 접근하였으나, 유류보급의 지연으로 그 속도가 약간 늦추어지고 겨울을 맞이하였다. 한편 소련군의 반격속도도 빨라 발칸방면에서 독일군의 과히 강하지 않은 저항을 격파하고, 중앙과 북부전선에서도 失地를 전부 회복하고 독일본토에 대한 공격태세에 들어갔다.

1945년에 들어서면서 연합군의 새로운 공세 앞에 독일군은 급속하게 무너져 갔다. 2월 초에 루스벨트·처칠·스탈린은 크리미아반도의 얄타(Yalta)에서 회담을 갖고 독일의 무조건항복을 확인하고, 전후처리문제를 논의하였다. 이 얄타회담에서는 비밀협정으로서 독일이 항복한 후 2~3개월 내에 러시아제정기의 영토와 권익을 회복한다는 조건 하에 소련의 對日戰爭參戰이 결정되었다. 얄타협정에서 서방측은 유럽에서나 아시아에서 소련에게 너무 많이 양보하였다는 평을 받고 있으며, 이는 루스벨트가 독일과 특히 일본의 전력을 과대평가한 데서 유래한 것 같다.

어떻든 연합군은 라인강을 건너 독일본토로 진격하고, 동부에서의 소련의 진격도 빨랐다. 4월 하순에는 토르가우(Torgau)의 엘베강 다리 위에서 미군과 소련의 선두부대가 처음으로 접촉하였다. 며칠 후 북이탈리아에서 저항을 계속하던 독일군이 항복하고, 그들의 보호 하에 있던 무솔리니는 이탈리아 유격대에게 체포되어 살해되었다. 5월 1일에는 소련군이 베를린에 돌입하고, 히틀러는 그 전날 자살하였다. 5월 7일 독일군 최고사령부는 연합군에게 무조건 항복하고, 9일에는 소련군에게도 항복하였다. 이로써 유럽에서의 전쟁은 끝났다.

이 무렵 태평양전쟁에서의 일본의 종말도 가까와지고 있었다. 1944년 6월 사이판이 함락되고, 1945년 초에는 맥아더(D.MacAthur) 장군 지휘 하의 미군이 필리핀본토에 상륙하였으며, 이어 이오지마와 오끼나와를 점령하였다. 일본본토에 대한 B29의 공습이 날이 갈수록 격심해지고 일본의 주요도시들은 머지않아 초토화될 전망이었다. 그리하여 美·英·蘇의 수뇌는 1945년 7월 베를린교외의 포츠담(Potzdam)에서 회합을 갖고 대체로 얄타협정을 재확인하고 일본에 대하여 무조건항복을 권고하기로 하였다. 이 포츠담회담에는 루스벨트가 4월에 병사하여 새로 미국대통령에 취임한 트루만(H. Truman)과, 영국의 선거결과 노동당이 승리하여 처칠 대신 새로 내각을 조직한 애틀리(C. Attlee)가 참석하였다.

일본은 이미 소련에게 연합국과의 강화를 알선해 줄 것을 의뢰하고 있었음에도 불구하고 포츠담선언을 묵살하였다. 그리하여 1945년 8월 6일에 히로시마에 첫 원자탄이 투하되고, 8일에는 일본의 전력이 고갈되어 있는 것을 너무나 잘 아는 소련이 전후의 동북아시아에서의 세력확장을 노리고 對日戰에 참전하고, 9일에는 다시 나가사키에 원자탄이 투하되었다. 이에 일본도 8월 15일 연합국에 무조건항복을 하였다. 이로써 5년간에 걸친 제 2차 세계대전도 연합국의 완전한 승리로 끝났다.

제 15 장

第 2 次 世界大戰後의 유럽과 세계

　제 2 차 세계대전은 침략적인 전체주의세력의 완전한 패배로 끝났으나 자유롭고 민주적이며 안정되고 평화로운 세계가 곧 이루어지지는 않았다. 소련을 중심으로 한 공산진영과 미국을 중심으로 한 자유진영의 대립이 '冷戰'으로 불리우는 새로운 국제적 긴장상태를 초래하고 전후 장기간에 걸쳐 지속되었다. 뿐만 아니라 과거 유럽의 선진국가의 식민지였거나 그 압박을 받았던 아시아・아프리카의 후진국가들이 비동맹을 내걸고 결속하여 제 3 세계를 형성함으로써 국제관계는 더욱 복잡해졌다. 전쟁으로 인해 극도로 피폐한 유럽은 냉전으로 동서로 분리되어 국제무대에서의 발언권도 상실하였다. 그러나 마셜계획을 계기로 서유럽은 기적적인 경제부흥과 고도성장을 달성하고 통합의 길에 나서 유럽연합(EU)을 형성하였다.

　이와는 대조적으로 동유럽국가들은 소련의 지배와 통제 하에 그의 위성국으로 전락하고 '철의 장막'으로 서방과의 접촉과 교류가 차단되었다. 그러다가 고르바초프가 추진한 소련에서의 페레스트로이카(개혁)를 계기로 소련을 비롯하여 동유럽에 거대한 지각변동이 발생하였다. 즉, 1989년부터 1990년에 걸쳐 소련이 해체하고 동유럽의 공산주의체제가 일제히 붕괴한 것이다. 그 결과 '냉전'은 완전히 해소되고 세계는 새로운 질서를 모색하게 되었다.

　제 2 차 세계대전 중 밀접하게 결합한 이론적 과학과・실용적 기술은 전쟁 중 가공할 핵무기를 산출하는 동시에 전후에 산업상의 거대한 발전을 초래하였다. 인류가 달에 착륙하였을 뿐 아니라 우주여행과 우주산업이 예견되고, 컴퓨터의 발달은 정보화시대를 출현시켰다. 복지정책이 확충되고 의학이 발달하여 인간수명이 연장되어 노인문제가 대두하고 여성의 지위향상으로 가정생활에도 변화가 일어나고 있다.

　지역간의 분쟁, 부족과 민족의 대립, 소련과 동유럽의 미래 등 평화에 대한 불안요인이 상존하고, 남북문제, 공해문제, 인구문제 등 해결해야 할 문제도 많다. 그러나 20세기를 마감하려는 현 시점에서 인류는 거대한 전환기를 맞이하고 있다.

제 1 절   전후의 冷戰時代

전후처리와 국제연합

연합국의 정상들은 대전 중에 카이로회담을 필두로 특히 얄타회담과 포츠담회담에서 독일과 일본에 대한 처리를 비롯한 전후처리문제를 논의하였다. 그 중에는 합의된 점도 많았으나 합의되지 않은 문제도 있었고, 전후에 미국을 비롯한 서방측과 소련과의 견해차이가 더 커지고 넓어짐에 따라 제1차대전 종결 후와는 달리 전체적인 강화회의가 열리지 않고, 패전국과의 개별적인 강화조약이, 그것도 경우에 따라 상당한 기간을 두고 체결되는 변칙적인 전후처리가 진행되었다. 그래도 이탈리아, 불가리아, 루마니아, 헝가리, 핀란드와는 1947년 2월에 파리강화조약이 체결되어 배상금부과, 군비제한, 일부 영토변경 등이 결정되었다.

일본은 혼슈, 홋카이도, 큐슈, 시코쿠 및 주변 섬들로 그 영토가 축소되고 미국의 점령 하에 전범자재판과 민주화가 추진되었으며, 정식 강화조약은 1951년 샌프란시스코에서 소련을 비롯한 공산권국가와 인도를 제외한 49개국이 참가한 가운데 조인되었다. 한편 오스트리아는 美・英・佛・蘇 4개국의 관리 하에 있다가 1955년 중립을 조건으로 주권을 회복하였다. 그러나 독일은 일본과 동일하게 전범자의 처벌, 영토의 축소, 非나치화 등이 추진되는 한편 동서로 분단되어 동독을 소련이 서독을 美・英・佛이 각각 점령하고 베를린은 전승 4개국의 관리 하에 놓이게 되었다. 그러다가 서독에는 본을 수도로 민주적인 독일연방공화국이 수립되고 (1949), 1954년 파리협정으로 주권을 회복하였으며, 동독에는 1949년에 독일민주공화국이라는 공산정권이 수립되었다.

전후의 국제질서와 평화유지를 위한 국제기구설립의 구상은 대전 중에 발표된 대서양헌장을 비롯하여 정상회담 등에서 논의된 바 있으나 그러한 구상은 1944년 가을(8~10월) 워싱턴 교외의 덤버튼-오크스(Dumbarton-Oaks)의 연합국회담에서 구체화되어 초안이 작성되고, 1945년 6월 샌프란시스코회의에서 50개국이 서명하고 10월에 발효되어 국제연합(United Nations : UN)이 정식으로 발족하였다. 그 목적에 관해서 국제연합헌장 전문은 "우리들의 생애에 두번이나 말과 글로는 표현할 수 없는 비애를 인류에게 초래한 전쟁의 참화로부터 미래세대를 구제해야 한다."고 말하고 이어서 국제평화의 확립과 유지, 기본적인 인권의 존중, 모든 국민의 경제적・사회적 진보촉진, 국제법의 준수, 평화적 수단에 의한 분쟁해결

등을 제시하고 있다. 이러한 목적을 달성 내지 추진하기 위한 국제연합의 기구는 사무국과 총회, 안전보장이사회, 경제사회이사회, 국제법정, 그리고 신탁통치이사회 등을 주축으로 삼고 그 산하에 많은 전문기구를 두고있다. 국제평화유지에 가장 중요한 역할을 담당하는 것은 안전보장이사회(Security Council)로서 15개국 대표로 구성되며, 그 중 美·蘇·英·佛·中의 5개국은 상임이사국으로서 발언권이 강할 뿐 아니라 거부권(veto power)을 보유한다. 일반적으로 15개국 중 9개국의 찬성으로 사안이 결정되지만 상임이사국 중 어느 한 나라라도 거부권을 행사하면 이사회는 행동할 수 없다. 그러나 사안이 매우 중요하면 이를 총회로 넘겨 거기서 3분의 2 이상의 찬성을 얻으면 거부권에도 불구하고 해당 사안의 결정은 효력을 발생하게 된다. 국제연맹과는 달리 안전보장이사회는 평화유지를 위하여 병력을 사용할 수 있으며, 긴급한 사태에 대응하기 위하여 정기적으로 회합을 가진다. 신탁통치이사회는 대전 직후에는 패전국의 영토 및 식민지관리에 있어 중요했으나 현재는 그 대부분이 독립하여 그 기능이 거의 소멸하였다. 산하 전문기구로서는 유네스코(UNESCO, 국제연합교육·과학·문화기구), 유니세프(UNICEF, 국제연합아동기금), 세계보건기구, 국제노동기구(ILO) 등이 있으며, 국제통화의 안정을 위한 국제통화기금(IMF), 후진국 개발지원 등을 위한 세계은행(World Bank) 등이 있어 전후에 활발한 활동을 전개하여 많은 성과를 올리고 있다.

처음 50개국의 서명으로 출발한 국제연합은 1990년대에 180여개국으로 가맹국의 수가 늘고, 우리 나라도 1991년 북한과 더불어 회원국이 되었다. 그 동안 국제연합은 냉전의 영향으로 많은 장애와 차질을 경험하고, 60년대로부터 70년대에 걸쳐 아시아, 아프리카의 신생 독립국가들이 대거 가입함으로써 친서방적인 성격에 변화가 생겨 한때 침체상태에 빠지기도 하였다. 그러나 1990년대에 소련이 해체하고 탈냉전시대를 맞이하게 됨으로써 국제연합은 인구, 자원, 환경, 보건, 식량, 빈곤 등 범세계적인 문제해결뿐만 아니라 다발하는 국지적 분쟁의 해결에 있어서도 전보다 훨씬 더 능동적으로 대처할 수 있게 되었다. 그리하여 창립 50주년을 맞이한 현 시점에서 국제연합의 활동에 대한 기대는 그 어느 때보다도 커지고 있으며, 이에 부응하기 위한 기구개편, 재정문제 해결방안 등이 논의되고 있다.

冷戰體制의 성립

제 2차 세계대전의 참화는 제 1차 세계대전을 훨씬 능가하는 것이었다. 인명피해는 민간인을 포함하여 줄잡아 5,000만명을 넘고, 런던, 코벤트리, 베를린, 함부르크, 드레스덴, 로테르담, 캉, 바르샤바 등 수많은 도시들이 공중폭격으로 폐허가 되다싶이 파괴되었다. 산업생산을 밑받침하는 하부구조의 손상 또한 막대하여 건물, 철도, 교량, 항구 등이 파괴되고, 기관차, 자동차, 선박 등이 부족하여 운송체계 또한 거의 붕괴되었다. 그리고 이러한 전쟁의 직접적 피해만이 아니라 제2차 세계대전은 인간의 잔인성과 야만성을 드러나게 하는 反인류적 범죄로 얼룩져 있다. 유럽만 보더라도 1939년에 소련은 폴란드장교 포로 수천명을 스모렌스크부근의 카딘 숲에서 처형하였고, 유럽전역에서 600만명이 넘는 유대인이 나치에 의하여 학살되었으며, 프랑스와 체코슬로바키아의 마을에서 민간인이 고의적으로 학살되었다. 그리고 전후의 국경선 변경에 따라 공산주의를 피하려는 수백만명의 피난민이 발생하였다. 그러기에 사람들은 전쟁없는 평화를 희구하였으나 전후의 국제정세는 그러한 희구와는 어긋나는 '冷戰'(Cold War)이라는 새로운 국제적 긴장과 대립으로 치달았다.

제2차 세계대전은 제1차 세계대전보다 훨씬 더 이데올로기의 대립이라는 성격이 강하였다. 제2차 세계대전은 동서의 침략적이고 군국주의적인 전체주의 국가들의 침략에 대항하여 자유민주주의와 평화를 수호하기 위한 전쟁이라는 성격이 뚜렸하였고, 그 결과는 전체주의의 완전한 패배였다. 그러나 전쟁 도중에 파시즘이나 나치즘과는 성격을 달리하면서도 독재체제에 있어서는 한층 더 강력하고 억압적인, 그럼으로 자유민주주의와는 완전히 대립되는 소련이라는 공산주의국가가 자유민주주의 진영의 일원으로 싸우게 되었다는 사실이 전후처리나 새로운 평화수립에 막대한 지장을 초래하고, 전쟁종결 직후부터 냉전이라는 국제적 긴장을 초래하게 된 근본요인이 되었다. 뿐만 아니라 소련은 독일과 싸우고 싶어 싸운 것도 아니었다. 소련은 獨蘇 불가침조약으로 독일의 폴란드 진격을 가능하게 하고, 나치의 침략에 당면한 프랑스의 공산당은 나치 독일과의 전쟁무용론까지 주장하였다. 소련이 연합국에 가담하여 대전에 참전한 것은 히틀러의 공격을 받은 후의 일이며, 소련의 저항과 승리는 미국의 물리적, 재정적 지원에 힘입은 바 컸던 것이다. 그러한 소련이 전후에 전승국으로서 유럽과 아시아에서 영토를 확장시켰을 뿐아니라 폴란드, 체코슬로바키아, 루마니아, 헝가리, 불가리아, 알바니아 등에 일당독재의 공산당정권을 세워 위성국으로 만들고, 동독과 동베를린을 점령함으로써 거대한 세력권을 구축하고, 그 경계선에 '철의 장막'(Iron Curtain)을 쳤던 것이다. 이렇게 갑작스럽게 팽창한 소련중심의 공산세계는 그것으로 만족하지 않고 인접국가는 물론 각국의 공산당이나 그 추종세력을 동원하여 전세계의 공산화를 목표로 끊임없는 세력팽창을 기도하고 침략조차 감행하였다. 이를 그대로 보고만 있을 수 없게 된 자유세계는 미국을 중심으로 결속하여 대항을 하게 되고 그 결과 냉전으로 알려진 국제적 긴장과 대립이 전개되었다.

냉전은 이미 포츠담회담에서 예견되었다. 미국대통령 트루만이 동유럽에서의 직각적인 자유선거를 요구하였을 때 스탈린은 '동유럽에서의 자유롭게 선출된 정부는 反소적일 것'이라면서 이를 거부하였으며, 동유럽국가들의 소련 위성국化는 여기서 이미 기정사실화되고 있었다. 1946년 그리스에서 공산주의자들의 반란이 일어나고, 소련이 터키에 압력을 가하자 트루만은 공산주의의 확대를 저지한다는 '봉쇄정책'(Containment Policy)을 세우고(Truman Doctrine) 그리스를 지원하여 공산반란을 진압시키고, 터키에도 원조를 제공하였다(1947). 이와 동시에 미국은 마셜계획(Marshalll Plan)을 발표하고 1948년부터 유럽에 대하여 대규모의 원조를 제공할 것을 제안하였다. 소련과 동유럽은 이를 거부하였으나 서유럽은 이를 받아들여 적극적인 경제부흥에 나섰다.

이에 대항하여 소련은 코민테른의 후신이라고도 할 수 있는 코민포름(Cominform : 공산당정보국)을 만들어 동유럽 공산국가들의 단합을 도모하였으며, 서유럽에서는 프랑스와 이탈리아의 공산당이 이에 참가하였다. 그리고 1948년 2월에는 1946년에 자유선거로 수립된 체코슬로바키아의 연립정부를 쿠데타로 타도하고 공산당 일당 지배정부를 수립하고 서부국경을 폐쇄하였다. 같은 해 美·英·佛 3국이 서독의 점령지구를 통합하고 새로운 공동화폐(DM)를 발행하기로 결정하자 소련은 베를린봉쇄를 감행하여 서독과 베를린간의 지상수송로를 차단하였다. 이에 대하여 미국은 공중수송으로 서베를린의 필요물자를 수송하여 1년 후인 1949년 6월에 소련은 베를린봉쇄를 해제하였다. 이러한 소련의 도발에 대하여 보다 더 효과적으로 대응하기 위하여 1949년 서유럽은 미국을 비롯하여 英·佛·벨기에·네덜란드·룩셈부르크의 유럽연합 5개국과 伊·葡·加·노르웨이·덴마크·아이슬란드를 포함한 12개국으로서 북대서양조약기구(NATO)를 결성하고(후에 터키·그리스·서독이 참가), 서독에 민주적인 독일연방공화국을 수립하였다. 이에 대하여 소련은 동독에 공산정권을 수립하고 동유럽 공산국가들로서 서방의 마셜계획에 대항하여 상호경제원조회의(COMECON, 1949)를 창설하는 한편, NATO에 대항하여 1955년에 소련을 중심으로 바르샤바조약기구(WTO)를 설립하였다. 이로써 유럽은 서로 대립하는 적대적인 두 진영으로 나누어졌다.

한편 아시아에서는 중국본토가 마오쩌둥(毛澤東)의 공산당지배 하에 넘어가고 자유중국정부는 타이완으로 이동하는 큰 변화가 일어났으며(1949) 1950년에는 북한이 남침을 감행하여 한국전쟁이 일어났다. 한국전쟁은 공산주의의 노골적인 침략근성을 드러낸 것으로 우리 나라는 큰 피해를 입었으나 다른 한편으로는 UN군의 개입을 비롯하여 자유진영의 결속을 촉진시켰다. 미국은 이를 계기로 국방력을 강화하는 한편 공산세계에 대하여 봉쇄정책으로부터 적극적인 반격정책(Roll Back Policy)으로 전환하였다. 그리하여 NATO산하에 유럽통합군을 창설하고 서독을 재무장시켜 이에 참가시키기로 하였다. 한편 미국은 아시아에서는 소련의 반대를 무릅쓰고 일본과 강화조약을 체결하고(1951) 美日 안전보장조약을 맺어 일본을 자유진영으로 끌어드렸다. 또한 미국은 오스트레일리아, 뉴질랜드, 필리핀, 그리고 우리 나라와 개별적으로 상호방위조약을 맺고, 1954년에는 동남아시아 방위조약기구(SEATO)를 결성하였다.

冷戰의 推移

냉전은 한국전쟁을 고비로 자유진영의 결속과 방위태세의 강화로 약간 누그러지는 듯이 보였고 스탈린이 죽은 뒤(1953) 소련의 실권자가 된 흐루시초프(Khrushchev)는 형식적으로나마 평화공존을 내걸었다. 그러나 1959년에는 베를린에서 다시 두 진영 사이에 위기가 조성되고 동독은 동서 베를린경계선에 견고한 장벽을 구축하였다(1961). 특히 카스트로(Castro)가 정권을 잡고 공산화된 쿠바에 소련의 미사일기지가 건설된 것을 계기로 미·소간에 위기가 고조되었으나(1962) 소련이 후퇴하여 미사일기지를 철수함으로써 위기가 해소되고 양국간에 핵전쟁을 회피하기 위한 협력관계가 서서히 조성되었다. 즉, 1963년에는 美·英·蘇의 3개국이 대기권 및 수중핵실험 정지조약을 맺고, 핵무기를 비롯한 전략무기의 제한에 관한 협의(SALT)를 거듭하였다.

냉전중심의 세계정세가 새로운 단계를 맞이하게 된 것은 1960년대 말로부터 70년대 초에 걸쳐서의 일이다. 1970년대에 이르러 긴장된 세계정세에 解永의 기운이 돌고 화해를 모색하는 단계로 접어들게 된 것은 오래 계속된 냉전상태에 사람들이 지치고, 자유진영의 공산침략을 방지하려는 굳은 결의와 방위태세 강화의 탓도 있지만, 공산세계내부의 변화와 미국의 외교정책의 전환에 따른 세계정세의 변화도 긴장완화의 중요한 요인이었다.

공산세계에서의 중요한 변화는 소련을 일종의 종주국으로 삼는 위성국체제에 대한 반항이 발생한 사실이다. 일찍이 티토(Tito)영도 하의 유고슬라비아는 코민포름을 이탈하여(1948) 공산체제를 유지하면서도 독자적인 노선을 걷게 되고, 1956년에는 폴란드와 헝가리에서 소련의 지배에 대한 반란이 발생하였다. 헝가리의 반란은 소련의 무력개입으로 곧 진압이 되었으나 그 후 소련중심의 경제협력체제 등을 벗어나 독자적인 노선을 걷고자 하는 경향은 더욱 강화되었으며 최근에는 폴란드에서 다시 소련의 간섭과 지배를 벗어날 뿐 아니라 공산체제 그 자체에도 수정을 가하려는 자유노조운동(Solidarity)이 발생하였다(1980). 한편 중국은 소련과 공산주의이념에 관하여 서로 상대방을 비난, 공격하더니 국경문제로 분쟁을 일으켜 대립하게 되고, 최근에는 중국과 미국의 관계가 급속하게 가까워지는 경향을 보이고 있다. 이러한 현상들은 공산세계가 다원화하고 있다는 것을 말해 주고 있다.

이러한 공산세계의 다원화현상과 더불어 미국의 외교정책 또한 크게 전환하였다. 즉, 1969년 대통령으로 취임한 닉슨(Nixon)은 이른바 '닉슨 독트린'을 발표하여 미국 외교정책의 일대전환을 시도하였다. 그 내용은 ① 지금까지 미국이 전담하다시피 한 자유와 평화수호의 임무를 다른 자유국가와 분담한다. ② 局地的인 분쟁에는 미국이 지상군의 파견과 같은 직접적인 개입을 회피한다. ③ 공산국가에 대해서도 강경책만이 아니라 융통성 있게 대처한다는 것이다 .이러한 새로운 외교정책에 따라 미국은 베트남에서의 철수를 시작하고, 중국의 국제연합가입을 승인하였으며, 1972년 초에는 닉슨이 중국을 방문하여 세계를 놀라게 하였다.

이리하여 1970년대의 세계는 오랜 냉전체제로부터 긴장완화(데탕트 : détente)의 단계로 접어드는 듯이 보였다. 그러나 공산세계의 위협이나 세력확대의 야망이 완전히 사라진 것은 아니었다. 1975년에는 오래 계속된 베트남전쟁이 미군의 철수와 더불어 종결되고 베트남이 공산베트콩의 수중에 들어갔을 뿐 아니라 인접한 라오스, 캄보디아마저 공산세력권으로 넘어감으로써 동남아시아에서의 공산세력은 크게 증대하였다. 뿐만 아니라 1978년에 소련이 아프가니스탄을 침공하는 불상사가 발생하여 미국을 비롯한 자유세계에 다시 경종을 울렸다.

中東과 이집트

서아시아로부터 북아프리카에 걸친 지역은 과거 사라센제국의 땅으로서 이슬람과 그 문화가 꽃피고 발전한 곳이었다. 따라서 이 광대한 지역은 이슬람이라는 종교와 아랍어라는 언어의 공통성을 갖고 있다. 뿐만 아니라 이 지역은 석유라는 중요한 자원을 풍부하게 가진 곳이기도 하며 수에즈운하의 개통 이래 동서교통의 요충을 차지하고 있다. 그렇기 때문에 19세기 이래 영국과 프랑스 등 유럽열강이 진출하였고, 석유가 중요한 에너지원과 공업원료로서 각광을 받게 되자 이 지역의 중요성은 한층 더 높아졌다. 그리하여 歐美先進國의 이 지역에 대한 관심도도 한결 더 높아지고 이해관계가 엉키게 되었으며, 20세기에 들어와서 이 지역의 토착민이나 원주민들 사이에 팽배해진 아랍민족주의의 물결은 이러한 歐美列強의 기득이권과 엉키면서 매우 복잡한 양상을 보이게 되었다. 특히 2차대전 후 이스라엘 공화국이 수립되면서 사태는 복잡상을 더하여 오늘날 중동지역은 가장 복잡하고 해결하기 어려운 문제를 안고 있는 지역으로 크게 부각되고 있다.

1차대전 후 영국의 위임통치령이 된 팔레스타인에는 이곳에 유대인의 建國을 건의한 발포어선언(Balfour Declaration, 1917)으로 유대인들의 이주가 날로 증가하

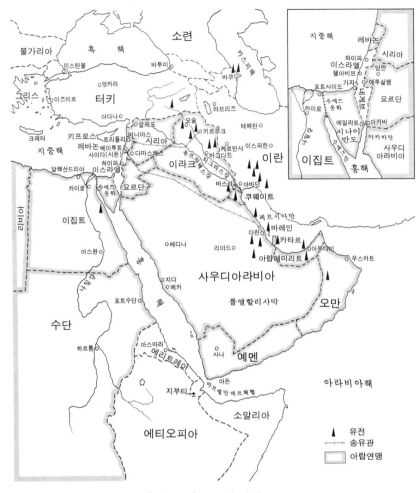

[지도 20] 중동의 정세

고 이에 따라 아랍인들의 적개심 또한 커졌다. 영국의 위임통치 기한이 끝나는
1948년 이스라엘(Israel)은 팔레스타인에서의 독립을 선언하고 아랍인들은 곧 이
스라엘을 공격하였다(제1차 중동전쟁). 이로부터 오늘에 이르는 장기간에 걸친 치
열한 아랍 대 이스라엘의 투쟁이 시작된 것이다. 이스라엘의 건국 후 유대인의 이
주자는 더욱 증가하고 그 영역도 넓어졌으며, 오랜 동안 그곳에 거주하던 약 100만
명이 넘는 아랍인들은 도망가거나 추방되어 팔레스타인 난민으로서 인접 아랍국
가에서 고달픈 피난민생활을 하게 되었다.

한편 프랑스의 위임통치 하에 있던 레바논(1945)과 시리아(1946)가 독립하고 영
국의 위임통치 하에 있던 요르단(Jordan) 또한 1949년에는 정식으로 독립이 인정
되었다. 이들 새로 독립한 국가들은 1945년에 이집트, 사우디아라비아(Saudi A-

rabia), 이라크(Iraq), 예맨(Yemen)이 결성한 아랍연맹(League of Arab States)에 가입하고, 그 후 리비아(Libya, 1953), 수단(Sudan, 1956), 튀니지와 모로코(1958), 쿠웨이트(Kuwait, 1961), 알제리(1962)가 이에 참가하였다.

아랍연맹국가 중 가장 인구가 많고(약 2,500만) 이스라엘에 대하여 공격적이었던 것은 이집트였다. 1952년 국왕 파루크(Farouk)를 추방하고 다음 해 공화국을 수립한 이집트는 새로운 지도자로서 군인출신의 나세르(Nasser)를 추대하였다. 그는 내정개혁과 더불어 대외적으로도 강경노선을 취하여 1956년 수에즈운하를 국유화하였다. 이에 영국과 프랑스, 그리고 이스라엘이 이집트를 공격하여(제2차 중동전쟁) 위기가 조성되었다. 이집트는 전쟁에서 패하였으나, 국제연합과 美·蘇의 비난과 반대에 봉착한 영국과 프랑스는 수에즈로부터 철수하고, 나세르는 아랍민족주의의 지도자로서의 지위를 굳혔다.

1967년 이집트가 이스라엘의 홍해로의 출구인 에이랏(Eilat)항구를 봉쇄하자 이스라엘은 전격적인 선제공격으로 이집트를 비롯한 아랍국가들을 6일만에 격파하고, 골란(Golan)고원, 시나이반도, 및 요르단강 서안지대(West Bank)와 예루살렘 구시가지를 점령하였다. 그리하여 적대관계가 지속되는 가운데 1973년 제4차 중동전쟁이 일어났으나 이번에도 이집트와 시리아는 패하였다. 그러나 아랍산유국들은 석유를 정치무기로 삼아 석유가격을 급격하게 인상하여 이스라엘을 고립시키려고 하였고, 세계경제는 큰 타격을 받았다.

1970년 나세르가 사망하고, 그 뒤를 이은 온건한 사다트(Sadat)는 소련의 군사고문단을 추방하여 나세르시대의 친소정책을 버리고 미국에 접근하였으며, 1974년에는 수에즈운하를 재개하였다. 1978년 사다트는 미국의 조정안을 받아들여 이스라엘과 평화협정을 맺었으나, 다른 아랍국가들은 이에 반발하여 이집트와의 관계를 단절하고 사다트마저 아랍 과격파에 의하여 암살되었다(1981).

레바논, 시리아, 요르단, 가자(Gaza) 및 요르단 강 서안지구로 흩어진 팔레스타인 난민들은 1964년 팔레스타인 해방기구(Palestine Liberation Organization : PLO)를 결성하여 이스라엘에 대하여 게릴라전과 테러행위를 전개하였다. 제3차 중동전쟁인 6일전쟁의 결과 100만명이 넘는 서안지구의 팔레스타인난민은 이스라엘의 직접적인 점령 하에 놓이게 되었는데, 1987년 연말 서안지구의 팔레스타인 청년들은 이스라엘군 병사와 이스라엘 정착민에 대하여 대규모 폭동을 일으켰다. 이렇듯 이스라엘의 건국 이래 지속된 적대관계는 PLO의장인 아라파트(Yasir Arafat)의 온건노선으로의 선회와 이스라엘에서의 온건파인 노동당의 라빈(Yitzhak Rabin)총리의 집권으로 1990년대 초에 화해의 길로 들어섰다. 그 결과 1993년 9월 워싱턴에서 이스라엘과 PLO는 서로를 인정하는 평화협정안을 발표하고, 구체적인 과정으로서의 자치협정이 1994년 5월(제1단계 자치협정)과 1995년 9월(제2단계 자치협정)에 각각 체결되었다. 그 사이에 1994년 10월 이스라엘은 요르단과도 평화협정을 체결하여 중동평화의 서광이 보이기 시작하였다. 그러나 이스라엘과 특히 PLO에는 자치협정에 반대하는 강경파와 과격파가 있어 진정한 중동평화의 실현에는 아직도 난관이 많다.[1] 한편 레바논에서는 1970년대에 그리스도교도와 이슬람교도 사이에 치열한 정권쟁탈을 위한 내전이 벌어졌다. 사태를 복잡하게 만든 것은 다수를 차지하는 이슬람세력 내에 파벌이 있고, 시리아와 PLO가 또한 개입하고 있으며, 이스라엘은 그리스도교세력을 지원하고 있다는 사실들이다. PLO는 시리아의 지원을 받아 남부 레바논을 이스라엘에 대한 테러공격의 기지로 삼고 있으며, 1982년 이스라엘은 남부 레바논을 공격하여 PLO를 축출하였다.

1941년 이래 팔레비(Pahlavi)왕의 통치 하에 있던 이란(Iran, 이전의 Persia)에서는 1979년 시잇트파(Shiites)의 망명지도자였던 호메이니(khomeini)의 혁명이 발생하여 그가 영도하는 이슬람 원리주의자 정부가 수립되었다. 1980년 호메이니와 이라크의 사담 후세인(Saddam Hussein)간의 패권 다툼에 국경분쟁이 곁들여 이란과 이라크 간에 전쟁이 발생하고, 1988년 국제연합의 중재로 휴전이 성립하였다. 다음 해 호메이니가 사망하고 그 후계자들은 미국과 유럽과의 관계를 개선하려 하고 있다.

1990년 8월 이라크의 후세인은 돌연 쿠웨이트(Kwait)를 침공하여 이를 점령하고 그 군대를 최대 산유국인 사우디아라비아 국경지대로 이동시켰다. 이에 미국은 국제연합을 통하여 이라크의 쿠웨이트로부터의 철군을 수차 요구하였으나 이라크가 이를 거부하자 UN의 결의에 따라 미군을 주로한 英·佛·시리아·이집트·사우디아라비아 등 20여개국 군대로 구성된 연합군을 편성하여 이라크군을 공격하고 1991년 2월 이를 쿠웨이트로부터 후퇴시켰다. 이 걸프전쟁(Gulf War)은 미국이 세계의 유일한 초강대국임을 입증하였으며 이라크의 후세인은 그의 권력을 유지하였으나 크게 약화되었다. 그리고 걸프전쟁의 뒤를 이어 1991년 10월에는 마드리드에서 이스라엘, 팔레스타인, 요르단, 레바논, 이집트 그리고 시리아 등이 중동평화회담을 개최하였다.

---

1) 현재 각 지역에 거주하는 팔레스타인인의 수를 보면 서안지구 116만, 가자지구 70만, 이스라엘 77만, 요르단 220만, 레바논 48만, 시리아 30만, 이집트 및 쿠웨이트 각각 7만, 사우디아라비아 18만 등이며 기타 걸프 연안국가와 미국 및 유럽 등지의 팔레스타인인의 수는 총계 640만명에 달한다. 朝鮮日報, 1995년 9월 29일자 6면에 의거.

대서양

모로코
(프)1956

튀니지
(프)1956

지중해

알제리
(프)1962

리비아
(이)1951

이집트
(영)1922

서사하라
(모로코령)

모리타니
(프)1960

말리
(프)1960

니제르
(프)1960

세네갈
(프)1960

감비아
(영)1965

기니비사우
(포)1973

기니
(프)1958

차드
(프)1960

수단
(영)(이집트)1956

에리트레아
1993

지부티(프)1977

코트디
부아르
(프)1960

부르키나파소
(프)1960

나이지리아
(영)1960

시에라리온
(영)1961

라이베리아

토고
(프)1960

베냉
1960

적도기니
1968

카메룬
(영)(프)

중앙아프리카공화국
(프)1960

에티오피아

소말리아
(이)1960

상투메프린시페(프)
1975

가봉
(프)1960

콩고
(프)1960

자이르
(벨)1960

르완다
(벨)1962

우간다
1962

케냐
(영)1963

카빈다

부룬디
(벨)1962

탄자니아
(영)1964

세이셸
(영)1976

인도양

코모로
(포)1975

독립전 통치한 국가

(영) 영국령
(프) 프랑스령
(이) 이탈리아령
(포) 포르투갈령
(에스) 에스파냐령
(벨) 벨기에령

앙골라
(포)1975

잠비아
(영)1964

말라위
(영)1964

모잠비크
(포)1975

마다가스카르
(프)1960

독립국
영국연방국가
프랑스공동체

연대는 독립한 년도

에리트레아 : 1952년 에티오피아와 합병
1993년 독립

나미비아
1990

짐바브웨
(영)1980

보츠와나
(영)1966

레소토
(영)1966

스와질란드
(영)1968

남아프리카
공화국 (영)1910

[지도 21] 오늘의 아프리카

아프리카의 新生國家들

제2차 세계대전 후 反제국주의와 反식민주의의 거센 바람이 아프리카에도 불어 닥쳐 과거의 유럽식민지들이 속속 독립을 달성하였다. 북아프리카의 아랍문화권에 속하는 리비아(1951), 모로코(1956), 튀니지(1957), 알제리(1962) 등이 일찍이 독립을 달성하고, 사하라 이남(Sub-Sahara)의 '검은 아프리카'에서도 1957년에 가나가 독립한 후 1960년에는 북・중부 아프리카에서 17개국이 독립하여 '아프리카의 해'를 구가하였으며, 1963년에는 이러한 신생 아프리카국가들의 상호 협력을 위한 아프리카통일기구(Organization of African Unity : OAU)가 조직되었다. 비교적 독립이 늦었던 모잠비크와 앙골라는 (1974~75) 포르투갈의 식민지로서 포르투갈이 이들 식민지를 본국의 연장이라고 주장하면서 독립을 강력하게 억제하였기 때문이다.

이탈리아의 식민지였다가 전후에 일찍이 독립한 리비아(Libya)는 국토의 90%

가 사막으로 가장 가난한 나라였으나 1959년에 광대한 유전이 발견되면서 경제발전이 이루어지기 시작하였다. 1969년에 극단적인 아랍민족주의자인 카다피(Quaddafi)가 영도자로 나서면서 외국의 석유회사를 국유화하고 汎아랍주의(Pan-Arabism)의 지도자로 자처하였다. 카다피 영도 하의 리비아는 또한 국제적 테러의 중심지가 되고 이를 저지하려는 미국의 공군기가 리비아의 도시와 군사기지를 폭격하였다(1986). 이라크와의 걸프전쟁 때 리비아는 대 이라크 연합군에 참가하지 않아 고립을 자초하고, 아랍세계의 통합을 지향하는 카다피의 범 아랍주의도 걸프전쟁으로 크게 약화되었다. 프랑스식민지였다가 독립한 모로코(Morocco, 1956)는 1975년에 에스파냐가 광석자원이 풍부한 서부 사하라를 포기하자 이의 병합에 나서 독립을 원하는 토착민세력(Polisario Front)과 장기간에 걸친 전쟁을 치렀다. 1988년 UN과 OAU의 중재로 휴전이 성립되었으나 90년대에 들어서서도 불안정한 상태가 지속되고 있다. 역시 프랑스식민지였던 알제리는 장기간에 걸친 독립전쟁 끝에 1962년에 독립하였으나 아직까지 국내의 안정을 되찾지 못하고 있다. 국제적인 유가하락, 물가앙등, 식량과 주택부족 등은 광범한 불안을 야기시키고, 젊은 층은 앞날에 대한 불안으로 이슬람원리주의로 기울어지고 있다. 이들 알제리의 이슬람원리주의자 집단은 매우 강력하여 그 위협이 증대하자 군사쿠데타를 유발하고, 군사위원회는 계엄령을 발포하여 이들에 대처하고 있으나 원리주의자들의 대항 또한 만만치 않다. 역시 프랑스식민지로서 1957년에 독립하여 공화국이 된 튀니지(Tunisie)는 부르기바(Bourguiba)의 영도 하에 북아프리카에서 가장 근대적이고 진보한 나라로 발전하였다. 부르기바는 평화애호가였고 협상을 존중하였으며 일찍부터 미국과 우호관계를 유지하였다. 1987년 그는 평화롭게 권좌에서 물러났다. 1992년 튀니지의 새로운 지도자들은 인접한 알제리의 이슬람 원리주의자들의 영향을 두려워하여 국내의 원리주의자들을 억압하기 시작하였다.

사하라사막 이남의 광대한 지역은 서아프리카의 적도지대, 중앙아프리카의 광대한 초원지대, 그리고 동아프리카의 비옥한 고지지역 등 지리적으로 다양할 뿐 아니라 2,000이 넘는 부족과 800이 넘는 언어가 존재한다. 유럽열강은 이러한 지리적 환경, 부족관계, 언어와 종교 등 재래의 전통을 완전히 무시하고 정치적 경계선을 설치하였으며, 제2차 세계대전 후 식민지가 독립하였을 때도 그 경계선은 그대로 유지되었다. 그리하여 서로 적대적이고 싸움을 되풀이하던 부족들이 독립 후 수립된 새로운 중앙정부를 차지하려고 반목을 거듭하게 되고, 그러한 상황 속에서 새로 독립한 아프리카의 정부들은 그들 시민에게 국민적 긍지와 통일감을 심을 수가 없었다. 이러한 어려움에 당면하여 아프리카의 민족주의 지도자들은 1인지배를 선호하였다. 뿐만 아니라 아프리카의 신생국가들은 경제성장의 지연으로 막대한 부채를 걸머지게 되고, 많은 사람들이 생활의 어려움과 기아, 그리고 빈곤에 시달리고 있다. 가장 오랜 역사를 지닌 에티오피아는 농업국가로서 가족이나 촌락의 필요만큼만 생산하는 생존농업이 주업이었다. 1974년 소련의 지원을 받은 군장교단이 황제를 타도하고 군사정부를 수립하였으나 그들이 제시한 개혁은 실효를 거두지 못하고, 내전과 이웃 소말리아(Somalia)와의 전쟁에 시달렸다. 1990년대에 들어서서도 에티오피아는 여전히 전쟁, 가뭄, 기아에 시달리고 있으며, 인접한 수단(Sudan)과 소말리아도 상황은 비슷하다. 케냐(Kenya)는 1963년에 독립하여 공화국이 된 후 정치적 안정과 경제성장으로 아프리카의 모범적인 국가가 되었다. 그러나 경제성장이 농산물수출에 의존한 결과 국내식량이 부족해지고, 실업자의 증가와 굶주림으로 사회불안이 커지고 있다. 1962년 영국식민지에서 독립한 우간다(Uganda)는 곧 남북으로 분열되어 심한 내전을 겪고 1980년까지 잔혹한 독재자의 공포정치에 시달렸다. 새로운 정부는 부흥계획을 시작하고 민주적인 선거도 약속하였으나 그 결과는 아직 미지수이다. 1964년에 독립국가를 형성한 탄자니아(Tanzania)는 사회주의 정책을 실시하여 은행과 공장을 국유화하고 집단농장을 건설하였다. 그러나 혹독한 가뭄과 집단화에 대한 농민의 반대로 1980년대 말에 사회주의정책을 포기하고, 탄자니아는 자유로운 시장경제로 돌아섰다.

벨기에령 콩고였던 자이레(Zaire)는 1960년에 독립한 후 11년간이나 격심한 혼란과 내란에 시달렸다. 1971년에 군부지도자 모부투(Mobuto)가 정권을 장악하고 발전을 시도했으나 풍부한 광산자원이 제대로 활용되지 않고 국가의 채무만 증가하였다. 1990년대 초에 모부투는 군사정권의 종식을 약속하였다. 서아프리카 해안지대의 광대한 나라인 나이지리아(Nigeria)는 1960년에 영국으로부터 독립하여 4개 자치지역으로 구성되었으나 1967년에 그 중 두개 지역이 내전상태로 들어갔다. 1970년에 내전은 종식되었으나 그 동안 주로 기아로 200만명이 사망하였다. 나이지리아는 산유국이지만 유가하락으로 경제난이 가중되고 군사정부는 1993년에 자유롭게 선출된 민간정부에 정권을 이양할 것을 약속하였으나 그 약속은 1998년으로 다시 연기되었다.

일찍 독립한(1957) 가나(Ghana)의 지도자가 된 엔크루마(Nkrumah)는 학교, 병원, 알미늄공장, 수력발전소, 대학 등을 건설하고, 이러한 교육계획에 따라 문자해독률도 증대하였으나 이 과정에서 부채를 지기도 하였다. 1966년 군부쿠데타로 엔크루마는 실각하고 그 후 독재정치가 계속되었다. 가나에서 보듯이 독립과 더불어 민주정치에 대한 기대가 부풀었으나 정치적 갈등, 부족간의 대립, 빈부의 격차 등으로 그러한 기대가 무산되고 일인지배의 독재정치로 결말지어지는 것이 아프리카 신생국의 하나의 유형이며, 이 유형을 깨뜨리기가 어려운 것이 아프리카의 현실이다. 전에 로데시아(Rhodesia)였던 짐바부에(Zimbabwe)는 장기간에 걸친 백인입식자와의 격렬한 게릴라전 끝에 1980년에야 완전한 독립을 달성하였다. 지도자로 나선 무가베(Mugabe)는 마르크스주의자이지만 온건한 노선을 택하고 정치적 통합에 힘썼으며 토지분배도 서서히 진행시켰다. 그 결과 짐바부에는 아프리카에서도 모범적인 농업국가가 되었으나 1992년 격심한 한발이 짐바부에의 곡물을 파괴해버리고 무가베는 식량, 돈, 그리고 의료품의 원조를 호소하였다.

남아프리카공화국은 아프리카 남단에 위치한 농업과 산업이 발달한 근대국가로서, 다이아몬드와 금을 비롯하여 망간, 석면, 안티모니, 바나듐, 텅스텐 등 귀중한 자원의 산지이기도 하다. 그러나 이곳에서는 전주민의 18%밖에 되지 않는 네덜란드인(보어인)과 영국인 후손인 백인이 철저하고 엄격한 인종차별정책(apartheid)으로 흑인을 지배해 왔다. 이 南阿共의 인종차별은 흑인주민의 격렬한 반항은 물론이지만 UN을 비롯한 전세계의 강한 비난을 받아왔으나 철폐는 물론이요, 좀처럼 누그러지지 않았다. 그러다가 1980년대 말 무렵부터 약화되기 시작하여 1992년에 악명높은 남아공의 인종차별이 철폐되었다. 1993년에 실시된 선거에서는 27년간의 옥고를 치르고 1990년에 석방된 ANC(African National Congress)의 지도자 만델라(Nelson Mandella)가 대통령으로 선출되어 새로운 출발을 하게 되었다.

제 1 차 세계대전 후 남아공에 편입되어 인종차별도 실시하던 나미비아(Namibia)는 장기간에 걸친 격렬한 게릴라전 끝에 1990년에 독립을 달성하고, 풍부한 광업자원개발에 박차를 가하고 있다. 나미비아 바로 북쪽에 위치한 앙골라(Angola)는 뒤늦게 1975년에 포르투갈로부터 독립한 이래 쿠바의 지원을 받는 마르크스주의 집단의 정부와 미국의 지원을 받는 UNITA(National Union for Total Independence of Angola) 사이에 17년간이나 격렬한 내전이 계속되었다. 그 동안의 인명피해는 적어도 35만명에 달할 것으로 추산된다. 1990년대 초 냉전의 해소와 더불어 쿠바가 철수하고 1991년에 앙골라정부와 UNITA 사이에 평화협정이 맺어졌으나 2년이 안되어 평화는 깨어지고 내전이 재발하였다.

1960년대로부터 독립한 사하라 이남의 '검은 아프리카'(black Africa)의 수많은 신생국가들은 그 대부분이 지금에 와서도 정치적 안정을 찾지 못하고, 정변과 부족간의 전투에 시달리고 있다. 통치형태는 소수를 제외하고는 일인독재이며, 대부분의 주민은 문맹에다 매우 가난한 반면, 부유한 지배층과 관리는 부패하고 낭비가 심하다. 독립 후에도 전식민국가의 음양으로의 영향력이 남아있으며, 미국과 소련의 세력도 새로 개입하여 新식민주의의 도래라는 아프리카인들의 한탄을 자아내고 있다. 르완다(Rwanda)에서 볼 수 있듯이 아직도 부족간의 대립이 격심한 반면, 산업화의 진전에 따라 도시화가 진척되고, 농촌으로부터 도시로 이주한 젊은층은 아프리카의 전통적인 생활과 가치관을 상실하고 뿌리없는 세대로 전락하고 있다. 인구증가율은 세계에서 가장 높은 편이며, 질병과 가뭄, 기근 등의 天災와 내전이나 정변의 人災로 수많은 인명이 손상되고 난민이 발생하고 있다. 이러한 아프리카의 고난이 언제까지 계속될 것인지 현재로서는 아무도 단정적으로 말할 수 없는 상황이다.

제3세계의 형성

20세기 특히 제2차 세계대전 후의 아시아·아프리카의 각성과 민족주의의 발전, 이에 따른 반제국주의와 반식민주의의 물결은 현대사의 가장 크고 중요한 흐름의 하나다. 이러한 세계사의 흐름에 따라 전후 20년간에 아시아에서 20개국, 아프리카에서 33개국, 도합 53개의 신생독립국가가 탄생하고 70년대 초에는 그 수가 60개국을 넘게 되었다.

이러한 신생국가들은 과거 유럽과 미국의 식민지 내지 반식민지였으며 현재 그 대부분이 빈곤한 개발도상국가라는 점에서 공통점을 갖고 있다. 그리하여 그들은 라틴 아메리카 여러 나라까지도 포함하여 국제정치에서는 美·蘇 두 나라의 냉전에 휘말려들지 않고(비동맹) 독자적인 노선을 택하면서 경제면에서는 후진적인 남과 선진적인 북의 괴리와 경제적 격차를 줄일 것을 목표로 삼고 있다.

이러한 아시아·아프리카의 신생국가를 중심으로 한 나라들을 미국중심의 제1세계와 소련중심의 제2세계에 대비시켜 제3세계 내지 제3세력이라 하며, 그들이 또한 비동맹을 내걸고 있기 때문에 비동맹국가라고도 부른다. 이러한 제3세계의 태동은 1954년의 콜롬보(Colombo)회의였다. 즉, 인도·버마·인도네시아·파키스탄·실론(스리랑카)의 5개국이 콜롬보에서 회의를 갖고 미국과 소련의 대립에 관여하지 않는 평화세력(제3세력)임을 확인하는 한편 그 세력을 결합하기 위한 아시아·아프리카회의를 소집하기로 한 것이다. 이 결정에 따라 다음 해에 인도네시아의 반둥(Bandung)에서 분단국을 제외한 아시아·아프리카의 29개국이 회의를 열게 된 것이고 이에 이른바 제3세계가 탄생하였다.

1955년의 반둥회의에 참가한 나라들의 국내사정이나 독립의 유래와 역사는 저마다 달랐지만 아시아·아프리카의 기본문제에 관해서는 공통된 입장을 취할 수 있었다. 즉, 참가국들은 반식민주의와 반인종주의, 그리고 국제연합가입이라는 점에서 의견의 일치를 보았고, 국제적 분쟁의 평화적 해결과 상호간 및 세계 다른 지역과의 경제적 협력을 제창하였다. 반둥회의에서 탄생한 제3세계 내지 비동맹국가의 수는 점차로 증가하여 제2차 아시아·아프리카회의 때는 40여개국이 참가하고(1957), 1973년의 제 4 차 비동맹국회의에는 73개국이 참가하였다.

이러한 제 3 세계의 등장은 국제연합에서의 세력분포에 큰 변화를 일으키고 국제정치의 판도에도 영향을 미치고 있다. 특히 초기의 정신과는 달리 한때 중공이나 쿠바와 같은 공산국가가 이에 파고들어 공산세력의 외곽단체와 비슷한 감을 준 경우도 없지 않았다. 그리하여 미국을 비롯한 자유진영의 선진국이 이에 영향을 미치고자 노력하게 되고 또한 비동맹국 중에 상당수가 반드시 공산주의를 환영하지 않고 국내정세가 저마다 달라 그 단결력은 점차로 약화되고 특히 냉전의 해소 이후에는 그러한 추세가 더욱 두드러지고 있다.[2]

제 2 절　전후 유럽의 復興과 發展

유럽의 재건

제 2 차 세계대전 후의 서유럽의 경제상태는 비참하였다. 입에 풀칠하는 것 자체가 문제였고 물가는 계속 앙등하였으며, 암시장이 번창하였다. 1946년 파리에서의 빵 배급은 나치점령 하인 1942년과 비슷하였고, 1946년에 영국은 영국역사상 처음으로 빵 배급을 실시하였다. 1946년의 프랑스와 이탈리아의 생산고는 제 2 차 세계대전의 절반밖에 되지 않았고, 많은 사람들이 이제 유럽은 끝났다고 믿었다.

전승국의 사정이 이러할진대, 패전국 독일의 고난은 가히 짐작하고 남음이 있다. 소련의 국경선이 서쪽으로 이동하고 폴란드는 그 보상으로 독일의 영토를 획득하였다. 그 결과 1,300만명의 동독주민들이 추방되고, 다른 동유럽국가들로부터 추방된 독일난민들이 축소된 독일영토로 몰려들었다. 소련은 배상으로서 독일내 공장과 설비를 반출하고 철도까지 뜯어갔다. 1946년 공장지대인 루르지방의 평균 식사는 두쪽의 빵, 한쪽의 마가린, 약간의 수프, 그리고 두 개의 작은 감자였다.

2) 제3세계의 歐美先進國家에 대한 반발은 국제정보의 새로운 질서요구에도 나타나 있다. 유네스코의 조사에 의하면 중국과 일본을 제외하면 미국의 AP, UPI, 영국의 로이터, 프랑스의 AFP 등 4大통신사가 아시아, 아프리카 및 라틴 아메리카에서 인쇄 내지 방송되고 있는 뉴스의 90%를 장악하고 있는 것으로 나타났다. 제 3 세계는 1970년대부터 이러한 상황의 시정을 요구하고 나섰으며, 1978년 유네스코 20차총회에서는 이러한 제 3 세계의 요구를 반영하여 '신국제정보질서선언'이 채택되었다. 韓相範, "第3世界의 挑戰", 盧明植·李光周 編,《20世紀現代社》, 1981, pp. 255~256 참조. 유네스코의 이러한 좌경화 내지 제 3 세계로의 경사에 미국은 최근 유네스코로부터의 탈퇴를 선언하는 등 강한 반발을 보이고 있다.

1946년부터 47년에 걸친 겨울은 유난히 추었고, 기아상태가 광범하게 확산되고 있었다. 1947년 봄에는 피난민이 들끓고 굶주리며 의기소침한 독일은 거의 완전한 붕괴직전의 상태였으며, 나머지 유럽국가까지도 붕괴시킬듯 싶었다.

　그러나 서유럽은 끝나지 않았다. 나치의 점령과 전쟁은 낡은 생각과 옛 지도자들을 불신하게 하였다. 서유럽 전체에서 새롭고 보다 더 나은 유럽건설을 위한 변혁과 실험이 환영을 받았다. 새로운 집단과 정당, 그리고 새로운 지도자가 전면에 나서서 유럽의 변혁과 재건을 주도하였다. 그 중 진보적인 가톨릭과 부활한 가톨릭정당, 즉 기독교민주당의 진출과 활동이 현저하였다. 이탈리아에서는 전후 최초의 선거에서 기독교민주당이 제 1 당이 되고 1948년에는 절대다수를 차지하여 정치적 민주주의와 경제재건, 온건한 사회개혁을 추진하였다. 프랑스에서도 가톨릭계통 정당에서 쉬망(Schuman)과 같은 전후의 새로운 지도자가 나오고, 서독에서는 1949년에 기민당의 아데나우어(Korad Adenauer)의 장기집권이 시작되었다. 사회주의자와 공산주의자들도 전쟁 중의 레지스탕스운동으로 유력해졌으며, 특히 프랑스와 이탈리아에서 그러하였다. 그들 또한 사회변혁과 경제개혁에 공헌하였다.

　유럽의 경제적 부흥의 도화선이 된 것은 미국의 마셜계획(Marshall Plan)이었다. 제1차 세계대전 후와는 달리 제2차 세계대전 후 미국은 냉전에서의 지도적 역할을 담당하고 공산주의 위협에 대항하여 서유럽에 대규모 경제원조와 군사적 보호를 제공하였다. 즉, NATO를 통하여 서유럽에 미군이 주둔하고 핵우산을 제공하였으며, 1948년부터 5년간 마셜계획을 통하여 총액 약 225억달러에 달하는 방대한 경제원조를, 그것도 차관이 아니라 주로 증여형식으로 제공하였다. 그 결과 1948년부터 피폐하였던 유럽경제가 회복하기 시작하고, 1950년에 발발한 한국전쟁의 자극을 받아 유럽은 급속하고 지속적인 경제발전기로 접어들고 그것은 1960년대 말까지 계속되었다. 1963년에 서유럽은 제2차 세계대전 전의 2배 내지 1.5배의 생산고를 자랑하는 경제적 '기적'을 달성하였다.

　이러한 경제적 기적의 요인으로서는 미국원조를 으뜸으로 꼽아야 할 것이다. 미국은 전쟁종결 후 빠른 시일 내에 원조를 시작하고, 유럽은 손상된 공장의 수리에 필요한 설비를 미국으로부터 받고 필요한 경우 새로운 특수한 공장설립의 지원을 받았다. 그리고 미국은 경제원조의 최대한의 효과적 운영을 위하여 분배의 조정과 협동을 요망하였고 그 결과 유럽은 협동과 교역의 장애물을 빨리 제거하여 건전한 경쟁을 수반한 경제적 자유주의와 국제적 분업을 촉진시켰다.

　전후에 서유럽국가들은 정책의 기본목표를 경제성장에 두고, 이를 위하여 독창적 정책을 개발하는 등 전력을 기울였다. 이 점에 있어 독일과 프랑스의 경우가 특히 현저하였으며, 다른 국가에도 많은 영향을 미쳤다. 독일은 경제장관 에르하르트(Ludwig Erhard)의 지도 하에서 나치시대의 완전한 통제경제를 폐기하고 히틀러시대의 광범한 사회복지망을 그대로 유지한채 자유로운 시장경제로 전환하였다. 에르하르트는 먼저 화폐개혁을 단행하여 독일의 마르크貨(DM)를 안정시키고, 1948년에 식량배급과 가격통제를 폐지하여 이윤의 비약적 증대를 도모함으로써 기업가로 하여금 고용증대와 생산증가를 시도하게 하였다. 그 결과 1950년대 말 독일은 번영하는 경제, 완전고용, 강력한 화폐, 그리고 안정된 가격을 유지하게 되었다. 이른바 '라인강의 기적'이 일어난 것이다. 이러한 독일의 성공은 새삼스럽게 자유시장을 토대로 한 자본주의와 보다 더 자유로운 교역에 대한 존경심을 다른 유럽국가들 사이에 환기시켰다.

프랑스의 경우 주된 혁신은 새로운 종류의 계획경제로 이루어졌다. 쟝 모네(Jean Monnet)의 지도 하에 설립된 경제계획위원회는 대은행, 보험회사, 공공시설, 탄광, 르노(Renault)자동차회사 등을 국유화하고 프랑스 경제의 야심적이며 융통성있는 목표를 설정하였다. 마셜계획의 원조금과 국유화된 은행으로 하여금 기간산업에 집중투자하는 한편, 위원회와 정부관료는 私기업을 장려하고 '크게 생각'할 것을 권고하였으며, 원래 신중한 프랑스의 기업인들이 이에 호응하여, 새로운 시설과 근대적 공장에 대대적으로 투자가 이루어졌다. 프랑스는 이와 같이 융통성있는 유연한 계획과 국가 및 私경제의 혼합으로 유례없는 급속한 경제발전을 성취하여, 1950년대와 60년대를 통하여 실업이 거의 없어지고 일반시민의 생활수준이 극적으로 향상되었다. 프랑스도 경제적 '기적'을 달성한 것이다.

유럽의 부흥을 가능하게 한 다른 요인으로서 서유럽 대부분의 국가들에 저임금으로도 열심히 일하고 보다 나은 미래에 대한 희망을 가진 수많은 남녀가 존재하고 있었다는 사실을 들 수 있다. 독일에는 수백만 명의 가난한 피난민이 있었고, 프랑스와 이탈리아에는 아직도 수백만 명의 가난한 농민이 있었다. 말하자면 인적 자원이 풍부하였던 것이다. 이에 反하여 충분히 도시화된 영국에는 농촌노동력의 예비군이 없었으며, 이러한 예비노동력의 결여와 급속한 성장보다 '公正한 分配'를 강조하는 복지사회주의로 말미암아 영국은 전후의 경제발전이 지연되었다. 그리고 1945년에 피폐한 유럽은 그래도 아직 선진산업사회의 기술인력을 풍부하게 보유하고 있었다. 수많은 숙련공, 기술자, 관리자, 전문가들은 무엇이 가능하고, 무엇을 해야만 하는가를 잘 알고 실천하였던 것이다.

1920년대 말 이래 많은 소비재가 발명되고 개량되었으나, 세계공황중이나 대전 중에 이를 구매할 사람은 적었다. 1945년에도 전기냉장고, 전기세탁기, 자동차 등은 아직도 희귀한 사치품이었다. 그러므로 이러한 가전제품에 대한 거대한 잠재적 수요가 있었으며, 전후 유럽의 경제체계가 이를 충족시키는 방향으로 움직인 동시에 과학과 기술의 눈부신 발달은 새로운 수요를 창출하고 또 이를 충족시켰다. 끝으로 1919년 이래 유럽국가들은 고율관세와 소규모의 국가단위 시장에 시달리고, 공장운영도 소규모이고 따라서 非효율적이었다. 그러나 전후에 서유럽국가들은 이러한 경제적 장벽의 많은 것을 제거하고 점차로 대규모의 통합된 시장, 즉 유럽공동시장(Common Market)을 창조하였으며, 이는 경제만이 아니라 유럽의 전반적인 통합을 자극하였다.

유럽의 統合

서유럽은 전후에 경제적으로 기적과도 같은 부흥을 성취했을 뿐 아니라 정치적으로도 크게 발전하였다. 제1차 세계대전 후의 민주주의의 발전은 실질적인 발전과 형식적인 확대가 혼합되어 있었으나 제2차 세계대전 후에는 실질적인 발전과 확대가 이루어졌다. 프랑스, 서독, 이탈리아에서 민주적인 공화국이 재건되고, 벨기에, 네덜란드, 노르웨이에는 민주적인 입헌군주가 복고하였다. 이 모든 국가에서 민주적 정부가 뿌리를 내리고 발전하였으며, 서독에서는 미국이나 영국의 경우처럼 양당제가 발전하고, 프랑스와 이탈리아는 다당제였으나 중간노선을 표방하는 기독교민주당과 사회주의정당이 정치를 주도하였다.

그러나 이보다 더 주목되는 것은 아직 未完이고 계속되고 있는 유럽통합의 움직임이다. 1·2차 세계대전의 근본원인이 과장된 협소한 민족주의였다는 반성과 함께 미국과 소련과 같은 초강대국(super power)에 비하여 유럽의 개별국가들이 매우 미약하며, 미·소에 의하여 유럽은 분단되어 냉전의 싸움터가 되었다는 인식이 유럽통합운동의 밑바닥에 깔려 있었다. 유럽이 통합하여 하나의 초강대국이 됨으로써 스스로의 운명을 통제하고 국제무대에서의 발언권을 회복할 수 있을 것이라는 기대감도 통합의 숨은 촉진제가 되었다.

그러나 통합운동의 직접적 계기가 된 것은 마셜계획이었다. 마셜계획의 원조금 배분과 효율적인 운영을 위하여 유럽경제협력기구(OEEC)가 창설되고(1948) 그 기구는 비약적 발전을 계속하여 1960년에는 유럽경제협력개발기구(OECD)로 개편되었다. 이와 더불어 1948년에 유럽의 정치적 통합을 이룩하기 위하여 유럽의회(Council of Europe)가 또한 창설되었으며, 통합주의자들은 이것이 주권을 가진 진정한 유럽의회가 되기를 원하였다. 그러나 영국이 주권의 양도를 거부하고 대부분의 국가들도 주저하여 유럽의회는 다국간의 단순한 토론장이 되어 버렸다.

이렇듯 통합에 대한 정치적 접근이 실패하자 경제적 통합의 길이 모색되었다. 그리하여 1950년 프랑스의 쉬망의 제안에 따라 석탄과 강철의 공동생산과 공동판매를 목적으로 한 기구(ECSC : European Coal and Steel Community)가 프랑스, 서독, 이탈리아, 벨기에, 네덜란드, 룩셈부르크의 6개국의 참가로 발족하였다.
그 결과 이 6개국간에 상호 무관세로 석탄과 강철이 유통되게 되고, 프랑스와 독일
간의 난제였던 자르문제가 서독으로의 귀속으로 해결되었다(1955). 이러한 성공에
힘입어 ECSC의 6개국은 1957년 로마조약으로 유럽원자력공동체(EURATOM)
와 유럽경제공동체(European Economic Community : EEC)를 새로 출범시켰
다. EURATOM은 에너지의 안정된 공급과 원자력의 공동연구 및 개발을 목적으
로 삼고 있으며, EEC는 회원국간의 모든 관세를 점진적으로 철폐하고, 자본과 노
동의 자유로운 이동을 가능하게 함으로써 거대한 자유무역지대를 형성하려는 것
으로서 유럽의 공동시장(Common Market)으로도 불리워진다. 이 EEC의 발족
은 통합을 위한 획기적인 전진으로서 유럽공동시장은 1960년대에 독자적인 외교
노선을 추구한 프랑스의 드골(De Gall) 대통령(재임 1958~69)이 1963년과 1967년
두번에 걸쳐 영국의 가입을 거부하여 좌절을 겪기도 했으나 총체적으로는 큰 성공
을 거두었다. 경제적 통합을 위한 거대한 첫걸음이었던 EEC는 그 후 보다 더 넓은
통합을 위하여 유럽공동체(EC)로 발전하고 회원국도 종전의 6개국 외에 영국, 아
일랜드, 덴마크, 그리스, 에스파냐, 포르투갈이 참가하여 12개국으로 불어났다.
1991년 EC의 지도자들은 네덜란드의 마스트리히트(Maastricht)에서 회합하여
통화의 단일화, 공동방위 및 공동외교정책 추구 등에 합의하고 1993년에 EC는 유
럽연합(European Union : EU)으로 확대 강화되어 진정한 유럽통합을 위하여 새
로운 출발을 하게 되었으며 최근에 오스트리아, 핀란드, 스웨덴이 새로 가입하여
회원국은 15개국이 되었다.

植民地의 상실

유럽열강은 16세기 이래 계속하여 전지구상으로 팽창하였으며, 그러한 팽창과
식민지화는 19세기 말로부터 20세기 초에 걸쳐 절정에 달하였다. 말하자면 16세기
이래 20세기 초까지의 세계사는 유럽의 일방적인 전지구상으로의 팽창과정이었
다. 그러나 제 1차 세계대전 후 상황은 달라졌다. 거의 모든 식민지에서 민족해방
과 독립운동이 팽배하게 일어나고 제 2차 세계대전 후 거의 모든 식민지가 독립을
달성하였다. 말하자면 20세기 초까지의 유럽의 일방적인 팽창에 대한 非유럽세계
의 반격이 시작되고 제 2차 세계대전 후 그 반격은 성공을 거두었으며, 이는 20세
기 세계사의 가장 중요한 흐름의 하나였다. 사실 제 2차 세계대전으로 피폐하고 약
화된 유럽의 식민지제국은 식민지의 해방과 독립의 요구 앞에 우아하게 후퇴하거
나 성공의 가능성이 희박한 위험한 재정복에 나서는 수밖에 없었다. 이러한 脫植
民地化(decolonization)로 식민지를 상실한 가운데 유럽이 기적과 같은 경제부흥

을 달성하였다는 것은 놀라운 일이며 크게 주목해야 할 일이다. 레닌을 위시하여 마르크스주의자들은 식민지를 자본주의 발전, 아니 나아가서 자본주의의 死活의 조건이라고 주장하였으나 제2차 세계대전 후의 탈식민지화는 그렇지 않다는 것을, 즉 자본주의의 발전에 반드시 식민지가 필요한 것은 아니며, 식민지없이도 자본주의는 발전할 수 있다는 것을 입증한 것이다.

탈식민지화는 동남아시아로부터 시작되었다. 1947년에 인도와 파키스탄이 영국으로부터 독립하고 半식민지상태에 있던 중국에서는 중국공산당이 국민당에 승리하여 외국세력을 일소하였다. 1946년 필리핀이 미국으로부터 독립하고, 1948년 스리랑카(실론)와 미얀마(버마)가 영국으로부터 독립하였으며, 1949년에는 네덜란드의 재정복의 시도를 분쇄하고 인도네시아가 독립하였다.

서남아시아, 즉 중동지역에서도 아랍민족주의가 열매를 맺어 수많은 아랍국가가 독립하고 팔레스타인에 건국한 이스라엘과 여러 차례에 걸친 중동전쟁이 일어났다. 이집트의 나세르는 1956년 수에즈운하의 국유화를 단행하고 英·佛과 이스라엘의 이집트공격은 국제여론의 악화와 미·소의 압력으로 실패로 돌아갔다. 이 사건을 계기로 이 지역에서의 영국과 프랑스의 영향력이 제거되었다.

영국은 점진적인 탈식민지정책으로 식민지들의 독립을 허용하였으나 프랑스는 베트남과 알제리에서 큰 시련을 겪었다. 佛領 인도차이나에서는 프랑스군이 호치민이 영도하는 신생 베트남공화국과 7년간이나(1946~54) 치열한 전투를 벌인 끝에 디엔비엔푸에서 패하였으며, 이로써 동남아시아에서의 프랑스의 영향력은 사라졌다. 이 쓰라린 경험에도 불구하고 프랑스는 다시 알제리를 포기하지 않으려고 온갖 노력을 기울이고 전쟁을 수행하였으나 1962년 드골 대통령은 결국 알제리를 포기하였다. 포르투갈도 아프리카에서 앙골라와 모잠비크를 유지하기를 원하여 장기간에 걸친 전쟁을 수행하였으나 1975년 앙골라와 모잠비크는 독립하였다. 아프리카에서의 영국식민지는 비교적 순조롭게 독립하였고 프랑스는 1960년대에 독립한 식민지와 경제적 문화적 유대를 유지하는데 성공하였고, 유럽의 다른 열강들도 프랑스의 예를 따랐다. 이에 대하여 일부 급진세력은 유럽열강이 새롭게 구식민지에 대한 경제적 지배를 영구화하려 한다며 '新식민주의'(neocolonialism)라고 비난하였다.

戰後의 美國과 캐나다

제2차 세계대전 후 미국은 역사상 최대의 번영기를 맞이하였다. 실업이 소멸하고 개인소득은 배가되었다. 전시경제의 평화산업으로의 전환이 순조롭게 진행되고 경제성장 또한 견고하게 지속되었다. 냉전의 공포가 없지 않았으나 경제적 번영이 국내생활을 만족시켰다.

1960년대까지 국내정치는 현상유지에 약간의 조정을 가하는 선에서 진행되었다. 트루만 시대(재임 1945~53)에 사회보장 혜택이 증대하고 주택건설에 대한 보조금지급이 결정되었으며, 최저임금도 인상되었다(Fair Deal정책). 1960년대에 들어서면서 케네디 대통령(재임 1961~63)이 등장하여 New Frontier정책을 내걸고 미국에 새로운 활력을 불어넣는 듯이 보였으나 암살되고 말았다. 그는 쿠바에 미사일기지를 설치하려던 소련의 시도를 좌절시키고, 오랫동안 미국사회의 어려운 과제였던 인종문제 해결에도 착수하였으나 암살로 성과는 거두지 못하였다. 이보다 앞서 흑인옹호단체인 NAHCP(National Associations for the Advancement of Colored People)는 1954년 대법원으로부터 학교교육의 분리는 부당하다는 판결을 얻어낸 바 있었다. 케네디의 뒤를 계승한 존슨(재임 1963~69)은 공직과 기타 직업에서의 차별을 폐기하는 시민권법(Civil Rights Act, 1964)과 모든 흑인에게 투표권을 보장하는 투표권법(Voting Rights Act, 1965)을 제정하여 인종문제 해결에 크게 기여하였다. 이와 더불어 존슨은 60년대 중반에 '빈곤에 대한 무조건전쟁'을 선언하고 전미국인을 상대로 빈곤퇴치계획을 실시하여 미국도 복지국가의 모습을 갖추고 미국의 사회보장지출이 유럽수준으로 증가하였다.

그러나 존슨의 베트남전쟁에의 본격적인 개입은 미국을 깊은 수렁 속으로 빠져들게 하였다. 여론은 反戰으로 기울고 강렬한 반전 데모와 항의가 잇다랐고, 재정적 부담은 가중되었다. 뿐만 아니라 1968년 흑인지도자인 킹 목사(Reverend Martin Luther King)와 암살된 케네디 대통령의 동생 로버트 케네디(Robert F. Kennedy)가 암살되어 미국의 정치, 경제, 도덕성에 큰 상처를 입혔다. 이에 닉슨 대통령(재임 1969~74)은 외교정책의 일대전환을 꾀하여 타이완 대신 중국의 UN 가입을 승인하고 1972년에는 직접 중국을 방문하였다. 그리고 베트남휴전을 성립시켜(1973) 베트남으로부터 미군을 철수시켜 베트남의 수렁으로부터 빠져나왔으나 베트남에는 통일공산정권이 수립되었다(1975). 닉슨은 재선에 성공하였으나, 1972년의 선거 때 민주당 본부에 도청장치가 설치되었던 것이 뒤늦게 발각되고, 이에 닉슨이 관련된 것으로 판명된 워터게이트(Watergate) 사건으로 1974년 닉슨은 사임하였다. 때마침 유가파동으로 에너지부족에 물가앙등과 실업의 증가가 겹쳐 70년대 후반에 미국은 침체상태에 빠졌다. 강력한 미국의 재건을 부르짖고 군사력을 강화한 레이건(Reagan, 재임 1981~88)시대에 경기는 약간 호전되었으나 누증되는 재정적자는 다음 부시(Bush, 1989~92)행정부에도 심각한 부담이 되었다. 때마침 소련이 소멸하여 냉전이 종결되어 부시는 군사력의 25% 삭감을 제안하였으나 그것으로 초래될 실업의 우려 때문에 별로 인기는 없었다. 1990년 이라크의 쿠웨이트 침공을 응징하기 위한 걸프전쟁에서 미군을 주력으로 삼은 다국적군이 신속하게 이라크군을 격파하고 쿠웨이트의 독립을 회복시킴으로서 부시의 인기는 일시적으로 회복되고 미국이 세계유일의 초강대국이라는 사실을 입증하여 미국민의 자부심을 만족시켰다. 그러나 부시는 재선에 실패하고, 대통령에 당선된 클린턴(Clinton)은 방대한 무역적자와 재정적자의 해소 등 국내문제의 해결에 주력하면서 초강대국의 지위유지에 신중한 자세를 취하고 있다. 최근 미국은 캐나다 및 멕시코와 북미자유무역협정(NAFTA)를 맺었으며, 보스니아의 평화수립 등 대외정책에서도 전보다는 적극적인 자세를 취하고 있다.

　1867년에 영국의 자치령이 된 캐나다는 1931년에 완전히 독립하여 영국연방의 일원이 되었다. 미국과의 군사적, 경제적 협조관계가 매우 긴밀하고, 미국의 투자가 큰 데 대한 불만이나 우려가 없지 않으나 최근에 북미자유무역협정에 조인하였다. 캐나다 각 주의 자치는 미국보다 더 광범하며 1960년대에 퀘벡(Quebec)에서는 프랑스계 캐나다인의 독립 움직임이 일어났으나 프랑스어와 영어를 공동공용어로 정하고 프랑스어와 문화의 보호가 약속됨으로써 퀘벡의 분리와 독립 움직임은 진정되었다.

라틴 아메리카

　18세기 말로부터 19세기 초에 걸쳐 유럽이 프랑스혁명과 나폴레옹전쟁에 휘말리고 있는 동안 에스파냐와 포르투갈로부터 독립한 중남미, 즉 라틴 아메리카의 여러 나라들은 그 동안 정치적, 경제적 안정을 추구하였으나 이에 성공하지 못하고 오히려 심한 정치적, 경제적 불안정에 시달려왔다. 주민들의 인종적 구성이 초기 입식자의 후손, 유럽으로부터의 이민인 백인, 원주민의 후손, 백인과 원주민의 혼혈아, 그리고 흑인 등 복잡하고 다양하며, 그 대다수는 가난하고 문맹이었다. 산업상으로도 라틴 아메리카는 식료품과 원료를 생산하여 이를 미국과 유럽에 수출하고, 그대신 미국이나 유럽으로부터 공업제품을 수입하고 자본을 도입하였다. 그 결과 라틴 아메리카에서는 공업이 발달하지 않고, 외국시장과 제품, 그리고 외국자본에 의존하게 되고 이러한 경제구조 하에서는 대지주가 가장 큰 이득을 얻고 그 사회적 정치적 세력이 증대하였다. 이들 대지주를 비롯한 지배적인 상류층은 호화로운 생활을 영위하며 대다수 민중의 빈곤에는 무감각하거나 책임감을 느끼지 않았다. 그들은 그들의 財富와 안락한 생활을 보장해주는 체제에 만족하고 이를 개혁하거나 시정하려는 움직임에는 반대하였다. 그리하여 사회불안이 조성되고 급진주의나 공산주의가 준동하는 한편, 독재정권이 들어서서는 부패하고, 쿠데타가 일어나고 군부독재가 교체하는 악순환이 거듭되어 왔다.

그러나 1930년대에 들어서면서 라틴 아메리카의 일부 국가들, 특히 크고 보다 더 중요한 국가들에게서는 변화가 일어나기 시작하였다. 그것은 세계공황으로 라틴 아메리카의 전통적인 경제구조가 붕괴한 탓이기도 하다. 즉, 유럽과 미국의 구매량이 크게 감소하고 관세가 인상되어 라틴 아메리카의 생산품수출이 타격을 받고 공업제품의 구매가 어렵게 된 것이다. 그 결과 라틴 아메리카의 일부 주요국가에서는 경제적 자립을 지향하는 경제적 민족주의가 일어나고 그것은 1950년대에 멕시코와 브라질 등에서 상당한 성과를 거두고, 아르헨티나와 칠레 등을 자극하였다. 그리하여 아르헨티나, 브라질, 칠레는 국내소비자의 수요를 대체적으로 충족시킬 수 있을 정도로 경공업생산이 발달하고, 멕시코와 브라질은 중공업건설에 착수하였다. 1910년의 멕시코혁명은 산발적이고 때로는 혼란스러운 혁명이었으나 디아즈(Porfirio Diaz)의 상류계급 중심의 선량주의통치를 전복하고 1917년에 새로운 헌법을 제정하였다. 이 헌법은 보통선거, 대규모의 토지개혁, 노동우대, 외국자본의 엄격한 통제 등을 규정한 급진적이고 민족주의적인 헌법이었다. 그러나 1934년 가난한 토착민 출신의 카리스마적인 카르데나스(Lazaro Cardenas)가 대통령으로 취임할 때까지 발전은 미미한 것이었다. 카르데나스는 점차 희미해지는 혁명정신을 되살려 수많은 대영지를 소농에게 분할해주거나 일괄해서 토착민 마을에 반환하고, 외국자본을 억제하면서 멕시코 기업가들의 소규모 공장설립과 이의 발전을 지원하였으며, 산업노동자에 대한 배려도 잊지 않았다. 1938년 영국과 미국의 석유회사가 멕시코 노동자들과 분쟁을 일으키자 카르데나스는 석유산업의 국유화를 단행하여 전세계를 놀라게 하고, 1930년대에 그 동안 경멸의 대상이었던 토착민의 과거를 자랑스럽게 내세우며 명확한 멕시코문화를 꽃피게 하였다. 1940년 이후에는 카르데나스보다 더 온건한 대통령들이 집권하였으나 그들도 때로 급진적이고 반미적인 언사를 구사하면서 산업화 추진에 국가권력을 동원하였다. 그리하여 멕시코경제는 1940년대 초부터 1960년대 말까지 연 약 6%의 급속한 성장률을 기록하고 1970년대에 경제적 호황을 누렸다. 1980년대에 유가하락으로 경제가 침체하고 막대한 외국은행의 부채로 경제위기를 맞이하였으나 미국의 지원으로 이를 극복하고 살리나스(Carlo Salinas)의 집권으로(1988) 경제는 서서히 부흥하기 시작하였다. 그리고 최근에는 미국 및 캐나다와 자유무역협정을 맺었다.

브라질에서는 1889년 왕정이 몰락한 후 좌·우익의 대립과 지역적 적대관계로 경제가 쇠퇴하였으나 1930년 군사반란으로 정권을 장악한 바르가스(Getulio Vargas)는 브라질의 산업화와 경제적 독립획득에 착수하였다. 그는 기업가를 적극 지원하는 한편, 노동시간단축, 연금, 의료 및 사고보험, 유급휴가제 등의 사회입법으로 민중의 지지를 얻고 연방정부를 진정한 국민정부로 발전시켰다. 바르가스는 1945년 無血 쿠데타로 실각하였으나 근대화는 계속되고 경제는 번영하였다. 1950년대 후반에 등장한 쿠비체크(Kubitschek, 재임 1956~60) 대통령은 외국은행으로부터 막대한 돈을 빌려 황무지에 화려하고 새로운 수도 브라질리아(Brazilia)를 건설하고, 공업발전에 박차를 가하였다. 그리하여 브라질은 라틴 아메리카에서 가장 산업화한 나라가 되었다. 그러나 1960년대 후반부터 1985년까지 군사정권이 들어서서 검열을 강화하고 정치적 압박을 가하였다. 1985년 군사지배자는 자유선거를 허용하고 민간정부로의 정권이양을 표명하여 1989년에 새로운 정부가 수립되면서 자유시장경제를 채택하였으나 막대한 외채, 도시로의 과밀한 인구집중, 광범한 빈곤 등의 어려운 문제를 안고 부패로 시달리고 있다.

한때 세계에서도 유수한 부유한 나라였던 아르헨티나는 10년간(1945~55)에 걸친 페론(Juan Peron)과 그 후의 군사 독재 하에 경제가 급속하게 쇠퇴하였다. 1982년 포클랜드(Falkland) 탈환 전쟁에서 영국에 패하고 군사독재도 무너졌다. 1983년 민주적으로 선출된 민간정부가 수립되었으나 군부의 위협은 사라지지 않았으며, 1989년에 선출된 메넴(Carlos Saul Menem) 대통령은 자유시장경제로 경제발전을 추진하고 있다.

장기간에 걸친 민주적 전통을 지닌 칠레에서 1970년 마르크스주의자인 아옌데(Salvador Allende)가 대통령으로 선출되고, 그는 미국자본을 추방하였다. 그러나 그의 정책은 부유층의 반감을 사고 이로 말미암아 아옌데정부는 무너졌다. 그 후에 등장한 피노셰(Augusto Pinochet) 대통령은 포악한 군사독재자로서 고문과 학살을 자행하였다. 1990년에 보다 온건한 정부가 수립되었으나 피노셰가 지배하고 있는 군부 좌파세력의 정권도전의 가능성이 남아있다.

쿠바는 1898년에 독립하였으나 실질적으로는 미국의 보호령이었다. 1933년 정권을 장악한 바티스타(Fulgencio Batista) 치하에서 부정과 부패가 만연하고 사탕생산과 관광사업으로 번영하고 있었으나 라틴 아메리카의 전형적인 빈부의 격차는 거대하였다. 1959년 카스트로(Fidel Castro)는 反바티스타 세력을 규합하여 게릴라전으로 승리하고 공산정권을 수립하였다. 카스트로는 곧 토지개혁을 단행하고 미국재산을 비롯한 사기업을 국유화하였으며 소련에 접근하였다. 미국 영토에서 불과 144km밖에 떨어지지 않은 곳에 친소적인 공산정권이 수립되었다는 것은 미국으로서는 참기 어려운 일이었다. 1961년 미국은 쿠바망명자들을 이용하여 카스트로정권의 전복을 꽤하였으나 실패하였다(Bay of Pigs 사건). 1962년 소련이 쿠바에 미사일기지를 건설하고 있는 사실을 알게 된 미국의 케네디 대통령은 해군함정으로 쿠바를 봉쇄하고 소련에게 쿠바에 반입한 미사일을 반출할 것을 요구하였다. 긴장이 고조되었으나 소련의 후퇴로 전쟁은 회피되었다. 그러나 카스트로가 공산혁명을 다른 라틴 아메리카 국가들에 수출하려하고, 공산주의세력을 지원함에 따라 각국의 좌익세력은 보다 더 대담해져서 게릴라전을 전개하고 우익은 강경해졌다. 그리하여 쿠바혁명 후 라틴 아메리카에는 좌익의 극단주의와 우익의 보수적 권위주의가 대립과 갈등의 양상을 보이고 민주주의발전의 길은 더욱 좁아졌다. 미국은 공산주의 확산에 대한 공포로 쿠바를 고립시키는 데 전력을 기울이고 라틴 아메리카의 '진보연합'(Alliance for Progress)에 10년간 100억달러의 지원을 제공하기로 하였다(1961)

다년간 군사독재에 시달린 엘 살바도르(El Salvador)에서는 1980년에 민간정부가 수립되었으나 곧 우익정부와 좌익게릴라 사이에 내전이 벌어지고 1992년에 양자간에 평화협정이 체결되어 엘 살바도르는 새롭게 부흥계획에 착수하였다.

니카라과(Nicaragua)에서는 1979년 산디니스타 민족해방전선(Sandinista National Liberation Front)으로 알려진 공산게릴라 집단이 1937년 이래 독재자의 지위를 누려오던 부패한 소모사(Somoza) 집안을 타도하고 쿠바와 소련의 지원을 받으면서 사회경제적 개혁에 착수하였다. 공산주의혁명의 확산을 두려워 한 미국의 레이건정부는 우익의 반란집단인 콘트라(Contras)를 적극적으로 지원하였다. 1987년 안정된 민주적 정부를 가진 코스타리카(Costa Rica)의 중재로 양자간에 휴전이 성립하고 1990년의 선거에서 샤모로(Violeta Chamorro)는 산디니스타의 영도자인 오르테가(Daniel Ortega)를 물리치고 대통령에 당선하여 오랜 내전의 상처를 치유하는 작업에 나섰다.

미국은 먼로주의로 라틴 아메리카에 대한 유럽의 간섭을 배격하고 그 독립을 옹호한 이래 라틴 아메리카에 대하여 일종의 책무를 느껴왔다. 그리하여 1948년 회원국의 독립과 상호간의 평화유지를 목적으로 미주국가기구(Organization of American States : OAS)가 설립되고, 1961년에는 케네디 대통령에 의하여 회원국에 차관과 경제원조를 제공하는 기구로서 '진보연합'(Alliance for Progress)이 설립되었다.

현재까지도 라틴 아메리카는 거대한 빈부의 격차와 불법적인 마약밀매의 도전에 당면하고 있으며, 라틴 아메리카의 신생 민주주의도 막대한 외채와 군부와 민간집단간의 분쟁의 위협을 받고 있다. 그러나 라틴 아메리카의 미래는 그렇게 어둡지만은 않다. 공산세계의 붕괴 후 카스트로에게도 변화의 조짐이 보이고, 南美국가들의 상호 연결과 경제성장을 촉진하기 위한 거대한 하부구조의 건설계획이 21세기를 향하여 추진되고 있다.

소련과 東유럽

서유럽이 1948년을 기점으로 급속한 경제발전을 달성한데 반하여 소련의 지배와 통제 하에 들어간 동유럽은 이와는 다른 길을 걸었다. 스탈린 치하의 소련은 동유럽의 이른바 '解放된 나라'들에 대한 단속을 강화하고 그 독자적 발전을 억제하였다. 그 결과 동유럽의 경제적 회복은 소련의 노선에 따라 진행되고 정치적 사회적 발전 또한 소련의 변화에 따라 결정되었다.

'위대한 애국적 조국해방전쟁'이었던 제2차 세계대전은 러시아의 민족주의를 고무하고 전체주의적인 공포를 완화하였으며, 소련지배자와 인민의 진정한 통합의식을 낳았다. 그리하여 러시아인민의 영웅적인 전쟁노력에 대하여 소련 공산당과 정부는 감사의 뜻으로 자유와 민주주의를 허용할 것으로 기대되었으나 그러한 희망은 완전히 헛된 것이었다.

이미 전쟁종결 전에 스탈린은 "파시즘에 대한 전쟁은 끝났다. 이제 자본주의에 대한 전쟁이 시작된다."라고 언명함으로써 독재정치로의 복귀를 시사하고 냉전을 예고하였으며 그것은 전쟁 후 곧 현실화되었다. 그리하여 스탈린의 공산당 지배가 강화되고, 공산당은 정부를 완전히 장악하고 통재하였다. 경제면에서는 5개년계획이 재개되었으나, 여전히 중공업과 군수산업에 중점이 주어지고, 소비재와 주택, 그리고 집단화된 농업은 등한시 되었다. 그리하여 전후의 소련 인민의 일상생활은 어려웠으며, 1952년 일반인의 임금은 1928년보다 25 내지 40% 정도 구매력이 감소되었다. 정치면에서의 스탈린의 독재강화는 문화와 예술에도 파급되어 엄격한 반서방적 이데올로기로의 통합과 사회주의 리얼리즘이 요구되어 많은 지식인과 예술가가 핍박과 규탄을 받았다.[3]

스탈린은 소련에서의 독재강화만이 아니라 동유럽에도 스탈린체제를 수출하고 강요하였다. 그리하여 동유럽국가들은 소련의 적군과 비밀경찰에 힘입어 1948년까지 공산당 일당독재체제를 형성하고 소련식의 중공업중시의 5개년 계획을 강행하였다. 문화와 교육에서도 러시아어와 러시아문화의 습득이 중심이되고 소련의 대학, 특히 모스크바대학은 미래의 특권적인 공산당간부 양성기관이 되었다. 그리하여 엄격한 이데올로기 교화가 진행되고 시민적 자유가 박탈되고 종교가 탄압되었으며, 인명의 희생을 무시한 강제적인 산업화와 농업의 집단화가 추진되었다. 뿐만 아니라 위성국化한 동유럽국가들은 서유럽과의 전통적인 경제적 유대가 차단되고 코메콘을 통한 소련과의 매우 불리한 조건의 교역이 강요되었다.

---

3) 그 중에는 소련의 대표적 작곡가인 프로코피에프(Prokofiev)와 쇼스타코비치(Shostakovich), 영화감독 세르게이 아인슈타인(Sergei Einstein), 그리고 위대한 여류시인 안나 아크마토바(Anna Akhmatova) 등도 포함되었다.

다만 유고슬라비아의 티토(Tito)만이 소련의 적군이 주둔하지 않은 탓도 있어 독자적 노선을 걷고 1948년 스탈린과 공공연하게 결별하였다. 이에 굴욕감을 느낀 스탈린은 크게 노하여 동유럽의 공산당에 대한 대대적인 숙청을 단행하고 특히 민족주의적인 성향의 당원을 대량으로 추방하고 처형하였다.

1953년 스탈린이 사망하자 소련과 동유럽에 새로운 시대의 동이 트는 듯 하였다. 개혁과 변혁의 필요성이 널리 인정된 것이다. 스탈린의 후계자들은 무엇보다도 먼저 스탈린의 정치적 테러리즘에 대한 공포와 증오에 사로잡혔고, 그리하여 비밀경찰 책임자인 베리아(Beria)를 체포하여 사살하였으며, 악명높은 강제노동 수용소도 많이 폐쇄하였다. 경제면에서는 농업생산의 정체와 소비재 부족이 부각되고 외교정책면에서는 스탈린의 공격적 외교정책이 오히려 미국의 반격과 서유럽의 유대강화를 초래하여 소련의 고립과 봉쇄를 자초한 사실이 문제시되었다. 그러나 개혁과 변화의 정도와 범위에 관하여 후계자들의 의견은 갈라졌다. 최소한의 변화를 주장하는 몰토프(Moltov)의 보수파를 누르고 주요사항의 개혁을 주장하는 광부출신의 흐루시초프(Khurushchev)가 정권을 장악하였다(1955). 흐루시초프의 개혁은 '脫스탈린化'(de-Stalinization)로부터 시작되었다. 그는 제20차 공산당대회(1956)에서 스탈린이 수 천명의 충실한 공산주의자를 살해하고, 히틀러를 믿는 나머지 국방을 소홀히 하였으며, 개인숭배에 노력하였다고 공격하였다. 그 결과 공산당은 여전히 권력을 독점하고 있었으나 전과 달라지고, 경제에서도 인민의 수요와 욕구를 충족시키기 위하여 일부 자원을 중공업과 군수산업으로부터 소비재생산과 농업으로 전환시키고, 노동자에 대한 통제도 완화하였다. 그 결과 그때까지의 매우 낮은 생활수준이 1960년대에 개선되고 향상되기 시작하였다. 1970년에는 1950년에 비하여 2배의 식량, 3배의 의류, 12배의 일상용품을 소련인민은 구매할 수 있게 되었으나 부유한 서유럽국가들의 생활수준에 비하면 절반밖에 되지 않았고, 동유럽국가들보다도 낮았다.

'脫스탈린化'는 문화적 자유를 갈망하던 예술가와 지식인들을 크게 고무하였다. 파스테르나크(Boris Pasternak)의 러시아혁명을 비판적으로 다룬《닥터 지바고》(*Doctor Zhivago*)가 1956년에 완성되고 소련이 아니라 서방에서 출판되어 1958년도 노벨문학상에 지정되었다. 흐루시초프는 직접 수상거부를 강요하였으나 파스테르나크를 총살하지는 않았다. 솔제니친(Alexander Solzhenitzsyn)이 자신이 경험한 스탈린시대의 강제수용소 이야기를 집필한 것도 이 무렵이었다.

'脫스탈린化'는 소련의 외교정책에도 변화를 가져왔다. 즉, 흐루시초프는 자본주의와의 '平和共存'을 내세웠던 것이다. 1955년 미국의 아이젠하워 대통령과 정상회담을 갖고 오스트리아의 주권을 중립을 조건으로 회복시키고 티토와도 화해하여 냉전이 완화되는 조짐을 보였다.

한편 '脫스탈린化'는 동유럽 위성국가들의 반항을 자극하였다. 1956년 폴란드에서 발생한 노동자의 폭동은 스탈린주의적인 당지도부를 축출하고 1949년에 숙청되었던 고물카(Gomulka)를 지도자로 복귀시켰다. 1956년 헝가리에서 일어난 학생과 노동자 중심의 봉기는 소련군의 철수, 1당지배 폐지, 자유선거와 표현의 자유 등을 요구하였다. 같은 해 11월 소련은 군대를 동원하여 부다페스트에서의 모든 저항을 분쇄하였다. 그리고 1961년 8월 동독정부는 서독으로의 탈출을 저지하기 위하여 동서 베를린 사이에 유럽의 兩分을 상징하는 장벽을 구축하여 냉전의 완화에 한계가 있음을 명백히 하였다. 이 무렵 중국과의 관계가 악화되고, 카스트로의 쿠바에 소련의 미사일기지를 설치하려던 계획은 미국 케네디 대통령의 강경한 대응으로 실패하였다. 이러한 대외정책의 실패로 흐루시초프의 세력은 급격하게 쇠퇴하였으며 소련의 생활수준을 서유럽의 수준으로 향상시키겠다는 흐루시초프의 약속도 이행되지 않았다. 그리하여 1964년 흐루시초프는 실각하고 보수파인 브레즈네프(Brezhnev)가 등장하였다.

브레즈네프의 등장으로 일종의 제한된 탈스탈린화 시대가 시작되었다. 공산당의 결속과 독재권을 강화하고, 동유럽에 대한 통제도 강화되었으며, 소련 내의 지식인에 대한 탄압도 다시 시작되었다. 그럼에도 불구하고 동유럽에서의 민족주의적이고 자유주의적인 열망은 사라지지 않았다. 1968년 1월 체코슬로바키아에서는 개혁이 단행되어 스탈린주의자가 추방되고 1950년대에 숙청되었던 두브체크(Alexander Dubček)가 집권하면서 개혁을 추진시키려 하였다. 그는 모스크바에서 교육을 받은 철저한 공산주의자였으나, 진정한 사회주의는 개인의 자유 및 공산당 내부에서의 민주주의와 양립할 수 있다고 생각하는 이상주의자이기도 하였다. 두브체크는 검열을 완화하여 표현의 자유를 허용하고 중앙에서의 엄격한 관료주의적 계획과 통제 대신 노동조합, 관리자 및 소비자에 의한 결정에 맡기려고 하였다. 두브체크는 바르샤바조약에 충성을 표명하였으나 그의 '인간의 얼굴을 가진 사회주의'로의 개혁은 강경파에 큰 위협이었고 주변 위성국에 미칠 영향도 염려스러웠다. 브레즈네프는 1968년 8월에 소련군을 중심으로 한 바르샤바조약 기구군 50만 명을 동원하여 체코슬로바키아를 점령하고 두브체크와 그의 동조자들을 체포하여 개혁 이전의 상태로 복귀시켰다. '프라하의 봄'은 어이없이 사라졌다. 그리고 "사회주의 공동체의 이익은 각국의 개별적 이익에 우선한다."는 브레즈네프 독트린이 동유럽의 위성국들을 소련의 통제 하에 묶어두는 방편이 되었다.

체코사태 후 소련에서는 스탈린체제로의 복귀현상이 뚜렷해졌다. 다만 1인독재 대신 집단지도체제가 도입되고 통제없는 공포정치가 완화되었으며 미국과의 직접적인 충돌을 회피하는 평화공존 자세가 유지되었다. 그 결과 소련사회는 안정되고 일반인의 생활수준도 향상되었다. 1974년까지에 2/3세대가 TV, 거의 60%가 재봉기와 전기세탁기, 그리고 약 50%가 전기냉장고를 가지게 되었다. 그러나 일상용품은 여전히 부족하였고, 물건을 사려는 사람들의 장사진 행렬도 계속되었다.

제 3 절   전후 유럽사회와 문화

과학과 기술

17세기의 과학혁명과 18세기의 산업혁명 이래 과학과 기술의 발달은 인간의 태도와 사회, 그리고 일상생활에 심대한 영향을 미쳤으며, 1940년 이후 이 영향력은 더욱 더 강해지고 그 범위가 넓어졌다. 19세기의 과학소설의 허구적인 꿈이 실현된 것이다. 잠수함이 북극해를 횡단하고, 우주인이 달표면을 걸으며, 유능한 외과의사가 환자의 손상된 동맥을 플라스틱 혈관으로 대체하고, 전세계 수 백만의 시청자가 TV에서 역사적 사건을 동시에 시청하는 등 그 예는 한없이 많다.

과학과 기술의 이러한 영향력 증대의 이유는 무엇일까. 그 하나는 역사상 최초로 양자가 효과적으로 거대한 규모로 결합하고 협력한데 있다. 즉, 순수 '이론'과학과 '응용'과학 또는 '실용적' 기술이 결합한 것이다. 이미 19세기 말에 유기화학, 전기학, 예방의학 등 몇 개 분야에서는 이러한 결합이 이루어지고 그 결과 놀라운 업적을 성취하였다. 그러나 1930년대 말까지는 과학과 기술의 분리가 일반적이었고 오히려 지배적이었다. 대부분의 과학자들은 대학교수였고, 그들은 보다 나은 기계제조나 새로운 생산품의 발명에는 관심이 없었으며, 그러한 일은 현장에서 훈련된 기술자의 일로 치부되었다.

그러나 제2차 세계대전 중에 과학자와 기술자의 협동이 시작되었다. 과학적 연구와 기술적 지식이 어렵기는 하나 매우 실용적인 군사문제 해결에 공동으로 작업을 시작하고 그 결과는 괄목할 돌파구를 마련하였다. 전후에도 순수과학과 응용기술의 긴밀한 협동은 큰 성과를 거두었으며, 사실 과학과 기술을 구분하기란 날로 어려워졌다. 이러한 과학과 기술의 결합은 1945년 이후 새로운 산업들을 창조하고 경제성장을 촉진하였으며 일반인의 생활수준을 향상시켰다.

그러나 과학의 전례없는 물리적 환경의 지배와 변화의 성공은 예측하지 못했던, 바람직하지 않은 부작용을 낳았다. 화학비료는 풍작과 더불어 하천을 오염시켰고, DDT에 의한 말라리아 모기의 점멸은 열대지방의 사망률을 저하시켰으나 이 지방의 인구폭발을 초래하였다. 이러한 부작용은 수없이 많으며 이에 따라 1960년대 말부터 강렬한 환경운동이 대두하였다. 과학과 기술의 자연지배 및 변화능력은 양 날의 칼과 같아서 조심스럽게 책임을 갖고 취급되어야 한다는 인식이 커진 것이다.

제2차 세계대전은 순수과학이 비실용적 순수성을 상실하는 결정적 계기가 되었다. 대부분의 주요 대학의 과학자들은 정부의 전쟁수행을 지원하기 위한 극비연구 계획에 참여하였으며 영국 과학자들의 레이더개발은 그 한 예이다. 1934년 영국 공군성은 방공문제의 체계적 연구를 위하여 과학자와 기술자로 구성된 위원회를 구성하여 실험을 계속한 결과 1939년에 남부와 동부해안에 매우 원시적인 레이더 장치를 설치하였다. 독일과의 개전과 더불어 영국 군부는 레이더장치의 개량을 위하여 대학의 일류급 과학자들을 소집하여 아주 짧은 파장의 전파송출이 가능한 강력한 송신기를 개발토록 하였다. 영국의 물리학자들은 1940년 여름에 단파 송신문제를 해결하고, 크게 개량된 새로운 레이더장치가 곧 설치되어 큰 효과를 거두었다. 전쟁 중 전투기, 폭격기, 잠수함 색출용 등 상이한 많은 레이더가 개발되었다. 이때 개발된 초단파기술은 전후에 다방면에 걸쳐 응용되었으며 특히 전기통신분 야에서 초단파송신은 장거리전화, 텔레비전, 위성통신 등에서 위력을 발휘하였다.

제트 항공기와 컴퓨터도 전쟁 중에 개발되었다. 최초의 제트엔진은 1930년대 중 반에 조립되었으나 정부주도의 새로운 엔진개발은 전쟁 직전에 시작되어 전쟁 말 기에 가서야 고공을 고속으로 날으는 제트전투기가 개발되었다. 컴퓨터는 고속의 비행기와 이에 대한 방공탄환 사이의 복잡한 수학적 관계를 계산하여 명중률을 높 이기 위하여 개발되었다. 이렇듯 전시의 필요성은 이외에도 수많은 기술적 약진을 초래하였다. 원자탄의 가능성은 1939년 8월 상대성 이론의 제창자인 아인슈타인 (Albert Einstein)이 루스벨트 대통령에게 보낸 서한에서 지적되었으며, 핵물리 학자들의 비밀연구계획에 의하여 원자탄제조 결정이 내려졌다. 미국정부는 이를 위하여 비용을 아끼지 않았으며, 수개의 대학과 연구소에서 거대한 연구계획이 진 행되었다. 그 중에서도 가장 중요했던 것은 뉴 멕시코의 황무지에 원자탄제조목적 으로 새로 건설된 로스 알라모스(Los Alamos)연구소로서, 1942년 이후 핵물리학 자인 오펜하이머(Robert Oppenheimer)가 미국과 유럽의 일류 과학자들의 효과 적인 상호 협력을 유도하면서 3년 여에 걸친 집중적 노력 끝에 1945년 7월에 최초 의 원자탄실험에 성공하고 8월에 두 개의 원자탄이 일본에 투하되었다. 원자탄은 가공할 파괴력을 과시하였으나, 다른 한편으로는 과학자와 기술자의 도덕적 문제 를 제기하기도 하였다.

전쟁 중 정부나 군부주도 하에 진행된 연구는 과학의 연구내용과 규모를 대형화 하였으며(Big Science), 소요되는 경비가 막대하기 때문에 정부나 대기업만이 재정지원을 할 수 있었다. 대형과학의 대표적인 예로 원자(핵)물리학의 경우를 보자. 1919년 영국의 물리학자 러더포드(Ernest Rutherford)가 최초로 핵분열실험을 하였을 때 그 실험도구는 불과 수 달러밖에 되지 않았다. 1930년대에 핵분열장치의 비용은 1만달러, 원자탄제조 당시에는 10만달러 내외였다. 1960년에 유럽국가들이 유럽핵연구평위회(European Council for Nuclear Research : CERN)에 재원을 공동으로 투입하여 스위스의 제네바 교외에 종전의 수백배의 성능을 가진 핵분열장치를 설치하였을 때 소요된 경비는 3,000만달러였으며, 그 후 핵분열장치는 더욱 더 강력해지고 많은 비용이 들게 되었다. 새로운 전자망원경을 사용하게 된 천문학과 항공학연구도 대형화하였다. 영국과 프랑스가 합동으로 콩코드(Concorde)기를 개발하는 데는 수 10억달러가 소요되었다. 일반과학도 커지고 비용이 많이 들게 되었으며, 순수과학이나 응용과학의 유용한 연구를 수행하는 연구소는 1960년대에 연간 약 20만달러가 필요하였다.

'대형과학'을 주도한 것은 미국이었으며, 냉전과 더불어 군사적 목적의 연구가 성행하였다. 그리하여 제트폭격기는 로케트(미사일)로, 전함은 핵탄두장치의 원자력잠수함으로, 탐색기는 탐색위성으로 대체되었다. 또 다른 대형과학의 예는 우주경쟁(space race)이다. 1957년 소련이 처음으로 위성을 궤도에 올려놓은 것에 자극받은 미국은 1962년 최초로 우주비행사를 쏘아 올리고, 케네디 대통령의 소련추월계획으로 순수과학과 응용기술을 동원하고 연간 50억달러를 소비하면서 아폴로계획(Apollo Program)을 추진한 결과 1969년에 달에 착륙하는데 성공하였다. 그 후 수많은 종류의 위성이 지구상공의 궤도를 돌면서 기상으로부터 작물상황에 이르는 정보를 보내고 있다. 1986년 우주왕복선 '챌린저'(Challenger)호가 발사 직후 폭발하는 불상사가 발생하였으나 90년대에 우주개발계획은 순조롭게 재개되고 있다.

과학연구의 대형화는 과학자들의 생활을 크게 변화시켰다. 과학자의 수가 그 어느 때보다도 많아졌을 뿐 아니라, 과학의 각 분야가 고도로 전문화하였다. 오늘 날 누구도 물리학이나 의학과 같은 넓은 분야를 다 마스터할 수 없게 된 것이다. 특히 물리학은 끊임없이 새로운 전문분야로 분할되고 재분할되고 있다. 50 내지 100명의 남녀 과학자가 고도로 전문화된 분야에서 국제적인 '눈에 보이지 않는 전문집단'을 형성하여 최신연구의 선두를 달리고 있다. 이들 전문집단들은 서로 협력과 경쟁, 전문 학술지와 학회를 통한 정보교환 등을 통하여 세분된 전문분야의 과제들을 끊임없이 탐구하고 있다.

대형과학의 과제와 시설은 한 개인이 개인적으로 효과적으로 작업하기에는 너무 복잡하고 비용이 많이 들기 때문에 팀을 구성하여 팀의 일원으로 연구하는 것이 보통이다. 그리하여 현대과학과 기술의 대부분은 그 연구가 대규모의 잘 조직된 관료주의적 조직을 통해서 수행된다. 이러한 대규모의 과학적 관료조직의 출현은 또한 과학관리자와 과학행정관이라는 새로운 집단을 출현시켰다. 그들은 과학적 배경을 갖고 있지만 그들의 주된 일은 연구가 아니라 연구계획의 스케줄 작성, 인사, 정부나 기업으로부터의 연구기금 유치 내지 획득 등이다. 그리고 많은 과학관리자는 정부관료인 경우가 많고, 기금배분과 더불어 현장에서 작업하는 과학 팀을 심판한다. 예를 든다면 초음속 제트 항공기인 콩코드의 뉴욕 착륙시 소음이 너무 크지 않은가, 삭카린은 암을 유발하는가, 그렇다면 사용을 금지할 것인가 등 그들이 취급하는 문제들은 무한정이다.

실제 연구가 개인이 아니라 팀 단위로 수행되는 관계로 개개인의 업적을 평가하기가 어렵게 되고 있다. 팀 안에서의 개인의 공헌도를 측정하는 문제는 어렵고 매우 복잡하며, 현대과학은 날이 갈수록 무서울 정도로 경쟁적이 되어가고 있다.

사회의 변화

과학과 기술의 거대한 발전은 서방세계에 심대한 영향을 미쳤다. 새로운 생산품의 창조와 산업 및 농업의 광범한 개량된 생산방법은 급속한 경제성장과 생활수준의 향상을 초래하였다. 뿐만 아니라 특히 서유럽에서 경제적 번영과 결합된 과학적 기술적 진보는 전후에 전적으로 새로운 사회를 창조하였다. 이 새로운 사회를 '기술관료 사회'(technocratic society), '풍요로운 사회'(affluent society), 또는 '소비자 사회'(consumer society), '복지국가'(welfare state) 등으로 부르고 있다. 전후의 서방사회는 이 모든 것을 합한 것, 즉 기술관료적이고, 풍요롭고, 복지지향적인 사회이다.

1945년 이후 유럽사회는 보다 더 동적이고 민주적인 사회가 되었으며, 과거 계급간의 장벽이 완화되고 그 구분이 모호해졌다. 19세기와 20세기 초의 중산계급의 핵심은 자신이 경영하는 독립적인 기업소유자이거나 법률 또는 의료에 종사하는 전문직업인들이었다. 많은 중소기업과 전문직 업종은 견고하게 결합된 가족적 기업으로서 일반적으로 상속한 재산의 소유와 강한 가족적 유대는 중산계급 안에서의 부와 지위의 관건이었다.

이러한 전통적 유형은 미국에서 먼저 대전 전에 변하고 1945년 이후 서유럽에서도 급격하게 쇠퇴하고 새로운 종류의 관리자와 전문가가 중산계급의 핵심으로 전통적인 재산소유자를 대신해서 부상하였다. 급속한 산업과 기술의 팽창으로 대기업과 정부기관 내에서 끊임없이 복잡해지는 세계에 효과적으로 대응할 수 있는 전문기술자와 관리자에 대한 수요가 증대하고, 이에 따라 새로운 전문가 집단이 날로 커지면서 이들이 새로운 중산계급의 중견을 이루게 된 것이다. 전후의 무거운 누진적 상속세의 부과와 기간산업의 국유화 등도 이러한 추세를 촉진하였다. 최고 관리자와 기술자 및 관료 등 有給전문가들로 구성된 새로운 중산계급의 대표자들은 고액의 봉급을 받고, 고도의 교육과 기술을 지니고 때로 과학과 기술 그리고 회계학의 배경을 지녔다. 그들은 노동계급을 포함한 모든 사회계급출신으로서 실제적이고 현실적이며, 능률과 구체적인 문제에 대한 실용적인 해결에 주된 관심을 가진다. 일반적으로 그들은 자본주의와 사회주의에 연관된 과거의 이데올로기 논쟁에는 거의 무관심하며(이데올로기의 종언) 어느 체제 또는 두 체제의 혼합에서도 그들의 기술은 필수적이라는 신념을 가지고 있다. 주로 전문화된 기술과 높은 수준의 교육에 기초한 이들 새로운 중산계급은 크게 두터워지고 있으며 상하로의 사회적 이동도 증대하였다.

전통적인 하층계급구조 또한 보다 더 유연해지고 개방적이 되었다. 농장과 농촌에서의 대량이동으로 가장 전통적이고 이동성이 적었던 집단이 급격하게 쇠퇴하였다. 1945년 이후 거의 전유럽 국가에서 농민은 50% 이상 감소하였다. 한편 급속한 기술적 변화로 산업노동계급의 팽창이 중단되고 부유한 선진적인 국가에서는 노동력의 절반을 약간 밑도는 수준에 머물고 있다. 이와는 대조적으로 화이트 칼라와 서비스업 종사자의 취업기회는 급속하게 팽창하고 있다. 그들은 산업노동자——그들도 전보다 나은 교육을 받고 보다 더 전문화되었지만——보다는 새로운 중산계급에 유사하며, 이러한 하층계급에서의 발전은 엄격한 계급적 구분을 붕괴시키는 데 공헌하였다.

복지국가와 풍요로운 사회

제2차 세계대전 후 강력하게 추진된 사회보장제도의 개혁 또한 엄격한 계급구분을 붕괴시키는 방향으로 작용하고 계급간의 긴장을 완화시켰다. 사회보장제도는 이미 제1차 세계대전 전 사회주의세력의 팽창을 저지하고 노동자를 포섭하려는 정치적 의도에서 비스마르크시대의 독일에서 시작되었다. 그러나 사회정의를 구현하려는 진정한 근대적 복지국가로의 최초의 이정표는 1911년 영국 자유당의 로이드 조지(Lloyd George)가 제안한 1911년의 국민보험법(National Insurance Bill)이었다. 그것은 정부와 고용주, 그리고 노동자가 기여금을 분담하여 질병에 걸리거나 실업한 노동자에게 혜택을 주려는 것이었다. 제2차 세계대전 후 이러한 사회보장제를 확충하고 확대함으로서 국가에 의해 지원되는 포괄적인 복지국가의 기본원칙이 확립되고 실천에 옮겨졌다.

전쟁 중에 정부요청으로 작성된 '베버리지 보고서'(Beveridge Report, 1942)는 새로운 복지국가의 청사진을 제시하고, 이에 입각하여 1946년 영국의 노동당정부는 종래의 사회보장제도를 종합하고 확충한 국민보험법을, 그리고 같은 해에 도입되어 1948년부터 실시된 국민의료제도(National Health Service)를 마련하였다. 그리고 국가지원의 공공주택('council' house)의 건설, 노령연금의 증액, 의무교육의 연장, 가족 수당 등이 새로 추가되고, 영국국민의 대부분이 무료로 의료서비스를 받게 되었다. 그 결과 영국인의 대다수는 '요람에서 무덤까지'의 생활에 대한 사회보장을 받게 된 것이다. 물론 그것은 실질적으로 모든 사람의 필요를 충족시키는 것은 아니었으나 자본주의의 모순을 해결하고 사회정의를 구현하려는 획기적인 조치였다. 특히 자녀양육지원을 위한 정부의 직접적 지원은 저임금노동자에게 가장 많은 혜택을 주고, 수많은 빈곤한 가족에게 큰 도움을 주는 것이었다. 그 후 유럽 대부분의 국가가 따르게 된 복지국가의 건설에는 막대한 비용이 필요하였고, 그것은 세금증액, 특히 부유층에 대한 고액납세로 충당되었다. 그러나 희생이 요구된 것은 부유층만이 아니었다. 포괄적인 사회복지정책의 혜택을 고려하여 노동조합 또한 임금동결과 화폐의 평가절하라는 고통을 받아들였다. 당연한 일이지만 복지국가의 충실도와 범위는 해당 국가의 경제력에 의존하는 바, 복지국가의 사회적 혜택은 스웨덴, 서독, 영국 등 가장 부유한 국가에서 가장 크고, 남부 및 동부 유럽의 가난한 지역에서 적을 수밖에 없었다.

복지국가건설에 따른 사회보장제도의 개혁과 확충은 보다 더 큰 사회적 경제적 평등을 촉진하고 생활수준의 상하의 격차를 축소하는 한편 국가의 개입에 의한 부의 재분배를 초래하였다. 뿐만 아니라 전반적인 생활수준의 향상과 표준화된 대량생산의 소비재 보급은 서유럽사회의 평준화에 이바지하였다. 1945년 이후 주식인 빵과 감자소비가 감소하고 수입이 급속하게 증가함에 따라 육류, 생선, 유제품 등의 소비가 증대하였으며 적절하고 좋은 식료품의 획득이란 장기간에 걸쳐 어려웠던 목표가 유럽 선진국에서는 거의 보편적으로 달성되었다.

이러한 변화와 진보는 나름대로 새로운 문제를 제기하였다. 유럽과 미국에서는 너무 적게 먹는 것이 문제가 아니라 너무 많이 먹는 것이 문제가 되고, 이에 따라 식이요법이 유행하고, 이를 위한 식품이 홍수처럼 쏟아져 나오고 있다. 그리고 잘 요리된 맛있는 음식을 섭취하는 즐거움은 사라지고, 패스트 푸드(fast-food)가 유행하고 표준화된 버거가 양산되고 있다. 자동차보급도 미국에서는 이미 1920년대 중반에 사회의 하층까지 이를 소유하게 되었으나, 유럽에서는 제2차 세계대전까지 오직 부유한 사람만이 보유할 수 있었다. 대전 후인 1948년 서유럽의 자동차 보유대수는 500만대였으나 싼 자동차의 대량 생산으로 1957년까지 1,500만대로 증가하여 중산계급의 소비의 표준구매품이 되고, 1965년까지 자동차 보유대수는 다시 4,400만대로 증가하여 비교적 높은 임금을 취득하는 노동자들도 자동차를 소유하게 되었다.

자동차의 보급과 더불어 전후에 주목되는 현상의 하나는 가전제품의 혁명(god-get revolution)이라고도 할 가전제품의 범람이다. 전기세탁기, 진공소제기, 냉장고, 접시 닦기, 라디오, TV, 스테레오 등이 거의 모든 가정에 보급되었다. 그리고 신용구매가 가능해지고 사회보장이 팽창함에 따라 어려울 때를 위한 저축의 필요성이 감소하였다. 또 다른 주목할 현상은 레저와 레크리에이션의 유행이다. 대전 직후 주 48시간의 노동시간이 1970년대에 41시간으로 축소되고 수입이 증가함에 따라 여가이용을 위한 레저산업은 놀라울 정도로 크게 성장하였다. 축구경기, 경마, 영화, TV 등에 사람들이 모여들고, 신문·잡지판매대(newsstand)에는 사진, 사냥 등을 비롯하여 편물과 골동품 수집에 이르기까지 다양하고 전문화된 잡지들이 가득차게 되고, 음악회와 전람회의 참석도 크게 증가하였다. 그런 중에서도 가장 큰 레저상품은 관광여행으로서 대전 전까지는 귀족적인 여가활동이었던 것이 대전 후에는 1개월 유급휴가제와 자동차소유의 보급으로 중산계급과 노동자들도 해수욕장과 스키장을 찾을 수 있게 되었으며, 1960년대 말부터는 단체관광여행(packaged tour)이 도입되어 유행하였다. 풍요로운 소비사회가 현실화된 것이다.

학생운동

1945년 이후 20년간 유럽사회는 경제적 진보와 소비사회의 성장에 주된 관심을 갖고 보다 더 민주적인 계급구조는 사회긴장을 완화시키고, 이데올로기의 갈등은 시대에 뒤진 것으로 치부하였다. 그러나 1960년대 말부터 이에 대한 예리한 비판과 불만이 대두하고, 사회적 갈등이 다시 불붙었다.

1950년대 중반부터 서유럽사회는 경제적으로 번영하고 민주회가 촉진되었다. 그러나 젊은 세대는 이러한 기존질서에 불만과 적대감을 표시하였다. 급진적인 학생들은 부모세대의 물질주의를 거부하고, 전후의 새로운 사회는 억압적이며, 결함이 많다고 주장하였다.

유럽의 고등교육은 수세기 동안 소수의 엘리트를 양성하였고, 그 엘리트는 주로 부유층 자제였고, 거기에 약간의 하층출신 장학금학생이 끼어있었다. 1950년에 미국인구의 22%가 고등교육을 이수한 데 반하여 서유럽은 3~4%에 불과하였고, 유럽 고등교육의 교과과정은 문학, 법률, 의학, 순수과학 등 전통적인 분야가 주류였다.

제 2차 세계대전 후 서유럽의 고등교육제도는 극적으로 변하였다. 대학입학 학생 수가 급증하여 1960년까지 대전 전의 3배가 되고 1970년대까지 계속 증가하였다. 네덜란드의 경우 1938년에 1만명이던 대학생이 1960년에는 10만명이 되고, 프랑스의 경우 젊은이의 4.5%가 대학에 입학하였으나 1965년에는 14%로 증가하였다. 이에 따라 유럽의 대학은 보다 민주화되고 중하층과 하층계급 출신에게도 대학의 문이 개방되었다. 이와 동시에 교과과정도 변화하여 컴퓨터로부터 경영학에 이르기까지 모든 종류의 새로운 실용적인 분야가 첨가되었다. 그러나 이러한 고등교육의 급속한 팽창은 그것대로 새로운 문제를 제기하였다. 강의실은 초만원이 되고 교수와의 접촉은 거의 불가능해졌으며, 학점따기 경쟁이 치열해졌다. 그리고 실용적 과목은 학생들이 원하는 만큼 빨리 늘지 않았다. 그리하여 대학에 대한 불만이 쌓이고 독특한 청년문화(youth culture)의 등장과 더불어 구세대와 부모의 권위에 대한 도전과 교수 및 대학관리자들과의 갈등이 발생하고 1960년대 미국의 대규모 학생항의운동의 뒤를 이어 1960년대 말부터 1970년대 초에 걸쳐 이러한 도전과 갈등이 폭발하였다.

그 대표적인 예가 1968년의 프랑스 대학생의 봉기였다. 처음 파리교외의 신설대학인 낭테르(Nanterre)대학에서 교과과정변화와 대학운영에의 참여를 요구하면서 일어난 학생소요는 곧 파리 중심가의 소르본느(Sorbonne)로 확산되어 대학건물의 점거, 대학접수로까지 규모가 확대되면서 경찰과 격심한 충돌이 거듭되었다. 급기야 급진적인 학생운동가들은 산업노동자들에게 지원을 요청하고 신중한 노동조합 간부들의 충고에도 불구하고 일반노동자들이 이에 호응하여 파업에 들어가고 그것은 전국에 확산되어 드골의 제5공화정을 붕괴 직전까지 몰고갔다. 드골은 군대를 동원하여 이를 진압하고 개혁을 약속하면서 새로운 선거를 실시하였다. 과격한 학생봉기와 노동자의 파업에 놀라고 공산주의 위협에 겁먹은 국민은 법과 질서회복을 원하였다. 그 결과 드골은 선거에서 압도적 승리를 거두고, 대학생들의 작은 혁명운동은 붕괴하였으나 드골은 1969년 사소한 문제로 대통령직에서 사임하고 1년이 지나지 않아 사망하였다.

1968년의 학생혁명은 실패하였으나 한 시대의 종말을 고하는 것이었다. 그것은 초만원의 강의실과 낡은 교과과정에 대한 불만을 넘어선 것이었으며, 낭만적이고 혁명적인 이상주의의 재생이었다. 그것은 단순한 물질주의와 안일에 대한 반항이었고, 베트남전쟁과 관련하여 학생들의 눈에는 西歐文明이 부도덕하고 제국주의적인 것으로 비췄던 것이다. 1960년대의 학생들은 완전히 새로운 세대로서 경제공황과 대규모 전쟁의 고통을 모르는 오직 번영과 평온만을 알고 그것들에 지친 세대였으며, 고도의 훈련을 받은 전문기술자들의 실용주의적인 새로운 사회에 대한 항의도 거기에 포함되어 있었다. 그들의 눈에 대학은 온순한 기술관료를 다량으로 배출하는 임무만을 수행하고 있으며, 이들 전문기술자나 관료는 기성체제에 봉사하는 새로운 착취계급으로 보였다. 그리하여 학생혁명은 전문기술자들의 복잡한 새로운 사회를 어떻게 인간적이고 책임있는 존재로 만들 수 있는가에 대하여 비현실적이고 훈련받지 않은 급진적 학생들 나름대로 답하려 한 것이다.

여성해방

제 2 차 세계대전 후의 가장 중요한 발전의 하나는 여성해방의 진전이다. 여성해방은 1960년대에 가속화되고 1970년대에 절정에 달하였다. 여성은 이 시기에 새로운 권리를 요구하고 그것을 획득하였다. 전후의 교육혁명의 혜택을 받아 여성은 그 어느 때보다도 좋은 교육을 받고, 이전에는 여성에게 폐쇄되었던 직종이나 직장에 진출하였다. 기혼여성의 가정 밖에서의 취업이 증가하고 여성은 임신이나 자녀양육에만 매달리지 않게 되었다. 여성은 이제 보다 더 평등해지고 독립적인 존재가 된 것이다.

산업혁명 전 혼인은 일반적으로 만혼이었고 상당수 남녀가 혼인을 하지 않았다. 그리고 혼인 후 여성은 수명의 자녀를 낳고 그 중 1/3 내지 1/2은 성년에 달하기 전에 사망하였고, 많은 여성이 분만시에 사망하였다. 산업혁명 후 산업의 발달과 도시화에 따라 전보다 일찍 혼인하고 독신도 드물게 되었다. 수입이 증대하고 생활환경의 향상에 따라 많은 자녀가 성년까지 생존하게 되고, 그것이 19세기의 인구증가의 한 요인이 되었다. 20세기 특히 제 2 차 세계대전 후 이러한 추세는 계속되어 여성들은 일찍 혼인하였다. 이를테면 스웨덴의 경우 초혼의 연령은 1940년대에 26세였고 1960년대는 23세로 더 빨라졌다. 유럽, 미국, 캐나다의 전형적인 여성은 자녀를 빨리 가졌으며, 여성의 80%는 30세 전에 분만하였다. 서부 및 북부 유럽의 여성은 3명보다 2명의 자녀를 선호하고, 이에 따라 1960년대에 많은 유럽국가에서는 인구증가가 정지되고 경우에 따라 1970년대에는 감소하였다.

거의 보편적인 조혼과 작은 가족규모는 여성해방을 획기적으로 촉진시켰다. 제 2 차 세계대전 전에 비하여 여성의 모성으로서의 기간과 역할은 짧아지고 적어졌다. 여성의 평균수명은 1900년에 약 50세였으나 1970년에 약 75세가 되고 임신은 30세 이전에 끝나기 때문에 마지막 아이가 유치원에 갈 무렵 여성은 40년 이상의 자기 인생을 갖게 된 것이다. 이는 획기적인 중요성을 지닌 변화였으며, 가족 밖의 남성 지배적인 세계에서의 새로운 역할이 여성에게 서서히 열리기 시작한 것이다.

여성의 생리에도 변화가 일어났다. 19세기 초 초경은 약 17세였으나 1970년대에 13세로 빨라지고, 폐경시기는 18세기 초 평균해서 36세였으나 현재는 약 50세이다. 이것은 좋은 식사와 생활수준향상의 결과이지만, 그것은 또한 여성의 신장과 크기를 증가시켰다. 그리고 여성은 성생활과 임신을 구분하게 되고 성생활 그 자체를 즐기게 되었다. 산업혁명 전 수세기 동안 일반여성은 혼인 전이나 후에 농사와 가내공업에 종사하고 대가족을 유지하고 관리하는 등 사회의 고도로 생산적인 일원이었다. 산업혁명 후에는 젊은 여성은 임금노동자로 일하고, 가난한 여자는 혼인하면 공장 등 밖에서의 노동은 중지하였으나 집안에서 자녀를 양육하며 부업에 종사하였고, 중산계급의 여성은 집 밖에서 노동을 거의 하지 않게 되었다. 20세기, 특히 제 2 차 세계대전 후 사태는 변화하여 유럽과 미국에서는 기혼여성으로서 집 밖에서 직장을 갖는 수가 증가하였으며 남자못지 않게 성공적인 직장생활(careerism)을 추구하고 있다. 서유럽이나 미국의 경우 기혼여성으로서 직장을 갖는 수는 1950년에 20~25%에서 35~60%로 증가하였으며, 보수의 차별, 직종과 승진 등의 차별대우가 사라지는 추세를 보이고 있다.

이러한 여성의 평등과 해방의 강화와 더불어 이혼율이 증대하고, 혼인율이 저하하는 동시에 혼인연령이 다시 늦어지고 있으며 미혼상태에서 동거하는 남녀 수가 늘고 있다. 이러한 현상들도 여성해방의 결과이며, 혼인유형이나 가족관계가 과거와는 크게 달라지고 있는 징조이기도 하다.

社會科學과 思想

20세기의 사회과학과 사상의 발전에 있어 주목되는 것은 인간의 비합리성의 강조와 반지성적인 경향이다. 그 대표적인 것이 프로이트(S. Freud)의 정신분석이며, 러시아의 파블로프(I.P. Pavlov)의 조건반사설도 그 예의 하나다. 조건반사설은 인간의 일정한 조건과 상황에 대하여 일정한 반응을 보인다는 견해이며, 프로이트의 정신분석은 인간의 의식 속 깊이 감추어져 있는 잠재의식 내지 무의식의 세계까지 파고들어 인간의식과 심리에 새로운 영역을 개척하였으며 사회과학과 인간연구에 큰 영향을 미치고 정신요법에도 이용되고 있다.

경제학에서는 영국의 케인즈(J.M. Keynes)의 완전고용이론 등이 주목되며 제 2 차 세계대전 후에는 개발도상국의 경제발전을 중심으로 근대화론과 경제성장론이 나타나고, 제 3 세계에 대한 관심이 높아지면서 종속이론[4] 이 등장하였다. 사회

---

4) 종속이론은 1950년대로부터 60년대에 걸쳐 활발했던 서구식표준의 近代化論이나 經濟成長論을 대신하여 70년대에 등장한 것으로서, 제 3 세계의 환영을 받고 있다. 그 골자는 세계경제에 있어 핵심적인 지위를 차지하는 선진국가는 그들의 발전을 위하여 후진적인 변경지역을 필요로 하며, 선진국가들의 발전은 바로 변경지역의 수탈과 착취에 의존한다는 것이다. 따라서 종속이론은 제 3 세계의 경제자립의 의지를 대변하는 동시에 핵심적인 선진국가의 수탈구조를 비판하고 있는 점에서 제 3 세계의 환영을 받고 있는 것이다. 韓相範, 上揭論文, p. 254 참조.

학에서는 독일의 베버(Max Weber)가 사실을 분석하는 데 추상적인 이념형을 이용하는 방법론을 제시하여 주목을 끌었다. 20세기의 철학과 일반사조는 비관과 실의에 물들고 있었으며, 그러한 가운데서 새로운 인간성의 탐구와 회복의 모색이 이루어지고 있다. 그러한 움직임의 대표적인 것의 하나가 실존주의(existentialism)이다. 실존주의는 하이데거(M.Heidegger) 등에 연유하여 많은 철학자와 작가들에게 영향을 미쳤으며 현실의 모순과 부조리 속에서 절망과 좌절을 극복하고 삶의 참뜻을 찾으려고 한다. 스위스의 바르트(K. Barth), 브룬너(E. Brunner) 등의 위기신학도 20세기의 상황 속에서 그리스도교를 재정립하려는 움직임이다.

반지성주의(anti-intellectualism)가 20세기의 한 특징이기는 하나 그렇다고 합리주의와 지성존중의 경향이 사라진 것은 아니며 유럽사상의 흐름의 밑바닥에 깊고 넓게 깔려 있다. 그러한 의미에서 미국의 존 듀이(John Dewey)의 실용주의(pragmatism)는 주목이 된다.

역사학에 있어서도 변화가 생기고 있다. 독일의 쉬펭글러(O. Spengler)는 서구의 몰락을 예언하고 영국의 토인비(A. J. Toynbee)는 서구문명의 위기를 주장하는 등 역사철학이라고 할 거추장스러운 문명론을 전개하였고, 제 2 차 세계대전 후에는 정치사 중심을 벗어나 보다 더 넓고 깊게 구조 등을 파고드는 사회사 연구가 프랑스와 독일 등에서 일어났다.

文學과 藝術

1, 2차 세계대전을 경험하고 현대문명의 위기가 논의되고 인간성의 상실이 문제가 된 20세기의 문학은 이러한 시대의 흐름과 상황을 충실하게 반영하는 한편, 진지하게 새로운 인간성을 모색하고 사회나 정치문제에도 큰 관심을 보이고 있다. 로망 롤랑(Romain Rolland), 앙드레 지드(André Gide), 토마스 만(Thomas Mann) 등이 그 대표적인 작가들이며, 실존주의 작가들 또한 부조리 속의 인간과 그것을 극복하려는 인간상을 그렸다. 사르트르(Sartre), 까뮈(Camus) 등이 그 대표이며 카프카(F. Kafka) 또한 주목할 작품을 썼다. 미국적 상황과 정신을 그리면서 그것을 보편적인 것으로 승화시킨 스타인벡(J. Steinbeck), 헤밍웨이(E. Hemingway), 포크너(W. Faulkner) 등도 주목할 작가들이다.

미술의 세계는 내부생명의 표현을 목표로 삼는 주관적인 표현주의, 대담한 화풍을 전개하는 야수파, 환상적인 세계를 묘사하는 초현실주의, 기하학적 구성과 색채를 사용하는 추상파 등 매우 다양하다. 그들의 공통된 특징은 전통적인 美의 개념을 배척하고 새로운 미를 탐구하고 창조하려는 점이며, 마티스(Matisse), 피카소(Picasso), 루오(Rouault), 브라크(Braque) 등이 그 대표자들이다.

현대음악 또한 미술의 경우와 마찬가지로 전통적인 음악에 대한 반항을 그 특징으로 삼고 있으며 불협화음의 사용을 비롯하여 새로운 수법을 도입하고 종래와는 다른 음악의 세계를 모색하고 있다. 스트라빈스키(Stravinsky)·쉔베르크(Schoenberg)·바르토크(Bartok) 등이 그 대표이며 시벨리우스(sibelius)·쇼스타코비치(Schostakovitch) 등은 고전적인 전통을 바탕으로 독자적인 음악세계를 개척하였다.

제 4 절   경제위기와 그 대응

경제위기

제 2 차 세계대전 후 놀라운 경제발전을 계속해 오던 유럽은 1970년대에 들어서면서 경제발전이 중단되고 침체국면에 접어들게 되었다. 그 첫번째 요인은 전후에 국제통화체계를 떠받쳐주고 있던 미국 달러화의 평가절하와 금과의 태환성 상실로 인한 국제통화체계의 와해였다. 미국과 영국은 1944년 브레튼 우즈(Bretton Woods)협정으로 새로운 국제통화체계를 수립하고 세계은행(World Banks)과 국제통화기금(International Monetary Fund : IMF)을 통해서 이를 운영하였다. 그 기초가 된 것은 미국의 달러화로서 '달러는 금과 동등'하다는 전제 하에 외국정부는 언제나 금 1온스당 미화 35달러로 교환할 수 있었다. 그러나 그 동안 마셜계획을 비롯한 방대한 외국원조와 미국민의 외국에서의 과소비가 누적되면서 1971년 미국의 금 보유량은 110억달러에 불과하게 되고, 이에 반하여 유럽은 500억달러를 축적하였다. 이에 외국정부는 서둘러 달러화를 금으로 태환하려들어 공황에 가까운 사태가 발생하자 닉슨 대통령은 미국의 금 매각을 금지하였다. 이에 달러화의 가격이 하락하고 결국 고정환율이 포기되었다. 이를테면 1973년 초에 미국의 달러화는 독일의 마르크화에 대하여 40%나 그 가치가 하락하였다. 그리하여 국제금융의 안정성이 상실되고 국제무역과 외국투자에 혼란이 일어났으며, 세계의 주요 통화는 변동환율을 채택하였다.

이보다 더 심각했던 것은 두번째 요인인 '오일 쇼크'였으며, 그것은 국제통화의 혼란이 절정에 달했을 때 일어났다. 1973년 10월 제 4 차 중동전쟁을 계기로 석유수출국기구(OPEC)는 이스라엘과 그를 지원하는 유럽국가에 대하여 석유를 무기로 삼아 석유생산을 감소하고 석유가격의 70% 인상을 단행하였으며 12월에 다시 석유가를 인상하여 석유가는 3개월 동안에 4배로 인상되었다. 그것은 유럽경제에 있어 쇼크라기보다 차라리 지진이었다. 1930년대 이래 최악의 경제쇠퇴가 초래되고 1950년대와 60년대에 유럽경제를 선도하던 에너지 집약산업이 타격을 받고 경제를 쇠퇴시켰다. 산업생산고는 하락하고 물가는 앙등하였으며 연 10%를 상회하는 인플레이션과 통화팽창의 소용돌이가 확대되었다. 그리하여 유럽은 1973년부터 경기후퇴와 인플레이션이 병존하는 스태그플레이션(stagflation)의 국면으로 접어들었다. 파산과 실업이 증가하고 생산성과 생활수준이 하락하였다.

1976년 유럽경제는 에너지절약, 자동온도조절기 폐기, 작은 자동차사용 등으로 약간의 회복기미를 보였으나 1978~79년에 이란혁명이 발생하여 이란의 석유생산이 붕괴하자 OPEC는 다시 원유가를 배로 인상하여 제 2 차 오일쇼크가 발생하였다. 1982년 유가가 회복될 때까지 실업이 증가하고 인플레이션이 약진하였으며, 미국의 무역 및 예산적자도 증대하였다. 1985년 여름 서유럽의 실업률은 세계공황 이래 최대규모에 달하여 1,900만명이 완전 실업상태였다. 미국이 입은 타격도 컸지만 EEC의 타격이 더욱 컸고, 소련권도 예외는 아니었다. 소련과 그 위성국들의 연경제성장률은 1960년대에 6~7%였으나 1980년에는 2~3%로 하락하였다. 그래도 서유럽보다 나쁘지 않았으나 "자본주의적인 서방을 따라잡고 추월하자"는 구호는 조롱거리가 되어버렸다. 동유럽은 석유자원이 빈약하였기 때문에 산유국인 소련은 유가앙등을 이용하여 동유럽국가들에 압력을 가하여 소련이 석유를 제공하고 동유럽제품을 구매해주는 형태로 코메콘(Comecon) 내에서의 유대강화를 시도하였다. 그리하여 동유럽의 서방과의 상업적, 문화적 유대의 희망은 소실되었다.

오일 쇼크의 결과 각국 정부의 부채와 적자는 급속하게 증가하고 1973년 이래 세계의 돈은 OPEC로 흘러들어 갔다. 가난한 나라들은 사적인 대은행에서 돈을 빌리고, 이들 은행들은 OPEC로부터 석유 달러의 예금을 받아 貧國에게 대여하였다. 이러한 금융의 순환이 전면적인 파국을 모면하게 하였으나 국제적 부채의 급속한 팽창을 초래하고, 그것이 1980년대의 세계경제에 심각한 장기적 위협이 되었다. 부유한 나라의 사정도 비슷하여 수입석유가의 지불과 사회복지 유지비는 재정에 압박을 주어 큰 부채를 지게 되었으며, 서독조차 1981년까지 부채이자의 지불이 정부지출의 최대 단일지출항목을 차지하였다.

1970년대와 80년대의 경제침체는 사회 분위기도 바꾸어 놓았다. 종전의 낙관주의 대신 비관주의가 그리고 낭만적인 이상주의 대신 냉혹한 현실주의가 대두하였다. 실업과 파산, 이로 인한 정신이상 등 인간적 비극과 대중의 고난 속에서 그들을 절망에서 구출하고, 혁명과 독재 대신 정치적 안정과 민주주의를 지키는 데 있어 복지제도는 큰 몫을 하였다. 그대신 실업수당, 노년연금, 무료 의료치료비, 자녀양육비 등의 지출이 크게 증대하여 1982년의 서유럽 정부는 전체 국민소득의 1/2 이상을 이에 지출하였다. 그리하여 국민의 일상생활에서의 정부역할은 이 시기에 보다 더 중요해졌다. 이 시기에 영국에서는 노동당 대신 대처(M.Thatcher)의 보수당이 정권을 잡고(1979) 서독에서는 콜(Kohl)의 기민당이 선거에서 사민당에 승리하였으며(1982), 프랑스에서는 사회당의 미테랑(Mitterrand)이 대통령으로 선출되었다(1981). 경제침체에 대한 각국의 구체적 대응책은 저마다 상이하였으나 모든 정부가 공공지출과 복지관계 지출을 억제하는 등 긴축정책을 채택한 점은 동일하였다. 개인생활도 내핍쪽으로 선회하고 결혼연령도 늦어졌다. 학생기질도 1980년대에 크게 달라져서 진지하고 실제적이며 보수적인 성향으로 돌아섰으며, 취업이 최대 관심사가 되었다. 프랑스에서도 1960년대의 낭만적인 환상이나 정치적 행동주의는 사라졌다. 1968년의 학생혁명에 대하여 1985년의 프랑스 학생의 판단은 준엄하였다. "그것은 존재하지도 않는 유토피아를 찾으려는 것이었습니다. 오늘의 우리에게 그것은 아무런 의미도 없습니다."

동서관계의 변화

1967년에 프랑스의 드골 대통령의 보이콧으로 한때 위기를 맞이하였던 유럽통합은 70년대의 경제위기에 적절한 공동대책을 수립하지 못하여 비틀거리기도 하였으나 꾸준한 진전을 보였다. 1973년 초에 영국, 덴마크, 아일랜드의 3국이 새로 가입하고, 1981년에는 그리스, 1986년에는 에스파냐와 포르투갈이 가입하여 3억1천5백만명의 주민이 결집한 거대한 공동시장이 형성되었다. 1979년 3월에는 유럽통화제도(EMS)가 발효되고 실제로 사용되지는 않았으나 기축통화로서 ECU(유럽공동통화)가 도입되었다. 1974년 말에는 프랑스와 서독의 공동발의로 유럽이사회가 발족하고, 1976년 보통선거에 의한 유럽의회의 선출이 결정되었으나 그 정치적 역할은 매우 제한적이다.

한편 이 시기에 독재자 프랑코의 사망(1975) 후의 에스파냐, 군사정권 몰락 후의 그리스, 그리고 극우주의자에 대하여 온건파가 승리한 포르투갈 등에서 민주주의가 발전하고 강화되었다. 그러나 그 반면에 일부 인사들은 자본주의에 염증을 느끼고 모택동, 카스트로, 체 게바라 등에 공감하면서 정치적 급진주의가 표출되고, 일부는 폭력과 테러에 의존하였다. 서독의 적군파, 이탈리아의 '붉은 여단'이 그 예이며, 북부 아일랜드에서는 아일랜드 공화군(IRA)이 테러 전술을 구사하였다.

이런 와중에서 유럽은 1973년 이래 세계적인 경제전쟁에 휘말렸다. 유가앙등의 위기 속에서 유럽은 한국과 대만 등 아시아의 신흥공업국가(NICS)들의 경쟁에 당면하고, 한국전쟁 이래 고도성장에 성공한 일본의 자동차, 전자제품, 고성능 카메라 등이 세계를 석권하고, 유럽의 내구재공업은 거의 파멸하다싶이 되었다. 이에 대응하여 유럽은 생산원가가 낮은 개발도상국에 자국산업을 배치하는 한편, 아프리카, 카리브제도, 그리고 태평양의 50여개국의 생산물에 국경을 개방하는 대신이들 국가들이 판매대금으로 유럽공동체의 제품을 매입할 수 있게 하는 로마협정 (1975)을 맺어 판로확보경쟁에 나섰다. 이와 동시에 인플레이션 억제, 경쟁력이 없는 산업부문의 폐기, 생산기재의 재배치, 국제분업의 수용 등의 대응책도 강구하였다. 이 기간 동안 서독은 실수없이 위기를 극복하여 세계 속의 유럽경제의 선두주자가 되었으며, 동유럽 국가들에 대한 폭넓은 외교활동을 전개할 수 있었다.

1920년대 이래 처음으로 정권의 자리에 오른 서독의 사민당(SPD)의 브란트 (Willy Brandt, 재임 1969~74) 수상은 동방정책(Ostpolitik)을 내걸고 진지하게 동유럽의 공산주의 국가와의 평화와 화해를 모색하였다. 1970년대 초 브란트는 소련, 폴란드, 체코슬로바키아와 각각 조약을 체결하고 상호 무력행사를 포기하는 대가로 서독은 현존하는 국경선을 인정하였다. 이것은 대전의 결과 폴란드와 소련에게 양도된 독일의 동부지역을 서독이 포기한다는 것을 뜻했고, 실질적으로 폴란드와의 국경선을 서쪽으로 이동한 오데르-나이세 선으로 인정한 것이다. 1972년에는 베를린의 현상유지협정, 그리고 동·서독의 상호 승인을 내용으로 하는 기본조약을 체결하고, 이를 계기로 서방국가들이 동독을 승인하고, 1973년 동독과 서독은 함께 유엔에 가입하였다.

이러한 브란트의 동방과의 화해정책과 닉슨의 베트남으로부터의 미군철수는 냉전의 긴장완화(detente)와 해빙무드를 조성하는 전환점이 되었고, 그것은 1975년의 헬싱키협정으로 이어졌다. 미국, 캐나다, 소련, 그리고 알비니아를 제외한 모든 유럽국가로 구성된 35개 회원국이 서명한 헬싱키협정의 주요 내용은 다음의 두 가지이다. 즉, 하나는 유럽의 현존 국경선을 상호 인정하고 이를 무력이나 기타 비합법적인 방법으로 변경해서는 안된다는 것이며, 이는 주로 서방으로 하여금 소련 및 동유럽세력권을 인정하게 하는 것이었다. 다른 하나는 소련 및 동유럽으로 하여금 인권과 정치 및 사상의 자유를 시인하게 하는 것이었다. 헬싱키협정은 서방세계와 공산국이 영토보전과 인권에 관하여 합의하였다는 점에서 매우 중요한 문서임에 틀림없으나 실질적으로는 쌍방의 타협에 불과하였다.

서방세계는 소련의 동유럽 지배를 인정하는 대신 공산권에 대하여 인권존중과 정치적 자유를 요구하여 문서상으로는 인정을 받았으나 소련과 그 위성국가들은 이를 계속 무시하였고 유럽 이외의 지역에서의 동서의 정치적 경쟁은 지속되었다. 소련은 데탕트(긴장완화)를 이용하여 군사력을 구축하고, 아프리카, 아시아, 라틴 아메리카에서 정치적 공세를 취하였다. 1973년 중동전쟁 후 이집트의 사다트

(Sadat)에게 축출당한 소련은 남예멘, 소말리아, 그리고 후에 에티오피아에 발판을 마련하고 앙골라와 모잠비크에서의 내전에서 공산세력을 지원하여 공산체제를 수립하게 하였으며, 특히 앙골라의 경우 2만명의 쿠바병사를 공수하여 미국을 자극하였다. 1978년 4월에 아프가니스탄에서 親소련 쿠데타가 발생하여 마르크스주의 체제가 수립되고, 지방과 농촌을 중심으로 이에 대한 대규모 반란이 발생하자 소련은 1979년 말에 10만명의 병력으로 공산정부를 유지하기 위하여 아프가니스탄을 침공하였다. 이러한 사태에 대하여 미국은 제제를 가하려고 하였으나 서방동맹국들의 보조불일치로 뜻을 이루지 못하였다. 미국은 1980년 레이건의 등장과 더불어 강력한 미국의 재건을 내세우면서 핵무기와 해군력의 확장에 주력하고 베트남종전 후의 미국의 군사력우위를 확보하는 동시에 NATO의 군사력강화를 시도하였다. 서방동맹국들은 이에 대하여 주저하면서도 동의하였고, 이에 따라 미국의 핵탄두를 장착한 중거리 미사일이 유럽에 배치되었다.

소련권의 동태

1960년대에 흐루시츠프의 탈스탈린화의 개혁의 물결을 타고 동유럽국가들, 특히 폴란드와 헝가리는 약간의 자유화와 보다 많은 소비재, 그리고 민족적 자율성을 획득하였으나, 체코슬로바키아는 뒤지고 있었을 뿐 아니라 1968년의 '프라하의 봄'도 무참하게 유린되었다. 그후 동유럽은 브레즈네프 독트린에 의한 소련의 통제에 묶였으나 1980년에 폴란드에서 자유노조 운동이 일어났다.

폴란드는 동유럽의 공산국가 중에서는 무조건 소련체제를 추종하지 않는 거의 유일한 나라였다. 1956년의 봉기에서 소련식 집단농장을 포기하고 가톨릭 교회의 기능을 유지하는 권리를 획득하였다. 그리고 서유럽 특히 서독에서 자본과 기술을 도입하기도 하였다. 그러나 공산당정부의 관료주의적 무능과 세계적인 경기후퇴로 1970년대 후반부터 폴란드경제는 악화하였다. 그리하여 노동자, 지식인, 그리고 교회가 불온한 기세를 보이고 크라코프(Krakow) 대주교 요한 바오로 2세가 교황으로 선출되어(1978) 다음 해인 1979년 폴란드를 방문한 사실은 폴란드 국민을 크게 고무하였다. 1980년 8월 육류가격의 앙등에 대한 산발적인 항의시위는 드디어 그다니스크(Gdansk, 前의 단치히)의 레닌조선소에서의 대규모 파업으로 발전하고, 발틱해연안의 다른 노동자들이 이에 가세하여 자유노조연대(Solidarity)가 형성되었다. 그들은 자유노조결성권, 파업권, 표현의 자유(언론의 자유), 정치범 석방, 경제개혁 등 혁명적 요구를 제시하고 18일간 조선소를 점거하였다. 이에 정부도 양보하여 그다니스크협정이 맺어지고 조선소의 전기기술자인 바웬사(Walesa)를 지도자로 추대하여 자유노조(Solidarity)가 결성되었다. 1981년 3월

전국적인 규모로 결성된 자유노조원은 950만명을 헤아리고 현대 통신기술로 노조원과 지부가 연결되었으며, 독자적인 신문을 발행하는 등 문화적, 지적 자유가 꽃피웠다. 자유노조의 전국적 규모의 파업위협은 그들의 큰 힘이 되었으나 자유노조는 공산당의 정치권력독점에 도전하지는 않았다. 그러나 이러한 바웬사의 온건한 노선에 대한 반대세력이 자유노조 내부에 대두하여 '연대'의 단결이 상실되었다. 당서기장인 야르젤스키(Jarzelski) 장군은 자유노조가 경제붕괴를 촉진시키는 것을 막고, 특히 소련군의 진주를 방지하기 위하여 1981년 12월에 계엄령을 선포하고 정보통신망을 차단하여 자유노조운동의 지도자 체포에 나섰다. 이로써 자유노조운동(혁명)은 좌절되었으며 야루젤스키 장군은 신중하게 공산당지배의 정상화를 추진시켰다.

프라하의 봄이나 자유노조운동에 표출된 동유럽 공산국가의 자주노선추구와 자유에 대한 갈망은 1980년대 말의 동유럽에서의 공산체제의 붕괴라는 대변혁으로 이어지게 된다.

제 5 절 공산권의 대변혁과 최근의 정세

소련의 해체

1982년에 브레즈네프가 사망하고 연로한 안드로포프(Andropov)와 그의 후계자가 각각 일년을 넘기지 못하고 연이어 사망하면서 1985년 54세의 미하일 고르바초프(Mikail Gorbachev)가 등장하였다. 고르바초프의 등장은 소련만이 아니라 동유럽의 공산권에 혁명적인 변혁을 초래하고, 나아가서 세계정세에 심대한 영향을 미쳤다. 고르바초프는 경제를 비롯하여 모든 면에서 침체한 소련의 생활과 제도에 활기를 불어넣기를 원하고 대담한 개혁의 길로 나섰다. 먼저 그는 그라스노스트(glasnost, 情報公開) 정책으로 표현의 자유를 허용하였다. 작가, 예술가, 영화제작자들이 자유롭게 그들의 창작활동을 전개하기 시작하고, 젊은 층은 종전에 금지되었던 음악에 귀를 기우릴 수 있게 되었다. 고르바초프는 또한 反체제자들에 대한 박해를 중지하고 유대인들에게 이주의 자유를 허용하였다. 그러나 무엇보다도 시급했던 것은 침체한 경제의 부흥과 생활수준의 향상이었다. 그리하여 고르바초프는 그라스노스트에 이어 페레스트로이카(perestroika, 改革)로 알려진 혁신적인 개혁을 단행하였다. 그는 중앙정부의 통제를 완화하고 축소하는 대신 현장 공장관리자의 결정과 책임을 증가시켜 국가관리공장의 생산증대를 도모하고, 노동

자의 임금도 생산량과 노동량에 따라 자주적으로 결정하게 하였다. 그리고 또한
집단농장을 폐지하고, 잉여농산물의 자유시장에서의 개인농민에 의한 판매를 허
용하는 동시에 토지의 임대를 가능하게 하였다.

　페레스트로이카는 소련사회 전체를 뒤흔들어 놓았으며, 격렬한 찬반양론이 제
기되었다. 개혁이 너무 지나치다는 의견과 더불어 개혁이 미온적이며 불충분하다
는 의견이 제시되었다. 중앙정부로부터의 명령에 따르고 있던 공장관리자들은 책
임과 결정을 회피하려 하였으며, 노동자들은 공산주의체제의 붕괴에 회의적이었
다. 그들은 페레스트로이카가 보다 많은 노동과 취업의 불안정, 그리고 생활조건
의 악화를 초래하지 않을가 우려하였다. 소련사회는 혼란에 빠지고 완고한 보수주
의자, 즉 공산주의자들은 강한 반대의사를 표명하였다. 페레스트로이카는 어떤 의
미에서 70년의 역사를 가진 소련의 체제와 이념에 대한 전면적인 재검토를 뜻하였
기 때문이다.

　고르바초프는 개혁정책의 철저한 수행을 위해서는 정치제도의 개혁이 필요하다
고 판단하고 1988년에 강력한 대통령제를 도입하여 공산당서기장의 직책을 유지
한채 대통령에 취임하였다. 확실히 그의 지위는 보다 더 강화되었으며, 그는 종전
의 중앙통제형 계획경제를 지양하고 시장경제로의 이행을 시도하였다. 대외적으
로도 냉전의 완전 해소를 위하여 미국에 접근하고 1987년에는 중거리 핵미사일의
폐기조약에 양국이 합의하였다.

　그러나 모든 것이 순조롭지만은 않았을 뿐 아니라 고르바초프가 뜻하지도 않았
고 원하지도 않았던 사태가 벌어졌다. 그것은 그라스노스트와 페레스트로이카에
자극받은 소련 내 각 공화국들과 소수민족의 자립과 독립요구의 분출이었다. 1990
년 3월 리투아니아가 독립을 선언하자 고르바초프는 경제봉쇄를 단행하고 발틱지
방에 군대를 파견하였다. 그러나 공화국들의 독립요구를 무력으로만 억제할 수 없
게 된 고르바초프는 중앙정부의 권한을 대폭 공화국에 이양하는 새로운 연방안을
제시하였다. 그러나 1991년 8월에 공산당의 강경파에 의한 쿠데타가 러시아 공화
국의 대통령으로 선출되었던 옐친(Yeltsin)의 강경한 반대로 3일만에 실패로 돌
아가자 소비에트연방은 소리내며 해체되기 시작하였다. 그래도 고르바초프는 연
방을 구하기 위하여 공화국간의 경제적 유대를 유지하면서 중앙정부의 권한을 제
한한 새로운 개혁안을 제시하였으나 채택되지 않고 각 공화국의 독립을 허용하는
안이 채택되었다. 이로써 소비에트연방의 해체는 결정되고 연방대통령으로서의
고르바초프는 사임하였다. 고르바초프시대가 막을 내리게 된 것이다.

　쿠데타가 실패한 후 얼마 안가서 에스토니아, 리투아니아, 그리고 라트비아가
독립하고 1991년 연말까지는 과거에 연방을 구성했던 대부분의 공화국들이 연달

아 독립을 선언하였으며, 그 중 러시아를 중심으로 11개 공화국이 독립국가연합 (Commonwealth of Independent States : CIS)을 형성하였다. 1992년 말에 아 제르바이잔이 CIS에서 이탈하여 현재 CIS를 구성하고 있는 것은 러시아, 우크라이나, 벨라루시, 아르메니아, 몰도바, 카자흐스탄, 투르크메니스탄, 우즈베키스탄, 키르기스탄, 타지크스탄의 10개국이다. 현재 CIS를 주도하고 있는 것은 러시아대통령 옐친이고 그는 페레스트로이카 노선을 계승하여 개혁에 노력하고 있지만 그 성과는 지지부진하고 오히려 부작용이 두드러지고 있다. 1992년에 단행한 가격자유화 이래 물가는 공식집계로 1995년 연말까지 1,800배가 앙등하였으며, 이제는 일상용품을 사기 위한 장사진의 행렬은 없어졌으나 일반서민은 돈이 없어서 물건을 사지 못한다. 생활수준은 오히려 하락하는 추세이며 국영기업의 민영화과정에서 일자리가 줄고 취업의 불안이 가중되고 있다. CIS내부의 결속도 우크라이나의 주도권도전 등으로 그렇게 견고한 편은 아니며, 독립을 요구하는 체첸과 같은 소수민족의 반항 또한 만만치 않다. 이러한 상황을 반영하여 1995년 말에 실시된 총선에서는 쿠데타실패 후 한때 해산까지 하였던 공산당이 제1당으로 부상하였다. 러시아를 중심으로 한 CIS의 앞날은 예측을 불허하며 아직도 다난하다.

東유럽의 혁명

동유럽의 소련위성국가들은 소련의 통제에도 불구하고 1950년대부터 심심찮게 자주노선과 민주화를 위한 욕구를 분출시켜왔다. 50년대의 폴란드와 헝가리, 60년대 말의 체코슬로바키아, 80년대 초의 폴란드의 자유노조(연대) 등이 그 대표적인 예이다. 그러나 그 때마다 소련의 무력개입으로 좌절되었고, 1968년의 '프라하의 봄'을 계기로 소련은 "사회주의공동체의 이익은 각국의 개별적 이익보다 우선한다"는 이른바 브레즈네프 독트린으로 위성국을 통제해왔다. 그러나 고르바초프의 등장 이래 소련에서 그라스노스트와 페레스트로이카가 진행되면서 위성국에 대한 통제가 느슨해지고, 특히 1988년 7월 폴란드를 방문한 고르바초프가 브레즈네프 독트린의 폐기와 위성국의 자결권을 인정한 후 위성국에서의 자주노선추구와 민주화운동이 노도와 같이 일어나고 1989년부터 1990년에 걸쳐 동유럽의 공산주의 체제는 일제히 붕괴하였다.

폴란드에서는 1988년부터 다시 자유노조의 움직임이 활발해지고 공산당정부와의 협상태세를 갖추었다. 1989년 2월의 원탁회담에서 양자는 현존 정치체제의 테두리 안에서의 反공산당세력의 권력분담을 인정하고, 제한된 자유선거에 참여한다는 데 합의하였다. 그리하여 1989년 6월에 실시된 국회선거에서 자유노조가 압승을 거두고 공산당은 제2당으로 전락하여 폴란드의 공산주의체제는 무너지기 시작하였다. 대통령으로는 공산당의 야르젤스키가 국회의 상·하양원에 의하여 추대되었으나 내각은 동유럽에서는 최초로 非공산계 연립내각이 성립하였다. 국명도 폴란드인민공화국에서 폴란드공화국으로 바꾸고 1990년 1월 공산당은 프롤레타리아 독재를 포기하였다. 그 해 가을에 야르젤스키가 대통령직을 사임함에 따라 11월에 실시된 대통령선거에서 야심많은 자유노조 지도자 바웬사가 2차 결선투표에서 대통령으로 선출되었다. 그러나 그 과정에서 자유노조는 분열하였으며 자유노조의 시대는 지나가고 있었다. 1991년 10월의 총선거에서 국회에 진출한 정당은 무려 29개나 되었으며 바웬사파는 44석을 얻어 제6위에 머물렀고 그나마 후에 바웬사와 대립하였다. 바웬사는 노조운동의 투사요, 지도자였으나 군소정당의 난립 속에서 정치발전과 경제개혁을 수행할 능력이 없었다. 1995년 바웬사는 재선에 실패하고 하야했다.

   헝가리에서의 공산주의체제 붕괴는 1956년의 국민봉기의 전통을 유지한 민중의 뒷받침도 있었으나 실질적으로는 공산당 내부의 개혁파에 의하여 수행되었다. 1966년에 헝가리는 경제활동의 자유화를 비롯한 경제개혁에 나서고, 당 내 민주주의의 확대와 복수후보제를 공산국가로서는 최초로 도입하였다. 그러나 이러한 개혁은 1968년 '프라하의 봄'이 무참하게 유린되고 브레즈네프 독트린에 의한 소련의 통제가 강화되면서 퇴색하였다. 그래도 동유럽의 공산국가로서 거의 유일하게 서유럽으로의 여행이 비교적 자유로웠다. 1960년에 서유럽 여행자가 3만5천명이던 것이 1960년대 말에는 5배가 되고, 1980년에는 380만명에 달하였다. 1980년대 후반에 들어서면서 개혁의 열기가 부활하고 민주화를 추진하려는 '民主포럼'이 1987년 9월에 결성되었다. 1988년부터 개혁이 본격적으로 시작되고 1989년 1월 공산당 이외의 정당결성이 허용되었으며 집회의 자유가 인정되었다. 같은 해 5월에 헝가리정부는 오스트리아와의 국경에 설치된 철조망과 경비장치를 철거한다는 매우 중요한 결정을 내렸다. 이는 철의 장막에 구멍이 뚫리기 시작한 것을 뜻하며, 동독정권의 붕괴로 이어지는 결정이었다. 뿐만 아니라 같은 해 9월에 헝가리정부는 동독시민의 출국을 허가한다는 성명을 발표하였으며, 이는 동독시민에게 동독으로부터 헝가리로(이것은 사증없이 자유로웠다), 헝가리로부터 다시 오스트리아를 거쳐 서독으로의 탈출 루트를 공식적으로 보증한 셈이었다. 동독정부는 급히 출국금지조치를 취하였으나 이에 대한 불만이 고조되면서 체제비판으로까지 발전하였다. 헝가리에서는 1989년 6월의 당 기구개편에서 실권을 장악한 개혁파가 10월의 당대회에서 종래의 헝가리 사회주의노동자당(공산당)을 사회당으로 개칭하고 일당독재를 포기하여 국민정당이 될 것을 결의하였다. 이는 헝가리가 자유선거로 국민의 의사가 표명되는 복수정당제 국가가 된다는 것을 뜻하였다. 경제면에서는 국가

소유, 사회적 소유, 개인소유의 혼재를 인정하고 상호 경쟁으로 가장 효율적인 형태의 승리를 인정하는 동시에 이윤원칙에 입각한 시장경제로의 이행이 결정되었다. 국명도 마자르인민공화국을 마자르(헝가리)공화국으로 바꾸었다. 이렇듯 헝가리에서는 민중과 야당세력의 압력이 있었다고는 하지만 공산당 스스로가 변신하면서 공산주의체제를 붕괴시켰으며 그 과정에서 공산당은 정권의 자리에서 물러나는 비운을 맞이하였다. 1990년 4월에 실시된 총선에서 사회당(구 공산당)은 민주포럼, 자유민주동맹, 독립소지주당에 이어 제4당의 지위로 전락하였다. 그러나 사회당의 생명은 끊어지지 않았다. 1994년 봄 경제개혁에 실패한 비공산정권을 누르고 사회당은 총선에서 제1당으로 복귀하였다. 과연 그들이 경제개혁에 성공할 것인지는 두고 볼 일이다.

헝가리가 동독시민에게 탈출로를 보장한 조치는 동독정권과 국민에게 심각한 영향을 미쳤다. 1989년 10월 장기간(1976~89) 집권하고 있던 호네커(Honecker) 서기장이 은퇴를 발표한 후에도 동독의 동요는 멈추지 않고 반체제의 기세는 드높아 갔다. 10월 하순에 라이프치히에서 30만명이 참가하는 대중시위가 일어나고 11월 초 베를린에서는 100만명 규모의 대대적인 군중시위가 벌어졌다. 드디어 1989년 11월 9일 자정을 기하여 동독의 공산정권은 베를린의 장벽을 개방하고 모든 국경지대에서의 서독으로의 이주를 가능하게 하였다. 이는 독일통일을 위한 거대한 첫걸음이었다. 동유럽의 다른 공산국가와는 달리 동독에서는 공산주의 체제의 붕괴는 곧 동독이라는 국가 자체의 소멸을 뜻하는 것이었다. 1990년 3월에 여·야당의 원탁회의에서의 결정에 따른 총선거의 결과는 동독공산당의 몰락을 가져왔다. 즉, 총의석 400석 중 동독의 기민당이 163석을 차지하여 대승하고 사민당이 88석, 민주사회당(공산당의 후신)은 고작 66석을 차지한데 불과하였다. 결국 1990년 10월 3일을 기하여 동독은 완전히 서독에 흡수 편입되어 독일통일이 달성되었다. 이 과정에서 소련의 태도가 주목되었는데 고르바초프는 콜 수상으로부터 막대한 원조제공을 약속받고 통일 독일이 NATO에 잔류하는 것이 쌍방에 이로울 것이라는 서방측의 설득을 받아들여 독일의 통일을 승인하였다.

불가리아는 인구 900만명 미만의 작은 농업국가이다. 여기서도 주변의 개혁의 영향으로 1989년 11월 동독이 베를린의 장벽을 개방한 다음 날 1954년 이래 공산당 서기장직에 있던 치프코프(Zhivkov)가 사임하였다. 그것은 국제적 고립과 경제위기에 초초해진 공산당이 당의 권위와 지배를 구제하기 위한 일종의 궁정쿠데타와 같은 것이었다. 같은 해 12월에 인민회의는 결사와 집회의 자유를 허용하고 1990년 1월 말부터 2월 초에 걸친 공산당대회에서 당의 지도적 역할과 권력독점을 포기하고 자유선거, 신헌법의 제정 등을 확인하였으며 당조직의 개편과 사회당으

로의 당명 변경도 결의하였다. 1990년 6월의 의회선거에서는 구 공산당인 사회당
이 승리하였으나 1991년 10월의 제2회 자유선거에서는 민주세력동맹이 승리하여
사회당(구 공산당)은 정권을 상실하였다.

'프라하의 봄'을 유린당한 후 체코슬로바키아의 민주화운동은 1977년에 '헌장
77'이라는 소수의 지식인 중심의 인권옹호단체의 결성 등이 있었으나 침체를 면치
못하였다. 1989년 인접한 폴란드와 헝가리의 개혁의 영향과 경제침체로 체코슬로
바키아에도 개혁의 바람이 불기 시작하였다. '프라하의 봄'의 지도자 두브체크가
돌아오고 시민들의 민주화를 요구하는 시위가 커지며, 민주화를 위한 '시민포럼'
이 결성되었다(1989.11). 이러한 개혁바람 속에서 공산당은 헌법을 개정하여 당의
지도적 역할과 교육에서의 마르크스·레닌주의를 폐기하고 복수정당제 도입을 준
비하는 의미에서 민주화세력과의 연립내각을 형성함으로써 공산당 독재를 종식시
켰다. 1990년 6월에 실시된 자유선거에서 '시민포럼'은 공산당을 누르고 제1당이
되었으나 1991년 2월에 '시민포럼'은 우익화의 경향이 강해지면서 분열하고, 1993
년 1월 연방 또한 체코와 슬로비키아로 나누어졌다.

동유럽의 변혁에서 가장 극적이고 격렬했던 것은 루마니아였다. 1989년 12월 헝
가리계 주민의 대변자격인 목사의 연행에 대한 주민들의 반항을 계기로 독재자 차
우셰스크(Ceausescu 집권 1965~89)에 대한 누적된 불만이 폭발하였다. 차우셰스
크 타도의 함성이 군중집회에서 터져나오고 계엄령에 대하여 군이 명령을 거부하
고 12월22일 장갑차가 민중과 더불어 대통령관저로 접근하였다. 차우셰스크 부처
는 헬리콥터로 급거 관저를 탈출하여 수도에서 약 100km 떨어진 작은 마을에 착
륙하였다. 그러나 곧 체포되어 구국전선평의회가 집행한 약식 군사재판에서 유죄
언도와 더불어 총살형이 집행되었다. 1990년 5월에 실시된 총선에서 구국전선이
압승하고, 1991년 말에 제정된 신헌법은 복수정당제와 시장경제로의 이행, 그리고
시민권의 보장을 규정하였다.

유고슬라비아는 공산국가이면서 소련권에 속하지 않고 독자노선을 걸어왔다.
유고는 20여 인종을 포함한 다민족국가이며, 종교도 로마가톨릭, 그리스정교, 이
슬람의 3大 종교가 혼재하고 있다. 그래도 티토(Tito) 생존시에는 그의 강력한 영
도 하에 통일이 유지되어 왔으나 그의 사후 연방체제는 무너졌다. 1989년 이후 유
고연방은 세르비아, 몬테네그로, 슬로베니아, 크로아티아, 보스니아—헤르체고비
나, 마케도니아로 분리되고, 이 중 세르비아와 몬테네그로가 新유고 연방을 구성
하였다. 그렇다고 이 지역의 인종문제가 해결된 것은 아니었고 특히 보스니아에서
는 '인종청소'라는 표현이 사용될 정도로 잔인한 인종분규의 내전이 수년간 계속
되었다. 1995년 말에 이르러서야 유엔, 미국, 그리고 NATO의 개입과 중재로 세

르비아계와 이슬람계 사이의 내전이 종식되고 평화가 회복되기 시작하였다.

바르샤바 조약기구와 코메콘으로 소련에 종속되어 있던 동유럽 공산국가들의 공산체제붕괴의 발단은 고르바초프의 페레스트로이카와 브레즈네프 독트린 폐기에 따른 자주노선 추구였다. 그러나 보다 더 근본적으로는 공산주의체제 하에서의 비효율적인 중앙통제의 계획경제와 산업전반에 걸친 관료주의적 통제와 행정적 경영으로 야기된 경제침체였다. 이에 따라 대다수 국민의 생활수준이 저하하여 일상생활이 어려워지고 서유럽과의 기술과 생활면의 격차가 극적으로 증대하였다. 이러한 상황 속에서 일반대중의 자유와 시민권에 대한 갈망이 싹트고 날로 증대하였다. 이와는 반비례로 단일집권당인 국가 위에 군림하는 공산당은 정치체제에 대한 통제능력을 상실하고, 국가경제나 경제개혁을 주도할 능력도 상실하였다. 전후의 공산체제는 평등의 이상을 내걸고 급속한 경제발전, 완전고용, 전반적 사회복지, 광범한 낙후사회층의 생활향상을 약속한 매력적인 이데올로기를 수반하였으나 이제 그 이데올로기는 가혹한 현실 앞에 허물어지고 매력을 상실하였다. 소련으로부터의 독립, 자주노선의 추구, 복수제 정당과 시장경제, 그리고 자유와 시민권의 회복이라는 광범한 민중의 욕구 앞에 공산체제는 붕괴하였다. 소련의 경우 70년이 넘는, 그리고 동유럽의 경우 반세기에 걸친 공산주의 실험은 실패로 돌아갔다. 전후의 냉전체제는 완전히 해소되고 세계사는 하나의 새로운 전기를 맞이하게 된 것이다.

냉전체제가 해소되고 '철의 장막'이 사라진 후 하나의 정치권으로서의 동유럽도 해체하였다. 과거의 동유럽은 헝가리, 체코, 폴란드라는 중부 유럽국가군과 불가리아와 루마니아 등의 발칸 국가군으로 크게 나누어져 있었다. 전자의 경우 공산당의 독제 하에서도 뿌리깊은 민주화운동이 존속하였고, 공산당 자체도 개혁실험의 경험을 축적하고 있었다. 그렇기 때문에 제 1 차 자유선거에서 이들 국가의 공산당은 일제히 정권으로부터 물러났지만, 상황에 따라서는 다시 정권을 장악할 가능성을 지니고 있다. 그러나 설혹 공산당이 재집권한다 하더라도 과거와 같은 일당독재체제의 부활은 없을 것이며, 관건은 경제개혁의 성공여부에 달려있다. 그렇기 때문에 중부유럽 3국은 서로 협력체제를 모색하며 EU에의 접근을 시도하고 있다. 한편 발칸국가들은 농업지역으로서 야당조직의 모체가 될 강력한 反체제운동의 역사를 갖고 있지 않았고 따라서 변혁 후에도 공산당의 후신이 계속 집권하였다. 그러나 여기서도 민주화의 바람은 불고 경제개혁이 중요한 과제로 부상하며, 유고연방의 해체과정에서 드러난 민족문제가 새로운 과제로 제기되고 있으며, 실제로 보스니아 內戰과 같은 격렬한 민족분규가 발생하였

다.[5]

최근의 유럽과 세계

1989년으로부터 1990년에 걸친 소련의 해체와 동유럽의 공산주의체제의 붕괴는 20세기 말의 가장 큰 변화였다. 1991년에는 유럽의 공산권을 결속시키고 있던 코메콘과 바르샤바 조약기구도 해체하여 '철의 장막'은 사라지고 냉전도 완전히 해소되어 국제적 긴장이 훨씬 완화되고 세계평화의 가능성도 그 어느 때보다도 커졌다. 그러나 국지적인 분쟁은 끊이지 않고 있다.

1990년 8월 초 이라크의 후세인은 느닷없이 인접한 쿠웨이트를 기습 공격하여 점령하였다. 후세인은 쿠웨이트의 방대한 유전과 항구가 탐이났던 것이며, 이라크군은 사우디아라비아와의 국경지대로 진출하였다. 미국과 소련의 협력 하에 유엔은 이라크군의 쿠웨이트로부터의 철수를 촉구하고 제제조치를 취하였으나 후세인은 이에 응하지 않고 자신만만하게 일전불사의 태도를 취하였다. 이에 미국은 유엔의 지지 하에 미군을 중심으로 다국적군을 편성하여 1991년 2월에 이라크를 공중과 지상으로부터 공격하였다. 사막의 전투에 능할 것으로 예상되었던 이라크군은 미군의 최신예무기 앞에 저항다운 저항없이 단시일 내에 무너지고, 쿠웨이트는 이라크로부터 해방되었다. 이 걸프전쟁은 소련의 해체 후 미국이 유일한 초강대국임을 입증하고, 우세한 군사력을 전세계에 과시한 전쟁이었다. 걸프전쟁은 또한 중동문제에 있어서의 미국의 발언권을 강화시켜주고, 중동평화를 촉진하는 결과도 가져왔다. 1992년 이스라엘에서 보다 온건한 노동당의 라빈(Rabin) 수상이 집권하면서 다년간 계속되었던 팔레스타인 문제가 서서히 해결의 실마리를 찾기 시작하였다. 드디어 1995년 PLO와의 화평이 성립하고 PLO의 의장 아라파트의 세력이 팔레스타인 자치정부 수립을 위한 선거에서 대승하였다. 그러나 라빈 수상은 애석하게도 이스라엘의 과격파 청년에 의하여 살해되었다.

유고연방의 해체 후 발생하여 '인종청소'(ethnic cleansing)로 알려진 잔학한 살상과 추방을 수반하면서 3년 이상 계속된 보스니아 내전도 1995년 연말에 종식되었다. 아일랜드 북부 얼스터에서의 아일랜드공화군(IRA)의 테러공격도 영국정부와의 협상으로 종식될 전망이다. 이렇듯 국지적인 분쟁도 하나씩 해결되면서 평화에 대한 전망은 밝아지고 있다.

유럽 자체에서도 통합의 기운은 더욱 진전되고 있다. 1991년 EC의 지도자들은

---

5) 소련과 동유럽의 변혁에 관해서는 1990년 10월에 서울대학교, 소련－동구연구소가 주최한 국제학술대회의 보고서와 三浦元博・山崎博康 著, ≪東歐革命≫(1992, 岩波新書)를 많이 참고하였다.

네덜란드의 마스트리히트에서 회합하여 1993년 말에 발효된 마스트리히트조약에 합의하였다. 이는 통화의 단일화, 공동방위, 공동외교정책 추구 등 EC를 보다 더 긴밀한 경제적, 정치적 연합체인 유럽연합(EU)으로 발전시키려는 것이었다. 종래의 EC회원국인 프랑스, 독일, 이탈리아, 벨기에, 네덜란드, 룩셈부르크, 영국, 아일랜드, 덴마크, 그리스, 에스파냐, 프르투갈의 12개국에 새로이 오스트리아, 핀란드, 스웨덴의 3국이 참가하여 현재의 EU 회원국은 15개국으로 늘어났다.

냉전체제 소멸 후의 세계질서는 구체적으로 어떻게 될 것인가. 이는 예단을 불허하는 문제이지만 지역적인 공동체 내지 협력체의 형성과 세계적인 국제기구의 강화라는 두 갈래 방향이 가시화되고 있다. 지역적 공동체의 형성으로서는 유럽에서의 EU, 미주에서의 북미자유무역협정(NAFTA), 그리고 아시아에서는 아시아 · 태평양 경제협의체(ASPEC) 등이 그 대표적인 예이다. 그 밖에 라틴아메리카(SELA), 동남아(ASEAN), 아프리카(OAU) 등에도 지역적인 협력체가 형성되고 있다. 세계적 기구의 활동으로서는 그 동안 냉전의 그늘에서 제대로 기능을 발휘못하였던 유엔의 활동이 다시 활발해지고 국지적인 분쟁의 해결에 평화유지활동(PKO) 등을 전개하여 성과를 올리고 있다. 그리고 1995년에 정식 발족한 세계무역기구(WTO)가 경제전쟁의 양상을 완화시키면서 국가간의 경제적 마찰과 분쟁의 해결에 노력하게 될 것이다.

참 고 문 헌

이 책을 읽고 좀 더 서양사에 관한 지식을 넓히고 깊이 연구하려는 독자를 위하여 참고문헌을 소개하겠다. 국내문헌은 초판에 소개한 것에 그 후에 발간된 것을 첨가하였고, 외국문헌은 J. Mckay · B.D. Hill · J. Buckler, *A History of Western Society*(5th ed., 1995)에 실린 참고문헌을 참조하면서 많이 새로운 것으로 교체하였으며, 사회사에 관한 문헌도 약간 수록하였다.

참고문헌, 특히 외국문헌에는 해설을 붙이는 것이 옳겠으나 지면 관계로 이를 생략할 수밖에 없었고, 문헌의 선택에 미흡한 점이 있을 것이며, 누락도 있을 것인 바 독자 여러분의 양해를 바란다.

국 내 문 헌

I. 槪說
배영수 편, 서양사 강의(한울, 1992).
프레데리크 들루슈 편(윤승준 역), 새유럽의 역사(까치, 1995).
C. 브린튼外(梁秉祐外 譯), 世界文化史, 3冊(乙酉文化社, 1963).
歷史學會編, 西洋史論文選集, 2冊(一潮閣, 1978).

II. 各國史
영국사연구회 옮김, 옥스퍼드 영국사(한울, 1994).
R.J. 화이트(羅鍾一譯), 英國小史(三星文庫).
조르주 뒤비 · 로베르 망드루(김현일 역), 프랑스문명사, 2책(까치, 1995).
다니에르 리비에르(최갑수 역), 그림으로 보는 프랑스의 역사(까치, 1995).
李柱郢, 美國史(大韓敎科書株式會社, 1987).
_____, 美國經濟史槪說(건국대출판부, 1988).
李普珩, 美國史槪說(一潮閣, 1976).
_____外, 美國史硏究序說(一潮閣, 1984).
R. 호프스태터(李春蘭譯), 美國의 政治的 傳統, 2冊(探求新書).
李敏鎬, 독일史(大韓敎科書株式會社, 1996).
F. 러셀(李敏鎬 譯), 獨逸小史(三星文庫).
M.카르포비치(李仁浩譯), 帝政러시아(探求新書).
H.콘(金鍾心譯), 近代러시아(심설당, 1981).

李貞姬, 東유럽史(大韓敎科書株式會社, 1987).

Ⅲ. 先史時代

金元龍, 韓國考古學槪說(中央新書).

李光奎, 文化人類學(一潮閣, 1984).

L. 리키外(韓相福譯), 人類의 起源(中央新書).

Ⅳ. 古代地中海 世界

김진경외 지음, 서양고대사 강의(한울, 1996).

김진경 지음, 그리스문화(성균관대 출판부, 1996).

빅터 에렌버그(김진경 역), 그리스 국가(民音社, 1991).

허승일, 로마사입문(서울대출판부, 1993).

_____, 로마공화정연구(증보판)(서울대출판부, 1995).

梁秉祐,, 아테네 民主政治史(서울대출판부, 1976).

梁秉祐, 고대올림픽(지식산업사, 1988).

池東植, 로마 共和政危機論(法文社, 1975).

M.I.핀리(김진경 역), 古代奴隷制(探究新書).

P.A. 브런트(허승일 역), 로마社會史(探究新書).

Ⅴ. 中世 封建社會

페리 엔더슨(유재건 · 한정숙 역), 고대에서 봉건제로의 이행(창작과 비평사, 1990).

마르크 블로크(韓貞淑 譯), 봉건사회, Ⅰ, Ⅱ(한길사, 1986).

나종일 편, 봉건제(까치, 1988).

J.R.스테레이어(朴恩駒譯), 近代國家의 起源(探究新書).

J.B.모랄(朴恩駒譯), 중세서양의 정치사상(探究新書).

박은구 · 이연규 엮음, 14세기 유럽史(探求堂, 1987).

Ⅵ. 中世로부터 近代로의 移行

페르낭 브로델(주경철 옮김), 물질문명과 자본주의(까치, 1995).

한국서양사학회편, 근대 세계체계론의 역사적 이해(까치, 1996).

P.스위지 · M. 돕外(김대환 譯編), 봉건제로부터 자본주의로의 이행논쟁(광민사).

車河淳, 西洋近代史─르네상스의 社會와 思想(探求堂, 1974).

金榮漢, 르네상스의 유토피아思想(探求堂, 1983).

洪致模, 北歐르네상스와 宗敎改革(성광문화사, 1984).

J. 부르크하르트(전운용譯), 이탈리아 文藝復興史(乙酉世界思想全集 11).

W.K. 퍼거슨(金聲近 · 李敏鎬譯), 르네상스(探究新書).

L.B. 팩카드(崔文衡譯), 商業革命(探求新書).

G.L. 모우시(李敏鎬譯), 宗敎改革(探求新書).

H. 릴레(車─龍譯), 마르틴 루터(探求新書).

M. 베버(權世元 · 姜命圭譯), 프로테스탄트의 倫理와 資本主義精神(一潮閣, 1958).

Ⅶ. 近代社會의 成立

関錫泓, 西洋近代史硏究(一潮閣, 1975).

羅鍾一, 英國近代史硏究(서울大出版部, 1979).

李敏鎬, 近代獨逸史硏究(서울大出版部, 1976).

林采源, 獨逸近代史硏究(一潮閣, 1975).

車河淳, 衡平의 硏究(一潮閣, 1983).

洪思重, 英國革命思想史(전예원, 1982).

임희완, 영국혁명과 종교적 급진사상(새누리, 1993).

홍치모, 스코틀랜드 종교개혁과 영국혁명(총신대학 출판부, 1991).

G.르페브르(민석홍 역), 프랑스 革命－1789年－(乙酉文庫).

A.소부울(최갑수 역), 프랑스大革命史, 2册(두레, 1984).

미셸 보벨(최갑수외 옮김), 왕정의 몰락과 프랑스혁명, 1787－1792(일월서각, 1987).

프랑스와 퓌레(丁慶姬譯), 프랑스 革命의 解剖(法文社, 1987).

또끄빌(이용재 역), 구체제와 프랑스혁명(일월서각, 1989).

F. 퓌레·D. 리세(김응종 역), 프랑스혁명사(일월서각, 1990).

미셸 보벨·민석홍외 지음, 프랑스혁명과 한국(일월서각, 1991).

민석홍 엮음, 프랑스 革命史論(까치, 1988).

H.A.L.피셔(金榮漢譯). 나폴레옹(探求新書).

조르주 뒤보(김인중 역), 1848년 : 프랑스 2월혁명(探求堂, 1993).

李敏鎬, 近代獨逸社會와 小市民層(一潮閣, 1992).

윌리암外(이민호·강철구), 독일근대사(改正版)(探求堂 1988)

盧明植, 第三共和政硏究(探求堂, 1976).

_____, 프랑스혁명에서 파리 꼬뮨까지(까치, 1980).

G.브라운(吉玄謨譯), 19世紀 유럽史(探求新書).

F.E.매뉴얼(車河淳譯), 啓蒙思想時代史(探求新書).

F.J.터너(李柱郢譯), 프런티어와 美國史(博英文庫).

李仁浩, 러시아 知性史硏究(知識産業社, 1980).

김영한·임지현 편, 서양의 지적운동(지식산업사, 1994).

피에르 독케스·베르나르 로지에(김경근 역), 모호한 역사 : 자본주의 발전의 재검토(한울, 1995).

브로노프스키·매줄리슈(車河淳譯), 西洋의 知的 傳統(弘益社, 1980).

J.S. 샤피로(閔錫泓譯), 自由主義(思想文庫).

J.B. 베리(梁秉祐譯), 思想과 自由의 歷史(博英文庫).

H. 바터필드(車河淳譯), 近代科學의 起源(現代科學新書).

H. 코온(羅鍾一·宋奎範譯), 民族의 豫言者들(한국출판판매, 1981).

G. 리히트하임(김쾌상 역), 社會主義運動史(까치, 1983).

H. 쉬나이더外(韓貞淑譯), 勞動의 歷史(한길사, 1982).

李敏鎬 外, 勞動階級의 形成 : 영국·프랑스·독일·미국에 있어서(느티나무, 1989).

서울대 프랑스史硏究會 編, 프랑스 勞動運動과 社會主義(느티나무, 1989).

정현백, 노동운동과 노동자문화(한길사, 1991).

멜빌 듀보프스키(배영수 역), 현대미국 노동운동의 기원(한울, 1990).

Ⅷ. 現代史의 展開

이주영外, 서양현대사-제2차 세계대전에서 현재까지(삼지원, 1994).

盧明植·李光周編, 20世紀 現代史(청람, 1981).

梁秉祐編, 福祉國家의 形成(民音社, 1983).

金學俊, 러시아革命史(文學과 知性社, 1979).

H.M. 라이트(박순식 편역), 제국주의란 무엇인가(까치, 1983).

D. 톰슨(盧明植譯), 現代世界史(探求新書).

리히트하임(유재건譯), 유럽현대사(백산서당, 1982).

P.K. 콘킨(李柱영譯), 뉴우딜政策(探求新書).

H. 마우(吳麟錫譯), 독일現代史(探求新書).

A.J. 니콜스(吳麟錫譯), 바이마르共和國과 히틀러(과학과 인간사, 1980).

H. 펠링(金榮禎譯), 英國現代史(探求新書).

J.D. 윌킨슨(李仁浩譯), 知識人과 저항-유럽, 1930-1950년(文學과 知性社, 1984).

李仁浩編譯, 인텔리겐찌야와 혁명(弘盛社, 1981).

H. 코온(閔錫泓譯), 歷史家와 世界革命(探求新書).

H.W. 갓츠케(李普珩譯), 第2次大戰後의 世界(探求新書).

Ⅸ. 歷史理論

李基白·車河淳編, 歷史란 무엇인가(文學과 知性社, 1976).

李敏鎬, 現代社會와 歷史理論(文學과 知性社, 1982).

李光周·李敏鎬編, 歷史와 社會科學(한길사, 1981).

G. 이거스(李敏鎬·朴恩駒譯), 現代社會史學의 흐름(전예원, 1982).

E.H. 카아(吉玄謨譯), 歷史란 무엇인가(探求文庫).

시드니 후크(閔錫泓譯), 歷史와 人間(乙酉文化史, 1982).

부르크하르트(李相信譯), 歷史를 어떻게 볼 것인가(한길사, 1981).

愼鏞廈編, 社會史와 社會學(創作과 批評社, 1982).

R.G. 콜링우드(金鳳鎬譯), 西洋史學史(探求新書).

B. 크로체(李相信譯), 歷史의 理論과 歷史(三英社, 1978).

梁秉祐外, 現代歷史理論의 照明(韓國精神文化研究院, 1984).

다니엘스(李石佑譯), 歷史의 研究(乙酉文庫).

梁秉祐外, 歷史論抄(지식산업사, 1987).

_____, 歷史의 方法(民音社, 1988).

李敏浩, 歷史主義(民音社, 1988).

金應鍾, 아날학파(民音社, 1991).

羅鍾一, 세계사를 보는 시각과 방법(창작과 비평사, 1992).

H.E. 반스(허승일·안희돈 역), 서양사학사(한울, 1994).

오스카 할렉키(최영보 역), 유럽사의 境界와 區分(探求堂, 1993).

E.H. 카(이연규 옮김), 역사란 무엇인가(단우, 1992).

외 국 문 헌

I. 槪　說
Crane Brinton et al., A History of Civilization, 2 vols., 4th ed.(1971).
E.M. Burns, Western Civilization, 2 vols., 8th ed.(1973).
J.P. Mckay · B.D. Hill · J. Buckler, A History of Western Society, 5th ed. (1995).
W.L. Langer, ed., An Encyclopedia of World History, new. ed.(1968).

II. 오리엔트
H.W.F. Saggs, Civilization Before Greece and Rome(1989).
A.B. Knapp. The History and Culture of Western Asia and Egypt(1988).
H.W.F. Saggs, Everyday Life in Babylonia and Assyria(1965).
M. Eliade, ed., Religions of Antiguity(1989).

III. 古代地中海世界
H. Bengtson, History of Greece(English trans. 1988).
J. Fine, The Ancient Greeks(1984).
C. Roebuck, Economy and Society in the Early Greek World(1984).
J. Ober, Mass and Elite in Democratic Athens(1989).
R. Just, Women in Athenian Law and Life(1988).
Y. Garlan, Slavery in Ancient Greece(1988).
K. Dawden, The Uses of Greek Mythology(1992).
F.W. Walbank, The Hellenistic World(1981).
M. Rostovtzeff, Greece(Galaxy Book, 1963).
F.L. Vatai, Intellectuals in Politics in the Greek World from Early Times to the Hellenistic Age(1984).
R.T. Ridley, The History of Rome(1989).
R. Syme, The Roman Revolution, rev. ed.(1952).
P.A. Brunt, Social Conflicts in the Roman Republic(1971).
G. Alfoeldy, the Social History of Rome(1985).
S. Dixon, The Roman Family(1992).
R. Syme, The Augustan Aristocracy(1985).
P. Garnsey and R. Saller, The Roman Empire(1987).
L. Keppie, The Making of the Roman Army from Republic to Empire(1984).
M. Rostovtzeff, Rome(Galaxy Book, 1960).
K.R. Bradley, Slaves and Masters in the Roman Empire(1988).
A. Chester, the Social Context of Early Christianity(1989).
A.M.H. Jones, the Decline of the Ancient World(1966)
E. Lot, The End of the Ancient World(1965).

IV. 中世유럽과 封建社會

J. Herrin, The Formation of Christendom(1987).

A. Lewis, Emerging Europe, A.D. 400 − 1,000(1967).

G. Zarnecki, The Monastic Achievement(1972).

J.J. Norwich, Byzantium : The Early Centuries(1989).

A. Harvey, Economic Expansion in the Byzantine Empire, 900 − 1200(1989).

J.L. Esposito, Islam : the Straight Path(1988).

L. Ahmed, Women and Gender in Islam. Historical Roots of a Modern Debate(1992).

P. Brown, The Body and Society : Men, Women, and Sexual Renunciation in Early Christianity(1988).

R. Mckitterick, The Frankish Kingdom under the Carolingians, 751 − 987 (1983).

P. Riche, Daily Life in the World of Charlemagne, J. McNamara, trans. (1978).

G. Duby, The Early Growth of European Economy : Warriors and Peasants from the Seventh to the Twelfth Century(1978).

F. Kempf et al., The Church in the Age of Feudalism, A. Biggs, trans.(1980).

S.F. Wemple, Women in Frankish Society. Marriage and Cloister, 500 to 900 (1981).

F.L. Ganshof, Feudalism(1961).

M. Bloch, Feuelal Society, L.A. Manyon, trans.,(1961)

P. Anderson, Passages from Antiquity to Feudalism(1978).

G. Duby, Rural Economy and Country Life in the Medieval West, C. Postan, trans.(1968).

G. Jones, A History of the Vikings, rev. ed.(1984).

D. Nicholas, The Evolution of the Medieval World. Society, Government and Thought in Europe, 312 − 1500(1992).

G. Barraclough, The Origins of Modern Germany(1963)

R. Fletcher, Moorish Spain(1992).

D. Nicholas, Medieval Flanders(1992).

K.M. Setton, gen. ed., A History of the Crusades(1955 − 1977).

I.S. Robinson, The Papacy, 1073 − 1198 : Community and Innovation(1990).

P. Bonassie, From Slavery to Feudalism(1991).

E.L. Ladurie, Montaillou : Cathars and Catholics in a French Village, 1294 − 1324(B. Bray, trans., 1978).

J.L. Langdon, Horses, Oxen, and Technological Innovations : The Use of Draught Animals in English Farming, 1066 − 1500(1986).

J. Baswell, The Kindness of Strangers : The Abandonment of Children in Western Europe from Late Antiquity to the Renaissance(1989).

M.W. Labarge, A Small Sound of the Trumpet : Women in Medieval Life (1986).

G.O. Sayles, The Medieval Foundations of England(1961).

E. Hallam, The Capetian Kings of France, 987−1328(1980).

A. Haverkamp, Medieval Germany, 1056−1273, trans. H. Braun and R. Mortimer(1992).

H. Pirenne, Economic and Social History of Medieval Europe(1956).

C.M. Cipolla, Bebore the Industrial Revolution : European Society and Economy, 1000−1700, 2d ed.(1980).

E.L. Ladurie, Times of Feast, Times of Famine : A History of Climate since the Year 1000, B. Bray trans.(1971).

J. and F. Gies, Life in a Medieval City(1973)

C.H. Haskins, The Renaissance of the Twelfth Century(1971).

H. De Ridder−Symoens, ed., A History of University in Europe, vol. 1 : Universities in the Middle Ages(1991).

R.W. Southern, Scholastic Humanism and the Unification of Western Europe, vol 1(1994).

J. Hawey, The Gothic World(1969).

V. 中世로부터 近代로의 移行

W.H. McNeill, Plagues and Peoples(1976).

C. Allmand, The Hundred Years War, England and France at War, ca. 1300−1450(1988).

R. Barber, The Knight and Chivalry(1982).

C. Dyer, Standards of Living in the Later Middle Ages(1989).

R.H. Hilton and T.H. Aston, eds., The English Rising of 1381(1984).

E.L. Ladurie, The Peasants of Languedoc, J. Day, trans(1976).

R.H. Hilton, Bond Men Made Free : Medieval Peasant Movements and the English Rising of 1381(1973).

F. Oakley, The Western Church in the Later Middle Ages(1979).

P. Burke, The Italian Renaissance : Culture and Society in Italy(1986).

M.P. Gilmore, The World of Humanism(1962).

G.A. Brucker, Renaissance Florence(1969).

J. Huizinga, The Waning of the Middle Ages(1954).

F.L. Eisenstein, The Printing Press as an Agent of Change : Communications and Cultural Transformations in Early Modern Europe, 2 vols.(1979).

M. Baxandall, Painting and Experience in Fifteenth Century Italy(1988).

J. Burckhardt, The Civilization of the Renaissance in Italy(1951).

O. Chadwick, The Reformation(1976).

E.H. Harbison, The Age of Reformation(1963).

E. Cameron, The European Reformation(1991).

H.G. Haile, Luther : An Experiment in Biography(1980).

J. Atkinson, Martin Luther and the Birth of Protestantism(1968).

W.J. Bowsma, John Calvin : A Sixteenth Century Portrait(1988).

R.H. Bainton, Women of the Reformation in Germany and Italy(1971).

S. Ozment, When Fathers Ruled : Family Life in Reformation Europe(1983).

A.G. Dickens, The Counter Reformation(1969).

W.W. Meissner, Ignatius of Loyola : The Psychology of a Saint(1993).

J.H. Pary, The Age of Reconnaissance(1963).

C.M. Cipolla, Guns, Sails, and Empires : Technological Innovation and the Early Phase of European Expansion, 1400−1700(1965).

W.D. Phillips and C.R. Phillips, The Worlds of Christopher Columbus(1991).

Ⅵ. 近代社會의 成立

F. Braudel, Civilization and Capitalism, Fifteenth−Eighteenth Century, 3 vols(1981−1984).

H. Kamen, The Iron Century : Social Change in Europe, 1550−1660(1971).

G. Huppert, After the Black Death : A Social History of Early Modern Europe(1986).

K.H.D. Kaley, The Dutch in the Seventeenth Century(1972).

C.V. Wedgwood, The Thirty Years War(1961).

T. Ashton, ed., Crisis in Europe, 1560−1660(1967).

N. Cohn, Europe's Inner Demons : An Enquiry Inspired by the Great Witch−Hunt(1975).

G.R. Quaife, Godly Zeal and Furious Rage : The Witch in Early Modern Europe(1987).

V.L. Tapié, The Age of Grandeur : Baroque Art and Architecture(1961).

P. Anderson, Lineages of the Absolutist State(1974).

H. Rosenberg, "Absolute Monarchy and its Legacy", in N.F. Cantor and S. Werthman, eds., Early Modern Europe, 1450−1650(1967).

P. Bluche, Louis XIV, trans. M. Greengrass(1990).

P. Goubert, Louis XIV and Twenty Million French-men(1972).

M. Beloff, The Age of Absolutism(1967).

M. Ashley, England in the Seventeenth Century(1980).

C. Hill, A Century of Revolution(1961).

K. Wrightson, English Society, 1580−1680(1982).

C. Russell, Crisis of Parliaments, 1509−1660(1971).

L. Stone, The Crisis of the Aristocracy(1965).

L. Stone, The Causes of the English Revolution(1972).

B. Manning, The English People and the English Revolution(1976).

J.O. Appleby, Economic Thought and Ideology in Seventeenth Century England(1978).

C. Hill, Intellectual Origins of the English Revolution(1966).

C. Hill, Society and Puritanism in Pre-revolutionary England(1964).

W. Haller, The Rise of Puritanism(1957).

C. Firth, Oliver Cromwell and the Rule of the Puritans in England(1956).

A. Fraser, Cromwell, the Lord Protector(1973).

J.R. Jones, The Revolution of 1688 in England(1972).

L.G. Schwoerer, The Declaration of Rights, 1689(1981).

K.H.D. Haley, The Dutch Republic in the Seventeenth Century(1972).

V. Barbour, Capitalism in Amsterdam in the Seventeenth Century(1950).

P. Burke, Popular Culture in Early Modern Europe(1978).

H. Rosenberg, Bureaucracy, Aristocracy, and Autocracy : The Prussian Experience, 1660–1815(1966).

G. Craig, The Politics of the Prussian Army, 1640–1945(1964).

J. Gagliardo, Germany under the Old Regime, 1600–1790(1991).

C. Ingrao, The Habsburg Monarchy, 1618–1815(1994).

R. Pipes, Russia Under the Old Regime(1974).

D. Chirot, ed., The Origins of Backwardness in Eastern Europe : Economics and Politics from the Middle Ages until the Twentieth Century(1989).

R. Mousnier, Peasant Uprisings in Seventeenth France, Russia, and China (1970).

M. Raeff, Origins of the Russian Intelligentsia(1966).

B.H. Sumner, Peter the Great and the Emergence of Russia(1962).

D. Mckay and H. Scott, The Rise of Great Powers, 1648–1815(1983).

H. Butterfield, The Origins of Modern Science(1951).

A.G.R. Smith, Science and Society in the Sixteenth and Seventeenth Centuries(1972).

M. Jacob, The Cultural Meaning of the Scientific Revolution(1988).

T. Kuhn, The Structure of the Scientific Revolution(1962).

I. Wade, The Strncture and Form of the French Enlightenment(1977).

R. Chartier, The Cultural Origins of the French Revolution(1991).

H. Scott, Enlightened Absolutism(1990).

C. Behrens, Society, Goverment, and the Enlightenment : The Experience of Eighteenth Century France and Prussia(1985).

F. Ford, Robe and Sword(1953).

P. Dukes, The Making of Russian Absolutism, 1613–1801(1982).

T. Blanning, Joseph II and Enlightened Absolutism(1970).

J. Blum, The End of the Old Order in Rural Europe(1978).

B.H. Slicker van Bath, The Agrarian History of Western Europe, A.D. 500–1850(1963).

M. Bloch, French Rural History(1966).

A. Kussmaul, A General View of the Rural Economy of England, 1538–1840 (1969).

J. Gargliardo, From Pariah to Patriot : The Changing Image of the German Peasant, 1770–1840(1969).

O. Hufton, The Poor in Eighteenth Century France(1974).

M. Gutman, Towand the Modern Economy : Early Modern Industry in

Europe, 1500－1800(1988).

C. Cipolla, The Fontana Economic History of Europe, 6 vols(1977).

D.K. Fieldhouse, The Colonial Empires(1971).

M. Flinn, The European Demographic System, 1500－1800(1981).

J. Casey, The History of the Family(1989).

L. Stone, The Family, Sex and Marriage in England, 1500－1800(1977).

L. Tilly and J. Scott, Women, Work and Family(1978).

L. Moch, Moving Europeans : Migration in Western Europe since 1650(1992).

B. Ingles, History of Medicine(1965).

W. Boyd, History of Western Education(1966).

D. Roche, The People of Paris : An Essay in Popular Culture in the 18th Century(1987).

E. Kennedy, A Cultural History of the French Revolution(1989).

L. Hunt, The New Cultural History(1989).

G. Rude, The Crowd in History, 1730－1848(1964).

G. Lefebvre, The Coming of the French Revolution(1947).

R.R. Palmer, The Age of the Democratic Revolution, 2 vols(1959).

A. de Tocqueville, The Old Regime and the French Revolution(1856).

E.J. Hobsbawm, The Age of Revolution, 1789－1848(1962).

A. Cobban, The Social Interpretation of the French Revolution(1964).

F. Furet, Interpreting The French Revolution(1981).

N. Hampson, A Social History of the French Revolution(1963).

W. Dayle, Origins of the French Revolution, 3d ed.(1988).

S. Schama, Citizens : A Chronicle of the French Revolution(1989).

F. Kafker and J. Laux, eds., The French Revolutions : Conflicting Interpretations, 4th ed.(1989).

J.P. Bertaud, The Army of the French Revolution : From Citizen-Soldier to Instrument of Power(1988).

P. Johnes, The Peasantry in the French Revolution(1979).

L. Hunt, Politics, Culture, and Class in the French Revolution(1984).

J. Landes, Women and the Public Sphere in the Age of the French Revolution(1988).

L. Hunt, The Family Romance of the French Revolution(1992).

P. Higonett, Sister Republics : The Origins of French and American Republicanism(1988).

E. Morgan, Inventing the People : The Rise of Popular Sovereignty in England and America(1988).

B. Bailyn, The Ideological Origins of the American Revolution(1967).

L. Bergeron, France under Napoleon(1981).

R. Jones, Napoleon : Man and Myth(1977).

G. Lefebvre, French Revolution from It's Origins to 1793(1962).

_____, French Revolution from 1793 to 1799(1964).

J. Goodman and K. Honeyman, Gainful Pursuits : The Making of Industrial Europe, 1600−1914(1988).

D.S. Landes, The Unbound Prometheus : Technological Change and Industrial Development in Western Europe, from 1750 to the Present(1969).

S. Pollard, Peaceful Conquest : The Industrialization of Europe(1981).

P. Mantoux, The Industrial Revolution in the Eighteenth Century(1961).

J. Clapham, Economic Development of France and Germany(1963).

W. Blackwell, The Industrialization of Russia, 2d ed.(1982).

P. Taylor, ed., The Industrial Revolution : Triumph or Disaster?(1970).

J. Rule, The Lalouring Classes in Early Industrial England, 1750−1850(1987).

E.P. Thompson, The Making of the English Working Class(1963).

D.S. Landes, Revolution in Time : Clocks and the Making of the Modern World(1983).

G.S.R. Kitson Clark, The Making of Victorian England(1967).

F. Klingender, Art and The Industrial Revolution, rev. ed.(1968).

W.L. Langer, Political and Social Upheaval, 1832−1852(1969).

A.J. May, The Age of Metternich, 1814−1848(1963).

G. Wright, France in Modern Times, 4th ed.(1987).

A. Brigg, The Making of Modern England, 1784−1867(1967).

R. Price, A Social History of Nineteenth Century France(1987).

T. Hamerow, Restoration, Revolution, Reaction, 1815−1871(1960).

H. James, A German Identity, 1770−1990(1989).

H. Kohn, Nationalism(1955).

P. Robertson, Revolution of 1848 : A Social History(1960).

M. Agulhon, 1848(1973).

A. Lindemann, A History of European Socialism(1983).

G. de Ruggiero, History of European Liberalism(1950).

R. Strombery, An Intellectual History of Modern Europe, 3rd. ed.(1981).

F.B. Artz, From the Renaissance to Romanticism : Trends in Style in Art, Literature, and Music, 1300−1830(1962).

D. Harvey, Consciousness and the Urban Experience(1985).

T. Zeldin, France, 1848−1945, 2 vols(1973, 1977).

T. Hamerow, The Birth of a New Europe : State and Society in the Nineteenth Century(1983).

P. Pillbeam, The Middle Classes in Europe, 1789−1914 : France, Germany, Italy, and Russia(1990).

E. Gauldie, Cruel Habitations : A History of Working Class Housing, 1780−1918(1974).

J. Schmiechen, Sweated Industries and Sweated Labor : The London Clothing Trades(1984).

J.P. Goubert, The Conquest of Water : the Advent of Health in the Industrial Age(1989).

J. Burnett, History of the Cost of Living(1969).

P. Jalland, Women, Marriage, and Politics, 1860－1914(1986).

M. Ruse, The Darwinian Revolution(1979).

Ⅶ. 現代史의 展開

G. Craig, Germany, 1866－1945(1980).

B. Moore, Social Origins of Dictatorship and Democracy(1966).

D.M. Smth, Italy : A Modern History, rev. ed.(1969).

O. Pflanze, Bismarck and the Development of Germany : The Period of Unification, 1815－1871(1963).

H. Wehler, The German Empire, 1871－1918(1985).

A. Sked, The Decline and Fall of the Habsburg Empire, 1815－1918(1989).

H. Rogger, Russia in the Age of Modernization and Revolution, 1881－1917 (1983).

H. Troyat, Daily Life in Russia Under the Last Tsar(1962).

D. Boyce, Nationalism in Irland, 2d ed.(1991).

J. Seigel, Marx's Fate : the Shape of a Life(1978).

T. von Lave, Sergei Witte and the Industrialization of Russia(1963).

R. Betts, Europe Overseas(1968).

D.K. Fieldhouse, Economics and Empire, 1830－1914(1970).

J.A. Hobson, Imperialism(1902).

V.G. Kiern, Marxism and Imperialism(1975).

W. Mommsen, Theories of Imperialism, trans. by P.S. Falla(1977).

J. Gallagher and R. Robinson, Africa and the Victorians : The Climax of Imperialism(1961).

W. Baumgart, Imperialism : The Idea and Reality of British and French Colonial Expansion(1982).

C. Erikson, Emigration from Europe, 1815－1914(1976).

W.L. Langer, The Diplomacy of Imperialism, 2d ed.(1951).

G. Perry, The Middle East : Fourteen Islamic Centuries(1983).

R. July, A History of the African People(1970).

J. Joll, The Origins of The First World War(1992).

A.J.P. Taylor, The Struggle for Mastery in Europe, 1848－1919(1954).

R. Wall and J. Winter, eds, The Upheaval of War : Family, Work, and Welfare in Europe, 1914－1918(1988).

R. Suny and A. Adams, eds, The Russian Revolution and Bolshevik Victory (1990).

A.B. Ulam, The Bolsheviks(1968).

S. Fittzpatrick, The Russian Revolution(1982).

R. Pipes, The Formation of the Soviet Union(1968).

E. Wiskemann, Europe of the Dictators, 1919－1945(1966).

C.P. Kindleberger, The World in Depression, 1929－1939(1973).

R. Stromberg, European Intellectual History since 1789(1986).

N. Cantor, Twentieth−Century Culture : Modernism to Deconstruction(1988).

G. Ambrosieus and W. Hibbard, A. Social and Economic History of Twenti-eth Century Europe(1989).

B. Wolfe, Three who Made a Revolution(1955).

R. Conquest, V.I. Lenin(1972).

I. Kershaw, The Nazi Dictatorship : Problems and Perspectives of Interpret-ation, 2d ed.(1989).

K.D. Bracher, The German Dictatorship : The Origins, Structure and Effects of National Socialism(1970)

H. Arendt, The Origins of Totalitarianism(1951).

R. Conquest, The Great Terror(1968).

M. Lewin, The Making of the Soviet System(1985).

A. De Grand, Italian Fascism : It's Origins and Development(1989).

D. Mack Smith, Mussolini(1982).

H. Thomas, The Spanish Civil War(1977).

J. Fest, Hitler(1974).

M. Gilbert, The Holocaust : The History of the Jews During the second World War(1985).

Jrgen Haestrup, Europe Ablaze(1978).

J. Campbell, The Experience of World War Ⅱ(1989).

C. Black, Rebirth : A History of Europe Since the World War Ⅱ(1992).

W. Keylor, The Twentieth Century : An International History(1984).

W. Laqueur, Europe in Our Time : A History, 1945−1992(1992).

D.L. Hanley et al., eds., France : Politics and Society Since 1945(1979).

H. Turner, The Two Germanies Since 1945 : East and West(1987).

A. Marwick, British Society Since 1945(1987).

R. von Albertini, Decolonialization(1971).

B. Ward, Rich Nations and Pour Nations(1962).

Z. Brzezinski, The Great Failure : The Birth and Death of Communism in the Twentieth Century(1989).

W. Connor, Socialism, Politics and Equality : Hierarchy and Change in East-ern Europe and the USSR(1979).

J. Jiman, the Force of Knowledge : The Scientific Dimension of Society(1976).

A. Bramwell, Ecology in the Twentieth Century : A History(1989).

D. Singer, Is Socialism Doomed? The Meaning of Mitterrand(1988).

S. White, Gorbachev and After(1991).

M. Lewin, The Gorbachev Phenomenon : A Historical Interpretation(1988).

T.G. Ash, The Polih Revolution : Solidarity(1983).

E. Sullerot, Women, Society and Change(1971).

J. Lovenduski, Women and European Politics : Contemporary Feminism and Public Policy(1986).

찾 아 보 기

□ 저자약력 □

　　서울대학교 문리과대학 졸업
　　하버드대학에서 연구
　　문학박사(서울대학교)
　　연세대학교 부교수
　　서울대학교 부교수
　　서울대학교 교수 역임
　　전 : 서울대학교 명예교수
　　　　대한민국 학술원 회원

　[저서 및 번역서]
　　西洋近代史硏究(일조각, 1975)
　　프랑스 革命史論(편역, 까치, 1988)
　　西洋文化史(共著, 서울大出版部)
　　G. 르페브르 프랑스革命(乙酉文庫)
　　其他 프랑스革命, 英國革命, 歷史理論 등에 관한 論文 多數

저자와의
협의하에
인지생략

西洋史槪論〔第2版〕

1984년 4월 20일　1판　1쇄 발행
1995년 8월 19일　1판 18쇄 발행
1997년 2월 10일　2판　1쇄 발행
2024년 3월 5일　2판 45쇄 발행

저　자　민　　　　석　　　　홍
발행인　고　　　　성　　　　익
조　판　해　　인　　기　　획

05027
서울특별시 광진구 아차산로 335 삼영빌딩
발행처　圖書出版 三英社
등 록 1972년 4월 27일 제2013-21호
전화　737-1052 · 734-8979
FAX　739-2386

ⓒ 2024. 민석홍　　　　　　　정가 29,000 원
ISBN 978-89-445-9090-0-93900